中小跨径混凝土梁桥

杨虎根　陈　晶　杨志军　严允中　编　著
向中富　主　审

人民交通出版社股份有限公司
China Communications Press Co.,Ltd.

内 容 提 要

本书针对国内常用的中小跨径混凝土梁式桥，分别就结构体系、使用情况及改进措施、预应力技术、结构设计、结构分析计算、新结构新技术、桥梁拓宽以及下部结构等结合工程实例进行专题分析探讨，并提出相应的建议。

本书可供桥梁工程基层设计、施工、监理和管养技术人员参考。也可供国内院校桥梁工程专业的师生参考使用。

图书在版编目(CIP)数据

中小跨径混凝土梁桥／杨虎根等编著．—北京：人民交通出版社股份有限公司，2018.8

ISBN 978-7-114-14825-5

Ⅰ.①中… Ⅱ.①杨… Ⅲ.①跨径—钢管混凝土桥 Ⅳ.①U448.36

中国版本图书馆 CIP 数据核字(2018)第 135304 号

书　　名：中小跨径混凝土梁桥
著 作 者：杨虎根　陈　晶　杨志军　严允中
责任编辑：李　喆
责任校对：宿秀英
责任印制：张　凯
出版发行：人民交通出版社股份有限公司
地　　址：(100011)北京市朝阳区安定门外外馆斜街 3 号
网　　址：http://www.ccpress.com.cn
销售电话：(010)59757973
总 经 销：人民交通出版社股份有限公司发行部
经　　销：各地新华书店
印　　刷：北京印匠彩色印刷有限公司
开　　本：787×1092　1/16
印　　张：33
字　　数：790 千
版　　次：2018 年 8 月　第 1 版
印　　次：2018 年 8 月　第 1 次印刷
书　　号：ISBN 978-7-114-14825-5
定　　价：132.00 元

前　言

1978年12月召开的中共十一届三中全会,作出了具有里程碑意义的重大决议。从此,中国进入了改革开放的重要历史阶段。20世纪80年代初期,改革开放使我国社会生产力得到极大解放,经济开始迅速发展,“以经济建设为中心”的方针政策,对公路交通运输提出了紧迫要求。当时,中国的公路现状是很落后的:从1949年至1976年,修建了80万km公路,其中41.3%是等外路,而等级公路中的三、四级公路又占了97.5%;全国公路桥梁仅有12.8万座;公路的平均时速不到30km。从20世纪80年代后期开始,在国民经济高速发展的推动下,我国公路基础设施建设发生了历史性的突破。1988年,中国有了第一条高速路,这一年也因此被称为“中国高速元年”。此后,第一个10年,高速公路建设以每年858km的增长速度推进;第二个10年则以每年5000km的高速度持续发展;到2010年年底,我国高速公路总里程达到7.4万km,跃居世界第二位。以高速公路为主体的“五纵七横”12条国道主干线路网建设比原计划提前了13年,于2007年年底全面贯通。高速公路网已经成为运输体系中的大动脉。2010年,公路运输在全社会运输总量中承担货运量的75.5%和客运量的93.37%。截至2017年末,全国公路桥梁有83.25万座(总长度为5225.62万m),其中特大桥4646座(总长度826.72万m);大桥91777座(总长度2424.37万m);中小桥73.6077万座(总长度1974.53万m)。中小桥座数占总座数的88.42%,长度占总长度的37.78%。在中小桥中,90%以上是混凝土梁桥,且大部分在40m以下。这是因为中小桥适用范围广,适应性强,工程造价较低,施工工期较短,设计施工较为成熟。这几十万座中小桥遍布全国城乡,为国家公路交通网及经济社会建设提供了支撑,为社会主义的运输业发挥着重要作用。

我国改革开放至今已有40年,在公路桥梁建设方面积累了十分丰富的设计、施工、科研、管养和维修加固的经验,这是我国桥梁建设中的宝贵财富。同时也有一些问题和教训值得进一步探讨和总结。

本书根据国内中小混凝土梁桥的设计、施工经验,结合作者长期从事桥梁设计与施工的体验就中小混凝土梁桥的部分内容进行专题分析探讨,并以工程实例配合论述。全书共计14章,主要内容包括:

中小混凝土梁桥结构体系与工程应用;

常规装配式梁板桥使用情况、存在问题与改进建议;

装配式混凝土梁桥伸缩缝、桥面连续、简支连续梁单双排支座和简支转连续刚构等专题讨论;

中小混凝土梁桥几项新结构、新技术;

中小混凝土梁桥预应力体系;

中小混凝土弯桥与斜桥结构设计与计算;

中小混凝土连续箱梁桥侧倾稳定性分析与工程实例;

中小混凝土梁桥下部结构设计与工程应用;

中小混凝土梁桥结构分析问题专题讨论；

现役混凝土梁桥拓宽改造；

混凝土梁桥几项新技术进展简况等。

在桥梁建设的各个环节，由于特大桥和大桥占有重要地位，属于道路中的关键咽喉，因此占用较多资源是必需的。而中小桥因量大面广，难免存在管理粗放和被重视不够的情况。在基层，设计部门和施工一线技术相对较弱，资金、设备、人员等投入不够充分，一般多将其视为技术含量较低的常规任务，大多是套用标准图或通用图，或凭经验设计，往往缺乏深入的考虑和认真的分析计算。在桥梁科研方面，也有观点认为中小桥的设计理论和分析方法较为成熟，没有多少需要进一步研究的内容。针对中小跨径混凝土梁桥使用情况，笔者通过深入思考，深感中小跨径混凝土梁桥所涉及的技术问题、技术难点其实还不少，有相当一部分至今尚未获得较圆满的解决，在实际工程中还存在过于保守或偏于不安全等不合理情况，有的设计者可能还没有意识到。在中小混凝土梁桥方面，我国与国际先进水平还有差距。因此，桥梁人还要继续努力，将我国中小混凝土梁桥的总体水平推进到一个新的高度。在全面贯彻安全、实用、经济、耐久、环保、节能、创新、美观和可持续发展的总任务中，与我国公路建设齐头并进，不掉队。

中小混凝土梁桥具有数量特别大、建设质量易被忽视、运营影响特别广等特点，在工程建设中应该引起关注。

山区公路，包括高速公路和一般公路，中小混凝土梁桥、弯坡斜桥与高桥墩时有出现，具有普遍性。有时在一座多跨梁桥中，多个桥墩高度相差较大，甚至还包含平曲线与大纵坡上部结构。

城市桥梁、互通式立交桥或风景区公路桥等，跨径不大，桥面较宽，因为宽跨比较大，受力情况具有特殊性。

在一些公路上，重载交通在一定时期内难以杜绝，这已为多年的经验所证实。重载货车对桥梁的危害，中小桥比大桥严重得多。

中小混凝土梁桥的桥面铺装、桥面排水、伸缩缝、支座以及湿接缝等病害较多。而中小桥因量多面广、管养维护难度大，对行车影响较大。目前还没有较为广泛适用的措施，或者虽有好的措施，因为属于中小桥而未得到重视和及时应用。

全国各地区的地震烈度有较大差异，但对于中小桥往往未根据具体情况采取不同的减震、防震措施。

目前缺少中小混凝土梁桥的下部结构行业通用图，有的具体设计较为粗放，难以达到经济合理的要求。

交通行业通用图（以下简称“通用网”）主要包括空心板（及实体板）、T梁和小箱梁三种基本形式。国内外经验启示，除以上三种形式外还有一些结构形式或具体构造也不错，有必要进行比选和优化。

中小混凝土梁桥拓宽改造是今后相当长一段时期内在结构设计、施工工艺以及相关规范方面应予关注的一个重要课题。

目前国内已有一些较为成熟和实用的中小混凝土梁桥新结构、新工艺、新材料，应重视其推广应用。

上述中小混凝土梁桥的部分特点，在本书有关章节中作了简要论述，还涉及国内的一些看法和建议,供读者参考。

附录 A、B、C 分别为通用图(2008 年版)主要技术参数、中小跨径混凝土板、梁桥桥墩常用尺寸及配筋和梁式桥混凝土 U 形桥台基本构造尺寸。

中小混凝土梁桥在设计、施工、科学研究和管养、改造等方面涉及的技术问题很多,有些问题较为复杂,本书仅就少数内容进行分析讨论。在介绍国内一些经验和成果的同时,也提出了我们的看法或补充建议,供读者参考。

书中如有差错或补充意见,请直接发至编著者的电子信箱:379772868@ qq. com,以便随后进行修正或补充完善。

在本书编写过程中,我们参阅了大量论文、专著和技术资料,并引用了一些研究成果和工程设计资料(详见各章"参考文献",分别列于各章正文之后),在此向有关作者深表谢意。

本书的出版,非常感谢贵阳建筑勘察设计有限公司执行董事袁志英、总经理敬亚平等各位领导的大力支持(公司详情可参阅网站 ttp://www. jzkcsj. com)! 同时,本书的出版还得到了贵阳建筑勘察设计有限公司市政院姜明坤、涂洪华的帮助,特向他们表示感谢! 最后,在此向给予帮助与支持的众多朋友及同事一并表示由衷的谢意!

2018 年 3 月于贵阳

目　　录

第1章　中小跨径混凝土梁式桥结构体系与工程应用概述

根据受力特点及外部约束状态，中小跨径混凝土梁式桥分为简支梁体系、悬臂梁体系、连续梁体系、刚构体系和刚构—连续组合结构体系五类。本章对各类结构体系的特点及工程应用概况进行简要分析。以后各章将对五类体系中的常用结构与工程应用进行专题讨论。

1.1　简支梁桥体系

简支梁桥是梁式桥中使用最早、应用范围最广泛的一种结构体系，是受力和构造最简单的桥型，容易设计成为各种标准跨径和装配式结构，施工工艺较简单、工序较少，易于标准化施工。图1-1为简支梁桥结构体系示意图。

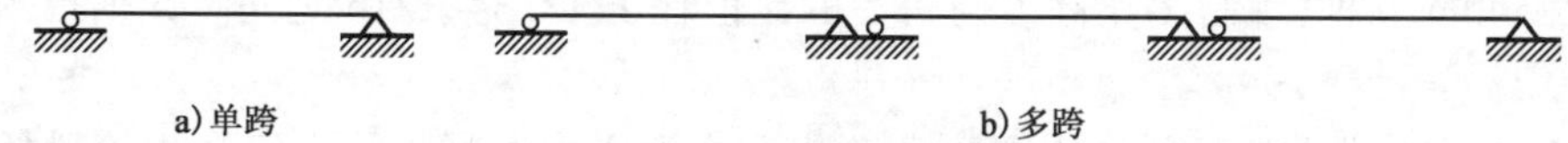

a)单跨　　b)多跨

图1-1　简支梁桥结构体系

注：图中△表示固定支座，○表示活动支座（下同）。

简支梁桥属于静定结构，梁的内力不受地基变形的影响，能够适应地基较差的情况。多跨简支梁桥各孔单独受力，中间桥墩上需设置双排支座，结构设计和施工容易处理。年际均匀温度变化、混凝土徐变收缩不会引起简支梁桥的次内力。其设计主要受跨中正弯矩控制。当跨径增大时，跨中弯矩迅速增大，恒载弯矩占很大比例，故其合理的最大跨径受到限制。20世纪60~70年代修建的简支梁桥，多为钢筋混凝土结构，跨径通常不超过20m。后来随着预应力技术的推广应用，简支梁桥的跨径大幅提升。1988年建成的浙江瑞安飞云江大桥，为多跨预应力混凝土简支梁桥，其跨径组合为18×51m+6×62m+14×35m，是中国最著名的简支梁桥之一。洛阳黄河大桥、郑州黄河大桥和开封黄河大桥，都是跨径50m左右的预应力混凝土简支T梁桥。上海市虹桥综合交通枢纽高架桥，为最大跨径55m的装配式预应力混凝土简支T梁桥。昆明市南过境干道高架桥主孔为单跨63m预应力混凝土简支现浇箱梁桥。浙江甬台温高速公路雪坑山大桥，其中54m简支梁为支架上现浇的预应力混凝土T梁。目前，国内最大跨径预应力混凝土T梁桥跨径已达67m。

桥梁建设的实践经验表明：钢筋混凝土简支梁桥的经济合理跨径不宜超过25m，预应力混凝土简支梁桥的经济合理跨径不宜超过55m。所以，中小跨径混凝土梁式桥中，大量采用RC和PC简支体系。不论板式或梁式均为等高度结构。

钢筋混凝土简支板桥，跨径一般不大于10m，板的厚度为跨径的1/16~1/22，随跨径的增大采用较小值。在某些情况下，钢筋混凝土简支板的标准跨径可采用16m。例如，1990年贵州交通规划勘察设计院编制的内部使用定型设计图,跨径 8m、10m、13m、16m 装配式与整体式简支空心板厚度分别为 45cm、55cm、70cm 和 85cm,板厚与计算跨径的比值在 1/16.9 ~ 1/18.8 之间。计算荷载为汽车—超 20 级,挂车—120。

预应力混凝土简支空心板桥,常用跨径在 10 ~ 20m 之间,板的厚度为跨径的 1/18 ~ 1/23,随跨径的增大采用较小值。2008 年交通行业通用图中装配式预应力混凝土简支空心板标准跨径为 10m、13m、16m、20m 的预制板厚度分别为 60cm、70cm、80cm 和 95cm。详细技术参数见本书附录 A。

钢筋混凝土简支梁桥的常用跨径为 8 ~ 20m,梁高与跨径的比值在 1/11 ~ 1/15 之间,随跨径的增大取较小值。《公路桥涵设计图装配式钢筋混凝土 T 形梁》(JT/GQS 025—1984)规定,标准跨径为 10m、13m、16m、20m,相应预制 T 梁高度分别为 90cm、110cm、130cm、150cm。计算荷载为汽车—超 20 级,挂车—120。现已采用预应力混凝土 T 梁或空心板,不再使用钢筋混凝土 T 梁。

预应力混凝土简支梁是中小跨径的常用桥型。其主梁的高度与截面形式、活载标准、主梁片数、施工工艺以及对建筑高度的要求等因素有关,故梁高与跨径之比的变化范围较大,在 1/15 ~ 1/20 之间。其中装配式预应力混凝土 T 梁桥,是国内广泛应用的一种结构形式。2008 年交通行业公路桥梁通用图中包含装配式预应力混凝土简支 T 梁桥,标准跨径有 20m、25m、30m、35m 和 40m 五种,预制 T 梁高度与跨径的比值在 1/13.3 ~ 1/16 之间。详细技术参数见附录 A。

2008 年交通行业公路桥梁通用图中没有装配式预应力混凝土简支组合小箱梁桥的相应图纸。中交第一公路勘察设计研究院 2009 年编制的杭州至瑞丽高速公路贵州境大兴至思南段桥梁设计通用图"装配式预应力混凝土箱形简支梁桥上部构造"有五种标准跨径,即 20m、25m、30m、35m、40m,预制小箱梁高度分别为 120cm、140cm、160cm、180cm、200cm,高度与跨径的比值在 1/16.7 ~ 1/20 之间。同是装配式预应力混凝土简支梁,预制 T 梁高度大于小箱梁高度。装配式预应力混凝土简支小箱梁较详细技术参数见附录 A。

1993 年交通部颁发过三本装配式后张法预应力混凝土工形组合简支梁桥标准图,图号分别是 JT/GQB 005—1993、JT/GQB 006—1993 和 JT/GQB 007—1993。主要技术指标如下:

标准跨径:20m、30m、40m;荷载标准:汽车—20 级、挂车—100 和汽车—超 20 级、挂车—120;桥面净宽:11.5m + 2 × 0.5m、9m + 2 × 0.5m、9m + 2 × 1.5m、9m + 2 × 1m、7m + 2 × 1m;斜交角:0°、15°、30°、45°。

1999 年 7 月交通部对桥涵标准图进行了清理和复审,上述三本标准图仍可继续使用,并提出了使用中应注意的几个问题。

工形组合梁施工时先安装预制好的预应力混凝土工形梁,再现浇普通钢筋混凝土,形成预制 PC 梁与现浇 RC 的叠合梁,这是一种合理的做法,特别适用于中小跨径的斜桥和弯桥。其主要优点有:

(1)可充分发挥预应力混凝土和普通钢筋混凝土各自的抗拉和抗压能力。

(2)预制安装重量较现在广泛使用的 T 梁和小箱梁轻,对架梁设备要求较低。

(3)在主梁截面中,预制构件所占比重较小,容易进行斜桥和弯桥初安装,为后浇混凝土形成支撑;还可以在某些平面为异形的中、小梁桥上应用。

这种桥型目前已较少采用,一是由于预制工形梁截面较小,施工过程应力较大;二是因为装配式 T 梁和小箱梁的预制构件在主梁全断面中所占比例很大,吊装就位后,湿接头等现浇工作量很小,施工工期短,更能适应工厂化、标准化的施工工艺。关于预应力混凝土工形组合梁的改进和优化问题将在本书 4.4 节进行讨论。

1.2　悬臂梁桥体系

将简支梁梁体加长,并越过支点就成为悬臂梁桥,仅向一端伸出时称单悬臂梁,两端均伸出时称双悬臂梁。悬臂梁桥一般有三孔,也可以多于三孔。悬臂梁在桥墩支点处产生负弯矩,使主跨(也称为锚跨)跨中正弯矩较同跨径简支梁的正弯矩有较大幅度的下降。悬臂梁桥的基本体系如图 1-2 所示。其中图 a)、b)、c)均为带悬臂的简支梁;图 d)为墩梁固结形成的 T 构与简支挂梁组合,均为静定结构;图 e)为中跨跨中设剪力铰的悬臂梁,为一次超静定结构。图 d)也称为 T 形刚构。悬臂梁桥一般做成变高度梁,设桥墩支点处负弯矩峰值相应的主梁高度为 H,跨中与悬臂端部的梁高为 h,由本章参考文献[1]、[2]等,可得 H、h 等参数的经验数据见表 1-1 ~ 表 1-4。

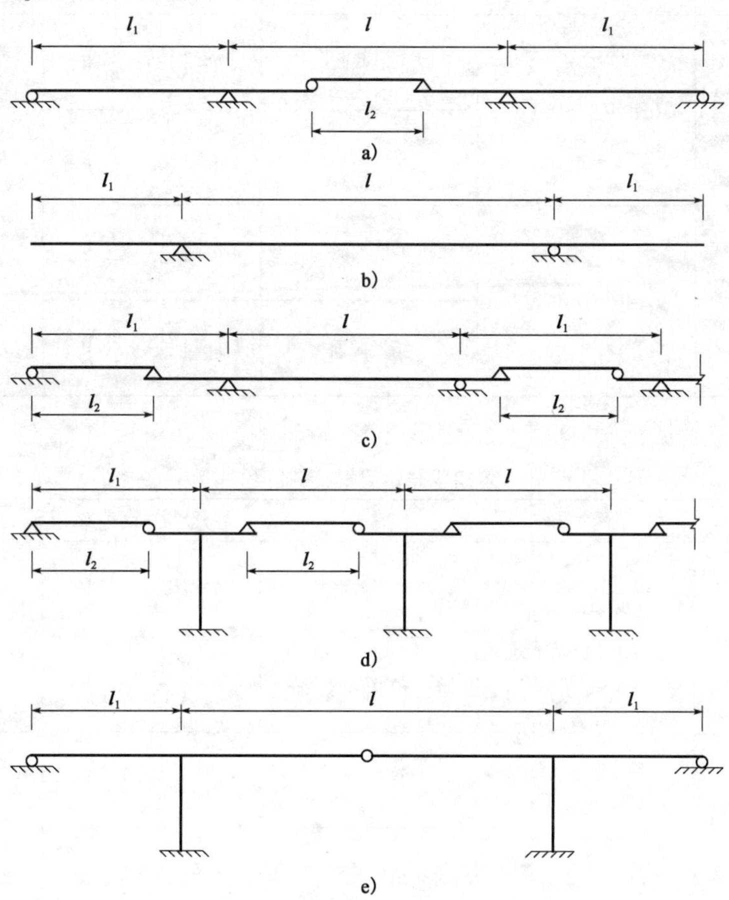

图 1-2　悬臂梁桥结构体系

(1)中跨有挂梁的单悬臂梁桥,参见图 1-2a)。

中跨有挂梁的单悬臂梁桥(三孔)　　表 1-1

桥型	跨径	跨径与梁高关系		
钢筋混凝土单悬臂梁桥	$l_1=(0.6\sim0.8)l$ $l_2=(0.4\sim0.6)l$	T 形截面	$h=\left(\frac{1}{12}\sim\frac{1}{20}\right)l$	$H=(1.5\sim1.8)h$
		箱形截面	$h=\left(\frac{1}{15}\sim\frac{1}{25}\right)l$	$H=(2.0\sim2.5)h$
预应力混凝土单悬臂梁桥	$l_1=(0.6\sim0.8)l$ $l_2=(0.2\sim0.4)l$	T 形截面	$h=\left(\frac{1}{20}\sim\frac{1}{25}\right)l$	$H=(1.5\sim2.0)h$
		箱形截面	$h=\left(\frac{1}{20}\sim\frac{1}{30}\right)l$	$H=(2.0\sim2.5)h$

(2)无挂梁的双悬臂梁桥,参见图 1-2b)。

无挂梁的双悬臂梁桥(三孔)　　表 1-2

桥型	跨径	跨径与梁高关系		
钢筋混凝土双悬臂梁桥	$l_1=(0.3\sim0.4)l$	T 形截面	$h=\left(\frac{1}{12}\sim\frac{1}{20}\right)l$	$H=(1.0\sim1.5)h$
		箱形截面	$h=\left(\frac{1}{20}\sim\frac{1}{30}\right)l$	$H=(2.0\sim2.5)h$
预应力混凝土双悬臂梁桥	$l_1=(0.3\sim0.5)l$	T 形截面	$h=\left(\frac{1}{20}\sim\frac{1}{25}\right)l$	$H=(1.5\sim2.0)h$
		箱形截面	$h=\left(\frac{1}{20}\sim\frac{1}{35}\right)l$	$H=(2.0\sim2.5)h$

(3)多跨双悬臂梁桥,参见图 1-2c)。

多跨双悬臂梁桥(有挂梁)　　表 1-3

桥型	跨径	跨径与梁高关系		
钢筋混凝土多跨双悬臂梁桥	$l_1=(0.75\sim0.8)l$ $l_2=(0.5\sim0.6)l$	T 形截面	$h=\left(\frac{1}{12}\sim\frac{1}{20}\right)l$	$H=(1.5\sim1.8)h$
		箱形截面	$h=\left(\frac{1}{20}\sim\frac{1}{30}\right)l$	$H=(2.0\sim2.5)h$
预应力混凝土多跨双悬臂梁桥	$l_1=(0.75\sim0.8)l$ $l_2=(0.5\sim0.7)l$	T 形截面	$h=\left(\frac{1}{20}\sim\frac{1}{25}\right)l$	$H=(2.0\sim2.5)h$
		箱形截面	$h=\left(\frac{1}{25}\sim\frac{1}{35}\right)l$	$H=(2.0\sim2.5)h$

(4)带挂梁T形刚构桥,参见图1-2d)。

带挂梁T形刚构桥 表1-4

桥型	跨径	跨径与梁高关系	
钢筋混凝土箱梁桥	$l_1=(0.75\sim0.8)l$ $l_2=(0.5\sim0.7)l$	$h=\left(\frac{1}{16}\sim\frac{1}{18}\right)l$	$H=(1.8\sim2.0)h$
预应力混凝土箱梁桥	$l_1=(0.75\sim0.8)l$ $l_2=(0.2\sim0.5)l$	$h=\left(\frac{1}{40}\sim\frac{1}{50}\right)l$	$H=\left(\frac{1}{16}\sim\frac{1}{20}\right)h$

注:根据本章参考文献[2],PC T构 $l_2=(0.25\sim0.5)L$;$h=(0.2\sim0.4)H$。

(5)带剪力铰T形刚构桥,参见图1-2e)。

桥型结构为预应力混凝土箱形梁时,$l<100\text{m}$,$H=\left(\frac{1}{14}\sim\frac{1}{22}\right)l$;$h=(0.2\sim0.4)H$,且不小于2.0m。

根据理论分析与工程实践,悬臂梁桥的主要优缺点如下。

(1)悬臂梁桥的主要优点

①悬臂梁中墩支点截面产生负弯矩对锚跨(指主跨)跨中正弯矩产生有利的卸载作用。悬臂梁与跨径和荷载均相同的简支梁比较,不论恒载、活载的最大正弯矩均大幅度降低,主梁高度与材料用量也相应减少,是较为经济的。

②图1-2中除图e)为一次超静定结构外,其余悬臂体系均为静定结构,均匀温度变化、地基不均匀沉降及混凝土收缩徐变不会引起结构产生二次内力。一般可以在地基较差的情况下采用这种桥型。

③桥墩上仅有一排支座,有利于减小墩身尺寸,也节省了基础工程量。

④悬臂梁桥将伸缩缝移至跨内,其变形曲线的转折角较简支梁变形曲线在支点处的转折角小,对行车的不利影响相对较小。

⑤静定结构悬臂梁桥施工过程中无体系转换,施工工艺较简单。

⑥无挂梁的双悬臂梁桥[图1-2b)],两侧悬臂直接与桥头搭板连接,当路堤不高时,可以省去桥台。

(2)悬臂梁桥的主要缺点

①悬臂端牛腿(或剪力铰)构造较为复杂,局部应力集中,在长期使用过程中容易出现裂缝,并引起过大的挠度,这是这种桥型最主要的薄弱环节。

②桥面上的接缝较多,对结构耐久性和行车舒适性均有较大的不利影响。

③悬臂梁桥的总体受力性能以及结构的整体性均不及连续梁桥和连续刚构桥。

④中墩支点处为单排支座,施工时须设置临时支座。连续梁桥虽也存在这个问题,但连续梁桥没有跨中挂梁、剪力铰、牛腿等复杂构造带来的问题。

⑤与预应力混凝土连续梁桥、连续刚构桥比较,后者特别有利于悬臂施工法、顶推法、逐跨施工法的应用,符合施工设备机械化、生产工厂化、构件标准化的现代桥梁施工工艺。

《公路桥涵标准图 装配式后张法部分预应力混凝土单悬臂梁桥上部构造》(JT/GQB 010—1996),荷载为汽车—超20级、挂车—120,汽车—20级、挂车—100;为三跨布置;中跨跨径有三种:25m、35m、40m。与本章图1-2a)的结构图式相同。1999年5月24日交通部发文指出,此标准图仍可继续使用。现在如参考应用该标准图,应按《公路钢筋混凝土及预应力混凝土桥涵设计规范》(JTG D62—2004)(以下简称“现行桥规”)进行验算,并进行必要的加强和调整。

如图 1-2d)和图 1-2e)所示,主梁为悬臂梁,但中墩与主梁固结,实质上是 T 形刚构,有的文献称为悬臂梁桥,有的文献则称为 T 形刚构桥。本书将在 1.4 节对刚构体系有关问题作进一步讨论。

由于悬臂梁体系存在上述缺点,我国仅在 20 世纪 90 年代以前修建了少数中小跨径悬臂梁桥(不含 T 形刚构桥)。以下是两个实例。

(1)江苏芦墟桥

主桥为 30m + 46m + 30m 三跨悬臂梁桥,结构图式与图 1-2a)相同,$l = 46m$,$l_1 = 30m$,$l_2 = 20m$,中跨悬臂长度为 2 × 13m。主梁根部高度为 3m,挂梁高度为 1.0m,主梁为预应力混凝土,少支架现浇施工。桥面净宽为净 7m + 2 × 1.5m 人行道,设计荷载为汽车—15 级,挂车—80。

(2)天津市北安桥

主桥为 24m + 45m + 24m 三跨悬臂梁桥,结构图式与图 1-2a)相同,$l = 45m$,$l_1 = 24m$,$l_2 = 8m$,中跨悬臂长度为 2 × 18.5m,主梁根部高度为 3m,挂梁高度为 0.76m,主梁为预应力混凝土,横向分段悬臂拼装。桥面净宽为净 18m + 2 × 3m 人行道。

中小跨径悬臂梁桥(不含 T 形刚构)现已很少采用,在某些特殊情况下,如有可取之处,也可以将悬臂梁桥作为比较方案。国内已建成的预应力混凝土悬臂梁桥中跨最大跨径达到 80m [为三跨布置,与图 1-2a)相同],采用平转法施工。

T 形刚构桥,主要是带挂梁的 T 形刚构桥,较其他形式的悬臂梁桥实际应用更多一些,适用的跨径范围也更宽,在 50 ~ 200m 之间。20 世纪 90 年代以后,主跨超过 100m 的大跨径 T 形刚构桥逐渐被预应力混凝土连续梁桥和连续刚构桥所取代。这是由于连续梁与连续刚构的受力性能与整体刚度更好,结构构造也更简单,行车舒适性优于 T 形刚构。但中等跨径(主跨在 100m 以下)的预应力 T 形刚构桥,在某些情况下仍被采用。

1.3 连续梁桥体系

连续梁桥在一联内结构连续,在恒载作用下,中间支点附近产生负弯矩,各跨跨中附近产生正弯矩。由于支点负弯矩的卸载作用,较同跨径简支梁的正弯矩大幅度下降。当边中跨跨径的比例合适时,一联中的弯矩绝对值的变化范围与数值显著小于相同跨径简支梁正弯矩的分布及数值。在活载作用下,由于连续梁边跨的刚度贡献,对中跨弯矩效应同样有卸载作用。连续梁桥结构体系如图 1-3 所示。其中图 a)、b)、c)为传统的连续梁桥结构体系,图 1-3d)为双支座连续梁桥结构体系。在中间桥墩上布置双排支座,结构受力状态在某些方面会发生变化,对施工工艺也有一定影响。20 世纪 60 年代初期,国外工程师首先提出在连续梁桥中间桥墩上设置纵向双排支座的概念设计,随后修建了数座双支座连续梁桥。1990 年建成的湖北宜城汉江大桥为我国首座双支座连续梁桥,跨径为 55m + 4 × 100m + 55m。近年在中小跨径混凝土梁桥中,也有双支座连续梁桥的应用实例。双支座连续梁桥涉及问题较多,在本书 3.3 节中,将中等跨径双支座连续梁桥作为专题进行了较详细的讨论。

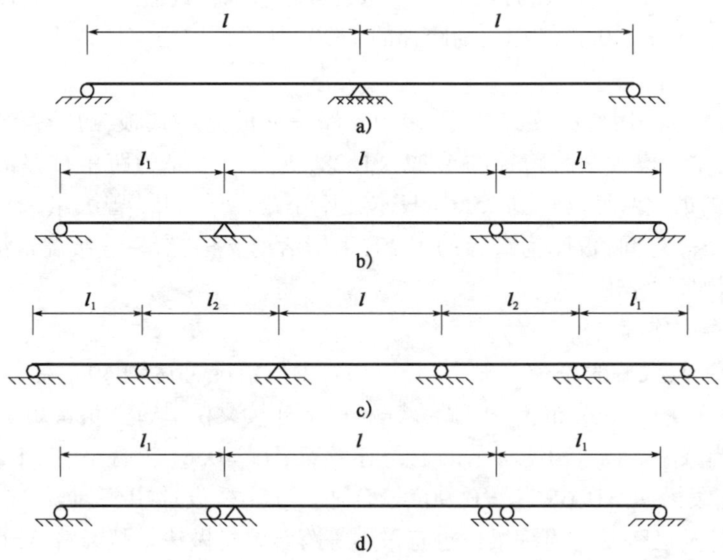

图 1-3　连续梁桥结构体系

连续梁是超静定结构，其主梁截面上的梯度温度、混凝土收缩徐变、基础不均匀沉降都会在结构中产生次内力。

最常见的连续梁桥为三跨一联，也有四跨、五跨甚至更多跨为一联的布置，少数情况下，有两跨一联的。一联超过三跨，且边、中跨比例在合理范围内时，最大正弯矩虽有所减小，但减小的幅度并不显著。三跨一联时，梁体总伸缩量不大，对伸缩装置的设计、安装和使用均有利。所以，实际工程中，三跨或四跨一联为采用较多的形式。当一联超过三跨时，从结构设计和内力均衡考虑，中间各跨跨径宜相等。对于中小跨径连续梁，有时为使结构设计和施工工艺标准化，加快施工进度，采用等跨径布置的连续梁桥。例如目前广泛采用的跨径在 40m 以下的装配式 T 梁和小箱梁均为等跨的简支转连续梁。

连续梁桥由于结构刚度大、变形小、动力性能好，主梁变形挠曲线平缓，接缝少，有利于高速行车，成为跨径 200m 以下的主流桥型之一。

连续梁边、中跨的比例，从受力合理角度考虑，一般取 0.60～0.65，并以接近 0.618（黄金分割）为宜。边、中跨的比例还与施工方法有关，满布支架上整体现浇施工时，边、中跨比为 0.6～0.8；悬臂施工变高度连续梁，边、中跨比为 0.52～0.60；顶推施工的等高度连续梁，边、中跨比为 0.7～1.0。一般情况下，边、中跨比不宜小于 0.5，否则边跨端支座处会出现拉力，需采取设置拉压支座或压重等措施。

1）钢筋混凝土连续板梁桥

（1）钢筋混凝土连续板桥

连续板的跨径一般在 8～25m 之间，多采用整体现浇板。等跨布置时采用的等厚度板，板厚为跨径的 1/20～1/23。跨径较小时采用实体矩形板，跨径较大时采用空心板。

我国交通部于 1996 年颁发的《公路桥涵标准图 整体式钢筋混凝土连续板桥上部构造》（JT/GQB 008—1996）规定了 4 种跨径：8m、10m、13m、16m，每联 3 跨或 4 跨，均为等跨布置。

荷载为汽车—超20级，挂车—120；汽车—20级，挂车—100。跨径8m、10m、13m、16m对应的板厚分别为40cm、50cm、60cm、70cm，为跨径的1/20～1/22，均为实体矩形截面。较详细的技术资料见本章参考文献[3]。

跨径较大时可以采用变高度连续板，多为三跨一联的整体式板，边跨跨径为中跨跨径的0.7～0.8倍。跨中板厚为中跨跨径的1/22～1/28，支点处板厚为跨中板厚的1.2～1.5倍。国内RC连续板的最大跨径已达到25m。日本在中小跨径梁桥中，曾大量采用现浇连续空心板，跨径在15～25m之间，板厚为跨径的1/20，采用活动支架、滑模连续浇筑法施工，100m长的桥2～3个星期即可完工。

(2)钢筋混凝土连续梁桥

钢筋混凝土连续梁桥的跨径一般不超过30m，少数情况可达到40m左右。图1-3a)所示的两跨连续梁桥，一般为等跨布置。三跨及三跨以上连续梁桥，从正、负弯矩大致均衡考虑，边跨、次边跨宜适当减小。图1-3b)所示的三跨连续梁，$l_1=0.8l$较合适，图1-3c)所示的五跨(及五跨以上)连续梁，$l_1=0.65l$，$l_2=0.90l$较合适。在实桥设计中，有时从简化施工、加快施工进度考虑，三跨及三跨以上连续梁桥也有采用等跨布置的做法。从经济合理方面考虑，跨径20m左右的RC连续梁宜采用等高度梁，梁高与最大跨径之比在1/15～1/18之间。跨径不小于30m时宜采用变高度连续梁，根部梁高约为最大跨径的1/15，跨中梁高一般按构造要求确定，为最大跨径的1/18～1/25。有些实桥的设计，跨径30m甚至40m，从简化设计、施工考虑采用了等高度连续梁。位于平曲线上的RC连续梁桥，多采用支架上现浇的施工方法，在城市桥、跨线桥和互通式立交的匝道桥中广泛采用。以下是几个实例。

[例1-1] 北京市昌平至八达岭公路黄土咀大桥

该桥为25m＋32m＋25m三跨钢筋混凝土整体式曲线连续箱梁桥，平曲线半径160m，等高度单箱单室截面，顶板全宽11m，底板宽5.2m，两侧悬臂板2×2.5m，斜腹板，箱梁高度为2m，高跨比为1/16采用支架现浇施工。这座桥是我国早期建成的钢筋混凝土连续弯梁桥之一。

[例1-2] 大连至旅顺二级公路营城子跨铁路桥[4]

28.32m＋35m＋28.32m三跨钢筋混凝土整体式连续箱梁桥，位于反向S形平曲线上，桥面全宽21m。分为左、右幅，单幅桥为单箱双室截面，纵向等高度2m，高跨比1/17.5，满堂支架整体现浇。

[例1-3] 沈阳市北李官枢纽跨匝道桥[4]

枢纽Ⅰ包含五联连续梁桥。其中一联为30m＋2×40m＋30m等高度钢筋混凝土连续曲梁，桥面宽8.1m，单箱单室截面，底板宽3m，两侧悬臂2×2.2m，斜腹板，箱梁高度为2m，高跨比为1/20，平曲线半径为220m。采用满堂支架上现浇施工。

[例1-4] 贵阳市东出口高速公路南明河大桥

该桥为大桥的西岸引桥，由三联钢筋混凝土连续箱梁组成，孔跨布置为5×30m＋6×30m＋5×30m。桥面全宽25m，分为左、右幅，单幅箱梁顶宽12.48m，等高度单箱双室截面，底板宽6.8m，两侧悬臂板2×3m，外腹板倾斜，箱梁高度为2m，高跨比为1/15。采用支架现浇施工。桥梁位于直线上。

国外在20世纪50年代以前建成的公路钢筋混凝土连续梁桥，有的跨径接近80m，采用变截面，根部梁高与跨径之比在1/10～1/15之间，跨中梁高与跨径之比在1/25～1/30之间。较详细资料可参阅本章参考文献[1]。钢筋混凝土连续梁桥如跨径过大,混凝土与钢材用量会大幅增加,而且容易出现开裂等病害,并不经济合理。国内该类桥最大跨径一般控制在 30m 以下,并采用等高度梁。

2)预应力混凝土连续梁桥

(1)等高度连续梁桥

预应力混凝土连续梁桥的适用跨径在 30 ~ 200m 之间,通常采用箱形、T 形、工字形等截面形式,一般不考虑板式结构。跨径在 30 ~ 70m 的中等跨径连续梁桥,为了获得较好的经济效益、施工方便、构造简单,多采用等高度主梁。在某些特殊情况下,100m 左右的预应力混凝土连续梁桥也有采用等高度设计的。梁高与跨径之比可取 1/15 ~ 1/30,常用的是 1/18 ~ 1/20。梁的高度还与施工方法有关。顶推施工的等高度连续梁桥,梁高与顶推跨径之比为 1/12 ~ 1/17,当设有临时支墩时,梁高应按成桥跨径拟定;简支转连续梁桥,多采用架桥机或其他吊装方法先安装简支梁,再形成连续梁,梁高与跨径之比为 1/16 ~ 1/25;支架上整体现浇的预应力混凝土连续箱梁,梁高与跨径之比为 1/17 ~ 1/22 。

2008 年中国交通行业《公路桥梁通用图》中,预应力混凝土连续梁桥有以下三种:

①装配式预应力混凝土先简支后结构连续 T 梁桥

标准跨径为 20m、25m、30m、35m、40m,预制梁高相应为 150cm、170cm、200cm、230cm、250cm,梁高与跨径之比为 1/13.3 ~ 1/16;一联的跨数(均为等跨布置),按梁长的总伸缩量不超过 160mm 拟定。

②装配式预应力混凝土先简支后结构连续组合小箱梁桥

标准跨径为 20m、25m、30m、35m、40m,预制梁高相应为 120cm、140cm、160cm、180cm、200cm,梁高与跨径之比为 1/16.7 ~ 1/20;跨径组合为:4 跨至 8 跨一联(L = 20m、25m、30m),7 跨一联(L = 35m),6 跨一联(L = 40m),均为等跨布置。

③现浇等截面预应力混凝土箱形连续梁桥

一联连续梁有四种跨径组合:2 × 25m;20m + 32m + 30m;16m + 2 × 20m + 16m;20m + 2 × 30m + 20m。箱梁的高度,各联分别为 135cm、145cm、115cm、145cm,梁高与最大跨径的比值分别为 1/18.5、1/22.1、1/17.4、1/20.7。

上述 2008 年《公路桥梁通用图》中的预应力混凝土连续梁桥较详细技术资料见附录 A。

采用顶推法施工的预应力混凝土连续梁桥,通常都采用等高度箱形截面。顶推施工法较适用于中等跨径预应力连续梁桥。国内已建成的这类连续梁桥,不设跨间临时支墩的桥梁跨径通常均不大于 60m,顶进长度不大于 400 ~ 600m 较为合适。连续梁的跨径多在 25 ~ 60m 之间。国内顶进法施工的连续梁桥部分实例可参阅本章参考文献[5]。

近期建成的几座等高度预应力混凝土连续梁桥简况介绍如下:

[例 1-5]　宁波市外滩大桥

该桥为 24.5m + 38m + 22.5m 三跨预应力混凝土连续箱梁桥,跨越城市道路。箱梁为单箱四室截面,梁高 1.7m,顶板全宽 16m,在支架上整体现浇施工。

[例 1-6]　珠海市 G105 国道改建工程高架桥

该桥桥长 4079.5m,共计 25 联、128 跨,跨径在 30 ~ 35m 之间,桥宽 27.5m,为整体式等高度预应力混凝土连续梁桥,主梁为单箱双室截面,梁高 2.3m,顶宽 27.5m,底宽 13m,两侧顶板为大悬臂,长 2×6.5m,大悬臂板之下设横桥向肋板,纵向间距 2.5m。箱梁采用 C60 混凝土,施工方法为预制节段拼装,标准段长度为 2.5m,用架桥机安装。

[**例 1-7**] 长沙市营盘东路浏阳河大桥

五跨一联等高度预应力混凝土连续箱梁桥,孔跨为 48m+3×59m+48m,主梁为单箱双室截面,梁高 3.5m,单幅桥箱梁顶宽 12.8m,两侧顶板悬臂长 2×4m,采用顶推法施工,钢导梁长 24m,为工字形变截面实腹式钢梁。

[**例 1-8**] 甘肃成武高速公路府城立交桥

该立交桥规模较大,共有八座桥,均为整体式等高度预应力混凝土连续箱梁桥,跨径在 17.18~35m 之间。箱梁的正常宽度均为 12.25m,单箱双室截面。箱梁底宽 7.25m,直腹板,顶板两侧悬臂长 2×2.5m,跨径 20m、25m 的梁高分别为 1.3m 和 1.4m;20m+35m+20m 一联的梁高为 1.8m。采用支架现浇施工。

[**例 1-9**] 新疆果子沟大桥山坡展线桥

该桥为等高度预应力混凝土连续梁桥,孔跨布置为 6×(4×40m)+3×40m+3×38m,全长 1194m,桥位处为山岭重丘区,地形起伏大,如采用支架上现浇法施工,规模大,既不经济,工期又较长,经过技术经济比较,采用移动模架法进行施工。

[**例 1-10**] 四川绵阳二环路飞云大道跨线桥

该桥共两联,第一联为 31.29m+2×31.71m+31.29m,第二联为 40m+60m+40m。其中第一联采用等高度预应力混凝土连续箱梁,分为左、右幅,单幅宽 13m,梁高 2m。采用预制节段拼装法施工。节段长度 1~3m,节段之间采用环氧树脂胶接。

(2)变高度连续梁桥

主跨跨径接近或大于 60m 的连续梁桥,从受力合理与经济指标考虑宜采用变高度主梁。支点梁高为最大跨径的 1/15~1/20,采用满堂支架现浇法施工时取值可小一些,采用悬臂施工法施工时取值可大一些。跨中梁高一般按构造要求选择,最小不宜小于 1.5m,如按高跨比选用,为最大跨径的 1/30~1/50。变高度连续梁的施工方法主要是满堂支架现浇法和悬臂施工法。一般中小跨径预应力混凝土连续梁桥较少采用变高度连续梁桥。

近期建成的几座中等跨径变高度连续梁桥的情况如下:

[**例 1-11**] 上海市罗山路主线杨河桥

三跨一联变高度预应力混凝土连续梁桥,孔跨 61m+70m+61m,主梁为单箱双室截面,顶板全宽 22.45m,底板宽 14.05m,两侧悬臂 2×4.2m,梁高 4.5~2.5m,采用挂篮悬浇施工,节段长度 3~4m。

[**例 1-12**] 郑州市跨总干渠大桥

该桥跨越南水北调总干渠,分为左、中、右三幅桥,跨径均为 45m+75m+45m 一联,相应的桥宽分别为 22.5m、20m、22.5m,左、右幅为单箱四室截面变高度预应力混凝土连续梁桥,中幅为单箱三室截面,桥型结构同左、右幅。箱梁的高度为 4.2~2m,采用挂篮悬浇法施工,0 号梁段长 12m,合龙段长 2m,其余为悬浇节段,有 3m 及 3.5m 两种长度。

[**例 1-13**] 广东大魁河桥

该桥主桥为 35m+58m+32m 变高度预应力混凝土连续箱梁桥。桥宽 20.5m,箱梁顶板两侧悬臂长 2×3.45m,箱梁高度为 3.3~1.8m,三向预应力。采用挂篮悬浇法施工。

［例1-14］ 湖南某立交桥

该桥为30m+45m+30m三跨一联变高度预应力混凝土连续箱梁桥。箱梁高2.4～1.2m，顶板全宽16m，底板宽11m，顶板两侧悬臂2×2.5m，单箱双室截面。采用挂篮悬浇法施工。

［例1-15］ 广西红树林桥

该桥主桥为45m+3×70m+45m变高度预应力混凝土连续箱梁桥，分为左、右幅。单幅为单箱三室截面，顶板全宽23.75m，底板宽16.25m，顶板两侧悬臂2×3.75m，箱梁高4～2.2m，采用挂篮悬浇法施工，悬臂施工梁段计4×9段，0号段为支架上现浇，另有2个边跨现浇段和5个合龙段。

［例1-16］ 厄瓜多尔·国家联合大桥

该桥为12.5m+26×75m+12.5m变高度预应力混凝土连续箱梁桥，分为左、右幅，单幅5车道，桥面宽20.8m，箱梁高度4.25～3.0m。采用预制节段悬臂拼装法施工。节段长度有1.8m、3m和3.55m三种，悬拼梁段共计598段，最大节段质量为130t，采用架桥机安装，节段间采用环氧树脂胶接。采用C45混凝土。

我国已建成的等高度与变高度连续梁桥数量很多，部分工程实例简况可参阅本章参考文献[1]、[5]、[6]等。

1.4　刚构桥体系

刚构桥部分墩台或全部墩台与主梁固结，有固结墩的孔跨内，较同跨径两端均设支座的主梁跨中正弯矩减小，同时在墩梁固结处产生负弯矩，使一联中的弯矩绝对值向趋于均衡的方向变化，便可以在相同荷载与使用同样建筑材料的情况下，使单孔跨径增大，并提高了结构的整体性和刚度。墩梁固结处无支座，简化了施工和后期管养维护工作。刚构桥也存在某些不利的方面，主要受温度、地基不均匀沉降、混凝土收缩徐变影响，将产生不同程度的二次内力，增大混凝土结构出现裂缝的可能性，这是设计中应重点关注的问题。

在中小跨径混凝土梁式桥中，刚构体系的结构形式较多，主要有门式刚构桥、T形刚构桥与V形墩刚构桥、斜腿刚构桥、无桥台斜腿刚构桥、连续刚构桥、V形墩或Y形墩连续刚构桥以及无梁板桥等。

1.4.1　门式刚构桥

国内外已建成的门式刚构桥有单跨、双悬臂单跨、闭合式单跨、多跨门式刚构以及三跨两腿门式刚构5种，结构体系如图1-4所示。图a)为立柱下端设铰的单跨刚构；图b)为立柱下端与基础固结的单跨刚构；图c)为立柱下端设拉杆的闭合刚构；图d)为立柱外侧布置压重的单跨刚构；图e)、f)、g)均为双悬臂单跨刚构，但图f)在两个悬臂梁上施加压重，图g)则在两个悬臂梁端与立柱下端之间设置拉杆；图h)为多跨刚构；图i)为三跨两腿门式刚构。门式刚构桥的整体刚度大，温度附加应力较大，一般不宜采用较大的跨径。钢筋混凝土单跨门式刚构最大跨径宜在40m以内，预应力混凝土结构跨径可增大，图1-4i)所示的三跨两腿门式刚构桥，最大跨径可达100多米。其他几种结构体系门式刚构桥的最大跨径均在70m以下。目前，国内建成的门式刚构桥较少，最大跨径为68m。在公路、城市道路的跨线桥中，尤其是下穿高填方路堤的地道桥较为适用,已得到广泛的应用。当多跨梁式桥与高路堤连接处的桥台较高时,可以采用单跨门式刚构作为边孔并代替桥台,较其他形式的高桥台有利。门式刚构桥台如图 1-5 所示。当门式刚构桥台孔跨内无通道时,路堤可以进入跨内,靠路堤一侧应采用排架式立柱;如桥台孔跨内布置通道时,锥坡不能进入跨内,靠路堤一侧应采用立墙,将路堤限制在立墙以外。在高路堤情况下,桥台将承受较大水平土压力,门式刚构桥台较其他形式的高桥台更具优势。图 1-5 中的桥台承台,与门式刚构形成闭合框架,对承受水平力更有利。

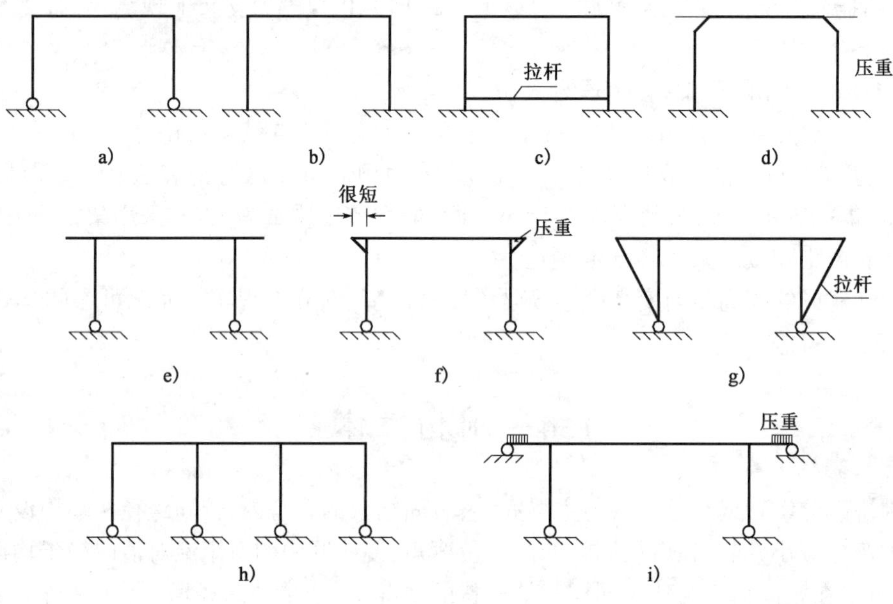

图 1-4　门式刚构桥结构体系

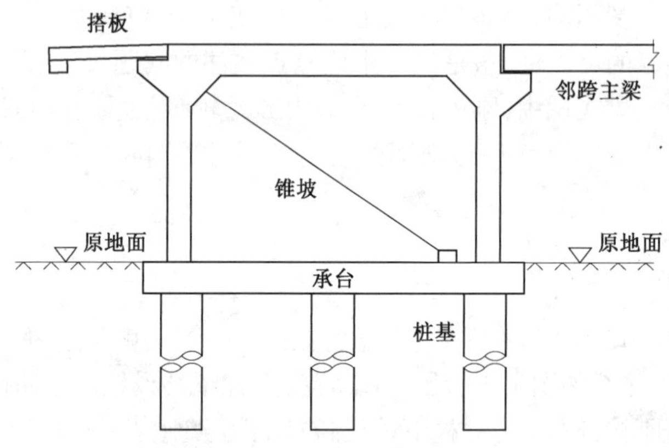

图 1-5　门式刚构桥台

单跨门式刚构桥立柱与基础的连接状态对基础受力影响较大,若柱脚为固结,将产生较大的弯矩,基底边缘应力与偏心矩不易满足规范要求。所以,通常将柱脚设计成铰支承。如受力验算能符合规范要求,也可以采用柱脚固结。

门式刚构立柱脚一般将产生较大的水平推力,地基地质情况较差时,方案难以成立,通常应采取措施减小水平推力。对于单跨门式刚构桥,将主梁向外延伸至立柱的外侧,形成短悬臂,如图 1-4e)所示,如悬臂很短,还可在短悬臂上施加压重,如图 1-4f)所示,或在悬臂端与柱脚间设置拉杆,如图 1-4g)所示,都是较为有效的方法。短悬臂的长度应控制在桥孔跨径的 1/5左右,不宜过长。图 1-4d)所示加压重的方式,也可以降低水平推力。这些措施仅适用于中小跨径门式刚构桥。

钢筋混凝土门式刚构桥的合理跨径不宜超过 20m。跨径较大时,主梁应采用预应力混凝土结构。对于图 1-4g)所示带拉杆的门式刚构桥,宜在拉杆内布设预应力束。

门式刚构桥的主梁和立柱连接处的角隅节点,要求具有强大的刚度,能承受较大的负弯矩,并可降低跨中的正弯矩,达到卸载的目的。

对跨径较大的带悬臂的门式刚构桥,当悬臂上有较大压重时,可以做成如图 1-4i)所示的三跨两柱门式刚构,此时在主梁的两端设置支座。例如奥地利维也纳 Schweden 桥,中跨跨径为 55.4m,两边孔跨径均为 12.2m,桥梁全长 82.05m。当悬臂上无压重时,悬臂端可以不设支座;奥地利 Marien 桥,中跨跨径 56.8m,两侧的悬臂长度为 11.7m 和 11.3m。结构图式如图 1-4e)所示。表 1-5 为国内外部分门式刚构桥简况。

国内外部分门式刚构桥简况 表 1-5

桥　名	跨径(m)	梁高(m)		柱高(m)	柱支承	结构构造	桥宽(m)
		跨中	支点				
合肥市长江路桥	4.5 +64 +4.5	1.7	3	7.5	固结	PC 箱梁,三角框架柱	47.60
某地道桥(我国)	单孔净 10	1.2	1.8	7	固结	RC 结构,填方总高 11.2m	34.65
泽普林(Zeppelin)桥	单孔 17.7	1.15		4.74	双铰	RC 双箱,台后压重 5t	18.00
奥地利马赖恩(Marien)桥	11.7 +56.8 +11.3	1.46	2.67	7.25	双铰	RC 单箱 10 室	24.00
日本锦桥	10 +50 +10	1.6	3.2	9.2	双铰	RC 单箱双室	6.60
日本上姬川桥	15.9 +48 +15.9	1.2	2.8	19	固结	PRC 单箱单室	8.10
奥地利维也纳斯威敦(Schweden)桥	12.2 +55.4 +12.2	1.43		约 7.0	双铰	PC 三箱单室	27.32
德国迪辛格桥	13 +94 +13	1.4	3.56	约 14.0	固结	PC 双箱单室	18.70

注:长江路桥、某地道桥结构分析计算可参阅本章参考文献[5]。马赖恩(Marien)桥、斯威敦(Schweden)桥的立面布置及尺寸见本章参考文献[1];迪辛格桥立面、平面及横断面图见本章参考文献[2]。

1.4.2 T 形刚构桥与 V 形墩刚构桥

一联中各中间桥墩均与主梁固结,且主梁是结构连续的桥称为连续刚构桥,如果主梁在各跨中断并设置简支挂梁或剪力铰,则称为 T 形刚构。因主梁在各跨跨中断开,在桥墩顶上沿纵向形成双悬臂梁,所以也可以把 T 形刚构纳入悬臂梁桥的体系。T 形刚构桥的桥墩是竖直的立柱。为了增大其跨径并降低墩顶区段主梁的负弯矩,可以将 T 形刚构的桥墩改变为 V 形或 Y 形,便成为 V 形墩刚构桥。这两种刚构桥的结构体系如图 1-6 所示。其中图 a)、b)分别为跨中设挂梁和剪力铰的三跨及三跨以上 T 形刚构桥。图 1-6c)、d)分别为跨中设挂梁和剪力铰的三跨及三跨以上 V 形或 Y 形墩刚构桥。

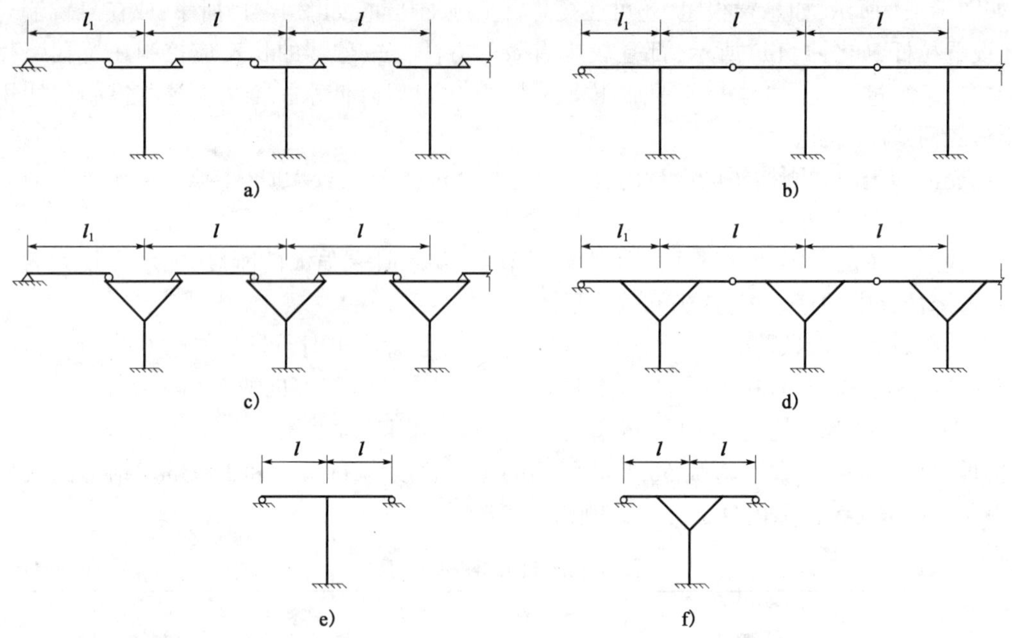

图 1-6 T 形刚构桥、V 形墩刚构桥结构体系

中等跨径的 T 形刚构桥,跨径一般在 80m 以内,边、中跨布置及主梁高度与跨径的关系在 1.2 节中有简要论述。带挂梁的 T 形刚构一般用悬臂法或支架现浇法施工,T 构完成后再架设简支挂梁。全桥在施工过程中无体系转换,受力明确,施工方便。当荷载作用在一个“T”上时,相邻“T”不能协同工作,悬臂端竖向位移不连续,只能依靠挂梁过渡,行车舒适度较差。带跨中剪力铰的 T 形刚构,称为部分连续结构。该连接处不承受轴力和弯矩。成桥状态为一次超静定结构。可以采用悬臂法和支架法施工。在施工精度控制较好的情况下,安装跨中铰时可避免强迫合龙,基本上无体系转换的影响,施工也较方便,而且可以省去挂梁预制安装的工作。但在活载作用下,跨中铰接处两个 T 构的转角是不连续的,后期挠度仍然可能较大,对行车舒适性同样有不利影响。铰的构造较复杂,会增加使用期的管养难度。国内修建的 T 形刚构桥,带挂梁的较多,跨中设铰的较少。由于 T 形刚构对行车舒适性影响较大,高速公路与高等级公路上一般不采用,在行车速度较低的公路和城市道路上,有时采用这种桥型。该桥型多适用于中等跨径,主梁(有时也包含挂梁)为预应力混凝土结构,大部分为箱形截面,也有少数桥采用桁架式 T 形刚构。

图 1-6e)所示的双跨单 T 刚构桥,尤其适合平转法与悬臂法施工,在公路、城市道路和铁路中等跨径的跨线桥中得到了广泛应用。

交通行业曾在 20 世纪 60 ~ 70 年代编制过 T 形刚构桥通用图或设计图。其中有如下两种:

(1)四跨钢筋混凝土 T 形刚构桥

孔跨布置有两种:14m + 2 × 20m + 14m;12.25m + 2 × 16.5 + 12.25m。设计荷载为汽车—20 级,挂车—100。桥面净宽为净 9m + 2 × 1.5m 人行道,斜交角 45°、60°。结构图式与图 1-6a)相同,该通用图曾用于京津塘公路。

(2)预应力混凝土T形刚构桥(JT/GQS 006—1975 ~ JT/GQS 009—1975)

主跨跨径有60m、70m、80m三种。跨径70m、80m配20m、25m挂梁。汽车荷载:主跨60m者为汽车—15,挂车—80;其余为汽车—20,挂车—100。为交通部公路规划设计院编制的设计图。

在1.2节中讨论了悬臂梁桥的优缺点。三跨及三跨以上的T形刚构桥主要优缺点与悬臂梁桥大体相同。尤其是主梁在一联中结构不连续对使用功能、施工工艺及后期管养工作带来不利影响这一主要缺点,致使20世纪90年代以后T形刚构桥已由连续梁桥和连续刚构桥取代,很少采用。

100m以下中等跨径预应力混凝土T形刚构桥在20世纪70~90年代国内修建多一些,以下是几个实例:

[例1-17] 广东彭坑桥

三跨预应力混凝土T形刚构,跨径为50.8m+80m+50.8m,挂梁22m,主梁高度1.5~4.8m,于1978年建成。

[例1-18] 浙江湖州南浔桥

三跨预应力混凝土T形刚构,跨径为40m+60m+40m,挂梁20m,主梁高度1.3~3.2m,单箱双室,于1987年建成。

[例1-19] 江西吉安井岗山桥

16跨预应力混凝土T形刚构,跨径为46m+14×71m+46m,挂梁21m,主梁高度2~4m,单箱双室,于1970年建成。

[例1-20] 安徽五河淮河大桥

五跨预应力混凝土T形刚构,跨径为60m+3×90m+60m,挂梁30m,主梁高度1.9~5.0m,单箱双室,于1977年建成。

[例1-21] 山西保德黄河桥

七跨预应力混凝土T形刚构,跨径为30m+5×60m+30m,中跨设剪力铰,主梁高度1.5~3.6m,双箱双室,箱宽2.7m,桥面宽11m,于1972年建成。

[例1-22] 四川绵阳桥

2×70m预应力混凝土T形刚构,平转法施工,转体质量3250t,于1990年建成。

[例1-23] 广东南海谢叠桥

2×68m预应力混凝土T形刚构,平转法施工,转体质量3505t,桥宽21.5m,于1994年建成。

[例1-24] 贵阳市都拉营桥

55.7m+90m+55.7m三跨T形刚构,平转法施工,跨铁路,转体质量7100t,桥面宽21.5m,于1998年建成。

图1-6e)所示的两跨单T刚构桥,不存在主梁结构不连续的缺点,特别适宜于采用平转法与悬浇法施工,近年在中等跨径的跨线桥中获得了广泛应用。表1-6为部分已建成的两跨单T刚构桥。

国内近期已建成的跨径小于100m双跨单T刚构桥,有以下特点:

(1)施工方法主要有平转法和挂篮悬浇法。用转体法施工的T形刚构,转体前主梁的施工多采用悬浇法或支架现浇法。

国内跨径小于 **100m** 部分双跨单 T 刚构桥简况　表 1-6

序号	桥　名	跨径(m)	梁高(m)	桥宽(m)	主梁结构	施工方法	附　注
1	南昌生米桥辅航道桥	2×70	8.5~2.8	双幅 35	PC 单箱双室	挂篮悬浇	顶板厚 28cm,底板 25~100cm,腹板 40~80cm
2	保阜高速公路跨京广铁路桥	2×80	6.2~2.8	28	PC 单箱三室	转体与支架	顶板厚 30cm,底板 28~110cm,腹板 50~100cm
3	陕西双星沟桥	2×85	8.0~3.0	双幅 27	PC 单箱单室	挂篮悬浇	顶板厚 30cm,底板 30~100,腹板 40~60cm
4	贵阳黔春路桥	2×85	8.0~3.2	双幅 15	PC 单箱单室	挂篮悬浇	顶板厚 28cm,底板 32~120cm,腹板 50~70cm
5	某桥	2×85	8.6~3.2	27	PC 单箱双室	挂篮悬浇	顶板厚 30cm,底板 30~120cm,腹板 50~100cm
6	某高速公路跨京沪铁路	2×68	5.8~2.5	左 24.25 右 28.5	PC 单箱三室	平转法	转体质量 13500t,钢球铰芯
7	河北桃河桥	2×75	7.15~3.25	24.5	PC 单箱三室	平转法	转体质量 15000t,转体高度 51.15m
8	无锡高浪高架桥	2×68	5.8~2.8	双幅 39.0	PC 单箱双室	平转法	转体质量 8000t,双幅同步转体
9	某立交桥	2×75			PC 箱梁	平转法	转体质量 12000t,钢球铰芯
10	北京地铁上跨铁路桥	2×84	8.0~3.0	10.8	PC 单箱单室	平转法	转体质量 7130t
11	石碱公路跨包兰铁路跨线桥	2×55	5.7~2.7	20.0	PC 单箱双室	平转法	转体质量 7400t,钢球铰芯

(2)为了减轻转体质量,均采用两侧为大悬臂的箱形截面,单侧悬臂板长度一般在 3~5m 之间。表 1-6 中序号 5 对应桥,单侧悬臂板长 4.6m;序号 8 对应桥单侧悬臂板长 4.5m。

(3)两跨单 T 刚构桥,适用于中等跨径的跨线桥。

(4)预应力混凝土两跨单 T 刚构桥的主梁,应采用变高度主梁,根部梁高为跨径的 1/9~1/11,端部梁高为根部梁高的 0.33~0.5 倍。这是由于双跨连续结构较相同跨径的三跨连续结构,在同样荷载作用下,中间支承处的负弯矩较大。例如在均布荷载作用时,两跨连续梁最大负弯矩较三跨连续梁最大负弯矩增大约 25%,故两跨单 T 刚构桥根部梁高不应采用三跨连续结构的经验值。

为了减小 T 形刚构桥主梁根部的负弯矩,并优化桥梁立面景观,近年国内外发展起来一种新型结构桥,即 V 形墩刚构桥(有的文献称为 V 形墩桥)。实质上是把 T 形刚构的桥墩改变为纵向呈 V 形或 Y 形的结构形式,如图 1-6c)所示,仍属外部静定体系。该桥型在国内修建较少。下面简要介绍一个实例。

[例 1-25]　杭州湾跨海大桥南岸接线跨线桥

该桥为带挂梁的三跨 V 形墩刚构桥,边跨 $l_1=38.5\text{m}$,中跨 $l=55\text{m}$。桥面宽 5.5m,V 形墩

斜腿倾角 53°,V 形斜腿与基础固结,斜腿顶部与总长为 25.6m 的 T 梁固结,形成有 5.52m 的两个外侧悬臂 V 形框架,挂梁亦为 T 梁,横桥向 3 片,与斜腿顶面的 T 梁对应。斜腿顶部纵梁与挂梁的 T 梁均施加纵向预应力。挂梁简支 T 梁支承在斜腿顶部两侧的牛腿上。T 梁高度为 2.25m。

两跨 V 形墩刚构桥[图 1-6f)],也是为了减小单 T 刚构桥主梁根部负弯矩,并改善立面景观而提出的一种新型结构桥梁。目前国内未见实例。

1.4.3　斜腿刚构桥

预应力混凝土斜腿刚构桥最早出现在法国。1962 年 3 月建成的由著名预应力大师尤金·佛奈西奈设计的圣来希尔桥,为变截面预应力混凝土多跨斜腿刚构公路桥,总长 326m,共计 5 跨,斜腿与基础之间为铰接,一跨内两铰之间的跨径为 56.7m。根部梁高 2.4m,跨中梁高 1.4m,边跨主梁与斜腿和桥墩连接。主梁为分离式闭合箱,桥面全宽 26.65m。后来在法国、南斯拉夫、苏联、卢森堡、德国等国家建成多座斜腿刚构桥。其中卢森堡·阿尔泽特公路桥斜腿铰间的跨径达到 234.1m(1965 年建成)。我国建成较早的斜腿刚构桥是山西浊漳河铁路桥,为三跨斜腿刚构桥,主梁跨径为 23m + 44m + 23m,脚铰跨径为 82m,在支架上现浇,于 1981 年建成。陕西安康汉江铁路大桥,为钢结构斜腿刚构桥,孔跨为(56 + 3 × 64 + 56)m,竖转施工,于 1982 年建成。斜腿刚构桥适用的跨径范围较宽,主梁跨径从 20 多米到 100 多米均可采用。脚铰跨径为单跨的斜腿刚构桥,近年在城市道路与公路的跨线桥中应用较多。因为这种桥型的跨中最大正弯矩仅为同跨径简支梁的 20% ~30%,跨中挠度仅为简支梁的 10% 左右,用钢量为简支梁的 60% ~70%,桥体重量比简支梁轻约 50%,具有较大的跨越能力和较高的承载能力,而且造型轻巧美观,具有较强的竞争能力,因此在中等跨径混凝土梁式桥中占有重要地位。

1999 年英国《桥梁设计与工程》编辑部邀请了 30 位国际知名桥梁学者、工程师、建筑师对 20 世纪已建成的近万座桥梁进行评选,评出了 20 世纪最美的 15 座桥梁,其中第四名为德国·柯莱姆跨线桥。该桥为跨越 A8 高速公路的立交公路桥,主梁为三跨,17.64m + 34.44m + 17.64m,脚铰间跨径 45m,主梁为预应力混凝土结构,梁高 0.5 ~ 1.7m,桥宽 5m。尤其值得关注的是,该桥中跨主梁的跨中梁高大于支点梁高,形成优美的波浪形曲线,得到国际桥梁界的广泛赞誉。图 1-7 为该桥实景照片。

斜腿刚构桥如以腿脚间距作为跨径,可以是单跨结构,也可以是多跨结构。腿脚可以是铰接,也可以是固接。有的桥施工中是铰接,成桥后为固接。图 1-8 为斜腿刚构桥的结构体系示意图。

由于斜腿的作用使主梁的跨中区段成压弯构件,与斜腿形成折线拱,具有拱的特点,但压力线偏离轴线的数值大于拱。墩顶区段主梁为拉弯构件,整个主梁又具有梁的特点。主梁跨中区段存在较大的轴压力,相当于获得免费预应力,又因斜腿降低了主梁的跨度,致构件内力和截面尺寸大为减小,整体性与刚度也得到加强,使斜腿刚构桥呈现出良好的力学性能。图 1-8a)和 b)为跨线桥较常用的单跨斜腿刚构桥。两者区别仅是腿脚有铰或无铰。前者为 3 次超静定结构,后者为 5 次超静定结构。图 1-8c)为多跨斜腿刚构桥,通常采用等跨,即图中的 l 相等。边跨靠桥台一端仍有斜腿。如果边跨靠桥台一端不设斜腿,主梁仅支承在桥台上,便成

图 1-7　柯莱姆跨线桥

图片来源:《桥梁类型》(陈艾荣等编著),人民交通出版社,2003。

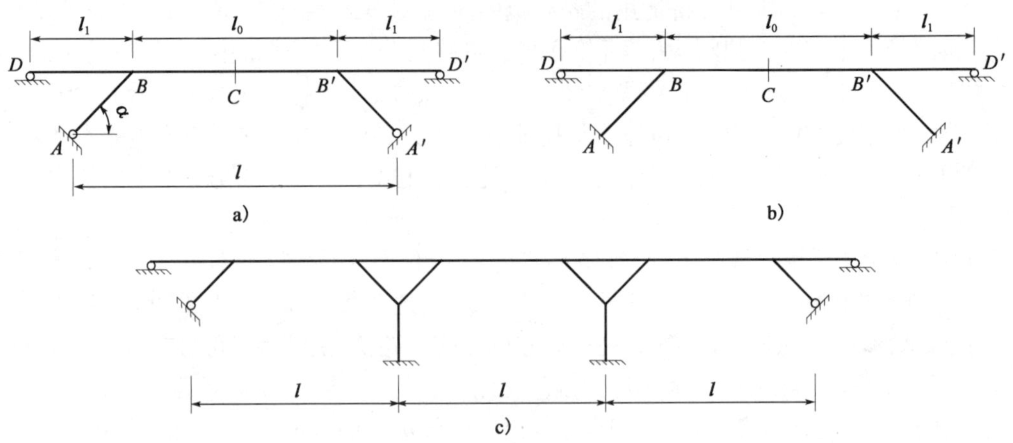

图 1-8　斜腿刚构桥结构体系

了 V 形墩或 Y 形墩连续刚构桥。多跨斜腿刚构桥的桥墩可以是 V 形,也可以是 Y 形,与基础的连接亦可分为铰接和固接两种。斜腿的水平倾角 α 为 40° ~ 50°,有时可放宽至 30° ~ 60°。α 的变化对主梁弯矩和剪力影响小,对轴力影响大。α 角越小,主孔 l_0 的轴力越大,对主孔 l_0 越有利,但副孔 l_1 的轴向拉力增大,对副孔受力不利。设计时要综合考虑主梁的轴力变化、立面景观和地形地质情况,合理确定 α 角。图 1-8a) 所示的单孔斜腿刚构桥,边跨 l_1 与中跨 l_0 的比值宜在 0.45 ~ 0.55 之间;跨中梁高 h_0 一般取(1/25 ~ 1/35)l_0;根部梁高 h_1 一般取(1.5 ~ 2.0)h_0。跨径较小时,可以采用等高度主梁,高度为(1/25 ~ 1/30)l_0,根部按节点构造要求适当加厚。斜腿的纵向厚度,上端可取(1.2 ~ 1.5)h_0,下端可取(0.4 ~ 0.8)h_0。斜腿较长时,拟定截面尺寸时还应注意稳定性问题。计算分析表明,l_1/l_0 是影响结构内力的主要因素,应注

意选择合适的 l_1/l_0 值。表 1-7 为国内外部分混凝土斜腿刚构桥实例。

国内外部分混凝土斜腿刚构桥实例　　表 1-7

序号	桥　名	主梁孔跨(m)	腿脚跨径(m)	梁高(m)	斜腿水平角(°)	附　注
1	山西浊漳河桥	23.5 +44 +23.5	82	2.8 ~2.1	45	铁路桥,桥宽 3.9m,1981 年建成,支架现浇
2	江西逐川洪门桥	19.4 +40 +19.4	60	2.8 ~1.4	41.94	公路桥,PC 主梁,单箱单室,桥宽 9.5m,现浇,于 1986 年建成
3	京沈高速公路某跨线桥	18 +40 +18	53	2.2 ~1.3	53.892	PC 箱梁,顶宽 5.6m,斜腿 RC 箱形,扩大基础
4	京沈高速公路某跨线桥	18 +42 +18	56	2.0 ~1.5	58.0	桥面宽 5.6m,三条 PCT 梁,扩大基础
5	沈四高速公路怪坡跨线桥	11 +28 +11	33	1.6 ~1.0	50.0	桥面宽 8.1m,4 条 PC 工形梁,腿脚设铰,斜腿 RC 结构
6	沈本高速公路某跨线桥	4 +25.6 +4	27	1.4 ~1.0	62.66	桥面宽 8m,5 片 PC 工形梁,扩大基础
7	德国·柯莱姆跨线桥	17.64 +34.44 +17.64	45	1.7 ~0.5		PC 主梁在中跨为波浪形,桥宽 6m,桥长 71.72m,于 1993 年建成
8	日本·远幌桥	21 +39 +21	57	2.2 ~1.2	39.8	桥宽 6.0m,支架现浇,RC 结构
9	日本·祖山桥	40.35 +66 +40.35	107.96		50	悬浇 PC 主梁
10	日本·马桑桥	35.914 +40.272 +35.914	90.012		45	PC 主梁
11	德国·霍赖姆桥	39.9 +64 +39.9	85.5		51.42	PC 主梁,支架现浇,铁路桥
12	南斯拉夫里耶雪那南桥	50 +108.5 +50	146	4.68 ~2.83		PC 中主梁悬拼,边梁、斜腿现浇,混凝土铰,于 1988 年建成
13	南斯拉夫里耶雪那北桥	45 +98.4 +45	132	4.68 ~2.83		PC 中主梁悬拼,边梁、斜腿现浇,混凝土铰,于 1988 年建成
14	江西流芳桥	5 跨 44m				桥宽 8.5m,三片 RC 工形主梁,斜腿箱梁,主梁悬拼施工
15	贵州毕节百里杜鹃跨线桥	20 +40 +20		2.5 ~1.5	50	单幅单箱五室,顶宽 20m,腿铰接,PC 梁,支架现浇,于 2013 年建成

注:本表资料摘自本章参考文献[1]、[2]、[5]、[7]、[8]、[9]等,序号 2 对应的内力计算与施工可参阅本章参考文献[1],序号 15 对应的结构设计与计算可参阅本章参考文献[9]。

1.4.4　无桥台斜腿刚构桥

桥台的一个主要功能就是为桥梁边跨端部提供支承反力,使桥梁能维持设计所确定的结构体系并正常工作。如果边跨端部可以不需要支承反力,桥台可以仅具备维护路堤稳定性并使桥路平顺连接的作用,则桥路的连接大为简化。这种桥梁可称为无桥台桥梁。在梁式桥中,图1-2b)所示的悬臂梁桥,在路堤高度与边跨跨径l_1符合某种比例的情况下,属于无桥台桥梁。但受梁端挠度与负弯矩限制,只适用于较小跨径和较低的路堤。斜腿刚构桥的优点之一是因腿脚存在水平推力而使中跨主梁成为压弯构件,接近于拱的体系,增大了跨越能力,并改善了结构受力,但也对地基承载力提出了较高要求,同时还需要能承受竖向压力的桥台。在斜腿刚构桥边跨梁端与斜腿脚之间增设一根外斜杆,则受力状态大为改变,边跨梁端本应由桥台支承,变为由外斜杆支承,桥台的支承功能不再需要,故称为无桥台斜腿刚构桥。国外较早出现过该类桥,如英国高速公路上采用较多。1978年广东省建筑设计院设计了我国首座无桥台斜腿刚构桥——江门市北江桥。该桥中跨为32m,全长54m,于1979年建成。1997年武汉城市建设学院王国鼎教授等完成了"无桥台桥梁的研究报告"。湖北省科委主持该课题的鉴定,认为"这种桥型,具有结构轻巧、施工方便、造形美观、节省投资等优点"。该研究成果获得1998年度建设部科技进步三等奖。2000年之前,江西省曾建成20余座该类桥,其他省、市也修建过多座。这种桥由于可以省去桥台,且跨越能力较大,较为适用于公路、城市道路的跨线桥、立交桥。图1-9为无桥台斜腿刚构桥常用结构体系图。其中图a)为常用的主梁三跨(斜腿脚为单跨)结构体系。因超静定次数高,温度、混凝土收缩、基础水平位移将引起很大附加内力,当主梁较长或为多孔时,可在跨中设置挂梁,以消除这类附加内力,如图1-9b)所示。内、外斜腿与基础连接处一般均采用固接。边跨主梁、内外斜腿和基础形成稳固的三角形结构,使全桥主梁两端受到较强的约束,对于图1-9a)所示的结构,中跨l_0主梁、内外斜腿(外斜腿亦为边斜杆)均为压弯构件。内外斜腿与基础连接处的水平分力方向相反,使内斜腿水平推力显著减小,对基础设计有利,这一特点是优于有桥台斜腿刚构桥的。但无桥台斜腿刚构桥是以边跨l_1中产生拉力(l_1为拉弯构件)为代价而换取省去桥台的优点的。这是其不足之处,即所谓"有所得必有所失"。应在桥型方案选择时综合考虑。由于主梁BC段为压弯构件,斜腿起增大跨径的作用,在相同条件下,其跨径可达连续梁的1.6倍。

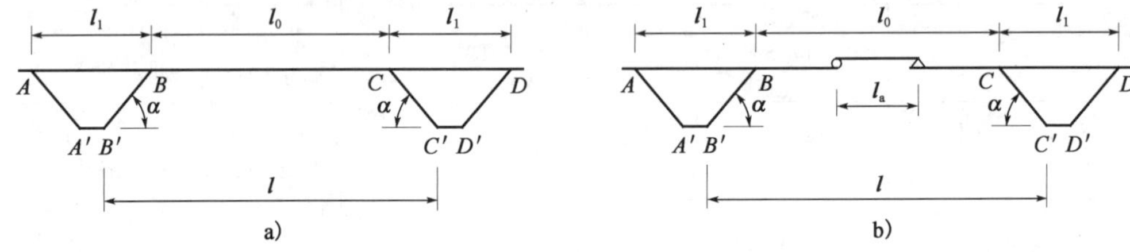

图1-9　无桥台斜腿刚构桥体系

根据本章参考文献[10]进行专题研究得到以下结论[针对图1-9a)体系]:

(1)无桥台斜腿刚构桥的主梁相当于支承在弹性支承上的三跨连续梁,不同的l_1/l_0,对结构内力(主要指弯矩)影响较大,通过数值分析可知,l_1/l_0在0.6左右较合适。

(2)内斜腿倾角α的变化,对中跨l_0主梁轴向压力和斜腿下端水平力影响较大,建议α取值在45°~55°之间。

根据本章参考文献[5]指出,l_1/l_0为0.45~0.60,α角一般取40°~60°。主梁宜采用变高度。中跨主梁l_0,跨中梁高$H_0=(1/25\sim1/35)l_0$,支点处梁高可取$(1.5\sim2.0)H_0$,边跨l_1为

拉弯构件,并考虑立面的协调美观,其外侧端部梁高宜取为 H_0,向内侧逐渐加厚至斜腿上端节点处。该节点为边、中跨主梁与斜腿的交汇区域,按刚性节点构造拟定尺寸。中跨主梁 l_0 从跨中梁高 H_0 逐渐增大至根部节点处。内侧腿(BB'及 CC'),其下端厚度(截面高度)可取 $(0.4\sim0.8)H_0$,向上逐渐增厚至上端,与节点尺寸衔接。边斜杆多采用等高度截面,其高度为 $(0.4\sim0.8)H_0$。

无桥台斜腿刚构桥,跨径 l_0 在30m以内时,可以采用钢筋混凝土结构。跨径较大时,主梁应采用预应力混凝土结构。斜腿一般为钢筋混凝土结构。这种桥型多用于公路上跨桥、跨河桥和城市立交桥。

对于设铰的无桥台斜腿刚构桥,如图1-9b)所示,可以采用预制拼装的简支挂梁,其跨径 l_a 宜为 $0.58l_0$,即铰的位置大约在主梁 l_0 不设铰情况下弯矩为零附近。

主梁两端伸入路堤一定长度并与桥头搭板连接。边斜杆的斜度与路堤锥坡的斜度大致协调,不必要求两者的斜度完全相等。一般情况下,边斜杆水平倾角约为45°。应按全桥结构布局确定内、外斜腿的斜度。

国内部分无桥台斜腿刚构桥实例如下:

[例1-26] 湖北鄂州市金鸡桥[11]

主梁为8.25m+14m+8.25m三跨无桥台斜腿刚构桥。斜腿脚的跨径为20m,全长30.5m,桥面净宽为净7m+2×1m,主梁为T梁,梁底为折线形,中跨跨中梁高0.6m,支点梁高1m,边斜杆倾角45°,与路堤锥坡坡度一致。主梁伸入路堤0.75m,因公路等级低,未设搭板,亦未设伸缩缝。该桥于1988年建成,工期仅5个月,通车10年后运行情况良好。图1-10为该桥立面图。

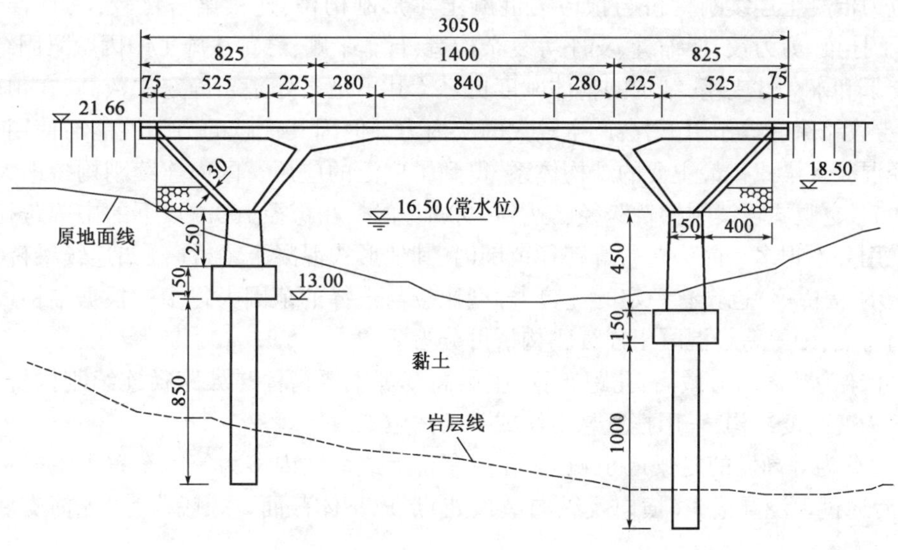

图1-10　湖北鄂州市金鸡桥立面(尺寸单位:cm;高程单位:m)

[例1-27] 广东茂名官渡桥[11]

为城市桥梁,桥面净宽30m,采用3×40m无桥台斜腿刚构桥。主梁由8条T梁组成,主梁变高度,跨中梁高 1m(为跨径的 1/40),支点梁高 1.8m(为跨径的 1/22),梁底为二次抛物线。8 条梁肋有 4 条斜腿支承,斜腿横向较宽,桥头搭板支承于梁端牛腿上,采用四氟滑板支座,该处设伸缩缝。采用支架现浇法施工。该桥于 1991 年 7 月建成。

[例 1-28] 湖北襄樊市清河二桥[11]

桥梁跨越通航河道,采用 33.32m + 46.67m + 33.32m 无桥台斜腿刚构桥;桥面净宽 24m;在中跨跨中设置跨径 20m 简支挂梁;主梁为 T 形截面;跨中梁高 1.5m,支点梁高 2.4m,支承挂梁的主梁悬臂长 4.9m;主梁有 8 条 T 形肋,斜腿横向为 4 条,其宽度与厚度均是上大下小。斜腿宽度由上至下为 3.7 ~ 2.2m,厚度由上至下为 0.65 ~ 0.5m,挂梁采用预制安装,其余结构采用支架上现浇施工。挂梁就位后,电焊牛腿上部预留钢筋,然后现浇湿接头混凝土,将牛腿与挂梁连接起来,使牛腿处可以传递水平推力和剪力,但不能传递弯矩,该处形成"推力铰"。桥墩采用双排桩,直径 1m,承台厚 1.6m,按摩擦桩设计。本桥在跨中布置跨径 20m 简支 T 梁,因采用预制安装,避免了在主河槽中搭设支架的麻烦。

[例 1-29] 安徽铜陵至汤口高速公路支线上跨桥[5]

14.85m + 26.0m + 14.85m 三跨无桥台预应力混凝土斜腿刚构桥,桥面净宽为净 4.7m + 2 × 0.4m,主梁为单箱单室截面,中跨主梁高度从跨中 90cm 渐变至根部 133cm,边跨主梁高度从外侧端部 90cm 渐变至根部 145.6cm。内斜腿截面高度为 80 ~ 100cm,斜度 1∶0.7(竖∶水平);外斜杆截面厚度为 70cm,斜度 1∶1.261。斜腿为实体矩形截面,采用扩大基础。上、下部结构均采用支架现浇施工。

1.4.5 连续刚构桥

预应力混凝土连续刚构桥与预应力混凝土 T 形刚构桥、连续梁桥比较,具有若干优势,如:省去了挂梁、剪力铰、伸缩缝、支座等复杂构造,行车平顺,悬臂法施工中因墩梁固结可以省去临时支承和永久性支座,结构的整体刚度更好。其不足之处是超静定次数高,在预应力、温度、混凝土收缩徐变等作用下,会产生较大的次内力。但因其优越的力学性能与使用功能,成为大跨径混凝土梁式桥最主要的结构体系,得到了广泛的应用。国内连续刚构桥最大跨径已达到 270m。空腹式连续刚构桥跨径已达到 290m。但是在跨径 100m 以下的中等跨径混凝土梁桥中采用并不很多。因为在中等跨径范围内,其他形式混凝土梁桥(例如连续梁桥、斜腿刚构桥、T 形刚构桥等)也具有一定的优势,桥型比较与选择的范围大得多。根据结构设计与施工方法的特点,中等跨径混凝土连续刚构桥可分为两类:

(1)主梁为整体箱形截面,孔跨布置、主梁高度等主要指标与大跨径连续刚构桥的相同,主梁一般为变高度结构,采用挂篮悬浇法或支架法施工。

(2)主梁为等高度的 T 梁或小箱梁,在一座桥上或一联内多为等跨布置。主梁采用预制吊装,然后通过现浇湿接头(横向及纵向墩顶处)形成整体截面。一般称为"先简支后连续刚构"。

两跨连续刚构桥,其主要特点更接近 T 形刚构,本书称为单 T 刚构桥。所以连续刚构桥的孔跨通常为三跨及三跨以上。图 1-11 为连续刚构桥体系。

其中图 1-11a)为两边跨相等(l_1 相等)的三跨连续刚构桥。在某些特殊情况下,例如受地形、地物的限制,两个边跨不相等,如图 1-11b)中 $l_1 \neq l_2$。三跨以上时,中间各跨多采用等跨布置。图1-11a)、b)所示的三跨及三跨以上连续刚构桥采用悬臂浇筑法或支架法施工，一般中跨跨径较大，属于上述第(1)类连续刚构桥。对于较小的跨径，例如跨径不大于40m时，主梁采用预制吊装，成为先简支后连续刚构，一般均采用等跨布置，如图1-11c)所示，属于上述第(2)类连续刚构桥。

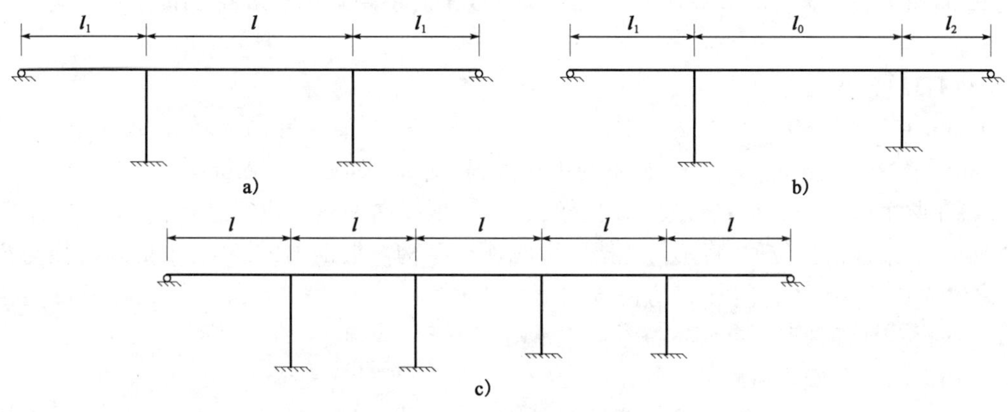

图1-11 连续刚构桥体系

在图1-11a)或b)所示的跨径较大的连续刚构桥中，除了单柱式桥墩外，还有V形或Y形墩(在1.4.6节论述)以及双肢薄壁桥墩。双肢墩可以改善单柱式桥墩的单调感，但更主要的是为了在悬臂施工过程中主梁未合龙以前提高桥墩的稳定性、增大其抵抗不平衡力矩的能力以及减小主梁根部的弯矩峰值。在0号梁段完成、主梁未合龙之前，双肢薄壁墩实质是一门式刚构，0号梁段与双肢墩柱是完全固结的，而且0号梁段的抗弯刚度较墩柱(指一肢墩柱)的抗弯刚度大很多，对双肢墩抗推刚度有影响。这个问题在12.3.3节进行较详细讨论。

图1-11a)所示的预应力混凝土连续刚构桥，在正常情况下，边、中跨比 l_1/l 宜在0.54～0.60之间。主梁根部高度约为主跨跨径的1/15～1/17，跨中梁高为主跨径的1/35～1/40。主梁宜采用箱形截面。桥墩的高度与跨径之比不宜小于0.13，一联内桥墩高度相差不应过大，否则应采取措施进行调整，使桥墩的线刚度较为接近。

图1-11c)所示的等跨连续刚构桥，多采用预制吊装的T梁或小箱梁，其主梁高度通常可采用简支梁桥相应的梁高。桥墩高度与一联内墩高之差值，亦可参考上述经验值进行控制。

中等跨径连续刚构桥实例简介如下：

[**例1-30**] 甘肃成县至武都高速公路北峪河12号桥

预应力混凝土连续刚构桥，孔跨布置：右幅为32.8m+2×60m+32.8m，左幅为32.2m+2×58m+32.2m。根部梁高3.6m，跨中梁高1.8m。单箱单室截面，顶板全宽12.25m，底板宽6.15m。双肢薄壁桥墩，最大墩高46m。采用挂篮悬臂浇筑法施工主梁。左、右幅均划分为9个节段，即0号～7号段、边跨现浇段与合龙段。悬浇分段长度有3.5m和4m两种，边跨现浇段与合龙段长度均为2m。

[**例1-31**] 广西南宁清川桥

55m+2×90m+55m预应力混凝土连续刚构桥，主梁为单箱双室(单幅桥)截面，梁高为

5.6～2.4m，桥面总宽38.5m，单幅箱梁全宽19m，底板宽11m，双肢薄壁桥墩纵向厚度1m，中距5m，墩高20m。采用挂篮悬浇法施工。

［例1-32］ 福建南平桥

60m＋95m＋60m预应力混凝土连续刚构桥，主梁为单箱单室截面，梁高2.46～5.46m，桥面宽12m，箱梁底板宽6m，双肢薄壁桥墩纵向厚度1m，中距4.8m，墩高24m。采用挂篮悬浇法施工。

［例1-33］ 福建丘墩桥

60.3m＋76m＋60.3m预应力混凝土连续刚构桥，主梁为等高度单箱单室截面，梁高3.5m，桥面宽9m，箱梁底板宽4m，桥墩为单柱式，高度36.2m。采用顶推法施工。为了减小顶推跨度，在两个中墩顶面布置桁式RC托架，在桥墩顶纵向两侧形成双悬臂，使顶推的净跨径降至50m，主梁顶推就位后，将其与托架固接成连续刚构。根据国内经验，顶推净跨径与桥孔跨径之比为0.67～0.68；国外有的桥该比值可以达到0.43～0.79，最大桥孔跨径可能接近100m。该桥较详细情况可参阅本章参考文献［1］。

［例1-34］ 虎门大桥引桥

虎门大桥中引桥分为两联，第一联孔跨为7×50m，第二联孔跨为6×50m＋50.2m，两联均为先简支后连续刚构。主梁为等高度预应力混凝土T梁，梁高252cm，肋板厚20cm，翼板宽150cm，其端部与根部厚度分别为8cm和12cm。张拉纵向预应力束及吊装过程中，T梁发生侧向弯曲事故，关于这个问题将在2.5节进行专题讨论。

［例1-35］ 镇海湾大桥引桥

主桥两侧各有两联5×50m预应力混凝土T梁桥，为先简支后连续刚构桥，主梁等高度，高252cm，腹板厚度为20cm，翼板宽160cm，厚度为12～16cm。在张拉纵向预应力束时T梁发生侧弯曲，最大变形值为4cm。

［例1-36］ 贵州茅台大桥

主桥为50m＋88m＋50m桁式连续刚构桥，桥面净宽为净9m＋2×2m人行道，横桥向由4片桁架组成，桁架为斜拉杆式。图1-12为桥型布置图与桁架片单元划分图。

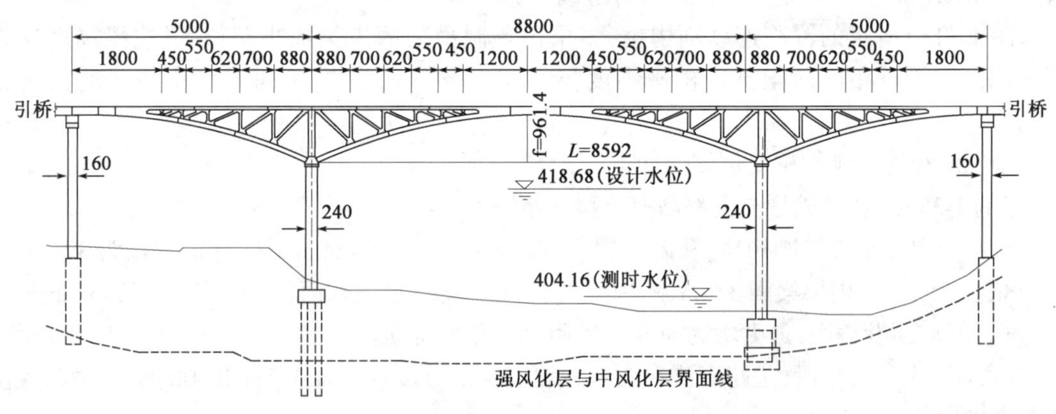

a)贵州茅台大桥桥型布置图

图 1-12

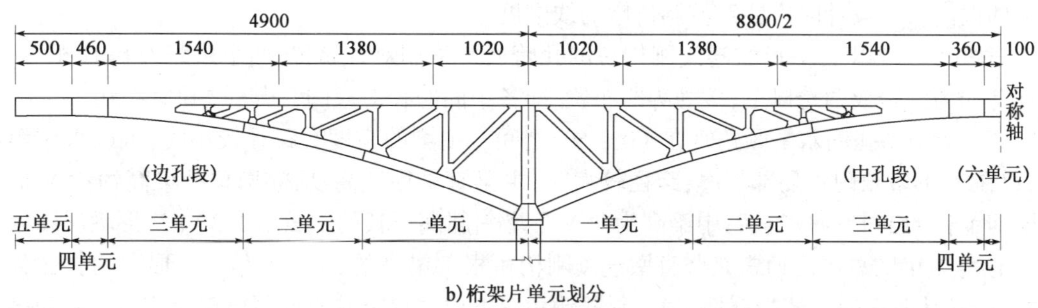

图 1-12　桥型布置图与桁架单元划分图(尺寸单位:cm;高程单位:m)

上弦及斜腹杆为预应力混凝土构件。下弦拱脚设临时铰;在第一单元张拉完成后封灌成为固结。采用悬臂法施工,腹杆为预制构件,下弦之下设置施工平台,用斜拉杆悬挂在墩顶的临时立柱上,逐段悬浇下弦、安装腹杆及现浇上弦,最后完成合龙段。该桥于 1993 年建成。桁片尺寸及较详细施工程序可参阅本章参考文献[1]。茅台大桥后来在使用过程中因开裂严重无法彻底加固,为确保行车安全,拆除重建。国内一些以 RC 或 PC 构件组成的桁式结构桥梁出现裂缝的情况较为普遍。除茅台大桥外,还有桁式组合拱桥、桁式 T 形刚构桥(例如福建洪塘大桥)、桁式腹杆斜拉桥(例如四川州河大桥)以及桁架拱桥等。产生病害的主要原因是超静定次数高,在温度、混凝土收缩徐变和基础不均匀变形影响下,二次应力很大,在节点附近容易开裂。国内一些专家建议,一般情况下尽量不采用混凝土桁式结构。

1.4.6　V 形墩连续刚构桥

在 1.4.5 节中提到了竖直桥墩连续刚构桥的若干优势。为了进一步改善其受力状况和某些功能,将竖直桥墩改为 V 形桥墩或 Y 形桥墩,形成了一种新的连续刚构桥体系。这种体系一般为三跨或多于三跨。图 1-13 为 V 形或 Y 形墩连续刚构桥结构体系图。

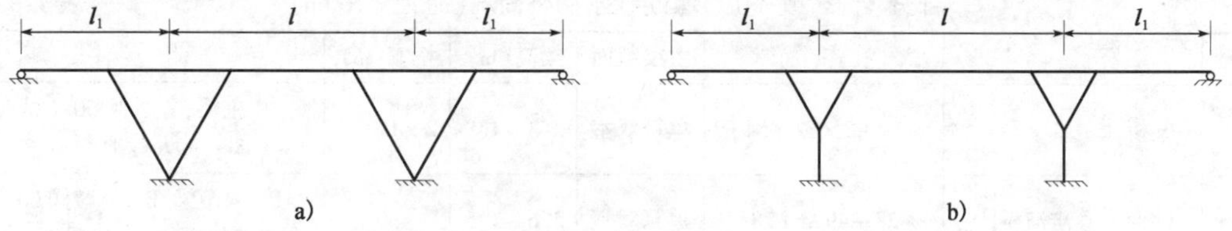

图 1-13　V 形或 Y 形墩连续刚构桥结构体系

V 形墩或 Y 形墩下端与基础的连接一般多为固接,也有采用铰接的,有的桥采用盆式橡胶支座。与竖直桥墩连续刚构桥比较,V 形或 Y 形墩连续刚构桥具有下述优点:

(1)缩短了主梁的计算跨径,降低了跨中和支点部位弯矩峰值,主梁截面相应减小,高度也相应减小。

(2)V 形墩顶的两个支点距离较远,主梁悬臂施工安全度高,无需另外增加设施。

(3)减小了悬臂施工的长度,施工挠度较小,容易控制。

(4)桥型立面线条流畅,结构轻巧,造形美观,适合于城市和风景区桥梁的观景要求。

这种桥型也有不足之处,V 形或 Y 形桥墩的施工较竖直桥墩复杂,施工难度较大,费用较高。结构的超静定次数高,整体刚度较大,对温度、混凝土收缩徐变和不均匀沉降很敏感,产生较大的次内力。设计时应注意控制桥墩的线刚度。

三跨及三跨以上V形墩连续刚构桥的孔跨通常采用对称布置,两个边跨 l_1 跨径相等,中间孔跨如为两跨或两跨以上,多为等跨布置,即各中间跨径对应的 l_1 与 l 之比宜在0.55~0.70之间。V形墩斜腿的水平倾角宜在45°~60°之间。主梁的高度在跨径较小时,可以采用等高度,仅在V形墩顶附近局部加厚;跨径较大时,主梁宜采用变高度,靠墩顶处梁高约为V形墩斜腿间梁长的1/17~1/21;跨中梁高为两V形墩斜腿间梁长的1/20~1/34。V形墩斜腿处包含V形与主梁的总高度通常是竖直墩连续刚构桥根部梁高的2~2.5倍。V形墩的斜腿为压弯构件,设计时需通过调整截面尺寸、斜腿倾角等办法尽可能减小或不出现拉应力。一般多采用钢筋混凝土结构,有的桥采用部分预应力混凝土结构。V形墩之间的主梁仍以受弯为主,应按梁进行设计。整个主梁通常采用预应力混凝土结构。

V形墩连续刚构桥受力具有梁和拱的特点,在恒载作用下,对称作用于基础的水平推力很小,在最不利活载作用下,水平推力虽大一些,但对基础设计影响不大。

V形墩连续刚构桥因其造型优美,在城市桥梁中应用较多。表1-8为国内部分跨径100m以内V形或Y形墩连续刚构桥简况。图1-14为成都市永丰路立交桥立面示意图。

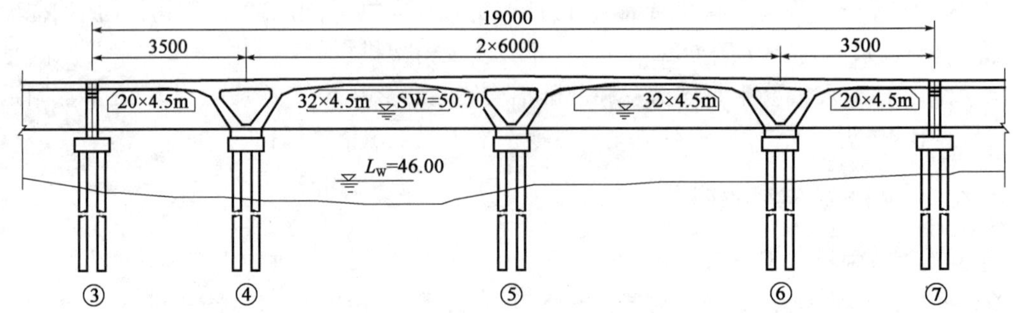

图1-14　成都市永丰路立交桥立面示意图(尺寸单位:cm;高程单位:m)

部分V形(或Y形)墩连续刚构桥简况(跨径<100m)　　表1-8

序号	桥　名	孔跨(m)	主梁截面	梁高(m)	桥宽(m)	附　注
1	某桥[12]	54+2×72+54	单箱双室	3.3~1.8	2×17.25	PC主梁,V墩倾60°,纵向厚1~1.5m,扩大基础
2	陕西户县涝河桥[13]	28+49.5+28	单箱双室	2.6~1.5	30	PC双箱梁,RC V墩倾60°,承台与V墩固结,支架现浇
3	湖北木兰湖桥[14]	35+2×60+35	单箱单室	2.5~1.6	12	PC梁及V墩,V墩倾55°,V墩支架现浇,主梁悬浇
4	某桥[15]	20+55+20		变高度	28	V形实体墩,每墩6ϕ1.5m桩
5	南昌市前湖桥[16]	25+40+25	箱形	2.5~1.8	32	RC主梁,V墩倾50°,纵向厚1m桩基
6	郑西客专洛河铁路桥[17]	48+80+48	单箱单室	等高3.65	13.4	PC主梁,RC V墩倾49.31°,平转施工,长78m
7	某桥[18]	60+90+60	单箱单室	4.5~2.2	16	PC主梁,V墩与承台铰接
8	陕西宝鸡金陵河桥[4]	3.5+21.5+2×30+21.5+3.5	分离式4箱肋	等高1.25	12	V墩与单排桩铰接,边跨3.5m悬臂,无桥台

续上表

序号	桥　名	孔跨(m)	主梁截面	梁高(m)	桥宽(m)	附　注
9	成都永丰路立交桥[8]	24+33+24	空心板	0.9~0.7	9	V墩纵宽0.9~0.6m,矩形,上、下均为刚接
10	洛阳市洛河桥[19]	50+6×80+50	单箱单室	4~2	2×18.25	PC主梁,RC V墩倾45°,底部盆式支座,支架与移动模架施工
11	浙江东阳江桥	50+75+50	箱形			PC主梁,V墩倾角50°,厚1.5~0.8m,V上端中距16.22m
12	广东中山东明桥[20]	60+90+60	单幅单箱单室	3.6~2	31.5	PC主梁,V墩倾角51°,上、下固结,墩高7.74m
13	张家港桥	50+80+50				
14	永州宋家洲西桥	60+90+60				
15	永康西塔桥	45+70+45				
16	北京运河桥	42+78+42		2.6~1.6		V墩倾角45°,V顶梁长23m
17	江西丰城赣江桥	55+4×70+55		1.9		V倾40°,V顶梁长23m
18	南京集庆门桥	32+50+30				V倾50°,V顶梁长8.8m
19	广东新兴良洞桥	31.5+43+31.5				V倾55.26°,V顶梁长13m
20	浙江平湖青阳汇桥	28.5+37+28.5		1.36		V倾48°,V顶梁长9.5m
21	杭州湾大桥南引道跨线桥	38.5+55+38.5	T形	等高2.25	5.5	横向3片PC T梁

注:1.梁高变化者,大值为墩顶处梁高,小值为中跨跨中与端梁高。有的桥V顶部亦为变高度梁。
2.V的倾角均为水平倾角。
3.孔跨按桥墩中线划分,即边、中跨分别为图1-13中的l_1和l。

V形墩一般采用支架或托架施工,主梁采用的施工方法较多,例如支架现浇法、挂篮悬臂浇筑法、移动模架法、转体施工法等均有采用。

1.5　刚构—连续梁桥组合体系

连续刚构桥在下述两种情况下,其内力和变形的某些方面会出现不利的状况:

(1)联长和孔跨数的增加,因温度、混凝土收缩徐变的作用使边主墩固结处顺桥向水平位移增大,墩顶与主梁一起将产生较大的转角变位,边主墩墩身剪力和附加弯矩也随之增大。联长越长,孔数越多,情况越严重。这样的连续刚构方案不合理,甚至不成立。

(2)在一联中,有梁墩固结的中间桥墩高度相差过大,导致桥墩的抗推刚度严重不协调,同样会使桥墩和主梁的受力状态恶化。

为了克服上述缺点,较为有效的办法就是将部分边墩的梁墩固结改为设置活动支座。这样,连续刚构桥就变成了刚构—连续梁桥组合体系。这样对连续刚构桥和连续梁桥而言,都是一种合理的梁式桥结构体系,图1-15为1993年建成的我国首座刚构—连续梁桥组合体系——山东东明黄河大桥的结构体系图。其主桥孔跨布置为75m+7×120m+75m,图1-15为1/2主桥示意图。

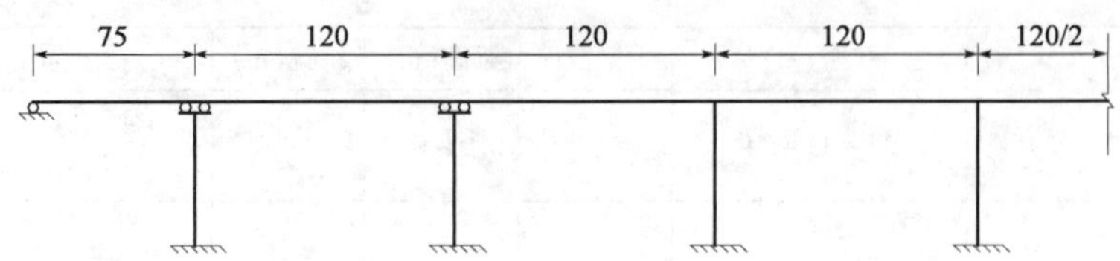

图 1-15 山东东明黄河大桥的结构体系图(尺寸单位:m)

刚构—连续梁组合体系桥也有其不足之处,即支座的正常使用年限较桥梁的设计使用年限短得多,在桥梁的服役期内可能需更换几次支座,不仅工程费用高,技术难度也大于连续桥梁,设计时应提出具体的应对措施。

刚构—连续梁组合体系桥多用于大跨径混凝土梁式桥,主跨 100m 以下的中等跨径梁桥出现上述两种不利情况者较少,故实际应用不多。在地形起伏较大的山区或河谷地区,有的连续刚构桥虽然桥长较短,但主墩与边墩的高度往往相差较大,通常采用的办法是增大高墩的下段刚度,弱化矮墩的刚度,较少采用在矮墩上设支座使之成为刚构—连续梁组合体系的技术方案。设计时应进行较深入的分析,在初步设计阶段应进行定量的同精度比较,以确定技术经济较合理的桥型。表 1-9 为国内外部分刚构—连续梁组合体系桥简况。

国内外部分预应力混凝土刚构—连续梁组合体系桥简况 表 1-9

序号	桥 名	孔跨(m)	简 况
1	湖南湘西州某城市桥	42 + 70 + 42	PC 单箱单室,梁高 4.5 ~ 2m,桥宽 14m,矮墩上采用活动支座,高墩为墩梁固结,挂篮悬浇施工,箱梁底宽 7.5m
2	重庆市滴水岩桥	40 + 65 + 100 + 65 + 40	单箱单室,梁高 6.5 ~ 2.5m,箱顶宽 15.3m,底宽 8.0m,中间两主墩梁墩固结,其余边墩上设活动支座,桥长 322m
3	山东东明黄河桥	75 + 7 × 120 + 75	PC 单箱单室,梁高 6.5 ~ 2.6m,箱顶宽 18.34m,底宽 9m,中间 4 个主墩梁墩固结,另 4 个边主墩设纵向双排支座,主梁用挂篮悬浇法施工
4	济南黄河二桥	65 + 165 + 210 + 165 + 65	主跨 210m 为连续刚构,其余为连续梁,PC 箱梁高 10.5 ~ 3.5m,墩身高不大于 19.5m
5	厦门海沧大桥西航道桥	78 + 140 + 78 + 2 × 42	与 78m 跨结构连续的 2 × 42m 为连续梁,单幅桥单箱单室,梁高 7.5 ~ 2.5m,顶板宽 15.4m,底板宽 7m,挂篮悬浇施工
6	杭州绕城公路钱江大桥	127 + 3 × 232 + 127	中间主墩墩梁固结,边主墩上设活动支座,吨位 6500t,挂篮悬浇施工
7	内昆铁路贵州李子沟桥	72 + 3 × 128 + 72	中间主墩墩梁固结,边主墩上设活动支座
8	瑞士 · 比艾施纳桥	58 + 85 + 140 + 160 + 140 + 62	大桥跨越深谷,中墩高 100m,其余墩较矮,中间三跨为连续刚构,其余桥墩上设活动支座

本章参考文献[21]、[22]就重庆市滴水岩桥进行了刚构—连续组合梁桥与相同跨径的连续刚构桥的对比分析,得到以下结论:

(1)刚构—连续组合梁桥能较大幅度降低温度内力,跨径和联长可以进一步加大。

(2)适合跨越山谷等地形变化剧烈的地段,连续梁与连续刚构桥协同工作,便成为刚构—连续组合梁桥。

(3)刚构—连续组合梁桥因内力减小,上、下部结构尺寸可以减小,自重降低,造价更省,对施工也更有利。

1.6　无梁板桥体系

桥梁上部结构为一整体式实体混凝土板,由若干分离的按一定规则排列的独柱桥墩直接支承,墩柱顶部无盖梁,因而称为无梁板桥,又称为菌形板桥。除桥台和分联墩处上部结构有断缝外,整体板在各方面均是结构连续的。这种结构形式在房屋建筑上常有使用,称为无梁楼盖。20 世纪 40 年代,国外曾有一些小跨径无梁板桥的报道,未见实例。国内在 1985 年沈阳市文化路立交桥上开始使用无梁板桥。因其特别适用于弯、斜及异形结构的中小跨径梁桥,后来在东北地区的城市互通立交、公路立交、铁路跨线桥中得到了应用。但在全国推广应用不多,主要原因是无标准图或通用图,具体桥的结构分析计算较为繁杂,而且单孔最大跨径在 30m 以内,难以适应设计定型化、施工标准化的发展趋势。从当前国内中小跨径混凝土梁桥各种结构体系的使用现状考虑,在某些特殊情况下无梁板桥仍有其用武之地,例如:小半径弯桥、大斜度梁桥、异形梁桥、桥下或周边空间受到严格限制的梁桥、桥下墩柱难以形成规则布置的梁桥等。

无梁板桥墩柱与上部连续平板通常采用固结,以使该处板体产生的负弯矩峰值下降,取消了支座,施工更简便。但在多孔长桥情况下,为减小温度应力,在两端的部分墩台上则采用橡胶支座或滑板支座。图 1-16 为通常使用的无梁板桥结构体系示意图。

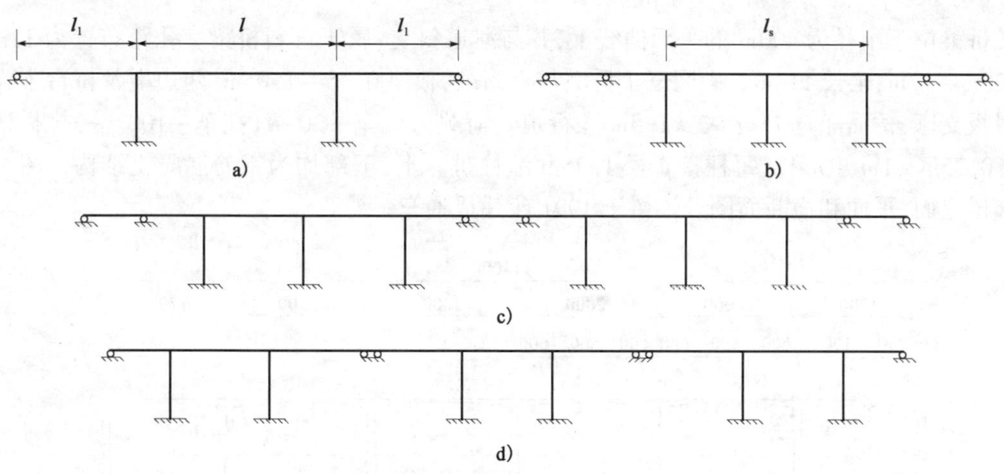

图 1-16　无梁板桥结构体系

当孔数较少、桥长较短时,中间各墩均与板固结,如图 1-16a)所示,边、中跨跨径之比 l_1/l 应尽量接近连续刚构桥的比例。如受条件限制 l_1/l 可能小于 0.5,边跨平衡中跨跨中弯矩的作用不大，且在两端还应采取措施承受支座产生的负反力，结构受力状态不理想。有时也采用等跨布置，即 $l_1 = l$。当仅有两跨时，一般为等跨。

当孔跨数较多、桥梁较长时，可以采用图 1-16b)、c)、d)三种布置方式。其中墩板固结的连续长度一般宜在 60m 以内，以免对墩柱产生过大的温度水平力。如桥位处年温度变化值较小，固结连续长度还可适当放大。

当柱板为固结时，如跨径较小，整个板为等厚度，仅在柱墩连接处的四周设置倒角；如跨径较大，可视跨径的大小在靠墩柱一定长度内采用变厚度板。一般纵、横向的柱距不相等，变厚度板的长度也不相同。

当墩柱顶设置支座时，柱的截面可以不变，仅需将柱顶范围板的局部适当加厚，如跨径小，也可以不加厚。

下面介绍几座已建成的无梁板桥简况。

[例 1-37] 沈阳文化路立交环道车行桥[23]

该桥为 7.8m + 25m + 7.8m 三跨无梁桥板，位于平曲线上，内、外缘半径分别为 30.3m 和 45.7m，采用变厚度实体板，桥面全宽 15.4m。墩柱处板厚 1.2m，中跨跨中和边跨端部板厚 0.5m。墩柱为矩形截面，宽 1m，顺桥向上宽 0.8m，下宽 0.6m，墩柱与板固结，桥台上设拉力锚栓。

[例 1-38] 抚顺市石化总公司车库桥[23]

该桥为 15m + 16.48m + 16.48m + 15m 四跨无梁板桥。中间两跨为等跨直线上斜板，两边跨为等跨弯斜板。斜交角约为 44°，弯道半径为 60m。桥面全宽 8m，中墩横桥向为 3 根直径 1m 的圆柱，柱顶扩大为 2m × 2m 的方形托斗，高度 0.78m，其上还有 3 × 3.5m 的托板，厚 0.28m，上部整体板为等厚 0.45m。该桥于 1987 年建成。后来总结，认为墩顶托斗及托板尺寸偏大，板的厚度可以减薄到 0.40m，荷载为汽车—20 级，挂车—100。墩与板固结。

[例 1-39] 辽宁阜新市尹家窑桥[23]

桥梁位于半径为 400m 的平面曲线上，并与河道斜交，属于弯斜桥梁。孔跨布置为 17m + 4 × 20m + 17m，全长 114m。中间三个桥墩与板固结，板厚 0.45 ~ 1.05m，两边墩及桥台上设四氟滑板支座，桥面净宽 15m + 2 × 1.5m 人行道。荷载为汽车—20 级，挂车—100。一排桥墩设 4 根 0.75m × 1m 矩形柱，每柱接直径 1.25m 灌柱桩。上、下部均为钢筋混凝土结构。图 1-17 为该桥立面、平面和横断面图。该桥于 1991 年建成通车。

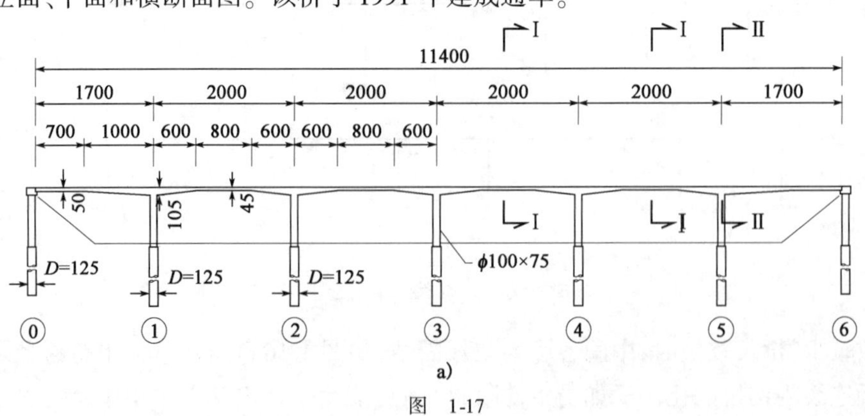

a)

图 1-17

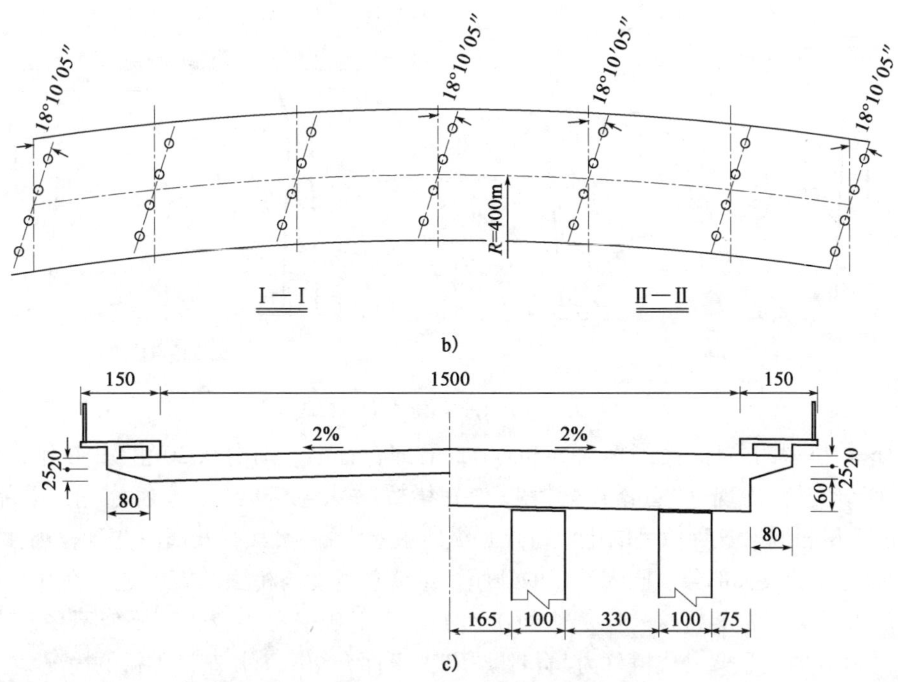

图1-17 阜新尹家窑桥设计图(尺寸单位:cm)

[例1-40] 广东韶关百旺大桥支桥[24]

在大桥中段与支桥形成半圆环连接,支桥平曲线半径为45.25m,桥宽9m,孔跨布置为16m+16m+2×19.7m+18.4m+16.2m+16.6m,全长123.6m。为无梁板连续弯桥。实体板厚度为0.7m,在柱顶2m范围内,板厚由0.7m增至1.2m,板的横断面两侧有悬臂。桥墩为双柱式,截面尺寸为0.2m×1m,柱顶布置板式橡胶支座。板为预应力混凝土结构。每跨按正负弯矩变化的反弯点分为两段,施工时先浇负弯矩区段,再浇正弯矩区段。

无梁板的结构设计、分析计算以及已建成桥梁的详细内容请参阅本章参考文献[23]和[4]。另外,本章参考文献[24]与[25]提出了若干改进建议。本章参考文献[25]还介绍了《大吨位预应力混凝土无梁板桥设计》专题研究的主要成果,包括跨径为20m、30m、40m三种无梁板桥的设计资料及施工方法。

1.7 脊骨梁桥体系

在城市立交桥、跨线桥和高架桥的建设中,为了获得尽可能宽广的桥下空间,并使桥型结构轻盈美观,脊骨梁桥在一些国家的城市桥梁中得到了广泛应用。最早出现在美国旧金山国际机场出口处的高架桥,该桥为9跨一联的预应力混凝土刚构—连续梁组合体系,为典型的脊骨梁结构。中间4个桥墩与脊骨固结,两侧的墩与梁、墩与承台均为横向刚结、纵向铰结。桥梁横断面上两侧悬臂宽度之和与桥面总宽度之比约为0.8,显得非常轻巧,桥下的透空度很大。其主梁为现浇连续结构,桥面板为预制PC构件,两者之间设榫槽连接形成整体。墩柱横桥向上小下大,顺桥向则上大下小,既美观大方,又符合受力需要。该桥于1970年建成。图1-18为该桥纵、横向立面构造示意图。

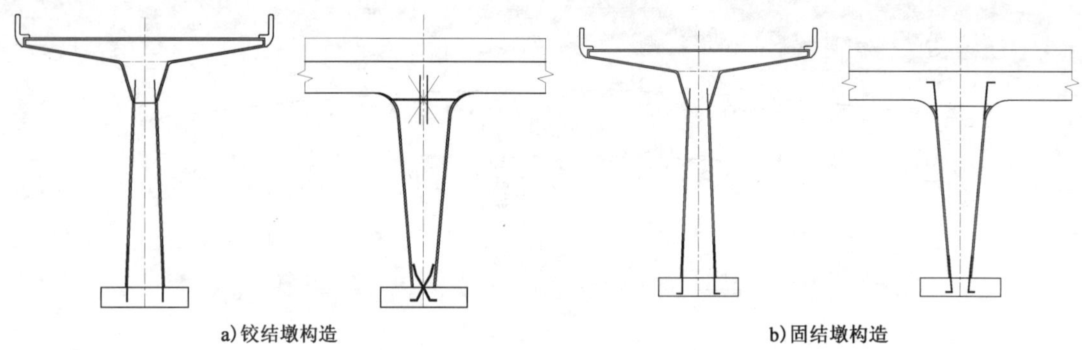

图 1-18　美国旧金山机场高架桥桥墩构造示意图

关于这种桥型的名称，美国称为 Spinal Beam，即脊骨梁。国内从 20 世纪 80 年代至今，建成了若干座该类桥，出现过“鱼脊式梁桥”“展翅梁桥”“大悬臂梁桥”等名称，上、下部结构构造、组成也不尽相同。这种桥型的主要特点是纵向主梁为脊骨，其有效横向宽度较小，两侧的悬臂占了桥面总宽的较大部分。国内已建的几座桥悬臂总宽度与桥面总宽度之比在 0.6 ~ 0.75之间。美国旧金山机场高架桥这一比例达到 0.8，如果小于 0.6，称为脊骨梁桥似不妥。建议将这一比例大于 0.6 的大悬臂梁式桥称为“脊骨梁桥”。下面介绍国内几座该类桥的简况。

[例 1-41]　沈阳市绕城高速公路石庙子互通立交跨线桥[4]

该桥为 20m + 2 × 32m + 20m 脊骨箱形梁桥，箱梁高度为 2.1m，顶板全宽 12.5m，两侧悬臂总宽为 2 × 3.95m，悬臂总宽与顶板全宽之比为 0.632，两侧悬臂采用 20cm 厚的斜支撑板支撑，纵向距 2m。脊骨箱梁底板宽 4.8m，采用支架上整体现浇。桥墩为 Y 形（横向），顶宽小于箱梁底宽。

[例 1-42]　上海市内环线立交桥[26]

该桥基本跨径为 30m，边跨 21 ~ 24m，五跨或六跨一联。图 1-19 为上部构造横断面示意图。脊骨梁为整体式箱形截面，两侧大悬臂采用组合式空腹断面，桥面全宽 18m，脊骨箱梁顶板宽 4.4m，底板宽 4m，两侧悬臂 2 × 6.8m，由预制的倒 π 形梁及预制的顶板组成空腹式翼板结构，再现浇桥面混凝土形成整体。脊骨箱的腹板厚 0.6m。两侧悬臂总宽与桥面总宽之比为 0.756。脊骨箱梁的高度为 1.8m，采用支架上整体现浇施工。

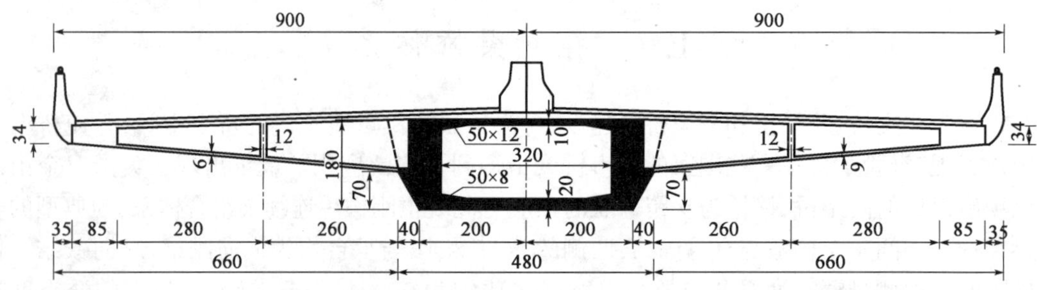

图 1-19　上海市内环线某高架桥上部构造横断面（尺寸单位：cm）

[例 1-43]　苏州工业园区互通式立交匝道跨线桥[26]

该桥跨越沪宁高速公路，全长 390m，由五联组成，一联有 6 × 20m 与 5 × 15m 两种跨径组合,均为多跨连续梁。双幅桥全宽16m,分离的单幅桥宽8m,脊骨梁为整体式倒梯形实体断面,底宽1.5m,顶宽2.1m,梁高0.85m,采用支架现浇。悬臂板根部厚度为0.45m,由预制倒T形翼板及现浇桥面混凝土形成整体断面。图1-20为上部构造横断面示意图。两侧悬臂总宽与桥面总宽之比为0.738。

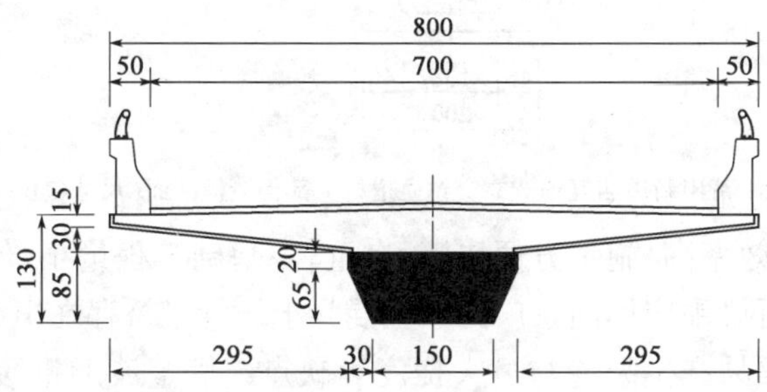

图1-20　苏州工业园区互通式立交匝道跨线桥上部构造横断面(尺寸单位:cm)

[例1-44]　深圳市东部快速路高架桥[27]

该桥为30m+30m+30m三跨一联预应力混凝土连续梁桥。桥面全宽20m,主梁为单箱单室,两侧悬臂板宽度为2×6.5m,称为展翅梁桥,悬臂总宽与桥面全宽之比为0.65。上部构造横断面图如图1-21所示。中支点、端支点梁高和各跨跨中横隔板厚度分别为1.5m、1m、0.5m。设计荷载为汽车—超20级、挂车—120。主梁为支架上现浇C50混凝土,纵、横双向预应力。结构受力分析的结论指出:箱梁的剪力滞效应十分显著,各控制截面上、下缘均采用有效宽度进行计算;偏载增大系数按考虑抗扭刚度修正的偏心受压法计算是偏于安全的;由扭转、畸变引起的剪应力所占比例高;横向内力大,应引起关注。

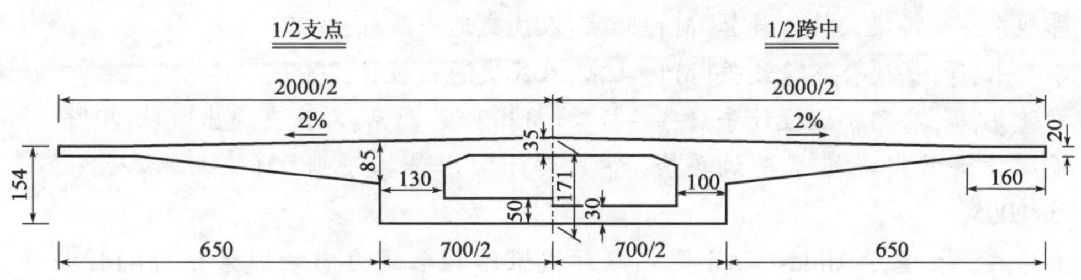

图1-21　深圳市东部快速路高架桥上部构造横断面(尺寸单位:cm)

另外,深圳市皇城立交高架桥,桥宽11.5m,两侧悬臂板宽度2×3.75m,其与桥宽之比为0.652,主梁为实体截面,亦为脊骨式梁桥。

[例1-45]　福建莆田新厝店互通式立交桥匝道桥[28]

该桥为4×20m脊骨式连续梁桥。主梁为等高度单箱单室截面,高度为1.3m,上部构造横断面图如图1-22所示。悬臂总宽与桥面宽之比为0.706。该桥位于平面曲线半径为60m的弯道上。采用ANSYS的8节点块体单元进行应力分析,还进行了有机玻璃模型试验。

香港飞机场隧道西引道高架桥是一座规模较大、造型优美的脊骨梁桥。桥面宽按4车道设计,主梁为预应力混凝土连续箱梁,下部构造为独柱式桥墩。施工时箱梁侧腹板预开孔以便安装预制的悬臂支撑架,然后上铺纵向预制板,再浇桥面混凝土形成整体,悬臂板之下的支撑架纵向距2m。该桥全长1100m。

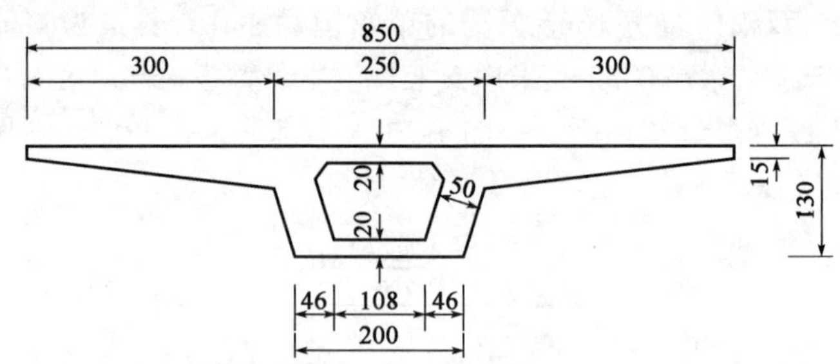

图 1-22　莆田新厝店互通式立交桥匝道桥上部构造横断面(尺寸单位:cm)

脊骨梁桥具有截面效率高、施工方便快捷、自重轻、基础工程量小、外型轻巧美观、桥下净空开阔等优点,在城市桥梁中应用前景广阔。但混凝土脊骨梁桥存在恒载内力较大、施工工序较多、预应力混凝土箱梁易产生裂缝与过大挠度等缺点。借鉴波形钢腹板 PC 组合箱梁桥的经验,近年国内已提出带波形钢腹板挑梁的钢—混凝土组合脊骨梁桥的技术方案。其仍然是一种小箱梁、大悬臂结构。其基本构造是:沿主箱梁(波形钢腹板脊骨梁)两侧纵向等间距对称地伸出一对大悬臂挑梁,通过剪力连接件与混凝土桥面板连接形成组合结构,在桥面板中施加横向预应力。这种钢—混凝土结构,可以克服混凝土脊骨梁桥存在的一些问题,桥梁的跨径可以增加,两侧悬臂总宽与桥面总宽度之比还可进一步增大,更有利于施工的工厂化、标准化。

本章参考文献

[1] 刘效尧,徐岳. 公路桥涵设计手册——桥梁[M]. 北京:人民交通出版社,2000.

[2] 范立础. 桥梁工程[M]. 北京:人民交通出版社,2000.

[3] 邵旭东,等. 桥梁设计与计算[M]. 北京:人民交通出版社,2007.

[4] 李亚木,等. 高速公路跨线桥[M]. 北京:人民交通出版社,2007.

[5] 刘效尧,等. 公路桥涵设计手册——桥梁[M]. 2 版. 北京:人民交通出版社,2011.

[6] 桥梁设计常用数据手册编委会. 桥梁设计常用数据手册[M]. 北京:人民交通出版社,2005.

[7] 盛伟兵,等. 基于 Midas/Civil 圆形双柱式墩结构承载力影响因素分析[J]. 公路,2013(3).

[8] 上海市政工程设计研究总院. 桥梁设计工程师手册[M]. 北京:人民交通出版社,2007.

[9] 王鹏,白兴蓉. 城市道路斜腿刚构立交桥的设计与施工. 城市道桥与防洪[J]. 城市道桥与防洪,2014(5):93-95.

[10] 金文成,高荣雄. 无桥台斜腿刚架桥的优化——无桥台斜腿刚架桥专题之二[J]. 公路,2000(7).

[11] 王国鼎. 无桥台斜腿刚架桥——适用、经济、美观的新桥型[J]. 公路,2000(3).

[12] 李建斌. 四跨 V 型墩连续刚构桥结构设计[J]. 城市道桥与防洪,2014(8).

[13] 孙亚刚,匡虹桥,邢礼荣. V 型墩连续刚构桥设计与分析[J]. 城市道桥与防洪,2014(8).

[14] 刘锋明,赵站伟,贺国佑. 木兰湖大桥主桥方案设计与施工[J]. 城市道桥与防洪,2013(6).

[15] 刘妍,魏储银. V 型墩刚构桥特点及桩基础的简化模拟[J]. 城市道桥与防洪,2012(6).
[16] 曾天宝,张琳. 大跨径 V 型墩连续刚构桥设计[J]. 城市道桥与防洪,2015(3).
[17] 李虎. 客运专线铁路 V 形墩转体连续刚构箱梁线形控制技术[J]. 铁道标准设计,2009(12).
[18] 符碧惠,李玉红. V 墩式连续刚构桥设计[J]. 中国市政工程,2012(1):14-15.
[19] 金文成,陈智俊. 洛卢公路洛河大桥主桥设计特点[J]. 桥梁,2006(2):46-48.
[20] 王萍. V 形墩连续刚构桥设计[J]. 公路,1997(6).
[21] 刘耀宗. 刚构—连续组合梁桥与连续刚构桥结构对比分析[J]. 公路交通技术,2012(3):59-64.
[22] 王文涛,等. 刚构—连续组合梁桥[M]. 北京:人民交通出版社,1997.
[23] 王伯惠,等. 无梁板桥[M]. 北京:人民交通出版社,1998.
[24] 任亮,方志,上官兴. 一种新型无梁板桥的设计[J]. 铁道标准设计,2011(5).
[25] 田志斌,等. 新型无梁板桥设计[C]//2007 年全国桥梁学术会议论文集[M]. 北京:人民交通出版社,2007.
[26] 余顺新. 脊骨梁桥—城市立交的新桥型[J]. 中南公路工程,1996(3):21-26.
[27] 王伟臣. 展翅梁桥上部结构设计简介[J]. 公路,1999(10).
[28] 彭大文,袁燕. 曲线脊骨梁受力性能研究[J]. 中国公路学报,2001(3).

第2章 常用装配式混凝土板、梁桥使用情况与改进建议

2.1 装配式空心板桥病害情况与铰缝、锚下混凝土受力分析

装配式混凝土板桥因具有构造简单、建筑高度小、利于标准化设计和工厂化生产、施工方便、适应性强等优点，在公路与城市道路上应用广泛。常用跨径在6~20m之间，跨径6m采用实体矩形截面，跨径8m以上多采用空心截面。跨径较小时可用钢筋混凝土结构，跨径较大时多采用预应力混凝土结构。有少数预应力混凝土空心板跨径可超过20m，达到25m甚至30m。装配式板采用最多的是简支板(包括桥面连续)，其次是连续板。常用的装配式预应力混凝土空心板的跨径主要有10m、13m、16m和20m等几种。2008年交通行业《公路桥梁通用图》正式出版后，国内公路与城市道路跨径6~20m装配式板桥基本上都是采用这套通用图进行设计的。预制板的宽度有1m和1.25m两种。预应力施加方式有先张法和后张法两种。其他技术指标和有关资料请参阅附录A。

从20世纪60年代至今，交通部陆续颁布过多种装配式混凝土板桥的标准图、通用图和设计图。随着公路交通的发展，在总结各时期经验的基础上不断改进，推出新的标准图和通用图。21世纪后，我国公路，尤其是高速公路迅猛发展，城市道路建设也进入高潮，大量采用装配式板、梁桥，原有的标准图、通用图和设计图发挥了很大的作用，推动了技术的进步。由于交通量的迅速增大，超载、超限车辆越来越多，桥梁病害和事故也随之增多。根据已报道的有关信息可以看出，在已发现的桥梁病害中，装配式混凝土板桥占比较大，已引起有关主管部门和业务单位的重视，进行了大量工作。本节结合常用装配式空心板桥在使用中出现的主要病害，对铰缝和后张预应力混凝土空心板锚下混凝土受力情况进行了分析。

2.1.1 装配式空心板桥主要病害情况及案例

装配式空心板桥常见的主要病害有：铰缝损伤或开裂；板端因张拉预应力束易产生裂缝；板体出现纵、横向裂缝；支座脱落；桥面铺装开裂；板的挠度过大；铰缝或伸缩处渗漏水；板体混凝土脱落或露筋等。这些病害会不同程度地影响板梁的承载力、耐久性和正常使用功能，存在安全隐患，甚至可能引发事故。部分病害实例简述如下。

［**例2-1**］ 江苏省普通干线公路预应力混凝土空心板桥病害情况[1]

对江苏省内G312沪宁段、S339及宁通三条普通干线公路上的77座预应力混凝土空心板梁桥出现的病害进行了调查统计。简况如下：

较严重的病害是底板纵、横向裂缝，梁板破损，勾缝脱落，桥面破损等。按照危害程度进行

统计的结果表明:纵向裂缝的分布最广,其中较好状态数量最多,占 37.2%,良好状态最少,占 7.8%;横向裂缝均处于差的状态;95% 的铰缝处于差的状态,剩下的 5% 处于危险状态。

按照横截面的位置来分,裂缝主要出现的位置是底板裂缝;按照纵向位置来分,裂缝主要集中在跨中附近;根据裂缝的形态,主要类型是横向裂缝、竖向裂缝和纵向裂缝,而斜向裂缝较少。

横向裂缝长度超过 2/3 截面的占到整个裂缝的 34%,缝长在 1/2 ~ 1/3 截面尺寸之间的占到 52%,说明横向裂缝大多数较长,扩展接近整个截面。

纵向裂缝长度小于 $L/8$ 的约占 10%,缝长在 $L/8 \sim L/2$ 之间的占 37%,缝长大于 $L/2$ 的占到 28%,缝长贯通的达到 25%,说明纵缝大多数较长。

裂缝的宽度,50% 横向裂缝宽度在 0.1mm 以下,42% 横向裂缝宽度在 0.1 ~ 0.2mm 之间,裂缝宽度大于 0.2mm 的为 8%。底板纵向裂缝中 76% 的宽度在 0.2mm 以下,少数大于 0.2mm。

[例 2-2]　上海市外环线金海路跨线桥预应力混凝土空心板桥病害情况[2]

桥梁跨径为 21.12m,桥长 466m,单幅宽 17m。2010 年 5 月进行检测,其中病害较严重的第 21 孔,16 块板中,约 1/3 板相邻板底高差在 20 ~ 40mm 之间,最大高差达 45mm。约有 1/4 的板铰缝间均有渗水、白化,其中有 2 条铰缝因相邻板底高差达 40mm 而全部损坏,纵缝贯通,漏水成流,并伴有铰缝混凝土砂浆、石子随时掉落等现象。其上桥面铺装也相应开裂。经钻孔探挖发现,铰缝混凝土已破碎,连接钢筋已锈断。

另外,经过上海浦东外环(隧道段)的车辆中集装箱车辆所占比重大于 50%,该路段上的空心板桥铰缝破坏程度和数量明显多于集装箱车辆较少行驶的中环和内环道路。

[例 2-3]　赣州市某跨河简支梁桥后张法预应力空心板病害情况[3,4]

跨径 30m,每跨由 15 片预应力混凝土空心板组成;C50 混凝土,每片空心板在两侧腹板内各配置 3 束钢绞线束,每束张拉力为 781.2kN,梁端处钢束起弯角度由上至下分别为 12°、8°、2°,钢束张拉完尚未封端时,4 片中板在板端部位发生裂缝。有以下两种类型:

第一种裂缝:纵向裂缝。发生在两侧腹板与顶、底板相交处,裂缝方向为顺桥向,缝长大多为 32 ~ 50cm,最长可达 67cm,缝宽 0.1 ~ 1mm,最大宽度可达 2mm。

第二种裂缝:锚下裂缝。发生在板端每个锚垫板的两侧边缘,呈 45°倾斜的喇叭口形状。裂缝长 15 ~ 30cm,缝宽最大为 1mm。

第一种裂缝通常首先出现,约 4d 后,第二种裂缝出现。两种裂缝及空心板截面如图 2-1、图 2-2 所示。

[例 2-4]　某立交桥后张法预应力混凝土空心板病害情况[4]

跨径 16m PC 空心板,板高 75cm,单板预制宽度为 124cm,顶、底板厚度均为 10cm,每块板两侧板腹上各布置两束钢绞线。在混凝土达到 90% 设计强度时,张拉钢束后在顶、底板与腹板的倒角处均出现不同程度的纵向裂缝,底板倒角处裂缝较多,顶板倒角处裂缝较少。裂缝的长度最大为 22cm 左右,最大缝宽约 0.1mm。裂缝的位置与形态与图 2-1 相似。

[例 2-5]　贵阳市小尖山桥后张预应力混凝土空心板病害情况

7 × 22.5m 预应力混凝土简支空心板,预制板高度为 110cm,宽度为 124cm,顶、底板厚度均为 12cm,每块板在两侧腹板上分别布置 2 束钢束,每束由 6 根钢绞线组成。空心板为 C40

混凝土。2006 年 9 月 1 日,先张拉钢束的三块预制板(在预制场台座上)的端部出现纵向裂缝,位置在底板与腹板的倒角处,沿顺桥向的裂缝长度为 20 ~ 30cm,顶板与腹板的倒角处未发现裂缝。还未预制的空心板加强了板端配筋,底板厚度由 12cm 增大到 20cm。2006 年 10 月 5 日对一块加载龄期 7d(强度超过 90% 设计强度)的空心板进行钢束张拉。钢束张拉后在板端仍然出现 0.1mm 宽度的纵向裂缝,其部位与 9 月发生的裂缝相同。裂缝贯穿底板厚度。

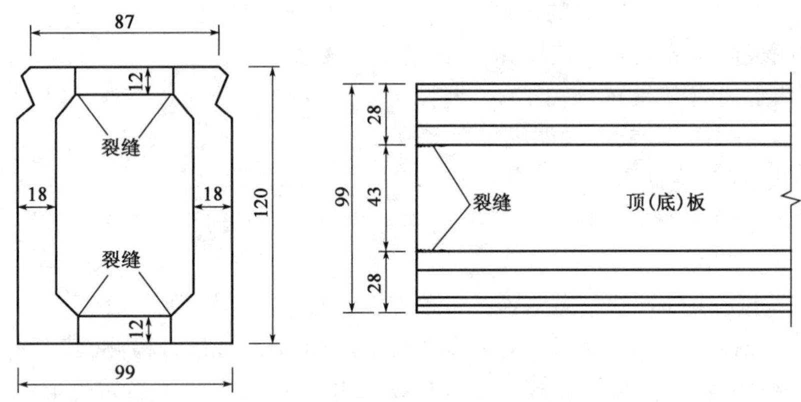

图 2-1 纵向裂缝(尺寸单位:cm)

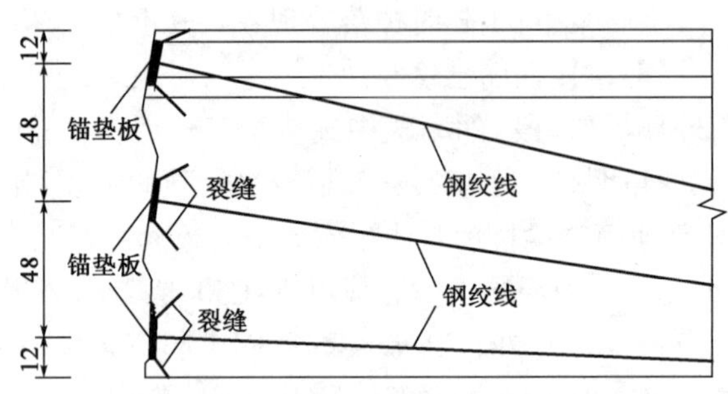

图 2-2 锚固区裂缝(尺寸单位:cm)

[**例 2-6**] 江西某高架桥先张法预应力混凝土空心板病害情况

该桥位于高速公路上,桥宽 27.5m,为多跨 20m 预应力混凝土简支空心板桥。预制空心板高度为 90cm,宽度为 155cm,顶、底板厚度均为 10cm,腹板厚度为 11cm。采用小铰缝结构,铰缝的高度不到预制板全高的 1/4,空心板为 C40 混凝土。按部分预应力混凝土 A 类构件设计。该桥于 1997 年 12 月建成通车后,随着交通量的不断增大,出现了不同程度的病害,主要是铰缝出现纵向裂缝、破损严重,后来进行了大面积的加固。

[**例 2-7**] 某桥后张法预应力混凝土空心板病害情况[5]

3 × 20m 预应力混凝土空心板简支梁桥,桥面连续,每跨由 8 块预制板组成,桥宽 13m。空心板沿纵向变高度,梁端 2m 以内板高 90cm,2 ~ 3m 长度内板高 90 ~ 80cm,其余区段板高 80cm。预制板宽度为 162cm,板内挖空 142cm × 60cm,上倒角 12cm × 12cm,下倒角 10cm × 10cm,空心板为 C40 混凝土,预应力束全部布置在底板上,共 3 束,每束 5ϕ15.2 钢绞线。该桥于 1997 年建成。经现场调查,主要病害为:铰缝内混凝土部分脱落;铰缝位置桥面有很明显的纵向裂缝。空心板每块底面均有 1 ~ 3 条纵向裂缝。裂缝从板的一端变截面处开始,沿板长方向延伸至另一端变截面处。裂缝宽度为 0.10～0.25mm，深度为 10～24mm，裂缝位置与底板中预应力束波纹管位置基本一致。多数裂缝内有水渗出。

［**例 2-8**］　贵州部分钢筋混凝土简支空心板桥病害简况[6]

对贵州省多座于 20 世纪 90 年代修建的小跨径钢筋混凝土空心板桥进行检测，发现的主要病害有：底板有较多纵向及横向裂缝，渗水严重，普遍泛碱，钢筋外露且锈蚀；顶板损坏导致空腔内积水，有几座桥腔内积水、积淤达到空腔体积的 70% 以上，增大了桥梁恒载。

［**例 2-9**］　长沙至益阳高速公路预应力混凝土空心板桥病害简况[7]

长益高速公路于 1998 年建成通车，2009 年 10 月对沿线中、小桥梁进行了病害调查。其中预应力混凝土装配式空心板桥的主要病害有：铰缝混凝土开裂、脱落比较严重，铰缝处渗水、漏水；底板受拉区混凝土剥落、钢筋外露。由于铰缝及底板出现开裂、空心板近于单板受力。

［**例 2-10**］　美国丽湖桥病害简况

先张法装配式预应力混凝土空心板桥，在运营过程中坍塌。事故后，对该桥的两块板进行了观察和试验发现，所有板间铰缝几乎完全失效，在铰缝内很难看到坚实的砂浆，各相邻板之间几乎不能传递荷载，板的实际弯矩比计算弯矩大了 66%。

2.1.2　装配式空心板铰缝受力分析

钢筋混凝土及预应力混凝土装配式空心板桥的主要病害通常发生在铰缝或与铰缝病害有关。传统的横向铰接板梁桥的理论认为预制板块之间的铰仅传递竖向剪力，不传递横向弯矩、纵向剪力和与铰面垂直的法向力。这几种力的作用方向如图 2-3 所示。图中 $Q(x)$ 为竖向剪力，$M(x)$ 为横向弯矩，$S(x)$ 为纵向剪力，$N(x)$ 为法向力。另外，铰接板理论还假定：作用在桥上的集中荷载，近似地用沿顺桥方向（x 方向）连续分布的正弦等效荷载 $p\sin\frac{\pi x}{L}$ 来代替，并略去材料泊松比的影响。交通行业的标准图、通用图和设计图中的装配式板、梁桥均是基于这一基本理论进行设计的。装配式板桥为一双向受力结构，精确求解相当冗繁，为了求得最大活载内力，采用荷载横向分布影响线的计算方法，可以满足工程设计的精度要求。

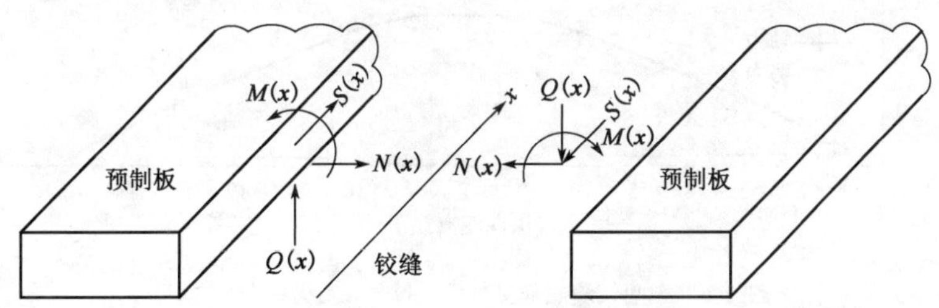

图 2-3　铰缝处考虑与不考虑的集中作用力

从全国各地的实例可以看出，上述装配式板桥铰缝出现的病害，是具有普遍性的。其产生原因除外部因素（例如交通量大、重载车辆多）和施工因素（例如混凝土质量差）外，铰缝按上述传统理论进行的设计与实际情况有较大出入，是重要的内在因素。国内业界针对这个问题进行了多项研究。有些问题还有待进一步深化，如何落实到工程设计中也有不同的做法。但有一看法是相同的，即铰接板的传统理论与实际结构的受力情况有较大差异，主要反映在下述三个方面：一是铰接板实际上是存在一定数值的横向弯矩的，即 $M(x)\neq 0$；二是在车辆荷载作用下,承受偏心荷载时,铰接板的变形除挠曲外,还有转动,既传递剪力也传递扭矩,引起侧向水平位移,通过铰缝、桥面铺装向相邻板施加水平力(拉或压),即 $N(x) \neq 0$;三是铰缝混凝土和预制板间新旧混凝土界面对铰缝工作有较大影响,这项界面强度验算未纳入现行规范,工程设计通常均未考虑。

本章参考文献[8]以跨径 16m、桥宽 20m、大铰缝装配式空心板为实例,采用 ANSYS 软件对铰缝各个控制截面受力进行分析,计算出在恒载、活载共同作用下桥梁跨中的横向弯矩分布图,如图 2-4 所示。最大横向弯矩出现在桥宽的中部,数值超过 100kN · m。其对铰的受力不可忽略。由于横弯矩的作用,会引起铰缝底部产生拉应力,特别是横桥向跨中附近的铰缝出现的拉应力较大,如图 2-5 和图 2-6 所示。

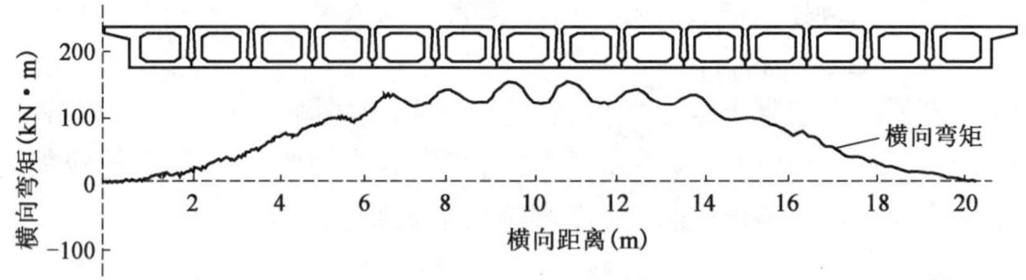

图 2-4　恒、活载共同作用下跨中截面横向弯矩

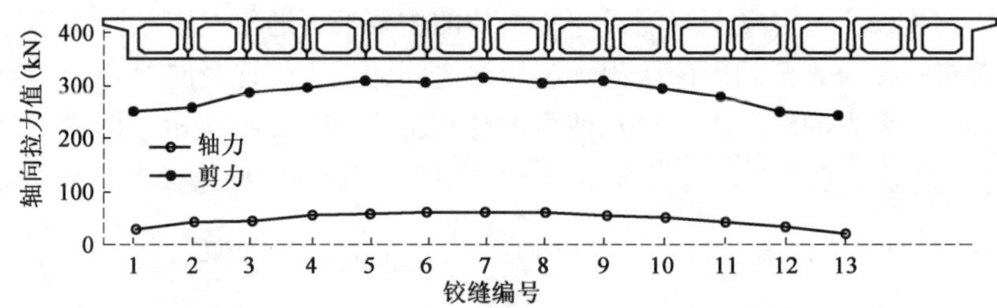

图 2-5　纵桥向跨中铰缝底部接触面上拉力和剪力横向分布

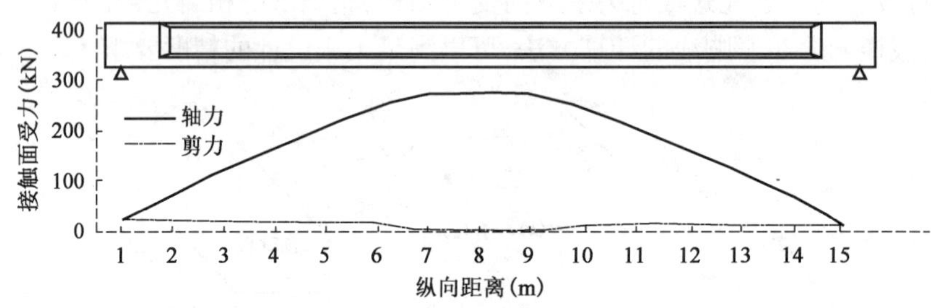

图 2-6　中间铰缝底部接触面上拉力和剪力纵向分布

根据上述铰缝的受力状态可以认为,在以传递剪力为主的情况下,铰缝界于铰接和刚接之间,存在横向弯矩,其数值与预制板和铰缝的构造有关。

病害调查资料表明,铰缝破坏往往是发生在预制板梁和现浇铰缝混凝土间的界面上,而不是铰缝混凝土本身被直接剪坏。新旧混凝土结合面的抗剪、抗拉强度低于混凝土本身的相应强度,已为大量的试验所证实,尤其是先期结构面光滑而又未进行粗糙处理的情况下,结合面的抗剪、抗拉强度降低更多。本章参考文献[9]为了研究空心板铰缝抗剪性能,进行了铰缝抗剪试验。预制块混凝土制作完成后,养护 28d 浇筑预制块之间的混凝土,浇水养护 15d 后进行抗剪试验。其中 A、B、C 三组试件的混凝土铰缝内均未设抗剪钢筋。当加载至破坏荷载时，预制混凝土块与铰缝结合面出现裂缝并发生错动，试件沿结合面破坏。另外的 D、E、F、G 组试件，混凝土铰缝内配有抗剪钢筋。当加载达到一定数值时，预制块与铰缝混凝土结合面出现裂隙，随着荷载的增加，裂缝宽度有所增大。当达到破坏荷载时，试件在铰缝混凝土与预制块结合面处破坏，抗剪钢筋屈服。但铰缝混凝土与预制块没有分离。该试验结论指出："抗剪钢筋对铰缝与预制块间混凝土结合面的抗剪抗裂有一定影响，但并不能提高混凝土铰缝的抗剪强度，与素混凝土铰缝抗剪强度相差不大。混凝土铰缝中设置的抗剪钢筋提高了混凝土铰缝抗剪承载力。"这一结论说明了实桥中混凝土铰的裂缝为什么往往是沿预制板与铰缝混凝土的结合面发生，这也是规范和工程设计中常常忽略的一个重要问题。

空心板铰缝出现病害后，在车辆荷载作用下，铰缝两侧会发生不均匀的荷载传递，由此将引起铰缝两侧空心板出现挠度差。故铰缝两侧空心板的共同工作状况可由在荷载作用下的挠度差 $\Delta f = |f_1 - f_2|$ 来反映，其中 f_1、f_2 为铰缝两侧空心板的挠度。取 $f = (f_1 + f_2)/2$，引入参数 $\varphi = \Delta f/f$，将 φ 称为空心板协同工作系数[50]。φ 越小，空心板协同工作性能越好。对 φ 的影响程度由大到小依次为：铰缝构造形式、铰缝配筋、铰缝混凝土品质。综合考虑，深铰缝优于浅铰缝。空心板与铰缝结合面混凝土收缩徐变对 φ 的影响还有待进一步研究。

2.1.3　后张法预应力混凝土空心板端部锚固区受力分析

预应力混凝土构件端部锚固区的受力状态属于局部承压。长期以来，国内外进行了大量的研究试验。早期大多以"套箍强化理论"来解释局部承压板下混凝土承压强度提高这一基本特征，并按此建立计算模式。根据这一理论，当局部承压超过某一限值后，承压区的混凝土内部就会出现微裂缝，随着压力的增大，裂缝继续增多、增大，混凝土则向四周侧向扩胀，但受外围混凝土的限制，起着套箍作用而使混凝土承压强度提高。但试验结果反映出来的一些重要状态，这一理论难以解释；作为"套箍"的外围混凝土虽然已经开裂，局部承压构件并未丧失承载力；条形荷载局部承压，即承压面积的短边尺寸与构件短边尺寸相等时，理论上外围混凝土形不成套箍，但实际上局部承压强度仍有显著提高。后来，根据试验、理论研究和空间有限元的分析，提出了"剪力破坏理论"，也称为"劈裂理论"。在压力 N 作用下，将局部承压构件假想为一个带有多根拉杆的拱，如图 2-7a）所示，由拉杆承受由 N 引起的横向力 T，随着 N 的增大，拉力 T 达到其抗拉强度时，便在局部承压区产生纵向裂缝（沿 N 力方向），这时 N 达到开裂荷载 N_{cr}，如图 2-7b）所示，荷载继续增加，裂缝进一步扩展，拉杆的拉力继续增大，拉杆合力中心到拱顶的压力中心的间距继续增大，使 T/N 的比值下降。承压板下承受三轴向力的混凝土，其中的横向压力随之下降，最后形成剪切破坏的楔形体，如图 2-7c）所示。

现行桥规[5]❶局部承压计算公式［式(5.7.1-1)］和式［(5.7.2-1)］所依据的基本理论即"剪切破坏理论"。上述公式的推导过程可参阅本章参考文献［10］。规范公式适用于配置间接钢筋的局部承压截面尺寸计算和抗压承载力验算。但还缺少局部承压区域的应力分析和抗剪钢筋设计的具体规定。所以，规范[5]在第 5.7.3 条指出："在后张法构件的锚头局压区，宜进行端部锚固区段内的局部应力分析，并结合本规范第 9.4.1 条规定的构造要求，配置闭合式箍筋"。

---

❶本书正文中提到的规范及编号参考书后规范索引，后同。

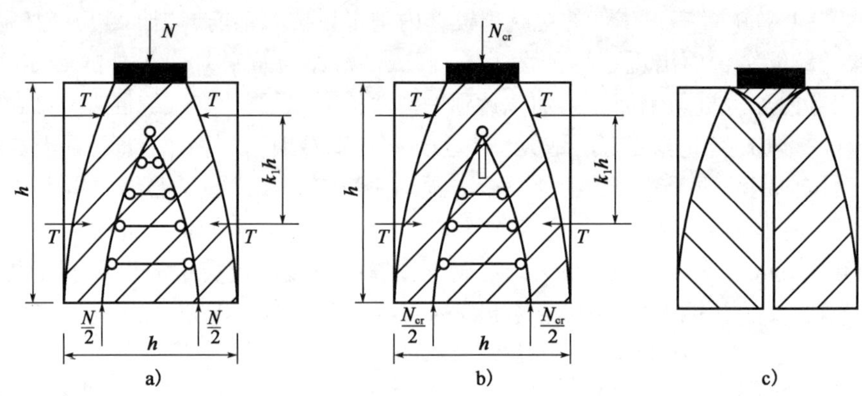

图 2-7 局部承压破坏机理示意图

现代混凝土结构理论指出：应该根据结构受力后截面应变分布特点分为两类，分别进行结构分析和设计，才更符合实际情况，更为合理。一类称为 B 区，是指截面应变分布基本符合平截面假定的结构区域。B 表示 Beam 或 Bernoulli（伯努利平截面假定）。它们的截面应力状态可以通过内力（弯矩、轴力、剪力和扭矩）得出。另一类称为 D 区，是指截面应变分布呈明显非线性的结构区域，这些部位具有几何特征上的不连续性（Discontinuity）或力流受扰动（Disturbance）的特点。D 表示力流受扰动或不连续。从弹性阶段开始，平截面应变假定在这些区域就不再成立。

后张法预应力混凝土构件锚下区域在预压力的作用下属于 D 区。根据圣维南原理，大约在 1 倍梁高的区域内，应力迹线急剧变化，属于非线性空间应力场。目前国内常用的桥梁设计专用软件，难以分析计算锚下承压区的受力状态。较精确的应力场数值计算要依靠通用的大型空间有限元软件，方可获得准确的应力值、应力方向和应力分布。但难以直接用于工程设计。目前，国内广泛用于 D 区的工程设计方法主要有“拉压杆模型法”。该方法简明实用，是 D 区尺寸拟定和配筋设计的有力工具。

下面介绍后张预应力混凝土锚固承压区受力分析的几个实例。

［例 2-11］ 跨径 20m 预应力混凝土装配式空心板板端锚固承压区空间应力分析[4]

分析软件采用 ANSYS，单元类型为块体单元。混凝土板体采用 solid 45 实体单元，锚垫板采用 shell63 壳单元。按空心板全长建立有限元模型。预应力张拉过程，板梁处于简支状态，即一侧端头为纵、横线位移约束，另一侧为横、竖向约束。预应力换算为锚下均布荷载。混凝土定义为线弹性材料，且各向同性。因空心板所配普通钢筋的含筋率小，忽略普通钢筋对板体弹性模量的影响。锚固端附近的平均单元长度为 6cm，单元总数达到 7 万个。分别对 20m 预应力混凝土空心板新旧标准图进行应力计算。新旧标准图预制板的高度分别为 95cm 和 90cm，均为 C40 混凝土，分析结果如下：

（1）端部截面锚垫板之间的区域基本上均处于受拉状态。随着离开端部的距离增大，拉应力逐渐减小，最后变为压应力。端部最大横向拉应力为 0.58MPa（新标准图）和 0.86MPa（旧标准图）。

（2）新旧标准图端部纵向最大拉应力（顺桥向）均出现在锚垫板与混凝土的结合处，数值为 2MPa（新标准图）和 1.7MPa（旧标准图）。应力在锚垫板处向两边迅速减小。

(3)新旧标准图板端锚垫板所在区域第一主应力为拉应力。锚垫板附近应力复杂。

[例 2-12] 赣州市某跨河简支空心板板端锚固承压区局部应力分析[3]

该桥空心板病害情况见 2.1.1 节的实例三。采用 Algor(99 版)软件对空心板板端应力及变形分布进行仿真模拟计算。作如下假定:混凝土为各向同性线弹性材料;预压力换算为锚下均布荷载;单元类型为块体单元;根据圣维原理,板端计算范围取 1 倍梁高的长度(1.2m);截取截面上的单元结点按全约束处理。分析结果如下:

(1)跨径 20m 空心板端部顶、底板两侧与腹板相交处出现明显的剪切特性,此处出现的主拉应力达到 4.9MPa。

(2)所有锚垫板两侧的表层混凝土都出现主拉应力,数值为 4.9 ~ 12.4MPa,且相邻垫板之间多为 8.6 ~ 12.4MPa,并在锚垫板之间呈 V 形区域分布。

(3)腹板上锚固区的受压变形,靠近顶、底板处比中间略小,这是因为顶、底板的受压刚度直接参与了上、下锚固区的受力。

空心板为 C50 混凝土,按规范[14]第 4.3.4 条规定:受弯构件中性轴处的主拉应力应符合 $\sigma_{zl} \leq 1.3R_l^b$(RC 构件,施工阶段),其中 R_l^b 为混凝土抗拉强度标准值,$R_l^b = 3\text{MPa}$,则 $1.3R_l^b = 3.9\text{MPa}$。可见,空心板端部出现的主拉应力超过规范规定值较多。

林同炎著《预应力混凝土结构设计(第三版)》介绍了预应力混凝土锚下光弹试验所得到的应力分区情况,如图 2-8 所示。图中画斜线部分为压应力区,其余为拉应力区。此图清楚地表明,施加在板端部小范围内的强大集中预压力,使垫板以外的表层混凝土承受了较大的横向拉应力。这个区域理论上称为“碎裂区”。与空间有限元精确的计算结果是基本一致的。“碎裂区”的拉力称为“剥裂力”。

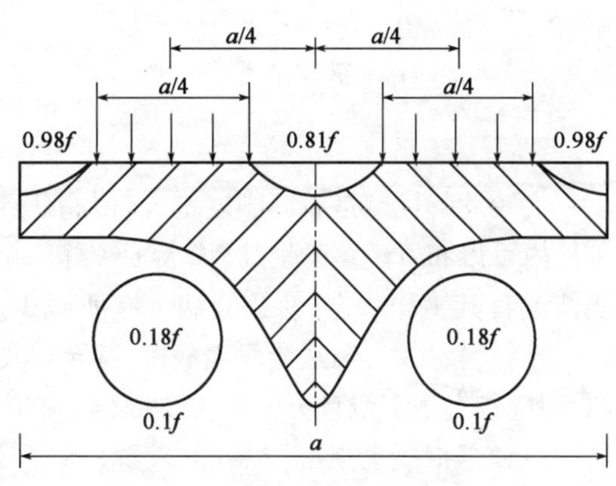

图 2-8 锚固区拉、压应力光弹图形

本章参考文献[3]提出一种近似算法,以判定锚下纵向裂缝是否开展,并用于配置抗剪钢筋和确定截面尺寸。对 2.1.1 节的实例三的空心板用该近似公式计算,得到锚下不发生纵向裂缝的最小预压荷载为 $P_{\min} = 1924\text{kN}$,实际在一侧腹板上施加的预压力为 $P = 2318\text{kN}$,由于 $P > P_{\min}$,说明纵向剪裂缝的发生是必然的。

2.2 装配式空心板铰缝设计改进建议

装配式空心板铰缝出现的病害与设计、施工、管养存在的问题有关,交通量过大、超载超限车辆频繁通行对铰缝的损坏也是原因之一。但从全国普遍存在的铰缝病害情况分析,设计上的“先天不足”则是主要的内在因素。对铰缝设计进行改进是业界的共识,并进行了大量的研究、试验、分析计算和工程实践,获得了不少成果。从铰缝设计改革的总体思路看,总体上有两种考虑:一种是仍维持传统装配式空心板的基本构造不变,仅对铰缝及其相关部分进行改造;另一种是放弃传统基本构造,提出中小跨径装配式混凝土板梁新的结构形式。应该说,这两种做法都是可行的,都可以在其适用范围内发挥其优势。

2.2.1 装配式空心板铰缝及其相关部分设计的改进

1)铰缝构造尺寸

受传统铰接板理论的影响,早期的铰缝采用浅铰缝,深度浅、尺寸小,铰缝中的钢筋与预制板间的连接钢筋少,在车辆荷载长期作用下,铰缝容易损坏,出现开裂、渗水与邻板间的挠度差,病害严重时,会出现单板受力状况。后来出现中铰缝的构造形式,铰缝的深度有所增大,铰缝深度与预制板总高度之比从浅铰缝的0.30左右增大到0.5左右。工程实践表明,中铰缝对于克服铰缝病害的效果并不明显。2000年前后,国内装配式混凝土板的设计中出现了大铰缝,其深度与预制板总高度之比超过0.7。交通行业2008年版《公路桥梁通用图》中装配式混凝土板桥即为深铰缝。三种铰缝的截面形式如图2-9所示。

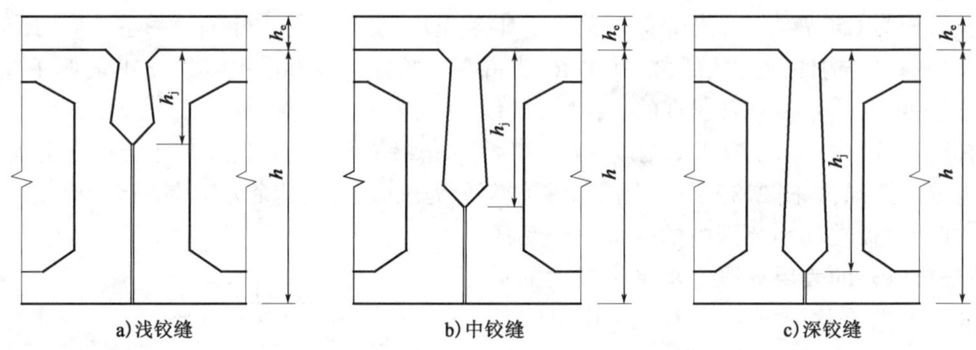

图2-9 常用铰缝形式

大铰缝的优点是铰缝刚度增大、传递荷载的能力更强;预制板与铰缝混凝土结合面更大,铰缝内可以布置较多的钢筋,增大了铰缝的抗剪强度及其与预制板的连接强度等。大铰缝确实能改善其工作状态,使铰缝病害有所减少。但采用大铰缝的装配式混凝土板,使用时间较长、交通量较大时,仍然会发生病害,甚至出现单板受力的严重情况。试验分析与理论计算表明,引起铰缝病害设计方面的主要因素,除了铰缝构造尺寸外,还有铰缝的抗剪配筋(横向配筋率)、铰缝混凝土强度与品质、铰缝的纵向配筋和桥面水泥混凝土铺装层的刚度等重要因素。另外,早期的装配式混凝土板,铰缝上口处最小宽度仅8~9cm,偏小,不利于混凝土浇筑和振捣棒插入,上口应不小于12cm。

2)铰缝钢筋配置

铰缝处于铰接与刚接之间的受力状态,在以受剪为主的情况下还要传递一定量值的弯矩,考虑进一步增强预制板与铰缝混凝土之间的横向连接强度,作为优化铰缝配筋的基本依据。综合国内已有的研究成果和工程设计经验,建议空心板采用图2-10和图2-11所示的铰缝配筋。

图2-10和图2-11中,N1、N4、N5、N6钢筋长度按交通行业2008年版通用图采用。施工时,N1钢筋竖向贴紧模板内壁,脱模后将其扳至设计位置。N2为单根直筋,安装时将其预先弯成90°,下端绑扎在空心板内的钢筋上。对N3钢筋,先预弯约93°,一端绑扎在空心板内钢

筋上，另一端竖向紧贴空心板模板内壁，同一位置由两根N3钢筋组成，各埋入预制板15cm，外露12cm，脱模后将其扳至设计位置。N4、N5、N6与通用图安装要求相同。

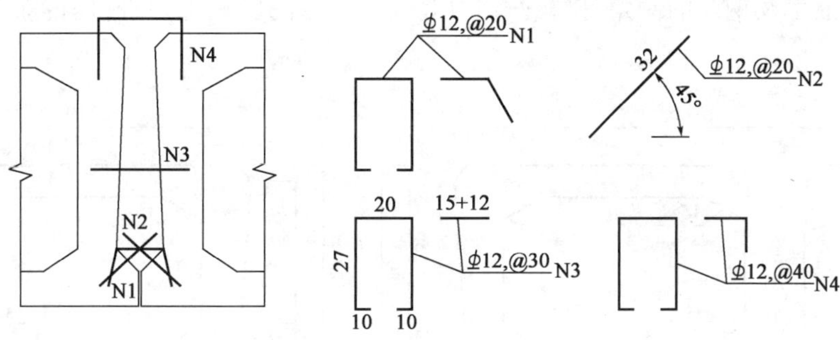

图2-10　空心板铰缝处预埋钢筋(均为设计位置，尺寸单位：cm)

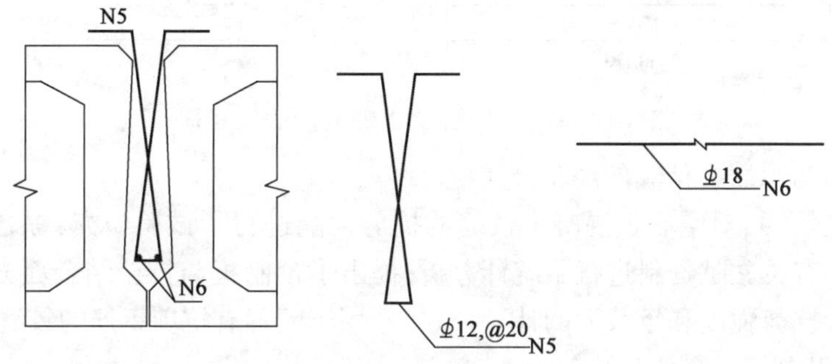

图2-11　空心板铰缝内后安装钢筋(均为设计位置)

铰缝在传递弯矩过程中，其上缘受压、下缘受拉，故铰缝处于剪、拉、压应力的复杂受力状态。在运营阶段，如果预制板与铰缝混凝土的接触面出现裂缝而逐步丧失抗剪能力，铰缝中与预制板相连接的水平钢筋将承受剪力。图2-10中铰缝底部的N1、N2筋将成为下缘主要的受拉钢筋[11]。

关于铰缝的设计计算，本章参考文献[8]介绍了一个算例：跨径16m后张法预应力混凝土装配式简支空心板桥，桥面宽度为21m，共4个车道，横向布置14片预制板，截面尺寸如图2-12所示。公路—Ⅰ级荷载，采用C50混凝土。最不利荷载工况为横桥向排列4辆55t汽车加载。根据空间分析得到的内力，对铰缝进行纵、横向配筋计算。按现行桥规[5]对铰缝进行纵向抗弯强度验算，取最不利的中间铰缝，其跨中截面纵向弯矩为64kN·m，计算得到所需纵向受弯钢筋截面面积为432mm^2，设计图中实际配置两根$d=18$mm的HRB335钢筋(即图2-11中的N6钢筋)，截面面积为509mm^2。满足规范要求。根据铰缝的抗剪要求，还应进行预制板与铰缝接触面的抗剪配筋计算，现行桥规[5]对比没有相应的规定，可以采用欧盟规范PrEN-1992-1-1进行计算。通过计算得到以下结果：对于接触面$\overline{bc}$(参阅图2-12)，在达到要求的粗糙度的情况下，可以考虑接触面的黏结抗剪强度。本算例可以不另外配置抗剪钢筋。但鉴于接触面的粗糙度受施工影响较大，从安全的角度考虑，一般宜配置一定数量的抗剪钢筋(即图2-10中的N3钢筋)。对于接触面$\overline{ab}$(参阅图2-12)，本算例得到：纵向单位长度接触面$\overline{ab}$需配置的抗剪钢筋截面面积A_s应满足1173mm^2 < A_s < 3150mm^2，对应于45°≤α≤90°(α为

钢筋与接触界面的夹角)。通过$\overline{ab}$面的抗剪钢筋,即图2-10中的N1和N2钢筋,现行标准图中未配置相应的钢筋,不能满足$\overline{ab}$界面的抗剪要求。上述欧盟规范考虑了铰缝接触面的粗糙程度、截面配筋率及钢筋的倾角、接触面轴力对铰缝抗剪的影响等因素,是目前较为合理的验算办法。

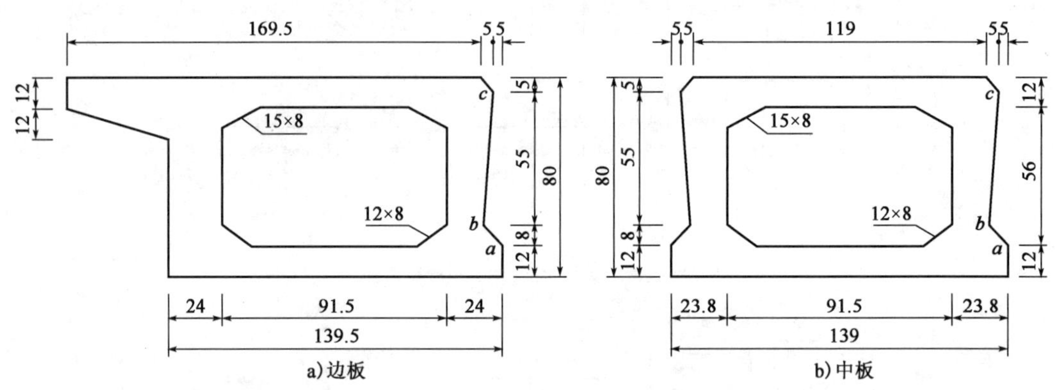

图2-12 左边板和中板跨中截面(尺寸单位:cm)

3)铰缝抗裂与承载力计算的经验公式

本章参考文献[9]对空心板混凝土铰缝的抗剪性能进行了试验研究,综合室内铰缝试件抗剪试验结果和有关文献资料进行了统计分析,提出了预制板与铰缝结合面光滑情况下的混凝土空心板铰缝抗剪强度和承载力的计算公式(适用于配置有抗剪钢筋的铰缝)。

(1)铰缝不开裂的抗剪强度应符合:

$$\tau = \frac{V}{bh} \leqslant 0.01 f_{ck} \tag{2-1}$$

式中:V——单位长度铰缝由车辆荷载作用产生的剪力计算值;

b——剪切面单位长度;

h——剪切面计算高度;

f_{ck}——铰缝混凝土和预制板混凝土两者中较小的轴心抗压强度标准值。

(2)混凝土铰缝抗剪承载力按下式计算:

$$V_u = 0.6 A_s \cdot f_{sd} \tag{2-2}$$

式中:V_u——混凝土铰缝抗剪承载力;

A_s——穿过结合面的抗剪钢筋截面面积;

f_{sd}——抗剪钢筋的设计强度值。

4)选用合适的桥面铺装

桥面铺装的功能是保护桥面板不受车辆轮胎的直接磨耗,保护上部主体结构不受雨水、冰、雪的侵蚀,对轮压集中荷载起一定的分布作用。桥面铺装属于桥梁的附属结构,桥梁设计中通常不考虑桥面铺装参与上部主体结构共同承力。对于大跨径桥梁,主梁截面大,铺装层对主梁截面特性影响较小,不计铺装层的作用,对主梁的受力计算误差不大。对中小跨径桥梁,目前多采用组合式铺装,即下层为水泥混凝土,厚度为6~12cm,上层为沥青混凝土,厚度为4~10cm。设计上采取构造措施加强铺装层与主梁的连接强度。实际上,铺装层在一定程度上参与了主梁共同承力。本章参考文献[12]以装配式空心板桥为依据通过足尺构件破坏试验,分析铺装层对空心板裂缝、变形和承载力的影响,结合整桥的荷载试验,进行了分析研究,得到以下结论:

(1)试验过程中,铺装层混凝土与试验梁共同受力性能良好,达到极限状态时,铺装层与主梁结合面未出现水平裂缝。

(2)桥面铺装使试验梁的抗裂、刚度和极限承载力都有显著提高,采用 10cm 厚的混凝土和钢纤维混凝土铺装层,试件中的开裂荷载提高了 36.3%,极限承载力分别提高了 25.2% 和 22.7%。

(3)对上述空心板桥(跨径 13m 装配式预应力混凝土简支空心板桥,预制板厚度 70cm,水泥混凝土铺装层厚度 10cm,沥青铺装层厚度 9cm)而言,铺装层最优厚度约为 0.3 倍梁高。本章参考文献[13]以跨径 20m 装配式简支空心板桥为研究实例,采用 ANSYS 的实体单元 solid65 建立模型,钢筋采用 link8 杆单元,铰缝混凝土用实体单元。铰缝和空心板之间的黏结滑移关系由 combin39 弹簧单元的荷载位移曲线表示。桥面铺装为水泥混凝土。计算荷载为汽车—超 20 级。分析计算得到以下结论:铰缝内应力随着铺装层厚度和弹性模量的增大而减小,尤其是铰缝竖向剪应力降低的效果最明显。铺装厚度 15cm 较 5cm 最大竖向剪应力减小 63.9%,纵向正应力减小 14.6%;弹性模量由 30GPa 增大到 36GPa,纵向正应力减小 3.9%,竖向剪应力减小 7.0%。超载会显著增大铰缝内的应力,超载率与应力增长率近似相等。

根据上述试验和分析研究成果,对于中小跨径混凝土装配式空心板,在设计中采用合适的桥面铺装可以明显降低板底的拉应力。但应注意铺装层不宜过厚,水泥混凝土铺装层的厚度为 12 ~ 15cm,还应采取措施加强预制板与铺装层间的连接强度。可在混凝土铺装层中设置钢筋网,并与预制板伸出的竖向钢筋连接;在桥面防水混凝土中掺入聚丙烯纤维或钢纤维。北京市政专业设计院设计的这种组合桥面空心板桥,有的已通车运行 10 年以上,未发现铰缝裂缝,效果较好[14]。

5)其他措施

(1)对于空心板铰缝,建议采用微膨胀小石子纤维混凝土、自密实混凝土或改性环氧混凝土浇筑。

(2)在顺桥向每隔 100 ~ 200cm 用一块厚度 6 ~ 10mm 钢板焊接在铰缝顶面的横向跨缝钢筋上,以加强预制板之间的横向连接,提高铰缝的抗剪强度。

(3)适当提高铰缝混凝土的设计强度,可按预制板混凝土强度提高半级(5MPa)。

(4)预制空心板每端设置的两个支座,可能发生个别支座脱空,使板发生异常变形,可采用单支座或其他措施避免个别支座脱空。

2.2.2　装配式空心板的改革

上述第 1)项措施主要是针对空心板铰缝出现的病害采取的一些改进措施,空心板的基本结构及配筋没有太大的变化。近年来,有的省市交通行业和有关设计院参考国外的经验提出了对装配式空心板进行改革的设计方案或工程设计,主要情况如下:

1)新型预应力混凝土装配式横向刚接空心板桥[15]

2009 年,上海市城乡建设和交通委员会印发沪建交〔2009〕1048 号文《上海市城市道路和公路设计指导意见》(试行),其中5.1.1条规定:“高速公路、一级公路、城市快速路、城市主干路和专用重车线路上的大、中桥应采用行车舒适、耐久性好、养护方便的结构形式,优先选用连续结构体系,一般不得采用预制装配式空心板结构。”

根据该文件的要求,上海市政工程设计研究总院(集团)有限公司关于中小跨径桥梁新结构科研项目,研发了一种新型预制装配式桥梁结构(简称“刚接板”),并结合实际工程,对2根22m刚接板试验梁进行了足尺试验。这种新桥型已经应用于浦东新区申江路高架专用道路工程中的龚潮港桥。图2-13~图2-15分别为刚接板构造、钢束布置断面和普通钢筋断面示意图。采用后张法部分预应力混凝土A类构件设计,C50混凝土。在支点处设横隔板,跨中不设横隔板。预制板之间用后浇湿接头形成横向刚接。试验结果表明,刚接板的承载力与刚度均满足规范要求,并有一定富余量。详细试验数据见本章参考文献[15]。

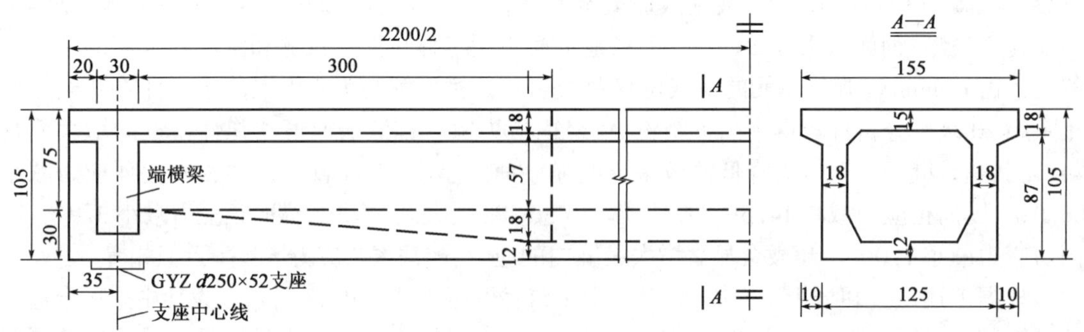

图2-13　刚接板构造示意图(尺寸单位:cm)

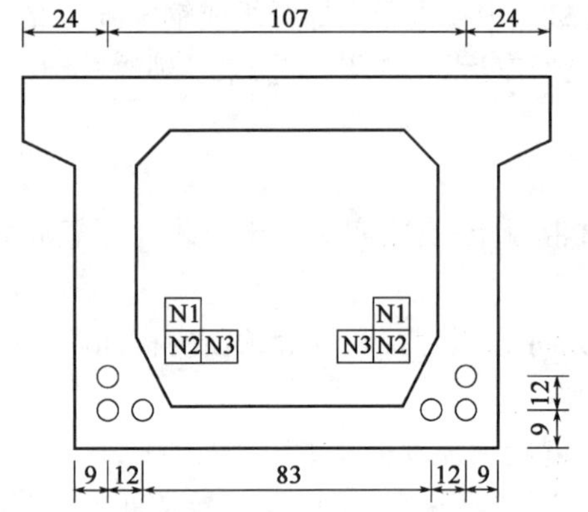

图2-14　刚接板钢束布置断面示意图(尺寸单位:cm)

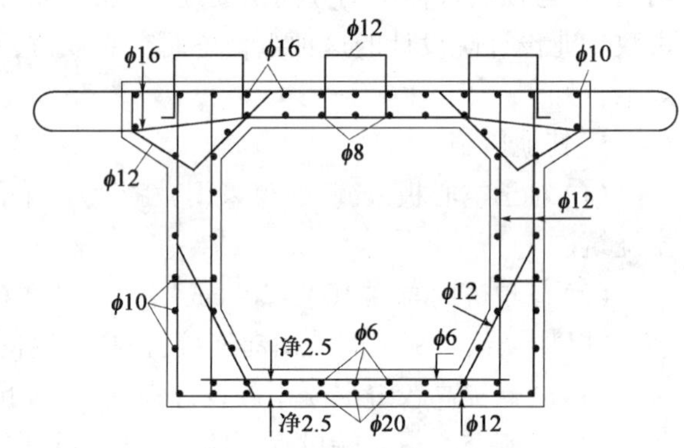

图2-15　刚接板普通钢筋断面示意图

2)预应力混凝土装配式横向刚接密肋工字梁桥[16]

密肋工字梁桥的横断面如图2-16所示。预制工字梁安装就位后,现浇横向湿接头形成横向刚接,在跨中、$L/4$处设横隔板。跨径16m密肋工字梁的预制梁高为90cm,现行通用图16m PC空心板的预制高度为80cm,工字梁仅超过10cm,但工字梁吊装质量为16t,小于空心板的吊装质量(空心板吊装质量为28.9t,板宽125cm),且湿接缝较宽,混凝土容易振捣密实,施工方便。本章参考文献[16]研究认为密肋式工字梁方案优于刚接小箱梁和槽形组合梁方案。

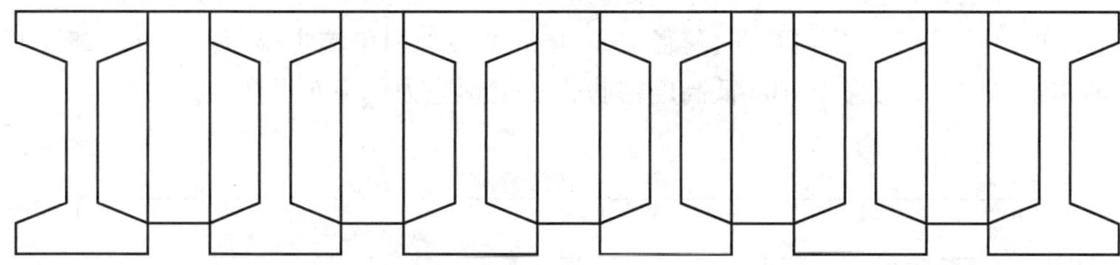

图 2-16　装配式密肋工字梁桥横断面示意图

3)预应力混凝土装配式横向刚接密肋 T 形梁桥[17,18]

2010 年以来,安徽省交通规划设计研究院研究了低高度密肋式 T 梁,针对传统空心板存在的问题,将横向铰接改为刚接、双支座改为单支座、闭合截面改为开口截面。编制了上部构造通用图,要点如下:

(1)标准跨径:L = 13m、16m、20m,取代这三种跨径的传统通用图,另外还增加 25m 跨径,供选用。

(2)结构体系:后张法预应力混凝土低高度密肋式 T 梁,简支桥面连续。按部分预应力混凝土 A 类构件设计。

(3)斜交角:0°、10°、20°、30°。

(4)主要构造:L = 13m、16m、20m、25m 的预制 T 梁高度分别为 75cm、85cm、100cm、125cm;T 梁中距在 145 ~ 159cm 之间;梁端设横隔板,跨中仅 25m 跨径设 2 道横隔板,其余跨径跨中设一道横隔板;预制 T 梁间的湿接缝宽度在 45.6 ~ 59cm 之间;正常梁段腹板宽度均为 30cm,加厚梁段腹板宽度除 25m 跨为 45cm 外其余均为 40cm。图 2-17 为跨径 20m 传统 T 梁[图 a)]和低高度密肋式 T 梁[图 b)]的断面图。跨径 13m、16m、20m 低高度密肋式 T 梁的高度,仅比传统的空心板相同跨径的高度高 5cm。对于斜桥,横隔板按斜交方向布置。

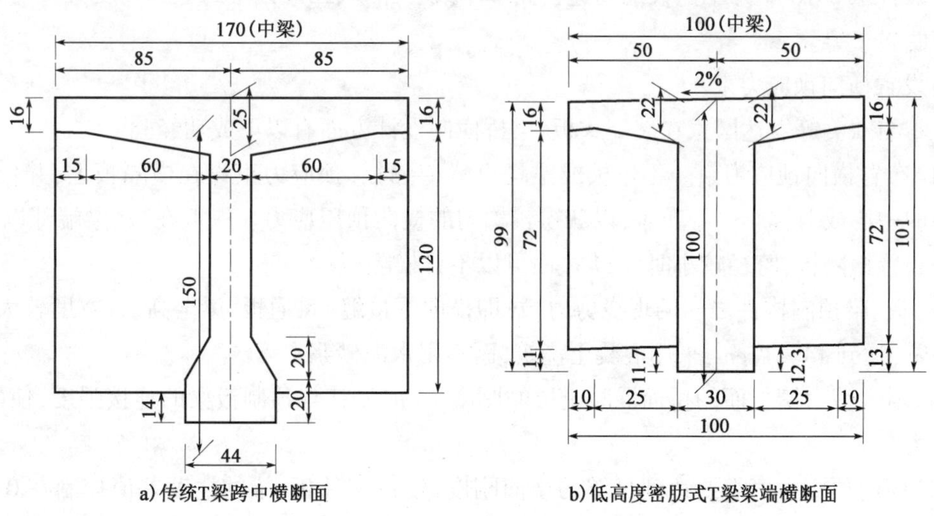

图 2-17　传统 T 梁与低高度密肋式 T 梁断面比较(尺寸单位:cm)

(5)预应力束布置:低高度密肋式T梁预应力钢束均按竖向单排沿梁肋中线布置,不设平弯,施工方便,对梁肋不产生侧弯曲,跨径13m、16m T梁采用单端张拉,跨径20m、25m T梁采用两端张拉。图2-18为跨径20m低高度密肋式T梁预应力钢束布置图。

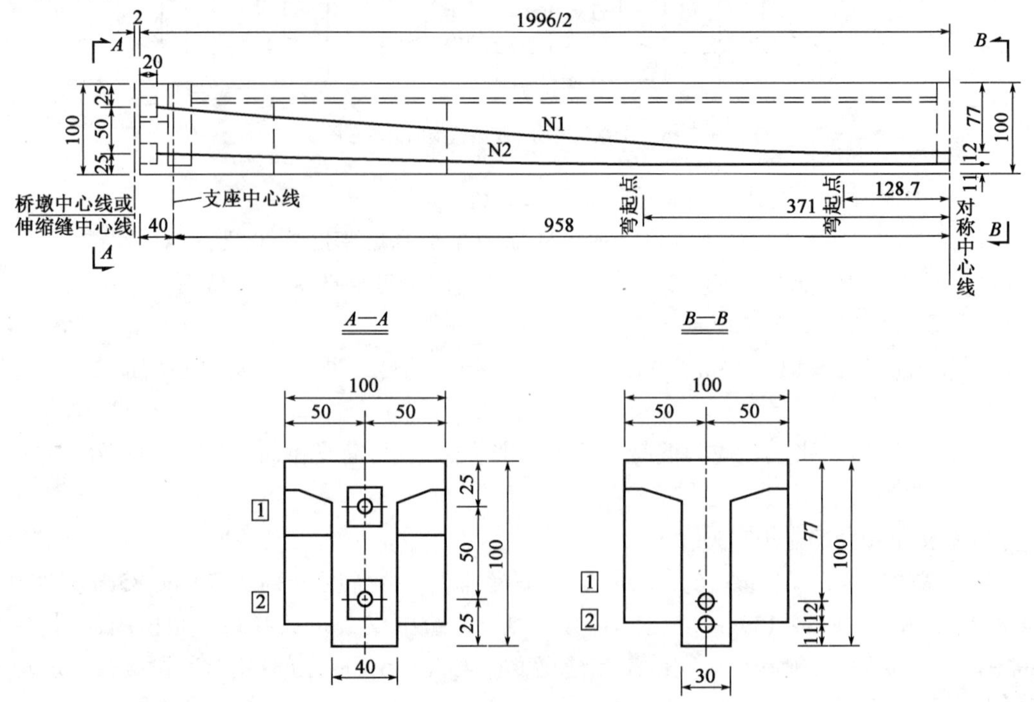

图2-18　20m密肋式T梁预应力钢束布置图(尺寸单位:cm)

安徽省从2010年开工建设的高速公路和干线公路中,20m以下跨径的简支梁桥均采用低高度密肋式T梁。

4)设置横向预应力束

日本与欧美等发达国家在装配式板、梁桥横向设计方面有以下成功经验:

(1)布置横向预应力束。不论板或梁均设置横隔板,预应力束设在横隔板上,并位于板、梁截面的中心或对称于中心布置,以获得较均匀的横向预压应力。一般在板、梁端部以及$L/4$和跨中布置横隔板,跨径较小时,$L/4$截面可以不设横隔板。

(2)板、梁预制构件之间的现浇剪力槽(即横向湿接缝)贯通板、梁全高,且宽度较大,以日本的最宽,达到14~17cm,采用混凝土浇筑,而不用水泥砂浆。

(3)增大剪力槽上面的桥面混凝土层的厚度,并加强其与预制板梁的连接强度,使两者能整体受力。

(4)横向预应力值需要达到足够的横向刚度,使得相邻板、梁的挠度差值控制在0.50mm以内,同时横隔板的应力应符合规范要求。

美国学者Krome LE. Hanna提出了板梁横向预应力的简化计算公式[19]:

$$P=\left(\frac{0.9W}{D}-1\right)K_l\cdot K_s\leqslant\left(\frac{0.2W}{D}+8\right)K_l\cdot K_s \tag{2-3}$$

式中：P——一片横隔板需施加的横向预应力的大小；

W——桥的宽度；

K_l——跨高比修正系数，$K_l=1+0.003(L/D-30)$；

L——桥梁跨径；

D——板、梁的高度；

K_s——斜交角的修正系数，$K_s=1+0.002\theta$，θ为斜交角。

国内有的空心板铰缝病害较严重者，采用施加横向预应力的方法进行加固。例如长沙至益阳高速公路部分铰缝开裂较多的空心板采用体外横向预应力补强。对一座跨径 20m 的简支空心板桥在用横向预应力加固后进行了静载试验，结果表明，跨中截面挠度及下缘混凝土拉应力均较加固前大幅度减小，横向刚度和整体性都得到了提高[7]。

国内有的设计单位也考虑过在装配式板的设计中采用横向预应力，以提高横向刚度和整体性。但因后张法横向预应力施工操作复杂，需要在预制板体中预留管道，准确定位难度大而放弃。从国外经验看，对施工工艺进行改进，横向预应力的实施不应有太大的困难。

5）先简支后结构连续装配式空心板设置刚性横梁[20]

宁波市机场路至北外环立交桥为 4×20m 先简支后结构连续装配式预应力混凝土空心板桥。桥宽 13m，双柱式桥墩。取消桥墩盖梁，在空心板之间现浇刚性横梁，墩柱上设支座，直接支承横梁。施工时，在桥墩处搭设临时支架，支承预制吊装的空心板，并在支架上现浇板端之间的刚性横梁。桥面 RC 铺装完成后，拆除临时支撑，荷载转移到连续结构上，刚性横梁下面设置两个永久支座（横向）。这样改革的优点是：

（1）板端之间的横梁刚度大，增强了结构的横向整体性，克服了传统空心板铰缝容易开裂的缺点。

（2）取消双柱墩顶的盖梁，施工工序减少，缩短了工期。

（3）刚性横梁之下仅设两个支座（横向），克服了传统预制空心板端设置多个支座容易出现脱空的缺点。

该桥空心板纵向按部分预应力混凝土 A 类构件设计。考虑到预制构件预应力作用产生的徐变弯矩与结构恒载产生的徐变弯矩基本相抵消，支点处负弯矩小于一次落架连续梁负弯矩，故墩顶现浇连续段纵向负弯矩区采用普通钢筋混凝土结构。上缘配 9 Φ25 钢筋，下缘配 5 Φ20钢筋，裂缝宽度控制在 0.15mm 以内。

刚性横梁预应力混凝土构件设计。墩顶连续段长 2m（横梁宽度），桥台或分联墩处简支端的现浇段长度为 1m（横梁宽度）。刚性横梁立面及平面如图 2-19 所示。

该桥于 2009 年 8 月建成，通过静载试验可知，实测挠度与理论挠度在各板间的横向分布基本相同，且实测值小于理论值，并有一定富余，弹性工作性能较好，跨中实测弹性应变小于理论计算应变；实测横向分布系数与计算值基本一致，跨中的横向分布总体趋势与“铰接板法”计算结果基本相符。结构的承载力、刚度满足规范要求。

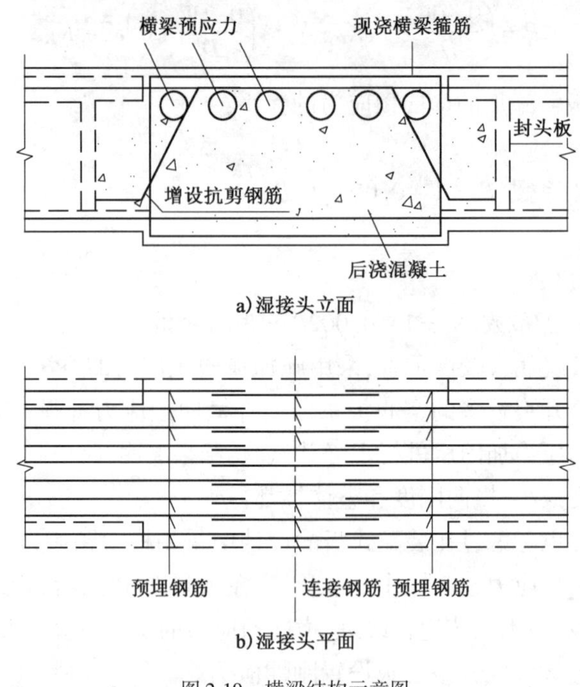

图 2-19　横梁结构示意图

2.3　装配式后张法预应力混凝土空心板锚下设计的改进

2.3.1　后张法端部锚固区的局部区与总体区

后张法端部锚固区的抗裂性和安全性是结构设计的关键内容之一。从设计角度可以将该区域划分为局部区和总体区。锚固区为典型的 D 区，其范围可取为构件横向尺寸的 1 ~ 1.5 倍。图 2-20 为单个集中力作用下的总体区与局部区的划分。受力特点简述如下：

局部区：为锚具周围较小的区域，受到预应力钢束锚固力的直接作用，是高压应力区域。设计应进行局部承压验算和配置锚下间接钢筋。

总体区：为局部区以外的整个锚固区域，该区域因预应力扩散而引起拉应力。总体区的应力场较为紊乱，图 2-21 为总体区在小偏心和大偏心锚固时的拉应力分布情况。这些拉应力可归纳为两类：一类是横向拉应力，也称为劈裂应力，是由于预应力从锚垫板向全截面扩散过程中产生的，其合力即为劈裂力；另一类是锚固面周边的剥裂应力，是由于锚固面在受压的同时，为保持与锚垫板的变形协调而产生的拉应力，其合力即为剥裂力。对于总体区设计，应验算总体区与局部区交界处的斜向压应力并配置抗劈裂及抗剥裂钢筋。

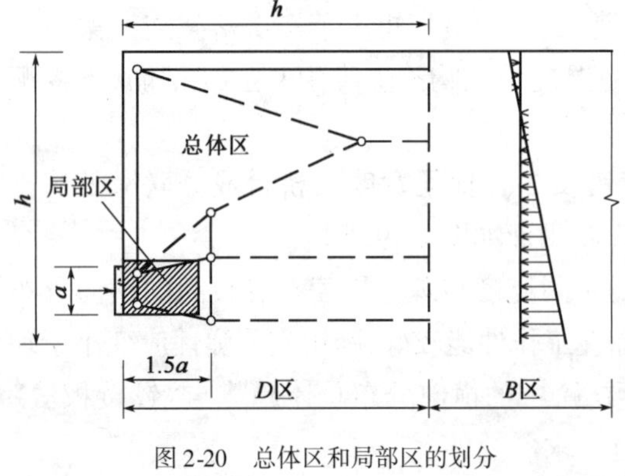

图 2-20　总体区和局部区的划分

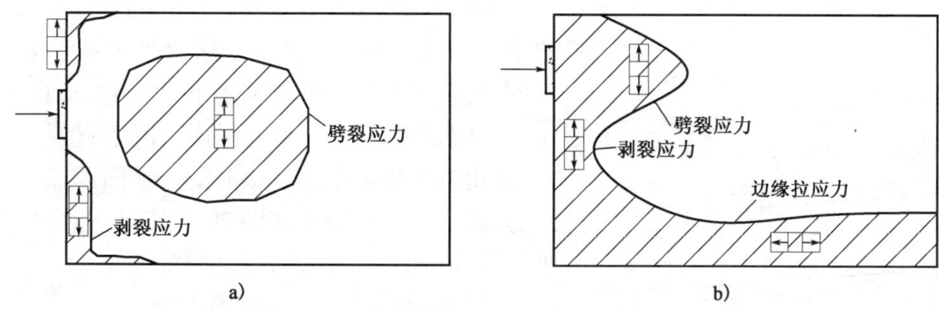

图 2-21　总体区在小偏心、大偏心锚固时的拉应力分布

2.3.2　后张法锚固区配筋要点[21]

(1)总体区配筋

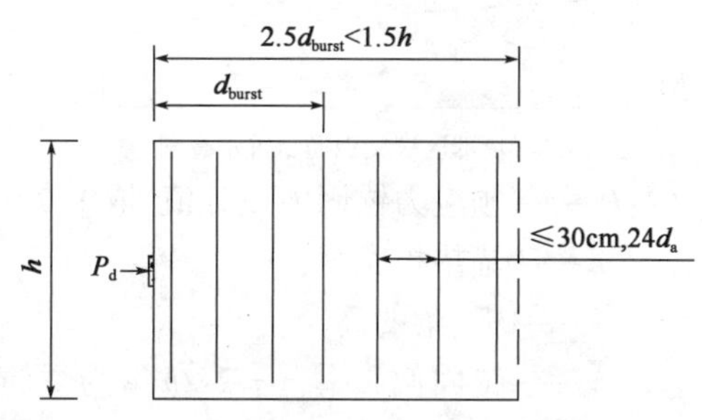

图 2-22　抗劈裂力钢筋的布置

P_d-预应力锚固力设计值;h-板、梁的高度;d_a-钢筋直径

抗劈裂力钢筋的布置见图 2-22。抗劈裂力钢筋应沿构件截面的整个高度布置,应布置在锚头前方 $2.5d_{burst}$ 范围之内,且不应大于截面横向尺寸的 1.5 倍,钢筋形心位置与劈裂应力合力点位置(d_{burst})一致。钢筋间距不应大于 24 倍钢筋直径或 300mm。d_{burst} 为劈裂力作用点位置与锚固端面间的水平距离,可按下式计算:

$$d_{burst} = 0.5h - e + Ke\sin\alpha \tag{2-4}$$

式中:e——锚具相对于横截面形心的偏心距,恒取正值;

α——预应力钢束倾角,当锚固集中力指向截面形心时,取正值,否则取负值;

K——当 $e/h \leqslant 0.25$ 时 $K=4.0$,当 $e/h>0.25$ 时 $K=3$。

如图 2-23 所示,抗剥裂力及纵向边缘拉力的钢筋应布置在整个截面宽度范围内,并在满足保护层厚度的情况下,尽量靠边缘布置;在大偏心锚固情况下,抗剥裂钢筋应连续布置,并弯曲延伸到另一边。

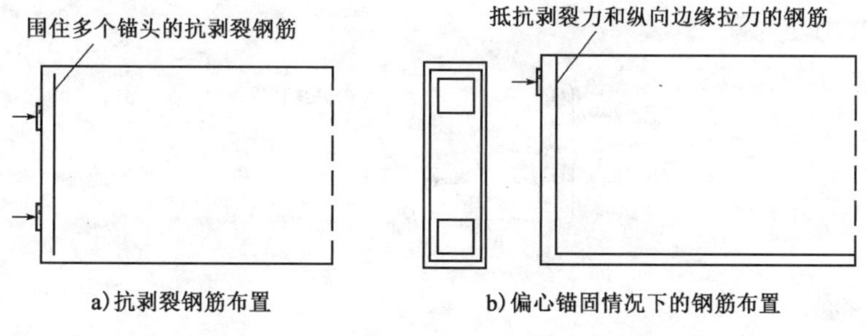

图 2-23　抗剥裂力及纵向边缘拉力的钢筋布置

(2)局部区配筋

锚固局部区域应布置螺旋钢筋和(或)正交钢筋网片。螺旋钢筋如图 2-24 所示。

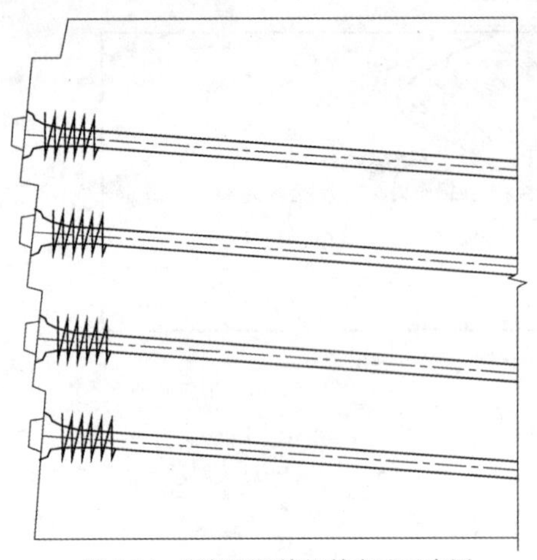

图 2-24 局部区螺旋钢筋布置示意图

本章参考文献[21]指出了 AASHTO LRFD(2007)规范关于预应力后张法锚固区劈裂力计算公式存在的问题，进而在压力扩散理论模型的基础上，给出了中心锚固、偏心锚固和斜向锚固情况下劈裂力计算公式，并得到了矩形截面后张混凝土锚固区统一配筋公式，具有比 AASHTO LRFD(2007)规范更好的理论根据和计算精度。

锚固区劈裂力 T_b（参见图 2-25）：

$$T_b = 0.22P_d(1+\gamma)^2\left(1-\gamma-\frac{a}{h}\right)+0.5P_d\,|\sin\alpha| \tag{2-5}$$

式中：P_d——预应力锚固力设计值，取 1.2×实际的有效预加力，1.2 为分项系数；

a——锚垫板宽度；

h——板、梁的高度；

γ——锚固偏心率，$\gamma = 2e/h$，e 为力筋的锚固偏心距；

α——力筋的倾角。

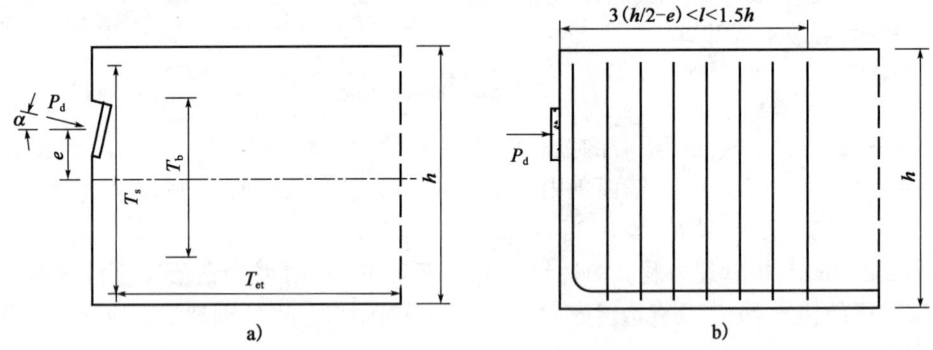

图 2-25 锚固区内的拉应力效应及配筋形式

锚固区剥裂力 T_{et}：

$$T_{et} = \begin{cases} 0 & (\gamma \leqslant 1/3) \\ \dfrac{9\gamma+\dfrac{1}{\gamma}-6}{12}P_d & (\gamma > 1/3) \end{cases} \tag{2-6}$$

锚固区边缘剥裂力 T_s：

$$T_s = \begin{cases} 2\%P_d & (\gamma \leqslant 1/3) \\ \max(T_{et}, 2\%P_d) & (\gamma > 1/3) \end{cases} \tag{2-7}$$

求得各区域的拉力 T_d（即上式中的 T_b、T_{et}、T_s）后，普通钢筋的配筋截面面积 A_s 可按下式进行计算：

$$A_s \geqslant \frac{T_d}{f_{sd}} \tag{2-8}$$

式中：f_{sd}——钢筋抗拉强度设计值。

抗劈裂钢筋宜采用闭合箍筋或具有可靠锚固措施的横向钢筋，沿整个板、梁高度布置，钢筋的面积重心应尽量与拉杆位置重合。锚固区拉压杆模型可参阅本章参考文献[21]。锚固区设计时还应注意选择合适的腹板和顶、底板厚度，锚下钢筋的配置不宜太过密集，以免影响混凝土的浇筑质量。因锚下混凝土密度较差易出现崩裂的事故时有发生，所以应综合考虑板、梁端锚固区构造尺寸、锚垫板尺寸及配筋，使之达到最优配合。设计时，除按现行规范[5]计算局部受压区的截面尺寸与抗压承载力外，建议按上述公式计算劈裂力和剥裂力，以配置足够的普通钢筋。

2.4 装配式预应力混凝土 T 梁桥病害和原因分析

从 20 世纪 60 年代中期开始，直至 21 世纪初，交通部专家委员会组织编制出版了多种中小跨径钢筋混凝土和预应力混凝土装配式梁板桥标准图或设计图。部分省市交通部门和设计院结合本地区特点也编制了一些通用图或设计图。这些标准图、通用图、设计图在全国各等级的公路建设中得到广泛使用，为中国公路桥梁的发展和技术进步作出了贡献，积累了丰富的设计和施工经验。2004 年的公路桥规[3]、[5]等正式颁布实施后，在交通部专家委员会的组织指导下，由国内 23 家具有公路桥梁勘察设计甲级资质的设计、科研单位编制了新的中小跨径混凝土梁板通用图。2008 年正式出版后，已在全国公路与城市道路上得到普遍使用。跨径在 6 ~40m 之间，主要技术参数见本书附录 A。其中装配式预应力混凝土 T 梁有简支梁和先简支后结构连续梁两种结构形式，标准跨径有 20m、25m、30m、35m、40m 五种。

中小跨径装配式梁桥具有跨径与基本构造统一、制造和安装可以实施工厂化和标准化作业、施工设备及人员稳定集中、有利于保证产品质量、节约投资和提高施工速度等多项优点，是国内中小跨径混凝土桥梁的主流桥型。其中，预应力混凝土 T 梁和预应力混凝土组合小箱梁是国内近期在跨径 20 ~40m 范围内应用最广泛的桥型。本节主要讨论常用装配式 T 梁的病害及其产生的主要原因。

装配式 T 梁的病害主要表现为梁体发生不同程度的裂缝和过大变形以及因主梁的非正常变形引起桥面出现的裂缝。该病害大部分发生在运营阶段，也有少数发生在施工阶段。早期建成且重载交通量大的桥梁病害较多。在中小跨径装配式混凝土梁板桥中，空心板的病害相对更严重，T 梁和组合小箱梁的病害相对少一些。

T 梁的典型裂缝主要有跨中区段因受弯产生的下缘横向裂缝（少数严重者马蹄侧面有竖向裂缝）、梁端部区段水平裂缝、腹板上的斜裂缝、梁端沿预应力方向的纵向裂缝、横隔板上裂缝以及墩顶负弯矩区上缘裂缝等。

裂缝产生的原因较为复杂，可以归纳为以下几项：

（1）混凝土材料的构成与品质

主要表现为混凝土的强度、密实度、弹性模量以及耐久性指标达不到规范要求。

(2)环境作用引起混凝土材料损伤[22]

环境作用引起的混凝土材料损伤主要表现在以下五个方面:

①混凝土碳化导致钢筋锈蚀。

②氯盐侵蚀引起钢筋锈蚀。

③冻融循环导致混凝土损伤。

④硫酸盐等化学物质与水泥水化产物反应导致混凝土损伤。

⑤盐类结晶膨胀引起的混凝土损伤。

(3)由于荷载或外力作用引起的损伤

常见的原因有:车辆超载、超限;基础不均匀沉降;边界条件出现变化;有效预应力发生大的变化等。

(4)设计、施工和管养的失误

这方面的具体情况较复杂,影响的范围与程度变化也较大,应根据实际情况进行分析。

从下面介绍的实例可以看到已建成的T梁桥病害情况以及反映出来的问题。

[**例2-13**] 云南某高速公路预应力混凝土T形梁桥[23]

该桥为18×30m先简支后结构连续装配式预应力混凝土T形梁桥,4孔或5孔为一联,每孔布置5片T梁,间距2.45m,预制梁高1.9m,肋板宽度为20cm,马蹄宽度为48cm,端部附近肋板宽48cm。2010年11月竣工检测时发现8片T梁有竖向裂缝,2011年7月在对上述T梁裂缝进行处治时,又发现另外5片T梁有竖向裂缝。裂缝较严重的几片T梁情况如下:

9-4号梁:跨中马蹄底部有一条纵向裂缝,长400cm,缝宽0.18mm;马蹄侧面有2条纵向裂缝,长100cm,宽0.15mm。

13-3号梁:跨中左、右两侧各有一条竖向裂缝,左、右侧长分别为250cm(左)和180cm(右);宽0.16mm(左侧和右侧)。

17-5号梁:跨中左侧有1条、右侧有3条竖向裂缝,其中1条肋板竖向裂缝通过马蹄底面由左发展至右。

18-1号梁:距梁端14m处有1条纵向裂缝,长110cm,宽0.16mm。

18-5号梁:距梁端16m处有1条纵向裂缝,长430cm,宽0.16mm。

裂缝产生原因:马蹄部位钢筋密集,波纹管直径为10cm,混凝土粗集料直径≥5cm,容易堵塞钢筋空隙,马蹄底部多为浆液,无法振捣,混凝土密实度很差,再加上波纹管位置偏差较大,保护层过薄,在预应力、温度变化和混凝土收缩的作用下,产生沿波纹管方向的纵向裂缝。另外,由于波纹管压浆不饱满、混凝土质量较差、定位钢筋不准确等引起T梁出现竖向裂缝。马蹄与肋板结合部,结构刚度变化过大,也是产生纵向裂缝的原因之一。

该桥T梁设计系根据交通行业标准图按实际情况修改而成,经验算各项指标满足JTJ 023—1985的要求。后经复核计算,表明现状桥梁结构处于弹性受力状态,其强度及刚度可以满足设计的汽车—20级、挂车—100的荷载等级。但上述裂缝会影响结构的耐久性,最后采取了维修加固措施。

[**例2-14**] 某二级公路预应力混凝土T形梁桥[24]

该桥为3×50m装配式预应力混凝土简支T梁桥,桥面宽9m+2×0.5m。预制T梁截面如图2-26所示。T梁翼板厚度为20~28cm,腹板厚度为20cm,在支点附近增大为45cm,变厚段长度为2.5m。建成后发现T梁跨中底面有较多裂缝,且裂缝宽度较大,分析认为属于受力引起的结构性开裂。根据计算分析,该T梁抗弯承载力不足,且距支点4m处(即箍筋间距变化处)斜截面抗剪承载力不足。采用碳纤维板进行加固,并对宽度为0.1~0.3mm的较深裂缝采用压力灌注法处理,以提高其抗弯和抗剪承载力。

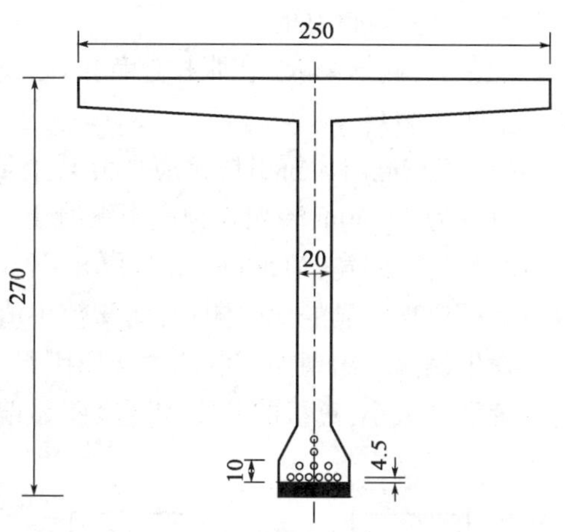

图2-26 计算截面示意图(尺寸单位:cm)

[例2-15] 某预应力混凝土T形梁桥[25]

该桥为先简支后结构连续装配式预应力混凝土T形梁桥。建成后墩顶处T梁湿接头开裂,发生剪切破坏。在现场将湿接头打开后发现,新老混凝土结合面较为平整,而裂缝恰好位于新老混凝土结合面附近。经检查,结合面上普通构造钢筋较少,钢筋直径为5mm,配筋率仅为0.1%。新老混凝土界面的抗剪、抗拉强度小于两侧混凝土相应的强度较多。该处如构造设计和施工措施不到位,在外力作用下容易开裂。

[例2-16] T梁侧弯案例

跨径25~55m装配式T梁,国内均有施工中发生侧弯的情况,以下为几个案例。

(1)湖南省某高速公路40cm跨径T梁桥[26]

该桥为装配式预应力混凝土T形梁桥,采用2008年版交通行业通用图进行设计。在T梁预制阶段,边、中梁按设计图要求进行预应力束张拉后,边梁均出现不同程度的侧向弯曲。经检查,钢束张拉伸长量及反拱度符合设计要求。边梁侧向弯曲的位移量为0.5~1.5cm,并有进一步增大的趋势。图2-27为边梁截面和钢束布置图。主要原因分析如下:

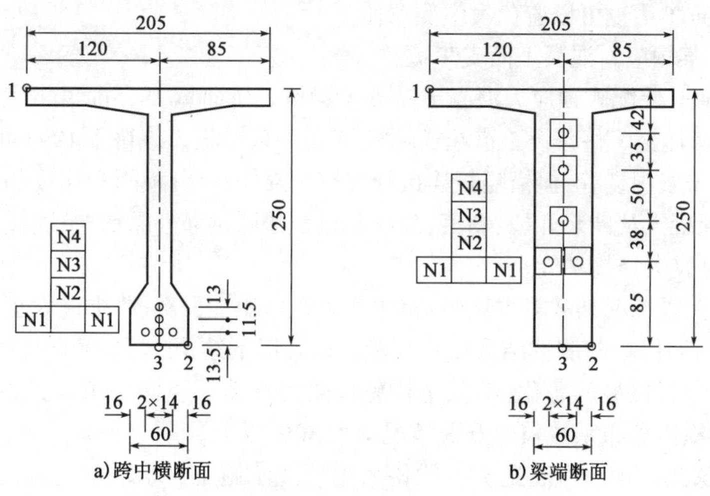

图2-27 预应力钢束布置图(尺寸单位:cm)

①T梁的横向抗弯刚度较弱。经计算,截面对于纵向和横向抗弯惯性矩之比为6.44,可见强轴惯性矩是弱轴的6倍以上,T梁侧向抗弯刚度较小,容易变形。

②截面上全部预应力束的重心轴与T梁截面重心轴不吻合。钢束N1~N4合力在侧向对

T梁截面产生偏心力矩。

③左、右侧钢束N1在张拉过程中难以做到对T梁截面重心轴完全对称，两者不均衡力矩将产生侧向力矩。

(2)广东虎门大桥引桥预应力混凝土T梁桥[27]

引桥为7×50m装配式预应力混凝土T形梁桥。预制梁高252cm，腹板厚20cm，梁端附近腹板厚与马蹄同宽，为50cm，翼板厚8～12cm，宽150cm，预制阶段T梁设3道横隔梁。张拉预应力束后出现明显的横向侧弯，侧弯较小值为3～5cm，较大值为7～9cm。在T梁起吊安装过程中发生侧倾。出现侧弯曲的主要原因是：T梁截面竖向刚度与侧向刚度之比为13.5∶1，侧向抗弯刚度太小，翼板的厚度和宽度明显偏小。

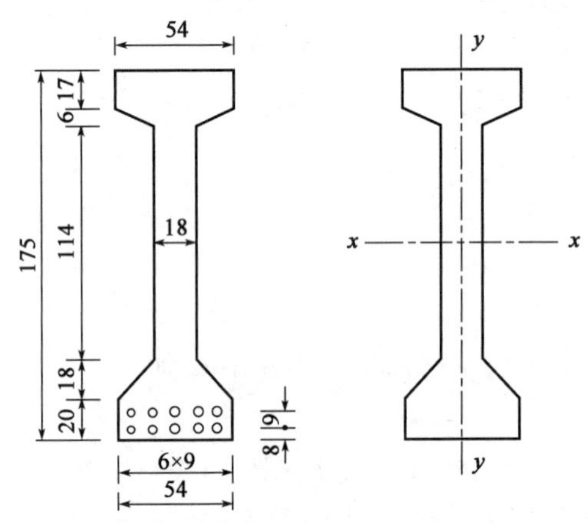

图2-28　预制中梁跨中截面图(尺寸单位：cm)

(3)京珠高速公路湖南段某预应力混凝土工字梁桥[28]

该桥为跨径30m装配式预应力混凝土后张工字梁桥。预制中梁跨中截面如图2-28所示。采用C50混凝土，每片梁布设10束预应力高强钢丝，每束为24ϕ5mm，标准强度为1600MPa，每束张拉力为565.44kN。钢束张拉完成后，工字梁发生侧弯曲，经实侧4片梁的侧弯曲分别为6.0m、4.3m、5.1m和4.0cm。计算表明：工字形截面对x轴和y轴抗弯刚度之比为15.4∶1，侧向抗弯刚度太小，是产生侧弯曲的主要原因。就侧向抗弯能力而言，T形截面优于工字形截面。通常30m T梁极少发生侧弯曲，40m T梁发生侧弯者也较少。在设计和施工方面采取必要的措施(将在后面讨论)后，50m T梁也可以避免发生侧弯曲。

[例2-17]　某预应力混凝土简支T梁桥[29]

该桥为9×50m装配式预应力混凝土简支T梁桥。桥面宽18.5m，由7片T梁组成，相邻T梁翼板间为铰缝连接。每跨设2道端横隔板、6道中横隔板。该桥于1993年建成通车，运营近20年后，主梁未发现裂缝，但横隔板连接处有较多损伤，部分横隔板连接部位完全失效。主要病害有：外层混凝土及砂浆开裂、剥落；预埋盖板及锚固钢筋外露锈蚀；连接盖板焊接部位开裂失效，甚至完全丧失连接功能。

分别进行了两种工况加载静载试验：跨中最大正弯矩加偏载、跨中最大正弯矩加中载。使用Midas/Civil进行计算，与测试结果相互校验。得到以下结论：横隔板开裂、失效将导致装配式T梁桥横向分布特性显著恶化，降低全桥整体受力性能。在同一工况下，横隔板开裂可导致某一片T梁的横向分布系数较未开裂情况增大30%以上。

另有一座6×30m预应力混凝土T梁桥采用现浇法施工，仅设置端横隔板，无中横隔板，为简支桥面连续。该桥位于重要的高速公路干线上，车流量大，通车若干年后，出现了较多病害，主要表现为桥面纵向开裂明显，多集中在T梁顶面附近，车辆通过时振感强烈。进行了无中横梁与有中横梁的对比计算，在对称和偏载作用下，前者各T梁的挠度呈曲线分布，横向有发生弯曲的趋势且翼板承受较大的剪力，而后者各T梁的挠度均呈直线分布，翼板所受剪力较小,最大剪力发生在横隔板上,翼板上几乎没有横向拉应力。前者则在T梁顶面出现较大的横向拉应力,最大值达到1.77MPa[30]。

[例2-18] 省道S302某预应力混凝土T梁桥[31]

该桥为跨径50m装配式预应力简支T梁桥。梁高2.7m,翼板宽1.5m,腹板厚0.2m。预制T梁脱模后便发现一条沿T梁横向贯通的环向裂缝,距梁的一端约16m,从T梁一侧的马蹄开始,沿腹板到顶板,穿过顶板到另一侧腹板。裂缝宽度为0.2mm。根据现场情况观察研究后确认,预制梁的台座不均匀沉降是引起梁体裂缝的主要原因。计算结果也表明,张拉台座在梁端产生不均匀沉降时,将在距梁端约18m处在T梁顶板上产生较大的拉应力,与实际出现裂缝的位置基本符合。

从上面的实例可以看出,对于T梁受力性能和耐久性影响较大的主要病害有:横隔板开裂或损伤;湿接缝处的结构性裂缝;马蹄处出现的底部横向裂缝和与腹板结合处的竖向裂缝;因张拉预应力钢束引起T梁侧弯曲等。这些病害主要与施工和设计有关。

2.5 装配式预应力混凝土T梁桥设计、施工改进建议

2.5.1 装配式T梁桥负弯矩区钢束锚固设计改进建议

梁通用图于2008年公布后,在公路与城市道路上得到广泛使用,对于其中先简支后结构连续预应力混凝土装配式T形梁桥,施工方面反馈的意见较多,主要是认为负弯矩钢束锚固在桥面(翼缘板)之下,施工操作很困难,钢束张拉与管道灌浆、封锚的质量难以保证,桥墩较高时存在安全风险。国内对于负弯矩预应力钢束锚固布置还有两种方法:桥面开浅槽锚固钢束和翼板开深槽锚固钢束。以下三种布束方式各有利弊,本章参考文献[32]对其进行了比较。

(1)负弯矩钢束锚固于桥面

钢束张拉槽口设在梁板顶面,锚固齿板占用部分预制T梁顶面以上的混凝土整体化现浇层。这种锚固方式首先由中交公路规划设计院编制了设计图,后在国内广泛应用。其负弯矩钢束锚固区构造如图2-29所示。主要优点是:因钢束张拉槽口设在T梁顶面,可以在桥面上完成全部预应力施工作业,不需要设置吊篮等辅助设施,操作很方便,施工安全,预应力全部工序的质量容易保证。主要缺点是:因锚固齿板占用部分整体化层,使其局部厚度变薄,容易开裂,且开裂位置在顶板,对耐久性有影响;需截断桥面板上缘钢筋,钢筋恢复焊接质量不易控

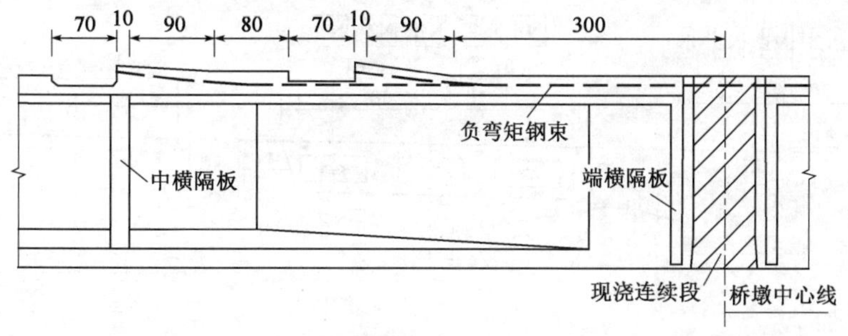

图2-29 负弯矩预应力钢束锚固于桥面上缘(中交公路规划设计院,浅槽)(尺寸单位:cm)

制;只能使用扁锚,预埋扁型波纹管质量不易控制,灌浆质量难以保证;预留槽口回填混凝土体积小,混凝土收缩产生裂缝,雨水易渗入影响锚具耐久性。

(2)负弯矩钢束锚固于桥面板下缘

负弯矩钢束的锚固齿板、张拉槽口均设置在T梁翼板下缘靠梁端第二道横隔板处。2008年版通用图采用这种锚固方式,如图2-30所示。其主要优点是:齿板设在桥面板以外,不需截断桥面板钢筋,桥面板整体性好,施工质量容易保证;可以使用圆锚,避免了使用扁锚存在的缺点;齿板封锚混凝土不参与结构受力;可靠性好。这种锚固方式的缺点是:需要在负弯矩区桥面下安装吊篮,要在桥面板下完成钢束张拉、锚固与管道灌浆等施工作业;吊篮空间小,操作较困难,监理等人员不能现场监督施工质量;由于要在桥面板下进行操作,桥墩较高时存在安全风险。

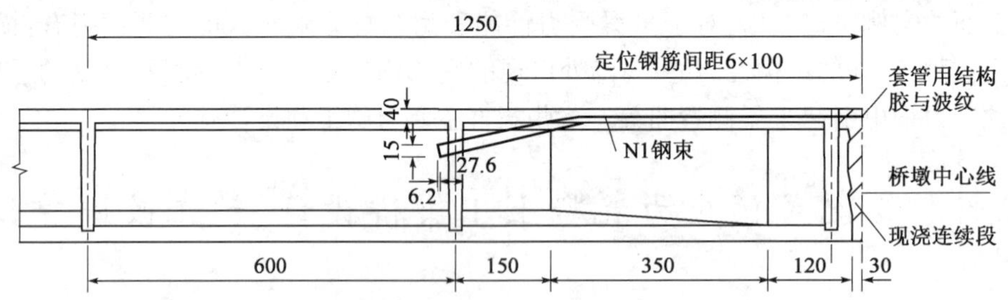

图2-30　负弯矩预应力钢束锚固于桥面下缘(部颁图,设齿板)(尺寸单位:cm)

(3)负弯矩钢束锚固于T梁翼缘板内

广西自治区交通规划勘察设计研究院编制的设计图,将负弯矩钢束锚固在T梁翼板内,并将翼板端部和根部的厚度增加至20cm和30cm。锚固区的构造如图2-31所示。这种锚固

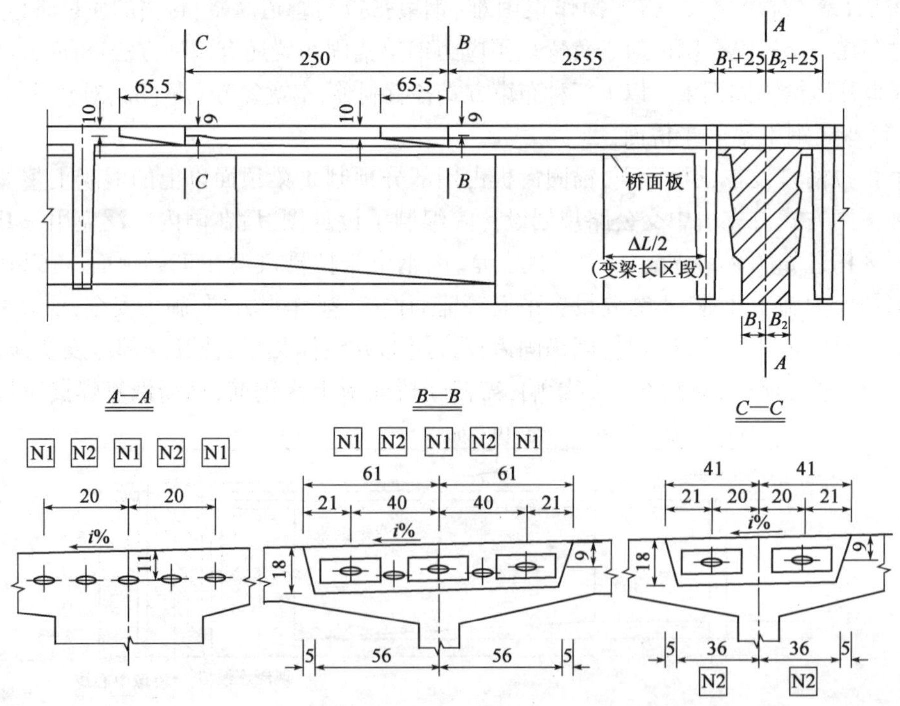

图2-31　负弯矩预应力钢束锚固于T梁上缘(尺寸单位:cm)

方式的优点是：避免了方式(1)桥面上整体化层变薄的缺点，也避免了方式(2)需在桥面下设置吊篮施工难度大的缺点。其不利方面有：锚固区翼板增厚，T梁自重增大，在抗弯承载力控制设计的情况下不够经济；采用扁锚施工时质量不易控制；翼板开槽处普通钢筋与翼板设计钢筋不协调，不易处理。

广东省研究总结了各种负弯矩钢束锚固方式的优缺点，在方式(2)的基础上，对齿板的设置和普通钢筋的布置作了优化。原梁肋两侧的齿板各自为独立的构造，现设计为两齿板与腹板通过横向普通钢筋连接成为整体，使负弯矩钢束在同一锚固面锚固，加强了负弯矩区钢束的锚固能力；减少了预应力损失，同时也增加了负弯矩区的抗剪能力。根据上述研究成果，广东省进行了标准化设计。负弯矩钢束采用圆波纹管。图2-32为广东省标准化设计T梁负弯矩钢束布置图；图2-33、图2-34分别为2008年版通用图、广东省标准化设计T梁负弯矩齿板钢筋图，反映了广东标准化设计对齿板构造和钢筋设计的改进。

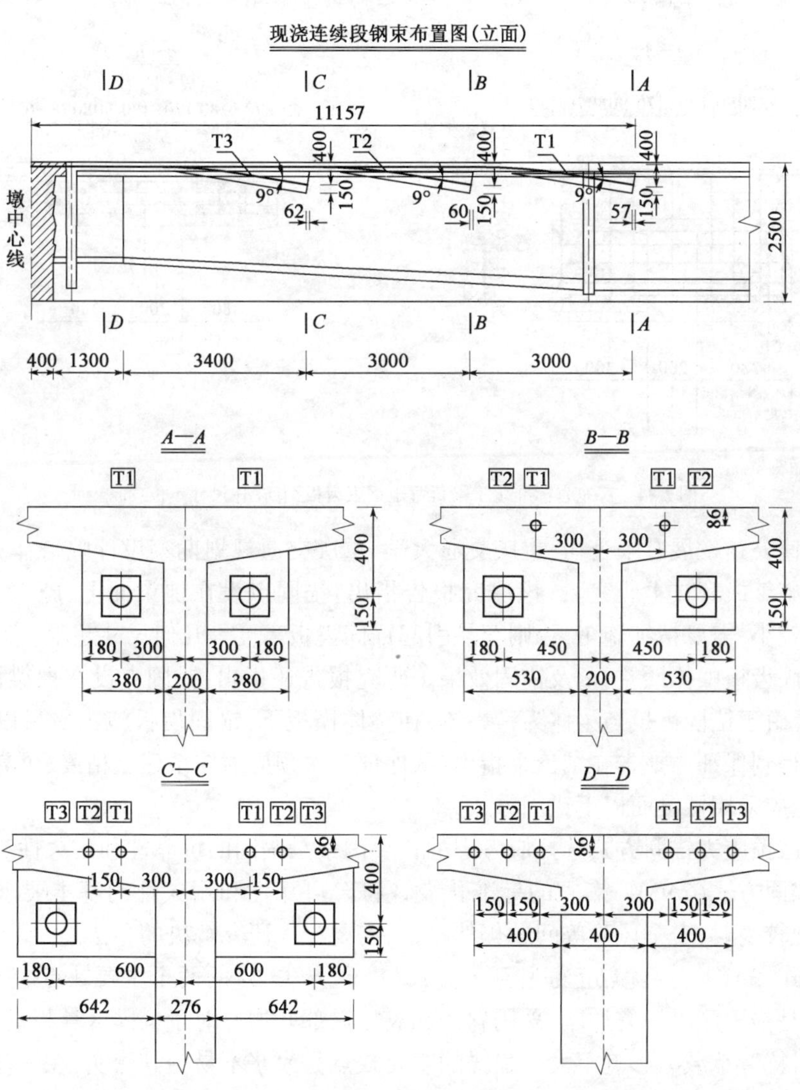

图2-32　广东标准化设计T梁负弯矩钢束布置图(尺寸单位：mm)

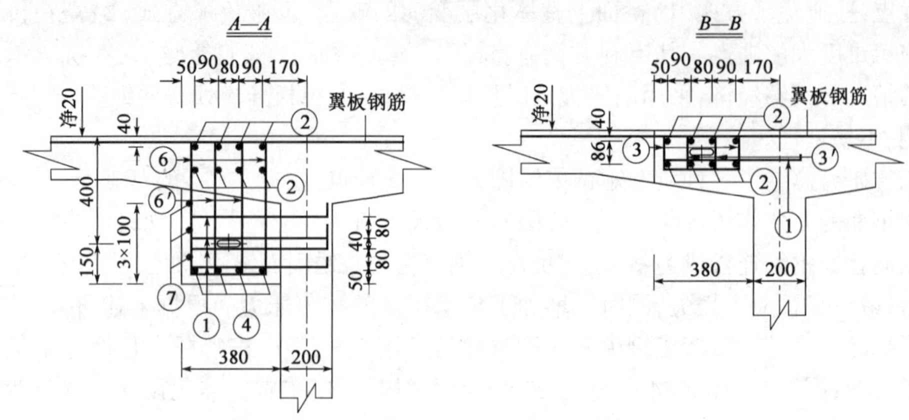

图 2-33 部颁通用图 T 梁负弯矩钢束齿板钢筋图(尺寸单位:mm)

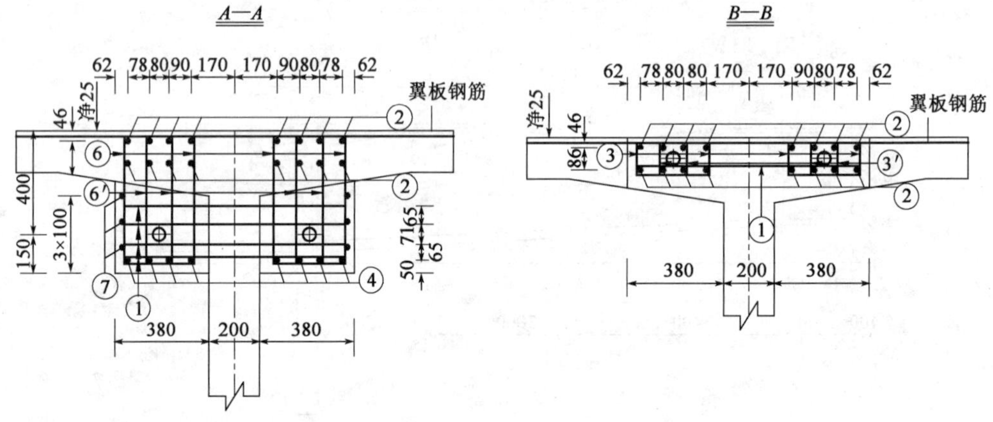

图 2-34 广东省标准化 T 梁负弯矩钢束齿板钢筋图(尺寸单位:mm)

重庆高速公路发展有限公司、重庆交通大学、重庆交通规划勘察设计院合作完成《简支连续梁桥设计施工成套技术研究》。该研究报告指出:锚固点设在裸梁面上,施工方便,但是锚固齿板尺寸较小,需要精细施工,否则容易引起锚固齿板高度等几何尺寸超限,影响后续施工,容易导致锚固齿板整体性差,危及锚固效果。研究报告还指出:锚固点设在裸梁面以下时,施工较复杂,但由于锚固齿板与梁体为一整体,在整体模板下,锚固齿板施工质量以及预应力锚固效果容易得到保证。报告在结论中指出:从保证二次预应力体系建立精度、可靠性和耐久性考虑,原则上应采用裸梁面以下锚固方式。

负弯矩区预应力锚固方式选择应考虑的首要因素是锚固的可靠性和耐久性。根据目前的技术水平,锚固方式(2)和广东省的标准化设计符合可靠性和耐久性的基本要求。但施工难度较大,桥墩较高时,安全风险等问题仍然存在,需要深入研究解决的办法。

锚固方式(3)的主要优点正好避开了方式(1)和方式(2)的两个主要缺点。方式(3)的不足之处主要是锚固区翼板需加厚,采用扁锚和翼板局部开槽。对于锚固区翼板局部加厚,自重增加不多,对抗弯承载力影响不大。扁锚的主要缺点是灌浆不易饱满密实,在一些桥的施工中将扁管短轴净高适当增大并采用真空辅助灌浆工艺,基本上能克服这一缺点。至于翼板局部开槽，主要涉及普通钢筋的设计、施工焊接以及新老混凝土结合面处理的问题。进行精细化的设计、选择合适的填筑材料，可以降低其不利影响。建议对锚固方式(3)进一步分析研究，进行优化，可以作为一种选择方案进行比较。

上述讨论均限于在常用 T 梁传统的设计和施工基本框架内进行。根据国内外跨径在20～50m 之间的装配式预应力混凝土梁式桥的研究和应用情况，还可以提出一些新的思路进行研究。这些内容将在后面讨论。

预制 T 梁翼板的厚度较小，相邻翼板之间为湿接缝连接，连接钢筋多为搭接，为一薄弱部位，全桥的横向刚度主要由 T 梁之间的横隔板贡献。负弯矩钢束不论采取哪一种锚固方式，都要依托 T 梁翼板，或在其上开槽，或设置齿板，对翼板有损伤并使其局部受力。所以，对负弯矩钢束锚固区的翼板有必要进行局部加强。

装配式预应力混凝土简支转结构连续 T 形梁桥，是跨径 20～50m 梁式桥的一种主要结构形式，在较长时间内会在我国广泛使用，必将在其发展过程中不断改进和完善，不宜仅推行一种结构形式。在实践中，应对两三种形式总结经验，相互促进，更为有利。我国幅员辽阔，各地区具体情况有所不同，应该提供多种选择。根据目前情况，至少第(2)、(3)种形式宜由设计或施工单位按具体情况选用。

2.5.2　装配式 T 梁桥墩顶连续段湿接缝设计施工改进建议

先简支后结构连续装配式预应力混凝土 T 梁桥墩顶连续段，为后浇湿接缝混凝土，在纵向将两侧简支 T 梁连接形成连续梁，顶板设置负弯矩预应力钢束，在 T 梁内布置抗剪的普通钢筋和结构连续钢筋。由于湿接段空间狭小，钢筋密布，混凝土振捣困难，密实度不足，新老混凝土为竖直结合面，连接强度较差，长期承受车辆反复荷载和温度作用，湿接头段疲劳损伤的情况时有发生，是这种桥型较薄弱的部位。湿接头受力情况较为复杂，研究结果表明[25]：疲劳荷载会使湿接头混凝土的抗裂强度降低 10%～20%，其抗拉强度小于非接缝截面的抗拉强度，抗剪强度受新老混凝土界面的影响也有所下降。理论分析计算所采用的模型与实际情况有较大出入，应在构造设计和施工工艺上采取必要的措施，提高湿接缝区段混凝土的可靠性和耐久性。根据国内研究成果和实践经验，提出以下改进建议[25,33-35]：

(1)从抗疲劳和抗开裂的角度考虑，宜适当提高湿接头段的普通构造钢筋的配筋率，一般应不小于 0.3%，但应注意合理布置钢筋，不得影响混凝土的施工质量。

(2)墩顶湿接头不仅是连接其两端简支 T 梁的纵向结构，也是横桥向将多片 T 梁连接起来的横梁，应将 T 梁嵌固起来并形成整体，在纵、横和竖向共同受力。在构造上，应将中墩处端横隔板底缘改为与 T 梁底缘齐平，以便于墩顶横梁混凝土浇筑，并有利于对 T 梁的嵌固作用；将 T 梁梁肋在端横隔板外的长度适当加长，一般宜不小于 25cm，以增强墩顶横梁对 T 梁的嵌固作用；在端横隔板靠墩一侧伸出钢筋，并在伸出端横隔板的 T 梁梁肋内预埋向外侧伸出的钢筋，使其与墩顶横梁中的钢筋连接，以加强 T 梁与墩顶横梁的整体性。

(3)负弯矩钢束锚固处如距 T 梁横隔板较远，应在钢束锚固处增设矮横隔板，以使 T 梁与锚固区整体受力。将负弯矩区 T 梁翼板适当增厚，一般可加大 3～5cm，以便于预应力波纹管布置和改善该区域结构受力状态，有利于提高预应力体系的耐久性。

(4)对墩顶湿接头，宜在各墩间间隔浇筑，并在一天中气温较低时段进行，以避免混凝土内部出现微裂缝。当负弯矩钢束布置在T梁翼板下方时,翼板现浇带混凝土宜在负弯矩钢束张拉前在横桥向各T梁间间隔浇筑,以方便负弯矩钢束的张拉。在墩顶纵向湿接缝已完成,施加负弯矩钢束预应力时,宜在纵向各墩间间隔进行,横向在各T梁间间隔张拉。

(5)结构连续处的湿接缝属刚性接缝,为了使其与预制T梁刚性连接,应选用抗裂性好的混凝土材料,建议优先采用补偿收缩混凝土,这种混凝土除抗裂性较好外,还具有良好的抗渗性和较高强度。施工时,灌注由UEA膨胀剂配制的微膨胀混凝土,可以增强新老混凝土的结合强度。这种混凝土能在结构中产生0.2~0.7MPa预压应力,可以明显减少混凝土硬化过程中产生的收缩裂缝。湿接缝内钢筋密集,混凝土集料粒径应不大于2cm。混凝土浇筑时的气温应尽量与主体混凝土浇筑时的温度接近。湿接缝混凝土的基本要求是:良好的填充性能;低收缩性;高强度;高韧性。

(6)在墩顶负弯矩区段,桥面现浇混凝土铺装下层,应在负弯矩钢束张拉前在各墩间间隔浇筑,其余部分则在负弯矩钢束张拉后在各跨间间隔浇筑。

(7)预制T梁与湿接缝之间的新老混凝土结合面,通常按施工规范的要求进行施工。实践经验表明,该处已成为结构连续现浇段最薄弱的截面,有必要采用可靠的措施提高新旧混凝土界面的抗剪、抗拉强度。新老混凝土结合面强度对整体结构受力的影响,在工程设计和施工中是个较为重要也较为复杂的问题,本书将在14.4节作为专题进行分析讨论。

2.5.3 装配式T梁桥张拉预应力钢束防止侧弯曲的几项措施

当T梁截面的横向刚度过小且钢束张拉力对T梁截面横向偏心弯矩M较大时,跨径≥40m的T梁有可能发生侧向弯曲。在横向偏心弯矩M作用下,T梁跨中截面处将产生的最大侧向挠度值为:

$$f_{\max}=\frac{ML^2}{8EI_y} \tag{2-9}$$

式中:L——张拉时T梁的长度;

E——混凝土材料在张拉时的实际弹性模量;

I_y——T梁截面绕弱轴的惯性矩。

I_y较小、M不很大的情况下,有可能产生较大的侧向变位。本章参考文献[28]对30m工字梁进行计算,预应力钢束偏心1cm时,工字梁跨中产生3cm偏向挠度。本章参考文献[36]对40m T梁按预压力4000kN计算,钢束对截面形心横向偏移1cm,则T梁顶受拉一侧的拉应力增量为0.766MPa。

T梁侧弯曲过大,会产生以下不利的影响:

(1)同一跨内,如各片梁侧弯较大,且弯曲方向相反,将增加相邻T梁之间的拼接难度和降低安装精度。

(2)侧弯过大,梁体将增加侧向拉应力,甚至出现裂缝,降低承载力和耐久性。

(3)T梁侧弯,梁上的预埋件会发生错位,影响连接质量。

(4)T梁侧弯,导致预应力钢束与预埋管管壁间的阻力增大,降低有效预应力。

应该从设计和施工两方面采取措施,避免侧弯曲发生:

(1)预制的边梁,内侧有横隔板,外侧无横隔板,且左、右两侧的翼宽长度不相等,T梁的重心偏离腹板中线较多,张拉预应力束将产生较大的侧向弯矩。设计应注意使边梁的重心与腹板中心线接近。

(2)在结构设计允许的情况下,宜适当增大T梁翼板的厚度和横向宽度,以提高其横向抗弯刚度和圣维南扭转常数,使临界弯矩 M_e 相应增大。M_e 的计算可参阅本章参考文献[37]。

(3)应加强预制T梁翼板的端部处的纵向钢筋。通用图上的钢筋直径10mm或12mm偏小,建议增大为16mm。

(4)T梁马蹄两侧对称于腹板中线布置的钢束,如施工时不能同时对称张拉,应采取分级并左、右交替张拉的方式,张拉吨位较大时,宜分为4级左、右交替张拉。

(5)T梁安装时不宜采用兜底吊,吊点的着力位置应设置在T梁重心之上,即在梁端向内一定距离处的翼板之下、T梁重心之上预留吊装孔,穿上钢销,安装钢吊带,穿过翼板根部在梁体上方与吊机千斤绳连接。

(6)应在T梁混凝土强度超过90%设计强度后方可进行预应力张拉。张拉完成后,尽快对波纹管压注水泥浆。

(7)严格控制T梁截面尺寸和波纹管的位置,允许偏差应符合施工规范的要求。

(8)如果边梁两侧翼板横向宽度相差过大,可先按对称宽度的翼板进行预制,待钢束张拉完毕并压注管内水泥浆后,再补充浇注较宽翼板的不足部分。

(9)为减小T梁由于徐变而引起侧弯曲进一步扩展,应注意控制T梁的存放时间。一些施工企业的经验表明,宜控制在15d以内,并且在T梁架设完成后,应尽快连接各梁之间的横隔板,以增加其横向约束,防止继续侧弯。

2.5.4 其他改进建议

(1)预制T梁的存梁期应控制在合理的范围。交通行业2008年版通用图说明指出:为了防止预制梁上拱过大,以及预制梁与桥面现浇层由于龄期差别产生过大收缩差,存梁期不应超过90d,若累计上拱值超过计算值10mm,应采取控制措施。计算分析表明,对于简支转结构连续T梁,随着存梁时间的增长,因收缩除变引起的墩顶处T梁负弯矩区上缘应力越来越小,下缘应力越来越大,负弯矩区上、下缘应力差逐渐变小,截面曲率趋于合理;随着存梁时间的增加,因收缩徐变引起各跨跨中位移不断减小;存梁时间越短,成桥后徐变引起的位移越明显。可见,存梁时间过长、过短都有其不利的一面。应根据具体情况,必要时辅以计算分析确定较合理的存梁时间范围。一般情况下,存梁时间宜控制在60~90d。在某些特殊情况下可以超过这个范围。例如,对于大跨径T梁,为限制张拉预应力钢束产生的侧弯曲存梁时间60d偏长,有的工地控制该时间不超过20d。

(2)装配式预应力混凝土先简支后结构连续T梁,交通行业2008年版通用图的说明指出为按全预应力进行设计。经计算,正弯矩区符合全预应力要求,但负弯矩区达不到全预应力,仅满足部分预应力混凝土B类构件的规范规定。通用图预制T梁顶面10cm厚C50现浇混凝土层中的钢筋网为 $\phi 8$,网格尺寸为10cm×10cm,另在负弯矩区用Φ12纵筋加强。虽然通用图设计现浇混凝土层未参与受力计算,但在负弯矩作用下,现浇混凝土层中将产生拉应力,有时会在桥面上出现横向裂缝。建议将负弯矩区的预应力提高到部分预应力混凝土A类构件或全预应力构件。桥面现浇层中建议设置Φ10冷轧带肋钢筋网片,网格尺寸为10cm×10cm,

宜用成品焊接网片,以方便安装,采用搭接,并应与预制梁顶部伸出的竖向定位钢筋焊接或绑扎,可保证桥面钢筋网的质量。如果负弯矩区仍按B类构件设计,则该区段桥面现浇层中的Φ12普通纵向钢筋偏弱,建议增大为Φ20。

(3)预制T梁顶板上的竖向架立筋,通用图将其向上延伸到桥面现浇混凝土层中,作为桥面钢筋网的定位筋。T梁顶板上的架立筋有两个功能,其一是将顶板内上、下缘的水平钢筋网连接起来,形成钢筋笼,起架立骨架的作用;其二是钢筋上段伸入桥面现浇混凝土层中,与其中钢筋网连接,将钢筋定位,并增强桥面与预制T梁之间的水平抗剪强度。实际施工时,预制T梁顶板内上层钢筋网与架立筋竖直绑扎,因为没有弯钩,这样的绑扎是不可靠的,在人员踩踏和器械压力下,上层钢筋网可能发生较大的变形。因此提出以下改进建议:将预制T梁顶板上架立筋分为A、B两类。A类架立筋下端设弯钩,上部为竖直段,伸入桥面现浇混凝土层,作为其中钢筋网的定位筋;B类架立筋上、下端均设直角弯钩,布置在预制T梁顶板内,作为其上、下层钢筋网的架立筋。A、B两类架立筋均可采用Φ10钢筋,其横向间距均为$2a$,纵向间距均为$2a'$(a为T梁顶板纵向筋间距,a'为横向筋间距)。

(4)装配式T梁桥成桥后的横向整体性依靠主梁之间的横隔板、T梁翼板间的后浇湿接缝带和现浇RC铺装层的联合承力来保证。预制T梁顶面的剪力钢筋,有时由于设计图交待不清楚,或由于施工时缺失、数量与长度不够,使得桥面混凝土铺装层中的钢筋网未能与预制T梁成为一体,起不了增强横向整体性的作用。运营时间较长、重载交通量较大时,横隔板可能出现损伤或病害。此时,T梁翼板间的后浇湿接缝将产生较大的剪应力和弯曲应力。在2008年版通用图中,T梁翼板间的湿接缝宽度在40~70cm之间,预制T梁伸出的水平钢筋与后安装的环形闭合箍筋采用绑扎连接,钢筋直径为12mm;当缝宽较小时,搭接长度不满足规范要求,承受弯曲的能力下降,湿接缝处可能出现纵向裂缝。建议湿接缝的宽度宜在60~80cm之间,缝内水平筋的连接宜采用焊接与绑扎交替的方式,预制T梁翼板伸出的水平钢筋宜适当增长。为了使湿接缝混凝土未浇筑前各片T梁能很快形成较大的横向刚度,也可以布设钢板,T梁就位后即可焊接。这样的构造还有利于运梁车尽早通行。

(5)预制T梁在预应力作用下将产生上挠,混凝土徐变使挠度发生变化。日温差也会影响T梁的挠度。观测资料显示,仅考虑温差影响时,气温上升,T梁跨中上挠;气温下降,T梁跨中下挠。所以,T梁存梁时间的控制还应计入日温度变化的影响。计算实例表明[38]:对跨中截面温度应力和温度挠度影响的主要因素是日照,施工时应避免预制T梁长时间日照,跨径越大、影响越大。应合理选择T梁预应力钢束张拉和张拉后存放期的环境温度。对于跨径在30m以上的T梁,可以根据可能出现的最大日温差计算温度应力及相应的挠度值。计算公式可参阅本章参考文献[38]。

2.6 装配式T梁横隔板受力性能研究进展

装配式T梁桥的横隔板是将各片T梁连接起来形成完整的主梁截面,使之成为具有设计要求的横向刚度和强度的重要构件。各片T梁横隔板之间的连接形式主要有两种,一种是干接缝,由相邻主梁的横隔板通过其上下缘和主梁翼板顶面预埋的钢板相互焊接形成;另一种是湿接缝,T梁预制时包含其两侧(中梁)或一侧(边梁)的部分横隔板,安装就位后将相邻T梁间的预制横隔板的钢筋连接再浇筑湿接头混凝土[39]。我国主要采用第二种连接形式。2008年版通用图中即为第二种形式。实桥运营的情况表明，经过较长时间使用后，这两种连接方式的横隔板都会出现不同程度的病害，主要有接缝处混凝土剥落、钢板焊缝开裂，湿接缝处发生竖向或水平裂缝，甚至产生错位。这些病害的发展不仅会引起桥面铺装开裂，还可能使 T 梁翼板间的接缝也随之出现裂缝。反映在其结构受力上，主要是与病害有关的该片 T 梁的横向分布系数明显增大，并对其他 T 梁产生一定影响。情况严重时，出现“单梁受力”，导致全跨结构承载力大幅下降，并产生较大下挠，使桥梁的安全使用受到威胁。目前研究横隔板主要是采用结构仿真计算分析、模型或实桥试验以及两者相结合的方法。多项研究成果均已证实，装配式梁桥横向连接失效通常涉及设计、施工、运营和材料等多个环节，横向分布系数是表征装配式梁桥横向连接工作性能的重要指标。

本章参考文献[40]以 16m 跨径装配式 T 梁桥为例，进行了缩小比例为 1/4 的模型试验。通过不同的连接方式，将横隔板连接损伤对 T 梁承载力的影响进行了试验和有限元分析。得到以下结论：在保持横隔板正常连接和工作的情况下，翼板连接的强弱对荷载横向分布的影响很小；横向连接损伤只对相邻梁的荷载横向分布产生较大影响，对其余梁的影响很弱；当单个横向连接（除端横梁外）全部损伤时，由于其他横隔板的有利作用，其荷载横向分布并未退化到翼缘板连接起决定性作用的状态；只有当某片 T 梁两侧的横隔板同时损伤时，这片 T 梁的荷载横向分布才会退化到由翼板连接起决定性作用。上述试验和有限元分析，T 梁间横隔板的正常连接均为刚性连接，与现行通用图相同。

本章参考文献[29]通过对某 50m 跨径预应力混凝土简支 T 梁桥静载试验结果进行分析，论证了横隔板病害对全桥整体受力具有显著的影响。横隔板开裂、失效可以导致装配式 T 梁桥横向分布特性显著恶化，降低全桥整体受力性能。针对上述 50m T 梁试验结果分析，在同一荷载状态下，横隔板开裂可导致某一片 T 梁横向分布系数增大 30% 以上。所以，对横隔板病害应及时进行处治，以防止进一步恶化，降低桥梁的承载力。

某预应力混凝土装配式简支 T 梁桥，孔跨为 10×35m，于 2001 年建成通车，2011 年检测发现横隔板有不同程度的混凝土破损、剥落、露筋、接头处开裂等病害。该桥 T 梁高度为 2.25m，单孔由 12 片 T 梁组成，设置 7 道横隔板。板底部连接钢筋与 T 梁预埋的对应钢筋为搭接（设计为焊接 4 Φ 25）。横隔板湿接缝处的竖向裂缝已延伸至横隔板的顶部，该处现浇混凝土不密实。采用 Midas 软件用梁格法建模进行仿真分析，并进行了荷载试验，获得了理论计算挠度值和实测挠度值。主要结论如下[40]：病害严重的横隔板的相应 T 梁，横向分布系数远大于按正常状态分析的理论值和处于正常状态的其他横隔板的实测值，超过约 40.27%，说明横隔板的严重病害必定使相应 T 梁承载力大幅下降。有的桥梁事故表明，因横隔板损坏严重，出现单梁受力时，个别 T 梁会发生脆性断裂。本实例还说明，横隔板下缘主筋承受较大的拉应力，施工时将焊接改为绑扎连接后，因混凝土出现更大的拉应力而开裂剥落，横隔板的刚度和强度随之下降。

荷载试验是目前研究在役 T 梁桥横向连接状态最直接、最有效的方法。梁格法对于装配式 T 梁桥的横向分布计算较为简明实用，可以达到工程设计精度的要求。

装配式 T 梁的中横隔板与端横隔板在参与全桥整体受力过程中所起的主要作用不同。采用实体单元有限元模型进行空间仿真分析的结果表明[30]：当 T 梁只有端横梁而无中横梁时,在对称和偏载作用下各T梁的挠度均呈曲线分布,桥梁横向发生弯曲且T梁翼板产生较大的剪应力。与之形成鲜明对比的是,设置了中横隔板的T梁桥在荷载作用下各T梁的挠度均呈直线分布,翼板剪力较小,最大剪力发生在横隔板上。所以,为了使装配式T梁能有较强的横向抗弯、抗剪刚度,以及符合设计要求的横向分布系数,必须设置中横梁。中横梁的个数应合适,可以通过计算确定。2008年版通用图中装配式T梁桥设置的横隔板个数对于保证正常的横向分布是足够的。端横隔板处的T梁有支座支承,以承受剪力为主,端横隔板对于全桥横向抗弯能力贡献较小。

进行装配式T梁设计时,可以采用经过长期应用较为成熟的简化方法计算荷载横向分布系数。适用于装配式T梁的简化方法主要有修正刚度的偏心受压法和G-M法。其实质都是将内力影响面分离成纵、横向两个单值函数,以取代精确的内力影响面。这样的近似处理将会导致一定的误差。本章参考文献[41]对20m跨径装配式RC简支T梁桥采用Midas软件按空间梁单元进行内力和位移计算,并转换为各片梁的横向分布系数。每片主梁划分为16个梁单元,主梁之间均匀分布5根横隔梁。将计算结果与5种简化计算方法进行了比较,得到如下结论:G-M法平均误差为1.5%,修正的偏心受压法平均误差为6.4%,偏心受压法平均误差为7.4%,均偏于保守。推荐采用G-M法。另外两种方法(刚接梁法和铰接梁法)平均误差分别达到18.1%和26.4%,不适用于装配式T梁的横向分布计算。上述结论限于装配式简支T形梁桥。

2.7 装配式预应力混凝土组合箱梁桥施工及运营中出现的问题和原因分析

装配式预应力混凝土组合箱梁桥在我国于2000年后逐步得到推广使用,尤其是在2008年版通用图出版后,与装配式预应力混凝土T形梁桥通用图一起成为跨径20~40m后张预应力混凝土梁桥的主要结构形式,在公路与城市道路上得到广泛使用。通用图系列中仅有先简支后结构连续组合箱梁桥,无简支组合箱梁桥。有的设计院结合具体工程补充编制了装配式简支组合箱梁桥设计图。组合箱梁桥在施工过程中出现了一些具有普遍性的质量问题,在运营过程中也出现了病害。归纳起来有以下几个方面的主要问题。

2.7.1 组合箱梁桥顶板现浇湿接缝纵向开裂

国内已运营的组合箱梁桥,纵向湿接缝区域发生纵向裂缝的情况较为普遍,一些桥的病害还较为严重。调查资料表明,主梁一般较完好,桥面的纵向裂缝多发生在湿接缝处,实质上这是湿接缝开裂后反射到桥面铺装上的。这类裂缝的产生有以下几方面的原因:

(1)湿接缝处有新老混凝土结合面,为箱梁桥面板最薄弱的部位,结合面混凝土的抗剪和抗拉强度低于接缝面两侧混凝土相应的强度。施工中往往对老混凝土表面未进行认真凿毛处理,其连接强度较差;另外,新老混凝土龄期不同,也会在接头处产生变形差,出现拉应力。

(2)湿接缝处混凝土体积较小,上、下层的钢筋较为密集,混凝土振捣不充分,密实度较差,施工质量难以保证。

(3)湿接缝处的设计通常按构造配筋,接缝的宽度也是按构造考虑确定,变化范围较大。

2008 年版通用图,湿接缝横向钢筋上、下层均为 Φ12 钢筋,间距 10cm,接缝宽度为 0.5 ~ 1m。接缝宽度对该区段的横向弯矩有较大影响,进行湿接缝配筋及接缝宽度的设计时,未进行承载力和裂缝宽度验算。

本章参考文献[42]提出的湿接缝内力计算法可供组合箱梁桥设计参考。

湿接缝受力的两种工况如下:

工况①为湿接缝直接承受汽车轮压荷载;

工况②为相邻小箱梁之间因不均匀挠度引起的竖向位移差。

将湿接缝视为两端嵌固的单跨实体板,其跨径设为 D。

对于工况①:按桥规[5]中式(4.1.2),恒、活载作用引起的跨中正弯矩为 $M_{中}$,支点负弯矩为 $M_{支}$,计算公式如下:

$$M_{中} = 0.7M_0; M_{支} = -0.7M_0 \tag{2-10}$$

式中:M_0——跨径为 D 的等代简支梁的跨中最大正弯矩。在基本荷载组合为恒载 + 活载的作用下,M_0 可按下式计算:

$$M_0 = \frac{1.2qD^2}{8} + \frac{1.4FD}{4} \tag{2-11}$$

q——恒载均布荷载(kN/m);

F——活载集中荷载(kN),作用于跨中;

1.2、1.4——分项系数。

对于工况②:湿接缝两侧小箱梁由力 F 引起的不均匀竖向变位 Δ,如图 2-35 所示。

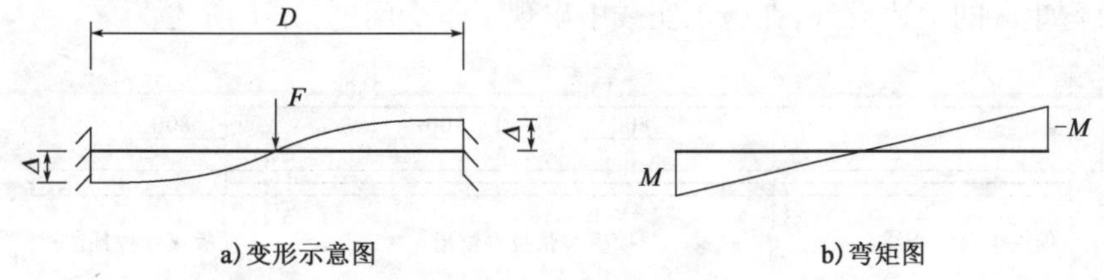

图 2-35　工况②计算简图

两端产生的正负弯矩为:

$$M_a = \pm 1.4 \times 6\Delta \frac{EI}{D^2} \tag{2-12}$$

式中:EI——一片小箱梁截面的抗弯刚度;

1.4——分项系数。

恒载内力计算同工况①:

右侧为 $M_b = -1.2 \times 0.7qD^2/8$(最小值);

左侧为 $M_b = -0.9 \times 0.7qD^2/8$(最大值);

1.2、0.9 为分项系数。

可得(恒 + 活)基本荷载组合为:

右侧(最小值)$M = -(8.4\Delta EI/D^2 + 0.84qD^2/8)$;

左侧(最大值)$M=8.4\Delta EI/D^2-0.63qD^2/8$。

根据本章参考文献[42]、[43]的分析,Δ 可取单梁跨中挠度 Δ_0 的1/4,即 $\Delta=\Delta_0/4$。其中 Δ_0 为一片小箱梁在汽车集中荷载作用下(计入冲击力)的跨中挠度。

可以按工况①、工况②分别计算出弯矩设计值,便可按桥规[5]对湿接缝构件进行承载力验算、配筋计算和裂缝宽度计算。可参阅本章参考文献[42]的算例。

根据上述方法对通用图小箱梁湿接缝进行复核,湿接缝宽度较小时(例如为0.5m),工况②将产生较大弯矩,通用图承载力和配筋不足;湿接缝宽度较大时,工况①将产生较大弯矩。所以,应适当加强通用图纵向湿接缝内的横向抗弯配筋。本章参考文献[42]建议横向配筋增大为 Φ14,间距为10cm。

2008年版交通行业通用图装配式组合小箱梁纵向湿接缝的宽度在0.5~1m之间,其中预制梁伸出的水平横向筋与后安装的环形闭合钢筋的连接,采用焊接与绑扎交替的方式。如接缝宽度过小,不仅使因工况②产生的横向弯矩较大,而且横向钢筋连接的质量不易保证。建议湿接缝宽度取为70~100cm较为有利。

2.7.2 组合箱梁桥负弯矩区病害和施工反映出来的问题

装配式预应力混凝土先简支后结构连续组合箱梁桥的病害以及施工反映出来的问题,有相当一部分集中在墩顶负弯矩区。交通行业2008年版通用图,组合箱梁桥负弯矩预应力钢束的张拉预留孔采用在箱梁顶板上开槽的方式,钢束布置在顶板中,均为直线束,在槽口处顶板厚度内布置扁锚进行张拉。负弯矩钢束的立面和平面布置如图2-36所示。负弯矩钢束有两种:一种为4根 ϕ15.2,另一种为5根 ϕ15.2钢绞线。采用扁形波纹管与扁形锚具。钢绞线逐根张拉。负弯矩区的上述设计,在施工实践中出现了不少问题,如下所述:

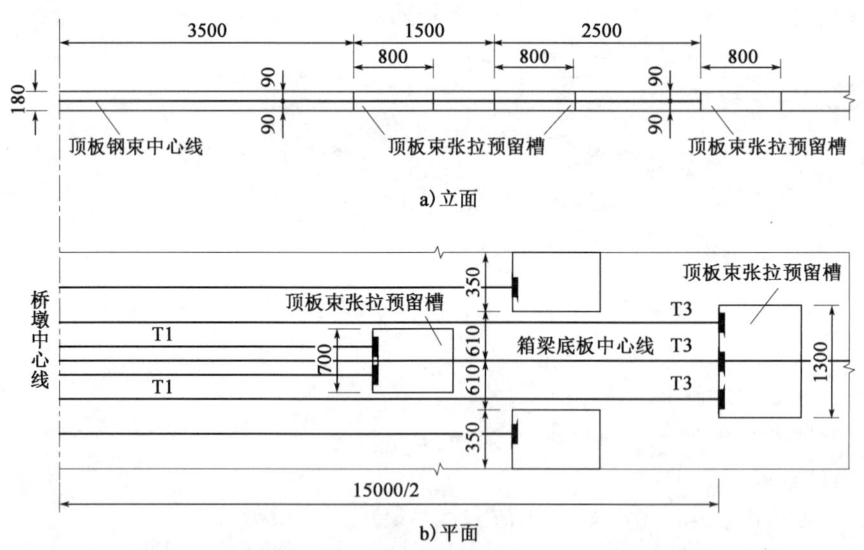

图2-36 墩顶负弯矩钢束布置图(尺寸单位:mm)

(1)扁锚预应力钢束单根钢绞线张拉,后张拉的钢绞线会引起先张拉钢绞线的应力降低,施工中无法控制,有效预应力变化较大。扁形波纹管受混凝土冲击、振动棒扰动和其他外界影响,可能发生较大的变形或位移,钢束难以符合设计线形,孔道偏差及摩阻损失对张拉伸长值的影响较大。扁形波纹管的内径(主要是短轴方向)偏小,一般的灌浆工艺难以使管内浆体密实,已为一些试验所证实。桥梁运营时间较长后,钢绞线可能发生锈蚀,留下质量和安全隐患。

(2)钢束张拉和管道压浆结束后,一般采用吊板作为槽口的底模浇筑槽口混凝土,如吊板底模附近的混凝土密实性较差,将影响后浇混凝土的质量。槽口处恢复钢筋的焊接,因空间狭小,焊接质量不易保证。槽口四周为新老混凝土结合面,其抗剪、抗拉强度会有所降低。这些不利因素必将使后浇的槽口混凝土板与预制的顶板难以形成整体,使其成为顶板的薄弱部位。

(3)顶板的厚度为 18cm,在扁锚预压力作用下,如锚下混凝土密实度较差,可能发生开裂。如仅内部发生微裂纹,不易发现,势必成为隐弊的质量盲点,影响耐久性。

(4)施工中为了不截断顶板槽口处的底层钢筋,适当转动负弯矩钢束锚垫的设计安装角度,必将引起钢束张拉力方向变化,预应力损失发生变化,从而使有效预应力有所降低。

(5)当桥梁位于平曲线上时,预制箱梁按直线设计,墩台上的支座按径向布置。有时为了使预制梁为等长度,可以按标准化制作,则必须变化墩顶区段湿接头的内、外弧长以满足平曲线的变化。预制小箱梁的负弯矩钢束均为直线布置,湿接头区段有时也用直束连接,便造成相邻跨之间在湿接头区段形成折线孔道,造成较大的张拉预应力损失,平曲线半径越小损失越严重。

(6)桥墩上箱梁结构连续段完成后,需拆除临时支座,完成体系转换。国内常用的临时支座有两种:预埋电阻丝硫黄砂浆支座和钢制砂筒支座。不论哪一种都有其不足之处,一旦拆除时达不到同步反力转换,将使上部结构发生附加应力,有可能使湿接缝顶面出现裂缝。另外,各个桥墩上临时支座拆除程序的不同,对上部结构的受力会有不同的影响,拆除程序不合理也会引起有害的附加应力。这个问题将在 3.3.2 节进行讨论。

2.7.3　其他方面的问题

(1)小箱梁腹板上的斜裂缝。一般在腹板底部与底板结合处沿斜向向上倾向跨中延伸,严重者可达到顶板,缝宽在 0.2mm 左右,个别桥梁的腹板斜裂缝宽度甚至超过 2mm。这种裂缝集中发生在桥梁支承端至 $L/4$ 区段。修建较早的装配式组合小箱梁,在设计上片面追求经济效益,安全系数较低,主要由于腹板厚度偏小,箍筋偏弱,有时因模板安装误差过大,导致腹板厚度进一步变薄。预制小箱梁两端各 2 个支座,如安装时未认真调平,在桥梁运营过程中,可能发生单个支座脱空,箱梁发生畸变应力。这些都是腹板产生斜裂缝的原因。

(2)沿预应力束波纹管的纵向裂缝。这类裂缝主要发生在小箱梁腹板靠近底板附近,多在梁长的 1/4 ~ 3/4 范围钢束弯起前的直线段。裂缝处一般伴随局部的表层混凝土离析。裂缝宽度在 0.1 ~ 0.2mm 之间,裂缝深度为 1 ~ 2cm。小箱梁腹板内的普通钢筋有双肢箍筋和纵向水平筋,在腹板左右两侧组成钢筋网,腹板中间为钢束波纹管。以跨径 30m 组合小箱梁为例(2008 年通用图),塑料波纹管内径为 55mm,外径为 68mm,腹板内箍筋为 ⌀12,纵向水平筋为 $\phi 8$,外缘钢筋净保护层厚度为 20mm。在安装绝对准确的情况下,波纹管与箍筋之间的净距仅有 16mm。如果对混凝土中粗集料的最大粒径没有严格控制,这样小的净距,相当一部分粗集料是通不过的,再考虑施工安装的误差,情况更严重。所以,在波纹管附近容易出现混凝土局部离析。波纹管宽度约占腹板总宽度的 38%,钢束张拉后未灌注管内水泥浆之前,波纹管附近混凝土承受较大局部压应力。施工中钢束张拉后如未能及早压浆,沿预应力管道就可能发生纵向裂缝。在小箱梁混凝土浇筑时,有时把施工缝设在底板与腹板结合部,部分波纹管直线段位于这一区间,这也是引起纵向裂缝的一个原因。

(3)小箱梁跨中环向裂缝。以广州地区某高速公路桥为例[44],有2片小箱梁浇完混凝土拆除模板后放置在台座上,未进行钢束张拉前,跨中横断面腹板、顶板、底板均出现环向裂缝,裂缝相互贯通,形成了断梁现象。其主要原因为两种不利因素的组合:一是在小箱梁混凝土浇筑完毕后,混凝土强度很低时,气温突然下降;二是小箱梁预制台座的表面没有采取设置光滑钢板隔离层以放松约束的措施。梁体混凝土出现较大收缩变形,受到底部较大约束而发生拉应力裂缝。

(4)组合小箱梁,2008年版通用图系按部分预应力混凝土A类构件设计,但负弯矩区达不到A类构件要求。桥面混凝土现浇层未参与受力计算,其中仅布置$\phi6$冷轧带肋钢筋网。另外,通用图上小箱梁顶板也未设置伸入桥面混凝土现浇层的抗剪钢筋。桥面现浇混凝土层与小箱梁顶板连接较弱,结合面上的抗剪强度不足,负弯矩区桥面抗拉强度也较差。

2.8 装配式预应力混凝土组合小箱梁桥设计施工改进建议

(1)装配式组合小箱梁,顶板湿接缝纵向开裂的病害较为普遍。顶板湿接缝的应力状态,既与其在桥梁全跨结构中的受力有关,也与其局部受力有关。本章参考文献[45]就某项目跨径为25m装配式预应力混凝土组合小箱梁桥跨中是否设横隔板进行了分析研究。该桥桥面宽为13.9m,横断面由4片小箱梁组成。采用空间有限元进行分析,为三维实体模型。得到结论:设置跨中横隔板对主梁竖向挠度和湿接缝横桥向正应力有利,而对主梁和湿接缝的纵桥向正应力不利。但设置跨中横隔板后对结构刚度影响不大,湿接缝横桥向计算可满足规范要求。认为,“在综合考虑结构受力、施工方便、美观等因素后,建议25m小箱梁可不设跨间横隔板。”从本书2.7节第(1)项的分析中可以看出,湿接缝局部受力的两种工况引起的湿接缝截面局部弯矩,上述整体受力分析结果未能反映。但整体分析得到不设跨中横隔板时湿接缝横桥向将产生正截面拉应力。

本章参考文献[21]指出:“很多小箱梁的跨间没有设置横隔梁,使小箱梁的整体刚度较差。”就装配式组合小箱梁桥的构造设计,本章参考文献[46]强调“按照横隔梁的作用,一般在跨中、支点处必须设置横隔梁,跨中横隔梁对主梁的荷载横向分配起主要作用,所以一般建议横隔梁应是奇数设置。支座处的端横隔梁对保证装配梁体从运输到安装过程中的稳定性和主梁抗扭能力是必要的 。”另外,设计应适当考虑施工可能出现的不利情况,例如湿接缝处新老混凝土结合面施工处理较困难,上下层水平钢筋连接与接缝混凝土浇筑操作空间狭小,质量不易保证等,设计时宜适当提高安全度。湿接缝的宽度不宜太窄,在70~100cm之间较有利,根据受力计算配置钢筋,并适当加强。

影响湿接缝质量的两个重要因素是接缝界面的凿毛是否达到规范要求和接缝处混凝土的密实度。这是施工中必须采取措施应予解决的两个重要问题。

(2)考虑到组合小箱梁的负弯矩钢束设置在小箱梁顶板槽口内,不但施工质量差,也容易出现病害,联系到装配式T梁负弯矩钢束设置在翼板下的构造方式,装配式小箱梁同样可以将负弯矩钢束移至小箱梁两侧翼板与腹板的结合处。本章参考文献[47]提出了具体的改进设计方法。当负弯矩钢束采用6根$4\phi15.2$或$5\phi15.2$钢绞线钢束时(主梁跨径30m),可对称布置在小箱梁腹板外侧。改进后的负弯矩钢束布置如图 2-37 所示。T_1 束首先下弯，锚固于翼板下，T_2 束平弯后再下弯锚固于翼板下，T_3 束依次平弯、下弯，锚固于翼板下。锚具采用圆形锚，相应采用圆形波纹管。锚固齿板内布置普通钢筋，按常规方式设置加强钢筋，如图 2-38 所示。

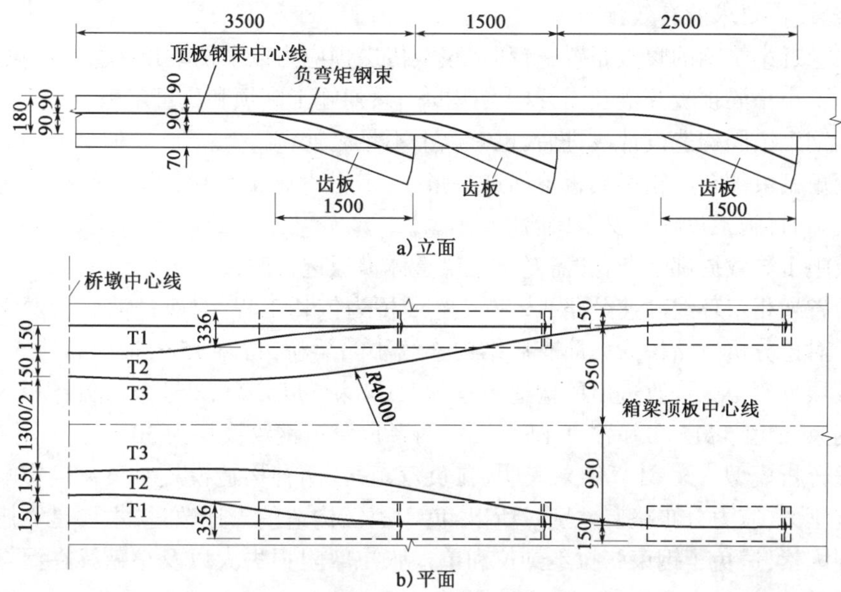

图 2-37　改进后的负弯矩钢束布置（尺寸单位：mm）

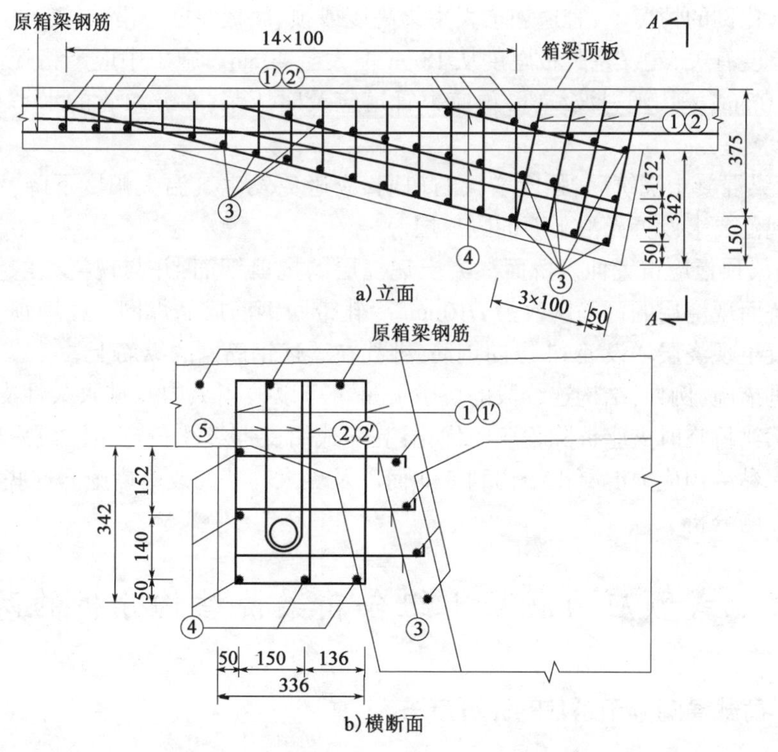

图 2-38　改进后的锚下齿板加强钢筋布置（尺寸单位：mm）

负弯矩钢束锚固构造设计改进后有以下优点:

①改为圆形锚具,波纹管采用圆孔后,孔径增大,利于穿束操作,孔道灌浆容易密实,克服了扁锚单根张拉的弊病,也克服了扁锚预应力损失较大的缺点,提高了钢束张拉伸长量的控制精度,以符合设计要求的有效预应力。

②钢束靠近小箱梁的腹板布置,有利于腹板传递预应力以平衡墩顶区段小箱梁的负弯矩。

③避免了小箱梁顶板开槽及因开槽引起的一系列施工麻烦和质量隐患。

负弯矩钢束锚固构造设计改进后,也有以下不足之处:

①负弯矩钢束须在小箱梁翼板下面进行张拉,需搭设施工平台,且空间狭小,施工操作困难。桥墩较高时,施工过程有安全风险。

②齿板施工导致局部复杂化,需对小箱梁整体模板进行改造。

以山西省朔州市环线高速公路 3 × 30m 跨线桥为依托工程,对改进前后负弯矩区的受力情况进行了对比分析。该桥为先简支后结构连续小箱梁桥,桥宽 15m,横向布置 5 片小箱梁。其中 1 号墩顶负弯矩区按改进后的构造布置钢束(6 束 5ϕ15.2),2 号墩顶负弯矩区按现行通用图布置钢束(2 束 5ϕ15.2 和 5 束 4ϕ15.2),两者负弯矩钢绞线均为 30 根。采用 Midas 软件建立全过程分析模型[47]。计算结果表明:在负弯矩区,两种构造模式对负弯矩影响范围的应力大小影响不大,应力分布略有差别。所以,负弯矩区构造的上述改进,主要是克服了施工中的一些不利因素,避免了钢束张拉不到位和单根张拉摩阻损失大以及小箱梁在湿接缝处容易出现开裂等弊病。

(3)小箱梁腹板上出现斜裂缝,为结构性裂缝,将会降低主梁的承载力和耐久性。在重载交通占有较大比例的情况下,宜适当增大主梁高度或顶、底板厚度。沿波纹管的纵向裂缝则与小箱梁腹板厚度有关,建议将腹板厚度从 18cm 增大至 20cm。施工中应严格控制粗集料最大粒径不大于 20mm;采用塑料波纹管,预应力管道应及时压浆;在波纹管的水平直线段避免设置施工缝。

(4)小箱梁混凝土浇筑后,强度增长的初期,应避免发生气温大幅度下降;小箱梁预制台座应按施工规范要求设置光滑平面的隔离层。

(5)小箱梁顶板应设置伸入桥面混凝土现浇层的抗剪钢筋,并与现浇层的钢筋网连接起来。建议将桥面现浇层的钢筋网改为 D10mm 冷轧带肋钢筋成品焊网。在墩顶小箱梁负弯矩区域桥面混凝土现浇层增设 Φ12 纵向钢筋,绑扎在上述钢筋网的纵筋上。

其他改进措施,例如:结构连续段的桥墩上是否可以改用纵向双排永久性支座;多跨先简支后结构连续梁桥临时支座拆除程序的优化;装配式简支连续梁负弯矩区段采用钢筋混凝土结构或采用无黏结预应力混凝土结构利弊如何以及更大一些的改革措施。这些内容将在本书第 3 章进行专题分析。

2.9 装配式预应力混凝土组合箱梁桥结构分析的两个问题

2.9.1 荷载横向分布系数的计算方法

本章参考文献[48]对于简支梁桥活载横向分布的近似计算方法介绍了偏心受压法(含修

正偏心受压法)、刚(铰)接梁法、比拟正交异性板法(胡肇滋公式法)以及计算剪力横向分布的杠杆法和弹性支承连续梁法。不论采用何种施工方法修建的连续梁桥,活载作用的结构体系均为连续梁桥,其内力计算图式十分明确。连续梁桥活载横向分布的近似计算有三种基本方法:

(1)等效刚度简支梁法:将连续梁桥比拟为相同跨径等挠曲刚度的简支梁,计算其横向分布即为相应连续梁桥的横向分布。计算的要点是确定等效简支梁的换算刚度。

(2)等挠度跨径换算法:用跨径为 L_s 的简支梁代替跨径为 L 的连续梁进行横向分布计算,L 换成 L_s 的条件是两者的挠度相等。

(3)将连续梁弯矩图反弯点之间的跨径作为简支梁的跨径计算横向分布。

上述三种方法计算过程较为繁杂,对于简支转结构连续小箱梁桥横向分布采用这三种方法计算,理论上是正确的。目前多采用空间有限元法与常用的近似计算进行比较,找到计算误差较小的近似算法用于工程设计。本章参考文献[51]针对装配式小箱梁桥的具体情况,就简支梁和先简支后连续两种结构体系的横向分布系数进行了研究。采用空间有限元法(梁格法)与常用近似计算方法进行对比,并通过试验实测荷载横向分布系数,检验理论分析结果与实际的符合程度,找出合适的近似计算方法。分析计算的依托工程为 4 × 30m 装配式预应力混凝土简支小箱梁桥和 5 × 30m 先简支后结构连续预应力混凝土装配式小箱梁桥。桥宽 18.5m,横断面由 5 个小箱构成,两道端横隔板,一道跨中横隔板,预制主梁高度为 1.6m。采用 Midas/Civil 软件建立空间梁格模型,根据各片梁在荷载作用下的挠度推算影响线和横向分布系数;近似计算方法采用桥梁博士 V3.1 软件进行分析。对实桥进行静载试验,共用 8 辆每辆总重 350kN 的三轴载重货车,按纵、横向最不利位置加载,测量控制截面的应力(应变)和挠度,得到各片小箱梁跨中及支点的横向分布系数。将理论值与实测值进行对比分析,得到以下结论:

(1)简支跨装配式小箱梁桥跨中横向分布系数计算方法中,刚接板梁法与有限元计算结果、试验实测结果都比较接近,且有一定的富余,可在工程中应用。

(2)先简支后连续小箱梁桥跨中横向分布系数用等代刚度法的结果更能反映结构受力特点,与工程实际更相符。

(3)先简支后连续小箱梁桥支点负弯矩断面按梁格法计算的横向分布系数与实测值较接近,若按杠杆法计算,需选大值控制设计。

(4)采用杠杆法计算支点剪力横向分布系数对简支梁或先简支后连续梁体系均有保证。

(5)采用空间有限元计算发现,小箱梁跨间横隔板数量及位置的不同,对小箱梁横向分布系数也有一定的影响。

表 2-1、表 2-2 分别为简支小箱梁桥、简支转结构连续小箱梁桥跨中截面横向分布系数理论计算值与实测值的比较。

简支小箱梁桥跨中截面横向分布系数 表 2-1

小箱梁编号	1 号	2 号	3 号	4 号	5 号
梁格法	0.886	0.876	0.857	0.777	0.623
刚接板梁法	0.87	0.864	0.826	0.773	0.649
刚性横梁法	0.861	0.849	0.812	0.771	0.665
根据实测应力	0.894	0.827	0.813	0.806	0.61
根据实测挠度	0.883	0.858	0.808	0.765	0.636

先简支后连续小箱梁桥跨中截面横向分布系数　　表 2-2

小箱梁编号	1 号	2 号	3 号	4 号	5 号
梁格法	0.916	0.891	0.823	0.746	0.624
刚接板梁法	0.87	0.864	0.826	0.773	0.649
刚性横梁法	0.861	0.894	0.812	0.771	0.665
等代刚度法	0.89	0.875	0.815	0.76	0.697
根据实测应力	0.877	0.868	0.812	0.74	0.702
根据实测挠度	0.899	0.847	0.809	0.755	0.69

表中小箱梁编号,从左至右为 1 号 ~ 5 号;8 辆车加载,5 片主梁的横向分布系数之和的理论值应为 4。

表 2-3、表 2-4 分别为简支小箱梁桥、简支转连续小箱梁桥支点截面横向分布系数理论计算值与实测值的比较。

简支小箱梁桥支点截面剪力横向分布系数　　表 2-3

小箱梁编号	1 号	2 号	3 号	4 号	5 号
梁格法	0.907	0.854	0.612	1.325	0.301
杠杆法	1.147	0.8	0.613	1.173	0.267
根据实测应力	0.945	0.866	0.628	1.13	0.431

先简支后连续小箱梁桥支点截面剪力横向分布系数　　表 2-4

小箱梁编号	1 号	2 号	3 号	4 号	5 号
梁格法	0.929	0.881	0.629	1.288	0.273
杠杆法	1.147	0.8	0.613	1.173	0.267
根据实测应力	0.809	0.806	0.328	0.994	0.363

表 2-5 为先简支后连续小箱梁桥支点截面负弯矩横向分布系数。

先简支后连续小箱梁桥支点截面负弯矩横向分布系数　　表 2-5

小箱梁编号	1 号	2 号	3 号	4 号	5 号
梁格法	0.925	0.890	0.741	1.031	0.414
杠杆法	1.147	0.800	0.613	1.173	0.267
根据实测应力	0.902	0.844	0.781	0.863	0.627

表 2-1 ~ 表 2-5 所列横向分布系数,包括了有限元方法和几种近似计算方法的计算结果,并有荷载试验实测值可供比较,对于实桥工程设计计算具有实用参考价值,可根据具体情况和计算精度要求参考上述资料选择横向分布系数的计算方法。

2.9.2 桥面铺装参与小箱梁共同受力的程度

2008 年版通用图,简支转结构连续预应力混凝土组合小箱梁桥,预制梁顶面有 80mm 厚 C50 混凝土现浇层,通用图设计未考虑其参与主梁共同承力。实测资料表明,桥面水泥混凝土铺装层将在一定程度上参与主梁形成组合截面,提高主梁的弹性模量,与主梁共同承担外荷载。两者协同受力的程度主要决定于预制小箱梁顶板与现浇混凝土层结合面的抗剪强度。过去缺乏定量分析研究,仅是粗略地估计现浇层可以参与承力的厚度,或者偏于保守地完全不予考虑。本章参考文献[49]通过试验研究,提出了定量分析的建议。试验分为单梁试验和实桥试验两部分。单梁试验为30m预应力混凝土小箱梁,梁高1.6m,宽度为2.4m,梁长28.52m,配置8束5ϕ15.2钢绞线,公路—Ⅰ级汽车荷载,采用C50混凝土,桥面混凝土现浇层厚80mm。实桥试验为上海闵浦二桥引桥,30m跨径预应力混凝土组合小箱桥,桥宽9.25m,由3片小箱梁构成。桥面铺装80mm厚。单梁和实桥试验均分为二次分别进行加载。第一次在裸梁上加载,第二次在桥面混凝土铺装层达到设计强度后加载。单梁的预制小箱梁顶板表面进行凿毛并冲洗干净;实桥的小箱梁顶面则未进行凿毛处理。根据实测挠度推导主梁的综合弹性模量,并与理论计算值进行分析比较,得到以下结论:

(1)对预制小箱梁顶面进行凿毛处理,可大幅度提高桥面混凝土现浇层参与结构共同受力的程度,凿毛清洗质量很好时,共同受力的程度可以达到100%。

(2)一般情况下,约70%铺装层可以参与小箱梁共同受力,对于80mm厚度的铺装层,设计中可取铺装层厚度的60%或扣除3cm后考虑铺装层参与共同受力。

2.10 装配式预应力混凝土T梁桥与装配式预应力混凝土组合箱梁桥比较

2008年版通用图出版后,国内广泛应用,装配式预应力混凝土T梁桥与装配式预应力混凝土组合箱梁桥成为公路与城市道路20~40m跨径混凝土梁桥的主要桥型,其主要优势与不足之处在施工和营运过程中已充分显示出来。现根据通用图和有关资料对这两种梁式桥进行综合比较。

2.10.1 主要技术指标比较

两种桥型均为先简支后结构连续,单幅桥面宽度为12m,两侧设防撞护栏,无人行道。二者的技术指标比较见表2-6。

技术指标比较　　表2-6

跨径(m)	T梁				小箱梁			
	预制梁高(m)	安装重量(kN)	主梁片数	横隔板道数	预制梁高(m)	安装重量(kN)	主梁片数	横隔板道数
20	150	423	5	4	120	559	4	2
25	170	577	5	5	140	749	4	2
30	200	767	5	5	160	957	4	3
35	230	1025	5	5	180	1219	4	3
40	250	1376	5	7	200	1531	4	3

2.10.2 主要材料用量及造价比较

(1)3×30m简支转结构连续,单幅桥面宽12m,材料用量比较见表2-7。

3×30m 桥型上部结构材料用量比较 表 2-7

<table>
<tr><th colspan="2">桥 型</th><th>T 梁</th><th>小箱梁</th></tr>
<tr><td colspan="2">C50 混凝土(m^3)</td><td>615.7</td><td>548.6</td></tr>
<tr><td colspan="2">钢绞线(kg)</td><td>18031</td><td>16892</td></tr>
<tr><td rowspan="3">普通钢筋(kg)</td><td>HRB335</td><td>90970</td><td>72185</td></tr>
<tr><td>R235</td><td>31281</td><td>20176</td></tr>
<tr><td>合计</td><td>122251</td><td>92361</td></tr>
<tr><td rowspan="2">单位混凝土钢筋量
(kg/m^3)</td><td>钢绞线</td><td>29.29</td><td>30.79</td></tr>
<tr><td>普通钢筋</td><td>198.56</td><td>168.36</td></tr>
</table>

(2)30m 简支转连续梁,单幅桥面宽 12m,装配式 T 梁横断面由 5 片 T 梁构成,主梁间距 2.4m,共计 5 道横隔板;装配式小箱梁横断面由 4 个小箱构成,预制梁高 1.6m,主梁间距 2.9m,共计 3 道横隔板。两种桥型上部结构主要材料及造价比较见表 2-8。

单幅 1×30m 桥型上部结构比较 表 2-8

<table>
<tr><td colspan="2">结构形式</td><td colspan="4">T 形梁(结构连续)</td><td colspan="4">小箱梁(结构连续)</td></tr>
<tr><td colspan="2">断面形式及梁高</td><td colspan="4">5 梁式,梁间距 2.40m
预制梁高 2.0m,湿接缝宽 0.70m</td><td colspan="4">4 梁式,梁间距 2.90m
预制梁高 1.6m,湿接缝宽 0.50m</td></tr>
<tr><td colspan="2">位置</td><td colspan="2">边跨</td><td colspan="2">中跨</td><td colspan="2">边跨</td><td colspan="2">中跨</td></tr>
<tr><td colspan="2">施工工艺</td><td>预制</td><td>现浇</td><td>预制</td><td>现浇</td><td>预制</td><td>现浇</td><td>预制</td><td>现浇</td></tr>
<tr><td colspan="2">C50 混凝土(m^3)</td><td>144.9</td><td>28.2</td><td>145.9</td><td>35.8</td><td>139.9</td><td>14.5</td><td>135.7</td><td>19.9</td></tr>
<tr><td colspan="2">预应力钢绞线(kg)</td><td colspan="2">5817</td><td colspan="2">6395</td><td colspan="2">5586</td><td colspan="2">5720</td></tr>
<tr><td rowspan="2">普通钢筋(kg)</td><td>HRB335</td><td>25305.5</td><td>2366.5</td><td>28150.3</td><td>2349.7</td><td>21821</td><td>1665</td><td>23027</td><td>2186</td></tr>
<tr><td>HPB235</td><td>6904</td><td>594</td><td>6844.4</td><td>607.6</td><td>6062</td><td>698</td><td>5912</td><td>744</td></tr>
<tr><td colspan="2">锚具(套)</td><td colspan="2">30,BM20</td><td colspan="2">30,BM40</td><td colspan="2">64,BM28</td><td colspan="2">64,BM56</td></tr>
<tr><td colspan="2">造价(元)</td><td colspan="2">462861</td><td colspan="2">499373</td><td colspan="2">411200</td><td colspan="2">431475</td></tr>
<tr><td colspan="2">每片吊装质量(t)</td><td colspan="4">边梁 76.7,中梁 75.7</td><td colspan="4">边梁 95.7,中梁 88.4</td></tr>
</table>

2.10.3 T 梁与小箱梁截面特性比较

跨径 30m 简支梁,单幅桥面宽 12m。预制 T 梁高 2m,梁间距 2.45m,中梁预制宽度为 1.8m,翼板间湿接缝宽 0.65m。共计 5 道横隔板。预制小箱梁高度为 1.7m,间距 2.95m,预制梁顶宽(中梁)2.45m,底宽 1m。梁间湿接缝宽 0.5m,腹板跨中厚 18cm,底板厚 20cm,顶板厚 18cm。共设 3 道横隔板。T 梁与小箱梁截面特性比较见表 2-9。

小箱梁与 T 形梁截面特性对比 表 2-9

项 目	小 箱 梁		T 形 梁		小箱梁/T 形梁	
	边梁	中梁	边梁	中梁	边梁	中梁
面积(m^2)	1.276	1.239	0.943	0.950	1.35	1.30
抗弯惯性矩(m^4)	0.457	0.448	0.458	0.463	1.00	0.97
横弯惯性矩(m^4)	0.676	0.610	0.198	0.227	3.42	2.68
抗扭惯性矩(m^4)	0.506	0.505	0.018	0.018	27.55	28.44

2.10.4　T 梁与小箱梁优缺点综合比较

(1)小箱梁混凝土用量约为 T 梁混凝土用量的 89%,小箱梁钢绞线用量约为 T 梁钢绞线用量的 94%。小箱梁普通钢筋用量约为 T 梁普通钢筋用量的 76%。故在相同条件下,小箱梁的材料用量较 T 梁省。

(2)T 梁的安装重量约为小箱梁的 83%,在相同条件下,T 梁对安装设备的要求低于小箱梁。

(3)小箱梁造价为 T 梁造价的 85%左右,在相同条件下,小箱梁造价低一些。

(4)小箱梁预制时,模板较复杂,内模拆除难度大,容易影响预制梁的质量,T 梁则相对有利。

(5)相同跨径时,T 梁的梁高大于小箱梁,在高程受到严格限制的情况下,小箱梁优于 T 梁。

(6)跨径≥40m 时,T 梁张拉预应力钢束时存在发生侧弯的风险,小箱梁不会发生这种情况。

(7)小箱梁安装时,单片梁两端各有 2 个支座,施工稳定性较好,T 梁安装时,单片梁两端各有 1 个支座,须采取临时稳定措施。但是,单片小箱梁因设有 4 个支座,可能出现个别支座脱空,发生扭转,主梁畸变,可能导致腹板出现斜裂缝。

(8)在桥梁营运阶段,T 梁容易进行维护检测,小箱梁封闭箱内难以进行检测。

(9)小箱梁横隔板较少,T 梁横隔板较多。

(10)在两者竖向抗弯惯性矩接近的情况下,小箱梁的截面面积、横向抗弯惯性矩、抗扭惯性矩均大于 T 梁。在活载偏载作用下,小箱梁各梁的受力较为均匀,横向分布较 T 梁有利。

综合比较上述优缺点表明,T 梁与小箱梁各有利弊,设计时应根据实际情况进行多方面比较,选用合适的桥型方案。

本章参考文献

[1] 袁爱民,陆近涛,朱晓文,等. 江苏省普通干线公路预应力混凝土空心板梁桥典型病害统计分析[C]//第十届全国桥梁学术会议论文集(下册)[M]. 北京:人民交通出版社,2010.

[2] 丁权,黄律群,斯挺,等. 空心板梁桥铰缝破坏机制分析及加固技术[J]. 中国市政工程,2012(2):38-41.

[3] 白宝鸿,张玉娥. 后张法空心板梁端裂缝分析及控制措施[J]. 桥梁建设,2003(4).

[4] 杨沪湘. 板式桥梁通用设计图板端应力研究[J]. 公路工程,2008,33(2):85-90.

[5] 孙文智,肖质江. 某宽幅空心板桥上部结构病害诊断及处治[J]. 公路交通技术,2011(2):97-99.

[6] 苏龙,杨絮,胡章立. 空心板桥病害剖析及桥面连续结构整治对策[J]. 公路交通技术,2011(2):100-103.

[7] 李进洲,余志武,宋力,等. 长益高速公路桥梁病害调查及加固措施[J]. 世界桥梁,2010

(4):78-81.
[8] 苏高裕.大铰缝空心板梁铰缝受力特点分析和配筋优化[J].公路,2012(8):157-160.
[9] 叶见曙,刘九生,俞博,等.空心板混凝土铰缝抗剪性能试验研究[J].公路交通科技,2013,30(6):33-39.
[10] 李国平.预应力混凝土结构设计原理[M].北京:人民交通出版社,2000.
[11] 石云冈.装配式空心板铰缝受力分析[J].公路工程,2014,39(3):275-279.
[12] 唐国斌,项贻强,管品武.桥面铺装对中小跨径桥梁力学性能影响研究[J].公路交通科技,2010,27(12):94-98.
[13] 张波.简支空心板桥铰缝受力性能分析[J].公路工程,2015,40(4):111-115.
[14] 范利.组合桥面在预制空心板梁上的应用[J].市政技术,2014,32(3):57-60.
[15] 朱立峰,李艳,卢永成,等.新型预应力刚接板梁足尺试验研究[J].中国市政工程,2015(3):94-97.
[16] 王军.浅谈高等级道路小跨径桥梁桥型方案[J].城市道桥与防洪,2014(7):143-145.
[17] 王耀明,梁长海.低高度密肋式T梁桥上部通用图编制研究[J].公路交通科技(应用技术版),2012(4):246-250.
[18] 席进.低高度密肋式T梁结构参数化分析研究[J].公路交通科技(应用技术版),2012(4):256-260.
[19] 刘骁,陈少峰,雷建伟.邻接箱梁桥横向设计研究现状[J].公路,2013,58(12):121-124.
[20] 朱正旺.先简支后连续结构在城市桥梁中的应用[J].城市道桥与防洪,2012(10):66-68.
[21] 刘钊.桥梁概念设计与分析理论(上册)[M].北京:人民交通出版社,2010.
[22] 刘焕昆,毛燕.我国公路混凝土梁式桥损伤现状及成因分析[J].公路交通科技(应用技术版),2013(8).
[23] 王高.高速公路连续T形梁桥裂缝处治技术[J].公路,2014(6):317-321.
[24] 芮雪,刘金平.50m T梁碳纤维板加固的计算方法[J].公路交通科技(应用技术版),2011(1):24-26+30.
[25] 李宏江,李万恒,赵尚传,等.混凝土梁式桥纵向连接构造研究进展[J].中外公路,2014,34((6)):126-130.
[26] 唐华,张贵明.部颁40m跨径预应力混凝土T梁侧弯空间分析[J].中外公路,2012(3),32(3):199-202.
[27] 吴连雄,高九亭.50m T梁施工阶段中的隐患及应对措施[J].华东公路,1999(4):25-27.
[28] 杨美良.后张法预应力混凝土梁张拉时产生侧弯的原因与防治措施[J].中南公路工程,2001,26(2):46-47.
[29] 刘渊,马少飞,张春霞.T梁桥横隔板病害对全桥受力影响分析[J].公路交通科技(应用技术版),2012(4):38-40.
[30] 余波,张杰.预应力T梁桥跨中横隔梁力学性能分析[J].公路,2015(7):110-112.
[31] 刘小燕,陈伟明,张欣.预制长T梁施工裂缝成因分析及处理措施[J].公路,2008(3):72-74.

[32] 王艳,欧阳青.装配式预应力混凝土T梁负弯矩钢束锚固方式研究[J].中外公路,2015,35(3):158-162.

[33] 向中富.简支连续梁桥建设中的几个问题[C]//2013年全国桥梁学术会议论文集[M].北京:人民交通出版社,2013.

[34] 朱玉华.浅析先简支后连续梁桥湿接缝的设计与施工[J].城市道桥与防洪,2012(2):76-77.

[35] 王小平.先简支后连续梁桥设计与施工探讨[J].公路交通技术,2014(2):62-67.

[36] 赵晓春,李玉华.预应力混凝土简支梁施工侧弯曲理论分析[J].公路交通技术,2008(5):54-56.

[37] 高九亭,吴连雄,王涛.50m T梁架设施工体会[J].公路,2002(5):21-23.

[38] 许燕,杨飞.预应力混凝土预制梁的温度影响[J].中南公路工程,2002,27(3):48-50.

[39] 李宏江,赵尚传,李万恒,等.既有装配式梁桥横向连接构造评价技术进展[J].中外公路,2014,34(2).

[40] 安汝宝.T梁桥横隔板病害对桥梁承载力影响及加固[J].湖南交通科技,2014(3):78-80.

[41] 陈勇军,张会远.桥梁横向分布系数计算方法对比分析研究[J].公路工程,2015,40(3):148-151.

[42] 沈小平,梁峰.组合箱梁横向湿接缝纵向裂缝成因分析及内力计算[J].中外公路,2015,35(4):221-223.

[43] 梁峰.跨中横向分布系数的简化算法及推广应用[J].中外公路,2010,30(5):177-179.

[44] 吴清.预制小箱梁常见裂缝分类和防治[J].城市道桥与防洪,2011(6):200-203.

[45] 吴国瑜,史光军,李志栋.25m跨径组合箱梁跨间横隔板影响分析研究[J].公路交通科技(应用技术版),2013(3).

[46] 桥梁设计常用数据手册编委会.桥梁设计常用数据手册[M].北京:人民交通出版社,2005.

[47] 彭义军,赵巧燕,黄国勇,等.结构连续小箱梁墩顶负弯矩区构造优化及试验研究[J].公路交通科技(应用技术版),2013(6).

[48] 刘效尧.公路桥涵设计手册——桥梁[M].2版.北京:人民交通出版社,2011.

[49] 钱寅泉,周正茂,袁桂芳,等.桥面铺装与小箱梁的共同作用试验[J].公路交通科技,2012,29(2):86-90.

[50] 卫军,李沛,徐岳,等.空心板铰缝协同工作性能影响因素分析[J].中国公路学报,2011,24(2):29-33.

[51] 钟小军.装配式小箱梁桥荷载横向分布系数探究[J].中国市政工程,2013(2):17-19.

第3章 装配式混凝土梁桥有关专题分析探讨

3.1 简支梁桥伸缩装置存在问题及改进措施

单跨及多跨装配式混凝土简支梁桥,按梁端接缝的不同构造方式,已建成的简支梁桥有三种结构形式。

(1)简支梁桥。不论单跨或多跨,各跨简支梁的端部接缝均按传统的方式设置伸缩装置,有的文献称为“纯简支梁”,以便与后面的两种简支梁有所区别。伸缩装置的种类很多,本章仅涉及中小跨径梁桥伸缩装置。

(2)桥面连续简支梁桥。20世纪70年代后期,高等级公路和高速公路在我国迅速发展,在行车速度不断提高的情况下,多跨简支梁的多道伸缩装置使车辆经过时出现不同程度的振动和弹跳,甚至影响行车安全,便采用桥面连续的措施改善行车条件。桥面连续简支梁是将多跨简支梁各中墩上方梁端接缝处的桥面水泥混凝土铺装层做成结构连续,接缝处不设伸缩装置。这种简支梁,有的文献称为“连续简支梁”。实践表明,简支梁桥面连续后,桥上行车平稳、舒适,在公路桥梁中被广泛采用。但经过一段时间后,尤其是经过大交通量和重载车辆的通行后,桥面连续处出现混凝土开裂、破损、变形等病害现象较为普遍和严重。这一现象引起了广泛关注,进行了若干试验研究和改进,但效果并不很理想。在研究的过程中提出了一些新的思路和方法,并有工程应用实例。

单跨简支梁桥,如果跨径较小,也可以将一端的接缝做成桥面连续,仅在另一端设置伸缩装置。这一装置在实际工程中已有应用。

(3)无伸缩缝简支梁桥。单跨和多跨桥面连续简支梁桥以及连续梁桥,当桥梁的总长度及跨径限制在一定范围内时,可以将桥梁两端的伸缩缝取消,做成半整体式或整体式桥台,称为无伸缩缝梁桥。国内外均有建成实例。

本节主要针对这三种简支梁与伸缩缝有关的问题进行分析探讨。

3.1.1 中小跨径混凝土梁桥伸缩装置种类及应用情况

适应伸缩位移量在80mm以下的伸缩装置,国内已在公路桥梁上使用过的有以下几种:

(1)U形镀锌铁皮伸缩装置

这是国内早期应用的一种简易伸缩缝。因镀锌铁皮较薄,强度很低,运营时间稍久难以承受由主梁传来的水平荷载,容易出现断裂现象。柔性填充材料多为沥青砂、聚乙烯胶泥,易于老化脱落,造成漏水腐蚀伸缩装置,使其失去伸缩作用。目前这类伸缩装置已基本不再使用,仅在等外级乡村公路或临时道路上时有采用。其构造如图3-1所示,伸缩量小于40mm。

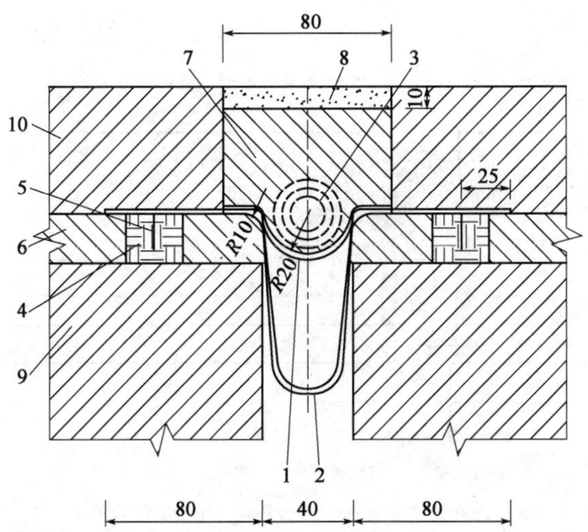

图3-1　U形镀锌铁皮伸缩装置构造示意图(尺寸单位:mm)

1-上层镀锌铁皮;2-下层镀锌铁皮;3-石棉纤维过滤管;4-小木块;5-钢钉;6-三角垫层;7-沥青;8-砂子 ;9-行车道块件;10-行车道铺装层

(2)埋入式橡胶伸缩装置

小位移量使用的橡胶条型伸缩装置有矩形橡胶条型伸缩装置(图3-2)、组合式橡胶条型伸缩装置(图3-3)、管形橡胶条型伸缩装置(图3-4)等几种,国内于20世纪60年代开始应用。使用过程中橡胶条处于压缩状态,安装时难以达到设计的受压状态,往往过松或过紧,过松时容易脱落,过紧时造成鼓起。因构造尺寸较小,以往多设置在混凝土铺装层中。锚固构件与梁体的预埋件连接薄弱,且混凝土铺装层较薄,密实度差、强度低,易造成两侧混凝土破损。

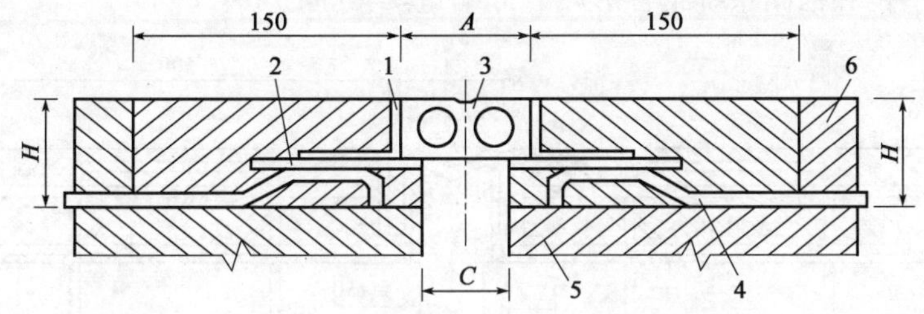

图3-2　矩形橡胶条型伸缩装置构造示意图(尺寸单位:mm)

1-角钢;2-钢板;3-橡胶条;4-锚固钢筋;5-行车道块件;6-桥面铺装;A-橡胶条宽度;C-伸缩量;H-桥面铺装厚度,后同

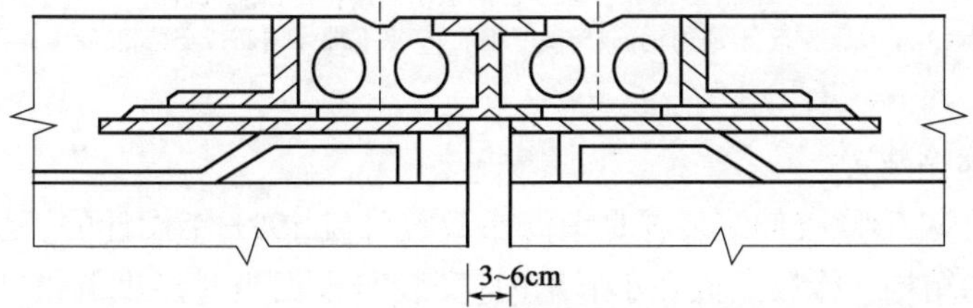

图3-3　组合式橡胶条型伸缩装置构造示意图

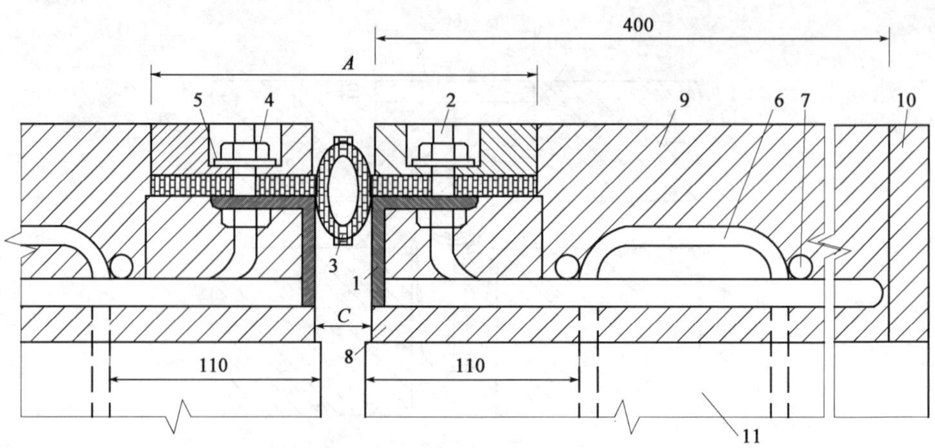

图 3-4　管形橡胶条型伸缩装置构造示意图(尺寸单位:mm)

1-角钢;2-锚固螺栓;3-橡胶伸缩体;4-螺母;5-垫圈;6-桥工地预埋钢筋;7-水平钢筋;8-角钢;9-上焊接钢筋;10-现浇混凝土;11-路面铺装

矩形橡胶条型伸缩装置的伸缩量≤50mm;组合式橡胶条型伸缩装置的伸缩量≤60mm;管形橡胶条型伸缩装置的伸缩量≤30mm,为中交公路规划设计院于20世纪80年代设计的。这几种伸缩装置的技术参数见本章参考文献[1]。使用经验表明,橡胶条型伸缩装置容易破损,耐久性较差,一般在低等级公路桥梁上时有采用。

其他埋入式橡胶伸缩装置还有以下几种:

①M形橡胶伸缩装置。

图3-5所示的M形橡胶伸缩装置为20世纪80年代中交公路规划设计院设计的。由M形橡胶条、定位型钢和锚固系统组合形成。伸缩量≤40mm。

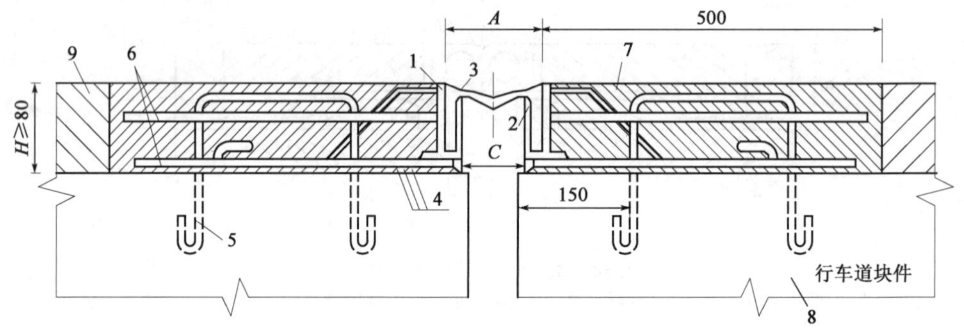

图 3-5　M形橡胶伸缩装置构造示意图(尺寸单位:mm)

1-上层角钢;2-下层角钢;3-M形橡胶条;4-锚固钢筋;5-预埋钢筋;6-水平加强钢筋;7-现浇混凝土;8-行车道上部结构;9-桥面铺装

②W形橡胶伸缩装置。

图3-6所示的W形橡胶伸缩装置是上海市政设计院1991年设计的,是由J形钢和W形橡胶条组合而成的结构。橡胶条嵌在J形钢内,安装时根据当时温度调整A值后焊接于锚固件上,然后浇筑槽口混凝土。伸缩量≤40mm。

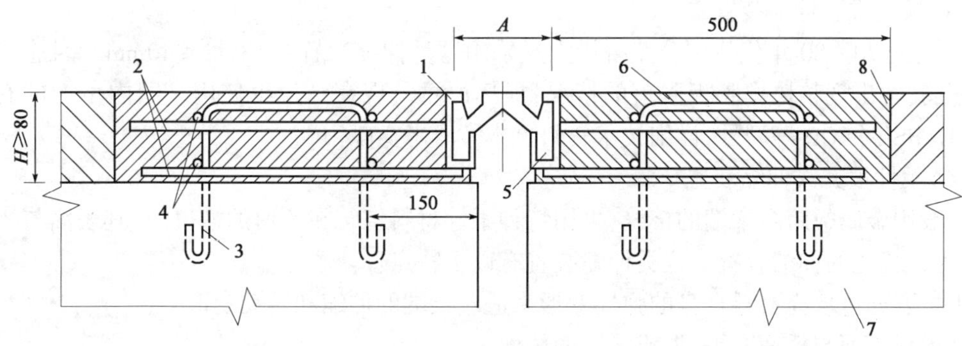

图3-6　W形橡胶伸缩装置构造示意图(尺寸单位:mm)

1-角钢;2-锚固钢筋;3-预埋钢筋;4-水平加强钢筋;5-W形橡胶条;6-现浇混凝土;7-行车道上部构件;8-桥面铺装

③SW形橡胶伸缩装置。

图3-7所示的SW形橡胶伸缩装置由两片钢板骨架及W形橡胶条组合而成。钢板骨架与混凝土连接,依靠高强螺栓将钢板骨架和锚钉座锚紧,钢板呈45°倾斜。这种连接方式可将来自车轮的冲击力经橡胶条缓冲后再均匀地传给混凝土,并使两侧混凝土得到保护。其伸缩量≤40mm。

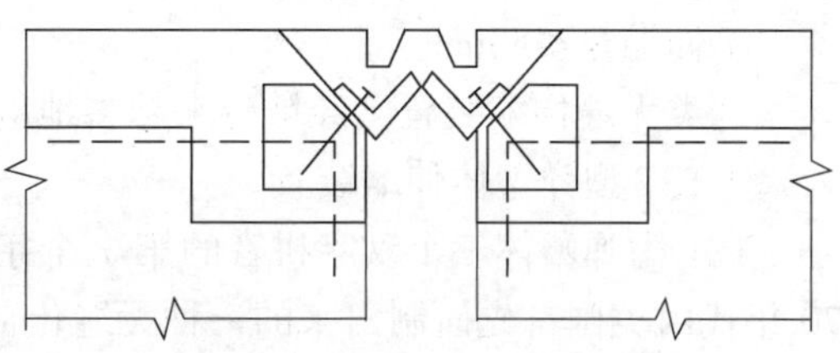

图3-7　SW形橡胶伸缩装置构造示意图(尺寸单位:mm)

④SDⅡ形橡胶伸缩装置。

SDⅡ形橡胶伸缩装置是陕西省公路局设计的。如图3-8所示,由钢组件和橡胶条组成。钢组件由角钢焊接成F形,橡胶条采用耐侯氯丁橡胶材料加工。钢组件侧面焊接锚固钢筋。该类伸缩装置具有沿桥面横向全缝贯通的特点。SDⅡ-50和SDⅡ-80型伸缩量分别为≤50mm和≤80mm。

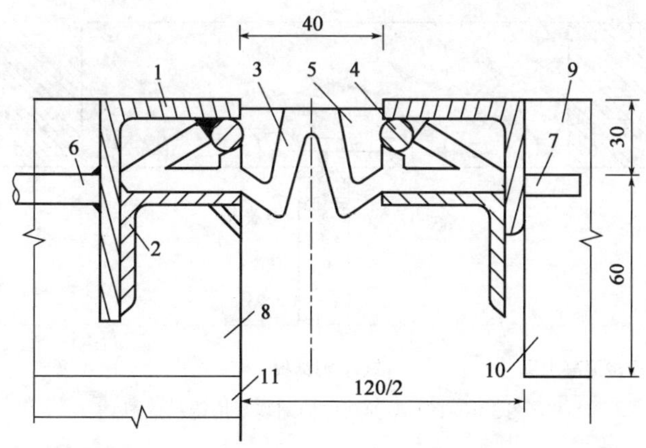

图3-8　SDⅡ形橡胶伸缩装置构造示意图(尺寸单位:mm)

1-上层角钢;2-下层角钢;3-橡胶条;4-锁扣钢筋;5-填充料;6-锚固钢筋;7-预埋钢板;8-桥面铺装混凝土;9-行车道铺装;10-人形道板;11-主梁

(3)板式橡胶伸缩装置

20 世纪 70～80 年代我国公路桥梁大量采用这种伸缩装置,伸缩量≤40mm。因连接螺栓过于薄弱,常出现整块橡胶板脱落的情况,损坏严重。现在已很少使用。国内生产的有 BF、SEJ、UG、BSL 和 CD 等型号,详细技术资料见本章参考文献[1]。

(4)柔性填充式伸缩装置

一般用金属板跨越梁端的接缝,再用特种柔性材料浇筑在预留的槽口内,其表面与桥面齐平,称为无缝化的伸缩装置。这类伸缩装置有以下特点:

①主要通过填充材料自身的弹性变形来适应梁端的伸缩和转动变形。

②填料表面与桥面齐平,形成连续的桥面。

③填充材料与相接触桥面需有可靠的黏结。

④伸缩装置处不会积水和沉渣。

⑤施工周期很短,完工后数小时即可通行车辆。

⑥伸缩装置正常情况下,对行车几乎没有影响。

⑦伸缩量≤50mm。

这类无缝伸缩装置已经被越来越多地应用于中小跨径桥梁上。国内常用的有以下几种:

①TST 型弹塑体伸缩装置。

TST 为弹塑体三个汉字拼音的第 1 个字母的组合。TST 碎石桥梁弹性接缝是在 20 世纪 70 年代由英国首先研制出来的一种无缝化伸缩装置,80 年代在美英等一些国家开始应用,90 年代初在新加坡得到进一步发展。其弹性恢复力很好,能适应不断重复的温度和荷载引起的位移;低温柔性和高温稳定性非常好,在 -40℃时不会变脆,70℃时不会流动;高温黏结性好,施工可与桥面牢固连接,不怕酸、油、水腐蚀;使用寿命约为沥青混凝土桥面使用寿命的两倍;可吸收车辆的震动冲击,车辆通过时不跳车、无噪声;造价较低,管养维护简便。TST 伸缩装置为 20 世纪 90 年代由西安市自力化学工业公司研制开发生产的。在国内中小跨径混凝土梁桥上得到广泛应用。图 3-9 为 TST 型弹塑体伸缩装置构造图。有关技术参数可参阅本章参考文献[1]、[2]。

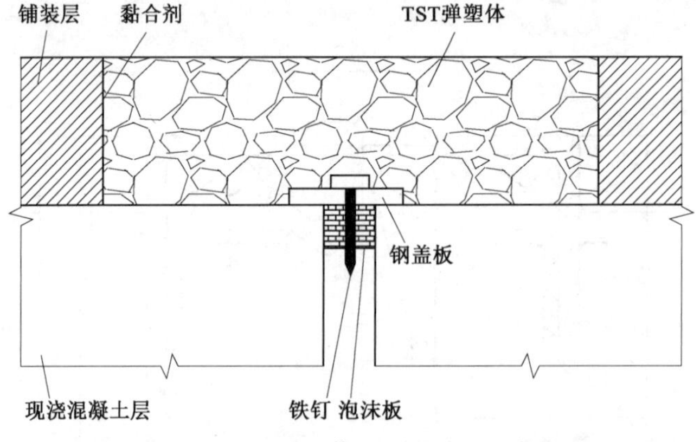

图 3-9 TST 型弹塑体伸缩装置构造示意图

②EPBC 型伸缩装置。

该伸缩装置是由江苏省镇江市公路管理处和东南大学联合研制的,采用高分子聚合物基复合材料为黏结料和填充料。图 3-10 为构造示意图。该产品已获 1995 年国家实用新型专利权。其伸缩量≤40mm。

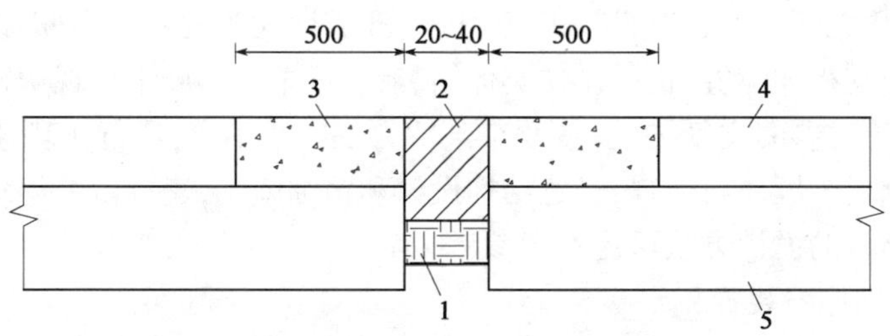

图 3-10　EPBC 型伸缩装置构造示意图(尺寸单位:mm)

1-软木或蜂窝板;2-EPBC 弹性体;3-钢纤维混凝土;4-桥面铺装;5-梁体

③TCS 填充式伸缩装置。

TCS 伸缩装置是河北衡水宝力工程橡胶公司开发的无缝式伸缩装置。图 3-11 为其构造示意图。宝力公司研制的一种既有弹性又有塑性的专利产品——RS 复合橡胶材料,加热到 190～210℃熔溶成流体后,灌入经加热的碎石中,形成伸缩装置。施工时使用 TCS-Z 专利黏合剂涂刷槽口两侧与底面以保证界面的强度。这种伸缩装置适用于 -25～60℃气温的地区,伸缩量≤50mm。TCS 填充式伸缩装置结构尺寸与 RS 材料性能指标详见本章参考文献[1]。

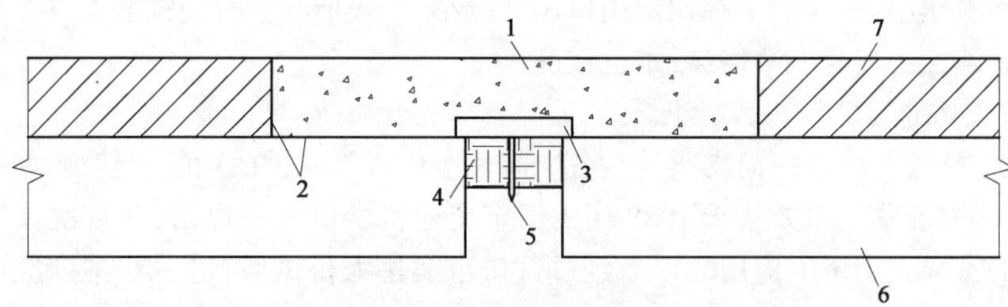

图 3-11　TCS 填充式伸缩装置构造示意图

1-TCS 弹性体;2-黏合剂;3-钢盖板;4-泡沫板;5-铁钉;6-混凝土梁;7-桥面铺装

④美佳伸缩装置。

采用弹塑体黏结材料与沥青碎石混合材料做成填充式伸缩装置是 20 世纪英国首先发展起来的一种桥梁无缝伸缩技术。因其黏结料称为 MEGAFLEX,我国引进后称为美佳无缝伸缩装置。其伸缩量≤50mm,竖向位移小于 1.5mm。美佳黏结料是一种复合改性沥青拌制的黑色混合填充料。具有较高的抗高温变形和抗低温开裂的功能,与水泥混凝土、钢板等具有较强的黏结力。图 3-12 为美佳伸缩装置构造示意图。在国内中、小混凝土桥梁中得到广泛应用。

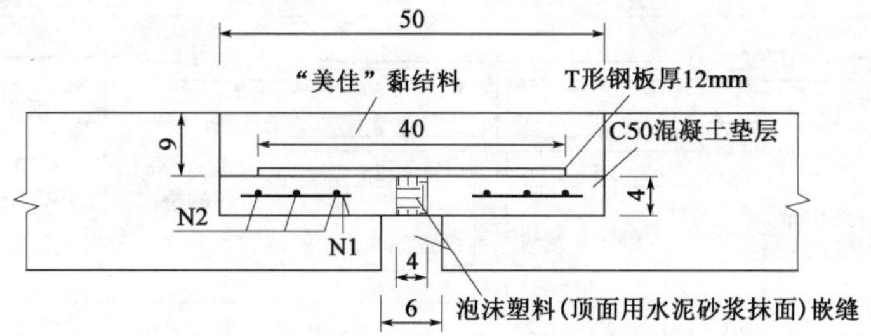

图 3-12　美佳弹塑体填充式伸缩装置构造示意图(尺寸单位:mm)

N1-ϕ12,@10;N2-ϕ12,@8.25,如@10,应用4根

京沪高速公路山东段有3座特大桥均为30m T梁桥,采用美佳伸缩装置。通车3年后效果良好,各伸缩缝均无变形、沉陷、跳车现象,行车舒适性大为提高[3]。贵阳至遵义二级公路上一座拱桥腹孔简支板伸缩缝,也采用这类伸缩装置,行车数年后未出现病害。美佳黏结料技术指标、施工工艺等可参阅文献[3]。福州市某桥为双向八车道,通行车辆速度快,重车多,采用弹塑体沥青混合料为填充料填缝,经过结构设计和精细施工,建成后1年多观测,效果良好,达到设计要求。该桥的设计方法可见本章参考文献[4]。

(5)单缝式型钢伸缩装置

单缝式型钢伸缩装置适用于伸缩量80mm以下的桥梁工程,在国内中小跨径桥梁上广泛使用,约占全部伸缩装置用量的80%以上。这种伸缩装置种类多,生产企业也较多,质量参差不齐。从使用效果看,德国MAURER公司生产的伸缩装置性能较好,但价格高。本章参考文献[1]介绍了国内几种常用的单缝式型钢伸缩装置的结构特点和使用性能。属于刚性连接(混凝土填充)单缝式型钢伸缩装置的有CD、CM、Fd、Fm、Em、CL等型号;属于柔性连接(树脂或黏结材料填充)单缝式型钢伸缩装置的有BEJ 、Betoflex等型号。

单缝式型钢伸缩装置采用整体成型的型钢为主要构件,嵌固防水密封胶条为伸缩体,并配以锚固系统,分为刚性连接式与柔性连接式两类。后者与前者相比具有以下优点:可以减少车辆通过时的冲击作用;所需的梁端预留槽口尺寸较小,一般情况下桥面铺装厚度即可满足安装要求。但后者施工工艺要求严格,成本也较高。

(6)桥面预切缝

桥面预切缝法,是将多跨简支梁桥在各中间桥墩位置处的桥面铺装层切缝,使各孔自行伸缩,不设任何伸缩装置。该方法于1988年由辽宁交通科学研究所提出,并首次在沈阳至大连高速公路上的宫家立交桥上应用。以后经过营口市熊岳大桥试验,进一步推广应用。已实施的有锦州市大凌河桥(18m×6+22.2m×52+18m=1283.6m)以及沈阳市柳河桥(跨径22m,总长600m)等。预切缝适用于跨径≤30m的混凝土简支梁、板桥,伸缩量宜小于40~50mm。图3-13~图3-15为桥面预切缝的构造图。为了提高水泥混凝土现浇层与梁、板顶面的黏结力,宜在梁、板顶面涂刷一层聚氨酯。预切缝施工较简便,可用于一般公路的中小跨径混凝土梁、板桥。

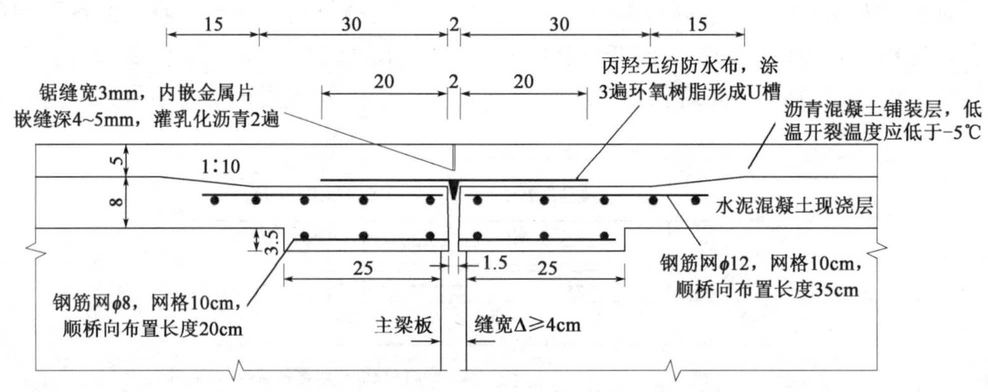

图3-13 桥面预切缝(缝宽$\Delta \geq 4$cm,沥青混凝土桥面铺装;尺寸单位:cm)

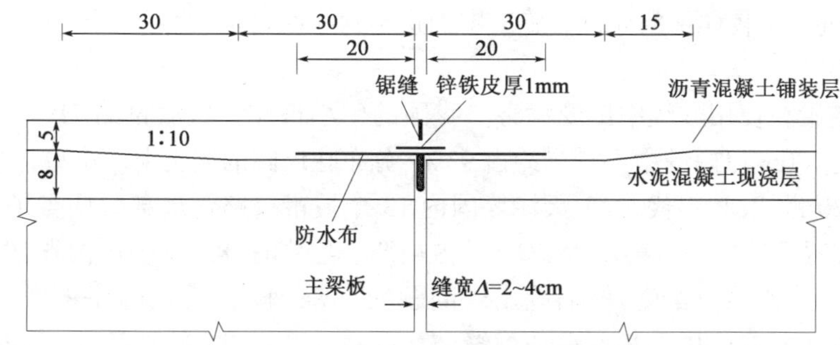

图 3-14　桥面预切缝(缝宽 $\Delta = 2 \sim 4$cm,沥青混凝土桥面铺装;尺寸单位:cm)

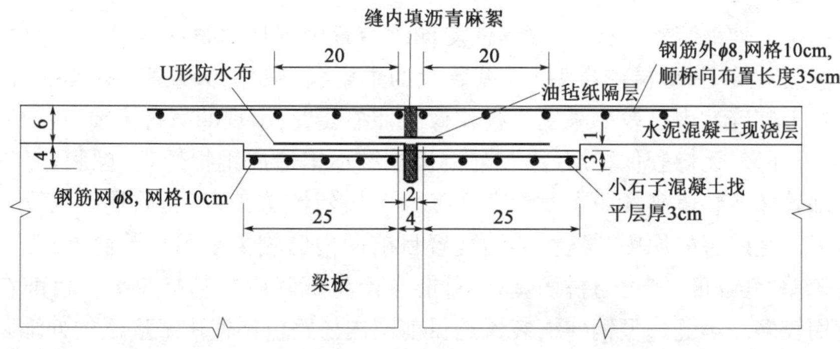

图 3-15　桥面预切缝(水泥混凝土桥面;尺寸单位:cm)

3.1.2　桥梁伸缩装置存在问题及改进措施

1)伸缩装置存在的问题

(1)伸缩装置在符合设计规范和施工规范的情况下,至今仍然是桥面结构的薄弱部位,也是影响行车舒适性的重要因素之一。桥梁伸缩装置正常状态下的工作寿命远小于梁、板主体结构的寿命。影响其寿命长短的主要因素有:外部荷载、伸缩位移变化幅度、荷载反复作用的频率频次、结构部件的抗疲劳与抗磨损能力、部件的可换性以及安装的质量等。欧洲标准《公路桥梁伸缩装置》(ETAGn 032—2013)提出的各种伸缩装置预期工作寿命(包括部件)分为四级,1~4 级的工作寿命分别为 10 年、15 年、25 年和 50 年。预期寿命的评估以通行 5000 万辆/年为准。对工作寿命要求越长,成本越高。在个别情况下,可更换部件的设计寿命可以小于 10 年。美国《桥梁设计规范》(2012 版)规定,伸缩装置的钢结构部件的设计寿命一般为 70 年,而用于伸缩装置的橡胶等弹性元件的设计寿命为 20 年。我国公路桥梁设计规范和公路桥梁伸缩装置行业标准对桥梁伸缩装置的工作寿命没有规定。国内的实际情况表明,伸缩装置中的非钢结构部件不少桥梁不足 10 年便需进行更换。钢构件的工作寿命也难以超过 50 年。所以在桥梁的设计使用年限内,伸缩装置不同程度地进行局部更换或全部更换,属于不可避免的正常情况。

在正常施工安装的情况下,通常伸缩装置对行车舒适性有一定影响。公路桥涵施工技术规范[11]规定的伸缩装置安装质量标准中,与桥面高差允许值为 2mm,纵坡允许值为 ±0.5%(一般)和 ±0.2%(大型);横向平整度允许值为 3mm。伸缩装置的安装是一项施工工艺要求严格的精细工作,本章参考文献[1]对无缝式伸缩装置、模数式伸缩装置和梳齿板式伸缩装置等的安装工艺进行了较详细的介绍。施工中如达不到这些要求,就可能给今后使用带来后患。实际上这种情况时有发生。

(2)伸缩装置在使用过程中出现病害。我国的中小桥在全国服役的71万余座公路桥梁中,桥梁总长度100m以内的中小桥梁约占93%,分布在广阔的国土上。小型伸缩装置的数量占绝大多数。20世纪90年代北京、天津等国内13个城市公路管理部门调查了所管辖的556座桥梁,伸缩装置已破坏的桥梁数为271座,占被调查总数的48.7%。山西省1994年底统计,该省大件运输公路桥梁104座,伸缩缝出现问题的有86座,占总数的83%[5]。据不完全统计,我国公路桥梁中70%以上都存在伸缩缝破坏和桥上、桥头跳车等问题。高速公路上的桥梁接缝损坏尤其严重[6]。

在小伸缩量的伸缩装置中,U形镀锌铁皮伸缩装置因损坏率很高,使用功能很差,目前已极少采用。嵌固对接型(即橡胶条型)伸缩装置的主要病害是热天鼓起、冬天脱落,锚固件破坏和两侧混凝土破碎。现已较少采用。板式橡胶伸缩装置,出现的病害主要有:橡胶体变形不均匀、部分钢板外露,无橡胶保护层、橡胶与钢板黏结不牢造成钢板翘起,橡胶剥离损坏,伸缩装置出现局部破坏或整体破坏。本章参考文献[1]从设计、施工、产品质量以及管理养护等方面详细分析了产生病害的原因。这类伸缩装置目前国内已较少采用。柔性填充式伸缩装置,材料耐久性较差,其强度、刚度与桥面基材不同,会产生沉降或与基材脱离。目前在小伸缩量的桥梁上应用较多。单缝式型钢伸缩装置是目前国内公路桥梁使用最广泛的伸缩装置。常见的病害主要是锚固区混凝土破碎;密封橡胶带迅速老化、脱落或破裂,严重漏水;密封橡胶带内沉渣过多会影响伸缩功能。桥面预切缝的病害主要是:在车辆冲击荷载作用下,切缝槽口附近容易损坏,导致桥面不平整,引起跳车,并进一步扩大破损范围。现已基本不采用。

上述适用于中小跨径混凝土梁桥的六类伸缩装置,从目前国内使用情况来看,都存在不同程度的病害,相比较而言,单缝式型钢伸缩装置和柔性填充式伸缩装置病害少一些,使用也更广泛一些,但就较长期的正常使用功能而言,仍存在较大差距,一些重要问题还有待进一步研究解决。

2)解决伸缩缝存在问题的措施

2003年,国际桥梁界提出了第四代桥梁设计理念,即桥梁设计不仅需考虑安全、适用、经济、美观,而且还应考虑使用过程中减少维护,在桥梁维护中不能对交通运营产生重大影响,并使桥梁的建设和维护费用最少。桥梁伸缩装置易损难修,已是国内外公认的难题。长期工程实践表明,桥梁伸缩装置不论采用何种形式,老化和损坏几乎是不可避免的,其工作寿命总是比桥梁主体结构要短很多。因此,业界才有“最好的伸缩装置就是没有伸缩缝”的说法。

根据目前的技术水平和研究进展,在桥梁工程中,大跨径桥与长桥,伸缩装置仍然是不可缺少的。中小跨径混凝土梁桥,由于伸缩装置存在一些难以彻底消除的弊病,便提出了下述几种减少或取消伸缩装置的办法:

(1)采用连续梁桥

为了尽可能减少伸缩装置,将多跨简支梁改为跨径相同或桥长接近的连续梁。连续梁有两种做法:

①整体式连续梁桥。

施工方法一般采用支架法、顶推法、节段拼装法、悬臂施工法、转体施工法等。此时装配式简支梁桥的优点(工厂化、标准化生产,工期短、施工简便等)已不复存在。整体式混凝土梁桥有其自身的特点和优势,装配式混凝土梁桥也有其自身的特点和优势,两者各有适用的场合,相互不能代替。伸缩装置多少的问题,对于这两种桥型结构的选择,不是主要考虑的因素。

②先简支后结构连续梁桥。

既要保留简支梁、板为预制构件进行安装的全部优点,又要使其成桥后成为连续梁达到伸缩装置最少的目的,自然就会采用先简支后结构连续的办法。这就是现在中小跨径混凝土梁桥广泛使用的简支连续梁桥。使用初期本来以为较为理想的结构形式,经过较长时间的实践,墩顶处主梁负弯矩区存在的问题便逐渐暴露出来(详细情况请参阅本书第2章)。近年国内一些设计院针对这些问题进行分析研究,提出了一些改进措施,以及对主梁结构构造形式较大的变动(这部分内容见第4章)。我国简支连续梁桥的设计和施工正在向更合理、更完善的方向发展,是中小跨径混凝土梁桥应用最广泛的一种桥型结构。

(2)采用桥面连续简支梁桥

在维持简支梁受力特点不变的情况下,减少桥面伸缩装置的一种重要措施,就是将桥墩位置处的伸缩装置改为桥面连续结构。其实质是将简支梁端之间的接缝在桥面范围内实行铰接,消除接缝后成为连续体,而主梁仍为简支体系结构。这种结构形式称为桥面连续简支梁桥,简称连续简支梁桥。该桥型最早在英国获得成功。迄今为止美国最长的连续简支梁桥是奥温尔(Orwell)桥,全长1287m,仅在桥台处设置大位移量伸缩装置,全桥桥面无伸缩装置。我国最长的连续简支梁桥是河南洛阳桥,9×50m预应力混凝土简支梁桥,桥面连续长度为450m;郑州黄河公路大桥,有一联为5×50m和6×40m桥面连续简支梁;浙江宁波市解放桥为11孔桥面连续,全长233m。国内连续简支梁桥的长度还在继续增长。

连续简支梁桥在使用过程中病害不断出现,在通行重载车辆较多和大交通量的公路上,桥面连续处的病害尤为严重(见本书3.2.1节),进一步认识到简支梁桥桥面连续构造是结构的薄弱环节,对其受力特点进行了深入分析研究(见本书3.2.2节),并提出了一些改进措施和改革建议(见本书3.2.3节)。目前在等级较低的公路上,连续简支梁桥,仍然是中小跨径混凝土梁、板桥常用的结构形式。

(3)采用无伸缩缝梁桥

上述两种办法在混凝土梁式桥设计传统框架内实现了取消除桥台口外的所有伸缩装置。但是对于中小跨径梁桥,台口处的伸缩装置仍然存在上述的种种弊端。进一步改革的目标就是把台口处的伸缩缝也取消,用其他方式来适应主梁因温度变化而引起的水平变位,在桥梁全长范围内实现无缝化,各国工程师经过几十年的研究、试验和实践,桥梁无缝化技术主要有以下几种:

①无桥台斜腿刚构桥。

本书1.4.4节介绍的无桥台斜腿刚构桥,当桥长较短时,主梁端部可以通过搭板与路面连接或主梁端直接与路面连接,全桥无伸缩缝,由于桥长短,伸缩量小,梁端的微小伸缩由路面产生微裂缝消化,例如1988年建成的湖北鄂州市金鸡桥(参阅图1-10)桥长30.5m,桥宽9m,主梁伸入路堤0.75m,未设搭板,无伸缩缝。通车10年后情况良好。

②曲线梁桥[5]。

梁因温度变化引起的伸缩量由弧形梁体在平面内沿径向变位来吸纳,1972年建成的加拿大安略省420/QEW立交桥,为世界上最长的无缝桥梁,是一座曲线梁桥。该桥平曲线半径在

218.2 ~ 1164.3m 之间,全桥为 12 跨预应力混凝土梁桥,桥面全长 598.3m。该桥于 1974 年获预应力协会奖。

③无缝单跨梁桥。

当梁端伸缩量小于 5mm 时,桥面铺装可以连续,取消伸缩缝,在接缝处桥面铺装层顶部布置锯缝,宽度 5mm,深度 30 ~ 50mm,在锯缝内灌注弹塑性材料(例如 TST);伸缩量不大于 30mm 时,则可采用无缝柔性填充式伸缩装置[见 3.1.1 节之(4)]。

门式刚构桥,其两侧的立墙即为桥台,与路堤填方连接,当跨径不大时,因主梁与柔性立墙所组成的整体结构与填土之间协调变形,桥头桥面处可以不设伸缩缝。

④整体式无缝桥梁。

多跨梁式桥,在中间桥墩处采用主梁结构连续或主梁简支桥面连续的办法取消伸缩缝的技术已日趋成熟,使用中出现的问题正在不断改进中,设计、施工经验也较为丰富。但是,桥台处的伸缩缝仍是一个薄弱部位,仍会存在伸缩装置带来的一系列弊病。整体式无缝桥梁的目标,就是要消除桥台处的伸缩缝,在桥梁全长范围内实现无缝化。整体式无缝化桥梁主要分为整体式桥台和半整体式桥台两种。前者是指柔性桥台与主梁采用全弯矩连续的方式,取消了支座和伸缩缝,使用最多的结构形式是台帽与单排柔性柱桩的组合。也有采用扩大基础的。后者是指刚性桥台与主梁采用零弯矩的连接,能最小限度地把转动位移传递到刚性桥台上。这两种无缝化桥梁较详细论述见本章参考文献[6]。

上述传统的整体式或半整体式无缝桥梁只是将伸缩缝由桥台处转移至搭板末端,虽然解决了桥梁伸缩缝的诸多问题,但搭板末端的接缝处于易损状态。为了克服这一难题,本章参考文献[5]作者在充分分析与研究国外无缝桥设计的基础上,利用连续配筋路面允许带裂缝工作的特点,提出了中、小桥采用全无缝桥梁的新体系。即在常规的整体式或半整体式无缝桥的基础上,采用搭板两端分别与主梁及连续配筋接线路面连接,并在接线路面的端部设置地梁的方式,进一步消除了路桥结合处的路面接缝,从而真正实现了“全无缝”。半整体式无缝桥梁新体系的理论分析、工程设计方法及实桥应用详见本章参考文献[5]。

中小跨径混凝土梁桥,不论是先简支后结构连续梁桥或桥面连续简支梁桥,均可按整体式无缝桥梁进行设计,成为全无缝桥梁。

小桥可以采用简易无缝化技术。由于温度变化时小跨径混凝土简支梁的伸缩量很小,没有必要做连续配筋接线路面以吸纳梁体伸缩,可按图 3-16 进行无缝化处理[3]。已建成的 7 座小桥,有 10m 钢筋混凝土空心桥、16m 预应力混凝土空心板桥和 20m 预应力混凝土空心板桥三种跨径。桥台均为半整体式重力式 U 形桥台。经现场观察,这 7 座桥状况良好,行车平顺,未出现沉降和跳车等病害。小桥两端简易无缝化处理参阅图 3-16。

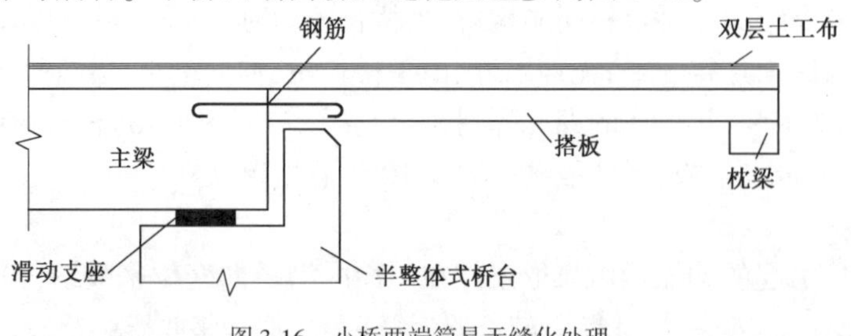

图 3-16 小桥两端简易无缝化处理

根据相关文献及本章参考文献[5]作者的研究与实践,三种类型无缝桥梁的适用范围可参考表3-1。

三种无缝桥梁的适用范围　　表3-1

结构限制	无缝桥梁类型	PC梁
最大跨径(m)	整体式	18.3～61.0
	半整体式	27.5～61.0
	半整体式全无缝	10～100
桥梁总长(m)	整体式	45.8～358.4
	半整体式	27.5～1000
	半整体式全无缝	10～100
斜交角(°)	整体式	15～70
	半整体式	20～45
	半整体式全无缝	15～70

注:表中"半整体式全无缝"指本章参考文献[5]所论述的半整体式无缝桥梁新体系。

新体系无缝桥梁结构示意如图3-17所示,接线路面裂缝宽度计算见本章参考文献[7]。

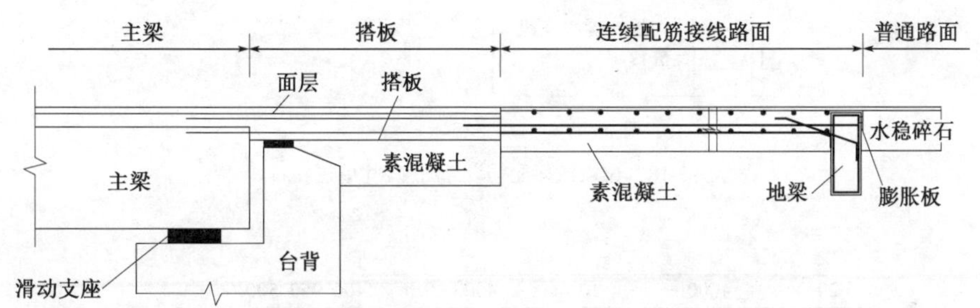

图3-17　新体系无缝桥梁结构示意图

2008年建成的苏州北河径桥[8],按传统的半整体式桥台无伸缩缝桥设计,该桥为3×16m简支PC空心板桥,桥面连续,桥梁总长53.04m,桥面左右幅宽度2×12.5m,通车5年多后,桥台及桥面无任何开裂现象,接缝道路路面平整顺畅,行车舒适,使用情况良好。

(4)采用外包式半整体式桥台

本章参考文献[9]提出了一种新的思路来消除梁桥桥台处的伸缩装置,即将简支梁桥面板连续的做法应用到桥台处主梁的端部以取消该处的伸缩装置。根据实桥通过建立全桥三维有限元模型进行关键部位的受力分析。结果表明:采用工程水泥基混合料(ECC)制成的连接板来取消梁端伸缩缝,能够满足桥梁的正常使用功能。这种桥台,称为"外包式半整体式桥台",以福州市某桥为原型,进行了试设计。该桥为单跨20m预应力混凝土空心板,梁高0.95m,桥面宽16.25m,设计荷载公路—Ⅰ级,桥面为12cm厚C50防水混凝土铺装层。桥台基础为直径1.5m单排桩基,一个桥台三根桩,盖梁高1.2m,宽1.24m。预制空心板宽1.24m。图3-18为梁端截面配筋设计图,图3-19为梁端桥面板配筋与搭桥构造示意图。

桥面板采用的ECC材料系工程水泥基混合料的简称,是一种高性能纤维加强水泥基复合材料,具有较高的抗拉和抗剪强度,同时与普通水泥有较好的兼容性。在出现宏观裂缝前,极限拉应变可达3.5%,为普通混凝土(0.01%)的350倍,当弯拉应力超出了抗拉强度后会在旁边出现较多的微裂缝,从而使裂缝宽度很小,用ECC制成的连接板,可以控制裂缝宽度,并提供很大的变形能力[6]。上述外包式半整体式桥台实例,有限元计算结果:主梁整体降温作用下梁端桥面板产生VonMises应力为12.57MPa;整体升温作用下VonMises应力为14.16MPa,均小于ECC材料的抗拉极限强度,桥面板能正常工作,不会开裂。详细设计内容参阅本章参考文献[9]。

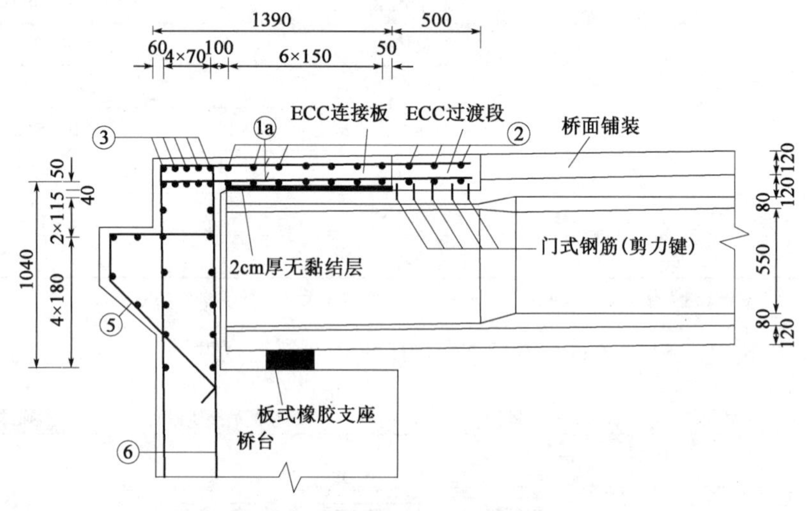

图3-18 梁端截面配筋设计图(尺寸单位:mm)

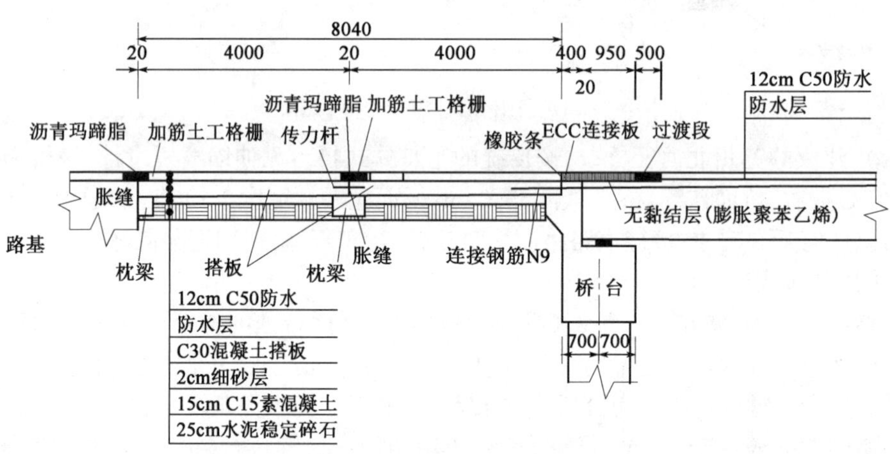

图3-19 梁端桥面板配筋及搭板构造示意图(尺寸单位:mm)

国内外桥梁工程师对无缝桥梁设计的总体思想是一致的;对于各种梁式桥,在全面综合考虑上部结构长度和下部结构柔度的情况下,如果能采取工程措施使桥梁因受约束而产生的次应力控制在容许值范围内,并经过理论分析和实际验证可行时,都可以做成无缝桥。另外,还应对技术经济合理性和施工可行性进行论证。

3.2 简支梁桥面连续存在问题及改进措施

3.2.1 桥面连续使用中出现的问题

桥面连续使用的形式主要有三种:刚接的桥面连续板、铰接的桥面连续板和拉杆式桥面连续板。其中铰接板虽然避免了弯曲应力,但构造复杂,施工难度大,且铰缝渗水导致钢筋锈蚀问题无法解决,故国内多采用刚接板和拉杆式桥面连续构造。图 3-20 为刚接的桥面连续构造。拉杆式桥面连续又分为两端切缝型和中间切缝型,其构造分别见图 3-21 和图 3-22。

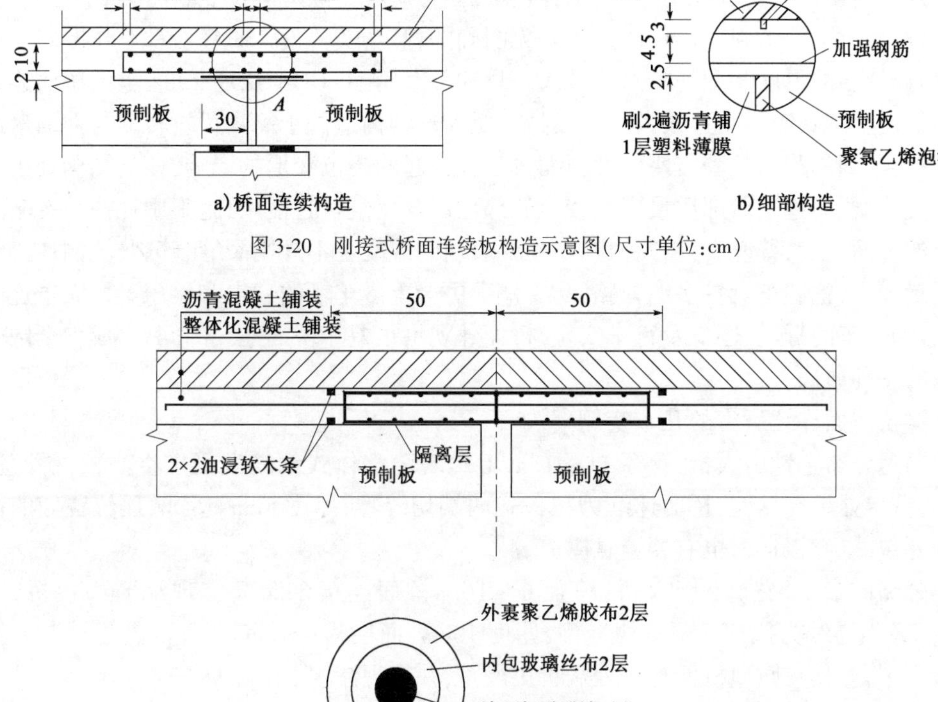

图 3-20 刚接式桥面连续板构造示意图(尺寸单位:cm)

图 3-21 拉杆式桥面连续构造示意图(两端切缝型)(尺寸单位:cm)

常用的刚接桥面连续板由于接缝处混凝土板承受较大的弯拉应力容易开裂,并导致雨水渗入使钢筋锈蚀。两端切缝型拉杆式桥面连续构造,目的是将位于中间的集中受力分散到两端。因切缝中间钢筋密布,如施工时钢筋无黏结段处理不好,中间段整体刚度较大,且其下缘有橡胶板隔离,在主梁端发生转角变位时,桥面板易发生变位而出现裂缝,并向上引起沥青混凝土面层的反射裂缝。中间切缝型拉杆式桥面连续构造,当主梁端发生较大转角变位,且温度荷载作用使拉杆发生伸缩时,桥面板因承受拉应力和弯曲应力过大而发生开裂,同样会引起沥青混凝土面层的反射裂缝。

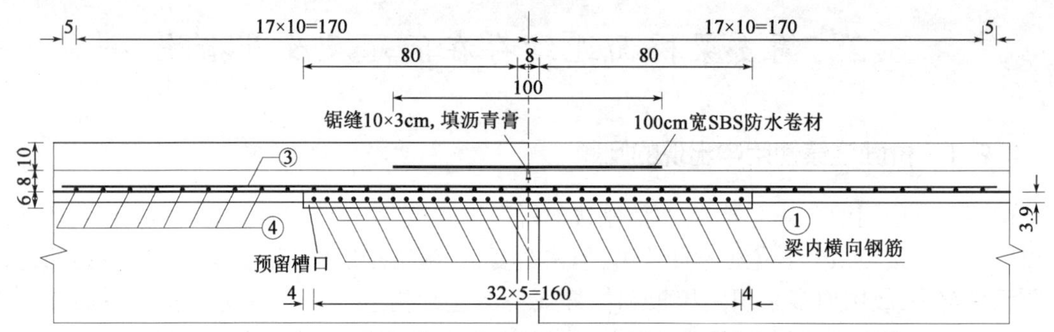

图 3-22 拉杆式桥面连续构造示意图(中间切缝型)(尺寸单位:cm)

桥面连续简支梁桥具有施工方便,工程造价低、行车较为顺适等优点,在国内中、小桥上大量使用。桥梁设计、施工规范对桥面连续均无明确的规定,实桥设计时一般都不作专门的计算分析,桥面连续层的厚度及配筋随意性较大。早期都套用 JT/GQS 025—1984 上的桥面连续设计图。现行通用图缺乏桥面连续的标准设计。桥面连续构造位于简支梁端转动与伸缩量最大的部位,还会受到邻跨因橡胶支座弹性压缩量不等引起的错位变形的影响,该处结构处于复杂的应力状态;对桥面连续局部质量影响较大的部位以及建筑材料使用,施工中往往被忽略。按常规设计的桥面连续,普遍发生各种病害,主要表现为混凝土不规则裂缝、碎裂、坑洞、露筋、渗水。交通量较大,重载车辆较多的公路,病害情况更严重。车辆的冲击和碾压又扩大了这些病害,不仅影响行车的舒适,还危及行车安全,桥面外观也很差。桥面连续的问题,成为全国公路桥梁存在的一种通病。

简支梁桥桥面连续病害的几个实例[10]如下:

崇遵高速公路金钟山大桥,跨径 11 ~ 16m 五跨现浇整体式钢筋混凝土空心板,桥面连续简支梁桥,台口处设伸缩缝,桥面连续为拉杆式两端切缝型,厚度 8cm。各墩顶位置处的桥面连续普遍开裂,空心板顶面也有裂缝且露筋。

贵毕公路(二级公路)小垭口桥:跨径 6 ~ 16m 桥面连续多跨简支现浇空心板桥,全长 115.68m。桥面连续为拉杆式两端切缝型,厚度 10cm,面层为 4cm 厚沥青混凝土铺装。桥面铺装普遍开裂,尤其在墩顶桥面连续处病害更严重,并出现渗水。

贵新公路(一级公路)半边街大桥、裕民大桥、东山大桥:这三座大桥均为钢筋混凝土整体式空心板桥,先简支后桥面连续。半边街大桥孔跨为 20 × 13m(左幅)、21 × 13m(右幅);裕民大桥左幅有 26 跨,右幅有 27 跨,跨径在 5.2 ~ 16m 之间,桥长 375m;东山大桥为 8 × 13m。桥面连续均为拉杆式两端切缝型。这三座大桥几乎所有墩顶处的桥面连续均出现裂缝和坑槽。桥面铺装破损严重。

上述五座桥所在公路,建成后在不长的时间内,交通量急剧增大,尤其是重载和超载车辆大幅增多,桥梁病害也越来越多。贵新公路的三座大桥,因结构的安全储备偏小,加固后将桥面连续改造为结构连续,并重新分联、更换支座和进行体系转换。

3.2.2 桥面连续受力分析

按国内常用的两端为刚接的桥面连续杆(或板)进行受力分析,图 3-23 为主梁端桥面连接杆(或板)立面示意图。

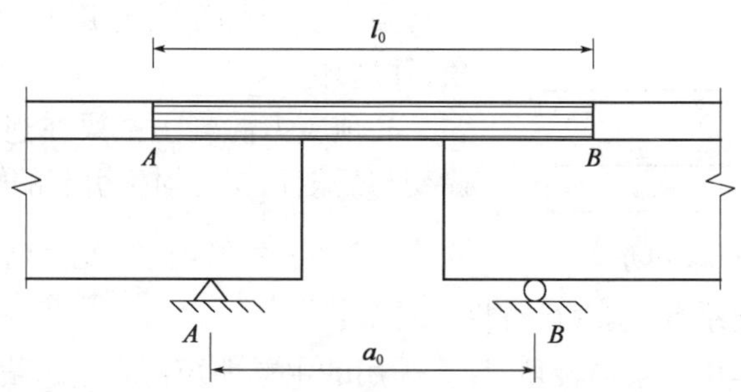

图3-23 主梁端桥面连接杆示意图

连接杆的自重很小,其自身恒载内力可以忽略不计。连接杆采用钢筋,用软垫层包裹,它与混凝土截面无黏结力,并有一定空隙,二期恒载与活载通过混凝土截面传递到主梁上,连接杆钢筋不直接承力。即连接杆不计直接作用的荷载。

在各种荷载的作用下,由于主梁的变形,将在固端单跨梁的连接杆中产生内力。

(1)主梁梁端的转角 ω 和竖向位移 Δ 引起连接杆的杆端弯矩

$$M_{\mathrm{A}}=\frac{E_0I_0}{l_0}\left(\frac{6\Delta_{\mathrm{A}}}{l_0}-2\omega_{\mathrm{B}}-4\omega_{\mathrm{A}}-\frac{6\Delta_{\mathrm{B}}}{l_0}\right) \tag{3-1}$$

$$M_{\mathrm{B}}=\frac{E_0I_0}{l_0}\left(\frac{6\Delta_{\mathrm{B}}}{l_0}+4\omega_{\mathrm{B}}+2\omega_{\mathrm{A}}-\frac{6\Delta_{\mathrm{A}}}{l_0}\right) \tag{3-2}$$

式中:E_0、I_0——连接杆的弹性模量、截面抗弯惯性矩;

l_0——连接杆的计算跨径;

Δ_{A}、Δ_{B}——连接杆两端的竖向位移;

ω_{A}、ω_{B}——连接杆两端的转角。

①主梁转角 ω 计算。

a. 二期恒载与人群荷载作为均布荷载计算转角。

在主梁完成并形成简支梁后,再施工桥面连续,故只计二期恒载。

$$\omega_{\mathrm{Aq}}=-\omega_{\mathrm{Bq}}=\frac{ql^3}{24EI} \tag{3-3}$$

式中:q——均布荷载;

l——主梁(简支梁)的计算跨径;

E、I——主梁的弹性模量、截面抗弯惯性矩。

b. 汽车荷载集中力作用时的转角。

$$\omega_{\mathrm{Ap}}=\frac{Pbl}{6EI}\left(1-\frac{b^2}{l^2}\right) \tag{3-4}$$

$$\omega_{\mathrm{Bp}}=-\frac{Pal}{6EI}\left(1-\frac{a^2}{l^2}\right) \tag{3-5}$$

式中:P——汽车轴压集中力;

a、b——集中力距梁端的距离，见图3-24。

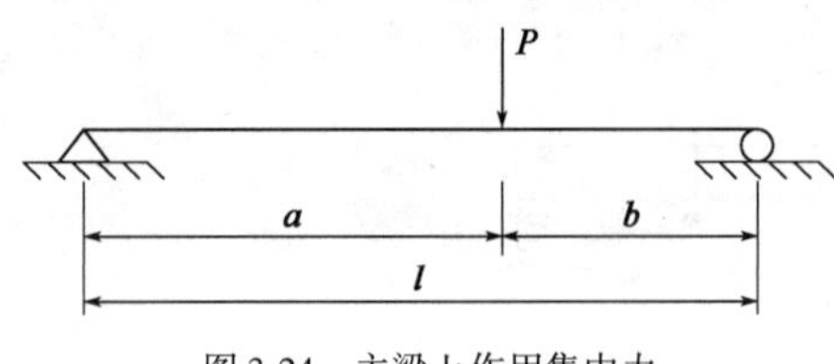

图3-24 主梁上作用集中力

当有多个轴压力作用时，应分别按上式计算转角，并迭加。

c. 预应力混凝土主梁在连接杆完成后因混凝土徐变与后期预应力损失引起的转角。

$$\omega_s = \phi(\omega_{q1} + \omega_{q2} - \omega_f + \omega_{fc}) + \omega_{fc} \tag{3-6}$$

式中：ϕ——混凝土徐变系数，按现行桥规[5]计算；

ω_{q1}——主梁自重作用下梁端转角，计算采用的主梁惯矩可采用净截面惯矩；

ω_{q2}——二期恒载作用下梁端转角，计算采用的主梁惯矩可采用换算截面惯矩；

ω_f——施加预应力引起的主梁端转角，计算方法参阅本章参考文献[11]；

ω_{fc}——因后期预应力损失产生的梁端转角，计算方法参阅本章参考文献[11]。

d. 桥面日照温差引起的转角。

$$\omega_{At} = -\omega_{Bt} = \frac{-M_t l}{2EI} \tag{3-7}$$

式中：M_t——因温差产生的弯矩，按式(3-8)计算。

$$M_t = \frac{-A_d \alpha T e l}{2I} \tag{3-8}$$

式中：A_d——桥面板截面积；

T——桥面板与主梁腹板的温差；

α——混凝土线膨胀系数；

e——桥面板重心至全截面重心的距离。

国内桥面铺装已广泛采用沥青混凝土。沥青铺装时的温度往往达到150℃左右，这么高的温度必定会在桥面混凝土现浇层与主梁一定深度内产生温差分布。现行桥梁规范缺少规定。本章参考文献[12]研究了沥青摊铺时温度梯度模式，本章参考文献[13]对钢筋混凝土箱梁摊铺沥青时温度分布进行了试验。实测资料表明：摊铺沥青时调平层(即主梁顶面混凝土现浇层)顶面的温度最高，按指数曲线迅速降低，影响深度大约在50cm以内。试验桥实测调平层顶面的温度最高达到56.3～63℃之间。这种人为因素引起的温度梯度，同样会在主梁中产生弯矩，在公式(3-8)中，应根据实际情况计入摊铺沥青高温的影响。

②连接杆端竖向位移Δ计算。

连接杆端的竖向位移Δ是由主梁转动而产生的竖向位移和橡胶支座压缩引起的沉降所组成。可以用下式近似计算：

$$\Delta A = \frac{h_c \cdot R_A}{A_c E_c} - \frac{l_0 - a_0}{2} \cdot \omega_A \tag{3-9}$$

$$\Delta B = \frac{h_c \cdot R_B}{A_c E_c} - \frac{l_0 - a_0}{2} \cdot \omega_B \tag{3-10}$$

式中：R_A、R_B——恒、活载作用下，主梁A、B端的反力；

h_c、A_c、E_c——橡胶支座的高度、承压面积和弹性模量；

a_0——主梁端两支座的距离，见图3-23；

ω_A、ω_B——活载作用下主梁A、B端的转角。

③连接杆承受弯矩引起的截面边缘法向应力σ。

根据上述各式可计算出各种荷载作用下连接杆的弯矩，按最不利进行组合得到弯矩值$\sum M$，便可按材料力学公式算出连接杆截面边缘法向应力σ。

$$\sigma = \pm \frac{\sum My}{I_0} \tag{3-11}$$

式中：y——连接杆截面重心至边缘距离。设连接杆直径或连接板厚为d，则$y=\frac{d}{2}$。

(2)连接杆按受拉构件计算内力

①温度、混凝土收缩与预应力作用下徐变引起的主梁轴向变位。

温度均匀变化引起主梁的伸缩值δ_1为

$$\delta_1 = \pm \alpha l_1 t \tag{3-12}$$

式中：α——混凝土线膨胀系数；

l_1——伸缩梁长，取一联桥跨内位移O点至计算截面的距离；

t——连接杆施工温度与设计采用的最高、最低有效温度标准值之差。最高、最低有效温度标准值按规范[3]规定采用。

主梁混凝土收缩值δ_2，按式(3-13)计算。

式中钢筋混凝土梁和预应力梁的混凝土收缩应变ξ_{cs}可按现行桥规[5]中附录F的公式计算。

$$\delta_2 = -\xi_{cs} l \tag{3-13}$$

也可以近似地按相当降温计算δ_2，降温值按规范[12]的规定采用。

预应力混凝土主梁在预应力作用下的徐变变形δ_3为

$$\delta_3 = -\frac{\phi \sigma_n l}{E} \tag{3-14}$$

式中：ϕ——混凝土徐变系数，按现行桥规[5]规定计算；

σ_n——因预应力引起的主梁截面平均轴向应力。

②顺桥向水平地震力F_1。

$$F_1 = C_i \cdot C_z \cdot K_h \cdot \beta_1 \cdot \mathrm{Gzsp} \tag{3-15}$$

式中：Gzsp——桥面连续一联简支梁上部结构总重力；

K_h——水平地震系数，按本章参考文献[14]表10.2-2采用；

β_1——顺桥向自振基本周期动力放大系数，按本章参考文献[14]图10.2-2确定；

C_i——重要性修正系数，按本章参考文献[14]表10.2-3确定；

C_z——综合影响系数，按本章参考文献[14]表10.2-4确定。

③汽车制动力F_2。

按桥规[3]规定计算F_2。

④纵向水平力(F_1+F_2)在各墩顶位置处连接杆的分配计算。

计算简图包括一联桥面连续简支梁的上、下部结构和各墩上的支座(橡胶支座、滑板支座)。先计算确定水平位移 O 点位置,再按总水平位移 $\sum\delta=\delta_1+\delta_2+\delta_3$ 计算各墩上主梁的位移量。必要时应对个别墩上的支座类型或厚度适当调整。计算中应计入各墩的抗推刚度的影响。这项计算较繁杂,一般采用软件在电脑上完成。最后得到各连接杆的水平力。

⑤根据总拉应力确定连接杆的截面尺寸。

连接杆的内力弯矩与轴向拉力组合,便可按拉弯构件计算连接杆满足规范要求的截面尺寸。

上述桥面连续的受力分析方法,也适用于刚性连接板桥面连续的计算。但计算截面应为钢筋混凝土结构,同时还应按现行桥规[5]的规定计算裂缝宽度;拉杆式桥面连续还应根据最大拉力验算钢筋的锚固长度。

文献[15]将简支梁桥面连续部位的受力归结为以下五种状态:

(1)均匀温度变化作用引起主梁伸缩,桥面连续产生拉、压应力 σ_w,称为"效应1"。

(2)汽车制动力引起桥面连续产生拉、压应力 σ_z,称为"效应2"。

(3)桥面连续相邻两跨主梁满布车道荷载,主梁下挠产生转角,将使桥面连续产生上缘受拉、下缘受压的弯曲应力 σ_q,称为"效应3"。

(4)梯度温度正温差引起主梁转角,使桥面连续产生正弯矩,上缘受压、下缘受拉;负温差的效应刚好相反。温差应力为 σ_t,称为"效应4"。

(5)车轮荷载作用下在桥面连续处引起局部受压,由于桥面连续较薄,将产生局部弯曲应力 σ_j,称为"效应5"。

按桥面连续截面法向拉应力最大控制工况,则有:

$\sigma_{上}=\sigma_w+\sigma_z+\sigma_q+\sigma_t$(负温差),为上缘最大拉应力控制工况。

$\sigma_{下}=\sigma_w+\sigma_t$(正温差)$+\sigma_j$,为下缘最大拉应力控制工况。

本章参考文献[15]通过实例对刚接桥面连续板进行了精细的有限元分析并配合公式计算,从计算结果可以看出上述五种效应对桥面连续产生拉应力的数量大小。桥面连续厚度为8cm,C40混凝土,上层为10cm厚沥青混凝土。

效应1:7×13m桥面连续简支梁,均匀温变±30℃,桥墩刚度很大,水平刚度由橡胶支座的刚度决定,通过公式计算得到桥面连续板(不考虑钢筋作用)的最大拉应力为1MPa。

效应2:7×13m桥面连续简支梁,汽车制动力引起的桥面连续板最大拉应力为0.27MPa。

效应3:采用桥梁博士软件对8~20m多跨简支板桥和20~35m多跨组合小箱梁桥计算公路—Ⅰ级车道荷载(含均布荷载与集中荷载)作用下转角效应,发现跨径10m空心板的转角效应最大,再用Midas软件进行空间有限元分析,得到桥面连续刚接板上缘最大拉应力为11.4MPa。

效应4:梯度温度按规范[3]取值,采用10m跨径简支板,用Midas软件进行空间有限元分析,正温差作用下截面下缘最大拉应力达到29.2MPa。

效应5:计算条件与效应3相同,在公路—I级荷载车轮压力下,桥面连续刚接板的下缘最大拉应力为1.2MPa。

综合上述5种效应,桥面连续刚接板上缘最大拉应力为20.7MPa,下缘最大拉力为

31.4MPa,均远大于混凝土的抗拉强度,必定开裂。本章参考文献[16]也指出:“桥面连续构造带缝工作是必然的”。

在桥面连续段内的弯矩、轴力以及主梁挠曲引起的端面转角、纵向变形已经计算确定的情况下,按线弹性理论可求得桥面连续段法向应力表达式为[17]:

$$\sigma_{\max} = \frac{M_{\max} H}{2I_s} + \frac{E_s h}{2s}(\phi_B + \phi_A) + \frac{F_{\max}}{bH} + \frac{E_s \delta_s}{s} \tag{3-16}$$

式中:$M_{\max}$——桥面连续段内最大弯矩;

$F_{\max}$——桥面连续段内轴力;

ϕ_B、ϕ_A——桥面连续段左、右两侧主梁挠曲引起的端面转角;

s——桥面连续段的纵向长度;

H——桥面连续段的厚度;

h——预制主梁的高度;

b——主梁的宽度;

δ_s——主梁挠曲引起的纵向变形;

E_s、I_s——桥面连续段材料弹性模量、截面惯性矩。

3.2.3　桥面连续改进措施

国内、外针对桥面连续存在的问题进行了广泛的研究,提出了各种改进措施。可以分为四类,第一类是在结构构造上进一步放松桥面连续部分约束;第二类是改进材料;第三类是用一种特殊的伸缩缝代替桥面连续;第四类是新型桥面连续。

(1)进一步放松桥面连续的部分约束

①三道切缝型桥面连续。

将传统的两端切缝、中间切缝型桥面连续综合起来,改进为三道切缝,并适当调整钢筋布置,使之更适应桥面连续的变形,降低拉应力。两端与中间切缝桥面连续构造参阅图 3-21 和图 3-22。

②增设无黏结区域[6]。

图 3-25 为澳大利亚用于大部分中小跨径简支梁桥桥面连续的典型构造图。其桥面连续板可以传递轴力,但其较弱的抗弯刚度可使其在桥墩范围不会形成弯矩连续性。

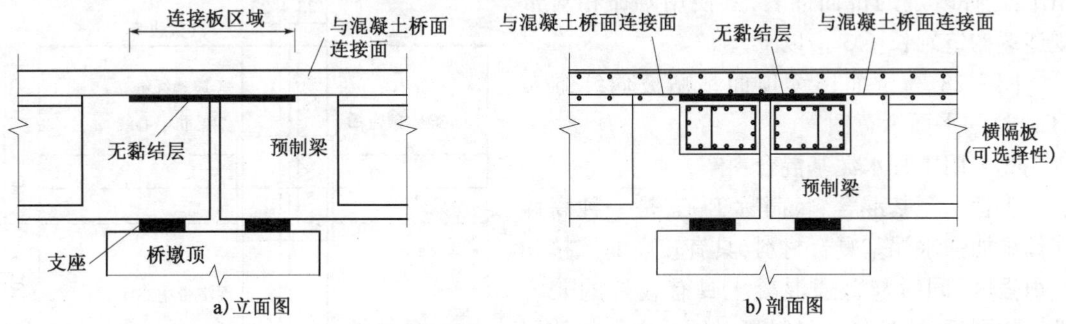

图 3-25　澳大利亚桥面连续的无黏结区构造

图 3-26 是英国桥面连续的一种构造,它同样采用了无黏结区域,使连接板可以容纳支座处的相对转动和挠度,而不会发生弯曲应力。

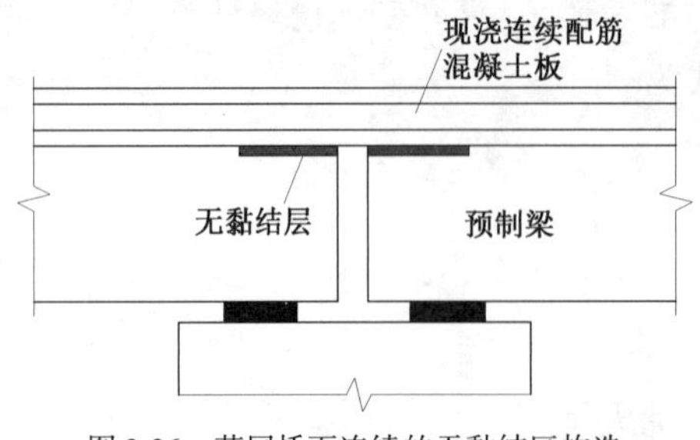

图 3-26　英国桥面连续的无黏结区构造

图 3-27 是英国采用的另一种连续构造,基本原理与国内中间切缝型桥面连续类似,同样有拉结钢筋。钢筋位于连续板中间,在伸缩缝处有一段跨缝的无黏结段,以容许桥面板转动,跨间无连续弯矩。桥面防水层和面层是连续的,在伸缩缝顶部用特殊密封剂封顶,起双重保险作用。但主梁的转动仍有不利影响,可能发生开裂。

(2)改进桥面连续使用的材料

①在普通钢筋混凝土桥面连续结构表面粘贴玻璃纤维布(GFW)。

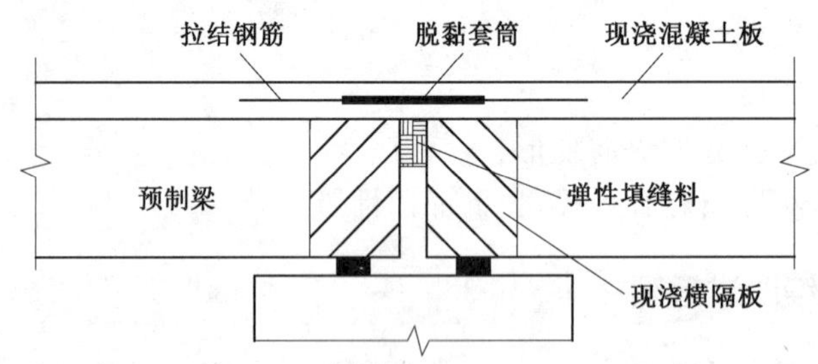

图 3-27　英国拉杆式桥面连续构造

本章参考文献[17]对桥面连续结构性能进行了较深入的研究,并进行了模型试验和非线性有限元分析。研究的桥面连续分为三类,第一类是普通钢筋混凝土,第二类是改性环氧钢筋混凝土,第三类是普通钢筋混凝土粘贴玻璃纤维布。荷载包括沥青混凝土铺装、汽车—超 20、降温 20℃和汽车制动力。研究得到以下结论:采用在普通钢筋混凝土桥面连续结构表面(即沥青铺装下面)粘贴玻璃纤维布的方式,不论是初始裂纹产生、裂纹分布,还是疲劳失效的循环次数均优于其他改善措施,而且具有施工方便、受季节因素影响小、不会大量增加工程造价、能阻止桥面连续结构表面裂缝反射到沥青铺装层上等优点,因此是十分理想的桥面连续构造的方案。可以使桥面连续结构性能极大改善,最大限度延长桥面连续构造带裂纹工作的寿命,对行车舒适与安全意义重大。本章参考文献[16]指出:这种改进的桥面铺装,其使用寿命相对常规连续构造延长了 3 倍以上。

图 3-28 为桥面连续顶面粘贴玻璃纤维布(GFW)的平面示意图。

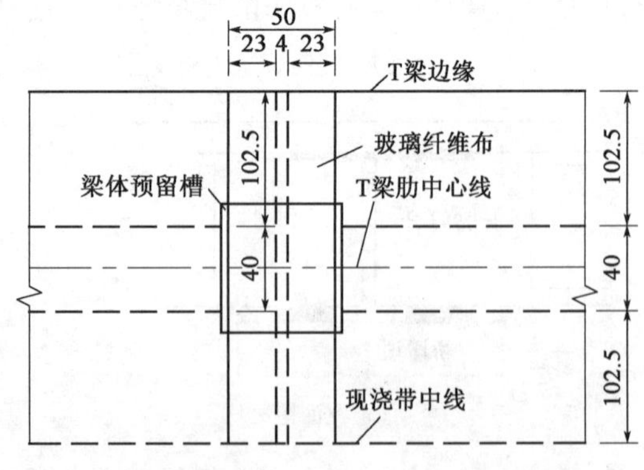

图 3-28　连续构造顶面粘贴 GFW 纤维布平面(尺寸单位:cm)

②采用工程水泥基混合料[6]。

工程水泥基混合料,简称 ECC,是一种高性能纤维加强水泥基复合材料,具有较高的抗拉和抗剪强度,同时与普通混凝土具有较好的兼容性。初裂后,这种复合材料可经历一个很长的屈服应变硬化阶段。在出现宏观裂缝前极限拉应变可达到3.5%,为普通混凝土(0.01%)的350倍,当弯拉应力超出抗拉强度后会在旁边出现较多微裂缝,从而使裂缝宽度减小。以ECC制成的桥面连续板,可以控制裂缝宽度,并提供很大的变形能力。图3-29为钢—混凝土组合简支梁采用ECC连续桥面的构造示意图。图3-30为配筋ECC梁与普通RC梁受弯开裂性能比较。前者裂缝细而密,不影响使用功能,而后者裂缝数量虽少,但裂缝宽度大,往往超过规范允许值,影响使用功能和耐久性,并存在安全隐患。

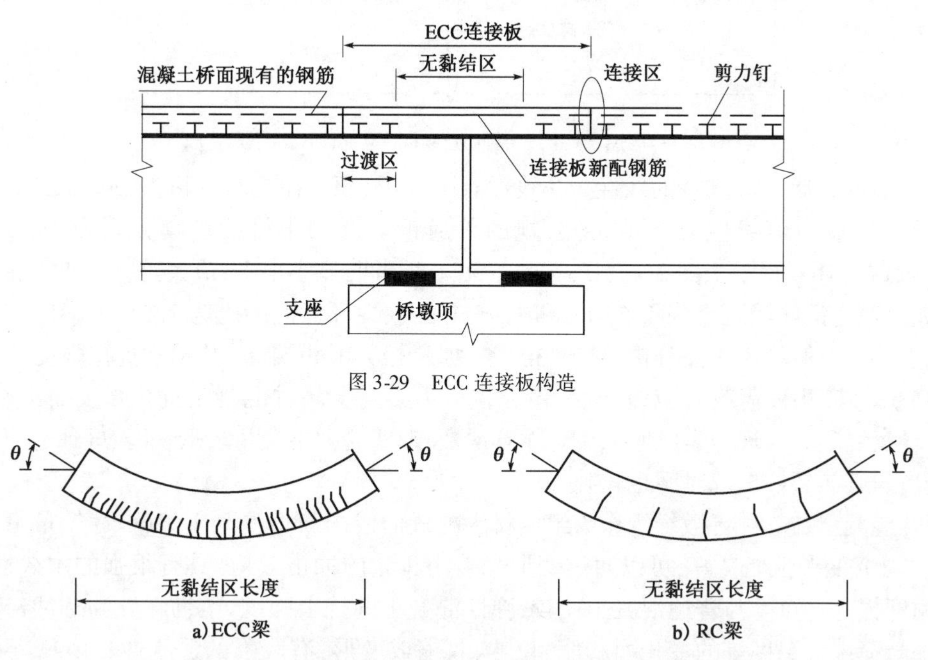

图3-29 ECC连接板构造

图3-30 配筋ECC梁与普通RC梁受弯开裂性能比较

③聚丙烯腈纤维混凝土、改性环氧混凝土、钢纤维混凝土和弹性混凝土等材料属柔性纤维混凝土,具有较高抗裂、抗冲击、抗收缩性能,耐久性能也较好。图3-31为聚丙烯腈纤维混凝土桥面连续构造示意图[17]。

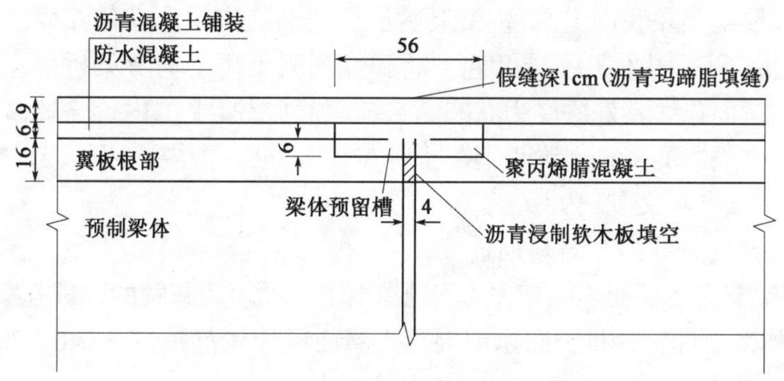

图3-31 聚丙烯腈纤维混凝土桥面连续构造示意图(尺寸单位:cm)

常规的环氧混凝土强度高、脆性大,而低弹模改性环氧混凝土是在混凝土骨料中添加特制的改性环氧树脂而成,主要特点是不仅具有所需的强度,而且其弹性模量比普通混凝土低很多,韧性好,适应桥面连接大变形的需要。图3-32为改性环氧混凝土桥面连续构造示意图。

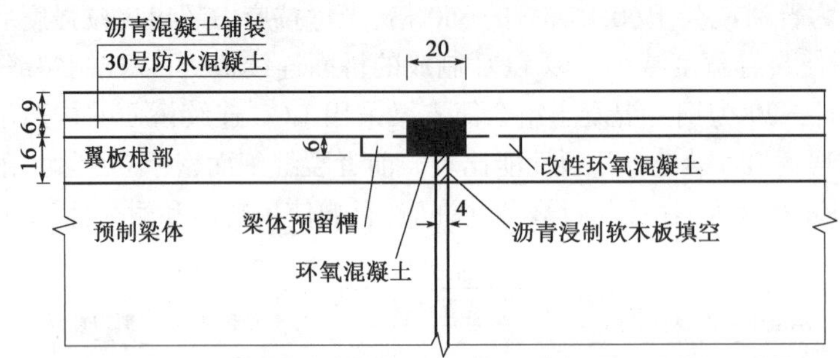

图 3-32　改性环氧混凝土桥面连续构造立面(尺寸单位:cm)

本章参考文献[17]进行的线性与非线性有限分析表明,在汽车—超 20、降温 20℃荷载作用时,最大拉应力值线性分析结果:常规的普通钢筋混凝土桥面连续分别为 13.5MPa 和 9.12MPa,改性环氧混凝土为 2.77MPa 和 5.7MPa,后者明显小很多;最大拉应力非线性分析结果:常规的普通钢筋混凝土为 1.5MPa 和 1.75MPa,改性环氧混凝土为 1.51MPa 和 1.72MPa,两者几乎相等。但均比线性分析结果小得多。如果按 C40 混凝土,其轴心抗拉强度标准值为 2.65MPa,所以,几种荷载效应组合后,最大拉应力必定会超过混凝土抗拉强度而出现开裂。但改性环氧混凝土出现初裂纹时的疲劳循环次数较高,且弹性模量较低,能较好地适应桥面连续的变形。其初裂纹出现时间也较晚。

弹性混凝土是一种将微纤维作为组成材料配置而成的新型混凝土,其弹性模量是普通混凝土的 1/10,变形性能良好,可以通过变形来减小车轮的冲击效应,具有很强的耐久性、耐疲劳性、耐磨损等特点。与普通混凝土比较,弹性混凝土的抗剪强度、柔韧特性和抗冲击特性优异,会随着荷载及温度等的变化而膨胀、拉伸、收缩或变形,有较强的适应性。1999 年美国亚利桑那州建成了世界上第一个弹性混凝土结构的人行步道。至 2007 年,美国密歇根大学研制出了抗裂性比普通混凝土高 50 倍,重量轻 40%,耐久性高 1 倍的弹性纤维混凝土,并将其用来修补某公路桥。目前,弹性混凝土已在日本、韩国、瑞士和澳大利亚等国得到了广泛的应用[18]。

近年来,弹性混凝土在我国道路、桥梁上逐步得到推广应用。在伸缩缝改造、桥面裂缝修补以及旧桥扩宽拼接工程中使用效果出色。将弹性混凝土用于简支梁桥面连续结构,其优越的性能,可以满足桥面连续特殊的受力状态。目前,弹性混凝土国内价格较高,大范围的推广应用,还有待其生产成本的降低。弹性混凝土种类较多,已在国内应用的聚氨酯弹性混凝土的技术资料可参阅本章参考文献[19]。

(3)用一种特殊的伸缩缝代替桥面连续

文献[20]对简支梁桥桥面连续存在的问题提出了一种较为新颖的改进方案,简言之就是放弃传统桥面连续构造,直接引用《公路水泥混凝土路面设计规范》(JTG D40—2011)图 5.2.4 所示胀缩缝的构造,并根据桥梁结构特点加以改进,要点如下:

①通常采用的桥面连续,一般都认为能够直接传递水平力,从而使桥孔联长内的桥墩形成联合刚度,共同抵抗制动力,达到减小单个桥墩承受制动力的目的。实际上,除桥台外,近年来公路桥梁几乎已经不再采用"刚性"桥墩,而用柔性墩与橡胶支座一起形成组合抗推刚度。所以,即使不做桥面连续,多跨简支梁桥桥墩联合刚度共同抵抗水平力,仍是不争的事实,故桥面

连续的这一优势并不存在。

②桥面连续是全桥薄弱环节,病害多发,修复困难,施工对车辆通行影响大。

③要求桥面连续处行车较为平顺。可以用一种改进的伸缩装置代替,同样可以达到行车顺畅的目的。

本章参考文献[20]认为:桥面连续,有害无益。因此,对于装配式预制梁上部结构,应采用“纯简支结构”设计。并推荐一种梁端构造处理方式,如图 3-33 所示。

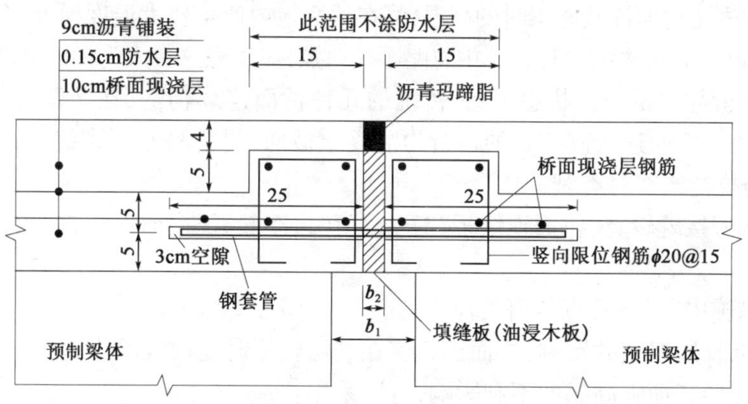

图 3-33　简支梁梁端构造方式(伸缩构造)(尺寸单位:cm)

由于每跨梁端都采用这一接缝构造,故伸缩量很小,可以进行以下简单处理:

①按照主梁可受压不受拉的原则,宜选择在低温时施工桥面现浇层,以进一步减小胀缩缝的设计宽度(即图 3-33 中的 b_2)。设计胀缩缝宽度时不考虑制动力产生位移的影响。

②设置竖向(兼横向)位移限制构造,以保证竖向位移连续和主梁结构横向刚度。

③胀缩缝范围用沥青混凝土面层,使全桥保持颜色、磨耗一致。

运营过程中,这种接缝构造也可能损坏,但对行车影响小,修复施工工期短,费用低。目前未见工程应用,希望看到较详细的受力分析和运营实例以及较长时间的观测资料。

(4)新型桥面连续

传统的两端或中间切缝型拉杆式桥面连续,在主梁转角作用下容易产生桥面裂缝,并向上形成沥青混凝土面层的反射裂缝。为了克服这一缺点,杭州普力星交通科技有限公司推出了一种刚接板式的桥面连续构造,该装置由高弹性材料和钢筋组成[15]。称为植入式桥面连续构造,如图 3-34 所示。因刚性桥面连续上缘混凝土开裂难以避免,该装置在其下缘设置了一根排水管用于排放混凝土开裂后渗入的水分。在图 3-34 中,1 为 ϕ8mm 钢筋,2 为高弹性材料,3

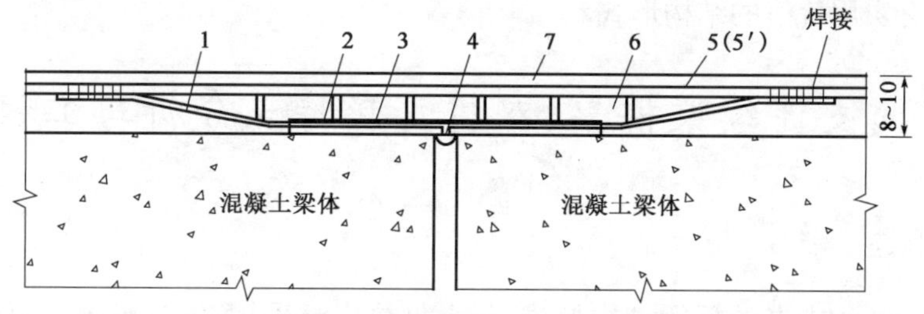

图 3-34　植入式桥面连续构造(尺寸单位:mm)

为透水材料,4 为排水管,5 为桥面铺装钢筋网 ϕ10mm,5′为加密钢筋 ϕ10mm,6 为辅助钢筋,7 为混凝土铺装层。

3.2.4 桥面连续小结

(1)引起桥面连续段产生较大法向拉应力的主要因素是梯度温度、主梁满布车道荷载在梁端产生的转角以及轮压和冲击力长期反复作用产生的效应。其他因素影响相对较小。

(2)沥青混凝土桥面铺装施工时的高温,将在桥面板内产生较大温度梯度,会在桥面连续段下缘产生较大拉应力,过去的设计计算中忽略了这一点,应注意这一人为梯度温度的不利影响。

(3)理论分析与实桥工作状态表明,传统的几种桥面连续构造,在运营过程中,裂缝的发生几乎不可避免。桥面连续刚接式的构造为混凝土截面,更容易发生裂缝。在传统的桥面连续构造中,钢筋拉杆式相对有利一些。

(4)当梁端的接缝较宽,桥面连续板(杆)较薄时,车轮长期作用下,应考虑局部受压和冲切的影响。

(5)改进措施中,以下几点值得关注:

①为了降低日照温差的影响,桥面连续应在气温较低时完成混凝土施工。

②为了降低摊铺沥青高温的不利影响,可以采用:

a. 温拌沥青混合料;

b. 减小沥青下面层的摊铺厚度(总厚度不变);

c. 在主梁竖向原有温度梯度较小的情况下摊铺沥青混合料;

d. 在桥面连续顶面加铺隔热层。

③采取措施尽量降低主梁在二期恒载和汽车荷载作用下的梁端转角。

④国内外的研究与实桥情况表明,采用具有某些特殊性能的弹性材料参与组成桥面连续构造,效果较好。

⑤在桥面连续开裂难以避免的情况下,改进措施应尽量使裂缝的分布细而密,避免超宽裂缝出现,以致在沥青混凝土面层发生反射裂纹。

(6)根据国内目前对桥面连续的研究进展与工程实践,桥面连续的简支梁跨径不宜超过 25m。为了使联与联之间的伸缩装置能采用单缝构造,一联的长度不超过 150m 较合适。

(7)简支梁桥面连续主要用于一般公路和城市道路上的桥梁。高速公路上以采用先简支后结构连续(或连续刚构)的形式较好。

(8)简支梁桥面连续将会在不断的改进中得到完善,其主要优点也会更明显地反映出来,仍应是一种具有实用价值的结构形式。

3.3 简支连续梁桥单、双排支座特点分析与工程应用

3.3.1 概述

连续梁桥是一种古老的桥梁结构形式,至今仍被广泛采用,尤其是预应力混凝土连续梁桥,设计、施工技术已经很成熟,结构受力性能好,伸缩缝少,行车平顺舒适,桥型简洁、运营期

维护工程量小,抗震能力强,成为最具竞争力的主要桥型之一。公路与城市道路预应力混凝土连续梁桥适用跨径在20~200m之间。常用的施工方法目前有六种:支架上就地整体现浇法;先简支后结构连续施工法;顶推施工法;移动支架逐孔浇筑施工法;悬臂施工法;转体施工法。其中先简支后结构连续施工法、悬臂施工法和顶推施工法,在施工过程中需在中间桥墩(不含分联墩)上设置临时支座,在梁体就位并形成连续结构后,拆除临时支座,永久支座开始承力,完成支座受力的转换。其余三种施工法,即支架上就地现浇法、移动支架逐孔现浇施工法和转体施工法中,前两者施工中不需要设置临时支座,后者在转体过程中主要由转动中心的球铰承力,但环道上还需设置保险支墩。

还有一种适用于中等跨径预应力混凝土连续梁的施工法——预制节段拼装法,欧美国家在20世纪60年代以后开始广泛采用。我国20世纪90年代在城市桥梁工程中开始采用这一种新的施工技术,目前尚缺少有关的技术规范或规程,建成的实桥也较少,尚未成为国内预应力混凝土连续梁桥常用的施工方法。有关实桥技术资料可参阅本章参考文献[21]、[22]。

现代梁桥体系中的连续梁桥,其支承处均为单点铰支承。在预应力混凝土连续梁桥悬臂浇筑施工法的发展过程中,20世纪60年代,国外有的桥梁工程师考虑到施工设置、拆除临时支座较为复杂,且延长工期、费用增加,提出在桥墩上设置纵向双排永久支座概念设计,随后修建了数座这种双支座连续梁桥。双排支座的纵向中距多在3~4m之间。因而避免了传统单排支座PC连续梁桥施工中设置临时支座的缺点。后来,预应力混凝土连续刚构桥出现,其主要优点之一便是在主墩上完全取消支座。但在桥墩较矮、抗推刚度较大的情况下,PC连续梁桥仍是一种主要的桥型。

1990年10月,我国建成第一座双支座大跨径PC连续梁桥——湖北宜城汉江大桥。主桥为55m+4×100m+55m,五个主墩上均沿纵向布置双排支座,采用挂篮悬浇施工。其设计思路和受力特点可参阅本章参考文献[23]。随后,福建乌龙江二桥(主跨为110m连续梁桥)的主桥采用了永久双排支座。主桥孔跨布置为60m+3×110m+60m,每个中墩采用4根直径为2.5m桩基,在承台之上对应布置直径为1m的花瓶式圆柱墩(顶部扩大直径),顺桥向两排圆柱的中距为6m,墩柱高度8~9m,采用永久双支座后,主跨跨径由110m减至105m。20世纪90年代中期以后,随着连续刚构桥在我国迅速推广使用,双支座大跨径PC连续梁桥在国内不再修建。但连续结构(含刚构)改单点支承为双支承的设计思考仍在继续深化。近期建成的浙江嘉绍大桥,跨钱塘江,桥型为六塔独柱四索面分幅钢箱梁斜拉桥,孔跨布置为70m+200m+5×428m+200m+70m。在索塔刚度较小的情况下,采用塔梁固结体系是改善中间塔的活载受力、解决多塔斜拉桥结构体系刚度的一种有效途径。但是,塔梁固结构造处理困难,同时在温度荷载作用下边塔的受力增大,增加索塔及基础规模。该桥设计者提出一种新型的斜拉桥结构体系——双排支座体系。这种体系是指在索塔顺桥向两侧间隔一定距离设置塔梁竖向支座,从而同时实现塔梁之间的竖向约束和转动约束。在纵向,塔梁之间既可以纵向不约束,也可以设置纵向约束,故可以演变成漂浮型双排支座体系和固结型支座体系。双排支座体系在刚度表现上接近于塔梁固结体系;在温度作用下塔底弯距远小于塔梁固结体系,也小于半漂浮体系。另一方面双排支座体系避免了塔梁固结在结构处理上的困难,因而成功地解决了弱塔结构应用与多塔斜拉桥的关键技术问题,具有推广价值[24]。这一体系创新,对双链杆支承模式的工程应用是一种启示。

我国公路与城市道路桥梁大量采用的先简支后结构连续的 PC 小箱梁、T 梁和工字梁桥，按传统的方法，需设置临时支座。目前采用的临时支座主要有三种：硫黄砂浆支座；钢制砂筒支座；混凝土预制块配合橡胶垫层支座。不论哪一种支座，从临时支座的安装、浇筑墩顶区段主梁混凝土、张拉负弯矩钢束，到拆除临时支座，完成体系转换，在施工操作、安全与质量控制等方面均为繁杂，并延长了工期。另外，临时支座拆除过程中，不同永久支座处的相对位移势必会引起桥梁的应力重分布和挠度变化。不考虑这种影响的不够合理的临时支座拆除顺序必将对主梁受力不利（这个问题在后面进一步讨论）。

20 世纪 90 年代，我国桥梁工程师已注意到简支连续梁桥临时支座转换为永久支座给施工带来的不便，提出了“恒载简支活载连续梁支点不转换的连续梁桥设想”[25]，实桥算例表明：这种体系（简支连续梁桥的中间墩上设置双排永久支座）的最大负弯矩作用在简支体系时的支点处，而不在现浇湿接缝处，对主梁的负弯矩受力有利，且跨中正弯矩与单排永久支座连续梁比较，有所减小。进入 21 世纪后，国内对双排支座简支连续梁桥的研究进一步深入，并有实桥建成。

3.3.2 简支连续梁桥按单排支座设计的几个问题

传统的简支连续梁桥是中小跨径桥广泛采用的桥型，具有很多突出优点，都是很明确的，也是桥梁界的共识。现仅就与按单排支座设计有关的几个问题进行讨论。

（1）从临时支座安装、浇筑墩顶主梁、张拉负弯矩钢束到拆除临时支座，完成体系换转的全过程，由实桥施工反映出存在以下几个问题。

①施工工艺复杂，难度大。

常用的三种临时支座安装、拆除都较为麻烦。例如硫黄砂浆临时支座，各种组成材料（硫黄、水泥、石英砂、石墨、聚硫乙胶等）的配合比、制作时温度、材料质量，需通过试验确定其承载力与熔点，找到两者最佳的配合，否则，不是承载力不符合要求，就是熔点过低或过高，造成事故或增大施工难度，在具体应用过程中还可能出现电阻丝断丝、难熔化等问题，不得已用人工凿除，费时费力。又例如砂筒，它对工艺控制要求严格，如果砂层过厚，就会造成主梁高程很难达到准确；如果砂层过薄则会造成梁体压重下砂层过于紧密，很难取出，也会带来麻烦。至于用混凝土预制块配合橡胶片作临时支座，拆除时需用混凝土切割机切除，过于粗糙，不仅难度大，而且容易碰伤永久支座及盖梁。这些情况实桥施工时都发生过。

②施工操作过程存在安全隐患。

桥墩较高时，临时支座的安装与拆除需在高空操作，该处可供操作的空间很小，存在安全风险。尤其是临时支座质量不好时，要用人工或机械拆除更是危险。

③施工质量控制难度大。

临时支座拆除时，如支座质量差或操作失误可能损坏永久支座。如永久支座已经承力，要进行更换难度更大。

临时支座拆除后，实现体系转换，永久支座开始承力，如墩顶主梁现浇湿接缝段新旧混凝土界面连接质量差，就可能出现结构型裂缝。

（2）墩顶永久支座位于现浇湿接缝的中线上，所以该处是主梁剪力最大的部位，而湿接缝两侧恰恰是新旧混凝土的结合面。实测资料表明，新旧混凝土界面的抗剪、抗拉强度均低于混凝土母体的相应强度,如结合面处理不好,抗剪、抗拉强度会大幅度下降,成为主梁最薄弱的截面。

(3)临时支座拆除会引起主梁不同的应力重分布和不同挠度的变化。

不同的拆除顺序将引起主梁不同的应力重分布和不同挠度的变化。如果临时支座的拆除顺序没有以结构分析作为依据,就有可能使主梁产生较大的应力增量和挠度增量,增大了主梁的负担。实桥施工中这种随意性是存在的,现行桥梁设计、施工规范尚缺少这方面的规定。

临时支座和永久支座之间都有一定的高差。永久支座起作用的前提是其发生一定的压缩变形。此高差和压缩量的大小对拆除过程中结构体系的应力变化起主导作用。不同的永久支座相对位移势必引起主梁的应力重分布。因此,应该针对具体的实桥情况,通过结构分析计算确定临时支座的拆除顺序,使主梁的应力和挠度最有利。下面介绍两个实例:

[**例 3-1**]　某大桥引桥[26]

5 × 20m 先简支后结构连续梁桥。每个中间桥墩上设置双排临时支座。对三种拆除工序进行了分析计算。工序 1 为从一端向另一端依次拆除临时支座;工序 2 为隔端拆除临时支座;工序 3 为对称拆除临时支座。根据三种拆除顺序对主梁挠度和应力影响,得到以下结论:

①不同的临时支座拆除顺序会引起这类结构体系的不同的应力重分布。

②“依次拆除”和“对称拆除”均会使主梁产生不同程度的附加挠度,产生相应的不利附加应力(本工程的附加应力约为 1.3MPa)。

③“隔端拆除”不会引起附加挠度及相应的附加应力,更有利于临时支座拆除过程中主梁的安全。分析表明,当连续端数 $n \geqslant 4$ 时,临时支座拆除的合理顺序为“隔端拆除”。

[**例 3-2**]　大连市葫芦套至荞麦山公路某大桥[27]

该桥全长 420m,共计 14 跨,分为四联,为 4 × 30m + 3 × 30m + 3 × 30m + 4 × 30m,采用装配式预应力混凝土连续小箱梁,横向由 4 片箱梁组成。先简支后结构连续。采用砂筒作临时支座。对四跨一联的临时支座拆除顺序进行了分析研究。拆除顺序的方案有三种:

方案 1:由一端向另一端依次拆除临时支座;

方案 2:先拆除中间支座,再拆除两端临时支座;

方案 3:先拆除两端支座,后拆除中间临时支座。

得到以下结论:

①临时支座不同的拆除顺序会引起不同的挠度变化和不同的应力重分布。

②本桥较理想的拆除顺序是:先拆除两端临时支座,然后再拆除中间的临时支座,即方案 3 较为有利。

从上述两个实例可以看出,不同的跨径和跨数以及梁的结构形式,其最优的临时支座拆除顺序有所不同。实桥设计时,应提出临时支座的拆除顺序作为施工的依据。适用于不同跨径、不同跨数以及不同主梁结构形式的临时支座拆除顺序的实用近似分析方法,有待进一步研究。

3.3.3　双排永久支座简支连续梁桥优缺点分析

简支连续梁桥至今国内仍大量采用单排永久支座的结构形式,双排永久支座连续梁桥建成的实桥较少,取得的经验不多。现就两种支座形式进行比较,对双排支座形式优缺点进行分析。

优点：

(1)由于取消了临时支座，省去了支座转换的工序，基本上克服了上述单排支座PC简支连续梁桥因支座转换出现的问题，简化了施工工序，提高了施工质量，降低了安全风险，加快了施工进度。

(2)墩顶连续段湿接头新老混凝土结合面承受的剪力大幅度减小，弯矩有所下降，正常情况下现浇段不会产生结构性裂缝，主梁端横隔板受力有所改善，可以避免因新旧混凝土结合面剪切破坏导致落梁的风险。

(3)在成桥状态下，主梁的弯矩和剪力均有所减小，尤其是墩顶湿接头处最大负弯矩的减小对于避免该部位出现裂缝更为有利。

(4)施工过程中不需要进行支座转换，因而不会在主梁中产生应力重分布和挠度变化，对主梁受力有利，也省去了临时支座拆除顺序的分析计算工作。

(5)相同的跨径情况下，双支座简支连续梁桥所用支座吨位小于单支座简支连续梁桥。一般情况下可以不用盆式橡胶支座，可采用板式橡胶支座，支座费用不会增加。

缺点：

(1)简支连续梁桥均采用只能受压、不能受拉的板式橡胶支座或盆式橡胶支座，所以必须保证在所有设计荷载组合的情况下，支座都处于受压状态，并有一定的压应力储备。如果支座出现拉力，即支座脱空，主梁的跨径将有所变化，并引起内力的变化，这是设计必须避免的，因而应对双排支座的间距和支座刚度提出严格要求。墩顶纵向宽度应达到一定的数值，不能过小。

(2)一联中靠近分联墩或桥台的边主墩上双排支座，存在较大的反力差，虽然可以通过调整予以减小，但反力差将使桥墩墩身及其基础产生附加偏心弯矩，对桥墩和基础受力不利。

(3)为了使各种设计荷载组合下支座均不出现拉力，应进行较为精确的分析计算，选择双排支座间距与支座刚度的最佳组合，结构分析计算工作较为繁杂。

(4)支座沉降(强迫位移)对主梁内力的影响较大。

3.3.4 双排永久支座简支连续桥实例

[例3-3] 渝湘高速公路杉木洞特大桥[28]

该桥为36×40m先简支后结构连续预应力混凝土T形梁桥，桥梁总长度1448m，共计8联。桥墩平均高度35m，最高墩63m，29号~34号桥墩平均高度60m。原设计为传统的单排永久支座形式，桥墩上设置临时支座。施工中改变了支座方案，即将双排临时支座取消，改为双排永久支座。施工的实际情况表明：在施工质量控制、施工安全与施工进度等方面都显示突出的优势。该桥已建成通车。施工中未发生任何质量安全事故。40m T梁的架设达到3天2孔，运梁距离较短时达到1天1孔（每天按8h计）。原设计单支座连续梁方案，每个墩上为5个盆式橡胶支座与10个临时支座，改为双支座方案后，因支座吨位减小，每个墩上采用10个板式橡胶支座。该桥共计8联，如仍为单支座连续梁，则临时支座的总数达到280个，其安装与拆除的工作量很大。

[例3-4] 云南土卡河水电站交通桥[29]

该桥为4×29m预应力混凝土先简支后结构连续T梁桥，横断面由4片T梁组成，中距

2.15m。采用双排永久支座连续梁。结构计算按施工程序进行，按规范计算了运营阶段主梁的受力。双排永久支座均取为单向受压杆。桥梁建成后进行了荷载试验，计算值与试验值基本相符，双支座实测值均为受压。

［例 3-5］ 江苏宿徐高速公路下草湾大桥

7×30m 简支连续梁（PCT 梁），全桥支座更换，其中 2 号、3 号、4 号、5 号四个桥墩上均采用双排支座布置。型号为 GYZd350×74mm。

［例 3-6］ 重庆长江二桥引桥[30]

重庆长江二桥主桥为（222+444+222）m 预应力混凝土主梁双塔斜拉桥。一岸引桥为 8×50m 简支转结构连续预应力混凝土 T 梁桥，预制 T 梁长 49m，安装就位后现浇湿接头 1m，每个桥墩上设纵向双排永久支座。支座中心距预制 T 梁端部 0.5m，T 梁高度 2.5m，桥墩高度 28.47～52.5m。

此外，陕西西汉高速公路 XH-48 标白石河大桥、奚家沟大桥亦采用双排永久支座[31]。

3.3.5 双支座简支连续梁桥结构分析算例[32]

4×30m 简支转结构连续 PC 小箱梁，桥面宽 11.9m，横断面由 4 片小箱梁组成，预制梁高度 1.6m，横桥向梁与梁之间湿接缝宽 88.3cm。箱梁设计尺寸采用 2008 年版交通行业通用图。桥上无人行道，两侧防撞护栏宽 2×75cm。桥面铺装下层为 6cm 厚水泥混凝土调平层，上层为 10cm 厚沥青混凝土层。箱梁为 C50 混凝土。

采用 Midas-Civil 软件建立双排支座空间梁格模型。梁单元 517 个，节点数 412 个。主要计算结果及分析如下：

（1）支座刚度及支座间距不同引起结构内力变化的规律

计算中取 6 种支座刚度：100、200、500、800、1000、2000 $\left(\times\dfrac{10^3\text{kN}}{\text{m}}\right)$；3 种支座间距 80cm、120cm 和 160cm。内力变化规律如下：

①跨中正弯矩随支座刚度的增大而减小；墩顶主梁负弯矩随支座刚度增大而增大。正弯矩最大的减小值在 11.3%～11.6% 之间；负弯矩最大的增大值在 10.7%～11.3% 之间。

②跨中正弯矩随支座间距的增大而减小；墩顶主梁负弯矩随支座间距的增大而增大。不论正负弯矩，变化幅度均较小，在 5% 以内。

（2）支座刚度及支座间距不同引起结构反力变化的规律

在恒载、活载及附加荷载作用下，三种支座间距情况下支座反力变化如下：

①当支座间距为 80cm 时。

桥台上支座的最大及最小反力受支座刚度影响较小。桥墩上支座反力受支座刚度影响较大，最大支反力随支座刚度的增大而增大；最小支反力随支座刚度的增大而减小。边墩左右排支反力随支座刚度的增大而逐渐变得不均匀，外排支座反力较大，内排支座反力较小，内外排最大支反力最多相差 23.75%；内外排最小支反力最多差 36.3%，但是两排支反力均未出现负值，说明支座没有脱空。

②当支座间距为 120cm 时。

支座反力的变化规律与上述①相同，桥墩上内外排最大支反力最多相差 24.5%；内外排最小支反力最多相差51.2%,但是两排支反力均未出现负值,说明支座没有脱空。

③当支座间距为160cm时。

支座反力的变化规律与上述①相同。桥墩上内外排最大支反力相差23.0%;内外排最小支反力最多相差48.3%,但是两排支反力均未出现负值,说明支座没有脱空。

基本结论:国内广泛采用的跨径30cm简支连续梁桥(小箱梁及T梁),在恒载、活载及附加荷载作用下,墩顶双排支座间距在80~160cm之间时,任一支座不会出现负反力,且有一定数值的压力,支座不会脱空。双支座的中距在80~160cm之间,对跨径30m的小箱梁和T梁,桥墩与盖梁的宽度可以按常规设计取值,不需加宽。上述算例还说明,可以通过调整支座的刚度优化双支座的纵向间距及主梁内力。所以,对于中小跨径简支连续梁桥,双排支座的方案具有可行性和实用性。本章参考文献[31]认为,也可以按一排支座脱空,仅另一排支座支承的情况进行内力计算。

双支座简支连续梁桥国内已建成者不多,建成后使用情况还缺少观测资料,对这种支座形式还有不同看法,一些问题尚待进一步研究。这种结构形式,会随着工程实践和理论分析的逐步深化而得到完善。

3.4 简支连续刚构桥与简支刚构—连续梁桥特点分析和工程应用

简支连续梁桥、简支连续刚构桥和简支刚构—连续梁桥是我国公路、城市道路,尤其是高速公路采用最多的中小跨径混凝土梁式桥。在桥墩较高的情况下,在结构受力特性、施工难易程度以及施工工期等方面,简支连续刚构桥较简支连续梁桥更有利。但是,在一联中桥墩高度相差较大的情况下,简支连续刚构桥过矮的桥墩又成为受力不利的部位。随着工程实践的发展和理论研究的逐步深入,中小跨径混凝土装配式梁桥梁墩固结对于桥梁上、下部结构的受力状态和桥型方案选择具有重要的影响而日益受到关注。

3.4.1 简支连续刚构桥特点分析

目前国内使用最多的简支连续刚构桥主要有三种截面形式:空心板(或矩形板)、T形梁和小箱梁。主要施工工序是:在预制工厂或场地完成预制板、梁;对预应力主梁进行第一次预应力钢束张拉(正弯矩钢束);达到规定的存梁期后,将预制梁安装在墩台上;浇筑墩顶处主梁湿接头并与桥梁盖梁形成固结,浇筑主梁之间的湿接缝(纵、横湿接缝的浇筑程序在3.4.2节讨论);对于预应力主梁进行第二次预应力钢束张拉(负弯矩钢束);浇筑主梁顶面混凝土找平层及桥面铺装;桥面系施工。这种结构形式的梁桥有以下一些主要特点。

(1)墩梁固结形成后,主梁的混凝土收缩、徐变和均匀温度变化将对桥墩产生较大的水平力,并引起水平变位。此外,桥墩还承受汽车制动力和坡桥因车辆高速行驶产生的水平动反力。所以,在墩梁固结的情况下,桥墩承受的总水平力比简支连续梁桥大得多,相应的弯矩也大得多,同时桥墩基础也受到较大的水平力和弯矩。混凝土收缩、徐变和均匀温度变化对桥墩的效应可按一联上、下部结构进行整体分析计算;汽车制动力按规范确定;坡桥汽车水平动反力参阅3.4.2节。此外,二次预应力、支承处强迫位移也会引起结构的附加内力。

(2)简支连续刚构与简支连续梁在相同跨径、墩高的情况下,两者承受相同的荷载组合(包括恒载、预应力、收缩徐变、均匀温度变化、活载、温度梯度)时,主梁的弯矩趋势基本相同,峰值差别不大。本章参考文献[33]对4×50m简支连续刚构和简支连续梁进行了空间有限元分析,计算结果表明:在上述荷载作用下,两者主梁上缘应力相差不大,下缘应力则刚构的边跨下缘压应力偏大,刚构中跨压应力偏小,这与弯矩计算结果相似。由于墩梁固结,桥墩分配到主梁的一部分弯矩,降低了支点的不平衡弯矩,但又由于固结增大了主梁因收缩徐变和均匀温度变化引起的内力,因此对于跨数较多的刚构桥(边跨除外),墩梁固结能使主梁局部区段的应力降低。由于这种结构形式的桥梁,上部主梁的内力与连续梁差别不大,故在考虑简支连续刚构桥的方案时,重点应关注下部结构。

(3)简支连续刚构桥与简支连续梁桥的差异集中反映在墩顶节点约束状态的不同。墩梁固结处是关键的传力部位,梁墩构件交汇的局部区域属于D区,应力情况较为复杂,按初等梁理论难以反映其真实受力状态。某高速公路7×30m先简支后刚构—连续T梁桥,对墩梁固结区域采用ANSYS软件建模,均为Solid92块体单位,进行了空间应力分析,并作了光弹性试验。得到以下结论:

①在最大、最小弯矩两种工况作用下,主梁范围横向和竖向的拉压正应力均不大。纵桥向正应力分布也基本均匀,说明全桥整体刚度分配较均匀,呈现出良好的整体受力状态,固结接头与盖梁起到明显的增大刚度的作用。

②T梁、固结墩和盖梁的拉压应力均在容许应力范围内。

③墩梁结合部应力状况较为复杂,特别是墩柱对应的位置出现较为明显的应力集中现象,设计时应加强抗裂配筋。

(4)墩梁固结后桥墩的计算长度明显减小,其稳定安全系数相应提高。对于4×30m简支连续刚构桥,当墩高在50m时,按线弹性稳定理论性计算,纵、横向稳定特征值分别为8.62和8.56;相同条件下的简支连续梁桥纵、横向稳定特征值则分别为6.63和6.59。可见,由于墩梁固结,稳定特征值提高了约30%[34]。

(5)由于采用单排柱式桥墩,其水平抗推刚度与墩高的3次方成反比,墩高较矮时,抗推刚度迅速增大,将产生很大的水平力及弯矩,对矮墩的设计影响较大,这个问题在3.4.2节进一步分析。

(6)简支连续刚构桥与简支刚构—连续梁桥地震反应主要有以下几点:

①地震时抗推刚度大的桥墩承受较大的地震力,强震时首先损坏。就抗震而言,桥墩的刚度不宜相差太大,全桥宜大致均匀,使各桥墩承受的水平力大致接近。

②就抗震而言,连续结构优于简支结构(含桥面连续),且跨径不宜过大。

③在桥墩较高的情况下,简支连续刚构体系地震时位移较小,其抗震性能优于简支体系和连续体系。

④承受较大水平力的墩柱,强震时多发生剪切破坏,属于脆性破坏,应按能力保护原则进行抗剪验算。

⑤墩梁固结虽然提高了结构的整体性,桥墩水平位移有所减小,但上部结构将产生附加地震弯矩,使受力情况变得复杂。应与简支连续梁桥进行比较。

3.4.2 简支连续刚构桥与简支刚构—连续梁桥工程应用有关问题讨论

(1)简支连续刚构桥的使用范围

简支连续刚构桥的采用,各地、各设计单位掌握的尺度不尽相同。主要经验是以桥墩的高度作为选用的基本考虑因素。一般情况下,从上、下部结构受力和有利于施工考虑,桥墩的高度≥30m,采用墩梁固结是较为适合的。桥墩高度的下限能否进一步降低？先看一个简单的算例:跨径40m简支连续梁桥,横断面由5片T梁组成,墩顶永久支座采用矩形板式橡胶支座GJZ500×600×90mm,橡胶层总厚度 $t_e=65\text{mm}$,剪切模量 $G=1\text{MPa}$,支座水平承压面积 $F=500\times600=300000\text{mm}^2$,则一个支座的抗剪刚度为 $300000\times1/65=4615\text{N/mm}=4615\text{kN/m}$,5个支座并联的抗剪刚度 $K_0=5\times4615=23075\text{kN/m}$。桥墩高度取20m,为双圆柱式,C40混凝土,墩柱直径为150cm,抗弯惯性矩 $=\pi/64\times1.5^4=0.2485\text{m}^4$,2个墩惯性矩 $I=0.4970\text{m}^4$。双柱墩的抗推刚度为 $K_h=\dfrac{3EI}{H^3}=\dfrac{3\times3.25\times10^4\times1000\times0.4970}{20^3}=6057\text{kN/m}$,支座与墩柱串联后的抗推刚度 $K=\dfrac{K_0K_n}{K_0+K_n}=\dfrac{23075\times6057}{23075+6057}=4798\text{kN/m}$。如该桥墩改为墩梁固结,其抗推刚度与墩上设有支座的串联抗推刚度之比为6057/4798=1.262。说明在墩高为20m的情况下,梁墩固结与设支座比较,抗推刚度增大约26.2%。在墩高小于20m时,墩柱设计由强度控制,稳定不是控制条件,柱径还可以通过承载力计算适当减小。如果桥墩采用桩基础(墩高≤20m,跨径≤40m,可用单排桩),可以考虑墩柱与桩基础的串联刚度,则总的抗推刚度有所下降。所以,一般情况下,墩高≥20m采用墩梁固结是可行的。实桥设计时,应按一联中各墩的刚度分配总水平力,还可以适当调整一些墩的抗推刚度,使水平力的分配更合理。在矮墩刚度难以调整的情况下,便应采用简支刚构—连续梁体系。很多山区高速公路多跨梁桥,因地形起伏很大,靠近桥台的一两个较矮桥墩设支座,其余桥墩均可采用梁墩固结。这种体系也有不足之处:运营阶段需更换支座而且较简支连续梁桥不利,因为更换支座顶升主梁时,相邻的固结墩将承受由于强迫位移引起的附加弯矩;施工中临时支座安装与拆除较为麻烦。如墩上设双排永久支座,可以使桥墩的抗推刚度降低,施工也简单得多,但支座的更换仍难以避免。

以上讨论均针对一般梁桥的纵向。在城市桥梁中如桥面较宽而桥墩(含盖梁)的横向宽度受到限制,主梁的横向稳定安全度难以确保时,采用墩梁固结是一种较好的方式,将稳定问题转换为强度问题来解决。必要时,墩梁固结处施加竖向预应力。例如贵阳城市主干路甲秀北路跨越三桥南路的立交桥,桥面很宽,桥墩横向较窄,采用墩梁固结来解决上部箱梁横向倾覆稳定系数偏小的问题。

现行桥规[5]第9.1.2条规定:钢筋混凝土轴心受压构件、偏心受压构件全部纵向钢筋的配筋百分率不应小于0.5;当混凝土强度等级为C50及以上时不应小于0.6;同时,一侧钢筋的配筋百分率不应小于0.2。条文说明还指出:受压构件破坏时,要避免混凝土实然脆性压溃,取决于纵筋的最小配筋率和砸筋的配置。国外规范规定的受压构件最小含筋率也在0.6%左右。我国《混凝土结构设计规范》(GB 50010—2010)[17]第8.5.1条规定受压构件纵向钢筋最小配筋百分率(当钢筋强度等级为300MPa、335MPa)为0.6。条文说明指出:规定受压构件最小配筋率的目的是改善其性能,避免混凝土突然压溃,并使受压构件具有必要的刚度和抵抗偶然偏心作用的能力。从上述有关规范的规定和条文说明可以看出，受压构件最小含筋率的规定，主要是为了在使用过程中不致发生突然压溃的严重后果，提高其应力状态下的延性。上述两个规范的规定都是强制性条文，表明其重要性。

国内简支连续梁桥（T梁或小箱梁）双柱式圆形桥墩的纵向主筋配筋率，一般均在0.5%～0.8%之间，有的还达到1%，例如跨径30m时，双圆柱桥墩的高度为15m，柱径为150cm，采用30B25的纵向筋，含筋率为0.833%；墩高40m，柱径220cm，采用44B25的纵向筋，含筋率为0.568%，满足上述规范的规定。但与美、英、法、德等国的规范比较，总体上略偏小。所以，对于简支连续刚构桥的桥墩，在满足最小纵向主筋含筋率要求的基础上，因墩梁固结弯矩增大而需增加的纵向钢筋并不多。桥墩较高时纵向钢筋增加更少，甚至可以不增加。仅在桥墩较矮时增加的多一些。在矮墩情况下，如果能适当减小墩柱直径（或矩形截面的纵向边长），则墩柱的抗推刚度迅速降低，效果较为明显。

（2）桥面纵坡对梁桥的影响

简支梁桥和简支连续梁桥，当桥上纵坡较大时，运营阶段主梁会向下坡方向逐渐位移，使梁端的伸缩装置受拉压而损坏，支座也因过大剪切变形而出现病害。发生这种现象的中小跨径混凝土梁桥较为普遍。例如贵新高速公路南坳田大桥，53m＋90m＋53m T形刚构桥，中孔和边孔均有跨径16m的挂梁。三跨挂梁为简支箱梁、盆式橡胶支座。该桥于2001年建成通车，2003年检查发现支座已全部损坏，导致挂梁扭转、梁体开裂、伸缩缝破坏。桥面纵坡为1.5%，横坡2%，施工中支座未进行调平（未安装楔形钢板），实质上相当于增大了纵坡的影响。2006年经过近一个月的加固维修，更换了全部支座和伸缩装置。

按现行桥规[3]，汽车荷载冲击力标准值为汽车荷载标准值乘以冲击系数μ，μ是汽车过桥时对桥梁结构产生的竖向动力效应的增大系数。故其作用方向为竖向。一般情况下，作用在伸缩装置上的水平力，按现行桥规[3]仅有汽车制动力和均匀温度变化的作用。实际上由于桥面纵坡的影响，行驶中的汽车会产生水平动反力，可按下式计算：

$$F=f\cdot K(P_{恒}+P_{汽}) \tag{3-17}$$

式中：F——坡桥上汽车行驶产生在单跨简支梁一端伸缩装置上的水平力；

$P_{恒}$——简支梁一端的恒载反力；

$P_{汽}$——简支梁一端的汽车荷载最大反力；

f——考虑其他因素影响的增大系数，取$f=1.5$；

K——水平动反力系数，按式（3-18）计算。

$$K=\frac{\sin2\alpha}{3\left(1+\dfrac{P_{恒}}{P_{汽}}\right)-2\cos^{2}\alpha} \tag{3-18}$$

式中：α——桥面纵坡。

上述南坳田大桥的简支挂梁，$P_{恒}=4500$kN；$P_{汽}=616$kN（公路—Ⅰ级车道荷载）；$\alpha=1.7180°$（计入了支座未调平的影响），$K=0.002611$，$F=16.6$kN。

公路管理部门和加固施工单位现场测试，T构悬臂端产生较大挠度，在汽车荷载作用下，挂梁受T构挠度反弹力的冲击，其运动速度和冲击力都很大，实测速度为22m/s，冲击力为

28kN。在这些外力作用下,支座与伸缩装置严重损坏。

所以,对于坡桥,为了避免伸缩装置和支座过早破坏,采用墩梁固结是一种较有效的措施。国内普遍的看法是,桥面纵坡≥2.5%,宜采用墩梁固结的形式。对于简支连续梁桥则应采用纵向限位装置。

(3)预制梁的存梁期

预制梁的存梁期是指预制梁张拉第一期预应力钢束(正弯矩束)到安装就位并开始形成结构连续的时间。交通行业2008年版通用图的说明指出:为了防止预制梁上拱过大、预制梁与桥面现浇层由于龄期差别而产生过大的收缩差,存梁期不超过90d,若累计上拱值超过10mm(跨径30m),应采取控制措施。实际上存梁期过长、过短均有其有利和不利的一面。存梁期过长除上述两点不利之处,还会对主梁纵、横向湿接头新旧混凝土界面产生较大的收缩差,降低界面的抗剪、抗拉强度。另外,跨径≥40m的T梁,为了防止过大的侧弯曲,存梁期宜短。而存梁期过短,先期混凝土收缩徐变完成得较少,在主梁形成结构连续后,混凝土收缩徐变数量较大,在超静定结构中产生附加弯矩也较大。所以,存梁期的长短,应根据实桥的具体情况确定。对于简支连续刚构桥,后期混凝土收缩徐变的不利影响超过简支连续梁桥,为了使固结的桥墩不产生过大的混凝土收缩徐变附加内力,存梁期适当长一些有利。简支连续梁桥较合适的存梁期一般采用60~90d;简支连续刚构桥和简支刚构—连续梁桥,存梁期不宜少于90d,在施工工期允许的情况下,存梁期达到120d更好。但因存梁期较长而出现的不利情况,则应采取相应的改善措施。对于简支连续刚构桥,必要时通过结构计算确定较合适的存梁期。另外,为了减少新旧混凝土之间的收缩差,采用由UEA膨胀剂配置的微膨胀混凝土灌注湿接缝,可以在结构中建立起0.2~0.7MPa预压应力,一些工程使用经验表明效果较好。

(4)简支连续刚构桥施工程序

对于先简支后连续结构体系湿接缝(墩顶主梁接缝)施工顺序,本章参考文献[35]以杭州湾大桥引桥50m和70m跨径先简支后连续梁桥为例,与跨径60m相同体系的梁桥进行对比分析,孔跨为5×60m。采用Midas软件,得到以下结论:

①简支连续梁桥,负弯矩区不同的预应力张拉顺序会导致湿接缝上下缘应力的差别,对跨中的应力影响很小,可忽略不计,弯矩情况类似。

②研究分析了六种湿接缝施工顺序及钢束张拉顺序。这六种工序相应的运营阶段主梁应力相差不大。但对施工阶段主梁的影响还有待进一步研究。

本章参考文献[16]指出,对简支连续梁桥和简支连续刚构桥分析表明:在不考虑局部温差影响以及预应力分批张拉影响时,墩顶主梁湿接浇筑、二次预应力张拉顺序以及二次预应力在横向整体化前后施加对负弯矩区段结构压应力影响甚微,但根据实践来看,安装仍应按一定程序进行。综合本章参考文献[36]、[16]以及有关资料,简支连续刚构桥,主梁的施工顺序,简要归纳如下:

①预制梁在墩台上安装完成,各单片梁均为简支状态。

②在同一跨内浇筑各片预制梁之间横向湿接缝,使一跨内全部断面预制梁为简支梁。

③浇筑墩顶主梁纵向湿接缝,按各墩之间间隔浇筑。

④浇筑墩顶主梁负弯矩区段的桥面整体化混凝土层,按各墩之间间隔浇筑。

⑤张拉墩顶主梁负弯矩钢束,纵向按各墩之间间隔张拉,横向按各片梁间隔张拉。

⑥浇筑剩余的桥面整体化层混凝土,按各跨之间间隔浇筑。

这仅是一般性的施工顺序,实桥设计施工时,应根据具体情况进行调整,必要时还可以适当简化,以方便施工安排。

本章参考文献

[1] 庄军生,等.公路桥梁伸缩装置[M].北京:人民交通出版社股份有限公司,2015.

[2] 陈理明.TST碎石桥梁弹性接缝技术的应用研究[J].公路交通科技(应用技术版),2008(4):119-120+128.

[3] 赵树生,吴希玲.无缝伸缩缝的安装工艺及应用[J].中外公路,2004,24(6):59-60.

[4] 肖敏敏,艾辉林.基于"界面脱粘"的桥梁连续式伸缩缝力学分析[J].华东交通大学学报,2015(3):42-49.

[5] 邵旭东.半整体式无缝桥梁新体系[M].北京:人民交通出版社,2014.

[6] 陈宝春,等.无伸缩缝桥梁[M].北京:人民交通出版社,2013.

[7] 占雪芳,邵旭东.半整体式全无缝桥接线路面裂缝宽度计算[J].中外公路,2015,35(3):58-62.

[8] 舒俊,费歆.关于无伸缩缝公路桥梁及设计的分析[J].城市道桥与防洪,2014(6):99-101.

[9] 丘能,庄一舟,赖焕林.外包式半整体式桥台桥梁无缝化试设计研究[J].公路,2015(7):78-82.

[10] 苏龙,杨絮,胡章立.空心板桥病害剖析及桥面连续结构整治对策[J].公路交通技术,2011(2):100-103.

[11] 周念先,周世忠.桥面连续简支梁连接杆(板)的计算[J].公路,1980(2):15-19.

[12] 刘其伟,邓祖华,肖飞.钢筋混凝土箱梁桥沥青摊铺温度梯度模式的研究[J].公路工程,2011,36(1):45-49.

[13] 刘其伟,朱俊,唐蓓华,等.沥青高温摊铺时钢筋混凝土箱梁的温度分布试验[J].中国公路学报,2007,20(4):96-100.

[14] 桥梁设计常用数据手册编委会.桥梁设计常用数据手册[M].北京:人民交通出版社,2005.

[15] 潘志炎,茅兆祥,刘敏.简支梁桥桥面连续构造的有限元分析与改进[J].公路交通科技,2010,27(4):89-94.

[16] 向中富.简支连续梁桥建设中的几个问题[C]//2013年全国桥梁学术会议论文集[M].北京:人民交通出版社,2013.

[17] 向中富.桥面连续结构行为分析与性能改善措施研究[C]//2005年全国桥梁学术会议论文集[M].北京:人民交通出版社,2005.

[18] 刘鑫.弹性混凝土在既有桥梁拓宽拼接中的应用[J].城市道桥与防洪,2013(12):61-63.

[19] 梁小光.防水黏结体系和弹性混凝土在BRT停泊位修复工程中的应用[J].公路,2015(8):235-239.

[20] 刘豫.常规桥梁设计理念及《规范》条文应用探讨[J].桥梁建设,2013,43(3):83-88.
[21] 曾勇,孟杰.绵阳飞云大道跨线桥节段预制拼装设计[J].公路交通技术,2012(1):62-66.
[22] 于刚,张文庆,张春雷.预制节段拼装连续梁上部构造特点[J].城市道桥与防洪,2013(9):47-50.
[23] 梅家仁.双支座连续梁桥性能雏议[J].中南公路工程,1990(3):25-32.
[24] 林昱,林道锦,王仁贵.多塔斜拉桥双排支座体系研究[J].公路,2014(9):137-141.
[25] 丁如珍,谈长庆.恒载简支活载连续支点不转换的连续桥梁设想[J].华东公路,1996(2):19-21.
[26] 陈强,黄志义,徐兴.先简支后连续结构体系临时支座的合理拆除顺序研究[J].桥梁建设,2005(1):69-72.
[27] 阳治群,黄才良,王会利.先简支后连续梁临时支座拆除顺序探讨[J].公路交通科技(应用技术版),2009(9):124-125+138.
[28] 郑作铀.双排支座方案在先简支后连续梁桥施工中的应用[J].城市道桥与防洪,2012(8):252-254.
[29] 李睿,王鹏,康慷.无支座转换的简支转连续梁桥的计算方法[J].城市道桥与防洪,2007(1):31-33.
[30] 郭炜,等.双支座多跨预应力连续梁桥设计与施工[C]//四川省公路学会1992年桥梁学术讨论会论文集[M].1992.
[31] 朱长亮.组合式小箱梁连续端质量通病的思考与对策[J].城市道桥与防洪,2014(12):128-130.
[32] 赵现省,等.简支转连续组合箱梁双排支座结构体系分析[C]//2013年全国桥梁学术会议论文集[M].北京:人民交通出版社,2013.
[33] 赵志刚.装配式T梁桥上、下部不同连接方式的静力性能对比分析[J].公路交通科技(应用技术版),2013(6).
[34] 刘敏.梁式桥高墩稳定性分析[J].中外公路,2014,34(2):171-173.
[35] 包碧玉,等.先简支后连续结构体系湿接缝施工顺序的比较研究[C]//2005年全国桥梁学术会议论文集[M].北京:人民交通出版社,2005.
[36] 王小平.先简支后连续梁桥设计与施工探讨[J].公路交通技术,2014(2):62-67.

第4章　中小跨径混凝土梁桥新结构新技术

4.1 概　　述

2008年交通行业公路桥梁通用图,装配式混凝土板梁桥包含了空心板、T形梁和组合小箱梁三种结构类型。在国内公路与城市道路上应用广泛。在施工及使用过程中,陆续发现一些问题(参阅第2章)。某些省市根据各地的具体情况,对上述通用图的使用作了适当的调整或限制。表4-1为目前国内部分省市高速公路装配式桥梁使用概况[1]。

国内部分省市高速公路装配式桥梁使用概况　　表4-1

省(市)	T梁	小箱梁	空心板	备注
福建	普遍采用	基本不采用	—	T梁为主
湖南	普遍采用	较少采用	跨径≤20m	
重庆	普遍采用	20m偶尔采用	已较少采用	
云南	普遍采用	较少采用	跨径<20m	
江苏	极少采用	普遍采用	—	箱梁为主
安徽	极少采用	普遍采用	跨径<20m	
广东	较少采用	普遍采用	部分采用大空心板	
山东	较少采用	跨径≤35m	跨径≤20m	
河北	较少采用	普遍采用	—	
四川	跨径≥25m	跨径≤20m	目前基本不采用	T梁、箱梁均有采用
湖北	山区普遍采用	平原地区较多采用	—	
贵州	均有采用	均有采用	跨径<20m	
浙江	均有采用	均有采用	禁止采用	
陕西	均有采用	均有采用	—	

注:"—"指未调查到相关信息。

鉴于装配式空心板的病害比较严重,影响结构的耐久性和使用安全,上海市城乡建设和交通委员会印发的沪建交[2009]1048号文《上海市城市道路和公路设计指导意见》(试行)中5.1.1条规定:"高速公路、一级公路、城市快速路、城市主干路和专用重车线路上的大、中桥应采用行车舒适、耐久性好、养护方便的结构形式,优先选用连续结构体系,一般不得采用预制装配式空心板结构。"随后,上海市基本摒弃了先简支后连续组合小箱梁,设计改为简支梁。其好处在于:虽然简支梁桥相对连续梁桥来说具有一些缺点,但其受力相对简单,安全系数较大,易于维修(即一片梁因本身质量、撞击等损坏时较连续状态下更易维修)[2]。有的专家认为,单从受力有利考虑,T形截面梁用于仅承受正弯矩的简支梁较为合理,用于同时承受正、负弯矩的连续梁,不够合理,而工字梁更有利。此外,有的省市业务部门编制了适用于本地区的中小跨径混凝土装配式梁式桥地方通用图。

上述情况表明,我国使用范围很广、数量很多的中小跨径混凝土梁式桥的设计和施工正处于不断发展和提高的过程中,对一些问题看法不一致,分析研究的侧重点有所不同,应该是一种很正常的现象。我国幅员广阔,各地区差别较大,而且发展不平衡,桥型方案的选用必须符合实际情况是一项基本原则。随着各地区社会经济的发展,桥梁的设计、施工必定也会随着发展。现在我国公路与城市道路的建设正全面推进,中小跨径混凝土梁式桥出现了一些新结构、新技术,一方面在总结已有通用设计图不足的基础上进行较大的改进,另一方面在进一步提升结构的受力合理性、耐久性、适用性以及施工的可行性、安全性等方面进行了创新。这是一种很好的发展趋势。第2.2节主要针对装配式空心板的改革介绍了五种结构形式。本章进一步就中小跨径混凝土梁式桥的新结构新技术综合论述。至于使用效果,最终归结为结构合理与工程实用。哪种方法好,通过实践而优胜劣汰。

4.2 混凝土槽形梁桥及组合式U形梁桥

混凝土槽形梁桥是指桥梁建成后主梁的横断面为上开口的槽形,车道板在主梁的底部,为下承式整体结构。一般采用就地现浇施工,也有采用预制安装的。另一种为多梁式装配式槽形梁,预制主梁为上开口槽形截面,有的文献称为U形梁。预制U形梁安装就位后,再施工顶板,形成闭合小箱梁,成桥后主梁由分离的闭口小箱组成,其顶板为车道,为上承式结构。为了便于区分,本书将前者称为槽形梁桥,将后者称为组合式U形梁桥。

4.2.1 槽形梁桥

1952年英国建造世界上第一座铁路预应力混凝土槽形梁桥(罗什尔汉桥),跨径48.6m。此后,日本、联邦德国、澳大利亚等国相继在铁路桥梁中应用该桥型。日本、苏联为适应立交的发展,做了大量的研究试验工作,建造了多座简支、连续槽形梁桥,并分别做了标准设计。特别是日本高速铁路新干线中,因受建筑高度限制还在多处立交桥中采用这种桥型,最大跨度61.4m,斜交23.7°。瑞士里兹夸隆河公路桥,采用变高度槽形梁,跨径达到143m。在城市轨道交通工程中,法国里尔建造了双线跨度为50m的预应力混凝土槽形梁桥。智利圣地亚哥市地铁5号线已建成双线槽形梁桥,运行多年情况良好。阿联酋迪拜城市交通工程也采用了槽形梁桥[3,4]。

我国从20世纪80年代开始,对混凝土槽形梁进行了试验研究,并在铁路及城市轨道交通桥梁中应用,已运行多年,使用状况良好。下面介绍几座铁路或轨道交通工程槽形梁桥的简要情况。

(1)上海市轨道交通8号线二期工程槽形梁桥[3]

该工程是国内首次大规模运用槽形结构作为高架桥的轨道交通工程。上部结构为后张预应力混凝土预制槽形梁,为单线桥。槽形截面底板水平段净宽2×1817mm;主梁截面的总宽度5224mm,总高度1880mm。采用C55混凝土。预应力束分两阶段进行张拉,混凝土达到

50% 设计强度对部分钢束按 50% 控制应力第 1 次张拉；梁在预制台上养护至 100% 的设计强度，对所有预应力束完成 100% 控制应力张拉。主梁底板预应力束共计 8 束，两侧腹板上端各 1 束，腹板中、下段无预应力束。

(2) 上海市轨道交通 6 号线工程槽形梁桥[6]

跨径 30m 预应力混凝土简支梁桥，共计 11 跨。梁高 2. 25m，顶面全宽 10. 4m。底板全宽 9. 1m。图 4-1 为主梁立面；图 4-2、图 4-3 分别为跨中和支点截面；图 4-4、图 4-5 分别为跨中及支点截面钢束布置示意图。考虑到传统槽形梁截面不够合理，在正弯矩作用下，大部分截面位于受拉区，对截面进行优化，采用“纵、横梁 + 薄板的新方案”。由于设置了横梁，底板可减薄，截面形心上移，增大了纵向钢束的有效偏心距。在横梁上施加横向预应力束，可以减少在底板上设置横向预应力束对箍筋的影响。腹板为偏心受拉构件，按 RC 结构设计。采用三维实体模型分析得出腹板中最大拉应力的位置，再用积分法求出内力。横梁跨中弯矩按简支梁计算，横梁跨径取两腹板中线与横梁中面交点的距离。

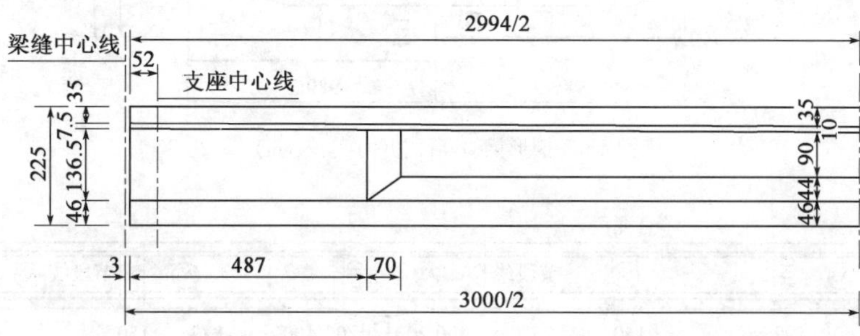

图 4-1　1/2 梁体构造(尺寸单位:cm)

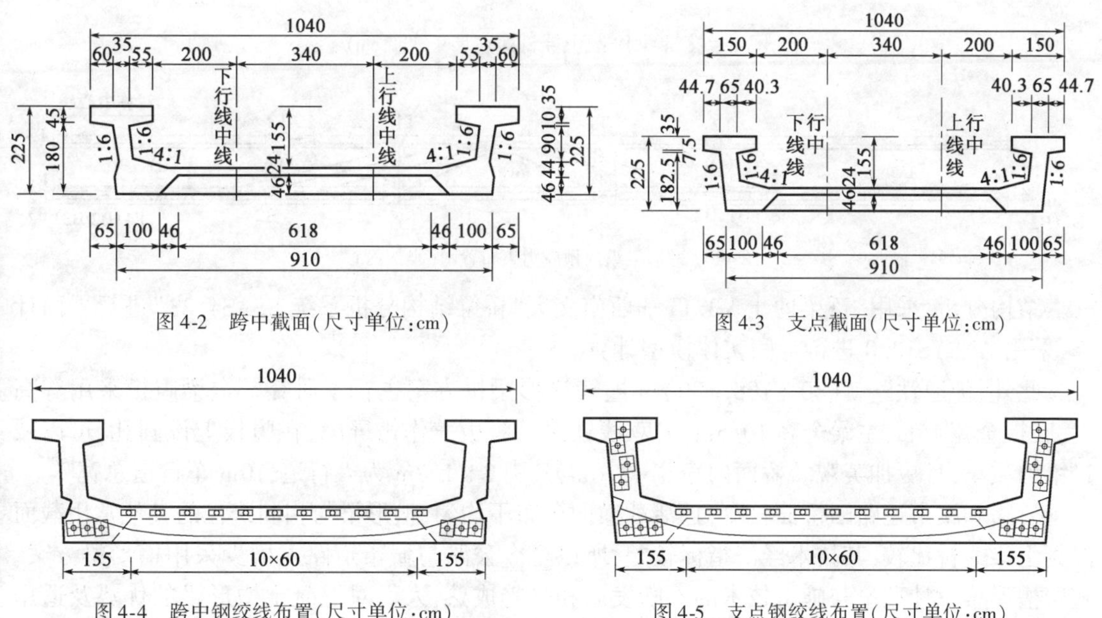

图 4-2　跨中截面(尺寸单位:cm)

图 4-3　支点截面(尺寸单位:cm)

图 4-4　跨中钢绞线布置(尺寸单位:cm)

图 4-5　支点钢绞线布置(尺寸单位:cm)

设计活载：采用轨道交通 C 型车，4 辆编组，轴重 140kN。

(3) 宁启铁路复线八百河大桥[6]

40m+64m+40m 预应力混凝土连续槽形梁桥，桥下为Ⅴ级通航河道。两岸接线高程受到严格限制，采用槽形梁比常规预应力混凝土连续梁桥的接线高程可降低 2.4m，充分显示了槽形梁结构突出优点。图 4-6 为主梁横断面。该桥为双线铁路桥，采用三向预应力体系。纵、横向采用钢绞线束，竖向采用 JL25 精轧螺纹钢筋。图 4-7 为主梁纵向立面，图 4-8 为主梁纵向预应力束布置示意图。

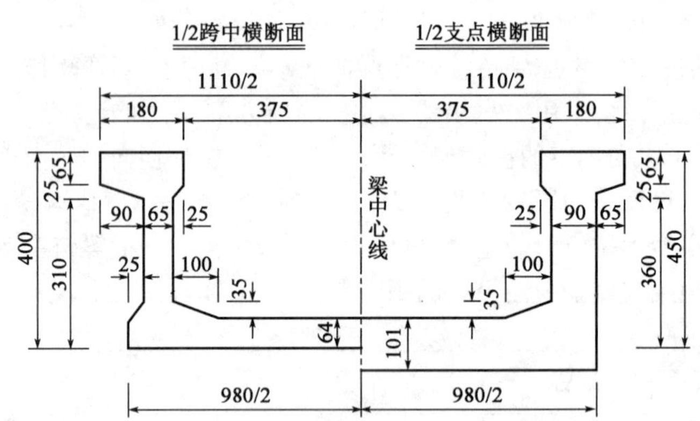

图 4-6　槽形梁横断面(尺寸单位:cm)

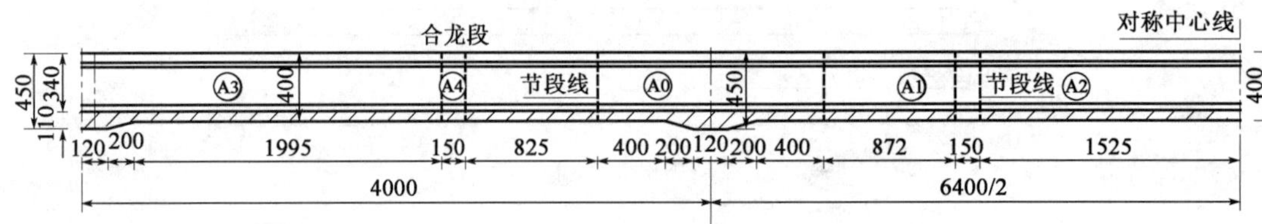

图 4-7　槽形梁构造图(半剖面)(尺寸单位:cm)

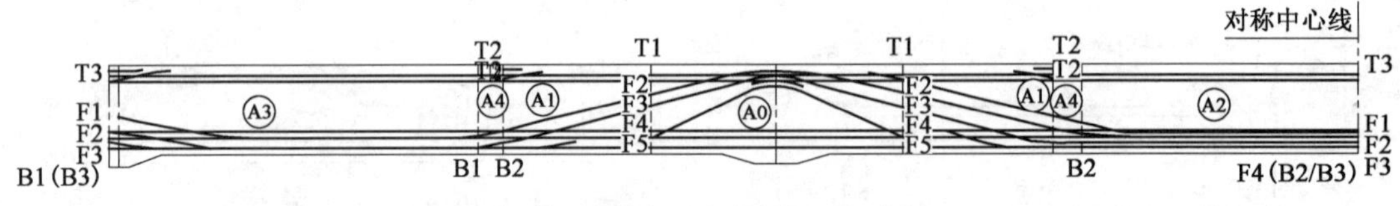

图 4-8　槽形梁纵向预应力束布置图(半剖面)

结构分析：采用“桥梁博士 V3.1”和西南交大“桥梁结构分析系统 BSAS4.23”进行平面计算，采用 ANSYS10.0 进行空间实体模型计算。

此外，沪通铁路就(80+108+80)m 连续槽形梁桥方案进行了研究。全梁腹板采用等高度，底板全宽 15m，主梁全高 10.5m，为双线铁路。腹板兼作声屏障，在腹板上设圆孔，可以减轻结构质量，且更加美观。桥面内净宽 13.6m，其中 2×1.8m 为人行道，10m 车行道总宽[7]。

公路和城市道路因桥面较宽，且活载横向分布不均匀，槽形梁与相同跨径的其他常用截面混凝土梁式桥比较，其技术经济指标较差，所以至今公路与城市道路上极少采用槽形梁方案。随着槽形梁设计理论与施工技术的不断发展和日趋成熟，人们对混凝土槽形梁的优势及适用条件的认识也在逐步加深。例如在桥下净空受到严格限制的情况下，槽形梁具有突出的优势。在城市桥梁中其腹板还可以替代声屏障和护栏。根据铁路和轨道交通修建槽形梁桥的经验看来，中等跨径的双车道公路桥与城市桥，在需要降低建筑高度的情况下，采用槽形梁桥方案应该是可行的,技术上不会有太大的困难。

上海市中环线浦东段的浦三路人行天桥为30m跨径后张预应力混凝土槽形梁桥。主梁高度1.42m,支点处高度1.52m,腹板厚度0.22m,底板厚度0.22m,支点处加厚至0.32m,支座横向中距3.0m,主梁顶面全宽4.64m。采用支架上现浇施工。布设纵向预应力束。经验表明,在计算城市槽形梁结构时,用杆系模型可以完全准确模拟实体情况。实体模型和杆系模型在计算结果上很接近,说明槽形梁在承受弯矩时,具有较好的截面整体性,基本满足平截面假定,受力特性较箱形截面简单。但槽形梁的横向应力分布较为复杂,尤其在底板张拉预应力束时,底板跨中的横向正应力较大,目前一般采用加强横向配筋等措施[9]。

本章参考文献[4]、[8]对公路混凝土槽形梁的设计计算方法进行了较深入的研究,并进行了足尺模型试验。其结构设计与内力计算方法可供公路与城市道路槽形梁设计参考,主要内容如下。

工程背景:某高速公路2×30m两跨刚构预应力混凝土槽形梁桥,为双车道桥,设计荷载为公路Ⅱ级。图4-9为该桥桥型布置图和槽形梁断面图。主梁高度1.9m,桥面净宽7m。采用C50混凝土。采用落地支架现浇施工。

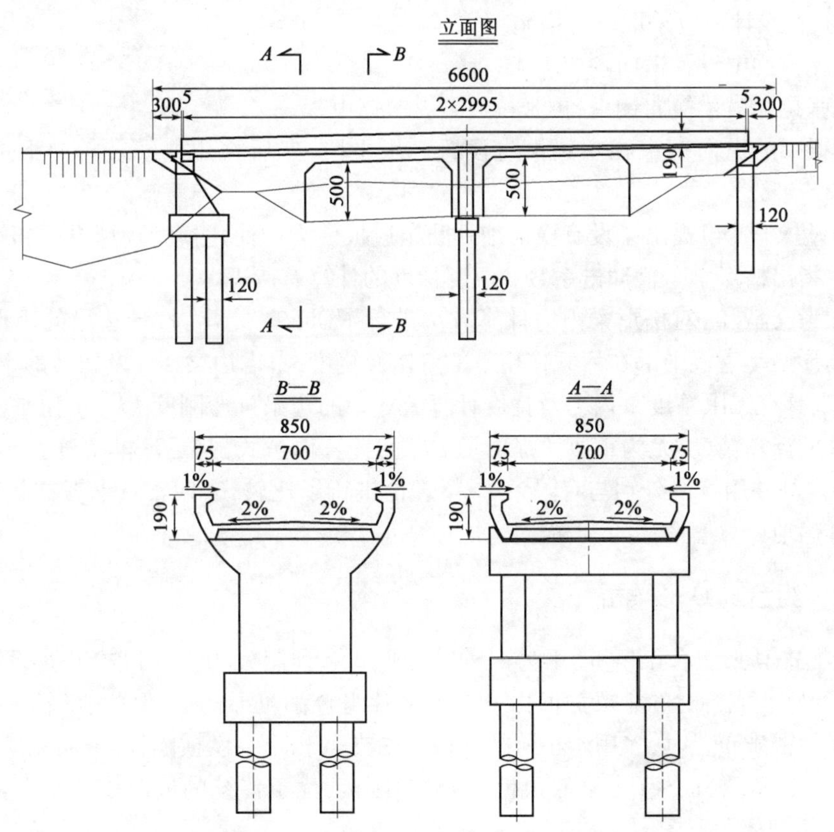

图4-9　槽形梁桥型布置图(尺寸单位:cm)

设计要点:槽形梁的底板设置横向加劲肋,可以使车道板减薄,使主梁截面重心上移,设置在边腹板内的预应力钢束偏心距增大,对主梁纵向受力有利。加劲肋的宽度宜小于0.6m,肋高(不含车道板厚度)在构造允许的情况下,尽量高一些,加劲肋之间的纵向间距不宜小于

3.5m,也不宜过大。本桥取加劲肋的宽度、高度和间距分别为0.4m、0.35m和4m。车道板厚度(不含加劲肋)为0.25m,桥轴线中心处为0.32m,槽形梁应设置端横梁,如图4-10所示。

端横梁的高度 h_2 增大可以有效减小车道板的横向应力,但 $h_2 > h_1$ 后,车道板横向应力减小量变化很小,故一般可取 $h_2 \geqslant h_1$。端横梁的纵向长度 b_d 增大,可以有效减少行车道板的横向应力,还可以减小边梁顶部水平位移。b_d 应至少等于端横梁高度与车道板厚度之和,即 $b_d \geqslant h_1 + h_2$。

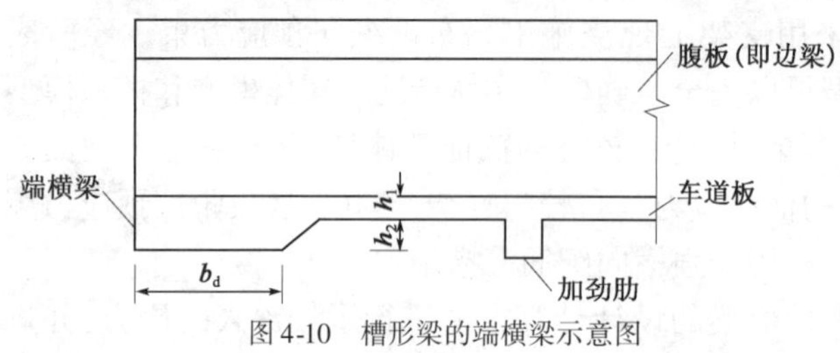

图4-10 槽形梁的端横梁示意图

铁路槽形梁由于荷载大,且竖向挠度控制较严格,通常设计成三向预应力结构。公路槽形梁桥荷载小得多,对主梁的挠度控制没有铁路要求严格,因此一般可以只设置纵、横预应力束。如将纵向钢束集中布置在腹板(边梁)内,经空间有限元分析发现,会在距离梁端一倍梁高范围内使车道板产生较大的横向拉应力;纵向钢束在边梁中的竖向位置对梁端车道板的横向影响较大,钢束越靠近车道板下缘,在车道板中产生的横向拉应力越大。为了避免上述过大的车道板拉应力,在设计上应采取以下措施:

(1)在端横梁中设置横向预应力束。

(2)先张拉端横梁横向钢束,再张拉边梁纵向钢束。

(3)边梁中的纵向钢束在主梁端先设置一水平段,然后再用曲线转折向下进入边梁的下缘。

本章参考文献[4]提出了设有横向加劲肋车道板内力的简化模型计算方法和端横梁的计算方法。并指出槽形梁车辆冲击系数和温度梯度的计算有待进一步研究。

本章参考文献[8]对槽形梁内力计算方法进行了研究。指出:按带边梁的矩形弹性薄板理论计算槽形梁车道板中部在活载作用下的弯矩及挠度,考虑边梁挠曲及扭转的影响,属于解析解,理论上具有无限精度。内力及挠度计算公式中的边梁抗弯刚度 EI_B、抗扭刚度 GJ_B 直接关系到公式的计算精度,尤为重要。提出了 EI_B 的计算修正式,与足尺模型试验实测相比,误差在8%以内。并用算例分别与有限条法、梁理论进行了比较,表明本章参考文献[8]中的方法可以较准确地计算槽形梁的纵、横向弯矩。

4.2.2 组合式U形梁桥

(1)装配式U形组合梁桥,属于另一种结构形式。预制梁为上开口的U形截面(有的文献称为槽形梁)。成桥时的主梁截面由分离的多片组合小箱形构成,但一般仍称为U形组合梁桥。当采用密排布置时,多用于小跨径梁桥。在支点和跨中设横隔板,横向刚度大,整体性强,横向受力良好。桥面板(主梁的顶板)为横向刚接,优于传统的横向铰接空心板。图4-11为U形组合梁截面示意图。

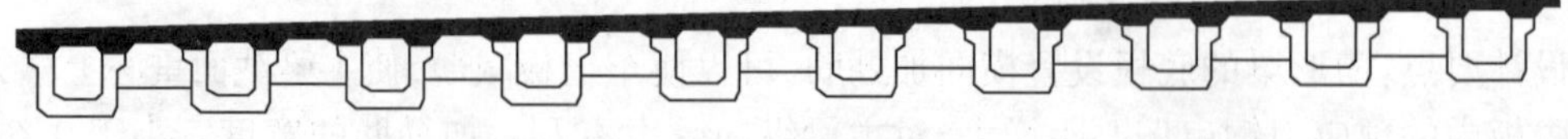

图4-11 U形组合梁截面示意图

U 形预制梁安装就位并完成横隔板接头（一般为湿接头）后，一次浇筑桥面板混凝土。施工中混凝土振捣方便，内模也容易拆除。跨径 16m 时安装重量约为 25t[28]。因为预制梁为 U 形截面，重心轴较低，按运营阶段的正弯矩施加纵向预应力，受力不利，应采取措施减少施工中过大的拉应力。这种 U 形组合梁，一般可用于简支梁桥，也可用于简支连续梁桥。因跨径较小，负弯矩区可以按 RC 结构设计。

（2）我国目前常用的装配式预应力混凝土 T 形梁桥和装配式预应力混凝土组合小箱梁桥的跨径为 20～40m。在这一跨径范围内能否采用组合式 U 形梁桥，利弊如何，据本章参考文献[10]介绍，U 形梁是英国组合式梁桥中常用的预制梁体，适用跨径为 13～34m，有 12 种规格。其设计特点为：

①采用先张法预应力束，预制梁体简单，有利于等截面设计；无锚具及相应锚固构造；钢束与混凝土结合牢固，不易腐蚀；施工工艺简单；梁体混凝土一次浇筑，无新旧混凝土结合的问题；便于工厂化批量生产，质量容易保证。

②上开口截面，施工操作空间大，模板安装、拆除方便。

③采用无预制横隔板设计，梁体模板标准化程度高；取消横隔板，简化了钢筋设计。

④预制 U 形梁桥的梁体是通过现浇桥面板和端横梁将预制梁体连成的。U 形梁桥的横断面布置如图 4-12 所示。现浇桥面板不仅在梁体间横向传力，还与 U 形梁形成箱形截面，抗扭刚度大大提高，有利于剪力横向传递。强大的端横梁限制了箱梁的扭转变形，使梁体间剪力传递更有效。由于梁体间没有横隔梁干扰，预制更方便。桥面板一次浇筑，构造简单，新旧混凝土接缝面积少，耐久性更容易得到保证。

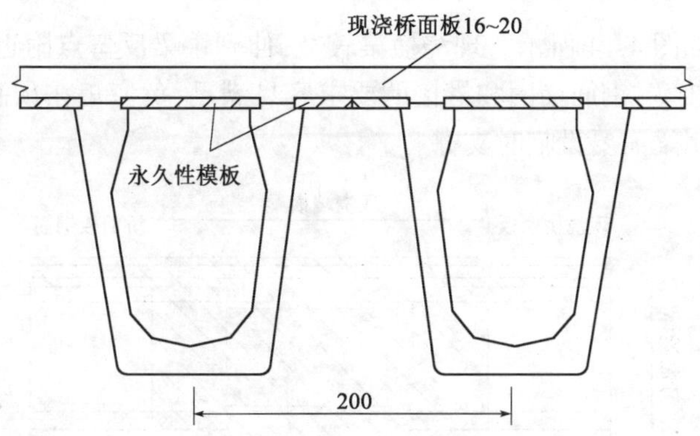

图 4-12　U 形组合梁截面示意图（尺寸单位：cm）

⑤现浇端横梁的设计方便了支座的布置，并避免了支座脱空。国内常用的装配式空心板、T 梁和组合小箱梁都是在预制板梁之下设置支座，支座调平困难，在长期车轮冲击荷载下，容易发生支座脱空。上部结构出现的一些病害，与支座脱空有关，而支座反力变化过大，支座也易损坏。弯、坡、斜桥的问题尤为突出。组合式 U 形梁桥的端横隔梁刚度大，且为现浇，支座容易调平。预制梁体可先支承在临时支座上，端横梁混凝土达到设计强度后再转换到端横梁下的永久支座上。永久支座可以对应预制梁体双排布置，也可以单排布置在端横梁中线处，永久支座不必布置在每一片预制梁体下，故支座的布置较为灵活，可以根据具体情况选择合适的支座布置方式。

⑥预制 U 形梁的纵向预应力束主要布设在底板内,边梁上也布置部分钢束。

我国简支连续梁桥的负弯矩区多采用二次预应力钢束,T 梁和组合小箱梁结构连续段构造较为复杂,施工难度大,质量不易保证。本章参考文献[10]介绍了 5 种使用效果较好的组合式桥梁(如 U 形梁桥,倒 T 形梁桥和 M 形梁桥等)连续段构造,都是普通钢筋混凝土结构。可供我国组合式混凝土梁桥设计参考。简述如下:

①连续构造Ⅰ,如图 4-13 所示。预制梁先支承于临时支座上,然后安装桥面板和横梁内的连续钢筋,最后浇筑横梁和桥面板混凝土形成结构连续。横梁与主梁同高度。连续段纵向宽度由相邻两跨梁间隙宽度和横梁与预制梁端重叠部分的长度决定。重叠部分宽度通常取为 1m。

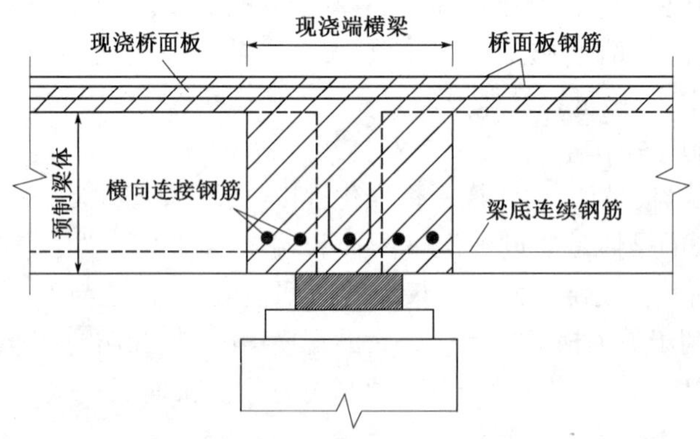

图 4-13　连续构造Ⅰ示意图

②连续构造Ⅱ,如图 4-14 所示。现浇横梁较宽,伸到主梁反弯点附近(通常为跨径的 0.1 倍)。由于横梁纵向较宽,钢筋锚固和搭接的要求容易满足,负弯矩在预制梁端产生的应力也较小。但施工时,预制梁需要设临时支撑。

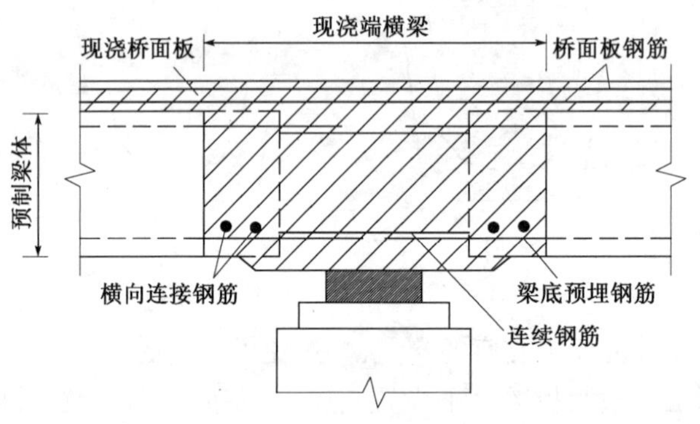

图 4-14　连续构造Ⅱ示意图

③连续构造Ⅲ,如图 4-15 所示。墩顶部分钢筋伸入现浇横梁,使梁墩形成整体,取消了墩上的支座。其余构造与①相同。这种构造稍加调整,用于桥台上就形成了主梁与桥台的连续,即整体式桥台,如图 4-16 所示。

④连续构造Ⅳ,如图 4-17 所示,是由拉杆将桥面板连接起来形成桥面连续。相邻两主梁端允许转动。连续处的转角和位移应在防水层和柔性面层的容许范围内。

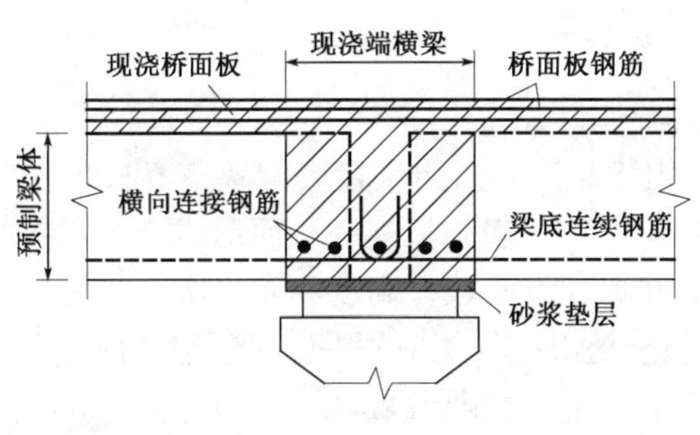

图 4-15　连续构造Ⅲ示意图

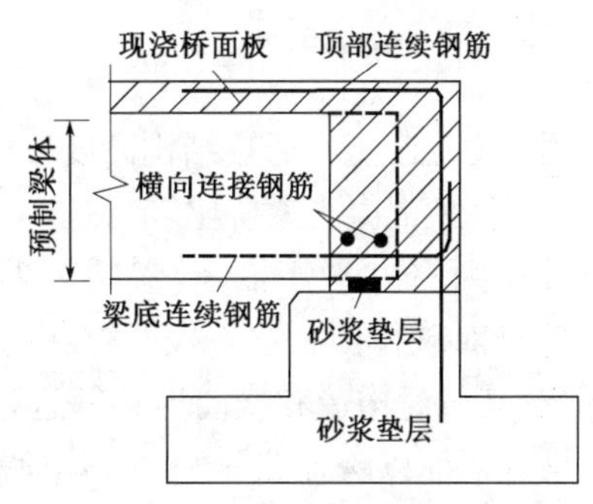

图 4-16　整体式桥台

⑤连续构造Ⅴ,如图 4-18 所示。在桥墩中线附近纵向一定范围内,将现浇桥面板与主梁顶面分开,桥面板作为一个相对独立的柔性梁,在连续处产生弹性变形来适应主梁端产生的转角和位移。

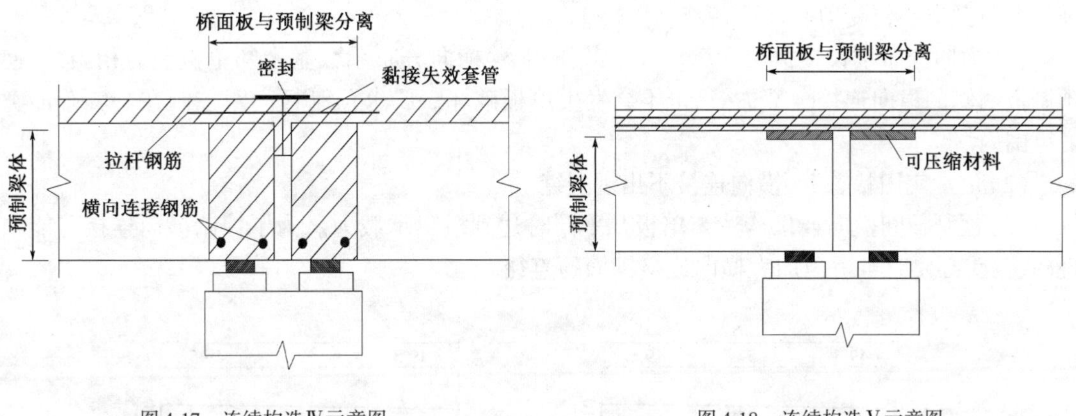

图 4-17　连续构造Ⅳ示意图

图 4-18　连续构造Ⅴ示意图

上述 5 种连续构造有以下优点:构造紧凑,受力明确;采用普通钢筋混凝土承担负弯矩,施工简易;端横梁尺寸大,桥面板一次浇筑,构造明确,施工容易。

上述英国使用的组合式 U 梁桥,因预制梁为开口断面,这为架设预制梁带来困难。在这一点上,不及国内预制 T 梁和小箱梁,因为预制 T 梁和小箱梁安装就位并横向临时连接后,运梁车就能通过。我们可以在吸取国外有益经验的基础上,结合国内的实际情况,进一步研究装配式组合梁桥更好的结构形式和施工工艺。

4.3　低高度混凝土梁桥

交通运输部提出,在公路建设中应认真贯彻“节地节能、发展绿色交通”指导方针。在平原和江南水网地区降低路堤的高度,对于具体实施这一重要政策具有重大意义。其中,中、小桥减小上部结构的高度,提升桥下净空是一个重要方面。我国低高度中小跨径混凝土梁桥主要有改进的装配式空心板桥或整体式空心板桥、密肋式梁桥、低高度箱梁桥以及槽形梁桥等。

4.3.1 空心板桥

预应力混凝土空心板结构高度较低,预制板厚度与跨径之比(跨径10~20m)为1/17~1/21,与其他截面的混凝土梁桥比较,在这一点上具有优势。针对横向铰接装配式空心板出现的病害,已提出了不少改革措施(参阅2.2节)。多数都放弃了空心板这种截面形式。本章参考文献[11]针对现行预制空心板梁存在的主要缺陷,在保留空心板低高度和先张法工艺优点的前提下,对其截面构造和横向连接等进行改进和优化,提出一种新型的先张法装配式预应力混凝土板梁。下面以跨径20m的新型空心板为例简要介绍。预制板高度1m,中板宽1.56m,边板底宽1.56m,桥面宽度通过边板外侧悬臂和板梁间桥面板湿接段长度的变化进行调整。顶板厚9cm,底板厚13cm,外腹板厚15cm,中腹板厚9cm,板顶榫头高度10cm。中板与边板的断面如图4-19所示。横向连接构造与主要受力钢筋布置示意图见图4-20。预制板横向连接钢筋采用ф12mm,钢筋间距15cm。采用C50混凝土,RC铺装层为C50混凝土,与预制板之间横向连接构造同时浇筑。为防止支座脱空,板端0.5m范围采用现场浇筑混凝土,其余部分为工厂预制。新型空心板受力有以下特点:

(1)横向分布按铰接板法计算。在活载作用下,横向分布系数基本与单板受力相当,即使预制板两侧的横向连接全部失效,也不会发生单板破坏。要求预制板间距控制在一辆车的宽度范围内。

(2)正常使用状态下,横向连接不出现裂缝。

(3)预制板间横向连接构造与单板几乎同时达到极限承载力。为了控制横向连接可能出现的裂缝,必要时可适当加大横向连接钢筋的直径。

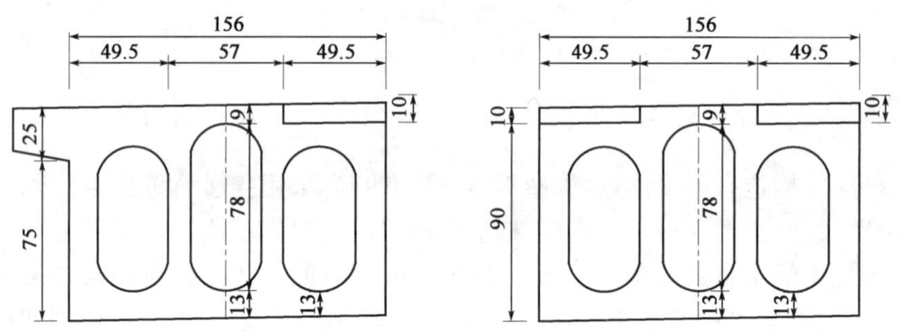

图4-19 新型空心板梁中板和边板断面构造(尺寸单位:cm)

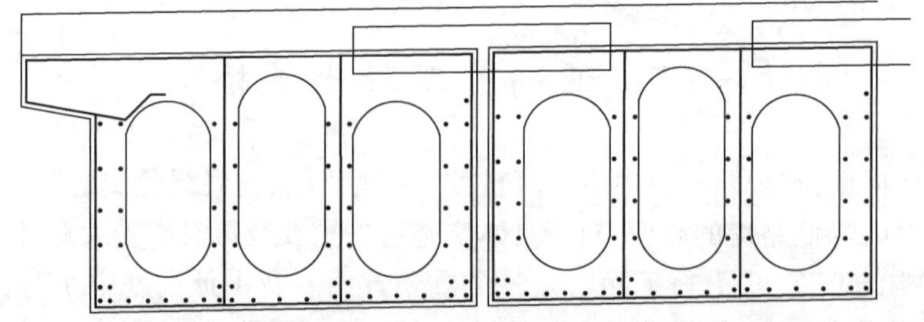

图4-20 板梁内及横向连接构造内主要受力钢筋布置示意图

新型空心板采用 Abaqus 进行线弹性与非线性空间分析。混凝土单元采用八节点六面体单元模拟,预应力钢束、普通钢筋采用两节点线性桁架单元模拟。计算荷载包括:恒载、活载、预应力及梯度温度。除进行实体有限元分析外,还进行了铰接板法与单板受力分析,三者的横向分布对比,说明新型空心板受力合理,并有一定的安全储备。

本章参考文献[12]提出了采用组合桥面板提高装配式空心板的横向整体性,以克服传统空心板铰缝开裂、出现单板受力等弊病。组合桥面空心板的构造如图 4-21 所示。图中 H 为预制板的厚度,跨径 10m、13m、16m,$H=50$cm、65cm、80cm。而 2008 年交通行业公路桥梁通用图相应的高度分别为 60cm、70cm、80cm。图中预制板顶面的组合桥面 15cm 为双层 RC 铺装,8.5cm为沥青铺装。按铰缝完全失效,仅桥面板起着横向联系作用的条件,对其进行最不利计算,抗弯承载力、最大裂缝宽度和抗剪承载力均满足规范要求。在预制板顶面做成凹凸不小于 6mm 的粗糙面情况下,可按组合式受弯板计算,如新旧混凝土的结合面$\frac{\gamma_0 V_d}{bh_0}\leqslant 0.45$MPa 时,结合面可以不配抗剪钢筋,否则应配置抗剪钢筋,使桥面参与预制空心板共同承力。这种情况下,计算表明铰缝应力较小,但为了保证桥面参与受力的可靠性,应在铰缝边缘竖向截面内配置不小于$0.3\frac{bs}{f_{sd}}$的抗剪钢筋。式中,b 为结合面宽度(mm);s 为竖向筋纵向间距(mm),f_{sd}为抗剪钢筋抗拉强度(MPa)。

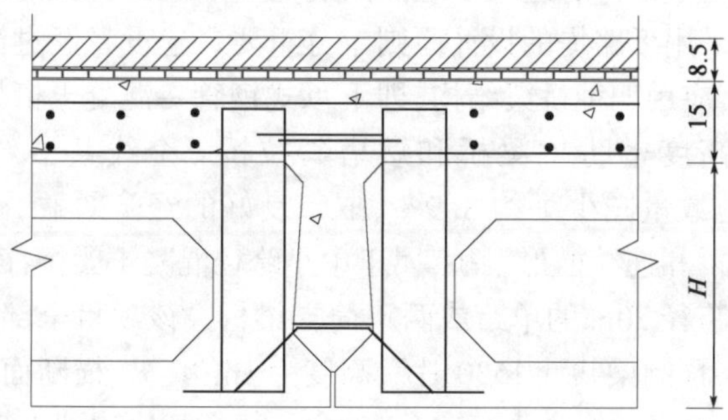

图 4-21　组合桥面在空心板梁的设计构造(尺寸单位:cm)

北京市市政专业设计院采用组合桥面设计的装配式空心板桥,经过多年的运行,效果较好。对于已出现铰缝病害的现役空心板桥,采用这种新技术进行维修加固,施工较为方便,也较为经济。

少数装配式预应力混凝土空心板的跨径曾达到 30m,例如贵州中沙桥跨径 30.06m;预制板厚度 1.4m,为跨径的 1/21.4,预制板宽 1.42m,桥宽 11.5m,横断面总计钢绞线 154 根。而 30m 跨径的 T 梁,预制梁高 2m,为跨径的 1/15;组合小箱梁的预制梁高为 1.6m,为跨径的 1/18.75。

在低等级公路和乡村公路上,或在某些特殊情况下,有时采用整体式预应力混凝土空心板桥,同样可以降低建筑高度。例如贵定县麦溪桥,2×25m 简支空心板,板厚 1.25m,为跨径的 1/20.7;底那河大桥的引桥为 25m 简支空心板,板厚 1.3m,为跨径的 1/19.2。

4.3.2 低高度组合箱梁桥

针对空心板桥病害较多,T形梁建筑高度偏大等不足之处,国内一些学者和工程师研究了低高度组合式箱梁桥的结构设计与理论计算,已有实桥建成。例如河南濮阳市元村卫河大桥,全长511.12m,其中主桥采用5×30m预应力混凝土低高度装配式箱梁,预制梁高度1.4m,为跨径的1/21.4,桥面宽15m,横断面由7片小箱梁组成,设计荷载为汽车—超20级,于2002年10月建成,主要情况如下[13]:

(1)单片预制小箱梁宽度2.4~2.5m,预制梁高度1.4m,小于同跨径T梁(2m)和通用图组合小箱梁(1.6m)的梁高。在该项工程中因降低了桥头引道路堤高度,节约了投资,少占用土地。在支点处设置加强横隔板,截面挖空率超过70%,降低了主梁自重。

(2)按部分预应力混凝土A类构件设计,预制梁采用先张法,工厂化生产,施工速度快。

(3)单片小箱梁抗扭刚度比空心板和T梁分别提高1.2倍和5倍。

(4)施工中对单片小箱梁、成桥后对整孔桥梁进行了静载试验。实测挠度值及应力值均小于计算值。桥梁的整体抗弯刚度较大。实测荷载横向分布系数小于理论计算值。表明桥梁的横向刚度较大,横向连接可靠。

4.3.3 低高度T形梁桥和连续槽形梁桥[14,15]

徐州至明光高速公路安徽段通过人多地少的皖北平原地区,为了减少占用不可再生的土地资源,降低工程造价,采用低路堤的设计原则十分重要。建设者经过深入分析研究,对低高度桥梁进行了创新设计,应用四种桥梁结构,即下承式钢管—混凝土桁架组合梁桥、预应力混凝土连续槽形梁桥、低高度密肋T梁桥和矮塔斜拉桥。全线共节约用地93.3ha($1ha = 10^4m^2$),较初步设计占地数量减少了约8.9%,取得良好的经济效益、社会效益和环境效益。其中低高度密肋T形梁桥和连续槽形梁桥,属于中小跨径混凝土梁桥,简要介绍如下:

密肋式T形梁用于跨径20m的单跨或两跨简支梁桥。该项目全部为20m跨径预应力混凝土低高度密排T梁桥,预制梁共计1530片。高度为1m,其纵、横断面如图4-22所示。梁高度低于同跨径的T梁(1.5m)和组合小箱梁(1.2m)。其高跨比达到1/20,与预应力混凝土空心板的高度(0.95m)基本相等。在梁端及跨中共设置了3道横隔板。仅在梁肋中线处设置2束预应力钢束。造价低于空心板约30%,与小箱梁接近。T梁不设马蹄,施工方便。T梁之间为横向刚接,抗弯、抗剪能力较强。这种低高度T梁为国内首次采用的新型桥梁结构。

该项目支线公路上跨线桥均采用预应力混凝土连续槽形梁桥。跨径组合为16m+2×20m+16m,全长72m。车道净宽4.5m,主梁高度1.5m。横梁高度均为0.65m,其中端横梁宽1m,中横梁宽1.2m。跨间每4m设一道跨间横梁,宽0.4m。图4-23为槽形梁横断面图;图4-24为立面及平面图。

公路预应力混凝土连续槽形梁桥也是一种新型结构。该项目全线共采用18座槽形梁桥,显著节约了宝贵的土地资源。以单座桥为例,能缩短桥长58m,缩短接线长度99m,节约造价55万元,节约土地$1092m^2$。

在我国铁路持续和高速发展过程中,为了降低路堤高度,提高经济效益,少占土地并改善施工工艺,铁路系统进行了广泛深入的低高度梁式桥试验研究。32m超低高度混凝土T形梁桥已大量应用于铁路新线建设中。但是,桥梁高度的降低意味着刚度的下降,能否满足铁路快速重载的发展要求,是需要进一步研究的课题。本章参考文献[15]介绍了时速为 120km 货物

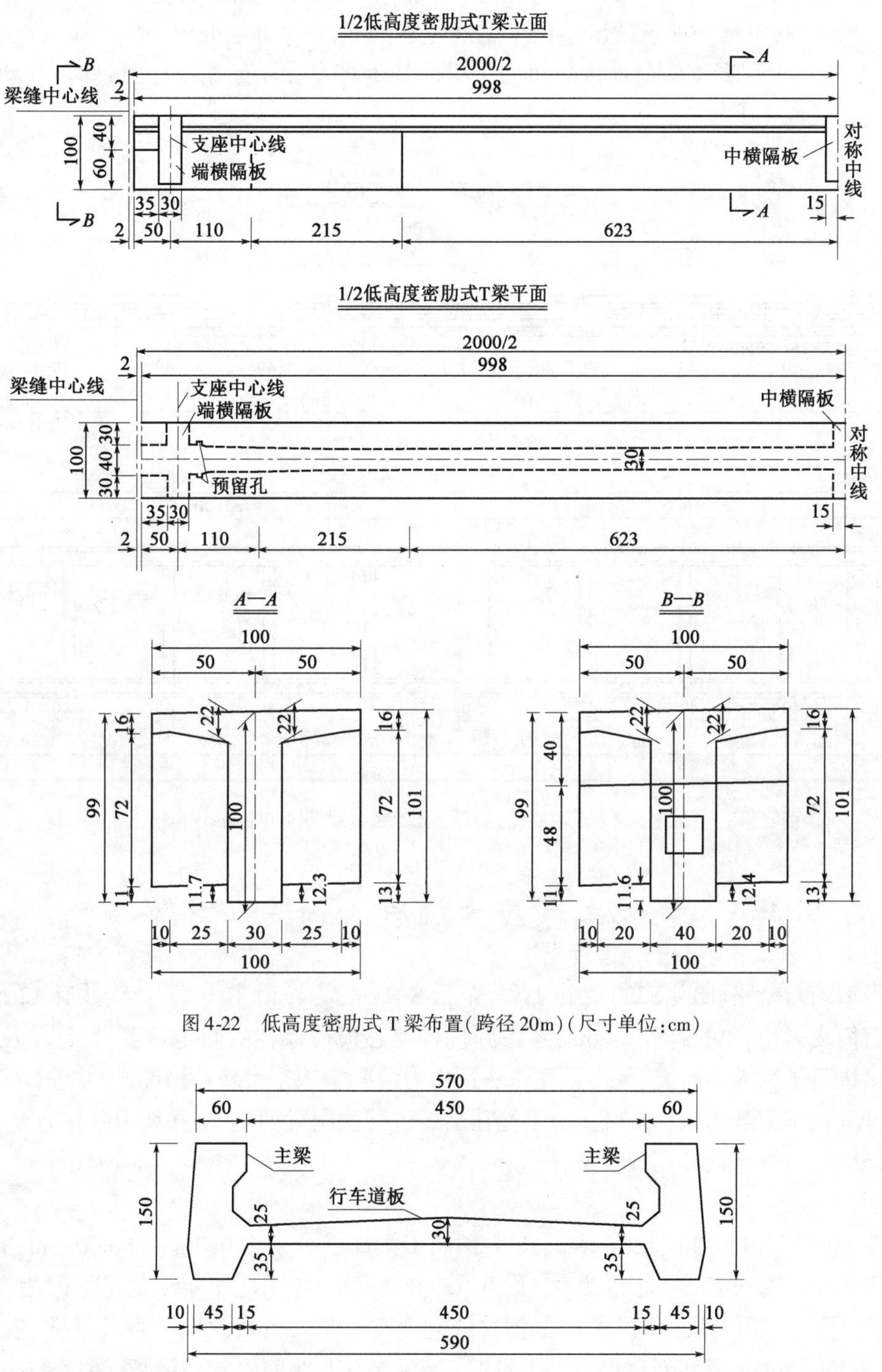

图 4-22　低高度密肋式 T 梁布置(跨径 20m)(尺寸单位:cm)

图 4-23　预应力混凝土连续槽形梁桥横断面(尺寸单位:cm)

列车通过时32m超低高度混凝土梁动力性能试验与分析的情况。试验桥为单线简支梁桥，梁长32.8m，梁高1.8m，为跨径的1/17.8。其梁高甚至小于公路预应力混凝土装配式T梁的高度（公路30m预制T梁高度为2m，为跨径为1/15），确实是属于超低高度铁路混凝土梁桥。它既是一种新结构，也是一项新技术。该T梁底宽0.78m，2片T梁的中心距为1.8m。纵向每隔4m设置预应力混凝土横梁连接。超低T梁的技术难点在于列车高速通过时，其动力性能应保证符合规范要求。

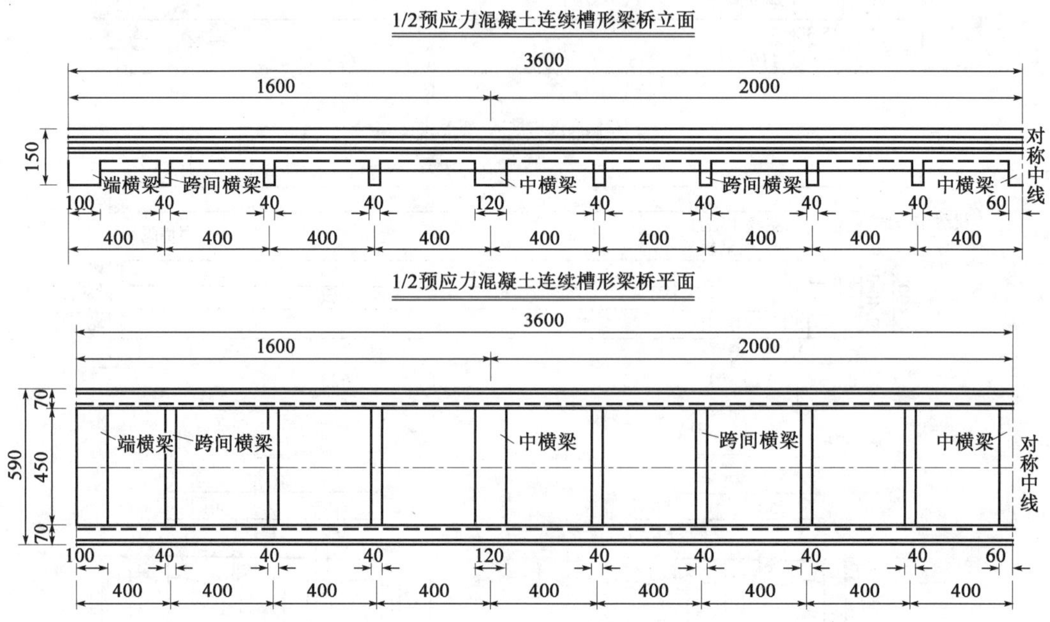

图4-24　预应力混凝土连续槽形梁桥布置（尺寸单位：cm）

4.4　装配式预应力混凝土简支工字梁桥

上海市南六公路（S1～S32）改建工程，全长8.4km，为城市主干路，全线共有12座中桥，均为三跨简支梁桥，单孔跨径≤20m，考虑到现行空心板桥存在的问题较多，设计单位对装配式工字梁进行了深入的研究，提出了先张法预应力混凝土工字梁新结构形式，并进行了相应的工程设计。汽车荷载为城—A级。为了能在工厂进行预制梁的生产，并利用已有的设备，采用先张法预应力结构。设计简况如下：

（1）主要构造

4种标准跨径，即10m、13m、16m、20m；预制工梁高度分别为0.7m、0.8m、0.9m和1m，略高于通用图空心板的高度（相应为0.6m、0.7m、0.8m、0.95m）。工字梁的主梁间距在1.3～1.4m之间，预制工字梁顶宽均为0.8m，湿接缝宽度在0.5～0.6m之间。腹板厚度22cm，支点处局部加厚至35cm（厚度变化点在1/4附近）。在支点及跨间设置横隔板，厚度25cm。单片工字梁每一端设置一个支座。10m及16m预制工字梁的横断面如图4-25所示。

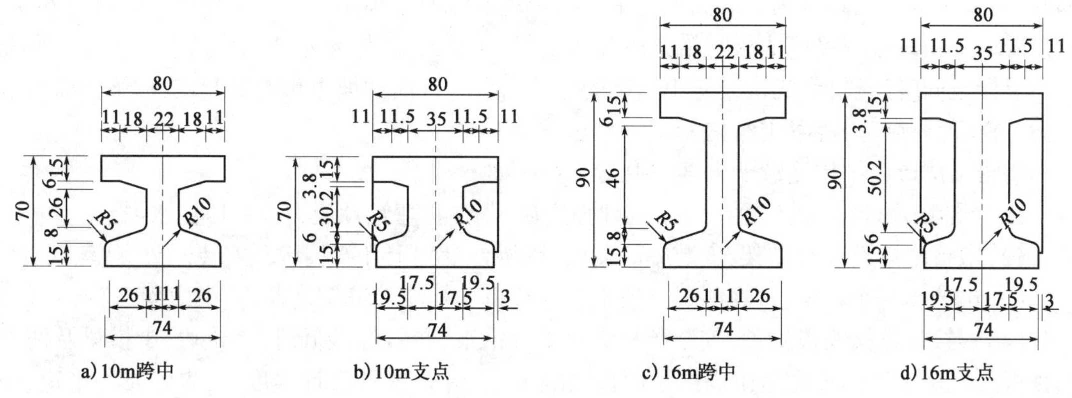

图4-25　先张法工字梁断面(尺寸单位:mm)

(2)结构分析

汽车荷载横向分布分别采用刚接板梁法与空间板单元法进行计算。横向分布系数前者略大于后者,故采用刚性横梁法是偏于安全的。例如跨径20m时,内梁的横向分布系数,支点截面为0.5(前者)和0.479(后);跨中截面为0.365(前者)和0.333(后者)。外梁的横向分布系数,支点截面为0.322(前者)和0.397(后者);跨中截面为0.369(前者)和0.312(后者)。

横隔板承受正负弯矩作用,由于正弯矩控制设计,负弯矩较小,可按构造要求配筋。

桥面板按整体单向板计算,并叠加上车道荷载作用下各片梁竖向位移产生的内力。

经济指标:每m^2造价在1411～1528元之间(跨径10～20m,2014年单价),略高于空心板。

4.5　简支连续梁桥墩顶连续段改革方案

常用的简支连续梁桥,墩顶连续构造有以下几点不足之处:

(1)主梁支撑在桥墩盖梁上,因盖梁尺寸较大,对桥下空间有一定影响,尤其是城市桥,盖梁显得不协调。

(2)每片预制主梁两端均有支座,小箱梁每端为两个支座,调平困难,运营阶段容易出现支座脱空。

(3)墩顶为单排永久支座时,预制主梁的端部与湿接缝之间为新旧混凝土结合面,恰好是剪力最大之处,容易出现裂缝。

为了克服上述缺点,将墩顶的明盖梁取消,改用与主梁直接连接的暗盖梁代替,这是一项较为成熟的新技术,已在一些城市桥梁中采用。本章参考文献[17]介绍的实例有一定代表性。现将其结构设计要点简述如下:

兰州市嘉峪关东路立交桥,业主特别关注桥梁外观和桥下净空,采用预应力混凝土简支连续组合小箱梁配合暗盖梁的结构形式。孔跨布置为:30m+40m+30m一联,梁高2m,其余部分均为30m,梁高1.6m,主梁间距3.3m,桥梁全宽16.5m,横向布置5片小箱梁。预制梁宽2.4m(中梁)和2.85m(边梁)。双柱式桥墩,无盖梁。预制小箱梁吊装就位时支承在临时支架上。相邻主梁之间为现浇的暗横梁(代替盖梁),在墩柱顶面设置永久支座(1个桥墩2个支座)。暗横梁的纵向宽度为2m,高度为1.8m,为矩形截面。预制小箱梁端部伸入暗横梁6cm,并设置堵头板。小箱梁堵头板与横梁边缘间预留28.5cm的纵向空间,设置连续钢筋,与现浇横梁混凝土同时浇筑,形成横梁与小箱梁的完整结合。桥面横坡由预制梁起坡,横梁底面为水平面。横梁为预应力混凝土结构。

用暗梁法形成结构连续的方案主要施工程序如下:

(1)预制小箱梁混凝土达到95%设计强度后,张拉正弯矩预应力束并压注水泥浆。

(2)墩台附近设临时支架,安装临时支座;在桥台台帽上和双柱墩顶安装永久支座。

(3)吊装预制小箱梁,放在临时支座上。连接桥面板湿接缝钢筋及边、中横梁钢筋。

(4)连接连续接头段钢筋,安装顶板波纹管及钢束,在气温最低时,浇筑边、中横梁及两侧与顶板负弯矩钢束同长度范围内的桥面板混凝土,达到95%的设计强度后,先张拉一半边、中横梁预应力束,然后张拉所有顶板负弯矩束,压注水泥浆。

(5)张拉剩余的边、中横梁预应力钢束,压注水泥浆并封锚。

(6)浇筑剩余部分桥面板湿接缝混凝土,从跨中向支点对称浇筑。

(7)拆除一联内临时支座,完成体系转换。

(8)将顶板钢束预留槽口处钢筋连接,浇10cm厚纤维混凝土,完成桥面系施工。

采用Midas/Civil程序,建立空间等效梁格模型进行纵、横向分析。对从预制小箱梁架设开始至全桥完成时的整个施工阶段和运营阶段进行受力计算,均满足规范要求。

这种用暗盖梁形成结构连续的方法,确有多项优点,其不足之处主要是需采用临时支架支承预制主梁。对支架的强度和稳定性要求较高,也会影响施工期的桥下交通,并增加工程费用。为了克服这一缺点,本章参考文献[18]提出了以下两种优化方案:

优化方案一:将结构连续由传统的全断面连续改进为仅小箱梁顶板和混凝土铺装层范围的连续,因而可以将简支连续梁桥结构体系与桥墩上的倒T形盖梁结合起来,使墩梁形成一种新的结构。图4-26为跨径30m简支连续组合小箱梁桥墩顶区段优化方案一的构造图。有以下一些特点。

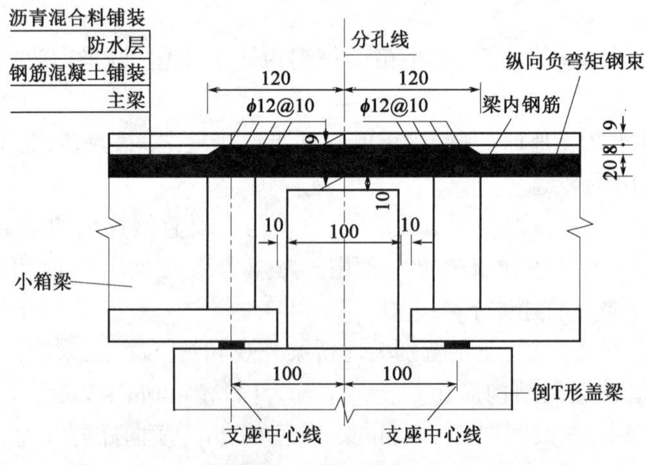

图4-26 优化方案一结构构造图(尺寸单位:cm)

(1)将结构连续的永久支座由单排改变为双排,两种支承方式各有利弊,请参阅本书3.3节。

(2)倒T形盖梁降低了从桥面至盖梁底的结构高度,扩大了桥下净空,改善了桥梁景观。

(3)因永久支座设置在盖梁两侧,不需要临时支座及相应的临时支架,简化了施工,有利于缩短工期。

优化方案二:在方案一的基础上衍生而来,盖梁为预制(也可现浇)倒T形结构。倒T形盖梁与上部小箱梁通过纵、横向预应力钢束连接为整体,支座设置在盖梁下部。图4-27为30m跨径简支连续组合小箱梁桥墩顶区段优化方案二的构造图。

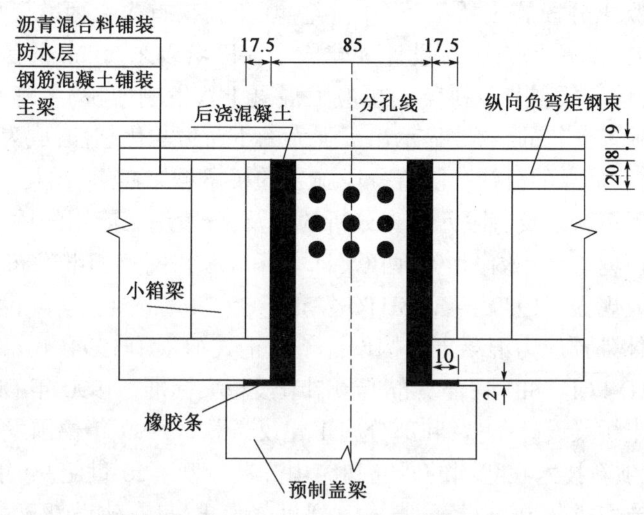

图4-27　优化方案二结构构造图(尺寸单位:cm)

优化方案二主要施工程序:

(1)吊装预制盖梁并临时限位固定,张拉第一批盖梁横桥向预应力钢束。

(2)预制小箱梁吊装就位,张拉第二批盖梁横桥向预应力钢束。

(3)现浇小箱梁横向、纵向湿接缝,张拉顶板负弯矩钢束。中支点转换为永久支座承力。

(4)张拉盖梁与小箱梁湿接缝内第三批横向预应力钢束。

主要特点:当桥下地面交通繁忙,或现浇盖梁有困难时,可采用吊装预制盖梁的方式。如盖梁较长、较重可以分段(纵向或横向)预制,分段安装,处理接头。盖梁的截面可以采用倒T形或其他形式。

结构分析要点:

优化方案一:采用三维实体模型对小箱梁和中支点处连接段受力状态进行仿真分析。混凝土采用六面体实体单元,单元长度20~40cm,全桥共有节点数629027,3D实体单元数468056。按三跨一联小箱梁进行计算。成桥初期与后期永久荷载作用下,主梁纵向正应力为-9.78~1.82MPa(拉应力为正,压应力为负,下同),主梁总体应力适当。在标准组合作用下,中支点极值负弯矩加载工况,梁体中支点处连接段上、下缘纵向正应力均为压应力,最大为-12.3MPa;正弯矩加载工况,连接段上缘纵向正应力为-7.4~-6.0MPa,下缘为-0.1~1.4MPa。局部出现1.4MPa左右的拉应力,可在连接段底板配置受力钢筋。

优化方案二:计算模型与计算方法与方案一相同。纵向正应力基本上为压应力,拉应力较小。

上述结构分析中,计入10年徐变收缩的作用。

4.6 节段拼装预应力混凝土连续梁桥

4.6.1 概述

当代预应力混凝土分段施工桥梁于20世纪40年代末首先在西欧诞生。1946—1950年法国著名桥梁专家E·弗来西奈主持设计并建成了在巴黎以东50km的吕章西桥以及其他5座相同类型的桥梁,均为预制节段拼装的预应力混凝土双铰刚架桥,主跨55~74m[19]。预应力技术与桥梁分段施工工艺的结合,显示出了强大的生命力与优越性,成为土木工程界最重要的成就之一,得到遍及世界的公认。随着分段施工的桥梁越来越多,结构分析理论的深入,施工工艺及设备的不断革新以及有限元仿真分析的普及,分段施工应用的桥梁和范围不断扩大,取得了丰硕的成果。近二十年内,北美、西欧、日本等地区和国家相继发布了节段式混凝土桥梁设计和施工规范或规程。1989年AASHTO发布了《节段式混凝土桥梁设计和施工指导性规范》,并将预制节段体外预应力混凝土结构设计条款正式纳入了1994年AASHTO桥梁设计规范。1998年AASHTO-PCI-ASBI联合发布了预制节段箱梁标准。1990年CEB-FIP设计规范也纳入了节段式混凝土桥梁设计条款,和部分施工建议条款。1999年德国发布了体外预应力结构设计指南[22]。这项新技术在我国的研究和应用开展较晚。20世纪90年代,国内城市桥梁工程开始采用预制节段拼装PC梁桥的技术。到目前为止,只有建设部于2006年颁发的行业标准《预应力混凝土桥梁预制节段逐跨拼装施工技术规程》(GJJ/T 111—2006)。交通行业暂缺有关设计、施工规范。同济大学编写的《公路体外预应力混凝土桥梁设计指南》对预制节段拼装、体外预应力桥梁的设计作了较详细的规定,但尚未审批正式颁发。

根据我国目前的实际情况,这项新技术主要适用于对施工制约较为严格的环境。例如城市道路高架桥、轨道交通桥等,施工条件受到苛刻的限制,或者是地面交通流量很大,要求在确保质量的前提下快捷地建成桥梁。预制节段拼装法主要用于中等跨径的预应力混凝土连续梁桥和预应力混凝土简支梁桥。因为大跨径预应力混凝土连续梁桥和连续刚构桥宜采用平衡悬臂法施工。规范[24]提出,预制节段拼装法施工的桥梁,其跨径通常在30~60m之间。本节主要讨论使用架桥机架设的预制节段逐跨拼装施工的预应力混凝土梁桥的有关问题。

4.6.2 预制节段拼装连续梁桥实例

[例4-1] 四川绵阳飞云大道跨线桥[20]

跨线桥全长271m,共2联,跨径布置为(31.29+2×31.71+31.29)m+(40+60+40)m,第1联上部结构采用预应力混凝土等截面节段预制拼装箱梁,第2联采用预应力混凝土变截面现浇箱梁。其中第1联长126m,先简支后结构连续,C50混凝土。单幅箱梁跨中截面如图4-28所示。全桥共划分为A、B、C、D、E、F、G、H、I 9类节段,如图4-29所示。其中,A节段为端横梁节段;B、G节段为梁端渐变段,顶板厚35cm,底板厚40cm,腹板厚75cm;C、F节段为梁端渐变段，顶板厚25cm，底板厚30cm，腹板厚60cm；H节段为中横梁渐变段。主梁按全预应力混凝土构件设计，仅墩顶现浇段按部分预应力混凝土A类构件设计。预应力钢束张拉顺序：①简支状态（架桥机吊杆卸载前）对称张拉腹板束；②连续梁状态（墩顶现浇混凝土达到设计强度）对称张拉顶、底板束。

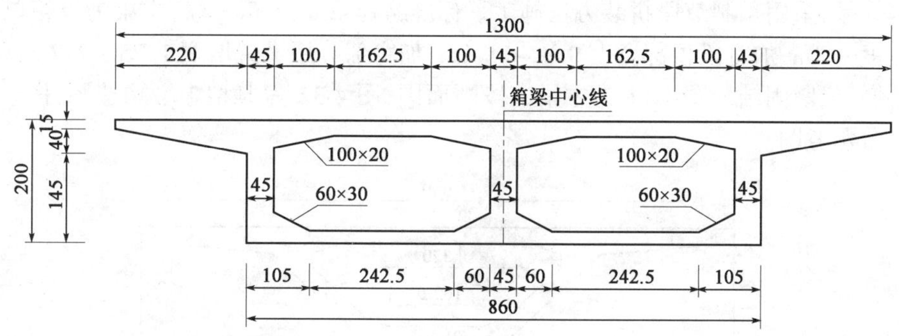

图4-28 箱梁跨中断面（尺寸单位：cm）

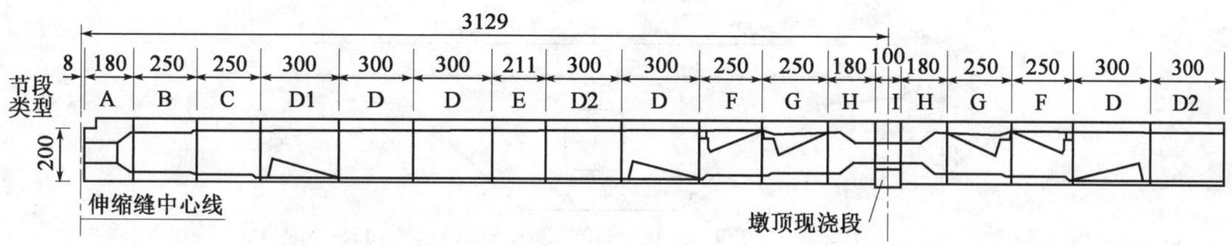

图4-29 箱梁纵断面节段划分（尺寸单位：cm）

为了节段间有效传递剪力、便于施工安装定位和保证节段相互匹配，在节段箱梁端面设置剪力键，本桥采用密齿式剪力键，布置在顶板、底板、腹板和翼板上，如图4-30所示。

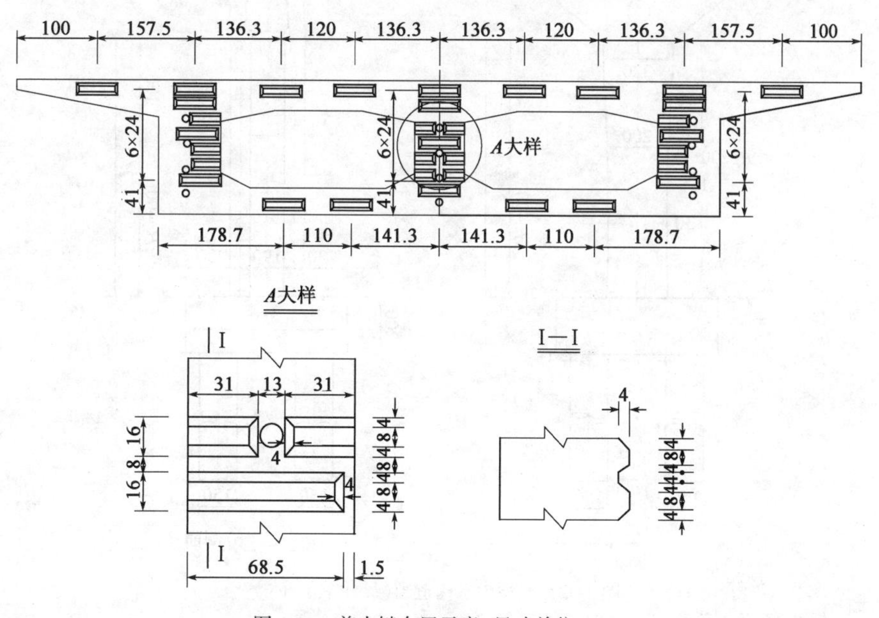

图4-30 剪力键布置示意（尺寸单位：cm）

本桥节段采用短线法预制。节段拼装依靠剪力齿和环氧树脂胶接,并及时张拉临时预应力粗钢筋,确保接缝间有不小于0.3MPa的顶紧力。

[**例4-2**] 广州地铁6号线西段高架桥[21]

6号线西段全长3.11km,主要穿越城区及高速公路等,施工对交通影响大。全线高架桥采用刚构体系,采用预制节段拼装方法施工。标准跨径40m,3跨一联,主梁为单箱单室,标准段顶部宽度9.3m,加宽段顶部宽度9.3~11.2m,加宽部分用悬臂增宽1.75~2.7m,单柱式箱形截面桥墩,梁墩固结。图4-31为主梁节段断面图,图4-32为典型中墩构造图,图4-33为主梁节段划分示意图。

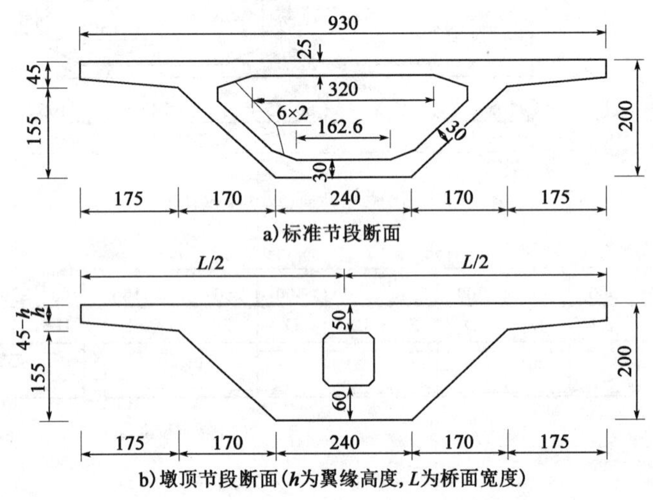

图4-31 节段断面图(尺寸单位:cm)

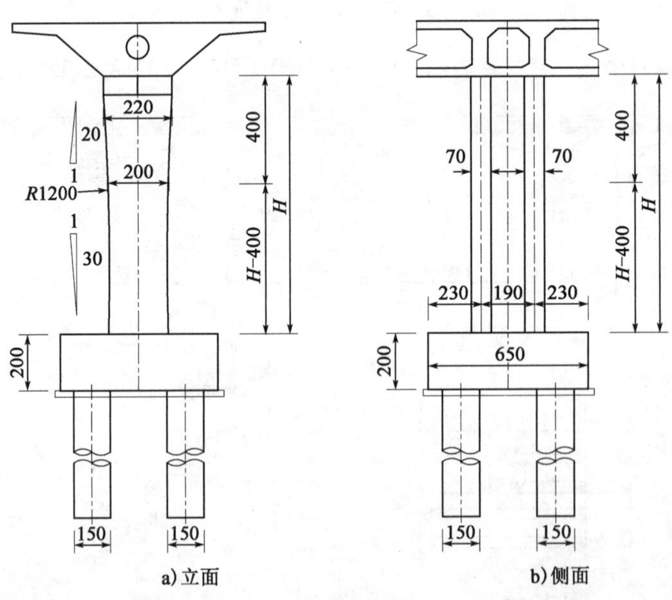

图4-32 典型中墩构造图(尺寸单位:cm)

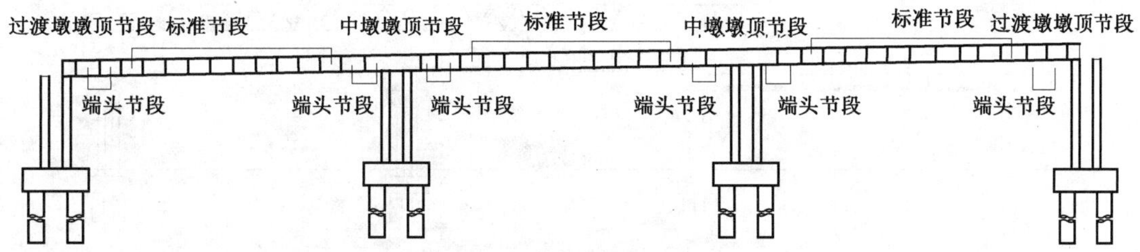

图 4-33　主梁节段划分示意图

纵向节段分为标准节段、渐变节段和墩顶节段 3 种类型。其中墩顶节段含端横梁，为预应力束张拉端与锚固端。中墩采用现浇施工，边墩为预制节段安装。为了实现腹板及底板厚度由墩顶至标准段的渐变过渡，渐变节段划分为 2 种类型，长度分别为 2.5m 和 2.6m，标准节段长度 2.6m。预制节段吊装时，需在主梁顶、底板安置临时张拉台座。其顶板为钢台基座，底板为混凝土基座，临时预应力筋采用 ϕ40mm 精轧螺纹钢筋，4 束顶板束，2 束底板束。临时张拉台座如图 4-34 所示。墩梁固结段施加竖向预应力钢绞线束，锚固于主梁顶部。对于分联墩，竖向预应力具有关键的连接作用，将边墩竖向预应力向下伸入承台形成 U 形锚固形式，见图 4-35。典型高架桥施工立面示意图如图 4-36 所示。

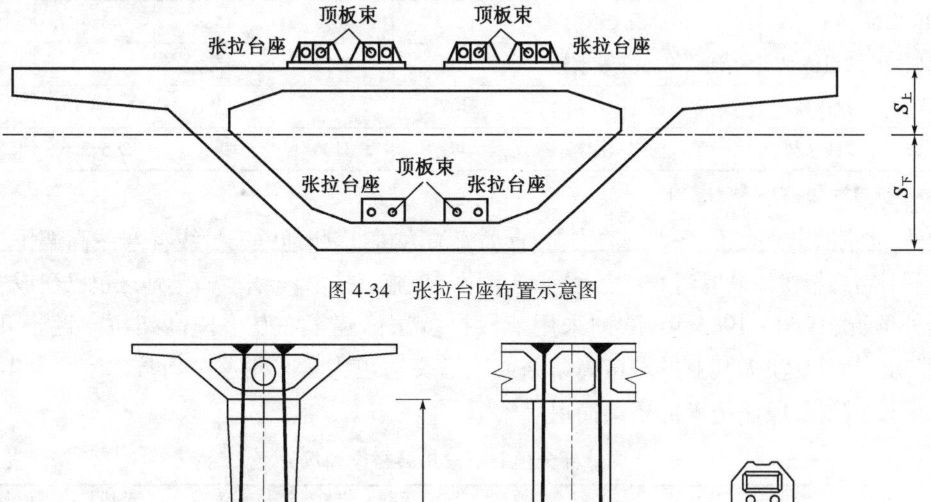

图 4-34　张拉台座布置示意图

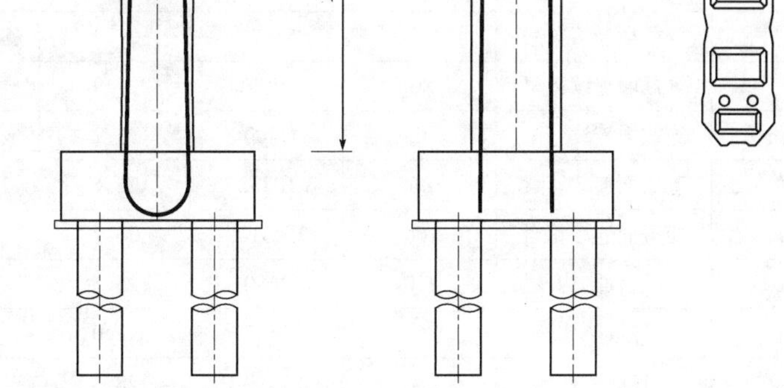

图 4-35　墩梁连接构造示意图

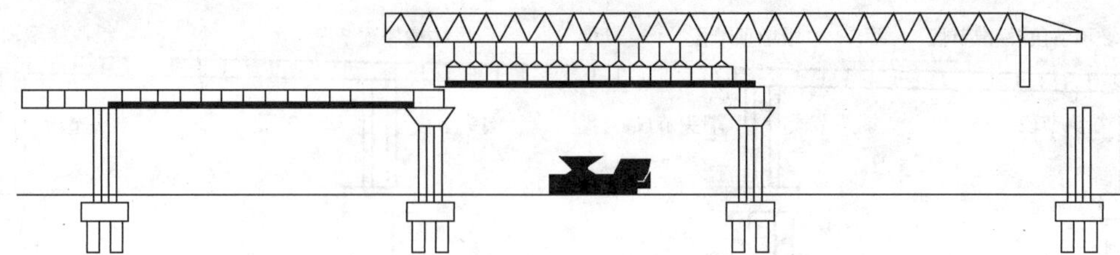

图 4-36　典型高架桥施工立面示意图

表 4-2 为国内部分采用预制节段拼装法施工的预应力混凝土梁桥简况[20-22]。

国内部分预制节段拼装桥梁简况　　表 4-2

桥　　名	桥　　型	典型跨径(m)	预制安装长度(m)	节段宽度(m)	节段长度(m)	最大重量(t)
苏通大桥引桥	等截面连续箱梁	75	1850	34	2～4	139.9
沪闵高架路二期	弧形断面等高度连续箱梁	30,35	5400	25	2～3	130
上海浏河大桥	弧形断面等高度连续箱梁	42	246	7.5	2.7,3.33	40
重庆石板坡桥	变截面连续箱梁	330	1103.5	19		
上海长江大桥引桥	等截面简支箱梁	50	9970	16.95	3～4	128
崇启大桥引桥	等截面简支箱梁	50.3	4670	15.8	3.4	83
南京四桥南北引桥	连续箱梁、连续刚构	50	3732	15.8	2,2.5	107
绵阳飞云大桥跨线桥	等截面连续箱梁	31.71	126	13.0	1.8～3.0	
广州地铁 6 号线高架桥	等截面连续刚构	40	3100	9.3	2.5,2.6	

注:表中桥均为预应力混凝土结构。

此外,北京四丰立交桥、深圳海湾大桥、青岛海湾大桥、广州地铁 3 号线、4 号线高架桥、上海市中环线军工路高架桥以及厦门 BRT 工程等均采用这项施工技术。台湾、香港地区也已建成多座。

国外情况,1950—1965 年,欧洲采用节段拼装法修建了 300 多座高架桥。近十几年,印度、阿联酋、泰国及澳大利亚的城市高架路或轨道交通也大量采用这一新技术[20],表 4-3 为国外部分采用预制节段法施工的桥梁简况[22]。

国外部分预制节段拼装桥梁简况　　表 4-3

桥　　名	桥　　型	典型跨径(m)	预制安装长度(m)	节段宽度(m)	节段长度(m)	最大重量(t)
泰国曼纳高速公路桥	等截面连续箱梁	44.4	55000	27.2	2.55	100
美国 Baldwin 桥	等截面连续箱梁	80	7714	21.9		150
泰国 BangNa 高速公路桥	等截面连续箱梁	42	5400	27.2	2.55	85～100
巴西里约热内卢桥	等截面连续箱梁	80	10332	26.6	2.8～4.8	
美国旧金山—奥克兰大桥引桥	变截面连续箱梁	160	2×3102	26.7	8	752
美国 Benicia Martinez 桥	连续刚构	220	2680	25.5	4.8	170～356
澳大利亚 Gateway 桥	连续刚构	260	1627	22.0	4.7	
澳大利亚 NewGateway 桥	连续刚构	260	1700	28.0	4.7	305.5

注:表中桥均为预应力混凝土结构。

4.6.3　预制节段拼装连续梁桥施工的两种方案

预应力混凝土连续箱梁桥节段拼装预应力体系的永久钢束一般采用体外配束或体内外混合配束的方法。目前国内一般采用后者较多。体内外混合配束因钢束张拉程序的不同可分为两种方案。两者在施工工期、施工难易程度、结构受力和工程造价等方面均有所不同,各有其优缺点,对比分析如下[23,24]。

(1)两种方案的施工顺序对比

方案一:架桥机逐孔吊装形成多跨简支梁。每一孔预制箱梁吊装就位后,先张拉该孔的体内纵向预应力束,并达到一定的承载力,运梁车可以通行,便可向后面一孔喂梁,后孔箱梁的吊装应在前孔箱梁预应力管道灌浆完成并达到强度后方可进行。一联各孔箱梁预制节段吊装完成并已形成简支梁后,现浇墩顶主梁连续段,然后张拉墩顶主梁负弯矩钢束,进行体系转换,形成连续体系。在二期恒载施工之前,最后张拉整联的体外预应力永久钢束,一联连续梁施工完成。

其关键施工程序可归纳为:先简支后结构连续,永久钢束先体内后体外。

方案二:桥墩施工完成后,首先通过架桥机先吊装墩顶节段,并浇筑墩顶范围后浇部分的混凝土(以减少墩顶范围后浇混凝土养护对工期的影响),墩顶段主梁达到受力要求,开始各孔箱梁的吊装。由于没有墩顶的主梁现浇段,仅在每跨梁端设置 15 ~ 20cm 湿接缝用于调整施工偏差。一孔箱梁预制节段吊装就位后,首先张拉该孔箱梁的体外预应力永久束,在架桥机工作状态下,将架好的一孔箱梁通过墩顶块交叉预应力的作用形成结构连续,逐跨连续推进,一联箱梁施工完成后,张拉体内预应力永久钢束。

其关键施工程序可归纳为:逐跨形成结构连续,永久钢束先体外后体内。

(2)两种方案的受力特点对比

方案一:因在简支状态下张拉体内预应力束,体内钢束由恒载及施工荷载控制设计。简支转变为结构连续后,体外预应力束用于承受二期恒载及活载。故恒载内力比较接近于简支梁内力,预应力次内力较小,负弯矩也较小。对于小跨径桥有利,因为跨径较大时,跨中恒载正弯矩迅速增大,不具有优势。

方案二:恒载、施工荷载、活载均由体外预应力束承受,体内束仅用于调整跨中承载力不足,并优化支承处应力状态。因为逐跨形成结构连续,预应力次内力较大,相对预应力效率较低。边跨主梁施工时,由于没有中跨主梁压重,边跨主梁恒载作用下接近简支梁受力,因此边中跨主梁受力差别较大。

两种方案施工过程简况如图 4-37、图 4-38 所示。

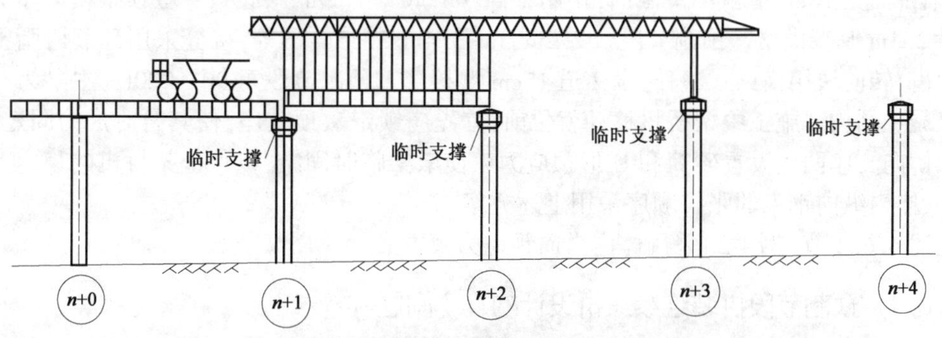

图 4-37　先体内后体外预应力方案施工过程示意图

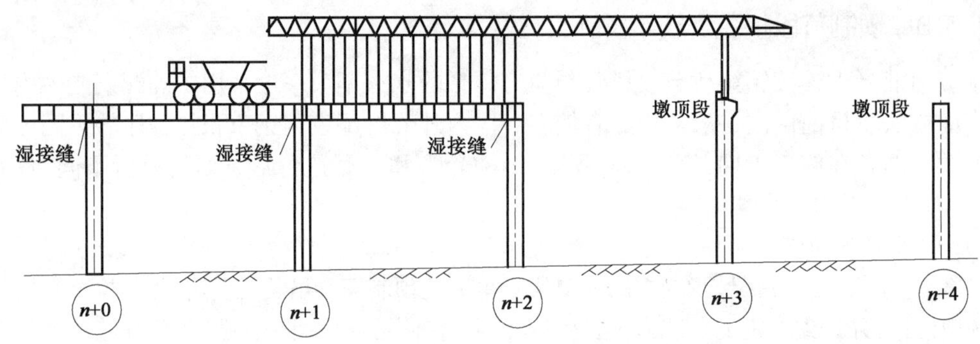

图 4-38　先体外后体内预应力方案施工过程示意图

体内、外预应力束混合配置时,两种钢束的比例大小,对梁体的受力有较大的影响。方案一体内束比例较大,方案二则体外束比例较大。体内束为有黏结预应力钢束,黏结力对混凝土主梁应变起限制作用,故梁体的刚度较大。对于变形限制要求严格的铁路桥多采用方案一。例如广州地铁 4 号线节段拼装预应力混凝土连续梁桥,采用纯体内预应力设计。但是,正因为黏结力的存在,体内束的接缝张开处应变集中,随荷载的增大应力迅速增加,最终发生拉断。所以,以体内束为主的适筋梁容易出现脆性破坏。体外束为主时,钢束和主梁之间可以产生相对位移,两者变形不协调,应变的增量可以在钢束全长范围内调整,因而应变增量不大。只要体外束配置合理,主梁在破坏阶段仅发生混凝土开裂和压区破坏,不会发生体外钢束被拉断。破坏后的梁体混凝土与体外束之间形成一个新的受力平衡体系,会产生较大的挠度,故不会发生突发性脆断。所以体外束主梁的破坏属于塑性破坏。

(3)结构构造对比

设置体内钢束的箱梁腹板要考虑预应力孔道的影响,需要加厚。体外束虽然不考虑腹板加厚,但其作用力臂减小,需要增加梁高,转向块、锚固块设计也较为复杂。特别在梁端横梁位置,由于体外束的锚固作用,横梁端面在顶板的支撑作用下产生很大的拉力,设计难度较大。

国内目前体外预应力钢束的整体价格比体内钢束高出 1 ~ 2 倍。从施工工期和施工难度方面看,则方案二优于方案一。本章参考文献[23]就 5 × 45m 节段拼装连续箱梁桥的两种方案进行了较详细的比较,结合工程项目特点及同类工程的经验,最终选用方案二。

某桥一联 6 × 50m 预应力混凝土连续箱梁,采用节段预制、架桥机逐跨拼装方法施工。预应力体系采用以体外束为主的混合配束[25],即上述方案二。桥梁总宽度为 33m,分为左、右两幅,单幅桥面宽 16m,单箱单室截面,预制梁高 3m,底宽 7.2m,斜腹板。墩顶中横梁厚 2.5m,梁端设 2.3m 厚端横梁。预制节段长 2.2m、3m、3.4m、3.85m 不等,接缝采用环氧树脂密腹式剪力键齿,转向块用横梁式,每跨设 2 道 15cm 湿接缝。预制节段重 90 ~ 220t。主梁为三向预应力混凝土结构。施工中架桥机移动就位前,首先应锁定墩顶支座,使其暂时成为固定支座,并在顺桥向支座两侧设置砂筒和 U 形预应力束使墩梁临时固结,以保证架桥机的稳定。箱梁的体外、体内纵向钢束的张拉顺序采用上述方案二。

上述 4.6.2 节[例 4-2]采用体内纵向预应力束方案。

4.6.4　预制节段拼装连续梁桥设计的几个问题

根据国内修建预制节段拼装连续梁桥的经验,将有关设计的几个主要问题分析如下[20,22,24,25]：

1)预应力混凝土连续梁桥预制节段拼装施工法优缺点

优点：

(1)符合交通建设“节地节能、发展绿色交通”的指导方针。

桥梁的主要部分可以进行标准化设计，目前国内主要集中在上部结构。发达国家的工程实践表明，下部结构也应该和可能进行标准化设计。一座大桥的标准化设计能达到 80% ~ 90%。有了标准化设计，必须有施工的标准化和工厂化与之配合，并有现代的管理与机械设备支撑。最终的社会效益就是环保、节能、低碳和资源节约。尤其是城市道路、地铁、轨道交通多跨长桥的建设，这种施工工艺更能体现出发展绿色交通的国家政策。

(2)桥梁节段工厂化预制，质量有保证，工人的健康和安全有保障。

施工环境对施工质量有明显的影响。预应力混凝土梁桥，混凝土和钢筋(预应力钢筋和普通钢筋)的数量占了绝大部分。要把这些建筑材料做成结构或构件，与施工环境有很大的关系。例如恶劣的天气、狭小的空间、高空或地下、昏暗和污染环境等，不仅对工人的操作，而且对材料、设备和机械使用都会产生不同程度的不利影响。所以，桥梁主要部分进行工厂化生产，是保证质量和保证工人健康和安全的重要举措。

(3)桥梁节段工厂化生产，现场进行预制节段拼装，可以节省时间，加快施工速度。

预制节段拼装，最有利于进行机械化施工。可以按预先制订的较精细的施工组织施工，运用大型机械与一系列配套设备，在现代化管理规程的指导下，有规律地循环操作，能快速地推进建设速度，已为国内外众多现代化桥梁的施工实践所证实。

(4)对桥下交通和重要地物的影响很小。

不同的施工方式对桥下的影响差别很大。在不少情况下，往往是桥下地面状况决定了桥梁可供选择的施工方法的范围。例如，桥下为城市道路、高速公路或铁路，国内目前采用较多的是转体施工法。顶推施工法因施工影响时间较长，较少采用。但转体施工法需要在桥下两侧一定范围内现场完成主梁施工，有时这一条件也难以满足。预制节段拼装法施工，基本上是在墩台之上进行，对桥下两侧没有干扰。

(5)施工安全风险较小。

主梁(甚至包括桥墩)为工厂生产的预制构件，避开了现场施工的不安全风险源。梁体的拼装由架桥机完成。架桥机为正规的定型机械产品，其性能与质量符合有关规范，有的架桥机由国外先进企业生产，引进国内(例如北京四丰立交桥采用的 LG-900 架桥机由国外引进)。不同于国内常用的天线缆索吊机，一般由施工企业自行设计并组装，安全风险较大。而架桥机施工安全风险较小。

(6)预制节段拼装的主梁次应变和次应力较小。

预制节段施工过程中养护时间较长，体系转换后的加载龄期较晚，成桥后梁体因混凝土收缩徐变产生的次应变和次应力较小，预应力损失也较小。

缺点：

(1)工程启动费用高，启动时间较长。

节段拼装专用架桥机种类多，应根据具体的工程特点选择。选用不当可能会给施工带来困难，甚至造成浪费，延误工期。架桥机为大型施工设备，首次投入的费用较高。适用范围越广费用越高。一个施工企业购入的架桥机,如果较长时间不能周转使用,效益较低。平时的保养、维护的费用也不少,还要占用一定的场地。架桥机使用前,要进行大量的检测、安装、调试并准备各种必需配套设施,需要较充分准备时间,以保证使用时能正常运转。

(2)施工阶段桥梁下部结构须承受较大荷载。

主梁拼装过程中,架桥机自重和主梁自重以及其他施工临时荷载,通过架桥机传至墩台上。例如 LG-900 型架桥机,当桥跨为 50m 时,节段最大重量为 750kN,单跨最大重量为 9000kN。对桥墩承载力有较高要求。

(3)架桥机的稳定问题突出。

架桥机支承在墩台上,施工中逐跨完成桥跨拼接,逐跨前移,其外部稳定性决定于与桥墩顶部支点上的可靠性,需采用临时固结措施,增大施工难度。处理不好,可能存在安全风险。

(4)适用的跨径范围较窄。

由于受架桥机承载能力的限制,节段重量不宜过大,单跨跨径国内一般在 50m 左右。根据我国目前的技术水平,规范[24]提出单跨跨径在 30 ~ 60m 是合适的。主要用于桥梁较长或很长的多跨连续梁桥,桥长较短、孔数较少时,不够经济合理。

2)合理选择纵向预应力配束方案

关于纵向预应力束配置方案的特点在 4.6.3 节已进行了讨论。国内已建成的节段拼装连续梁桥,多采用体内体外混合配束的方式。这种方式能够充分发挥体外预应力的优势。在以体外束为主,体内束为补充的情况下,能够弥补单纯体外束方案的某些不足。体外预应力的力筋布置较简单,防护不依赖灌浆质量,在腹板中不设管道,使腹板厚度的确定不受管道的影响,并有利于混凝土的浇筑质量。体外束能够进行检测和更换,桥梁一旦发生与预应力有关的病害,可以迅速进行处治,而体内束的防护与维修则困难得多。所以对于主梁的耐久性和后期维护,体外束优于体内束。设计时应合理选择体外、体内钢束的比例和恰当的预应力度,还应从设计、施工两方面采取措施提高体内钢束的耐久性。对于全体外束方案,必须配置足够的有黏结非预应力钢筋来限制混凝土裂缝,保证结构的韧性。

3)预制节段间的接缝设计

预制节段间的接缝有湿接缝、干接缝和胶接缝三种。湿接缝的宽度为 15 ~ 20cm,接缝内要进行体内钢束管道连接和混凝土浇筑(不配置钢筋),施工较麻烦,工期也较长,但有利于消化拼装误差和增强接头的整体性。干接缝为预制节段直接拼装,也不涂黏结材料。优点是密贴的平面与齿块的施工较为简单,施工方便,但接缝渗水会引起病害,降低耐久性,国内已很少使用。目前国内采用最多的是胶接缝。节段之间采用环氧树脂填涂。胶接缝能够防水,能保证耐久性,施工也较方便。早期的接缝设计依赖接缝间的环氧树脂传递剪力,对环氧树脂的要求较高,其可靠性难以保证。从 20 世纪 80 年代开始,不再依靠环氧树脂传递剪力,其功能仅限于对体内钢束的防腐,确保密齿剪力键及节段断面密贴均匀受力。环氧树脂的涂层厚度一般仅几毫米,但其黏结性能、强度指标、固化时间及耐久性等对于桥梁结构的性能影响很大。施工期间应张拉临时预应力筋,使接缝压应力不小于 0.3MPa,至环氧树脂固化为止,再张拉相应的永久钢束并灌浆。

接缝是通过预应力钢束产生的压力和节段端面的剪力键来满足主梁的整体受力要求。荷载较小时接缝全截面受压,荷载继续增大,接缝开始张开受压区减小,截面刚度下降,在荷载增大到破坏阶段，接缝截面受压区进一步变小，在接缝顶端产生应力集中，最后使得接缝受压边缘混凝土压碎导致梁体破坏。但这种破坏属于塑性破坏。试验表明，在很高的弯矩和剪力共同作用下结构能保持不破坏的同时，预制节段连续梁体的接缝可以承受很大的张开宽度。所以胶接缝配合节段端面间的剪力键的设计是可靠的。

4）剪力键构造

剪力键布置在预制节段箱梁的端部截面上，是节段间传递剪力、便于施工定位、保证节段匹配的重要构造措施。一般设在箱梁顶、底板和腹板上，顶板悬臂较宽时，翼板上也应设置。早期剪力键多采用单键结构。近年国内常用密齿剪力键，图4-30为密齿剪力键布置的实例。顶板内剪力键，主要用于传递接缝位置桥面车辆荷载引起的剪力，协助节段镶嵌对接定位；腹板内剪力键，主要承受与传递接缝截面在正常受力情况下的剪力；底板内剪力键，主要用于协助节段拼装时镶嵌对接定位；腹板与顶板和底板结合区的剪力键，主要用于因超载等原因造成接缝开展后的剪力传递。剪力键一般做成凹凸密接的棱台式。键槽与键块上、下侧面的倾角约45°。同济大学编写的《公路体外预应力混凝土梁桥设计指南》对剪力键尺寸做了量化构造规定，可供设计参考。为了美观和便于环氧胶体挤出，腹板剪力键宜靠内侧布置；顶板剪力键主要承受桥面活载，应布置在顶板的中部。为了便于环氧胶体挤出，宜在上侧设置出胶槽。墩顶附近主梁的剪力较大，需设置较多的剪力键，跨中附近的剪力较小，腹板剪力键可适当减少。剪力键布置应注意避开预应力孔道。密齿剪力键厚度一般取4cm左右。

5）横梁与转向块构造

以体外预应力为主的体内外混合配束连续箱梁桥的横梁与转向块是两个关键的受力构件。在一联连续梁中，在中间桥墩处的主梁设置箱内横梁（称为中横梁），在一联主梁的两端设置箱内横梁（称为端横梁）。箱梁的其余区段一般均不设置箱内横梁。横梁的构造及受力均较为复杂，其应力状态需采用空间有限元分析。某座一联6×50m节段拼装连续箱梁桥（该桥概况见4.6.3节）的横梁构造尺寸[25]可供参考。横梁高度3m（与预制箱梁同高），梁段顶板厚28cm，底板厚65m，腹板厚70cm。端横梁厚2.3m，横梁上开人孔，尺寸为1.2m×0.8m。体外钢束锚固于横梁上，锚垫板间距60cm。端横梁设置竖向预应力粗钢筋。在距内侧18.2cm和33.2cm处布置2排ϕ32精轧螺纹钢筋，每排共20根。中横梁厚度2.5m，中横梁上的体外预应力短束（单跨锚固）为交叉锚固，成桥阶段相互平衡，不会引起中横梁受拉。但施工中受到单边预应力锚固力时，应进行验算。体外预应力采用横肋式跨中转向结构，每跨布置4道。横肋式转向结构将体外预应力钢束的转向力传递至刚度较大的顶板加腋处，从而传至整体结构一起承担。转向块处梁高3m，梁段顶板厚28cm，底板厚25cm，腹板厚40cm，转向肋板上段厚60cm，下段厚100cm，转向管道位置处开孔。转向块应力复杂，也应采用空间有限元进行分析。

为了加快施工进度，可以采用全体外预应力体系或仅辅以少量的体内预应力束。当一跨所有预制节段在架桥机上安装定位结束后，便可施加体外预应力束，形成一整跨的整体结构，架桥机即可前移进行下一跨的施工。图4-39为体外预应力体系的横梁与转向块示意图。

国内常见的体外束锚固构造，除上述锚固横梁外，还有锚固凸块。转向结构有块式、底横肋式、竖肋式、竖横肋式以及横隔板式等多种。设计时应根据具体情况选择。

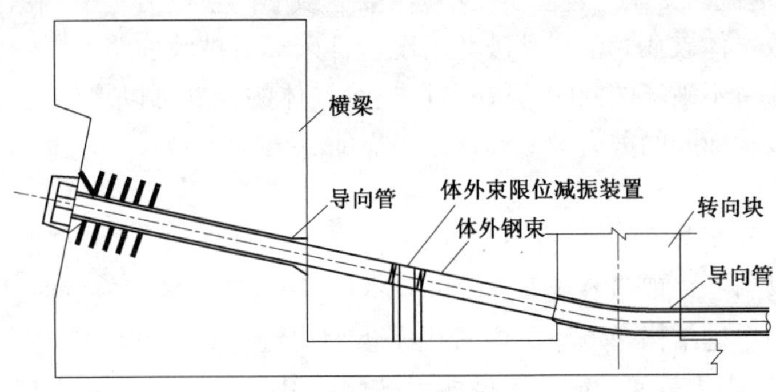

图 4-39　体外预应力体系

4.6.5　预制节段拼装连续梁桥结构分析与试验有关问题

1)主梁抗弯强度与抗剪强度折减

预制节段拼装预应力混凝土梁桥与整体浇筑预应力混凝土梁桥结构分析的基本内容大体相同,使用阶段承载能力极限状态和正常使用极限状态按《公路桥涵设计通用规范》(JTG D60—2015)的规定进行计算。但在计算中应考虑由于节段之间存在接缝,且普通钢筋在接缝处不连续,削弱了主梁的抗弯、抗剪强度,需进行折减。美国 AASHTO 规范[25]给出了这类桥型结构的折减系数,如表 4-4 所示。

预制节段拼装预应力混凝土梁桥强度折减系数　　表 4-4

类　型	接缝形式	抗弯折减系数	抗剪折减系数	接缝强度折减系数
全黏结体内预应力筋	A	0.95	0.90	—
无黏结体内预应力筋、无黏结或部分黏结体外预应力筋	A	0.90	0.85	—
	B	0.85	0.85	0.75

注:主梁采用普通混凝土;A 类接缝为湿接缝或胶接缝,B 类接缝为干接缝。

2)接缝截面抗剪承载力验算[21]

受弯构件接缝处抗剪承载力按下式计算:

$$K \cdot Q_J \leqslant \phi[(1+0.205f_{pc})A_j\sqrt{f'_c}+0.6f_{pc}A_w]\times 10^3 \tag{4-1}$$

式中:K——强度安全系数,$K \geqslant 2$;

Q_J——计算剪力(kN);

ϕ——抗剪强度折减系数,按表 4-4 取值;

A_j——剪力键的抗剪截面积(m^2);

f_{pc}——腹板上平均压应力(MPa);

f'_c——混凝土 28d 抗压极限强度值(圆柱试件)(MPa),对于方柱试件,应乘以 0.8 系数;

A_w——腹板截面积(扣除剪力键的面积)(m^2)。

第 4.6.2 节中的[例 4-2],取 $\phi=0.85$,计算结果表明:在距离墩顶约 4.6m 处,K 值最小,最大剪力 $Q_J=8026$kN,接缝的抗剪强度[即式(4-1)的右边]为 16292.5kN,$K=2.03$。

3）节段拼装时临时预应力验算[21]

参阅4.6.2节中[例4-2]及图4-34。预制节段吊装时，在主梁顶底板安装临时张拉台座。临时预应力筋张拉需保证最小压应力≥0.21MPa；平均压应力≥0.28MPa。张拉钢台基座总截面积为 $A=5.471\text{m}^2$，顶板束两组拉力为 $2N_{上}=2\times225.2=450\text{kN}$；底板束一组拉力为 $N_{下}=410.9\text{kN}$；设 $S_{上}$、$S_{下}$ 为截面形心轴以上及以下的截面静矩，则有：

$$\frac{2N_{上}}{N_{下}}\approx\frac{S_{上}}{S_{下}}=1.096;\frac{4N_{上}+2N_{下}}{A}=0.30\text{MPa}\geqslant0.28\text{MPa}$$

4）体外预应力端横梁锚固应力验算[25]

某桥一联6×50m节段拼装连续箱梁桥（参阅4.6.3及4.6.4节），体外预应力锚固于横梁上。采用Ansys软件对端横梁进行受力分析。体外束的索力0.65×1860=1209MPa，均匀作用于锚垫板上。计算结果表明：端横梁的内侧面双向受拉，类似于由顶底板和腹板四边支撑的梁体受力，内侧拉应力在4～8MPa之间。仅靠普通钢筋承担拉应力，过于密集，无法进行施工，故采用设置竖向预应力筋的方案。

5）体外预应力转向块应力验算[25]

某桥一联6×50m节段拼装连续箱梁桥（参阅4.6.3及4.6.4节），体外预应力取1209MPa，采用Ansys软件对转向块进行受力分析。计算结果表明：转向块压应力高值区主要集中在底部加宽区孔道上缘和转向块与加宽区连接处，最大值为-5.7MPa；拉应力高值区主要集中在转向块底部加宽区孔道下方及管道之间，除局部应力集中外，拉应力在1～4MPa之间。图4-40为跨中截面纵向预应力钢束布置图。

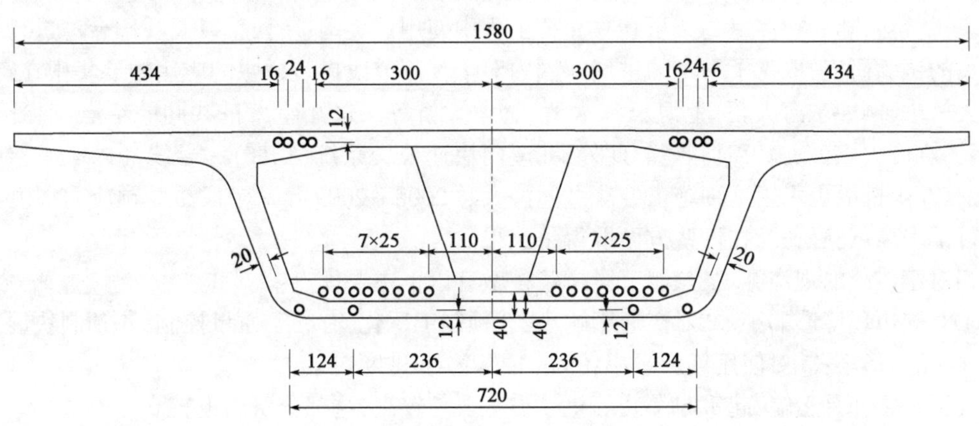

图4-40　预应力钢束布置（尺寸单位：cm）

6）节段拼装预应力混凝土梁受力性能试验[24]

（1）2002年5月美国加利福尼亚大学“预制节段桥梁上部结构抗震性能”试验。

试验梁共4片，与实际结构的比例为2∶3。试验目的是测试预制节段梁拼装接缝的抗震性能，分析配置不同体内、体外预应力比例对上部结构抗震性能的影响。试验梁达到最后破坏。结论如下：

①在很高的弯矩和剪力荷载共同作用下，试验梁在不发生破坏时，预制节段梁的接缝可以承受很大的张开宽度。

②体内预应力节段梁,以及体内束、体外束各占一半的混合配束节段梁,混凝土压碎试验呈脆性破坏。

③全体外预应力节段梁的破坏为塑性破坏(配有足够数量的有黏结非预应力筋),且破坏前产生的位移最大,延性最好。

④地震荷载作用下发生的永久残余变形,可以通过采用全体外预应力使之显著减少。

⑤在高地震区推荐采用部分体外预应力梁。

(2)2003 年为配合北京四丰立交桥采用预制节段拼装箱梁,进行了预制节段拼装技术的力学性能和施工工艺试验。该桥的 1 号匝道桥为 7×36m 预应力混凝土简支箱梁,每跨划分为 13 个节段,包括标准块、端块和转向块。接缝为胶接,架桥机拼装就位后,施加临时预应力,压应力达到 0.2MPa。采用体内束、体外束混合配束方案,内外之比 3∶2。箱梁宽度 8.21m,高度 1.8m。试验梁的断面与主梁相同。试验梁共分为 5 个节段,端块及标准块长度为 3m,墩顶块为 2.5m,全长 14.5m。试验加载至破坏阶段时,受压区混凝土产生斜压破坏且有少量的混凝土崩落,腹板出现斜裂缝,受拉区节段间接缝张开,主梁产生相当大位移,但整个梁体依然完好,继续加载,主梁只是继续增大位移。结果为塑性破坏。卸载后,节段间的张缝和腹板斜裂缝完全闭合,证明结构本身具有很好的位移恢复能力。

4.6.6 预制节段拼装桥墩简况

预制节段拼装施工工艺的应用和研究,国内目前主要集中在桥梁上部结构。在一座桥梁工程中,下部结构占有相当比例,传统的就地现浇法,在一些多跨长桥和混凝土运输困难的情况下,下部结构施工出现的弊病日益明显。20 世纪 90 年代,美国已开始在桥墩施工中采用预制节段拼装法,随后在多座高架桥和立交桥工程中使用。美国、新西兰以及我国台湾进行了多项相关的试验研究,取得了一定的进展。国内对于预制节段拼装桥墩的应用主要集中在跨海、跨江大桥中,例如东海大桥、上海长江大桥、金塘大桥等。这几座大桥共同的特点:混凝土量大、运输难度大、有效施工时间短。此外,在厦门快速公交系统(BRT)一号线岛内段高架桥建设中,有 6 个桥墩也采用这种施工方法。同济大学 2008—2009 年对节段拼装预应力混凝土桥墩进行了多项试验研究,在一些方面取得了成果。

相对于传统的现浇施工,预制节段拼装桥墩有以下主要优点:

①对周边环境影响小;②对交通影响小;③预制工厂化,有利于质量控制;④预制块混凝土徐变、收缩变形小;⑤对使用期影响小;⑥施工效率高、进度快。

其不足之处是运输、起重与吊装等机械设备要求较高,这部分费用也较高。

根据国内外工程实践和试验研究,桥墩预制节段拼装工法有以下特点:

(1)节段之间的接缝有湿接缝、干接缝和胶接缝三种类型,国内采用较多的是现浇湿接头。

(2)墩身设置竖向预应力筋将所有预制节段连接起来。后张预应力筋有两种,即有黏结和无黏结预应力筋。一般在墩顶张拉锚固。

(3)有的设计,在预制节段接缝处设置剪力键,或在干接缝处设置连接钢管。

(4)在桥墩塑形铰出现的区域增大配筋率或采用碳纤维混凝土,以提高延性。

桥墩预制节段拼装法符合节能、环保、低碳的国家政策。

4.7　快速施工桥梁技术简介

快速施工桥梁研究为浙江省交通运输厅科技计划项目。快速施工桥梁按英文可简称为“ABC”桥梁。其主要特点是：将桥梁上、下部结构以及连接系统最大限度地采用预制构件进行组装，是完全的装配式桥梁。主要目的在于加快桥梁建设速度，降低工程总造价，最大限度地减少对既有交通的不利影响。ABC 桥梁主要具有以下几点优势：

(1)由于大量采用预制构件，运输到现场进行快速拼装，可以最大程度减少桥梁施工对现有交通的影响以及交通管制引起的巨大费用。

(2)装配化程度越高，ABC 桥梁的总造价越低。综合考虑桥梁建造以外的费用和后期维护费用，ABC 桥梁更为经济。

(3)可以大量减少工人在现场的工作量，降低施工难度，增大了施工现场的安全性。

(4)减少重型施工机械的数量和重型施工机械在现场停留的时间，利于环境保护。

(5)以标准化、工厂化生产为主，提升了结构构件和成桥的工程质量。

(6)ABC 桥梁运营过程中，对结构构件的维护与更换较为方便。

ABC 桥梁预制构件的基本组成及划分：

(1)上部结构

①预制桥面板：包括全高预制桥面系、半高预制桥面系、钢混组合桥面系、纤维聚合物混凝土桥面板、钢质开口格构式桥面系以及木质桥面系等多种。

②主梁：预制板梁，预制小箱梁，预制 T 梁，预制倒 T 梁，预制马蹄形 T 梁，钢混组合梁等。

(2)下部结构

①桥墩盖梁：有矩形和倒 T 形两种。桥墩很宽时，盖梁横向分成几段预制。

②墩柱：一般为矩形、圆形或工字形断面。根据墩高可预制成全高或分段拼装。

③桥台：预制桥台分为悬臂式、埋置式及整体式三种。

④基础：有扩大基础、钻孔桩基础和打入桩基础。在桩基础上现浇混凝土承台。长桩可分段预制。

(3)预制构件连接系统

①钢套筒灌浆连接：分为预应力灌浆套筒连接、非预应力灌浆套筒连接。

②盖梁与墩柱的承插式连接。

③钢筋构件机械耦合器：预制墩柱与基础或盖梁可以采用剪力螺栓耦合器、头杆耦合器、灌浆套筒连接器、螺杆连接以及扣压式连接器等连接。

④金属波纹管：金属波纹管预先埋置在构件中，钢筋穿束后进行灌浆，将预制构件连接起来。

预制构件的吊装运输及安装：一般有自行式模块运输车、纵向顶推、横向滑移、传统的起重机械以及其他起重设备和方法等。

ABC 桥梁应用的新材料：高性能混凝土(HPC)、纤维增强聚合物混凝土(FRP)、形状记忆合金(SMA)等。

ABC 桥梁在地震地区的应用，对上部结构没有难以克服的技术问题；对于预制拼装的下部结构,尤其是预应力拼装式的混凝土桥墩能否满足抗震要求,需做进一步研究。

实例:美国爱荷华州 US6 号桥,该桥重建替换工程采用的上、下部结构均为预制装配的 ABC 桥梁,仅在交通封闭 16d 时间内完成,而传统的施工方法则需要关闭交通 6 个月。其造价比传统方法减少了 29%,社会、经济效益明显。

本章参考文献

[1] 陈奉民. 关于山区高速公路桥梁勘察设计技术的思考[J]. 公路交通技术,2013(3):74-78.

[2] 朱长亮. 组合式小箱梁连续端质量通病的思考与改革[J]. 城市道桥与防洪,2014(12):128-130.

[3] 王炎炎. 后张法 U 型预应力张拉工艺控制[J]. 城市道桥与防洪,2011(6):149-151.

[4] 马莹,叶见曙. 公路混凝土槽形梁行车道板设计计算方法研究[J]. 公路工程,2015,40(4):141-144.

[5] 刘建萍. 上海轨道交通 6 号线槽形梁设计[J]. 铁道标准设计,2009(12):55-57.

[6] 程正林. 八百河大桥 40m + 60m + 40m 预应力混凝土连续槽形梁设计[J]. 城市道桥与防洪,2014(7):174-176.

[7] 李喜平,严爱国,张池权,等. 沪通铁路(80m + 108m + 80m)连续槽形梁方案研究[J]. 铁道标准设计,2013(5):44-47.

[8] 马莹,席进,叶见曙,等. 基于板理论的公路混凝土槽形梁内力计算方法[J]. 中国公路学报,2012,25(3):107-111.

[9] 卢兴. 30m 简支人行天桥槽形梁后张法预应力设计计算分析[J]. 中国市政工程,2013(4):24-25.

[10] 黄麟,庄卫林,陈渤. 预制 T 梁桥和组合式 U 梁桥构造设计的对比分析[J]. 世界桥梁,2013,41(2):21-26.

[11] 沙丽新,李国平,刘晓苹. 一种新型先张法预应力混凝土板梁设计及精细化分析[J]. 中国市政工程,2014(4):27-30.

[12] 范利. 组合桥面在预制空心板桥梁上的应用[J]. 市政技术,2014,32(3):57-60.

[13] 朱东辉. 卫河大桥部分预应力混凝土低高度箱梁实验研究[J]. 中外公路,2014,24(6):51-54.

[14] 周伟明,李景丰. 徐州至明光高速公路低高度梁创新设计与应用[J]. 公路,2015(7):83-87.

[15] 赵体波,朱渝,周定九. 32m 超低高度混凝土 T 梁动力性能试验与分析[J]. 世界桥梁,2007(1):56-59.

[16] 陈雄. 装配式先张法预应力混凝土简支工字梁研究与设计[J]. 城市道桥与防洪,2014(5):85-87.

[17] 黄庆. 先简支后连续墩顶暗横梁结构在城市立交中的应用[J]. 中国市政工程,2014(5):84-87.

[18] 钟小军. 采用先简支后连续结构体系的预制小箱梁优化[J]. 中国市政工程,2013(3):19-21.

[19] 王应良,高宗余.欧美桥梁设计思想[M].北京:中国铁道出版社,2008.
[20] 曾勇,孟杰.绵阳飞云大道跨线桥节段预制拼装设计[J].公路交通技术,2012(1):62-66.
[21] 刘安双,马振栋.预制节段拼装桥梁在城市轨道交通中的应用[J].公路交通技术,2014(5):77-80.
[22] 于刚,张文庆,张春雷.预制节段拼装连续梁桥上部构造特点[J].城市道桥与防洪,2013(9):47-50.
[23] 彭李立.逐孔施工节段拼装混凝土箱梁设计方案对比研究[J].城市道桥与防洪,2014(7):213-215.
[24] 何维利.城市桥梁预制节段拼装技术研究[C]//2005年全国桥梁学术会议论文集[M].北京:人民交通出版社,2005.
[25] 彭德运,吴艳丽,朱颖.节段预制逐跨拼装连续梁桥的设计与施工[J].公路,2012(3):5-9.
[26] 宋凯.张剑英.预制节段拼装桥墩研究进展[J].城市道桥与防洪,2014(6):282-285.
[27] 项贻强,郭树海,陈政阳,等.快速施工桥梁技术及其研究[J].中国市政工程,2015(4):28-32.
[28] 王军.浅谈高等级道路小跨径桥梁梁型方案[J].城市道桥与防洪,2014(7):143-145.

第5章　中小跨径混凝土梁桥预应力体系

5.1　概　　述

现代预应力混凝土技术于1928年首先由法国著名工程师Eugene Freyssint(尤金·弗莱西奈)研究成功。1926—1929年他通过试验,指出了混凝土应变随时间变化的徐变效应和收缩效应,1928年提出预应力筋必须采用高强度钢丝。1933—1935年在Le Havre桥更新桥墩,首先使用预应力。尤金·弗莱西奈被称为“现代预应力技术之父”。1937年世界第一座预应力混凝土梁桥——德国的萨克森州奥厄公路桥建成,孔跨布置为25.20m+69.00m+23.40m,桥型为体外预应力混凝土悬臂梁桥。1938年世界第一座体内有黏结预应力混凝土桥在德国建成,为4跨33m简支梁桥。1939年尤金·弗莱西奈发明了锥塞锚固体系用于后张法预应力混凝土获得成功,这就是著名的弗氏锚。1941—1945年法国修建了多座预应力混凝土桥。第二次世界大战后,预应力技术在桥梁工程中的应用获得突飞猛进的高速发展,新结构、新技术、新工艺不断涌现,预应力理论不断深化,随着结构分析有限元的广泛应用,预应力混凝土桥梁设计达到新的水平。

我国从1949年后不久就开始研究预应力混凝土在桥梁上的应用。1956年建成第一座预应力混凝土铁路桥,跨径23.8m,共计28孔;1957年建成第一座预应力混凝土公路桥,为跨径29m简支T形梁桥。至今,我国公路、铁路、城市道路,轨道交通的桥梁工程中,绝大部分都是预应力混凝土结构,跨径范围从小桥、中桥、大桥直至特大桥。目前,预应力混凝土梁式桥(不含钢—混组合梁桥)的最大跨径已达290m。在全国,数量占有很高比例的中小跨径梁桥中,几乎都是预应力混凝土结构。2008年版交通行业公路桥梁通用图,标准跨径6~40m,除6m、8m、10m为RC板桥外,跨径10~40m均为预应力混凝土梁桥,构成了公路中小跨径梁式桥的主体。

预应力技术在桥梁工程占有重要地位,是因为这一先进技术具有以下若干优势。

(1)提高了桥梁的抗裂性和耐久性

混凝土的特点是抗压强度很高,抗拉强度很低。在RC受弯构件、偏心受压构件、受拉构件等结构中产生较大拉应力时,容易产生裂缝,承载能力较低,且钢筋锈蚀后将影响结构的使用寿命。施加预应力后,可以使混凝土结构不发生裂缝或将裂缝控制在一定的限度内,即提高了构件的抗裂性,其中的钢筋不易锈蚀,增强了耐久性,延长了桥梁的使用年限。

(2)增大了桥梁的跨越能力

普通钢筋混凝土桥梁,构件截面尺寸较大,增加了自重,桥梁跨径受到很大限制。对高强度混凝土施加预应力后,由于抗裂性能的提高,构件截面尺寸减小,自重降低,相当于增大了桥梁的跨越能力。这种差别随着跨径的增大越来越突出。目前,跨径大于10m的混凝土梁桥一般都采用预应力混凝土结构。

(3)提高了桥梁的刚度

普通钢筋混凝土桥梁,在正常使用情况下是允许出现一定宽度裂缝的。带缝工作的混凝土构件其整体刚度有所下降,挠度有所增大。预应力混凝土结构中的全预应力混凝土构件和部分预应力混凝土 A 类构件是不允许出现裂缝的,且对拉应力进行了限制;部分预应力混凝土 B 类构件虽然允许一定的裂缝宽度,但其限值小于普通钢筋混凝土构件。所以,预应力混凝土结构的刚度大于普通钢筋混凝土结构。

(4)充分发挥了预应力筋和混凝土各自的优点

对结构施加预应力,克服了混凝土材料抗拉强度低的缺点,发挥了其抗压强度高的优点,同时使抗拉强度很高的预应力筋所产生的拉应力转换成预压应力以消除混凝土截面的拉应力,充分发挥了预应力筋的抗拉强度。两种材料的优势互补使预应力混凝土成为一种新的性能更好的结构。

(5)预应力技术可以在桥梁施工中发挥重要作用

预应力技术在桥梁施工中运用广泛,例如预制节段拼装桥梁,施工中节段的连接多采用体外或体内预应力束;构件的临时锚固以及临时支座等预应力起重要作用。

另一方面,预应力混凝土梁桥的施工,与普通钢筋混凝土结构比较,施工工艺要求高,技术难度较大,需要专门的锚固装置和张拉设备,还要耗用一定数量的高强度钢材。工程费用相应较高。

关于预应力混凝土的基本含义,林同炎教授提出了下述定义:“预应力混凝土系其中已建立有内应力的混凝土,内应力的大小和分布能抵消给定外部加载所引起的应力至所预期的程度”。预应力混凝土结构设计与分析计算,国内外一般采用预应力度作为定量指标。预应力度的表达方式有多种:弯矩比、应力比、预应力和非预应力混合配筋的部分预应力比以及平衡荷载比等[1]。我国由中国土木工程学会混凝土及预应力混凝土学会部分预应力混凝土委员会于 1985 年编写的《部分预应力混凝土结构设计建议》将预应力度 λ 定义为:

对于受弯构件

$$\lambda = \frac{M_0}{M} \tag{5-1}$$

式中:M_0——消压弯矩,即使控制截面受拉边缘应力抵消到零时的弯矩;

M——使用荷载(不含预加力)短期组合下控制截面的弯矩。

对于轴拉构件

$$\lambda = \frac{N_0}{N} \tag{5-2}$$

式中:N_0——消压轴向力,即使构件截面拉应力抵消到零时的轴向力;

N——使用荷载(不含预加力)短期组合作用下的轴向拉力。

全预应力混凝土:$\lambda \geqslant 1$,部分预应力混凝土:$1 > \lambda > 0$;普通钢筋混凝土 $\lambda = 0$。

现行桥规[5]采用上述预应力度的定义,并将部分预应力混凝土构件划分为 A 类构件和 B 类构件。在短期效应组合下,正截面受拉边缘出现的拉应力小于规定的限值时为 A 类构件,拉应力超过限值但最大裂缝宽度小于规定限值时为 B 类构件。

用应力比表达预应力度是一种不仅适用于受弯构件也适用于偏心轴向受力构件的方法,即 $\lambda = \frac{\sigma_{PC}}{\sigma_t}$,式中 σ_{PC} 为有效预压应力,σ_t 为使用荷载产生在混凝土中的拉应力[2]。

全预应力混凝土受弯构件在长期使用过程中逐渐出现一些问题,在某些情况下全预应力混凝土结构不一定是最佳方案。其不足之处主要反映在以下几个方面:

(1)全预应力混凝土结构,尤其是在恒载与活载之比相对较小的情况下,预压区混凝土长期处于高压应力状态,引起混凝土较大的徐变,结构产生较大的非弹性变形,影响使用功能。

(2)全预应力混凝土结构,要求在荷载短期效应组合下控制的正截面受拉边缘不允许出现拉应力。实际上结构长期在全截面受压状态下工作,其抗弯承载力安全系数往往偏大,浪费钢材。

(3)全预应力混凝土结构,由于预应力钢束配置量大,在体内预应力构件设计时,往往受构造控制,需增大局部尺寸,不仅增加了结构自重,也带来某些不良影响。

(4)过大的预压应力,由于泊松比效应将会在垂直于预应力钢束的方向产生横向拉应变,并可能沿钢束方向发生纵向水平裂缝,这些裂缝是不可能恢复的。虽然可以采用三向预应力予以避免,但不仅增加了工程费用,而且结构构造复杂,施工难度也较大。

(5)按全预应力设计,如普通钢筋配置较少,在温度与混凝土收缩等附加应力作用下,可能在某些局部出现裂缝。

(6)全预应力混凝土虽然抗裂性好、刚度大,但结构延性较差,对抗震不利。

采用混合配筋以降低预应力度,并用普通钢筋来控制裂缝与挠度,减少预应力筋的用量,可以克服全预应力结构的缺点,同时又可以避免普通钢筋混凝土结构承载力低、耐久性较差等不足之处。所以,部分预应力混凝土结构现已成为加筋混凝土系列中的主要发展趋势,获得国内外工程界的共识[3]。

现行桥规[5]第6.1.2条规定:“跨径大于100m桥梁的主要受力构件,不宜进行部分预应力混凝土设计”。JTG D62规范2012年的征求意见稿取消这条规定是合理的,因为是否采用全预应力混凝土结构,考虑的因素除跨径外,还有结构物的重要性、环境条件、荷载组合以及结构设计计算等。

5.2 预应力分类提纲

1)基本分类

(1)体内预应力。

①有黏结体内预应力。

a.后张法有黏结体内预应力;b.先张法有黏结体内预应力;c.共张法有黏结体内预应力。

②无黏结体内预应力。

③无黏结、有黏结体内预应力组合。

④缓黏结体内预应力。

(2)体外预应力。

(3)体外、体内预应力组合。

2)按预应力施加的方向分类

(1)纵向张拉预应力束(预加力方向为钢束纵向)。

(2)横向张拉预应力束(预加力方向与钢束轴向垂直)。

(3)环向张拉预应力束。

3)按预应力施加方式分类

(1)用专用千斤顶施加预应力。

(2)用电热法施加预应力。

(3)用预弯钢构件施加预应力,又可分为单预弯和双预弯,相应的预应力混凝土构件,分别为预弯复合梁和预弯双预应力复合梁。

(4)用预加载方式施加预应力。

(5)用支座位移法施加预应力。

4)按主梁截面施加预应力区域分类

(1)单预应力,仅在主梁受拉区施加预应力,使之获得预压力。

(2)双预应力,除在主梁受拉区施加预应力外,还在主梁受压区通过预压钢棒使之获得预拉应力。对于受弯构件,双预应力从理论上可以使截面两侧的法向应力接近于零。

5)预应力力筋材料的种类

①高强度钢筋;②高强度钢丝;③高强度钢管;④钢绞线;⑤型钢与钢棒;⑥碳纤维增强聚合物;⑦高强度钢丝绳。

6)预应力混凝土的种类

①高强度混凝土;②高性能混凝土;③钢纤维混凝土;④纤维增强聚合物混凝土;⑤活性粉末混凝土;⑥弹性混凝土。

7)按梁体获得预应力分类

①单向预应力;②双向预应力;③三向预应力。

5.3　体内有黏结预应力的特点与工程应用

体内有黏结预应力广泛应用于桥梁工程中,特别是后张法,适用于各种跨径的混凝土梁桥。先张法因受张拉台座的限制仅用于中小跨径装配式梁板桥。共张法虽可用于较大的构件,但公路桥梁极少采用。现行桥规[5]中预应力混凝土结构部分,均为体内有黏结预应力的相关规定。这种预应力混凝土结构具有以下主要特点:

(1)由于预应力筋与混凝土黏结成整体承力,梁体进入破坏阶段时预应力筋的极限应力可以达到其抗拉极限强度,使其能够在构件最不利的受力截面充分发挥材料的强度。

(2)预应力筋与混凝土之间的黏结作用限制了混凝土裂缝的发生和开展,在最不利荷载作用下,梁体出现的裂缝都是细而密的形式。外荷载退出后,只要预应力不消压,混凝土裂缝自行闭合,又可恢复梁体的整体受力状态。具有较好的抗裂性。

(3)在剪力较大区段的弯起预应力筋,在正常使用阶段对结构提供了抵抗荷载剪力所需的预加剪力,并由于预应力筋与混凝土的黏结作用,在承载能力极限状态下限制了斜裂缝的发生与开展,使混凝土的剪压区高度增大,提高了斜截面抗剪性能。

(4)预应力筋完成张拉后,与混凝土形成的黏结使其具有可靠的锚固性能,在使用阶段,在预应力损失正常的情况下,可长期保持设计要求的有效预应力。

(5)先张法预应力筋和后张法管道灌浆质量良好的情况下,能有效地防止预应力筋的腐蚀,耐久性较好。

(6)后张法适用于各种线形的预应力筋,具有很大的灵活性,施加预应力不需永久性张拉台座,张拉设备较简单,便于现场施工。预制构件有利于标准化、工厂化生产;另外,体内后张法预应力又是大跨径混凝土梁桥主要采用的预应力技术。

体内有黏结预应力除具有上述特点及优点外,也有其不足之处:

(1)后张法体内有黏结预应力,管道灌浆质量控制与检测难度较大,一些工程实例和试验表明,灌浆不密实、不饱满的情况时有发生,尤其是扁管。对结构的承载力和耐久性有影响。

(2)一旦发现预应力系统或结构有问题,对原有的预应力筋无法进行补充张拉和更换,维护加固难度较大。

(3)体内预应力管道占用梁体的部分截面,使设计断面有所增大。在管道与钢筋密集的区域影响混凝土浇筑的质量。后张法有黏结预应力的孔道摩阻损失较大。先张法有黏结预应力不适用于大跨径桥梁。

(4)体内有黏结后张法预应力,从管道安装定位、穿束、安装锚具、浇筑混凝土直到预应力筋张拉、孔道灌浆,工序多,对质量要求高,作业时间长,施工复杂难度大。

在公路与城市道路的混凝土梁桥中,无黏结体内预应力仅在较小的范围和某些次要结构上采用(在5.5节讨论);体外预应力具有一些突出的优点(在5.4节讨论),但目前在国内应用范围不是很广泛。有黏结体内预应力成为目前国内预应力混凝土桥梁的主流,覆盖了混凝土梁式桥的所有跨径。其结构理论、设计方法、施工工艺都在不断完善和发展之中。总的趋势是,各种预应力技术相互渗透,扬长避短,优势互补,推动预应力混凝土技术继续向前发展。

5.4 体外预应力的特点与工程应用

以尤金·弗莱西奈(E·Freyssinet)后张法体内有黏结预应力技术为代表的现代预应力技术,在桥梁工程中取得巨大成功,在世界各国运用广泛,产生了深远的影响。早期修建的一些体外预应力桥梁,由于当时对体外钢束的防腐蚀问题未能获得较好的解决,建成不久后出现钢筋腐蚀,有的桥梁不得不更换预应力束,导致体外预应力的应用停滞不前。从20世纪40年代末至80年代,预应力混凝土桥梁几乎是体内有黏结预应力技术的“一统天下”。后来由于以下主要原因,又促使体外预应力技术的再发展[4]。

(1)体内有黏结预应力混凝土桥梁在使用过程中逐渐暴露出一些缺点(见5.3节),尤其是对管道内灌注水泥浆普遍存在不密实甚至脱空而又难以检测情况有了新认识。对于有问题的体内有黏结预应力束也无法进行更换。1985年英国威尔士的Ynys-Gwas桥由于节段间体内预应力钢束的腐蚀造成桥梁倒塌事故,致使1992年英国宣布在新建桥梁设计中不准采用成桥后无法检测和更换的后张体内预应力体系,只能采用体外束。此禁令在1996年得到部分解除,前提是有良好的细部构造和施工质量。

(2)采用体内有黏结预应力修建的一些桥梁出现病害需要进行加固时,采用体外预应力具有明显的优势;新钢束的布置很方便;预应力损失很小,加上高强度钢绞线的应用,体外束用量减少;施工较为简易。

(3)20世纪60年代以来斜拉桥的发展,促进了与其属于同范畴的体外预应力的发展。斜拉索的防护问题在不断得以解决的同时,其相关技术也被大量应用于解决体外预应力束的关键性问题——钢束的防腐问题。

(4)20 世纪 70 年代以来,节段施工法日益成为桥梁建设的主流。体外预应力发挥了重要作用,在施工速度、施工费用、施工质量控制等方面,体外预应力具有比体内预应力更多的优势。尤其是在预制节段拼装预应力混凝土梁桥的设计、施工中其重要作用更为突出。

体外预应力的主要特点(优点)[5,6]:

(1)体外束可检查,易更换,结构的耐久性、安全性得到保障。

(2)体外束的束力可以通过传感器测定,如预应力不符合要求,可以进行补张拉。

(3)体外束仅在转向与锚固块处设置预埋管,预应力摩阻损失小,利用率较高。

(4)无体内制孔、压浆工作。如体外束采用外套 PE 管后再压浆的构造,其施工也比体内束方便。

(5)体外束不占用梁体的工作截面,其构造尺寸不受预应力束的影响,截面设计更经济合理,自重较小。

(6)由于体内无预应力管道,不影响混凝土的浇筑质量。

(7)由于体外预应力(整体施工)与体内无黏结预应力相似,钢束与混凝土截面的应变不协调,索的应力增量分布较均匀,应力幅度小,体外束因轴向应力变幅而引起的疲劳影响较小。

体外预应力的主要缺点:

(1)必须有严格的防腐措施,才能保证体外束及锚具组件等达到设计要求的使用年限。尤其对锚具的可靠性要求很严格。体外束虽然可更换但费用较高。例如在美国,采用体外预应力的主要目的是降低工程造价,认为体外预应力可以减小箱梁腹板厚度,减轻自重,简化施工,并且不换索,才是最简单、最经济的结构。但是在法国等国家,则将体外预应力作为一种提高施工质量和结构耐久性的手段,主张体外索是可以更换的。

(2)体外预应力(整体施工)与体内无黏结预应力的力学特性类似,预应力束的抗拉强度不能充分发挥,即梁体进入破坏阶段时预应力束的极限应力达不到其抗拉极限强度,与相应的体内有黏结预应力比较,钢材用量较大。而且梁体裂缝的宽度与分布状况也与体内无黏结预应力梁相似(参阅 5.5 节)。为避免上述弊病,体外预应力混凝土结构可另行配置足够数量的体内有黏结钢束来限制裂缝,并提高结构的韧性。

(3)体外预应力钢束对抵抗破坏荷载和保证结构稳定性的功能不及体内有黏结预应力混凝土结构。

(4)在发生意外灾害例如火灾等情况下,易受损坏。

体外预应力混凝土结构按施工方法可以分为两大类,即整体施工与节段施工。两者的受力性能有较大差别,分述如下[7]:

(1)整体施工体外预应力混凝土梁桥的受力性能。

整体施工体外预应力混凝土结构的力学性能与体内无黏结预应力混凝土结构是基本相同的(参阅 5.5 节),但两者有以下三点区别:

①体外预应力束通常布置在箱梁底板之上或顶板之下,故预应力束的偏心距比体内无黏结预应力束的偏心距要小,预应力偏心弯矩相应较小。

②体外预应力束仅在锚固点与转向块处受到约束，只在这些点处钢束在梁体截面上的位置是不变的，在其他区段钢束的相对位置将随构件的变形而变化，因而体外束对梁体截面的偏心距会随着梁体弯曲下挠而减小，从而减小了预应力偏心弯矩，这种现象称“二次效应”。而体内无黏结预应力束位于梁体的孔道内，其在截面上的相对位置是不变的，即与梁体的变形无关，因而无二次效应。体外预应力束要减小二次效应，可以使转向点之间距离密一些。

③体外预应力混凝土结构与体内无黏结预应力混凝土结构预应力筋极限应力及结构极限承载力的计算方法是相同的，都可以用传统的截面强度计算方法计算极限承载力。但考虑到体外预应力存在二次效应，可以参照欧洲标准，偏安全地取钢束的有效预应力为极限应力。也就是说，预应力束在结构消压后没有应力增量。

(2)节段施工体外预应力混凝土结构的受力性能。

节段施工体外预应力混凝土结构，节段之间存在接缝，而且非预应力筋在接缝处被截断，使其抗弯刚度削弱，相同荷载下挠度更大。力学性能既不同于传统的体内有黏结预应力混凝土结构，也不同于体内无黏结预应力混凝土结构。

①正常使用极限状态。

为了阻止接缝处裂缝的发生，往往采用增加预应力筋的措施。美国洲际公路和运输工作者协会(AASHT0)1989 年版《节段式混凝土桥梁设计和施工指导性规范》，把节段间的接缝分两类：A 类为湿接缝或胶接缝和现浇混凝土接缝；B 类为干接缝。对两类接缝处混凝土的最小应力作如下规定：

A 类接缝：预应力筋体内配置且有最小黏结辅助钢筋穿过接缝时，在预应力阶段的最大拉应力为 $3\sqrt{f'_{ci}}$，f'_{ci}为混凝土在施工阶段的标准圆柱体抗压强度，单位为 Ib/in^2(约 70kPa)；在使用阶段的最大拉应力为 f'_c，即混凝土达到龄期时的强度。当预应力筋体内配置，且无最小黏结辅助钢筋穿过接缝时，不允许有拉应力(零应力)。

B 类接缝：当为体外预应力结构时，在最不利荷载下，最小压应力为 $200Ib/in^2$(约1.4 MPa)。

规范还规定，节段式(或有接缝)混凝土桥梁不允许采用部分预应力混凝土，必须采用全预应力混凝土结构，使最不利受力截面有一定的压应力储备。

②承载能力极限状态。

阶段施工体外预应力结构，受节段间接缝、钢束的黏结情况、转向块布置等多种因素的影响，存在非线性问题，使其承载力的计算变得非常复杂，必须采用有限元仿真分析，借助计算机完成庞大的数值计算。

理论分析和试验表明，不论是体外预应力混凝土结构还是体内无黏结预应力混凝土结构，除应满足预应力筋最低配筋率的要求外，还应配置一定数量的非预应力筋或体内有黏结预应力筋，即采用混合配筋方式，以改善裂缝的分布及受力性能，并达到提高这两类结构极限强度的目的。

体外预应力混凝土桥梁实例：

[例 5-1] 福州市洪塘大桥引桥[2,4]

跨越闽江的一座公路大桥。引桥为 31 ×40m 预应力混凝土连续箱梁桥。采用复式剪力键和干接缝的预制节段逐跨拼装施工，架设的支撑梁为地面上可以行走的移动支架。体外预应力钢束采用56ϕ5 高强碳素钢丝,标准强度1600MPa,张拉端为XM锚具。该桥于1990年建成,是我国首次采用体外预应力技术的预应力连续梁桥。

[例5-2]　上海泸闵高架道路桥梁[4]

高架道路二期工程桥梁采用预制节段拼装配合体外预应力的施工方法。标准跨径有30m和35m两种,均系底面为弧形的连续箱梁,标准宽度25.5m。预制节段箱梁全跨设计吊重约1300t,采用的上行式架桥机吊装能力为1800t。标准节段纵向宽度3m,近桥墩处节段宽度1.5m,采用短线预制,节段重量近100t。该桥于2002年建成。

[例5-3]　辽宁省铁岭至阜新高速公路跨线桥[4]

跨径28m+2×40m+28m全体外预应力等截面连续箱梁桥。采用满堂支架现浇施工。全桥共4束体外束,每束为27ϕ^s15.24环氧喷涂无黏结钢绞线。采用单根可换式的OVM-TJ·E体系,两端张拉,张拉控制应力1209MPa,车道荷载为公路—Ⅰ级。该桥为2004年度交通部西部交通建设课题《体外预应力桥梁设计施工技术研究》两个依托工程之一,于2007年5月建成。主梁的横断面如图5-1所示,体外预应力束纵向布置如图5-2所示。按图中A点挠度最不利布置荷载,即在40m跨与另一侧的边跨满布均布荷载,集中荷载作用在A点,计算二次效应为0.59%。该桥进行了成桥荷载试验研究。本章参考文献[4]指出:在正常使用阶段,大多数体外预应力混凝土桥梁二次效应均不大(不超过4%),虽有少数超过4%,但在挠度最大点设置竖向约束或增加转向块可以大大减小二次效应。故在正常使用阶段的计算中可以不考虑二次效应的影响。

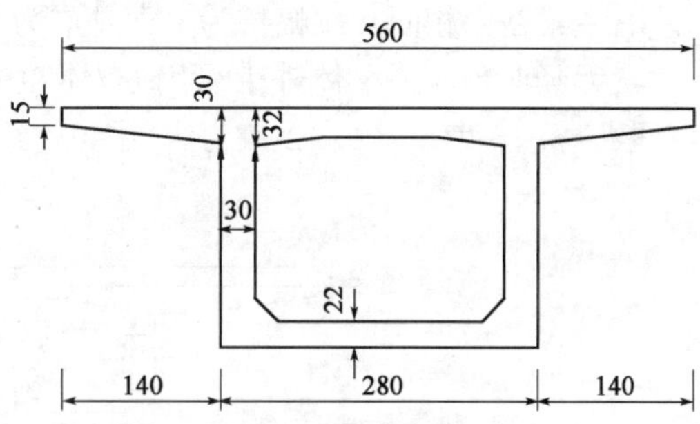

图5-1　截面示意图(尺寸单位:cm)

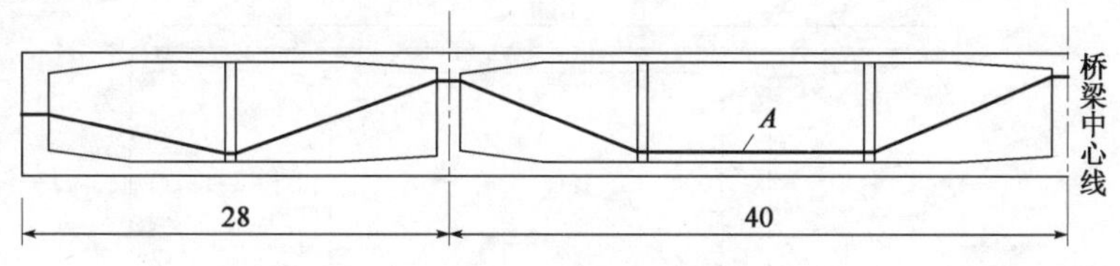

图5-2　体外预应力钢束布置图(尺寸单位:m)

[例5-4]　鸡西至牡丹江公路铁岭河大桥[8]

跨径25m+40m+25m体外预应力混凝土连续箱梁桥。主梁变高度,跨中高度1.2m,支点高度2.2m。顶板厚度25cm,腹板厚度30cm,在支点100cm范围内顶板、腹板均变为50cm。底板厚度为20(跨中)~40cm(支点)。箱梁横断面体外束布置如图5-3所示,采用C40混凝土。采用满堂支架施工。体外预应力束采用10束14ϕ^s15.2钢绞线,布置在箱内。中跨设4道转向块,边跨设3道。转向块

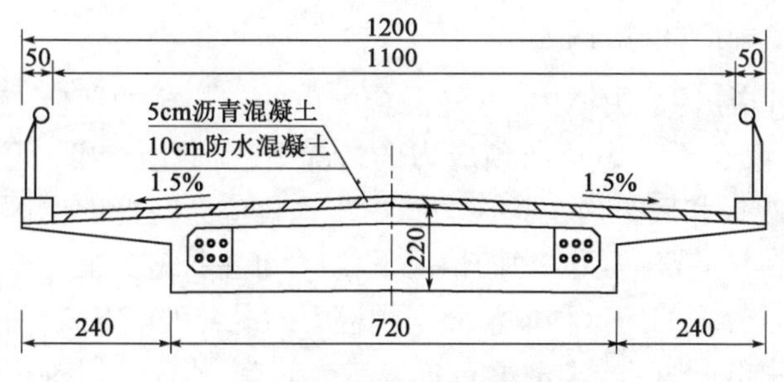

图5-3　横断面布置(尺寸单位:cm)

外设钢管，钢管与体外束之间无黏结。该桥为科研试验桥，位于二级公路上，于2001年10月建成。

［**例5-5**］ 某高速公路白马垄高架桥[8]

该桥位于平曲线段，分为左、右两幅。左幅为40m+41m+35m，右幅为24m+41m+35m，桥型为先简支后结构连续预应力混凝土T形梁。采用体内、体外混合配束预应力体系。体外束沿桥跨通长布置。结构计算时作了三项假定：①主梁截面变形服从平截面假设；②体内预应力束与混凝土之间完全黏结；③体外束与主梁分别作为构件考虑，两种构件仅在锚固区和转向区相连接，在正常使用极限状态下不计体外束在转向块处的滑动。该桥为科研试验桥。

［**例5-6**］ 重庆市绕城公路新滩綦江大桥[4]

75m+130m+75m预应力混凝土连接刚构桥，分为左、右两幅，为了比较，左幅为常用的体内有黏结预应力体系；右幅为体内、体外混合预应力体系，其中Ⅰ期束为体内预应力，Ⅱ期束为体外预应力。主梁截面如图5-4所示。顶板除0号块处的厚度为50cm外，其余均为25cm，底板厚度0号块处为100cm。腹板厚度0号块处为100cm，其余腹板厚度分为70cm、50cm两级。左、右主梁截面相同。左幅桥为三向预应力，右幅桥纵向为体内、体外混合配束，横向预应力同左幅，无竖向预应力。体外束采用OVM-TJ · E单根可换式预应力体系，每束为27ϕ^s15.24钢绞线，全桥16束。其中12束为边、中跨连续束；4束布置在边跨。

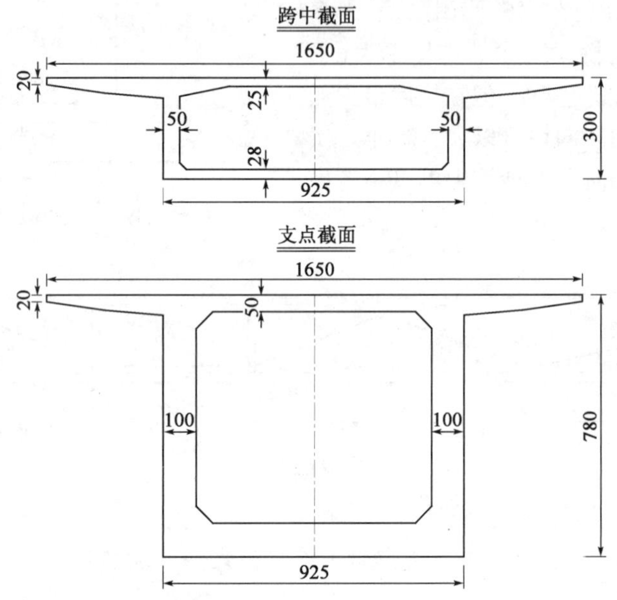

图5-4 箱梁截面示意图(尺寸单位：cm)

根据结构分析对比，本章参考文献［4］指出：采用体内、体外混合配束的右幅桥的剪应力明显低于采用全体内束的左幅桥；混合配束在不考虑竖向预应力的情况下，荷载组合Ⅱ（恒载、活载、温度与沉降组合）也明显降低了腹板和底板内主拉应力。由于主拉应力降低的原因是采用更为可靠的纵向预应力的预剪力，在没有竖向预应力的情况下，组合Ⅱ主拉应力能完全达到设计要求，故取消竖向预应力是可行且合理的。这种取消竖向预应力的混合配束方式，由于可以较为自由地调整体内、体外预应力束的配置方式，钢束布置构造也简单，从而可以推广至更大跨径的连续刚构桥中。

采用体外预应力技术修建的其他一些国内外桥梁实例以及采用体外预应力加固桥梁的案例可参阅本章参考文献[4]、[8]。

5.5 体内无黏结预应力的特点与工程应用

1934年，德国的Franz Dischinger提出用钢筋做拉杆的无黏结力筋的预应力混凝土梁，并可以进行补张拉以弥补应力损失的方法，获得了专利。1937年德国用这种方法建成了奥厄桥。该桥孔跨为25.2m+69.0m+25.2m。后来分别在1962年和1983年进行了两次维修，对预应力筋重新张拉，至今仍然使用。由于当时技术上存在一些问题，加上人们对无黏结预应力认识上的局限，这种预应力技术未能得到推广使用。直到20世纪50年代，美国将无黏结预应力筋用到升板建筑中，并随着大跨度平板的发展，无黏结预应力筋开始在美国得到推广应用。大约到1970年，塑料护套的制作工艺有了重大改进，采用热挤涂塑工艺制作的无黏结预应力钢绞线，取得成功，于1972年获得美国专利。以后这种无黏结预应力技术在结构中得到大量应用[7]。

我国于20世纪70年代初有关部门对无黏结预应力技术的基本性能进行了研究。1980年我国研制成功挤压涂层的无黏结筋生产线和相应的锚固系统，1984年中国土木工程学会编制出版了《部分预应力混凝土结构设计建议》，介绍了无黏结预应力混凝土结构设计的理论和方法，随后建设部颁发了《无粘结预应力混凝土结构技术规程》(JGJ/T 92)，为大规模地推广无黏结预应力技术创造了条件。20世纪90年代起，我国交通部门开展了无黏结预应力混凝土梁桥的研究，并修建了近10座试验桥[2]，随后在全国各地建成了一些中小跨径无黏结预应力混凝土梁桥。目前，在房屋建筑行业已广泛应用无黏结预应力，包括单向板、双向板、简支梁、交叉梁、框架梁、板柱结构、储仓和消化池等，还用于仅控制裂缝或挠度的后张预应力构件。在房屋建筑结构中，无黏结预应力束的布置较分散，邻近几束同时滑脱的机率很小，一般不承受动荷载。但桥梁的预应力束较为集中，吨位大，车辆荷载为动荷载。锚固处存在疲劳问题。所以，对无黏结预应力钢束锚固的可靠性较为担心，因为钢束锚固一旦失效，必将产生严重后果。目前，对于桥梁工程中采用无黏结预应力仍然相当谨慎，仅在少数中小跨径梁桥中和某些局部应用。随着研究的深入、技术上的改进和工程实践的增多，无黏结预应力混凝土技术将会在桥梁工程中逐步扩大使用范围，以充分发挥其在构造、施工和经济性等方面的优势。

5.5.1 无黏结预应力混凝土结构优点[2]

(1)构造简单、自重轻。不需要预留预应力筋孔道，能适应构造复杂、曲线布筋的构件，构件尺寸可减小，自重可减轻。

(2)施工简便、设备要求低。不需预埋管道、穿筋、灌浆等复杂工序，在中小跨径桥梁制作中代替先张法可省去张拉支架，简化了施工工艺，加快了施工进度。

(3)预应力损失小，可补张拉。预应力筋与外护套间设有防腐油脂层，张拉摩阻损失小，使用期可以进行补张拉。

(4)抗腐蚀能力强。涂有防腐油脂，外包PE护套的无黏结预应力筋，具有双重防腐能力，可以避免有黏结预应力筋压浆不密实而可能发生的预应力筋锈蚀等危害。

(5)使用性能良好。采用无黏结预应力筋和普通钢筋混合配筋,可以在满足极限承载能力的同时避免出现集中裂缝,使之具有有黏结部分预应力混凝土相似的力学性能。

(6)抗疲劳性能好。无黏结预应力筋与混凝土梁之间纵向可相对滑移,使用阶段应力幅度小,钢束无疲劳问题。

(7)抗震性能好。当地震荷载引起大幅度位移时,可滑移的无黏结预应力筋一般处于受拉状态,应力变化幅度较小并保持在弹性工作阶段,而普通钢筋则使结构能量消散得到保证。

5.5.2 无黏结预应力混凝土结构缺点[2,7]

(1)无黏结预应力筋对于锚具的安全可靠性、耐久性的要求较高,以确保锚具在长期使用过程中不发生意外事故。

(2)由于无黏结预应力筋与梁体混凝土可产生纵向相对滑移,预应力筋的抗拉能力不能充分发挥。结构最大弯矩(或开裂截面)处预应力筋的实际应变为平均应变,故在极限荷载作用下,无黏结预应力筋的实际应力远小于相应的有黏结预应力筋的实际应力,导致无黏结预应力混凝土结构的极限抗弯强度大大低于相应的有黏结预应力混凝土结构。

(3)裂缝较宽,挠度发展较快。在开裂荷载作用下,无黏结预应力混凝土结构出现的裂缝,条数少,缝较宽,较为集中,挠度发展也较快。

(4)连续破坏问题。无黏结预应力混凝土连续板梁桥,如果某一跨因某种原因造成预应力筋失效,势必使连续结构丧失部分或全部承载力。

为了克服或减轻上述无黏结预应力混凝土结构缺点所产生的不利影响,较为有效的一种措施是采用混合配筋,即在梁体内除无黏结预应力筋外,另配置一定数量的参与受力的有黏结非预应力钢筋。国内外一些试验表明,当采用混合配筋时,结构的工作性能、强度和延性可能达到有黏结部分预应力混凝土结构相同的状态。非预应力筋配筋率达到约 0.3%,且非预应力筋在极限状态下的拉力不低于预应力与非预应力筋两者拉力之和的 25% 时,无黏结预应力混凝土梁的性能将与有黏结预应力混凝土梁基本类似。故规程[26]规定:梁中受拉区配置的非预应力纵向受力钢筋的最小截面面积 A_s 应符合下列规定:

$$\frac{f_y A_s h_s}{f_y A_s h_s + \sigma_{pu} A_p h_p} \geq 0.25 \quad 或 \quad A_s \geq 0.003bh \tag{5-3}$$

式中:f_y——非预应力筋抗拉强度设计值;

h_s——纵向受拉非预应力筋合力点至截面受压边距离;

σ_{pu}——正截面承载力计算中无黏结预应力筋的应力设计值;

h_p——纵向受拉无黏结预应力筋合力点至截面受压边缘的距离;

b、h——截面宽度和高度。

取上述两式中计算结果较大者,非预应力筋直径不应小于 14mm。

因此,无黏结预应力混凝土梁按部分预应力原理设计是合理的。目前,一般均按部分预应力混凝土进行设计,可根据具体情况选用 A 类或 B 类构件。结构计算可参阅本章参考文献[7]、[9]和规程[26]。无黏结预应力筋与锚具的技术性能,规程[26]有明确规定。

使用阶段的无黏结预应力筋分为可以进行再次张拉和不能再张拉两种类型。对于不需要再张拉的无黏结预应力筋,提高锚固性能的一种有效方法是采用局部有黏结段。首先按计算确定需要钢筋黏结的长度,在该长度内剥去无黏结钢筋的护套和涂层,再将无黏结筋穿入预埋的管道中,管道上设有压浆孔和排气孔(此管道两端密封,严防漏浆),再张拉和锚固后灌浆。使端部区段内预应力筋与混凝土形成黏结。如果使用阶段需要再次张拉,则无黏结预应力筋的锚固完全依靠两端的锚具固定。

应用无黏结预应力的部分公路桥梁的简况见表5-1。

应用无黏结预应力的部分桥梁简况　　表5-1

序号	桥　名	桥　型	孔跨(m)	简 要 说 明
1	四川浦江县雷河桥	简支空心板	4×14.1	无黏结预应力束共12束7ϕ5钢丝,单端张拉,预制板厚55cm,进行了荷载试验,性能良好,汽—20、挂—100;1992年建成
2	四川遂宁市嘉禾桥	单跨简支板(为城市桥,全宽50m)	18	无黏结预应力束13束(车道)10束(人行道),7ϕ5钢丝,单端张拉,张拉端夹片锚,固定端镦头锚;预制板厚度75cm,宽1m,进行了荷载试验,1992年建成
3	四川浦江县驭仙桥	简支空心板	3×20	无黏结预应力束计11束7ϕ5钢丝,C50混凝土,单端张拉,预制板厚80cm,桥宽24m
4	四川彭州市竹瓦大桥	简支空心板	7×20	无黏结预应力束12束7ϕ5钢丝,单端张拉;预制板厚80cm,汽—20、挂—100;桥宽净9.0m
5	广东南海市谢叠大桥引桥	简支空心板	10×20+25+16	无黏结部分预应力混凝土结构,1994年建成
6	贵州贵阳至遵义二级公路阳郎坝大桥	左岸～右岸共计42孔,简支空心板	13×16+29×16	预制板宽1m,计13束7ϕ5钢丝,标准强度1570MPa,B类构件;配非预应力筋9ϕ16,C40混凝土;汽—超20、挂车—120;预制板厚75cm,1994年建成,至今仍服役
7[10]	江苏云阳大桥	下承式系杆拱	70;拱矢度1/5	系杆为无黏结预应力混凝土,一道系杆22束,每束6根钢绞线,标准强度1500MPa;系杆为箱形,高1.2m,宽1m;桥宽24.5m;3片拱肋,系杆两端各3m为有黏结段。汽—20、挂—100;1990年建成
8	贵州贵定县麦溪桥	简支空心板(城市桥宽21.5m)	2×25.82	整体式空心板,全宽配266根无黏结钢绞线,板厚125cm;板端2m为有黏结段,单端张拉;OVM15-1锚具,固定端为P锚;汽—20、挂—100;斜交板36°;2004年建成,现仍服役
9	贵阳市金阳观山大桥引桥	简支空心板(城市桥宽15.9m)	16	整体式空心板,全宽配168根无黏结钢绞线,板厚80cm;单端张拉,OVM15-1夹片锚,固定端P锚;汽—超20、挂—120;2004年建成,现仍服役
10	贵州施秉县鸡公岩桥	简支空心板(桥宽18.5m)	5×23.04	整体式空心板,全宽配224根无黏结钢绞线,板厚120cm,单端张拉,斜交板68°16′,汽—超20,挂—120
11[8]	石家庄温塘河桥(二级公路)	简支空心板	10×20	装配式板厚85cm,宽159cm,配9束7ϕ5无黏结钢丝束,单孔夹片锚XM锚,桥面宽12m;进行了桥梁荷载试验;1992年通车后数年情况良好
12[8]	河北小米峪桥	简支空心板	3×16	装配式无黏结预应力混凝土结构,预应力系统与序号11相同

续上表

序号	桥 名	桥 型	孔跨(m)	简 要 说 明
13[8]	深圳市皇田机场立交桥	简支空心板(城市快速路)	30	装配空心板厚138cm,宽1.39m;每块板配270级钢绞线(美国标准 ϕ15.24)19根,采用无黏结筋和非预应力筋混合配筋,底板束15束,单端张拉,两侧各2束为两端张拉,A类构件
14[11]	河南平顶山市堂上村桥	工形组合简支梁(县乡公路)	多跨20	预制工梁高1m,边、中梁分别配21根和19根 ϕ15.24钢绞线,由3~5根组成一束,采用多孔锚具,汽—20,挂—100;成桥后进行静载试验
15[11]	河南平顶山鲁山王村桥(Ⅰ号和Ⅱ号桥)	工形组合简支梁	Ⅰ号桥3×20; Ⅱ号桥7×20	预应力体系与序号14桥相同
16[12]	广东石南大桥	预应力混凝土连续刚构桥	75+135+75	桥面宽16m,主梁单箱单室,高7.5~2.5m,顶板厚26cm,施加无黏结横向预应力钢丝束,采用DXM21-1单孔锚,纵向间距50cm,张拉力330kN
17[13]	甘肃靖远县三滩黄河大桥	预应力混凝土连续刚构桥	78+140+78	主梁为单箱单室,三向预应力,顶板横向为无黏结预应力钢绞线,顶板宽16.5m,进行了模型试验
18	贵遵高速公路K33+765桥	简支空心板	20	无黏结筋为钢丝束,桥宽22m,斜交45°
19	贵遵公路黄草坪桥	简支空心板	3×20	无黏结筋为7ϕ5钢丝束,标准强度1570MPa
20	上海××桥	简支空心板	25	无黏结与有黏结混合配束;装配板宽、高均为1m,先张钢绞线12根直束;无黏结钢绞线4根为弯束
21	铜仁鹭鸶岩大桥引桥	简支空心板	25	整体板高1.2m,顶宽13.5m,ϕ15.2无黏结预应力钢绞线,共154根,标准强度1860MPa,单根张拉
22	贵阳市东北绕城公路圆宝坡大桥	简支空心板	8×30m	预制板高1.35m,宽1.42m,无黏结预应力钢绞线,标准强度1860MPa,单根张拉,另一端固定,采用斜夹片锚,C50混凝土

1991年交通部下达“无黏结部分预应力混凝土在桥梁中的应用”课题,四川省交通科学研究所承担该项科研课题,先后在省内外设计了37座无黏结预应力混凝土空心板梁桥。表5-1中序号1~6即为该课题中所设计,并已建成。表5-1中这6座桥资料摘自《四川省公路学会1992年桥梁学术讨论会论文集》和《当代四川公路桥梁(续集1987—1995)》。

5.6 体内缓黏结预应力技术要点

体内有黏结预应力的主要缺点,在5.2.2节作了分析。体内无黏结预应力正好可以避免体内有黏结预应力的这些不足;而体内无黏结预应力存在的主要问题(在5.2.3节作了分析),体内有黏结预应力正好可以克服其弊端。工程界经过长期的理论研究、结构试验和工程实践,研制出了缓黏结预应力这样一种新技术,其主要特点(即优点)是基本保留了有黏结预应力和无黏结预应力的优点,同时避免了有黏结预应力和无黏结预应力的缺点。

缓黏结预应力混凝土结构中的预应力筋称为缓黏结预应力筋,其构造不同于有黏结预应力筋,也不同于无黏结预应力筋。这种预应力筋的外围由护套包裹,在护套与预应力筋之间充满缓黏结黏合剂。当采用钢绞线为预应力筋时,其构造如图 5-5 所示[14]。施工时,将缓黏结预应力筋与非预应力筋按设计位置安装,一同绑扎,然后浇筑混凝土,待混凝土达到 75% ~ 100% 设计强度后,张拉缓黏结预应力筋。在一定的时间内,缓黏结黏合剂尚未开始硬化,如同有黏结预应力筋在尚未灌浆的管道中一样不影响预应力筋的张拉。待梁体施工完成一定时间后,缓黏结黏合剂开始硬化,最后使预应力筋与混凝土牢固地黏结在一起。从上述施工程序可以看出:预应力筋张拉时与无黏结预应力的情况相同,缓黏结黏合剂硬化后,与有黏结预应力的效果一样。

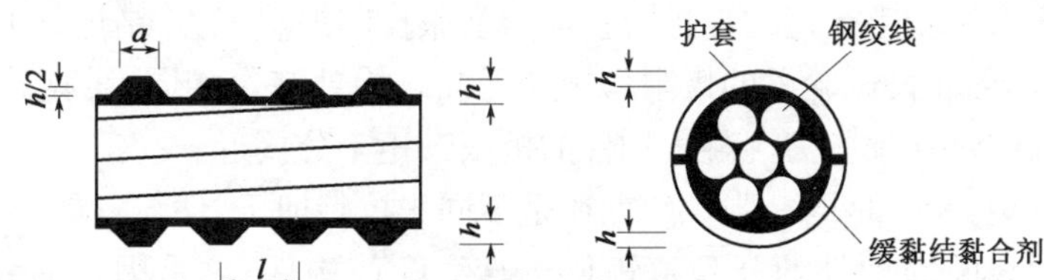

图 5-5　缓黏结预应力钢绞线构造

h-肋高;l-肋间距;a-肋宽

缓黏结预应力技术有以下几个特点:

①在缓黏结黏合剂开始固化之前,钢绞线(或其他预应力筋)张拉时能自由伸长,且钢绞线与黏合剂之间的摩阻力不能过大,其有效预应力与设计要求基本接近。

②在缓黏结黏合剂完全固化后,由裸钢绞线、黏合剂、护套组成的缓黏结预应力筋与梁体混凝土之间有足够的、可靠的黏结力,其传力情况与有黏结预应力筋基本一致。试验表明,钢绞线与黏合剂之间有很高的黏结力,而主要应解决的问题是护套与黏合剂、护套与混凝土之间黏结力应满足传力要求。

③缓黏结预应力混凝土结构的承载能力极限状态、正常使用极限状态的受力验算应符合现行桥规[5](体内有黏结预应力)的有关规定。

④缓黏结黏合剂的使用寿命应满足设计要求,缓黏结黏合剂应能有效地防护钢绞线。

⑤缓黏结黏合剂开始固化与完全固化的时间以及固化后的强度应满足设计要求。

国内研究缓黏结预应力的部分试验成果简介如下:

(1)缓凝砂浆研制成果[15]

1993 年 12 月,铁道部第一设计院预应力技术开发中心研制出特种缓凝剂 A 型,配制了缓凝砂浆,并分别完成了包裹材料缓凝砂浆的室内试验以及缓黏结筋工艺模拟试验,得到下述结论:

①缓凝砂浆具有良好的触变性,能满足张拉施工工艺的要求。

②缓凝砂浆硬化过程与温度有关。温度越高缓凝期越长,反之则越短,且主要决定于平均温度。

③缓凝期与缓凝剂 A 的掺量有关,掺量大则缓凝期长,当缓凝期为 25d 时,缓凝砂浆的最终强度可达到 30MPa 以上。

④缓黏结钢筋在缓凝期25d前,单位面积摩阻基本相同,约53kPa;25d后单位面积摩阻上升迅速,约50d后达到1400kPa。此时钢筋已达极限强度,即钢筋与混凝土已黏结成整体。在缓凝期,钢筋张拉摩阻损失较大,但对20m以内的直索摩阻损失仍能满足设计要求。例如铁路、公路连续箱梁桥的横向和竖向预应力筋。

(2)缓黏结预应力混凝土构件试验研究[16]

经过反复试验,研制出一种复合缓凝剂,配制出缓凝期分别为20d、30d和40d的超效缓凝砂浆。试验结果表明:在缓凝期内有良好的触变性,可满足预应力筋张拉工艺要求;在缓凝期内,温度越高,缓凝砂浆的缓凝期越长,后期硬化速度越快,强度越高,反之,则缓凝期越短,后期硬化速度越慢,强度越低。缓凝剂掺量越大,缓凝期越长。试验配制的缓凝砂浆最终强度可达到40MPa。

对缓黏结预应力混凝土受弯构件进行预应力筋张拉和加载试验,结论如下:

①缓凝砂浆未凝固时,试验梁的极限弯矩与无黏结构件基本相同;缓凝砂浆完全硬化后,试件的极限弯矩与有黏结预应力混凝土构件的极限弯矩十分接近。

②对于开裂弯矩,无论是同一张拉龄期还是不同张拉龄期,试件与有黏结预应力混凝土构件都很接近。但曲线配筋构件的开裂弯矩低于直线配筋构件,这是因为曲线筋张拉摩阻力较大。

③对部分2个月后加载破坏的构件进行劈开检验,缓凝砂浆、钢绞线和混凝土三者结合良好,缓凝砂浆样品的平均强度为33.5MPa。所以,预应力筋张拉2个月后完全可以视缓黏结预应力构件为有黏结预应力混凝土构件。

④缓黏结预应力混凝土设计时,除了张拉摩阻力与后张法有黏结构件取值不同外,其余均与后张有黏结预应力结构相同。

(3)缓黏结混合配筋预应力混凝土梁裂缝宽度试验研究[17]

对18根缓黏结混合配筋预应力混凝土梁进行裂缝宽度试验研究,主要成果要点如下:

①张拉预应力筋时摩阻力与缓凝砂浆的缓凝程度有关,随着缓凝天数的增加而增大。当缓凝砂浆终凝以后,即使钢绞线被拉断,也不能破坏缓凝砂浆与钢绞线之间的黏结。

②静摩阻f_c等于钢绞线刚刚被拉动时的张拉力N_0,即$f_c = N_0$,试验得到单位面积的静摩阻力为0.07~0.164MPa。实测的单位长度偏差系数$k = 0.0344$,摩擦系数$\mu = 0.1719$。

③建议缓黏结预应力混凝土受弯构件最大裂缝宽度计算公式为$\omega_{max}^{x} = \beta\omega_{max}^{L}$,其中$\beta$为修正系数,$\beta = 1.236\dfrac{\lg N^L}{\lg N_f}$,1.236为构件材料强度以及黏结性能的修正系数,$\dfrac{\lg N^L}{\lg N_f}$为构件在荷载作用下,荷载循环次数的修正系数,对于静载,取$\dfrac{\lg N^L}{\lg N_f} = 1$,对于经历$x$00.0万次等幅疲劳荷载作用下没有发生疲劳破坏的构件,取$N_f = 2 \times x00.0$万次。N^L为疲劳荷载作用下实测循环次数(对应于实测最大裂缝宽度);ω_{max}^{L}为试验梁的最大裂缝宽度,N_f为试验梁的疲劳寿命。

试验结果与上述修正计算值比较吻合。对于疲劳荷载作用下的受弯构件,上述修正公式系按规范[17]中考虑疲劳影响最大裂缝宽度计算公式进行修正的。

(4)缓黏结预应力混凝土T梁裂缝宽度试验研究[18]

自行研制缓凝砂浆,制作两种缓黏结预应力筋,分别为增强纤维塑料布缠绕方式与PVC

塑料管灌浆方式，对 3 根缓黏结部分预应力试验 T 梁进行加载至开裂荷载，分析研究了试验实测资料，进行了裂缝宽度计算，对现行桥规中裂缝宽度公式予以修正，提出了缓黏结部分预应力混凝土最大裂缝宽度的计算公式如下：

$$w_{tk} = C_1 . C_3 . \frac{\sigma_{SS}}{E_s}\left(\frac{30 + d}{0.28 + 10\rho}\right) \tag{5-4}$$

$$C_1 = \frac{1.4n_1d_1 + n_2d_2}{(n_1 + n_2)d_e} \tag{5-5}$$

式中：C_1——考虑混凝土与钢筋的黏结特征对裂缝影响的参数；

n_1、n_2——缓黏结预应力筋根数、普通带肋钢筋根数；

d_1、d_2——预应力筋等代直径、普通带肋钢筋直径；

d_e——预应力筋和普通钢筋的等效直径，$d_e = \frac{\sum n_i d_i^2}{\sum n_i d_i}$，$n_i$ 为受拉区普通钢筋、预应力筋根数，d_i 为受拉区普通钢筋公称直径、预应力筋等代直径；

σ_{SS}——截面受拉区外缘钢筋应力；

E_s——普通钢筋的弹性模型；

d——纵向钢筋直径；

e——截面配筋率；

其余符号含义见桥规[5]。

上述修正公式计算裂缝宽度与实测值更为吻合。

(5)缓黏结预应力钢绞线试验研究[19]

制作了 3 根缓黏结预应力混凝土试验梁，通过手工方式制成 3 根缓黏结预应力钢绞线，经过大量正交试验和理论分析，得到了满足要求的缓凝砂浆，其配合比为：河沙、水泥、水、高效减水剂、膨胀剂、高效缓凝剂的比例为 1272.22、1272.22、547.05、6.36、0.64、7.63(重量比)。28d 立方体缓凝砂浆抗压强度平均值为 35.42MPa；试验梁采用 C50 混凝土。在缓凝砂浆开始凝固之前，张拉钢绞线，通过应变片读数变化，计算出预应力筋的摩阻损失，经过分析汇总后得到：缓黏结预应力钢绞线张拉时的静摩阻力约为 0.2MPa；摩擦系数 $\mu = 0.1797$，偏差系数 $k = 0.0264$。

现行桥规[5]规定的钢绞线 $\mu = 0.20 \sim 0.25$(金属波纹管)、$0.14 \sim 0.17$(塑料波纹管)；$k = 0.0015$。可见，缓黏结筋的 μ 与现行桥规[5]规定大致接近，但 k 值则大得多。所以，在目前技术条件下，缓黏结预应力筋不宜过长，否则 k 值过大，有效预应力降低较多。

(6)缓黏结预应力钢筋黏结性能试验研究[14]

通过 8 个试件的拉拔试验，测得了缓黏结钢绞线拉力与滑移量之间的关系曲线。缓黏结预应力钢绞线的构造如图 5-5 所示。试验表明，护套横肋对缓黏结钢绞线与梁体混凝土之间的黏结锚固强度有明显的有利作用，试验测得的黏结应力为 7.0MPa，而无横肋的护套，黏结应力仅为 2.0MPa。另外，东南大学对无横肋的光圆缓黏结预应力钢绞线进行了试验，测得的黏结强度很小，仅为 1.25MPa；上海建筑科学研究院利用日本提供的有横肋的缓黏结预应力钢绞线进行了试验，测得的黏结强度达到 5MPa。

(7)缓黏结预应力混凝土梁承载力试验研究[20]

试验梁共 4 根，其中 2 根为缓黏结预应力混凝土，另外 2 根为一般的有黏结预应力混凝土。分别对开裂荷载、破坏荷载、控制截面应力、裂缝与变形进行了测试。对比了缓黏结预应力与一般有黏结预应力的受力性能,得到以下结论:

①在极限承载力情况下,缓黏结预应力混凝土梁的实际开裂荷载与破坏荷载均大于一般的有黏结预应力混凝土梁,同时缓黏结预应力混凝土梁的挠度与应变增长相对较大,表现出更好的黏结作用。

②试验梁(矩形与T形截面)跨中截面测试结果表明,缓黏结预应力混凝土梁与一般的有黏结预应力混凝土梁的体内应变变化规律吻合较好。

③试验梁跨中截面钢筋、混凝土应变测试结果表明,两种预应力混凝土梁应变曲线变化规律基本一致。

④试验梁裂缝测试结果表明,缓黏结梁裂缝宽度相对较小,平均裂缝间距在122~126mm之间,表明缓黏结预应力筋与混凝土之间具有足够的黏结力。

缓黏结预应力混凝土技术在国外一些发达国家应用已较广泛。例如日本已将缓黏结预应力技术广泛应用于桥梁、房屋等各种混凝土结构中。2009年该技术被我国住房和城乡建设部评为推广新技术,在房屋等建筑结构中应用较多,研究日益深入。但在桥梁中应用较少,在2000年以后有少数桥梁工程采用这一新技术。例如上海市成都路20m预应力混凝土空心板桥、广西黎钦地方铁路工程飞龙郁江大桥箱梁横向预应力和兰州银滩黄河大桥箱梁竖向与横向预应力等,缓黏结预应力筋张拉长度已超过20m。桥梁工程应用缓黏结预应力技术的研究正逐步深入,工程应用也在发展。下面介绍两座采用缓黏结预应力混凝土的公路桥梁设计、施工情况[8]。

[**例5-7**] 张申浦桥

该桥为跨径20m缓黏结预应力混凝土装配式梁桥,预制梁高90cm,宽99cm。预应力钢绞线采用ASTMA416-886(270级高强度、低松弛)ϕ^j15.24(7ϕ5)、标准强度1860MPa钢绞线,一片梁17根。张拉时因摩阻产生的预应力损失取300kg/m,不再考虑现行桥规[5]中预应力筋与管道壁之间的摩阻损失。张拉控制应力取0.78×1860=1451MPa,不考虑锚圈口的摩阻损失。在混凝土浇筑后第3d,对缓黏结预应力筋进行初张拉,为张拉控制应力的70%;混凝土强度达到设计强度75%以上时,按下述顺序第2次张拉:0→初始力20kN→张拉吨位的70%→放张→重新张拉达到设计吨位(持荷5min),锚固预应力束。从配制缓凝砂浆到预应力束张拉锚固完毕,必须在缓凝砂浆的缓凝期内,力争在15d内完成。缓凝砂浆的设计缓凝期取25d,采用复合缓凝剂A,砂浆的最终强度在40MPa以上,在25d缓凝期内单位面积摩阻力约为55kPa,约50d后达到1400kPa。该工程进行了足尺模型试验,对缓凝砂浆、预应力筋张拉时摩阻力作了测试,还进行了静载试验,以指导设计和施工。试验梁的拱度、挠度、跨中截面上、下缘应力均与计算值接近,跨中未发生裂纹,结构安全可靠。

[**例5-8**] 上海市共和新路桥

该工程由2个匝道桥和一个高架桥组成,长约400m,总宽度达55.5m。桥型结构由30m+47m+30m预应力混凝土连续箱梁(斜交15°)与标准跨径30m预应力混凝土箱形简支梁组成。2座匝道桥连续梁桥面宽各15m;简支梁桥面宽各12m;高架桥桥面宽25.5m。连续梁工厂预制,工地顶推施工;简支梁工厂预制,工地拼装,简易模架法架设。该项工程共使用431根15m长的3×7ϕ5(270级强度、低松弛)ϕ15.24钢绞线和1988根12m长D25预应力钢筋。全部箱梁横向均采用缓黏结预应力技术进行设计。预应力筋张拉在缓凝砂浆配制后 10d 内进行。

另外，日本东海五个山桥，为主跨 115m 四跨连续刚构，桥面板采用横向缓黏结预应力钢绞线，两种直径分别为 21.8mm 和 28.6mm，单根张拉。车行道有效宽度 10～13m[2]。

5.7　体内预弯有黏结预应力的特点与工程应用

1949 年比利时设计工程师利普斯基(A·Lipski)首先提出预弯复合梁的设计思想。随后他和贝阿斯(L·Baes)教授合作，于 1954 年提出预弯复合梁的初步设计和计算方法。经过长期的研究与试验，1965 年比利时的预弯公司(S·A·preflex)创造了一种施加预应力的新方法，并获得了专利。欧洲一些国家首先将预弯复合梁应用于港口、桥梁、地下工程和工业与民用建筑工程。由于这种结构具有施工速度快、重量轻、抗裂、抗震性能好等优点，相继在英国、德国、法国、美国和日本等国家得到推广应用。例如比利时，至 1981 年，已在各类工程中使用了预弯复合梁 1207 根。日本于 1966 年开始进行预弯复合梁的开发研究。1968 年 8 月在大阪建成第一座跨径为 18.5m 的预弯复合梁公路桥——玉津桥，同年又在京都建成了跨径 18m 的鹿野桥。在应用这种桥型结构的过程中，日本国内有的专家、学者对其受力性能与计算方法提出异议，进行激烈的争论。后来，在日本“预弯复合梁性能评审委员会”的组织领导下，对预弯复合梁的性能作了全面评定。基本结论是：预弯复合梁桥是介于钢桥和预应力混凝土桥之间的一种新型大跨度桥梁，不但使用寿命长，而且具有其他结构所没有的独特优点。1971 年 5 月日本十家桥梁公司联合成立了“预弯梁振兴会”。1975 年在日本出版了《预弯复合梁桥设计施工指南》。据统计，1983 年以前，日本用预弯梁建成的桥梁有 230 座。对其中 1981 年前建成的 160 座公路桥进行了参数分析，预弯梁桥的跨径在 21～30m 之间，梁的高跨比为 1/20～1/35；有些变截面梁的高跨比可达 1/50[21]。在亚洲，日本和韩国应用预弯复合梁较多，已有了较完备的设计、施工规范或技术标准，并已形成工业化的生产能力。日本建成的预弯复合梁简支梁桥最大跨径达到 44m(1996 年建成)；最大跨径两跨连续梁桥为 40.732m＋41.339m(1997 年建成)。至 1996 年底，日本已建成预弯复合简支梁桥 512 座，其中铁路桥 9 座，其余均为公路桥。目前比利时、英国、德国、法国、美国等国家均相继出现了从事预弯梁定型生产的专业化公司[8]。

我国预弯复合梁桥的研究工作起步较晚，20 世纪 80 年代同济大学张士铎教授最先引进预弯复合梁桥的概念，首次提出了预弯复合梁桥初步设计方法，包括截面尺寸拟定、挠度及上拱度估算方法，并给出算例。此后，同济大学、郑州市公路管理局、哈尔滨建筑工业大学、交通部天津水运科学研究所、湖南大学等相继开展了试验研究工作。预弯复合梁桥被交通部列入国家“七五”重点攻关项目。1988 年在辽宁桓仁县建成第一座跨径 3×16m 预弯复合简支梁桥。目前，最大跨径简支梁已达到 38m(哈尔滨先锋路立交桥)。

预弯复合梁的关键技术是在混凝土梁内建立起设计需要的预压应力。通过预弯复合梁的制作流程说明预压应力的产生。图 5-6 为预弯复合梁的制作步骤示意图。具体如下：

(1)将一根屈服强度高的钢构件(一般采用工字钢)经过冷弯形成上拱形曲线，应满足设计要求的预拱度 f，如图 5-6a)所示。

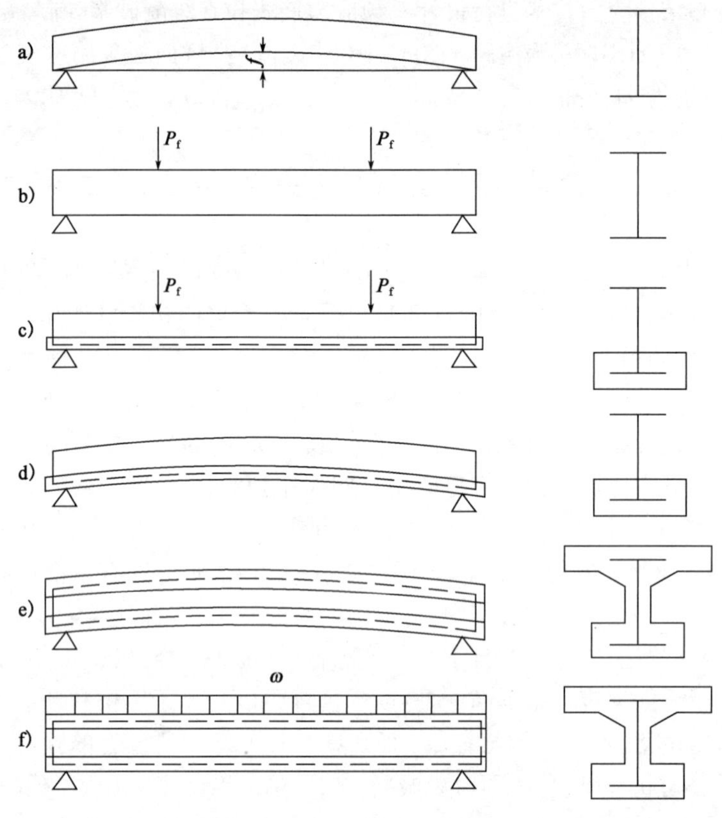

图 5-6　预弯复合梁的制作流程图

(2)在预制台座上,将弧形工字钢构件两端支承,在其上$\frac{l}{4}$处对称施加一对大小相等的集中力 P_f(l 为构件的计算跨径),使工字钢压成近似水平状态,P_f 称为预弯力,由梁的设计弯矩确定。P_f 与钢构件截面特性、预拱度和钢材容许应力有关。参阅图 5-6b)。在预弯力作用下,钢梁下缘处于受拉状态,上缘处于受压状态。

(3)在 P_f 力保持不变的情况下,浇筑工梁下翼缘区域的混凝土(一期混凝土),混凝土等级不低于 C40,在此阶段一期混凝土处于无应力状态。如图 5-6c)所示。

(4)一期混凝土达到设计要求的强度(一般约为 90% 设计强度)后,通过松开控制 P_f 的锚固螺栓释放 P_f 力,工字钢便将预压应力传递至一期混凝土内(工字钢下翼缘范围),工字钢的初始预拱度 f 因 P_f 的拆除而减小,但仍有一定的上拱度。即一期混凝土已建立预压应力的情况下,存在一定的上拱度,如图 5-6d)所示。

(5)一期混凝土养生完成后,安装混凝土梁内的钢筋,然后浇筑混凝土截面剩余的混凝土(二期混凝土)。由于有一期混凝土形成的预弯梁的承托,二期混凝土处于无应力状态。至此,一片预弯梁施工完成,达到一定强度后,便可运输并吊装就位,并承受后续荷载 W,如图 5-6e)和图 5-6f)所示。

预弯复合梁也可以直接在桥位处就地施工。但预加力设备需要在现场安装使用。

预弯力 P_f 可按下式计算:

$$P_f = \frac{8[\sigma_s]I_s}{hl} \tag{5-6}$$

式中：$[\sigma_s]$——钢材的容许应力；

I_s——工字钢截面惯性矩；

h——工字钢高度；

l——工字钢计算跨径。在 P_f 力作用下，工字钢下缘拉应力达到$[\sigma_s]$。

预弯复合梁一般是全截面参加工作，随着荷载的增加，梁体从反拱状态逐渐下挠，下缘预压应力也逐步减小，进而产生拉应力，最后出现裂缝，预弯复合梁演变为型钢混凝土结构。

预弯复合梁的主要优点[22]：

(1)建筑高度小。在相同使用荷载下，因其含钢量较大，其梁高较一般预应力混凝土梁小。

(2)吊装重量小。在相同跨径情况下，预弯复合梁的重量小于一般预应力混凝土梁。当主梁间采用横向刚接时，主梁的吊装重量仅为钢梁与一期混凝土的重量，远小于一般装配式预应力梁。

(3)开裂后工作性能好。在使用荷载作用下，预弯复合梁内部的型钢有较大的强度储备，当受拉区出现开裂后，应力将在主梁截面上产生重分配，使一期混凝土内力逐渐转移到钢梁上，从而延缓了裂缝的集中发展。

(4)预制梁可以工厂化生产。

预弯复合梁的缺点：

(1)用钢量较大。与相同跨径的一般预应力混凝土梁桥比较，造价较高。

(2)预加载设备庞大，占用时间长。

(3)梁体制作需专门场地，就地施工难度较大。

(4)梁体分两次浇筑混凝土，施工时间较长。且新旧混凝土结合面需进行处治，否则影响连接强度。

目前，预弯复合梁多用于跨径 20 ~ 40m 的简支梁桥，其主梁的高度大约是跨径的 1/30。所以，在梁高受到严格限制的情况下具有优势。主梁的间距一般在 1.3 ~ 1.5m 之间。主梁横向刚接较为有利，在形成预弯梁之后，将全部主梁吊装就位，一次性浇筑二期混凝土，不仅吊装重量最小，而且横向刚度大、整体性好，单主梁受力较小[22]。

预弯复合梁桥结构计算包括以下主要内容：预弯复合梁承载力极限状态下的抗弯、抗剪强度验算；正常使用极限状态下的应力、挠度和裂缝宽度验算，包括一期混凝土下缘应力、二期混凝土上缘应力、钢梁上下缘应力以及使用阶段主梁的挠度和裂缝宽度；施工阶段钢梁的整体稳定、受压翼板与腹板的局部稳定以及一期混凝土的反弹压应力验算等。预弯复合梁桥的结构分析计算可参阅本章参考文献[8,21 ~ 23]。

预弯复合梁是一种型钢混凝土组合结构，结构分析难点在于钢与混凝土徐变、收缩引起的内力重分布。因此最好采用计算机编程的有限单元分析方法，以避免繁琐的手算并保证计算的精度。本章参考文献[8]介绍的 PFSAS 系统就是一个专门针对铁路预弯复合梁进行结构内力分析计算的软件。

本章参考文献[21]提供了预弯复合梁公路桥的标准设计参数，可供参考。桥面宽度有 7.5m和 9m 两种，标准跨径在 14 ~ 44m 之间，每隔 2m 为一级。设计参数包括主梁高度、主梁片数、一期混凝土截面尺寸、钢主梁材料数量(包括钢梁及钢构件)等。

国内已建成的部分预弯复合梁桥的简况见表5-2。

国内部分预弯复合预应力混凝土梁桥简况 表5-2

序号	桥 名	跨径(m)	桥型	简要说明
1	辽宁桓仁县某桥[21,23]	3×16	简支梁桥	桥宽8.5m,5片T梁,高55cm,中距1.6m,预弯工钢标准强度340MPa,高46cm,预拱度185mm,荷载试验活载最大挠度为6.5mm < 允许值26mm,汽15、挂80,1988年建成,国内首座
2	哈尔滨中山路立交桥[8]	27.6	简支梁桥	工形主梁高度90cm,试验桥
3	哈尔滨先锋路立交桥[8]	38	简支梁桥	
4	鞍钢铁路专用线跨线桥[18]	16.98(斜交45°10′)	简支梁桥	桥宽4m,7片T梁高78cm,预弯钢梁采用16Mnq,一期混凝土C60,二期混凝土C40,1999年10月建成
5	哈尔滨新阳立交桥[8]	22+21+21	简支梁桥	桥宽18m,14片T梁高70cm,间距132cm,工形预弯钢梁高60cm,1994年建成
6	长沙韶山路立交桥[8]	27.9、26.9	简支梁桥	桥宽17.4m,14片T梁高86cm,间距1.245m,预弯工钢高68cm,16Mn,1997年建成
7	北京南长河桥[8]	33	简支梁桥	主梁高110cm,预弯工形钢梁
8	上海莘奉金高速公路三座立交桥[8]	均为40	简支梁桥(分左、右幅)	单幅桥11片主梁高135cm,预弯工梁Q345c,高111cm,腹板厚20mm,上下翼板从两端至中部的厚度分别为18、28、45mm,工钢吊重50t,一期混凝土C60,二期混凝土C40

一些研究者认为,预弯复合梁结构中的混凝土抗压性能还可以进一步充分利用,提出"反压平弯梁"作为预弯复合梁的改进型。除了充分发挥混凝土的抗压性能外,还能增加钢梁的应力变幅,使其下缘由压应力变化到设计拉应力,以更加充分地利用两种材料的优势,使结构更经济合理。但目前还缺乏深入的试验研究和工程实践。"反压平弯梁"的施工要点可参阅本章参考文献[22]。

国内已建成的预弯复合梁桥,均为单预弯预应力混凝土结构,即通过预弯钢梁预弯力的释放仅在主梁的受拉区建立预压应力。本章参考文献[22]提出"双预弯复合梁"的构思,也称为预弯双预应力复合梁。基本概念是:通过工字钢(桁)梁的预弯力在混凝土主梁的受拉、受压区分别建立预压应力和预拉应力,在钢梁的预弯力释放后,可以使主梁上、下缘获得相反的应力,具有双预应力的受力特点。但是这种预应力结构用钢量太大,基本上为钢结构,混凝土只起增大主梁刚度和保护钢构件的作用,不能发挥混凝土的抗压优势,实用性较差。但随着我国钢梁桥应用的逐步扩大,预弯复合梁可以作为一种方案参与比选。

5.8 预弯预应力钢筋的特点与工程应用

本章参考文献[22]在研究了预弯复合梁(PFSC)和一般的体内有黏结预应力梁(TPC)存在的问题后,提出了一种新的预应力混凝土结构形式——预弯预应力钢筋混凝土梁(PFRC)。

根据 PFRC 梁的主要施工程序可以了解到这种结构建立预应力的基本思路。图 5-7 为其制作工艺简图，说明如下：

(1)制作一根具有适当预拱度的钢筋混凝土梁，其下缘受拉主筋采用高强度粗钢筋或钢绞线，在受拉边缘可能出现裂缝的区间预留槽口，如图 5-7a)所示。主筋净保护层厚度取为箍筋的直径。

(2)在梁上左、右$\frac{l}{4}$附近施加预定的竖向荷载 F_{ld}，此时，在预留槽口的顶端会出现裂缝，如图 5-7b)所示。

(3)安装受拉边缘的构造钢筋。插入式马蹄箍筋在预留槽口预埋在先浇的梁体内。然后浇筑受拉区槽口范围的混凝土，如图 5-7c)所示。

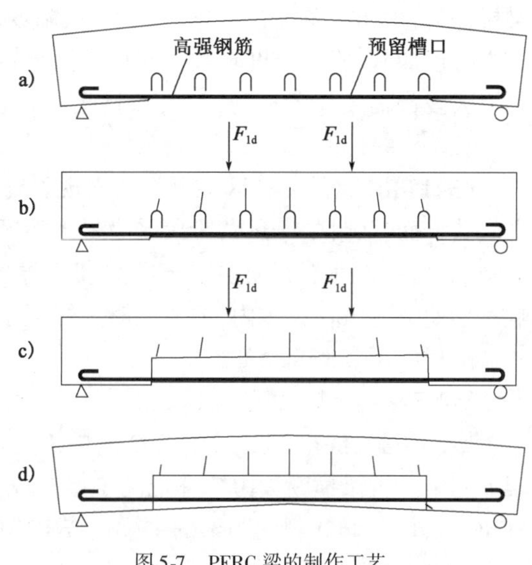

图 5-7　PFRC 梁的制作工艺

(4)后浇的混凝土达到预定的强度后，卸除竖向荷载 F_{ld}，下缘主筋的弹性恢复力便在受拉区的后浇混凝土截面产生预压应力，如图 5-7d)所示。

通过试验梁的荷载试验，研究了 PFRC 梁的变形性能、裂缝开展情况及承载能力等，得到以下结论：PFRC 梁不仅具有较强的弹性恢复能力，而且具有足够大的刚度，保持了 TPC 梁的优点，并避免了 TPC 梁因预应力大而可能引起的一些问题。

PFRC 与 TPC 比较，有下述优点：

(1)省去了 TPC 所必需的留孔、穿索、张拉、锚固、灌浆、封锚等较复杂的工序。

(2)不用张拉机具，无需锚具及锚下加强钢筋。

(3)预应力损失较小，只有钢筋松弛和混凝土收缩徐变引起的损失。

(4)梁中混凝土所获得的预应力与梁抵抗外荷载所需的预应力大小及分布较为吻合。

PFRC 与 PFSC 比较，有以下优点：

(1)用钢量显著减少。PFSC 梁由钢梁主要承力，而 PFRC 则充分利用了混凝土的抗压优势，主筋主要用来承受拉力。

(2)施工工艺简化。PFSC 钢梁制作需要专门设备，技术较复杂，PFRC 相对较简单。

(3)设计计算较简单。PFSC 梁需进行剪力键强度验算，预弯钢梁要进行稳定性验算，而 PFRC 则不需进行这类计算。

(4)适用性广。PFSC 主要用于简支梁桥，而 PFRC 简支梁、连续梁桥均可使用，还可以用于连续梁的负弯矩区和桥梁的局部结构。

本书编著者认为，PFRC 梁桥除具有上述优点外，也存在某些不足之处，主要有以下几点：

(1)预加竖向荷载 F_{ld}要使主梁的下缘出现裂缝，需达到相当的吨位，压重或设备较为庞大，加载与拆除较为麻烦，且预加载至拆除荷载的时间较长。

(2)简支梁桥仅在一跨内的正弯矩区段采用 PFRC，采用预制构件可以办到，但对于连续梁桥,需将 PFRC 布置在负弯矩区段,预制场内无法进行预加荷载施工,需在预制梁安装就位后方可预加载,施工难度较大。常用的简支转结构连续装配式梁桥(例如 T 梁、小箱梁),正负弯矩区段都需要按预应力设计,而且是预制装配式,如采用 PFRC 则施工过程较为复杂,工期也较长。

(3)PFRC 梁的受拉区在预加载出现裂缝后再浇筑二次混凝土,在相当的范围为新旧混凝土的结合面,而且处于运营阶段受力最大的区域。一方面新旧混凝土界面的抗拉、抗剪强度有所降低,另一方面因新旧混凝土的龄期差导致收缩徐变产生附加应力,对结构的耐久性有影响。早期裂缝虽在梁体内,但对混凝土微观结构有损伤。

工程应用实例简介如下[22]。

[**例 5-9**] 四川德阳旌湖大桥

城市桥梁,桥宽 33m,全长 307m,中跨为跨径 90m 中承式提篮拱,两边跨为外倾式斜腿刚架加挂梁。桥梁横断面由 7 片现浇 T 梁构成,梁高 2m,间距 4.5m。全桥除四跨挂梁直接采用 PFRC 梁外,外倾式斜腿刚架的主梁也按 PFRC 原理进行设计施工。挂梁有两种跨径:30.66m 和 28.85m。斜腿刚架的主梁全长为 22.84m + 7m + 25.00m = 54.84m。挂梁按简支梁进行 PFRC 设计;斜腿刚架在主梁的下缘设置冷拉Ⅳ级钢筋。主梁为拉弯构件。在主梁的两端(与斜腿交汇处)施加竖向预加荷载,使主梁中的拉筋达到预定的拉力值,浇筑主梁下缘混凝土,达到预定强度后,拆除预加荷载,主梁获得预压应力,上述施工均在现场进行。

[**例 5-10**] 四川名山县民生桥

17.5m + 25m + 17.5m 连续梁桥,斜交 45°,桥宽 20.5m,由 4 片 T 梁组成,间距 3.8m,梁高 1.3m,负弯矩区段为 PFRC 梁,正弯矩区段为 RC 梁。负弯矩区采用冷拉Ⅳ级预应力钢筋,直径 25mm。为了使负弯矩区主梁获得预压应力,在三跨跨中分别预加荷载 60t、70t、60t。主梁施工为支架上现浇。该桥于 1995 年 12 月建成。

[**例 5-11**] 四川永川市通兴桥

2 × 23.4m 连续梁桥,桥宽 8m,由 4 片 T 梁组合,梁高 1.2m,间距 2.0m,负弯矩区采用 PFRC 梁,正弯矩区采用 RC 梁。为了使负弯矩区主梁获得预压应力,在两跨跨中各 3m 长度内预加荷载 50t。主梁采用支架现浇施工。该桥于 1996 年 3 月建成。

预弯预应力钢筋混凝土梁(PFRC)研制成功,获得 1996 年交通部科技进步三等奖。

5.9 横张预应力的特点与工程应用

传统的预应力混凝土梁为了克服纵向弯矩产生的正截面拉应力,预应力筋的张拉方向为纵向,横张预应力也是为了抵消纵向弯矩的正截面拉应力,但预应力筋的张拉方向为垂直预应力筋的方向,下面以横张预应力混凝土 T 形梁为例,说明其建立预应力的基本思路。图 5-8 为横张预应力混凝土 T 梁构造图。

施工程序如下:

(1)制作混凝土梁体,在 T 梁腹板两侧的中部一定长度内预留明槽,在明槽内设定高度处直线布置预应力钢束(图 5-8 中纵断面上的虚线),其两端埋入先浇梁体混凝土中,为黏结锚固端。

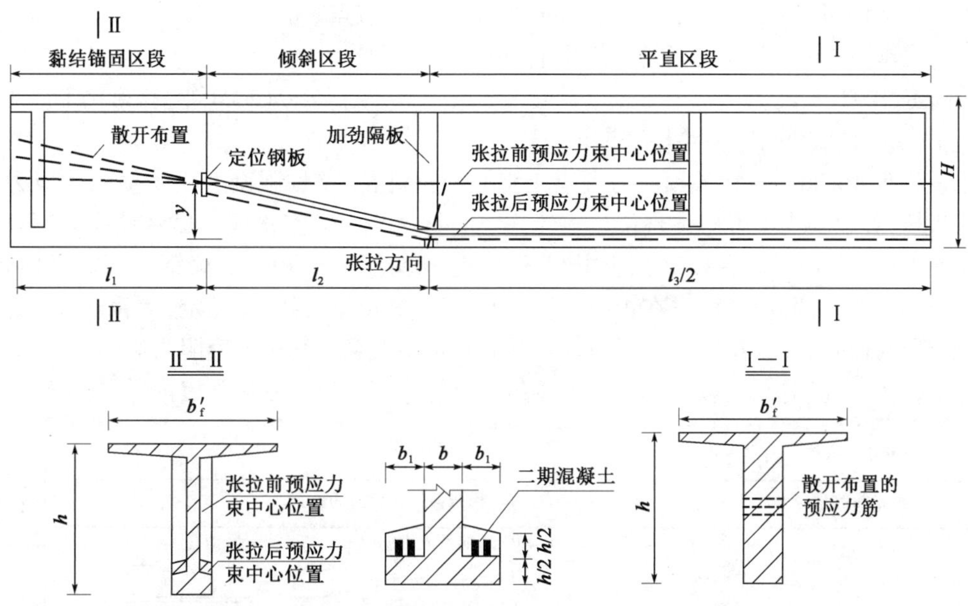

图 5-8　横张预应力混凝土梁总体构造

(2)安装张拉设备,以梁底为反力承压面沿竖向向下张拉预应力钢束至设计位置,梁体混凝土即在钢束伸长受拉的同时获得预压应力。

(3)插入钢销以锁定预应力钢束的位置,卸除千斤顶等张拉设备。

(4)浇筑预留明槽的混凝土。一片简支 T 梁的制作工作完成。

横张预应力混凝土有三个主要特点[24]:

(1)改传统的预留孔道为预留明槽,节省了波纹管、定位钢管和压注水泥浆等工序。

(2)改传统的专用锚具锚固为黏结力自锚,节省了锚具、锚下局部加强钢筋及预应力束的张拉操作长度。

(3)改传统的沿力筋纵向张拉为沿垂直于力筋的横向张拉,所需张拉力仅为传统纵向力的 1/5 ~ 1/7。

(4)横张预应力混凝土技术兼有先张法与后张法、有黏结与无黏结、体内束与体外束预应力技术的主要优点。在适用范围内,能简化工艺、节省材料、提高工效。

重庆市将"横张预应力混凝土梁工艺及性能试验研究"列入"一九九五年国家级地方重点攻关计划",由重庆交通学院、重庆高速公司发展有限公司、重庆市交通规划勘察设计院、重庆交通科研设计院、重庆渝通公路工程总公司等单位联合组成专题研究组,进行了较系统的试验研究和理论分析,在渝长高速公路红槽房大桥等六座桥梁中成功应用,获得 1999 年度重庆市科技进步一等奖。2005 年 4 月由重庆市交通委员会和重庆交通学院编写的《横张预应力混凝土桥梁设计施工指南》正式出版[24]。

横张预应力混凝土桥梁实例:

[例 5-12]　渝长高速公路红槽房大桥[22,8]

7 × 30m 预应力混凝土简支 T 形梁,单幅桥宽由 7 片预制 T 梁组成,间距 220cm,预制梁高度 200cm,一片 T 梁布置 28 根 ϕ15.24 低松弛钢绞线,标准强度 1860MPa,C40 混凝土,采用横张预应力,全梁用4个70t级穿心式千斤顶同时张拉,每个张拉点竖向拉力理论计算值为406kN,考虑了张拉工作杆与预留张拉孔间的摩擦影响,预计竖向张拉力为420kN。该桥主梁于1997年3月开始施工,1997年11月完成。根据本章参考文献[22]介绍,至今(2004年)该桥仍正常使用。

[例5-13] 渝长高速公路徐家沟桥[22]

原设计为4×20m装配式预应力混凝土空心板桥,由于条件限制变更为横张预应力混凝土空心板桥,并改为支架上整体现浇。整体式空心板由9个箱室构成。横张预应力钢束的布置及断面如图5-9所示。在横断面上共设置10道预留明槽,即有10束钢绞线需横向张拉。采用单端两次张拉的方式,即先在板的一端同时张拉10束钢绞线,并锁定,然后再张拉另一端钢束,达到设计拉力。张拉力计入了拉杆与梁底和钢垫板穿过孔槽的摩阻力影响,施工时以各张拉点的拉力为控制依据,以实测梁体上拱值与计算拱值之差在±10%以内进行校核。

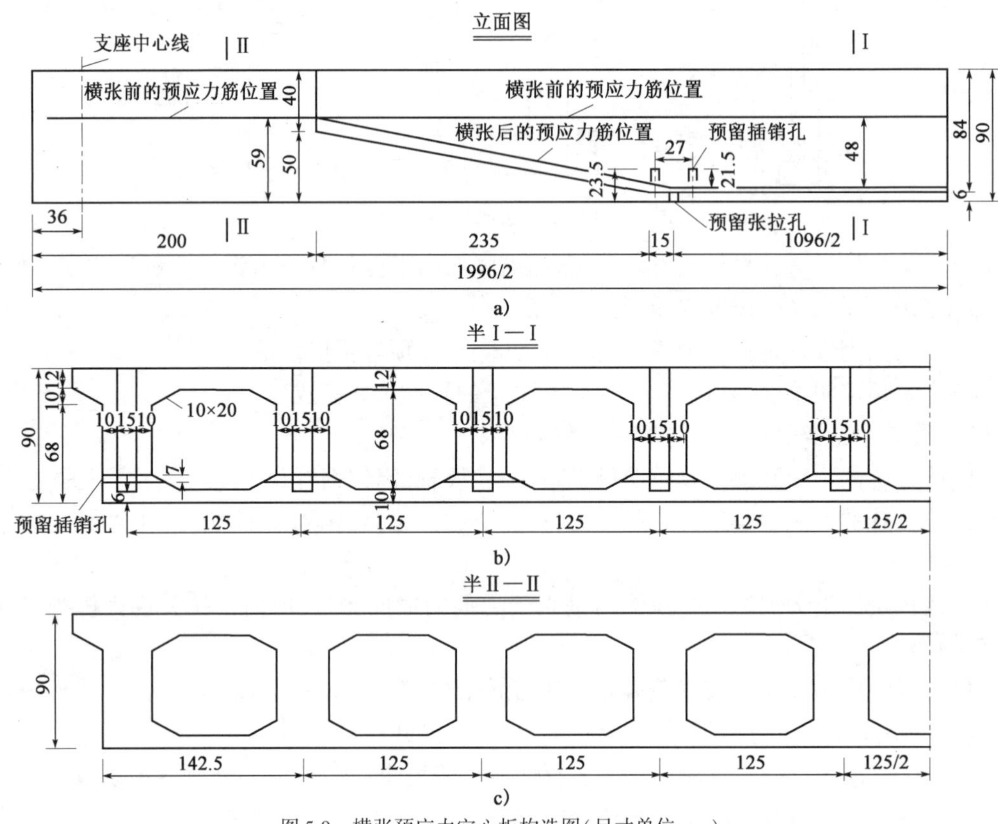

图5-9 横张预应力空心板构造图(尺寸单位:cm)

该桥于1998年10月建成,1999年2月按汽—超20标准进行荷载试验,各项指标满足规范要求。

[例5-14] 渝黔高速公路童家院子立交桥[22]

21.25m+35m+21.25m预应力混凝土连续箱梁桥,单箱单室截面,采用横张预应力,中跨布置20根钢绞线,边跨布置12根钢绞线。其中12根为通长布置,另8根布置在中跨,在边跨负弯矩起点附近截断。该桥于2001年建成。

上述横张预应力的试验研究及工程实例均属于体内有黏结预应力体系,本章参考文献[25]论述了体外横张预应力技术的几个问题,并介绍了体外横张预应力用于桥梁加固的工程实例。

采用常规体外预应力技术进行桥梁加固时，常常碰到一个施工操作困难，就是体外束的张拉空间问题。采用横张预应力技术是一种较好的解决办法。兰新铁路K2347+018中桥，为2×16m RC简支T梁桥，1990年建成后，因铁路不断提速，运输日趋繁忙，于2005年检测，已不满足有关规范要求，原定更换主梁，但因影响铁路运输难以实施，改为体外横张预应力进行加固。两束体外钢束布置在两榀T梁之间，钢束为三折线形式，支座处为固定端，在距离主梁两端各5m处对称设置2个转向块。转向块能沿垂直于钢束方向上下滑动，该处即为横张力的施力点。体外预应力束采用PES5-55镀锌平行高强钢丝，每一钢束横张力设计为160kN，由此产生的束力为585kN。经结构计算，主梁跨中挠度减小1.01mm，加固完成后实测主梁挠度减小值为1.03mm，误差仅2%。

体外横张预应力是一项新技术，有关预应力束的锚固、转向块功能、横张预应力结构计算等，本章参考文献[25]作了初步论述，还有待进一步研究试验，总结工程实践经验，逐步完善。

体内有黏结横张预应力技术在30m跨径内简支直线梁桥中的应用较为成熟。预应力筋宜采用钢绞线。横张预应力混凝土构件宜按全预应力混凝土或部分预应力混凝土A类构件设计。其正截面与斜截面的极限承载力与常规体内有黏结预应力混凝土构件相同，可按现行桥规[5]进行计算。持久状况正常使用极限状态计算与常规体内有黏结预应力混凝土构件有所不同，可按本章参考文献[24]的规定进行验算。

根据目前的工程实践情况，体内有黏结横向预应力技术，有以下几点不足之处：

(1)按现行公路桥涵施工技术规范[11]要求，预应力筋采用应力控制方法张拉时，应以伸长值进行校核。实际伸长值与理论伸长值的偏差应控制在±6%以内。横张预应力筋张拉时很难较准确地获得其实际伸长值。本章参考文献[22]提出，以梁体在预加力作用下的跨中上拱值作为张拉力控制的一个校核指标。但影响上拱值因素较多，难以较准确地反映张拉力，显得较为粗略，建议进一步试验研究，找出精度较好的校核措施。

(2)主梁梁体内预留槽所占的比例较大，有相当一部分在腹板上，在施加预应力过程中，对主梁截面削弱较多，导致一期混凝土预应力较大，而二期混凝土预应力很小，截面利用率有所降低。

(3)新旧混凝土的结合面范围较大，两者混凝土龄期差必定产生不利影响，且新旧混凝土结合面过多，将影响结构的耐久性。

5.10 预应力混凝土几项新技术

5.10.1 预应力碳纤维增强聚合物

预应力筋有两大类，传统的广泛采用金属预应力筋，包括高强度钢筋、高强度钢丝、钢绞线、高强度型钢、钢棒、钢管以及高强度钢丝绳等；另一类为非金属预应力筋，已在工程上应用的主要是纤维增强聚合物（简称FRP），包括碳纤维增强聚合物（简称CFRP）、玻璃纤维增强聚合物（简称GFRP）和芳纶纤维聚合物（简称AFRP）三大类。FRP材料具有轻质、高强、耐腐蚀、耐疲劳、非磁性、安装操作方便、耐火与耐久性好等诸多优点。作为预应力混凝土桥梁的预应力筋,又以 CFRP 更具优势,所以在新建桥梁和旧桥加固中主要采用 CFRP。它是由包裹在树脂母体中的连续碳纤维做成的复合材料,纤维起加劲作用,而树脂主要起黏合纤维的作用。其表面形态可以是光滑的、螺纹的或网状的,形状成棒者称为 CFRP 筋,线形的称为 CFRP 绞线,编织成布状的称为 CFRP 布。FRP 早期是作为加固混凝土结构使用的。1982 年瑞典学者 Meier 采用 FRP 板代替钢板,配合树脂黏合剂加固了 Ebach 桥,随后 FRP 材料在日本、美国、欧洲等国进行了大量的试验研究和工程应用。尤其是日本,20 世纪 80 年代末便开始了 CFRP 加固混凝土结构的技术试验研究,1995 年日本阪神大地震后,CFRP 加固技术在日本得到了迅猛发展。我国在 1997 年开始对 CFRP 加固混凝土结构技术进行研究开发。2003 年 5 月 1 日颁布实施我国首部关于碳纤维加固混凝土结构的规程——《碳纤维片材加固混凝土结构技术规程》(CECS146:2003)。2008 年 10 月 1 日交通运输部颁布实施的《公路桥梁加固设计规范》(JTG/T J22—2008)和《公路桥梁加固施工技术规范》(JTG/T J23—2008),包含了采用 CFRP、GFRP 和 AFRP 材料加固桥梁混凝土结构的有关规定。非预应力的 FRP 在加固混凝土结构中广泛应用。在 CFRP 加固技术取得大量的研究成果和工程应用的同时,研究人员也发现了非预应力 CFRP 布加固技术存在缺陷[26],CFRP 布在受拉钢筋屈服时发挥不到 20% 的强度,只有钢筋屈服以后,它的高强特性才能发挥出来。而这时构件的挠度变形已经很大,裂缝扩展已经比较严重,构件已不能满足正常使用的要求。非预应力 CFRP 布加固技术对构件的刚度提高不大,无法有效抑制构件的挠度变形和裂缝的扩展。黏结材料的剪切强度为一定值,外荷载增大,界面上的剪力也随之增大,CFRP 布与混凝土将发生剥离,也使 CFRP 布的强度得不到充分利用,影响加固效果。为了充分发挥 CFRP 布高强度的优势,国内外研究者提出了对 CFRP 布先施加预应力,再与混凝土结合在一起的新技术,即预应力 CFRP 布,使之成为预应力筋的一种新材料,既可以用来加固旧桥混凝土结构,也可以用来作为新建桥梁混凝土结构的预应力筋。既可用于体内预应力,也可以用于体外预应力。

国内外应用 FRP 预应力混凝土技术的部分桥梁简况见表 5-3。

国内外应用 FRP 预应力混凝土技术的部分桥梁简况 表 5-3

序号	桥　名	跨径(m)	预应力筋	简 要 说 明
1	日本石川县圣那米西桥	5.76	CFRP 绞线	公路桥宽 7m,先张法,绞线 ϕ2.5mm,1988 年建成
2	日本石智川桥	18.25 + 17.55	CFRP 棒	公路桥宽 12.3m,后张法,简支梁,1989 年建成
3	日本枥木县某桥	3 × 11.98	AFRP	桥宽 2.4m,预应力筋 ϕ14mm,1990 年建成
4	日本某桥	25 + 12.5	AFRP 棒	公路桥宽 9.2m,25m 为后张法箱梁,12.5m 为先张法空心板,1991 年建成
5	日本 Birdie 桥	46.5	CFRP 绞线	桥宽 2.1m,支架现浇,1990 年建成
6	日本 Hakui 桥	10.5	CFRP 绞线	桥宽 3.5m,先张法空心板,1991 年建成
7	德国某桥		CFRP 绞线	人行桥,后张法,1980 年建成,第 1 座 CFRP 预应力混凝土桥
8	德国某桥		CFRP 粗筋	公路桥,后张法,1986 年建成
9	德国某桥		CFRP 绞线	公路桥,后张法,1991 年建成

续上表

序号	桥　名	跨径(m)	预应力筋	简 要 说 明
10	日本某桥		AFRP 筋	公路桥,先张法,1990 年建成
11	日本某桥		AFRP 筋	人行桥,后张法,1990 年建成
12	美国密歇根州布里奇桥(城市车行桥)	21.314 + 20.349 + 21.429	CFRP 绞线	三跨简支梁,为两座平行桥,分为 A 与 B,B 桥宽 8.53m,由 4 片双 T 梁组成,高 1.22m,T 梁内布置有黏结 CFRP 预应力筋,横桥向为 CFRP 预应力绞线(无黏结)
13	加拿大泰勒大桥	5 × 30	CFRP 筋	预制梁高 2.02m,间距 1.8m,先张法预应力
14	江苏某高速公路桥		CFRP 布	该桥火灾后加固,9 块空心板用 CFRP 布施加预应力,预应力度 0.35,布宽 20cm,完工后进行检测,承载力满足要求
15	国内某桥		CFRP 板	RC 简支梁桥,使用 40 多年后用 CFRP 预应力进行加固,预应力 1000MPa,完工后荷载试验,承载力、挠度均满足要求
16	重庆肖家河桥	12	CFRP 板	RC 简支双 T 梁,已运营 30 年,用 CFRP 预应力板加固,CFRP 板规格 50mm × 1.4mm,设计预拉力 70kN,极限拉力 140kN

注:资料来源,序号 1 ~ 6 来自文献[27];序号 7 ~ 12 来自文献[2];序号 13 来自文献[28];序号 14、15 来自文献[26];序号 16 来自文献[29]。序号 12 技术资料较详细来自文献[2]。

目前,国内 CFRP 预应力技术的应用主要集中在混凝土结构的加固方面,研究这项新技术的单位很多。清华大学、同济大学、东南大学、中国建筑科学研究院、重庆大学、重庆交通科学研究院、湖南大学等,取得了一些成果,但在桥梁工程中的应用不多。新建桥梁采用 CFRP 预应力技术还是空白,缺乏国家和行业的技术规程、规范,与先进国家相比尚有差距。

1)CFRP 的特点

(1)抗拉强度标准值:2000 ~ 3400MPa。

(2)弹性模量:$1.4 \times 10^5 \sim 2.4 \times 10^5$ MPa。

(3)伸长率:1.5% ~ 1.7%。

(4)CFRP 混凝土正拉黏结强度:≥2.5MPa。

(5)CFRP 层间剪切强度 35 ~ 50MPa。

(6)疲劳性能:根据瑞士联邦材料实验所对 19 丝 CFRP 索的测试,当平均应力为 550MPa 时,200 万次循环荷载应力幅度可达 900MPa,高出钢材 3 倍。

(7)相对密度约为 $1.56 g/cm^3$,仅为钢材的 1/4 ~ 1/5。

(8)热膨胀系数,纵向约 0.6×10^{-6}/℃,横向约 35×10^{-6}/℃。

(9)应力应变曲线呈线性,破坏形式呈脆性。

(10)各向异性,抗剪和抗轴向力强度低。

(11)抗腐蚀性能好。

(12)非磁性[30]。

CFRP 可以做成各种形状,在桥梁工程中常见以下几种形式:

①绞线,用于PC梁的力筋、斜拉索等,绞线直径一般为12.5mm。

②棒筋与棒筋束,用于混凝土结构的分布筋、箍筋以及地锚拉筋。筋直径一般为8mm。

③片、板、布,用于桥梁混凝土结构的加固。常见CFRP布的厚度为1~1.4mm,宽度50mm,宽厚比>30。

④网格筋,用于墩柱防护和桥面板。

2)CFRP预应力筋张拉控制应力

CFRP张拉力应合适,过小则预应力效果不明显,过大则会引起锚固端损坏。Garden等人认为较高预应力水平可以极大提高结构的刚度和混凝土的承载力,预应力度不应小于0.25[26]。Deuring主张为了获得技术经济上合理的预应力,应变取值宜控制在50%的板材极限应变范围内,Meier认为当预应力值是FRP抗拉强度60%~70%时,钢筋屈服,然后FRP筋被拉断,钢筋和FRP都被充分利用。张拉控制应力还与CFRP性质、张拉设备的情况以及工艺等因素有关[26]。

《加拿大公路设计规范》(CHBDC,1998)关于CFRP筋张拉和传力时的最大容许应力有以下规定[28]:

(1)在张拉时和向混凝土梁、板传力时,CFRP力筋中的最大容许应力$[\sigma_s]_{max}$:

①张拉时:

$$[\sigma_s]_{max} = 0.70f_{pu} \qquad (\text{适用先张法和后张法})$$

②传力时:

$$[\sigma_s]_{max} = 0.60f_{pu} \qquad (\text{适用先张法和后张法})$$

式中:f_{pu}——CFRP抗拉强度标准值。

(2)在极限状态下的预应力混凝土构件,CFRP筋中最大容许应力$[f_{ps}]_{max}$:

①先张法构件和有黏结后张法构件:

$$[f_{ps}]_{max} = 0.85f_{pu}$$

②无黏结后张法构件:

$$[f_{ps}]_{max} = 0.80f_{pu}$$

$[f_{ps}]_{max}$系根据应变相容原则计算确定。加拿大曼尼托巴省的泰勒大桥(见表5-3序号13),CFRP预应力筋的预应力级别达到65%极限抗拉强度,湖北省蕲春县蕲水桥为跨径20m钢筋混凝土箱形简支梁桥,桥面宽11m,使用多年后多处发生病害,采用体外预应力CFRP筋进行加固,并将设计荷载由原汽—20、挂—100提高到汽车—超20,挂—120。在箱梁底部采用预应力CFRP筋进行加固提载,选用ϕ8mm CFRP筋,其极限抗拉强度为2500MPa,设计抗拉强度为1800MPa,最大预拉力(一根ϕ8m CFRP筋)$0.75\times1800\times50.3=68$kN,相当于极限抗拉强度的0.54倍[31]。

3)CFRP预应力布张拉设备与锚固

国内外预应力碳纤维板加固结构的经验表明,加固技术的关键是预应力筋、板的锚固和张拉的可靠性与均匀性。国内采用较多的是CFRP布,由于布层间的抗剪强度远低于抗拉强度,表面摩擦系数小,在张拉和锚固过程中容易产生滑移现象,因此,CFRP布的预应力张拉设备和锚固工艺成为预应力CFRP加固工程中重点研究的对象。CFRP布预应力张拉设备经历了由螺栓机械式加载到千斤顶加载再到压力传感器控制预应力水平的发展过程。国内常用的

CFRP 布张拉设备主要有以下缺点:CFRP 布不能紧贴混凝土表面;对原有结构造成损坏;难以保证有效张拉长度和锚固长度;张拉设备沉重,不利于现场使用。本章参考文献[32]总结了国内张拉设备的优缺点,研制出适合实验室和现场施工条件的张拉设备。该设备具有质量轻、可持续张拉、便于现场施工等特点。经测定,该设备能够满足 CFRP 布预应力张拉时对设备强度和精度要求。设备采用了 CFRP 布自锁装置,在有效固定 CFRP 布的同时,能够均匀分布张拉应力,防止张拉端 CFRP 布局部剪切破坏。张拉过程中使用传感器控制张拉应力。张拉设备主要由固定支架、千斤顶、拉力传感器、CFRP 布锁定装置、调节装置和 CFRP 布锚固板构成。张拉装置如图 5-10 所示,自锁装置如图 5-11 所示。

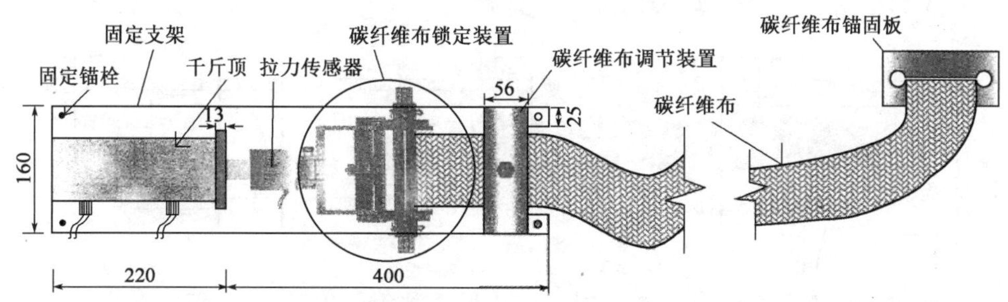

图 5-10 CFRP 布张拉装置示意图(尺寸单位:mm)

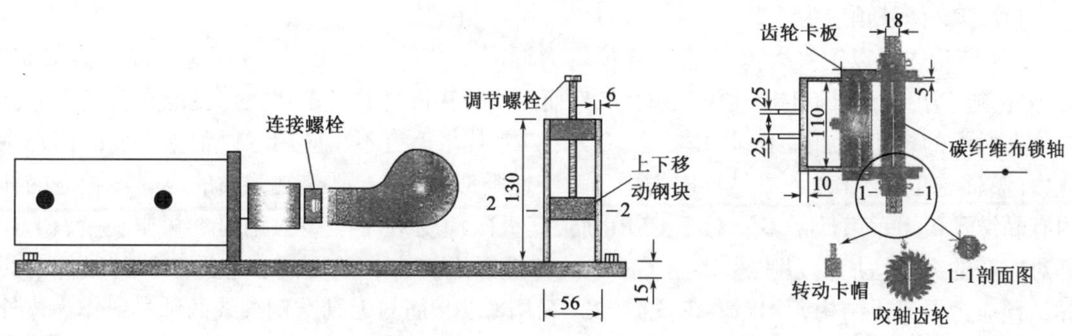

图 5-11 碳纤维布自锁装置示意图(尺寸单位:mm)

CFRP 布的锚固:将 CFRP 布穿过锚固板上两孔之间的缝隙,预留出大约 20cm 的长度,然后将留出的 CFRP 布绕一圈后再穿入缝隙,再转动整个锚固板将 CFRP 布牢固地缠在锚固板上。

张拉端 CFRP 布的锁定:在混凝土构件的另一端,张拉设备通过固定支架固定在混凝土构件的表面,拧紧锚固螺栓,将 CFRP 布从调节钢板的下面穿过,然后穿进 CFRP 布锁轴的缝隙中,穿过留出 5cm 左右长度,将千斤顶伸缩轴全部伸出,然后用自动扳手旋转转动卡帽,转动卡帽带动 CFRP 布锁轴转动,最后将 CFRP 布均匀地缠在锁轴上面。

本章参考文献[29]在对国内外不同的 CFRP 板预应力张拉工艺的优缺点进行比较总结后,在波形齿夹具锚的基础上,提出铰式锚及其纵向张拉 CFRP 板的新工艺,其最大特点是保证 CFRP 板受力的均匀性。波形锚经过多年的试验研究,其锚固能力已经实现 120t,可靠性也很高,主要用于纤维片材的锚固,也可以用于 CFRP 板。但由于 CFRP 板是已经成型固化的,为了避免波型锚对 CFRF 板造成损失,须将其夹持面进行优化,使之变得相对较为平缓。另外,CFRP 板的宽度一般为 50mm,试验研究表明:张拉时,偏心误差为 1% 时,即 0.5mm,CFRP 板的强度损失率为 5.7%,影响非常显著。基于上述考虑,提出了由基本波形锚改进的铰式锚。图 5-12 为铰式锚张拉工艺示意图。铰式锚由可以相互转动和滑动的两部分组成,张拉时,自动在 CFRP 板的两端形成两个铰,能保证 CFRP 板在两铰式锚之间自动调节并保持一致,确保 CFRP 板受力均匀。基于铰式锚的张拉为直接张拉法,CFRP 板中的预拉力就是千斤顶的力,可以通过千斤顶油压表读出,直观方便。在张拉过程中与 CFRP 板的伸长量相互校核,容易控制实际拉力。铰式锚张拉 CFRP 板的新工艺已在重庆肖家河桥(参阅表 5-3 序号 16)和重庆莲花河桥的加固工程中应用,效果较好。

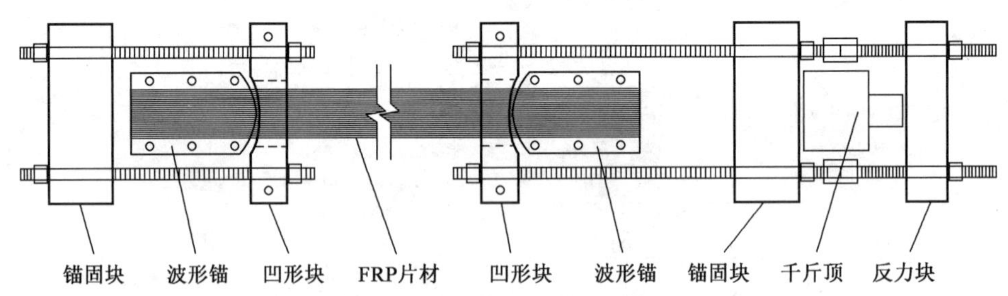

图 5-12　基于铰式锚的碳纤维板预应力张拉工艺示意图

4)CFRP 体外预应力

5.4 节论述了以钢束为力筋的体外预应力混凝土结构的优点,如将预应力筋改为 CFRP 的体外预应力,不仅具有体外预应力的优势,而且 CFRP 材料的一系列特点更能充分发挥。国内外在桥梁的新建和加固工程中体外预应力 CFRP 技术已有不少应用。以钢为力筋的体外预应力(整体施工)与体内无黏结预应力的力学特性类似,混凝土梁控制截面的应变比相应的体内有黏结预应力钢束低得多。对于 CFRP 筋,其极限应变远小于高强钢材的极限应变,CFRP 筋对应变的突然增加较为敏感,单从 CFRP 的特性考虑,CFRP 筋更适合应用于体外或体内无黏结预应力混凝土结构。本章参考文献[33]采用 CFRP 筋与无黏结钢绞线两种材料作为体外预应力混凝土梁的力筋,通过 4 根梁的试验,研究两者受力性能方面的异同。根据该项试验成果与分析,得到以下结论:

(1)体外预应力 CFRP 梁与常规的以钢材为体外配筋的梁在总体受力性能方面及体外预应力筋应力变化方面无本质差异。

(2)无论是钢绞线体外筋还是 CFRP 体外筋,从开始加载到构件破坏的过程中,体外预应力筋增量与跨中挠度基本呈直线关系。这与体内无黏结预应力混凝土梁中无黏结钢绞线应力增量与跨中挠度基本呈直线关系的现象一致。

(3)以上两点表明,体外预应力筋不论采用 CFRP 筋或钢绞线,可以考虑建立力筋极限应力的统一计算方法。

本章参考文献[34]根据有关试验研究数据,分析了以 FRP 为体外筋和以钢绞线为体外筋的情况下,等效塑性区长度与破坏截面中性轴比值的差异及变化。结果表明,对 FRP 体外预应力混凝土梁,这一比值较稳定,并可取为常数。但该常数与以钢材为体外预应力筋的构件有所不同。通过分析,建立了可用于以 FRP 为体外预应力的极限应力计算公式。既适用于简支梁,也适用于连续梁。该计算公式的具体表达形式,见本章参考文献[34]式(12)。有了体外筋的极限应力,便可以进行以 FRP 为预应力筋的体外预应力混凝土梁正截面抗弯强度验算。

5.10.2　活性粉末预应力混凝土

目前,高强和超高强混凝土的主要配制材料是硅酸盐水泥、硅灰和高效减水剂,其抗压强度可以达到 60 ~ 140MPa,但抗拉强度仍然不高,必须通过配筋来提高其整体工作性能,而且混凝土收缩、徐变的不利影响仍然较为严重,难以有效地克服,其基本技术线路没有跳出传统的混凝土的理论和实践。1993 年法国 BOUYGUES 公司 Richad 等人率先研制出一种新的超高性能的水泥复合材料——活性粉末混凝土(简称 RPC)[35]。因具有良好的力学性能和优异的耐久性,在短短几年时间内,它已经在一些发达国家的工程建设中得到越来越多应用。当采用常规工艺制作时,RPC 抗压强度可达到 170 ~ 230MPa,抗拉强度可达到 30 ~ 60MPa;当采用特殊工艺制作时,RPC 抗压强度可达到 490 ~ 810MPa,抗拉强度可达到 45 ~ 140MPa[36]。弹性模量 60 ~ 75GPa,性能直逼钢材。目前,RPC 实用抗压强度超过 180MPa,直接抗剪强度 7MPa,弯曲抗拉强度超过 40MPa,弹性模量 40GPa[2]。

1)RPC 的组成材料

一般包含七种原材料:水泥、硅粉、砂、石英粉、超级塑化剂、水和钢纤维。例如加拿大谢布鲁克大学进行了两批实际试生产,其中一批的各种材料重量配合比(按上述材料顺序)为 1、0.325、1.432、0.3、0.027、0.28 和 0.2。其抗压强度为 217MPa,弹性模量为 49GPa[35]。

RPC 的材料有以下特点:所有材料的粒径不大于 0.8mm,没有粗骨料,水灰比可降至 0.15;渗入钢纤维可以提高混凝土的韧性;通过凝结期对混凝土施加荷载这种特殊工艺可以进一步增大其密度而使抗压强度大幅度提高;蒸汽养护比常温养护的强度更高;通过热处理方法可以改变水化过程中所形成的水化物的性质,以改善混凝土凝结以后的微观结构[36,37]。

2)RPC 的主要特点[2,36,37]

(1)收缩和徐变非常小。在结硬过程中经过 1 ~ 3d 的热处理后,不会再有收缩,可认为收缩为 0;而徐变也只有传统混凝土的 10% 以内。这一特性对于大跨径预应力混凝土梁桥具有重大意义。因混凝土收缩、徐变而引起的刚度下降、挠度长期发展、预应力损失增大、结构性裂缝难以避免等一系列难题迎刃而解。本章参考文献[36]指出:尤其对于高速铁路桥梁,要求长期保持很高的刚度、很小的挠度,RPC 的优势更为突出,如果再配合 CFRP 预应力筋这种几乎没有松弛的力筋,两种材料的优势发挥更加完美。

(2)RPC 的抗压强度几乎与普通碳素钢相当,所以,使用 RPC 这种混凝土结构就无须再配置普通钢筋,即 RPC 为没有普通钢筋的混凝土结构。而在受拉区,只能使用强度达到 1860MPa 以上的钢绞线,才能起到与其相适应的抗拉作用。因 RPC 强度很高,构件截面可以做得很小,这就需要设置高强预应力钢绞线来提高结构(主要是受弯构件)的刚度。

(3)因 RPC 抗拉强度很高,对于预应力 RPC 结构的锚固区不存在局部承压问题,传统的预应力锚具下面的特殊锚座可以取消,仅使用无锚座的微型锚具。

(4)RPC 结构与相同条件下的普通混凝土结构比较,其重量仅为后者的 1/2 ~ 1/3,与钢结构的重量接近,使恒载大为减小,不仅对结构设计带来若干有利条件,而且施工简化,工期缩短。

(5)RPC 具有优良的韧性,使桥梁在超载的情况下具有更高的可靠性和安全度。

(6)优良的抗冻融循环作用、抗融冰盐及酸化腐蚀等性能,使 RPC 结构使用寿命更长、维护费用更低。耐久性优于普通混凝土结构和钢结构。

(7)RPC 制作过程需要进行高温养护,还需施加 50MPa 左右的压力。因此,适合采用工厂化生产,做成预制构件。

(8)RPC 与普通混凝土比较,渗透性低 50 倍,吸水性低 50 倍,氯离子扩散率低 25 倍,绝缘性能高 4 ~ 17 倍,耐磨性能高 2 ~ 3 倍。

RPC 的主要缺点是造价过高。自从 1997 年谢布鲁克人行桥(RPC 结构)建成以来,RPC 的价格已下降约 1/3,目前(2000 年)它的价格为 250 美元/t[38]。美国某大桥,对使用传统 PC 结构和 RPC 结构两个方案进行了比较,从单价来说,后者约为前者的两倍。所以在普通混凝土能很好满足要求的场合不必采用 RPC 结构。目前看来,在中等跨径范围内的某些情况下,RPC 有能力挑战钢结构,可以预见随着 RPC 价格的下降,其适用范围会逐步扩大。

3)RPC 工程应用情况

1997 年,在加拿大魁北克省的谢布鲁克建成了世界上第一座预应力 RPC 结构的人行与自行车桥,跨径 60m,为拱形空间桁架桥,下弦是两根 320mm × 380mm RPC 构件,腹杆是 150mm 直径的不锈钢管道内填 RPC,桥面板是 30mm 厚带肋 RPC 板,上弦由纵、横肋组成,均为 RPC,施加纵、横向预应力,下弦内也布置预应力筋。预应力筋均为 ϕ12.7mm 无黏结钢绞线。桥宽 3.3m,桥梁立面如图 5-13 所示。桁架的高度 3m,整座桥的重量仅 105t。空间桁架分成 6 个预制节段,每段长 10m,重 17.5t,用 900kN 和 1500kN 吊机安装,全桥安装时间约 4d。该桥总造价为 425000 美元,对结构的检测费用为 70000 美元。该桥的详细情况可参阅本章参考文献[36]、[2]。

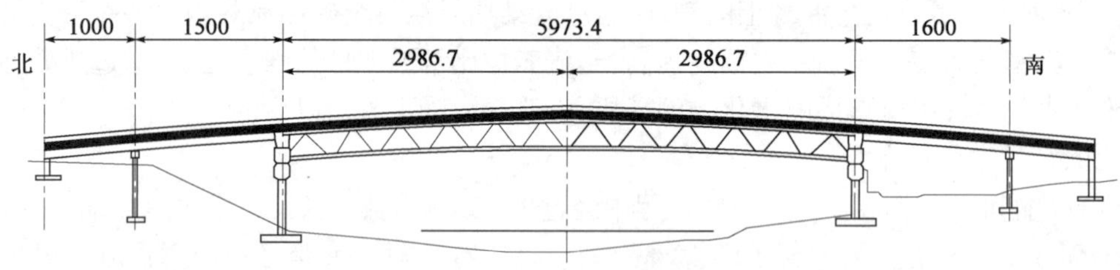

图 5-13　谢布鲁克人行桥的立面(尺寸单位:cm)

2002 年,在韩国首尔建成一座预应力 RPC 人行天桥,跨径 120m,为拱形结构,主梁高 1.3m,为 π 形截面,桥宽 4.3m,桥面板厚 30mm,肋板厚 160mm。在肋板和桥面板相交的两节点处,各配置一束 12ϕ15.2mm 钢绞线。桥梁结构中无普通钢筋[36]。

欧洲一些国家已将 RPC 应用于隧道内的吸音板、危险废物容器、铁路轨枕、岩土锚固的锚座、防撞隔离栏等。我国学者在 RPC 的研究与应用方面取得许多成果,在一些军事工程和铁道工程中,也有一些实际应用。从目前情况看,成本过高仍是 RPC 结构推广应用的主要障碍[36]。对于一些有特殊要求的工程结构,例如要求结构尺寸很小、重量很轻以及变形控制严格的情况,预应力 RPC 具有明显的优势,是可以选用的方案。

5.10.3　体内双预应力混凝土梁[2,22,39,40]

基于混凝土的抗压强度远远大于抗拉强度的特点,传统的预应力混凝土梁主要在受拉区设置预应力筋,施加预压力,使混凝土获得预压应力,以全部或部分消除混凝土梁的拉应力。

可称为单预应力混凝土梁。这种单预应力混凝土梁由于受拉区预压力的作用,虽然可以使梁的受压区的压应力有所降低,但构件截面的平均压应力仍然较高,因此设计规范对最大压应力作了限制。能否在梁的受压区施加一定的预拉力,使截面的平均压应力降低,以提高其承载力呢？1950 年,德国的 F · W · Mader 首先研究了这个问题,提出在混凝土梁受拉区和受压区分别设置预拉和预压型钢,成为预应力型钢混凝土结构,这就是最早的双预应力混凝土梁的雏型。1955 年奥地利 Hans Rerffenstuh 提出了采用后压法预应力筋,并在理论上给出了充分依据。随后,不少部门和专家进行了大量研究和试验,取得了很大的进展,建成了很多双预应力混凝土简支梁桥。

双预应力混凝土梁为体内有黏结体系,由两部分组成:预加拉应力筋和相应的锚固系统,与通常的有黏结预应力体系相同,其工艺较特殊,也是最关键的部分。图 5-14 为双预应力体系和结构的基本组成。预加压应力材料主要为粗钢筋和钢管。根据预应力工艺的不同,粗钢筋和钢管分别用于后压法和先压法。

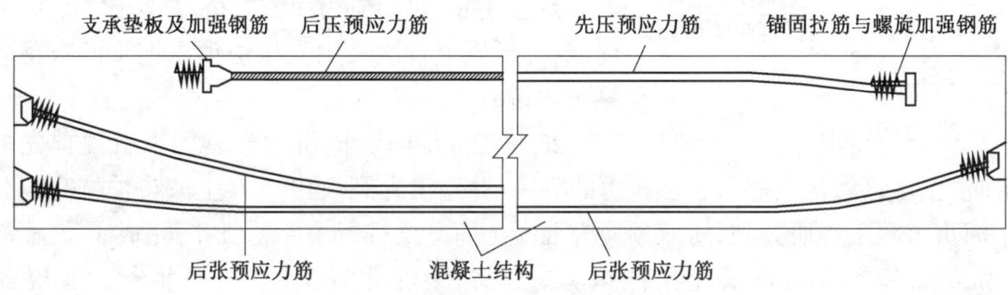

图 5-14　双预应力体系和结构的基本组成

(1)后压粗钢筋预应力体系:由粗钢筋、预埋管和锚固系统组成。粗钢筋可以采用精轧螺纹钢筋或光圆钢筋。国内经验采用细螺纹锚具的光圆钢筋效果较好。

(2)先压钢管预应力体系:由高强度合金钢无缝钢管和锚固系统组成,预应力钢管是通过与混凝土之间黏结作用实现锚固的,与一般先张法预应力筋的锚固原理相似,构造处理较方便。

双预应力梁有以下特点:

(1)在双预应力作用下,不仅可以按设计预应力度消除和降低梁的拉应力,还可以较大幅度地减小梁体截面平均压应力,提高了梁的抗弯承载力。

(2)与单预应力混凝土梁比较,双预应力梁的高跨比小得多,约为 1/30 ~ 1/35,其梁高较单预应力混凝土梁的高度可降低约 1/3,特别适用于梁高受到严格限制的场合。

(3)双预应力梁的截面多采用工字形和箱形,这两种截面的形心轴靠近梁高的 1/2,配合双预应力可以获得较好的预应力效率。

(4)适用于中等跨径的预应力混凝土简支梁,跨径一般在 60m 以下。

(5)预压应力筋选料容易,可以选择预应力粗钢筋或高强钢管,一般不需特殊加工。

(6)预应力工艺、设备简单,与通常采用的单预应力设备无大的区别。

(7)双预应力对混凝土构件产生一种轴压力较小、弯矩较大的作用,弯曲预应力增大,轴向拉压应力部分抵消,混凝土的多余预压力较小,对混凝土强度等级要求较低。

双预应力混凝土结构的用钢量较大、造价较高,一般情况下高出相同跨径的单预应力梁约

40%,适用于中等跨度且对梁高有特殊要求的简支梁桥。

部分双预应力混凝土桥实例如下:

[**例 5-15**] 奥地利阿尔姆桥

双预应力混凝土简支梁桥,跨径 76m,桥面宽 10m,单箱单室断面,梁高 2.5m,高跨比为 1/30.4,1977 年建成,为世界上第一座双预应力混凝土梁桥。

[**例 5-16**] 日本川端桥

双预应力混凝土简支梁桥,跨径 30m,全桥由 16 片双预应力工字梁组成,梁高 0.9m,其高跨度比为 1/33.3,1985 年建成,为日本第一座双预应力混凝土梁桥。该桥双预应力工字形梁如图 5-15 所示。

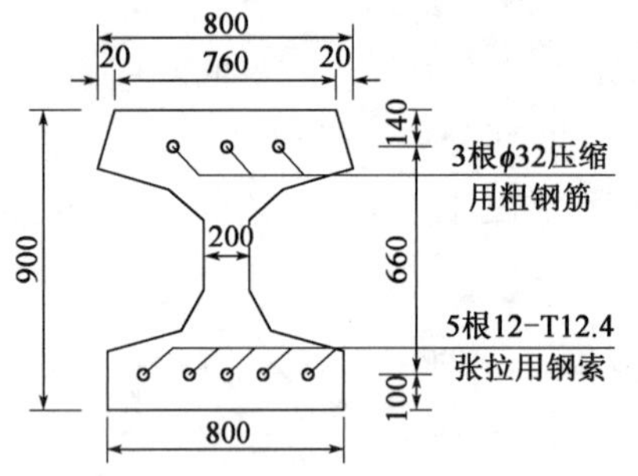

图 5-15　双预应力工字梁(尺寸单位:mm)

到 1988 年,日本已修建了十余座双预应力混凝土梁桥,成为世界上应用双预应力建桥最多的国家。

[**例 5-17**] 上海某桥(两座)

跨径 33m,双预应力简支梁桥,高跨比 1/33,1998 年建成,为世界上首次采用先压法预压钢管的双预应力混凝土梁桥。

20 世纪 80 年代,同济大学袁国干教授首先提出了采用先压法预压钢管建立混凝土预拉力的方法,并获得专利。1995 年上海市沪杭高速公路指挥部、上海市市政工程研究院,对双预应力混凝土简支梁进行了专题研究,完成了高强预压钢管试验和 40m 双预应力混凝土梁的试验。1997 年河北省交通厅、河北省交通规划设计院、河北省公路局共同承担了交通部"九五"行业联合科技攻关项目"双预应力混凝土梁研究"。于 2000 年建成国内首座跨径 40m,采用后压预应力筋工艺的双预应力混凝土简支梁桥。

5.10.4　体外预应力高强钢丝绳加固混凝土结构

体外预应力加固混凝土结构,预应力索通常采用钢绞线、高强钢丝束或精轧螺纹钢筋。采用预应力高强钢丝绳加固混凝土结构是一种新型加固技术。最早由韩国的 S · Y · Kim 等人研究提出[41],随后我国开始进行试验研究,并应用于混凝土结构加固工程中。至今,在总结实践经验和科研成果的基础上,这项新技术已日趋成熟。2014 年住房和城乡建设部颁发行业标准《预应力高强钢丝绳加固混凝土结构技术规程》(JGJ/T 325—2014),从 2014 年 10 月 1 日开始实施。现在一般采用的混凝土结构加固技术存在或施工复杂、成本高,或承载力和刚度提高不明显,或不防火等局限性。预应力高强钢丝绳加固混凝土结构新技术,在基本不增加结构自重、不减少建筑物空间的前提下,可以显著提高结构的刚度和最大承载力,使加固材料充分发挥作用,而且施工操作简单、耐久性好。

就桥梁工程而言,预应力高强钢丝绳加固技术适用于中小跨径混凝土桥梁的上、下部结构的加固。包括受弯构件、受剪构件、偏心受压构件加固和抗震加固。主要施工工序为:待加固混凝土结构的表面处理;锚固系统定位安装;张拉钢丝绳达到设计张拉力并锚固;外喷一层聚合砂浆防腐。按规程[27],预应力高强钢丝绳加固技术的几个重要特点如下:

(1)预应力钢丝绳应采用不锈钢丝绳或镀锌钢丝绳。抗拉标准强度有 1560MPa、

1650MPa、1770MPa 几种。弹性模量为 1.1×10^6MPa(不锈钢钢丝绳)、1.4×10^6MPa(镀锌钢丝绳)。

(2)锚固系统由锚头、锚具、锚板组成,图 5-16 为锚固系统示意图,图 5-17 为锚头挤压成型示意图。

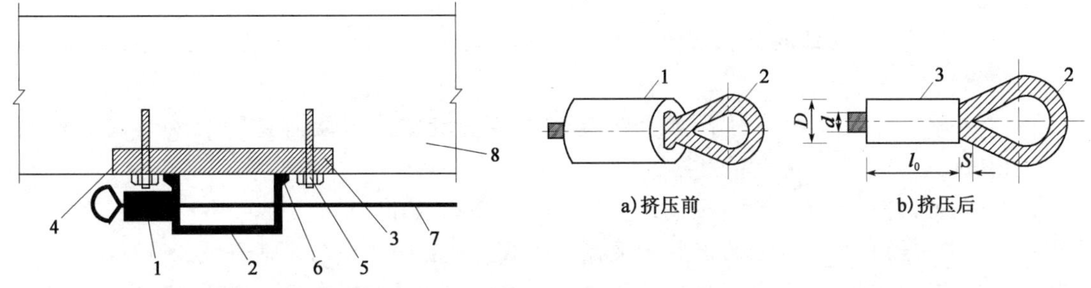

图 5-16　锚固系统示意图

1-锚头;2-锚具;3-锚板;4-胶黏剂;5-锚栓;6-焊接点;7-钢丝绳;8-混凝土结构

图 5-17　锚头挤压成型示意图

1-套管;2-钢丝绳;3-锚头

(3)采用封闭式缠绕、U 形、L 形及 I 形对梁体进行了受剪加固;采用封闭式缠绕对受压柱进行受压或抗震加固;梁体受拉区施加预应力进行受弯加固。

(4)受弯、受剪结构加固时,被加固构件实际混凝土强度不应低于 C15。

(5)预应力高强钢丝绳的自由长度超过 10m 时,应设置定(限)位装置。张拉时采用张拉力与伸长量“双控”;钢丝绳弯曲半径不应小于 4m。

(6)钢丝绳净保护层厚度不应小于 20mm(一类环境)和 30mm(二类以上环境)。详细设计、施工内容见规程[27],抗剪分析计算可参阅本章参考文献[41]。

本章参考文献

[1] 陈惠玲. 预应力高新结构技术预应力度法[M]. 北京:中国环境科学出版社,2001.

[2] 李国平. 桥梁预应力混凝土技术及设计原理[M]. 北京:人民交通出版社,2004.

[3] 陶学康. 后张预应力混凝土设计手册[M]. 北京:中国建筑工业出版社,1996.

[4] 徐栋. 桥梁体外预应力设计技术[M]. 北京:人民交通出版社,2008.

[5] 刘山洪. 简明预应力混凝土桥梁施工手册[M]. 北京:人民交通出版社,2006.

[6] 蔚建华. 预应力混凝土桥梁施工技术要点[M]. 北京:人民交通出版社,2004.

[7] 朱新实,刘效尧. 预应力技术及材料设备[M]. 北京:人民交通出版社,2012.

[8] 宋玉普. 预应力混凝土桥梁结构[M]. 北京:人民交通出版社,2007.

[9]《无粘结 PPC 公路桥梁》专题研究组. 无粘结 PPC 公路桥梁设计计算的基本原则和截面配筋设计方法[C]//四川省公路学会 1992 年桥梁学术讨论会论文集[M].

[10] 孙炳法. 无粘结预应力结构在大跨度系杆拱桥上的应用[J]. 华东公路,1991(5).

[11] 肖长礼,等. 无粘结部分预应力混凝土工形组合梁设计与施工[J]. 中外公路,2005(3).

[12] 林继乔,等. 石南大桥上部构造的施工新工艺[J]. 中南公路工程,1991(4).

[13] 张孟喜,等. 连续刚构桥梁中横向无粘结预应力数值模拟与模型试验[J]. 公路交通科

技,2005(1).
[14] 吴转琴,等.缓粘结预应力钢绞线与混凝土粘结性能试验研究[J].建筑结构,2013(2).
[15] 严文清,等.一种新型预应力筋工艺——缓粘结预应力筋[J].桥梁建设,1994(2).
[16] 赵建昌,等.超效缓凝砂浆与缓粘结预应力混凝土构件试验研究[J].土木工程学报,2003(8).
[17] 张建玲,等.缓粘结混合配筋预应力混凝土梁裂缝宽度的试验研究[J].土木工程学报,2008(2).
[18] 周先雁,等.缓粘结部分预应力混凝土 T 梁裂缝宽度试验研究[J].公路交通科技,2011(1).
[19] 冯新,等.缓粘结预应力钢绞线试验研究[J].公路,2011(10).
[20] 曹国辉,等.缓粘结预应力混凝土梁极限承载力试验[J].公路交通科技,2013(6).
[21] 竺存宏,李广远.预弯复合梁的设计与施工[M].北京:人民交通出版社,1993.
[22] 周志祥,等.预应力混凝土桥梁新技术——探索与实践[M].北京:人民交通出版社,2005.
[23] 张治河,等.预弯预应力混凝土梁桥的设计及施工[C]//1991 年全国桥梁学术会议论文集[M].1991.
[24] 重庆市交通委员会,重庆交通学院.横张预应力混凝土桥梁设计施工指南[M].北京:人民交通出版社,2005.
[25] 刘耀武,等.用横张法进行桥梁体外预应力加固[J].建筑结构,2007(9).
[26] 杨勇新,李庆伟.预应力碳纤维布加固混凝土结构技术[J].北京:化学工业出版社,2010.
[27] 张强,等(编译).FRP 材料在日本预应力混凝土梁桥及其他结构中的应用[J].国外桥梁,1996(3).
[28] 许贤敏.在加拿大公路桥设计中采用纤维加劲聚合物(FRP)的一些规定[J].国外桥梁,2001(4).
[29] 卓静,等.主动预应力碳纤维板快速加固新工艺工程应用[A],2011 年全国桥梁学术会议论文集[C].
[30] 姜辉,周履.碳纤维加劲塑料在桥梁工程中的应用[J].桥梁建设,1999(3).
[31] 阮永怀,等.蕲水桥预应力 CFRP 筋加固提载设计[C]//2011 年全国桥梁学术会议论文集[M].北京:人民交通出版社,2011.
[32] 管延华,等.CFRP 布张拉设备原理及施工工艺研究[J].公路,2015(7).
[33] 杜进生,等.碳纤维(CFRP)体外预应力混凝土的试验研究[J].公路,2008(9).
[34] 杜进生,等.FRP 体外预应力筋极限应力计算方法研究[C]//第十八届全国桥梁学术会议论文集(下册)[M].北京:人民交通出版社,2008.
[35] 刘数华,等.超高强混凝土 RPC 强度的尺寸效应[J].公路,2011(3).
[36] 张保和,等.无普通钢筋的预应力活性粉末混凝土结构[J].建筑结构,2007(7).
[37] 俞瑞堂.活性粉末混凝土的理论与实践[J].国外桥梁,1998(1).
[38] 周一桥,等.世界上第一座预制预应力活性粉末混凝土结构——谢布鲁克人行桥[J].国

外桥梁,2000(3).
[39] 安琳,等.双预应力混凝土梁的试验研究[J].桥梁建设,1999(3).
[40] 卢树圣.现代预应力混凝土桥梁结构的新发展[J].桥梁建设,1996(1).
[41] 于天来,等.基于遗传算法的体外预应力钢丝绳加固 RC 梁抗剪承载力计算方法[J].公路交通科技,2015(10).

第6章　中等跨径PC整体式箱梁桥预应力专题分析讨论

6.1　概　　述

公路与城市道路广泛采用的混凝土梁式桥,在中小跨径范围内主要推广适合于工厂化、标准化的装配式板梁桥。在另外一些场合,例如立交桥、跨线桥、城市桥以及曲线桥、异形桥等,大量采用预应力混凝土整体式箱梁桥。常用的结构形式主要有:简支梁、连续梁、刚构—连续组合体系、单T刚构、连续刚构等。这些结构形式基本上都是后张法体内有黏结预应力混凝土结构。国内目前常用的施工方法有:支架上就地现浇法、挂篮悬浇法、移动模架法、转体施工法及顶推施工法等,也有少数桥采用预制节段纵向拼接法、整跨预制吊装法。

与常用的装配式空心板、T梁和小箱梁比较,整体式箱梁桥一般难以全面推行工厂化、标准生产,但主梁的整体性能则优于前者。尤其是跨径大于40m时,整体箱形截面具有明显的优势。根据国内长期的使用情况可以看出,在中等跨径范围(跨径20~100m)内,预应力混凝土整体式箱形梁桥出现的病害较少,使用情况整体良好。虽然极少数桥也发生过较严重的损伤(在6.2节讨论),但均有其特殊原因。所以,在中小跨径范围内,装配式预应力混凝土板、梁桥和整体式预应力混凝土箱梁桥将在长时间内成为我国公路与城市道路最常用的桥型结构。预应力混凝土整体式箱形梁桥的使用具有悠久的历史,尤其是近20年来,更是大量修建,在设计和施工方面累积了丰富的经验。一些重要技术课题对此进行了试验研究,结构分析理论和计算方法不断改善,施工工艺多有创新。但也存在一些需要进一步深化和探讨的问题。本章就业界较为关注的几个问题进行分析讨论。

6.2　整体式PC箱梁病害情况

公路混凝土梁式桥的损伤一般有以下三种:材料损伤、构件损伤及结构损伤[1]。其中材料损伤主要是由于环境作用引起,一般有:混凝土碳化导致钢筋锈蚀;氯盐侵蚀引起的钢筋锈蚀,冻融循环导致的混凝土损伤;硫酸盐等化学物质与水泥水化产物反应导致的混凝土损伤;盐类结晶膨胀引起的混凝土损伤;碱—集料反应引发的混凝土损伤等。为了避免和降低这类损伤的危害,应按《公路钢筋混凝土及预应力混凝土桥涵设计规范》(JTG D62—2004),根据桥梁的环境类别及其作用等级,进行耐久性设计。构件损伤主要表现为荷载或外力作用所致的混凝土开裂或截面损失,可分为两类:一类是早期出现的裂缝,包括塑性混凝土开裂、材料不良引起的裂缝、温度裂缝和混凝土收缩裂缝等,多由施工不当引起;另一类是由于荷载作用或结构非正常变形引起的受力裂缝,例如超载、超限导致混凝土应力过大、基础不均匀沉降、支承约束状态发生变化、有效预应力下降过多等。如桥梁构造有缺陷、施工质量较差以及结构抗疲劳功能较低,在上述一种或多种不利因素综合影响下,会出现结构性损伤,包括主梁及主要连接构件较大范围出现严重病害。

国内预应力混凝土整体式箱梁桥出现的病害,多数属于材料损伤导致的微裂缝和早期出现的非受力裂缝,少数属于受力裂缝。裂缝一般为跨中区段下缘横向裂缝(受弯裂缝)、腹板斜裂缝(弯剪裂缝)、锚固齿板附近裂缝和底板纵向裂缝。中等跨径预应力混凝土箱梁桥跨中发生过大下挠的情况较少。就总体而言,中等跨径预应力整体式连续箱梁桥与装配式梁桥和大跨径预应力混凝土连续梁桥、连续刚构桥相比较,出现的结构性病害相对较小。对于预应力混凝土梁桥,一些带有共性的较严重的病害应该引起重视。

(1)管道灌浆不密实降低结构的耐久性和安全性

管道灌浆有三个主要作用:一是保护预应力钢束不外露,避免锈蚀;二是使预应力钢束与浆体良好黏结,使两者共同作用下,预应力有效传递;三是使预应力结构在反复荷载作用下应力变化避免对锚具造成疲劳损伤。例如,管道灌浆的质量好坏,对预应力结构使用期的耐久性和安全性有重大影响。管道灌浆不密实是后张法有黏结预应力混凝土结构普遍存在的问题。下面是相关调查资料:

①三座实桥孔道压浆调查资料[2]

某高速公路拓宽改造过程中,对三座实桥实施拆除,对孔道浆体进行现场实测,主要情况如下:

A 桥:21m + 45m + 35m 变截面预应力混凝土连续箱梁,梁高 1.1 ~ 2.5m,纵向预应力束为 24ϕ5mm 碳素钢筋,C40 混凝土。调查了 12 个断面,计 867 个孔道,压浆饱满率为 50.1% ~ 91.3%,平均值为 73.3%。

B 桥:42.5m + 65m + 42.5m 变截面三向预应力混凝土连续箱梁,挂篮悬浇施工,纵向钢束为标准强度 1860MPa 的 7ϕ5mm 钢绞线,XM 锚,预埋波纹管,C50 混凝土。1995 年建成。调查了 9 个断面,共计 636 个孔,压浆饱满率为 48.9% ~ 76.2%,平均值为 66.6%。

C 桥:32m + 50m + 32m 预应力混凝土连续箱梁,箱高 2.4m,纵向钢束为标准强度 1860MPa 的 7ϕ5mm 钢绞线,XM 锚,预埋波纹管。1995 年 12 月建成。调查了 24 个断面,共计 958 个孔道,压浆饱满率为 52.66% ~ 98.04%,平均值为 77.7%。

另外,对 B 桥的竖向预应力和横向预应力孔道进行了调查,同样存在压浆不饱满情况,现场观察个别孔道,其中基本上没有浆体。对纵向孔道调查发现,曲线孔道的压浆饱满率大约低于直线段孔道 7.49%。

②钱塘江 × × 号[3]

随机抽检 35 根管道发现,管道内无浆的情况占 7.2%,不饱满的情况占 11.42%,开孔流水的情况达到 40%。

③夹片式扁锚孔道压浆抽查与试验[4]

根据工程实际抽查和专门试验表明:未采用真空辅助压浆工艺的扁孔,经解剖后发现,只有孔道两端短距离内有浆体,80% 以上是空的。

④某高速公路 9 × 30m 预应力混凝土箱梁桥[5]

在进行工程质量安全检查时,发现一座 9 × 30m 预制安装的后张法预应力混凝土箱梁部分底板沿预应力波纹管走向开裂,个别地方沿波纹管底部渗水。经检查分析,是由于浆体配合比有问题,水泥浆体泌水太多,压浆前管道未彻底清理,压浆设备性能差,致使管道内压浆不饱满。

以下是因孔道压浆不饱满使预应力钢束严重锈蚀导致的几起工程事故实例:

①英国威尔士 Ynys-Gwas 桥[6-8]

该桥为后张法预应力混凝土梁桥,于1953年建成,经过32年,于1985年2月1日,在桥上没有车辆及其他外力作用下,在毫无征兆的情况下突然倒塌。该桥由9根工形纵梁和边箱梁组成,倒塌时9根梁全部破坏。事后英国运输与道路研究实验室进行了调查研究。打开表面混凝土保护层发现,金属波纹管的局部已经生锈腐烂,并看到波纹管内无浆体的空穴,钢绞线暴露在空气中,其表面已生锈。在24条纵向孔道中,有4条孔道存在较大的孔隙,另有2条孔道在一定长度内中空,钢绞线完全没有水泥浆包裹,最大空隙出现在曲线管道的锚固端。另外,在检查的14条横向预应力孔道中,有3条孔道的钢绞线无水泥浆包裹,另外有3条孔道几乎全部是空的。该桥是因为部分钢绞线锈蚀断裂导致全桥坍塌。

②我国湖北钟祥汉江大桥[6,8]

该桥为65m+3×100m+65m变截面预应力混凝土连续箱梁,建成于1995年。2003年发现主桥箱梁腹板开裂;中间三跨跨中底板横向贯穿开裂;跨中下挠严重;箱梁顶板开裂渗水,部分预应力管道未见压浆;预应力钢束有断丝、滑丝现象;部分钢筋锈蚀严重;腹板上多处出现45°斜裂缝。经检测评定该桥为危桥,于2005年9月拆除重建。

③美国 Bissell 大桥[2,7]

该桥为后张预应力混凝土梁桥,于1957年建成。1992年进行常规检查时发现,部分预应力钢绞线已发生严重锈蚀,原因是孔道灌浆不密实,已危及桥梁安全使用,最终这座桥被炸掉进行重建。

④其他有关资料[2,7]

1998年,瑞士调查了107座后张预应力混凝土桥,发现有14座存在压浆不密实的问题。

1996年,伦敦后张法预应力混凝土结构会议上,英国公路局的报告指出:通过检查发现,80%的后张预应力混凝土桥梁有缺陷,50%的桥梁预应力管道内有空洞,其中1/3有锈蚀。

美国的有关资料报道:有0.1%的桥梁存在可见锈蚀,可以要求在养护中进行处理,但其余大多数桥梁锈蚀往往是不可见的。

我国上海市某越江大桥浦西主引桥为40m现场预制简支曲线箱梁,施工中在预应力钢丝张拉后按常规进行管道压浆。经检查发现,弯起预应力钢束在锚下的一段孔道水泥浆不密实,充满了由水泥浆泌出的水,最长约70cm。

(2)预应力短束引起的问题

整体式箱梁桥梁体出现的裂缝,较为普遍且数量较多的是腹板上的主拉应力斜向裂缝。这是目前预应力混凝土箱梁桥尚未彻底解决的疑难问题之一。根据对出现斜裂缝的箱梁桥的情况分析,这类裂缝多发生在剪力最大的靠支承的主梁腹板上,与梁轴线成25°~50°角,并随着时间的增长,逐步向受压区发展,裂缝数量也会增加,而且箱内腹板斜裂缝要比箱外腹板斜裂缝严重。裂缝产生的原因较多,主要有竖向预应力不足、无下弯束、腹板偏薄、未考虑空间受力、箍筋偏少以及施工质量差等[9,10]。其中,竖向预应力筋较短,采用精轧螺纹粗钢筋,竖向预应力部分失效或不稳定,是重要原因,与其他的原因相比较,该问题解决起来难度更大。国内预应力混凝土箱梁桥腹板发生斜裂缝的情况较多,以下是几个实例:

①广东南海金沙大桥[8]

66m + 120m + 66m 连续刚构桥,2001 年发现腹板上有大量斜裂缝,宽度达 1mm,且跨中下挠 23.8cm。

②河南三门峡黄河大桥[8]

105m + 4 × 140m + 105m 连续刚构桥,1999 年发现腹板上有 773 条斜裂缝,跨中下挠 22cm。该桥于 2001 年建成通车。

③广东珠海大桥[8]

75m + 2 × 125m + 70m 连续刚构桥,1993 年建成通车,2007 年发现箱梁腹板处有大量斜裂缝,顶板有纵向裂缝。

④虎门大桥辅助航道桥[8]

150m + 270m + 150m 连续刚构桥,1997 年通车,2003 年发现箱梁出现大量斜向、横向裂缝,跨中下挠 26cm。

⑤湖北黄石长江大桥[8]

162.5m + 3 × 245m + 162.5m 连续刚构桥,1996 年通车,2002 年发现包括斜裂缝在内的几种裂缝达 6638 条,跨中下挠 33.5cm。

⑥浙江省某两座桥[11]

两座桥的孔跨分别为:56m + 80m + 56m(桥 1),52m + 3 × 80m + 52(桥 2),均为变截面预应力混凝土连续箱梁,梁高 2.4 ~ 5m。两座桥的裂缝基本相似,主要发生在边跨现浇段腹板和支座附近至 1/4 跨径范围内,约 45°斜向角。裂缝在上、下游两侧基本对称。经分析,这些斜裂缝是由于箱梁承受较大剪应力而引起的结构性裂缝。

预应力直线钢束由锚具变形、钢筋回缩和接缝压缩引起的预应力损失为 $\sigma_{l2} = \sum \Delta l / l$,式中 $\sum \Delta l$ 为"带螺母锚具的螺母缝隙",按桥规[5]规定为 1mm,实测资料表明,该值显著偏小;l 为张拉端至锚固端之间的距离,竖向预应力束较短,如再计入施工质量较差的影响,则预应力损失很大,有效预应力大幅度下降。本章参考文献[10]指出:由于精轧螺纹粗钢筋是刚性索,施工时对螺母、粗钢筋、锚垫板三者的安装精度要求高,放张时锚固螺栓经常拧不到位,导致永存预应力不稳定;张拉应力低、伸长量小,短钢束仅伸长几毫米,放张后预应力损失的比例很大;缺少完整的施工验收办法,张拉后难以判断预应力是否符合设计要求。

从预应力箱梁整体受力分析考虑,宜采用三向预应力混凝土。一般情况下,建议设置横向预应力,与纵向预应力钢束比较,横向预应力束也较短,有时还包含曲线束,也存在预应力损失较大而产生的不利影响。

在中等跨径(跨径≤100m)情况下,主梁的最大高度一般小于 6m,竖向预应力损失更大。预应力短束引起的弊病,不仅是理论分析须研究的问题,更须解决的问题是如何改革预应力锚具、钢束、设备以及改进施工工艺。这个问题将在 6.3 节进行讨论。

跨径较小的等高度连续箱梁,一般不设置竖向预应力筋,有时也会在腹板上出现主拉应力裂缝。例如某高速公路互通式立交桥中的一座 4 × 30m 等高度预应力混凝土连续箱梁桥[12],

施工中在腹板上发现竖向及斜向裂缝。该桥主梁高1.8m，单幅桥宽16.55m，单箱三室截面，底板宽10.65m。梁体腹板、顶底板均设置纵向预应力钢绞线。裂缝发生在边跨支座附近箱梁的腹板和底板上，距支座在6m以内。缝宽0.05~0.1mm。采用ANSYS进行三维空间实体有限元仿真分析，得到结论：边跨端部腹板束弯起区段的腹板主拉应力过大是开裂的主要原因。主要发生在腹板束全部张拉完毕后，主拉应力达到最大值的情况下，此后，随着底板束和顶板束的张拉，主拉应力下降。为了控制腹板出现超过限值的主拉应力，应考虑合理的钢束张拉顺序。当采用支架上现浇时，按一次落架计算结构受力与按施工程序进行空间有限元分析的计算结果不一致。另外，施工中将腹板预应力束的锚固位置由梁端锚固变更为梁顶锚固，也增大了腹板的主拉应力。

(3)预应力曲线束径向力效应

预应力混凝土梁内的曲线形钢束张拉时将在其内侧产生径向压力。设曲线钢束为圆曲线形，半径为R，曲线段钢束的长度为L，张拉力为N，则总的径向力为$P=N\cdot L/R$，这是理论计算值。施工中实际的曲线钢束，由于波纹管定位不准确、不牢固而产生较大的变化，尤其是沿径向发生位移δ时，其曲率可能从$1/R$增大为$(1/R+2\delta)$[13]，在较短的长度内，径向力变得很大，如果钢束内侧混凝土层较薄或防崩钢筋设计、施工不到位，就可能沿内侧发生开裂甚至破坏。这种情况主要发生在少数变截面预应力混凝土连续刚构桥的跨中底板附近。本章参考文献[8]表2-2列出了“国内发生较大质量事故的部分大跨径预应力混凝土连续刚构及预应力混凝土连续梁桥简况”，共计26座桥，其中12座桥为跨中底板因径向力导致的崩裂，在事故桥梁中占46%。多数发生在跨径超过100m的大跨径预应力混凝土箱梁桥，也有少数中等跨径的桥发生这类事故。例如，江苏省××桥，为47m+75m+47m变截面连续刚构，张拉中跨合龙束后，底板崩裂；广州白云富力桃园桥为45m+60m+45m连续梁，张拉合龙束后底板崩裂并有较多纵向裂缝。下面介绍的实例，对箱梁底板剥落的原因进行了具体分析[13]：

上海市某桥为43m+57m+43m变截面双幅预应力混凝土连续梁，单幅为单箱单室断面，桥面宽13.5m，箱梁底宽5.944m，斜腹板。采用挂篮悬浇施工，2008年11月开工，2009年9月15日，南岸边跨合龙，在张拉西幅箱梁边跨底板合龙束过程中，发现5号节段(靠近边跨合龙段)箱梁底板下缘混凝土剥落损伤，面积约为10m^2，东幅箱梁相应位置的底板也出现混凝土剥落，与西幅不同之处是损伤发生在底板的上缘。进一步检查发现：底板中部底层钢筋下挠，保护层混凝土剥落；拉结筋弯钩没有钩住下层钢筋；底板中部局部损伤混凝土的最大厚度为13cm；部分波纹管、钢绞线已外露；波纹管位置有上(或下)浮现象。发生开裂事故的原因有以下几点：

①预应力管道的定位钢筋不足，导致波纹管发生竖向和横向移位。

②底板中，上下两层钢筋之间设置的拉结筋数量不足且未设弯钩。

③因预应力管道在较短的范围内发生竖向位移，导致张拉钢束的过程中产生过大的径向力，是底板崩裂的主要原因。另外，波纹管横向位移，使部分管道间距过小，张拉钢束时，产生较大的剪应力，也是原因之一。

(4)箱梁纵向裂缝

与桥轴线平行的裂缝多出现在箱梁的顶底板，也是出现较多的一种裂缝。以下一些原因可能导致纵向裂缝发生[9]：

①超重车辆对箱梁顶板产生的活载横向弯矩大,容易在顶板下缘引起纵向裂缝。

②纵向预应力过大,将会在箱梁各断面上维持较高的压应力,因泊松效应而在箱梁的横向正截面内产生拉应力,在最薄弱的区段,可能沿预应力管道外缘出现纵向裂缝,桥面流下的水沿管道流动,对波纹管道造成腐蚀。

③设计时对温差应力估计偏小。因桥面沥青混合料摊铺产生的高温,使箱梁顶板产生附加温差,现行规范没有规定。过大的温度梯度是顶板发生纵向裂缝的原因之一。

④如在桥墩上横向布置两个固定支座,在荷载、温度、混凝土收缩作用下,容易导致底板出纵向裂缝。

⑤如在箱梁顶板设置横向预应力筋,因顶板较薄,如波纹管位置有偏差,容易引起顶板纵向裂缝。

⑥在箱梁自重作用下,腹板内侧有横向拉应力,与其他作用组合,当配筋不足时,会在腹板内侧产生纵向裂缝。

⑦如箱梁顶板未设横向预应力筋,为钢筋混凝土结构时,按规范规定,允许出现宽度小于容许值的纵向裂缝。但与上述有些因素组合后,有可能出现宽度超过允许值的裂缝。

(5)箱梁垂直裂缝

垂直裂缝一般发生在箱梁顶底板垂直于桥轴线的方向。对于预应力混凝土结构,除部分预应力混凝土B类构件允许出现小于限值的垂直裂缝外,其他情况下,一旦出现这种裂缝,都反映了主梁正截面强度不足。其原因主要有以下几点:

①有效预应力降低,与设计的要求相差较大。多由于管道压浆不饱满导致预应力筋锈蚀;预应力损失过大;加载时混凝土强度不足。

②梁体下挠过大以及斜裂缝过多导致垂直裂缝出现。

③对剪力滞影响考虑不够。

某中等跨径预应力混凝土变截面连续箱梁经多年使用后,箱梁发生纵向、横向及斜向裂缝,具有一定代表性。主要情况如下[14]:

该桥为50m + 70m + 50m预应力混凝土变截面连续箱梁,设计荷载为汽车—超20级,验算荷载为挂—120。主梁为单箱单室截面,梁高1.9 ~ 4m,腹板厚度40 ~ 60cm,底板厚度30 ~ 60cm,顶板全宽16.25m,底宽8m,为三向预应力结构。纵向及横向预应力束采用标准强度1860MPa低松弛钢绞线,竖向预应力筋采用JL32精轧螺纹钢筋,标准强度750MPa。纵向束采用OVM15-7锚具,横向束采用BM15-4扁锚。竖向预应力采用YGM-32锚具。预应力管道均为金属波纹管,纵向管内径为70mm,竖向管内径为45mm,横向扁管内径为宽×高=70mm×19mm。

病害情况:底板和腹板存在较多裂缝,其中横向裂缝集中在主跨底板$L/2$和$L/4$区间;纵向裂缝集中在底板中间的通风孔位置,裂缝均在底板下缘。斜向裂缝集中在中跨底板、腹板$L/4$ ~ $3L/4$区段以及边跨底板、腹板跨中$L/2$区段。纵向裂缝最大宽度为0.68mm,横向裂缝最大宽度为0.51mm,腹板上斜裂缝最大宽度为0.7mm,底板上斜向裂缝最大宽度为1.3mm。

该桥进行了荷载试验,采用GQJS9.7软件进行了受力分析,得出了以下结论:

①按箱梁原设计配筋计算,底板横向抗弯承载力及相应的最大拉应力均满足85规范规定。但当箱梁的内外温差为15℃时,底板产生5MPa拉应力,远大于容许值,故认为纵向裂缝

由箱梁内外温差、混凝土收缩等引起。可采取在底板上施加横向预应力的加固措施。

②针对箱梁的纵向预应力，按50%的预应力损失计算，底板将出现7.03MPa的最大正截面拉应力，相应的横向裂缝宽度为0.51mm，与实际发生的横向裂缝基本相同。因此，认为纵向有效预应力下降过多是产生横向裂缝的主要原因。估计是由于混凝土的长期收缩、徐变以及箱体存在初始裂缝等导致有效预应力减小。采取在箱室内施加体外预应力进行加固的措施。

③如不计腹板竖向预应力，则主拉应力超过容许值。结合荷载试验结果分析，估计竖向预应力已很小，不起作用，且结构刚度偏小，是产生腹板斜裂缝的主要原因。采取粘贴钢板、增大截面，配合体外预应力和粘贴碳纤维布等措施进行加固。

6.3 整体式PC箱梁避免病害的措施

(1)后张法预应力孔道成孔、预应力筋张拉与孔道灌浆改进措施

后张法有黏结预应力混凝土结构或构件的成孔方法，规范[11]有明确规定，宜采用刚性或半刚性管道构成，或采用钢管抽芯、胶管抽芯及金属伸缩套抽芯等方法进行预留。其中，刚性管道指壁厚不小于2mm的平滑钢管；半刚性管道指镀锌金属波纹管和高密度聚乙烯塑料波纹管。预埋管抽芯成孔的方法目前已较少采用，以往多采用半刚性管道成孔。国内工程经验表明，金属波纹管与塑料波纹管比较，后者更有利于提高管道内压注水泥浆的质量。塑料波纹管有以下优点：

①塑料波纹管可以配合真空辅助灌浆，而金属波纹管难以做到。

②塑料波纹管的刚度较大，施工中不易变形。

③塑料波纹管的连接可以采用PHJ塑料焊机直接热熔焊接，无须增大管道直径，且封闭性好，不会漏浆；金属波纹管接头处的连接管要增大一级，其长度达到管道直径的5~7倍，需要胶带密封，若接头处理不好，则容易漏浆。

④塑料波纹管不会锈蚀，金属波纹管容易锈蚀，故塑料波纹管的耐久性较好。

⑤塑料波纹管的摩擦参数k、μ远小于金属波纹管。某项试验表明：塑料波纹管与金属波纹管比较，k值约小20%，μ值约小50%。试验得到的塑料波纹管的k值为0.00085，规范值$k=0.0015$，说明塑料波纹管的k值较小。

一般情况下，推荐采用塑料波纹管成孔。

行业标准《预应力混凝土桥梁用塑料波纹管》(JT/T 529—2016)对于扁形塑料波纹管短轴内径一律取为22mm(适用于2、3、4、5根钢绞线)，而钢绞线的公称直径为15.24mm，所以理论上，在短轴方向有效净空仅为6.76mm，明显偏小，短轴内径至少应增大到25mm。

预应力筋的张拉，规范[11]要求，当采用应力控制方法时，应以伸长值校核。实际伸长值与理论伸长值的差值应符合设计规定；设计未规定时，其偏差应控制在±6%以内。施工中可能出现的问题是：张拉控制力的精度、理论伸长值和实际伸长值的可靠程度。按传统方法张拉时，正常情况下张拉控制应力的误差约为±1.5%；理论伸长值的计算受预应力筋弹性模量和截面面积的影响，一般工程如果没有对进场的预应力筋进行力学试验，可能存在较大误差；实际伸长值的确定受初应力以下推算值、千斤顶内预应力筋张拉伸长值和构件弹性压缩值的影

响,对精度有较高要求。所以,要满足规范的上述要求,涉及一系列细致的工作,任一环节出问题都可能影响张拉控制应力的精度。国内工程界在这方面提出了一些改革措施,其中,预应力智能张拉施工工艺的效果较好,使用也较方便。例如中交一公局在中朝鸭绿江界河大桥的引桥施工中采用智能张拉系统,确保了预应力筋张拉应力的质量控制。要点如下[15]:

①精确施加应力:智能张拉系统可精确控制施加的预应力值,误差小于±1%。

②及时校核伸长量,实现"双控"。系统传感器实时采集钢绞线数据,反馈到计算机,自动计算伸长量,及时校核伸长量误差是否在±6%以内,实现应力与伸长量"双控"。

③对称同步张拉。一台计算机可以同时控制两台或多台千斤顶实施同步对称张拉,实现"多项同步张拉工艺"。

④规范张拉过程,减少预应力损失。张拉程序采用智能控制,不受人为、环境因素影响;停顿点、加载速率、持荷时间等张拉要素完全符合设计和技术规范要求,避免或大幅减少了张拉过程中的预应力损失。

⑤自动生成报表。自动生成张拉记录,杜绝了人为造假或发生差错的可能,反映了真实的施工过程,省略了张拉力、伸长量等数据人工计算,提高了工作效率。

⑥远程监控功能。业主、监理、施工、检测等单位在同一互联网平台,突破地域限制,实时交流同步掌握预应力施工质量情况,便于及时检查和纠正。

本章参考文献[17]对预应力智能张拉与传统张拉进行了对比试验研究,同样获得了智能张拉具有优越性的结论。

预应力管道灌注水泥浆,传统的做法是采用压浆法来灌注,即在0.5~1MPa的压力下,将水灰比约为0.4的稀水泥浆压入管道内。大量的工程实践表明,这种压浆工艺容易产生水泥浆离析、泌水现象,固结后收缩较大,使管道中出现缝隙,容易引起预应力筋锈蚀。2011年8月1日开始实施的规范[11]对浆液性能提出了较高的要求:低水胶比(低至0.26~0.28);零泌水率(24h自由泌水率和3h钢丝间泌水率应为0);高流动度(初始流动度在10~17s)。但是在实际施工中,一些施工现场往往通过加大用水量来改善压浆浆液的流动性,规范要求的水胶比和泌水率难以保证,给预应力结构埋下隐患。为了克服传统压浆工艺存在的弊病,20世纪80年代法国首先在后张体内有黏结预应力结构中采用真空辅助灌注这一新工艺,获得了特别好的灌浆质量。我国南京长江二桥于1999年在国内首先采用真空辅助压浆技术[16],同样获得优良的灌浆质量。规范[11]对真空辅助灌浆的一些技术参数提出了要求(真空度为-0.1~-0.06MPa),传统的压浆工艺仍可继续使用。为了使预应力混凝土结构的耐久性和安全性有可靠的保证,建议在桥梁工程中推广这一新工艺。

近年来,一种更先进的压浆施工技术已在国内桥梁工程中应用,即"大循环智能压浆施工技术"。中交一公局在中朝鸭绿江界河大桥引桥上使用了这项新技术。该技术要点如下[15]:

①浆液可在管道内持续循环,通过调整压力和流量大小,将管道内空气从出浆口和钢绞线钢丝间完全排出,同时带出孔道残留的杂物。

②准确控制压力,调整流量。自动实测管道压力损失,以出浆口满足规范最低压力值来设置压浆压力值,保证沿程压力损失后管道内仍满足规范要求的最低压力值。关闭出浆口后长时间内保存不低于0.5MPa的压力。当进、出浆口压力差保持稳定后,可判定管道充盈状况。

通过进出口调节阀对流量和压力大小进行调节，稳压期间持续补充浆液进入孔道，保证密实。

③水胶比控制。按事先确定的配合比自动加水，准确控制加水量，保证水胶比符合规范要求。

④一次压注双孔，提高工效。主桥斜拉桥的预应力管道均采用双孔同时压浆。从位置较低的一孔压入，从位置较高的一孔压出回流至储桶，保证压浆饱满密实。

⑤实现高速制浆，规范搅拌时间。系统集成了高速制浆机，将水泥、压浆剂和水进行高速搅拌，其转速为1420r/min，叶片线速度大于10m/s，能完全满足规范要求。

⑥监测压浆过程，实现远程监控。压浆过程由计算机程序控制，准确监制浆液、温度、环境温度、压浆压力、稳压时间等各指标。自动记录有关数据，打印成报表。通过无线传输技术，将数据实时反馈到相关部门，对预应力管道压浆实现了远程监控。整个工程基本上排除了人为因素的不利影响。

从上述分析可以看出，为了避免整体式预应力混凝土箱梁出现过多的病害，采用新工艺、新设备和新技术能获得较好的效果。桥梁工程的进一步发展，最重要的是改革和创新。对于经过实践证明是行之有效的变革，应大力进行推广并在实践中逐步完善和提高。

(2)低回缩预应力钢绞线锚具用于箱梁腹板竖向预应力

鉴于预应力混凝土箱梁桥腹板斜裂缝较为普通，且长期以来难以完全避免。桥规[5]（含2012年的征求意见稿）对箱梁腹板在竖向预应力作用下预压应力的计算作出了规定：

$$\sigma_{cy} = 0.6\frac{n\sigma'_{pe}A_{pv}}{bs_v} \tag{6-1}$$

式中：σ_{cy}——由竖向预应力钢筋的预加力产生的混凝土竖向压应力；

n——在同一截面上竖向预应力钢筋的肢数；

σ'_{pe}——竖向预应力钢筋扣除全部预应力损失后的有效预应力；

A_{pv}——单肢竖向预应力钢筋的截面面积；

b——计算主应力点处腹板的宽度；

s_v——竖向预应力筋的间距。

对于系数0.6，规范的条文说明指出：调查表明，竖向预应力钢筋一般施工质量不理想，甚至发现几乎失效的情况，同时也考虑竖向预应力较困难的施工条件，在公式右边乘以0.6的折减系数。另外，本章参考文献[18]认为σ_{cy}的计算还应计入箱梁自重、箱室内外温差、活载、张拉箱梁顶板横向预应力、底板纵向预应力的径向力等在腹板上产生的应力。可参阅本章参考文献[18]式(1-4-3)。可见，式(6-1)考虑的因素是不全面的。另外，式(6-1)得到的σ_{cy}仅是中性轴附近的预压应力，不能反映锚下预应力扩散规律。

本章参考文献[19]对两座大桥箱梁腹板竖向预应力（均为ϕ32mm精轧螺纹钢筋）张拉过程的预应力损失进行了测试，包括摩擦损失、锚具变形、钢筋回缩和接缝压缩引起的损失、混凝土弹性压缩引起的损失，而因锚具变形、钢筋回缩和接缝压缩引起的损失是张拉阶段的主要预应力损失，其他两项损失均较小。测试结果表明，实施二次张拉对控制锚固损失是非常有效的。锚固工艺与施工质量对预应力损失的影响很大。目前，桥梁施工图设计文件中，对于预应力精轧螺纹钢筋一般均要求采用二次张拉锚固的方法。

上述从预应力计算和施工方法上采取的措施，虽然能在一定程度上降低腹板发生裂缝的风险，但只是一种权宜之计，没有完全解决这个问题。低回缩预应力钢绞线锚具的研制和开发，是克服这一技术难题的一种新技术、新设备。其主要特点如下[10,21]：

①采用钢绞线代替精轧螺纹钢筋，配合张拉端低回缩二次张拉锚具，彻底解决了竖向预应力钢筋由于张拉长度较短而预应力损失较大，有效预应力不稳定的问题。

②二次张拉低回缩锚具（OHM 锚固体系）组成情况如图 6-1 所示。

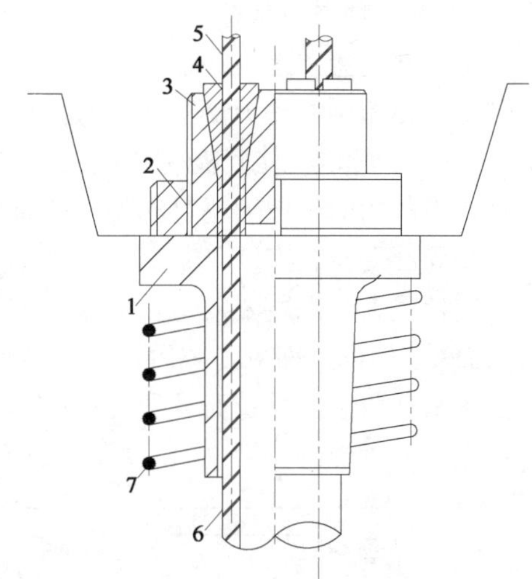

图 6-1　截面二次张拉锚具示意图

1-锚垫板；2-支承螺母；3-锚环；4-夹片；5-钢绞线；6-波纹管；7-螺旋筋

第一次张拉钢绞线，放张时夹片自动跟进夹紧钢绞线；第二次张拉时将锚环整体张拉至设计荷载，拧紧支承螺母，放张后，锚环由支承螺母支承在垫板上，预应力筋无回缩产生。二次张拉在首次张拉放张 48h 内进行。

固定端为可用于钢绞线的 P 型锚具。

③预应力束可由单根钢绞线或多根钢绞线组成。因这种锚具多用于较短的钢束，常用锚具相应的钢绞线根数有 1 根、2 根、3 根、4 根、5 根、7 根、9 根等几种，规格有 OHM15 和 OM13 两种。预应力荷载为 50 ~ 1755kN。

④当用于箱梁腹板竖向预应力时，钢束长度为 0.5 ~ 25m。除用于直线束外，还可用于曲线预应力束，曲线束的半径应不小于 6m。

⑤二次张拉低回缩锚具主要技术参数：

锚具效率系数 $\eta \geqslant 0.95$；破断总应变 $\varepsilon \geqslant 2\%$；锚具放张回缩量 $\lambda \leqslant 1\text{mm}$；锚口摩阻损失系数 $\mu < 0.00001$（理论值为 0）；在规定的 2×10^6 次循环荷载作用后，钢绞线因锚具影响发生疲劳破坏的面积不大于原试样总面积的 5%；50 次规定的周期荷载作用后不发生钢绞线破断滑移和夹片松脱；可保证满足分级张拉、补张拉及放松钢绞线的要求。

上述技术性能已通过实验室和实桥的预应力锚具检测。

目前，该项技术已获国家专利，已在湖南省、广东省、重庆市等省市推广，30 多座预应力混凝土箱梁桥的腹板竖向预应力采用二次张拉低回缩钢绞线锚具。跨径为 55 ~ 260m。例如，重庆市鱼洞长江大桥（145m + 2 × 260m + 145m）、吉茶高速公路东河大桥（55m + 3 × 90m + 55m）。并在长沙市捞刀河大桥悬浇第 6 号节段箱梁腹板进行了现场测试，该节段梁高仅 225cm，采用上述新型锚具进行二次张拉后，根据预应力损失测量值推算的锚具回缩值为 1mm。钢绞线的松弛损失基本上小于 2%。但有限元分析表明，混凝土徐变、收缩所引起的竖向预应力损失占全部预应力损失的 50% 以上，是引起竖向预应力损失的最大因素，这与传统竖向预应力锚具是不同的。

这一新型锚具还可用于斜拉桥索塔的 U 形预应力束和横向预应力束、高速铁路桥梁横向预应力束（钢束较短）以及箱梁顶板的横向预应力束等特殊场合。

（3）PC 箱梁曲线钢束防崩措施

预应力混凝土箱梁中的曲线钢束张拉时产生指向曲线内侧的径向分布力 $q = F/R$（单位：

kN/m),F为钢束张拉力(kN),R为曲率半径(m)。常见的预应力曲线钢束有以下几种:变截面箱梁的底板钢束、弯箱梁腹板钢束、箱梁中的平弯钢束、锚块处的弯起钢束。在径向力的作用下,实桥发生的损坏现象有:混凝土表层裂缝;混凝土局部碎落、崩裂;混凝土呈片状拉裂;波纹管弯曲变形、箍筋与分布钢筋损坏等。一般通称为崩裂。对于混凝土箱梁,在径向力的作用下,有以下三种受力状态[22,23]:

①局部受弯状态

变截面箱梁的底板钢束和平弯桥箱梁的腹板钢束的径向力分别作用于箱梁的底板和腹板上,如图6-2所示。使底板、腹板承受弯矩,可按沿纵向单位梁长的横向框架计算或进行空间计算。当截面的拉应力超过混凝土抗裂能力时,可能发生沿箱梁的纵向裂缝。

②局部受拉状态

这种受力状态主要发生在变截面箱梁的底板。当钢束沿底板横向布置较密时,底板的有效截面受到削弱(钢束张拉后,管道压浆之前),而径向力q在横向较为密集,容易沿钢束横向中线的水平面上因受拉而开裂,也可称为层状撕裂或分离拉裂,如图6-3所示。可按q值直接计算底板需承受的拉力,如超过底板的抗拉强度,可能发生层状拉裂。

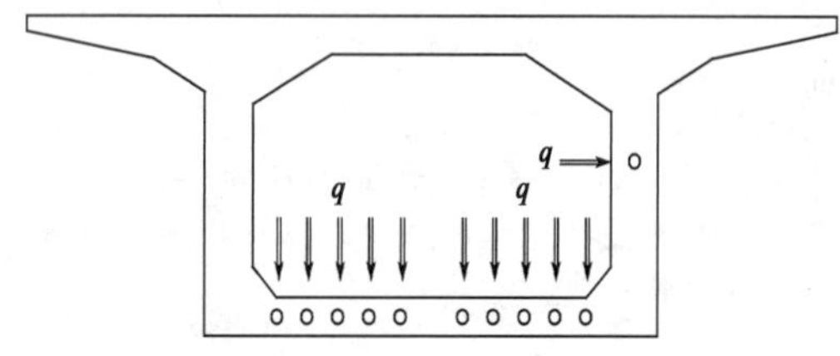

图6-2　底板、腹板受弯示意图

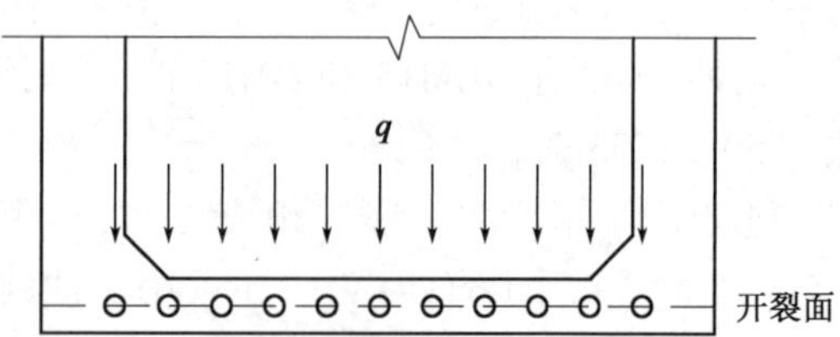

图6-3　底板受拉开裂示意图

③局部受冲切状态

在径向力作用下,在钢束外侧混凝土保护层较薄弱的部位因抗剪承载力不足而发生冲切破坏,如图6-4所示。

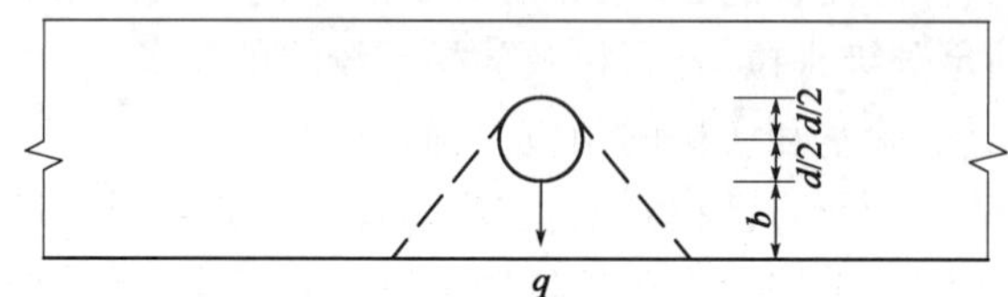

图6-4　冲切破坏示意图

桥规[5](包含2012年征求意见稿)规定,对于外形呈曲线且布置有曲线预应力钢束的构件,其曲线平面内、外管道的最小混凝土保护层厚度 $C_{in} \geqslant \dfrac{P_d}{0.266r\sqrt{f'_{cu}}} - \dfrac{d_s}{2}$(曲线平面内),$C_{out} \geqslant \dfrac{P_d}{0.266\pi r\sqrt{f'_{cu}}} - \dfrac{d_s}{2}$(曲线平面外),即按抗冲切要求的混凝土保护层最小厚度(公式中符号意义见规范[5])。如果计算的C_{in}(或C_{out})较大时,也可按直线管道确定最小保护层厚度,但应按$A_{sv1} \geqslant \dfrac{P_d \cdot S_v}{2rf_{sv}}$计算需要设置箍筋的截面面积(单肢箍筋)。但任何情况下,不能小于规范规定的最小保护层厚度。

上述三种破坏形态在实际工程中都发生过。关于发生的原因,国内不少专家、学者进行了大量分析研究,归纳起来主要有以下几点:

①预埋波纹管局部区段的定位发生偏差,导致该局部区段的钢束出现较小的弯曲半径。

②管道附近的混凝土振捣不密实,养护不到位,尤其是管道曲线内侧混凝土质量差。

③管道曲线内侧的混凝土保护层偏薄,或达不到设计要求。

④钢束张拉时,混凝土的龄期过短,达不到强度要求。

⑤钢束张拉力控制有误,超过规定的规范值。

⑥防崩箍筋(有的资料称为拉结筋)偏少或构造设计有误,或施工安装不到位,使横向钢筋不能参与受力,或箍筋锚固长期不足。

⑦纵向预应力较大,因泊松效应使箱梁发生附加的横向拉应力,增大了发生纵向开裂的风险。

⑧变截面箱梁底板纵向束布置过密,或单束的预应力过大。

从已发生损坏事故的实际情况分析,具体到一座桥,可能是多种原因造成的。但其中影响最大的应是情况①,即预埋波纹管定位偏差。规范[11]规定:预埋波纹管在板梁高度方向的允许偏差为 10mm,这将会在局部区段内导致波纹管的弯曲半径较大幅度地减小,使径向力大幅度增加。可能出现这样的情况:设计、施工都符合规范的最低要求,但还是发生了崩裂。多位学者、专家根据实际的工程事故进行分析后指出,在某些情况下采用"容错设计"是必要的。所以,对于预应力混凝土箱梁曲线钢束的防崩,容错设计是一个重要措施。本章参考文献[22]进行了较详细的研究,其要点如下:

①规范[5]对于在管道曲线段弯曲平面内应设的箍筋单肢截面面积 A_{sv1} 应满足:

$$A_{sv1} \geqslant \frac{P_d \cdot S_v}{2rf_{sv}} \tag{6-2}$$

式中:S_v——箍筋间距(mm);

r——管道曲线半径(mm);

P_d——预应力筋的张拉力设计值(N),按规范要求取值,并乘以分项系数 1.2;

f_{sv}——箍筋抗拉强度设计值(MPa)。

式(6-2)没有考虑箍筋(本章参考文献[22]称为防崩钢筋)实际锚固长度达不到规范要求的影响,也未考虑施工规范允许的施工误差的影响。故对式(6-2)进行了修正。

②修正后的防崩钢筋截面面积 A_{sv1} 按下式计算:

$$A_{sv1} \geqslant \frac{P_d \cdot S_v}{0.2\mu rf_{sv}} \tag{6-3}$$

式中:μ——防崩钢筋锚固长度不足时的折减系数,如下式所示:

$$\mu = \frac{l_0}{l_{锚}} \tag{6-4}$$

l_0——防崩钢筋实际的锚固长度,如图 6-5 所示;

$l_{锚}$——规范要求的锚固长度;

其余符号含义同前,式(6-3)计入了"容错设计"的影响。

③按式(6-3)计算的部分常用资料,供实桥设计参考(未计入 μ 的影响)。

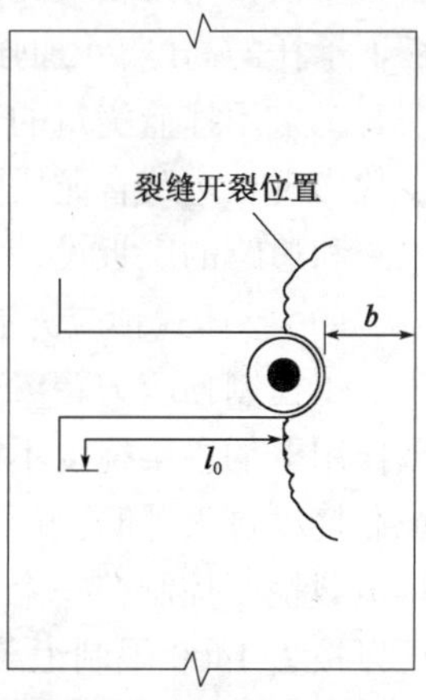

图 6-5　防崩钢筋锚固示意图

表 6-1 ~ 表 6-3 中,容错设计取波纹管定位误差为 10mm,波纹管的定位钢筋间距取 80cm。从上面三个表的计算资料可以看出,波纹管定位的施工容许误差影响很大,采用容错设计是合理的。

曲线钢束半径与防崩钢筋间距的关系

(钢束为 15 - 12,防崩钢筋直径 14mm,双肢,Ⅱ级钢筋)　表 6-1

曲线束半径(m)	6	8	10	12	16	80	100	150	200
防崩钢筋间距(mm)	180	245	305	365	490	2400	3000	4500	6000
容错设计间距(mm)	100	120	130	140	160	220	225	230	235

钢束类型与防崩钢筋间距的关系(曲线钢束半径为 6m,防崩钢筋同表 6-1)　表 6-2

曲线钢束规格 15 - n	3	5	7	9	12	15	17	19	22
防崩钢筋间距(mm)	734	440	310	240	180	145	125	115	100
容错设计间距(mm)	400	250	180	140	100	80	70	65	55

防崩钢筋直径与间距的关系(钢束规格 15 - 12,曲线束半径 6m,防崩筋Ⅱ级,双肢)　表 6-3

防崩钢筋直径(mm)	8	10	12	14	16	18	20	22	25
防崩钢筋间距(mm)	60	90	130	180	230	300	270	450	580
容错设计间距(mm)	30	50	75	100	130	170	210	255	330

曲线钢束防崩的其他措施包括:

①锚于齿板的钢束与连续通过该处的钢束形成对拉,容易发生开裂,齿板防崩钢筋与该处原有的箍筋应结合起来组成闭合箍筋。

②已有连续刚构箱梁底板上缘损坏的实例表明,底板的防崩箍筋最好用闭合箍筋或两端均有半圆钩的箍筋,使底板上、下缘的横向钢筋连成整体受力。

③变截面预应力混凝土箱梁底板钢束,尽量靠上缘布置,平曲线弯箱梁腹板钢束尽量靠曲线外侧布置,以增大钢束的混凝土保护层厚度。

④防崩钢筋应直接勾住波纹管,不留空隙,并与波纹管绑扎牢固,避免因混凝土振捣发生松动。

⑤防崩钢筋顺桥向间距不应超过两个横向筋的间距,也不宜呈梅花形布置。

⑥在径向力较大的区段,可在箱梁内设置横隔板或横隔肋,横隔肋的高度较矮,可达到腹板下承托的高度,并加强横向配筋。

⑦采用挂篮浇筑的连续梁和连续刚构箱梁,底板发生崩裂多出现在中跨合龙段附近,也有少数出现在边跨合龙段附近靠主墩一侧的梁箱底板上(例如贵阳环城高速公路小关大桥),故中跨和边跨的底板设计均应有防崩措施。

(4)整体式预应力混凝土箱梁避免病害的其他措施[9,18,24]

①控制预应力箱梁的恒载挠度。桥规[5]对持久状况下正常使用极限状态计算,规定了活载作用下的主梁挠度不得大于 $L/600$,对恒载挠度未作规定,认为可以用预拱度来解决。如果恒载挠度过大,随着混凝土徐变的长期影响而加剧,容易发生开裂,导致梁体的刚度下降。应将恒载挠度控制在一个较小的范围内,可以抑制上述不利影响。本章参考文献[9]建议暂时可以按 $L/1400$ 限制恒载挠度。必要时可适当增加预应力钢束,以减少箱梁的弹性挠度。本章参考文献[18]建议,除混凝土收缩徐变外的永久作用下主梁挠度宜控制在 $L/4000$ 以内。

②提高箱梁主拉应力计算的精度。桥规[5]对持久状况下正常使用极限状态主拉应力的计算,仅考虑了纵向和竖向的平面应力情况,空间分析的算例表明,忽略横向影响所得的主拉应力偏小。由于箱梁底板的自重和上翼缘悬臂板的影响,腹板内侧受到横向拉应力。此外,活载、温度梯度也会使箱梁产生横向应力;张拉底板钢束引起的径向力会在某些范围内使腹板出现竖向拉应力。箱形截面的扭转、翘曲、畸变将使腹板中的剪应力增大。所以,要获得较高精度的主拉应力,应进行空间三维分析。在构造设计上,宜适当增加主梁根部至 $L/4$ 区段的腹板厚度,加密箍筋和梁高方向的纵向水平钢筋。

③当箱梁不设置竖向预应力筋时,纵向钢筋和底板横向钢筋直径不应小于 20mm,腹板箍筋直径不应小于 16mm,箍筋间距不应大于 150mm。

④应根据工程项目的具体情况,必要时考虑汽车荷载超载的影响。这个问题将在 6.5 节进行较详细的讨论。

⑤为了控制箱梁使用期过大的挠度,本章参考文献[18]建议:设计宜考虑施工规范允许范围内的自重施工偏差对主梁挠度的影响,包括结构自重偏差 ±5% 和桥面铺装层超厚 $L/7000$(L 为主跨跨度)。同时宜考虑施工误差对混凝土收缩、徐变挠度的影响。

⑥齿板沿预应力方向的长度 L 可按直接剪应力不超过容许剪应力计算控制,即:

$$L \geqslant \frac{N}{850[\tau]B} \tag{6-5}$$

式中:N——1 个齿板内钢束总的张拉力(kN);

$[\tau]$——齿板混凝土的容许剪应力(MPa);C40 混凝土$[\tau]=2.4$MPa,C50 混凝土$[\tau]=2.5$MPa;

B——齿板宽度(m);

850——$850=1000/1.176$,其中,1000 为单位换算系数,1.176 为考虑抗剪不均匀的提高系数。

⑦主梁内宜设置可以在运营期间进行张拉的备用体外预应力束和施工过程可以应付特殊情况的体内备用预应力束。

⑧中小等跨径预应力混凝土连续箱梁,多采用在支架上分两次浇筑。第一次浇筑底板、腹板,第二次浇筑顶板和翼板。随着荷载的增加,支架及地基变形随之增大,而墩柱范围的沉降则较小,容易使墩顶附近的梁体发生横向裂缝;翼板与腹板结合部混凝土龄期存在差异,翼板的支架一般未进行预压,存在非弹性变形。该结合部容易出现纵向裂缝。施工中应严格控制支架、基础的沉降,注意消除翼板支架的非弹性变形。设计时应注意加强墩顶区段箱梁顶板的纵向配筋和翼板根部的横向配筋。

6.4　整体式 PC 连续箱梁纵向钢束布置特点

整体式箱梁预应力钢束的布置与桥梁结构体系、受力情况、构造形式和施工方法都有密切的关系。预应力钢束按布置的方向可划分为三大类:纵向束、横向束及竖向束。其中,纵向钢束是必须设置的,横向钢束和竖向钢束根据结构受力情况确定是否设置。所以,预应力束的布置有单向(纵向)预应力、双向预应力(纵向与横向或纵向与竖向)及三向预应力(纵、横、竖向）三种体系。对于预应力混凝土连续梁和连续刚构桥，国内常用的施工方法有：支架现浇施工法、挂篮悬臂浇筑法、逐孔浇筑法、顶推施工法和转体施工法等几种。

（1）支架现浇施工法纵向钢束布置特点[25]

在跨径较小的等截面连续梁中，一般采用通长的连续曲线束布置，以克服跨中和支点区段的正、负弯矩，如图6-6a）所示。梁高有变化时，力筋布置如图6-6b）所示，如正、负弯矩相差较大，还应在较大弯矩峰值附近增设较短的预应力束。在跨径较大的等截面连续梁中，为了减小连续束预应力损失，可在支点箱梁的顶部将钢束交叉锚固；为防止中间支点处因偏心距较大引起的预弯矩导致箱梁下缘开裂，通常在主梁下缘布置几束通长直线预应力束，因其通过跨中的下缘，还可以用作正弯矩束，如图6-6c）所示。在跨径不大的变截面连续梁中，可以在支点的主梁截面布置帽束，如图6-6d）所示。在跨径较大的变截面连续梁中，应利用主梁的形心轴线变化而使用较小曲率的布束形式，以获得较大的偏心距。主梁为箱形截面，为了降低剪力滞效应的不利影响，钢束应尽量靠腹板布置。

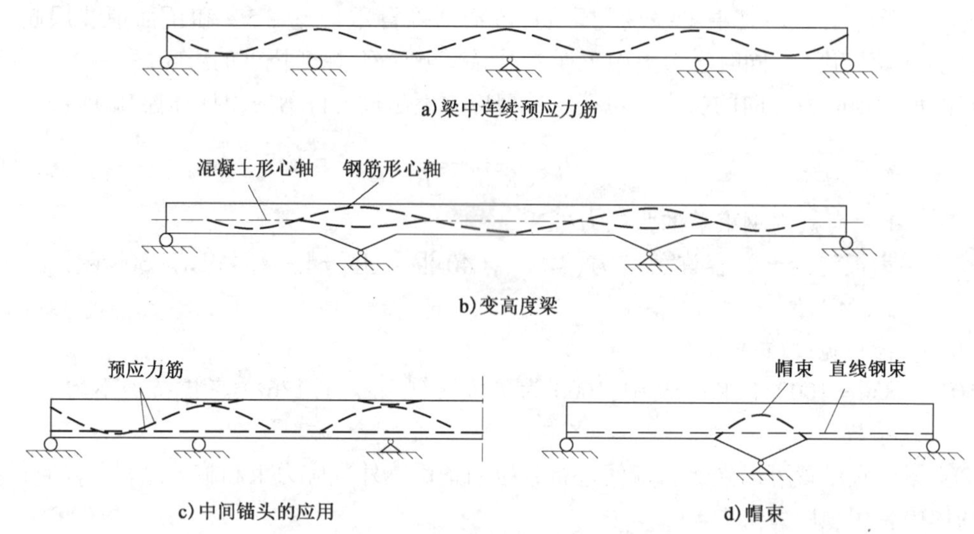

图6-6　连续梁的布筋形式

（2）挂篮悬臂浇筑法纵向钢束布置特点[18,24-26]

挂篮悬臂浇筑法施工的连续梁桥和连续刚构桥，尤其是大跨径桥，钢束的布置较为复杂，对于纵向钢束与竖向钢束如何配合使用的问题，目前国内还存在两种不同的认识，将在6.5节进行讨论。此处简要介绍传统的纵向钢束布置的特点。如图6-7所示，为一座三跨连续梁桥的纵向钢束立面和平面示意图。首先从中墩开始平衡对称悬臂浇筑，所有布置在箱梁顶部的钢束主要承受结构重力与施工荷载引起的负弯矩，全联通长布置的连续弯束是为了承受使用期恒活载的需要而布置的；在中跨合龙段附近的下缘，钢束和边跨用支架施工的端部梁段下缘钢束，除了承受活载需要外，还需要承受因结构次内力在这些部位产生的正弯矩。

对纵向钢束进一步细分，有顶板束、底板束、下弯束、弯起束、连续束以及备用束（又分为施工期临时备用束和使用期备用束）等几种。其中顶板束、下弯束称为悬臂预应力束（又称为一期预应力束），其余的几种以及部分顶板束称为连续预应力束（又称为二期预应力束）。纵向钢束的布置及特点简述如下：

①悬臂预应力束尽量布置在箱的范围内,必要时可以进入翼缘板根部的承托范围。钢束数量较多时,可分层设置,先锚固下层短钢束,后锚固上层长钢束。下弯束通常沿主应力线附近布置,延伸至腹板中所产生的垂直分力将抵消部分箱梁混凝土断面上的剪力。当外侧腹板倾斜时,由顶板束平弯,再竖弯进入腹板内形成倾斜的预应力束,锚固在各个节段的腹板内。部分悬臂束布置在主梁节段的端部(即分段间的结合面),但要尽量布置在截面的受压区内。下弯束的锚固位置应根据计算确定。顶板束宜通过平弯及竖弯锚固在顶板与腹板交界处。

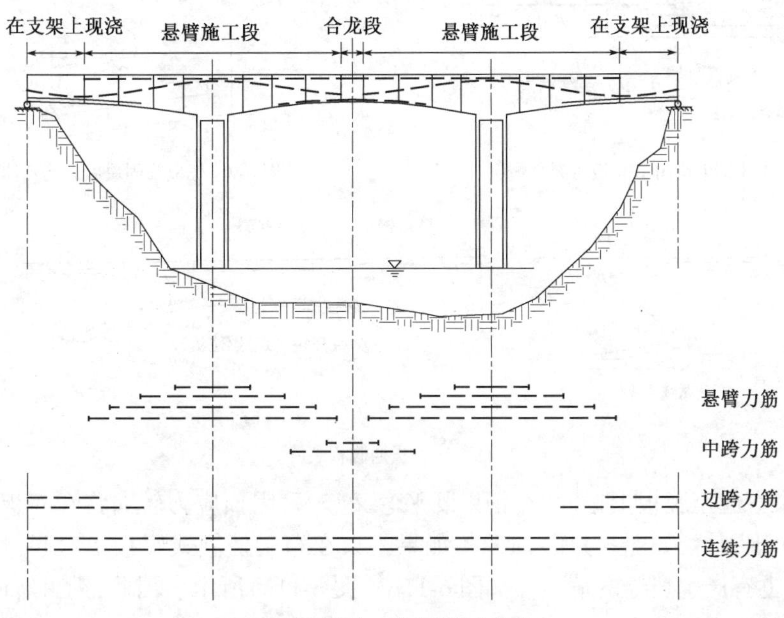

图 6-7　悬臂施工的连续梁布束形式

预应力束应对称于主梁中线布置(直桥),应避免集中平弯和集中锚固,并尽量靠近边腹板锚固。

②连续预应力束主要考虑在悬臂浇筑合龙以后承受恒、活载产生的内力,即按照使用阶段要求需补充的预应力束。部分顶板束布置在支点截面顶部,沿纵向为直线,直接锚固在顶板齿板上。底板束布置在跨中截面底部,沿纵向为直线,形成底部连续束,直接锚固在底板齿板上。跨中截面的顶部布置顶部连续束。在边跨现浇段的底板束向支点方向向上弯起后,锚固在主梁端或顶板顶面槽口内。其作用除了对支点、边跨跨中截面提高抗弯能力外,主要是为了改善腹板的受力,解决近支点截面主拉应力较大的问题,因为边跨近支点截面梁高矮、竖向预应力损失大,应设置弯起束。边跨底板束还应有 20% 且不少于 2 束用直束方式通过支承。

③底板连续束受区域的限制,其锚固点大多位于拉应力很大的部位。因此底板受锚固钢束的集中力作用,容易出现裂缝,如图 6-8 所示。裂缝起自锚块后面,并从与箱梁纵轴成 30°~45°角斜向两侧腹板扩展。如锚块背面邻近梁段接缝,则裂缝将在接缝处延伸。有时底板裂缝继续扩展至腹板内,并与水平线成 30°~45°角,如图 6-9 所示。由底板上连续钢束锚块引起并延伸至腹板内的斜向裂缝可能会与上翼缘板根部钢束锚块引起的相似裂缝相互接近而贯通腹板,如图 6-10 所示。此时跨中部分成为类似倒置的“拱石”而损伤结构。所以应该避免在箱梁的一个截面锚固几束距离较近而又“迎面”相对的预应力束。底板束的锚固断面应尽量跨过

箱梁节段间的施工缝,以防止底板在锚固区附近出现横向裂缝。

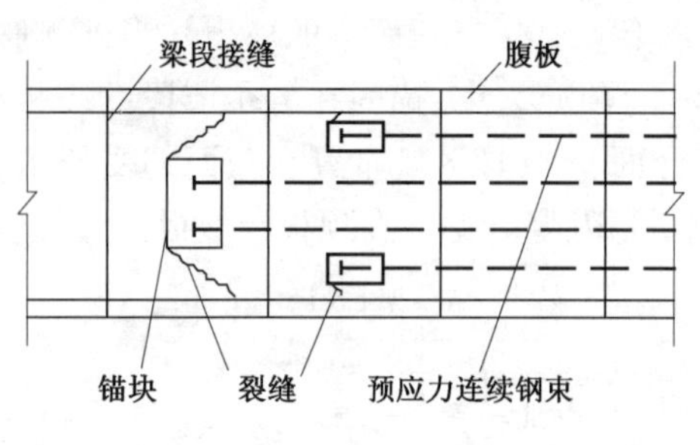

图 6-8　连续钢束锚固于底板时裂缝情况

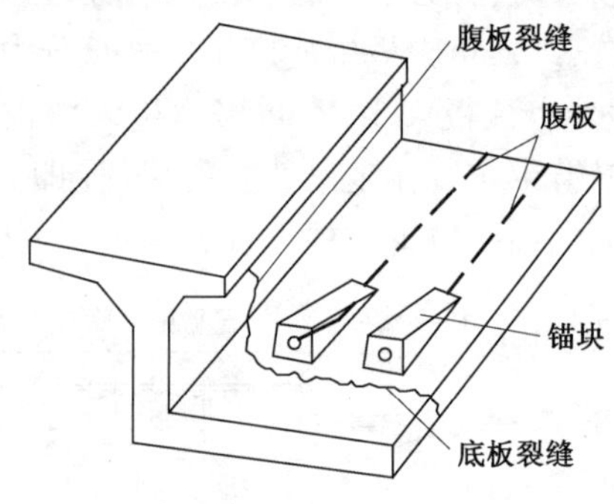

图 6-9　底板锚固块后裂缝延伸至腹板

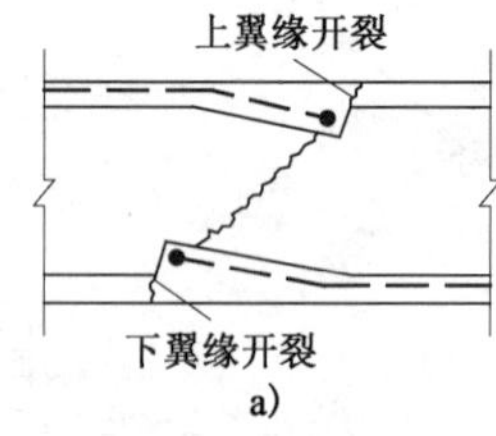

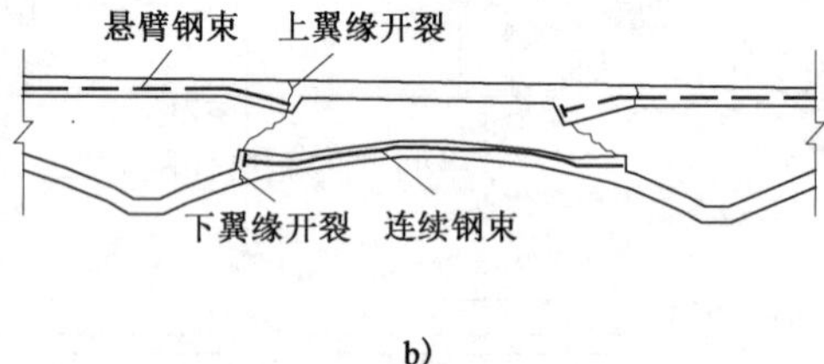

图 6-10　贯通腹板裂缝

④底板束弯起至腹板上锚固时,钢束既平弯又竖弯,因预应力转向将在底板上产生拉力,可能在底板出现裂缝,如图 6-11a)所示。如果钢束在箱梁外倾式腹板中弯起,将在底板中产生横向拉力,也有产生裂缝的危险。如图 6-11b)、图 6-11c)所示。因此,钢束转向附近应设置横向钢筋,以避免裂缝发生。

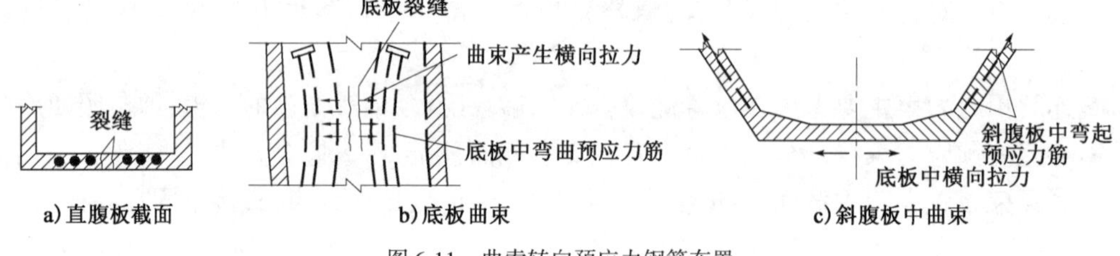

图 6-11　曲索转向预应力钢筋布置

⑤多根钢束集中在同一断面上锚固,容易引起箱梁底板开裂,如图 6-12 所示。钢束应均匀布置,防止在一些断面过于集中。

箱梁横向预应力一般施加在顶板内,有时也对横隔板布置预应力束,单室箱如底板很宽时,也可考虑在底板上布设横向钢束。横向预应力束的数量及间距根据受力计算确定。顶板横向束按受力与构造可以采用直线束或曲线束。由于顶板厚度较小,通常采用扁锚预应力体系,单端张拉。张拉端、锚固端在主梁两侧交替布置。顶板束一般按部分预应力设计。顶板束沿纵向大部分区段采用等间距布置,在靠近横隔板处,受其约束的影响,横向束预应力损失较大,目前采取偏于保守的做法,在距横隔板 1.2 ~ 1.5m 的纵向长度内,将顶板横向束的间距加密 1 倍,即其间距为正常区段间距的 1/2。也可以对横隔板直接施加横向预应力,一方面补偿了附近顶板横向预应力的损失,另一方面可以防止横隔板因温度、混凝土收缩可能引发的裂缝。

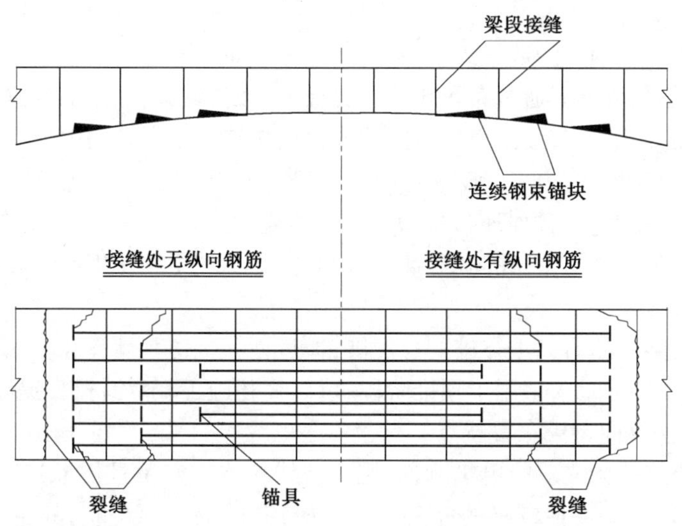

图6-12　连续钢束集中锚固时底板开裂情况

(3)逐孔浇筑法纵向钢束布置特点[25]

在逐孔浇筑的连续梁设计中,其纵向预应力束一般采用通长设置,用连接器接长,如图6-13所示。主梁是一孔接着一孔进行浇筑(或架设)和张拉纵向钢束。为了减小主梁的次内力和方便施工,设计时应将施工接缝选择在靠近支点约0.2L处(L为跨径),此处主梁的弯矩很小。同时注意将纵向钢束分散布置,在腹板、顶板和底板中布置附加的水平束、垂直束,以便于连接和施工,但预应力束的合力仍应保持在设计要求的位置。

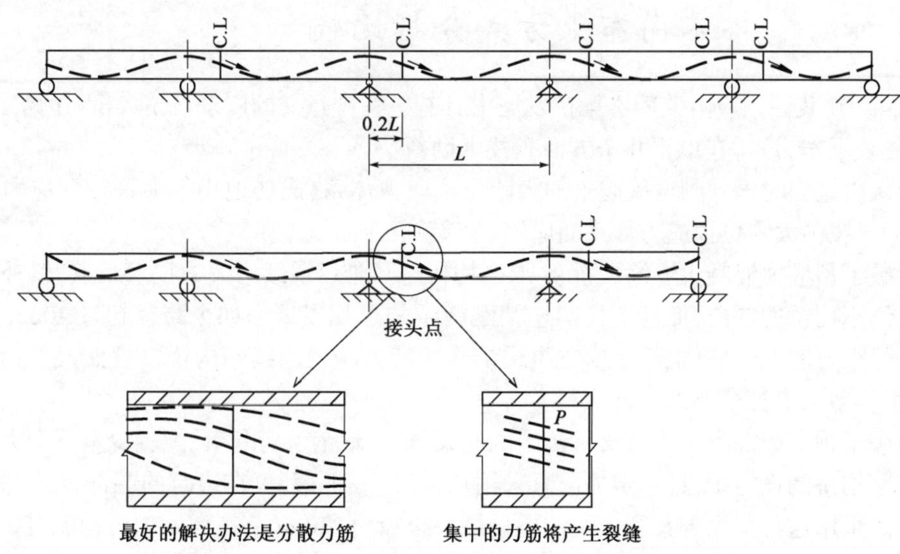

图6-13　逐跨架设法的布束形式

(4)顶推施工法纵向钢束布置特点[25]

顶推施工法连续梁的纵向预应力钢束分为顶推阶段受力需要的临时钢束和使用阶段需要的永久钢束。临时束宜布置在箱梁的顶、底板中,使其产生沿主梁纵轴线的预压力,以适应顶推过程中正负弯矩交替出现的受力特点。锚具宜采用吨位较小、方便接长和装卸的墩头锚、轧丝锚等锚固体系。临时钢束的数量按主梁上、下缘在顶推过程中不出现拉应力且压应力不超限,通过计算确定。永久钢束通常布置在箱梁腹板内,吨位较大,在顶推就位后进行张拉。

顶推施工连续梁,施工节段内力包络图与成桥后按连续梁计算的内力包络图差别很大,导致在成桥后要拆除临时预应力束,施工较为复杂;另一方面,顶推施工连续梁因受力需要,主梁截面较高,多采用等高度。因恒载内力较大,永久预应力束也多一些,其经济指标较差。但这种施工方法具有施工机具简单、在固定台座上预制主梁实现工厂化生产、节约劳动力及费用等优点。

顶推施工连续梁桥的研究正在进一步发展,通过计算机仿真计算和精细化设计,有可能大量减少临时束,将一部分永久束用于顶推阶段,可以简化施工、节约材料,提高技术经济效益。

(5)转体施工法纵向钢束布置特点

中等跨径三跨连续梁或双跨单 T 刚构,用于跨线桥或立交桥且桥下施工条件受到限制的情况,采用平转法施工是一种较好的办法。国内应用此法较为普遍。其主梁多为箱形截面。转体前一般采用支架上整体现浇,成为双 T 梁或单 T 梁后脱架,此时为恒载作用下的双悬臂 T 构,转体到位并合龙后形成三跨连续梁(连续刚构)或双跨单 T 刚构。其纵向预应力钢束布置有以下特点:转体阶段为单 T 双悬臂梁,应布设顶板悬臂束及腹板下弯束;转体合龙后,形成连续梁或刚构,应布置顶板合龙束及靠边跨支承附近的底板束,部分底板束应弯起到梁端锚固。中等跨径变高度箱形截面连续梁或连续刚构,一般均设置竖向预应力筋。

6.5　变截面预应力混凝土连续刚构(连续梁)桥不同布束方式分析比较

1988 年,在我国预应力混凝土梁桥发展中具有里程碑意义的广东洛溪大桥(主跨 180m 连续刚构)建成通车,该桥在以下几个方面有技术创新:

①首次引进当时国外刚发展起来的大吨位预应力体系,成功地用于大跨径预应力混凝土梁桥,推动了我国大吨位预应力体系的应用、生产和发展。

②突破了预应力混凝土连续梁桥、T 形刚构桥跨径难以继续增大的技术难点,填补了我国大跨径连续刚构桥的空白,促进了我国连续刚构桥的迅猛发展。如今跨径超过 200m 的连续刚构桥已经很普遍,如主梁根部采用空腹式结构的特大跨径连续刚构桥,主跨跨径达到 290m(贵州水城至盘县高速公路北盘江大桥)。

③突破了预应力混凝土连续梁桥传统的配束方法,取消了弯起束,配置少量下弯束。后在多座连续刚构桥的设计中,进一步提出只采用顶板束、底板束,仅在边跨的端部设置部分弯起束的方法。采用这种配束方案和方案的桥梁最大跨径为 270m(广东虎门大桥辅航道桥)。

第③项技术创新于 20 世纪 90 年代以来在很多连续刚构桥梁上得到应用,这些桥不同程度地出现了一些病害(主要是箱梁腹板发生斜裂缝),引起了人们对这一配束方式的不同看法,并进行了若干分析研究。2000 年以后,国内很多大跨径连续刚构桥和连续梁桥又重新采用传统配束方式。另外,针对箱梁腹板容易发生斜裂缝的情况,提出并实行了一些解决的措施。本节进一步分析讨论几个有关的问题。

(1)本章参考文献[27]提出的新布束方式及其理论依据

预应力混凝土连续梁和连续刚构由于设置了强大的纵向预应力和竖向预应力,其竖直截面的抗剪能力应由三部分组成:

$$\tau = \tau_a + 0.2\sigma_x + 0.4\sigma_y \tag{6-6}$$

式中:τ_a——混凝土的抗剪能力;

σ_x——纵向预应力产生的正应力;

σ_y——竖向预应力产生的竖向应力。

在纵向预应力作用下,主梁实质上已成为偏心受压构件,预压力使竖直截面上产生摩阻力,所以仅 τ_a 和 $0.2\sigma_x$ 就可以满足抗剪要求,可以不用下弯束再提供抗剪能力,故下弯束可以取消。再从主拉应力进行分析:

主拉应力为:

$$\sigma_l = \frac{\sigma_x + \sigma_y}{2} - \sqrt{\left(\frac{\sigma_x - \sigma_y}{2}\right) + \tau^2} \tag{6-7}$$

式中:σ_x——由纵向预应力和使用荷载产生的混凝土正应力;

σ_y——由竖向预应力产生的混凝土竖向压应力;

τ——由使用荷载产生的混凝土剪应力(因无弯起钢束,不计弯束引起的混凝土剪应力)。

令 $\sigma_l = 0$,简化后可得:

$$\sigma_x \cdot \sigma_y = \tau^2 \tag{6-8}$$

当 $\sigma_x \cdot \sigma_y > \tau^2$ 时,腹板只出现主压应力而无主拉应力;

当 $\sigma_x \cdot \sigma_y = \tau^2$ 时,腹板主拉应力为0;

当 $\sigma_x \cdot \sigma_y < \tau^2$ 时,有主拉应力,但其值大小可以通过 $\sigma_x \cdot \sigma_y$ 乘积来控制,使之符合设计的要求。因此,通过采用合适的纵向预应力和竖向预应力就能达到控制主拉应力的目的,而不再需要预应力下弯束。

本章参考文献[27]指出,在取消下弯束时应注意以下三点:

①分段现浇或分段预制拼装并分段施加预应力的连续刚构,实际发生的主拉应力要比计算值大,这是由于电算程序的基本假定与这种结构的受力条件不完全一致引起的。设计时要注意这种差异。

②边跨端部梁的高度,竖向预应力损失大,应在该区段配置弯起钢束。

③应充分考虑竖向预应力由于顶锚的人工操作所带来的预应力损失。

(2)几种布束方式的比较

按式(6-8),通过调整 $\sigma_x \cdot \sigma_y$ 来调整主拉应力,理论上是正确的。但是,计算 $\sigma_x \cdot \sigma_y$ 所采用的预应力应该是扣除预应力损失后的有效预应力。所以,取消下弯束的关键,是预应力损失(尤其是竖向预应力损失)对布束方式的影响程度。换言之,应研究哪种布束方式更有利于降低腹板主拉应力,防止斜裂缝的发生。目前,国内对于预应力混凝土连续箱梁纵向钢束布置方式有下述三种:

方式 A:传统的方式,有下弯束(含弯起束)与竖向束。

方式 B:取消下弯束方式,有顶、底板水平直线束与竖向束,边跨支承附近设部分弯起束。

①方式A有下弯束(含弯起束),无竖向束。

a.方式A有以下优点:

(a)顶板束下弯至腹板内,下弯束与斜向拉力的方向基本一致,克服腹板的主拉应力效果较好。

(b)纵向束均较长,相对预应力损失较小,一般均在20%以下,故有效预应力较高。在正常情况下都能达到设计要求的永存预应力。

(c)工程实践表明,按传统方式设计的预应力混凝土梁桥,箱梁出现腹板斜裂缝的情况较少。例如1980年前后建成的南京长江二桥北叉桥、宁波机场路立交桥和海盐大桥等,均按传统方式设置预应力钢束,至今未出现结构性裂缝[28]。

b.方式A有以下缺点:

(a)预应力的扩散角约为26°,下弯束间距较大,在相邻下弯束之间的截面上部会出现预应力空白区(即预应力"盲区")。如下弯束的间距接近梁高H,则在$0.39H$高度范围内,下弯束对主拉应力不起作用。

(b)由于下弯束要进入腹板,将使腹板厚度增大,自重相应增大,又导致预应力配束的增加。

(c)箱梁腹板中有下弯束、竖向束和普通钢筋,架设安装和混凝土浇筑较为复杂,难度较大,施工时间也较长。

②方式B

a.方式B有以下优点:

(a)纵向预应力束集中布置在顶、底板内,腹板长度的90%均无纵向预应力管道,在满足结构受力的前提下,腹板厚度可减小,结构自重相应减小,预应力钢束用量减少,可降低工程造价。

(b)由于腹板内无下弯束,施工较为方便,混凝土浇筑质量容易保证,工期相应较短。

(c)不受下弯束预应力"盲区"的影响。

b.方案B有以下缺点:

(a)实测资料表明,当竖向预应力筋采用精轧螺纹粗钢筋及相应的带螺母的锚具时,预应力损失较大,即使采用二次张拉方法,也难以保证运营期使用较长时间后,其有效预应力能满足设计要求。

(b)竖向预应力损失的大小,受施工质量影响很大,如果纵向顶、底板直束因某种非正常因素也出现较大的预应力损失,则发生开裂的概率很高,说明在目前技术条件下,这种布束方式,其预应力的安全储备低于方式A。

③方式C

方式C多用于跨径不大、梁高较小的情况,目前尚未发现较为突出的问题。

有的学者和工程师主张,鉴于竖向预应力筋(精轧螺纹粗钢筋)可靠性较差,设计时在布置下弯束的情况下,同时也设置竖向预应力筋,但结构计算不计竖向预应力的效应,作为一种安全储备。有的大桥就按这种思路进行设计,例如宜昌至万县叶溪河大桥[29],主桥为80m+108m+80m预应力混凝土连续箱梁铁路桥,采用传统预应力配束方式(即方式A),竖向预应力筋为精轧螺纹粗钢筋,对中跨$L/4$附近的竖向预应力损失进行了监测,根据测试数据建立了指数拟合竖向预应力损失曲线。可以得知:锚固完成后1年左右预应力损失约10%,两年内损失在 25% ~30%,结合调查资料分析,两年以后损失逐渐减慢,5~6 年预应力损失可以达到或超过 50%。因此该桥的设计采用纵向曲线束来抵抗主拉应力,竖向预应力筋作为安全储备,不参与受力计算。

这座实桥设计的情况表明,桥梁界对于预应力混凝土箱形梁桥纵向布束的问题还未得到完满的解决,还存在不同的看法。

(3)预应力损失对不同布束方式的影响

在第(1)项中已经论述了新布束方式理论上是正确的。如果完全不考虑预应力损失,即张拉力恒等于用于结构计算的最终有效预应力,比较新布束方式(无下弯束,有纵向水平束及竖向束,称为方式 1)与仅有下弯束(称作方式 2)这两种布束方式的优劣,评判的标准是看箱梁腹板中的主应力分布哪一种更好。做如下基本假定[30]:

①箱梁的腹板未开裂,不考虑预应力损失。

②单位长度内,方式 1 的竖向预应力 P_s 与方式 2 下弯束 P_x 相等,即 $P_s = P_x$,设方式 1 的竖向预应力 $\sigma_{1y} = \sigma^1$,则方式 2 的竖向分力为 $\sigma_{2y} = \sigma^1 \cdot \sin\theta$,$\theta$ 为下弯束与梁纵轴线的夹角。

③方式 1 和方式 2 的纵向预应力相等,即 $\sigma_{1x} = \sigma_{2x} = \sigma$。

④方式 1 和方式 2 的剪应力相等,即 $\tau_1 = \tau_2 = \tau$。

于是可得两种布束方式的分项应力如下:

方式 1:$\sigma_{1x} = \sigma_x, \sigma_{1y} = \sigma^1, \tau_1 = \tau$;

方式 2:$\sigma_{2x} = \sigma_x + \sigma^1\cos\theta, \sigma_{2y} = \sigma^1\sin\theta, \tau_2 = \tau$。

由主应力的通用公式(二维分析)可以得到:

方式 1 的主应力:

$$\sigma_{\min 1}^{\max 1} \frac{\sigma_x + \sigma^1}{2} \pm \sqrt{\left(\frac{\sigma_x - \sigma^1}{2}\right)^2 + \tau^2} \tag{6-9}$$

方式 2 的主应力:

$$\sigma_{\min 2}^{\max 2} \frac{\sigma_x + \sigma^1\cos\theta + \sigma^1\sin\theta}{2} \pm \sqrt{\left(\frac{\sigma_x + \sigma^1\cos\theta - \sigma^1\sin\theta}{2}\right)^2 + \tau^2} \tag{6-10}$$

将上面两式进行比较可得:$\sigma_{\max 1} < \sigma_{\max 2}, \sigma_{\min 1} > \sigma_{\min 2}$,即方式 1 的主应力分布优于方式 2,而且方式 1 的混凝土强度提高系数优于方式 2。

可见,在不考虑预应力损失的理想状态下,方式 1(新布束方式)相应的腹板主应力分布优于方式 2。但是,计入实际可能发生的预应力损失后,箱梁腹板主应力的数值与分布发生较大变化。调查研究表明,大多数竖向预应力损失在 50% 以上,甚至有的竖向预应力筋完全松动,预应力损失为 100%。因此,有必要分析预应力损失对不同布束方式的影响。本章参考文献[28]、[30]对重庆石板坡长江大桥第 5 孔 $L/4$ 截面进行了预应力损失对箱梁腹板应力状态影响的分析。取三种布束方式:方式 1 为仅有竖向预应力筋;方式 2 为仅有下弯束;方式 3 为既有下弯束,又有竖向束(为石板坡大桥采用的方式)。

①仅有竖向预应力损失时的影响

a. 无竖向预应力损失时,方式 1、方式 3 腹板主拉应力分布相似,都比较均匀。方式 2 箱梁腹板主拉应力变化较大。由于下弯束间距较大且预应力扩散角较小,导致腹板中部主拉应力安全储备较高,而腹板上下边缘主拉应力安全储备相对较低,出现预应力"盲区"。

b. 在下弯束的圆弧过渡段,下弯角较小,预应力竖向分量不足。同时由于纵向束水平力为偏心集中力,导致锚前腹板与顶板相交处一定范围内出现竖向拉应力,使该范围内腹板出现主拉应力。但方式1和方式3由于有竖向预应力束,未出现主拉应力。

c. 方式1和方式3箱梁腹板内主拉应力安全储备随竖向预应力的减小而下降。当竖向预应力为设计值的50%时,方式1和方式3箱梁腹板主拉应力安全储备,在腹板中部低于方式2,但在腹板与顶、底板相交处则高于方式2。在设计预应力状态下,方式1和方式3的腹板均有较高的主拉应力安全储备,但当竖向预应力完全损失时,方式1和方式3箱梁腹板出现主拉应力,方式1的主拉应力更大。

②纵向和竖向预应力均有损失时的影响

a. 竖向预应力损失50%、无纵向预应力损失时,方式1、方式3的腹板主拉应力除锚前截面外均未出现主拉应力。此时,方式1和方式3的腹板主拉应力损失率分别为57%和48%。

b. 竖向预应力损失50%、纵向预应力损失20%时,方式1、方式2、方式3的腹板主拉应力损失率分别为103%、31%、69%。

c. 竖向与纵向预应力损失均为50%,方式1、方式3腹板均出现主拉应力。方式1、方式2、方式3的腹板主拉应力损失率分别为169%、63%、122%。

(4)超载对不同布束方式的影响

以重庆石板坡大桥主跨 *L*/4 梁段附近为研究对象,进行了超载对不同布束方式箱梁腹板主拉应力的影响分析[28]。

①剪力超载影响。

剪力超载对腹板主拉应力的影响在腹板与顶板交接处最明显,在腹板的上、下边缘影响很小。剪力超载对布束方式1的影响最严重,对方式2的影响最小。预应力损失会加剧剪力超载对腹板主拉应力的影响,使主拉应力安全储备下降。

②剪力和弯矩均超载的影响。

剪力和弯矩均超载对腹板主拉应力的影响与单纯剪力超载影响的规律相似,对布束方式1的影响最严重,对方式2的影响最小。预应力损失明显加剧了超载对腹板主拉应力的影响。

(5)小结

根据国内的工程实践、分析研究和上述讨论,对预应力混凝土箱梁桥纵向钢束布置简要小结如下:

①新配束方式,即仅布置顶、底板束、边跨支承附近少量弯起束以及腹板中的竖向束,取消下弯束。理论依据是正确的。本章参考文献[27]已注意到竖向预应力损失对这一新布束方式带来的不利影响,但对精轧螺纹钢筋在实际施工中会出现过大预应力损失估计不足。

②传统配束方式,除配置顶、底板束、腹板中竖向预应力束和边跨支承附近少量弯起束外,还布设了下弯束。即使竖向预应力损失过大,由于有下弯束,也可以使腹板中的主拉应力控制在规范允许的范围内。所以,在不能可靠地控制竖向预应力损失的情况下,在避免箱梁腹板发生斜裂缝的这个环节上,传统配束方式的可靠性较新配束方式更高一些。

③竖向预应力筋采用精轧螺纹钢筋及其配套的带螺母锚具,即使采用二次张拉的方法,在较长的桥梁运营期内,也难以保证不发生过大的预应力损失。也就是说,这种预应力体系用于

较短的钢束,其有效预应力在长时间内是不稳定的。

④低回缩预应力钢绞线锚具的研制和开发,并在一些实桥上成功应用,对于克服传统竖向预应力体系存在缺陷,是一重大进展,为采用新配束方式带来了转机。但考虑到低回缩预应力钢绞线锚具还未纳入有关行业规范,从偏于安全考虑,当采用低回缩预应力钢绞线锚具进行设计时,由竖向预应力钢筋的预加力产生的混凝土竖向压应力仍应按式(6-1)计算,式中的系数0.6能否适当提高,建议听取研制单位意见。另外,因锚圈口向上易积水,且钢绞线的防腐要求高于粗钢筋,故必须采取特殊的防护措施。

⑤在采用低回缩预应力钢绞线锚具的情况下,可以认为,新配束方式和传统配束方式各有特点、各有利弊,应根据具体条件综合分析后确定采用的配束方案。

⑥桥规[5]计算主应力的公式(6.3.3-1)适用于纵向和竖向二维分析,没有考虑横向影响。其中由竖向预应力钢筋的预加力产生的混凝土竖向压应力σ_{cy}还应扣除由于恒载、横向预应力、活载偏心、箱梁内外温差等在箱梁腹板截面产生的竖向拉应力σ_{sy},即$\sigma'_{cy}=\sigma_{cy}-\sigma_{sy}$。用$o_{sy}$代替$\sigma_{cy}$进行主应力计算。经计算分析,箱梁横向荷载对腹板产生的效应很大,不同荷载组合腹板内外侧的主应力交替出现。考虑此项效应的主拉应力将远远超出规范允许值[31]。所以,箱梁主拉应力的计算应考虑空间效应,避免产生过大的误差。

⑦设置备用的纵向预应力钢束(包括施工阶段的临时备用束和运营期的永久备用束),其用量不宜低于设计抵抗正负弯矩钢束量的5% ~10%[24]。

⑧在剪力较大区段,应适当加大腹板厚度、加密箍筋。在梁高范围内适当加密纵向水平筋,有助于充分发挥腹板中垂直箍筋抗剪能力。跨中区段的腹板厚度可以适当减小。

⑨借鉴日本用于较短预应力钢筋的技术——空心预应力筋。这是一种没有套管、无须压浆、锚固构造简单的先张后埋的预应力筋,可以有效克服箱梁腹板常用的竖向预应力粗钢筋施工中存在的弊端。日本五个山大桥预应力混凝土箱梁的竖向预应力和横向预应力筋均采用空心预应力筋,要点如下[32,33]:

a.预应力筋为ϕ32×4.7mm钢管,抗拉强度1124MPa,伸长率10%,抗压屈服强度106MPa;材料为低碳钢。

b.预加应力工作在专门场所预先进行。钢管内穿预应力反力钢筋,受到顶压后,便在空心钢管之间形成一对自平衡拉、压作用力。桥梁工地现场不需进行预应力张拉。

c.将空心预应力筋安装在梁体内,浇筑混凝土,达到一定强度后解除内穿的反力钢筋,空心钢管弹性回缩,在空心预应力筋与混凝土之间黏结和锚固螺帽承压的共同作用下,混凝土获得预压应力。

d.空心钢管制作长度可达6m以上,绝大部分工序在专门场所进行,预应力精度高,可以用作对预应力有高精度要求的预应力材料,而且能适应拉压双重作用下的预应力工艺。

日本使用这种空心预应力筋10年来效果较为理想,但价格较贵[31]。

6.6 预应力混凝土箱梁的几个特殊问题

(1)多联PC连续箱梁桥梁端钢束布置方案比较

预应力混凝土整体式连续箱梁桥,当由多联组成时,通常有两种施工程序,一种为顺序施工,另一种为非顺序施工。顺序施工可以从桥梁起点(或终点)逐联顺次施工,也可以从中间联开始往两边各联顺次施工。在一联中按顺序施工的总方向逐段浇筑,分段张拉纵向钢束,在梁体分段处采用连接器连接钢束。这种施工方式,纵向钢束一般采用单端张拉,张拉的操作空间较充裕,梁端钢束锚固位置容易安排,槽口构造较简单。但由于主梁分段浇筑、分段张拉,施工工期较长;需要处理较多的施工接缝;纵向普通钢筋焊接连接,施工工序较多;为满足钢束连接器布置的要求,施工接缝附近的腹板须加厚。联数较多时,顺序施工对施工安排的影响较大。

非顺序施工,将各联均作为独立的施工单元,不要求各联按顺序施工。本联施工不受其他联施工的影响。因此施工单位可以根据场地、设备条件、材料供应、人工调度等具体情况灵活安排,可以一联或几联同时施工,充分发挥施工企业实有资源的优势,有利于缩短工期和提高工效。在一联中,多采用整体现浇的方式施工主梁,主要的纵向钢束多采用两端张拉。出现的主要问题是联与联之间的梁端没有张拉作业的空间,设计应在钢束布置和梁端构造上采取措施解决这个特殊问题。在实桥设计中,目前国内有下述四种梁端布束方案[34-36]:

①方案一:梁端设置纵向钢束的固定端锚具,采用一端张拉

由于梁端为固定端,回避了梁端没有张拉作业空间的问题,但一端张拉的长度受到限制[单端张拉及其长度在本节(3)进行讨论]。布置在梁端的底板束因钢束较短,可以在箱室内适当位置设齿板锚固,如果单跨的跨径较小,张拉端也可以设在相邻墩顶的箱梁横隔板处,如图6-14所示。对于布置在腹板中的通长束,一般均采用两端张拉,方案一不适合,应采用方案二或方案三的方式。

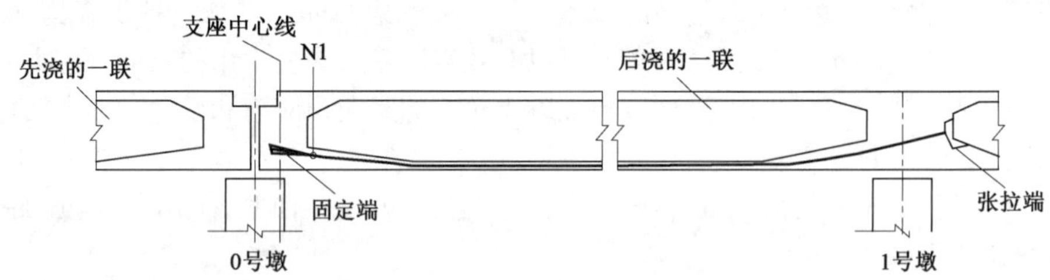

图6-14 箱室内短束单端张拉示意图

②方案二:梁端腹板顶部预留张拉槽口,钢束两端张拉

采取这种方式时,梁端不需预留槽口,而是在梁端顶部的一定范围内预留张拉端槽口,如图6-15所示。这种方式适用于布置在腹板中的通长束,可以进行两端张拉。但由于纵向腹板束都弯起锚固在梁顶,锚固区梁段因预应力引起较大的拉应力,应在主梁下缘布置短钢束,如图6-15中的N4束,为单端张拉,固定端设在梁端,张拉端设在箱梁内底板上或横隔板处,类似方案一的布束方式。设计时,应注意使部分纵向钢束超过梁端的支座中线,如图6-15中的N3。另外,N3钢束的槽口相邻梁段相互重叠,其尺寸应满足两侧N3钢束张拉的作业空间。为符合上述要求,往往需适当加大支座至伸缩缝的距离。施工时应先张拉N4,然后再张拉N1~N3。这种方案的优点是:施工时各联之间无相互干扰,可以独立进行钢束张拉和主梁浇筑,对梁端的构造影响较小。但在梁端顶部开槽,普通钢筋受到影响,要先切断,钢束张拉完成后再进行等强度连接;梁端的应力分布也受到一定影响。

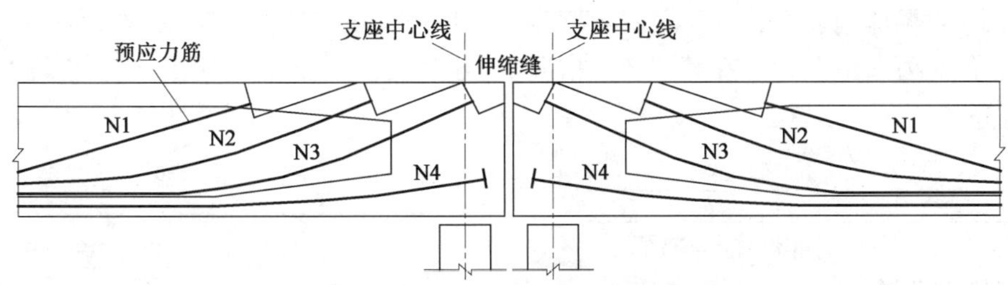

图6-15　顶板开槽锚固方案的力筋布置图

③方案三:梁端预留满足张拉空间的槽口,钢束两端张拉

为了使张拉端的钢束均锚固在梁端,在伸缩缝两侧的梁端预留满足张拉作业的槽口,如图6-16所示。

槽口宽度a、深度h的尺寸较大,为了使支座传力不受槽口影响,在梁端下部须设置一定厚度混凝土实体段,该实体段厚度一般应不小于40cm。在横桥向,若支座位于腹板下方,此实体段的受力类似于牛腿,成为薄弱部位,应加强局部配筋。槽口范围的普通钢筋须截断,待张拉完成后等强度恢复。这种方式的优点是,钢束可以两端张拉,对预应力布束有利。但梁端槽口尺寸较大,对支座附近的主梁受力不利,施工也较为复杂。

④方案四:相邻梁端张拉锚固横向错位,钢束两端张拉

在分联墩处,先浇筑完成前一联的箱梁(称为A梁),其梁端的横隔板暂时不浇筑混凝土,将其空间预留出来。在梁端张拉A梁的钢束,然后浇筑后一联箱梁(称为B梁)。其梁端的腹板局部加厚,便可将B梁腹板内的钢束向箱的内侧横移至加厚的范围(在梁端设平弯段局部横移),利用A梁梁端未浇混凝土的横隔板的空间张拉B梁的腹板钢束。这种方式的优点是梁端可以不预留张拉槽口,可以进行两端张拉,B梁端的受力情况较好。桥墩盖梁纵向宽度不受影响。但A、B梁的梁端局部构造尺寸不相同,设计、施工相应复杂一些,A梁端整体性较差。

某地铁工程多联双线预应力混凝土连续箱梁桥设计,采用了方案四。其分联墩处主梁梁端钢束布置如图6-17所示;A梁的梁端横断面如图6-18所示;B梁的梁端横断面如图6-19所示。

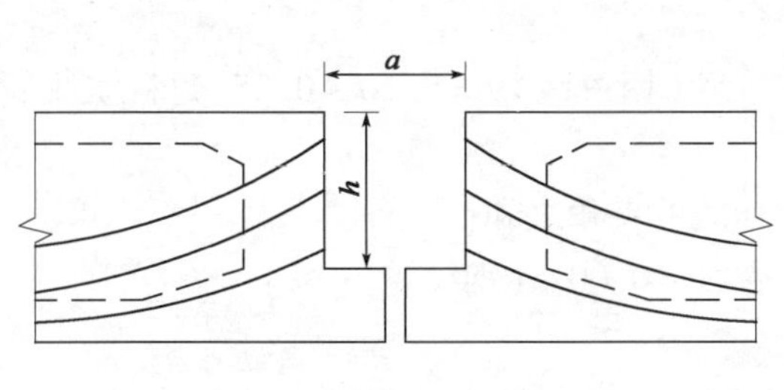

图6-16　梁端预留张拉槽口
a-槽口宽度;h-深度

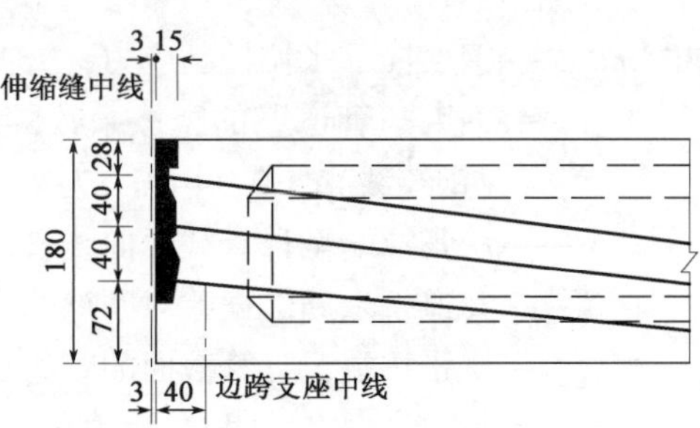

图6-17　AB梁张拉端示意图(尺寸单位:mm)

上述四种分联墩处的梁端钢束布置方案,各有利弊和适用场合,应根据具体情况选择较有利的方案。国内应用较多的是方案一和方案二,特别是方案一、方案二相配合优势更明显。其

主要优点是:对梁体削弱小,避开了在梁端张拉,腹板内长束能够两端张拉,梁端底板短束可用单端张拉,预应力布束合理。在某些特殊情况下,方案三、方案四也有可取之处,能在某些方面发挥其优势。

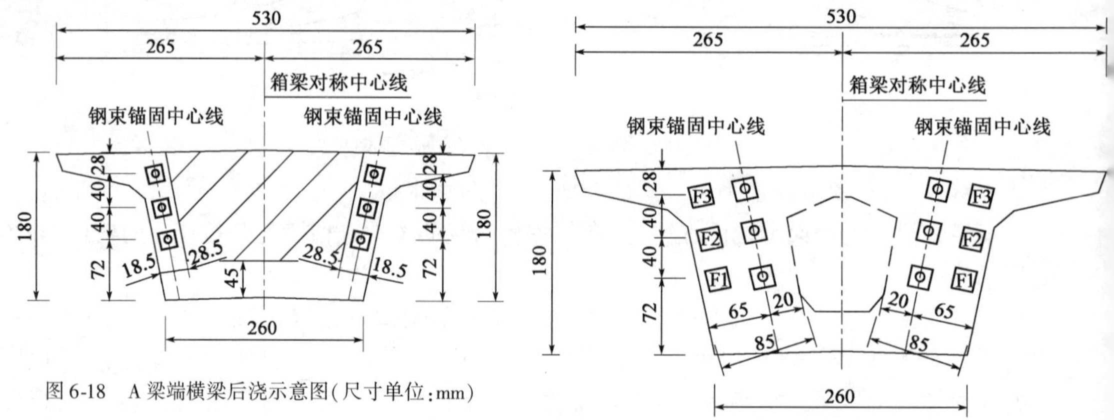

图 6-18　A 梁端横梁后浇示意图(尺寸单位:mm)

图 6-19　B 梁张拉端截面腹板加厚示意图(尺寸单位:cm)

(2)纵向预应力钢束的摩阻损失

后张纵向钢束的预应力损失包含施工阶段的瞬时损失和长期损失。前者通常有三种损失,即预应力筋与管道壁之间的摩阻损失 σ_{l1},锚具变形、钢筋回缩和接缝压缩损失 σ_{l2} 及混凝土弹性压缩损失 σ_{l4};后者一般有两种损失,即预应力钢筋松弛损失 σ_{l5} 和混凝土收缩徐变损失 σ_{l6}。此外,尚应考虑预应力筋与锚圈口之间的摩擦损失。根据对国内预应力混凝土梁桥出现病害(主要是跨中挠度过大和梁体结构性裂缝)的分析以及试验研究的情况表明:纵向钢束预应力损失理论计算值(或设计值)与实际损失有较大的差别是引起病害和降低结构耐久性的一个主要因素。在预应力总损失中,σ_{l1} 所占比重较大,例如某整体式箱梁的一根长度为31.5m的纵向钢束,σ_{l1} 达到总损失的45.7%,而影响 σ_{l1} 的因素较多,在不同的桥上,σ_{l1} 会有较大的差异,故长期以来成为桥梁界关注的重要问题之一。下面就两个具体问题进行分析和讨论。

①关于 k 值和 μ 值

规范[5]规定 σ_{l1} 按下式计算:

$$\sigma_{l1} = \sigma_{con}[1 - e^{-(\mu\theta + kx)}] \tag{6-11}$$

式中:σ_{con}——钢束锚下张拉控制应力;

μ——钢束与管道壁的摩擦系数,金属波纹管(钢绞线)$\mu = 0.20 \sim 0.25$;塑料波纹管(钢绞线)$\mu = 0.14 \sim 0.17$;

θ——从张拉端至计算截面曲线管道部分切线的夹角之和;

k——管道每米局部偏差对摩擦的影响系数,$k = 0.0015$(钢绞线);

x——从张拉端至计算截面的管道长度。

国内的一些试验研究表明,实际的 μ、k 值与规范值有较大差别,例如融侨大道圆曲线桥,为后张 PC 连续梁桥,进行了预应力损失测试,得到 μ、k 值为[37]:塑料波纹管 $\mu = 0.135$,$k = 0.00085$;铁皮波纹管 $\mu = 0.305$,$k = 0.0012$。两种管道的 k 值相差较大,塑料管 k 值比铁皮管 k 值小约20%。

两港公路大桥为后张 PC 连续梁,对塑料波纹管摩阻损失进行试验研究,得到实测值为[38]:$\mu=0.246$,$k=0.002$,与规范有较大出入。

遂平制梁场预制铁路预应力混凝土简支箱梁,钢束为 $\phi15.2$mm 钢绞线,孔道采用橡胶抽拔管成型,实测的摩阻系数 $\mu=0.606$,偏差系数 $k=0.0029$[39]。铁桥规[22]:$\mu=0.55$,$k=0.0015$,实测的 μ、k 值均大于规范值。

南昌市洪都大桥接线工程 PC 连续箱梁桥,施工中进行了孔道摩阻损失测试,塑料波纹管的实测值为[40],$\mu=0.163$,$k=0.0033$,其中 k 值与规范值相差较大。

某 64m 后张 PC 连续箱梁桥,采用穿心式压力传感器测试法,实测得到[41]:金属波纹管 $\mu=0.220$,$k=0.0026$,k 值与规范值相差较大。

根据实测资料,对比规范值,k 值相差较大,而 μ 的实测值则离散性较大,最大可达 45%,平均值超过规范值[42]。影响 k、μ 值的因素很多,影响程度的大小更为复杂,特别是一些偶然因素对实测值也较为敏感。例如管道的局部定位偏差,管道壁粗糙状态、刚度大小、混凝土下料对管道局部变形的影响等。但是从国内 PC 箱梁桥出现的病害分析,最后的永久有效预应力总体上偏低,达不到设计要求。本章参考文献[24]建议,金属波纹管的 μ、k 值在规范[5]的基础上应提高到 $\mu=0.30$,$k=0.0035$;本章参考文献[18]认为,规范[5]中塑料波纹管 $\mu=0.14\sim0.17$,取值偏小。很多试验也表明,塑料波纹管 k 值的规范值偏小情况较多,应提高 k 值。另外,塑料管与金属管的 k 值规范均为 0.0015,与实际情况不符,金属管的 k 值应大于塑料管的 k 值。

现行桥梁施工规范[11]规定:“预应力张拉之前,宜对不同类型的孔道进行至少一个孔道的摩阻测试,通过测试所确定的 μ 值和 k 值宜用于对设计张拉控制应力修正。”在实桥的施工中,有相当一部分 PC 桥梁直接采用设计给出的张拉力进行张拉,未进行 μ、k 值的测试及相应的修正。考虑到永存的有效预应力对桥梁正常使用和耐久性具有较大影响,大跨径桥梁、重要桥梁、大型预制场和对预应力甚为敏感的 PC 结构,建议在预应力张拉之前,应对不同类型的孔道进行较完整的摩阻测试。对一般的预应力混凝土梁桥,仍可按规范[11]的要求执行。

②曲线预应力钢束摩阻损失

公式(6-11)及规范[5]中有关参数仅适用于平面曲线钢束的预应力损失计算,对空间多段曲线组成的钢束的预应力损失计算,规范无明确规定。本章参考文献[43]建议采用分段求取空间曲线的空间曲率半径和空间转角,逐步累加计算预应力损失的方法。在平面多曲线钢束情况下,式(6-11)可写成 $\beta=\sigma_{l1}/\sigma_{con}=1-e^{-(\mu\theta+kx)}$,$\beta$ 称为预应力损失系数。式(6-11)还可改为 $\sigma_{con}-\sigma_{l1}=\sigma_{con}\cdot e^{-(\mu\theta+kx)}$,设每段起点应力为 σ_1,终点应力为 σ_2,则上式可表达为:

$$\sigma_2=\sigma_1[1-e^{-(\mu\theta+kx)}] \tag{6-12}$$

令 $\xi=e^{-(\mu\theta+kx)}$,则预应力摩阻损失系数为:

$$\beta=1-\xi \tag{6-13}$$

将平面曲线分为 n 段单曲线,则有:

$$\sigma_{l1}=\sigma_{con}(1-\prod_{i=1}^{n}\xi_i) \tag{6-14}$$

工程设计中的空间多曲线形式一般为平面圆弧与立面抛物线(或圆弧)的组合,可以求出空间的单曲线段的空间曲率半径,再根据弧长求得转角 θ,采用逐段累加的方法,用式(6-12)、式(6-13)和式(6-14)求出空间多曲线预应力钢束摩擦损失。现场进行了两组空间多曲线钢束

β 值测试,与上述公式计算结果较为吻合:第一组实测 $\beta=22.63\%$,计算 $\beta=24.3\%$;第二组实测 $\beta=25.00\%$,计算 $\beta=26.06\%$。

上述计算较为复杂,可以采用较为简化的方法计算空间曲线钢束的 θ 角,直接用公式(6-11)求出 σ_{l1}。在平竖弯重合区段,考虑空间曲线影响的 θ 角按下式近似计算:

$$\theta = \sqrt{\theta_{\mathrm{H}}^2 + \theta_{\mathrm{V}}^2} \tag{6-15}$$

式中:θ_{H}——空间曲线钢束在水平面内投影切线角之和;

θ_{V}——空间曲线钢束在圆柱面内展开的竖向切线角之和。

用简化方法计算空间曲线钢束的摩阻损失,误差较大,且损失值偏大。空间曲线钢束 σ_{l1} 的理论计算公式仍可用式(6-11)表达,但需用空间曲线包角 β 置换式(6-11)中的 θ,用空间曲线长度 l 置换式(6-11)中的 x。本章参考文献[44]推导出任意空间曲线的空间包角 β 和空间曲线长度 l 的计算公式。采用实例进行了详细计算,与简化方法比较,精度有较大提高。与实测的摩阻损失比较,按空间曲线精确计算,误差分别为 5.75%(单端张拉)和 9.88%(两端张拉);简化计算后,误差为 10.9% ~30%(单端张拉)和 13.17% ~39.51%(两端张拉)。但按空间曲线钢束精确计算 β 和 l,计算过程复杂,计算工作量很大,适合编制程序在计算机上完成。

以上几种计算曲线钢束摩阻损失的方法,均基于提高空间曲线钢束的几何分析精度,与实测资料比较,确实能降低计算误差。曲线钢束产生预应力损失还有一个重要的物理现象,就是在弯道处由于钢束径向压力作用于孔道而产生弹性变形,会引起附加的预应力损失。本章参考文献[45]对这个问题进行了试验研究,认为从理论上分析,现行设计理论对弯道处钢束径向力作用下的应力分布与实际情况不符。根据接触理论,当两弹性体相互挤压时,将发生弹性变形,接触面上的正应力呈椭圆球状分布,其大小与接触物体间的曲率半径和弹性模量有关。对于预应力曲线束,力筋与孔道间相对刚度有差异,两者接触面上的正应力分布应是介于均匀分布与椭圆球状分布之间。如图 6-20 所示为曲线钢束处的两种接触应力分布示意图。通过弯曲孔道摩阻试验和理论分析计算,得到以下结论:

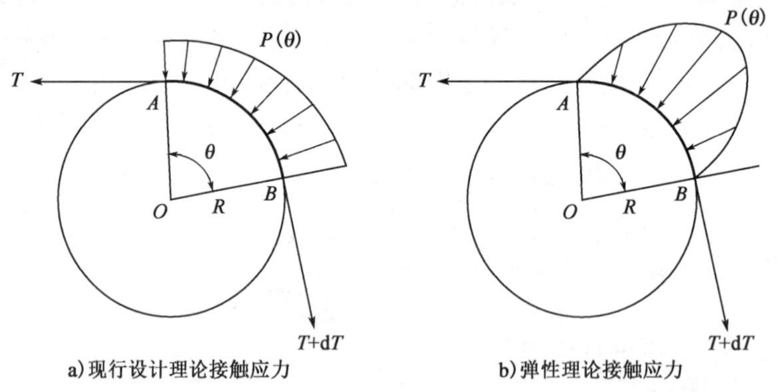

图 6-20　弯曲孔道接触正应力分布比较示意图

a. 弹性接触应力分布理论可以说明,非连续弯曲孔道相对于与其夹角之和相同的连续弯曲孔道,其预应力损失较小,表明现行结构中弯曲孔道处正应力分布的假定与实际不符,导致曲线钢束预应力损失计算产生较大误差。

b. 工程设计中曲线钢束,弯曲孔道是多样的,曲率不一定相同,且是非连续分布的弯曲孔道,式(6-11)中的 θ 角取为张拉端至计算截面曲线孔道部分切线夹角之和是不合理的,而应该分别计算各个弯曲孔道预应力损失。

c. 在预应力张拉吨位和弯曲包角都较大的情况下,按式(6-11)采用常规方法计算的预应力摩阻损失与实际出入较大,而且计算值远小于实际摩阻损失。

(3)曲线预应力钢束单端张拉问题

后张法预应力钢束张拉时(另一端固定),钢束与管道壁之间摩阻引起的预应力损失 σ_{l1} 沿钢束长度方向逐渐增大,钢束的预拉力逐渐下降。钢束锚固时,因锚具变形、钢筋回缩和接缝压缩引起的预应力损失为 σ_{l2},因受到管道壁反向摩阻力的影响,在张拉端最大,沿钢束长度方向逐渐减小,达到某一长度后,这类预应力损失为 0。如果张拉锚固时预应力钢束的反摩阻长度超过构件长度的一半,表明在构件长度的 $L/2$ 截面,因受到 σ_{l2} 的影响,钢束的预应力有所减小,张拉端锚固后的预应力将小于固定端的预应力,会使张拉端至 $L/2$ 截面预应力小于固定端至 $L/2$ 截面的预应力。在这种情况下,采用单端张拉是可行的,也是有利的。如果反摩阻长度不足 $L/2$,为了不使固定端至 $L/2$ 截面预应力下降,应采用两端张拉的方式。反摩阻的长度与锚下张拉控制应力,钢束布置,预应力损失 σ_{l1}、σ_{l2} 等有关。预应力混凝土简支梁,在钢束按常规方式布置的情况下,反摩阻长度 S 可按下式计算[46],参阅图 6-21。

$$S = \sqrt{l_{\mathrm{w}}^2 - C} \tag{6-16}$$

式中:l_{w}——预应力钢束弯起部分的长度;

C——按下式计算,

$$C = \frac{\dfrac{\Delta l \cdot E_{\mathrm{y}}}{\sigma_{\mathrm{k}} - n \cdot l_{\mathrm{w}}}}{(n-1) \cdot k} \tag{6-17}$$

σ_{k}——锚下张拉控制应力;

Δl——预应力钢束回缩、锚具变形和接缝压缩值之和;

E_{y}——预应力钢束弹性模量;

k——管道每米局部偏差对摩阻的影响系数;

n——按下式计算,

$$n = \mu \cdot \theta_0 + k \cdot l_{\mathrm{w}} \tag{6-18}$$

μ——预应力钢束与管道壁的摩阻系数;

θ_0——从张拉端至计算截面曲线管道部分的切线夹角之和。

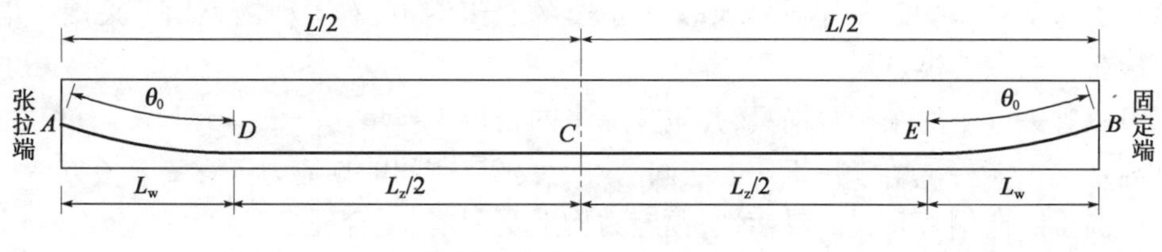

图 6-21　简支梁预应力筋布置

当 $S \geqslant \dfrac{l_{\mathrm{z}}}{2(1-n)} + L_{\mathrm{w}}$ 时,可以采用一端张拉。此时,简支梁两端的预应力损失有以下

关系：

$$\sigma_{l12}^{A} \geqslant \sigma_{l12}^{B}, \sigma_{l12}^{D} \geqslant \sigma_{l12}^{E}$$

式中：σ_{l12}——σ_{l1}与σ_{l2}之和，即$\sigma_{l12}=\sigma_{l1}+\sigma_{l2}$；

A、B、D、E——简支梁截面位置，参阅图6-21。

算例：跨径16m预应力混凝土空心板，纵向钢束布置如图6-21所示，$l_{w}=4.93\text{m}$，$l_{z}=5.80\text{m}$，钢束曲线段切线夹角之和$\theta_{0}=0.39402\text{rad}$，采用标准强度为1860MPa钢绞线，锚下控制应力为$\sigma_{k}=1395\text{MPa}$，钢绞线弹性模量$E_{y}=1.95\times10^{5}\text{MPa}$，对于夹片锚具，钢绞线回缩值取5mm，锚具变形取1mm，$\Delta l=6\text{mm}$，分别采用塑料波纹管和铁皮波纹管进行计算，塑料波纹管$\mu=0.15$，$k=0.0015$；铁皮波纹管$\mu=0.25$，$k=0.0015$。

①采用塑料波纹管时：

由式(6-18)可得

$$n=\mu\cdot\theta_{0}+k\cdot l_{w}=0.15\times0.39402+0.0015\times4.93=0.066498$$

由式(6-17)可得：

$$C=\frac{\dfrac{\Delta l\cdot E_{y}}{\sigma_{k}-n\cdot l_{w}}}{(n-1)\cdot k}$$

$$=\frac{\dfrac{6\times1.95\times10^{5}}{1395-0.066498\times4.93\times1000}}{(0.066498-1)\times0.0015}$$

$$=-364.84(\text{m})$$

由式(6-16)可得$S=\sqrt{l_{w}^{2}-C}=\sqrt{4.93^{2}-(-364.81)}=19.727(\text{m})$，超过$L/2=8\text{m}$，可以采用一端张拉。

②采用铁皮波纹管时：

根据上述数据可得：

$$S=\sqrt{l_{w}^{2}-C}=16.136(\text{m}) \qquad \frac{L_{z}}{2(1-n)}+L_{w}=8.173\text{m}<S=16.136\text{m}$$

可以采用一端张拉。

可见，对于16mPC空心板，不论采用塑料波纹管或铁皮波纹管，均可以采用一端张拉。

本章参考文献[46]计算了跨径40m工字梁的5组钢束，有4种钢束均可采用一端张拉。钢束一端张拉有以下优点：

①可以省去一半的张拉端锚具，并减少一半的张拉工作量。

②固定端不需要预留张拉工作的空间，为缺少张拉空间的预应力工程带来了方便。

③提高了纵向钢束布置的灵活性，预应力构造更紧凑、更合理。

④有利于施工安排和加快工程进度。

直线预应力束，因摩阻损失σ_{l1}较小，一般情况下均可采用一端张拉。包含曲线段的钢束，应根据反摩阻的长度S判别是否可以采用一端张拉，即$S\geqslant L/2$时可以采用一端张拉，$S<L/2$

时应采用两端张拉。下面介绍预应力长束采用单端张拉的两个实例。

[例6-1]　浙江义乌阳光大桥[47]

全桥跨径组成为3×30m+(62+95+62)m+4×30m,主桥为变截面预应力混凝土连续箱梁,采用挂篮悬浇施工,引桥为等截面预应力混凝土连续箱梁,支架上现浇施工。如果主桥62m的钢束均采用两端张拉,则引桥连续箱梁须安排在主桥边跨预应力张拉完成后才能进行。但当时工期十分紧张,经过认真分析、进行钢束摩阻损失测试和结构计算,确定将主桥边跨的一部分预应力束由两端张拉改为一端张拉。其中包括底板束16组,顶板合龙束12组,共计28组,采用单端张拉。单端张拉钢束的长度,底板束为41.8~47.6m,顶板合龙束为22.2~29.2m。因部分钢束改为单端张拉,与原计划工期比较,引桥箱梁施工提前了4个月,引桥桥面系施工提前一个半月,并节约了两套支架、模板。本章参考文献[47]指出:单端张拉所引起的变形对结构线形影响不大;通过现场测试,单端张拉时摩阻损失比理论值大,建议在理论计算时采用较大的摩擦系数。根据实际情况,经过现场试验和结构分析,采用单端张拉是可行的。

[例6-2]　湖南怀通高速公路坳头大桥[48]

两联4×30m预应力混凝土变宽现浇预应力混凝土连续箱梁,梁高1.6m,单幅桥面宽12~16.53m。每联纵向分为四段浇筑。纵向预应力钢绞线束逐段采用连接器连接。所有钢束均采用单端张拉。锚固形式为连接器及P锚。纵向腹板束总长约120m,超长钢束单端张拉施工实践获得下述经验,可供参考:

①超长钢束单端张拉,钢绞线与波纹管摩阻所产生的预应力损失较大,实际预应力往往小于理论值。本桥用金属波纹管,经现场实测,确定采用$k=0.0015$,$\mu=0.34$。

②该桥斜交45°,采用单根初张拉的方法,很好地解决了斜交箱梁锐角应力较难控制的问题。

③采用张拉力100%、持荷时间6min的方法,很好地解决了超长单端张拉被动端应力不易传递到位的问题。

④采用倒穿波纹管的工艺,解决了超长钢束不易准确定位的困难。其施工程序为:首先将钢束穿入已定位的井字架中,然后再从张拉端逐段套入波纹管,最后将各段已穿好的波纹管连接好。

根据国内的经验,包含曲线段的预应力钢束,长度≤30m时,采用一端张拉比两端张拉更能减小预应力损失。因为对于较短的钢束,两端张拉将在两端同时产生较大的锚固预应力损失σ_{l2}。长度大于30m时应计算反摩阻长度,以判断是否可以采用一端张拉。超长钢束(长度大于40m)应通过测试确定μ、k值及σ_{l2},以准确控制设计预应力。

(4)关于超长预应力钢束

预应力混凝土连续箱梁腹板中的通长束均较长,在跨数较多或跨径较大时,将会出现长度超过100m的超长钢束。如仍按常规的方法进行施工,往往难以达到规范规定的质量要求。超长钢束的主要特点是曲线段较多、摩阻影响大、张拉伸长量大,不易满足预应力张拉"双控"的要求。施工中,钢束张拉的初应力、预拉力持续时间、钢束弹性模量以及μ、k值,对于有效应力是否满足设计都有较大的影响。国内在超长钢束的设计和施工方面均积累了丰富的经验。通过下面的两个实例简要介绍一些重要经验:

［例 6-3］ 浙江温州瓯海大道快速路立交桥[49]

该桥主桥为 54m + 85m + 54m PC 连续箱梁，采用挂篮悬浇施工，引桥为多联连续箱梁，跨径在 25 ~ 45m，均采用现浇施工。引桥纵向通长束为平、竖弯组合的空间曲线，用塑料波纹管成孔，两端张拉，最长钢束为 135.72m。针对 80 ~ 135.72m 的长钢束，采取了一些有效的张拉工艺和质量控制措施，取得了较好效果。

①施工中发现，随着钢绞线长度的增加，实际张拉伸长值的偏差呈现正值向负值变化的趋势，束长越长，负偏差值越大，甚至超过了规范允许的 -6%，其主要影响因素是钢绞线弹性模量和孔道摩阻，理论计算与实际相差较大。例如，同一品种的钢绞线弹性模量有时为 $1.94\times10^5\sim2.01\times10^5$MPa，与标准值 1.95×10^5MPa 不符。影响孔道摩阻的因素较多，对长钢束的影响更显著。施工中应选择有代表性的孔道实测 μ、k 值。

②施工规范规定的张拉初应力值为张拉控制应力的 10% ~ 25%，对于长钢束宜偏上限取值，有时甚至达到 30% ~ 40%。这是由于孔道长、摩阻大，预应力损失也大，因此初应力不宜小，以保证作为量测伸长值零点的初应力值相应的钢绞线处于弹性变形状态。

③长钢束的张拉传递时间较长，稳压时间可达 20min，甚至更长，可以从梁体中埋设的用于施工监控的应力应变计观测到。施工中采用二次张拉的方法：

第一次：0→初预应力（取 $0.3\sigma_{con}$，下同）→持荷 3 ~ 5min→量测伸长值 A_0→张拉至设计张拉应力 σ_{con}→持荷 5 ~ 10min→量测伸长值 A_1，卸荷锚固→量测伸长值 A_2。

在第一次张拉锚固 1d 后进行第二次张拉。

第二次：0→初预应力→持荷 3 ~ 5min→量测伸长值 B_0→张拉至设计张拉应力 σ_{con}→持荷 5 ~ 10min→量测伸长值 B_1，卸荷锚固→量测伸长值 B_2。

钢束的实际伸长值为两次实测值之和。一般第二次张拉的伸长值为第一次张拉伸长值的 4% ~ 8%，通过二次张拉可提高长钢束张拉的预应力效果。

④对设计长钢束提出以下建议：尽量增大曲线束的曲率半径；在一束中有平、竖弯时，尽可能使平、竖弯组成空间钢束；施工中曲线孔道定位有难度，定位精度较差，钢束划分为曲线的段数不宜过多。

［例 6-4］ 连云港市汇海路大桥[50]

孔跨布置：30m + (40 + 100 + 40)m + 3 × 30m，主跨 100m 为下承式系杆钢箱拱，系杆为 PC 箱梁，主桥系杆总长度为 180m，系杆箱梁腹板预应力束共计 24 束（有三类型号），束长均为 180m。预应力束为 22ϕ15.2 和 25ϕ15.2 两种规格，两端同时张拉，采用塑料波纹管。设计采用的张拉控制应力为 1395MPa，$\mu = 0.17$，$k = 0.0015$。对于超长钢束的施工工艺取得经验，要点如下：

①对于超长钢束的张拉，千斤顶行程不够，要经过 4 次倒顶才能完成整个伸长值的张拉。因此，实际采用的腹板钢束张拉流程为：0→25% σ_{con} 初应力→50% σ_{con}→75% σ_{con}→100% σ_{con}（持荷 5min）→锚固。实测伸长值为 988mm（F_1 束）。

按规范[11]第 7.6.3.4 条条文说明，用分段计算然后叠加的方法求得的总伸长值（弹性模量为实测值 193 × 1000MPa）与实测值的偏差，6 组钢束分别为 -8.6%、-10.3%、-6.5%、-6.1%、-9.5%、-9.0%，均超过规范 ±6% 的规定，且实测值小于理论值。

②经分析研究认为，规范［11］第 7.6.3.4 条的计算中，不计入整束中直线段的摩阻作用是不合适的。推导了同时计入曲线段和直线段伸长值的理论计算公式：

钢束总伸长值为：

$$\Delta l = \sum \Delta l_i = \frac{1}{E_P}\sum \sigma_{i-1} \cdot m_i \cdot l_i$$

式中：σ_{i-1}——$i-1$ 段尾张拉应力，又是 i 段首的张拉应力：$\sigma_i = \sigma_{i-1} \cdot e^{-(\mu\theta + kl_i)}$；

m_i——i 段平均应力系数，$m_i = \dfrac{1-e^{-(\mu\theta_i + kl_i)}}{\mu\theta_i + kl_i}$；

l_i——i 段钢束长度；

θ_i——i 段的弯折角（与 $i-1$ 段相比较）；

E_P——实测钢束弹性模量。

将超长钢束全长中所有曲线段、直线段的计算伸长值叠加得到的总计算值，与实测值比较，偏差均在 ±6% 以内。例如 F_1 束，计算值为 1022mm，实测值为 988mm，偏差为 −3.1%。

③通过全桥的长、短束张拉实测资料与规范值比较，短束实测伸长值偏长，长束实测伸长值偏短。因此，超长钢束的 μ 值应取大一些。经计算比较，超长束如用设计的 $\mu = 0.17$，均为负偏差，改为 $\mu = 0.2$ 后，偏差则小多了。

另外，还发现 25ϕ15.2 规格钢束伸长值负偏差大于 22ϕ15.2 规格钢束的负偏差，说明相同内径的塑料波纹管中的钢绞线束增加所导致的拥挤会加大 μ 值。本桥 180m 超长束，对于 22ϕ15.2 规格取 $\mu = 0.20$；对于 25ϕ15.2 规格取 $\mu = 0.25$。计算表明，理论伸长值与实测伸长值的偏差就更小了。

④用分段累加的公式计算超长束的总伸长量是正确的，但计算较为烦琐，建议采用整束伸长值计算公式：

$$\Delta l = \frac{PL}{A_p \cdot E_P} \cdot \frac{1-e^{-(\mu\theta + kl_i)}}{\mu\theta + kL}$$

式中：P——张拉控制应力；

μ——钢束与管道的摩擦系数；

θ——从张拉端至计算截面曲线管道部分切线的夹角之和；

k——管道每米局部偏差对摩阻的影响系数；

L——对于一端张拉，需从一端算至另一端，逐段叠加；两端张拉，取钢束之半，伸长值再乘以 2；

A_p——钢束截面面积；

E_P——实则钢束弹性模量。

上述公式，不仅适用于直、曲混合的钢束，也适用于纯直钢束。F_1 束按上式计算的伸长值为 1014mm，实测伸长值为 988m，偏差为 −2.5%；对腹板 24 束分别用分段与整束计算，两者相差很小，为了简化计算，不必用分段公式，用整束公式可以满足精度要求。

对于平、竖弯曲不重合区段，应平、竖弯曲角累加计算；对于平、竖弯曲重合区段，该段弯曲角应为平、竖弯曲角平方和再开方，即 $\theta = \sqrt{\theta_H^2 + \theta_V^2}$。另外，一端张拉总伸长值要比两端张拉伸长值小。弹性压缩引起的伸长量很小，可忽略不计。

如表 6-4 所示为国内部分桥梁超长预应力束的简况。

国内部分桥梁超长预应力束简况　　表6-4

桥　　名	桥　　型	最长钢束长(m)	简要说明
浙江嵊州新昌江桥[53]	等截面PC连续梁	168	共5联,跨径23.122~35m,每联长85.454~165m,均为腹板通长束,两端张拉
杭甬铁路余姚桥[52]	变截面PC连续梁(支架现浇)	164	孔跨70m+125m+70m,主跨及部分边跨主梁164m,分三段现浇,通长束164m,分段处用连接器,一端张拉
沪蓉西高速公路野山河桥[51]	PC连续刚构	94.66,94.58	用一端张拉进行有效预应力测试
合武铁路××桥[51]	PC连续梁	116,115	用一端张拉进行孔道摩阻测试
武汉天兴州大桥引桥[51]	PC连续梁	113.5,127.6	用一端张拉进行孔道摩阻测试
某高速铁路桥[51]		115.5	初张力测试
某铁路桥[51]		114.3	初张力测试
某铁路大桥引桥		174.4	初张力测试

本章参考文献

[1] 刘焕昆,等.我国公路混凝土梁式桥损伤现状及成因分析[J].公路交通科技(应用技术版),2013(8).

[2] 刘其伟,等.后张法PC桥孔道压浆调查及分析[C]//2006年全国桥梁学术会议论文集[M].北京:人民交通出版社,2006.

[3] 高云.预应力混凝土结构管道灌浆的应用与研究现状[J].世界桥梁,2011(3).

[4] 周明华.对夹片式扁锚的应用述评[C]//2002年全国桥梁学术会议论文集[M].北京:人民交通出版社,2002.

[5] 奉武贵.后张预应力桥梁孔道压浆问题探讨[J].公路,2012(4).

[6] 梁晓东,等.后张预应力管道压浆质量控制研究[J].公路,2012(8).

[7] 张保和,等.有粘结预应力混凝土楼板的应用[J].建筑结构,2007(1).

[8] 严允中,等.桥梁事故实例评析[M].北京:人民交通出版社,2013.

[9] 楼庄鸿.大跨径梁式桥的主要病害[J].公路交通科技,2006(4).

[10] 邵旭东,等.降低预应力箱梁腹板开裂风险的新技术[J].桥梁,2010(4).

[11] 顾凯锋,等.预应力混凝土连续箱梁腹板斜裂缝研究[J].公路,2004(7).

[12] 杨允表.预应力混凝土连续箱梁桥开裂的三维仿真分析[J].城市道桥与防洪,2014(12).

[13] 黄迎东.不容忽视的径向力——记一起因径向力引起的桥梁混凝土开裂事件[J].城市道桥与防洪,2011(6).

[14] 娄亮,等.预应力混凝土连续箱梁裂缝成因分析及加固措施[J].公路,2011(8).

[15] 杨乾,等.智能张拉大循环压浆施工技术[J].公路,2014(7).

[16] 刘玉柱.真空辅助压浆技术在公路预应力混凝土桥梁工程中的应用[J].公路,2003(9).

[17] 梁晓东,等.预应力智能张拉与传统张拉的对比实验研究[J].公路交通科技,2010(10).
[18] 鲍卫刚,等.预应力混凝土梁式桥梁设计施工技术指南[M].北京:人民交通出版社,2009.
[19] 袁明,等.PC箱梁竖向预应力张拉锚固阶段预应力损失研究[J].公路交通科技,2010(10).
[20] 邵旭东,等.低回缩预应力钢绞线锚具应用于腹板竖向预应力的应力场的计算与实测[J].公路交通科技,2009(9).
[21] 二次张拉钢绞线竖向预应力筋设计、施工、验收技术规范(草案).湘潭欧之姆预应力锚具有限公司.
[22] 赵传亮,等.预应力混凝土箱梁曲线束防崩研究[J].城市道桥与防洪,2014(7).
[23] 彭元诚.连续刚构箱梁底板崩裂原因分析与对策[J].桥梁建设,2008(3).
[24] 张喜刚,等.大跨径预应力混凝土桥梁设计施工技术指南[M].北京:人民交通出版社,2012.
[25] 徐岳,等.连续梁桥[M].北京:人民交通出版社,2012.
[26] 张继,等.悬臂浇筑预应力连续梁桥[M].北京:人民交通出版社,2004.
[27] 杨高中,等.连续刚构桥在我国的应用和发展[J].公路,1998(6).
[28] 陈华婷,等.预应力混凝土箱梁不同布索方式对比分析[J].公路交通科技,2015(4).
[29] 舒彬.基于叶溪河桥的配索方案对比研究[J].铁路标准设计,2010(7).
[30] 张文学,等.预应力混凝土连续箱梁不同布索方式分析[J].公路交通科技,2009(9).
[31] 孔海霞,等.苏通大桥副桥连续刚构桥设计[C]//2004年全国桥梁学术会议论文集[M].北京:人民交通出版社,2004.
[32] 李国平.桥梁预应力混凝土技术及设计原理[M].北京:人民交通出版社,2004.
[33] 刘岚(编译).五个山桥新的预应力引入体系[J].国外桥梁,1991(1).
[34] 杨文志,等.等高现浇连续箱梁桥设计探讨[J].西部交通科技,2015(4).
[35] 薛熊.多联现浇PC连续箱梁桥的梁端布束方案比选研究//2008年全国桥梁学术会议论文集[C].北京:人民交通出版社,2008.
[36] 朱静秋.浅谈预应力混凝土连续箱梁的张拉方式[J].城市道桥与防洪,2012(5).
[37] 张秋陵,等.塑料波纹管与铁片波纹管摩阻系数对比分析[J].世界桥梁,2010(3).
[38] 王水龙.预应力塑料波纹管道摩阻损失实验研究[J].中国市政工程,2014(1).
[39] 郭振武,等.预应力混凝土箱梁孔道摩阻损失实验研究[J].公路,2010(12).
[40] 李毅卉,等.大跨度预应力混凝土桥孔道摩阻试验研究[J].市政技术,2009(2).
[41] 王伟亚,等.后张箱梁预应力筋管道摩阻损失测试与分析[J].公路交通科技(应用技术版),2007(11).
[42] 王强,等.后张预应力混凝土梁管道摩阻参数识别与分析[J].公路交通科技,2007(1).
[43] 宋玉普,等.空间多曲线型预应力钢束的预应力摩擦损失研究[J].土木工程学报,2002(6).
[44] 周小勇,等.任意空间曲线预应力筋的管道摩擦及局部偏差损失研究[J].公路交通科技,2009(6).

[45] 张开银,等.PC 弯曲孔道摩阻预应力损失实验与分析[J].中外公路,2010(4).
[46] 叶明星,等.预应力钢筋采用一端张拉的讨论[J].中南公路工程,2000(3).
[47] 傅工范.义乌江连续梁桥长索单端张拉问题研究[C]//第十七届桥梁学术会议论文集(上册)[M].北京:人民交通出版社,2006.
[48] 刘维民,等.斜交 45°曲线连续箱梁桥预应力超长单端张拉施工技术及质量控制[J].公路工程,2011(5).
[49] 王盛.现浇多跨连续梁桥钢绞线长束的预应力张拉施工[J].城市道桥与防洪,2012(3).
[50] 张永宏,等.汇海路大桥超长束张拉伸长值计算及影响因素[J].公路交通科技(应用技术版),2013(3).
[51] 白云山,等.超长预应力束初张力及持荷时间实验研究[J].桥梁建设,2009(3).
[52] 何鸿儒.高铁连续梁多波超长预应力束施工质量控制[J].世界桥梁,2012(6).
[53] 田明.预应力新工艺在新昌江大桥中的应用[J].城市道桥与防洪,2007(6).

第 7 章　中小跨径混凝土弯梁桥结构设计

7.1　概　　述

国内公路与城市道路上的中小跨径混凝土弯梁桥常用施工方法有以下四种：

(1)支架就地现浇法。这是国内采用最普遍的施工方法，施工工艺也较简单，适应性强，变宽度、变高度的梁体以及异形结构等均可采用该法。但支架较高时，施工安装与拆除工作量大、工期较长，存在安全风险。

(2)预制直线梁逐跨安装形成折线形，近似地代替平曲线，称为“以直代曲”施工法。该方法可用于多跨等截面平曲线梁桥。其主要优点是能适应标准化、工厂化生产，施工进度快，用于高速公路上的中小跨径梁板桥最有利。但对于变截面、变宽度梁桥适应性差。

(3)顶推施工法。当桥下不能搭设支架，主梁为整体式弯箱梁时，可以采用顶推法施工。但一般工期较长，且因施工期主梁弯矩与使用期主梁弯矩相差较多，截面尺寸较大。

(4)悬臂施工法。该方法适用于跨径较大的变截面连续梁或连续刚构弯桥，但平曲线半径应较大。中、小桥一般不采用。

中小跨混凝土弯桥最常用的是第(一)、第(二)两种方法。本章主要论述第(一)种施工法，即支架就地现浇法施工的整体式混凝土弯梁桥。

国内 20 世纪 70 年代开始研究混凝土弯梁桥的结构分析与结构设计，并在 1982 年建成了国内第一座钢筋混凝土弯梁桥——北京市昌平至八达岭公路黄土咀大桥。该桥为 25m + 32m + 25m 三跨 RC 弯箱梁，平曲线半径为 160m，主梁为单箱单室，顶板全宽 11m，底板宽 5.2m，箱梁高度为 2m，斜腹板厚 30cm(支承处 60cm)，顶板厚 22cm，底板厚 20cm(支承处 70cm)，超高横坡 2%，采用支架现浇施工。

此后，随着公路与城市道路的快速发展，我国修建了大量的混凝土弯梁桥。如表 7-1 所示为国内已建成的部分中小跨径混凝土弯箱梁桥的简况。

混凝土弯梁桥在长期的使用过程中，逐渐出现了一些病害，主要有以下几种：

①连续弯桥的梁端布置抗扭双支座，如中墩上为单铰支承，扭转跨径较长，致使梁端出现较大的扭矩，内侧支座反力很小或出现负值，内侧支座脱空，改变了支承体系，引起梁体开裂，甚至发生侧向失稳。

②连续弯桥梁端的扭矩过大，外侧支座反力增大，致使桥墩盖梁承受过大的集中力，引起盖梁开裂。

③梁端过大的扭矩使支座承受水平力，如未设置横向约束，梁端会向弯道的外侧“爬移”，主梁发生非正常变位。

国内部分中小跨径弯箱梁桥简况　　表 7-1

序号	桥　名	孔跨与桥型结构(m)	曲线半径(m)	简 要 说 明
1	北京昌平至八达岭公路黄土咀桥	25 +32 +25RC 连续箱梁、单箱单室	160	主梁等高度,高 2m,支架现浇,1982 年建成,为国内首座 RC 弯箱梁桥,桥宽 11m
2	青岛铁港立交桥与东引桥	主桥:25 + 43 + 25 引桥:27 +28 + 29.5 均为 PC 连续箱梁	78	桥面总宽 24.5m,分左、右幅,单幅为单箱双室,高 1.75m,汽—20,挂—100,1986 年建成,为国内首座 PC 弯箱梁桥,支架现浇
3	9 武汉琴台高架桥	2 ×(20 +28 +20)连续箱梁	150	支架现浇,1988 年建成,RC 结构,单箱单室
4	北京东便门 12 号桥	25 +3 ×35 +25 连续箱梁	185	支架现浇,1988 年建成,PC 结构,单箱三室
5	上海南浦大桥东引桥	28 +42 +23.5;23.9 +30 +42 +23.5 连续箱梁	90	支架现浇,PC 结构,单箱双室
6	沈阳沈海立交匝道桥	2 ×17 +23 +2 ×17 弯箱梁	—	支架现浇,RC 连续梁,单箱单室,1990 年建成
7	深圳西乡大道立交桥	多跨 23 连续箱梁	43.75 ~100	支架现浇,PC 结构
8	深圳黄鹤立交匝道桥	4 ×28 +2 ×40.5 +5 ×28 连续箱梁	125	支架现浇,单箱单室,1999 年建成
9	南宁竹溪民族大道立交桥	3 ×(23 ~25)连续箱梁	50	支架现浇,PC 结构,2005 年建成
10	深圳华强立交桥	第二层主桥:北主桥 3 ×20 +4 ×28 +15 +20 +15;南主桥 15 +20 +15 +4 ×28 +3 ×20; 第三层主桥、A、B、C 匝道桥跨径 19 ~55 连续箱梁	255 101.4 275	支架现浇,单箱单室
11	广西柳州潭中高架桥	4 ×21 +8 ×26 闭合环连续梁	34.9	RC,单箱单室,支架现浇
12	山西长治平顺公路桥	28 +35 +28 连续箱梁	90	PC,单箱单室,顶推施工,1990 年建成,国内首座顶推施工弯梁桥
13	浙江斗门江桥	50 +80 +80	800	PC,单箱单室,悬臂施工
14	福建马宅顶桥	30 +2 ×50 +30 连续箱梁	部分 350	PC,单箱单室,悬臂施工,2002 年建成
15	河北陈家台跨河桥	19.97 +20 +19.97 连续箱梁	100	PC,单箱单室,支架现浇
16	甘肃太平沟桥	7 ×50 连续箱梁	1381	PC,单箱单室,顶推施工

注:部分资料来源于本章参考文献[1]。

④中墩上的单铰橡胶支座因梁体径向变位所产生的剪切易发生过大变形,造成支座损坏。

⑤弯桥的径向变位是不能恢复的,长期积累达到一定量值后,支座错位,梁体局部脱空,无

法正常使用,甚至影响安全。

⑥当纵、横向变位过大或车辆超载、超限严重时,梁体产生结构性裂缝,降低桥梁的耐久性和安全性。

病害实例一:某立交桥匝道桥[2]

该桥为5×25m预应力混凝土连续弯箱梁,桥宽13m,单箱单室断面,底宽6m,两侧顶板悬臂2×3.5m,纵横双向预应力。中墩上为单支座,连续梁端双支座间距4m。平曲线半径600m。2006年秋季箱梁完成,2007年夏季进行外侧防撞护栏浇筑时,发生主梁晃动,经检查,梁端内侧支座脱空约20mm。

病害实例二:金田立交1号桥[3]

该桥为三跨连续弯箱梁,单箱单室断面,平曲线半径为52m,梁端设抗扭双支座,尺寸为35cm×60cm×5.6cm,中墩上为单支座。桥面宽10m。在气温变化过程中对曲梁进行了变位观测。温度从22.8℃上升到30.2℃时,曲梁径向位移为20mm(经历时间200d);而温度从30℃降到22.8℃时,曲梁径向位移仅恢复了6mm(经历时间81d)。径向位移不能完全恢复,而是逐年累积增大,导致该桥梁端内侧支座脱空,分联墩的盖梁出现剪切裂缝。

病害实例三:某预应力混凝土连续弯梁桥[3]

该桥为19.7m+2×31.77m+19.7mPC连续弯箱梁,单箱双室断面,顶板全宽9.5m,底板宽6.5m,梁高1.4m,腹板厚65cm,顶板厚20cm,底板厚18cm. 平曲线半径为54.75m,梁端(6号及10号墩)双支座采用30cm×55cm×6.4cm板式橡胶支座,7号、9号墩上为单支座,采用GPZ9000SX双向活动支座,8号墩上为单个GPZ9000GD双向固定支座。采用空间有限元分析计算,在恒载与温度荷载组合作用下,梁端内侧支座出现负反力,支座实际上已脱空。支座反力最大值均超过各支座容许承载力,使支座产生鼓包、开裂。

病害实例四:广东××高架桥[4]

该桥为4×20m+(30+40+30)m+3×20m三联连续箱梁,第1、3联为RC箱梁,第2联为PC箱梁。第1联位于半径为120m的圆曲线上,第2联由缓和曲线组成,第3联为直线段。2000年12月建成通车后,出现横向严重错位,并伴随墩柱开裂。桥宽均为16.5m,第1联0号桥台处梁体向内滑移4cm,伸缩缝顶死;1号墩上梁体向内侧滑移2cm;2号墩上梁体向外侧滑移2cm,左墩柱横向开裂;3号墩上梁体向外侧滑移4~5cm,4号墩(分联墩)上梁体向外侧滑移11cm。设置固定支座的墩柱产生宽度为0.3~0.4mm的裂缝。此实例表明,如采取措施不到位,不仅弯梁桥的径向位移逐年增大而不可逆转,而且在大纵坡情况下,主梁的纵向位移也会逐年增大而不可逆转。

病害实例五:深圳市华强北立交桥[4]

该立交桥A匝道桥全长415.943m。其中第3联为22.813m+35m+55m+39.938m+55m+32m六跨预应力混凝土连续弯箱梁。单箱单室断面,顶宽9m,梁高2.2m。平曲线半径为255m。分联墩A5、A11上各设两个板式橡胶支座,中距3.6m,梁端桥中线处设有一抗震锚栓,直径50mm,伸入梁内60cm,埋入盖梁20cm。A8墩上为单向活动盆式橡胶支座(施工时变更为双向活动支座),切向固定,径向活动,其余各墩均采用双向活动盆式橡胶支座。A6、A10墩上支座预偏心分别为40cm和45cm。1998年年底建成通车。2000年6月3日,匝道桥突然发生梁体大变位,最大径向位移47cm(A8墩处),最大切向位移22cm(A11分联墩处),并伴随扭转,两端桥体断裂,桥墩与梁体严重错位。立即中断交通。

从混凝土弯梁桥出现的一些典型病害可以看出,这些病害与曲线梁的受力与变形特点密切相关,与混凝土直梁桥有所不同。在较多的情况下,混凝土弯梁桥出现的问题,在一定程度上与结构设计有关。本章结合国内混凝土弯梁桥的研究成果和工程实践,就结构设计的一些问题进行讨论。关于结构分析计算请参阅第9章。

7.2 混凝土弯梁桥分类与结构体系

7.2.1 混凝土弯梁桥分类

混凝土弯梁桥可以从曲线桥的平面形状、桥轴线形、横断面形状、施工方法及使用材料等方面进行分类。

(1)按曲线梁的平面形状分类

①正交曲线梁

如图7-1a)所示,梁的轴线为圆曲线,半径为R,曲梁梁端截面为径向,与梁轴线正交,故称为正交曲线梁,也称为扇形曲线梁。这是弯梁桥工程中采用最多的一种。

②斜交曲线梁

如图7-1b)所示,梁的轴线为圆曲线,半径为R,曲梁梁端截面为非径向,即梁端截面与桥轴线非正交,故称为斜交曲线梁。如梁的两端截面相互平行,为规则斜交曲线梁,否则为不规则斜交曲线梁。

③异形曲线梁

如图7-1c)所示,梁的轴线为圆曲线,半径为R,曲梁梁端截面非径向,且梁两端截面相互不平行,有时梁的宽度沿径向有较大变化。凡不符合①、②类者,都应归属异形曲线梁。

第②、③两类,尤其第③类,桥梁工程中很少采用,仅在互通式立交桥匝道桥的局部范围可能出现。

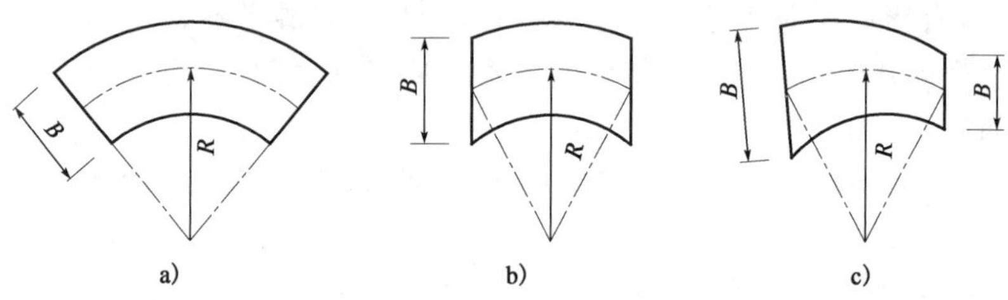

图7-1 曲梁桥平面形状示意图

(2)按曲线梁的轴线线形分类

曲线梁最常用的是圆曲线。但由于桥梁应符合路线线形,曲线梁有时会包含圆曲线和缓和曲线两种线形,甚至在一联曲梁桥中圆曲线、缓和曲线和直线分区段出现,情况较为复杂。所以,曲线梁的轴线线形可分为两类:

①一跨或一联连续曲线梁的轴线均为同一半径圆曲线。

②一跨或一联连续曲线梁的轴线有不同半径的圆曲线或者还包含缓和曲线、直线段。即

除第①类以外的线形构成均属第②类。

(3)按曲线梁横断面形状分类

曲线梁最常用的截面是箱形截面,包括单箱单室截面、单箱多室截面以及在桥宽范围由分离的箱形截面组成(分离箱之间用横梁连接)等多种形式。此外还有弯板、弯 T 梁、弯 I 字梁等截面形状,但现已很少采用。

(4)按曲线梁施工方法分类

7.1 节已介绍了国内常用的四类施工方法:支架现浇法、以直代曲法、顶推施工法及悬臂施工法。中小跨径整体式曲线梁桥大量采用支架现浇法。中等跨径以上有时采用悬臂施工法。从国内外的情况看,有少数桥采用预制曲梁悬拼施工或吊装施工。以直代曲法严格说来不属于曲线梁,是用分段直线梁形成的折线梁以模拟平曲线外形。

(5)按使用材料分类

在混凝土弯梁桥中,有钢筋混凝土和预应力混凝土两类。国内早期多采用钢筋混凝土结构。RC 连续弯梁桥最大跨径可达到 32m。由于 RC 结构难以控制裂缝的开展,现在仅在 20m 以下的连续弯梁桥采用钢筋混凝土结构,超过 20m 基本上均采用后张法体内有黏结预应力混凝土结构。

7.2.2　混凝土弯梁桥结构体系

混凝土弯梁桥有下述四种结构体系:

(1)简支梁体系

简支梁体系可分为简支静定体系和简支超静定体系两类,如图 7-2 所示。

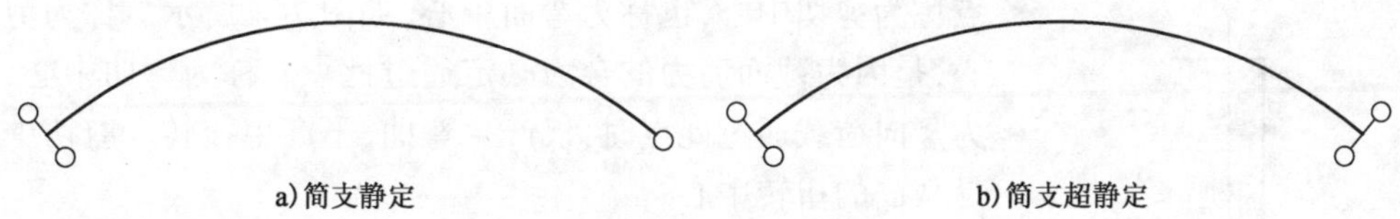

图 7-2　曲线梁桥简支体系

单跨简支曲梁,当梁的一端设置双支座抗扭而另一端为点铰单支座时,弯矩与扭矩均为静定体系,如图 7-2a)所示;当梁的两端均为抗扭双支座时为扭矩一次超静定体系,弯矩为静定体系。桥梁工程中一般不采用单跨静定的简支曲线梁,因为无抗扭支承的一端,梁体将产生扭转变形,伸缩缝很容易损坏。因曲梁弯矩、扭矩同时存在,其静定和超静定次数应按弯矩、扭矩分别确定。

(2)连续梁体系

曲线连续梁体系,如图 7-3 所示。

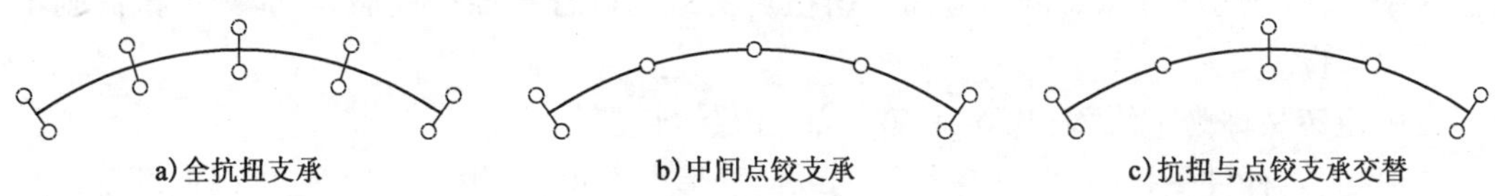

图 7-3　曲线梁桥连续体系

曲线连续梁桥的两端一般均布置抗扭的双支座,中间支承处可以有两类支座:抗扭双支座和点铰单支座。故连续曲梁有以下三种体系:①全抗扭支承体系,如图 7-3a)所示;②中间点铰支承体系,如图 7-3b)所示;③抗扭与点铰支承交替的体系,如图 7-3c)所示。这三种体系在实际工程中均有采用。点铰支承处可以采用独柱式桥墩。相邻两个抗扭支承间曲梁长度为扭转跨径,当跨径和桥长相同时,图 7-3b)的扭转跨径最大。

(3)连续刚构体系

除梁的两端设置抗扭双支座外,中间支承处均为墩梁固结,成为连续刚构曲梁桥。一般在桥墩较高时采用。但墩梁固结对下部结构受力影响较大。

(4)刚构—连续梁体系

中间支承处,部分采用墩梁固结,部分采用点铰支承,形成刚构—连续梁体系。当一联中桥墩高度相差较大时,部分高墩可以采用墩梁固结,其余桥墩上布置支座。

从上述混凝土弯梁桥的分类和结构体系可以看出,其包含的范围很广,但一些结构工程上很少涉及。根据国内的实际情况,本章主要针对整体式箱形截面正交曲线梁桥进行讨论。

7.3 混凝土弯梁桥受力特点

7.3.1 几个术语的含义

在论述混凝土弯梁桥的受力特点时,会涉及几个有关的术语,现简要说明其含义。

(1)截面剪切中心

梁承受竖直荷载 P 时,当 P 通过截面上的一点 $S(y、z)$,梁仅产生弯曲而不产生扭矩,则 S 点称为剪切中心,也称为弯曲中心,如图 7-4 所示。称为剪切中心,是因为截面剪力的合力必定通过此点。称为弯曲中心,是因为竖向荷载通过此点时,仅产生弯曲,不产生扭转。剪切中心也是截面的扭转中心。

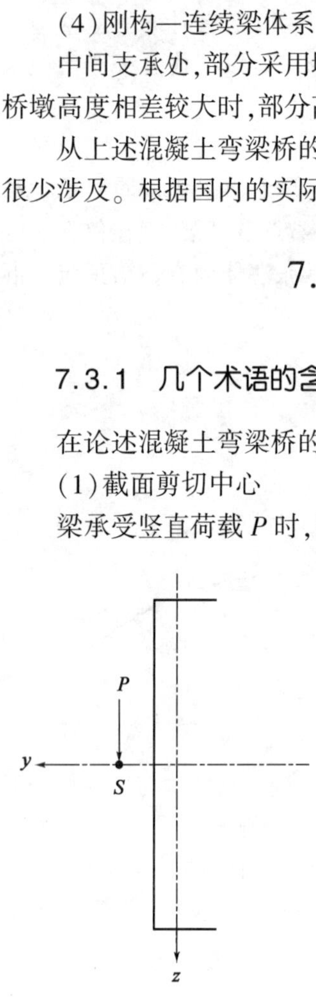

图 7-4 截面剪切中心

剪切中心不一定与截面的形心一致。当截面关于竖直轴 z 对称时,剪切中心必定在 z 轴上;当截面 y、z 轴均为对称轴时,剪切中心必定与截面形心一致。

(2)自由扭转与约束扭转

自由扭转:杆件受扭时,截面各纤维的纵向变形是自由的,杆件端面虽出现凹凸,但纵向纤维无伸长缩短,长度保持不变,不产生纵向正应力,只产生自由扭转剪应力。各截面的翘曲变形相同,剪应力分布也相同。当梁仅发生扭转时,外扭矩必定通过扭转中心(即剪切中心)。圆形截面自由扭转变形仍符合平面截面假设,非圆形截面则不符合平截面假设。

自由扭转又称为圣维南(B. dest. Venant)扭转、纯扭转。

约束扭转:杆件受扭时,截面各纤维的纵向变形受约束,产生纵向应变,即纵向纤维的长度有变化,因而在正截面上产生法向应力,称为翘曲正应力;在纵截面和横截面上产生剪应力,称为约束扭转剪应力,也称为附加剪应力。约束扭转又称为弯曲扭转或翘曲扭转。

附加剪应力在横截面上形成的扭矩,称为翘曲扭转扭矩,也称为二次扭矩。横截面上翘曲正应力组成大小相等、方向相反的一对力矩,称为翘曲双力矩,或称为双扭力矩。

(3)刚性扭转时的变形和应力

刚性扭转包括自由扭转和约束扭转。箱梁刚性扭转的变形和应力如表 7-2 所示。

箱梁刚性扭转的变形及应力　　表 7-2

类别	截面	轴向位移 μ	扭转角 φ	轴向应变 ε	扭转率 θ	正应力 σ	剪应力 τ
自由扭转	圆形	×	√	×	√(常数)	×	√
	非圆形	√(常数)	√	×	√(常数)	×	√
约束扭转	圆形	×	√	×	√	×	√
	非圆形	√	√	√	√	√	√

注:"√"表示发生;"×"表示不发生;θ-杆件单位长度的扭转角(cm^{-1})。

(4)弯、扭刚度

①弯曲刚度与自由扭转刚度比 K,简称弯扭刚度比,计算公式如下:

$$K = \frac{\mathrm{EI}}{GI_{\mathrm{d}}}$$

式中:EI——截面抗弯刚度;

G——剪切模量;

I_{d}——截面抗扭惯性矩,又称为扭转常数。

②自由扭转刚度与约束扭转刚度比 K_{e},计算公式如下:

$$K_{\mathrm{e}} = \frac{GI_{\mathrm{d}}}{EI_{\mathrm{w}}}$$

式中:I_{w}——截面扇形惯性矩,又称为翘曲常数。

(5)畸变

构件受扭时,箱形截面周边发生变形,其主要变形特征是截面发生畸变角。例如薄壁宽箱的矩形截面,受扭发生畸变后,不能保持截面的投影仍为矩形。

畸变产生翘曲正应力和畸变剪应力,同时还引起箱形截面各壁板产生横向弯曲,在壁板内产生横向弯曲应力。

(6)不动点和转动中心

①不动点:多跨连续曲梁桥,支承在不同高度和不同截面尺寸的桥墩上,在桥台上(或分联墩上)没有设置专门的固定支座,则当发生温度变化或混凝土收缩等效应时,全桥各点将沿着一不动点产生不同方向的位移,故不动点的定义为:"在桥跨结构的形心面上存在这样一个点,当桥跨结构上所有质点由于外界因素而产生应变时,必有一个点不发生变位,这个点称为不动点。"例如图 7-5 所示的三跨连续曲梁桥,两端桥台上设抗扭双支座(图中 1～2 及 5～6),为了适应伸缩缝的纵向变形,设置径向限位装置。中墩上设置点铰支座(图中 3、4 点)。图中 K 点为"不动点",K 点与各支座的连线,即各支承点位移自由变形的方向。根据各支座及桥墩的抗推刚度及支座的平

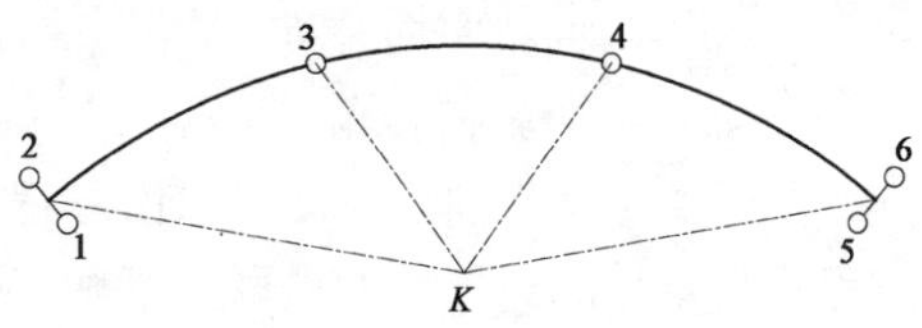

图 7-5　连续曲梁不动点 K

面位置,可以计算出连续曲梁在温度变化、混凝土收缩、徐变、预加力作用下的不动点位置,计算方法可参阅参考文献[5]。直线梁桥的不动点在桥的中心线上。图7-5中3、4点也可以设置沿K方向的单向活动支座。

②转动中心:在桥跨结构平面图形的形心面上,存在这样一个点K',当水平力作用线通过K'时,桥跨结构仅产生平移而不产生转动;反之,当平面旋转力矩作用在K'点时,则桥跨结构仅产生绕K'点的转动而不产生平移。转动中心K'位置的计算方法可参阅参考文献[5]。K'确定后,便可进而计算连续曲梁桥在外荷载(如制动力、离心力、风力、地震力等水平力)作用下任意点发生的平面内变形和任一支承点分配到的作用力。

7.3.2 弯扭耦合

曲梁桥在竖向荷载作用下,在发生竖向弯曲的同时必定产生扭转,而这种扭转的作用又将导致挠曲变形,即伴生弯矩,故称为曲梁的弯扭耦合,是弯桥最主要的受力特点。根据平面曲线梁的变形微分方程,可以从理论上证明"弯扭耦合"这一重要物理现象。

描述曲梁位移、扭角与外荷载关系的基本微分方程(即符拉索夫方程),由下列三个方程组成[5,6]:

$$EI_y\left(u^{\mathrm{v}}+\frac{2}{R^2}U'''+\frac{1}{R^4}U'\right)=\frac{\partial q_x}{\partial z}-\frac{\partial^2 m_y}{\partial z}-\frac{q_z}{R}-\frac{m_y}{R^2} \tag{7-1}$$

$$\frac{EI_{\mathrm{w}}}{R}v^{\mathrm{IV}}-\frac{EI_x+GI_{\mathrm{d}}}{R}v''+EI_{\mathrm{w}}\phi^{\mathrm{IV}}-GI_{\mathrm{d}}\phi''+\frac{EI_x}{R^2}\phi=m_z \tag{7-2}$$

$$\left(EI_x+\frac{EI_{\mathrm{w}}}{R^2}\right)v^{\mathrm{IV}}-\frac{GI_{\mathrm{d}}}{R^2}v''+\frac{EI_x}{R}\phi^{\mathrm{IV}}-\frac{EI_x+GI_{\mathrm{d}}}{R}\phi''=q_y+\frac{\partial m_x}{\partial z} \tag{7-3}$$

式中: R——曲梁圆曲线半径;

q_x、q_y、q_z——曲梁微段上沿流动坐标x、y、z方向的任意分布力;

m_x、m_y、m_z——沿x、y、z方向的任意分布力矩;

E、G——材料的弹性模量和剪切模量;

I_y、I_x——绕x、y轴的抗弯惯性矩;

I_{d}——绕z轴的抗扭惯性矩;

I_{w}——截面的扇形惯性矩;

u——曲梁平面弯曲变形;

v——曲梁竖向挠度;

ϕ——曲梁扭转角。

曲梁的平面弯曲变形u可以由方程式(7-1)独立求出,但竖向挠度v和扭转角ϕ则必须由方程式(7-2)和方程式(7-3)联立求解,从理论上证明了在竖向荷载作用下,曲梁必定"弯扭耦合"。反之,在外荷载作用下,如曲梁产生扭矩,必定同时产生弯矩。

由于曲梁支承条件的变化,活载移动以及多项因素的变化,上述微分方程的求解十分复杂而困难,现在工程设计中已不采用直接求解微分方程的方法,而是采用专门的曲线梁桥计算程序或者采用通用的空间有限元程序。

由于"弯扭耦合"的影响,曲梁桥具有以下一些受力特点[6]:

①弯桥的变形比同跨径直桥要大，外边缘的挠度大于内边缘挠度，且曲率半径越小、桥越宽，这一趋势越明显。

②在对称荷载作用下，弯桥会产生较大扭转，会使外梁超载、内梁减载，内外梁应力有差别。

③墩、台上横向布置 2 个或多个支座时，外侧支座反力大，内侧支座反力小，甚至会出现负反力。

④曲梁中的纵向预应力对支反力的分配有较大影响。

7.3.3　弯梁桥的扭矩组成

弯梁桥截面上的总扭矩 T 是由自由扭转的扭矩 T_k 和约束扭转的扭矩 T_w 所组成。T_k、T_w 在总扭矩 T 中所占比例的大小，取决于弯梁轴线的曲率半径及梁的截面形状。一般情况下：

$$T = T_k + T_w \tag{7-4}$$

对于不易发生翘曲变形的曲梁断面形状，例如有较大抗扭刚度的 RC 及 PC 箱形断面，且曲率半径不是很小时，可以近似取 $T \approx T_k$，即 $T_w \approx 0$，能基本满足工程设计的精度要求。

对于容易发生翘曲变形的曲梁断面形状，例如开口截面或薄壁截面（横向刚度较小），其总扭矩主要由约束扭转造成，$T_k \approx 0$，可取 $T \approx T_w$。薄壁断面如设置较强的横隔板，仍可取 $T \approx T_k$。

对于开口、闭口混合截面，当以闭口截面为主时，可取 $T \approx T_k$。

文献[7]指出，对于上述三种情况，当平曲线半径 $R > 100$m 时，T 随 R 的增大变化缓慢；当 $R < 100$m 时，T 随 R 的减小而急剧增大。

RC 和 PC 箱形截面弯梁桥，因截面翘曲反应所引起的正应力和剪应力与基本弯曲和扭转的应力值相比甚小。现行弯箱梁桥的设计一般仅考虑自由扭转。

7.3.4　圆心角、桥宽与曲率半径

曲梁的弯曲程度是影响其受力特性的重要因素。而圆心角和曲率半径则是描述弯曲程度的两个指标。曲率半径不能全面地反映弯曲程度，曲率半径相同时，跨径越大则弯曲度越大。而圆心角则能全面反映曲梁的弯曲程度，圆心角的大小决定于跨径与半径的比值。当跨径一定时，圆心角的大小就代表了梁的曲率即弯曲程度，圆心角越大，曲率半径则越小，弯桥的特点就越明显。根据简支超静定曲梁（单根梁）跨中截面的挠度影响线分析可以得出：当圆心角 ≤30° 时，可以忽略扭转对挠度的影响，此时容许把曲梁近似地当作直梁来处理；当圆心角 ≤50° 时，曲梁的弯矩可以用跨径为 $\gamma \cdot \phi_0$ 的直线梁计算，γ 为曲率半径，ϕ_0 为圆心角。不同的 γ 对曲梁的弯矩、剪力的影响很小，但对扭矩数值影响很大。在相同跨径下，弯桥的内力大于直桥。

加拿大和日本有关规范对于弯桥的有关规定可供参考：

(1) 加拿大安大略省公路桥梁设计规范（OHBDC）

用 L^2/bR 作为弯桥是否可按直桥进行计算的指标，式中 L 为弯桥轴线弧长，R 为曲率半径，b 为桥梁宽度之半。$L^2/bR < 1$ 可近似按直桥计算内力及变形，否则应按弯桥计算内力和变形。

例如：$L=30\text{m}, R=200\text{m}, b=6\text{m}$，则 $\frac{L^2}{bR}=\frac{30^2}{6\times200}=0.75<1$，可按直桥计算；

$L=30\text{m}, R=100\text{m}, b=6\text{m}$，则 $\frac{L^2}{bR}=\frac{30^2}{6\times100}=1.5>1$，可按弯桥计算。

OHBDC 还规定，如 $R>90\text{m}$，纵向弯矩可近似按直桥计算，扭矩仍应按曲梁分析。这一规定，不考虑跨径 L，似有不妥。

(2)日本《公路规范·同解释》第十三章曲线梁中的规定

设 ϕ 为曲线梁桥单跨的圆心角。

① $\phi\leqslant5°$时，将曲线长作为跨长，可按直线桥分析计算内力及反力。

② $5°<\phi\leqslant30°$时，弯矩、剪力仍可按①计算，扭矩、反力计算应考虑曲率的影响。

③ $30°<\phi\leqslant45°$时，所有内力、反力均应考虑曲率的影响。

④ $\phi>45°$时，应按空间结构分析，也可按弯曲扭转理论计算翘曲约束扭转影响。

将上述内容简单小结如下：

①圆心角能全面反映曲梁的弯曲程度，对于内力、反力与圆心角之间关系分析的结论，系基于理想的单根曲线梁，没有考虑桥宽的影响。

②对于实际弯桥的设计，应同时考虑圆心角、跨径与桥宽对弯扭内力及反力的影响。加拿大规范的指标 L^2bR 包含了这三个因素，但是否应以 $L^2bR<1$ 作为判别的依据，还应进行研究。

③在汽车荷载作用下，产生弯矩的同时产生扭矩。当出现偏心荷载时，扭矩、弯矩同步增大，抗扭支承处的内、外侧反力差增大，表明桥宽的影响显著。

④当桥宽较宽、曲率半径较小时，弯梁桥内、外侧弧长相差较大，外侧恒载比内侧大，增大了曲梁向外侧的倾覆力矩。

7.3.5 弯扭刚度比

弯梁桥的弯扭刚度比 $K=EI/GI_d$ 对结构受力与变形有较大影响。如 K 值增大，将导致曲梁的扭转变形增大。应在抗弯刚度满足要求的前提下，增大截面的抗扭刚度 GI_d，所以曲梁桥应尽可能采用 I_d 较大的箱形截面。另一方面，只要曲梁的强度、刚度符合要求，不应采用过大的截面抗弯惯性矩。

7.3.6 薄壁效应

严格地说，曲梁除圆形或正方形截面外，变形后截面不能保持平面，在结构分析中应考虑薄壁效应。但对于混凝土结构，薄壁效应并不明显，且一般箱梁的形状接近于正方形，如果 $L\sqrt{GI_d/EI_w}\geqslant30$，则箱形截面的翘曲变形不大，可以不考虑薄壁效应。式中，GI_d 为曲梁截面抗扭刚度，E 为弹性模量，I_w 为截面扇性惯性矩，EI_w 称为翘曲刚度或弯曲扭转刚度。

7.3.7 弯梁桥平面内变形特点

弯梁桥平面内的两种变形如图 7-6 所示。

温度变化、混凝土收缩、徐变、纵向预应力、制动力、地震力、风力等会引起曲线梁平面内的变形。总的变形可以分解为两个方向的变化：径向变形和切向变形。要计算曲梁上某个点

(一般为墩台处)的平面位移,首先要计算出“不动点”的位置。

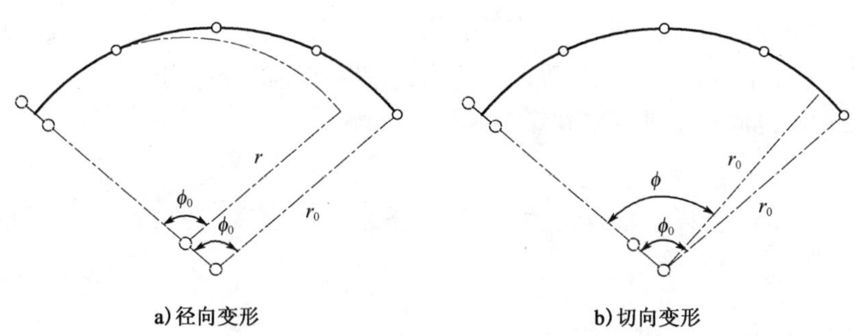

图7-6 弯梁桥平面内的两种变形

(1)温度变化与混凝土收缩引起曲梁的径向变形,其特点是变形属于弧段的伸长或缩短,曲率半径发生变化,如图7-6a)所示,半径由 r_0 变为 r,但圆心角保持不变。

(2)纵向预加力和混凝土徐变引起曲梁的切向变形,如图7-6b)所示。变形后曲率半径不变,仍为 r_0,但圆心角由 ϕ_0 变为 ϕ。

7.3.8 弯箱梁在外荷载作用下的应力

(1)横断面上的纵向应力 σ_z

$$\sigma_z = \sigma_m + \sigma_w + \sigma_{dw} \tag{7-5}$$

式中:σ_m——纵向弯曲在横断面上引起的正应力;

σ_w——约束扭转在横断面上引起的翘曲正应力;

σ_{dw}——畸变产生的翘曲正应力。

对于抗扭刚度较大的RC及PC箱形截面曲梁,一般可以近似地取 $\sigma_w \approx 0$;当弯箱梁抗扭刚度较大,或虽为薄壁断面,但箱内设置较强较密的横隔板时,可以认为在荷载作用下截面周边形状不变,即不产生畸变,可近似地取 $\sigma_{dw} \approx 0$。

(2)剪应力 τ

$$\tau = \tau_k + \tau_m + \tau_w + \tau_{dw} \tag{7-6}$$

式中:τ_k——自由扭转引起的剪应力;

τ_m——纵向弯曲在横断面上引起的剪应力;

τ_w——约束扭转引起的剪应力;

τ_{dw}——畸变产生的畸变剪应力。

对于RC和PC弯箱梁桥,一般情况下,只考虑 τ_k 和 τ_m 两项。

(3)纵断面上的横向弯曲正应力 σ_s

$$\sigma_s = \sigma_c + \sigma_{dt} \tag{7-7}$$

式中:σ_c——箱梁在车辆、温度梯度等荷载作用下,在纵断面上各壁板产生的横向弯曲正应力;

σ_{dt}——畸变引起的箱形截面各壁板的横向弯曲应力。

对于RC和PC弯箱梁桥,一般情况下不计 σ_{dt}。

7.3.9 弯梁桥桥墩水平力

弯梁桥桥墩承受的水平力，除了与直桥一样，有汽车制动力、温度力和地震力外，还因为平面曲率的存在，增加了离心力及张拉纵向预应力钢束时产生的径向力。

关于弯梁桥的侧倾稳定性问题在第10章进行讨论。

7.4 混凝土弯梁桥总体设计要点

7.4.1 弯梁桥平、纵、横线形

中小跨径梁桥一般应服从路线的平、纵、横线形设计要求。弯梁桥的平面线形包含圆曲线或圆曲线与缓和曲线，有时还会在平曲线中局部插入直线段。如果桥上出现变坡点，在弯梁桥纵断面上有竖曲线；横断面上则有超高横坡。若弯梁桥位于反向平曲线上，则线形更为复杂，应根据桥位处的地形、桥梁长度、墩台位置、孔跨布置等综合考虑，以适应平、纵、横线形的总体布局。其中对结构设计影响较大的是平面线形。在一联连续曲梁中，如果有圆曲线、缓和曲线，甚至还插入直线段或包含反向曲线，结构设计与计算变得复杂，对施工也有影响。在可能的情况下，宜与路线设计统一考虑，进行适当调整。必要时，可以将一联中不同曲率的各梁段拟合成多心圆曲线。

7.4.2 孔跨布置

(1)单跨弯梁桥

一般情况下，等截面钢筋混凝土板的跨径不大于16m，等截面钢筋混凝土箱梁的跨径不大于25m，等截面预应力混凝土单跨曲梁，均采用箱形截面，跨径在20～40m，个别的可以达到50m。单跨曲梁的圆心角应控制在20°以内。国内采用单跨弯梁桥较少，较多采用连续弯梁桥。

(2)连续弯梁桥

连续弯梁桥包括连续梁体系、连续刚构体系和刚构—连续梁体系。其孔跨布置可根据具体情况采用等跨或不等跨。跨径较小时一般采用等跨布置；当跨径较大时，从减小边跨正弯矩考虑，边跨宜小一些，边中跨之比为0.6～0.8。但另一方面，如边跨过小又会导致梁端抗扭双支座反力内、外侧相差过大，甚至内侧支座出现负反力，为了使内侧支座有一定的压力储备，始终处于受压状态，边、中跨之比宜取较大值。如受其他条件限制，边跨偏小，可以将边跨的自重加大或在边跨梁端施加压重。

连续弯梁桥一联多采用2～5跨，总长度宜控制在120m以内，每跨的圆心角不应大于40°。孔跨总体布置应注意梁的总内扭矩分布，控制其峰值不应过大，使梁的截面及支座受力较均匀，避免过大的横向位移。曲率半径较小时，汽车荷载离心力和纵向预应力产生的水平径向力增大，桥面的横向超高增加，给设计带来困难。通过对一些小半径实桥调查发现，曲梁平曲线圆弧内侧出现水平裂缝，支座、伸缩缝发生剪切破坏，墩梁固结处开裂，内侧支座脱空。设

计时应注意平曲线半径不宜过小。另外,一联中扭转跨径的大小对联长有影响。如果中间桥墩上均为点铰支承的活动支座,抗扭跨径即为联长,此时全联的内扭矩很大,故联长不应过大;如果中间桥墩上设计为抗扭双支座或梁墩固结,抗扭跨径减小,一联的长度可适当放宽。

7.4.3　支座布置

弯梁桥的支座布置对于主梁的受力和变形具有重要意义,对下部结构也有较大的影响,是弯桥总体设计应考虑的重要问题之一。支座布置通常有以下四种形式,如图7-7所示。

A型:全桥或同一联的墩台上均布置抗扭双支座。如图7-7a)所示。固定支座一般设置在中间桥墩的内侧。如果跨数不多或一联长度较短时,也可以将固定支座设在一端的桥台上或分联墩上。

B型:两端桥台或分联墩上布置抗扭双支座,其余中墩上则布置单点铰支座,如图7-7b)所示。一般采用独柱式桥墩。连续的跨数不宜过多,以3~4跨为宜。当跨数较多时,通过计算分析后,将中间的单点铰支座向外侧设置预偏心,以降低曲梁的扭矩,如图7-7c)所示。

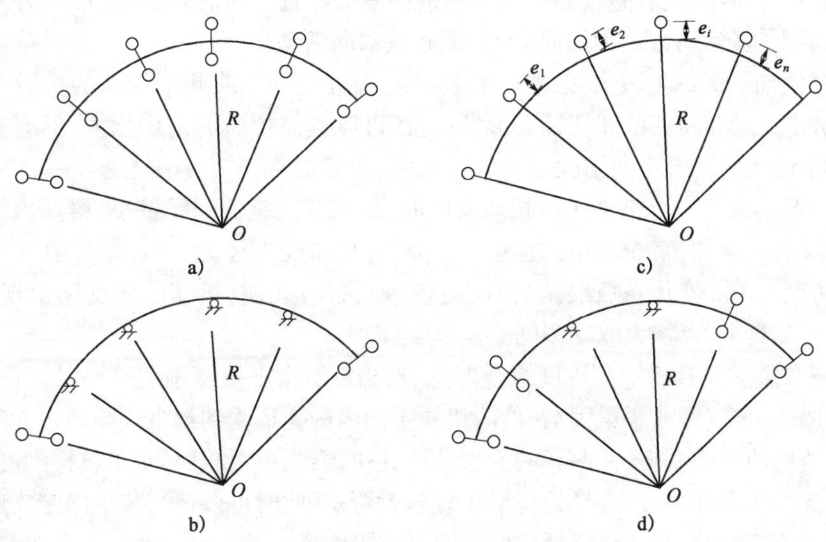

图7-7　连续弯梁桥支座的布置形式

C型:称为混合型。除两端桥台或分联墩上布置抗扭双支座外,中间桥墩上既有单点铰支座,也有抗扭双支座,如图7-7d)所示。如果中间只有一个桥墩上设置抗扭双支座,则这个桥墩将承受横桥向的弯矩,应注意验算。

D型:在A、C型中,至少有一个中间墩采用梁墩固结,不设支座。较高的桥墩(根据经验墩高一般大于8m)可以采用墩梁固结,应注意验算下部结构的承载力。

支座布置应注意的一些问题:

(1)单跨曲梁应在两端均布置抗扭双支座。如一端设点铰单支座,梁端将产生扭转变形,伸缩缝容易损坏。

(2)要避免梁端设普通板式橡胶支座,而所有中墩上设置径向可自由滑移的活动支座,这可能会引起曲梁的大位移。曲线梁桥宜选用盆式橡胶支座。

(3)避免在宽箱梁的一个桥墩上沿径向布置2个或多个固定支座,以防止可能出现的温度裂缝。

(4)一联曲梁的两端不应受到纵向水平约束,否则将形成平曲线拱而产生水平力,此水平力对墩台有较大影响,同时曲梁将产生较大的径向变位。支座布置的原则是:应确保曲梁的各截面基本沿切线方向变位,并应对径向位移加以限制,使曲梁的扭矩沿纵向分布大致均匀,峰值较小。

(5)应注意控制抗扭双支座的反力差,在最不利的情况下,内侧支座的最小反力仍为压力,且不小于外侧反力的10%。根据设计经验,双支座的中距不应小于梁宽的1/4~1/3.5,此处梁宽指桥面汽车荷载布置的总宽度。

在某些特殊情况下,如双支座内侧最小反力出现负值难以避免,可以设置拉压支座或在设双支座的桥台、分联墩上的外侧各设一组无黏结钢绞线将主梁与桥墩连接起来(外套钢管,可适应主梁的切向变位)。此时应按内侧拉力验算主梁及墩台。

(6)当一个桥墩上沿径向布置3个或3个以上支座时,应将固定支座或单向活动支座(活动方向为切向)靠桥梁中线布置,而固定支座的两侧应布置单向活动支座(活动方向为径向),或者单向活动支座(活动方向为切向)的两侧布置双向活动支座。

(7)当连续曲梁的纵坡较大或圆心角较大时,最好将一个或几个较高的桥墩采用墩梁固结,能有效防止主梁纵向变位和扭转变形,同时还可以提高桥墩的抗扭能力,但应验算下部结构。此时主梁的次内力会有所增大。

(8)当一联曲梁桥中全部采用抗扭双支座时,如果双支座的间距过小,梁端内侧支座仍有可能出现负反力。例如,某5×20m匝道弯梁桥[9],平曲线半径为60m,每个墩上均为抗扭双支座,支座间距2.4m(实体花瓶墩,墩顶横向较窄),计算表明:梁端内侧支座出现负反力,便将端横梁向外侧延伸,以加大双支座间距。

(9)支座布置应结合桥墩的刚度综合考虑[9],当桥墩水平抗推刚度较小时,宜采用较多的单向活动支座、固定支座或墩梁固结,使曲梁在平面内的变形受到约束。同时也能利用桥墩自身的柔度来适应曲梁的变形,使两者的变形较小并协调;当桥墩较矮、水平抗推刚度较大时,可能会有部分支座水平反力过大,导致桥墩出现较大弯矩,此时可以适当减少固定支座和单向活动支座的数量,并采取措施适当降低桥墩的水平抗推刚度。

(10)对某3×25mPC弯箱梁桥不同约束形式下的受力性能进行计算,得到结论[10]:与盆式固定支座相比较,墩梁固结使曲梁受扭更加合理,且能很好地控制曲梁径向位移;为了使桥墩受力更趋合理,对较高桥墩的曲梁桥(本实例为墩高大于8m),固定边界宜采用墩梁固结,对于较矮桥墩的曲线梁桥,固定边界则宜采用固定支座。

(11)当中墩设置大致沿曲梁切线方向的滑动支座时,由于曲梁桥的温度零点位于桥梁轴线之外靠圆心一侧,因此应较精确地确定支座的滑动方向,保证支座具有可靠的滑动能力[11]。

(12)对于较宽的桥(桥宽$B>12$m)和曲率半径较大($R>100$m)的曲梁桥,由于主梁扭转作用较小,为使主梁增大横向稳定性,应在中墩上采用具有较强抗扭能力的多柱式或多支座的支承方式,亦可采用墩梁固结的方式。对于较窄的桥($B\leqslant12$m)和曲率半径较小($R\leqslant100$m)的曲梁桥,较高的中墩可用墩梁固结支承方式,较矮的中墩可采用单点支承方式,这样可有效降低墩的弯矩和减小主梁的横向扭转变形,但应对横向支座偏心进行调整。

(13)所有中墩支座,尽可能沿横桥向位移固定,并采用盆式或普通板式橡胶支座。“梁端设普通板式橡胶支座,所有中墩设横桥向自由滑动的盆式支座”对曲梁桥是危险的,应绝对避免[1]。

7.4.4 支座预偏心

连续弯梁桥中间桥墩上的单点支座不能减小主梁的抗扭计算长度。但如果将单点支承向外侧预设一定的偏心距,就可以人为地主动调整主梁扭矩的分布,将最大扭矩峰值降下来,从而改善主梁的受力情况,具体反映为梁端截面的扭矩绝对值减小,该处的抗扭双支座的外反力与内反力之比也随之减小,可以避免出现负反力,同时边跨内最大正、负扭矩的绝对值接近相等。连续弯梁桥的支座布置,如采用桥台或分联墩上布置抗扭双支座,所有中间桥墩上布置点铰支座时[图 7-7b)],将中墩上的支座向外设置预偏心,具有以下特点:

(1)混凝土弯梁桥因恒载所占的比重大,以及预偏心对恒载产生的扭矩影响很大,对活载、预应力等产生的扭矩影响较小。

(2)中墩上点支承预偏心,主要影响与该支承相邻的两跨曲梁扭矩分布,距该支承越远,影响越小。

(3)预偏心对扭矩和梁端双支座反力的影响,随曲率半径的增大而减小。所以,曲率半径越小,预偏心的效果越明显。

(4)支座预偏心对曲梁的弯矩和剪力影响不大。

(5)支座预偏心对三跨及三跨以上连续曲梁边跨扭矩影响大,能大幅度减小其绝对值,但对有扭矩变号的中跨扭矩调整的幅度较小,只能起到内力重分布的作用。

(6)支座预偏心 e_k 与其产生的附加扭矩 ΔT_k 近似为线性关系[12],即

$$\Delta T_{k} = \frac{C_1}{R}e_{k} \tag{7-8}$$

式中:R——曲梁的曲率半径;

C_1——与结构、荷载组合、支座位置有关的状态系数。

(7)通过支座预偏心一般只可以使扭矩包络图作竖向平移,所以只能减小扭矩与水平坐标轴所围的面积,而不能减小扭矩包络图的面积[12]。

(8)实际工程设计中,预偏心值并不大,一般多在 100cm 以下,所以对于活载及预应力扭矩的影响可以忽略不计。

支座预偏心的常用计算方法有:扭矩中值法、试算法、弯梁重心线法、最小扭转应变能法及影响矩阵的最小扭转应变能法等[1]。孙广华教授曾编制点铰支承预偏心距的试算法程序,邵容光教授也对点铰支承预偏心提出计算方法[5]。其实质也属试算法。文献[13]提出了“最小偏心法”和“一致偏心法”。前法优点是适应性强(可用于不等跨、非对称布载),总体偏心距小,但运算较复杂,需求解矩阵方程;后法优点是简易方便,但适应性较差,仅适用于等跨及均布荷载。文献[14]推导出两跨连续曲梁中支点预偏心距的计算公式,并与采用 Maidas/Civil 软件按空间有限元计算的结果进行了比较,提出了修正系数,可以满足工程设计的精度要求。现在对于连续曲梁桥中墩单点支承预偏心值的计算多采用空间有限元法,参考已有经验和类比先拟定初始预偏心值,经过几次试算便可获得较为合适的偏心值。下面介绍两座实桥的

实例。

[**例 7-1**] 济广高速公路江西段某互通式立交匝道桥[15]

4×23.5m 钢筋混凝土连续弯箱梁，桥宽 9.5m，曲率半径为 155m，梁高 1.6m，单箱单室断面，底板宽 5m，两侧翼板宽 2×2.25m。梁端分联墩上为抗扭双支座，横向中距 4m，中间 3 个独柱墩上设单支座。采用桥梁博士软件斜、弯桥计算模块进行分析计算。共计 103 个单元，其中梁单元 96 个，伸缩缝处在梁的轴线两边各伸出一个刚臂，中墩处向曲梁外侧各伸出一个刚臂单元。先在 CAD 中生成坐标文件，再在“桥梁博士”中调入，输入快捷方便。

分别计算不设预偏心和设预偏心两种情况并进行结果比较。支座布置如图 7-8 所示。

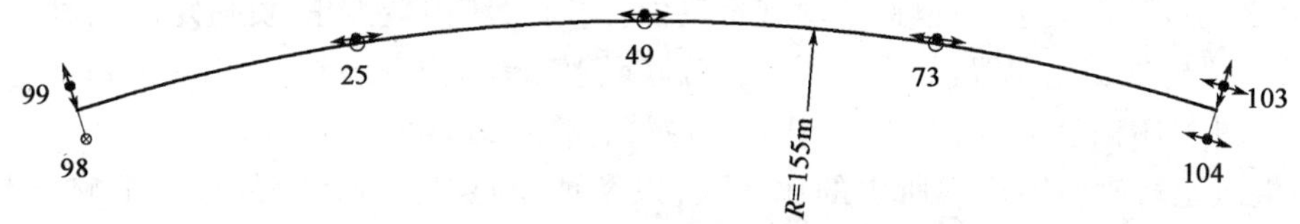

图 7-8 弯箱梁支座平面布置示意

梁端双支座中，98 号点为固定支座，99 号点为单向活动支座（径向），103 号点为双向活动支座。中墩上的单支座 25 号、49 号和 73 号点均为切向滑动支座。这样的布置支座，曲梁可以沿纵向向右端变形，但径向受到约束，对桥墩沿径向有水平力，应注意验算其承载力及变位。

计算得到：不设置中墩预偏心时，梁端自重产生的扭矩为 679kN · m。将每个中墩上的支座均向外侧设置 10cm 的预偏心后，梁端自重产生的扭矩降到 87.8kN · m，仅为前者的 12.93%，梁端扭矩显著减小。

如表 7-3 所示为未设置预偏心与设置预偏心在自重作用下各支座的反力比较表。

自重作用下各支座反力比较 表 7-3

支座未设预偏心		支座设置预偏心	
支座号	反力(t)	支座号	反力(t)
98	79.7	98	94.9
99	114	99	99.3
25	439	25	439
49	357	49	356
73	439	73	439
103	114	103	99.3
104	79.7	104	94.9

由上表可以看出：梁端外侧与内侧反力之比，由未设预偏心的 1.43 下降至设预偏心的 1.05，而最小反力由 79.7t 升至 94.9t，增大约 20%。当在桥上外侧布置一列汽超—20 级活载后，恒 + 活的最小梁端支反力为 56.5t 压力。表明设置预偏心后效果明显。

[**例 7-2**] 某预应力混凝土连续弯梁桥[16]

5×25mPC 现浇连续弯箱梁桥，单箱双室断面，顶板全宽 10.5m，底板宽 6.5m，梁高1.5m。梁端为抗扭双支座，中间桥墩为独柱式，设置单支座。以减小端横梁处扭矩和均衡端支座处竖向支反力为主要目标确定预偏心。取 $e=0.6e_0$ 为合理预偏心，e_0 为端支座反力差为 0 时所对应的支座预偏心值。研究了曲率半径 $R=60\sim195$m 范围内预偏心的变化情况。采用 ANSYS 软件建立板壳单元模型进行仿真分析。箱梁顶、底板和腹板用 Shell63 壳单元,预应力筋用 Link10 杆单元。计算中考虑自重、二期恒载、预应力与活载。根据计算结果进行回归分析,得到跨径 25m、$R=60\sim195$m 范围内的独柱墩单支座合理预偏心距 e 的关系式为:

$$e=2915.66424R^{-1.1059} \tag{7-9}$$

式中:e——合理偏心距(cm);

R——曲率半径(m)。

该算例以均衡梁端双支座反力为主要目标,考虑了恒载、活载和预应力的影响,得到了具体的连续弯梁桥合理预偏心距的定量表达式,对预偏心的确定具有较高精度和可靠性,其研究方法可供 PC 连续曲梁桥计算参考。

7.5 混凝土弯梁桥支座布置实例

用几个实例介绍 A、B、C 三种类型的支座布置具体情况。

[例 7-3] 4 跨 PC 连续弯梁桥按 A 型布置支座

30m+40m+32m+29m PC 连续弯梁桥,位于圆曲线与缓和曲线上,圆曲线半径 60m,桥面宽 8m,每个墩台上均沿径向布置双支座,横向中距 3m。支座布置如图 7-9 所示。箱梁底宽 4m,高 1.5~2.1m。P_1、P_5 分联墩上均为沿切向的单向活动支座,有利于限制曲梁的横向位移,每个墩上为双支座,扭转跨径小,扭转变形也小,梁端不会出现负反力,但分联墩将承受较大的横向水平力。

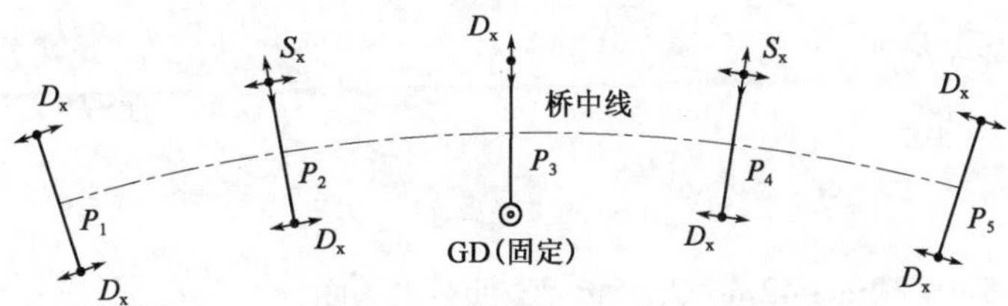

图 7-9 支座 A 型布置实例

[例 7-4] 3 跨 PC 连续弯梁桥按 A 型布置支座

3×20mPC 连续弯箱梁桥,桥面宽 8.5m,箱宽 4.5m,单箱单室断面,高度 1.3m,平曲线半径 51m,支座布置如图 7-10 所示。

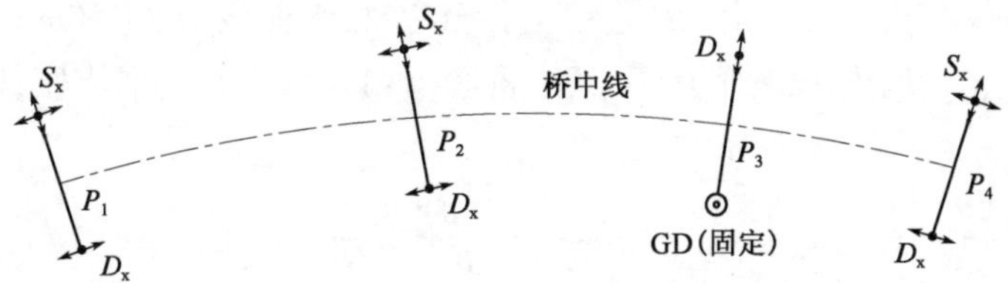

图 7-10 支座 A 型布置实例

全联各墩上均为双支座,横向中距 3m。在恒、活载作用下,P_1、P_4 分联墩上内侧支座出现负反力。如将 P_2、P_3 中墩上的外侧支座向外移动 25cm,在恒、活载作用下,未出现负反力。所有支座反力分布较均匀。各桥墩所承受的径向水平力较小，但箱梁将产生向外侧的横向位移，墩台上应设置径向限位装置。

[例7-5] 上海南浦大桥东引桥按B型布置支座

第一联：28.096m+42m+23.5mPC连续弯箱梁桥，单箱双室断面，整体现浇。平曲线半径90m。支座布置如图7-11所示。P_2、P_3中墩上点铰支座向外预偏心0.29m和0.25m，跨间因恒载及预应力产生的扭矩下降6%，端支点处扭矩则仅为原来的20%(右)和27%(左)。效果显著，在P_4分联墩上设置径向限位装置，只允许曲梁沿梁端切向伸缩。经计算P_4梁端平面转角很小，只有-0.0133°~0.0176°，对支座正常工作基本上没有影响。当跨径及连续长度均不大时，将固定支座布置在梁端，径向约束小，温度、混凝土收缩产生的横向变形不影响伸缩缝正常工作，下部结构承受的横向弯矩也较小，但是曲梁的横向变位较大。该联仍按B型布置支座的比较方案如图7-12所示。优点是将曲梁全长的平面变形限制在各截面的切线方向，控制了横向位移；缺点是墩台将承受较大的径向力，主梁也要承担一部分横向弯矩。

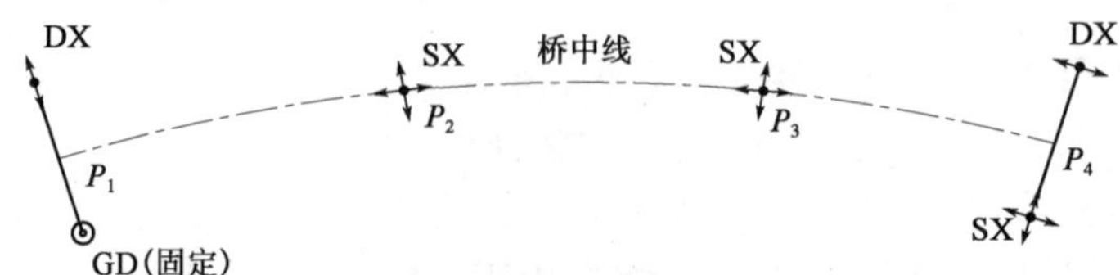

图7-11 支座B型布置实例

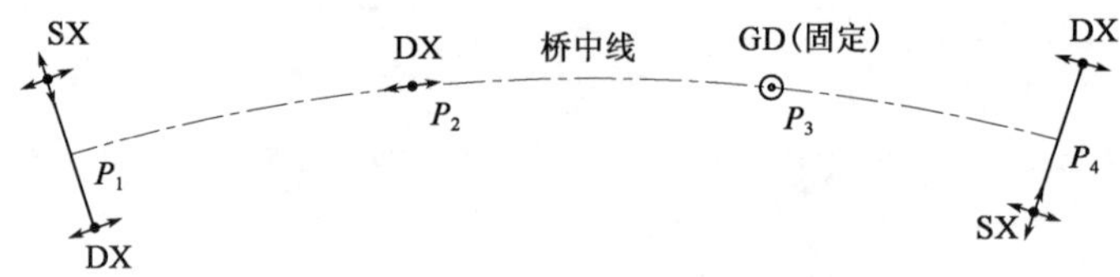

图7-12 支座B型布置比较方案

第二联：23.915m+30m+42m+23.5m PC连续弯箱梁桥，单箱双室截面，整体现浇，平曲线半径90m，支座按B型布置。三个中墩上单支座的预偏心分别为0.05m、0.15m和0.16m。设预偏心后，跨间因恒载及预应力产生的扭矩下降7%，梁端双支座处的扭矩仅为原来的25%(左端)和20%(右端)，效果显著。该联固定支座位置在曲梁左端内侧。

[例7-6] 7跨RC连续弯板桥按C型布置支座

16m+5×20m+16m七跨一联RC连续空心板弯桥，平曲线半径160m，支座布置如图7-13所示。中墩P_2、P_4、P_6、P_7处设置单支座，其余桥墩(台)上设置抗扭双支座，横向中距3.9m。

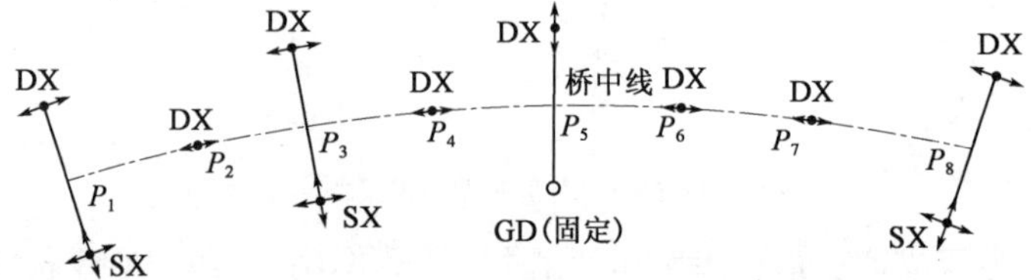

图7-13 支座C型布置实例

7.6 混凝土弯梁桥构造设计要点

7.6.1 混凝土弯梁桥的截面形式

国内中小跨径整体式混凝土弯梁桥的截面形式,常用的有板式截面和箱形截面两大类。板式截面可分为实体和空心板两种。实体板的几种形式如图7-14所示。整体式空心板如图7-15所示。

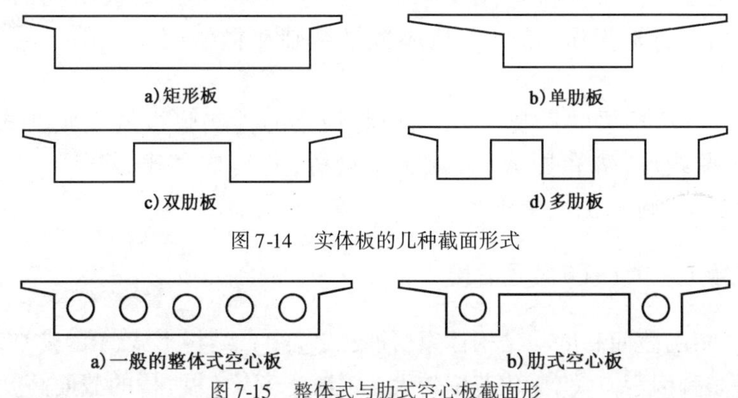

图7-14 实体板的几种截面形式

图7-15 整体式与肋式空心板截面形

板式截面的底面沿横桥向有时做成曲线形,以增大桥下的净空,外形也较流畅,城市桥采用较多。肋式截面可以减轻自重,节省材料,建筑高度也较小。肋的宽度一般在2~4m。桥面宽常用10~15m,有利于"剪—扭"作用较大的弯梁桥结构。空心板常用的有一般整体式空心板[图7-15a)]和肋式空心板[图7-15b)]两种。板内空腔形状,除圆形外,还有矩形、椭圆形等。板式截面用于小跨径的曲梁。

混凝土弯梁桥采用较多的是箱形截面。因为这种截面形式具有挖空率高、材料用量少、自重小、抗扭刚度大、截面应力分布较为合理等优点,广泛用于各种跨径和结构形式的混凝土梁式桥。有单箱单室、单箱双室、单箱多室、双箱单室和双箱多室等几种基本形式,如图7-16所示。其中,a)为单箱单室,在中小跨径弯梁桥中,桥宽15m以下采用较多,随着桥宽的增大可以选择b)、c)等形式。对于太宽的桥,宜根据车道数和桥面组成情况考虑整体式道面或分离式道面。对于分离式道面,可以将一座桥设计成两座相互独立而平行的桥梁,图d)、e)可以从中间断开。

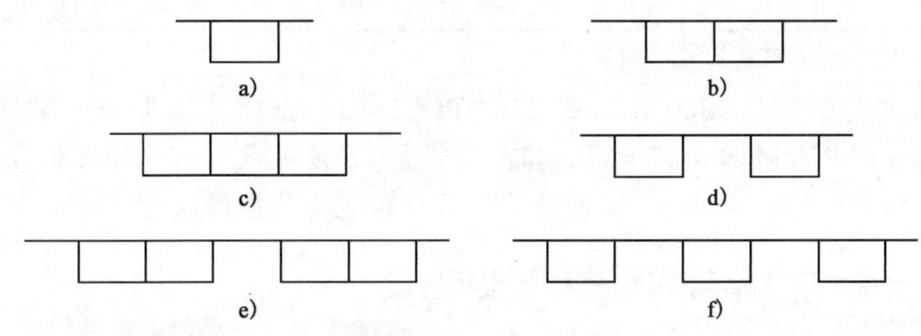

图7-16 箱形截面基本形式

单箱单室截面受力明确、施工方便、材料用量较少，桥宽如超过15m，两侧悬臂板较长，宜设置横向加劲肋或施加横向预应力。

单箱双室与单箱单室比较，对底板尺寸的影响不大，对腹板有一定影响，但对顶板厚度影响较大。用框架分析表明，单箱双室顶板的正负弯矩比单箱单室减小70%和50%；而且由于双室截面的腹板总厚度增加，对抗剪有利，预应力束也容易布置，但缺点是自重增大，施工较麻烦。

对于混凝土弯梁桥，箱形截面的总宽度不宜太宽，在一些城市宽桥中多采用分离式箱形截面，这样可以使横桥向抗弯刚度减小，使其在温度变化时横桥向的挠曲变化相应减小，有利于伸缩缝正常工作，还可以适应桥梁基础在横桥向发生的不均匀沉降和采用悬臂法进行施工。

在城市桥梁中，从桥梁的景观考虑，有时将箱梁的外侧腹板做成倾斜式，或者将箱的底板在横桥向做曲线形（如鱼腹式）。对于弯梁桥，尤其是变截面弯梁桥，如底板成为弧线，则构造较为复杂，施工也较麻烦。

7.6.2 混凝土弯梁（板）截面高度

混凝土梁、板桥的截面高度与结构体系（简支或连续）、结构形式（RC或PC）、主梁的构造以及施工方法等多种因素有关，变化范围较大。混凝土弯梁（板）桥的截面高度与相同条件下的混凝土直梁桥大致接近，并略高于直梁桥。综合一些实桥的资料以及本章参考文献[8]、[11]、[12]、[16]等的有关内容，初步提出中小跨径混凝土弯梁桥截面高度的经验值，如表7-4所示，供方案和初步设计参考。

中小跨径混凝土弯梁桥截面高度经验值　　表7-4

<table>
<tr><th rowspan="3">结构</th><th colspan="2">整体式板（等高度）</th><th colspan="6">整体式箱形截面</th></tr>
<tr><th rowspan="2">单跨</th><th rowspan="2">多跨连续</th><th colspan="2">等　高　度</th><th colspan="4">变　高　度</th></tr>
<tr><th>单跨</th><th>多跨连续</th><th colspan="2">单跨</th><th colspan="2">多跨连续</th></tr>
<tr><td rowspan="2">PC</td><td rowspan="2">(1/30～1/25)L</td><td rowspan="2">(1/35～1/30)L</td><td rowspan="2">(1/20～1/13)L</td><td rowspan="2">(1/25～1/16)L</td><td>支点</td><td>(1/30～1/23)L</td><td>支点</td><td>(1/18～1/15)L</td></tr>
<tr><td>跨中</td><td>(1/35～1/28)L</td><td>跨中</td><td>(1/40～1/20)L</td></tr>
<tr><td>RC</td><td>(1/20～1/15)L</td><td>(1/24～1/22)L</td><td>(1/17～1/11)L</td><td>(1/18～1/14)L</td><td colspan="2">—</td><td colspan="2">—</td></tr>
</table>

注：L-单跨曲梁跨径或多跨曲梁中的最大跨径。

整体式板的跨径宜在16m（RC）或25m（PC）以内。整体式箱形截面梁的跨径宜在30m（RC）和70m（PC）以内。对于矩形和箱形截面（单箱单室），在拟定截面尺寸时，应按桥规[5]式（5.5.3-1）进行验算，并根据计算结果调整或优化截面尺寸。

7.6.3 混凝土弯箱梁截面顶、底板与腹板厚度

混凝土弯箱梁截面顶、底板与腹板厚度的经验值如表7-5所示，供拟定尺寸时参考。

中小跨径混凝土弯箱梁桥顶、底板与腹板厚度经验值(单尺单位:cm)　表 7-5

结构	顶板厚度		底板厚度		腹板厚度	
	支点	跨中	支点	跨中	支点	跨中
PC	≥25	≥25	≥d/16 或(1/12~1/10)h	21~28	35~60	25~30
RC	≥25	≥25	≥d/16	18~22	35~60	20~30

注:d-箱内腹板壁之间的净距;h-箱梁高度。

顶板厚度一般为(1/30~1/20)d,但不小于20cm,在d相同的情况下,单箱单室的顶板厚度应大于单箱双室和单箱多室的顶板厚度。腹板在支点附近的厚度,根据受力需要可能会大于60cm,有的中等跨径混凝土曲梁达到100cm。箱形曲梁,壁厚不应小于对应壁净高或净宽的1/10,腹板厚度还应考虑纵向钢束布置和小半径曲梁径向力较大的影响。

7.6.4 混凝土弯箱梁横隔板厚度与间距

混凝土弯箱梁的横隔板分为两种,一种是在支承处的横隔板(也可称为横梁),另一种是设在跨间的中间横隔板。支承处的横隔板是上下部结构之间重要的传力构件,也是加强主梁横向刚度,抵抗扭转保持全桥稳定的关键结构,应有较大的刚度,以使支承反力的分布趋向均匀。位于桥台或分联墩处的主梁端横隔板还受到主梁截面翘曲产生的纵向力。端支承处横隔板的厚度一般为80~150cm;中支承处横隔板的厚度一般为150~250cm。

桥规[5]第9.3.2条规定:"内半径小于240m的弯箱梁应设跨间横隔板,其间距对于钢筋混凝土箱形截面梁不应大于10m;对于预应力弯箱梁截面则需经结构分析确定。"跨间横隔板可以降低箱梁的畸变和圆心角的影响,还可以减轻腹板受拉翼缘的水平径向力的作用,提高箱梁的抗扭能力,所以,除半径很大、跨径较小的弯箱梁外,均应设置跨间横隔板。其厚度一般取30~50cm。国内中小跨径PC弯箱梁桥跨间的横隔板,一般设置1~2道,当曲率半径较小,跨径又较大时,中间横隔板数量宜适当增加。

7.6.5 混凝土弯梁桥的伸缩装置

弯梁桥的梁端因温度产生的变位值,内、外侧是不均衡的,其差异程度与固定支座和活动支座的相对位置有关。当弯曲半径较小、桥面较宽时,内外侧的变位差异较大,在计算伸缩量时应计入梁端切向不均匀变位的影响。在确定伸缩装置的型号时,还应按桥规[5]的规定,将设计位移的富余量按基本伸缩位移量的20%~40%取值。考虑到弯桥梁端纵向自由伸缩的特殊性和重要性,应确保在正常运营的任何情况下,伸缩缝不会失效,以避免产生很大的纵向水平力。要求伸缩量准确计算,并计入足够的位移富余量。

7.6.6 混凝土弯梁桥上、下部结构的协调配合

(1)凡设置抗扭双支座的桥墩,宜采用横向双柱式或多柱式墩,以提高桥梁的稳定性和抗扭能力,减小曲梁使用过程中的变形。如采用其他形式桥墩,应注意控制内、外侧支座处可能出现的不均匀变形。

(2)弯梁桥采用圆形截面墩柱,有利于适应各方向的内力及应力组合。

(3)一个桥墩上,沿横桥向一般不宜多于 2 个支座,以免可能出现支座脱空。如多于 2 个支座,应采取措施使每个支座均能正常传递竖向压力。

(4)在一联曲梁两端的分联墩上(或桥台上),设置的抗扭双支座,必须保证主梁沿切线方向能自由伸缩。

(5)对于跨数较多的连续弯梁桥,抗扭双支座宜每隔 3 ~4 跨布设一组,使扭转跨径不致过大,避免出现较大的扭转效应。

(6)曲率半径较小、横向超高较大的弯梁桥,在温度、混凝土收缩和离心力作用下,曲梁将产生较大的径向变位,如桥墩上支座为径向可以活动的支座,应在墩顶设置横向限位的弹性挡块。有的桥的桥墩上为径向不能活动的单向支座(切向可以活动),为了使支座的径向不发生过大的剪切变形,也宜设置横向弹性挡块。

(7)在一联中,宜将中间较高的一个或几个桥墩做成墩梁固结,对于提高箱梁的侧倾稳定性和抗扭能力的效果优于抗扭双支座。尤其在桥梁纵坡较大的情况下,能有效控制主梁沿下坡方向过大的纵向位移而损坏梁端的伸缩缝,但要注意验算桥墩及基础的抗弯承载力。

(8)当采用独柱式桥墩时,应尽可能将墩顶扩宽(例如采用 Y 形墩),布置横向双支座,以尽量减少中间桥墩上的点铰单支承。

7.7 PC 弯梁桥预应力设计要点

PC 弯梁桥扭矩的产生有以下三个主要原因:恒载、活载产生的扭转;弯扭耦合产生的扭转;张拉预应力时径向力相对于截面剪切中心产生的扭转。结构设计一般采用三种措施来抵抗这些扭矩:通过设置中墩预偏心来调整各截面的扭矩,降低其最大值;设置纵向预应力束;配置非预应力筋。在曲梁上施加预应力,主要是为了平衡全部恒载与部分活载产生的弯矩、剪力和扭矩。对于活载与其他可变荷载所产生的内力,往往很难用预应力全部抵消,而应设置足够数量的普通钢筋来加以弥补。

7.7.1 弯梁预应力特点

预应力束主要布置在箱梁的腹板中,有时也有少量钢束布置在顶、底板内。在腹板中的预应力束是一条沿纵向和竖向均有弯曲的空间曲线,具有双向曲率,由此产生的预应力等效荷载是沿梁体分布的空间力系。包括切向、径向和竖向三个方向的分布力和力矩,在曲梁结构中产生弯、剪、扭及轴向内力。对于超静定曲梁,预应力还将产生次弯矩、次剪力和次扭矩。预应力对于抵抗曲梁中的结构扭矩有明显的作用,其原理如图 7-17 所示。其中,图 7-17a)为预应力产生扭矩 $F \cdot d$,与自重产生的扭矩方向相反,能起到抵消作用。而图 7-17b)所示则不能抵消自重扭矩,因为预应力产生的扭矩 $F \cdot d$ 与自重产生的扭矩方向相同。两个方向扭矩之和构成了预应力对曲梁的整体扭矩作用。对于整体现浇弯箱梁桥,其预应力束一般都是布置在腹板中的通长束,正弯

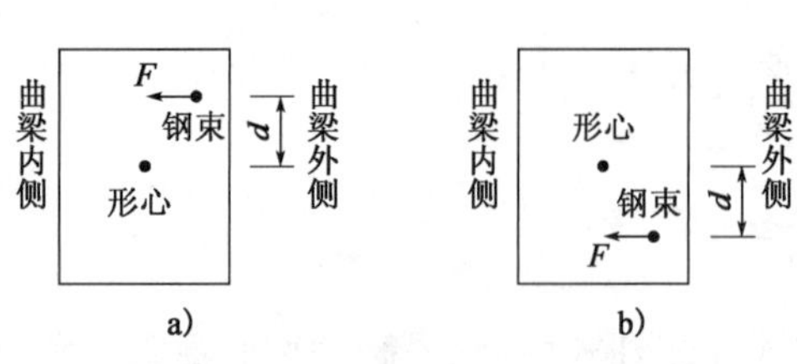

图 7-17　曲梁预应力作用示意图

矩钢束在下缘，负弯矩区钢束在上缘，所以，预应力的扭矩效应较为复杂。布置在顶板中的预应力束则起不到抗扭作用。

对于直梁中的预应力可以适用线性变换，即在预应力超静定梁中，只要保持力筋合力的重心在两端的位置不变，保持力筋在跨内的形状不变，而只改变力筋在中间支点上的偏心距，则预加力在梁内的压力线不变，即总预矩不变。但是，在曲梁中预应力束位置的任何变动都会由其所产生的偏心扭矩而导致附加弯矩，使压力线相应发生变化，故线性变换原理不适用于 PC 曲梁。当然，也就不可能利用线性变换原理设计吻合束（其含义为：PC 结构中预应力产生的压力线与预应力筋合力重心线相重合的预应力筋为吻合力筋，次力矩为零）。所以，曲梁预应力设计较直梁复杂得多。

PC 弯梁桥因预应力束易产生水平径向力，对梁的受力有较大影响。

PC 连续弯梁桥的截面重心线（C、G 线），预应力钢束合力重心线（C、G、S 线），截面剪切中心线（S、C 线）和截面压力中心线（C、C 线）都是一条空间曲线。主梁弯曲时绕 C、G 线工作，主梁扭转时绕 S、C 线工作；轴压力沿 C、C 线工作，预加力沿 C、G、S 线工作[5]。使 PC 曲梁构成了由弯、扭、剪、轴力交织在一起的空间受力结构。

7.7.2　预应力类型

中小跨径混凝土弯梁桥宜采用部分预应力混凝土 A 类构件，以避免梁体截面处于受压高应力状态，减小梁体因预应力引起的扭转翘曲变形，且对减小温度应力和控制温度裂缝有利。

7.7.3　弯箱梁预应力钢束布置一般性要求

（1）曲梁纵向预应力钢束的布置应尽可能使钢束的合力重心线（C、G、S 线）的平面投影与曲线梁的轴线一致。

（2）纵向预应力钢束的水平合力作用点连线与曲梁中性轴尽量接近，以减小预应力钢束径向力对梁体剪切中心偏心产生扭矩所引起的附加弯矩和扭矩。

（3）箱梁腹板纵向预应力束的布置，可将内侧腹板的钢束适当下移，外侧腹板的钢束适当上移，使之在克服弯矩的同时，还能部分消除外荷载扭矩和剪力。内、外腹板钢束距箱梁截面中心轴距离取相等。钢束在各跨曲梁跨中附近均应在截面下缘，但从跨中至支点，则外侧腹板钢束应较内侧腹板钢束要高一些[5]。

（4）一般情况下，顶、底板不宜布置具有几个反向平曲线的钢束来抵抗扭矩，以免给构造设计与施工带来困难。在某些特殊性情况下，如拟在顶、底板布置钢束时，应仔细考虑其细部设计。

（5）应将纵向预应力钢束尽可能布置在腹板中靠外弧一侧，以使内侧抵抗钢束径向力的厚度有所增大。

（6）中小跨径曲梁应以腹板布置通长束为主，根据正、负弯矩的纵向变化调整钢束的竖向位置，并将正、负弯矩过渡段的钢束尽量向跨中移动，以使预应力径向分力的合力平衡。

（7）为了适应内外腹板的内力差，可以采用内外腹板预应力束的张拉力为不等值或钢束数不相等，且内腹板少于外腹板的办法。但有时为了简化设计和施工，内、外腹板对称位置的配束相同，此时应注意内力差产生的影响。

(8)曲梁预应力摩阻损失大于相同情况下直梁预应力摩阻损失,两者计算公式的形式及参数完全相同。曲梁预应力摩阻损失的计算公式为:

$$\sigma_{l1} = \sigma_{con}\left[1 - e^{-(\mu\beta + ks)}\right] \tag{7-10}$$

式中:σ_{con}——锚下张拉控制应力;

β——预应力钢束空间曲线包角,即从张拉端至计算截面钢束曲线的切线夹角之和;

s——预应力钢束空间曲线长度。

β、S 的计算较为复杂。有关的精确计算方法和近似计算公式可参阅文献[5]。

7.7.4 单跨弯箱梁预应力钢束布置的两种方案[6]

单跨弯箱梁预应力束的布置有两种可行的方案:

(1)预加力方式1:单跨圆心角约50°,预加力 $P_1 = P_2$,径向力 $U_1 > U_2$,矢高 $f_1 > f_2$,如图7-18所示。

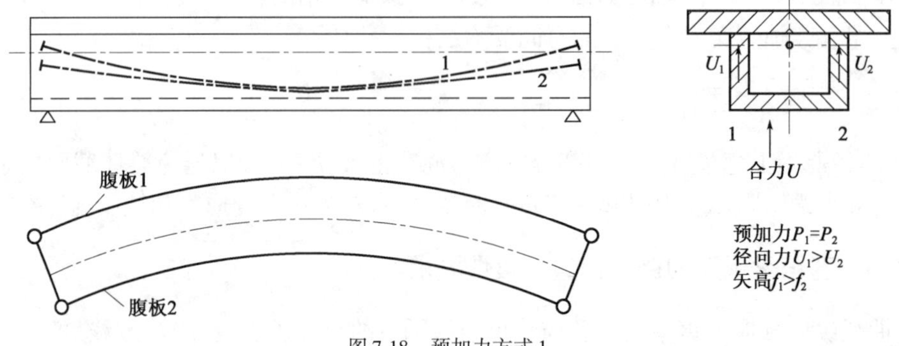

图7-18 预加力方式1

(2)预加力方式2:小圆心角,要注意 $P_1 \neq P_2$ 时产生的横向弯矩预加力 $P_1 > P_2$,径向力 $U_1 > U_2$,矢高 $f_1 > f_2$,如图7-19所示。

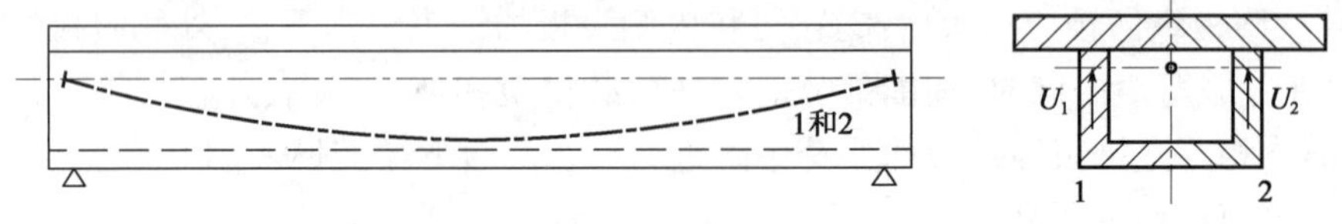

图7-19 预加力方式2

当圆心角 ϕ_0 较大时,为降低自重作用下的扭矩,可按如图7-20所示的预应力钢束布置,并根据不同的 ϕ_0 值选用布置方式。ϕ_0 很大时可采用如图7-20b)所示的钢束。两种情况下,应满足 $P_1 > P_2$。

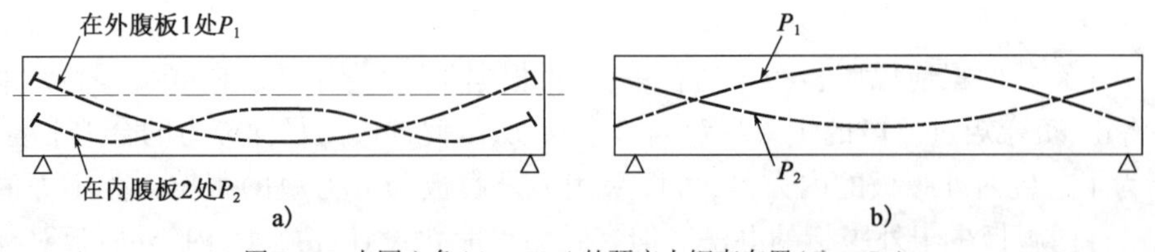

图7-20 大圆心角($\phi_0 > 50°$)的预应力钢束布置($P_1 > P_2$)

7.7.5　连续弯箱梁预应力钢束设计步骤

(1)计算连续弯梁桥的内力包络图(恒载＋活载),包括弯矩、扭矩、剪力。

(2)根据内力包络图,参照直线连续梁桥的方法,预配预应力钢束。

(3)在平、纵、横截面具体位置,确定每根钢束的位置坐标。

(4)计算各根钢束预应力损失,校对初始假定值,根据张拉控制应力计算各阶段的有效预应力。

(5)计算配束后实际承载力,包括弯矩、扭矩、剪力和轴力;对各截面不同阶段的应力状态和变形进行验算。

(6)检查配置的钢束能否满足外荷载组合作用下的内力包络图,必要时进行局部补充和调整,如调整钢束数量、钢束在内外腹板中的位置。

(7)钢束调整后,再进行计算。

(8)根据计算结果再进行调整。

(9)对不能满足的剩余内力,如 ΔT(扭矩)、ΔQ(剪力)等,可用非预应力钢筋来承担。若有局部抗弯强度不足,也可以用非预应力筋来承担。

(10)尽量不采用顶底板中的水平弯束来抵抗扭矩,以免造成布束困难。

(11)必要时可取内、外腹板预应力值不相等,以适应内外腹板内力差。

钢束布置和调整过程中,可以参考 7.7.3 节关于预应力钢束布置的一般性要求。PC 弯箱梁预应力钢束设计需进行多次试算和优化,大部分工作要依靠有限元程序在电脑上完成。

7.8　混凝土弯箱梁桥普通钢筋配置

混凝土弯箱梁普通钢筋的设置,除了与直桥相同的部分外,还有以下一些特点。

7.8.1　防崩钢筋

箱梁腹板上的预应力束产生向曲梁内侧的水平径向力,腹板上应设置防崩钢筋。根据径向力的大小及钢筋至内侧边缘的混凝土保护层厚度,其直径在 12 ~ 18mm,一般采用 16mm,沿纵向均匀布置,间距 30 ~ 80cm。防崩钢筋宜采用闭合箍形式,应将波纹管箍在防崩钢筋的内侧,防崩钢筋还应与腹板外侧的钢筋牢固连接,波纹管应绑扎在腹板外侧的横向箍筋上。某立交桥(30m＋40m＋32m＋29m 连续弯箱梁,$R=60\mathrm{m}$),箱梁腹板厚度 50cm,布置两排预应力钢束,防崩钢筋布置如图 7-21 所示[17]。

弯箱梁腹板因承受径向力而产生的弯矩,可以按两端嵌固板进行计算,再根据腹板承受弯矩大小计算腹板中的箍筋及防崩钢筋的数量。具体计算方法可参阅文献[12]。

7.8.2　箍筋

弯箱梁是一个弯、剪、扭共同作用下的构件,这种构件配筋的总原则是:纵向钢筋按受弯和受扭计算结果叠加,箍筋按受剪和受扭计算结果叠加。参与抗弯的纵向钢筋应布置在截面的受拉边缘,参与受扭的纵向钢筋应沿截面外缘周边均匀对称地布置。参与受剪的箍筋应布置在腹板内。腹板内的全部箍筋肢数均共同抗剪;参与受扭的箍筋也布置在腹板内。但仅是其中靠外缘的箍筋与顶、底板外缘横向水平筋所组成的大闭合箍承担扭矩。因此,这个大闭合箍中的箍筋与顶、底板外缘的横向水平筋应焊接牢固。故腹板中的箍筋与顶、底板外缘横向水平筋的纵向间距应相同。

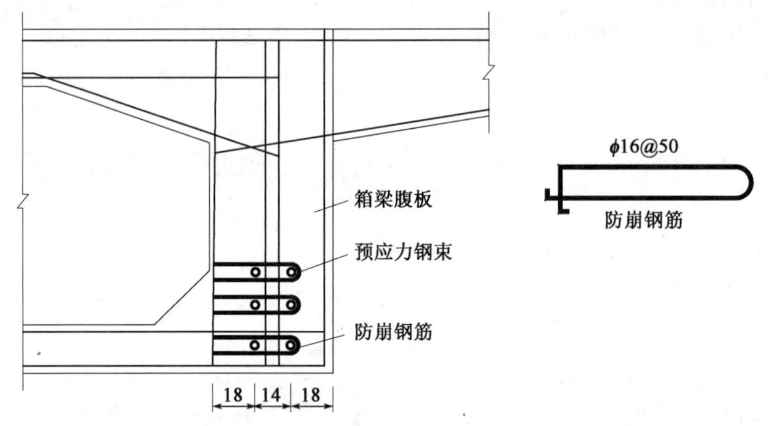

图7-21 防崩钢筋示意(尺寸单位:cm)

7.8.3 弯、剪、扭共同作用下的配筋

(1)按受弯构件计算

由混凝土和纵向钢筋(包括普通钢筋和预应力钢筋)共同构成正截面抗弯承载力。由混凝土和箍筋与弯起钢筋(包括普通钢筋和预应力钢筋)共同构成斜截面抗剪承载力。当腹板中布置有竖向预应力筋时,还应计入其抗剪贡献(如可靠性差,可以折减甚至不计)。

(2)按剪扭构件计算

由混凝土和纵向受拉钢筋共同承受斜截面抗剪。此处受拉钢筋包括普通钢筋、预应力钢筋的纵向受拉钢筋,还包括预应力弯起钢筋(如可靠性差,可以折减甚至不计)。由混凝土、纵向钢筋(包括普通钢筋和预应力钢筋)与抗扭箍筋共同构成抗扭承载力。

对于共同承受剪、扭的构件,其剪力和扭矩对于构件内的混凝土和箍筋均有一定影响,如果采取简单的叠加,对箍筋和混凝土尤其是对混凝土是偏于不安全的。由于受扭构件受力情况较为复杂,目前采用箍筋所承担的承载力进行简单叠加,而混凝土的承载力则应降低使用,故桥规[5]中式(5.4.4-1)和式(5.5.4-2)中引入剪扭构件混凝土抗扭承载力降低系数β_t。

按受弯构件和剪扭构件分别算出曲梁所需的几种钢筋后,然后分别按纵向钢筋(普通钢筋和预应力钢筋)、弯起钢筋(普通钢筋和预应力钢筋)、竖向预应力筋、箍筋进行叠加,并布置在其相应的位置上。

7.8.4 弯箱梁横向钢筋

箱梁顶、底板外缘的横向钢筋除参与顶、底板局部抗弯外,还是箱梁全截面抗扭箍筋的一部分,其规格应高于一般直线桥的顶、底板外缘横向筋。此横向筋应与内外侧腹板中箍筋上、下水平段牢固连接,形成大闭合箍。

7.8.5　防裂钢筋

箱梁腹板外侧的纵向防裂钢筋宜用带肋钢筋,并布置在箍筋的外侧。国内一些混凝土箱梁桥采用冷轧带肋钢筋成品焊接网片,作为防裂筋设置在主筋的混凝土保护层外缘,效果较好。

7.8.6　抗剪扭箍筋配筋率

曲梁承受扭剪作用时,其箍筋配筋率 ρ_{sv}(腹板)可按下式计算:

$$\rho_{sv} = \left[(2\beta_t - 1)\left(0.055\frac{f_{cd}}{f_{sv}} - c\right) + c \right] \quad (对于纯扭构件,\rho_{sv}不应小于 0.055f_{cd}/f_{sv}) \tag{7-11}$$

式中:β_t——剪扭构件混凝土抗扭承载力降低系数,见桥规[5]式(5.5.4-3);

f_{cd}——混凝土轴心抗压强度设计值;

f_{sv}——箍筋抗拉强度设计值;

c——系数,R235 钢筋 $C=0.0018$;HRB335 钢筋 $C=0.0012$;

此外,抗扭纵筋与箍筋的强度比为 1 ~ 1.3,一般常用 1.2。

7.9　混凝土弯箱梁桥实例

[例 7-7]　某互通式立交 C 匝道桥[18]

4×20m 钢筋混凝土弯箱梁桥,平曲线半径 60m,箱梁为单箱单室断面,如图 7-22 所示。梁端支承处横梁宽 1.2m,中支点处横梁宽 2m,每一跨跨间设置两道厚 0.3m 的横隔板。

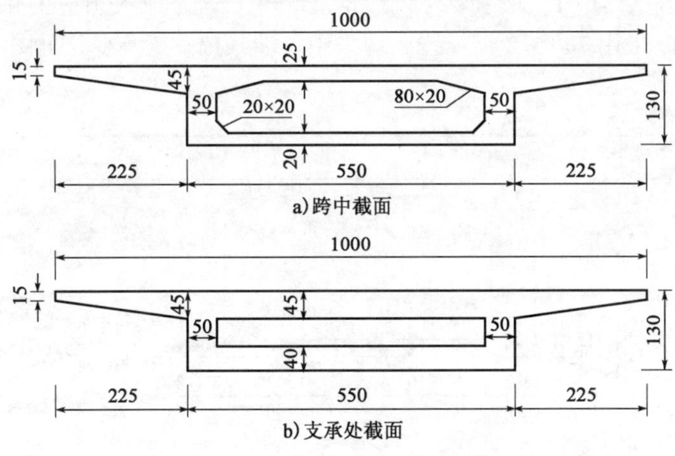

图 7-22　箱梁横断面图(尺寸单位:cm)

采用孙广华曲线梁程序(curvebridge)进行分析计算,沿曲梁长划分 40 个单元,横向按腹板数划分为 2 片主梁。梁端设抗扭双支座,中墩上设点铰单支座,并设置预偏心分别为 0.2m、0.36m 和 0.2m(向外侧预偏),与未设预偏心进行比较,对主梁的弯矩、剪力影响不大,但对梁端双支座的反力和全桥扭矩包络图的影响很大。在正常使用极限状态荷载组合下,中墩未设预偏心时,梁端内侧支座出现负反力(-251kN),设置预偏心后,变为正反力(98.2kN)。

[**例 7-8**] 福州市二环路总院门口高架桥匝道桥

18.2m+20.8m+17.5m 钢筋混凝土弯箱梁桥,平曲线半径 27.5m,支架现浇施工。曲梁为单箱单室截面,如图 7-23 所示。采用空间梁格模型进行计算,由于梁格法忽略截面翘曲和畸变的影响,又同时采用空间板单元模型进行复核。4 号、7 号墩为分联墩,5 号、6 号墩为中间墩。位于下层道路中央的 6 号墩为独柱单点支承,其余桥墩上为抗扭双支承。计算结果表明,两种计算模型差异较小,梁格法具有足够的精度。各墩上均采用圆板橡胶支座,汽车荷载作用下,曲梁水平位移小于 0.8mm,采用橡胶支座可行。但由于未设置固定支座,为了避免在长期运营过程中发生过大的位移,在各墩上均设置限位锚栓,并在分联墩上设置防震挡块。联与联之间设 80 型伸缩装置。抗扭双支座的中距 3.5m,单点支座向曲线外侧预偏心 35cm。该桥于 2005 年年底建成通车,进行了荷载试验。

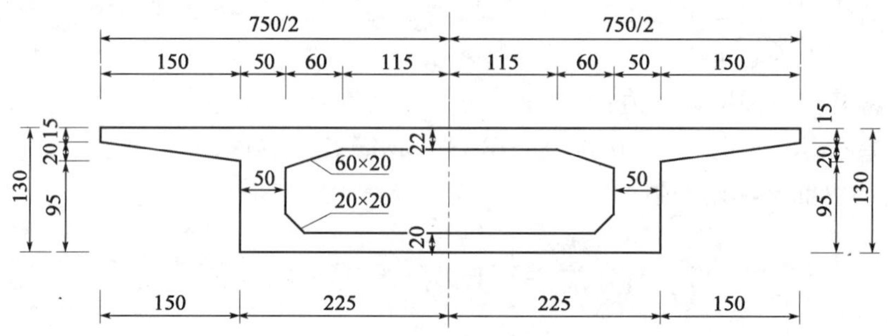

图 7-23 箱梁断面图(尺寸单位:cm)

[**例 7-9**] 某立交桥[17]

30m+40m+32m+29m PC 连续曲梁桥,桥面全宽 8m,曲梁为单箱单室截面,箱梁跨中横断面如图 7-24 所示。其中 F_1、F_2、F_3 为腹板预应力束,T_1 为顶板预应力束。F_1、F_2、F_3 采用 12ϕ15.2 钢绞线,T_1 采用 7ϕ15.2 钢绞线。均采用一端张拉。梁高变化见图 7-25。

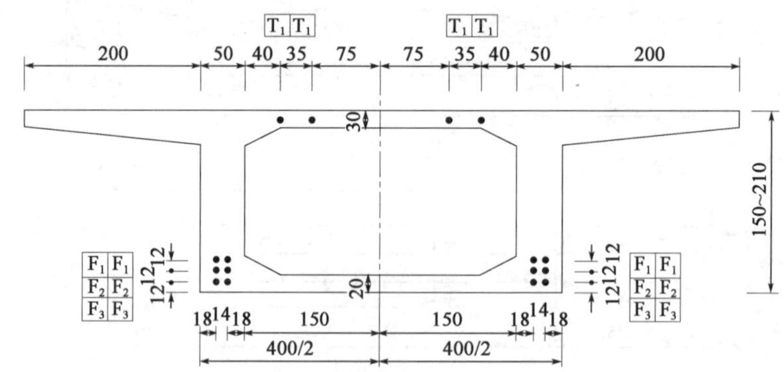

图 7-24 箱梁跨中横截面及预应力束布置(尺寸单位:cm)

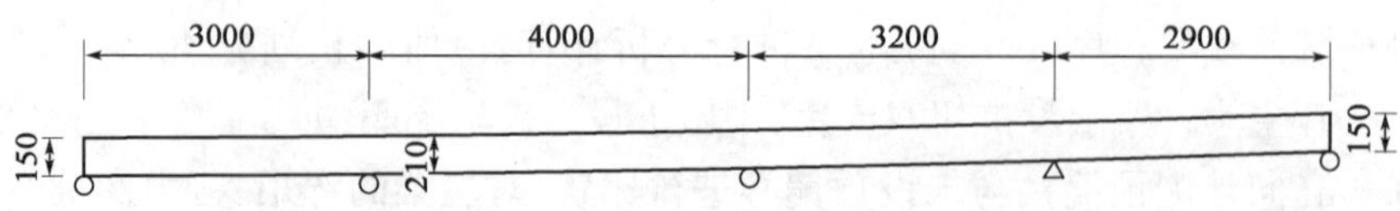

图 7-25 连续曲梁孔跨布置及梁高(尺寸单位:cm)

支点处设横隔梁，中支点处厚200cm，端支点处厚100cm。

设计荷载：城—A级；均匀温变±15℃，顶板日照温差10℃；抗震设防烈度7度，按8度设防。桥梁位于圆曲线与缓和曲线上，最小半径为60m。

各墩台上均布置抗扭双支座，横向中距300cm。支座布置如图7-26所示。

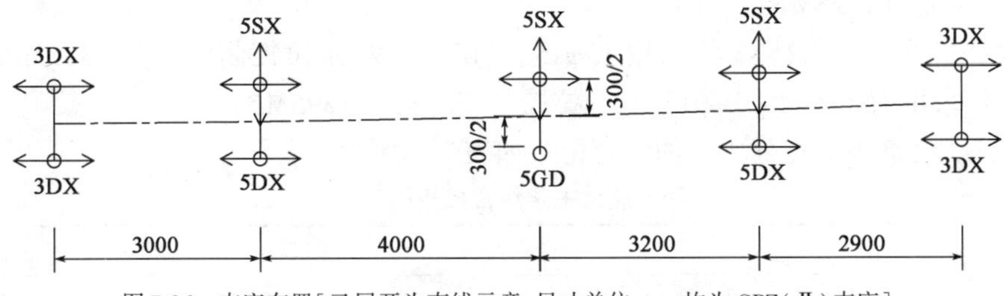

图7-26 支座布置[已展开为直线示意，尺寸单位：cm，均为GPZ(Ⅱ)支座]

箱梁腹板预应力束设防崩钢筋，采用Φ16，间距50cm。

[**例7-10**] 某立交桥[20]

3×20cm PC连续曲梁桥，桥面全宽8.5m，单箱单室截面，等高度130cm，平曲线半径51m。参阅图7-27及图7-28。

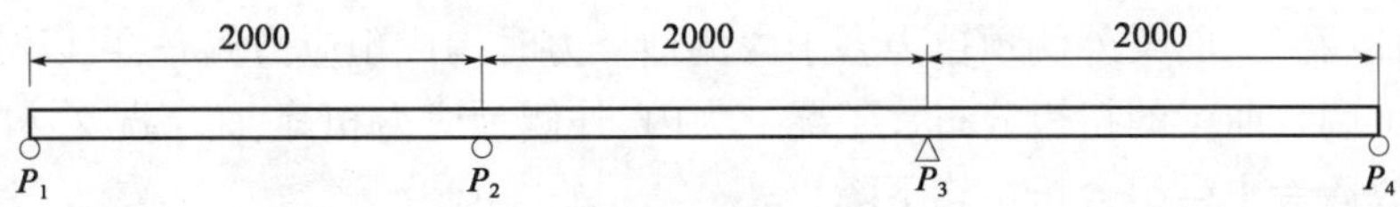

图7-27 连续曲梁孔跨布置(尺寸单位：cm)

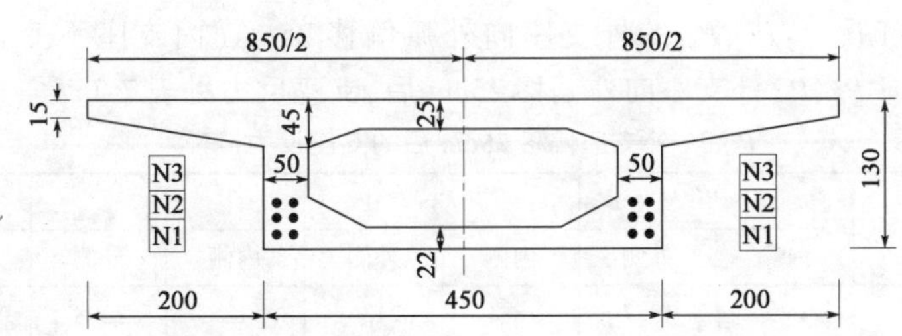

图7-28 箱梁跨中截面及预应力束布置(尺寸单位：cm)

箱梁采用C50混凝土，预应力束采用ϕ15.2mm钢绞线，两端张拉。每个墩台上均布置抗扭双支座，横向间距300cm，P_3墩上内侧设固定支座，支座布置如图7-29所示。按部分预应力混凝土A类构件设计。

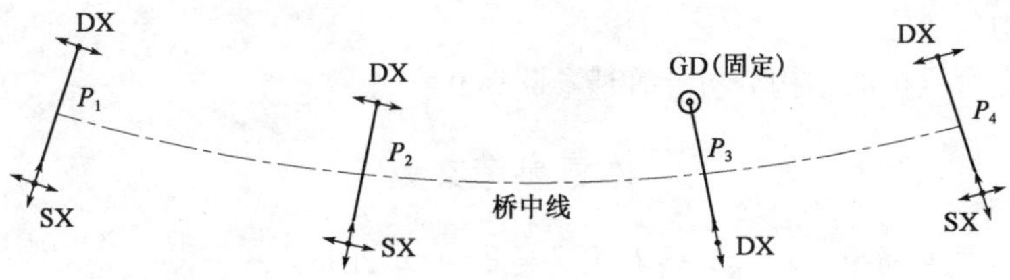

图7-29 各墩台支座布置

用四种不同的预应力布束及张拉控制应力进行比较。

工况1：内、外腹板钢束N1、N2、N3均采用15ϕ15.2～19ϕ15.2，张拉控制应力均

为 1395MPa。

工况 2：内腹板 N1、N2、N3 均采用 15ϕ15.2、16ϕ15.2；外腹板 N1、N2、N3 均采用 15ϕ15.2～19ϕ15.2，张拉控制应力均为 1395MPa。

工况 3：内、外腹板 N1、N2、N3 均采用 15ϕ15.2～19ϕ15.2，张拉控制应力内腹板为 1302MPa，外腹板为 1395MPa。

工况 4：内腹板 N1、N2、N3 均采用 15ϕ15.2、16ϕ15.2，张拉控制应力为 1302MPa；外腹板 N1、N2、N3 均采用 15ϕ15.2～19ϕ15.2，张拉控制应力均为 1395MPa。

四种工况下，墩顶支点处主梁的组合扭矩如表 7-6 所示。

墩顶支点处主梁组合扭矩(kN·m) 表 7-6

工况	墩号			
	P_1	P_2	P_3	P_4
1	693.3	-1223.7	680.7	-1098.9
2	568.8	-1099.8	634.5	-961.3
3	674.1	-1133.7	651.7	-955.5
4	543.5	-1068.9	620.6	-945.3

从上表可以看出，曲梁外侧预拉力多于内侧预拉力时构成预应力偏心，可以减小恒载作用下的扭矩，并可调整曲梁的扭矩分布。工况 1 为内、外侧预应力相等，而工况 2～4 则外侧预应力多于内侧，故后者主梁组合扭矩均下降。

支座布置如图 7-29 所示，用两种工况进行比较。工况 1：P_1～P_4 的支座按梁底对称布置，中距均为 300cm。工况 2：P_1、P_2 的外支座向外弧偏移 25cm(内支座不变)，即支座中距为 325cm；P_3、P_4 不变。P_1、P_2 外支座向外偏移 25cm 后，支座反力见表 7-7。

P_1、P_2 外支座偏移 25cm 后的支座反力(kN) 表 7-7

工况		P_1		P_2		P_3		P_4	
		内侧	外侧	内侧	外侧	内侧	外侧	内侧	外侧
1	恒载	629	1057	1881	2136	1125	2398	651	1098
	活载	-351	1367	-880	2470	-718	2496	-804	1924
2	恒载	704	1067	1856	2063	1325	2115	823	1022
	活载	-132	1475	-690	2187	-754	2420	-623	1657

工况 1 中，P_4 内支座(恒＋活)出现负反力，但工况 2 时，未出现负反力，且各墩上内外支座的反力趋于均匀。

有关混凝土弯梁桥的结构分析计算请参阅第 9 章。

本章参考文献

[1] 杨昀，等. 弯桥与高墩[M]. 北京：人民交通出版社，2011.
[2] 何初生. 弯箱梁支座脱空问题分析及处理[J]. 公路交通科技(应用技术版)，2008(12).
[3] 杨党旗，等. 独墩单铰支座曲线梁桥通病分析及治理[J]. 城市道桥与防洪，2003(3).
[4] 严允中，等. 桥梁事故实例评价[M]. 北京：人民交通出版社，2013.

[5] 邵容光,等.混凝土弯梁桥[M].北京:人民交通出版社,1996.
[6] 刘效尧,等.公路桥涵设计手册—梁桥[M].2版.北京:人民交通出版社,2011.
[7] 吴西伦.弯梁桥设计[M].北京:人民交通出版社,1990.
[8] 邵旭东,等.桥梁设计与计算[M].北京:人民交通出版社,2007.
[9] 刘兆光,等.曲线梁桥设计的若干问题探讨[J].公路,2012(5).
[10] 李翊策,等.曲线梁桥不同约束形式下的受力性能及其适用性分析[J].世界桥梁,2012(6).
[11] "桥梁设计常用数据手册"编写委员会.桥梁设计常用数据手册[M].北京:人民交通出版社,2005.
[12] 上海市政工程设计研究总院.桥梁设计工程师手册[M].北京:人民交通出版社,2007.
[13] 苏继宏,等.曲线梁桥支座偏心计算浅析[J].公路,2006(8).
[14] 李新平,等.连续曲梁中支点合理预偏心距的确定[J].公路工程,2010(6).
[15] 杨勇刚,等.浅析弯桥支座预偏心在独柱墩桥梁工程中的应用[J].公路交通科技(应用技术版),2013(8).
[16] 方诗圣,等.预应力混凝土连续曲梁桥支座预偏心的设置研究[J].中外公路,2014(4).
[17] 肖雄杰,等.小半径曲线梁桥的设计体会[J].世界桥梁,2004(1).
[18] 周勇,等.小半径曲线梁桥的设计[J].中外公路,2007(2).
[19] 陈伏立.福州市二环路连续曲线箱梁的设计[J].市政技术,2007(5).
[20] 杨永贤.小半径预应力混凝土曲线梁桥抗扭设计方法探讨[J].公路交通技术,2010(5).

第 8 章　中小跨径混凝土斜梁桥结构设计

8.1　概　　述

在公路与城市道路的中小桥梁中，混凝土直梁桥、混凝土弯梁桥和混凝土斜梁桥占有很大的比例。其中混凝土直梁桥的设计理论总体上已经较为完善，有关规范、规程大部分内容针对直桥，行业与地方的标准图与通用图也较为普及，但混凝土弯梁桥和混凝土斜梁桥则存在较大差距。在弯梁桥方面，姚玲森教授《曲线梁》、邵容光教授《混凝土弯梁桥》等专著在国内已共同构成了一个较为完善的理论基础，推动了我国混凝土弯梁桥结构理论与工程实践的发展。尤其是近十多年来，混凝土弯梁桥在试验研究、结构分析和实桥建设中取得了很多成果，内容甚为丰富。但在混凝土斜梁桥这个领域，较为系统的理论研究很少，文献[1]是国内较早的一本混凝土斜梁桥理论专著。结合工程实践，配合结构试验的较系统的研究更为缺乏。在实桥设计中，如果碰到非规则斜梁（即非平行四边形斜梁）桥或大斜度斜梁桥，从规范与手册中难以获得具体的指导。混凝土斜梁桥的研究与工程应用相结合，还需要进行大量的工作。

混凝土斜梁桥的结构形式有单跨斜梁桥、多跨连续斜梁桥及悬臂斜梁桥三种。其中，单跨斜梁桥一般均在两端设置抗扭双支座，为一次超静定结构，严格而言不宜称为简支斜梁桥。多跨连续斜梁还包括中间桥墩有一个或多个墩梁固结的支承情况。混凝土斜桥主要适用于中小跨径，最大跨径一般均在 40m 以下，少数可以达到 50m。钢筋混凝土斜梁（板）桥单孔跨径一般不超过 16m，预应力混凝土连续斜梁桥的单孔跨径可以达到 40～50m。

混凝土斜梁桥的平面形状，可以分为两大类：①规则斜梁，其平面为平行四边形，各墩台的支承线相互平行，两侧的自由边相互平行，如图 8-1a）所示；②非规则斜梁，其平面为非平行四边形，如图 8-1b）、c）、d）、e）所示。其特点是：各墩台的支承线不相互平行、自由边可以平行，也可以不平行。还有一种情况是：各墩台的支承线相互平行，但自由边不平行，即变宽度斜梁桥（图 8-1 中未示），也属于不规则斜梁桥。在一座连续斜梁桥中可能会出现几种不同的平面外形，甚至包含平面曲线梁，结构外形很复杂。但在实际工程中大量使用的是规则斜梁桥。国内现行桥规的有关规定、标准图和通用图均是针对规则斜梁的，几乎所有著作论文和试验研究的绝大部分内容也限于规则斜梁桥。非规则斜梁和非正交曲梁属于异形结构，其受力和变形甚为复杂，是桥梁工程中的一个专门课题。本章仅讨论规则斜梁桥的有关问题。

斜梁桥的横截面形式主要有以下三种：斜板式（实体板或空心板）、斜箱梁式及多梁肋式。其中，斜板式又可分为整体式斜板和装配式斜板。采用较多的是装配式斜板桥。交通行业 2008 年版公路桥梁通用图中，钢筋混凝土板桥的跨径有 6m（实体矩形板）、8m、10m（空心板）三种；预应力混凝土空心板桥的跨径有 10m、13m、16m 和 20m 四种，斜交角有 0°、15°、30°三种，均为装配式板。斜箱梁式一般多采用单箱单室或单箱双室截面。桥面较宽时也有少数采用单箱多室或分离的单箱单室或单箱双室。斜箱梁式一般采用整体现浇施工,常用于多跨连续斜梁桥。多梁肋式斜桥的断面形式主要有 T 梁、I 梁和小箱梁等。由于桥梁的横断面由多片梁肋构成,自重不大,一般均采用装配式结构,预制梁吊装就位后再连接桥面板。交通行业 2008 年版公路桥梁通用图中,预应力混凝土装配式 T 梁和小箱梁的跨径有 20m、25m、30m、35m、40m 五种,斜交角有 0°、15°、30°三种。通用图中的斜交板、梁桥是目前国内广泛使用设计图。在使用过程中根据出现的一些问题进行了局部改进和结构构造的革新(请参阅第 2 章和第 4 章)。多梁肋式规则斜桥是国内采用最多的斜桥结构形式。

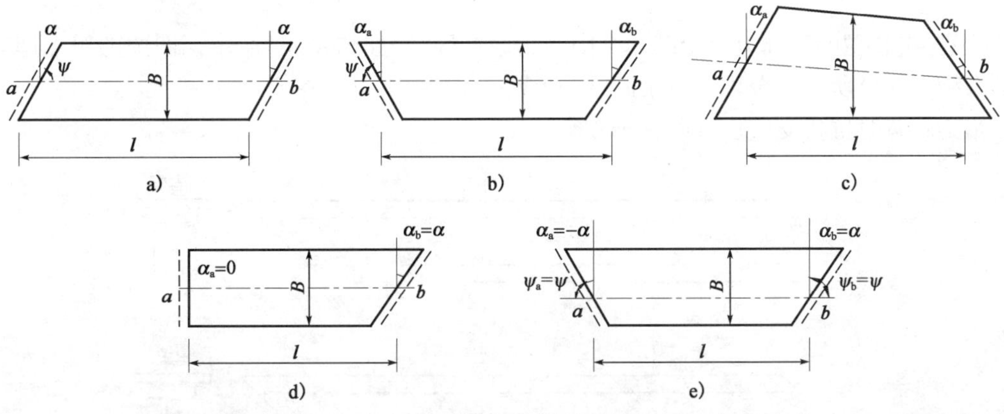

图 8-1　斜桥的几种平面外形

下穿填方路堤的斜桥一般采用门式刚构,为单跨或双跨跨线桥。如加设底板,则形成斜闭合箱式地道桥,多采用顶进施工法。有时斜梁桥与高填方路堤连接,也可以采用斜门式刚构桥台。这几种刚构式斜桥常用规则斜梁的结构形式。

本章主要讨论中小跨径混凝土规则斜梁桥有关结构设计的问题,关于斜梁桥的结构分析计算请参阅第 9 章。

8.2　规则斜梁桥的支座布置

8.2.1　整体单梁式单跨斜桥

整体单梁式单跨斜桥一般采用箱形截面,单箱单室或单箱多室。单跨斜梁的两端均应布置抗扭双支座,如图 8-2 所示。不宜在一端布置点铰单支座,因为梁端将产生扭转变形,伸缩缝容易损坏。整体式斜箱梁的横向刚度较大,其伸缩方向与转动方向不一致,情况复杂。选用的支座要满足两者的要求,且不应产生约束力。安装支座时,支座位移的方向应平行于行车道的中心线,而不能与斜桥的桥台或桥墩相垂直。

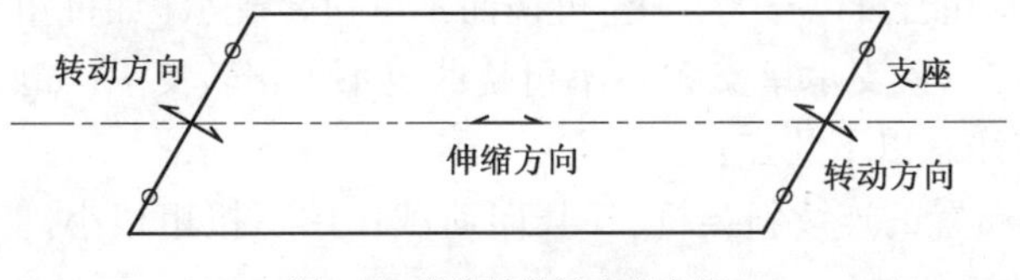

图 8-2　单跨斜梁桥支座布置

8.2.2 整体单梁式连续斜桥

整体单梁式连续斜桥,一般采用箱形截面,单箱单室或单箱多室。在桥台或分联墩上均设置抗扭双支座,在中间桥墩上设置抗扭双支座或点铰单支座,可分为以下三种形式,如图 8-3 所示。

A 型:在所有中间桥墩上均布置抗扭双支座,如图 8-3a)所示。

B 型:在中间桥墩上有一个或几个点铰支承单支座,其余均为抗扭双支座,如图 8-3b)所示。

C 型:在 B 型的基础上至少有一个中墩为墩梁固结,如图 8-3c)所示。图中的黑点即表示墩梁固结。如果所有中墩均为墩梁固结,则成为斜连续刚构。

箱梁较宽时抗扭支座也可以多于 2 个。

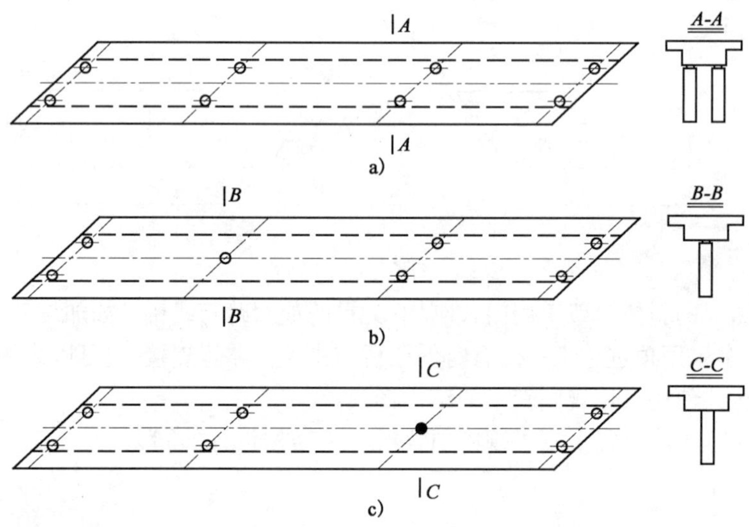

图 8-3 连续斜梁支座布置

8.2.3 多梁式斜桥

多梁式斜桥支座布置的特点是:在一个墩台上沿支承线方向布置的支座数≥梁肋数。例如装配式 T 形梁斜桥,每片 T 梁的一个梁端均设置一个支座;装配式小箱梁斜桥,每片小箱梁的一个梁端均设置两个支座。一般情况下,多梁式斜桥在墩台上的支座布置,均具有抗扭功能。

上述各种支座布置都必须保证梁端(单跨或一联的梁端)能沿桥轴线方向自由伸缩。点铰支承的单支座不约束梁体扭转。不论抗扭支座和不抗扭的支座,均不能限制梁体的挠曲。实质上按支承的约束功能,可以分为三类:可挠曲不可扭转支承(如抗扭双支座或多支座);可挠曲也可扭转支承(如点铰支承单支座);不可挠曲也不可扭转支承(如墩梁固结)。

支座布置时还应注意以下几点:

(1)按 A 型支座布置的连续斜梁桥,在竖向荷载作用下扭矩很小,剪力、弯矩与按 B 型支座布置的连续斜梁相差不大。

(2)在外扭矩作用下,按 B 型支座布置的连续斜梁桥扭矩较大。

(3)固定支座宜设置在具有较大支反力处。当一联长度较大时,固定支座宜设置在中间桥墩上。固定支座的一侧或两侧(横桥向)应设置单向活动支座,活动方向沿横桥向。

(4)同一桥墩上的几个支座应具有相近的竖向和转动刚度。

(5)预应力混凝土梁桥上的支座不应对梁体的横向预应力产生约束。

(6)桥面纵坡较大时,宜将中间桥墩较高者采用墩梁固结,以限制主梁过大的纵向位移,使梁端伸缩缝免遭损坏。

8.3　混凝土斜梁桥受力特点

(1)斜交角定义

按桥规[5]的规定:斜桥的斜交角应为支承轴线的垂线与桥轴线的夹角 ϕ(取锐角)。斜交角有正负之分。按下述规则确定斜交角的正负:按右手定则,ϕ 角(锐角)从支承轴线的垂线开始,反时针旋转至桥轴线时,为正值,反之则为负值。如图 8-4 所示的斜交角 ϕ 为正值。正桥的斜交角 $\phi=0$。在斜桥的设计中,不应采用桥轴线与相交道路中线的夹角来表示斜交角,以免造成混淆。装配式斜空心板桥,在预制时曾发生过负斜交角的板做成正斜交角的板的差错,造成了损失。

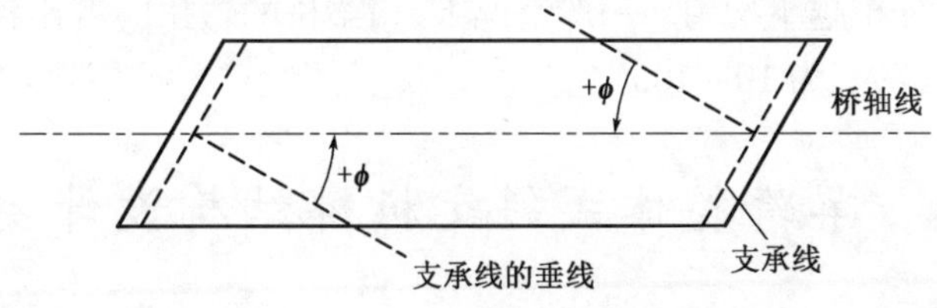

图 8-4　正值斜交角示意图

(2)弯扭耦合

当竖向集中力作用于单跨斜梁的轴线上时,除了产生弯矩和剪力外,在斜梁上还会产生扭矩;斜梁上作用外扭矩时,会产生弯矩。故斜桥与弯桥类似,具有弯扭耦合的特性。理论证明可参阅本章参考文献[1]。

(3)反力分布[1,4]

根据理论计算及试验结果可知:对于单跨斜梁,钝角反力大于锐角反力,两者的反力差值与斜交角 ϕ 及弯扭刚度比 $K(K=EI/GJ)$ 有关。斜交角越大,两者反力差越大;弯扭刚度比越小,两者反力差越大。即在钝角反力增大的同时,锐角的反力在减小,甚至可能出现负反力。

单跨斜梁反力的这一特性,在斜板桥及多梁式斜桥中均是如此。多个支座时,各支座的反力分布不均匀,总是钝角区反力大于锐角区的反力。

活载的最大支反力发生在钝角点上,这一现象主要是由于荷载偏心和斜交角这两个因素引起。

斜交角对反力分布的影响直接与主梁支承刚度有关。支承刚度越大,主梁扭矩越大。扭矩的增大使反力的分布更不均匀,而支反力不均匀也会使主梁产生扭矩。因此,在斜桥设计中采用较小的端横梁及刚度较小的支座有利于降低支反力分布的不均匀性。

(4)跨中弯矩折减

斜梁桥弯扭耦合导致跨中弯矩减小,即相对于正交简支梁桥而言,斜梁桥的弯矩要小。斜交角越大,弯矩减小越多,弯扭刚度越大,弯矩减小也越多。以集中力作用于跨中为例,箱梁桥的弯扭刚度比如果为1,当斜交角为45°时,跨中弯矩仅有相同条件下直梁桥的64.6%。

(5)平面内位移

和弯桥一样,在外界因素(如温度、混凝土收缩徐变、预加力等)发生变化时,斜桥在主梁平面内的各点将产生应变,即在支承处产生约束反力(在主梁平面内),这些力会产生一个不平衡的旋转力矩,从而引起"斜桥爬行"。另外,斜桥在外荷载(如制动力、风力、地震力等)作用时,如果这些力的合力不通过转动中心,则这些力将对转动中心产生不平衡力矩及合力,引起斜桥在其平面内的转动及平移。

(6)斜交角的影响

斜交角 ϕ 是斜桥最重要的一个指标。斜交角对各支承反力的大小及分布以及对斜梁的弯矩折减都有很大影响,同时也对斜梁的扭矩分布产生影响。

(7)弯扭刚度比的影响

弯扭刚度比 k 是斜桥另一个最重要的指标。斜交角 ϕ 一定时,k 值越小,弯扭耦合越明显,即扭矩越大,反力分布越不均匀。一般情况下,箱梁桥的弯扭刚度比较小,为0.5~5;而多肋梁桥的弯扭刚度比较大,为10~100。

8.4 单跨整体式斜交板桥结构设计要点

8.4.1 整体式斜交板的厚度

整体式斜交板的厚度,一般情况下与同跨径正交板的厚度相同。跨径≤6m可采用实体矩形板;跨径8~20m可采用空心板。跨径6m、8m、10m可以采用钢筋混凝土结构;跨径10m、13m、16m、20m可以采用预应力结构。空心板的顶、底板厚度不小于80mm。整体式斜交板的厚度的经验值如表8-1所示。

单跨整体式简支斜交板厚度 表8-1

结构	钢筋混凝土			预应力混凝土			
跨径(m)	6	8	10	10	13	16	20
板厚(cm)	32	42	50	60	70	80	95

注:汽车荷载:公路—I及公路—Ⅱ;钢筋混凝土板为C30混凝土,预应力混凝土板为C50混凝土,部分预应力混凝土A类构件。表中板厚不含桥面混凝土铺装层。

8.4.2 单跨整体式斜交板钢筋布置

钢筋混凝土斜交板钢筋布置要点如下:

（1）斜交角 $\phi \leq 15°$ 时，主钢筋平行于桥纵轴线布置，如图 8-5 所示。

（2）斜交角 $\phi > 15°$ 时，可以分为下述两种情况布置纵向主筋：

①$l/b \leq 1.3$ 时，如图 8-6 所示，l 为斜跨径，b 为桥宽，l' 为垂直跨径，ϕ 为斜交角。主钢筋在板的中部垂直于支承边的方向布置，仅在靠自由边附近沿斜跨径方向布置。如图 8-5 所示。

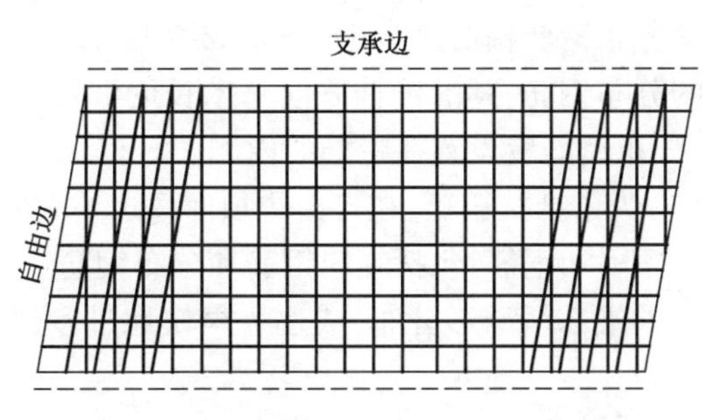

图 8-5　斜交角 $\phi \leq 15°$ 时钢筋布置

图 8-6　斜板平面尺寸示意

②$l/b > 1.3$ 时，主钢筋沿斜跨径方向布置。如图 8-7 所示。

（3）斜交角 $\phi > 15°$ 时，钝角部位加强钢筋布置，顶层应布设在垂直于钝角平分线的方向；底层应布设在平行于钝角平分线的方向。如图 8-8 所示。加强钢筋直径不小于 12mm，间距 10 ~ 15cm，应布置在钝角两侧 1 ~ 1.5m 边长的扇形面积内。

加强钢筋也称为附加钢筋。由于负弯矩的作用，在钝角部分板的顶面，与钝角二等分线呈直角的方向，会产生很大的拉力，除上述的布置方式外，也可以采用设置局部钢筋网的办法，如图 8-9 所示。钢筋网布置在钝角区 $l/5$ 的范围。钢筋数量 A_{g1} 可按经验公式计算：

$$A_{g1} = k \cdot A_g \tag{8-1}$$

式中：A_g——每米板宽的主钢筋数量；

k——与斜交角有关的系数，$\phi = 0° \sim 15°$ 时 $k = 0.6$，$\phi = 15° \sim 30°$ 时 $k = 0.8$，$\phi = 30° \sim 45°$ 时 $k = 1$。

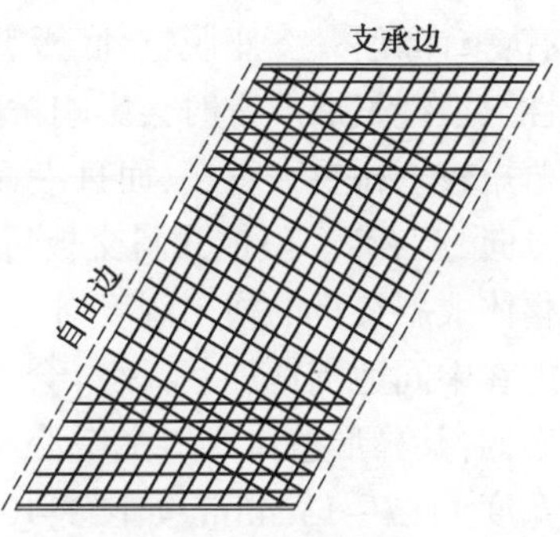

图 8-7　$l/b > 1.3$ 时钢筋布置

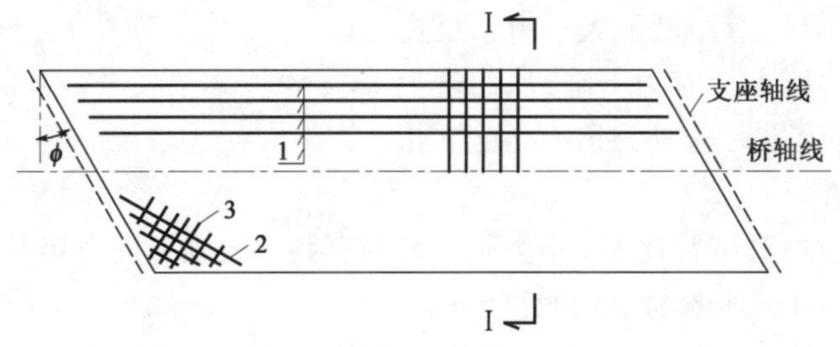

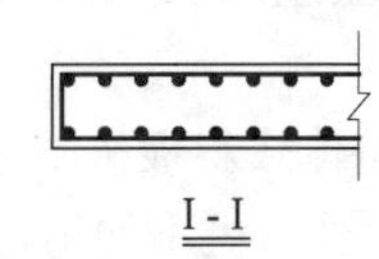

图 8-8　斜交角 $\phi > 15°$ 钢筋布置

1-自由边钢筋；2-钝角顶层钢筋；3-钝角底层钢筋

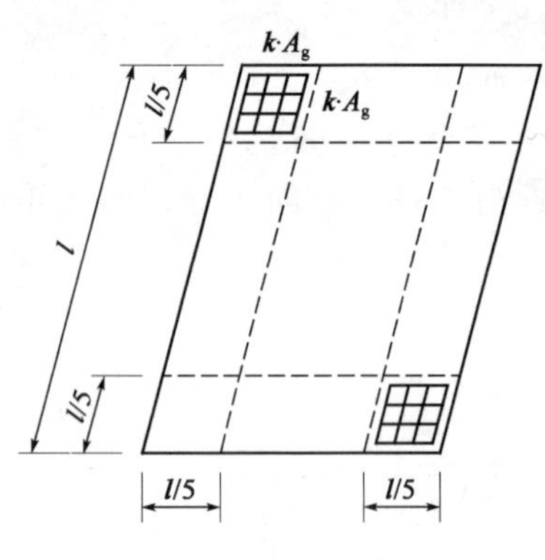

图 8-9　钝角区附加钢筋

钝角区的底面沿钝角等分线方向有正弯矩，且该处支反力很大，所以要布置附加钢筋。

(4)分布钢筋，即横向的受力钢筋，当 $l/b<1.3$ 时，分布钢筋沿平行于支承边布置，如图8-5所示。当 $l/b>1.3$ 时，从钝角起按垂直于主筋的方向布置至对边的钝角处；在靠近支承边的区域内，按平行于支承边布置。到与中间部分的分布钢筋相衔接为止。如图 8-7 所示。配置在截面上缘的分布钢筋，其沿桥轴方向每米长的数量约为下缘的 1/3。分布钢筋应设置在主筋的内侧。

(5)为了抵抗扭矩，在自由边顶面每边约 $l/b/5$ 的范围内应设置附加钢筋，包括纵向钢筋和分布钢筋。

(6)箍筋应垂直于主筋方向布置，在梁的端部呈扇形分布，或逐级很快地过渡到梁端斜边的方向。

(7)斜板桥在使用过程中，在平面内有向锐角方向蠕动的趋势，支座应具有充分的锚固作用。为了避免支座损坏，应在墩台上设置挡块。同时在墩台帽上设置锚固斜板的锚固钢筋。

8.4.3　其他构造措施

(1)在斜交梁板桥的病害中，以整体式斜交板桥的病害较多，也较为突出。这些病害主要有：整体爬移、支座脱空、底板裂缝、支座损坏等。其中以底板纵向偏锐角方向的裂缝具有代表性。裂缝发展严重时会影响桥梁的承载力和耐久性。整体式斜板的病害较多，是因为其横向弯矩较正桥要大得多，而且沿板的自由边和支承边都有正负弯矩交替出现以及平面内向锐角方向"爬行"。整体式斜交板桥的宽度越大且斜交角也越大时，这种情况越严重。文献[8]对整体式斜交板的横向刚度对受力的影响进行了分析研究，其结论指出：现浇整体式斜板桥如果能在中间适当地加些铰缝，会使支承反力分布均匀。计算实例：某异形整体式斜交空心板桥，跨径 19.97～22.01m，宽度 11.7～13.45m，如图 8-10 所示。采用空间有限元进行分析计算。沿纵向设两道铰缝与原整体板比较，钝角反力降低了 33.1%，跨中横向弯矩减小了 29.7%～98.9%。纵向弯矩和挠度虽增大一些，但是增加量不大。由于反力分布趋于均匀、横向弯矩减小，使主拉应力下降，从而避免了底板沿主应力方向的裂缝产生。另外，还应增设抗扭钢筋。

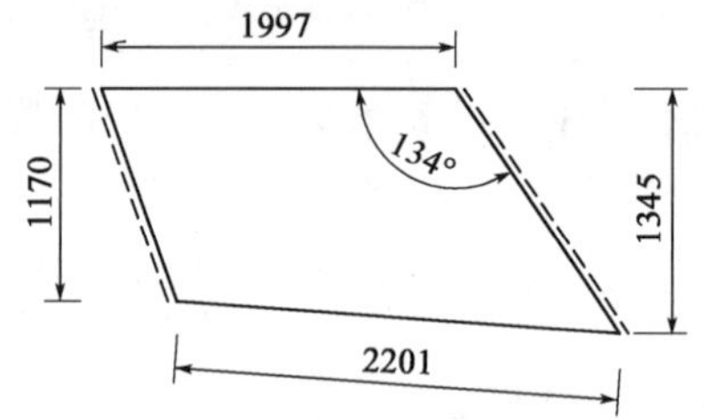

图 8-10　异形整体板平面(尺寸单位：cm)

(2)整体式斜板桥不宜太宽，其宽跨比 b/l 不大于 1 较为有利。否则横向弯矩和扭矩均较大，支反力分布更不均匀，锐角处支座容易出现脱空。

(3)整体式斜板桥的斜交角 ϕ 不宜太大，$\phi\leqslant30°$ 较为有利。如 $\phi>30°$，宜采用装配式斜交板桥。

(4)支座应采用各向可转动的橡胶支座,如圆板支座及球冠支座。支座的厚度应适当加厚,以适应较大的变形。在锐角支承处应有抵抗拉力的抗拔设施。

(5)为了阻止斜板向锐角方向“爬移”,可在锐角支承处设置侧向挡块。

整体式斜板桥一般用于跨小的跨径和较小的斜交角,几乎都是采用钢筋混凝土结构,个别情况下,也有采用预应力混凝土结构的。

8.5　斜梁桥结构设计要点

(1)装配式斜交板桥与整体式斜交板桥比较,主要区别是前者沿横向分割切开,形成多道纵向铰缝,其横向受力与后者有较大差别(参阅8.4节中的算例)。装配式斜交板桥在单块板的受力上带有装配式正交板桥的一些特征。总体而言,装配式斜交板桥的受力情况比整体式斜交板桥有利。

(2)装配式斜交板的斜交角 $\phi \leq 15°$ 时,几乎与正交板桥受力一样(有些国家规定为20°),可以不考虑斜交的影响。但是,根据大量的试验资料得出:即使斜交角 $\phi > 15°$,但在板块的宽跨比 $b/l < 0.25$ 时,斜交的影响也很小。这一特点对装配式板来说,在板宽1m、跨径在4m以上均表现出这一特性。

(3)桥规[5]第4.1.4条的条文说明指出:装配式斜交板为横向铰接,其单块预制板是跨宽比很大的窄板,相邻铰接板之间仅考虑传递剪力。属于斜跨径与板宽之比大于等于1.3、斜交角小于等于40°的情况(根据奥尔森提出的试验数据)。故凡斜交角小于等于40°的装配式斜板桥均可按计算跨径为斜跨径的正交板桥计算。

(4)装配式斜交板桥的厚度以及空心板顶底板的厚度均可按整体式斜交板取值(参阅8.4节)。

(5)斜支承连续箱梁桥一般采用等高度的单箱单室或单箱双室截面,其截面尺寸的拟定与一般正交连续箱梁相同。支座的布置形式有A、B、C三种(参阅图8-3)。公路与城市道路上常用的A型,其优点是主梁扭矩较小,梁端支座不易发生脱空。缺点是:支座数量较多;一般采用斜置的双柱式或多柱式桥墩,有损于城市高架桥的景观。如果采用独柱式桥墩,墩在双支座方向拓宽,则要求桥墩具有较强的斜向抗弯刚度。B型支座布置的优点是中间桥墩可以做成独柱式的,对于城市立交桥可以增强美观,若修建于河中则可以减小阻水面积。缺点是主梁的扭矩大,梁端支反力相差大,容易出现支座脱空。因此,B型支座布置一般适用于跨数不多(3~4跨),全桥不太长和桥不太宽的场合。

(6)斜支承单箱单室单跨梁桥采用较大的悬臂是经济合理的。文献[9]对大悬臂斜交箱梁桥进行的设计分析和试验研究表明:在中等跨度的斜交桥设计中,采用支架现浇的大悬臂预应力混凝土单箱单室箱梁桥,不但结构性能完全满足设计规范和使用要求,而且具有建筑高度低、工程经济、施工方便等优点。已建成的乍浦大桥为单跨48m斜箱梁桥,斜交角28°,预应力混凝土结构,主梁为单箱单室,顶宽17.5m,两侧各悬臂5m,底板宽7.5m,梁高2m。

(7)多梁式斜梁桥(指主梁由多片梁肋构成的斜梁桥,如T梁肋、I字梁肋等)的斜交角 ϕ

≤20°时,由于抗扭刚度小,横向抗弯刚度(对T形梁翼缘板而言)也小,斜交角的影响较小,其受力特性与正交桥相近,可以足够精确地按正交梁桥一样进行设计和计算。只是钝角处的端支座应按竖向荷载增大约 $1/\sin(90-\phi)$ 进行设计。车道板的配筋在端部范围内按扇形散开,在钝角处形成较密的上层配筋,以承受横梁处的嵌固弯矩。

(8)多梁式斜梁桥的斜交角 ϕ 较大时,垂直于梁轴线上各梁肋的挠度有显著差别。车道板在梁肋腹板上的固结程度决定了腹板扭矩的大小。主梁的抗扭、抗弯刚度比越大,扭矩也越大,这种扭矩为赘余扭矩。当结构受力向承载力极限状态过渡时,随着裂缝的形成,扭矩将显著减小,因而对极限承载力不会带来重大影响。但这一扭矩有可能引起使用阶段附加弯矩大的车道板首先开裂,可以采用以下改善措施:

①不设刚性支承横隔梁,而在车道板边缘设置边肋。

②加大主梁肋的间距,使车道板相对柔一些。

③主梁肋采用抗扭刚度较小的薄腹板。

④锐角处的边梁下设水平可移动和转动的支座,使主梁转动仅承受很小的阻碍。

⑤在横向固定支座上的腹板,设加劲肋加强,使车道板产生的水平力能可靠地传递到固定支座上。

(9)多梁式斜梁桥主梁与横隔板的布置方式有下列几种:

①$b/l>1.5$ 时,(b 为桥宽,l 为斜跨径),可采用图8-11a)的方式布置。

②$b/l<0.5$ 时,可采用图8-11b)的方式布置。

③ $0.5<b/l<1.5$ 时,可采用图8-11c)的方式布置。

当斜交角 $\phi>20°$,宜采用图8-11b)的方式布置,使横隔梁与主梁尽量做成正交。

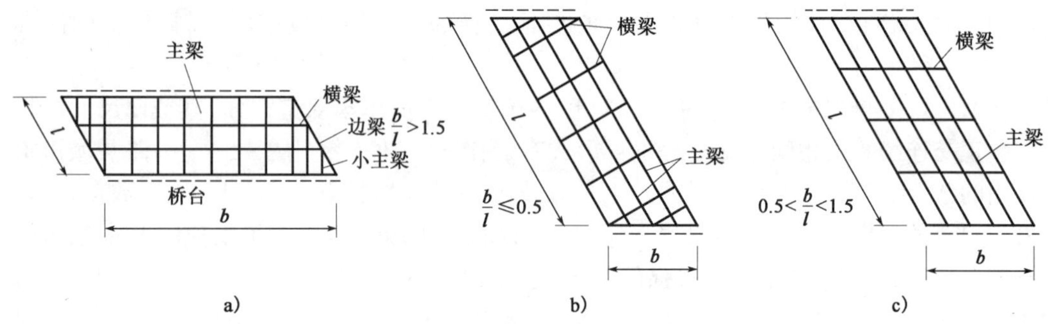

图8-11 斜梁桥主梁、横梁布置方式

(10)无论是梁式或板式斜桥,均应采用可以各方向转动的橡胶支座,如圆板支座及球冠支座。应尽可能采用厚度较大的支座以减小支座刚度,使之能适应足够的变形。支座设计应留有余地。

(11)斜桥应设置防转动的措施,以阻止梁板“爬移”。可以在锐角支承处设侧向挡块,在挡块与梁板之间嵌入侧向橡胶支座。挡块与桥台耳墙应有足够的配筋,以免挤裂。

(12)斜板桥中宜在锐角区设抗拉支座,并应配以相应的桥面钢筋。斜箱梁不能设抗拉支座,钝角支座设计应有足够的安全储备。多梁式斜桥可以不设抗拉支座。

(13)多梁式斜桥的中横梁道数越多,整体横向刚度越大,跨中弯矩就越小,钝角支点附近的扭矩及剪力(反力)也就越大。但当横梁数目增加到一定程度时,继续增加中横梁对全桥的影响就不明显了。本章参考文献[1]对多梁式斜桥中间横梁道数提出以下建议:

①当 $20\text{m}\leq l<30\text{m}$ 时,$\phi<45°$,设2道中横梁;$45°\leq\phi\leq60°$,设1道中横梁。式中:l 为斜跨径,ϕ 为斜交角(其定义见8.3节)。

②当 $30\text{m}\leq l<40\text{m}$ 时,$\phi<45°$,设3道中横梁;$45°\leq\phi\leq60°$,设2道中横梁。

③当 $40\text{m}\leq l<50\text{m}$ 时,$\phi<45°$,设4~5道中横梁;$45°\leq\phi\leq60°$,设3道中横梁。

(14)多梁式斜桥中横梁的几种布置形式。

内力分析表明:多梁式斜桥的中横梁布置,正交中横梁与阶梯中横梁并无明显的差异。一般采用正交中横梁,如图8-12a)、b)所示,也有采用阶梯中横梁的,如图8-12c)所示,即一道中横梁由几道小横梁组成。中横梁的宽度一般取15~25cm,其高度比主梁略小。

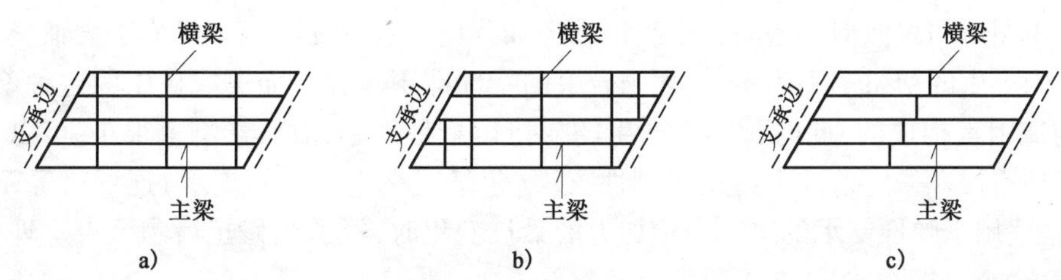

图8-12　正交横梁与阶梯横梁

另一种中横梁的布置方式为斜向中横梁,即中横梁与支承边平行。这种斜横梁因荷载产生的挠度与应变较大,仅在斜交角 ϕ 较小时可以采用。如 $\phi\geq30°$ 时,则不宜采用。本章参考文献[1]及[4]均提出,$\phi\geq30°$ 时不宜采用整体现浇斜板,宜采用装配式铰接板。

(15)多梁式斜桥的端横梁、中横梁弯矩变化大,存在正负弯矩,设计宜采用对称配筋,且应布置足够的纵向钢筋及箍筋,以满足弯扭剪复合受力。

(16)多梁式斜桥的端横梁对钝角支点反力有显著影响,端横梁刚度越大,钝角支点反力越大,锐角上翘也越大。合理的端横梁刚度,有利于支反力分布趋于均匀。文献[1]建议,中等跨度斜梁桥的端横梁宽度以15cm左右为宜,高度可取主梁高度之半。斜箱梁桥可以不设端横隔板,需设置时,斜置与正置均可。

(17)跨径越小(斜跨 $l<20\text{m}$)且斜交角较大($\phi\geq30°$)时,不宜采用横向刚度大的整体式箱形截面。

(18)中等跨度斜梁桥的主梁,在钝角支承处至跨中方向的1~2m范围内,主梁与翼板间宜采用曲线过渡,即bauble断面。

(19)斜梁桥的主梁宜采用抗扭刚度较小的薄腹板及较柔的车道板。当采用分离式闭合箱为主梁时,横向联系要弱,可以不设横梁或设弱刚度横梁。

(20)斜梁桥车道板钝角区上部钢筋应加密,且应超出端横梁;锐角区也应加强,以防平面内位移而使锐角损坏。

(21)多梁式斜桥的横梁跨度,即主梁的间距不宜太小,以不小于2m为宜。

(22)在某些特殊条件下,如主梁截面高度受限而又必须降低跨中弯矩时,斜梁桥可采用刚度较大的端横梁。

(23)斜梁(板)桥不宜太宽。整体式斜板桥宽跨比不宜大于1,斜梁桥宽跨比不大于2较为有利。

8.6 PC斜梁桥预应力特点

(1)斜梁预应力设计与正交梁预应力设计基本相同。斜梁预应力会引起内力及次内力,可以采取合理的配束来抵消外荷载作用下的内力。斜梁桥的设计较正交梁复杂,因为正交梁仅与弯矩和剪力有关,而斜梁桥是弯、剪、扭的复合受力。

(2)斜梁预应力束的c、g、s线(预应力重心线)对于梁轴竖面对称时,斜梁在任意外荷载作用下弯矩图形的相似形都是吻合束线形。但如预应力束c、g、s线不对称于梁轴竖面时,预加力在梁内产生的初扭矩不为零,上述吻合束的特性即不存在。而梁式桥中的这种不对称性多是由构造因素构成的,此时预加力产生的初扭矩总是很小,故其影响也很小,可以不考虑。吻合束定理不仅在一定条件下适用于刚性支承(包括正交支承与斜支承)连续梁等超静定结构,而且也适用于弹性支承的梁。当预加力沿梁长变化时,经适当修正后吻合束定理也适用。关于吻合束的含义请参阅7.7.1节。

(3)在预应力混凝土连续斜梁中,预应力筋重心线(c、g、s线)经过线性变换,其压力线仍保持不变。在斜梁桥设计中,允许在不改变梁内混凝土压力线位置的条件下,调整预应力重心线的位置,以适应结构构造上的要求。关于线性变换的含义请参阅7.7.1节。

(4)利用合理配束不仅可以完全抵消斜梁沿梁轴作用荷载引起的所有内力,而且也能抵消部分由偏心荷载引起的内力。虽然斜梁中存在弯扭耦合效应,但通过合理配束后可获得沿梁轴作用荷载的吻合预应力;对于偏心荷载,在得到某种内力的吻合预应力的同时,往往也能抵消大部分由外荷载引起的其他各项内力。

(5)设计时可以只考虑预加力等效荷载抵消弯矩的设计值(暂不考虑扭矩和剪力),未被抵消的扭矩可以采用将预应力作相对调整的方法或设置附加抗扭的力筋来抵消。

(6)如果需要平衡全部或部分恒载时,利用合理配束可以完全抵消相应的内力(包括弯矩、扭矩和剪力),即荷载平衡法。预应力束尽量对称布置,有时还需同时调整截面上、下缘的预应力束数量,以提高截面承载力。

(7)在设计中可以灵活应用线性变换和吻合束原理,能获得多种选择,达到合理配束的目的。

(8)预应力束锚下混凝土中会产生很大的局部应力,一般采用箍筋或螺旋筋加强。预应力混凝土斜梁的锚板不在同一个竖平面内而形成台阶,如钢束较密,在锚下横向拉力作用下容易出现裂缝;该处还应考虑设置千斤顶的位置。故锚固端应有足够的空间尺寸。

(9)对于斜交PC连续箱梁桥,梁端附近钢束平弯时,钢束距内侧腹板较近,张拉时预应力束产生的法向分力作用于混凝土保护层,应设置防崩钢筋,以防止混凝土保护层损坏。

8.7　混凝土斜梁桥工程实例

交通行业 2008 年版公路桥梁通用图包含了以下几类斜交梁(板)桥：

(1)装配式简支板桥与连续板桥：斜交角 0°、15°、30°；跨径 6m、8m、10m、13m、16m、20m，其中 6m、8m、10m 为 RC 结构，10m、13m、16m、20m 为 PC 结构；跨径 6m 为矩形实体板，其余跨径为空心板。跨径 16m、20m 有简支板和连续板，其余跨径均为简支板。连续板负弯矩区为 RC 结构。

(2)装配式简支 T 梁桥与简支转结构连续 T 梁桥；斜交角 0°、15°、30°；跨径 20m、25m、30m、35m、40m 均为 PC 结构。

(3)装配式简支转结构连续组合小箱梁桥：斜交角 0°、15°、30°；跨径 20m、25m、30m、35m、40m 均为 PC 结构。

上述几种斜交梁(板)桥已在国内广泛应用，本小节不再纳入这方面的工程实例。

[例 8-1]　南京麒麟互通式立交桥[1]

20m + 2 × 30m + 20m 整体式现浇连续斜箱梁桥，斜交角 + 25°，单箱双室断面，梁高 144cm，桥宽 16m，2 号中墩为独柱式，单支座，1 号、3 号边墩为双柱式、双支座，0 号、4 号桥台上为双支座。箱梁断面与预应力钢束如图 8-13 所示。该桥在配束方面的特点是：腹板预应力束全部采用连续通长的 ϕ15.24cm 钢绞线，共 19 束，每束 12 根。钢绞线标准强度 1860MPa。在总体布置方面，如果要一孔桥跨过沪宁路，正交桥跨径需 60m 左右，斜交桥跨径约 50m。设计采用在沪宁路 3m 中央分隔带上设独柱式桥墩，边墩用双柱式可以平衡荷载偏心引起的扭矩，且双柱的边线与沪宁路平行，给人以美感及安全感。这样的总体布置，既有利于结构受力、减小工程规模，也照顾到了立交桥的景观。该桥施工时，沪宁路尚未正式通车。

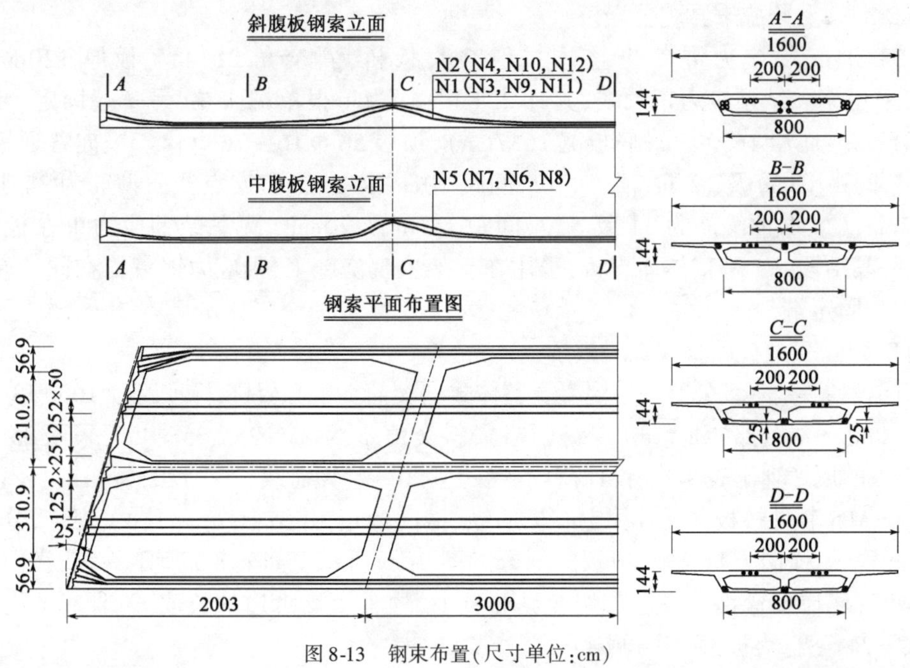

图 8-13　钢束布置(尺寸单位：cm)

[**例 8-2**] 扬州市文昌路西延上跨宁启铁路立交桥[10]

单跨 45m 预应力混凝土简支组合小箱梁桥，斜交角 45°，梁高 2.5m，单幅最大桥宽 27.25m，横向布置 9 片小箱梁，湿接缝宽度 0.675m。中梁顶板宽 2.4m，顶板厚 0.2m；腹板斜率为 1∶6，跨中腹板厚 0.25m，支点处加厚至 0.35m，跨中底板厚 0.2m，支点处加厚至 0.35m。边梁顶板宽度 2.85m，顶板厚 0.2m；腹板斜率 1∶6，跨中腹板厚 0.25m，支点处加厚至 0.35m；跨中底板厚 0.2m，支点处加厚至 0.35m。主梁横断面如图 8-14 所示。每片预制箱梁的质量：中梁 222t，边梁 235t。梁端设置两道端横隔板，厚度 0.3m，不设中横隔板。横隔板连接采用现浇湿接缝形式。每片小箱梁设置 12 束预应力钢束，采用 7ϕ15.2 和 8ϕ15.2 两种钢绞线束，共计 94 根 ϕ15.2 钢绞线，锚具采用 M15-7 和 M15-8。预埋金属波纹管。对端横隔梁的刚度和中横隔梁的设置等进行了结构受力分析计算。建议：当大斜度（$\phi \geqslant 30°$）简支组合小箱梁为分离式闭合箱主梁时，主梁刚度较大，弯扭耦合作用明显，应设置较弱的横向联系，不宜设置中横梁；小箱梁配置预应力钢束时，要考虑弯扭剪耦合效应，可按梁格模型计算的空间梁单元内力进行配束；斜梁桥的跨度应控制在 35～45m，并同时控制宽跨比不大于 1/2。

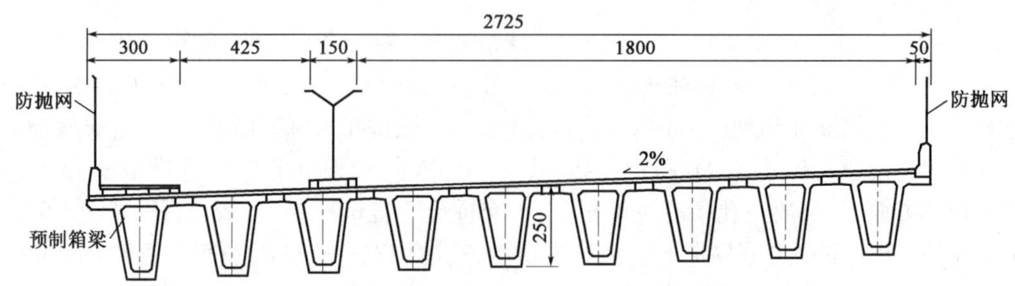

图 8-14　主梁横断面（尺寸单位：cm）

[**例 8-3**] 贵州施秉县鸡公岩桥

5×23.04m 预应力混凝土整体式斜空心板桥，斜交角 21°44′，板厚 120cm，桥宽 1850cm，采用无黏结预应力钢绞线，共计 224 根，均为单根单端张拉，另一端固定。跨中纵向普通钢筋为：底层 163 Φ20（底板宽 1637cm），顶层 50 Φ16 + 76 Φ14。横向普通钢筋为：底层Φ14，间距 10cm 及 12cm；顶层Φ12，间距 10cm 及 15cm。支点截面箍筋为 34 肢Φ12，间距 6.7cm，$L/4$ 截面箍筋为 34 肢Φ12，间距 15cm 及 20cm。无黏结预应力束在板的两端 1.5m 为有黏结段。5 跨整体简支板，采用在支架上现浇施工，预应力钢束均在同一端张拉，另一端均为固定端。

[**例 8-4**] 贵遵公路整体式斜板桥

贵阳至遵义一、二级公路钢筋混凝土整体式斜交简支空心板桥，标准跨径 10m、13m、16m，板宽 2×10m（一级公路）和 11m（二级公路），斜交角 ϕ 为 15°、25°、35°、45°，采用 25 号混凝土。空心板的尺寸列于表 8-2。设计荷载：汽—超 20。验算荷载：挂—120，桥面铺装不参与受力。采用 SAP5 软件按板单元计算空心板的纵、横向弯矩，并结合规范的有关规定，分别按中板、边板配置纵、横向主筋。中、边板的划分如图 8-15 所示。如表 8-3 所示为纵、横向每米板宽钢筋数量（底层抗弯钢筋，一、二级公路相同）。边板沿支承边的长度 C，取支承边长度的 1/6，即 $C = B/6$，B_0 为板宽（10m 或 11m）。

斜交空心板尺寸 表 8-2

标准跨径(m)	计算跨径(m)	板厚(m)	圆孔直径(cm)	圆孔中距(cm)
10	9.6	55	33	45
13	12.6	70	48	65
16	15.5	85	62	82

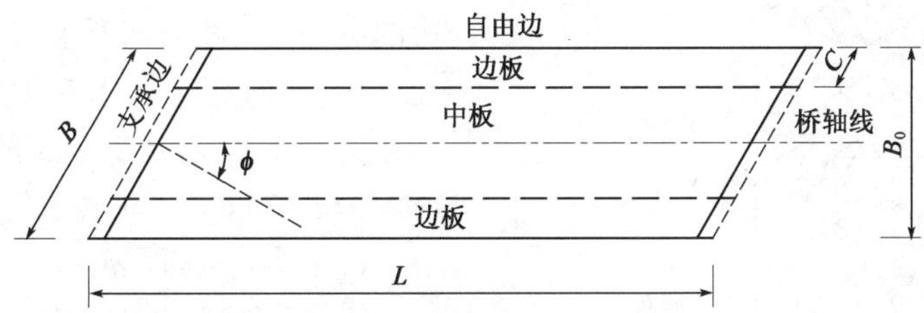

图 8-15 边、中板划分

斜交空心板纵、横向主筋每米板宽数量(单位:cm^2) 表 8-3

跨径(m)	斜交角 ϕ(°)	中板				边板			
		L/2 截面		L/4 截面		L/2 截面		L/4 截面	
		纵	横	纵	横	纵	横	纵	横
10	15	36.0	10.5	28.0	8.5	40..0	7.3	29.0	5.0
	25	31.2	7.6	25.8	8.0	45.0	11.8	29.0	8.0
	35	26.0	6.8	22.0	8.0	45.0	15.0	25.5	9.2
	45	20.0	5.7	18.0	7.3	46.0	17.5	25.5	9.7
13	15	42.0	11.0	32.0	10.5	46.3	7.0	31.0	4.2
	25	41.0	14.8	32.0	4.2	44.0	9.5	29.0	7.2
	35	36.0	18.0	28.0	16.0	39.0	11.5	27.2	7.8
	45	26.3	20.0	22.0	15.5	33.0	13.8	25.0	8.0
16	15	49.0	9.0	40.7	8.5	53.8	6.0	41.8	4.0
	25	48.7	13.7	40.5	12.5	53.5	9.5	40.0	6.3
	35	45.0	17.0	34.0	14.0	49.4	11.5	31.0	7.2
	45	36.0	18.0	26.5	14.0	43.5	13.5	30.0	7.8

(1)底层钢筋

①$L/B_0 \geq 1.3$ 时:纵向主筋平行于自由边布置,横向筋从两钝角点起至桥跨中部垂直于纵向主筋,在支承边附近平行支承边布置,直到与中间部分的横向筋相衔接为止;附加钢筋在钝

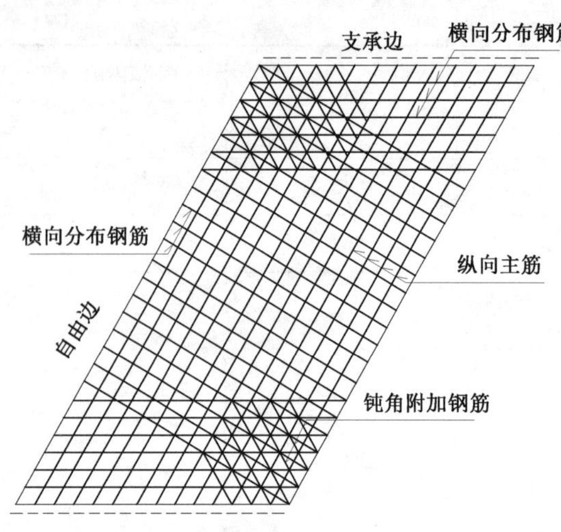

图 8-16　$L/B_0 \geqslant 1.3$ 时底层钢筋布置

角区平行于钝角的等分线布置，其范围为跨径的 1/5，每平方米内的数量：当 $15° < \phi < 30°$ 时取跨中主筋的 0.8 倍，当 $30° \leqslant \phi < 45°$ 时取跨中主筋的 1 倍。底层钢筋布置如图 8-16 所示。

②$L/B_0 < 1.3$ 时：纵向主筋垂直于支承边布置，另在自由边一定区域内布置平行自由边的纵向筋，直至与垂直于支承边的主筋相互衔接；横向筋平行于支承边布置；附加钢筋的布置与上述 $L/B_0 \geqslant 1.3$ 的相同。如图 8-17 所示为 $L/B_0 < 1.3$ 时底层钢筋布置示意图。

(2)顶层钢筋

①纵向钢筋：布置方式与底层相同。但间距适当放大，数量减少，并满足构造要求。

②横向钢筋：布置方式与底层相同。但数量减少，沿桥轴线方向 1m 长度的最小配筋量为底层的 1/3。

③附加钢筋：在钝角区布置与钝角等分线垂直的附加钢筋，设置的范围与数量与底层的附加钢筋相同。另外，还在自由边上、下层加密纵向筋，方向为平行于自由边，设置宽度略大于板厚。

(3)剪力钢筋

整体式空心板每个肋壁上设置箍筋，间距与数量按计算确定。自由边箍筋适当加强。尤其是钝角区域箍筋要加密，并应越过支承线伸至支座以外。支点附近，特别是钝角区支承附近，是否设置弯起钢筋应按计算确定。本项设计按计算可以不设弯起钢筋。

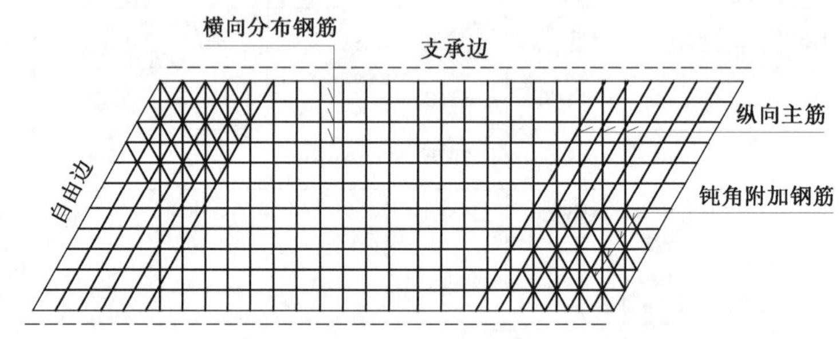

图 8-17　$L/B_0 < 1.3$ 时底层钢筋布置示意图

[例 8-5]　沪宁高速公路斜梁桥通用图[1]

多梁肋装配式预应力混凝土斜桥，主梁为Ⅰ字形截面。主要特点是：较弱的端横梁，设计无中横梁，但在沪宁高速公路上实际使用时增设了一道中横梁。图 8-18 为 30m 跨径Ⅰ形组合梁主要构造尺寸图。其端横梁的宽度为 18cm(下)~20(上)，设一道阶梯式中横梁(图 8-8 中未示出)，宽度为 16cm(下)~18(上)。主梁的间距较小，为 210cm。预制梁高 180cm，腹板厚度 20cm，下马蹄宽 40cm，吊重为 44.6t，按部分预应力混凝土 B 类构件设计。斜交角 0°~45°

的预应力钢束布置相同。边梁设置 $\phi15.24$mm 钢绞线 3 束，共计 23 根；中梁设置钢绞线 3 束，共计 19 根。钢束标准强度为 1860MPa。Ⅰ形梁梁底设置 $\phi16$ 纵向受力普通钢筋。30m 斜交Ⅰ形梁的预应力钢束布置如图 8-19 所示。

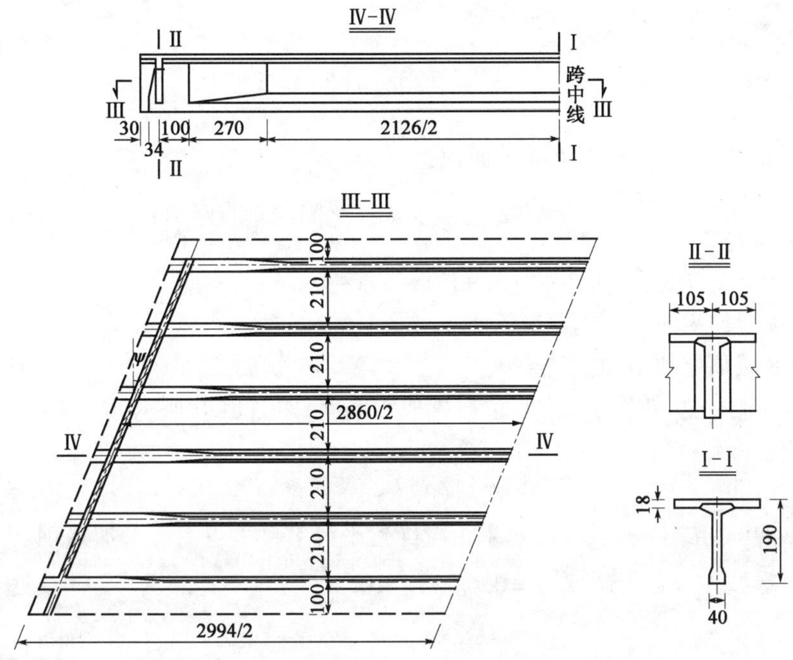

图 8-18　跨径 30m 装配式斜交Ⅰ形梁桥构造尺寸(尺寸单位：cm)

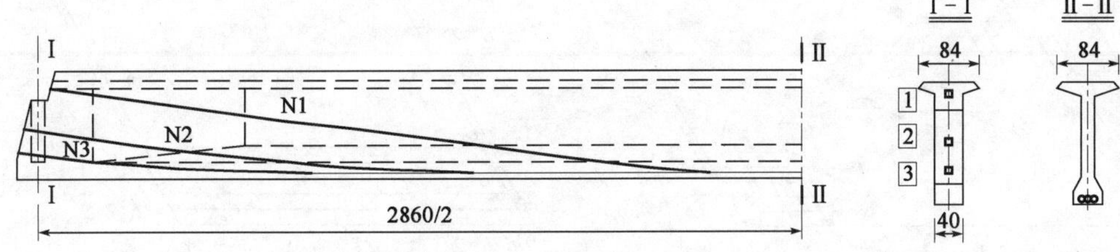

图 8-19　跨径 30m 装配式斜交Ⅰ形梁桥预应力束布置示意图(尺寸单位：cm)

8.8　其他有关斜梁桥的资料

8.8.1　日本道路协会《公路钢筋混凝土桥设计规范》关于斜板桥的配筋简化计算方法

单跨整体式简支斜板桥配筋简化计算方法如下：

(1)垂直于支承边方向布置的底层主钢筋 A_g：

$$A_g = \frac{M}{[\sigma_g] \cdot \frac{7}{8}h_0} \tag{8-2}$$

式中：A_g——每米板宽底层主钢筋截面积；

M——每米板宽计算弯矩，为恒载与活载弯矩之和；

$[\sigma_g]$——钢筋允许拉应力；

h_0——截面有效高度。

(2)与底层主钢筋垂直的底层横向钢筋 A''_g：

$$A''_g = A'_g(2 - \theta/90°) \tag{8-3}$$

式中：A''_g——每米板宽底层横向钢筋截面积；

A'_g——$A'_g = \alpha A_g$，$\alpha = \dfrac{0.6}{\sqrt{L_0}} \leqslant 0.5$，$L_0$ 为两支承线之间的垂直距离；

θ——桥轴线与支承线的夹角（<90°）。

(3)斜板顶层的横向分布钢筋应不小于 $A''_g/3$。

(4)钝角区域顶层的附加钢筋。

可沿平行于自由边和平行于支承边布置成钢筋网，如图 8-20 所示。

每米板宽各配置 A'''_g：

$$A'''_g = (0.8 \sim 1) \cdot A_g \tag{8-4}$$

(5)在距自由边 $L/5$ 的区域内，每米板宽配置平行于自由边的底层加强钢筋 A'_g，如图8-21所示。A'_g的数量按 $A'_g = \alpha A_g$ 计算，$\alpha = 0.6/\sqrt{L_0} \leqslant 0.5$。

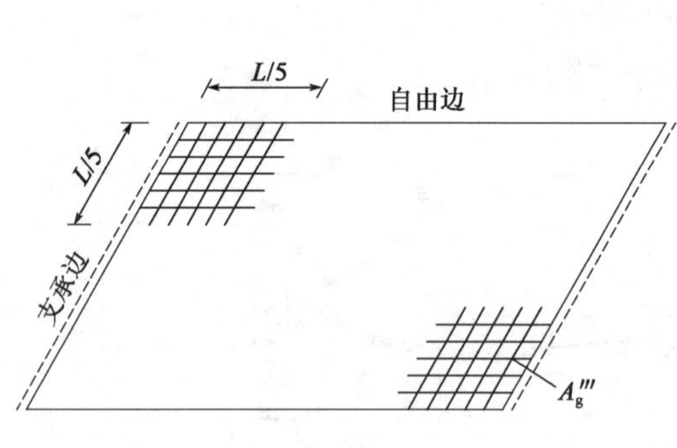

图 8-20　顶层钝角区附加钢筋
L-自由边长度

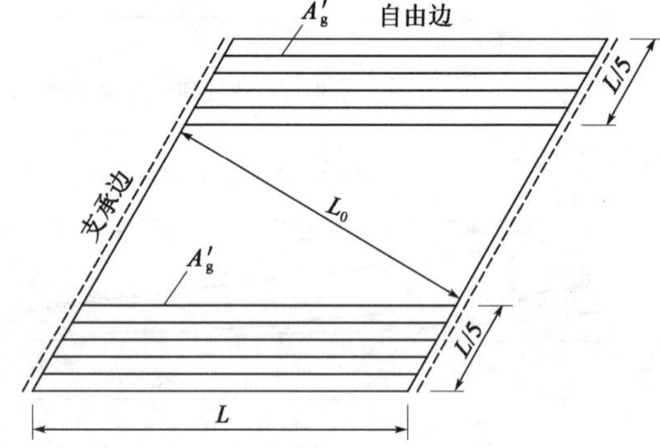

图 8-21　底层平行于自由边的加强钢筋

8.8.2　斜交空心板桥的基频[11]

桥规[3]中计算桥梁结构的冲击系数时，根据结构的基频应用统计公式计算，不区分正交桥与斜交桥。由于斜交桥的受力特性明显不同正交桥，采用同一公式计算，结果与实际情况不符。分析表明：桥梁基频值随斜交角的增大而增加，在斜交角小于 20°时，斜交桥基频值与正交接近，但当斜交角大于 20°时，正桥与斜桥的基频差异较大，由基频计算得到的冲击系数也相应增大。对跨径 20m、桥宽 11.6m，由 11 块空心板组成的结构，采用 ANSYS 空间有限元计算，得到斜交角 0°～50°第 1、2、3 阶频率值。小跨径空心板桥冲击系数主要决定于第 1 阶频率，计算结果如表 8-4 所示。

不同斜交角时的第 1 阶频率　　表 8-4

斜交角(°)	0	5	10	15	20	25	30	35	40	45	50
1 阶频率(Hz)	4.764	4.788	4.859	4.981	5.427	5.595	5.700	6.191	6.877	8.204	9.614

将 1 阶频率用最小二乘法进行拟合，得到计入斜交角影响后的基频计算公式：

$$f = f(\phi)\frac{\pi}{2l^2}\sqrt{\frac{EI_c}{m_c}} \tag{8-5}$$

式中：

$$f(\phi) = 0.67\phi^2 - 0.017\phi + 1, 0 \leqslant \phi \leqslant \frac{2\pi}{9}$$

$$f(\phi) = 12.69\phi - 8.55, \phi > \frac{2\pi}{9} \tag{8-6}$$

ϕ 角以弧度为单位。$\frac{\pi}{2l^2}\sqrt{\frac{EI_c}{m_c}}$ 见桥规[3]第 4.3.2 条条文说明中式(4-3)。当 $\phi = 45°$时，斜桥与正桥的基频相差 72%，由此计算得到的冲击系数的误差达到 38%。

8.8.3　斜交空心板桥有效跨径[12]

某高速公路斜交装配式空心板桥为 5×20m 预应力混凝土先简支后结构连续斜桥，斜交角 40°，单幅桥桥面宽度 12.5m。采用梁格法(正交梁格)进行空间有限元分析计算。得到以下结果：

(1)按斜交角 40°计算的基频为 7.535Hz，按正桥计算为 4.350Hz，仅为斜桥基频的 58%。从桥规[3]简支梁、连续梁桥基频估算公式可以看出，计算跨径对基频的影响是平方的倒数关系，也就是说，斜桥的有效计算跨径 L 如果减小到 $L_0 \cdot \cos\phi$(L_0 为单跨斜桥的斜跨径，ϕ 为斜交角，$\phi = 0$ 为正交桥)，基频 f 将会增大到 $f_1 \cdot L_0^2/(L_0^2 \cdot \cos^2\phi) = f_1/\cos 2\phi$[$f_1$ 见桥规[3]第 4.3.2条条文说明式(4-3)]。故认为斜交空心板桥基频的增大，其实质是斜桥有效计算跨径的减小。在斜交角 20°～40°范围，如果采用有效计算跨径 $L_0 \cdot \cos\phi$，按规范公式计算基频，其结果与空间有限元计算的误差在 5% 以内。

(2)计算分析结果表明：斜交装配式空心板桥荷载横向分布系数，并不完全由截面特性、桥宽等因素决定，还会受到斜交角的影响。外侧主梁横向分布系数将随斜交角增大而增大，内侧主梁则随斜交角的增大而减小。

(3)斜交装配式空心板桥，有效计算跨径对计算结果的影响大于冲击系数和横向分布等因素影响之和，导致跨内最大正弯矩比正桥小。

(4)斜交装配式空心板桥相比于正桥，有效计算跨径减小，其位移较弯矩减小得更为明显，仅为正桥的 1/2 左右。

8.8.4　斜交板桥预拱度

整体式斜交简支板的预拱度可近似地取同跨径正交桥的预拱度值乘以折减系数 α 求得。当斜交角 $\phi \leqslant 15°$时，$\alpha = 1$；当 $\phi \leqslant 15° \sim 25°$时，$\alpha = 0.95$；当 $\phi \leqslant 25° \sim 35°$时，$\alpha = 0.90$；当 $\phi \leqslant 35° \sim 45°$时，$\alpha = 0.83$，适用于钢筋混凝土斜板，正交板的跨径应与斜交板的斜跨径相同。

本章参考文献

[1] 黄平明.混凝土斜梁桥[M].北京:人民交通出版社,1999.
[2] 李扬海.公路桥梁支座实用手册[M].北京:人民交通出版社,2009.
[3] 庄军生.桥梁支座[M].北京:中国铁道出版社,2008.
[4] 刘效尧,等.公路桥涵设计手册——梁桥[M].北京:人民交通出版社,2011.
[5] 上海市政工程设计研究总院.桥梁设计工程师手册[M].北京:人民交通出版社,2007.
[6]《桥梁设计常用数据手册》编写委员会.桥梁设计常用数据手册[M].北京:人民交通出版社,2005.
[7] 邵旭东,等.桥梁设计与计算[M].北京:人民交通出版社,2007.
[8] 刘小强.斜板桥的优化及应用[J].中外公路,2007(2).
[9] 项贻强.斜交大挑臂箱梁桥的设计分析和试验研究[C]//2000 年全国桥梁学术会议论文集[M].北京:人民交通出版社,2000.
[10] 吴志勇.大斜度简支组合小箱梁的研究与应用[J].市政技术,2014(4).
[11] 刘小燕,等.斜交空心板桥基频计算与试验[J].中外公路,2012(3).
[12] 仝瑞金,等.斜交装配式空心板桥受力性能影响分析[J].湖南交通科技,2015(1).

第9章　混凝土弯、斜梁桥结构分析计算方法及实例

9.1　混凝土弯梁桥结构分析计算方法综述

混凝土弯梁桥结构分析计算方法可以分为解析法、数值法及实用计算法三大类。其中，解析法如果有大量运算需要通过编制程序来完成，也可以称为半解析法，但在分类上仍属于解析法。数值法主要通过软件由计算机完成运算，实用计算法则主要采用手算，有时也配合一部分电算，通常用于近似计算或估算。

9.1.1　解析法

解析法是应用材料力学、结构力学以及弹性理论对结构进行受力分析的方法。根据弯梁桥横截面受载后是否仍保持平面，可区分为纯扭转理论（即自由扭转）和翘曲扭转理论两种，后者由于发生翘曲，截面内力与前者相比，增加了双力矩和翘曲扭矩两项内力。纯扭转理论的基本假设有以下4项：

①横截面尺寸与跨径相比很小，可以将实际结构视为集中在剪切中心上的弹性曲梁。

②平截面假定，即曲梁变形后横截面仍保持平面。

③刚性截面假定，即曲梁变形后横截面的周边形状保持不变（无畸变）。

④截面剪切中心轴线与曲梁截面形心轴线重合。

RC弯箱梁桥，由于截面翘曲效应所引发的正应力和剪应力，与基本弯曲和纯扭转应力值相比甚小，一般不超过5%～10%，故常按纯扭转理论进行计算。

主梁为开口截面的弯梁桥，翘曲影响大于闭口截面，但对多主梁的开口截面，由于在横向分布计算时已部分计入了此项影响，故在实际设计计算中一般不再计入翘曲影响，可以满足工程精度的要求。对于PC薄壁弯箱梁，则可采用进行部分修正的近似方法。如需考虑翘起扭转影响，双力矩与翘曲扭矩计算十分繁杂，手算难以完成，宜编写程序由电脑完成。

混凝土曲梁的空间受力，解析法一般分别按纵向和横向近似地计算其内力，解析法多用于规则的等截面单跨简支弯梁桥和连续弯梁桥，跨数宜在3～4跨以内。

本章参考文献[1]用结构力学的理论推导了规则连续曲梁内力影响线与竖向荷载作用下横向分布影响线的一系列计算公式。支承情况可分为三型：A型为所有支承可弯曲不可转动，B型为中间支承可弯曲可转动，端支承可弯曲不可转动，C型为所有支承均可弯曲可转动。还推导了曲梁径向水平荷载下的内力影响线与横向分布的计算公式。上述计算公式适用于单跨曲梁弧长与径向截面宽度之比大于等于2的规则弯梁桥，且符合自由扭转的基本假设，要求连续曲梁半径为常数，但各跨圆心角可以不相等。

利用能量原理和结构力学理论综合分析的方法(简称能量法)也属于解析法的一种,计算公式按自由扭转的理论进行推导。需要计入翘曲影响时,可以对相关公式进行调整。因手算工作量大,宜编制程序由电脑完成。适用于曲率半径为常数的圆弧形连续弯梁桥内力计算[2]。此法基本概念清晰,精度一般能满足工程设计的要求。

解析法当主要采用手算时,在计算过程中能随时检查计算数据,分析其可靠性,并能根据具体情况进行调整,不易发生大的失误。但仅适用于结构的边界条件简单、截面规则且有闭合解的情况,不适用于需多次迭代、逐次逼近的计算问题。

9.1.2 数值法

混凝土弯梁桥的受力特性,与圆心角、曲率半径、跨径、截面形式、截面尺寸、宽跨比、抗弯刚度、抗扭刚度、抗翘曲刚度、支承约束形式等诸多因素有关。数值分析法可以较全面地考虑这些因素的影响,需采用专用软件通过计算机完成运算,一般精度较高。现在弯梁桥的结构分析基本上都是用数值法,尤其是非规则曲梁桥、变截面曲梁桥以及预应力混凝土曲梁桥,解析法无能为力,广泛采用的是有限单元法。但有的非专用软件只能获得恒载内力或各种荷载下的应力,而不能获得活载时的最大内力,难以自动计算混凝土收缩徐变产生的预应力损失、结构变形对预应力作用的影响以及桥梁施工过程中结构内力、位移的变化,计算结果不能完全满足桥梁结构设计的要求。另外,由于数值分析法高度依赖计算机,对结构的总体性能较难把握,尤其是计算模型和输入信息如有差错而未被发现,可能获得包含错误信息的结果。为了避免发生差错,在施工图设计阶段,往往用两个不同的软件进行对比分析计算,或者参照经验方法和实用近似算法控制主要内力。

混凝土弯梁桥常用的数值分析法主要有:有限单元法、有限条法、梁格法、折板分析法及等效平板法等[3]。

(1)有限元法

有限元法的种类很多,适用于弯、斜梁桥的有以下两种(不含梁格法,梁格法单独论述):

①三自由度平面杆系法

此法将弯、斜结构简化为集中在构件轴线上的平面杆系进行受力分析。该法不考虑截面内部剪应力的超静定,故一般采用开口截面计算方法计算截面剪应力(采用开口截面剪应力计算方法对于单箱单室截面的腹板剪应力是正确的)。该法参照矩形、T形或圆形截面设计的有关规定进行配筋和验算。

此法采用荷载横向分布系数近似考虑荷载空间分布和传递,采用经验放大系数考虑截面扭转、畸变和翘曲等引起的应力。对单箱单室截面,横向分布和放大系数一般综合考虑取1.15。这是根据已往较窄的直箱梁的工程经验得到的。对于3~4个车道的宽箱梁,1.15明显偏小。

该法采用平截面假定,剪力滞效应通过有效分布宽度考虑,对箱梁的横向框架效应和桥面板局部受力进行分析,是与纵向效应分开单独建立模型分析,与纵向分析配合使用。

三自由度平面杆系法可以足够精确地模拟简单、规则桥梁的力学行为,然而对宽桥、斜桥、弯桥以及异形桥则可能会产生较大的误差,使用时应注意。可以以其他数值法为主,用三自由度平面杆系法作为校核。

②六(或大于六)自由度空间杆系法(也称为空间梁单元法)

此法系将空间结构用一维空间梁元进行离散。弯梁桥全截面则简化为一根空间曲梁。当采用自由扭转理论时,有六个自由度。可以模拟空间杆系结构,可以考虑偏心荷载作用下的扭矩,并可采用薄壁效应算法计算截面的自由扭转剪力流。如增加截面上的约束扭转力矩作为第七个自由度,便可计算箱梁截面的约束扭转效应,包括约束扭转剪应力和约束扭转翘曲正应力。如再增加截面上的畸变双力矩作为第八个自由度,便可计算箱梁截面畸变效应,包括畸变剪应力和畸变正应力。以上为整体纵向分析,其优点是能获得计算截面的内力和变形。支承与主梁用刚臂连接。

对于箱梁的横向框架效应和桥面板局部受力分析,仍应与纵向效应分开单独建模计算,与整体分析配合使用。

对于混凝土梁桥,理论计算与试验均证明,截面翘曲引起的正应力与按自由扭转理论所得应力值相比很小,通常误差不超过5% ~10%。一般按自由扭转理论分析便可满足工程设计要求[4]。

对于较宽的箱梁桥,因不能满足自由扭转理论第①、③两项基本假定,会产生较大误差。所以,宽跨比宜小于0.5。非规则的弯梁桥也不应采用这个计算方法。关于空间梁单元法的基本原理及公式请参阅本章参考文献[5]。单梁法计算实例及其精度分析可参阅9.3节的实例。

一维有限元分析箱形截面梁桥采用的空间梁单元法,其单元的空间自由度情况如图9-1所示,图中 i、j 表示单元两端的节点。u、v、w 分别为节点在空间三个方向上的线位移自由度,θ_x、θ_y、θ_z 分别为节点在空间三个方向的转角自由度,$\bar{\theta}_x$ 为节点的翘曲扭转位移自由度。图9-1a)表示薄壁箱梁的自由度,图9-1b)为普通空间梁单元的自由度,前者比后者多了一个 $\bar{\theta}_x$ 自由度。

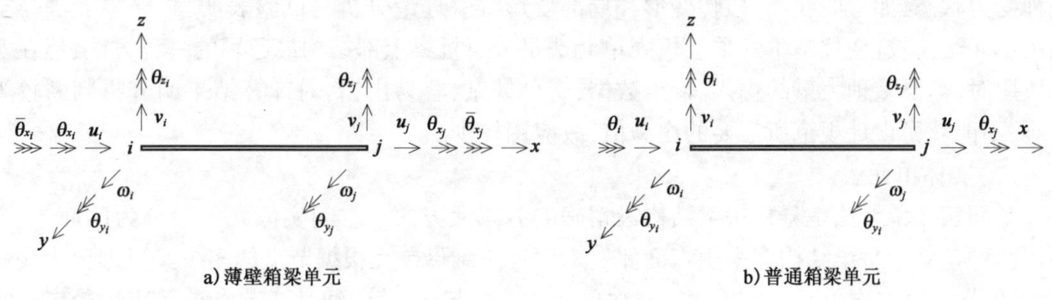

图9-1 空间梁单元自由度

上述①的三自由度为空间三个方向的线位移自由度 u、v、w;上述六自由度为空间三个方向的 u、v、w 与三个方向的转角位移自由度 θ_x、θ_y、θ_z。六个以上自由度如图9-1所示。

(2)梁格法

上述两种空间梁单元法,在使用上受到一定的限制,即使对于规则的弯梁桥,宽跨比较大时会产生较大的误差。国内对弯、斜梁桥的分析广泛采用梁格法,积累了较多经验,将在9.2节进行较详细的讨论。

(3)有限条法

有限条法是一种原理简单、计算量小的实用方法,实际上是解析法和有限元法之间的过渡,是一种半解析法。有限条法可以应用于几乎所有的等截面弯桥的分析(包括矩形、I 形、T 形或箱形以及各种不同的支承类型)。它通常把结构划分成若干薄板条,同时或分开单独考虑其弯曲作用和薄膜作用,其位移函数在一个方向选择为级数,而在另一个方向为多项式,这是它与有限元法的主要区别。这样,使箱梁等的分析与平面框架的分析相类似,因此说它综合了解析法和有限元法两者的优点。有限条法也有其局限性,不能解决变高度梁和不规则结构的分析问题。采用有限条法分析计算箱形连续弯梁桥的详细论述可参阅文献[6]、[2]。在有限条法的基础上提出的样条有限条法, 扩大了有限条法的应用范围,可用于所有圆曲线和非圆曲线的弯梁桥,使非简支弯梁桥的分析更为简便[7]。

(4)折板分折法

折板分折法是一种精确方法,其适用范围与有限条法基本相同。与有限条法一样,折板分折法所选的基本结构也是没有内横隔板和中间支承的等截面简支弯梁,分析时把结构看成相互连接且为常厚度的弯板条单元所组成。翼板单元的特点是其弯曲作用和薄膜作用彼此独立,不相耦合;而腹板单元由于具有壳体性能,其弯曲作用和薄膜是相互耦合的,不能被分隔开。折板理论与有限条法的不同点在于:前者在弹性理论假定的范围内提供一个精确解,而后者则作了表示单元特性的补充假定,因此只能提供近似解[2]。

(5)等效平板法

等效平板法,是将实际结构模拟成为平板进行分析的方法。将弯梁桥模拟为平板后,就可以利用分析弹性平板的某些有效方法进行求解。比拟正交异性曲板法即属于等效平板法的一种[2]。

(6)板壳单元法

箱形截面曲梁桥可以采用板、壳单元进行离散,当单元划分较密时,可以包括桥梁结构的各种受力状态,如弯曲变形、扭转变形和局部变形等。理论分析与试验表明,板壳单元法与空间梁单元法比较,变位基本一致。板壳单元法是分析桥梁上部结构最通用的一种方法,但在实际应用时,需要整理大量的输入、输出数据,十分繁杂,容易出错,对计算结果的分析判断较为困难,不能获得设计规范所需要的内力值,故应用较少。

(7)实体单元法

空间实体单元法是分析桥梁结构最精确的有限元方法。空间实体元一般分为四面体、六面体两种。对于桥梁结构多采用六面体。六面体三维母单元根据节点的多少又可划分为线性单元(8 节点)、二次单元(20 节点)、三次单元(32 节点)。其中线性 8 节点单元应用最广。实体单元对弯梁桥进行三维分析时,可以全部计入翘曲、畸变、剪力滞和泊松比等影响,具有很高的计算精度。但是,输入数据工作量很大、计算结果量大而不易处理,且不能获得内力值,所以,实体单元法仅对桥梁的某些特殊部位进行局部应力分析时采用。

(8)曲杆有限元法

曲杆有限元法实际上是曲杆矩阵位移法(直接刚度法),是对曲梁实施一维离散进行纵向分析的数值方法。其特点是单元数目少,实用范围广。采用 8 自由度曲杆有限元编制的软件,由于计入了翘曲的影响,能较为充分地反映曲梁的受力的特性。用于混凝土弯梁桥的纵向分析,一般能满足工程设计精度的要求。适用于多跨、变截面、变曲率、各种支承(含弹性支承)的弯梁桥计算。详细内容可参阅本章参考文献[8]。用曲杆有限元理论编制的弯梁桥专用软件在9.5.1节简要介绍。

9.1.3 实用计算方法

实用计算方法的特点是:概念上比较直观,运算比较简易,能较快地获得结构物控制截面的主要内力,但计算精度一般较差。在桥梁方案研究和初步设计阶段,为了进行多方案的比较,实用计算法有利于从总体把握桥梁的受力状态。实用计算法早期一般以手算为主,随着计算机技术的普及,一些实用计算法采用与简单电算(编程计算器或平面杆系微机运算)相结合,运算较方便,速度也较快。

(1)*M/R* 法

M/R 法是规则简支曲梁桥和连续曲梁桥的一种简易分析法,它是建立在纯扭转理论基础上的。其适用条件为:

①横截面沿桥轴线是对称的,但截面的形状、尺寸及结构的力学性能可以沿梁轴线变化。

②各墩台上的支承线是沿径向的。

③板或梁的高度与其宽度相比很小,且板或梁的宽度与跨径相比也很小。

④设置适当的横隔板或箱梁,不属于薄壁结构,可以不考虑翘曲正应力和畸变。

⑤曲梁为圆曲线,每跨的圆心角$\leqslant 30°$,全桥的中心角$\leqslant 90°$。

M/R 法的计算理论及计算公式见本章参考文献[9],在9.4.1节用实例介绍计算方法及计算精度分析。

(2)一根曲梁法

一根曲梁法也是建立在纯扭转理论基础上的,将曲梁桥用一根弹性曲杆代替。其适用条件与 *M/R* 法基本相同。从工程设计实用精度考虑,提出以下几项要求,以简化计算:

①曲梁、板的厚度与宽度相比很小,宽度与跨度之比也很小。

②横截面刚度较大或设置横隔板,不考虑畸变。

③横截面保持平面,即不发生翘曲,不考虑翘曲正应力与双力矩。

④假定剪切中心(即扭转中心)的曲率半径等于曲梁轴线的半径。

一根曲梁法与有限元法计算结果比较,在上述适用范围内弯矩误差±2%,剪力误差±0.5%,扭转误差较大,约±10%。对于小半径弯梁桥,内力扭转可乘以1.1,使之偏于安全。

一根曲梁法的应用范围大于 *M/R* 法。例如沿曲梁轴线不仅可以作用均布扭矩,也可以作用集中扭矩;横截面可以是不对称的截面;连续曲梁桥各跨跨径可以不相等,曲率半径各跨也可以不相等;中心角的大小、弯扭刚度比、曲梁两端约束条件都不影响计算结果的精度。一根曲梁法的基本公式可参阅本章参考文献[9]、[10]。在9.4.2节介绍计算方法。

(3)平面杆系有限元近似分析法

文献[11]指出:应用纯扭转理论公式直接分析计算连续弯箱梁桥是一个比较烦琐的运算过程。根据钢薄壁弯箱梁抗畸变框架刚度较弱的特点,导出了按翘曲扭转理论的公式来分析连续钢薄壁弯箱梁桥,在理论上是一个重大的突破,这套计算方法已经被纳入《桥梁设计手册》(2000年版,下册)中,但其运算更麻烦,仅计算一个单箱单室截面的主扇形惯性矩 $\overline{I_w}$ 就要耗费很多时间。国内有些弯梁桥专用程序颇受设计人员欢迎,但由于程序的输出结果难以进行直观校核,常常用两个不同的程序来对比判断,如果相差较大,则较难以处理。文献[11]针对上述情况,研究了改进的办法,提出了半理论与应用一般平面杆系有限元法计算程序相结合的近似计算方法。通过算例与经典理论公式的计算结果进行了对比,较为接近。平面杆系有限元程序在全国已全面普及,为广大工程技术人员所掌握,用起来十分顺手,将其作为近似分析计算的工具,具有优势。这个实用计算法的要点如下:

①近似计算以纯扭转理论为基础。

②适用于规则的单跨简支弯梁桥和连续弯梁桥。

③支座在横桥向沿径向布置。可以采用三种支座布置形式:全桥均为抗扭支座、中间桥墩上为点铰单支座及混合型支座。

④建立能应用一般平面杆系有限元程序计算连续弯箱梁桥赘余力的计算模型。求得赘余弯矩后,用内力公式计算控制截面的内力,再用应力增大系数来修正恒载因体积偏心、活载因布置偏心以及弯扭耦合等因素产生的翘曲正应力效应。

⑤与精确分析相比,近似计算法恒载吻合较好,活载的相对误差在 ±4% 以内。平面杆系有限元近似分析法,在 9.4.3 节进一步介绍。

(4)广义梁格法[12]

广义梁格法又称为横梁分析法,即从横梁本身出发,将多梁式的横梁看作弹性支承在主梁上的连续梁,用结构力学的位移法(或有限差分法)对其进行受力计算以求得横梁内力和主梁荷载横向分布的规律。广义梁格法不仅考虑主梁的抗扭惯矩,而且充分考虑由于弯扭耦合作用而产生的主梁实际挠曲变形和扭转变形,同时在计算中也充分考虑了横梁本身的弯曲变形。这个方法可用于直、斜、弯梁桥的横梁内力计算和主梁内力横向分布计算。实质上是一个用结构力学位移法简化分析杆系空间结构的方法。其基本假定有以下四项:

①梁横截面各项尺寸与跨长相比很小,即可将实际结构视为集中在梁轴线上的弹性杆件。

②刚性截面假定,即梁变形后横截面的周边形状保持不变(无畸变)。

③平截面假定,即梁变形后横截面仍保持平面。

④只计纯扭转的作用。

广义梁格法可以采用简化公式配合表格进行手算,也可以根据本章参考文献[12]编写的 Basic 语言小程序进行电算。

这个方法适用于规则的弯梁桥和斜梁桥。

9.2 梁 格 法

9.2.1 梁格法基本原理与适用范围

1976 年英国学者汉勃利(E. C Hambly)在其专著《桥梁上部构造性能》(Bridge Deck Behavior)[13]中最早提出采用平面网格法分析桥梁性能的理论,并进行了系统的阐述,称为汉勃利平面梁格模型。后来有的学者还提出过其他的梁格模型,但因存在某些问题而未能推广应用。而汉勃利梁格模型由于概念清晰、实用性强、使用较为方便和计算精度能满足工程设计要求,在我国桥梁结构分析计算中获得广泛的应用。其主要优点是:适用于板式(整体式和装配式实体板、空心板和肋板)、梁肋式(多梁肋式)、箱形梁(整体式箱梁和分离式箱梁)、异形板式桥以及各种组合体系桥梁;可以直接输出各主梁的内力,便于按现行桥规进行结构设计;与空间三维有限元分析方法比较,单元数少得多,运算速度快得多。梁格法的主要缺点是:由于对原结构进行了网格化,大量几何参数要预先计算准备,如果采用手算,不仅工作量大,而且容易发生差错(后面将介绍有的软件可以生成计算需要的初参数);输出的计算结果需要进行整理,尤其是扭转需经过整理后形成主梁的总扭矩方可用于结构设计。

2001年,我国学者戴公连、李德建在汉勃利平面梁格模型理论的基础上,对梁格理论进一步深入系统的研究,采用空间剪力柔性梁格法的基本原理,建立了空间箱梁柔性梁格单元、T形梁格单元、空间偏心梁单元、索单元、桁架单元、钢管混凝土单元、钢—混凝土组合截面单元七种桥梁结构中常用的单元模型,编制了相应的结构设计程序。该程序由内力分析、影响面加载、截面应力计算与配筋、非线性空间稳定分析、动力特性及地震响应分析五个主要模块组成。该研究成果扩大了梁格法的应用范围,已在国内多座不同类型的桥梁上使用。

汉勃利空间梁格法模型纵、横梁单元由同一种六自由度空间梁单元组成,各纵横梁为刚性连接。空间梁格模型的基本原理是:梁格必须满足以下等效原则:当原型结构和对应的等效梁格承受相同荷载时,两者的挠曲应是恒等的,而且在任一梁格内的弯矩、剪力和扭矩应等于该梁格所代表的实际结构部分的内力。但是由于实际结构和梁格体系有着不同的结构特性,上述"等效"的理想状况是难以完全达到的。所以,模拟只能是近似的。空间梁格分析法是一种近似计算方法。只要在梁格划分、截面特性计算以及成果整理分析上正确无误,与空间实体有限元计算结构比较,可以达到较高的精度,完全可以满足实桥设计的要求。梁格分析法的近似性主要反映在以下两个方面:

①梁格法中任意梁格内的弯矩严格与其曲率成正比,而在原结构如板结构中,任一方向上的弯矩和该方向以及正交方向上的曲率有关。对钢筋混凝土构件或预应力混凝土构件而言,一般按纵向、横向双向配筋,同时混凝土泊松比较小(约0.2),所以用梁格法导出的纵向弯矩和横向弯矩对结构设计是足够精确的。

②实际板结构中,任一单元的平衡要求扭矩在正交方向上是相等的,而且扭率在正交方向上也是相同的。在等效梁格中,由于两类结构特性不同,无法使扭矩和扭率在正交方向的节点上相等。然而当梁格网格相当细密时,梁格随着挠曲而成为一曲面,正交方向上可近似相等,所以在梁格划分时要求达到一定的网格密度。

"等效"原则,还可以从结构刚度的概念表述:代表桥梁上部结构的梁格,认为是将上部构造中每一区格内的抗弯刚度和抗扭刚度集中到了最临近的梁格中,纵向刚度集中到了纵向构件中,横向刚度集中到了横向构件中。原结构的总刚度与相应的区格刚度和梁格的总刚度与相应的区格刚度是分别相等的。

汉勃利梁格模型的基本假定:

①梁横截面的高度与跨长相比很小,可以将实际结构视为集中在梁轴线上的弹性杆件。

②平截面假定,即梁变形后横截面保持平面。

③刚性截面假定,即梁变形后横截面无畸变。

④梁截面由翘曲扭转所引起的正应力和剪应力,与基本弯曲和纯扭转的应力相比很小,可

以忽略不计,即只计纯扭转的影响。

在梁格法中也有采用考虑翘曲作用的梁格理论,而实际工程中大多采用不计翘曲影响的分析方法。还有学者提出采用曲杆梁格分析弯梁桥,计算精度虽然有所提高,但并不显著。考虑到直杆梁格法的通用性,故仍推荐采用最常用的直杆梁格法。理论分析与试验表明:翘曲作用对一般的混凝土梁板桥各内力的影响较小,可以不考虑。

9.2.2 梁格划分

梁格单元划分的疏密程度,直接影响到结构的计算精度,划分时应考虑力在原结构内的传递方向以及原结构的变形特征,同时还要考虑加载方便。

(1)板式结构的梁格划分

①等宽正交板

纵梁的数量按板的总宽确定,纵梁的间距(横桥向)可在 2 ~3 倍板厚至 1/4 有效跨径之间取值。对于空心板,纵梁应与腹板中线一致。纵边梁对于实体板可设在距板边缘 0.3 倍板厚处;对空心板、肋板应设在边肋的中心线上。

横梁的间距(顺桥向)宜尽量与纵梁的间距一致,其值应小于有效跨径的 1/4。横向与纵向梁格间距宜大致接近正方形,不应呈窄条形。纵、横梁应相互正交。

在受力较大处、内力突变区,如支座附近应将纵横向梁格加密。

②平行四边形斜交板

斜交角较小时(一般小于 20°),纵梁平行于自由边、横梁平行于支承边,如图 9-2a)所示。当桥面较窄且斜交角较大时,纵梁平行于自由边,横梁大约垂直于纵梁布置,如图 9-2b)所示。当桥面较宽时,纵梁垂直于支承边,横梁大约垂直于纵梁布置,如图 9-2c)所示。

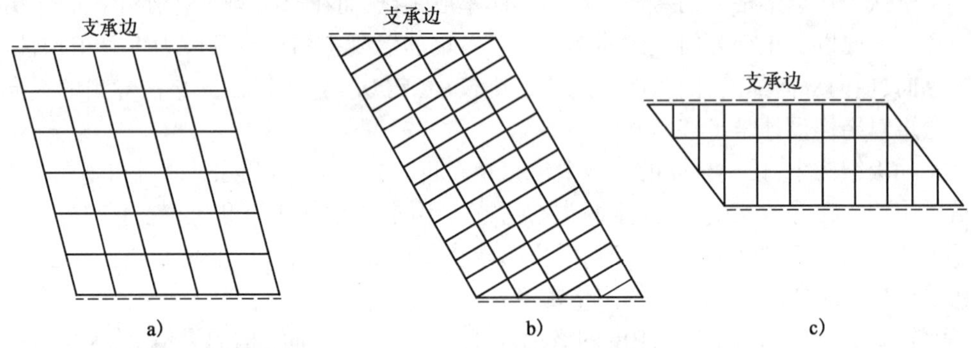

图 9-2 平行四边形斜板梁格划分

梁格的间距可参考正交板。对空心板、肋板,纵梁应与腹板中线一致,受力较大处梁格应该加密。

③规则曲线形板

规则曲板指墩台上支承线均为径向的等宽圆弧形板。纵梁大约平行于曲板的自由边(即内、外弧),但为直梁。横梁则垂直于纵梁,方向为径向。纵、横梁形成的网格接近正方形。网格间距可参考等宽正交板。同样,对于空心板、肋板,纵梁应与腹板的中线一致,受力较大处梁格应加密。梁格对应的圆心角宜为 4° ~5°。

(2)多梁肋式结构梁格的划分

多梁肋式结构由多根纵梁与横向全宽的顶板构成。跨径较大时,在纵梁之间设置横隔板,包括端横隔板和中横隔板。例如常用的装配式 T 形梁、I 形梁和分离式小箱梁等。

①实际结构由纵梁与多道横梁组成(包括端横梁与多道中横梁)

梁格可以按实际的纵梁、横梁的中线布置。如实际中横梁间距较大,应适当加密纵向梁格,即增加虚拟的中横梁。

②实际结构中无中横梁

纵向梁格与纵梁中线重合,由于没有中横梁,应设置虚拟的横梁,其间距可取有效跨径的 1/8 ~ 1/4。若支点处实际结构有横隔板,则必须在该处设置一根横向梁格。

③实际结构为密排纵梁

如果每道纵梁均设置纵向梁格,则输入输出数据多,较为麻烦,可采用一根纵向梁格代表一道以上的实际纵梁,但其间距不应超过有效跨径的 1/10。

④桥梁上部结构由几根大纵梁构成

实际结构由少数几根分离的大纵梁构成,相互的间距较大。每根实际纵梁可用多根纵向梁格表示。横向可按顶板的刚度控制,划分为几道横向梁格。如有横隔板,在该处设置横向梁格。

(3)箱梁

对于箱形梁桥的梁格划分,汉勃利提出的原则是:以箱梁的腹板为中线确定纵向梁格,应该使划分后的各纵梁工形的形心大致在同一高度上。本章参考文献[14]用有限条法进行核算,依据上述原则划分的梁格,按各主梁弯矩、剪力计算出的正应力、剪应力与有限条法的计算结果吻合确实较好。

①等宽度箱梁

a. 纵向梁格线应与实际结构箱梁腹板的中线重合。在箱梁的悬臂板边缘应设置一个纵向的梁格线,以便于在悬臂处布载荷载。

b. 对于单箱单室横向施加预应力的截面或分离的双箱截面,在顶板上应增设虚拟的纵向梁格线,以改善上部结构的静力分布。

c. 箱梁如横隔板较多,则横向梁格线应与横隔板中心线重合。如果箱梁无横隔板或其间距较大时,横向梁格线的间距一般取反弯点之间距离的 1/4。通常在跨中、1/4 跨径和 1/8 跨径处应有横向梁格线。除横隔板处外,其他横向梁格为虚拟横梁。

d. 在箱梁的支承附近,梁格应适当加密。

e. 对于具有斜腹板的箱梁,对一个单箱五室箱梁的分析结果表明:将斜腹板对应的梁格线设置在其水平投影宽度的中心处,可以得到满意的结果[3]。

f. 箱梁纵、横向梁格线一般应相互垂直。对于平行四边形规则斜桥,当斜交角较小时,在其支承端,横向梁格线与支承线重合,纵向梁格线应与腹板中线重合,横向梁格线则平行于支承线。

②曲线形箱梁

对于规则曲梁桥、曲线式构件和直线段构成的弯曲梁格的分析结果表明:前者的计算精度并不比后者有显著的改善[3]。所以,曲线形箱梁的纵向梁格线可以用多段直的折线模拟,直线转向处的角度应小于5°,在实际结构内,弯矩和扭矩相互影响,在折线式梁格内,这种影响只发生在每个节点上,两者受力性能无明显差别。曲线形箱梁纵横向梁格的布置原则与上述等宽直线箱梁的布置原则相同。

③箱梁纵向梁格划分计算步骤

a. 在箱梁各室的顶板、底板各选择一划分点,可以得到几个以腹板为中线的工形截面纵梁。

b. 对各工形截面的翼板计算有效宽度。

c. 按以有效宽度为翼板的工形截面计算各工形的形心。

d. 比较各工形截面的形心高度,若不在一条直线上且偏离较大,应返回 a 另选划分点并重新计算。可见,这是一个反复试算的过程。用手算很费时,也容易发生差错,可用编程计算器,经过几次试算便可获得较高精度。另外,Midas Civil 程序提供梁格法建模助手的功能,根据用户定义的整体截面,可以自动划分梁格截面,并调整截面特性。本章参考文献[15]用 Midas 的这一功能自动生成了单箱双室曲线形箱梁的全桥三维梁格模型。

9.2.3 梁格截面特性

将实际结构进行梁格划分后,便形成了空间梁格模型。在分析计算梁格内力与变形之前,应先确定纵、横梁单元的截面特性,即弯曲刚度、扭转刚度及剪切刚度。

(1) 板式结构的截面特性

①实体板

用 x 表示横向,y 表示纵向,对于 RC 和 PC 板,一般按正交各向同性板计算。等厚度矩形板的截面特性为:

弯曲刚度:

$$EI_x = Da\ ;\ EI_y = Db \tag{9-1}$$

扭转刚度:

$$GJ_x = 2Db;\ GJ_y = 2Da \tag{9-2}$$

式中:a、b——x 轴和 y 轴方向梁格构件代表的板宽;

D——板的刚度系数分为 D_x 和 D_y,

$$D_x = D_y = \frac{Eh^3}{12(1-\mu^2)} \tag{9-3}$$

h——板厚度;

μ——混凝土的泊松比,

对于正交异性板,可取:

$$GJ_x = GJ_y = 2G\sqrt{I_x \cdot I_y} \tag{9-4}$$

I_x、I_y——对于 x 轴和 y 轴的抗弯惯矩;

E——混凝土弹性模量;

G——混凝土剪切模量。

②空心板

圆孔直径为 d 的空心板,挖空率 $d/h = 0.47 \sim 0.81$,截面特性为:

弯曲刚度
$$EI_x = \frac{Eh^3}{12}\left[1-\left(\frac{d}{h}\right)^4\right]\cdot b, EI_y = \frac{EI_x \cdot a}{s} \tag{9-5}$$

扭转刚度
$$GJ_x = \frac{Eh^3}{12(1+\mu)}\left[1-0.85\left(\frac{d}{h}\right)^4\right]\cdot b$$
$$GJ_x = \frac{Eh^3}{12(1+\mu)}\left[1-0.85\left(\frac{d}{h}\right)^4\right]\cdot a \tag{9-6}$$

式中符号含义见图 9-3。

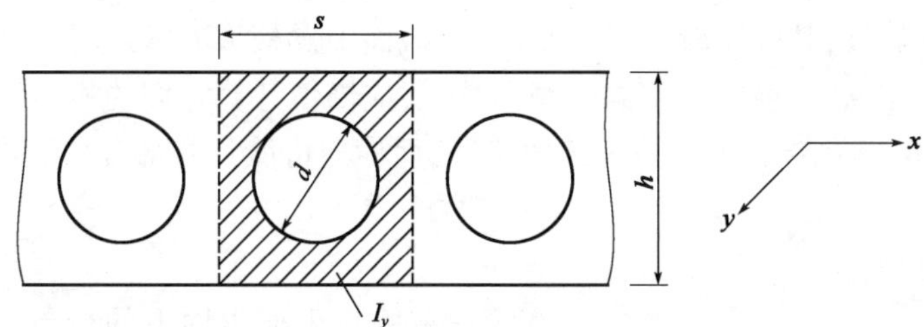

图 9-3　空心板截面几何特性

其他形式的板结构,包括梁板结构、具有横隔梁的多室结构、没有横梁的多室板结构等,截面特性计算公式详见本章参考文献[3]、[4]。

(2)多梁肋式结构

横桥向由多根纵梁组成,顶板为车道板。跨径较小时,纵梁多为密排,跨径较大时,纵梁间距增大。梁端支点处设横隔板,有时跨中区段也设横隔板。现在国内常用的装配式 T 梁、小箱梁、工形梁等属于多梁式结构。可用于斜桥和弯桥。弯桥通常用车道板的外侧宽度来调节成合适的曲度,但梁肋仍为直线。

①纵向梁格截面特性

每一梁格构件截面弯曲刚度 EI_y 按截面形心计算:

$$EI_y = E\cdot(\text{梁格构件代表面积对 } y \text{ 轴的惯性矩}) \tag{9-7}$$

若上部结构梁的间距大于有效跨径的 1/6,或边梁悬臂长度超过有效跨径的 1/12,因剪力滞的影响,梁翼板边缘有效宽度明显减小。这时截面的惯性矩必须用折减后的截面特性计算。有效宽度按桥规[5]的规定计算。

每一梁格的扭转刚度 GJ_x 为:

$$GJ_x = G\cdot(\text{纵梁抗扭惯性矩}+\text{板抗扭惯矩}) \tag{9-8}$$

当车道板设有纵向梁格时(即虚拟梁格),其抗扭刚度 $J_x' = b'h'^3/6$,其中,b'为该梁格代表的板的宽度,h'为板的厚度。

每一梁格的剪切刚度 GA_s 为:

$$GA_s = G\cdot(\text{梁格代表的纵梁肋板面积}) \tag{9-9}$$

②横向梁格截面特性

当纵梁间无横隔板时,横向梁格截面特性按车道板计算:

弯曲刚度:

$$EI_x = \frac{Ebh^3}{12} \tag{9-10}$$

扭转刚度：

$$GJ_x = \frac{Gbh^3}{6} \tag{9-11}$$

当纵梁间有横隔板，且间距不大时：

弯曲刚度

$$EI_x = E \cdot (\text{单片纵梁肋截面对 } x \text{ 轴的惯性矩}) \tag{9-12}$$

扭转刚度

$$GJ_x = G \cdot (\text{横隔板抗扭惯性矩} + \text{车道板抗扭惯矩 } bh^3/6) \tag{9-13}$$

当纵梁间有横隔板，其间距较大时，单片纵梁截面中翼板取有效跨径的 1/12，并按此计算截面特性。若结构在纵向、横向有不同的截面特性，应谨慎计算它们的相对刚度。例如纵向为 PC 结构而横向为 RC 的结构，纵向按全截面工作，而横向可能只有部分截面参加工作[4]。

(3)箱梁结构

①箱梁的受力特性

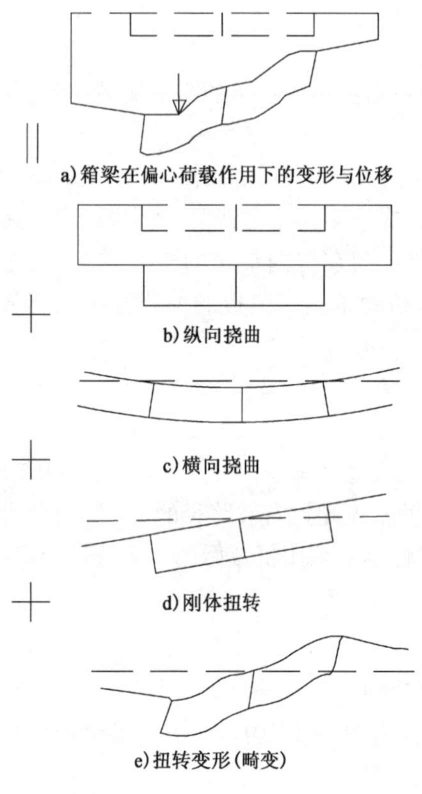

图 9-4　箱梁结构变形基本状态

箱梁在偏心荷载作用下的变形与位移，可以分为四种基本状态：纵向弯曲、横向弯曲、刚体扭转与扭转变形(即畸变)，如图 9-4 所示。因纵向弯曲将在截面上产生纵向正应力和剪应力，因横向弯曲和扭转变形将在箱梁各板壁中将产生横向弯曲应力和剪应力。

用剪力柔性梁格法模拟箱梁结构的原理是：当梁格节点产生挠度和转角时，由梁格构件刚度产生的内力，局部地等效于实际结构的内力，因此可以得到箱梁结构的总性能，但对顶板、底板及腹板的受力不能完全正确地模拟，在实际应用时，依据上述受力特性可以推导出箱梁梁格构件的等效截面刚度。

②箱梁纵向梁格构件截面特性

按 9.2.2 节梁格划分的方法，将箱梁在顶、底板沿纵向切开，成为多根工形梁。如沿顶、底板对中切开，各工形梁的中性轴不一致，这与实际受力不符，如图 9-5a)所示。故应按前述的等效原则，在顶板、底板分别的一定位置切开，使各工形梁的中性轴一致，如图 9-5b)所示。当切开后工梁的翼板较宽时，应按有效宽度确定其计算宽度。按等效原理确定的箱梁梁格构件，弯曲正应力分布与简单梁理论相似，剪应力由弯曲剪应力与扭转剪应力组成。如图 9-6 所示为梁格中的边梁正应力与剪应力分布示意图。

a. 箱梁纵向梁格构件的弯曲刚度为：

$$EI_y = E \cdot (\text{梁格构件所代表的截面对箱梁整体截面 } y \text{ 中性轴的惯性矩}) \tag{9-14}$$

b. 箱梁纵向梁格构件的扭转刚度为：

$$GJ_x = G \cdot (\text{梁格代表的顶底板翼缘对 } x \text{ 中性轴的惯性矩}) \tag{9-15}$$

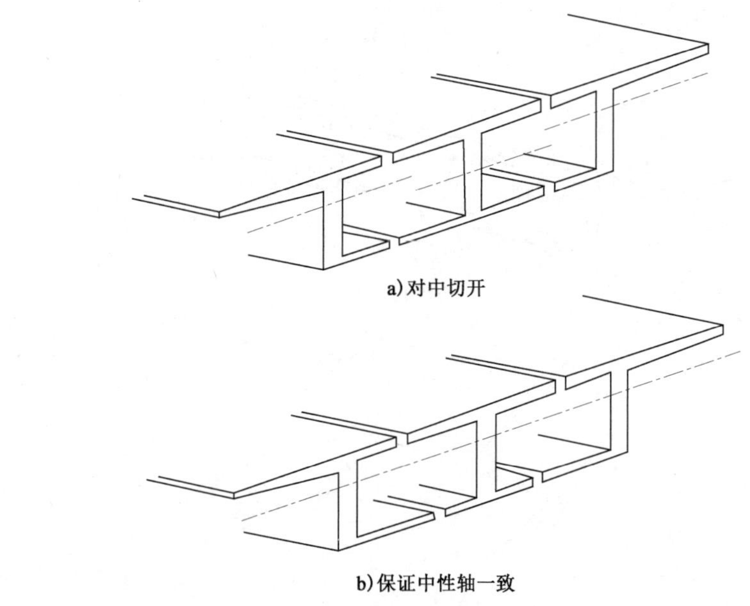

a) 对中切开

b) 保证中性轴一致

图 9-5　箱梁从顶板、底板切开成工字梁

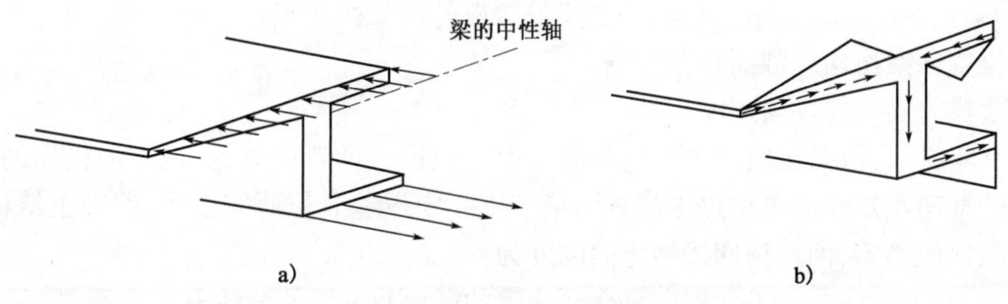

a)　　b)

图 9-6　“边梁”绕自身中性轴弯曲时的正应力与剪应力

这里所指的扭转，仅为图 9-4d) 的情况，即考虑刚性扭转，不考虑截面畸变的影响。当箱梁作整体扭转时，现浇顶板、底板和腹板呈现剪力流环绕。大多数的剪力流通过顶板、底板和边腹板的周界流动，少量通过中间腹板。在等效梁格体系受扭时，在横截面上，总的扭矩由两部分组成，一部分是纵向构件的扭转，另一部分是各梁格间相反的剪力。这些剪力将与横向构件内扭转相平衡。如图 9-7 所示为单箱三室箱梁扭转产生的剪力流示意图。箱梁总扭矩由各梁格扭矩及梁格剪力合成。其中，梁格扭矩代表了由顶板和底板内相反方向的剪力流在箱梁内形成的扭矩，而梁格剪力则代表了腹板内的剪力流。

如图 9-7 所示，箱梁相应的纵向梁格截面单位宽度内的扭转刚度为：

$$GJ_x = 2G(h'^2 \cdot d' + h''^2 \cdot d'') = \frac{2Gh^2 d' d''}{d' + d''} \tag{9-16}$$

式中：d'、d''——顶、底板厚度；

h——顶底板中心距离；

h'、h''——顶、底板中心至截面中性轴的距离，即 $h = h' + h''$。

c. 箱梁纵向梁格构件的剪切刚度：

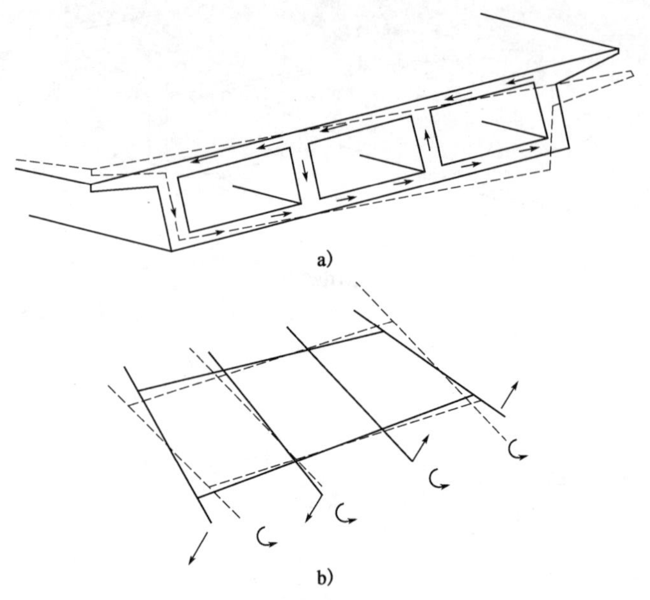

图 9-7　箱梁等效梁格及力

$$G \cdot A_s = G \cdot (\text{梁格腹板的横截面面积}) \tag{9-17}$$

③箱梁横向梁格构件截面特性

a. 箱梁横向梁格的弯曲刚度。

如图 9-4 所示,箱梁在横向也产生弯曲变形。根据板的弯曲理论,由于泊松比的影响,纵向弯矩会使横向弯矩较简单梁理论计算结果产生一定误差。但研究表明,混凝土结构通常可以略去泊松比的影响,因此横向梁格弯曲刚度为:

$$EI_x = E \cdot (\text{横向梁格所代表的截面对 } x \text{ 轴的惯性矩}) \tag{9-18}$$

若横向梁格内包括横隔板,则上式中的惯性矩应计入其影响。如图 9-7 所示,箱梁相应横向梁格截面,每单位宽度内抗弯刚度为:

$$EI_x = (h'^2 d' + h''^2 d'') = \frac{h^2 d' d''}{d' + d''} \tag{9-19}$$

式中:d'、d''、h——含义同前。

b. 箱梁横向梁格的扭转刚度。

对于无中间横梁或有部分中间横梁的横向梁格,其抗扭刚度与纵向构件相似,可按下式计算:

$$GJ_y = G \cdot (\text{梁格代表的顶底板翼缘对 } y \text{ 中性轴的惯性矩}) \tag{9-20}$$

如图 9-7 所示箱梁相应的横向梁格截面,单位宽度扭转刚度为:

$$GJ_y = 2G(h'^2\ d' + h''^2 \cdot d'') = \frac{2Gh^2 d' d''}{d' + d''} \tag{9-21}$$

c. 箱梁横向梁格的剪切刚度。

当箱梁内仅有少数或没有横隔板时,则横截面内的垂直剪力将导致箱梁截面的畸变,如图 9-4e)所示。畸变的应力应变近似值可由梁格模型中剪切刚度较小的横向梁格得到。即选择一定刚度的梁格,使它承受与实际结构同样的剪力时,扭转变形与实际结构相似,如图 9-8 所示。为了求出横向梁格的等效剪切面积,必须建立垂直剪力 Q 与图 9-8 中的有效剪切位移 W_s 之间的关系。但用精确方法建立关系式太过于复杂,便考虑用较简单的方式建立剪力与位移的近似关系。对于图 9-8 所示的梁格图式,假定剪力在顶板、底板之间按其弯曲刚度比例分布,并且在腹板中有反弯点,可得横向梁格每单位宽度的垂直剪力近似值为:

$$Q = \frac{d' + d''^3}{l^3}\left[\frac{d_w{}^3 \cdot l}{d_w{}^3 \cdot l + (d'^3 + d''^3)h}\right] \cdot E \cdot w_s \tag{9-22}$$

式中:d'、d''、d_w、l 、h——含义见图 9-8;

w_s——有效剪切位移。

上述特性可称为“柔性剪力梁格”。

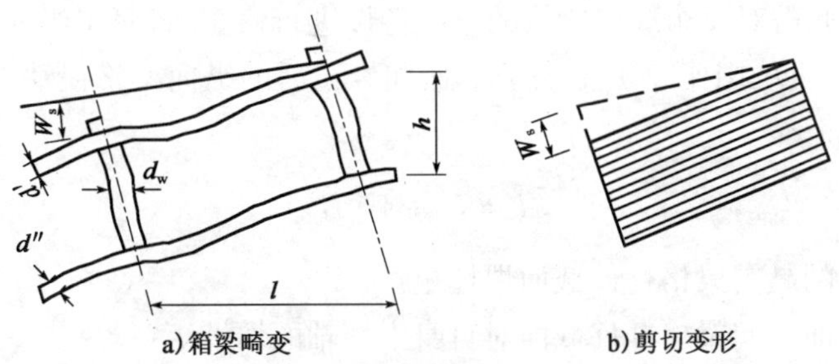

a)箱梁畸变　　b)剪切变形

图 9-8　箱梁等效梁格及内力

对柔性剪力梁格构件,剪力和位移的关系为:

$$Q = \frac{A_s \cdot GW_s}{l} \tag{9-23}$$

于是可得横向梁格构件单位宽度等效剪切刚度为:

$$GA_s = \left(\frac{d'^3 + d''^3}{l^2}\right)\frac{d_w^3 \cdot l}{[d_w^3 \cdot l + (d'^3 + d''^3)h]} \cdot E \tag{9-24}$$

若箱梁内有横隔板,A_s 中还应包括横隔板截面积。

若上部结构内的腹板比实际设置的纵向梁格的间距小得多,则横向的 A_s 仍然应采用实际的格室和腹板尺寸来计算。

严格地说,式(9-23)仅适用于矩形横截面格室。若上部结构有三角形或梯形格室则不适用。抗剪刚度须从同样形状的框架分析导出,可取箱梁纵向单位长度按横向平面框架进行计算。例如如图 9-9 所示的包含三角形格室的箱梁,因为它不能转动而承受扭转剪力 Q,每一格室的抗剪刚度为 Q 除以横贯格室的相对垂直位移,令其等于式(9-22)中的刚度 A_sG/l,则可求出横贯格室构件的等效剪切面积,具体算例可参阅本章参考文献[3]第四篇第 2 章。

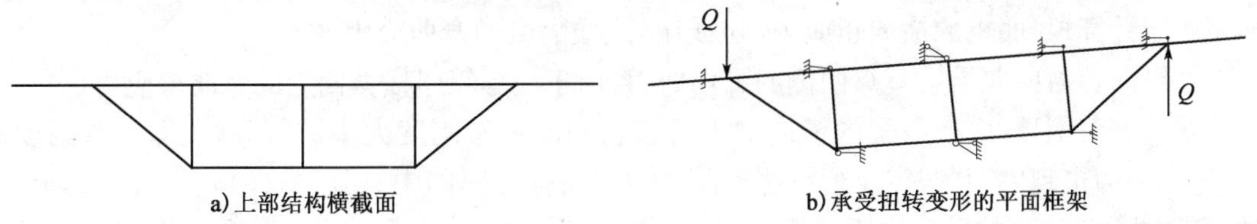

a)上部结构横截面　　b)承受扭转变形的平面框架

图 9-9　梯形格室抗剪刚度的平面框架分析

9.2.4 梁格法应用中的几个具体问题

(1)箱形截面梁划分梁格的两种方法

按照梁格划分的等效原理,箱梁的梁格划分有以下两种方法:

方法一:梁格划分后的各纵向梁格为工形截面,其中性轴应与原结构整体截面的中性轴一致。要满足这个要求,需经过多次划分、试算,工作量很大。箱室较多时,手算过于麻烦。有的设计人员采用编程计算器来适应反复试算的需要,以节省时间。

方法二:强制移轴法。对箱梁格室沿顶板中心点切开,并竖直向下再将底板切开,成为与腹板数相等的几个纵向梁格。各纵向梁格自身的中性轴与整体箱梁的中性轴不一致(即不在同一水平面上),因此需对每个纵向梁格的截面特性进行修正,且每个纵向梁格的惯性矩和截面模量仍应按整体箱梁的中性轴进行计算。例如修正后的纵向梁格惯性 I_y(对整体箱梁中性轴的惯性矩)为:

$$I_y = I_{yc} + A \cdot C^2 \tag{9-25}$$

式中:I_y——修正后的纵向梁格杆件截面惯性矩;

I_{yc}——未修正前纵向梁格杆件截面对自身中性轴的惯性矩;

A——纵向梁格杆件的截面积;

C——纵向梁格杆件中性轴至整体箱形截面中性轴的距离。

方法二可以省去方法一多次试算的麻烦。

目前,有的软件(例如 Midas Civil)已能提供梁格法建模的辅助功能,可以根据用户定义的整体截面,采用上述两种方法自动划分梁格截面,并调整截面特性,可以自动生成全桥三维梁格模型。所以,梁格法初始数据人工准备的缺点基本上可以克服。

(2)支座处理

既然箱梁梁格模型的纵向梁格杆元是沿着它的形心走的,那么在支点截面,形心是在支点上方一定高度处,梁格模型不应当直接放在支点上,而应当采用竖向刚臂与支点连接。按照经典的弹性薄壁杆件理论,弯曲变形是绕着形心发生的,扭转变形是绕着剪切中心发生的。形心与剪切中心不一定在同一高度上,但不会影响弯曲和扭转的计算,这与支座传力特点不同。

计算实例表明,支座刚度对支承反力影响很大,应根据实际采用支座情况计算出准确的支承刚度。在采用软件分析时,应按弹性杆元输入支座的刚度系数。

(3)梁格法计算成果的使用

梁格法分析箱梁结构均采用电算完成,对于输出成果的使用,应注意以下几点:

①纵、横向弯矩均应取梁格节点两侧的平均弯矩。纵向弯矩用于计算纵向弯曲应力,横向弯矩用于计算顶、底板的横向正应力(拉或压)或横隔梁的弯曲应力。

②纵向剪力应取梁格节点两侧的平均剪力,用于计算箱梁横截面上的弯曲剪应力。

③箱室范围顶、底板所受的横向剪力可按它们的抗弯刚度大小进行分配,即抗弯刚度越大,所受剪力也越大,并假定反弯点位于两个相邻腹板之间的中点处,这样顶、底板在其上、下端(与腹板相交处)的横向弯矩就等于剪力乘以腹板间距 l[参阅图 9-8a)]的一半。因此,根据剪力便可获得横向弯矩图,再叠加上箱梁因局部荷载引起的横向弯矩,即可得到总的横向

弯矩。

箱梁外侧悬臂板的横向弯矩可以直接采用梁格法输出的数据,因为悬臂板不具有箱室效应。

④各梁格纵向弯矩、剪力的分别代数和即纵梁的总弯矩和总剪力,而扭矩之和则不等于总扭矩,这是因为在梁格分析中,梁格扭转仅代表顶、底板内剪力流组成的扭矩。总扭矩应为梁格扭转与两侧相反剪力对梁轴线扭矩的代数和。

构件设计时,弯矩、剪力可取梁格内力进行抗弯、抗剪设计,而扭矩则应取全截面总扭矩进行抗扭设计。

(4)关于虚拟梁格

在拟定梁格构件时,为了荷载布置或传力的需要,有时应设置虚拟的纵向或横向梁格。虚拟梁格的刚度应符合实际结构,其自重一般为零。例如箱梁两侧的悬臂为了布置活载,可在端部设纵向虚拟梁格。因箱梁顶、底板已包含在纵向梁格中,为了约束(联系)各片纵向梁格并横向传力还应设置几道横向虚拟梁格。其间距大约为箱梁反弯点之间距离的 1/4,自重系数为 0。悬臂板端的虚拟纵向梁格,采用悬臂构件的一半来模拟,即厚度取悬臂板厚度,宽度为悬臂端一半。其截面特性取悬臂板截面特性的一半。箱梁的实有横隔梁应按实际梁格模拟,如其纵向间距较大,则应在实有横隔梁之间适当增设虚拟横梁。又例如分体式小箱梁,如主梁之间无横隔梁,横桥向仅有翼缘板连接,应设置等效的虚拟横向梁格,其截面高度取翼缘板的厚度,其截面宽度、道数与间距有关,应在等效刚度的前提下通过计算确定,自重应取为 0。本章参考文献[16]对分体组合小箱梁桥的梁格划分与虚拟横梁的设置,结合工程实例进行了分析计算,提出了改进意见。并指出:等效虚拟横梁的扭转刚度及其绕竖轴的抗弯刚度对纵向梁格抗弯有利,不应重复计入,应将其调整系数设为 0。本章参考文献[17]对装配式连续弯箱梁虚拟横梁刚度的取值结合工程实例进行了研究。本章参考文献[18]对变宽度曲线箱梁桥的梁格法计算结果与静载试验进行对比分析,可供参考。

9.3　梁格法与单梁法用于混凝土弯、斜梁桥实例

9.3.1　湖南永顺县双凤桥实例[19]

4 × 16m RC 连续弯箱梁桥,位于缓和曲线和圆曲线上。桥面宽 11m,等高度箱梁为单箱三室,梁高 1.4m,顶板厚度 25cm,底板厚度 20 ~ 40cm,边腹板厚度 40 ~ 50cm,中腹板厚度 30 ~ 50cm。每跨跨中与支承处分别设置厚度为 40cm、150cm 的横隔板。采用满布式支架施工。用梁格法进行分析计算。如图 9-10 所示为箱梁截面梁格划分示意图。从每个箱室顶、底板的中点切开,共划分 6 片纵向梁格。这样划分各片纵向梁格的中性轴与整体箱形截面中性轴不一致,采用 9.2.4 节的第二种方法,按式(9-24)计算各片纵向梁格移轴后的修正惯矩。本桥采用 Midas Civil 软件,可利用其截面特性调整的功能进行这项计算,使纵向梁格模型与实际结构等效。为了方便活载加载,在箱梁两翼缘处各设置一片虚拟纵梁(图 9-10 中的 1 与 6),2、3、4、5 号纵向梁格位于腹板中心。每跨内均设置 5 片虚拟横梁,以约束纵梁和横向传力。纵梁 2、3、4、5 的抗弯惯矩分别取整体箱梁截面总惯性矩的 1/4。每

单位宽度的抗扭惯矩按下式计算：

$$J_x = \frac{2h^2 d' d''}{d' + d''} \tag{9-26}$$

式中：d'、d''——顶、底板的厚度；

h——顶、底板的中心距离。

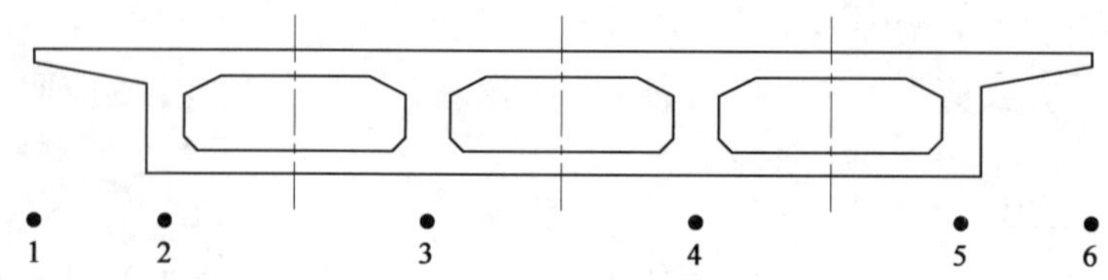

图 9-10　箱梁纵向梁格划分

2、3、4、5 纵向梁格抗剪面积取相应的腹板截面积，虚拟纵梁 1、6 分别取悬臂宽度的一半计算截面特性。虚拟横梁每单位宽度抗弯惯矩：

$$I_x = \frac{h^2 d' d''}{d' + d''}$$

式中：符号含义同上式。

每单元宽度的抗扭惯矩取其抗弯惯矩的 2 倍。虚拟横梁的剪切面积 A_s 的计算见式(9-24)。

为了验证梁格法计算结果的精度，该桥进行了荷载试验，与理论计算的应变值对比如表 9-1 所示。

梁格法计算与荷载试验应变对比(单位：με)　　表 9-1

构件	工况一		工况二		工况三		工况四	
	梁格	试验	梁格	试验	梁格	试验	梁格	试验
纵梁 2	26.14	24	20.81	18	-15.57	-13	16.49	12
纵梁 3	27.45	27	19.8	19	-17.28	-15	21.04	18
纵梁 4	28.55	28	19.01	18	-17.07	-16	32.46	29
纵梁 5	26.99	25	20.7	19	-16.29	-14	43.19	38

汽车荷载为公路Ⅱ级，四个静力荷载工况为：

工况一：边跨跨中截面最大正弯矩，横桥向居中布载；

工况二：中跨跨中截面最大正弯矩，横桥向居中布载；

工况三：中支点截面最大负弯矩，横桥向居中布载；

工况四：边跨跨中截面最大正弯矩，横桥向偏载。

静载试验结果与梁格法计算的应变及挠度基本吻合，变化趋势一致，表明梁格划分合理，纵横梁格的截面特性计算准确。梁格法的计算精度可以满足工程设计的要求。

9.3.2　某互通式立交 C 匝道桥实例[20]

C 匝道桥位于平曲线上，为 23m + 35m + 23m 预应力混凝土连续弯箱梁。0.469m 在缓和曲线上，81.81m 在圆曲线上，其曲线半径为 68m。箱梁等高度 2.1m，宽 9.25m。支点及跨中截面如图 9-11、图 9-12 所示。汽车荷载为公路—Ⅰ级。

采用 Midas Civil 软件分别建立梁格法模型和空间单梁法模型进行分析计算，并对两种方法计算结果进行了比较。

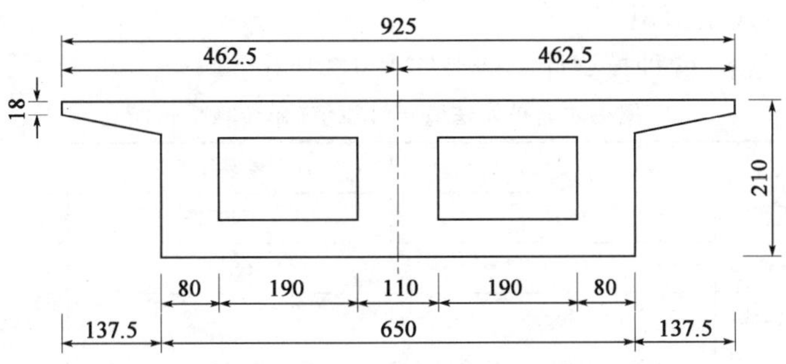

图 9-11　箱梁支点截面图(尺寸单位：cm)

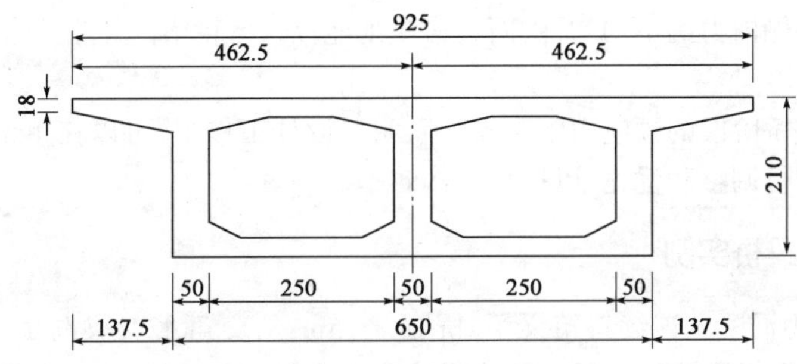

图 9-12　箱梁跨中截面图(尺寸单位：cm)

梁格法的梁格划分：对应三个腹板位设置三片纵向梁格，另在边纵梁外侧设置两片虚拟纵向梁格，以布载活载。在实际中横梁与端横梁处设置横向梁格，另在每跨实有横梁之间设置虚拟横向梁格，全桥共有 4 种，宽度分别为 1.34m、1.30m、1.62m 和 1.59m。梁格模型单元总计 599 个，节点数 368。

空间单梁模型(有的论文称为空间梁单元法或单梁—支座刚臂法)的梁单元总计 74 个，节点数 83 个。由于端横梁及中横梁无法模拟，只能以节点加载和梁单元线荷载的形式进行布载。

两种模型计算结果对比分析如下：

(1)支座反力

在自重荷载工况下，两种模型计算结构如表 9-2 所示。

梁格法与单梁法支反力计算值(单位：kN)　　表 9-2

计算方法	支座位置							
	曲线外侧				曲线内侧			
	0 号台	1 号墩	2 号墩	3 号台	0 号台	1 号墩	2 号墩	3 号台
梁格法	1167.8	3645.9	3645.7	1168.8	908.4	3573.9	3574.1	907.3
单梁法	1111.2	3570.4	3572.4	1118.2	967.6	3648.1	3643.0	964.1
差值(%)	5.1	2.1	2.1	4.5	6.1	2.0	1.9	5.6

由上表可以看出，单梁法计算的 1 号、2 号墩处自重情况下外侧支反力小于内侧支反力，

这与弯梁桥的恒载反力分布规律不相符，因而单梁法计算的支反力是失真的，而梁格法计算的支反力则符合实际情况。

(2)箱梁腹板处纵梁弯矩

在自重荷载工况下，两种模型计算结果如表 9-3 所示。

梁格法与单梁法弯矩计算值(单位:kN/m)　　表 9-3

位　置		第 1 跨跨中	1 号墩顶处	第 2 跨跨中
梁格法	曲线外侧纵梁弯矩	1502.9	-5497.3	3364.9
	曲线中间纵梁弯矩	1880.7	-6814.3	4206.0
	曲线内侧纵梁弯矩	1462.8	-6126.8	3203.5
单梁法		5163.9/3 = 1721.3	-1838.05/3 = -6126.8	11614.9/3 = 3871.6

由上表可以看，单梁法只能得到箱梁纵向弯矩总值，按平均分配到每个腹板，不能正确反映弯箱梁曲线内外侧内力的不均匀性，而梁格法则能反映弯箱梁内外侧的弯矩分布真实情况，具有较高精度。

单梁法用于成桥阶段的预应力配束较为简明。设计工作中，可以在单梁法配束的基础上用梁格法对配束进行调整和优化，以提高工作效率。

9.3.3 某斜梁桥实例[21]

2×42m 预应力混凝土连续斜箱梁桥，桥宽 16.5m，斜交角 42°，梁高 2.2m。图 9-13 为桥型平面图，图 9-14 为箱梁横断面图。设计荷载公路Ⅰ级，C50 混凝土。分别采用梁格法和单梁法进行结构分析计算。

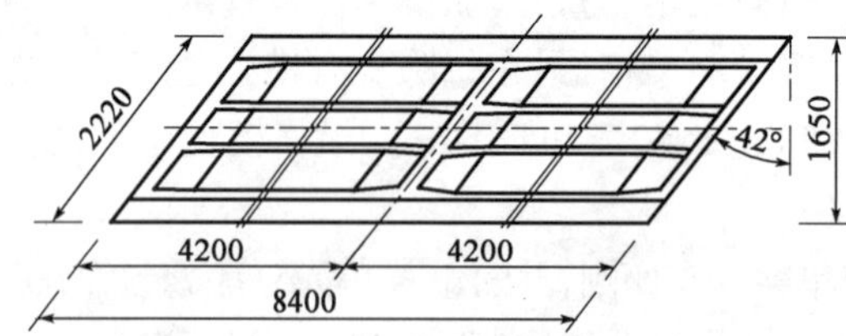

图 9-13　桥型布置平面(尺寸单位:cm)

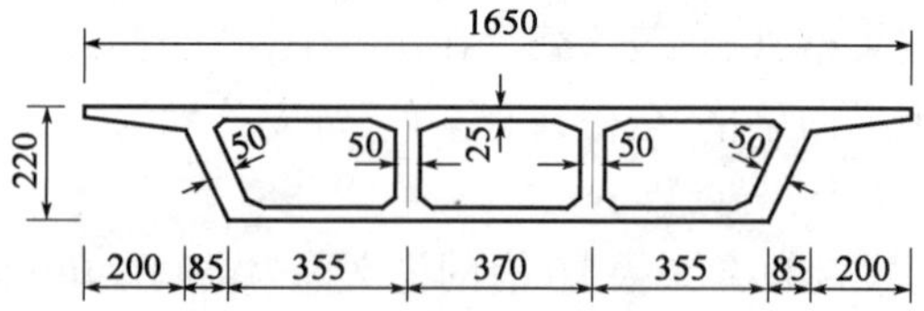

图 9-14　箱梁跨中断面(尺寸单位:cm)

梁格法模型:采用纵、横向正交梁格，纵向梁格在箱室中部对中切开，分为 4 片纵向梁格，见图 9-15。这种划分，每个纵梁的形心与整体箱梁的形心不在同一水平面上。各纵梁截面特性必须按整体箱梁的形心计算，再进行移轴修正，见式(9-24)。纵向梁格均为实梁，横向有横隔板处为横向实梁，其他横向梁格为横向虚拟梁，只计刚度，不计自重。梁格模型如图 9-16 所示。全桥共计 286 个单元，201 个节点，采用 Midas Civil 2010 版软件建立计算模型，活载加载方式应采用横向联系梁方式加载而非车道单元加载，二者差异较大。

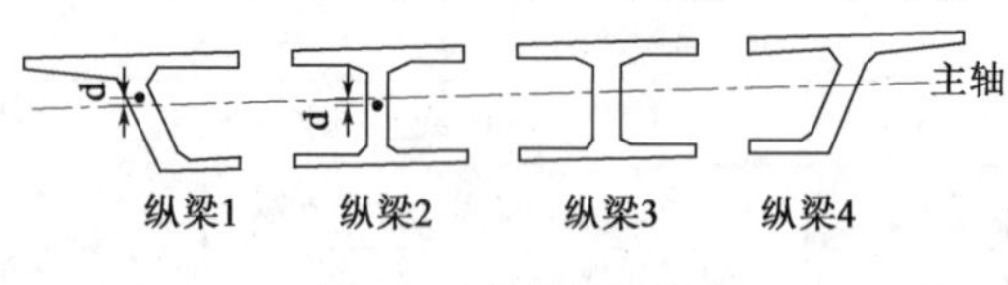

图 9-15　梁格划分断面

单梁法模型:边界支承按照实际支座的位置和角度，采用刚臂与梁单元节点刚性连接来模拟各个支承情况。梁单元的模型如图 9-17 所示。

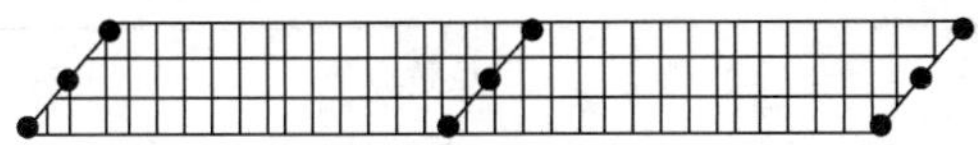

图 9-16　梁格模型

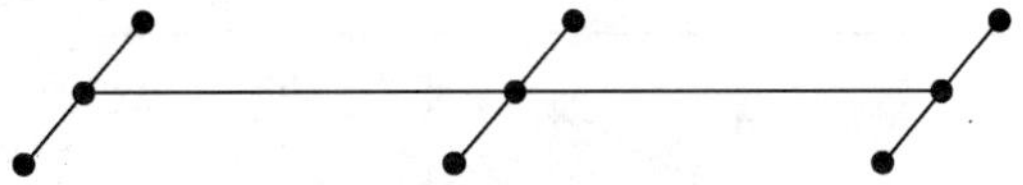

图 9-17　单梁模型

(1)支反力比较

两种方法计算的支反力,恒载反力见表 9-4,活载反力见表 9-5。

恒载支反力对比(单位:kN)　　表 9-4

位置	0 号桥台		1 号桥墩		2 号桥台	
	梁格	单梁	梁格	单梁	梁格	单梁
支座 1	1525	1935	6050	6121	3014	2681
支座 2	1717	2168	7003	6401	1736	2168
支座 3	3037	2401	6083	6680	1531	1655

注:恒载组合为自重 + 二期 + 预应力 + 预应力次效应 + 收缩徐变。

活载支反力对比(单位:kN)　　表 9-5

位置	0 号桥台		1 号桥墩		2 号桥台	
	梁格	单梁	梁格	单梁	梁格	单梁
支座 1	1051	1136	1505	1501	795	802
支座 2	577	553	843	870	574	558
支座 3	794	834	1506	1545	1052	1172

从表中数值可以看出:两种方法计算的支反力变化基本一致,最大相差约 26.7%。对单梁法计算的支反力在使用时宜乘以 1.1 ~ 1.15 的安全系数。因较大斜交角的影响,钝角处与锐角处的支反力相差较大,两种方法均反映出这个特点,但梁格法的精度高一些。

(2)挠度比较

两种方法计算的挠度如表 9-6 所列。恒载、预应力与混凝土收缩徐变三者产生的累计挠度各梁均是梁格法大于单梁法,表明采用单梁法模型进行刚度验算是偏于不安全的。

1 号跨跨中挠度对比(单位:mm)　　表 9-6

荷载	梁　格　法				单梁法
	1 号梁	2 号梁	3 号梁	4 号梁	
恒载	-18	-20	-23	-26	-23
预应力	18	21	24	27	22
收缩徐变	6.4	8.6	10.7	12.6	7
合计	6	9.4	12.3	14.6	5.4

(3)恒载内力比较

梁格法与单梁法模型恒载内力计算结果列于表 9-7 和表 9-8。从表中可以看出:4 片纵梁的总效应,两种方法相差很小,最多仅为 5.2%,但各腹板的内力差异则很大,相对误差最大达到 72.7%。所以单梁法只能用于计算总内力和平均内力,不能用来计算各腹板的内力。而梁格法则能较精确地计算各腹板的内力,其变化规律符合斜梁桥的受力特点。

1 号跨跨中弯矩 表 9-7

模型	梁号	恒载（kN·m）	预应力效应（kN·m）	预应力次效应（kN·m）	总效应（kN·m）	相对误差（%）
梁格法	1 号	5088	-13346	7948	-310	-63.6
	2 号	7928	-13306	4835	-543	-36.2
	3 号	8942	-13306	2893	-1471	72.7
	4 号	9957	-13371	2050	-1364	60.1
	合计	31915	-53329	17726	-3688	5.2
单梁		33796	-51567	14264	-3507	—

注：相对误差为总效应下各纵梁内力与纵梁平均内力差值的百分比，正值为比平均值大，负值为比平均值小。下同。

1 号墩墩顶弯矩 表 9-8

模型	梁号	恒载（kN·m）	预应力效应（kN·m）	预应力次效应（kN·m）	总效应（kN·m）	相对误差（%）
梁格法	1 号	-18856	12937	4625	-1294	-48.0
	2 号	-16676	13086	2291	-1299	-47.8
	3 号	-16609	13130	1101	-2378	-4.4
	4 号	-13925	13061	-3082	-3946	58.7
	合计	-66066	52214	4935	-8917	-0.34
单梁		-66073	51836	5290	-8947	—

(4)活载内力比较

两种方法活载状态下的内力计算结果列于表 9-9。从表上数据可以看出：活载作用时，两种计算方法所得总内力较为接近，最大仅相差 3.7%，但各纵梁弯矩与平均弯矩的差值最大达到 34%。所以，单梁法只能获得平均内力，如果用以对箱梁进行配筋设计和验算，对内力大的腹板是偏于不安全的。梁格法能较好地反映斜桥的荷载横向分布与受力特点，用于设计更为合理。

活载效应下弯矩对比 表 9-9

模型	梁号	跨中弯矩（kN·m）		1 号墩顶弯矩（kN·m）		最大相差（%）
		最大	最小	最大	最小	
梁格法	1 号	2198	-787	280	-3053	34.0
	2 号	2505	-680	275	-2371	28.9
	3 号	2656	-539	170	-2294	31
	4 号	2738	-432	142	-2208	34
	合计	10097	-2438	867	-9926	3.7
单梁		10057	-2349	853	-10057	—

9.3.4 某高速公路大桥实例[17]

4×40m 组合小箱梁连续弯桥，曲率半径 278m，桥面宽度 11.75m，C50 混凝土。中梁顶板宽 2.4m，边梁顶板宽 2.725m，底板均为 1m。边梁外侧翼板宽 0.6m，端部厚 0.2m，根部厚 0.3m；跨中截面顶板厚 0.22m，底板厚 0.18m，腹板厚 0.2m。支点附近，底板、腹板局部加厚，每片梁端支承处设双支座。桥梁平面和横断面如图 9-18 所示。各跨仅有支承处端横梁，跨间无中横梁。

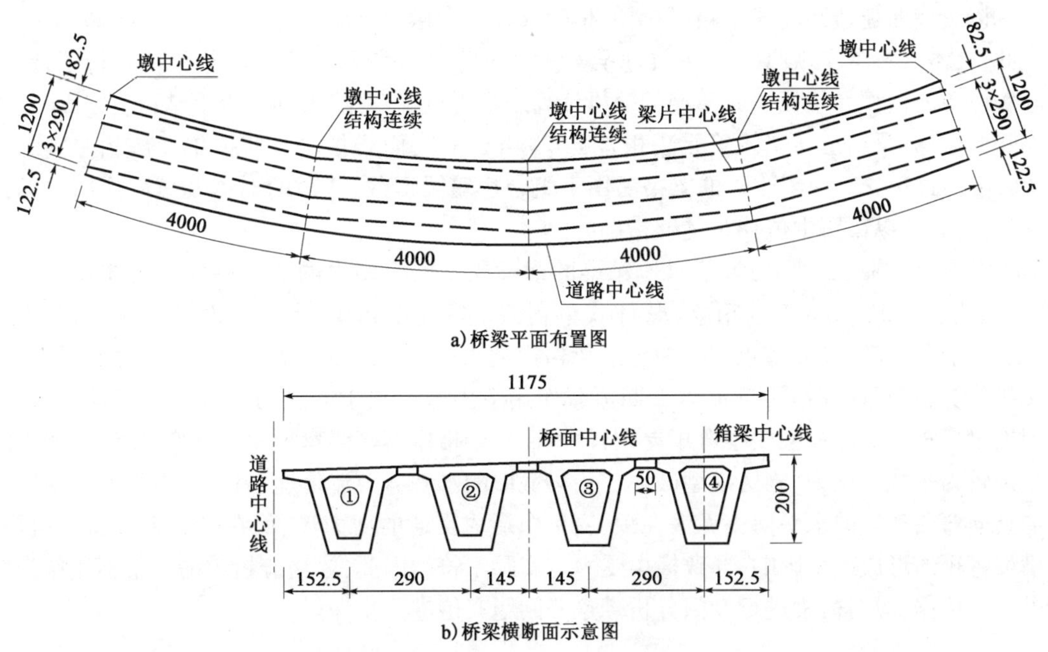

图 9-18　桥梁总体布置图（尺寸单位：cm）

为了研究梁格法的计算精度和组合小箱梁桥虚拟横梁刚度的合理取值，采用梁格法与空间实体有限单元法进行了分析计算，要点如下：

(1) 梁格法

采用 Midas Civil 建立梁格模型。采用考虑剪切变形的纵向梁单元模拟小箱梁，采用虚拟横梁模拟小箱梁之间的横向联系，横梁垂直于纵梁。纵梁单元的截面根据小箱梁截面确定。虚拟横梁的截面高度取翼缘板的厚度 0.22m，横梁间距应合适（见后面刚度分析），其截面宽度取 5m，虚拟横梁自重调整系数为 0，虚拟横梁的扭转刚度及其绕竖轴的抗弯刚度对纵梁有利，不应重复计入，也应将其调整系数取为 0。将这样设定的虚拟横梁刚度称为初始刚度，通过改变虚拟横梁绕横轴抗弯刚度的调整系数来改变其刚度进行参数分析计算。汽车荷载为公路 Ⅰ 级的车道荷载。

(2) 空间实体有限单元法

采用 ANSYS，按照实桥情况，用 SOLID45 单元建立全桥三维实体有限元模型，共计 59872 个单元，94146 个节点。边墩及内边墩支座处约束竖向与横向位移，中墩处支座约束竖向、横向及顺桥向位移。

(3) 计算结果分析

①不同工况下，两种计算模型各跨跨中截面总弯矩的偏差仅为 1.63% ~ 3.19%，说明梁格法只要正确运用，计算精度较高。

②梁格模型中，随着横梁刚度的增大，跨中截面的总弯矩变化很小，只会影响内力的横向分配。

③在梁格模型中，虚拟横梁截面高度取箱梁顶板厚度，截面宽度取 5m，作为其初始刚度，当虚拟横梁的刚度取 4 倍初始刚度时，各工况下纵梁弯矩分配误差的平均值与实体有限元的计算结果相比较误差较小，为 9.32%。表明过大过小的虚拟横梁刚度都会引起较大的误差。

④以直代曲建造装配式小箱梁弯桥，依然存在弯扭耦合效应。

此外，本章参考文献[16]采用改进梁格法对单跨 40m 装配式组合小箱梁桥进行了计算，并与实体单元模型和梁板单元模型的分析计算结果进行了对比，得到了以下结论：各片小箱梁跨中竖向位移，梁格法与实体单元法相差 1.4% ~2.3%，而梁板法与实体单元法相差则为 -5.40% ~ -1.36%。说明改进的梁格法用于组合小箱梁恒载、活载的对称及偏载作用下的计算，所得的各片纵梁跨中位移是足够精确的。

本章参考文献[22]中，为了对比箱梁的横梁在梁格模型中的受力特性与实体箱梁的区别，分别建立了 3×30m 连续箱梁(整体式单箱四室等高度箱梁，支承处设横梁，跨间无横隔板)的空间梁格模型及 8 节点实体模型。梁格模型采用 Midas Civil 2010、实体模型采用 Midas FEA 进行分析，只研究箱梁自重与二期恒载作用下中墩上横梁的受力情况。计算发现：梁格模型横梁弯矩与实体模型横梁弯矩差别较大，而且梁格模型横梁弯矩发生突变，实体模型横梁弯矩则较为平顺。认为，梁格模型破坏了箱梁截面的水平剪力流传递路径，使得横梁及两侧箱梁的竖向弯曲产生的水平剪力无法在顶、底板中形成贯通的剪力流，而在纵梁中堆积为扭矩，对横梁弯矩的形成产生影响，导致横梁受力与实际不符。因此，梁格分析中的横梁不能作为横梁设计的依据，应对横梁进行专门分析。这一问题有待进一步探讨。

9.4 弯、斜梁桥近似计算

在方案研究和初步设计节段，为能较快地了解桥梁结构主要内力情况，近似计算方法较为实用。有时为了校核大型软件分析结果的合理性、可靠性，以判断是否存在差错，近似算法可以提供控制性的内力数据。这类实用方法多采用手算，对其中运算内容较多的部分也可以由电脑编制小程序完成。

9.4.1 用于规则弯梁桥的 M/R 法

根据自由扭转理论，对于单根圆弧曲线梁，可以得到扭矩的表达式为：

$$T = T_A - \int_0^x \left(\pm \frac{M}{R} + t \right) dx \tag{9-27}$$

式中：T——曲梁任一截面的扭矩；

M——曲梁任一截面的弯矩；

t——曲梁上作用的均布扭矩；

x——沿弧长方向的长度；

R——曲梁曲率半径。

式(9-26)即为近似值计算的基本依据，故称为 M/R 法，其适用条件为：

①横截面是对称的，但截面形状、尺寸以及结构的力学特性可以沿梁轴线变化。

②各墩台上的支承线是沿径向的。

③板或梁的高度与其宽度相比很小，且板或梁的宽度与跨径相比也很小。

④设置适当横隔板或箱梁壁较厚，可以不考虑翘曲正应力和畸变。

⑤每跨的圆心角应不大于 30°，全桥的圆心角应不大于 90°。

M/R 法的计算精度，用一个算例说明：曲梁的曲率半径为 $R = 100\text{m}$，圆心角为 30°，抗弯与抗扭的刚度比为 2.5，*M/R* 法与精确法比较，弯矩、扭转的误差均在 5% 以内；挠度在两端固定情况下误差亦在 5% 以内，但如两端为简支，则误差超过 10%。

M/R 法计算步骤如下：

(1)曲梁扭矩计算

①竖向均布荷载

如图 9-19 所示为平面曲梁示意图，其中第 i 跨跨径为 l_i，横向有 n 根主梁，第 i 跨计算半径为 R_i。

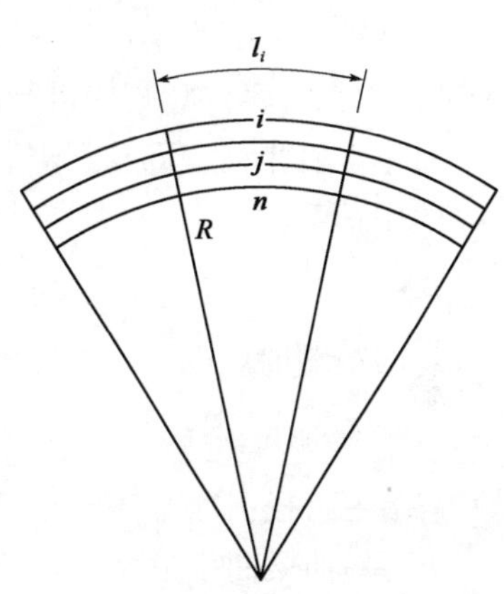

图 9-19　平面曲梁示意图

恒载：

$$\overline{P}_{恒} = \sum_{j=1}^{n} \frac{R_j}{R_i} \cdot P_j \tag{9-28}$$

$$R_i = \sum_{j=1}^{n} \frac{I_j/R_j}{\sum\limits_{j=1}^{n} j/R_j^2} \tag{9-29}$$

式中：n——第 i 跨共有 n 片主梁；

R_j——第 i 跨的第 j 根主梁的半径；

I_j——第 i 跨第 j 根主梁的抗弯惯矩；

P_j——第 i 跨第 j 根主梁延米恒载重量。

活载：

$$\overline{P}_{活} = \frac{1}{l_i} \sum_{k=1}^{m} P_{\text{k}} \tag{9-30}$$

式中：m——横桥向可以布置轮压的个数，例如对双车道桥，$m = 4$；

P_{k}——一个轮压重量。

②均布扭转

恒载：

$$\bar{t}_{恒} = \sum_{j=1}^{n} \frac{R_j}{R_i} \cdot P_j \cdot e_j \tag{9-31}$$

式中：e_j——第 i 跨、第 j 根主梁中心至全截面中心（由 R_i 确定）的距离。

即　$e_j = R_j - R_i$（应代入正负号）

如 $R_i < R_j$ 时，$e_j > 0$；如 $R_i > R_j$ 时，$e_j < 0$，外边梁 e_j 为正，内边梁 e_j 为负。

活载：

$$\bar{t}_{活} = \frac{1}{l_i} \sum_{k=1}^{m} P_k \cdot e_k \tag{9-32}$$

式中：e_k——P_k 至全截面中心（由 R_i 确定）的距离。P_k 位于截面中心以外时，e_k 为正；P_k 在截面中心以内时，e_k 为负。

③将曲梁按轴线弧长展开为直线梁，支承条件不变，计算出直梁在上述竖向均布荷载下的弯矩图。

④将上述弯矩图的 M 值除以曲率半径 R，再加上均布扭矩 t，可以得到$(M/R+t)$图。

⑤把两个相邻抗扭支座间的曲梁弧长作为计算扭矩时的计算跨径，并假定其为简支梁，然后将$(M/R+t)$图作为荷载作用在此直梁上，求出其支座反力及剪力。则支座反力即相应曲梁抗扭支座处的扭矩，而剪力图则为曲梁的扭矩图。

连续曲梁中间的抗扭支座，其两侧对应的简支直梁按上述方法求得支承处扭矩之代数和，即为曲梁抗扭支座处的最终集中扭矩。

(2)弯矩计算

前述③步中，已求得直梁的弯矩。一般情况下可直接作为曲梁的弯矩。如 R 过小，可以按下述方法进行修正。

将曲梁展开成直梁计算弯矩，当 R 不是很小时，其计算精度可满足工程设计的要求。当 R 很小时，直梁计算的弯矩应进行修正。

日本学者小西一郎在《钢桥》一书中提出简支曲梁跨中弯矩修正系数 a_m：

集中荷载时：

$$a_m=0.11\left(\frac{l}{R}\right)^2+1 \tag{9-33}$$

均布荷载时：

$$a_m=0.13\left(\frac{l}{R}\right)^2+1 \tag{9-34}$$

式中：l——跨径；

R——曲梁曲率半径。

美国汉斯教授提出箱形钢曲线梁按直线计算时弯矩修正系数 k_d、k_l：

恒载时：

$$k_d=1+\frac{1}{10(R+l)^2} \tag{9-35}$$

活载时：

$$k_l=1+\frac{1}{10(R+l)} \tag{9-36}$$

式中符号意义同上。上述两种修正系数，可供参考。

曲梁的剪力，也可展开成直梁进行计算，误差较小。汽车荷载冲击系数可近似按直梁进行计算。

用下面的实例说明用 M/R 法的具体计算步骤：

三跨连续曲线梁桥，桥轴线 $R=134.337$m，其余资料见图 9-20。

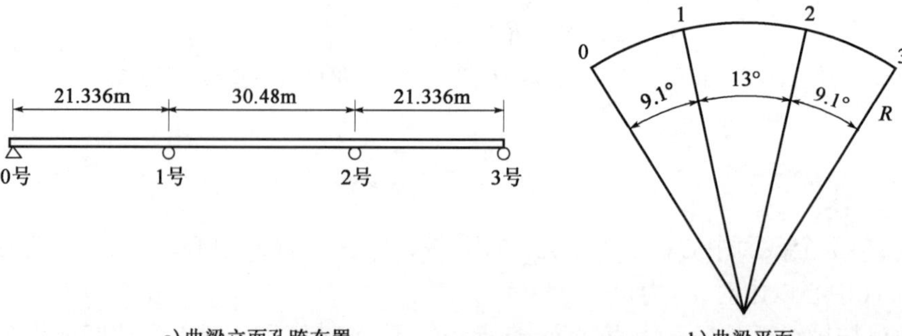

图 9-20　三跨连续曲梁桥

0 号、3 号桥台上为抗扭双支座,沿径向布置;1 号、2 号桥墩上为点铰支承,盆式橡胶支座,允许上部构造有水平位移和转动,但不能抵抗扭矩。曲梁为等截面。如图 9-21 所示为中间 1 号、2 号墩处的横断面图。

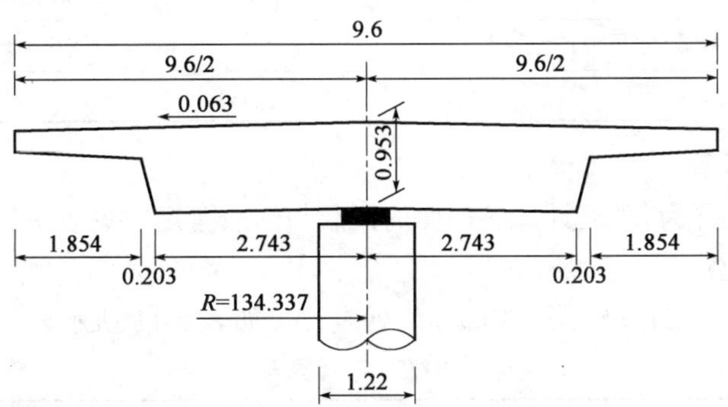

图 9-21 曲梁横断面(尺寸单位:m)

①总扭矩计算(即外扭矩)。

图 9-22 上, CG 为截面重心,重心至桥面 $y_t = 0.390$m,重心至截面底 $y_b = 0.563$m,截面面积 $A = 6.856$m,上部构造恒载对 CG 的偏心距 $e = 0.0396$m。曲梁恒载重心对曲梁轴线的偏心距 e 可用近似计算,《桥梁结构理论》(张士铎著)介绍,其公式为 $e = B^2/12R$,式中 B 为桥面宽。精确计算应采用分块求重心的方法。CF 为活载离心力;W_{DL} 为上部构造承受的风荷载,作用在表面积的重心上;W_{LL} 为活载上作用的风荷载。CF 与 W_{LL} 作用在桥面以上1.829m 处;W_{DL} 作用点距截面重心 0.32m。上部构造恒载 $q_{DL} = 16.472$t/m。风力较小地区,可以不计风荷载影响。

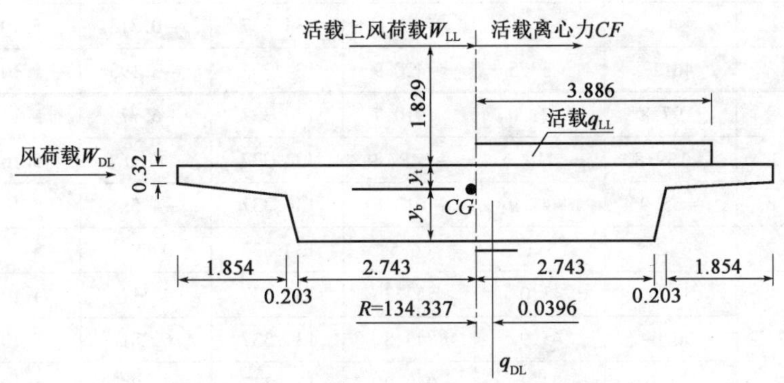

图 9-22 截面重心及作用力(尺寸单位: m)

活载:最大扭矩出现在外侧车道上满布车辆时,经布载计算可得活载顺桥向均布载 $q_{LL} = 1.577$t/m。离心力 $CF = 0.402$t/m(顺桥向延米,下同);结构上风载 $W_{DL} = 0.506$t/m;活载上风载 $W_{LL} = 0.149$t/m。表 9-10 为顺桥向均布扭矩。

顺桥向均布扭矩(外力扭矩) 表 9-10

荷载	顺桥向均布扭矩(t·m/m)
恒载(竖向力)	$16.472 \times 0.0396 = 0.652$
活载(竖向力)	$1.577 \times 3.886/2 = 3.064$
离心力(水平力)	$0.402 \times (1.829 + 0.390) = 0.892$

续上表

荷载	顺桥向均布扭矩(t·m/m)
结构上风载(水平力)	0.506×0.32=0.162
活载上风载(水平力)	0.149×(1.829+0.390)=0.331
总扭矩ΣT	5.101

②弯矩(内力)计算。

将曲梁沿轴线展开为直梁,计算各截面的恒载与活载弯矩。见表9-11。

③($M/R+T$)计算。

T为外扭矩,即$T=\Sigma T=5.101$t·m/m。列表计算如表9-11所示。

($M/R+T$)计算表 表9-11

截面号	纵向弯矩M(t·m)				R(m)	M/R (t·m/m)	T (t·m/m)	$\frac{M}{R}+T$ (t·m/m)
	恒载	二期恒载	活载	合计				
0	0	0	0	0	134.337	0	5.101	0
1	227.8	30.0	21.6	229.4	134.337	2.080	5.101	7.181
2	378.1	49.8	36.3	464.2	134.337	3.455	5.101	8.556
3	450.7	58.9	43.2	552.0	134.337	4.109	5.101	9.210
4	445.9	58.8	42.8	547.5	134.337	4.076	5.101	9.177
5	363.4	47.9	34.7	446.0	134.337	3.320	5.101	8.421
6	203.4	26.7	19.4	249.5	134.337	1.857	5.101	6.958
7	-34.2	-4.6	-3.3	-42.1	134.337	-0.313	5.101	4.788
8	-349.3	46.1	-33.5	-428.9	134.337	-3.193	5.101	1.908
9	-741.9	-97.8	-71.0	-910.7	134.337	-6.779	5.101	-1.678
10	-1212	-159.8	-116.1	-1487.9	134.337	-11.076	5.101	-5.975
11	-499.8	-65.9	-47.9	-613.6	134.337	-4.568	5.101	0.533
12	54.2	7.2	5.1	66.5	134.337	0.495	5.101	5.596
13	450.0	59.2	43.0	552.2	134.337	4.111	5.101	9.212
14	687.3	90.6	65.9	843.8	134.337	6.281	5.101	11.382
15	766.6	101.0	73.3	940.9	134.337	7.004	5.101	12.105

④将表9-11中的($M/R+T$)绘出,可得均布($M/R+T$)图,见图9-23。

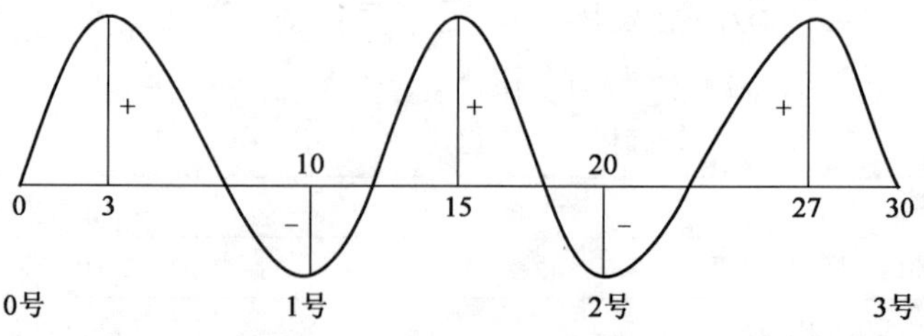

图9-23 均布($M/R+T$)图

⑤确定扭转跨径。

本例仅桥台上设抗扭双支座，中墩上为点铰支撑，故扭转跨径为三跨之和。

⑥计算最终内力扭矩。

将图 9-23 中（$M/R+T$）作为荷载施加于扭转跨径上，按简支梁计算并绘出剪力图，此剪力图即为最终内力扭矩图，见图 9-24。

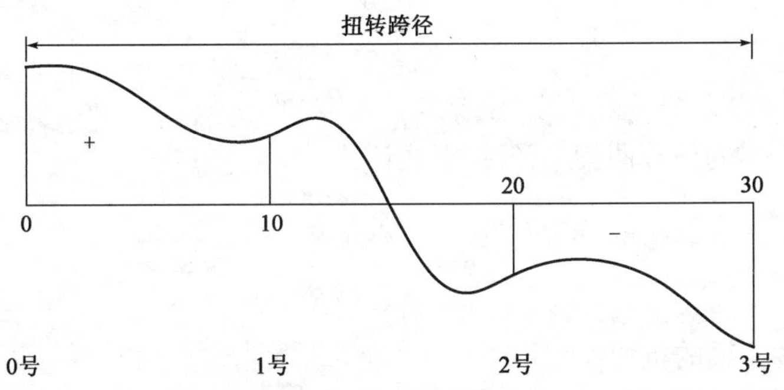

图 9-24　全桥曲梁最终内力扭矩图（单位：t · m）

9.4.2　用于弯梁桥的一根曲梁法

一根曲梁法也是建立在纯扭转理论基础上的。将曲梁桥用一根弹性曲杆来代替，其适用条件与 M/R 法基本相同。从工程设计实用精度考虑，提出以下几项要求，以简化计算：

①曲梁横截面尺寸宜为跨径的 1/4 或更小。

②横截面刚度较大或设置有横隔板，截面不产生畸变。

③横截面保持平面，即不发生翘曲，不考虑双力矩，忽略翘曲正应力。

④假定剪切中心（即扭转中心）的曲率半径等于梁轴线半径。

⑤截面扭矩由自由扭转产生，不考虑约束扭转的影响。

一根曲梁法与有限元法计算结果进行比较，弯矩误差在 ±2% 以内，剪力误差约为 ±0.5%，但扭矩误差较大，约为 ±10%。但均在实用上的允许范围内。对曲率半径较小的弯桥，内力扭矩可乘以 1.1 的增大系数。一根曲梁法的应用范围大于 M/R 法。例如沿曲梁轴线不仅可以作用均布扭矩，也可以作用集中扭矩；横截面可以是不对称的截面；中心角的大小、弯曲与扭转刚度比、两端约束条件等都不影响计算结果的精度。

一根曲梁法的基本公式可参阅本章参考文献[9]、[10]。

按本章参考文献[10]编制的“连续弯梁桥内力影响计算程序 $yszL_1$”可以算出曲梁的弯矩、剪力和扭矩影响线。程序的适用条件为：

①单跨或多跨连续曲梁桥，各墩、台上均设置抗扭支座。

②连续曲梁桥各跨跨径可以不相等，曲率半径可以不相同。

③连续曲梁桥各跨的抗弯、抗扭惯矩可以互不相等。

④当曲梁中含有缓和曲线时，可以换算为等代圆曲线半径进行计算。

⑤由于是用一根曲梁计算内力影响线，可以用来计算正弯桥（支座沿径向布置）、平行弯桥（支座相互平行布置）和斜弯桥（支座非径向、非平行布置）的单根曲梁影响线，在内力计算时，再计入不同的横向分布系数。

用一根曲梁法计算内力的步骤如下：

(1)用 $yszL_1$ 程序算出一根曲梁各截面的弯矩、剪力和扭矩影响线。

(2)恒载换算荷载计算。

竖向均布荷载：

$$\overline{P}_{恒}=\sum_{j=1}^{m}\frac{R_j}{R_i}\cdot P_j \tag{9-37}$$

均布扭矩：

$$\bar{t}_{恒}=\sum_{j=1}^{m}\frac{R_j}{R_i}\cdot P_j\cdot e_j \tag{9-38}$$

式中：R_i——第 i 跨梁的计算曲梁半径，按下式计算，

$$R_i=\frac{\sum_{j=1}^{m}I_j/R_j}{\sum_{j=1}^{m}I_j/R_j^2}$$

I_j——第 j 片主梁的抗弯惯性矩；

m——曲梁横断面由 m 片主梁构成；

R_j——第 j 片主梁的曲率半径(m)；

P_j——第 i 跨第 j 片主梁每延米恒载(t/m)，实桥计算时应将全部恒载分配给各片主梁。对于栏杆、人行道、中央分隔带等按其实际位置分配给就近的主梁；

e_j——第 i 跨第 j 片主梁中心至截面换算中心(由 R_i 决定)的距离(m)，即 $e_j=R_j-R_i$，外边梁 e_j 为正，内边梁 e_j 为负。

(3)活载换算荷载。

①汽车换算荷载。

竖向集中荷载

$$\overline{P}_{汽}=\sum_{k=1}^{s}P_k \tag{9-39}$$

集中扭矩

$$\overline{T}_{汽}=\sum_{k=1}^{s}P_k\cdot e_k \tag{9-40}$$

式中：s——在横桥向可以布置 s 个轮压，例如对双车道桥，$s=4$；

P_k——一个轮压荷载(kN)；

e_k——P_k 至全截面换算中心(由 R_i 决定)的距离(m)，即 $e_k=R_k-R_i$，R_k 为第 k 个轮压处的曲率半径(m)。

②人群换算荷载。

人群荷载为顺桥向均布荷载，计算公式与恒载换算荷载相同。其中，P_j 为第 j 片主梁分配到的人群荷载，最后得到 $\overline{P}_{人}$ 和 $\bar{t}_{人}$。

(4)在曲梁影响线上加载换算荷载，即可求得一根曲梁的恒、活载内力(M、Q、T)。

当汽车分别靠内侧和外侧布载时，应分别计算内、外侧布载的内力扭矩。

如有可能两侧分别出现满布人群荷载时，应分别计算内、外侧布载时的内力扭矩。

(5)各主梁横向分配系数。

上述按影响线加载求出 M、Q、T 内力后，应分别乘以横向分配系数。

①弯矩横向分配系数。

$$\eta_{mj}=\frac{I_j/R_j^2}{\sum_{j=1}^{m}(I_j/R_j^2)} \tag{9-41}$$

式中：η_{mj}——第 i 跨第 j 片主梁弯矩横向分配系数，横向共有 m 片主梁。

I_j——第 i 跨第 j 片主梁截面抗弯惯性矩(m^4)。

②剪力横向分配系数。

$$\eta_{Qj}=\frac{R_j}{\sum_{j=1}^{m}R_j} \tag{9-42}$$

式中：η_{Qj}——第 i 跨第 j 片主梁剪力横向分配系数。

③扭矩横向分配系数。

$$\eta_{tj}=\frac{J_j/R_j^3}{\sum_{j=1}^{m}(J_j/R_j^3)} \tag{9-43}$$

式中：η_{tj}——第 i 跨第 j 片主梁扭矩(内力)横向分配系数；

J_j——第 i 跨第 j 片主梁截面抗扭惯性矩(m^4)；

其余符号意义同前。

(6)各主梁内力。

第 i 跨曲梁第 j 片主梁内力 M、Q、T 计算公式如下：

①弯矩。

$$恒+汽+人：M_j=\eta_{mj}(\overline{M}_{恒}+\overline{M}_{汽}+\overline{M}_{人}) \tag{9-44}$$

式中：$\overline{M}_{恒}$、$\overline{M}_{汽}$、$\overline{M}_{人}$——按一根曲梁影响线加载所得的弯矩。

②剪力。

$$恒+汽+人：Q_j=\eta_{Qj}(\overline{Q}_{恒}+\overline{Q}_{汽}+\overline{Q}_{人}) \tag{9-45}$$

式中：$\overline{Q}_{恒}$、$\overline{Q}_{汽}$、$\overline{Q}_{人}$——按一根曲梁影响线加载所得的剪力。

③扭矩。

汽车靠外行驶、人群仅在外侧布载：

$$恒+汽+人：T_j=\eta_{tj}(\overline{T}_{恒}+\overline{T}_{汽外}+\overline{T}_{人外}) \tag{9-46}$$

汽车靠内行驶、人群仅在内侧布载：

$$恒+汽+人：T_j=\eta_{tj}(\overline{T}_{恒}+\overline{T}_{汽内}+\overline{T}_{人内}) \tag{9-47}$$

式中：$\overline{T}_{恒}$——按一根曲梁影响线加载所得的扭矩；

$\overline{T}_{汽外}$、$\overline{T}_{汽内}$、$\overline{T}_{人外}$、$\overline{T}_{人内}$——汽车、人群靠外侧、内侧布载时，一根曲梁的扭矩。

(7)计算所需的各跨曲梁横断面抗弯、抗扭惯性矩，应采用换算值，计算公式如下：

换算抗弯惯性矩
$$I_i=R_i^2\sum_{j=1}^{m}\frac{I_j}{R_j^2} \tag{9-48}$$

换算抗扭惯性矩
$$J_i=R_i^3\sum_{j=1}^{m}\frac{J_j}{R_j^3} \tag{9-49}$$

式中：符号意义同前。

一根曲梁法用于三跨连续弯梁桥内力计算的算例,可参阅本章参考文献[10]。

9.4.3 用于计算连续弯箱梁桥的平面杆系有限元法[11]

平面杆系有限元法是桥梁结构分析中使用最早、应用最广泛的电算方法,为所有设计人员所熟悉和掌握,相应的程序很多,在工程界已经普及。利用平面杆系有限元法来解决一些较为复杂的具有空间效应的结构分析问题,是一种很好的具有实用价值的近似计算方法。

(1)用平面杆系有限元法分析连续弯箱梁的核心思想

①建立能应用一般平面杆系有限元法程序计算连续弯箱梁桥赘余力的计算模型。因为用结构力学理论计算连续弯箱梁桥,尤其是考虑翘曲扭转影响和跨数较多时,手算方法十分麻烦,其关键在于赘余力的计算。如果能用平面杆系有限元法算出连续弯箱梁桥的赘余力,不仅可以省去大量的数值运算,还能避免可能发生的差错。

②平面杆系有限元法的不足之处是不能反映桥梁横向分布的特性。所以,求出赘余力并通过力的平衡方程获得主梁的内力后,还应计入横向分布影响。采用的办法是:应用应力增大系数来修正恒载因体积偏心、活载因布置偏心以及弯扭耦合等因素产生的附加应力效应。

(2)求赘余弯矩的计算模型

用如图9-25所示的三跨连续弯梁桥说明分析赘余弯矩的计算模型。

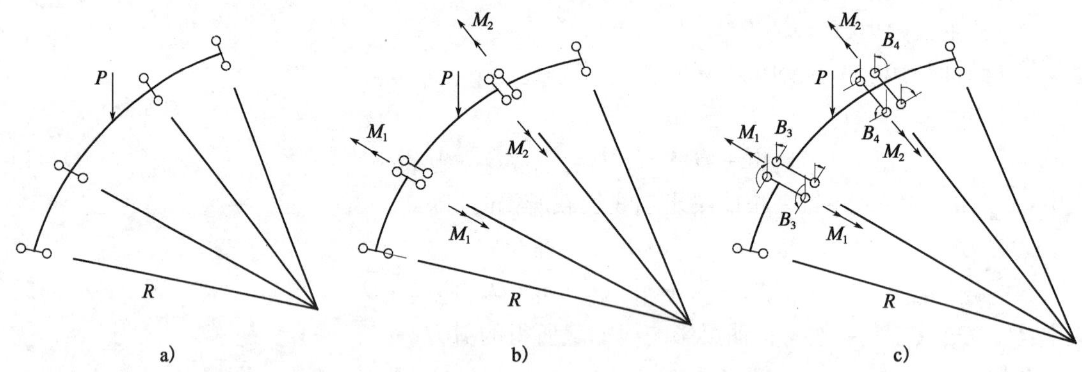

图9-25 应用扭转理论分析连续弯箱梁桥的计算图式

①按纯扭转理论建立三弯矩方程。

将中间抗扭支承处曲梁切开,用赘余弯矩 M_1、M_2 代替,如图9-25b)所示。由力法原理可写出三弯矩方程:

$$\left.\begin{aligned}\delta_{11}\cdot M_1+\delta_{12}\cdot M_2&=-\Delta_{1P}\\ \delta_{21}\cdot M_1+\delta_{22}\cdot M_2&=-\Delta_{2P}\end{aligned}\right\}\tag{9-50}$$

式中的常系数 δ_{ij} 和载系数 Δ_{iP} 与结构力学中的定义相同。如果连续的跨数增多,方程组中每式只包含3个赘余弯矩。联解出 M_1、M_2 后,便可按照每个超静定简支跨的基本体系和文献[2]或有关手册中的公式分别计算所有已知力对某个截面产生的弯矩 M_x、扭矩 T_x 和剪力 Q_x。

②翘曲扭转理论建立双三力矩方程。

赘余弯矩除 M_1、M_2 以外,还增加了双力矩 B_3、B_4,如图9-25c)所示,根据力法原理,可写出双三力矩方程：

$$\left.\begin{aligned}&\delta_{11}\cdot M_1+\delta_{12}\cdot M_2+\delta_{13}\cdot M_3+\delta_{14}\cdot M_4=-\Delta_{1P}\\&\cdots\cdots\\&\delta_{41}\cdot M_1+\delta_{42}\cdot M_2+\delta_{43}\cdot M_3+\delta_{44}\cdot M_4=-\Delta_{4P}\end{aligned}\right\}\tag{9-51}$$

式中的常系数 δ_{ij} 和载系数 Δ_{iP} 可按本章参考文献[3]中的有关公式计算。

(3)计算步骤

采用图9-25中的三跨连续弯梁桥，按纯扭转理论[参阅图9-25b)及式(9-48)]简述运算过程要点，参阅图9-26。

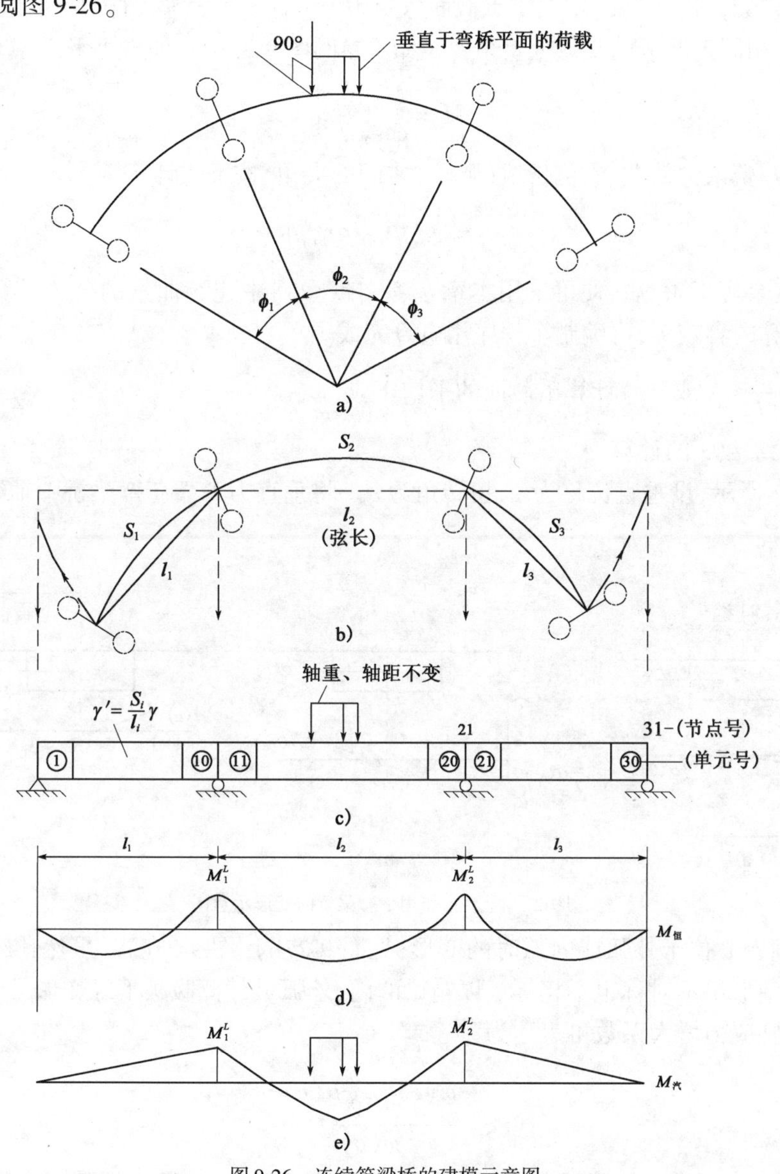

图9-26　连续箱梁桥的建模示意图

①计算各跨的弦长 l_i，参阅图 9-26b）。

$$l_i = 2R \cdot \sin\frac{\Phi_i}{2} \tag{9-52}$$

式中：Φ_i——第 i 跨的圆心角；

R——弯梁的曲率半径。

②将由 l_i 构成的折线展直为三跨等代连续梁桥。其截面尺寸不变，但重度 r 则按 S_i/l_i 予以修正。车辆轴重和轴距亦保持原来的不变，参阅图 9-26c）。

③用平面杆系有限元程序对上述连续直梁桥计算，可得恒载与活载弯矩［参阅图 9-26d）和图 9-26e）］。活载应为最大正负弯矩。

④将图 9-26d）、图 9-26e）中的支点截面弯矩 M_i^z（上标 z 代表等代直梁桥数值）按下式换算为实际弯桥在相同工况下的支点处赘余弯矩 M_i［参阅图 9-25b）］，此过程称为复位换算，即：

$$M_i = \frac{M_i^z}{\cos\left(\frac{\theta_i}{2}\right)} \tag{9-53}$$

式中：θ_i——M_i 赘余力处左、右侧折线（弧长）之间的夹角，按下式计算：

$$\theta_i = \frac{1}{2}(\Phi_i + \Phi_{i+1}) \tag{9-54}$$

⑤求得赘余弯矩 M_i 后，便可采用本章参考文献［23］中连续曲梁的公式计算各截面的内力，这部分运算内容较多，可编制小程序用电算完成。

⑥用 $\sigma = \frac{M}{I}y_{上}$（或 $y_{下}$）计算出截面的平均正应力。

⑦力增大系数 ξ 的计算

如图 9-27 所示，设垂直位移为 ω，扭转角为 α。将垂直力 P 置于弯梁桥中轴线位置时的变形见图 9-27a）。

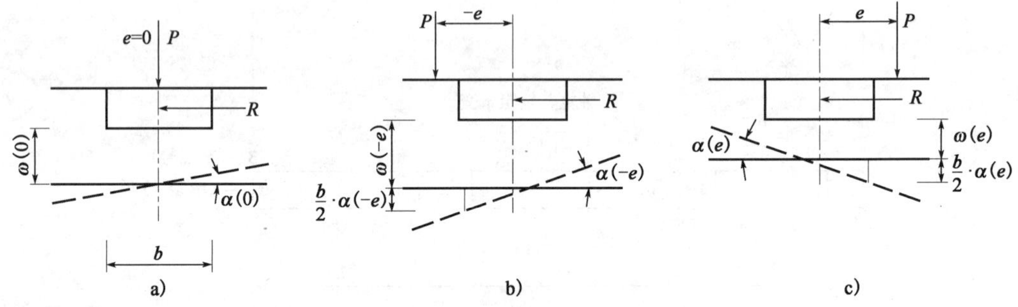

图 9-27　垂直力作用下弯梁桥的变形示意图

实际垂直力 P 位于外弧或内弧时的变形，见图 9-27b）、图 9-27c）。虽然荷载对称于中轴线，但它们的变形量不对称也不相等。以箱梁的内、外弧最外侧腹板下缘变形量作为应力增大量级的标志，则应力增大系数可表达为：

$$\xi = \frac{\omega(e) \pm \frac{b}{2}\alpha(e)}{\omega(o)} \tag{9-55}$$

式中：$\omega(e)$——底板中心处当偏心 e 时的垂直位移。w 以向下为正，e 以偏于内侧为正；

$\alpha(e)$——底板中心处当偏心距为 e 时的扭转角，α 以顺时针转为正；

$\omega(o)$——$e=0$ 时的底板中心垂直位移。

ω、α 的计算公式参阅本章参考文献[2]。式(9-54)中的正号适用于荷载位于内侧的工况，负号适用于外侧的工况。对于连续弯梁桥需要用3个应力增大系数 $\xi_{外}^{恒}$、$\xi_{外}^{活}$、$\xi_{内}^{活}$ 来计入偏心扭转的效应，以简化计算。式(9-54)中的 $\omega(e)$ 与 $\alpha(e)$ 可按下式计算：

$$\omega(e)=\frac{P(D-eB)}{AD-B^2} \tag{9-56}$$

$$\alpha(e)=\frac{P(eA-B)}{AD-B^2} \tag{9-57}$$

其中：

$$A=EI\cdot\left(\frac{\pi}{S}\right)^4+\frac{GI_d}{R^2}\left(\frac{\pi}{S}\right)^2 \tag{9-58}$$

$$B=\frac{EI+GI_d}{R}\cdot\left(\frac{\pi}{S}\right)^2 \tag{9-59}$$

$$D=\frac{EI}{R^2}+GI_d\left(\frac{\pi}{S}\right)^2 \tag{9-60}$$

式中：S——对于连续弯梁桥，S 为等代超静定简支跨的曲线跨长，即 $S=R\cdot\phi$，可以参照桥规[5]关于直梁桥的有关规定计算，即边跨的跨中段取为 $0.8S_{边}$；各中间跨的跨中段取为 $0.6S_{中}$。对于单跨弯梁桥，S 为曲线跨长；

I_d——截面抗扭惯性矩；

G——混凝土剪切模量；

EI——截面抗弯刚度。

采用平面杆系有限元法计算连续弯箱梁桥的示例可参阅本章参考文献[11]。

上述计算方法仅适用于全桥各墩台上均设置抗扭支座的连续弯箱梁桥。本章参考文献[24]对本章参考文献[11]补充了两项内容：

①应用平面杆系有限元法程序分析混合型(抗扭支座与点铰支座兼有)连续弯箱梁桥截面内力的具体计算方法。

②找到另一种更简便的方法来计算该类桥型中的两个特殊截面(跨中和中支点截面)的内力。即可直接从程序输出中取出该两类截面的内力，经过简单地复位换算后，便可求得与实际弯桥截面相接近的内力值，不必再经过查表运算的过程。

上述两项内容，本章参考文献[11]用算例进行了分析和论述。

9.4.4 规则斜梁桥近似计算

桥梁平面为平行四边形的规则斜桥近似计算常用于简支单跨整体式斜板桥和横向铰接斜梁(板)桥。

(1)整体式斜板桥

根据尼尔森(Nielsen)的研究成果所制定的计算系数计算整体式斜板恒载内力较为简便。斜板单位板宽上两个正交方向的主弯矩 M_1、M_2 可按下式计算：

$$M_1=k_1ql^2 \tag{9-61}$$

$$M_2 = k_2 q l^2 \tag{9-62}$$

式中：q——斜板在单位面积上的荷载集度，可将全部恒载视为均匀分布在整个桥面上的均布荷载；

l——斜板的斜跨跨长；

k_1、k_2——弯矩系数，与斜交角及宽跨比有关，可查表获得，见本章参考文献[27]表 2-1-13。

根据上式可以计算出斜板中央点、自由边中点和钝角位置的 M_1 和 M_2。主弯矩 M_1 的方向角 r 随斜交角变化，也可在本章参考文献[27]图 2-1-29 查得。

汽车荷载内力可根据本章参考文献[27]介绍的计算公式及具体步骤进行运算，并有算例可供参考。

(2)横向铰接斜梁(板)桥

1973 年北京工业大学、北京市政设计院完成了"斜板桥实用计算的实验研究"，1979 年编制了"横向铰接(斜)板桥电算程序"。在此基础上完成了专著[25]，成为国内至今广泛采用的装配式斜交梁板桥近似分析计算的主要方法。要点如下：

①恒载内力可以近似地将全部恒载均摊到每一片斜梁(板)上，先按斜跨长度为计算跨径的正桥确定截面内力，然后用斜交折减系数进行修正，便可得到斜梁(板)的内力。

②汽车荷载内力按下述步骤进行计算：

a. 计算汽车冲击系数(跨径取两支承边的垂直距离)。

b. 按正桥(跨径取斜桥的斜跨径)计算各片梁(板)的横向分布系数 m_j。

c. 确定多车道折减系数 ξ。

d. 按正桥计算每片梁(板)跨中弯矩 M'_j。

$$M_j' = (1+\mu)\xi \cdot m_j \sum P_i y_i \tag{9-63}$$

式中：P_i——汽车轴重(加载点 i)；

y_i——正桥跨中弯矩影响线纵标值(加载点 i 处)。

e. 计算斜梁(板)的弯扭参数 γ：

$$\gamma = 5.8\frac{I}{I_T} \cdot \left(\frac{b}{l}\right)^2 \tag{9-64}$$

式中：I——一片梁(板)截面抗弯惯性矩；

I_T——一片梁(板)截面抗扭惯性矩；

b——一片梁(板)截面宽度；

l——一片梁(板)的计算跨径。

f. 按 γ 值查表可得斜交桥折减系数 K_Φ(K_Φ 值表见本章参考文献[25]或本章参考文献[27])。

g. 每片斜梁(板)最终跨中弯矩为 $M_j = K_\phi \cdot M'_j$。

简支斜梁(板)的弯矩包络图应取跨中两侧各 1/8 为平直段，其值取计算的最大弯矩值。

按正交桥(跨径取斜桥的斜跨径)计算各片梁(板)横向分布系数 m_j，需用到的横向分布影响线可在本章参考文献[25]或[27]的附表中查到。

横向铰接斜梁(板)桥按上述方法计算的误差，来自两个方面：

①按正交桥计算横向分布产生误差，经与有限单元法计算结果比较，按横向铰接法求得的

汽车荷载内力偏小约5%（跨中截面）至10%（1/8截面）。跨径越小，误差越大。

②按斜交桥引入折减系数K_{ϕ}，将使求得的汽车荷载内力偏大约15%。

综合考虑以上两方面因素，经与空间有限元法精确分析比较，跨中截面的弯矩仍偏大约10%，故计算结果是偏于安全的。对于重要桥梁，1/8截面的弯矩宜不折减。

(3)斜交角为20°的整体式箱梁桥可按正交计算

桥规[5]规定："当整体式斜交板的斜交角（板的支承轴线的垂直线与桥纵轴线的夹角）不大于15°时，可按正交板计算。"对于整体式斜连续箱梁桥（平面为规则的平行四边形），本章参考文献[28]通过空间有限元精确分析后得到结论：斜交角不大于20°时，可以按正桥计算内力。

计算实例：26m + 37m + 26m预应力混凝土连续斜箱梁桥，斜交角20°，单箱三室截面，如图9-28所示。

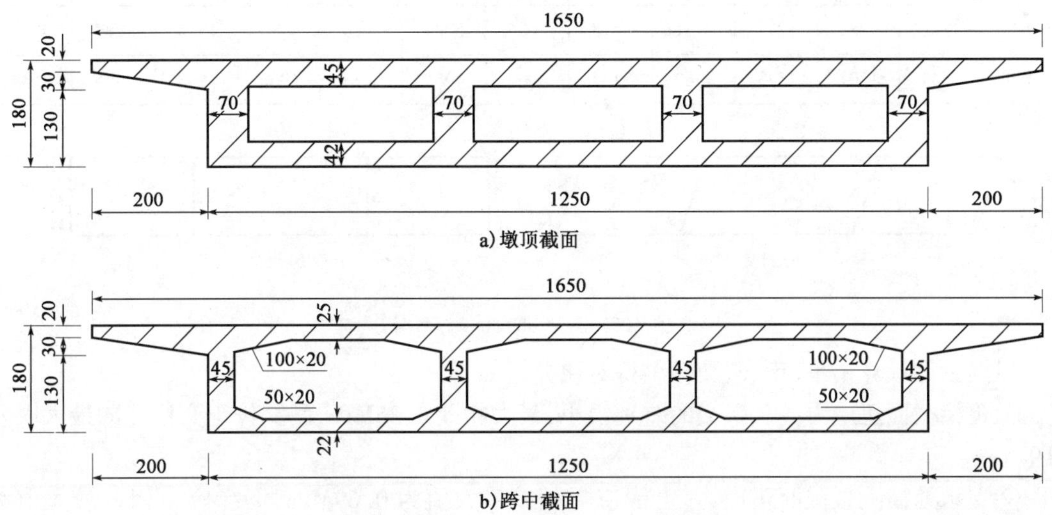

图9-28 箱梁横断面布置（尺寸单位：cm）

箱梁设置24束15-17腹板预应力束，采用Femap with Nastran软件进行空间有限元分析。为了斜交与正交对比，分别进行了应力计算。其中斜交箱梁（斜交角20°），共划分426870个单元，120031个节点；正交箱梁（斜交角0°）共划分了402345个单元，102271个节点。主梁混凝土采用实体单元，预应力钢束采用桁架单元。荷载组合：成桥阶段恒载与预加力，分项系数均为1，钢束荷载采用对桁架单元降温来施加，预应力损失取张拉控制应力的25%，计算结果如下：

①主梁上下缘正应力，如表9-12所示。

箱梁截面上、下缘正应力（单位：MPa） 表9-12

桥型	上缘			下缘		
	边跨跨中	中墩墩顶处	中跨跨中	边跨跨中	中墩墩顶处	中跨跨中
斜交20°	-3.98	-3.02	-4.50	-7.40	-1.76	-6.75
正交0°	-3.85	-2.76	-4.48	-7.26	-1.82	-6.51

②支承处箱梁横隔板横向应力，如表 9-13 所示。

支承处横隔板截面正应力(单位:MPa) 表 9-13

桥型	上缘		下缘	
	最大值	最小值	最大值	最小值
斜交 20°	8.52	-3.53	0.81	-2.64
正交 0°	8.28	-2.84	1.05	-2.12

③主梁最大竖向挠度：斜交箱梁为 4.51mm，正交箱梁为 3.75mm。

④支座反力：列于表 9-14，参阅图 9-29。

支座反力(kN) 表 9-14

编号	1	2	3	4	5	6	7	8	9	10	11	12
斜交 20°	1822	1288	1274	4431	3413	5006	5005	3414	4430	1275	1287	1822
正交 0°	1543	1307	1543	4960	3134	4960	4961	3133	4960	1543	1305	1544

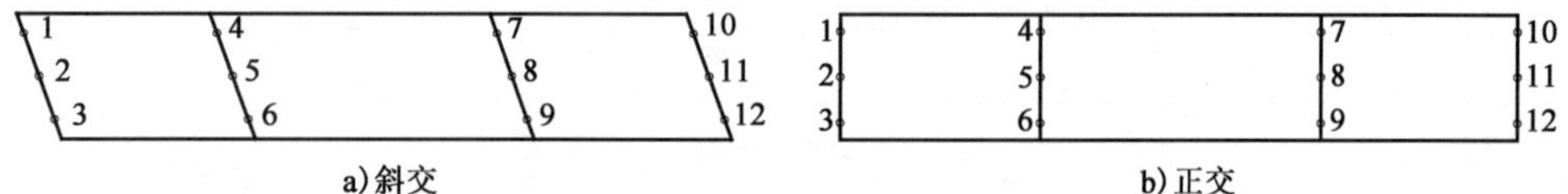

图 9-29 斜交、正交桥支座编号

根据以上计算结果，正、斜交箱梁桥对比分析如下：

①箱梁截面正应力，正、斜交的差别很小，最大相差 0.26MPa，斜交按正交计算的最大误差约 9.4%。

②支承处横隔板截面正应力，上缘应力相差最大值为 0.69MPa，下缘应力相差最大值为 0.52MPa，这是由于支座横向间距斜交桥大于正交桥所引起的。正交时支座间距为 5m，而斜交时为 5.32m。

③正、斜交箱梁挠度值相差 0.76mm，出现在边跨跨中。

④支座反力除每个墩顶外侧两个支座反力有 550kN 左右的差值外，外墩、中墩上支座总反力基本一致。

总体来看，主梁应力、挠度的差值，绝对值很小，影响较小；横隔板与支反力因受支座间距影响，差值大一些，可以根据正、斜桥支座间距，结合斜桥横向受力的特点，进行适当的调整。所以，对于斜交角不大于 20°的整体式连续箱梁桥采用平面杆系有限元法进行分析计算是可行的，不会发生大的偏差。

9.5 我国桥梁结构分析计算部分软件简介

我国桥梁结构分析计算，从 20 世纪 70 年代后期已开始采用电算。“公路桥梁综合计算程序”自 1978 年交付使用以来，广泛应用于各种大中小型桥梁的结构计算，节省了大量人力和财力，极大地提高设计效率。此后，随着桥梁建设的发展，结构理论和计算方法的研究进一步深入,各类桥梁专用软件的开发越来越多,同时还引进了国外一些大型商业通用软件。这两大类软件构成了我国桥梁结构分析计算的基本格局。虽然还存在某些不足和有待解决的一些问题,但是在总体上,我国桥梁结构分析工作已经取得了很大的进步,积累了很多的经验,可以满足各类桥梁,包括技术复杂的桥梁和特大型桥梁结构设计的需要。本节简要介绍国内部分桥梁结构分析专用软件和从国外引进的大型通用软件。

9.5.1 桥梁结构分析计算部分专用软件简介

如表 9-15 所示为国内部分专用软件名称和编著者。

桥梁结构分析部分专用软件 表 9-15

序号	软件名称	编制者	序号	软件名称	编制者
1	公路桥梁综合计算程序 GQZJ	公路规划设计院等	15	悬索桥施工控制计算程序 CASCSB	西南交通大学
2	公路桥梁结构设计系统 GQJS	公路科学研究院	16	桥梁空间分析程序 BSA	中交二公院
3	桥梁博士 Dr. Bridge	同济大学	17	曲线桥分析程序 ASBS	西南交通大学
4	三维桥梁预应力分析系统 Bridge KF	公路科学研究院	18	桥梁结构空间分析及设计程序 DBS-1	戴公连
5	悬索桥施工过程结构分析系统 SBCC	公路科学研究院	19	二、三维桥梁结构计算分析通用系统 ASBEST	北京市政设计院
6	金思路桥梁综合设计计算程序 JSL-BrCal	公路二院	20	斜拉桥分析设计程序 BCSA	大桥局设计院
7	桥梁分析通用程序系统 BAP	肖汝诚	21	悬索桥结构专用程序	同济大学
8	桥梁结构控制分析系统 QLJC	公路科学研究院	22	3D-BSA 弯斜坡异形桥梁空间结构分析程序	刘桂生
9	曲线梁桥设计计算程序 Curve bridge	孙广华	23	桥梁平面杆系计算程序 PQJF	周善棣
10	预应力混凝土桥梁计算程序	公路规划设计院	24	简支梁计算程序 SSBIQ	中交二公院
11	预应力混凝土结构分析软件 PRBP	大桥局设计院	25	桥梁抗震分析软件	同济大学
12	斜拉桥施工控制软件 SCDS	大桥局设计院	26	桥梁桩基计算程序 PILE	中交二公院
13	悬索桥静力非线性空间分析系统 SBSAS	西南交通大学	27	大跨度桥梁结构三维静动力非线性分析程序 NACS	陈政清
14	悬索桥主缆系统计算程序 CBSCP	西南交通大学			

表 9-15 中的部分软件简要介绍如下：

(1)公路桥梁综合计算程序 GQZJ[24,30]

交通部公路规划设计院、北京市政设计院计算中心于 1978 年编制完成了第一版公路桥梁综合计算程序 GQZ,1980 年通过交通部公路局主持的正式技术鉴定后交付使用。20 世纪 80 年代以来,该软件在公路、铁路、市政、冶金、水利等多个桥梁相关行业得到全面推广应用。前期简称 QJX。30 多年来,历经众多有关专家和学者的移植、修改、补充和完善,并且随着公路桥梁设计规范的演变,软件的内容也不断更新,功能不断扩大。在许多不同行业部门设计院形成了多个不同的版本,为我国预应力混凝土连续梁桥、连续刚构桥和斜拉桥的发展作出了重要贡献。20 世纪 80 年代初期,国内几座著名的大桥,如广东洛溪大桥、湖北沙洋大桥、包头黄河大桥等都是用 GQZJ 在国产 TQ16 小型计算机上完成桥梁结构分析工作的。后来,一些设计院,如中交公路规划设计院、北京市政设计院、公路一院、公路二院、上海市政设计院、铁道部大桥局设计院等将 GQZJ 移植到不同的计算机上运行。国内各省市与桥梁设计有关的很多设计单位,引进了这个软件,其中一部分至今还在沿用 GQZJ 的升级版。

GQZJ 为平面杆系程序,适用于任何可作为平面杆系处理的桥梁结构体系,包括常用的大跨径连续梁、连续刚构、拱桥、桁架桥、桁架拱、T 形刚构、斜拉桥以及弹性地基上的闭合框架等。程序能逐阶段形成结构体系,自动完成施工阶段的体系转换。对于大跨径桥梁目前常用的各种施工工艺,包括支架现浇施工、悬臂法施工、推顶法施工、缆索吊装法施工、转体法施工、劲性骨架法施工、移动模架法施工等,程序均能从体系逐步形成过程直至使用阶段连续地进行综合分析。各构件的截面可以是任意形状,并可分阶段形成。结构可由混凝土、石料、钢筋混凝土、预应力混凝土和钢构件组成。结构不同的构件可采用不同的材料和等级。计算荷载包括任意集中荷载和分布荷载以及混凝土收缩徐变、温度变化、强迫位移等附加力。活载最不利内力和位移采用动态规划法在影响线上加载求得。程序最终输出任意指定截面各受力阶段的最不利内力和应力组合以及指定节点的位移。对于钢筋混凝土构件,按照非线性应力叠加进行截面配筋及裂缝验算。

GQZJ 用平面杆系来模拟桥梁结构,将实际的三维空间系统简化为二维平面问题,并在结构离散化过程中,取一维杆元作为基本单元。二维平面结构分析,不能反映三维空间结构的横向效应。程序采用统一输入荷载横向分布系数的方式来计入其影响。故在输入数据中包含的横向分布系数,需要程序使用者根据具体的桥梁结构情况预先进行计算确定。程序定义的基本单元为等截面直杆,所以,对于变截面和曲杆结构(如拱桥),应采用多段单元近似组成(拱为多段折线)。GQZJ 程序具有对桥梁结构进行内力、应力和变位的验算功能,但不能对结构进行优化。例如对于预应力结构,程序只能给出既定的钢束布置下预应力结构的变形及应力状态,但程序具有根据计算应力估算钢束的功能。

GQZJ 程序依据的基本理论是线性弹性理论。程序基本上不能计入非线性的影响。

(2)公路桥梁结构设计系统 GQJS[30]

GQJS 软件是公路科学研究院在“公路桥梁综合计算程序 GQZJ”的基础上进一步开发研究的。因此,也属于平面杆系有限元程序,但进行了多方面的改进和补充。GQJS 对 GQZJ 输入数据结构做了改造,特别是改变了单元坐标和预应力信息的表达方式,使数据结构大为简化。采用了动态可视化交互界面技术、智能化结构数据自动生成技术。输入数据、数据图形检验、结果图形浏览和检索、预拱度设置、施工图绘制等功能,改变了过去桥梁结构计算只能以文本文件操作方式进行的老办法。提供了绘图模块,在计算完成后,补充少量与绘图有关信息,就可以根据计算数据绘制构造图、预应力钢筋平纵布置图、预应力钢筋断面布置图、预应力钢筋几何参数表及大样图等。GQJS 在组合截面计算、拉索索力控制、施工挂篮移动荷载、铁路与城市桥梁设计活载、混凝土收缩徐变计算、钢筋空间位置和预应力效应计算等方面进行了扩展。

该系统在国内不同行业的众多桥梁设计、旧桥加固设计、施工监控项目中广泛应用。

GQJS 软件依据的基本理论与 GQZJ 软件相同。

(3)桥梁博士 Dr. Bridge

Dr. Bridge 软件是同济大学桥梁工程系、同豪土木工程咨询有限公司周宗泽教授等开发的通用桥梁结构设计施工计算系统。具有以下特点:

①系统寄托在 32 位 Windowa 工作平台,遵从国际标准的用户界面,充分利用 Windows 强大的软件与设备支持特性和多任务功能。

②系统全部代码采用 C + + 语言,以 MFO 基本类库为基础,采用了面向对象的设计方法,具有强大的升级潜力。

③桥梁博士可用于直线桥梁,平面斜、弯和异形桥梁设计与施工计算;能进行各种桥梁结构恒载与活载的线性与非线性响应计算;能够实现复杂截面构件的施工受力特点;能够进行桥梁上下部联合工作的分析;能够自动对斜拉桥等索支承体系进行结构优化并考虑活载效应后估算拉索面积,自动计算每根拉索的施工张拉力;能够自动按照桥规进行三种承载能力极限状态组合和六种正常使用极限状态组合(包括施工阶段的组合),并根据使用者的要求进行几种组合的配筋计算、应力验算和强度与抗裂性验算。系统同时附有截面设计计算、活载横向分布系数计算以及基础计算等模块供选用。

④Dr. Bridge 在数据输入容错性方面做了大量工作,使用户不会因为一时失误而造成不必要的工作损失。系统的结构计算安排在后台进行,从而可以随时对项目的计算进程进行干预,包括项目的启动、停止以及设置项目计算的起始点。系统的数据可以通过表格、图形和文字输出。

⑤具有完善的联机帮助功能,在使用中遇到各种问题都可以随时查看获得指导,从而可以完成脱离手册而方便地使用该软件。

⑥提供生动形象的系统使用教程,根据示例丰富的画面和配音讲述各种基本操作,使用户能快速掌握软件的使用方法。

Dr. Bridge 是一个集可视化数据处理、数据库管理、结构分析、打印、绘图与帮助为一体的综合性桥梁结构设计与施工计算的专用软件。自 1995 年以来设计计算了钢筋混凝土及预应力混凝土连续梁、连续刚构、拱桥、桁架桥、斜拉桥等多种桥梁。1995 年投向市场后,发展十分迅速,在桥梁结构分析与设计领域,已在国内普及,作出了很大的贡献。现在已成为国内市场占有率最高的桥梁结构分析软件。

(4)三维桥梁预应力分析系统 Bridge KF [3]

交通部“十・五”跨世纪人才项目之一的“连续刚构桥预应力仿真分析系统 Bridge KF 研究”,经过 4 年的工作,于 2004 年 3 月通过鉴定,完成了软件的编制。该系统核心成果较好地解决了预应力仿真分析问题。

Bridge KF 系统采用 8 节点等参元作为基本计算单元。传统方法是将预应力在结构中的作用作为外力考虑,即将预应力简化为等效节点力计算。等效节点力计算的不足之处是没有考虑预应力与结构的相互作用,因而在具体计算中无法解决以下两个问题:①混凝土收缩徐变产生的预应力损失无法自动计算,只能依靠经验公式;②无法考虑结构变形对预应力作用的影响,即耦合作用影响。这两个问题前者导致预应力损失计算不准,后者则导致有些部位的预应力偏大或偏小。

灌浆前预应力在结构中的作用相当于等效节点法的作用机理,灌浆后预应力与结构合为一体,应考虑两者相互之间的耦合作用。Bridge KF 系统认为灌浆后管道饱满密实,预应力钢束单元与结构单元变形一致,并按此建立计算模式。这样就解决了上述传统方法存在的两个问题。系统无须再根据经验公式计算收缩徐变产生的空间预应力损失。为了考虑预应力与结构的耦合作用,是在 Bridge KF 系统中设置预应力单元,将钢束看成是埋置在混凝土单元中的杆件,钢束只承受轴向力。为了应用方便,使钢束可以从混凝土单元的任意位置穿过,建立了钢束混凝土单元,在这种单元中允许包含混凝土和钢束两种材料。

该软件采用的预应力分阶段模拟计算的方法,解决了预应力分阶段作用和分阶段计入损失的问题。前者除考虑预应力分阶段作用外,还考虑了其他荷载分阶段计入的问题,例如温度、集中力、分布力等;后者则需根据预应力作用阶段分别计算混凝土收缩徐变、预应力损失时间。

采用桥梁平面杆系有限元程序无法分析结构的空间效应,而 ANSYS、SAP 等通用软件不仅十分麻烦,而且很难分阶段计算三向预应力。应用 Bridge KF 软件则可以很好地解决预应力混凝土桥梁空间计算问题。

Bridge KF 是桥梁专用程序,建模方便、快捷,尤其适合直、弯连续梁和连续刚构桥。而且对于三向预应力与结构耦合计算,比同类程序用节点等效力方法模拟更符合实际情况。对于实体单元仍然进行温度、收缩徐变、预应力等分阶段计算,这是实体单元运用上的一大进步。但该软件正在发展中,一些问题尚需要进一步深入研究[3]。

(5)悬索桥施工过程结构分析系统 SBCC[30]

SBCC 是公路科学研究院结合虎门大桥工程施工控制项目开发的。虎门大桥主跨为 888m 的六车道高速公路钢箱梁悬索桥,于 1997 年建成。SBCC 在该桥施工中得到实际运用。其计算结果与 1/80 静力模型试验实测结果以及实桥各主要控制阶段结构实测结果吻合较好。在虎门大桥悬索空缆初始位置确定、主缆和吊索无应力索长计算、钢箱梁分段吊装过程中主缆和加劲梁的线性分析、通车验收试验活载加载方案等计算中发挥了重要的作用。SBCC 可用于悬索桥结构初始位置分析,确定主缆、吊杆等部件的下料长度和空缆自重作用下的初始位置等。也可进行悬索桥施工中实时跟踪分析,根据实测结果经参数识别得到结构实际参数并计算各施工阶段控制点的高程、位移量、内力和应力。SBCC 开发了基于 Windows 的对话框界面,其智能化和动态可视化程度较高。悬索桥各部分相应有限单元离散、节点坐标、单元编号等都由程序自动生成。空缆初始位置可以自动倒推计算。该软件还在宜昌长江大桥、忠县长江大桥等悬索桥施工过程中应用。

(6)金思路桥梁综合设计计算程序 JSL-Brgcal[30]

JSL-Brgcal 是中交第二公路勘察设计研究院下属的武汉金思路科技发展有限公司开发的

桥梁结构分析专用程序。是在中交二院应用多年的桥梁结构分析程序 PRBP(为 GQZJ 的一个分支)的基础上,结合我国新的公路技术标准体系改编的新版桥梁综合分析计算程序。具有以下特点:

①建模可用于多种桥型,包括等截面、变截面梁桥、拱桥、斜拉桥、系杆拱桥、中承式拱桥等。

②强大的前处理和图形功能,使桥梁结构建模过程形象直观。

③文本文件导入、DXF 文件导入、平台上直接绘制、表格输入等多种可交叉的信息录入方式以及独立的图形平台。

④开放的桥梁横断面模板库,数据库管理。

⑤功能强大的后台处理功能,以图形方式查阅输出结果。

⑥自动检查原始数据,并可指出差错所在处。

⑦可根据使用者的要求输出图文并茂的计算书。

(7)桥梁分析通用程序系统 BAP[31]

20 世纪 80 年代中期,同济大学肖汝诚教授主持开发了"桥梁结构线性、非线性综合程序系统"(即 BAP)、"桥梁施工控制综合程序系统"(FWD)和"弯坡斜桥分析系统"(SBP)。20 世纪 90 年代后期,作为国家自然科学基金重大项目"大型复杂结构的关键科学问题和设计理论"中的一个专题,以"特大跨度桥梁体系和特殊结构形式及其空间非线性力学问题"的研究为目标,完成了 BAP 程序 Windows 版本,增加了第一类和第二类稳定分析的功能,使 BAP 系统全面地包含了大跨度桥梁结构分析中需要解决的各种问题。BAP 程序的主要功能包括下述各项:

①可计入结构自重、节点力、局部荷载、支座沉降、温度及预应力等多种荷载和混凝土收缩徐变。自动计入各种预应力损失,并计入几何非线性影响。

②模拟施工过程各阶段,通过单元、支座的增减、预应力索的反复张拉与放张以及调值计算功能,可模拟各种桥型的各种施工方法,最终输出施工各阶段的结构变形及内力、应力。

③仿真的施工控制功能,可实现结构前进、倒退分析及实时跟踪分析,完成桥梁施工控制。

④结构空间恒、活载分析,可以自动形成关心构件的内力、位移和应力影响面,并可按任意指定的车道进行加载。

⑤可以分析计算桥梁工程中的各类非线性问题(几何与材料非线性),包括屈曲稳定、静风稳定和极限承载力问题。

该程序已应用于国内一些特大型桥梁工程,例如江阴长江大桥、苏通长江大桥、香港青马大桥、上海卢浦大桥,崇明越江工程、宁波招宝山大桥、琼州海峡大桥等。

(8)曲线梁桥设计计算程序 Curve bridge

东南大学孙广华教授在长期理论研究的基础上编制了"曲线梁桥设计计算程序"Curve bridge。该程序由三个程序块组成:

①曲线梁力学分析程序。

采用曲杆有限元法进行曲梁的纵向分析。主要计算成果为:上、下部结构的内力和变位。可以绘出弯矩、剪力和扭矩包络图以及结构的平面图和横断面图。

当中间桥墩上为点铰支承时,可以计入点支承预设偏心对上、下部结构扭矩的影响,对扭矩包络图进行优化。

②普通钢筋混凝土曲线梁桥配筋程序。

新版软件,按现行桥规[5]进行配筋计算。主要成果为:抗弯、抗剪、抗扭钢筋数量、间距、最大裂缝宽度以及满足裂缝限值所需的抗弯钢筋数量。

③预应力混凝土曲线梁桥计算程序。

根据输入的预应力钢束数量、位置、线形、张拉力等对曲线梁进行验算,按给定的法向拉应力限值,调整预应力钢束,最后给出所有预应力钢束坐标及大样图。

程序可进行分阶段施工过程的计算,给出各阶段预应力钢束的主要参数以及主梁的内力和应力。

程序可绘出使用阶段主梁的压力线和压力线限制范围图,作为调整预应力钢束的依据。

程序的操作系统为 Windows,设计计算符合现行桥规[5]。Curve bridge 具有较好的实用性,已在国内不少混凝土弯梁桥的设计中应用。

9.5.2 由国外引进的部分大型通用软件

20 世纪 60 年代初,由于计算机技术的推广和结构分析有限元法的应用,使得桥梁结构的分析向程序化、数值化的方向发展,对于桥梁工程的发展具有重大而深远的意义。现代桥梁的设计、施工、监控,尤其是大型桥梁和结构复杂的桥梁,已经离不开结构分析软件。技术创新和科学研究,有限元法是必不可少的基本工具。

20 世纪 70 年代,由美国加州大学伯克利分校的 K. J. Bathe 等于 1970 年首先推出结构分析通用程序系统 SAP,并逐步发展为 SAP2、SAP3、SAP4。70 年代后期形成的 SAP5 版本,用 FORTAN 语言编写,规模较大,约有 21500 行。在 20 世纪 70 年代末至 80 年代中期被列为国际上著名的五个程序之一。我国北京大学力学系从 1976 年开始研究开发和引进 SAP5,先将其装入 IBM-370/138 机上(中型机),随后由北京大学曲圣年教授等将 SAP5 移植到 IBM-PC 系列微机上,定名为 SAP5P。国内很多行业和部门都购买了微机板 SAP5P,在航空、机械和土建等领域得到广泛的应用。系我国首次引进的大型结构分析通用软件,对推动我国有限元计算技术的发展起了很大作用。早期的 SAP5 软件主要用于线弹性结构的静力和动力分析,基本单元有 11 类,即三维桁架单元、三维梁单元、平面应力膜单元、二维有限单元、三维实体单元、板与壳单元、边界单元、节点数可变的厚壳单元和三维单元、伪单元以及读入单刚单元、三维直管或曲管单元等。后来经过多次改版扩充,有了 SAP84、SuperSAP93、SAP2000 等。该程序系统拥有几十种实用的单元类型,可用于分析梁、杆、板、壳、管、三维实体等各种构件组成的结构体系的动力、静力响应,Super SAP93 还拥有杆、薄壳等几种单元的几何刚度阵,并能完成几何、材料非线性的力学分析问题。

此后,我国又陆续引进了一些大型的通用软件,例如 ADINA、FEM、ABAQUS、TDV、Algor、MARC、Midas 和 ANSYS 等。这些软件各有其特点。例如:ADINA 程序可用于结构非线性问题的分析;FEM 可用宏语言描述结构,并对多单元组合结构进行动力、静力分析;MARC、ABAQUS 软件,可用于大跨径桥梁的稳定分析,在求解极限承载力时,可以计入材料非线性的影响。ALgor 软件是在 SAP5 和 ADINA 基础上发展起来的,系美国 ALgor 公司的产品,具有进行线性应力分析、线性与非线性动力分析的功能。这些软件在多个行业和有关工程中应用。

目前,国内桥梁分析计算应用较为广泛的国外引进的大型通用软件,主要有 Midas 和 ANSYS 等,下面作简要介绍。

(1) Midas 软件

2008 年韩国推出的 Midas FEA 软件是功能强大的空间有限元程序。在从国外引进的大型商业软件中,Midas 考虑了桥梁结构分析的某些特点。所以,在桥梁设计计算中较其他大型通用软件更具有实用性,在我国得到广泛的应用。就桥梁结构分析而言,Midas 具有以下特点[3]:

①可以采用植入式钢筋和钢束(非协调),即钢筋和钢束不是用具有节点的单元来模拟,而是采用将钢筋、钢束的刚度添加到母单元中的方法。植入式钢筋、钢束可以不考虑单元分割而独立建模,且可方便地计入预应力损失。软件提供了总应变裂缝模型。

②对于配筋混凝土结构,也可以采用离散模型,即"钢筋杆单元 + 界面 + 混凝土单元"的模型。可考虑钢筋和混凝土的黏结滑移等两种介质界面的受力特性,可考虑离散裂缝。

③软件提供"印刻"功能,即划分混凝土网格时,可考虑其内部的钢筋与钢束。

④能与桥梁杆系程序一样方便地定义施工阶段,并能计入混凝土收缩徐变,准确模拟预应力张拉。

⑤提供了曲线图和局部方向内力合力等后处理功能,使用户能较方便地按照工程习惯查看结果。

⑥可以计算整体升降温、梯度温度效应以及桥梁活载效应极值。

当进行全桥结构仿真分析时,需采用板壳和块体单元模拟。对于长大桥梁,单元数与节点数十分庞大,Midas 软件与其他通用软件一样,可能因计算规模过大,在个人计算机上难以完成。这种情况下,宜采用对局部结构进行小范围精细化分析的办法。

(2) ANSYS 软件[3,34]

ANSYS 由世界上最大的有限元分析软件公司之一的美国 SASI 公司开发,是融结构、流体、电磁场、声场和耦合场分析于一体的大型通用软件。该软件的有限元技术先进,它能与多数 CAD 软件接口,实现数据共享和交换,是现代产品设计中的高级 CAD 工具之一。该软件主要包括三个部分:前处理模块、分析计算模块及后处理模块。软件具有良好的二次开发功能。在分析非常规的、复杂的结构时,ANSYS 是强大而实用的计算工具。应用 ANSYS 进行结构分析所涉及的内容很多,国内已有一些专著进行论述。与桥梁结构计算有关的几个问题简述如下:

①ANSYS 程序的前、后处理。

可以直接输入由关键点、线、面和体构成的力学几何模型(程序称为实体模型),然后对其划分网格形成有限元模型。程序提供了多种实体绘制工具,并能对已有实体进行拖拉、旋转,或进行加、减等布尔运算。还可利用 CAD 软件建立实体模型,再通过程序接口导入 ANSYS。程序提供直接建立有限元模型的方法:不依赖实体模型而人工画出节点,然后在节点上布置单元。建立有限元模型的过程称为前处理。利用主菜单下 Preprocessor 中各级菜单命令,可方便地实现交互式输入。

计算结果常为大量繁杂的数据,检查分析结果可使用通用后处理器 postl 和时间历程后处理器 post26,并进行提取和叠加,可用 Outres 命令指引求解器按指定时间间隔将分析结果添加到结果文件中，用户可以方便地从各个角度观察结果文件。

②ANSYS 程序中的单元与材料。

ANSYS 中提供了两百多种单元类型，每个单元类型都有一个唯一的编号和一个标识单元类别的前缀。桥梁结构分析常用的有：

梁单元：弹性分析时的平面框架可用二维梁单元 BEAM3；空间框架用三维梁单元 BEAM4；非线性分析则应选用能考虑塑性的梁单元 BEAM23（二维）、BEAM24（三维）。

壳单元：用于板壳结构的壳单元 SHELL 系列。为了得到主梁或主拱较精确的内力和变形，可采用壳单元。

实体单元：2D 实体单元 PLANE 系列，可用于解决按平面应力或平面应变计算的问题；3D 实体单元 SOLID 系列，可用于墩、梁连接处、支承处、预应力束锚固端、斜拉索锚固区的结构分析。实体单元还用于桥墩系统与基础。

此外，还有用于拱桥系杆和吊桥的拉杆单元；用于斜拉桥拉索和悬索桥钢缆的拉索单元；用于索力控制、螺栓铆钉连接的顶紧单元；用于支座、地基的连接单元；用于滑动支座接触、挡块与其他部件接触、梁体与支架间的垫块接触、碰撞接触等的接触单元等。总之，桥梁的各种结构构件及其连接均有可供选用的单元。

材料可以是线性或非线性的，可以是各向同性、正交异性，或是非弹性的；材料特性可以定义为常数，也可以定义为随温度而变化。进行一般的结构分析时，可以用 MP 命令定义材料的弹性模量、密度、泊松比等。

③ANSYS 程序在桥梁结构分析中的几种特殊应用。

a. 子模型的应用：在总体网格密度合理的情况下，可以用较细的网格对局部区域重新划分成新的有限元模型，可以得到局部区域较精确的计算结果。但运用时应对局部区域边界位移作适当的处理。

b. 子结构的应用：子结构就是将一组单元矩阵凝聚为一个单元，称其为超单元。超单元可以像其他单元类型一样使用，这样可以节省机时和求解超大规模的问题。例如：在非线性分析中，可以将线性部分做成子结构，这样这部分的单元矩阵就不用在非线性迭代过程中重复计算；又如对称箱形梁，可以对重复部分生成超单元，再将其拷贝到相应的位置，可以节省大量机时。

c. 在结构体系转换中的应用：桥梁施工过程中的结构体系转换，可以采用 ANSYS 程序中为用户提供的“单元生死”功能实现。在计算过程中，通过“杀死”和“激活”不同之间的连接单元，便可模拟结构体系的转换过程。在每一步转换分析中，结构将自动继承前一体系单元的初始状态。

d. 预应力混凝土的建模和分析方法。

ANSYS 中，对预应力混凝土的分析方法有两类：一是将力筋的作用以荷载形式作用于结构，即传统的方法，称为“等效荷载法”；另一种是将力筋和混凝土分别用相应的单元模拟，预应力通过不同的模拟方法施加，称为“实体力筋法”。

等效荷载法的优点是：建模简单，网格划分也简单，预应力总体效应容易求得。缺点是：无法考虑预应力筋对混凝土的作用分布和方向，不能获得细部应力分布；不能确定力筋在外荷载作用下的应力增量，无法模拟因预应力损失引起的各截面应力不等的情况。

实体力筋法:对预应力混凝土结构的应力以及力筋的应力变化能够准确地模拟分析,但建模较为复杂。施加预应力的模拟方法有降温法与初应力法两种,前者较为简单,后者如考虑预应力损失则工作量较大。

9.5.3 大型通用软件用于桥梁结构分析的局限性

由国外引进的大型通用软件,适用范围很广泛,功能强大,可以进行精细化仿真分析。但是对于桥梁结构分析,存在局限性,不能完全取代桥梁专用软件。主要反映在以下几个方面:

(1)桥梁结构设计及分析计算的基本依据是现行的行业规范与技术标准。任何一种通用软件不可能完全符合行业规范和标准的技术要求,其分析计算结果难以直接用于结构设计。例如材料强度和安全系数的取值以及荷载组合等都要另行处理。输出的结果不能直接使用,需进行人工组合与加工,工作量大且容易出错。

(2)有的通用软件虽可进行内力分析,但不能进行截面验算,达不到设计要求。用户还要补充进行后阶段工作,才能满足规范的规定。

(3)不能或难以结合桥梁工程施工工艺进行内力计算,例如不能或难以分阶段模拟各种施工方法相应的结构体系与受力状态,需要进行大量的二次开发或特殊处理。

(4)不能提供符合桥梁规范的结构分析计算报告,也得不到符合桥梁设计要求的图表,用户还必须另行编写计算书和绘制有关图表。

(5)与国内常用的桥梁专用软件相比,大型通用软件的用户界面亲和性很差,使用难度较大,难以在基层一般技术人员中推广。

(6)一些大型通用软件,不能较好地模拟预应力,包括预应力损失的变化;不能按桥梁规范规定推求活载极值及荷载组合。

桥梁结构分析计算,应以国内桥梁专用软件为主,对某些特殊部位或特殊问题采用大型通用软件进行补充,是较为合理可行的办法。当然,在桥梁结构的研究与试验工作中,大型通用软件则具有较大的优势。

本章参考文献

[1] 刑志成.弯斜桥计算理论与实用计算[M].北京:人民交通出版社,1994.
[2] 邵容光,夏淦.混凝土弯桥梁[M].北京:人民交通出版社,1996.
[3] 刘效尧,徐岳.公路桥涵设计手册——梁桥[M].北京:人民交通出版社,2011.
[4] 戴公连,李德建.桥梁结构空间分析设计方法与应用[M].北京:人民交通出版社,2001.
[5] 王勖成,邵敏.有限元法基本原理与数值方法[M].北京:清华大学出版社,1996.
[6] 蔺锡九,等.等截面箱型连续弯梁桥的空间分析有限条法[J].公路交通科技,1984(2).
[7] 蔺锡九,等.样条有线条法分析弯箱梁桥空间内力[J].土木工程学报,1989(4).
[8] 邵容光,孙广华.弯梁桥内力及变形纵向影响线的有限元法计算[J].华东公路,1984(4).
[9] 吴西伦.弯梁桥设计[M].北京:人民交通出版社,1990.
[10] 严允中.弯梁桥实用计算法[J].贵州交通科技,1988(1).
[11] 程翔云.应用平面杆系有限元法程序分析连续弯箱梁桥[J].公路,2004(10).
[12] 郑振飞,等.斜、弯桥跨分析的广义梁格法[M].北京:人民交通出版社,1998.

[13] [英]E. C. 汉勃利. 桥梁上部构造性能[M]. 郭文辉译. 北京:人民交通出版社,1982.
[14] 孙广华,李方. 如何用梁格法计算曲线梁桥[J]. 桥梁,2006(5).
[15] 朱锋,等. 梁格法进行曲线梁空间分析实例[J]. 城市道桥与防洪,2014(6).
[16] 李静斌,等. 改进梁格法在分体组合箱梁桥结构分析中的应用[J]. 中外公路,2010(6).
[17] 李克冰,等. 梁格法分析装配式连续弯梁桥虚拟横梁刚度的取值研究[J]. 公路交通科技(应用技术版),2012(7).
[18] 林萍,等. 基于梁格法的变宽度曲线箱梁桥静载试验分析[J]. 城市道桥与防洪,2013(9).
[19] 余钱华,等. 剪力柔性梁格理论在弯箱梁桥中的应用[J]. 中外公路,2013(5).
[20] 李春旗,等. 梁格法在曲线梁桥结构设计计算分析中的应用[J]. 西部交通科技,2014(9).
[21] 李林,等. 梁格法在斜交箱梁结构分析中的应用[J]. 公路交通技术,2011(3).
[22] 孟宪锋. 梁格法在航站楼高架桥横梁内力分析中的局限性[J]. 公路交通科技(应用技术版),2012(7).
[23] 姚玲森. 曲线梁[M]. 北京:人民交通出版社,1989.
[24] 程翔云. 对"应用平面杆系有限元法程序分析连续弯箱梁桥"一文的补充[J]. 公路,2005(2).
[25] 席振坤. 横向铰接斜梁(板)桥实用计算法[M]. 北京:人民交通出版社,1991.
[26] 范立础. 桥梁工程[M]. 北京:人民交通出版社,1988.
[27] 邵旭东,等. 桥梁设计与计算[M]. 北京:人民交通出版社,2007.
[28] 吴国瑜,等. 预应力混凝土现浇连续箱梁正交与斜交对比分析研究[J]. 公路交通科技(应用技术版),2013(4).
[29] 陆楸,王春富,等. 公路桥梁设计电算[M]. 北京:人民交通出版社,1983.
[30] 吕建鸣,等. 桥梁结构分析技术的发展与展望[J]. 公路交通科技,2008(12).
[31] 肖汝诚. 桥梁结构分析及程序系统[M]. 北京:人民交通出版社,2002.
[32] 孙广华. 曲线梁桥计算[M]. 北京:人民交通出版社,1997.
[33] 陈政清,等. 梁杆索结构几何非线性有限元——理论、数值实现与应用[M]. 北京:人民交通出版社,2013.
[34] 张立明. ALgor、ANSYS 在桥梁工程中的应用方法与实例[M]. 北京:人民交通出版社,2003.
[35] 林上顺. 我国桥梁结构静力分析技术研究综述[J]. 公路交通技术,2015(2).

第10章 连续箱梁桥侧倾稳定性分析与工程实例

10.1 概 述

随着公路与城市道路的高速发展,立体交叉越来越多,相应的跨线桥、匝道桥的平面线形主要决定于线路设计。桥墩的位置和形式也往往受地面道路、建筑物的制约,在城市中还受到地下管线、场地条件等因素影响,加上城市对桥梁景观和桥下通视条件要求等,独柱式桥墩连续箱梁桥成为经常采用的桥型方案。应该说这是合理的选择,是符合客观情况的,也是符合桥梁使用功能的。近十年来,极少数独柱墩连续梁桥在超重车辆通过时发生倒塌的事故,造成人员伤亡和经济损失,引发了不良的社会影响。已引起有关部门的高度重视,采取了一系列处治措施。桥梁界不少专家、学者针对这个问题进行了多方面的研究,公路桥梁规范作了必要的补充,都取得了重要的进展。根据我国桥梁工程的理论水平、设计技术、结构分析手段以及施工工艺,建设桥型合理、安全可靠的独柱墩连续梁桥是完全可以实现的。不应该完全否定这种桥型结构。当然,我们必须在设计、施工、管养以及交通运输等方面进行扎实而精细化的工作,采取可靠措施以保证达到预定的目标。

国内发生的多起桥梁侧倾倒塌事故(参阅10.2节)常有以下共同特点:

①为整体式连续箱梁,中间桥墩基本上是独柱式墩,点铰式单支座。

②为直线桥或平曲线半径较大的曲梁桥,单孔跨径在20~50m。

③重载车辆靠前进方向右侧边缘行驶或停留,一般不只一辆,形成纵向密排,单辆车的总质量往往超过公路规范规定的55t。

④倒塌的桥梁大多是由几跨组成的长桥,因中墩上为点铰单支座,主梁扭转跨径较大。

⑤桥台或分联墩上设置的抗扭双支座间距偏小。

⑥破坏形式表现为整体侧倾瞬间倒塌。

独柱式桥墩的上部构造多为整体式连续箱梁,但也有一些高架桥和立交桥,上部构造为装配式T梁,工字梁和组合小箱梁。采用顶部设大悬臂盖梁的T形独柱式桥墩,虽然一般不会发生主梁侧倾失稳,但独柱墩则可能在活载偏载情况下悬臂根部或墩柱产生弯曲损坏,在独立墩延性不好或抗剪承载力不足时,在横向地震力作用下可能发生弯剪破坏导致整个桥梁倒塌。所以,独柱墩上的连续箱梁出现侧倾失稳,只是其安全风险之一。在外荷载作用下,如承载力不足,独柱墩本身有可能发生损坏,同样会使上部结构出现病害或事故。所以,上、下部结构是相互影响的。在结构分析与结构设计时,应对上、下部构造进行全面考虑。

连续箱梁侧倾失稳,属于第二类稳定问题,即极值点失稳。结构物瞬间发生大变形或大位移,属“脆性破坏”,没有预警延时阶段,所以后果往往很严重。在箱梁倾覆之前,必定会出现个别或少数支座脱空的情况。剩下的其余支座对结构的约束,将导致全桥支反力的重新分布,会使部分支座因竖向压力过大而损坏,随着梁体的转动,支座发生过大的转角变形,加速了梁体的滑移。倾覆过程是较复杂的力学现象,属于支座非线性分析范畴。结构倾覆与支座的变形以及是否失效密切相关,所以对支座的受力分析至关重要。

含有墩梁固结的连续梁桥,墩柱可承担一部分主梁扭矩,对主梁的扭转有一定的约束作用,在主梁扭转变形过大的情况下,失稳的形式转变为结构的强度控制,可能发生的破坏状态有两种:一是主梁与墩柱的连接处发生弯曲破坏;二是墩柱发生弯压破坏。最严重时,主梁也有可能倒塌。但与支座支承主梁相比较,墩梁固结可以降低结构物侧倾破坏的风险。一般很难发生主梁瞬间倒塌的情况。

已经发生倒塌的独柱墩连续箱梁桥,都是在超重车辆靠边行驶时引起的,受到各界的普遍关注。不可否认,超载、超限车辆确实是这些重大事故的主要外因,但是设计中(有时还包括施工)存在的某些问题则是同样重要的原因。在国内已经建成的大量分布在公路与城市道路上的独柱墩连续梁桥,出现严重损坏的所占比例很小。为什么会引起这么大的社会影响?在于这类事故的突发性及严重后果。给予我们桥梁设计者以启示:在一些可能隐藏着“脆性破坏”风险源的部位,尤其是一旦发生将影响全局的关键部位,即使进行了精细化设计,也有必要适当提高安全度,留有一定富余。实际上,在桥梁工程中,针对可能出现的不同程度的安全风险,采取相应的安全系数的作法,已是业界的共识,并积累了成熟的经验。例如混凝土轴心抗压强度(以极限强度为基数)的安全系数 $K=2.5$;HRB335 钢筋抗拉强度(以标准强度为基数)$K=1.45\sim1.85$;中、下承式拱桥的吊杆 $K=3$,系杆 $K=2$;混凝土拱桥按线弹性理论计算的稳定系数 $K=4\sim5$,按第二类稳定计算则 $K=2$;在缆索吊装施工中主缆 $K=3.5$,起重索 $K=5\sim6$;载人升降机的钢丝绳 $K=14$。可见,根据结构物的工作状态及可能产生的后果,分别考虑不同的安全储备,是工程建设中应遵循的一项基本原则。对于独柱墩连续箱梁桥侧向抗倾覆稳定性的 K 值如何确定,将在本章后面进行讨论。

国内一些专家、学者对独柱墩连续箱梁桥侧倾稳定性临界状态的分析研究,都是将上部结构作为刚体考虑的。一些论文按此假定推导出了侧倾稳定性安全系数的计算公式。另有少数学者指出:按刚体分析计算独柱墩连续箱梁桥侧倾稳定性与实际不符,应考虑箱梁在偏转过程中产生的弹性扭转变形以及支座非线性变位的影响。关于这个问题将在 10.7 节及 10.8 节中进一步讨论。

10.2 连续箱梁桥侧倾与倒塌实例

独柱墩连续梁桥发生倒塌的实例,目前看到的最早报道是 1995 年日本阪神地区的一座高架桥在里氏 7.2 级地震中倾倒[1]。该桥全长 500m 以上,地震加速度未超过 $0.2g$ 前,桥墩未发生屈服,仅出现小振幅振动,在随后的较大地震加速度作用下,桥墩迅速屈服。由于桥墩设计的竖向主筋过早切断,导致离墩底约 3m 的截面抗弯能力下降,该截面首先屈服。塑性铰区混凝土水平裂缝发展成为弯剪裂缝,剪压区混凝土达到抗压强度而破坏。由于塑性铰区混凝土损伤的积累,抗剪能力下降,瞬间发生剪切脆性破坏,共有 18 个桥墩剪坏,约 500m 长的主梁倾倒。2008 年我国四川汶川地震中,同类型的桥梁也出现过桥墩破坏的情况。与双柱式和多柱式桥墩相比较，非墩梁固结的独柱式桥墩在地震力作用下，类似悬臂结构，抗震性能较弱，在桥墩破坏时，结构没有冗余的传力路径，主梁迅速倒塌。所以，对独柱墩安全影响最大的两个外部因素，一是超重车辆，二是地震作用。国内多数情况是，当主梁发生侧向扭转时，首先出现支座脱空，如侧倾继续发展，便产生失稳倒塌。

下面介绍国内几起连续梁桥失稳倒塌和侧倾（支座脱空）事故的实例。

（1）倒塌事故实例

实例一：内蒙古包头市民族东路高架桥[2,5,6]

该桥为钢结构简支梁桥，独柱式桥墩。2007 年 10 月 23 日，3 辆半挂式牵引重型货车由南向北通过高架桥靠右行驶，导致其中一跨钢梁侧翻倒塌，4 人受伤，桥下铁路专用线交通中断。三辆货车严重超载，单辆总质量为 110t，超过规范最大车重 55t。

实例二：津晋高速公路天津市港塘收费站外 C 匝道桥[1,3-6]

该桥为钢筋混凝土连续弯箱梁，梁高 1.3m，孔跨布置为 30m + 17.5m + 2 × 22m + 17.5m，独柱式桥墩。2009 年 7 月 15 日，5 辆重载货车，靠一侧暂停桥上，纵向总长度约 109m，其中三辆车严重超载，分别为 147t、142t、140t。5 辆车总重量达到 503t。按一个车道计算的线荷载为 46.1kN/m。该连续弯箱梁瞬间侧翻倒塌，致 6 人死亡，7 人受伤，5 辆车坠落。三辆超重车重量约为规范最大车辆吨位的 2.6 倍，而且纵向密排，远小于规范规定的间距。该桥设计荷载为公路—Ⅰ级，桥面宽度 8.5m，发生垮塌的为第二联、第三联。

实例三：南京市快速内环西线南延伸工程高架桥[2,4,6]

该桥为简支钢箱梁桥。2010 年 11 月 26 日，在进行桥面防撞护栏施工时，一跨钢箱梁侧翻倒塌。落地箱梁长度 30m。造成 7 人死亡，3 人受伤。当时钢箱梁受拉支座锚栓尚未灌浆，既未采取对称施工，也未进行压重，出现严重偏载而侧翻。

实例四：浙江上虞春晖互通式立交匝道桥[2-4,6]

该桥为钢筋混凝土 6 × 20m 连续梁桥，独柱式桥墩。2011 年 2 月 21 日，四辆超重货车通过时桥体侧翻倒塌。坍塌桥长约 120m，四辆车坠地，三人受伤。4 辆车重分别为 147t、142t、140t 和 54t，总重 483t，折算线荷载为 40kN/m，为桥规公路—Ⅰ级车道荷载的 3.12 倍。桥梁高度 7m。

实例五：哈尔滨阳明滩桥引桥[2,4]

该桥为钢—混凝土组合结构连续梁桥，跨径为 36m + 50m + 36m。2012 年 8 月 24 日，桥上通过 4 辆货车时，主梁侧翻倒塌。4 辆车坠落桥下，致使 3 人死亡，5 人受伤。4 辆车核准载重为 102t，实载为 395t。其重量约为桥梁设计荷载的 2 倍。

实例六：某匝桥[8]

该桥为 6 × 20m RC 连续箱梁桥，位于直线上。桥宽 8m，单箱单室，端横梁处双支座中距 2.8m，中墩横梁处均为单支座。汽车荷载设计为公路—Ⅰ级。在三辆重量分别为 125t、125t 和 110t 货车偏载通过时倒塌。

（2）侧倾（支座脱空）实例

实例一：某立交高架桥[3]

该桥为混凝土曲线梁桥。2010 年 9 月 28 日，某市港务局检查超载车辆，造成部分超载车沿高架桥的曲线外侧停放，引起主梁侧倾。从上午 11h 至下午 13.5h，车辆疏导完毕，主梁变形得到恢复。经检查,侧倾段主梁 130m 长度内有 7 辆车,每辆车约重 900kN,总重约 6300kN,折算线荷载为 48.5kN/m,为桥规公路—Ⅰ级车道荷载的 3.84 倍。

实例二:福建某公路立交桥[7]

该桥为 20m + 7 × 25m + 20m 九跨一联预应力混凝土连续箱梁,第一跨位于半径 70.3m 的平曲线上,第二、三跨为缓和曲线,以后几跨为直线。桥台及 5 号墩上为双支座,其余均为单支座。在施工过程中 0 号桥台内侧支座脱空超过 30mm。

实例三:某高速公路枢纽互通立交 G 匝道桥[7]

该桥为 8 × 20m 一联连续箱梁,中间桥墩上均为单支座。箱梁全部施工完成后,在安装完第七跨内侧护栏时,箱梁发生严重的向内侧扭转,0 号过渡墩和桥台外侧支座脱空超过了 100mm。

实例四:某立交匝道桥[7]

5 × 25m 一联预应力混凝土连续弯箱梁桥,平曲线半径 600m,主梁为单箱单室截面,桥面宽度 13m,箱梁底面宽度 6m,两侧顶板悬臂长度 2 × 3.5m,采用纵、横向预应力。分联墩上为双支座,间距 4m,中间桥墩上均为单支座。独柱式中墩为直径 1.3m 的圆形截面。箱梁在落地支架上逐跨现浇。上、下部结构于 2006 年秋季完工,在 2007 年夏季进行外侧防撞护栏浇筑时,梁体发生晃动,经检查发现,分联墩上的内侧支座脱空约 20mm。

实例五:某连续梁桥[9]

该桥为 30m + 2 × 35m + 30m 预应力混凝土连续弯箱梁,单箱单室截面,梁高 1.6m,桥面宽设计标准为 2 车道,边墩为双柱式,其上设梁盖,板式橡胶双支座。三个中墩均为独柱式支承,设置抗震盆式固定单支座。由于多辆重车靠外侧车道行驶,导致箱梁发生侧倾(支座脱空)事故。当时桥上共有 6 辆货车,其实际重量分别为 122.76t、20.74t、122.64t、27.64t、120.04t、129.18t。这 6 辆车的核定载质量,最大为 39.5t,其中有 5 辆车严重超载。

实例六:深圳市某跨线桥[28]

该桥为盐坝高速公路东部华侨城出口匝道工程跨线桥,上部结构为 15m + 17m + 20m + 15m 连续钢箱梁,梁高 1.25m,全宽 10m,公路—Ⅰ级荷载。2010 年 1 月,在两道单箱梁间顶板的横向焊接过程中发现 0 号、4 号桥台的支座缓慢脱空。施工单位在脱空处分别加焊了 1 块 20mm 厚和 2 块 40mm 厚的钢板。但到了 3 月 23 日进行检测时,发现 0 号、4 号桥台支座仍在缓慢脱空,且 4 号桥台支座脱空缝隙在逐步扩大。经实测,支座脱空随温度而变化,最大脱空达到 39mm。其原因是施工过程中控制不严,主梁安装就位后未及时进行整体化工作。经采用增加配重和调整支座垫板厚度的方法进行了处治后,恢复正常。

10.3 关于重载交通路段桥梁荷载效应的讨论

10.3.1 公路桥梁与城市道路桥梁设计规范对汽车荷载的规定

(1)《公路桥涵设计通用规范(JTG D60—2004)》

①公路—Ⅰ级汽车荷载的车道荷载。

车道荷载的均布荷载标准值 $q_k = 10.5\text{kN/m}$,对集中荷载标准值 P_k 规定如下:桥梁计算跨径≤5m 时，$P_k=180kN$；$5m<L<50m$ 时，$P_k=180kN+4(L-5)$；$L>50m$ 时，$P_k=360kN$。计算剪力时，P_k 乘以 1.2。

②公路—Ⅱ级汽车荷载的车道荷载。

q_k、P_k 均按公路—Ⅰ级的标准值乘以 0.75 计算。规定与上述相同。

③车辆荷载。

公路—Ⅰ级、公路—Ⅱ级的车辆荷载相同。一辆车重力标准值为 550kN。其轴重与轴距如图 10-1 所示。

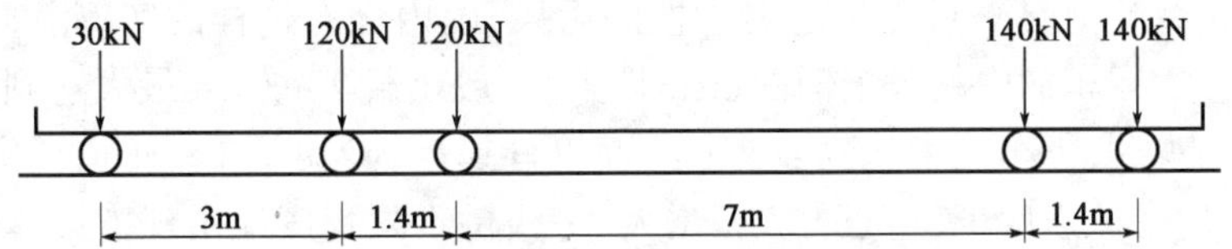

图 10-1　公路汽车荷载的车辆荷载轴重、轴距

车辆荷载横向布置，单车的轮距为 1.8m，相邻两车的横向轮距为 1.3m；沿纵向前、后两车的相邻轴距为 10m。

(2)《公路工程技术标准》(JTG B01—2014)，从 2015 年 1 月 1 日开始实施

①公路—Ⅰ级汽车荷载的车道荷载。

$q_k=10.5kN/m$，$L\leqslant5m$ 时，$P_k=270kN$；$5m<L<50m$ 时，$P_k=270kN+4(L-5)$；$L>50m$ 时，$P_k=360kN$。

②公路—Ⅱ级汽车荷载的车道荷载，与 JTG D60—2004 的规定相同。

③车辆荷载，与 JTG D60—2004 规定相同。

④ 第 7.0.2 条的注：对交通组成中重载交通比重较大的公路，宜采用与该公路交通组成相适应的汽车荷载模式进行结构整体和局部验算。

(3)《城市桥梁设计规范》(CJJ 11—2011)

①城—A 级汽车荷载的车道荷载，与 JTG D60—2004 关于公路—Ⅰ级的规定相同。

②城—B 级汽车荷载的车道荷载，与 JTG D60—2004 关于公路—Ⅱ级的规定相同。

③车辆荷载。

城—A 级，总重为 700kN，其轴重、轴距如图 10-2 所示。车辆横向布置与公路相同。城—B 级，车辆荷载与公路相同。

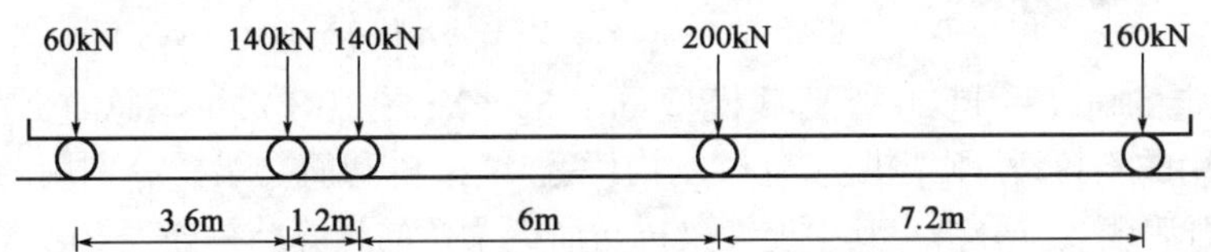

图 10-2　城—A 级车辆荷载轴重、轴距

④特种平板挂车的特种荷载，有 4 种：特—160(160t)、特—220(220t)、特—300(300t)、特—420(420t)。规范规定：对设计汽车荷载有特殊要求的桥梁，设计汽车荷载标准应根据具体交通特征进行专题论证。在城市指定线路上行驶的特种平板挂车应根据具体情况按规范附录 A 所列的特种荷载进行验算。

10.3.2 重载交通对桥梁结构安全度与耐久性影响的实例分析

近10多年来,我国城乡建设快速发展,工业、农业、商业、服务业、制造业、电子信息等全面推进,带动了交通运输行业和汽车工业突飞猛进。汽车车辆荷载较以往发生了很大的变化。车辆“三超”(超载、超限、超速)的问题日益突出,而且在全国各地区都不同程度地存在。给既有的道路与桥梁安全埋下隐患,也对结构的耐久性产生不利影响。车辆荷载是桥梁设计中最重要的活载,“三超”现象必定降低桥梁的使用寿命,也逐步消耗掉桥梁在正常情况下的安全储备。在严重超载的情况下可能引起灾难性的后果,国内已有这样的实例。据统计[9],2003年全国范围公路货运车辆中超载车辆占60%以上,一般超载2~3倍,最大达到7倍。经部分立交桥匝道现场观测,行车速度达到80km/h,而设计速度为40km/h。匝道桥中弯桥较多,独柱式桥墩也较多,在此速度下,离心力大幅增大,一些桥不同程度地出现了梁体位移、扭转、支座脱空、桥墩变形、破损等现象,最严重时主梁损坏、侧倾甚至倒塌。国内一些省市的有关部门对本地区车辆超载情况进行了调查,获得了不少第一手实测资料,并结合现行规范关于汽车荷载标准值的规定,进行了对比分析研究,提出了一些意见和建议,主要涉及重载交通对桥梁结构安全度与耐久性影响的问题,也对规范关于汽车荷载的规定提出某些看法或针对本地区具体情况做了补充规定。

(1)广东省公路桥梁车辆荷载模型研究及主要结论[10]

2010年,有关部门对广东省5条典型高速公路上的汽车荷载状况进行了调查,调查结果显示,这5条高速公路上总重量超载的货车比例在8.9%~63%,平均比例为39%;最大超载率为116%~283%,平均最大超载率为170%;轴重超载的比例为15.7%~64.8%,平均比例为48%;轴重的最大超载率247%~406%,平均最大超载率346%,最大轴重超载达到406%。可见,广东省超载车辆的现状与桥规[3](JTG D60—2004)车辆荷载有较大差异。随后,在广东省车辆荷载具有代表性的几条高速公路上埋设弯板式动态称重(WIM)系统,采集交通荷载情况,对实际交通轴载进行了分析。得到基于实测结果的车辆荷载模型如图10-3所示。

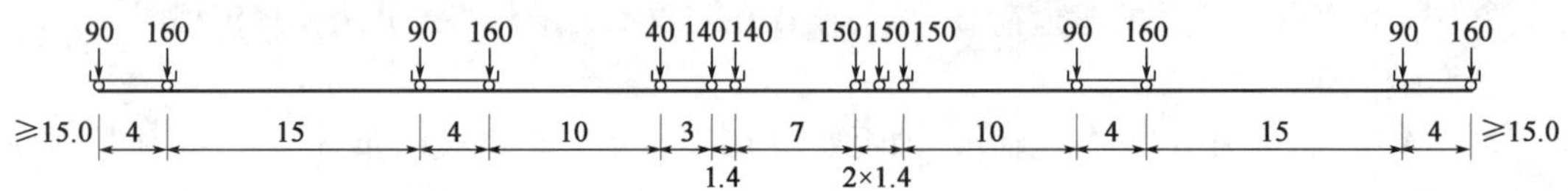

图10-3 基于实测结果的车辆荷载模型(轴重单位:kN;尺寸单位:m)

桥规[12]规定的汽车—超20级荷载模型重车550kN(图10-1),主车总重200kN,前后轴距4m。对我国常用的斜拉桥、刚架拱桥、连续刚构桥、连续梁桥和简支梁桥分别用两种车辆荷载模型进行控制截面活载效应分析。其中连续梁桥与简支梁桥的计算结果如表10-1、表10-2所示。

连续箱梁桥控制截面弯矩比较(单位:kN·m) 表10-1

截面	中孔跨中	中跨墩顶
(A)汽车—超20级荷载模型	1982.79	-1820.18
(B)实测车辆荷载模型	2908.38	-2453.41
(B)/(A)	1.47	1.35

简支梁桥(30mT 梁和 16m 空心板)跨中截面弯矩比较(单位:kN·m)　　表 10-2

截面	30m T 梁	16m 空心板
(A)汽车—超 20 级荷载模型	3166	1082
(B)实测车辆荷载模型	4644	1590
(B)/(A)	1.47	1.47

主要结论如下:

①实测数据分析表明,对于广东省高速公路,不论是车辆总重、车辆轴重以及车辆组成都与桥规[12]有较大的差别。重载车、重轴车分布范围更广,出现概率更高。桥梁跨径越小,活载所占比例越大,这种差别越明显。实测车辆荷载模型与汽车—超 20 级荷载活载效应的比值平均约为 1.40。

②车辆实测荷载数据,均来自计重收费的高速公路,因而在车辆超载方面已得到一定的控制。在未进行计重收费的公路上,超载现象更为严重,对中小跨径梁桥的安全度与耐久性影响较大。

(2)某市一级公路重载车辆实测数据分析与主要结论[11]

某市一级公路采用车辆动态称重(WIM)系统,进行称重收费,自动记录了车辆车型、轴数、车重等信息,并传递至控制站的计算机。选用 2008 年 8 月 14 日至 10 月 13 日的实例数据进行了分析。车型包括 2、3、4、5、6 轴货车与客车共 6 种。其中 3、4、5、6 轴货车最大车重均超过 55t,分别达到 85t、79t、133t 和 143t。考虑到简支梁和连续梁桥在我国中小跨径桥梁上应用极为广泛,将这两种桥型作为研究的主要对象。根据实测资料计算拟合荷载作用下控制截面荷载效应设为 S_Q;按桥规[3]公路—I 级汽车荷载作用下的控制截面荷载效应设为 S_{QK},同时,根据《公路工程结构可靠度设计统一标准》(GB/T 50283—1999)的规定,取设计基准期内每种跨径 $K_{SQ}=S_Q/S_{QK}$ 最大值的 0.95 分位值作为研究对象。得到:简支梁桥跨径在 11 ~ 40m 时,0.95 分位值相应的 K_{SQ} 在 2.5014 ~ 2.7043;三等跨连续梁桥,跨径在 11 ~ 30m 时,边跨正弯矩相应的 K_{SQ} 在 2.531 ~ 2.713,中支点负弯矩相应的 K_{SQ} 在 2.534 ~ 2.702。根据上述 K_{SQ} 的分析数值,针对不同的超载情况,建议的荷载放大系数如表 10-3 所示。

不同超载条件下的荷载放大系数　　表 10-3

荷载等级	六轴车重均值(kN)	最大车重(kN)	K_{SQ}	建议的荷载放大系数
公路—I 级	460	550	0.976	1.0
超载 55%	760	850	1.586	1.6
超载 110%	960	1150	2.077	2.1
超载 160%	1250	1430	2.697	2.7

对于重载交通干线,车辆荷载模型与公路—Ⅰ级荷载模型差异较大,应该提高其汽车荷载的等级,可以采用公路—Ⅰ级汽车荷载乘以荷载放大系数的办法。对于中小跨径梁桥,虽然其内力影响不同,但不影响 K_{SQ} 的分布,其车辆荷载效应最大值由单车车重控制。

中交公路规划设计院有限公司(贵州分公司)2013 年完成的贵州兴义市威舍至鲁格煤碳专用一级公路桥梁施工图设计,考虑到煤碳运输重载交通的实际情况,将公路—I 级车道荷载乘以 1.5 的荷载放大系数,进行结构分析计算。

河南省交通厅发文要求:省内高速公路上的桥梁应按公路—Ⅰ级汽车荷载乘以 1.3 的荷载放大系数进行设计。

(3)从京藏高速公路货车大拥堵看我国公路桥梁结构的整体安全[12]

内蒙古为我国最大的煤碳输出省,从 2005 年开始,京张高速公路京冀交界处就基本处于常年半瘫痪状态。拥堵最严重时,从京冀交界处堵到了张家口西,长达上百公里,受堵车辆数万辆。在这些拥堵的路段上,承载着密集排列货车的桥梁结构的安全性和耐久性很少受到关注。运煤路段的货车中近 70% 的车辆为 5 轴和 6 轴车,其总重基本上都大于 50t。为了保证交通畅通,提高了通行效率,治超管理部门的检查方式由以前的逐车上线检测改为目测检查放行的方式,这就造成了车队中往往存在着部分超载车辆,而这些车辆动辄上百吨。因此,重载货车密集的地区,拥堵会造成大量重车以极小的纵横间距停置于桥梁上,对结构的安全性造成了很大的隐患。

将汽车—超 20 级加重车(图 10-1)组成一个纵、横向车队模拟实际拥堵的货车车队,称为模式 A;根据现行桥规规定的汽车荷载(公路—Ⅰ级)确定的荷载模式称为模式 B,并按下式计算汽车荷载效应:

$$S = r_0 \cdot r_{Q1} \cdot (1+\mu) \cdot n \cdot \xi_1 \cdot \xi_2 \cdot S_{Q1} \tag{10-1}$$

式中:r_0——结构重要性系数;

r_{Q1}——汽车荷载分项系数;

μ——冲击系数;

n——车道数;

ξ_1、ξ_2——横向、纵向折减系数;

S_{Q1}——单车道基本车道荷载效应。

对于拥堵常态地区,大量重载货车密排在桥梁上,按上式计算的 S 明显偏小。分析计算跨径 10 ~ 70m 简支梁桥得到:

①单车道活载最大效应。

跨径 60m 时,A 模式/B 模式的弯矩比值为 1.02;跨径 70m 时,比值为 1.13。

②三车道活载最大效应。

跨径 40 ~ 70m 时,A 模式/B 模式的弯矩比值为 1.06 ~ 1.45。

③四车道活载最大效应。

跨径 30 ~ 70m 时,A 模式/B 模式的弯矩比值为 1.06 ~ 1.69。

可见,由于现行规范对于多车道桥梁汽车荷载效应进行了折减,随着车道数的增多,密排重车队的效应对结构安全的影响越来越明显。目前出现的桥梁安全事故较少,一方面是现行规范对车道荷载有所提高,另一方面是有的设计人员吸取了早期桥梁事故的教训,主动地预留了一定的安全储备。但随着重载车队对桥梁结构损伤的累积,结构失效的可能性将越来越大,结构病害的发展会造成更严重的拥堵,引发更广泛、更深层的不利影响。

(4)山西省重载交通对桥梁荷载效应的影响[13]

采用动态称重设备 WIM 对山西省青银高速公路太原至旧关段、208 国道祁县至长治段、省道忻黑线兴县至岚县段三条典型重载交通公路进行车辆调查,采集过桥车辆的车重、轴重、轴距、车速等数据。将该三条公路车辆数据合并组成新的车辆样本。为了进行统计分析,根据各种车辆类型的几何参数构造车辆荷载流。通过影响线加载计算荷载效应,主要研究中等跨径简支梁桥。按《公路工程结构可靠度设计统一标准》(GB/T 50283—1999)规定,汽车荷载效应取设计基准期荷载效应最大值概率分布的 0.95 分位值作为标准值,分析研究的主要结果如下:

①重载交通车辆荷载代表值。

跨径 40m 以下的梁桥,车辆荷载代表值为 1.3,即为现行规范车辆效应的 1.3 倍;跨径 40m 以上的梁桥(含 40m 跨径),车辆荷载代表值为 1.9,即为现行规范车辆效应的 1.9 倍;对于一般运行状态,车辆荷载效应值取为 1.1,为密集运行状态的 0.58 ~0.85 倍。

②重载交通车辆荷载频遇值、准永久值。

重载交通车辆荷载频遇值、准永久值均比现行规范计算结果大。

重载交通对桥梁结构的影响不可忽视,有必要对重载交通的桥梁荷载开展深入研究,确定合理的计算参数。

(5)北京市 G103 国道车辆荷载模型研究[14]

根据北京市 G103 国道上实际交通流状况,采用 WIM 实测数据,进行统计分析,拟定了北京市 G103 国道实际交通流状况下的车辆荷载参数,并建立车辆荷载模型,即"2-1-3"轴的典型 6 轴重型车辆荷载模型,如图 10-4 所示。车辆总重 760kN。该模型可用于现役桥梁结构安全性能的评估。在此基础上,分别采用实测车辆荷载模型和规范车辆荷载模型对大柳树 2 号桥的汽车活载效应进行分析。该桥为五跨 RC 简支 T 梁,桥梁全长 61.62m,桥面设双向 4 车道。2013 年 4 月,每个车道安装 WIM 实测车辆各项数据,历时 3 个月。该桥每跨共设 5 道横隔梁,桥面连续,采用梁格法计算汽车荷载效应。实测模型与规范模型(汽车—超 20 级)计算结果对比分析如下:

①实测车辆荷载模型活载效应普遍大于规范规定的汽车—超 20 级车辆荷载模型效应。其中,边 T 梁中点和 2 号中点处的弯矩增大 50%;边 T 梁支点截面处的剪力增大 45%;各主要截面的活载效应比值的平均值约增大 30%。

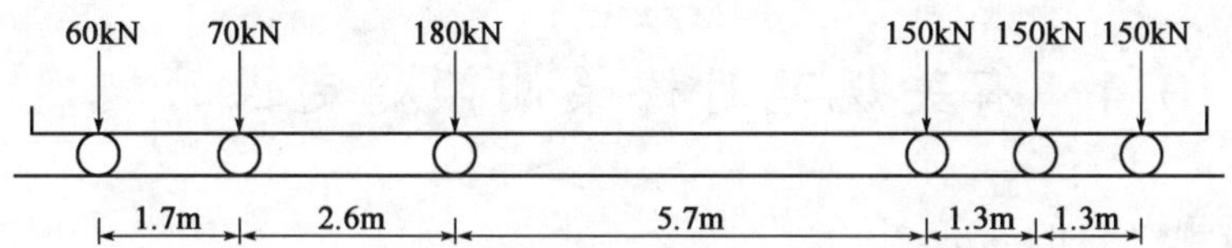

图 10-4　"2-1-3"轴型 6 轴车辆荷载模型

②在规范车辆荷载模型作用下,跨中最大变位为 2.875mm,实测车辆荷载模型作用下,跨中最大变位为 4.187mm,为前者的 1.5 倍。

③实测统计的总重和轴重中等的车辆(主要为小型载重货车和空载大型货车)数量明显比规范统计的要少;而实测统计的总重和轴重都较大的车辆(主要为大型载重货车,包括超载货车)的数量明显比规范统计的要多很多。表明既有桥梁的承载力安全性存在较大的隐患。编制规范时所依据统计资料,与当前的实际情况有较大出入。

④总重为 760kN 的"2-1-3"轴型 6 轴车荷载模型,建议作为当前规范车辆荷载模型的一个补充。

⑤对既有简支梁桥的主梁进行原设计车辆荷载和实测车辆荷载作用下,抗弯承载力和抗剪承载力比较,结果表明:原设计可以满足结构安全性和使用功能的要求,但在实测荷载作用

下,关键截面的弯矩已接近主梁极限抗弯承载力,可能产生开裂或承载力不足。

10.3.3 初步小结

(1)现行桥梁汽车荷载模型,是在桥梁可靠度研究基础上通过选取我国2000年以前几条比较典型的道路,按照数理统计方法得出的适应我国公路交通在一定发展阶段的标准荷载。但随着经济建设与交通状况的发展,目前的车辆参数(车重、轴重、轴距)和车队的排序构成等都发生了较大的变化。因此,桥梁设计的汽车荷载模型应根据实际情况进行研究,进行必要的补充、修正或调整。

(2)我国幅员辽阔,各地区的自然条件和社会状况存在较大的差异,经济发展不平衡,桥梁设计的一些重要指标及参数不宜全国统一看齐,应该在基本技术政策指导下,允许各地区做出符合本地区实际情况的规定。实际上,一些省市都在桥梁设计荷载这一重要技术指标上,进行了大量调查研究工作,获得了不少成果,并做了某些具体规定。

(3)10.3.2节中,几个省市对近年一些道路上重载交通实际情况的分析研究及其成果,基本上反映了我国相当范围内重载交通对桥梁结构安全度与耐久性潜在和现实的严重影响。不论在役桥梁还是新建桥梁都应该重视这个问题,应在进行调查研究的基础上,采取必要的措施。

(4)我国正处于社会变革的重要时期,全国经济和城乡建设高速发展,与欧美日等已经完全工业化的发达资本主义国家相比,具有很多不同的特点,不宜将他们的经验直接引用。例如,汽车荷载模型及其技术指标,应该立足于我国正处于社会快速发展的特殊情况,制定既符合当前情况又能适当超前的主要标准。欧美日等国的做法只能作为参考。

(5)交通运输工作中的治超、治堵已进行了多年,取得了一定成效。但从全国总体情况来看,"三超"与拥堵仍未从根本上得到改善。可以认为,在我国社会主义建设和完成工业化的历史时期,交通运输始终是支柱产业之一,对"三超"与拥堵的治理,将是一场持久战,短期内难以彻底解决。汽车荷载模型的分析研究以及通过规范的体现,应该考虑这一基本状况。

10.4 有关规范对桥梁侧倾稳定性的规定

(1)公路桥规[3]、[5]的规定。

公路桥规[3]第3.5.8条、桥规[5]第9.4.7条均规定支座不得脱空,但是从构造设计方面提出的要求。对桥梁横向倾覆稳定性没有相关的规定,处于空白状态。

(2)《公路钢筋混凝土及预应力混凝土桥涵设计规范》(JTG D62),2012年征求意见稿第4.1.9条规定:采用整体断面的中小跨径梁桥应进行上部结构抗倾覆验算。上部结构的抗倾覆稳定系数应满足下式要求:

$$r_{qf}=\frac{S_{bk}}{S_{sk}}\geqslant 2.5 \tag{10-2}$$

式中:r_{qf}——抗倾覆稳定系数;

S_{bk}——使上部结构稳定的作用效应标准组合;

S_{sk}——使上部结构倾覆的汽车荷载(含冲击作用)标准值的效应。

在作用标准组合(汽车荷载考虑冲击作用)下,单向受压支座不应处于脱空状态。条文说明中列出了正桥、斜桥和弯桥 r_{qf} 的计算公式。

(3)《铁路桥涵混凝土结构设计规范》(TB 10092—2017)第 4.1.1 条规定:在计算荷载的最不利组合作用下,桥梁横向倾覆稳定系数不应小于 1.3。

条文说明指出:检算倾覆稳定性时,可将支座看作刚体,并给出横向倾覆稳定系数的公式:

$$k = \frac{\sum M_d}{\sum M_q} \geqslant 1.3 \tag{10-3}$$

式中:M_d——抵抗力矩;

M_q——倾覆力矩。

第 7.3.6 条规定:板式橡胶支座的平均压应力按下式计算:

$$\sigma_m = \frac{R_b}{ab} \leqslant [\sigma_m] \tag{10-4}$$

式中:R_b——支座反力(MN);

a、b——支座短边及长边长度(m);

$[\sigma_m]$——橡胶板允许平均压应力(MPa)。

按式(10-4)算得的支座最小压应力 σ_{min} 应大于或等于 2MPa。

(4)美国桥梁规范(AASHTO,2007)。

①在任何极限状态下,有发生脱空倾向的支座应采用拉杆或锚具约束住。

②多向活动支座不适用于竖向支反力小于支座竖向承载力 20% 的位置。

③支反力小于竖向承载力 20% 的支座要求特殊设计。

(5)日本道路桥示方书(2001)。

支座负反力 R_u 采用下式计算:

$$R_u = 2R_{1+1} + R_D \tag{10-5}$$

$$R_u = R_D + R_w \tag{10-6}$$

式中:R_D——恒载反力;

R_{1+1}——活载最大负反力;

R_w——风荷载最大负反力。

(6)钢—混凝土组合桥梁设计规范(报批稿),上海市城市建设设计研究总院主编。

①对于刚体倾覆情况,抗倾覆稳定系数不应小于 2.5,验算荷载采用车道荷载。

②对于转角过大情况,在最不利的荷载作用下,支承不得脱空,且在 2.5 倍(抗倾覆定系数)倾覆荷载作用下,任意支承处梁体的横向转角不应超过 1/50(即 0.02rad)。

(7)桥梁上部结构抗倾覆验算荷载的规定(浙江省公路管理局,2009 年)。

①验算工况 1:按《公路桥涵设计通用规范》(JTG D60—2004)中规定的公路—I 级车道荷载进行加载,为标准的设计荷载。

②验算工况 2:按公路—I 级车道荷载的 1.3 倍进行加载,模拟一般超载情况。

③验算工况 3:按 JTG D60—2004 规定的车辆荷载编队的 1.2 倍进行加载。车队中两车前、后轴间距为 10m,模拟超载集装箱车队的情况。即验算车队为 1.2 倍的 10m 间距 55t 密排重车。单辆 55t 重车的轴重、轴距见图 10-1。

10.5 桥梁侧倾稳定性风险源分析

范立础院士在一篇文章中指出："对于任何土木工程，不管是一般工程或重点工程，在建设的整个过程中始终存在着人们不可预知的风险：如规划风险（市场风险和环境风险）、设计风险（技术风险）、施工风险与运营风险（过程风险）。""规划是一项工程建设最重要的'源头'，俗语云：'一步错、全盘输'；工程设计应做最大限度的设防，俗语云：'步步小心，不留隐患'；工程施工风险最不易科学预防，需要有技术上的预案，俗语云：'险象丛生，步步为营'；工程运营、养护和管理如稍有懈怠，俗语云：'自寻末路'。"

风险评估是一个大题目，即使像桥梁侧倾稳定性这样一个范围很小的具体问题，也包含很多内容。本节仅就桥梁侧倾稳定在设计阶段可能存在的风险源进行初步分析。所谓"风险源"，是指"可能导致风险事件的因素"。桥梁工程是一个大系统，其中每一个局部都存在着一定的风险发生概率和不同的风险损失等级。有些部分风险高一些，有些部分风险低一些。例如大跨径石拱桥、跨径超过250m的混凝土拱桥、跨径超过200m的梁式桥、高度超过100m的桥墩、地震高烈度地区墩高相差较大的多跨弯桥和斜桥、高支架、挂篮以及缆索吊装等高空作业等，已公认安全风险等级较高。多起梁桥侧倾稳定事故的实例表明，独柱墩连续箱梁桥横向失稳也属于安全风险等级较高的范围。对其主要影响因素分析如下。

10.5.1 外部影响因素

主要的外部因素有三项：重载车辆、地质情况及地震作用。

（1）重载车辆

在10.3节已对重载交通对桥梁结构安全性与耐久性影响做了初步分析。其中对独柱桥墩连续箱梁影响最大，造成的破坏也最严重。主要原因是：重载车辆的实际总重、轴距、车距等与现行规范有较大差别，而治超载、治拥堵又难以取得较大的成效。《公路工程技术标准》（JTG B01—2014）将公路—I级汽车荷载车道荷载中的集中荷载从180～360kN提高至270～360kN，并允许"对交通组成中重载交通比重较大的公路，采用与该公路交通组成相适应的汽车荷载模式进行结构验算"，无疑可以减少实际车辆荷载与规范值的差别，可以降低重载车辆对桥梁安全性的影响。但是，随着重载货车运输的发展，各地重载车辆越来越多，车辆的载重、车型的多样化、交通流特性等这些对汽车荷载模式有重大影响的因素已有显著变化，我国公路运输管理模式和运输业者追求利益最大化的影响，重载车辆这一重要外部因素仍会在长时间内成为独柱墩连续箱梁桥的安全风险源之一。作为全国性行业标准，公路桥梁设计荷载的制定，必定会以技术经济综合平衡为基本原则，而且具有相当的时段性，不可能完全跟着实际的重载车辆模式不断改变。所以，对于具体的设计，应根据重载交通的当前特点及可能的发展趋势，以行业规范为基础，进行结构验算，并应考虑到安全风险较高，在受力分析的指标上留有适当富余。

从10.2节介绍的几起连续箱梁桥侧倾失稳事故可以看出，结构的强度能适应正常的运营，而侧向失稳则导致箱梁损坏或倒塌。事实说明：实际结构的强度安全系数明显高于侧倾稳安全系数。采用相同的设计活载对桥梁结构进行强度验算和抗倾覆稳定验算,能否保证结构总体安全,值得进一步探讨。在同样的汽车荷载作用下,箱梁倾侧稳定性的安全风险实际上高于箱梁强度破坏的安全风险,所以,设计时可以考虑两者分别采用不同的安全系数。

(2)地质

地质、地形、水文、气象等属于桥梁建设条件的风险源,其中以地质情况对桥梁结构的安全性影响更大,引起事故或病害的风险概率较高。尤其是对于高度较高的中、小梁桥桥墩,因不良地质或边坡土侧压力容易引起基础沉降和桥墩水平位移,直接导致上部结构出现险情,甚至落梁。这方面实例较多,例如贵阳至遵义二级公路上的乌江渡大桥引桥立交桥、小寨坝立交桥、贵阳市东北绕城公路东郊水厂高架桥、大兴至思南公路东连线高架桥、思南乌江三桥引道高架桥、贵阳市东站路立交匝道桥、晴隆至兴仁高速公路上寨大桥、上海奉县贤贝港桥、福建316 国道 2 号桥、浙江衢州长风桥以及河南连霍高速公路××天桥等,都是由于地质问题引发的包括桥墩大变位、基础沉降、墩身开裂、梁体坠落等较为严重的事故。有的桥对桥墩进行了加固,有的桥拆除上、下部结构重建,有的甚至调整孔跨布置另建新桥。独柱墩因其纵、横向刚度均较小,不良地质引发的安全风险更大。

(3)地震

地震,历来是严重危害人类的一大自然灾害。国内外近几十年来发生的多次大地震灾害表明:震区交通设施的破坏或失效,不仅严重影响当时的救灾行动,而且对灾后的恢复工作造成极大的困难。随着我国城市现代化的发展,交通网络在整个城市抗震防灾系统中越来越重要。其中,桥梁的抗震性能相对较弱,发生震害的危险更大。历次地震灾害的实际情况表明,桥梁上部结构直接遭受震害而毁坏的情形比较少见,往往是由于桥梁结构其他部位的毁坏而导致上部结构的破坏。主要是因为下部结构和基础受到较大的水平地震力,瞬时反复振动在相对薄弱的截面引起的。比较高柔的桥墩多为弯曲型破坏,矮粗的桥墩多为剪切型破坏,介于两者之间的则为混合型。例如 10.2 节介绍的日本阪神地区一座高架桥就是由于桥墩剪切破坏而引起倒塌的。剪切破坏是脆性的、瞬间发生的,并伴随强度和刚度的急剧下降,危害更为严重。而弯曲破坏是延性的,多表现为开裂、混凝土剥落压溃、钢筋弯曲外露等,并会产生很大的塑形变形。独柱桥墩,仅有唯一的传力路径,如发生剪切破坏,上部结构随之坠落,危害严重。此外,桥梁支座的震害也很普遍,是桥梁整体抗震性能上的一个薄弱环节。支座的破坏形式主要有锚固螺栓拔出、剪断、活动支座脱落、支座构造损坏等。支座破坏往往引起传力方式和约束状态的改变,进一步加重地震对上、下部结构的破坏程度。

10.5.2　内部影响因素

内部影响因素指桥梁结构设计的安全性与合理性。主要从结构体系、结构设计与受力分析三个方面进行初步分析。

(1)结构体系

这里所指的结构体系是一联连续箱梁桥,除分联墩(或桥台)上设置抗扭双支座外,中间桥墩为独柱式,且均为单点铰支承。这种结构体系在桥梁工程中已使用多年,有少数这类桥梁发生事故或病害,而且国内发生的多一些。对这种结构体系如何评价?《桥梁》2013 年第二期在“桥梁会客厅”栏目下,刊登了部分专家、学者的看法,摘要如下:

以现代工程技术理论、设计水平和施工工艺水平而言,这些结构(指独柱墩)的设计分析和施工要求均可实现。所以,不能说设计独柱墩结构存在无法解决的安全隐患。

对独柱墩桥梁的设计和使用不必禁止,但必须慎重。同时也应该在技术规范中补充相应的内容,用于指导桥梁的抗倾覆设计和独柱墩的使用。

建设桥梁选取那种结构形式应根据具体条件确定,独柱墩哪里适合哪里就可以继续使用,而不能因噎废食,好的设计是不会有问题的。

在城市中由于管线密布,并存在场地条件、行车轨迹等限制因素,确实有采用独柱墩连续梁桥的需求,也有追求桥梁外观简洁通透的考虑。桥梁设计不应当要求"必须"或者"不允许"采用某种结构形式,而是应针对桥位环境、场地条件选择合适的结构形式。

塌桥事件并不能说明独柱墩"先天不足",独柱墩是城市桥梁常用的结构形式之一。合理的结构应该是力学与美学、安全与经济、功能与环境最完美的统一。

独柱墩虽然存在设计与构造的一些特殊问题、考虑不周可能出现的一些病害,但不应当因此就不采用此种墩型,而应当慎重对待,防止事故发生,更好地发挥独柱墩的优势。

在多跨一联的直线连续梁桥中,尽量避免采用单点支承的结构体系。

独柱匝道桥合理利用桥下空间,造型挺拔,有其独有的优点,不要扼杀它。我们要杜绝的是超载,特别是过度超载。

对于独柱墩连续箱梁桥结构体系提出几点初步看法:

①与中墩上布置抗扭双支座或墩梁固结的连续箱梁桥比较,独柱墩点铰单支承连续箱梁结构体系在重载车辆、不良地质与地震等主要外部因素影响下,安全风险较高,其抵制外部作用的能力相对较弱。

②独柱墩连续梁桥具有某些突出的优点,尤其适用于城市立交桥。以往发生的少数事故,就内因而言,主要是设计者缺乏经验、有关规范缺少相关规定;就外因而言,主要是重载车队超载特别严重。只要在结构分析中正确地反映这种体系的实际受力状态(在后面几节详细讨论),独柱墩连续箱梁桥是可以在桥梁设计中采用的。

③在设计中如何考虑重载交通对结构安全影响的问题,10.3.3节的初步小结可供参考。

④独柱墩抵抗地震水平力作用的能力很弱,在高烈度地震区建议慎用这种结构体系。如必须采用独柱式桥墩,宜将墩顶沿横向适当扩宽,布置抗扭双支座,也可以将较高的桥墩采用墩梁固结。

(2)结构构造

独柱墩连续箱梁桥的结构构造对桥梁受力性能与安全度有重要影响,设计不当将会增大发生安全事故的风险。主要涉及桥梁平面线形、孔跨布置及一联长度、支座布置与联端双支座间距、桥墩尺寸、截面形式、主梁宽度、箱梁悬臂长度、独柱墩基础形式、限位装置等,将在后面几节进行讨论。

(3)受力分析

经事后对已发生的独柱墩连续箱梁桥进行的较精确的分析表明,有的桥箱梁侧倾稳定安全系数很小,坍塌事故难以避免。除了超载车辆这一外部因素外,也与侧倾稳定性计算方法还不是很完善,规范缺少具体而明确的有关规定有关。近年,国内专家学者针对这个问题进行了大量调查研究和理论分析,取得了不少成果,新的桥规也有了具体的规定。应该说,独柱墩连续梁桥的结构受力分析,现在已经较为明确,在外部因素合理控制的条件,结构计算可以保证其安全度达到规范的要求。这部分内容较多,将在后面几节进行较为详细的讨论。

10.6 连续箱梁桥侧倾稳定性的临界状态

当连续箱梁桥全部采用单向受压支座支承时,其倾向倾覆稳定性的理论分析应采用结构物的静力平衡方程表达。结构物有刚体和弹性体之分,支承也有刚性支承以及弹性支承之分,两者有 4 种组合。当结构物与支承均假定为刚性,静力平衡方程不包含变形的影响,例如一般的重力式挡墙,其倾覆稳定方程与抗倾覆稳定系数,仅涉及稳定力矩和倾覆力矩,计算较为简单。当考虑地基变形影响时,倾覆稳定方程与抗倾覆稳定系数应进行修正。国内目前对连续箱梁桥侧倾稳定性的研究,有两种思路:一种是假定箱梁与支承均为刚体,根据箱梁与支承间的平面关系,确定侧倾转动时的转动轴线,进而求出稳定力矩和倾覆力矩;另一种是考虑箱梁的弹性扭转变形与支座的弹性特点,计算出支座的恒载反力与活载最大竖向负反力,将其比值作为判定侧倾稳定性的指标。因为要考虑结构与支座弹性变形的影响,难以采用简单公式表达,应采用弹性体空间有限元程序进行分析。无疑,第二种计算方法较符合实际情况。对于第一种方法,根据实际情况,采用某些指标或参数进行补充后,可以对侧倾稳定性进行粗略的控制。因其公式较为简单,一般可采用手算,具有实用性。但其计算精度与可能产生的偏差方向(偏于保守或偏于危险)还有待进一步研究。上述两种计算方法分别在 10.7 节和 10.8 节详细讨论。

连续箱梁侧倾稳定的临界状态,理论上应由弹性体(含支承)静力平衡方程等于 0 的状态确定。从工程设计实际应用考虑,本章参考文献[8]将弹性体空间模型分析得到的支应恒载反力与活载最大竖向负反力之比值作为控制指标。故侧倾稳定临界状态,便可以认为是上述恒载反力与活载最大负反力之比等于 1 时的状态。其前提条件是:此时的箱梁、支座和下部结构均处于正常工作状态,未出现损坏或过大的变形。

连续箱梁发生侧倾的必要条件是:梁端的抗扭双支座(中墩上为点铰支座,下同)中靠非倾覆一侧(以下称为内侧)支座必定出现脱空(负反力),但并一定倾倒,可称为第一临界状态。从工程设计易于掌握考虑,本章参考文献[16]、[4]、[17]、[18]等均认为从第一临界状态到发生侧倾失稳,中间桥墩上的单支座因横向转角过大而损坏,箱梁便失稳而坠落,称为第二临界状态,可视为失稳发生的充分条件。

连续箱梁中墩上的单支座,通常采用盆式橡胶支座或板式橡胶支座。箱梁侧倾失稳时梁体产生扭转变形而使支座的实际转角超过容许值$[\theta]$,假定失稳发生。

当中墩设置盆式橡胶支座时,本章参考文献[16]、[4]取$[\theta]=0.03$rad;文献[17]取$[\theta]=0.02$rad。规范[5]规定:盆式橡胶支座计算的支座转动角度不得大于 0.02rad;交通行业标准《公路桥梁盆式支座》(JT/T 391—2009)规定:支座竖向转动角度不大于0.02rad。支座正常工作时,其竖向转动角度应不大于0.02rad。取$[\theta]=0.02$rad 作为第二临界状态的限值似偏小,因为此时支座还处于可以正常工作的状态。因$[\theta]$与第二临界状态相对应,所以,应为支座产生的包括初始转角(恒载转角)与活载转角之和。如图 10-5 所示为初始转角与活载转角的关系图[19]。

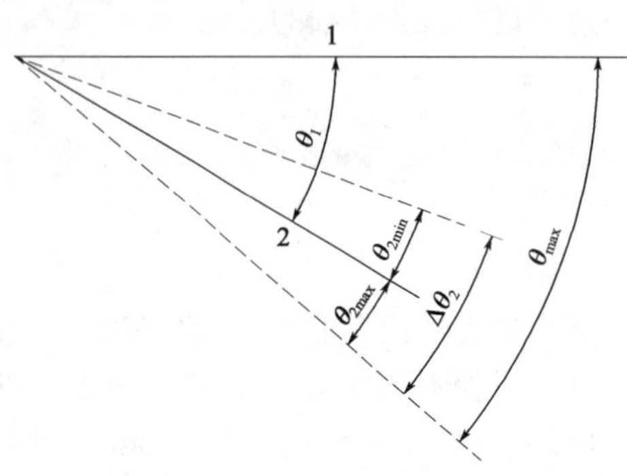

图 10-5 初始转角与活载转角的关系示意图
1-转动起始位置;2-恒载引起的永久位置

设计的最大转角为:

$$\theta_{max} = \theta_1 + \theta_{2max} \tag{10-7}$$

$$\Delta\theta_2 = \theta_{2max} - \theta_{2min} \tag{10-8}$$

式中:θ_1——初始转角,是由恒载引起的,也称为永久转角;

θ_{2max}——可变荷载产生的最大转角(正值);

θ_{2min}——可变荷载产生的最小转角(负值)。

按桥规[5],$\theta_{max} = 0.02\text{rad}$,可得:

$$\theta_{2max} = 0.02\text{rad} - \theta_1 \tag{10-9}$$

符合式(10-9)时,支座仍应处于正常状态。本章参考文献[20]指出:“在典型情况下,由各种因素的联合作用所产生的最大转角 θ_{max} 不能超过0.03rad”。所以取$[\theta] = \theta_{max} = 0.03\text{rad}$,可能合理一些。

还应注意到,箱梁侧倾时支座系横桥向转动,θ_{max}包含了恒载、活载(偏载)、梁体施加横向预应力、混凝土收缩徐变以及下部结构横桥向产生的转角等。关于$[\theta]$如何取值目前还缺少实测及实验资料检验,有待进一步分析研究。$[\theta]$对箱梁侧倾稳定安全系数影响较大,应考虑箱梁的弹性扭转特性,以确定安全合理的$[\theta]$值。

当中墩设置板式橡胶支座时,交通行业标准《公路桥梁板式橡胶支座规格系列》(JT/T 663—2006)对支座允许转角正切值 $\tan\theta$ 有规定,其值随着支座规格尺寸与支座总厚度而变化。$\tan\theta$ 在0.005~0.0146,即 θ_{max} 在0.005~0.0146rad 之间,较盆式橡胶支座的 θ_{max} 小得多。$[\theta]$的取值还有待试验研究。

独柱墩连续箱梁桥侧倾失稳基本上都是由于超载车辆靠边行驶引起的,但也有个别桥是因为施工中在桥上的一侧加载过大而发生险情的。介绍一个实例[21],国内某市 4×30m 独柱墩连续箱梁匝道桥,桥面宽 8.5m,箱梁高度 1.8m ,分联墩上双支座中距 3m,中间桥墩上为单支座。2011 年 4 月某日,发现箱梁(单箱单室截面)向一侧(称为外侧)倾斜,梁端内侧支座已脱空达 40mm,中间三个独柱墩上的橡胶支座因严重偏载而变形,但未脱空。此时桥面两侧防撞护栏(底宽 50cm)的模板已安装好,外侧护栏混凝土已浇筑完毕。该匝道桥内侧翼板与相邻主桥翼板之间的空隙只有 2cm,匝道桥内侧护栏模板插在两个翼板之间,紧贴在主桥翼板、混凝土护栏外侧,约束了匝道桥箱梁侧倾。按实际外侧护栏混凝土自重的偏载计算,表明梁端内侧支反力为负值(计算脱空值为 4.21cm),且中墩上的单支座产生较大转角变形,计算转角为 0.0187rad,但小于支座的容许转角 0.02rad,可认为已接近于第二临界状态。箱梁未立即倒塌,可能是由于内侧主梁翼板的约束起了一定的作用。经过在内侧施加平衡荷载,箱梁恢复至正常位置。这一实例表明,采用第一、二临界状态作为独柱墩连续梁桥侧倾稳定性的判别标准,在实际工程设计上是可行的。本章参考文献[16]提出一个值得关注的问题,即在计算倾覆稳定安全系数 K 时,应考虑除验算荷载外的其他荷载作用下的初始受力状态,应从结构抗倾覆力矩 $\sum M_d$ 中扣除初始状态结构倾覆力矩 $\sum M_c$,此时 K 值应为 $k = (\sum M_d - \sum M_c)/M_y$,式中 M_y 为验算荷载倾覆力矩。

10.7　连续箱梁桥按刚体侧倾稳定性进行验算的方法

按照刚体失稳原理分析独柱墩连续箱梁倾覆稳定系数的基本思路是：首先找出理想的倾覆旋转轴的具体位置，然后分别计算各种荷载（作用）对此旋转轴的抵抗力矩之和与倾覆力矩之和，将前者与后者的比值定义为倾覆稳定系数。根据工程安全度的考虑，该系数应不小于某一定值。公路桥规[5]［2012 年征求意见稿，见式（10-2）］和铁路桥规[22]［式（10-3）］均引入了按照刚体方法计算桥梁上部结构的抗倾覆稳定系数。该系数的限值两规范分别取 2.5 和 1.3。

由于铁路桥梁与公路桥梁（和城市桥梁）在车道数、行车轨迹、结构抗扭刚度、结构自重等方面存在诸多差异，其有关规定不一定适合公路和城市道路桥梁，此处不作进一步讨论。

按刚体稳定理论分析公路与城市道路连续梁桥侧倾稳定性的论文较多，涉及多方面的内容。现将主要计算方法及有关问题分述如下：

10.7.1　直线桥抗倾覆稳定系数计算

（1）直线桥倾覆轴的确定

箱梁桥倾覆过程是在汽车或其他荷载作用下，墩台上的单向受压支座依次脱空，边界条件不足以约束箱梁而失去平衡的过程。在假定所有支座均为单向受压支座且受压有效的前提下，理想刚体转动失稳时必定存在一根倾覆轴线。这根倾覆线的一个基本特征是：倾覆轴的外侧（失稳倾倒一侧称为外侧，下同）无其他支点。倾覆轴的另一个特点是：倾覆轴为直线，且有 2 个或多个单向受压支点在该直线上。如图 10-6 所示为一般连续直线箱梁桥倾覆轴示意图。其中图 10-6a）为中墩外侧支点位于分联墩（或桥台）外侧支点的连线上，该连线即倾覆轴；图 10-6b）为所有中墩外侧支点均位于分联墩（或桥台）外侧支座连线的内侧，该连线为倾覆轴。如图 10-7 所示的直线桥，支座布置复杂一些，根据上述关于倾覆轴的特征，此时倾覆轴应为桥梁同一外侧分联墩的一个外侧支座与一个中间桥墩上外侧支座的连线。这根实际倾覆轴的外侧，已无任何支点，否则将会形成不在同一直线上的三个支点鼎立的局面，结构不会发生失稳[22]。

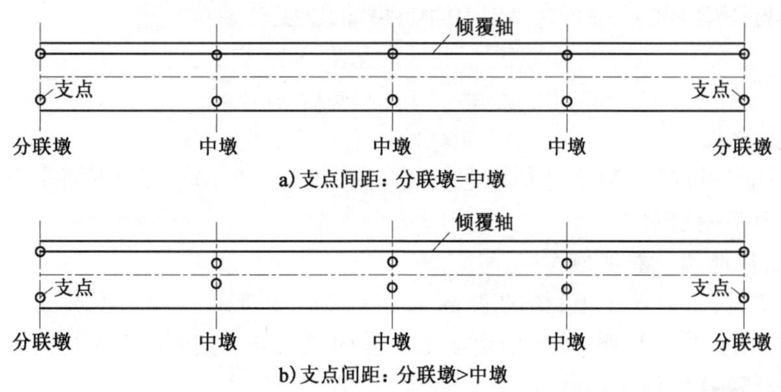

图 10-6　简单直线桥的倾覆轴

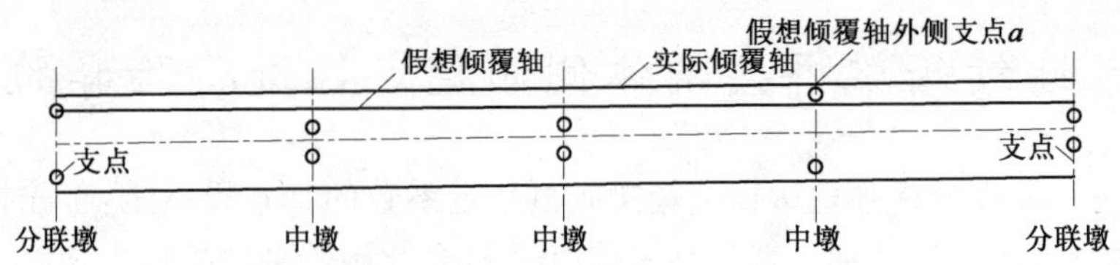

图 10-7　复杂直线桥的倾覆轴(支点间距:分联墩 < 中墩)

(2)直线桥抗倾覆计算公式

倾覆轴确定后,便可按下式计算连续箱梁直线桥的抗倾覆稳定系数[22]:

$$\gamma_{\mathrm{qf}}=\frac{M_{\text{稳定}}}{M_{\text{倾覆}}}=\frac{\sum R_{\mathrm{c}i}\cdot x_i}{(1+\mu)(q_{\mathrm{k}}\Omega+p_{\mathrm{k}}.e)} \tag{10-10}$$

式中:$R_{\mathrm{c}i}$——成桥恒载状态下各支座反力;

x_i——各支座到倾覆轴线的垂直距离;

μ——汽车荷载冲击系数;

q_{k}——汽车车道荷载中的均布线荷载;

Ω——倾覆轴线与加载车道中心线所围成的面积,参阅图 10-8;

p_{k}——车道荷载中的集中荷载;

e——加载车道中心线距倾覆轴线的最大垂直距离。

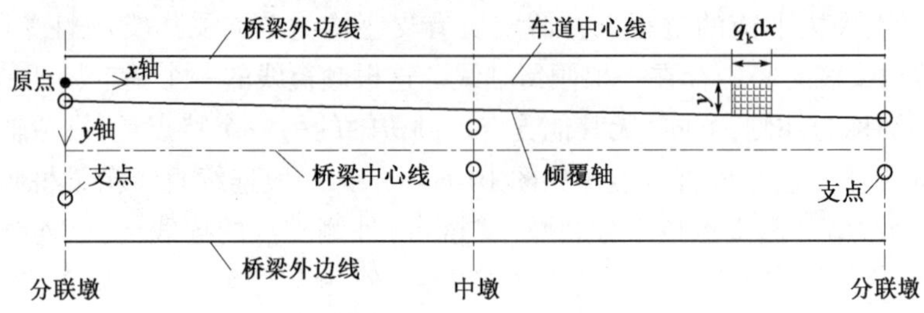

图 10-8　直线桥均布荷载的倾覆力矩计算简图

车道荷载中的均布线荷载 q_{k} 产生的倾覆力矩 M_{q},计算简图参阅 10-8,可按下式计算:

$$M_{\mathrm{q}}=\int yq_{\mathrm{k}}\,\mathrm{d}x=q_{\mathrm{k}}\Omega \tag{10-11}$$

当倾覆轴与桥梁中心线平行时,式(10-10)可简化为:

$$\gamma_{\mathrm{qf}}=\frac{M_{\text{稳定}}}{M_{\text{倾覆}}}=\frac{\sum R_{\mathrm{c}i}\cdot x_i}{(1+\mu)(q_{\mathrm{k}}l+p_{\mathrm{k}}.e)} \tag{10-12}$$

式中:l——桥梁全长。

式(10-12)即为桥规[5]2012 年征求意见稿中的式(4.1.9-1)。条文说明指出:此式可用于正桥和斜交角 30°以内的斜交桥。

(3)直线桥抗倾覆计算实例[22]

某城市高架桥,双向 6 车道,桥宽 25m,标准联为 4 × 30m 预应力混凝土连续箱梁,梁高 2m,下部结构采用独柱异形墩,异形墩由 2 根墩柱构成。分别按两种工况进行计算:

工况一:公路—I 级汽车荷载;

工况二:5m 间距 55t 密排重车车列。55t 重车轴重、轴距同汽车—超 20 级,见图 10-1。相邻重车的前轴、后轴距离为 5m。

计算结果如表 10-4 所示。可以看出以下几点：

①工况二作用下，当支点间距为 5.7m，即支点间距 d 与桥宽的比值 $\alpha = 1/4.4$ 时，抗倾覆稳定系数 $\gamma_{qf} \geqslant 2.5$，设计经验值一般要求混凝土直线桥 $\alpha = 1/4.5 \sim 1/3.5$（各墩的 d 值相同时），桥宽较大时取小值。计算结果与经验值基本相符。

4×30m 连续箱梁桥抗倾覆稳定系数计算　　表 10-4

支座间距 d	稳定力矩 $M_{稳}$(kN·m)		倾覆力矩 $M_{倾}$(kN·m)		抗倾覆稳定系数 r_{qf}	
	工况一	工况二	工况一	工况二	工况一	工况二
各墩均为 $d=3.1$m	103636	103636	40169	96899	2.58	1.07
各墩均为 $d=5$m	167154	167154	33755	81428	4.95	2.05
各墩均为 $d=5.7$m	190556	190556	31393	75728	6.07	2.52
各墩均为 $d=6.4$m	213957	213957	29030	70028	7.37	3.06
分联墩 $d=6.1$m，其余 $d=3$m	172555	172555	28355	68399	6.09	2.52

②各墩 $d=3.1$m（$\alpha=1/8.1$）时，工况一的 $\gamma_{qf}=2.58$，可满足桥规[5] 2012 年征求意见稿式(4.1.9)的要求，但在工况二时，$\gamma_{qf}=1.07$，说明公路—Ⅰ级荷载偏小，用于抗倾覆计算是偏于不安全的。设计宜采用工况二汽车荷载。

③加大各墩支点间距 d，能较大幅度提高直线桥箱梁的侧倾稳定性。

10.7.2　曲线桥抗倾覆稳定系数计算

(1)曲线桥倾覆轴的确定

曲线桥倾覆轴的基本特征与直线桥相同，一般可以在桥梁平面图上定性分析出来。如直观难以判断，可以拟定几根可能的倾覆轴，分别计算出 γ_{qf}，其中 γ_{qf} 最小的那根轴线即实际倾覆轴。下面用一个实例说明。某曲线连续箱梁桥跨径 3×30m，桥宽 8.5m，梁高 1.8m，单箱单室直腹板断面，预应力混凝土结构，箱梁顶板悬臂长 2×2m，平曲线半径 500m，分联墩支座间距 3m，中墩上双支座间距 2.2m。如图 10-9 所示为三种可能的倾覆轴线。由图中可以看出：倾覆轴与加载车道中心线所围成的面积 Ω（图中阴影部分）以可能倾覆轴 2 最大，故应取倾覆轴 2 作为计算 γ_{qf} 的依据。

(2)曲线桥抗倾覆计算公式

计算公式与直线相同，即式(10-10)，但车道荷载中的均布荷载 q_k 产生的倾覆力矩 M_q 应改用下述方法进行计算。如图 10-10 所示为计算简图。采用曲线积分进行计算，可得：

$$M_q = q_k R^2 (2\cos\theta_1 + 2\theta_1 \sin\theta_1 - \pi\sin\theta_1) \tag{10-13}$$

式中：R——桥梁中心线曲率半径；

θ_1——起始圆心角。

$$q_k \Omega = q_k R^2 \left(\frac{\pi}{2} - \theta_1 - \sin\theta_1 \cdot \cos\theta_1 \right) \tag{10-14}$$

令 M_q 与 $q_k\Omega$ 的比值为：

$$\beta = \frac{M_q}{q_k \Omega} = \frac{2\cos\theta_1 + 2\theta_1\sin\theta_1 - \pi\sin\theta_1}{\frac{\pi}{2} - \theta_1 - \sin\theta_1 \cdot \cos\theta_1} \tag{10-15}$$

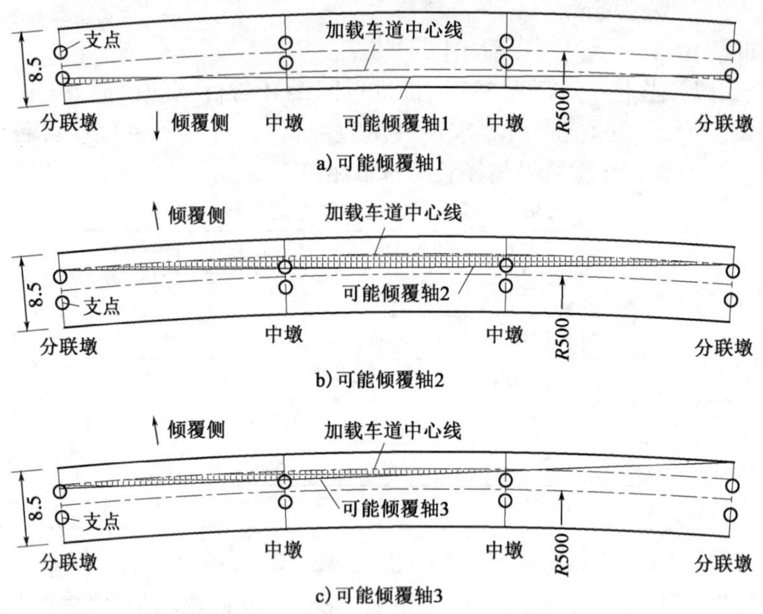

图 10-9　曲线桥的可能倾覆轴(尺寸单位:m)

β 计算较为烦琐,可进行简化,定义弧长 S 与弦长 l 的比值为:

$$\lambda = \frac{\pi - 2\theta_1}{2\cos\theta_1} \tag{10-16}$$

当 θ_1 为 45° ~ 85°,λ 与 β 之比以百分数表示时,变化为 100.1% ~ 104.4%,范围很小,故实际设计中,可以用 λ 代替 β,即 M_q 可偏安全地按下式计算:

$$M_q = \lambda q_k \Omega \tag{10-17}$$

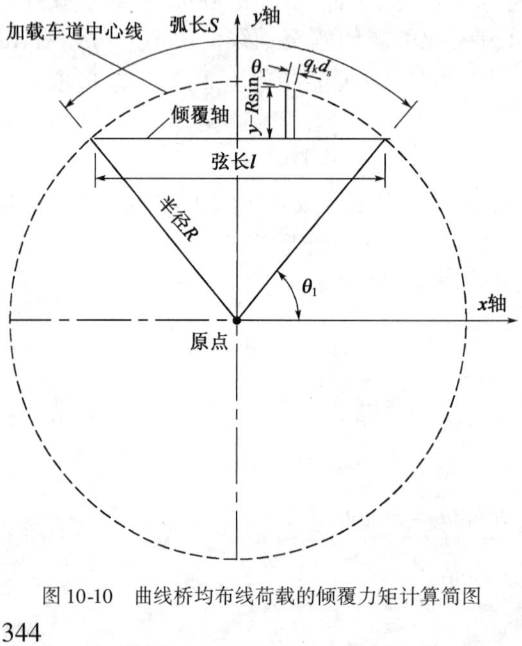

式中:λ——倾覆轴与加载车道中心线围成的面积 Ω 范围内,加载车道中心线的弧长 S 与倾覆轴弦长 l 的比值,于是可得箱形截面曲梁桥抗倾覆稳定系数的计算公式:

$$\gamma_{qf} = \frac{M_{稳定}}{M_{倾覆}} = \frac{\sum R_{Gi} \cdot x_i}{(1+\mu)(\lambda q_k \Omega + p_k \cdot e)} \tag{10-18}$$

图 10-10　曲线桥均布线荷载的倾覆力矩计算简图

(3)曲线桥抗倾覆计算实例

采用本小节(1)中的实例。仅变动曲梁的曲率半径以资比较,计算荷载采用直线桥算例中的工况二;为了方便计算,将工况二换算为等效的均布线荷载,即 q_k = 30.9kN/m。计算结果如表 10-5 所示。

曲线桥抗倾覆稳定计算结果 表 10-5

半径 R(m)	$M_{稳定(kN\cdot m)}$	$M_{倾覆(kN\cdot m)}$	r_{gf}
100	51264	3034	16.9
250	30763	2862	10.8
500	23767	3257	7.3
1000	20257	3973	5.1
∞(直线桥)	22824	3288	6.9

由上表可以看出,随着 R 的减小,γ_{qf}逐步增大。但大半径曲线桥,即微弯桥的 γ_{qf}最小,其次是直线桥,小半径曲线桥的 γ_{qf}最大。

10.7.3 独柱墩刚度与强度对箱梁侧倾稳定性的影响

上述按刚体分析箱梁侧倾稳定性的公式,没有考虑箱梁、桥墩自身刚度与强度的影响。一般情况下,箱梁强度的安全度较高,不会对其横向稳定性有影响,但箱梁的弹性变形则对其横向稳定性影响较大,将在 10.8 节进行讨论。连续箱梁桥发生侧倾坍塌的部分实例表明,独柱墩的刚度与强度较弱,出现较大水平变位或损坏,也是重要原因之一。在实际工程中,由于受支座质量、支座安装精度、墩柱施工控制、温度变化,混凝土收缩徐变以及桩基变位等多项因素影响,独柱墩顶部总是存在一定程度的水平位移。例如某城市高架桥[23],25m + 30m + 25m 预应力混凝土连续箱梁,有三个桥墩为独柱式,截面尺寸为 130cm × 150cm(横 × 纵),高度为 15.6 ~ 16.3m,下接承台,基础为纵向两根钻孔灌注桩,直径 130cm。墩顶为盆式橡胶支座,规格分别为 700t 双向、500t 单向(横向活动)、250t 双向(伸缩缝处)。在桥面系施工完成尚未投入使用前,发现三个独柱墩顶部横向位移分别达到 25 ~ 60mm。按规范[11]规定,施工完成时墩顶最大水平位移应小于 20mm。《混凝土结构设计规范》(GB 50010—2010)第 6.2.5 条规定"偏心受压构件正截面承载力计算时,应计入轴向压力在偏心方向存在的附加偏心距 e_0,其值应取 20mm 和偏心方向截面最大尺寸的 1/30 两者中较大者"。该条的条文说明指出:"由于工程中实际存在着荷载作用位置的不定性、混凝土质量的不均匀性及施工偏差等因素,都可能产生附加偏心距"。上述实例的最大附加偏心距可能达到 1300/30 = 43(mm),所以,独柱墩存在初始水平位移几乎不可避免。另外,在运营阶段,汽车荷载、温度变化和混凝土徐变影响会继续增大水平位移。上述实例按 120d 计算的混凝土徐变横向位移为 17.6mm。这些因素,一方面增加了墩身的附加弯矩,另一方面又使墩顶承受横向水平力。在支座正常的情况下,水平力最大值可以达到支座的摩阻力。本章参考文献[24]认为,独柱墩受到水平推力而发生压弯破坏是独柱墩桥梁在超重偏载作用下发生坍塌的直接原因。所以,在严重超载的情况下,首先应检算独柱墩的水平变位和承载力是否符合规范要求,以确定进一步分析上部结构横向稳定性的计算路径。

10.7.4 独柱墩连续曲线梁桥抗倾覆稳定最不利半径

独柱墩连续梁桥抗倾覆稳定系数 γ_{qf},在相同的条件下,微弯曲梁 γ_{qf}最小,其次是直线桥,小半径曲梁则较大。必定有一个最小的 γ_{qf} 值,其相应的曲率半径可称为“抗倾覆最不利半径”。本章参考文献[25]用算例进行分析后指出:最不利半径与跨径、跨数、梁端支座横向间距有关,而与桥面宽度无关。在 γ_{qf} 计算过程中发现,最不利半径一般发生于同时有 3 个或 4 个支点位于翻转轴的情况下。通过几何作图及公式推导,得出最不利半径的平衡方程式为:

$$R\left[\cos\left(\frac{nl}{R}\right)-1\right]\sin\left(\frac{kl}{R}\right)-R\sin\left(\frac{nl}{R}\right)\cos\left(\frac{kl}{R}\right)+\left(R+\frac{D}{2}\right)\sin\left(\frac{nl}{R}\right)=0 \tag{10-19}$$

式中:l——跨径,各跨均相等;

n——跨数;

R——圆曲线半径;

D——梁段双支座横向间距;

k——与跨数有关的参数,$n=2$、3 时,$k=1$;$n=4$、5 时,$k=2$;$n=6$ 时,$k=3$。

式(10-18)计算较为麻烦,常用跨径与跨数情况下的最不利半径如表 10-6 所示。

常用跨径等跨连续曲梁桥最不利半径(单位:m)　　表 10-6

梁端双支座间距 D	不同跨径组合时的最不利半径								
	3×20	3×25	3×30	4×20	4×25	4×30	5×20	5×25	5×30
3.5	230	358	515	458	715	1030	687	1072	1544
4.0	201	314	451	401	626	901	601	939	1352
4.5	179	279	402	357	557	801	535	835	1201
5.0	162	252	362	322	502	722	482	752	1082
5.5	147	229	329	293	456	656	438	684	984

10.8 连续箱梁桥按弹性体侧倾稳定性进行验算的方法

国内对于连续箱梁侧向倾覆失稳多归结为刚性稳定问题,将失稳形式简单地描述为绕倾覆轴旋转而倒塌。理论研究和对工程事故的结构分析表明,连续箱梁桥横向失稳是弹性体结构、超弹性橡胶支座的变形及两者相互作用达到极限状态而发生的。将弹性体问题简化为刚体处理的方法,应该有适用条件和范围,但目前还缺乏较深入的研究,要求倾覆稳定安全系数大于等于 2.5,也明显偏小。本章参考文献[8]、[15]采用侧倾坍塌的工程事故实例,分别采用刚体和弹性体的计算理论进行对比分析。主要情况、计算方法和计算成果如下。

某直线匝道桥为 6×20m 等截面钢筋混凝土连续箱梁桥,主梁为单箱单室截面,桥面宽 8m,端横梁处设置双支座,横向中距 2.8m,5 个中墩上均为单支座。设计荷载为公路—I 级。该桥在 3 辆重型货车偏载作用下发生倒塌事故。经实测,3 辆货车重量分别为 125t、125t、110t,总重 360t。分别对三种工况进行了计算,即公路—Ⅰ级、密集 55t 车列及事故车列。

(1)按照刚体理论计算抗倾覆稳定系数

计算结构如表 10-7 所示。

按刚体理论计算的抗倾覆稳定系数　　表 10-7

汽车活载工况	抵抗力矩(kN·m)	倾覆力矩(kN·m)	抗倾覆稳定系数 K
公路—I 级	23218.2	1246.9	18.6
密集 55t 车列	23218.2	3428.9	6.8
事故车列	23218.2	2992.5	7.8

从表 10-7 所列数据可以看出:公路—Ⅰ级设计荷载作用下,该桥的抗倾覆稳定系数达到 18.6,而且在密集 55t 车列或事故车列的作用下此系数也均在 6 以上。事故车列的总重量小于密集 55t 车列的总重量(412.5t)。

(2)按弹性体理论计算端横梁处支座反力

计算结果如表 10-8 所示。采用弹性体空间梁单元有限元模型进行分析。

按弹性体理论计算的梁端支反力　　表 10-8

汽车活载工况	恒载支反力(kN)	活载支反力(kN)	恒 +1 倍活载支反力(kN)	恒 +2 倍活载支反力(kN)
公路—Ⅰ级	781.3	-728.0	53.3	-674.7
密集 55t 车列	781.3	-1659.1	-877.8	
事故车列	781.3	-1785.1	-1003.8	

由表 10-8 可知:公路—I 级荷载作用下总反力为正,支座未脱空。但在密集 55t 车列作用下,总反力为负值 -877.8kN,事故车列作用下总反力亦为负值-1003.8kN,支座均已脱空。因此,对于连续箱梁桥受偏载作用下扭转变形的影响,即使在刚体抗倾覆稳定系数达到 6 的情况下也不能避免支座脱空。就本算例而言,箱梁已发生倒塌,但按事故车列用刚体理论计算的抗倾覆稳定系数达到 7.8,显然与事实不符。

(3)箱梁最大正、负弯矩计算

在对称荷载作用下,计算截面的最大正、负弯矩如表 10-9 所示。

对称荷载作用下弯矩的计算值　　表 10-9

汽车活载工况	最大正弯矩(kN·m)		最大负弯矩(kN·m)	
	组合值	截面抗力	组合值	截面抗力
公路—Ⅰ级	10982.4	12041.3	-12285.0	-16533.2
密集 55t 车列	8658.2	12041.3	-11651.8	-16533.2
事故车列	9264.8	12041.3	-12298.0	-16533.2

由表 10-9 可知:在单列 55t 车列和事故车列的作用下,截面的最大正、负弯矩均与设计荷载作用下的结果相当,且组合值均小于截面抗力,抗弯承载力满足规范要求。可见,在相同荷载作用下,箱梁抗弯安全度与横向稳定性安全度差异较大。

由上述实例的分析可以看出,按刚体理论计算,忽视了箱梁作为弹性体的变形影响。梁体过大的扭转角不仅导致一侧支座脱空,而且增大了另一侧支座的切向力,直至梁体滑落。因此,即使设计汽车荷载作用下按照刚体理论计算的稳定系数大于 10,也不能保证在密集 55t 车列作用下不发生支座落空,甚至在事故车列作用下不发生倒塌。

文献[8]、[15]提出的以下几点建议,可以用于现阶段箱梁桥侧向抗倾覆稳定性的计算和工程设计：

①采用弹性体空间计算模型，计算支座恒载反力与活载最大竖向负反力的比值作为抗倾覆稳定系数。此系数对于一般城市桥梁或交通量小的桥梁，可取 1.3；对于高等级公路或重载交通的桥梁可取 2 及以上。

②在设计活载偏载作用下，限制梁体的扭转角不超过支座容许的最大转动角度。

③高等级公路桥梁或重载交通的桥梁中，避免采用多跨连续独柱墩单支座的结构形式。

④桥墩支座处采取可靠的横向限位措施，以避免梁体倾斜滑落。

按弹性体空间计算所得的恒载反力与活载最大竖向负反力的比值所定义的抗倾覆稳定系数，如何根据道路的等级、交通构成特点等条件确定其最小容许值，尚缺乏充分的论证，建议进一步分析研究。

10.9 提高连续梁桥侧倾稳定性的主要措施

10.9.1 桥型方案与孔跨布置

(1)重载交通公路和城市道路上的连续箱梁桥，以及地震烈度较高的地区，对于中墩均为独柱单支座的桥型结构应慎重考虑，宜尽量避免采用这种桥型方案，当受条件限制必须采用独柱式桥墩时，可以考虑以下措施：

①部分较高的中墩采用墩梁固结。

②中墩顶部设置双悬臂盖梁，形成横向 T 形桥墩，其上布置抗扭双支座。但应注意验算桥墩受力。

③分联墩或桥台上对可能发生脱空的支座采用拉压支座或设置抗拔拉杆。

(2)桥梁的平面线形往往由路线设计控制，调整的余地较小。对于直线或微弯的独柱墩连续箱梁桥，其抗侧倾稳定性较差，更要注意采取措施提高其横向稳定性。将分联墩或桥台上的抗扭双支座横向间距适当加大、中墩上单支座向外侧预设偏心距效果明显。

(3)桥梁纵坡对连续曲梁桥抗倾覆稳定性有一定影响[26]。在其他条件相同时，平坡桥抗倾覆稳定系数最大，随着纵坡的增大而逐渐减小。所以，纵坡较大时，应注意修正抗倾覆稳定系数。

(4)独柱墩连续箱梁桥适用于中小跨径梁桥。国内多采用钢筋混凝土或预应力混凝土箱形梁，也有少数采用钢箱梁或钢—混凝土组合箱梁。单孔跨径一般在 50m 以内，3～5 跨一联，可以等跨布置，也可以不等跨布置。一联的长度不宜过长，总长度宜控制在 200m 以内。尤其是中墩均为独柱墩单点支承时，应注意扭转跨径不应过大，否则其抗倾覆性能较差，失稳的风险大。

(5)独柱墩连续箱梁桥，整体式箱形截面的顶宽不宜过大，尤其是采用大悬臂顶板时，如箱梁底宽较窄，梁端的抗扭双支座间距相应较小，横向稳定性较差。当箱梁顶板悬臂较大时，可以考虑将梁端横隔梁横向延伸至腹板以外，以增大双支座的间距。

10.9.2 桥墩设计与支座布置

(1)独柱式桥墩与双柱式桥墩相比，承受更大的弯矩、剪力和轴力，应有较强的刚度和强度。当采用密集的重载车列验算上部结构的倾覆稳定性时,也要用相同的活载验算独柱墩的承载力。应根据可能出现的荷载组合验算其水平变位。计算时应考虑墩柱的初始偏心影响。

(2)为了加强独柱墩的刚度和强度,其截面尺寸不宜过小。当受客观条件限制柱体截面难以做大时,可以采用型钢劲性骨架混凝土结构或钢管混凝土结构。

(3)地震力对于梁式桥的影响主要集中在下部结构,独柱墩存在更大的安全风险。抗震设计时,桥墩应作为延性构件。独柱的根部是最薄弱的部位,其抗剪强度应按照能力保护原则进行设计,并在塑性铰的区域内加强纵向主筋和箍筋。纵向主筋应延伸至塑性铰以外,达到必要的锚固长度,不应过早截断。

当一联中桥墩较多时,宜将较高的桥墩做成墩梁固结。各墩的抗推刚度不宜相差过大,必要时适当调整截面尺寸。

(4)当独柱墩采用横桥向T形墩时,其双悬臂根部为最弱截面,国内发生过悬臂断塌、主梁倾倒的重大事故。设计时应按密集重载车列验算其承载力及挠度。

(5)独柱墩连续箱梁桥如计算的抗倾覆稳定系数较小或运营期重载车辆模型及其车列难以准确控制时,应采取措施防止抗扭支座出现支座脱空。本章参考文献[2]建议的联端抗拔装置可供参考。该装置设置在箱梁和桥台(或分联墩)间,能可靠地传递拉力,保证上、下部结构的内力传递,支座不会脱空。如图10-11、图10-12所示。

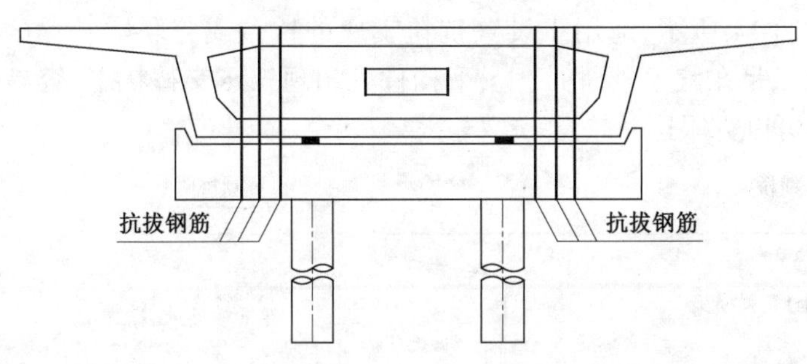

图10-11 联端设置抗拔粗钢筋

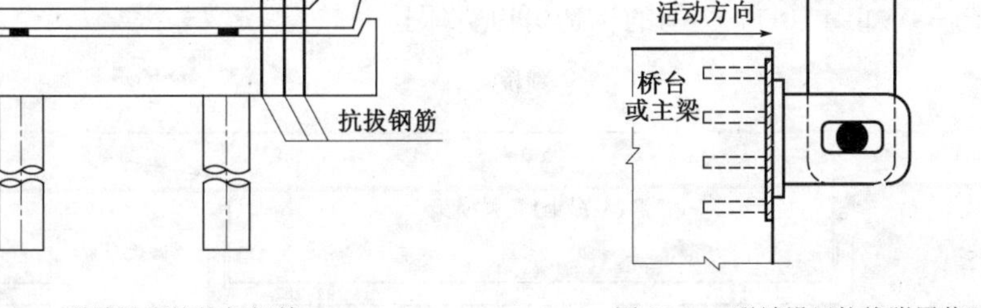

图10-12 联端设置抗拔附属装置

(6)地基沉降对独柱墩的安全影响很大。应根据地质情况确定可能发生的沉降值,按结构发生强迫位移验算上、下部结构承载力及变位,必要时应采取工程措施减小不均匀沉降。较为有效的办法是:增大桩的长度,使其进入持力层强度较高的地层,或增加桩的根数;如为扩大基础,应增大底面积,使地基应力降低,并分布均匀。

(7)中墩设置支座的独柱支承连续弯箱梁桥应采取防止主梁出现较大竖向、水平和扭转变形的限位措施。在桥台或分联墩处应设置横向限位装置,防止发生过大的横向变位。限位装置与梁体之间应嵌入弹性垫块,将主梁的变位控制在一定范围内。限位装置应有足够的强度,在外压力作用下(包括地震时作用力)不致破坏。

(8)独柱墩连续箱梁桥的支座布置形式,可以参考图7-7,四种布置方式都可能出现。7.4.3节叙述了对支座布置应注意一些问题。从抗侧倾稳定性考虑,抗扭双支座的间距影响很大,在满足最小间距的情况下,尽可能大一些。如构造设计上允许,独柱式中墩上设置横向双支座更有利。当独柱墩顶为单支座时,可以根据变位情况,设置固定铰支座,既承受竖向力,也可约束纵向位移以抵抗制动力,必要时也可以约束横向位移。盆式橡胶支座的容许转角值大于板式橡胶支座,当箱梁扭转角较大时,宜采用盆式橡胶支座。

(9)桥梁结构中的某些抗震构造还可以对独柱墩连续梁桥抗倾覆稳定发挥作用。例如:秦皇岛市某桥由于设置的抗震构造发挥了抗倾覆作用,在超载车辆的作用下,未发生整体倾覆的重大事故。下述两种抗震构造措施同时也能提高独柱墩连续箱梁桥的横向稳定性[27]:

①A 型抗震构造措施:如图 10-13 所示。适用于独柱支承梁的中墩。螺栓与上、下构件间均预留 5mm 间隙,以方便安装。这种构造措施,在中、小桥抗震中广泛应用。

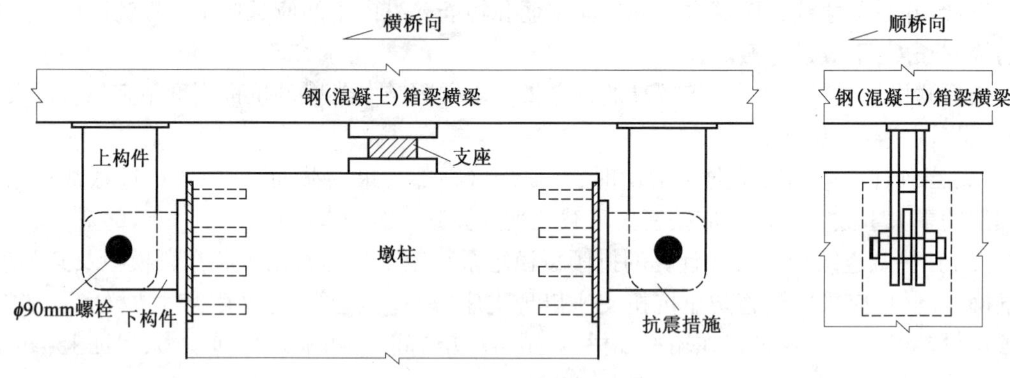

图 10-13　A 型抗震构造措施

②B 型抗震构造措施:如图 10-14 所示,适用于设置抗扭支座的桥台或分联墩。螺栓与上、下构件预留 5mm 间隙。其缺点是在汽车过桥时,上、下构件处出现拉压交替状态,容易损坏支座。如图 10-11 所示的构造可以克服这一缺点。

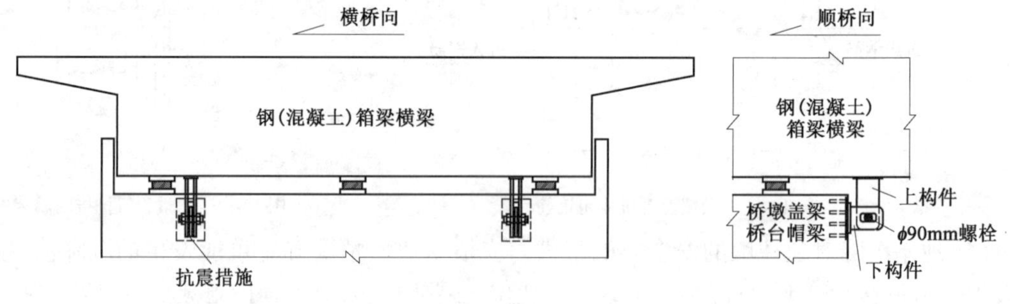

图 10-14　B 型抗震构造措施

10.9.3　确定合适的重载交通计算荷载

理论计算与实例表明:对于独柱墩连续箱梁桥,采用现行规范规定的公路——I级汽车荷载验算其横向稳定性,在很多情况下,存在安全隐患。10.3 节已作了初步分析,并列举了部分实例。浙江省公路管理局关于“桥梁上部结构抗倾覆验算荷载的规定”(见 10.4 节)可供参考。对于重载交通公路与城市道路上的独柱墩连续箱梁桥汽车计算荷载的确定,应根据调查研究和对重载交通发展的预测拟定重车荷载模型以及车列的组成,作为验算其横向稳定的依据。

10.9.4　连续箱梁桥侧向稳定性的计算方法

《公路钢筋混凝土及预应力混凝土桥涵设计规范》(JTG D62)2012 年征求意见稿第 4.1.8

条指出:弯、斜、宽等复杂桥梁结构应考虑剪力滞效应、薄壁效应、各道腹板的受力分布等空间效应。可采用实体单元结构模型或附录 G“桥梁结构的实用精细化分析模型”计算。条文说明指出:由于现代混凝土桥梁的支承体系、结构形式和截面形式复杂,应采用精细化的分析模型。附录 G 中包括了三种精细化分析模型:空间网格模型、梁格模型及 7DOF(自由度)模型。独柱墩支撑的连续箱梁桥横向倾覆稳定,属于第二类稳定问题,其扭转与箱梁和橡胶支座的相互作用,为非线性变形关系,箱梁的侧倾失稳,瞬间发生,为“脆性”破坏,后果严重。因此。应该属于规范定义的“复杂结构”,应采用空间模型的精细化分析方法,应考虑材料的弹性特征。目前,本章参考文献[8]、[15]建议的计算方法可供参考(参阅 10.8 节),可在实桥设计中使用。对一些需要深入研究的问题获得进展后,再进一步完善。至于按刚体分析的简化方法也应继续探讨,逐步形成一种实用的略偏于安全的近似计算法,作为精细化分析计算方法的补充,可用于初步设计和计算成果的控制性复核。

10.9.5　施工期与运营期管理

(1)为了避免施工期独柱墩连续箱梁发生过大的横向位移和侧向失稳,应注意及时安装墩台上的限位装置;按设计图准确定位活动支座的位移方向;严格控制独柱墩轴线偏差在施工规范的容许范围内。尤其要重视桥面系对称、平衡施工,严格防止一侧荷载过大。桥面铺装用的沥青混合料运输车辆和其他施工车辆上桥应按事先规定的路线行驶,并控制其总重量。

(2)根据设计文件的要求,制定出运营期过桥重载车辆荷载模型、车列组成及偏载车道位置等具体规定,并严格执行。对于总吨位过大的超重大货车,是否允许通过,应有明确的规定。

(3)设置横向失稳的预警系统[27]

在已建成的独柱墩连续箱梁桥上事先安装横向失稳预警系统,在支座发生脱空时立即发出警报,可以及时进行处治和防止事故发生。预警系统一般设置在桥台或分联墩上的支座处,安装电子元件及防护措施。当支座脱空位移值超过预设警戒限制时,立即发光或发声报警。这种装置属于交通安全智能化管理的一部分。

本章参考文献

[1] 冯苠,等. 公路桥梁独柱墩结构安全风险综述[J]. 公路交通科技(应用技术版),2011(12).

[2] 危强,等. 独柱墩桥梁的安全风险分析[J]. 公路,2014(6).

[3] 李盼到,等. 独柱支撑匝道桥抗倾覆验算汽车荷载研究[J]. 桥梁建设,2012(3).

[4] 高超,等. 独柱曲线梁桥的抗倾覆设计与研究[J]. 城市道桥与防洪,2015(1).

[5] 石红磊,等. 独柱墩桥梁抗倾覆安全评价及加固设计方案[J]. 市政技术,2015(3).

[6] 严允中,等. 桥梁事故实例评析[M]. 北京:人民交通出版社,2013.

[7] 何初生. 弯箱梁桥支座脱空问题分析及处理[J]. 公路交通科技(应用技术版),2008(12).

[8] 庄冬利. 偏载作用下箱梁桥抗倾覆稳定问题的探讨[J]. 桥梁建设,2014(2).

[9] 李雪辉,等. 独柱支承连续箱梁桥倾覆事故的成因分析与加固设计[J]. 公路交通科技(应用技术版),2012(2).

[10] 许肇峰,等.基于WIM的广东省公路桥梁车辆荷载模型研究[J].桥梁建设,2012(6).
[11] 梁栋,等.适用于重载交通的公路桥梁荷载标准研究[J].公路,2011(3).
[12] 赵君黎,等.从京藏高速公路货车大拥堵看我国公路桥梁结构的整体安全[J].公路,2015(2).
[13] 郝志强.重载交通路段桥梁荷载效应的分析与研究[J].公路,2015(2).
[14] 卢九章.基于WIM的北京市G103国道车辆荷载模型研究[J].市政技术,2015(2).
[15] 肖汝诚,等.偏载作用下箱梁抗倾覆稳定问题的探讨[J].桥梁,2013(2).
[16] 李盼到,等.独柱支承梁式桥倾覆稳定性验算方法研究[J].世界桥梁,2012(6).
[17] 张京,等.独柱支撑桥梁抗倾覆能力研究[J].城市道桥与防洪,2013(12).
[18] 李会驰,等.独柱墩箱梁桥倾覆稳定性验算方法研究[C]//2013年全国桥梁学术会议论文集[M].北京:人民交通出版社,2013.
[19] 李杨海.公路桥梁支座实用手册[M].北京:人民交通出版社,2009.
[20] 庄军生.桥梁支座[M].北京:中国铁道出版社,2008.
[21] 刘效尧.成功挽救独柱墩匝道桥临界倾覆的一个工程实例[C]//2013年全国桥梁学术会议论文集[M].北京:人民交通出版社,2013.
[22] 曹景,等.箱形截面直线桥及曲线桥抗倾覆稳定性分析[J].桥梁建设,2014(3).
[23] 郑旭晨,等.城市高架桥之高独柱墩横向位移探讨[J].城市道桥与防洪,2005(4).
[24] 翁沙羚,等.独柱墩连续箱梁横向失稳机理分析与探讨[J].公路交通科技(应用技术版),2012(6).
[25] 徐德志.曲线独柱墩连续箱梁桥整体抗倾覆能力研究[J].中外公路,2015(1).
[26] 陈彦江,等.小半径曲线梁桥抗倾覆性能研究[J].公路,2014(10).
[27] 栗勇,等.独柱支承梁式桥横向抗倾覆构造措施研究[J].世界桥梁,2014(1).
[28] 陈福斌,等.某钢箱梁桥支座脱空原因分析及处治[J].中外公路,2010(4).

第 11 章　中小跨径混凝土梁桥下部结构设计与工程应用

11.1　桥墩常用结构形式与工程应用

11.1.1　桥墩结构形式分析比较

公路与城市道路上,中小跨径梁桥采用较多的是柱式实心墩和箱形空心墩。其主要优点是构造简单、用料较省、容易进行通用设计和标准化施工,有利于加快施工进度和降低造价,在高速公路、高等级公路以及工程规模较大的道路上广泛应用。常用的柱式实心墩可分为双柱式和多柱式两类。一般双车道桥多采用双柱式,桥面较宽时采用多柱式。高速公路上最常用的是分离式双柱墩,如图 11-1-a)所示,少数情况用整体式三柱墩,如图 11-1-b)所示。中、小混凝土梁桥的跨径,国内一般不大于 50m,与之相配合的圆形等截面双柱式墩高度,不宜过高,多用于墩高 50m 以下。较高的桥墩采用箱形截面空心墩较为合理。也有的高桥墩为了方便施工采用分段变截面墩柱或矩形截面墩柱。当桥面较宽、桥墩较高时,为了采用整体式结构,将桥墩设计成空心双柱门式框架墩。在城市桥梁中,为了扩展桥下空间和改善景观,有时采用独柱式 T 形桥墩。高度较矮、尺寸较小时为实心截面,高度较高时多采用箱形截面,这几种桥墩形式如图 11-2 所示。根据近年国内公路桥梁上述几种桥墩的使用经验,对有关问题讨论如下:

(1)圆形截面双柱式桥墩的突出优点是实体截面,无内模板,钢筋安装与混凝土浇筑很方便;外模板容易安装定位,形状易于控制;施工速度快;经济指标也较好。不少设计单位都有通用图或定型图。桥墩较高时,还可以采用分段变截面的结构形式。西部山区,双柱式实体变截面高桥墩的最大高度已达到 100m 左右,相应的上部结构多为 40m 装配式预应力混凝土连续 T 梁,较高桥墩采用墩梁固结。

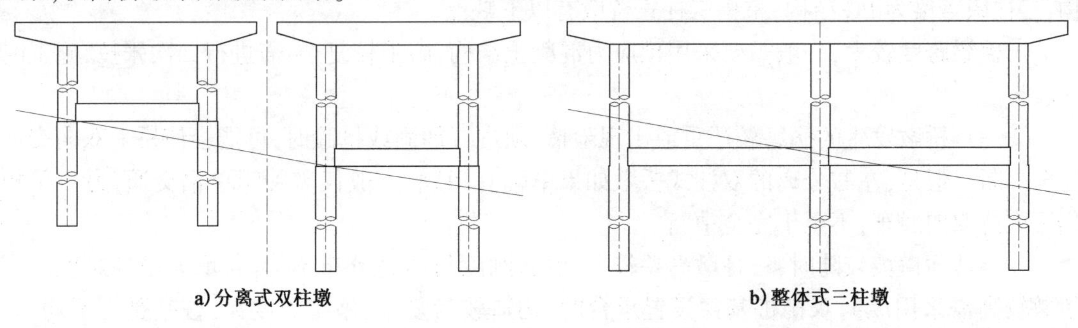

图 11-1　常用墩柱形式图

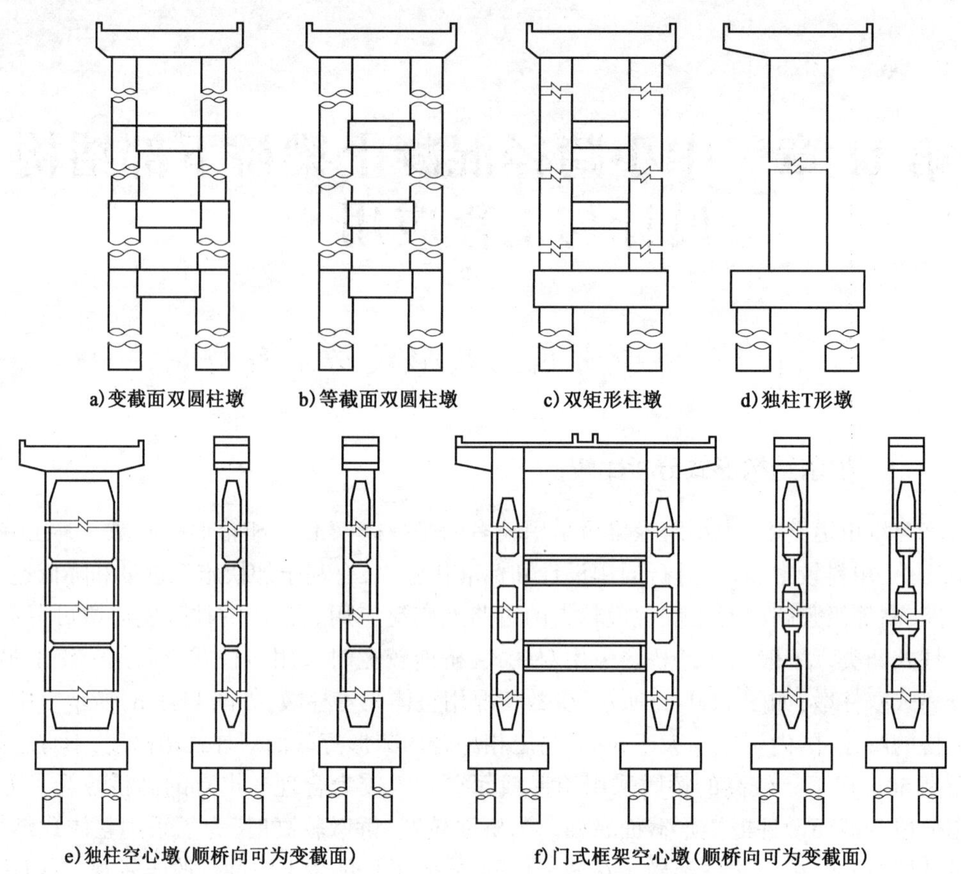

图 11-2　常见的桥墩结构类型

(2)高速公路上的中小跨径混凝土梁桥,对于双向四车道和双向六车道的路面宽度,分幅设计一般采用左右分离的双柱式桥墩,整幅设计一般采用三柱式桥墩,后者的主要优点是弱化桥下柱林现象。尤其是跨径较小、跨数较多时,这一优势较为明显。参考文献[1]对广东云浮至罗定高速公路某 30m T 梁桥分幅双柱式和整幅三柱式方案进行了比较(双向六车道,桥面总宽度 33.5m),双柱式方案与三柱式方案建筑安装工程费之比为 1.013,后者略小于前者。该桥双柱式桥墩直径为 160cm,三柱式桥墩直径为 180cm,墩高均为 25m,双柱墩盖梁为 RC 结构,三柱墩盖梁为 PC 结构,整幅三柱式桥墩有以下缺点:

①盖梁跨度较大,一般需要采用预应力混凝土结构,施工较复杂,需进行二次张拉,施工时间较长。

②一旦桥墩发生的病害较严重或出现险情,须进行加固或抢险时,可能会使桥上双向交通完全中断。但是,左右分离的双柱式桥墩如果单幅有问题,一般仅需关闭单幅交通,另一单幅仍可维持双向通车,不至于完全中断。

③当地面横坡较陡时,三柱墩高差较大,引起刚度与内力分布不均匀,增大设计难度。当桥墩较高需采用纵向双排桩基并设置承台时,构造较为复杂,施工难度大,桩基受力不均匀。分幅的双柱式桥墩的受力情况则好得多,构造设计也容易处理。

国内高速公路上的中、小桥基本上以分幅的双柱式桥墩为主，仅在少数对桥下景观有要求的地方采用整幅三柱式桥墩。

(3)跨径≤25m的T梁、组合小箱梁和空心板桥，桥墩的高度一般均在50m以下，几乎都是采用双柱式圆形等截面桥墩。跨径30~50m，常用桥墩型有三种：双柱式圆形等截面或分段变截面桥墩、双柱式矩形等截面桥墩和单柱式箱形截面桥墩。墩高超过50m后，双柱式桥墩的抗弯刚度明显小于箱形截面桥墩。在正常设计情况下，直径220cm的双圆柱墩与260cm×600cm(纵向×横向)壁厚为50cm的单柱箱形墩纵向抗弯刚度之比为0.316。虽然双柱墩造价低一些(前者与后者建筑安装工程费之比约为0.77[1])，但由于两者刚度相差较大，从受力性能考虑，高墩选用箱形截面是合理的。

(4)对中小跨径梁桥安全影响最大的外部风险源主要是地震效应。1976年我国唐山地震、1994年美国加利福尼亚州Northridge地震、1995年日本kobe地震、1999年我国台湾地震和2008年我国汶川地震等，梁式桥震害多表现为：桥墩的倾斜、折断、倒塌；梁的顺桥向移位、梁端碰撞、落梁和垮塌等。由于梁式桥都设置有固定铰支座，在强烈的地震力作用下，固定铰支座会加大桥墩的受力，一旦支座破坏又会引起梁发生位移、梁端碰撞、落梁和垮塌等[2]。国内业界对地震效应以及抗震、防震进行了多方面研究。与梁桥桥墩有关的内容简述如下。

①以4×25m装配式T梁桥为例分别计算了E_1(重现期约75年的小震)地震作用下，简支体系、连续体系和刚构体系的地震响应[3]。结果表明：三种体系桥墩地震力相差不大。但刚构体系位移较小，优于其他两种体系，墩身越高，这种优势越突出。对于大纵坡、高桥墩采用墩梁固结，既可防止落梁，又能减小梁体位移，保护伸缩装置。但墩梁固结有其不利的一面：桥墩较矮时容易发生弯剪破坏，并会使上部结构产生附加地震弯矩，增加了结构设计的复杂性，对上部结构受力不利。

②多跨梁桥的桥墩宜尽量对称布置，纵向刚度不宜相差过大。可以通过调整支座的高度使各墩组合抗推刚度相近，使地震水平力大致均匀分布。因为强震时抗推刚度过大的桥墩往往首先破坏。总的原则是，全桥的刚度分布不应过分集中，以使地震力能迅速传递并在各桥墩之间分摊，从而提高结构的整体抗震性能。实践证明，简支体系(包括桥面连续)抗震性能差，地震烈度较高地区不宜采用。多跨梁桥应以结构连续体系为主，并根据某些具体情况适当采用墩梁固结。

③在墩高相同的情况下，箱形截面桥墩与圆形截面双柱式桥墩相比，地震时墩底截面的剪力、弯矩，前者是后者的3~4倍。所以，在强震地区应注意箱形截面桥墩过大刚度的不利影响。

④普通板式橡胶支座的变形与抗滑性能在高烈度地震区难以满足受力要求，推荐采用圆柱形桥墩配置高阻尼橡胶支座的结构体系[4]，这种体系减震耗能的效果较为明显。

⑤应尽量采用直线桥。弯、斜桥的地震反应复杂。多联组合的弯梁桥，分联墩上主梁支承宽度不足时，地震时位移较大，可能发生落梁。如果一联的中墩上均为单支座，强震时整联曲梁垮塌的风险更高。斜交梁桥在地震时比正交桥更容易损坏。2008年汶川地震后，对某一段公路桥梁破坏情况的统计分析表明[6]，80%以上的斜梁桥都产生了中等以上破坏。都汶公路彻底关大桥斜交45°，地震时梁体纵向位移达到30cm，横向位移21cm。斜梁桥宜采用半整体式桥台无伸缩缝结构体系，不仅可以防止落梁，对于约束支座剪切变形以及梁体侧移和平转都

有明显的作用,对下部结构的受力也有较大的改善。

⑥提高桥梁抗震能力有两种基本途径:一种是提高桥梁结构本身的抗震能力,例如提高桥墩的延性,增大桩的强度等。另一种是采用减震隔震的方法耗散地震能量,延长结构周期,减小结构地震响应[7]。研究了5×30m和4×35m梁桥,双柱式桥墩高度7~8m。减隔震构造采用铅芯橡胶支座,有单向活动与多向活动两种型号。得到结论:减隔震措施不仅可以获得较优的抗震性能,还能可观地降低工程造价。与延性抗震体系比较,可以减少下部构造造价15%~30%,按减隔震的办法,不需加强基础,而按延性抗震则需加强基础。所以,减隔震措施,更为经济合理。

11.1.2 桥墩构造尺寸及配筋

桥规[4,5]正式实施后,暂时未编制交通行业常用梁桥桥墩标准图。除少数大设计院编制有部分通用图外,一般均由设计单位根据工程项目具体技术要求完成下部构造设计图。国内各地区公路、城市道路使用的桥墩设计图构造尺寸差异较大。据本章参考文献[8]介绍,在我国公路桥涵设计的各种文件和手册中,对桥墩结构设计没有明确的截面尺寸。较多设计院采用本单位的惯用设计,多趋于保守且不经济,截面尺寸出入较大。江西省某高速公路全长约170km,全线由4家设计院设计。桥梁上百座,桥墩数量上千,主要采用圆形双柱式和箱形薄壁式。其中30m T梁桥分别由乙院和丙院设计,乙院墩柱直径均为1.8m,最大墩高34m,丙院墩柱直径分别采用1.6m和1.8m,最大墩高分别为23.7m和31.1m;40m T梁桥分别由丙院和丁院设计,丙院墩柱直径均为2m,最大墩高34m,丁院墩柱直径为1.6m、1.8m、2m,对应最大墩高分别为19m、26m和33.6m。可见,在相同条件下,不同设计院采用的墩柱尺寸有较大差异。这种情况在国内较为普遍。主要原因有以下几点:

(1)中小跨径梁桥的双柱式桥墩一般均按跨径和墩身高度分区段确定截面尺寸,编制成通用图或定型图,很少进行个别结构计算和设计。在进行分区段设计时,截面配筋率、墩柱计算长度、计算图式和安全系数等都难以准确控制,势必出现差异。

(2)与考虑外部因素的程度有关,例如考虑或较少考虑地震、地质的不利影响时,墩柱的构造尺寸有所不同。

(3)全国各地区的实际情况差异较大,例如城市与农村、山区或平原,考虑的侧重点不相同,也会影响构造尺寸。

(4)有的设计单位对于重载交通公路上的桥梁,适当提高荷载标准,相应增大墩柱直径。

除非编制全行业的桥墩标准图,否则上述情况难以完全避免。

墩柱为偏心受压构件,其截面尺寸基本上由结构的承载力决定。在截面尺寸和材料等级一定的情况下,影响承载力的两个主要因素是截面配筋率和墩柱计算长度。其中,墩柱计算长度的确定,桥规[5]只给出了几种特殊约束状态下的计算公式,实际上墩顶的约束情况与全桥的变形有关,情况较为复杂,难以用简单的公式表述,这个问题在第12章详细讨论。如果假定计算长度为一定值,则墩柱的承载力由截面尺寸和截面配筋控制。计算表明,墩柱截面尺寸对结构承载力的影响大于截面配筋率的影响。

对于桥面宽度≤13m的双车道混凝土梁桥,设计荷载为公路—Ⅰ级,标准跨径13~50m,桥墩高度在8~80m之间时,墩柱截面纵向主筋配筋率的变化范围如下。

圆形双柱式墩主筋配筋率:0.712% ~0.967%,平均值0.817%。

方形双柱式墩主筋配筋率:0.890% ~1.236%,平均值0.988%。

箱形薄壁墩主筋配筋率:0.904% ~1.767%,平均值1.452%。

$$主筋配筋率=\frac{全部外缘纵向主筋截面面积}{墩柱实体部分截面面积}$$

我们收集了部分设计单位的通用图和设计图,经过分析整理,编写了《中小跨径混凝土板、梁桥桥墩常用尺寸及配筋》,纳入本书附录B,供参考。关于双柱式墩横系梁布置、箱形薄壁墩横隔板、桥墩盖梁尺寸与配筋、桩基配筋以及单双排桩的设置等构造设计内容均列入附录B,此处不再赘述。

11.2　桥台分类、特点及适用范围

11.2.1　梁式桥桥台分类

根据结构构造的特点,梁式桥桥台可以划分为重力式桥台、轻型桥台、埋置式桥台、组合式桥台、整体式与半整体式桥台和其他类型桥台六类。其中整体式与半整体式桥台是指上部构造与桥台连接处无伸缩缝的一种特殊构造桥台;其他类型桥台包括门式刚构桥台和拉压桥台等。这六类桥台在国内公路、铁路和城市道路上都在不同的范围内使用过。其中重力式U形桥台、埋置式桥台在公路与城市道路上广泛应用,积累了丰富的设计施工经验。

梁式桥桥台分类如表11-1所列。其中的亚类未列入个别很少在实际工程中采用的桥台。其他类型桥台,表中仅列出了两种。有时根据某些特殊需要而专门设计的桥台也可划归其他类型桥台。

梁式桥桥台分类表　　表11-1

分类号	分类名称	亚类号	亚类名称	是否埋置
A	重力式桥台	A-1	U形桥台	非埋置
		A-2	实体桥台	非埋置
		A-3	八字或一字式桥台	非埋置
		A-4	埋置重力式桥台	埋置
		A-5	背撑重力式桥台	非埋置
B	轻型桥台	B-1	四铰刚构桥台	非埋置
		B-2	悬臂薄壁式桥台	非埋置
		B-3	扶壁式桥台	非埋置
		B-4	撑墙式桥台	非埋置
		B-5	箱式轻型桥台	非埋置
C	埋置式桥台	C-1	柱桩埋置式桥台	埋置
		C-2	肋板埋置式桥台	埋置
		C-3	框架埋置式桥台	埋置

续上表

分类号	分类名称	亚类号	亚类名称	是否埋置
D	组合式桥台	D-1	锚碇板式桥台	非埋置
		D-2	后座式桥台	非埋置
		D-3	加筋土桥台	埋置或非埋置
		D-4	框架与挡墙组合桥台	非埋置
		D-5	板墙与挡墙组合桥台	埋置
E	整体式与半整体式桥台	E	—	埋置或非埋置
F	其他类型桥台	F-1	门式刚构桥台	埋置或非埋置
		F-2	拉压桥台	埋置或非埋置

11.2.2 重力式桥台

(1)U 形桥台

重力式桥台中 U 形桥台使用最广泛,积累了丰富的经验,研究较为深入,其主要优点如下:

①依靠自身重力形成整体稳定性好的重型结构,具有较强的抵抗自然灾害的能力。在地基可靠的情况下,如发生锥坡损坏、台后及两侧填方路基出现沉降或坍塌、暴雨冲击、河水冲刷等灾害,桥台主体结构(台身及基础)基本上不会发生较大的损坏,即使出现裂缝也易于修补。

②构造简单,施工方便,对施工技术要求不高,在低等级公路上和边远山区,往往是首选的桥台结构形式。

③除台帽、背墙有时采用钢筋混凝土结构外,台身及扩大基础等主体结构可采用砌石圬工或片石混凝土,钢材用量很少,易于就地取材,较为经济。

④一般采用非埋置式,锥坡不进入台前桥孔内,适用于桥下为河道或通道的情况。

⑤当采用扩大基础时,由于基底面积较大,地基承载力基本容许值≥200kPa,一般即可满足承载力要求,正常情况下,沉降量很小,水平位移几乎为 0。

⑥耐久性好,使用寿命长。

U 形桥台的主要缺点:

①台内填土容易积水,结冰后发生冻胀,土压力增大,台身可能出现开裂、侧倾等病害。

②地基软弱时可能发生不均匀沉降,导致基础或墙体开裂,甚至危及正常使用。

③台内填方压实度不足或积水,土体沉降,桥面铺装损坏,桥头出现跳车。

④圬工体积随着桥台高度的增加迅速增大,过高的桥台不经济。

U 形桥台容易发生的主要病害是上述第①项。下面介绍一个实例[11]:

某高速公路上的两座桥(A 桥和 B 桥),A 桥为单跨 16m PC 空心板桥,宽 28m,全长 40m,两桥台均为 U 形台,扩大基础,地基为弱风化石灰岩,台身为 C20 片石混凝土。B 桥为 4×20m PC 空心板桥,宽度 29.7m,全长 80m,4 号桥台为 U 形台,扩大基础,地基为强风化砂岩,台身为 C25 混凝土。A、B 两桥建成后不久均在桥台两侧墙台帽后下方相同位置处出现从上斜向下逐渐收缩的竖向裂缝,且桥台范围内的路面出现斜向裂缝,严重处已使搭板沿对角线方向折断。左、右两幅桥台均发生裂缝,但不完全对称。A 桥 0 号台左侧侧墙开裂最严重,裂缝最大宽度达 6.5mm,上宽下窄,上下贯通,最大深度已贯穿侧墙顶混凝土层,裂缝沿着前墙与侧墙交界面的方向深度扩展。0 号台右侧和 1 号台均发生类似的裂缝,程度轻一些。

因地基强度较高,无沉降现象。产生裂缝的原因是:台后采用黏性土回填,且未按设计要求设置排水系统,台身施工时也没有预留泄水孔。台内存在积水,裂缝处有水渗透出来。

采用 ANSYS 对 0 号台进行有限元分析,用 SOLID185 单元模拟前墙、侧墙及台帽,采用网格划分,共计生成 109744 个实体单元,125484 个节点。填土重度 $16.5kN/m^3$,水的重度在 0 ~ $10kN/m^3$ 之间,填土的内摩擦角 40°,土与墙背的外摩擦系数 0.33。0 号台的构造尺寸如图 11-3所示。

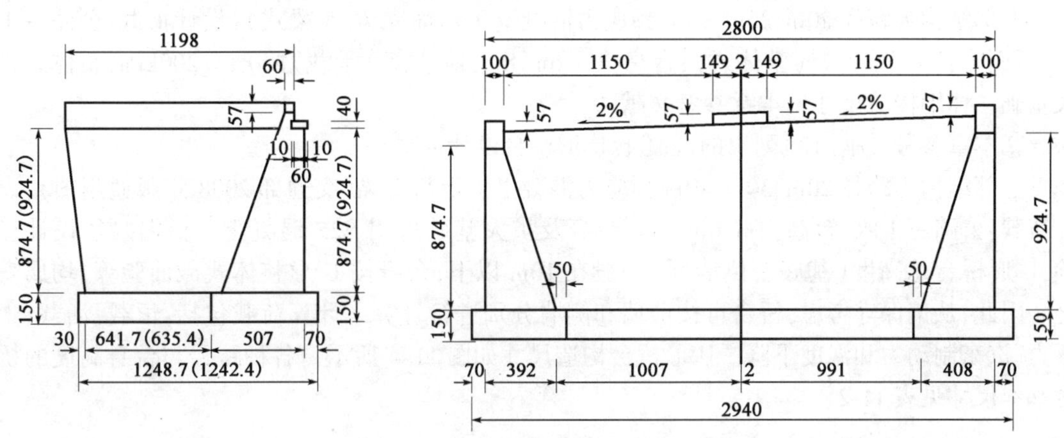

图 11-3　0 号桥台一般构造图(尺寸单位:mm)

计算结果表明;在土压力作用下,前墙与侧墙交界处的应力最大,应力集中分布区域与桥台实际开裂的位置和分布方向都是吻合的,说明台身开裂的主要原因是台内土压力过大。除台内积水这一因素外,在运营过程中,重车与超载车通行也会增大土压力。调查发现,通过的重车主要集中在 0 号台左幅,与开裂情况严重的实际情况相符合。加固方案:桥台两侧对拉直径 32mm 精轧螺纹钢筋锚杆;台后填土压浆固化,增设防排水系统;裂缝封闭处理。

在台后土压力作用下 U 形桥台的受力特点,本章参考文献[12]应用 Drucker-Prager 模型模拟台内填土,采用 ANSYS 程序非线性面-面接触单元进行了三维有限元分析,得到以下结论:

①桥台的破坏受台内填土影响大。

②不论是桥台宽度还是高度的增加,都集中表现在桥台前墙与侧墙隅角处受力最为不利,主拉应力最大;无论桥台宽窄或高低,前墙中部的变形随桥台高度和宽度的增加呈线性发展。

③桥台高度对应力和变形的影响显著。

④在桥台圬工体积相同的情况下,台身的外坡为 1/10,内坡为 1/3.64 时,应力和变形最小,在满足强度和稳定性的前提下,这种构造形式较为经济合理。

分析计算模型的相应桥台,高度 10 ~ 20m,桥台宽度 12 ~ 28m。

U 形桥台的适用范围:

①U 形桥台墙身断面尺寸受台内土压力影响较大。土压力与台后填方高度的平方成正比,因此台身较高时,土压力迅速增大。国内的使用经验表明,台身高度一般不宜超过 12m,否

则不够经济合理。

②U 形桥台设计计算主要受地基承载力控制，故地质条件较好的桥位，U 形桥台是较为经济合理的结构形式。如地基承载力较低需采用桩基，且台身较高、纵向较长、桩基纵向多于两排时，应与其他形式桥台进行比较。

③在盛产石料的地区，台身及扩大基础可采用浆砌块、片石圬工结构，是较为经济的结构形式。

④大、中小跨径梁桥，均可以选用 U 形桥台。

U 形桥台构造尺寸：

①本章参考文献[9]列出的片石混凝土 U 形桥台设计资料。

上部结构为跨径 20m、25m、30m 预应力混凝土 T 形简支梁(5 梁式)；设计荷载：公路—Ⅰ级；桥面宽：2×净 10.75(整体式)；台高：4m、6m、8m，地基容许承载力[σ] = 200kPa，整体式扩大基础。详细构造尺寸见本章参考文献[9]。

②本章参考文献[13]列出的混凝土 U 形桥台设计资料。

上部结构为跨径 20m、30m、40m 预应力混凝土 T 形简支梁(交通部 2008 年版通用图)；设计荷载：公路—Ⅰ级；台高：4m、6m、8m；台身及扩大基础采用 C25 混凝土。根据以往设计经验，U 形桥台总高度(基底至侧墙顶)一般在 10m 以下，台身按 U 形整体式截面验算，均属安全。因此，从偏保守考虑，桥台可按前墙和侧墙分别进行计算。计算荷载包括：恒载、活载、土压力、汽车制动力和温度下降。U 形桥台构造尺寸如图 11-4 所示。各种跨径与台身高度的桥台基本尺寸见表 11-2。

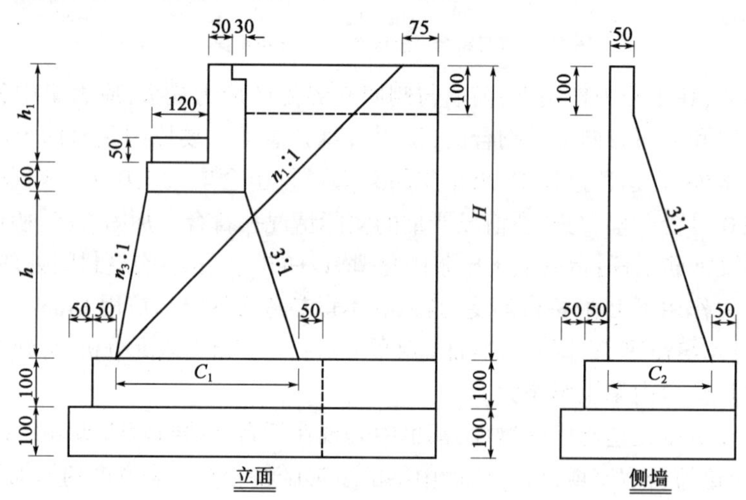

图 11-4　U 形桥台基本尺寸(尺寸单位：cm)

前墙基础倾覆和滑动稳定安全系数均满足规范要求。按土类地基计算最大基底应力，得到不同跨径、不同填土高度要求的地基承载力如表 11-3 所列。括号内数据为计算得到的基底最大应力。

③本书附录 C 建议的 U 形桥台构造尺寸。

在已有工程设计资料的基础上加以补充和完善，提出跨径 20m、30m、40m 简支 T 梁 U 形桥台台身高度为 4 ~ 12m(扩大基础和桩基础)的基本构造尺寸,供参考。

U 形桥台基本尺寸　　表 11-2

跨径(m)	H(cm)	h_1(cm)	h(cm)	c_1(cm)	c_2(cm)	n_1	n_3
20	400	188	152	251	150	1	∞
	600	188	352	317	217	1	∞
	800	188	552	453	283	1.25	8
30	400	238	102	234	150	1	∞
	600	238	302	301	217	1	∞
	800	238	502	430	283	1.25	8
40	400	288	52	217	150	1	∞
	600	288	252	284	217	1	∞
	800	288	452	407	283	1.25	8

注:侧墙任意水平截面的宽度不小于该截面至墙顶高度的 0.3 倍。桥上无人行道。

U 形桥台对地基容许应力的要求(单位:kPa)　　表 11-3

填土高度(cm)	T 梁跨径(m)		
	20	30	40
400	300(259.3)	350(320)	450(403.8)
600	400(365.1)	450(429.6)	550(515.2)
800	400(363.9)	450(409.1)	500(472.0)

对 U 形桥台设计的几点建议。

①台内填土排水不良会使土侧压力迅速增大,是造成台身开裂和变形的最重要因素,建议采取以下措施:

a. 台内填料应采用透水性良好的砂性土或砾石,禁用黏土。压实度应达到 94%,对于重要桥梁或当桥台较高时,台内下部填料可以采用人工干砌片石或浆砌片石。

b. 在土侧压力作用下,前墙与侧墙的结合部主拉应力很大,两者内侧接缝应做成倒角,并从上至下设置一定数量的水平抗拉钢筋。

c. 除按传统的方式布置防排水设施外,还应在前墙地面以上设置几排泄水孔,并与台内防排水构造连接。

②前墙、侧墙的外坡尽可能采用 1/10 ~ 1/8。

③当地基应力满足要求时,扩大基础可以做成与台身协调的 U 形。

④台帽与背墙宜做成 L 形整体 RC 结构,并加强背墙竖向主钢筋。

⑤当采用扩大基础时,地基承载力基本容许值不应小于 200kPa。

⑥桥台锥坡脚的护墙应按挡墙设计,其基础应埋入永久地面以下不小于 0.5m 或冲刷线以下不小于 1m。锥坡脚应设置排水沟。

⑦台身底面与基础顶面为一水平施工缝,当桥台较高时,可在结合面设置石荀或粗短

钢筋。

(2)实体桥台

当桥台台身较矮、纵向长度较短时可以将U形桥台做成实体矩形桥台。这种形式多用于山区较陡的石质边坡处。由于地基强度较高,一般可以不设扩大基础,将台身直接置于基岩上或嵌入石层中。台尾常与挖方路基衔接,仅在基坑开挖范围内有少量填石。设计时要注意桥台下方边坡的稳定性。如存在不良地质情况,应考虑适当加大上部结构的长度,将桥台位置适当移动。

(3)八字式或一字式桥台

U形桥台一般为非埋置式,在台身两侧的锥坡前缘设置八字形或一字形翼墙,起挡土墙的作用。当地质情况较差或桥台较高时,台身与翼墙分离,两者之间设沉降缝,翼墙与锥坡变形不会影响到台身。当桥位处地基承载力较高且桥台不是较高时,可以将台身与翼墙做成整体,成为八字式或一字式桥台,U形台身的侧墙与翼墙合一,可以灵活地适应地形变化,较为经济合理。但要注意,翼墙一旦发生变形将会影响桥头填方路基的稳定。

(4)埋置重力式桥台

台身为一字墙、后倾式墙或衡重式墙,台身两侧及前方为填方及锥坡。台身实质上是重力式挡墙。所以,挡墙的各类截面形式均可采用。台身上部左右两侧设置RC耳墙挡土。图11-5为埋置重力式桥台构造图。台身埋入路堤填方中,当前方锥坡可靠时,可以考虑其主动土压力的有利影响,减小台身尺寸,否则台身应按承受后方全部土压力的独立挡墙设计。由于台身顺桥向长度较短,当地基承载力较小时可以采用双排桩基。如桥台较宽(横向桥)且达到一定高度,可以在台身横向开设拱形门洞,以减小自重、节约圬工。台身一般采用浆砌块石或片石混凝土。这种桥台的缺点是锥坡需进入桥孔。当台身较高时,锥坡进入桥孔较长。若桥下边跨内为河道或通道时则不宜采用。

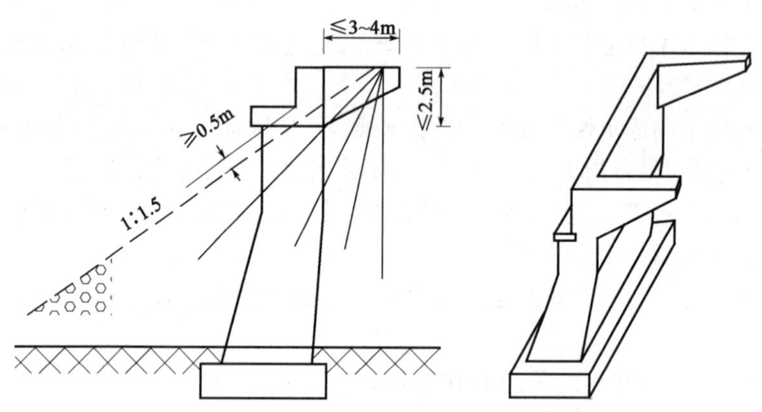

图11-5　埋置重力式桥台

(5)背撑重力式桥台

当U形桥台较高、横向较宽时,可以将前墙和侧墙的宽度减小,并在其后背设置数道撑墙,使前墙、侧墙和撑墙形成整体结构,共同抵抗台内填土侧向土压力。总体受力较U形桥台有利,圬工数量也少一些。缺点是施工较复杂,台内填土压实的质量不易控制。图11-6为背撑重力式桥台平面示意图，台身及背墙一般采用浆砌块、片石或片石混凝土。

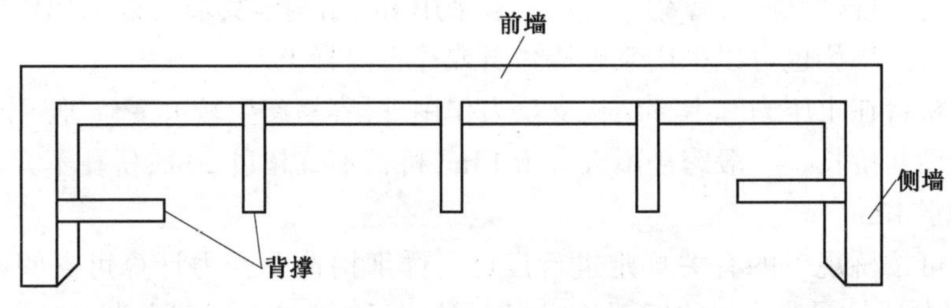

图 11-6　背撑重力式桥台平面

11.2.3　轻型桥台

轻型桥台一般为钢筋混凝土结构，其特点是利用 RC 结构较强的抗弯能力来减少圬工体积而使桥台轻型化。

(1)四铰框架桥台

台身为直立的薄壁墙，其两侧设翼墙用于挡土。台身下端地面以下设置顺桥向支撑梁，台身上端与上部结构(梁或板)通过钢锚栓连接。桥台与上部结构便形成了四铰框架体系，并借助两端台后土侧压力来维持稳定。这种桥台的一般构造如图 11-7 所示。图 11-7a)为桥台立

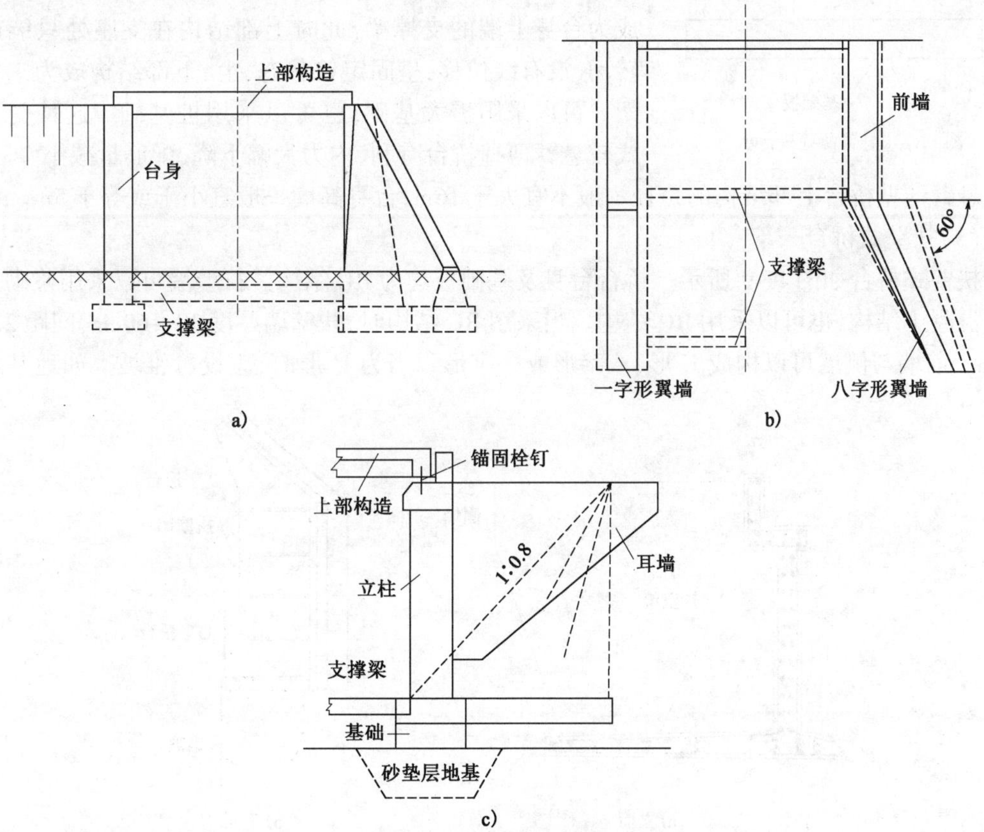

上部构造
台身
支撑梁

a)

前墙
支撑梁
60°
一字形翼墙
八字形翼墙

b)

锚固栓钉
上部构造
耳墙
1:0.8
立柱
支撑梁
基础
砂垫层地基

c)

图 11-7　四铰框架桥台

面及平面;图 11-7b)为台身与上部构造的连接以及耳墙、基础示意。如桥台较矮,可以仅有耳墙,取消翼墙。台身薄壁墙、支撑梁和耳墙一般采用 RC 结构。翼墙可以采用浆砌块片石或片石混凝土。有时支撑梁也可以采用浆砌块片石或片石混凝土。

四铰框架桥台在土压力和上部结构支反力作用下,容易产生较大变位,使用时应注意控制上部结构的跨径和桥长。一般跨径不宜大于 13m,桥长不宜超过 20m,桥孔不宜多于 3 孔。台身高度不宜大于 10m。

此类桥台可按桥规[4]的有关规定进行设计。详细构造及受力计算可参阅本章参考文献[10]和[18]。如支撑梁改为整体板,有的实桥设计用于地基容许承载力为 100kPa 的小桥桥台。

(2)悬臂薄壁桥台

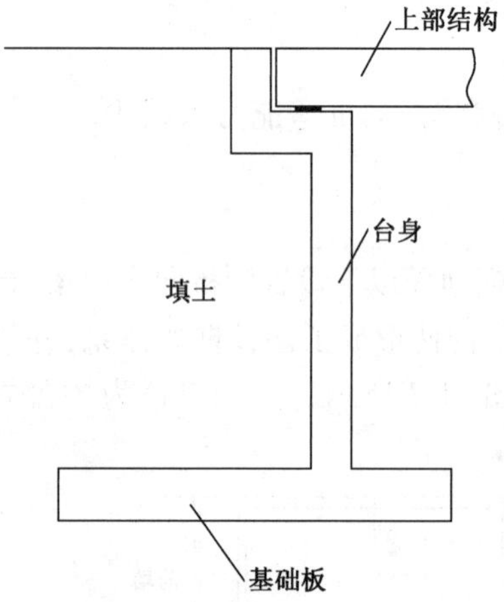

上部结构

台身

填土

基础板

图 11-8 悬臂薄壁桥台示意

台身为 RC 薄壁墙,并与 RC 矩形板式基础连接成整体,如图 11-8 所示。台身两侧设置八字墙或一字墙挡土。一般适用于台身较矮、地基承载力较低的情况。有时台身两侧可以改用 RC 耳墙挡土。八字墙或一字墙可以采用浆砌块、片石圬工或片石混凝土,与台身之间设接缝分离。如果地基承载力不能满足台身基础板的受力要求,可以采用单排(纵向)桩基础,薄壁台身墙与桩基连接或通过承台连接。如将上部结构与台身上端用钢销栓连接,则上部结构成为台身上端的支撑梁,此时上部结构在支座处只能产生转动,没有线位移,呈固定铰状态,上、下部结构成为二铰框架。可以采用扩大基础,也可以采用桩基础。这种受力图式较悬臂薄壁桥台有利,内力大幅下降,配筋量减小。

悬臂薄壁桥台上部结构的跨径一般不宜大于 16m,台身高度一般宜小于或等于 5m。

(3)扶壁式桥台

扶壁式桥台如图 11-9 所示。桥台台身及基础板均为 RC 结构。扶壁墙可以采用浆砌块片石或混凝土结构,也可以采用 RC 结构。当采用 RC 结构时,扶壁墙厚度 30 ~ 60cm,间距 2.5 ~ 3.5m。前墙与侧墙可以构成 U 形、八字形或一字形。当为 U 形时,应设置锥坡。如地基承载

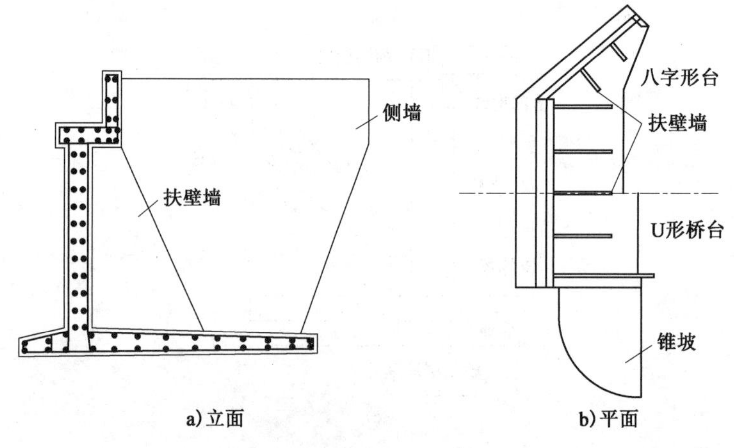

图 11-9 扶壁式桥台

力较高,基础可采用浆砌块片石或混凝土扩大基础。扶壁式桥台受力优于悬臂薄壁桥台。根据设计经验,上部结构跨径宜在 20m 左右,台身高度一般不大于 8m。当用于斜桥时,斜交角应小于 45°。台身较矮时,RC 前墙配合 RC 耳墙,可以取消侧墙。这种桥台一般为非埋置式,锥坡不进入桥孔。耳墙厚度一般为 60cm。耳墙与最外侧扶壁墙应做成整体,同时将最外侧扶壁做成 RC 结构,厚度约 60cm。

RC 基础的扶壁式桥台适用于地基承载力较小的情况,但缺点是钢筋用量较大,施工较复杂,造价也较高。如台后填土较高,上部结构跨径较大时,墙身容易发生裂缝。施工时,在台后填土未完成前,应对耳墙与外侧扶壁进行支撑。扶壁式桥台设计可参阅本章参考文献[14]。

(4)撑墙式桥台

悬臂薄壁桥台较宽且地基承载力较高时,可以不用 RC 基础和 RC 扶壁,而在台身内侧设置两道或多道浆砌块片石或片石混凝土支撑墙,便成为撑墙式桥台。支撑墙的作用在于减小台身受力时的水平跨度。其立面为梯形,上窄下宽,支撑墙的基础与台身基础做成整体。这种桥台的钢筋用量较悬臂薄壁桥台与扶壁式桥台少得多,但圬工数量多一些,其适用范围与扶壁式桥台基本相同。

(5)箱式轻型桥台

当填土较高时,悬臂薄壁桥台的台身可以做成箱形截面,如图 11-10 所示。台身为 RC 结构。侧墙有 U 形、八字形和一字形几种。可以采用浆砌块片石或片石混凝土,也可以采用 RC 结构。当台身不高时,可采用 RC 耳墙,取消侧墙,上部结构的跨径可达到 20m 左右,当地基承载力较高时,台身高度能做到约 8m。

这种桥台的构造较为复杂,用钢量高,一般较少采用。

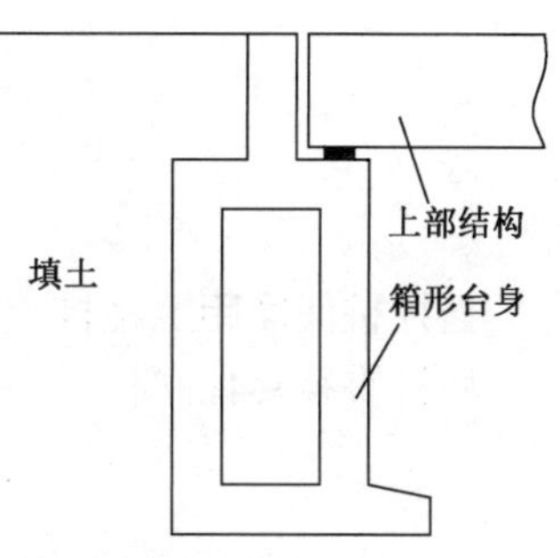

图 11-10　箱式轻型桥台示意

11.2.4　柱、板与框架埋置式桥台

埋置式桥台的优点是,将台身大部分埋入锥坡填方中,不需另设侧墙,仅由台帽两端的耳墙与路堤连接并支挡上部的填土,故桥台工程量较省。缺点是锥坡的一部分伸入桥孔内。如桥下为河道或通道,一般不宜采用埋置式桥台。常用的结构形式有柱桩式、肋板式和框架式三种埋置式桥台。

(1)柱桩埋置式桥台

柱桩埋置式桥台由柱桩(台身)、台帽(盖梁)及耳墙组成。桥台纵向布置单排、双排或多排柱桩。单排柱桩的填土高度不应大于 5m,上部结构跨径不宜大于 16m,否则,应采用双排或多排柱桩。如地基承载力较高,用柱式台身配合扩大基础。桥梁横向,根据桥宽的不同,有双柱式、三柱式和多柱式几种。柱顶盖梁的两侧为耳墙。柱与桩一般均采用圆形截面,两者直接连接。如柱为矩形截面,则桩顶要设承台。图 11-11 为单排双柱埋置式桥台示意图。当不能确保桥台前方锥坡填土长期稳定且不发生破坏时,应仅考虑台后填土对柱桩的土压力,不计前方填土反向土压力的有利作用。当柱桩横向净距≤柱桩直径(圆柱)或宽度(矩形柱)时,不考虑柱桩间空隙土压力的折减,作用在每根柱桩上的土压力计算宽度为:

$$b = \frac{nd + \sum_{1}^{n-1} L_i}{n} \tag{11-1}$$

式中：b——单根柱桩土压力计算宽度（m）；

d——柱桩直径或宽度（m）；

L_i——横桥向柱桩间净距（m）；

n——横桥向柱桩数。

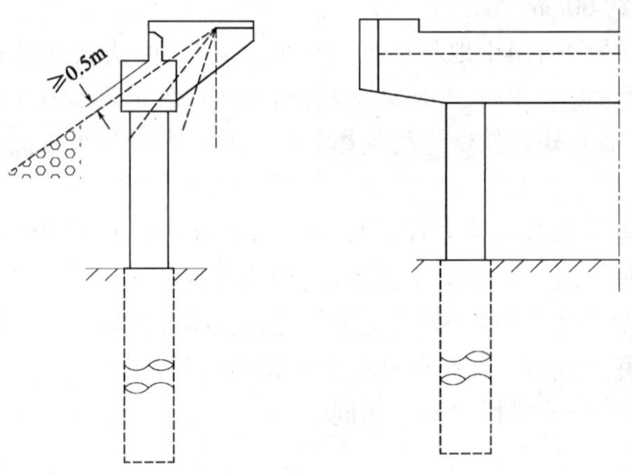

图 11-11　单排双柱埋置式桥台

当柱桩间净距 > 柱桩直径或宽度时，应考虑柱桩空隙的折减：

柱桩直径≤1m 时

$$b = d\frac{2n-1}{n} \tag{11-2}$$

车辆荷载引起的土压力可换算为均布土层厚度 h，按桥台横桥向全宽均布进行计算。

$$h = \frac{\sum G}{B \cdot l_0 \cdot \gamma} \tag{11-3}$$

式中：$\sum G$——布置在 $b \times l_0$ 面积内的车辆车轮重力（kN）；

l_0——台后填土破坏棱体长度（m）；

B——桥台横桥向宽度（m）；

γ——填土的重度（kN/m^3）。

柱桩埋置式桥台的计算可参阅本章参考文献［9］。桥台的下端约束有三种模型，如图 11-12所示。本章参考文献［15］指出：中小跨径柱桩式桥台，当地质情况一般，台柱有一定高度时，为了简化计算，可以偏安全地采用模型 c［图 11-12c）］。计算出柱底截面内力后，反向施加于桩顶，再计算桩的内力。当台柱较矮、地基对桩底约束较强时，应按模型 a［图 11-12a）］或 b［图11-12b）］进行计算。如采用平面杆系有限元程序计算宜采用模型 a 或 b。

内力计算应计入混凝土收缩、徐变和温度等的效应。

施工程序对台柱受力有较大影响，有以下两种施工程序：

①先做桥台后再填土，此时台顶自由，柱底弹性约束。上部结构安装后，对柱顶水平方向有弹性约束作用。

②先完成填土，再施工柱桩，最后安装上部结构。

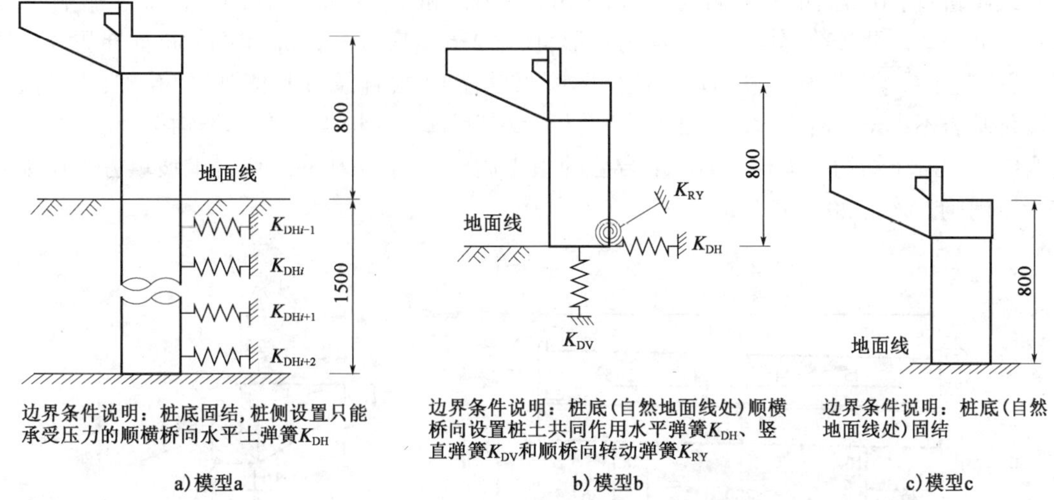

图 11-12　柱桩埋置式桥台边界约束的三种模型(尺寸单位:mm)

计算表明:第②种施工程序对柱桩受力有利,不宜采用第①种施工程序。使用阶段在恒载、填土侧压力、汽车制动力、汽车荷载引起的土侧压力和上部结构因温度作用引起的水平力共同作用下,按第②种施工程序计算的柱底弯矩小于按第①种施工程序计算的柱底弯矩。

(2)肋板埋置式桥台

双车道公路桥,一般由两块梯形肋板、盖梁及耳墙组成。桥梁较宽时,横向布置三块或多块肋板。肋板为 RC 结构,厚度 40～80cm。图 11-13 为双肋板埋置式桥台的通用图,桥面宽为 12.25m,台高 H = 3m、5m、7m;上部结构为跨径 20m、25m、30m 的预应力混凝土简支 T 形梁。

肋板埋置式桥台的计算方法与柱桩埋置式桥台基本相同。

交通部 1979 年颁发的公路桥涵标准图《混凝土肋形埋置式桥台》(JT/GQB 028—75),可供设计参考使用。

这种桥台在使用过程中曾多次发现肋板顶部与盖梁结合处产生裂缝。设计时应进行横桥向受力验算,并加强肋板与盖梁连接处的抗弯钢筋。产生裂缝的原因主要有:桥台过高、施工程序不当、地基沉降[16]。

国内使用的经验,桥台高度一般不宜超过 15m。桥台完成后应进行填土然后再安装上部结构,不应在架梁后再填土。埋置式桥台对地基沉降较敏感,台身容易产生较大拉应力,设计时应严格控制基础的沉降量。较详细的分析可参阅参考文献[17]。

桥台较高时,肋板之间应设置横系梁。基础应为双排桩或多排桩(指纵向),不能采用单排桩。地基承载力较高时,可以采用扩大基础。上部结构的跨径一般不宜大于 30m。

国内梁式桥高桥台的使用经验:重力式 U 形桥台一般可以达到 12m 的高度,钢筋混凝土或预应力混凝土门式刚构桥台高度可以达到 30m(埋置式或非埋置式)。钢筋混凝土肋板埋置式桥台一般可以达到 20m 的高度,台身过高容易出现病害。下面是一个实例:

贵阳市机场路鱼梁河 1 号大桥,上部结构为 4 × 30m 先简支后结构连续预应力混凝土 T 形梁,分为左右两幅,单幅桥宽 19m,车道宽 16m,右侧人行道宽 2.25m,桥面纵坡 4%,0 号与 4 号桥台台口处设置 80 型伸缩缝。单幅桥桥墩为独柱式 T 形墩。0 号、4 号桥台均为 RC 肋板埋置式高桥台。0 号台的肋板高度为 26.525m(左幅)和 28.525m(右幅)。因纵坡影响,4 号桥台略低一些。肋板等厚度 2m,纵向为梯形,顶宽 2.6m,底宽 11.6m,单幅桥横向布置 3 道肋板,横桥向无系梁。肋板下端与承台连接。单幅设置 12 根直径为 1.8m 的挖孔桩,要求嵌入弱风化基岩不小于 4m,承台厚度 2.5m。肋板上端为盖梁,并与背墙和耳墙连接。桥台与基础均为钢筋混凝土结构。承台顶面以上台后的填土高度达到 32.73m。桥台锥坡填方表层为浆砌片石铺砌。该桥 2010 年建成通车。

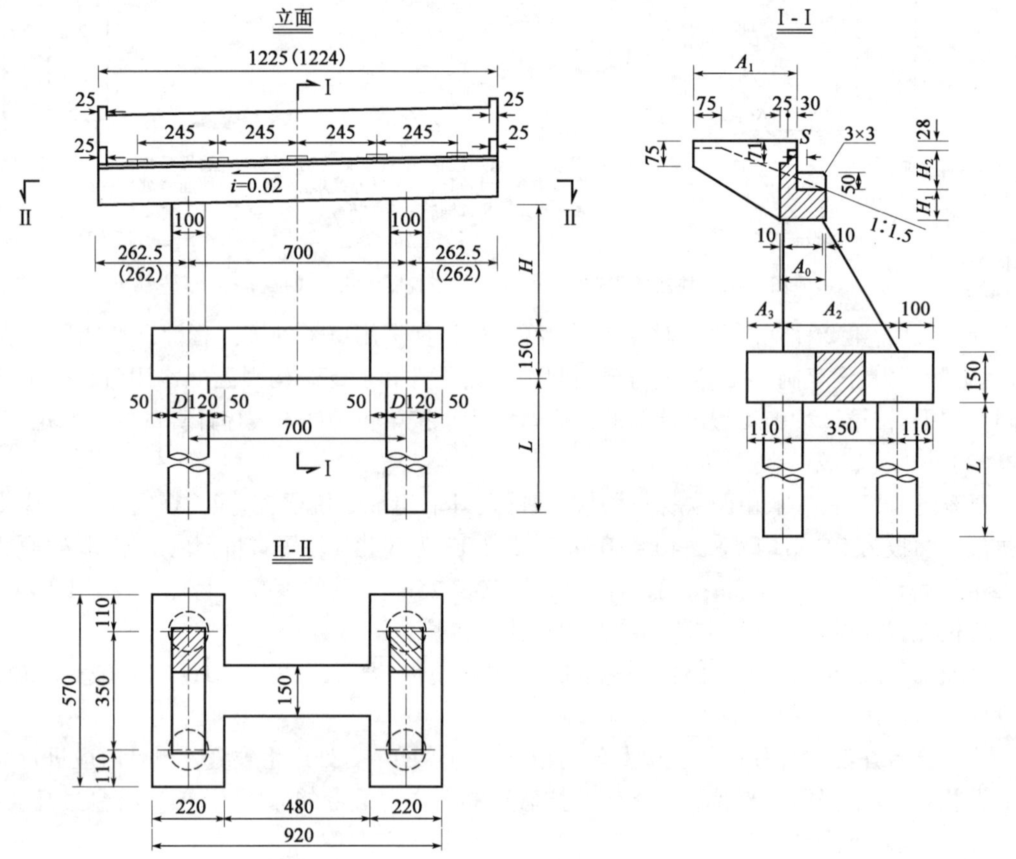

图 11-13　肋板埋置式桥台一般构造图(尺寸单位:cm)

主要病害情况:2015 年 8 月检测报告及现场观察,0 号桥台病害简况如下。

①0 号台左幅盖梁竖向裂缝有三条,长度 1.2 ~ 2.15m,最大缝宽 0.4mm。

②0 号台右幅盖梁竖向裂缝有三条,长度 1.6 ~ 1.8m,最大缝宽 0.8mm。有的裂缝出现渗水现象。

③桥台锥坡坡面多处开裂,桥面人行道与锥坡相对下沉 5cm 左右,锥坡面已破坏。

④桥台附近填土路基及锥坡均下沉。

肋板因完全埋入填土中,无法检测,是否有裂缝不清楚。

病害原因初步分析:台后填土高度超过 30m,在通车近 5 年的时间内,必定发生不均匀沉降,由于锥坡损坏,随着雨水渗入,台身受到的实际土压力会大于计算控制的土压力。而且由于沉降与渗水的不均匀性,土压力在纵、横向的分布也可能不均匀,肋板会承受较大的附加弯矩。横向三道肋之间无横系梁,肋板的横向抗弯刚度仅为纵向抗弯刚度的 1/12.6,肋板横向可能发生较大变形,进而导致其上端的盖梁出现病害。由于桥台与填土的施工程序等情况不清楚,未对施工方面的原因进行分析。

(3)框架埋置式桥台

桥台较高时,将肋板式桥台的肋板挖空后便成为框架式桥台,可以节省圬工体积。这种桥台比柱桩埋置式桥台具有较大的刚度,整体稳定性也较好,本章参考文献[9]认为,可用于填土高度在 5m 以下的桥台,并与跨径 16m 和 20m 的梁式上部结构配合应用。当填土高度大于 5m 时,可采用肋墙式桥台,即将框架改为实体墙,类似于肋板埋置式桥台,但墙体为圬工结构。根据国内的使用经验,框架埋置式桥台的高度可以达到 12m 左右。图 11-14 为框架埋置式桥台的一般构造图。当桥台较宽时,可用三道或多道框架。桥台较高时,应在各道框架之间设置横系梁。这种桥台的缺点是钢筋用量较多,施工较复杂。单根构件刚度较小,其整体刚度小于肋板埋置式桥台,故适用的高度不及肋板埋置式桥台。

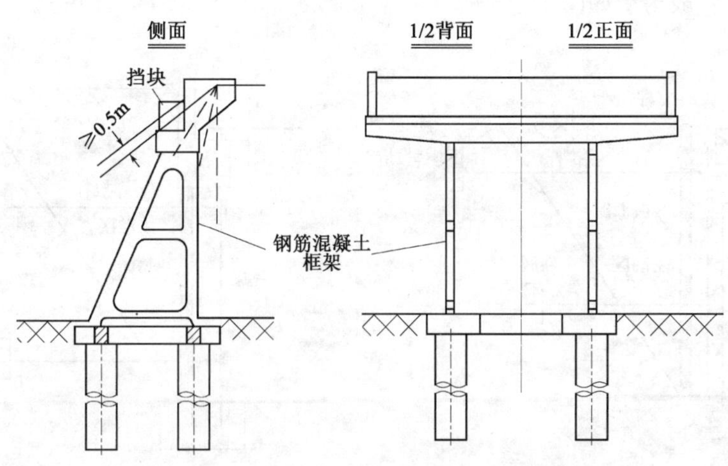

图 11-14 框架埋置式桥台一般构造图

(4)埋置式桥台设计应注意的几个问题

①桥规[4]第 6.2.5 条规定:“当锥坡可能被冲刷时,还应验算锥坡被冲刷时承受来自桥台或岸墩后面单向主动土压力的受力情况,此时可按压实土的内摩擦角计算主动土压力。”桥台锥坡为附属结构,其填土质量及压实度往往难以达到规范要求,一般采用的浆砌片石铺面在长期使用过程中容易损坏,无法阻止雨水渗入其中。所以,锥坡与桥台主体结构的耐久性、使用寿命有较大差异。一般情况下,建议不考虑锥坡台前主动土压力的有利作用,应按台后单向主动土压力计算桥台的受力,较为稳妥。

②施工程序对埋置式桥台受力影响较大。建议根据实际可能出现的施工程序进行验算。

③地基不均匀沉降对埋置式桥台受力影响较大。桥规对埋置式桥台填土质量及防排水均无明确规定。目前一般均按路堤填方的规定指导施工。埋置式桥台对填土的技术要求应高于路基,尤其是高桥台,设计应提出具体要求。

④桥台较高时,柱、板和框架埋置式桥台应设置横系梁,以提高其横向刚度,避免在附加土压力作用下可能出现变形和开裂。

11.2.5 组合式桥台

梁式桥的组合式桥台，从受力分担考虑有以下两种基本模式：

①为了使桥台轻型化，考虑由桥台本身主要承受桥跨结构传来的竖向力和水平力，而台后的土压力则由其他结构来承受。常用的桥台形式有锚碇板式桥台、加筋土桥台、框架与挡墙组合桥台和板墙与挡墙组合桥台等。

②当桥跨传来的水平力较大时，由台身单独受承则基础工程规模大，既不经济也不合理。改进的办法是：在台身后方设置后座阻滑板，以承受大部分水平力，台身仅承受少部分水平力。台身与后座形成组合式桥台。例如，中等跨径的斜腿刚构桥，其水平力较大时，可以采用后座组合式桥台。

(1)锚碇板式桥台

这类桥台一般由埋于路堤中的锚碇板、拉杆、立柱和挡土板组成。有分离式和结合式两种基本结构形式。一般构造如图 11-15 所示。

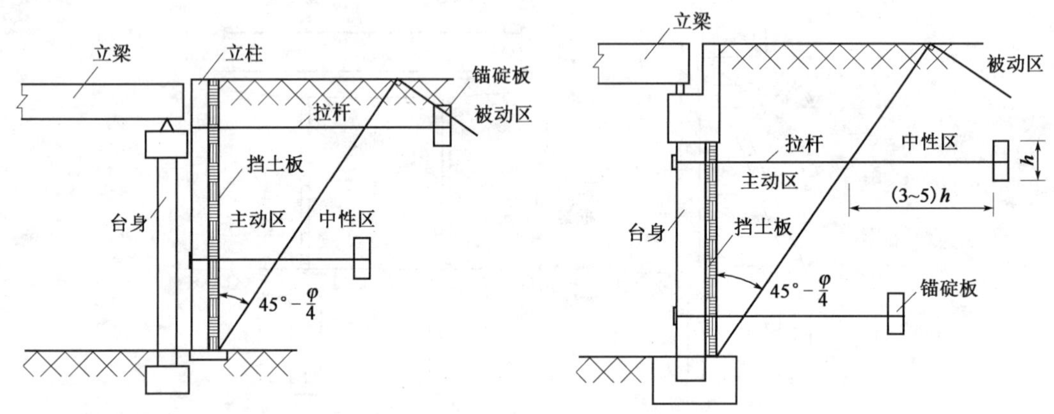

图 11-15 锚碇板式桥台

分离式是指台身与立柱、挡土板分开，两者的基础也是分离的，互不影响。上端为上部结构的伸缩缝。台身只承受上部主梁传来的竖向力和水平力，桥台受力明确，相当于桥墩的受力状态。台后填土的土侧压力则由立柱、挡土板和锚碇板平衡。但这种分离式桥台，结构较复杂，施工也不方便。

结合式是指台身与挡土板和锚碇板相结合，台身兼做立柱。作用在台身的所有水平力假定由锚碇板的抗板力来平衡，台身仅承受竖向荷载。这种桥台，构造较简单，施工也较方便，工程量较省。但缺点是受力不够明确。如果台后填土发生沉降或拉杆、锚碇板出现变形，台身可能承受较大水平力而导致台顶水平位移，影响桥梁的正常工作，甚至产生病害。

锚碇板可用混凝土或钢筋混凝土，截面常用矩形，尺寸不宜小于 75cm × 75cm，锚碇板设置在被动区域中心区，距离主动土压力滑动面的水平距离为 (3 ~ 5) h 处。h 为锚碇板的高度。柔性拉杆应进行防腐。锚碇板的层数一般不宜多于两层，其位置和拉杆应通过计算确定。可参考《铁路标准设计通讯》1977 年第 6 期论文《锚碇板桥台的设计及计算》。

这种桥台由于其耐久性较差，现已较少采用。

(2)后座式桥台

桥台由台身与后座两部分组成。桥梁上部结构传来的竖向力由台身承受,水平力则由后座与台身共同承受。两者承担水平力的大小由两者的抗推刚度比分配,因后座的抗推刚度一般均大得多,故后座分担大部分水平力,台身仅承担少部分。后座多采用重力式结构以增大抗滑力。台身与后座之间为竖向接缝,可传递水平力,但不能约束台身与后座之间的相对竖向位移。图11-16的台身为桩基础,后座基础(阻滑板)可以采用实体扩大基础,其微量沉降不会影响桥台正常工作。台身结构形式应根据桥台高度与上部结构情况确定。一般可采用重力式桥台。这种组合式桥台多与斜腿刚构、拱桥等水平推力较大的上部结构配合使用。后座的实体基础,也称为阻滑板,其基底应有一定的粗糙度,以增大水平抗力。后座式桥台的受力计算可参阅本章参考文献[19]和[20]。

(3)加筋土桥台

加筋土挡墙在公路路基设计中应用较多,用于桥台则较少。这是因为埋在填土中的拉杆、锚碇板等在长期使用过程中一旦出现损坏,台身面板、台帽将产生较大变形,直接影响上部结构的正常工作及行车安全。国内仅在较小跨径的简支板桥、台高≤5m时有少量应用。

加筋土桥台由台帽、竖向面板、拉杆、锚碇板及台后填料组成。其构造如图11-17所示。拉杆两端分别与面板和锚碇板连接,组成加筋土挡墙结构。RC台帽则嵌入挡墙顶部,支承上部结构。

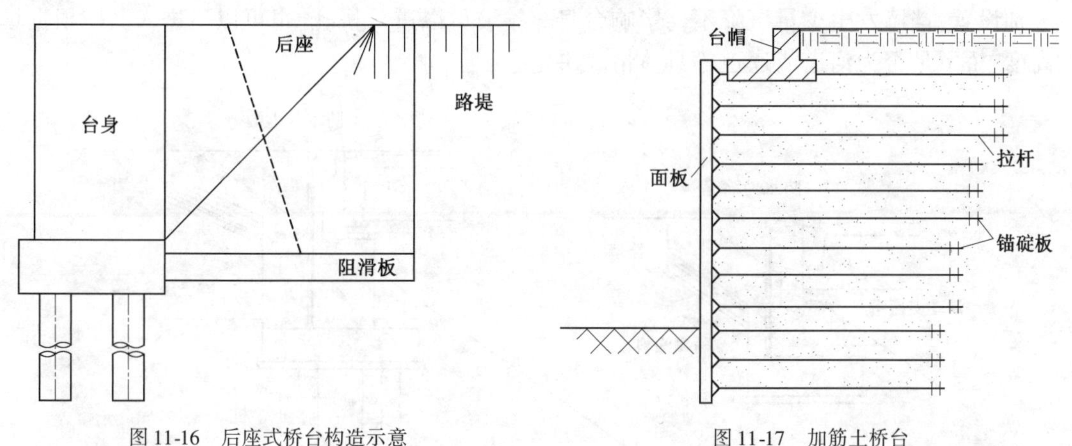

图11-16 后座式桥台构造示意

图11-17 加筋土桥台

加筋土桥台的工作原理是:台后填料的主动土压力作用在面板上,再通过拉杆将拉力传递给锚碇板,而锚碇板则依靠位于其前方具有一定抗剪能力的土体所产生的拉拔力来平衡拉杆的拉力,使整个结构处于稳定状态。

加筋土桥台的拉杆采用密排的塑料带或其他抗拉强度较高且耐腐蚀的材料。加筋土填料压实技术要求高、施工工期较长,多雨地区施工难度较大,不易保证填料的质量。加筋土桥台的设计计算可参阅《公路路基设计规范》(JTG D30—2015)和本章参考文献[21]。

(4)框架与挡墙组合桥台

桥台顺桥向为门式刚架,两侧为挡土墙,构成框架与挡墙组合桥台,如图11-18所示。这种桥台可以用于台身前墙较高,地形起伏较大的情况。

框架为钢筋混凝土结构,用钢量较大,造价较高。

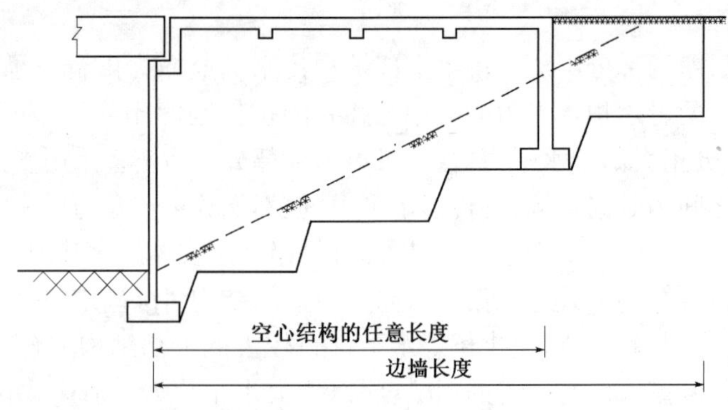

图 11-18　框架与挡墙组合桥台

两侧挡墙的长度应根据锥坡的长度确定。锥坡不能进入框架前方的桥孔内,所以挡墙最大长度只能达到前墙的内侧。

(5)板墙与挡土墙组合桥台

前墙为一字式板墙轻型台身,支承上部结构。板墙的后侧为挡土墙,两者之间设竖直断缝,成为分离体,接触面上设涂料隔离层。板墙的上端为伸缩缝。桥台一般构造如图 11-19 所示。这种桥台受力明确,但圬工数量较大。后侧的挡墙可以根据其高度和长度选择合适的结构形式。挡墙上部为耳墙。地基较好时,台身和挡墙可以放在同一个基础上,否则两者的基础应分别设置,挡墙发生少量沉降不会影响台身。锥坡可以进入桥孔,也可以不进入。应根据填方高度、桥下是否为河道或通道等具体情况决定。

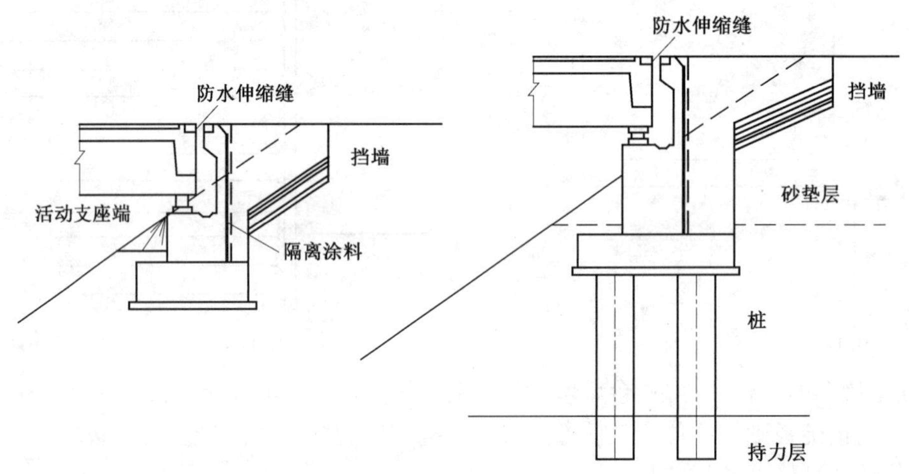

图 11-19　板墙与挡墙组合桥台

11.2.6　整体式与半整体式桥台

为了消除因温度变化、混凝土收缩徐变等环境因素引起的桥梁构件长度变化带来的不利影响,常在结构中设置伸缩装置。但是,国内外长期的、大量的实际情况表明,桥梁伸缩缝会带来一系列问题[22]。在工程设计、施工以及伸缩装置的改进等方面做了大量的工作,取得了很多实效,但存在的多种弊病并未从根本上得到解决。目前,普遍认识到取消伸缩缝,采用无缝桥梁是解决问题的最佳途径。根据我国无伸缩缝桥梁已建成的实际情况以及设计理论研究的现状,这种桥台主要适用于中小跨径梁板桥。取消梁端伸缩缝的关键,在于桥台在主梁伸缩变形的作用下仍能保持正常的工作状态而不发生损坏。这种具有特殊功能与相应结构构造的桥台有两种基本形式:整体式桥台和半整体式桥台。

(1)整体式桥台

所谓整体式,是指上部结构梁,板的端部与桥台连接为固结,并取消支座。两者形成整体,它们的纵向变位相互影响,内力相互传递。有以下四种结构形式。

①柔性台身与柔性桩基组成的整体式桥台。

整体式桥台设计的关键之一,在于使梁、台和基础三者的刚度协调一致,在最不利荷载组合时,三者的最大应力在容许范围内。图 11-20 为柔性台身、柔性桩组成的整体式桥台实例——广东清远四九中桥[24],为我国第一座整体式无伸缩缝桥梁。上部结构为 10m + 2 × 16m + 10m RC 连续刚构,桥面宽 8.5m,斜交角 15°,主梁高 75cm,双柱式桥墩,挖孔桩基础。整体式桥台为柔性墙式台身与单排柔性桩相结合。台身高 3.8m,纵向厚度 0.7m,桩径 1.5m。该桥于 2000 年 7 月建成,使用 7 年后未发现异常情况。

②台帽与单排柔性桩组成的整体式桥台。

台帽与主梁固结,无支座,台帽下缘与单排桩直接连接。桩埋入锥坡内形成埋置式。欧美等国多采用这种结构形式。当台后填方路堤较高时,采用单排桩埋置式整体式桥台较有利。这种桥台构造如图 11-21 所示。

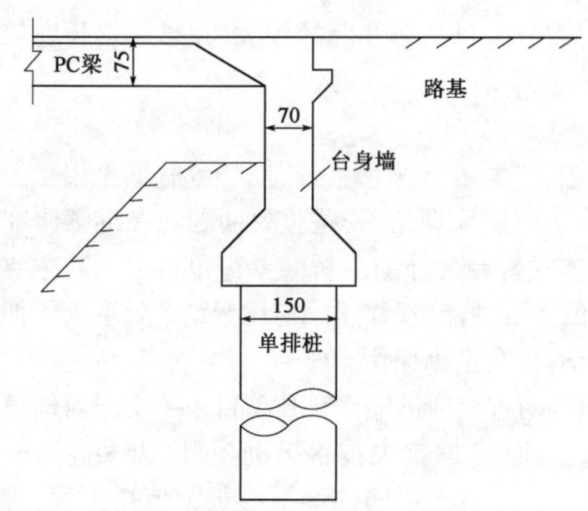

图 11-20　柔性台身与柔性桩组成的整体式桥台(尺寸单位:cm)

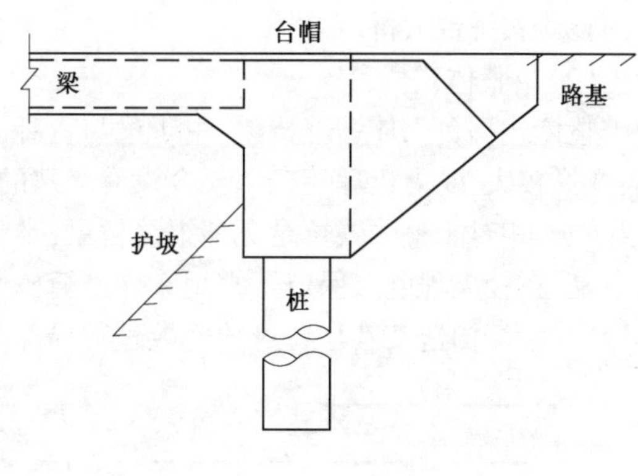

图 11-21　台帽与柔性桩组合的整体式桥台

③刚性台身与柔性群桩组成的整体式桥台。

当桥台较高时,可以适当增大台身刚度,但为减小整体纵向刚度,宜采用柔性群桩基础。上部构造的主梁与台身固结,无支座。台尾设搭板,其后端与路面结合处设断缝,用沥青或其他弹性材料填缝,搭板与台身用锚筋连接。这种桥台的构造如图 11-22 所示。

④柔性台身与扩大基础组成的整体式桥台。

如桥台较矮,地基承载力较强时,可以采用柔性台身与扩大基础组成的整体式桥台,如图 11-23所示。台身上端与主梁固结,无支座。台身可根据桥的宽度采用双柱式或多柱式。

搭板两端构造与图 11-22 相同。

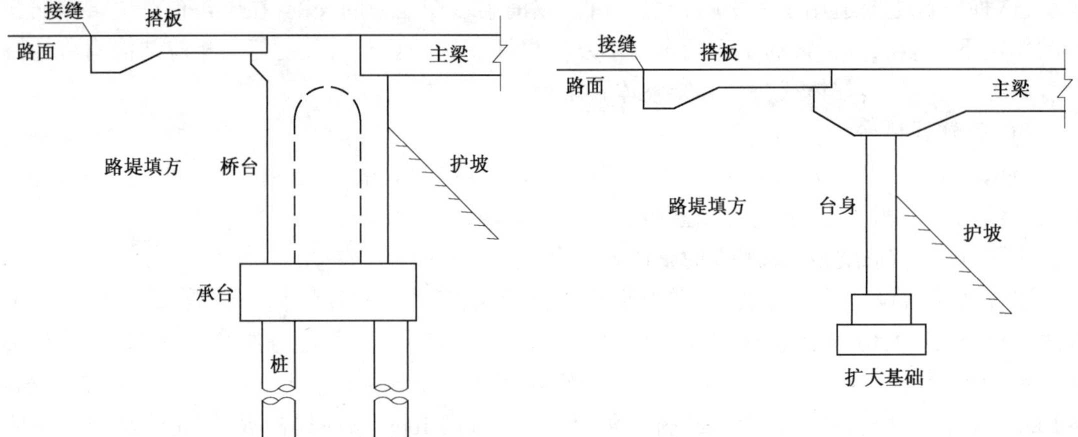

图 11-22　刚性台身与柔性群桩组合的整体式桥台　　　图 11-23　柔性台身与扩大基础组合的整体式桥台

薄壁台身配合单排柔性桩整体式桥台实例如下：

福建永春县上坂大桥，上部结构为 4×30m 预应力混凝土 T 梁，先简支后结构连续，桥面宽 8.5m，桥墩为圆形双柱式，直径 1.5m，T 梁端与台身上部浇筑成整体，取消支座，按无伸缩缝整体式桥台设计。台身高度 3m，采用单排 4 根柱桩，长度 12m，为矩形截面，70cm（横）×50cm（纵）。台后填土为密实砂性土。按薄壁台身与单排柔性桩整体式桥台设计。图 11-24 为桥台与主梁结点构造图。该桥于 2005 年建成，为我国目前单孔跨径较大、无缝连续长度较长的整体式桥台大桥。

（2）半整体式桥台

整体式桥台无伸缩缝桥梁，由于梁与台身固结，取消了支座，梁、台、桩与台后填土相互作用，变形较大，受力机理复杂。至今没有成熟的公认的设计理论，一些重要问题还在继续研究探讨中。相对于整体式桥台无伸缩缝桥梁，半整体式桥台无伸缩缝桥梁要简单得多。其主要特点是：在较大程度上保留了常规有伸缩缝桥梁的主要性能，仅在主梁与桥台结合处取消了伸缩装置，梁端构造及其与台身的连接进行局部改动，桥台上仍保留支座。

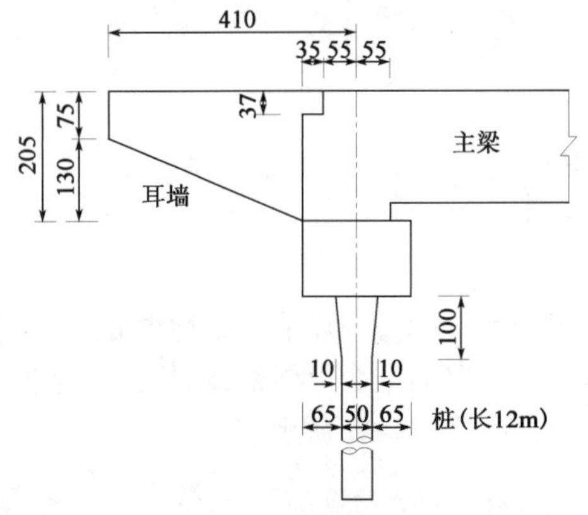

图 11-24　上坂大桥整体式桥台与主梁结点构造（尺寸单位：cm）

云南省交通运输厅科技项目——中国西部道路发展项目（加拿大技术援助项目）以某高速公路 8×20m 简支桥面连续空心板为依托工程，进行了实桥设计和建造。本章参考文献［26］根据该项目的研究成果指出：加拿大半整体式无缝桥梁构造简单，最大限度地保留了常规有缝桥梁的结构特点，仅在边跨梁端和台后进行局部改动，对桥梁的设计与施工影响较小，不仅改善了行车效果，而且具有很高的社会经济效益，值得大力推广。

加拿大半整体式无缝桥梁桥台的构造如图 11-25所示。上述依托工程试验桥使用一年多来,工作状态良好,桥面连续完整,梁体与墩台无异常,路桥接缝开合正常,桥头跳车现象几乎无感,达到了预期的效果。

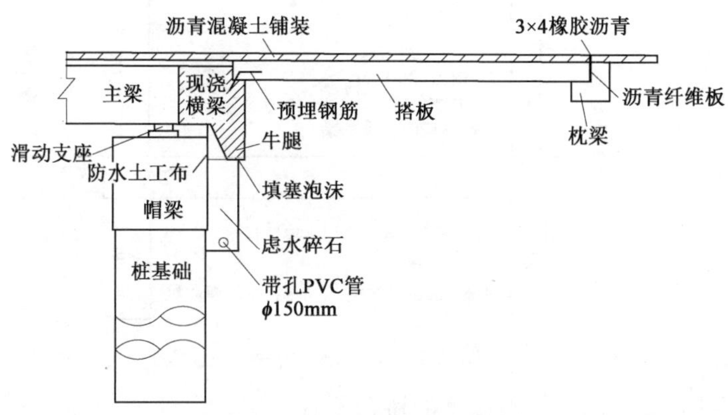

图 11-25　加拿大半整体式无缝桥构造

常规的半整体式与整体式桥台无缝桥梁,为了消化主梁与台身的纵向变形,需在搭板尾端与路面结合处设置弹性接缝,虽然解决了桥梁伸缩缝带来的诸多问题,但搭板尾端的接缝仍然容易损坏,对正常行车有一定的影响。为了克服这一难题,本章参考文献[22]提出了中、小桥采用全无缝的新体系,即在常规的整体式和半整体式无缝桥的基础上,采用搭板两端分别与主梁及连续配筋的接线路面连接,并在接线路面的端部用设置地梁的方式,进一步消除路桥结合处的路面接缝,从而真正实现了"全无缝"。图 11-26 为这种新体系的构造示意图。关于全无缝梁桥关键技术的论述,见本书 14.2 节。

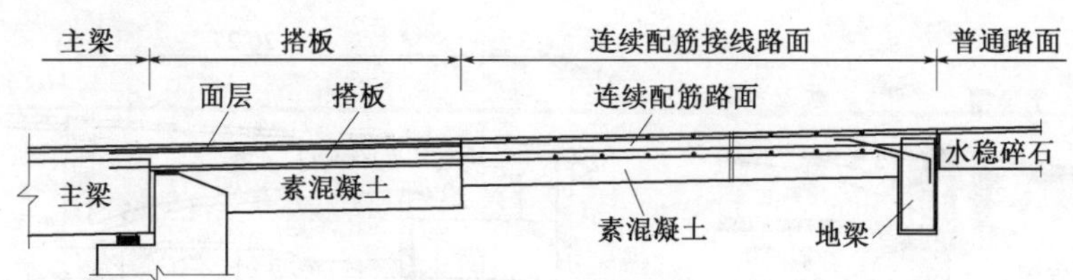

图 11-26　半整体式桥台无缝桥梁新体系构造示意

11.2.7　其他类型桥台

除上述六类桥台外,还有一些根据某种特殊要求设计的桥台,例如门式刚构桥台、拉压桥台等。

(1)门式刚构桥台

当桥台高度超过 20m 时,钢筋混凝土或预应力混凝土门式刚构桥台是一种较为合理的结构形式。这类桥台能够做成埋置式或非埋置式。根据受力计算可以采用一般的门式刚构台身,也可以采用闭合框架台身。如为埋置式,前后台身均由双柱或多柱构成;如为非埋置式,则后侧台身为 RC 墙体。根据地基承载力的大小,可选用扩大基础或桩基础。前后台身宜分别设置基础。如采用桩基,前后台身纵向均为单排桩。桥台后方设置搭板。图 11-27 为埋置式门式刚构(闭合框)桥台实例。前后台身均为单排桩基础。详细设计可参阅本章参考文献[27]。

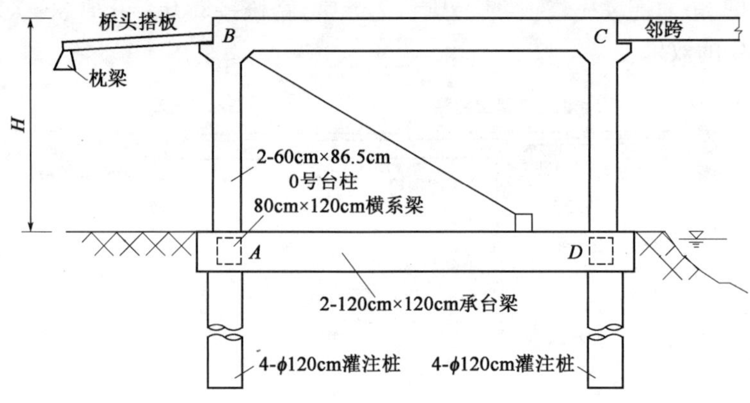

图 11-27 门式刚构桥台

门式刚构桥台用钢量很高，一般高度的桥台不宜采用。

(2)拉压桥台

当桥台上的支承需要承受拉压力时，一般采用拉压支座。如果拉力很大，拉压支座难以适应，便应考虑采用拉压桥台。图 11-28 为两座实桥采用拉压桥台的一般构造图。

图 11-28a)中，上部结构为单箱单室截面 PC 箱梁，两侧腹板成为牛腿在桥台顶部形成悬臂板，它与台帽之间设橡胶支座，悬臂腹板与下台帽之间亦设橡胶支座。如果拉力很大，桥台基础应设计为抗拔桩。

图 11-28b)为 PC 连续箱梁，孔跨布置为 25.5m + 142.5m + 25.5m，边、中跨比为 0.179，桥台产生很大的向上拉力，采用拉压桥台。

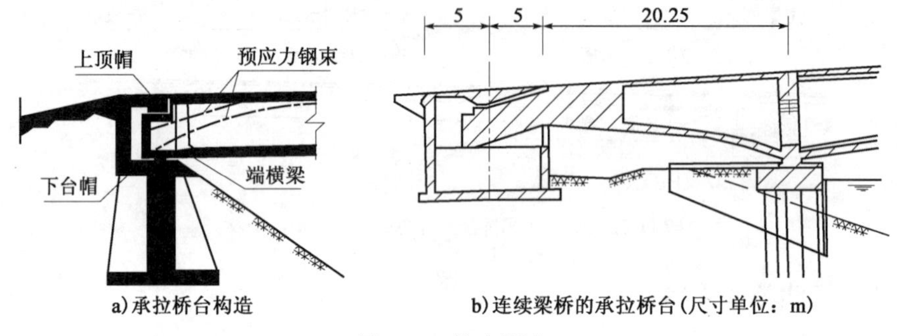

a)承拉桥台构造　　b)连续梁桥的承拉桥台(尺寸单位：m)

图 11-28 拉、压桥台

11.3 桩基设计有关问题分析讨论

11.3.1 承台受力分析

桩基厚承台应力分布较为复杂，其截面应变分布不符合平截面假定，呈明显的非线性特点，属于桥梁混凝土结构中的 D 区，而不属于 B 区(截面应变分布基本符合平截面假定)。由于 D 区受力复杂，给结构构造和配筋设计带来一定难度。常用的 D 区分析模型有三维有限元模型、压力扩散模型和拉压杆模型等。但前两者难以直接用于工程设计。拉压杆模型在桥梁

混凝土结构 D 区受力分析中应用广泛。桥规[5]采用拉压杆模型计算桩基厚承台的承载力。理论分析与试验表明，厚承台采用这个计算方法能够基本反映实际的受力情况并偏于安全。桥规[5]规定："当外排桩中心距墩台边缘等于或小于承台高度时，承台短悬臂可按'撑杆-系杆体系'计算撑杆的抗压承载力和系杆的抗拉承载力"。在实桥设计中，有时会出现这样一种情况：外排桩中线达到了墩台边缘，虽然符合规范采用拉压杆模型的条件，但已不存在短悬臂受力状态。故承台按"撑杆-系杆体系"计算承载力，必须符合两个条件：外排桩中线要落在墩身之外；外排桩中线距墩身边缘应≤承台的高度。当外排桩中线进入墩身范围内时，不应按拉压杆模型计算其抗压、抗拉承载力，而应根据具体情况，仅计算承台斜截面抗剪承载力、冲切承载力和局部承压承载力。

国内外有的工程技术规范采用另一种方法计算桩基承台的承载力，即把桩基承台看作梁式体系深受弯构件，按混凝土结构进行受弯、受剪和受冲切计算，但根据承台受冲切破坏的特点，考虑剪跨比的影响对承载力计算公式进行修正。本章参考文献[28]采用上述两种计算模式分别对同一实例进行计算，按深受弯构件计算所得厚承台底层受拉钢筋的计算值比拉压杆模式大，两者的比值为 1.26 ~ 1.52（相应于不同规范关于梁式模型的规定）。厚承台的破坏多以冲切控制，而冲切承载力计算，只考虑混凝土提供的抗力，不计钢筋的贡献。所以很多情况下是以构造要求的最小配筋率来控制承台配筋量。有必要通过试验和理论分析对此问题做进一步研究。

铁路桥梁承台的计算没有采用"撑杆-系杆"模式，也不同于国内建筑行业规范所采用的"梁式体系"方法。铁路桥梁承台，其高度对于桩的间距来说较大，几乎都是厚承台，其构件内力及截面应力分布比建筑行业的深受弯构件更具有特殊性，难以按照一维问题及简单的平截面假定进行分析计算和配筋，这类构件应为"深梁"。

国内外均将跨高比小于 2 的简支梁及跨高比小于 2.5 的连续梁视为深梁，而跨高比小于 5 的梁则称为深受弯构件（也可称为短梁）。铁路桥梁承台基本上属于深梁范围，但铁路桥梁规范尚未明确规定承台的计算方法。长期以来，对刚性角超过 35°的承台，按铁路规范[22]采用钢筋混凝土构件的计算方法设计。经过了长期的实践考验，在现阶段可以说是一种比较安全、简便可行的设计方法。此处简介以供参考，图 11-29 为铁路桥梁承台检算截面示意图，需要进行检算的项目有下列几项[29]。

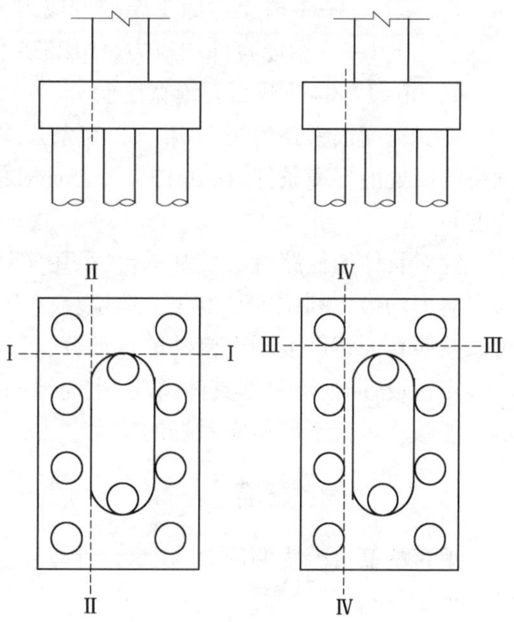

图 11-29　铁路桥梁承台检算截面

(1) 单桩对承台剪切验算。

最外排桩顶对承台的直接剪应力应满足：

$$\frac{N}{F} \leqslant [\tau] \tag{11-4}$$

式中：N——桩顶总竖向荷载；

$[\tau]$——承台混凝土容许剪应力,铁路桥梁承台一般采用C30混凝土,按铁路桥规,$[\tau]=1.1\text{MPa}$;

F——桩顶处承台抗剪截面面积。

(2)最外排桩内缘位置截面(图11-29中的Ⅲ-Ⅲ和Ⅳ-Ⅳ截面)承台剪应力应满足:

$$\frac{\sum N-G}{b\cdot h}\leqslant[\tau] \tag{11-5}$$

式中:$\sum N$——验算截面外侧各桩总竖向荷载;

G——验算方向承台自重;

b、h——验算截面承台宽度与厚度;

$[\tau]$——承台混凝土容许剪应力。

(3)墩底与承台连接处,承台竖向截面(图11-29中Ⅰ-Ⅰ、Ⅱ-Ⅱ截面)下缘应力验算。

混凝土压应力

$$\sigma_{\text{h}}=\frac{M_1-M_2}{W_{\text{oc}}}\leqslant[\sigma_{\text{h}}] \tag{11-6}$$

钢筋拉应力

$$\sigma_{\text{g}}=\frac{M_1-M_2}{W_{\text{og}}}\leqslant[\sigma_{\text{g}}] \tag{11-7}$$

上述式中:M_1——桩顶的轴向力对验算截面的弯矩;

M_2——截面外承台自重对验算截面的弯矩;

W_{oc}——混凝土截面抵抗矩;

W_{og}——钢筋截面抵抗矩;

$[\sigma_{\text{h}}]$——混凝土弯曲受压容许应力,C30混凝土$[\sigma_{\text{h}}]=10\text{MPa}$;

$[\sigma_{\text{g}}]$——钢筋容许拉应力,HRB335钢筋$[\sigma_{\text{g}}]=180\text{MPa}$。

(4)Ⅰ-Ⅰ、Ⅱ-Ⅱ截面裂缝宽度验算

裂缝宽度按铁路桥规[22]第5.2.8条公式计算。裂缝宽度容许值,按铁路桥规[22]规定,根据桥位所处的环境条件,在0.15~0.25mm之间。公路桥规对于承台不要求进行裂缝宽度和挠度验算。

针对具体的铁路桥梁桩基承台,采用实体模型有限元法进行分析计算,结果表明:剪应力与主应力的最不利位置基本与上述检算截面相符,且数值较小,与悬臂板受力趋势相同,证明可以按照普通钢筋混凝土构件进行计算,且偏于安全。

实桥设计时,应根据具体情况,主动地调整和优化桩与承台的相互关系,或采取适当措施,尽可能减小承台下部相应系杆的拉力。

11.3.2 承台配筋

承台配筋可分为两部分:在承台计算宽度内配置的底层受拉主钢筋和按构造要求应配置的其他钢筋。

(1)底层受拉主筋

桥规[5]对于厚承台采用撑杆-系杆模型,对于薄承台采用梁式模型计算承载力,便可确定

底层受拉主筋的数量。规范要求在计算宽度内的受拉主筋截面面积应不小于受弯构件受拉钢筋最小配筋百分率,即

最小配筋百分率　　　$\mu_{min}=45f_{td}/f_{sd}$,且不小于 0.2%　　　(11-8)

式中:f_{td}——承台混凝土抗拉强度设计值,C30 混凝土 $f_{td}=1.39\text{MPa}$;

f_{sd}——钢筋抗拉强度设计值,HRB335 钢筋 $f_{sd}=280\text{MPa}$。

本章参考文献[30]按桥规[5]规定,对新疆伊犁河特大桥(连续刚构)双薄壁墩九桩承台按空间桁架模型进行了计算,并对承台内部应力进行了现场测试。认为:传统拉压杆理论仅考虑钢筋拉杆作用而忽略混凝土对承台抗拉贡献的做法是偏于保守的。在承台中,如果达不到使承台内部发生开裂的承载力(为承台破坏荷载的 30% ~50%),承台内部的空间桁架应力流体系不够明显。在承台开裂之前,很大一部分拉力应由混凝土承担,混凝土拉杆效应不可忽略。目前,一些实桥承台的设计偏于保守。上述的现场试验结果表明:随着承台裂缝的开展,受拉区混凝土逐渐退出工作,采用空间桁架模型进行设计符合承台受力机理,具有较好的合理性。

所以,目前按桥规[5]规定采用空间桁架模型计算厚承台的受拉主筋用量是基本合理的,也是偏于安全的,设计不必过多增大其数量。下面再用一个实例进一步分析。

某高速公路大桥,主桥为 40m +60m +40m 预应力连续刚构,双肢薄壁墩。承台、桩基、墩身的主要尺寸如图 11-30 所示。承台采用 C30 混凝土,底面配置双层直径 32mmHRB335 钢筋,间距 10cm,钢筋中心至承台底面 15cm,采用拉压杆模型验算承载力[31]。结果如下:撑杆压力设计值最大为 25787kN,相应的混凝土抗压承载力设计值为 53212kN,混凝土承载力设计值为撑杆压力设计值的 2.06 倍。拉杆拉力设计值为 13752kN,相应的钢筋抗拉设计值为 30295kN,钢筋抗拉承载力设计值为系杆拉力设计值的 2.20 倍。可见,承台底层抗拉主筋设计偏于保守。如果按计算配置底层主筋,可大量减少其数量。

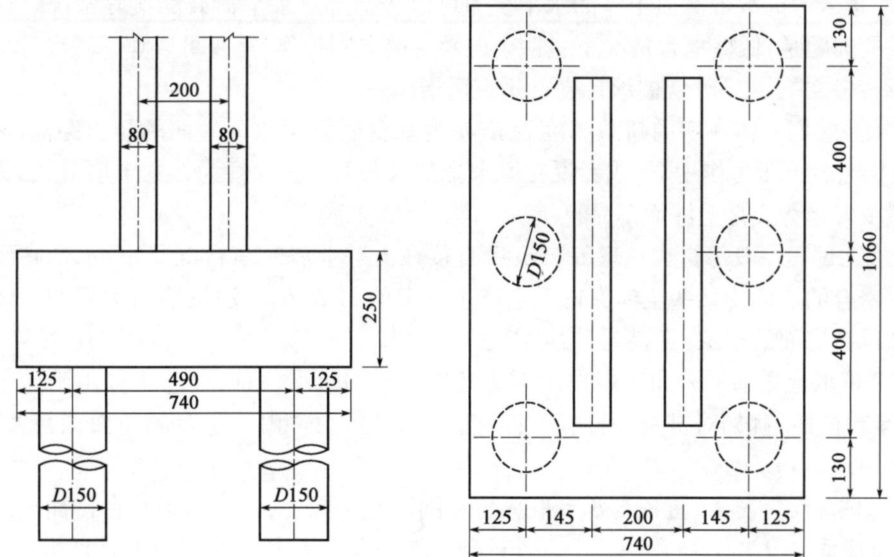

图 11-30　承台外形图(尺寸单位:cm)

承台顺桥向与横桥向的受力一般不相同,应分别进行承载力计算(包括拉压杆承载力与斜截面承载力计算),以确定纵、横向应配置的底层抗拉主筋。公路桥梁的承台,很多情况下

是顺桥向受力较大，横桥向较小。如果横桥向不符合上述“撑杆-系杆模型”的两个条件，则横桥向应按最小配筋率及构造要求设置底层横向钢筋。有的设计不考虑纵、横向的差别，两个方向均配置相同规格和相同间距的底层主筋，虽然设计施工都方便，但不经济。

(2)承台构造钢筋

承台构造钢筋的设置，桥规[5,6]有具体规定。补充以下几点：

①承台顶层为受压区域，没有必要配置承受拉力的主钢筋。有的设计人员提出承台的顶、底面均应分别配置三层钢筋，势必造成浪费。顶层应按规范要求布置防裂钢筋网，按局部承压计算配置局部钢筋网以及为了形成整体钢筋骨架布置辅助钢筋。

②桥规[6]要求桩顶伸入承台的深度采用100mm，桥规[5]要求在桩身顶端的承台平面内设置一层钢筋网，并要求该钢筋网不得截断。这将使底层钢筋网距承台下缘超过100mm，对承台底部起不到防裂和传力的作用。建议将桩顶伸入承台的深度增至150mm，底层钢筋网可以布置在承台下缘以上50mm处，在桩身处可以截断。

③桩顶伸入承台的钢筋笼，采用喇叭形对承受拉力有利。对于一般不承受拉力的桩，其顶部伸入承台的钢筋笼采用竖直形施工较为方便。

④本书附录B对于承台钢筋配置的建议是根据近期部分设计资料归纳整理的，总体偏于保守。施工图设计时应根据实际情况通过分析计算进行优化或调整。

11.3.3 桩、土与承台共同工作的问题

桥规[6]第5.3.1条规定：“承台底面以上的荷载假定全部由桩承受”。该条的条文说明指出：“从一些旧桥的开挖检验中发现，承台底面与地基土有脱离现象，故不考虑承台底面的地基土分担承台底面以上的竖直荷载”。对于承台底面埋入永久地面以下一定深度的低桩承台，桥规[6]也未考虑承台侧面土体的水平抗力可以分担部分水平荷载的实际情况。这里涉及的一个重要问题是：低桩承台情况下，桩、土与承台的共同工作，是否可以在工程设计中考虑？

本章参考文献[32]对低桩承台进行研究后指出：

(1)承台底面土体在四周超载厚度为h(h为承台底面至永久地面的竖直距离，要求$h \geqslant$ 2m)的土层超载土压力作用下，或者说在原来受荷状态下挖去深度为h的土层荷载，其土体表面的自然变形趋势应是上涨而不是下沉。

(2)施工过程一般都是在整理好桩头后直接在土基上浇筑承台混凝土，承台底面混凝土与土基是密合的。即使某些土体在以后会产生一定的固结，但无法证明营运后期土体会普遍发生脱离承台底面的现象(尤其是砂性土)。

(3)低桩承台在水平力和弯矩作用下要发生一定的水平位移，显然土体由于这个水平位移，将对承台侧面(犹如对桩身一样)产生一定的水平抗力。由于承台侧面面积甚大，这个抗力不容忽视。

(4)低桩承台情况下，桩顶与承台底大致在同一水平面上，如不考虑承台侧面土体的水平抗力，其地基系数应为0，而在基底土以外桩顶的地基系数不为0，在理论上是自相矛盾的。只有两者同时计算土抗力，在理论上才是完善的。

(5)低桩承台计入土体抗力影响后的计算并不困难。本章参考文献[32]用算例加以说明(可采用手算)。

山区的绝大部分桥梁,尤其是中、小桥都是低桩承台,而且由于土壤覆盖层较薄,很多承台底面都嵌入强风化岩层中,基本上不存在土体固结而出现承台底大面积脱空的情况。

下面介绍部分实测资料。

(1)承台四周有无填土时桩基水平承载力实测资料[33]

用于实测水平承载力的承台位于地面以下(承台顶面低于地面),承台四周填土达到一定压实度。承台之下为群桩基础,对群桩(群 2 及群 3)分别按四周无填土和四周有填土实测指定水平位移时施加的水平推力,如表 11-4 所列。从表 11-4 中实测数据可以看出,在相同水平位移的情况下,承台四周有填土和四周无填土时水平推力之比在 1.24 ~1.77 之间。即由于承台四周土体的弹性抗力,群桩的水平承载力可以提高 20% ~70% 。

桩基水平承载力实测资料 表 11-4

试桩编号	试桩情况	下列水平位移值时所施加的水平推力(t)					
		2mm	4mm	6mm	8mm	10mm	12mm
群 2	承台四周无填土	8.5	11.2	12.7	15.4	16.4	17.0
群 3	承台四周有填土	10.6	17.0	20.0	22.5	24.8	27.3
群 3/群 2		1.24	1.50	1.57	1.77	1.50	1.60

(2)几座实桥承台底面竖向反力实测资料[33]

1966 ~1969 年分别对沙港桥、张经桥、待步泾桥和李长港桥的钻孔桩承台进行了长期沉降观测。得到了承台底面土压力与垂直荷载的关系,如表 11-5 所列。实测资料说明,钻孔桩基(尤其是摩擦桩)在使用过程中必有一定的沉降,承台相应的沉降将使其底面土体受压,其反力值可达总垂直荷载的 15% ~22% 。本章参考文献[33]提出了考虑承台底面及侧面土抗力时桩身承载力的计算方法。

承台底面土压力与垂直荷载关系实测资料 表 11-5

试桩编号	群 3(承台面积/桩顶面积 = 1.73)						群 2(承台面积/桩顶面积 = 1.52)				
总荷载 P(t)	67.1	94.0	134.0	166.9	180.0	192.3	70.4	101.3	132.0	163.5	193.3
承台底面土压力 T(t)	12.29	19.44	25.12	34.90	40.00	42.30	8.95	15.75	20.99	29.17	39.75
T/P(%)	21.6	20.7	19.2	20.8	22.2	22.0	14.5	17.0	17.0	18.9	21.5

对于低桩承台基础,桩、土和承台共同工作的受力情况,国内建筑部门进行了长期研究,取得了不少成果和实测资料,主要反映在规范[20]的有关规定中。该规范第 8.5.7 条规定:“当承台侧面的土未经扰动或回填密实时,可计算土抗力的作用”。第 8.5.2 条规定:“桩基设计时,应结合地区经验考虑桩、土、承台的共同工作”。在条文说明中进一步指出,承台下土层均应是稳定土层。液化土、欠固结土、高灵敏度软土、新填土等皆属于不稳定土层。实际上在低桩承台的前提下应注重采取措施充分发挥承台底面及侧面土的抗力作用。

据《岩土工程技术》2004 年第 4 期论文《桩基础理论与技术若干进展与问题讨论》介绍,国内外 6 座高层建筑的实测资料表明,承台分担总竖向荷载比例在 17.5% ~40% 之间,实测的群桩桩径为 50 ~91cm,桩长 20 ~53m,桩中距为 2 ~4 倍桩径。

关于桩、土、承台共同工作问题初步小结如下:

(1)桩基承台基础的设计计算应划分为高桩承台和低桩承台两种类型。低桩承台完全不考虑桩、土、承台可以共同工作的特点,竖向荷载、水平荷载均由桩单独承受,在很多情况下与实际不符,不仅过于保守,在理论上也不完善。

(2)当承台顶面位于永久地面以下,且承台四周为稳定土层时,属于低桩承台,否则为高桩承台。为了保证一定的安全性,低桩承台底面应低于永久地面且不小于2m,承台底面的土层应为稳定土层。为了达到这个要求,可以采取必要的工程措施。

(3)考虑桩、土、承台协同受力的桩基,称为复合桩基。当水平力较大时,应注意控制复合桩基承台顶部的水平位移。一般情况下应小于或等于10mm,对于水平变位敏感的上部结构应小于或等于6mm。

(4)建议参考规范[20]的规定,公路桥梁低桩承台的设计,应结合地区特点与经验考虑复合桩基不同的处理办法与技术措施,例如,在承台基坑开挖后,在基坑底部加铺一层厚度为20~50cm(视地基土质情况确定厚度)的素混凝土或片石混凝土,既可增大承台底传递竖向反力的效果,还可兼作找平层,方便承台底层钢筋安装。基坑四周回填土应采用砂性土或碎石土,并要求压实。如地表有流水,其表面还应加铺一层厚度20~50cm的片石混凝土。这些措施已在一些实桥设计中采用,花费不多,但对于改善复合桩基的受力性能很有利。建筑行业中有的大型低桩承台采用在承台底及四周土体中进行灌浆固化的措施,效果明显。

11.3.4 桩基配筋及有关计算

混凝土灌注桩配筋的基本要求桥规[6]有规定。补充以下几点。

(1)混凝土灌注桩为偏心受压构件,混凝土等级一般均小于C50,按桥规[5]规定,纵向受力钢筋的最小配筋百分率不应小于0.5(强制性条文)。单桩轴向受压承载力往往由桩截面尺寸控制。对于轴向受压承载力要求较高的大尺寸桩,按桩身强度、稳定性及裂缝进行验算,纵向受力主筋的数量可能小于0.5%的较多。而按0.5%配筋率设置纵向主筋,过于保守,也不经济。规范[20]规定:“灌注桩最小配筋率不宜小于0.2%~0.65%(小直径桩取大值)”。由于最小配筋率有一变化幅度,设计时可以根据桩的轴向受压承载力和桩身强度、稳定性、裂缝宽度的验算,综合调整桩截面尺寸以及纵向主筋数量,达到经济合理的要求。

桥规[5]在第9.1.12条的条文说明中指出:如设计所取用的混凝土截面面积大于实际需要的截面面积,可按减少后的实际需要的混凝土截面面积相应配筋率配筋。《水工混凝土结构设计规范》(SL/T 191—2008)规定:截面尺寸由抗倾、抗滑、抗浮或布置等条件确定的厚度大于5m的结构构件,如经论证,其纵向受拉钢筋也可不受最小配筋率的限制,钢筋截面面积按承载力计算确定。另外,该规范对于大尺寸构件的纵向受力钢筋基本最小配筋率,规定了可以进行调整的计算方法,可供公路桥梁桩基配筋设计参考。

(2)桩身箍筋宜采用螺旋式箍筋。对于承受较大水平力的桩、有抗震要求的桩和主筋参与受压承载力计算的桩,桩顶往下3~5倍桩径长度内,箍筋间距不大于10cm。

(3)端承桩和位于坡地岸边的桩,至少应有一半主筋通长布置,下端达到桩底。摩擦桩主筋长度应不小于2/3桩长(从桩顶起算)。承受水平力和考虑抗震的摩擦桩,主筋最小长度应取$4/\alpha$,其中α为桩的水平变形系数,$\alpha=\sqrt[5]{\dfrac{mb_1}{EI}}$,详见桥规[6]。

(4)主筋伸入承台的锚固长度应不小于$35d$,如考虑抗震要求,应不小于$40d$,d为主筋直径。

(5)沿周边均匀配置纵向主筋的圆形截面偏心受压桩,其正截面抗压承载力可按桥规[5]第 5.3.9 规定计算,一般可以不考虑偏心距增大系数 η。但对于高桩承台、桩身穿越可液化土或不排水抗剪强度小于 10kPa 的软弱土层的桩基,则应计入 η 的影响。

(6)桩身裂缝宽度可偏安全地按受弯构件计算,对圆形截面偏心受压桩裂缝宽度较精确的计算,可参考铁路桥规[22]第 5.2.9 条公式。

(7)桩身按轴心受压构件计算时,一般可取稳定系数 $\varphi=1$。但对于高桩承台、桩身穿越可液化土或不排水抗剪强度小于 10kPa 的软弱土层的桩基,应考虑压屈影响。计算 φ 值中所需的桩身计算长度 l_c,可参阅《建筑桩基技术规范》(JGJ 94—2008)表 5.8.4-1 及表 5.8.4-2。

(8)桩身承受较大剪力时,应验算抗剪承载力,可参阅铁路桥规[22]式(5.2.6-5)或规范[17]第 6.3.15 条规定的圆形截面偏心受压构件斜截面受剪承载力的计算方法。

(9)桥规[11]规定:桩孔的中心位置允许偏差,群桩为 10cm,单桩为 5cm。当采用桩与墩柱直接连接、主筋对应焊接时,桩的设计应注意施工允许误差的影响,保证桩柱主筋能正常连接、混凝土截面能正常传力。

(10)铁路桥规[23]将嵌岩桩上覆土层和强风化层作为安全储备层,只计嵌岩部分桩的侧阻力和端阻力,已为大量测试资料和计算证明过于保守,造成过大浪费,详细分析可参阅参考文献[36]。

11.3.5　嵌入软岩的桩基承载力经验公式

规范[20]规定,按岩石饱和单轴抗压强度 f_{rk} 的大小进行划分,当 30MPa $\geqslant f_{rk}>$ 15MPa 时为较软岩,15MPa $\geqslant f_{rk}>$ 5MPa 时为软岩,$f_{rk}\leqslant$ 5MPa 时为极软岩。其中软岩包括强风化的硬质岩、中风化-强风化的较软岩以及微风化的页岩、泥质砂岩、泥岩等。软岩在山区广泛分布,桥梁桩基经常遇到。按桥规[6]相关公式计算的单桩承载力偏小(采用规范提供的摩阻力值),计算的桩长较长。参考文献[34]在 54 根嵌入软岩桩(工程桩)承载力和桩身内力测试数据的基础上,与两种规范的计算结果进行了比较。表 11-6 为其中两根桩的数据。从表 11-6 中的数据可以看出:与测试结果比较,桥规[6]过于保守,而《建筑桩基基础设计规范》(JGJ 94—2008)则偏于危险。根据实测资料,经过回归分析和理论研究,提出了可用于嵌入软岩的桩基承载力经验公式。

试桩实测数据与规范计算值比较　　表 11-6

项　目	6 号试桩		7 号试桩		备　注
	承载力(kPa)	误差(%)	承载力(kPa)	误差(%)	
推荐的经验公式	37077.8	2.12	41731.9	10.98	较好,略偏于安全
桥规[6]公式	20974.7	44.6	27139.3	41.90	过于保守
建筑桩基规范公式	42196.0	-11.4	49713.1	-6.50	略偏于危险
自平衡法测试值	37880	0	46680	0	实测数据

单桩竖向极限承载力标准值 Q_u 为:

$$Q_u = Q_s + Q_r + Q_p \tag{11-9}$$

式中：Q_s——桩身通过土层段的极限侧阻，计算公式见式(11-10)；

Q_r——桩身嵌岩段(软质岩)极限侧阻，计算公式见式(11-13)；

Q_p——桩端阻极限值，计算公式见式(11-16)。

$$Q_s = \xi_s \sum_{1}^{n} U_i \cdot l_i \cdot q_{sik} \tag{11-10}$$

式中：U_i、l_i——第 i 段土层桩身周长及桩身长度，共有 n 段土层，单位均为 m。

q_{sik}——第 i 段土层桩侧极限摩阻力(kPa)；

ξ_s——土层中桩身侧阻系数，按式(11-11)、式(11-12)计算。

$$\xi_s = 0.008\left(\frac{l}{d}\right) + 0.5446 \quad \left(用于\ 15 \leqslant \frac{l}{d} < 50\right) \tag{11-11}$$

$$\xi_s = 1 \quad \left(用于\frac{l}{d} \geqslant 50\right) \tag{11-12}$$

上述式中：l/d——桩身的长径比。

$$Q_r = \xi_r \cdot f_{rk} \cdot u \cdot h_r \tag{11-13}$$

式中：f_{rk}——软岩饱和单轴抗压强度标准值(kPa)；

u——桩身嵌岩段周长；

h_r——桩身嵌岩段长度；

ξ_r——嵌岩段侧阻系数，按式(11-14)、式(11-15)计算。

$$\xi_r = 0.025\left(\frac{h_r}{d}\right) + 0.03 \quad \left(用于\ 0 \leqslant \frac{h_r}{d} < 2\right) \tag{11-14}$$

$$\xi_r = 0.13\left(\frac{h_r}{d}\right)^{-0.65} \quad \left(用于\ 2 \leqslant \frac{h_r}{d} \leqslant 16\right) \tag{11-15}$$

$$Q_p = \xi_p \cdot f_{rk} \cdot A_p \tag{11-16}$$

式中：A_p——桩底截面面积；

ξ_p——端阻系数，按式(11-17)、式(11-18)计算。

$$\xi_p = -0.0642\left(\frac{h_r}{d}\right) + 0.76 \quad \left(用于\ 0 \leqslant \frac{h_r}{d} < 12\right) \tag{11-17}$$

$$\xi_p = 0 \quad \left(用于\frac{h_r}{d} \geqslant 12\right) \tag{11-18}$$

桩基承载力安全系数取 $k=2$，则单桩竖向承载力容许值为 Q_u/k。

影响桩竖向承载力的因素有：桩长径比、嵌岩比、成桩工艺和施工质量、土层性质、桩土间位移、岩石强度、岩石弹性参数、岩石表面粗糙度、桩端岩石的蠕变等，甚为复杂。上述经验公式仅考虑了几项主要因素，有待于在大量工程中进行验证，并逐步优化完善。使用时，应根据实际情况进行分析，采用较为合理的承载力值。

11.4　与地基承载力有关的几个术语

在进行公路桥梁基础设计时，通常采用本行业规范和按行业规范编制的地勘报告，但有时为了进行对比分析而参考其他行业(如建筑、铁路、水利等)的有关规范，或者地勘报告就是由非公路行业地勘单位编制的，一些常用术语行业间有所不同，为了在使用中把握其基本含义，作简要论述。

(1)地基极限承载力 P_u

P_u 指使地基发生剪切破坏，失去整体稳定性，或者发生较大的变形时，基础底面最小压力，亦即地基能承受的最大荷载强度。确定 P_u 的方法有：

①用静载试验方法可以获得地基荷载与变形的关系曲线(即 *P-S* 曲线)，按规定的变形值所对应的荷载 P，即为 P_u。

②用理论公式计算确定 P_u，所谓理论公式，实质上为半理论半经验公式。这些公式都是在刚塑体极限平衡理论的基础上求解的[35]。

(2)地基容许承载力

地基容许承载力是指地基在外荷载作用下，不产生剪切破坏，不发生失稳，同时又能保证结构物的变形(沉降及转动)值不超过容许值时的最大荷载强度。即必须同时满足强度和变形两个方面的条件。

公路桥规[6]规定：地基承载力的验算，应以修正后的地基承载力容许值$[f_a]$控制。该值是在地基原位测试或本规范给出的各类岩土承载力基本容许值$[f_{a0}]$的基础上，经修正而得。

取$[f_{a0}] = P_u/2$，即$[f_{a0}]$的安全系数应不小于 2。

根据基础的宽度、深度和地质情况对$[f_{a0}]$进行修正后，便得到$[f_a]$，见公路桥规[6]式(3.3.4)，但应注意除强风化、全风化岩石可以参照相应土类进行修正外，岩石不修正，即岩石$[f_a] = [f_{a0}]$。

另外，还应根据地基承受荷载的组合情况，将$[f_a]$乘以抗力系数 γ_R。规范根据荷载特点和荷载出现概率等规定 γ_R 值，$\gamma_R \geqslant 1$。

铁路桥规[23]对于地基的基本承载力 σ_0 和地基容许承载力$[\sigma]$的规定是：σ_0 是指地质简单的桥涵地基。$[\sigma]$是指在保证地基稳定的条件下，桥涵基础下地基单位面积上容许承受的力。规范针对各类土和岩石规定了基本承载力 σ_0，当基础宽度 $b > 2$m，基础底面埋深 $h > 3$m 时，对 σ_0 修正后便得到$[\sigma]$。但节理不发育或较发育的岩石不进行宽深修正。规范还规定，在三种特殊情况下$[\sigma]$可以适当提高。

铁路桥规[23]规定各类土的基本承载力 σ_0 是根据荷载试验与土的物理力学性质指标的对比资料及国内实践经验，并参照国内外规范综合考虑确定的，具有一定的普遍性，适用于地质简单的常用结构形式桥涵的地基。地质和结构复杂的桥涵地基，应根据实际情况尽量进行原位测试。

目前，国内确定地基容许承载力的方法有三种：

①由极限承载力除以安全系数(一般取 2)得到容许承载力。

②取 *P-S* 曲线上的第一屈服点，即拐点对应的压力为容许承载力。

③用理论公式或经验修正公式进行计算。

(3)地基承载力特征值

《建筑地基基础设计规范》(GB 50007—2011)规定：地基承载力特征值f_{ak}可由荷载试验或按原位测试、公式计算，并结合工程实践经验等综合确定。

f_{ak}的物理意义：地基荷载试验 *P-S* 曲线线性变化段内规定的变形值所对应的压力值。其最大值为比例极限值。

当采用静载试验确定f_{ak}时，将试验得到的极限荷载除以安全系数（一般取2～3）即为f_{ak}。地勘报告中提供的f_{ak}，大约相当于桥规[6]中的地基承载力基本容许值[f_{a0}]，桥梁一般基础设计可将f_{ak}作为[f_{a0}]使用，偏于安全。

规范[20]规定：当基础宽度大于3m或埋置深度大于0.5m时，f_{ak}尚应进行修正。修正后的地基承载力特征值f_a可按规范[20]式(5.2.4)计算。f_a便可用于地基承载力计算。

对于岩石地基，完整、较完整、较破碎的岩石地基承载力特征值，可按规范[20]附录H规定的试验方法确定；破碎、极破碎的岩石地基承载力特征值，可根据平板荷载试验确定。完整、较完整和较破碎的岩石地基承载力特征值可按下式计算：

$$f_a = \psi_r \cdot f_{rk}$$

式中：f_a——岩石地基承载力特征值，因较完整岩石不进行宽深修正，故$f_a = f_{ak}$；

f_{rk}——岩石饱和单轴抗压强度标准值，按规范[20]附录T规定的方法确定；

ψ_r——折减系数，对完整岩石取0.5，对较完整岩石取0.2～0.5，对较破碎岩石取0.1～0.2。

公路桥梁嵌岩桩单桩轴向受压承载力容许值[R_a]的计算，需采用岩石饱和单轴抗压强度标准值f_{rk}，不涉及岩石地基承载力特征值f_a。[R_a]按规范[6]式(5.3.4)计算。

按规范[20]确定的单桩竖向承载力特征值R_a，近似于上述的[R_a]。

按地基承载力确定一般基础底面积及埋深，或按单桩承载力确定桩数时，传至基础或承台底面上的荷载效应应取正常使用极限状态下荷载效应的标准组合，相应的抗力应采用地基承载力特征值或单桩承载力特征值。这就表明了荷载效应、抗力效应与承载力特征值的对应关系。

(4)地基承载力标准值、设计值

《建筑桩基技术规范》(JGJ 94—2008)采用以概率理论为基础的极限状态设计法，用以分项系数表达的极限状态设计表达式进行桩基计算。桩的承载力设计值R由端阻、侧阻标准值分别乘以分项系数求得。分项系数在1.60～1.75之间，而外荷载设计值则由荷载标准值乘以分项系数求得，其分项系数按《建筑结构荷载规范》(GB 50009—2012)采用。地基承载力标准值为考虑了土性指标变异影响后的相当于标准基础宽度和埋深时的地基容许承载力代表值，计入分项系数后即为地基承载力设计值。应注意《建筑桩基技术规范》(JGJ 94—2008)与桥规[6]、《建筑地基基础设计规范》(GB 50007—2011)和铁路桥规[23]采用的基本方法是不相同的。

本章参考文献

[1] 吴玲正. 墩形选择对山区高速公路桥梁设计的影响[J]. 中外公路,2011(3).

[2] 赵青. 改变支座模型对梁式桥地震反应的影响分析[J]. 公路交通科技,2010(12).

[3] 郭红雨. 汶川大地震后四川绵茂公路桥梁的设计与分析[J]. 中外公路,2014(2).

[4] 王秀兰,等. 地震高烈度区中小跨径连续梁桥支座与桥墩组合选择研究[J]. 公路,2015(8).

[5] 赵长军,等. 四川广元地方公路桥梁震害及灾后恢复重建抗震设计[J]. 公路,2011(8).

[6] 梁才,等. 半整体式斜交无缝化桥梁地震响应分析[J]. 中外公路,2014(2).

[7] 陶亚芬.城市高架桥梁抗震设计[J].中国市政工程,2013(2).
[8] 盛伟兵,等.基于 Midas-Civil 圆形双柱式墩结构承载力影响因素分析[J].公路,2013(3).
[9] 廖朝华,等.公路桥涵设计手册——墩台与基础[M].北京:人民交通出版社股份有限公司,2013.
[10] 马尔立.公路桥梁墩台设计与施工[M].北京:人民出版社,1998.
[11] 唐琦峰,等.U型桥台开裂原因分析及加固方案探讨[J].西部交通科技,2012(8).
[12] 周水兴,等.考虑台内填土的重力式桥台非线性数值分析[C]//茅以升科技教育基金会桥梁委员会2005年学术会议论文集[M].重庆:重庆大学出版社,2005.
[13] 徐贤昭,等.部颁T梁U形台通用图计算与设计[J].中外公路,2012(4).
[14] 曹利民.扶壁式轻型桥台设计[J].公路,2005(2).
[15] 沈永林.柱式埋置桥台台底不同边界条件内力的差异[J].公路交通科技(应用技术版),2010(4).
[16] 陈英强.混凝土肋形埋置式桥台台墙开裂分析[J].广东公路交通,1994(1).
[17] 刘庆成.浅淡肋板埋置式桥台裂缝处理与防范.中交公路规划设计院"技术论坛",2003(4).
[18] 罗建军,等.薄壁式高桥台设计与施工[J].中南公路工程,2001(2).
[19] 章世强,等.组合抗推体系的实例分析及研究[J].华东公路,2000(3).
[20] 钟伟丰.拱桥阻滑板的原理及应用[J].城市道桥与防洪,2009(8).
[21] 何光春.加筋土工程设计与施工[M].北京:人民交通出版社,2000.
[22] 邵旭东.半整体式无缝桥梁新体系[M].北京:人民交通出版社股份有限公司,2014.
[23] 陈宝春,等.无伸缩缝桥梁[M].北京:人民交通出版社,2013.
[24] 马竞,等.我国第一座整体式全无缝桥梁——广东清远四九桥的设计思路[J].中南公路工程,2002(2).
[25] 严允中.无伸缩缝桥梁概论.设计参考资料(内部),2014.
[26] 王进,等.加拿大半整体式无缝桥梁的基本性能及工程应用[J].公路交通科技(应用技术版),2013(3).
[27] 黄湘桂,等.边孔采用门形刚构组合桥台的设计与施工[J].华东公路,1995(3).
[28] 卢波,等.桩基承台两种设计模式的分析比较[J].公路,2006(5).
[29] 娄宇欣.客运专线桥梁承台板配筋设计的探讨[J].铁道标准设计,2010(11).
[30] 过超,等.九桩双薄壁墩厚承台空间桁架模型现场试验研究[J].公路交通科技,2009(11).
[31] 李强,等.双薄壁墩承台拉压杆模型计算[J].城市道桥与防洪,2013(5).
[32] 王伯惠,上官兴.中国钻孔灌注桩新发展[M].北京:人民交通出版社,1999.
[33] 徐风云.承台位于地面之下的桩基础计算方法[C]//公路桥梁研究成果及论文集[M].北京:人民交通出版社,2010.
[34] 孟丽君,等.软岩地区桥桩竖向承载力计算[J].中外公路,2010(1).
[35] 高大钊,等.天然地基上的浅基础[M].北京:机械工业出版社,1999.
[36] 张明礼,等.钻孔灌注嵌岩桩竖向承载力规范计算方法探讨[J].公路,2014(7).

第12章　中小跨径混凝土梁桥有关专题分析讨论

12.1　柱式桥墩的计算长度

偏心受压构件或轴心受压同时承受弯矩的构件，除应计算弯矩作用平面内的承载力时需考虑偏心距增大系数的影响外，尚应按轴心受压构件(不计弯矩的作用)验算正截面抗压承载力，此时应考虑纵向挠曲系数的影响。这是公路桥规[5]和铁路桥规[22]对于钢筋混凝土偏心受压柱进行正截面抗压承载力计算的基本要求。偏心距增大系数 η 和纵向挠曲系数的计算都包含一个重要参数，即受压构件的计算长度 l_0。规范仅给出了4种特定约束情况下 l_0 的取值：$l_0=\beta l$，其中 β 称为计算长度系数，构件两端刚性固定时，$\beta=0.5$；一端刚性固定、另一端为不移动的铰时，$\beta=0.7$；两端均为不移动的铰时，$\beta=1$；一端刚性固定、另一端为自由端时$\beta=2.0$。可见，β 的变化范围在0.5～2之间，幅度较大。

偏心受压构件在弯矩作用下产生挠曲变形，因轴压力而引起附加弯矩，称为 P-δ 效应；当构件上端有侧向水平位移时，轴力再引起另一种附加弯矩，称为 P-Δ 效应。这两种效应构成了偏心受压有侧移构件的二阶效应。在实际工程中，随着桥墩高度的增大，线刚度的减小，弯曲二阶效应越来越明显。桥梁规范采用偏心距增大系数 η 与墩柱计算长度 l_0 相结合来近似估算二阶效应。这个方法使用较简便，将一阶内力(或位移、应力)直接乘以 η 即可得到计入二阶效应后的内力。但在工程应用中，上述4种杆端特定约束往往与实际不符，只能依靠工程类比或个人经验粗略确定 β 值，计算结果具有较大的离散性，可能偏于保守，也可能偏于不安全，更多的做法是由于对 β 的大小难以准确把握，宁可将 l_0 取大一些。这是目前普遍存在的一个问题。

我国高速公路、高等级公路建设中，中等跨径混凝土梁桥采用高桥墩的情况较为普遍，尤其是山岭地区，30～40m跨径的多跨T梁和组合小箱梁，40～50m的高墩是常态，超过80m，甚至100m左右的高墩也时有出现。例如贵州晴隆至兴义高速公路朵冲大桥，15×40m共计五联简支转结构连续T梁，其中2～11号(共计10个)桥墩，高度在62.8～95.3m之间，为变截面箱形柱式墩。其余为等截面柱式墩，高度15～53.5m，该桥于2013年建成。又例如江西某桥为2×(3×40m)+3×(4×40m)五联先简支后结构连续组合小箱梁，有6个桥墩的高度超过100m，最高达到105m，为变截面箱形薄壁墩[1]。高桥墩的设计，η 及 l_0 具有重要影响，下面就以下几个问题进行分析讨论。

12.1.1　桥规[5]偏心距增大系数 η 计算公式的理论依据

基本思路是：由标准偏心受压构件求得的偏心距增大系数 η 与计算长度 l_0 相结合来估算

二阶弯矩。因此,可简称为 η-l_0 法。这个方法假设构件中点截面达到极限曲率时的构件曲率形状为一阶弹性失稳时的曲率形状,即

$$\phi(x) = \frac{1}{r_c}\sin\frac{\pi x}{l_0} \tag{12-1}$$

式中:$\frac{1}{r_c}$——控制截面的极限曲率。

通过式(12-1)积分,并结合两端铰支条件,可求得杆件挠度函数为:

$$f(x) = -\frac{l_0^2}{\pi^2 r_c}\sin\frac{\pi x}{l_0} \tag{12-2}$$

构件中点的最大挠度为:

$$f_{max} = \frac{l_0^2}{\pi^2 r_c} \approx \frac{l_0^2}{10 r_c} \tag{12-3}$$

偏心距增大系数可写为下述表达式:

$$\eta = \frac{e_0 + f_{max}}{e_0} = 1 + \frac{f_{max}}{e_0} \tag{12-4}$$

式中:e_0——偏心受压构件的初始偏心距,即 $e_0 = \frac{M}{N}$,M、N 分别为构件端部作用的弯矩、轴力。

桥规[5]考虑钢筋与混凝土材料的非线性特点,在极限承载力状态下,将荷载偏心率和长细比对极限曲率的影响分别用 ξ_1 和 ξ_2 表示,最终建立了计算 η 的公式:

$$\eta = 1 + \frac{1}{1400 e_0/h_0}\left(\frac{l_0}{h}\right)^2 \xi_1 \cdot \xi_2 \tag{12-5}$$

$$\xi_1 = 0.2 + 2.7\frac{e_0}{h_0} \leqslant 1.0 \tag{12-6}$$

$$\xi_2 = 1.15 - 0.01\frac{l_0}{h} \leqslant 1.0 \tag{12-7}$$

桥规[5]第 5.3.10 条的条文说明指出:这种简化方法计算简便,但是近似的。其中 l_0 只能根据工程经验和参照某些理论分析结果来确定。目前 η、l_0 尚无简便的计算方法,业界对一些问题的认识也存在不同看法,在实际的工程设计中出现差异,难以避免。

12.1.2　偏心受压柱典型约束状态下 η 和 l_0

与 η、l_0 计算有关的三个问题有必要进行分析研究:一是桥规列出的 4 种典型约束状态下偏心受压柱的 η、l_0 与较精确的理论分析结果,有多大的差别;二是基本符合实际情况的 η、l_0 分析方法应考虑哪些主要因素;三是 η、l_0 较为可靠而又实用的分析计算方法有哪些。这些问题国内业界已有较多研究,获得了一些成果,对于柔性高桥墩的工程设计十分有益。本节先讨论第一个问题。

规范中列出的 4 种偏心受压柱,简称为 4 种典型约束,用 a 柱、b 柱、c 柱、d 柱代表,相应的计算长度系数分别为 β=0.7,0.5,1,2。本章参考文献[2]指出,当结构的侧向刚度很大时,水平荷载下的 P-Δ 效应产生的附加内力很小,结构可视为无侧移;如果结构的侧向刚度不大

或侧向变形不受约束,竖向荷载全部作用在节点上,这时需要考虑柱在竖向荷载下的 $P\text{-}\delta$ 效应及整个结构在水平荷载和竖向荷载下的 $P\text{-}\Delta$ 效应,即应视为有侧移结构。由于无侧移和有侧移结构产生的附加变形和附加弯矩不同,l_0 也不相同,设计中应区分这两种情况。桥规[5]没有区分无侧移和有侧移。美国桥梁规范、欧洲规范则进行了区分。本章参考文献[2]用实例对上述4种典型约束偏心受压柱分析计算 η 和 l_0,主要情况如下。

(1)无侧移时

柱高为20m、15m和10m,截面 $b \times h = 1.5\text{m} \times 1.5\text{m}$,C40混凝土,纵向主筋B28mm,设计荷载 $N_d = 18000\text{kN}$,$M_d = 12600\text{kN} \cdot \text{m}$。分别用桥规[5]和ABAQUS有限元计算。程序分析考虑双重非线性时,偏心距增大系数按式(12-8)计算:

$$\eta = \frac{N_{u2}}{N_{u1}} \tag{12-8}$$

式中:N_{u1}——同时考虑几何、材料非线性的极限承载力;

N_{u2}——仅考虑材料非线性的极限承载力。

此例为大偏心受压柱,计算模型中破坏准则为钢筋和混凝土达到屈服强度。对比计算结果见表12-1。

偏心距增大系数 η 桥规[5]与有限元计算结果比较(无侧移时) 表12-1

约束状态	柱高20m		柱高15m		柱高10m	
	桥规[5] η	有限元 η	桥规[5] η	有限元 η	桥规[5] η	有限元 η
一端固结、一端铰接	1.129	1.081	1.078	1.031	1.036	1.021
一端固结、一端悬臂	1.929	1.647	1.562	1.457	1.267	1.197
两端铰接	1.263	1.200	1.155	1.115	1.071	1.052
两端固结	1.066	1.027	1.041	1.015	1.018	1.012

注:表中约束状态相应的 β 值依次为0.7(a柱)、2(d柱)、1(c柱)、0.5(b柱)。

由表12-1的计算结果,提出几点看法:

①规范 η 值均大于有限元计算的值。对于上述算例,规范 η 值偏大1%~17%,柱高越高两者相差越大,故规范的 η 值偏于保守。在无侧移的情况下,对于典型约束状态的偏心受压柱,规范计算的 η 值用于工程设计是合适的。

②采用考虑双重非线性有限元程序计算 η 值,虽然精度较高,但工作复杂、耗费时间,如程序处理不当可能导致很难收敛。工程设计应用有一定难度。

③η 所反映的是偏心受压柱弯矩最大的控制性截面。在墩柱设计时,若整个墩高都按最大弯矩配筋,则相当范围内的配筋量过大,若桥墩较高,则钢筋用量偏大更多。对于高桥墩,建议采用有限元程序分段计算控制截面的 η 值,分段进行配筋较为经济合理。

(2)有侧移时

仍采用上述算列,每种约束状态下,柱顶分别发生5cm和10cm的水平位移。有限元计算计入双重非线性影响。用a柱、b柱、c柱、d柱分别代表4种典型约束状态,规范计算长度系数依次为 $\beta = 0.7, 0.5, 1, 2$。柱顶发生水平位移时,a、b柱有反弯点,而c、d柱则无反弯点,即计算长度 l_0 不随柱顶的偏移而发生变化。因为桥规[5]公式不含侧移的影响,故仅有有限元的分析结果,如表12-2所列。

有侧移偏心受压柱的计算长度 l_0（采用有限元程序计算）　　表 12-2

约束柱类型	柱顶的水平位移值(cm)			
	0	5	10	>10
a 柱	$0.663L$	$0.806L$	$1.150L$	$1.150L < l_0 < 2L$
b 柱	$0.480L$	$0.612L$	$0.870L$	$0.87L < l_0 < 2L$
c 柱	L	L	L	L
d 柱	$2L$	$2L$	$2L$	$2L$

注：表中 L 为柱的实际长度。

由表 12-2 可以看出：随着柱顶水平位移量的增大，a 柱和 b 柱的计算长度 l_0 有所增大，明显大于规范的 $0.7L$ 和 $0.5L$。但 a 柱、b 柱、c 柱、d 柱不论水平位移量多大，其计算长度均不超过柱长的 2 倍。所以，从理论上分析，计算长度系数 β 不应大于 2。而国外有的规范出现 $\beta > 2$ 的情况，是出于安全的考虑。例如，英国 BS5400 规范规定，下端固结、上端为可移动的铰接时，$\beta = 2.3$；美国 AASHTO 规范对这种约束状态则规定 $\beta = 2.10$。对于上端有水平位移的桥墩，当属于 a、b 柱约束状态（$\beta = 0.7, 0.5$）时，桥规[5]计算的 l_0 偏小，偏于不安全，水平位移越大，l_0 偏小越多，柔性高墩承受较大水平力时应予以注意。

某柔性高墩为正方形实体截面，边长 2m×2m，墩高 40m，墩顶竖向荷载 $V = 10000\text{kN}$，水平荷载 $H = 500\text{kN}$，基础条件较好，假定墩柱底固结，上端自由，分别采用非线性有限元程序及迭代法简化公式计算其偏心距增大系数 η[3]，后者得到 $\eta = 1.2783$。两种分析方法计算得到的 η 相对误差在 5% 以内。另用桥规[5]的公式计算得到 $\eta = 1.8571$，与精确分析相差超过 45%。这个算例表明，桥规[5]用于计算上述约束状态的桥墩，η 值偏大。此算例还表明，由于 $P\text{-}\Delta$ 效应（由墩顶水平力引起），墩底的弯矩比一阶弯矩增大约 28%。

12 组两端铰支偏心受压柱，为正方形截面，40cm×40cm，柱高有三种：4.8m、6m、8m，C30 混凝土。采用非线有限元程序计算偏心距增大系数 η[4]。另用桥规[5]计算同样情况下各柱的 η 值。规范的 η 均大于有限元计算的 η，两者之比在 1.03～1.21 之间。

根据以上的分析讨论，得到以下几点初步认识：

（1）偏心受压柱的上端有水平位移与无水平位移，其偏心距增大系数 η 有差异，水平位移越大，η 值相差越大。桥规[5]的计算公式没有对有无位移加以区别。

（2）在墩柱上下端为典型约束的情况下，当墩柱上端无水平位移或水平位移很小时，桥规[5]计算的 η 值偏大，偏于保守。对于一般中、小桥，墩柱不是较高时，是基本可行的。当墩顶有水平位移时，对于上端铰支承下端固结和两端均为固结的情况，其计算长度 l_0，规范值偏小，偏于不安全，水平位移越大，l_0 偏小越多，应引起注意。

（3）桥墩很高时，采用桥规[5]得到的控制截面最大弯矩进行桥墩全高配筋不够经济合理。宜采用有限元程序分段计算桥墩的控制截面弯矩进行分段配筋。

（4）本节的分析仅限于墩柱两端为典型的约束状态。实际桥墩的约束情况复杂得多，有关实桥 η 与 l_0 的问题在后面几节进一步分析讨论。

12.1.3　影响桥墩计算长度的主要因素与较精确的计算方法

连续梁桥的桥墩，尤其是由几联组成的连续梁桥以及墩高相差较大的连续梁桥桥墩，影响

其计算长度 l_0 的因素较多。桥规[5]中所给出的墩柱上下端 4 种典型约束状态，不能完全反映一些主要因素对 l_0 的影响，因而有时与实际情况出入较大。较精确计算 l_0 的基本思路是：将拟研究的某个桥墩视为全桥的一个局部，综合考虑本联上、下部结构和邻联对其上、下端约束状态的影响，作为分析 l_0 的基本模型。参考文献[5]认为这些主要因素有：结构线刚度、转角刚度及耦合；支座的刚度；邻联抗推刚度；全桥地基刚度；单墩轴向力作用下刚度；全桥桥墩在轴向力作用下的整体屈曲反应等。用位移法建立包括上述主要因素的桥墩失稳通用平衡方程组，可以求得计算长度系数 β。并采用空间梁格有限元模型，模拟桩土作用、模拟地系梁的地基作用、模拟支座等。用下述例题分别采用两种分析方法计算系数 β：

三联 4×30m T 梁，先简支后结构连续，梁高 2m，横向由 7 片 T 梁组成。下部结构为双圆柱桩式桥墩，柱距 9m，RC 盖梁。桩柱式桥台。墩身直径 1.6m，桩直径 1.8m。计算第二联中间桥墩的计算长度系数 β。墩高 28m，T 梁抗弯惯性矩 0.40m^4，地基抗力系数 5000kN/m^4，非分联墩抗推刚度为 26425kN/m，分联墩上支座的抗推刚度为 12425kN/m。桥梁位于直线上，纵坡为 0。对第二联进行顺桥向稳定性分析，进而求得 β 值。

(1)两种分析方法计算结果比较

理论推导建立基本位移法的稳定性方程和有限元分析获得的第二联中墩计算长度系数 β 如表 12-3 所列。

第二联中墩两种分析方法所得计算长度系数 β 表 12-3

类　型	位移法稳定方程	有限元法	两者之差
单墩失稳	1.52	1.50	1.33%
一联失稳	2.01	1.98	1.52%

表 12-3 的数值表明，两种方法的计算结果相对误差很小，相互印证了两种精确分析方法的正确性。计算结果的微小差异是由于位移法采用 m 法考虑的桩基出口刚度与有限元法有差别引起的。

(2)邻联抗推刚度对第二联中墩计算长度系数 β 的影响

计算邻联抗推刚度 K 分别为 $K=0$ 和 $K=6840$kN/m 时第二联中墩计算长度系数 β，见表 12-4。

邻联不同抗推刚度时第二联中墩计算长度系数 β 表 12-4

类　型	单墩失稳	第二联失稳	两者之差
邻联 $K=0$	1.75	2.51	43.4%
邻联 $K=6840$kN/m	1.52	2.01	32.2%
二者之差	-13.1%	-19.9%	—

由表 12-4 可以看出：邻联的抗推刚度对第二联的 β 有较大影响。如果不考虑邻联的抗推刚度(即 $K=0$)，则第二联中墩的计算长度增大 13.1%(单墩失稳)和 19.9%(一联失稳)。

此处单墩失稳表示仅中间单墩上承受轴向力，而第二联失稳则表示该联的桥墩均承受相同的轴向力。由表 12-4 可知，两者 β 相差可达 43.4% 和 32.2%。所以在分析一联中间单墩的 β 值时，应同时计入本联全部桥墩所承受的轴向力，否则将产生较大误差。

(3)地基刚度对第二联中墩计算长度系数 β 的影响

第二联桥墩取不同地基刚度时,计算所得的中墩计算长度系数 β 如表 12-5 所列。

不同地基刚度时第二联中墩计算长度系数 β　　表 12-5

地基抗力系数(kN/m^4)	单墩失稳	一联失稳	邻联抗推刚度
∞(绝对刚度)	1.39	1.84	6840kN/m
20000	1.45	1.94	
5000	1.52	2.01	

由表 12-5 可以看出:随着地基刚度的增大,计算长度系数 β 趋于减小。例如桩基础时,桥墩下端假定为刚性固结,则计算的 β 值偏小,略偏于不安全。因影响程度较小,可以简化处理,将 β 值乘以 1.1 的安全系数。

影响连续梁桥柔性高墩计算长度的因素较多。影响程度较小的可以忽略或进行简化处理,对于影响较大的一些主要因素应该在计算中考虑。例如上面实例中已分析到的邻联抗推刚度、计算单墩所在联的全部竖向荷载和水平荷载、支座刚度以及初始偏心距等。计入双重非线性影响的有限元法,是精度较高的基本分析方法,可以作为判定实用近似计算可靠程度与近似程度的参照。

偏心距增大系数 η 公式的建立,基本思路是先以两端铰支等偏心距的受压标准柱为基础,通过试验分析,给出标准柱中点截面 η 的表达式,再以计算长度 l_0 来体现与不同柱端约束条件下各偏心受压柱相应的计算长度,也即用 l_0 的标准柱算出的 η 值作为控制截面二阶弯矩的增大系数。其中的 l_0,可称为 η-l_0 法中的 l_0。有关规范都将这个 l_0 等同于压杆弹性稳定临界力欧拉公式 $P_{cr}=\dfrac{\pi^2EI}{l_{01}}=\dfrac{\pi^2EI}{(\beta l)^2}$中的 l_{01},但两者是有差别的[6]。η-l_0 法中的 l_0 是作为非标准柱转换为标准柱时的一个参数,而欧拉公式中的 l_{01} 源于压杆的临界力,表示临界力与长度为 l_{01} 的两端铰接轴心压杆的临界力相同。在偏心受压桥墩弯矩二阶效应分析中,没有区别这两个计算长度。在压杆两端各种约束状态下,欧拉公式中的计算长度系数 β 理论上不应大于 2。而在 η-l_0 法中,有时会出现 $\beta>2$ 的情况。这个问题有待进一步分析研究。

12.1.4　通过压杆临界荷载推求 l_0 的实用计算法

偏心受压桥墩偏心距增大系数 η 和计算长度 l_0 的实用计算方法较多,有以下几类:通过压杆临界荷载推求 l_0 的方法;迭代法;单阶柱法以及其他方法等。本节介绍通过临界荷载计算 l_0 的方法。

(1)方法一[7]

基本思路:以轴心受压构件第一类稳定理论为依据,采用欧拉临界荷载稳定方程求解桥墩的计算长度 l_0,边界条件为墩柱上端承受水平力时在全桥体系情况下的水平位移。

第一类稳定的欧拉临界荷载 P_{cr} 为:

$$P_{cr}=\frac{\pi^2EI}{(\beta l)^2}=\frac{\pi^2EI}{l_0^2}\tag{12-9}$$

式中:EI——压杆的抗弯刚度;

l——压杆实际长度；

l_0——压杆计算长度；

β——计算长度系数。

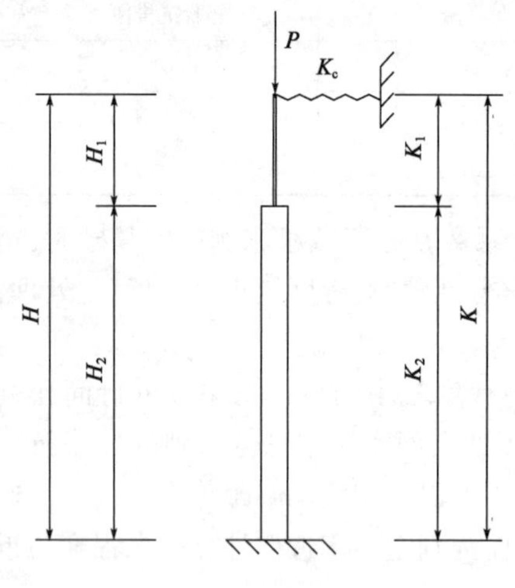

图 12-1　桥墩计算图

欧拉公式的适用条件为：等刚度（即 EI 为常数）弹性直杆；在小挠度范围发生屈曲；屈曲时轴向压力 P 的大小和方向均不改变；不考虑几何非线性和材料非线性。

在一联连续梁或简支梁桥面连续结构中，取任意一桥墩 i 分析其计算长度。计算图式如图 12-1 所示。

墩身抗弯刚度为 E_2I_2，抗推刚度 K_2；支座的抗剪刚度 K_1，墩身高度 H_2，支座厚度 H_1，两者之和 $H=H_1+H_2$。K_1 和 K_2 为串联关系，其串联后的刚度为：

$$K=\frac{K_1\cdot K_2}{K_1+K_2} \tag{12-10}$$

将一联桥梁上、下部结构作为一个体系考虑。桥墩 i 为体系中的一个局部，当其顶端作用一个单位水平力时，墩顶产生水平位移 δ，则桥墩 i 在体系中的抗推刚度应为 $K_{合}=\dfrac{1}{\delta}$，可以认为 $K_{合}$ 是由墩身与支座串联后的刚度 K 再与墩顶水平弹性杆 C 的刚度 K_c 并联组成，即

$$K_{合}=K+K_c \tag{12-11}$$

K 的计算（即 K_1、K_2 的计算）是较为容易的，$K_{合}$ 则可采用平面杆系有限元程序求得 δ，$K_{合}=\dfrac{1}{\delta}$。便可得到

$$K_c=K_{合}-K \tag{12-12}$$

式(12-9)可写为 $P_{cr}=\dfrac{\pi^2EI}{\beta^2l^2}$，令 $\mu=\dfrac{\pi}{\beta}$，则 $P_{cr}=\dfrac{\mu^2EI}{l^2}$，柱顶竖向力 P 的临界荷载为 P_{cr}，此时参数 μ 可通过下列稳定方程式求解（此处 $l=H$）：

$$\tan\mu=\mu-\frac{\mu^3EI}{K_cH^3} \tag{12-13}$$

式中 EI 相应于 K_1、K_2 串联刚度 K 的等代抗弯刚度，即 $K=\dfrac{3EI}{H^3}$，故 $EI=\dfrac{KH^3}{3}$。

稳定方程(12-13)可通过试算法或用编程计算器求解，得到参数 μ，则由 $\beta=\dfrac{\pi}{\mu}$可算出计算长度系 β、计算长度 $l_0=\beta l$。

特殊情况：墩柱上端自由时，$K_c=0$，由式(12-13)，$\tan\mu=\infty$，$\mu=\dfrac{\pi}{2}$，$\beta=2$；当上端为固定铰时，$K_c=\infty$，由式(12-13)，$\tan\mu=\mu$，$\mu=4.49341$，$\beta=\dfrac{\pi}{\mu}=0.6992\approx0.7$。

［**例 12-1**］　贵阳至遵义二级公路干田尾大桥，为 7×30m 装配式预应力混凝土 T 梁，桥面

连续,分为 4×30m 和 3×30m 两联。两岸为 U 形桥台,桥墩均为双圆柱式,1 号、6 号墩柱直径 180cm,2～5 号墩柱直径上段为 180cm,下段为 220cm,桥面宽 12.5m,由 6 片 T 梁组成,每片 T 梁下设置板式橡胶支座,各墩台均为扩大基础,嵌入中风化基岩中,桥墩采用 30 号混凝土。汽车荷载为公路—Ⅰ级。桥梁立面布置如图 12-2 所示。现计算 1 号桥墩的计算长度。一联水平力为 263kN(制动力),用平面杆系有限元程序可得 1 号墩顶水平位移为 $\delta = 0.00636$m,水平力为 24.66kN,则 1 号墩在全桥体系中的抗推刚度为:

$$K_{合} = 24.66/0.00636 = 3877(\text{kN/m}) \quad (1\text{ 号桥墩})$$

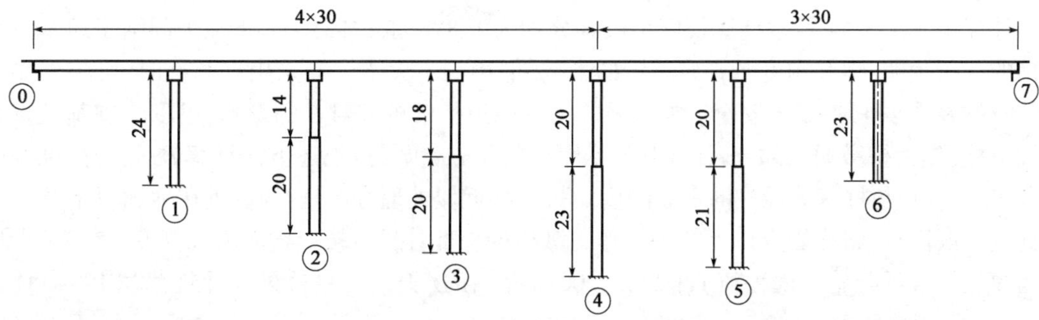

图 12-2　桥梁立面布置图(尺寸单位:m)

板式橡胶支座的橡胶层总厚度为 49mm,支座抗剪刚度:

$$K_1 = \frac{6 \times 1.1 \times 105000}{49} = 14140(\text{N/mm}) = 14140(\text{kN/m})$$

1 号桥墩计算参数、长度系数 β 及计算长度 l_0 等列于表 12-6。

1 号桥墩计算主要参数、长度系数及计算长度　　表 12-6

计算参数	墩身的抗推刚度 K_2 (kN/m)	墩身与支座的串联刚度 K (kN/m)	K_c (kN/m)	墩身与支座串联后的等代刚度 EI (kN/m²)	μ	墩身计算长度系数 β	1 号墩的计算长度 l_0 (m)	备注
计算公式	$K_2 = \frac{3E_2I_2}{H_2^3}$	$K = \frac{K_1 \times K_2}{K_1 + K_2}$	$K_c = K_{合} - K$	$EI = \frac{K \times 24.09^3}{3}$	$\tan\mu = \mu - \frac{\mu^3 EI}{K_c H^3}$	$\beta = \frac{\pi}{\mu}$	$l_0 = \beta H$	K_2 中的 E_2 已乘以 0.67 的折减系数
计算结果	4495	3411	466	15810000	1.6729	1.878	45.07	

4 号桥墩计算:支座与上、下段墩身的总抗推刚度为三者的串联刚度。全桥按平面杆系有限元程序计算可得:水平力 263kN 作用时,4 号墩顶水平位移 $\delta = 0.00823$m,相应水平力为 38.03kN。则集成刚度为:

$$K_{合} = \frac{38.03}{0.00823} = 4621(\text{kN/m}) \quad (4\text{ 号桥墩})$$

4 号桥墩计算结果列于表 12-7。

4 号桥墩计算主要参数、长度系数及计算长度 表 12-7

计算参数	支座的柔度$\delta_{支}$(m/kN)	上段墩柱的柔度$\delta_{上}$(m/kN)	上段墩柱的柔度$\delta_{下}$(m/kN)	三者串联后的总抗推刚度 K(m/kN)	K_e(m/kN)	墩身与支座串联后的等代抗弯刚度 EI(kN·m²)	μ	墩身计算长度系数β	4 号墩的计算长度l_0(m)
计算公式	$\delta_{支}=\frac{1}{K_{支}}$	$\delta_{上}=\frac{(20+0.049)^3-0.049^3}{3\times0.67\times3\times10^7\times1.0306}$	$\delta_{下}=\frac{(20+23+0.049)^3-(20+0.049)^3}{3\times0.67\times3\times10^7\times1.0306}$	$K=\frac{1}{\delta_{支}+\delta_{上}+\delta_{下}}$	$K_e=K_{合}-K$	$EI=\frac{K\times24.049^3}{3}$	$\tan\mu=\mu-\frac{\mu^3\times37070000}{3227\times43.049^3}$	$\beta=\frac{\pi}{\mu}$	$l_0=\beta H$
计算结果	0.0000707	0.0001297	0.0005172	1394	3227	37070000	2.7982	1.123	48.29

计算得到 1 号、4 号墩计算长度系数β分别为 1.878 和 1.123。其下端为固结于地基。较精确的分析表明,地基刚度对β有一定的影响,但影响不大[5]。当采用桩基础时,可将下端为固结时的β乘以 1.1,偏于安全。如果要较为准确地了解桩基对β的影响,可以将桩基换算为等代单柱,作为桥墩的一部分,计入其抗推刚度的贡献,仍可按上述方法计算β,此时抗推刚度K为支座、墩身与桩基等代柱的串联刚度。另一种近似处理方法是:假设桩在地面以下某一深度处有一嵌固点,将嵌固点以上的桩长作为墩柱的一部分仍可按上述方法计算β。参考《港口工程灌注桩设计与施工规程》(JTJ 248—2001)介绍的《美国公路桥梁设计规范》(1994)计算桩基嵌固点的公式 $t=\frac{1.8}{\partial}$,式中 t 为地面以下桩的嵌固点深度,∂为桩在土中的变形系数,$\partial=\sqrt[5]{\frac{mb_1}{EI}}$,见桥规[6]附录 P。

本章参考文献[8]研究了墩顶为橡胶支座时桥墩计算长度的问题,指出:仅计入支座抗侧移刚度而不计支座抗转动刚度引起的误差较小,且略偏于保守。上述计算方法未计入支座转动刚度,计算较为简单,从工程实用考虑偏于安全也是可行的。如需提高计算β的精度,同时计入支座抗侧移、抗转动刚度的分析方法可参阅参考文献[8]。

(2)方法二[9]

弹性稳定理论中的压杆计算长度 l_0,几何意义是:中心压杆失稳后,挠曲曲线上两个相邻反弯点(弯矩为 0)间的距离;物理意义是:各种支撑条件下的中心压杆,其临界荷载与两端铰支中心压杆的临界荷载相等时,两端铰支中心受压杆的长度。由欧拉公式(12-9)可得 $\lambda P=P_{cr}=\frac{\pi^2EI}{(\beta l)^2}$,$\lambda$ 为稳定系数,P 为作用于柱顶的竖向荷载。可以将计算长度系数β表达为:

$$\beta=\sqrt{\frac{\pi^2EI}{\lambda Pl^2}} \tag{12-14}$$

设桥墩的抗推刚度为 K_G,$K_G=\frac{3EI}{l^3}$,式中 l 为墩身高度,EI 为墩身抗弯刚度。设支座剪切刚度为 K_s,$K_s=\frac{GA_r}{t}$,式中 G 为支座剪切模量,A_r 为支座剪切面积,t 为支座橡胶层总厚度。

连续梁桥中某一桥墩墩顶水平刚度,不仅受该墩支座、墩身刚度的影响,同时也受其他桥墩支座与墩身刚度组成的集成刚度的影响。构件刚度的集成有两种基本形式,即串联和并联,其一般表达式如下。

n 根弹性杆件相互串联后的集成刚度为：

$$K_{串} = \frac{1}{\dfrac{1}{K_1} + \dfrac{1}{K_2} + \cdots + \dfrac{1}{K_n}} \tag{12-15}$$

n 根弹性杆件相互并联后的集成刚度为：

$$K_{并} = K_1 + K_2 + \cdots + K_n \tag{12-16}$$

上述式中：K_i——第 i 根杆件的拉压刚度，$i = 1, 2, \cdots, n$。

连续梁中，当不考虑上部结构纵向变形影响时，对于某一指定桥墩，其总的水平刚度 K_c 可以用自身的墩柱刚度、支座刚度以及全桥其他墩柱（含支座）刚度通过上述串联和并联公式求得。有了 K_c，便可采用有限元程序计算临界荷载 P_{cr}，再由式（12-14）即可求得 β。

［例 12-2］　4 × 30m 先简支后结构连续装配式预应力混凝土 T 梁桥，横向由 5 片 T 梁组成，梁高 2m，中距 2.35m，C50 混凝土。桥墩为直径 1.6m 圆形双柱式墩，C30 混凝土，墩上支座采用 GJZ450 × 550 × 99，桥台上为 $GJZF_4$350 × 400 × 71 支座。桥梁立面布置如图 12-3 所示。

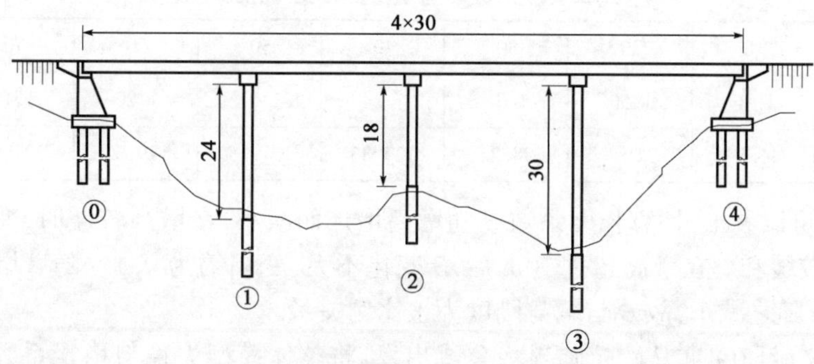

图 12-3　桥梁立面图（尺寸单位：m）

对 3 号桥墩进行分析。全桥桩基均为刚性嵌岩桩，假定墩底为固结。桥台上为滑板支座，不考虑其水平约束。根据上述串、并联式（12-15）、式（12-16），可以得到 3 号墩墩顶的水平抗推刚度集成如图 12-4 所示。经整理后，3 号墩墩顶水平刚度计算式为：

$$K_c = \frac{\left(\dfrac{K_{G1} \cdot K_{S1}}{K_{G1} + K_{S1}} + K_{S0} + \dfrac{K_{G2} \cdot K_{S2}}{K_{G2} + K_{S2}} + K_{S4}\right) \cdot K_{S3}}{\dfrac{K_{G1} \cdot K_{S1}}{K_{G1} + K_{S1}} + K_{S0} + \dfrac{K_{G2} \cdot K_{S2}}{K_{G2} + K_{S2}} + K_{S4} + K_{S3}} \tag{12-17}$$

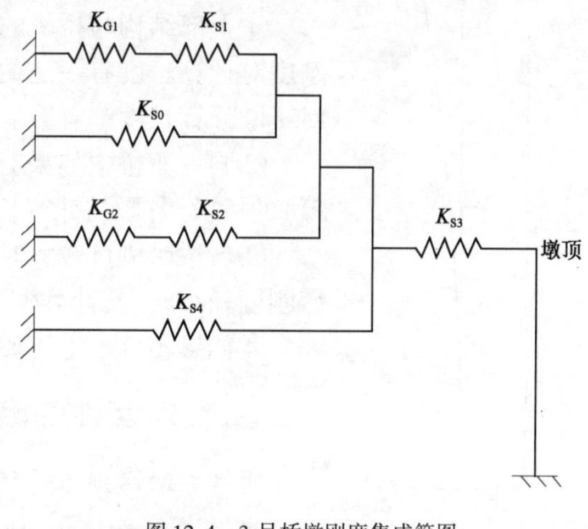

图 12-4　3 号桥墩刚度集成简图

算出 K_c 后，采用 ANSYS，按第一类稳定计算 3 号桥墩的临界荷载 P_{cr}［用于式（12-14）中的 P］。此处可按平面失稳分析，墩柱用梁单元 Beam3 模拟，墩顶水平弹性约束杆元采用 Combin14 弹簧元模拟。

计算结果及分析：

①墩柱直径影响分析。

3 号墩的直径假定在 1 ~ 3.8m 之间变化时，计算长度系数 β 相应数值如表 12-8 所列。墩身高度 30m 不变。

计算长度系数 β 与墩柱直径 d 的关系　　表 12-8

墩柱直径 d(m)	1.0	1.4	1.8	2.2	2.6	3.0	3.4	3.8
计算长度系数 β	0.86	0.98	1.19	1.41	1.60	1.73	1.82	1.88
长细比	102.75	84.14	79.27	77.02	73.72	69.21	64.19	59.26

由表 12-8 可以看出，随着墩柱直径的增大，计算长度系数逐渐增大，但增大趋势逐步放缓。墩柱直径增大，墩身线刚度变大，从而使 K_c 增大，致使计算长度系数随之增大。

②墩柱高度影响分析。

取墩柱直径为 1.6m 不变，墩身高度从 10m 变化至 80m，计算长度系数 β 与墩身高度 H 的关系如表 12-9 所列。

计算长度系数 β 与墩身高度 H 的关系　　表 12-9

墩身高度 H(m)	10	20	30	40	50	60	70	80
计算长度系数 β	1.86	1.50	1.31	1.24	1.21	1.20	1.19	1.18
长细比	46.59	74.97	98.24	123.86	151.15	179.32	207.95	236.84

由表 12-9 可以看出，计算长度系数 β 随墩高增加而减小，在墩高较矮时，变化剧烈，墩高较高时则变化较缓和。在墩高超过 30m 后，β 变化不大，变幅约为 0.1。随着墩高增大，墩身线刚度减小，K_c 随之减小，故 β 与墩身刚度为正比例关系。

本章参考文献[10]亦从欧拉临界力公式出发，将整体模型失稳与稳定系数联系起来，研究高墩的计算长度。对计算长度与墩柱直径的关系、计算长度与墩高的关系进行了分析，得到了与本章参考文献[9]类似的结论。提出几点看法：

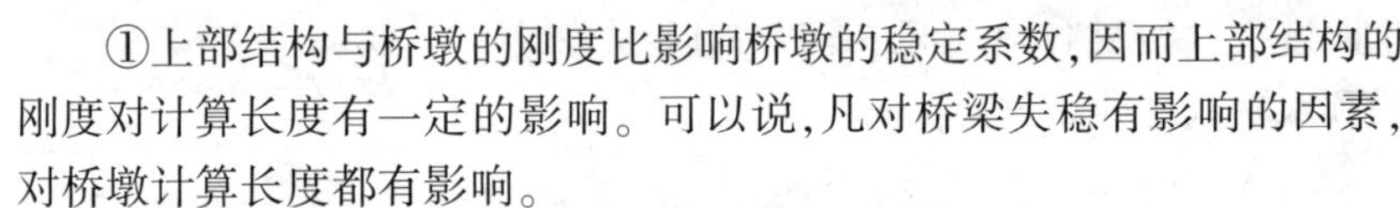

①上部结构与桥墩的刚度比影响桥墩的稳定系数，因而上部结构的刚度对计算长度有一定的影响。可以说，凡对桥梁失稳有影响的因素，对桥墩计算长度都有影响。

②同一座桥中如果有几种不同类型（例如圆柱墩、矩形墩、箱形墩等）的桥墩，各墩的计算长度变化较大。

③当桥墩刚度较大时，其计算模型接近于下端固结、上端铰接；当桥墩刚度较小时，其计算模型接近于下端固结、上端自由的悬臂梁。

④如果不计墩上支座刚度的影响，桥墩计算长度系数将增大。

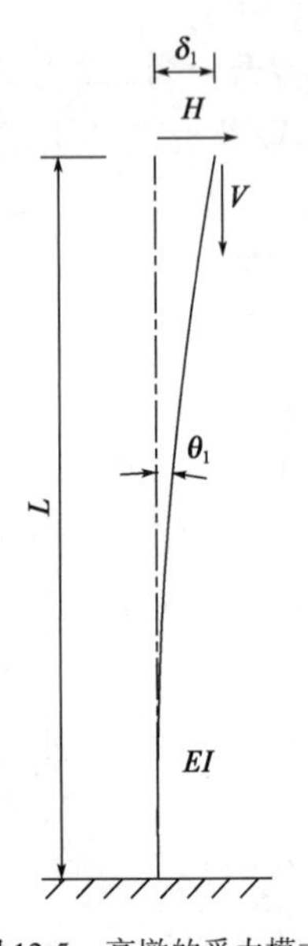

图 12-5　高墩的受力模式

12.1.5　柔性高墩弯曲二阶效应迭代近似计算[3]

柔性高墩墩顶承受竖向力 V 和水平力 H，如图 12-5 所示。

水平力 H 作用下，墩身挠曲，墩底转角 θ_1，墩顶水平位移为 δ_1。水

平挠曲刚度 $K_1=H/\delta_1$。竖向力 V 的法向分力为 V_a,引起附加水平位移 $\Delta\delta_1$,如图 12-6 所示。$\Delta\delta_1=\cos\theta_1\cdot V_a/K_1$,$V_a=\sin\theta_1\cdot V$。

由于 P-Δ 效应,结构的水平挠曲刚度有所降低,下降至 K_2,$K_2=H/\delta_2$,式中 $\delta_2=\delta_1+\Delta\delta_1$,于是可得:

$$K_2=\frac{H}{H+\cos\theta_1\cdot\sin\theta_1\cdot V}K_1 \tag{12-18}$$

式中:$\theta_1=\delta_1/L$,其中 L 为墩身高度。

将式(12-18)推广,可得到高度为 L 的柔性高墩刚度迭代的一般表达式:

$$K_{i+1}=\frac{H}{H+\cos\theta_i\cdot\sin\theta_i\cdot V}K_i \tag{12-19}$$

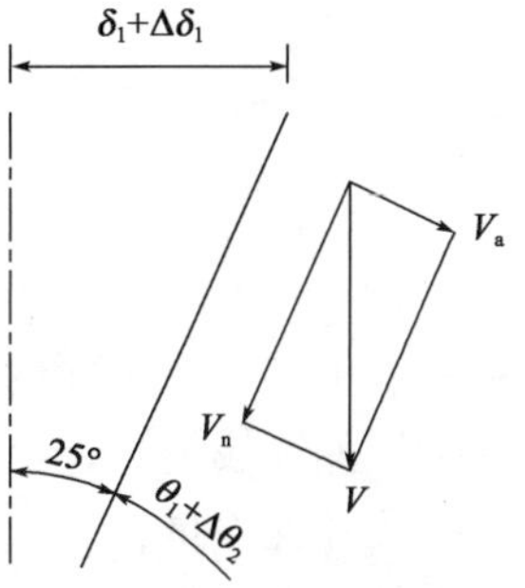

图 12-6　V 的法向分力使结构产生附加水平变形

式中:$\theta_i=(\delta_i+\Delta\delta_i)/L$。

以一阶分析得到的水平挠曲刚度 K_1 为初始条件,代入式(12-19),经几次迭代,当 $K_{i+1}/K_i\to 1$ 时,则 δ_i 便是所求的墩顶最大水平位移值。则弯曲增大系数(即偏心距增大系数)为:

$$\eta=\frac{\delta_i}{\delta_1} \tag{12-20}$$

一般迭代 2～3 次即可达到工程设计精度要求。上述推导过程中未涉及高墩两端边界条件,故式(12-19)具有一般性。如将高墩视为悬臂结构,$K_1=3EI/L^3$。如果需要计入支座抗剪刚度和基础的水平弹性影响,则应采用经过修正的 K_1。

采用式(12-19)进行迭代计算的示例,见 12.1.2 节中某柔性高墩的计算情况(墩高 40m,方形截面 2m×2m)。在正常使用的短期荷载效应组合情况下,柔性高墩产生二阶弯曲效应,但变形尚未达到极限曲率,如采用极限曲率理论推导偏心距增大系数求解结构内力,偏于保守。例如桥规[5]。

12.1.6　无侧移与有侧移桥墩计算长度系数简化公式

当结构侧向(桥墩指顺桥向)刚度很大时,水平荷载作用下的 P-Δ 效应产生的附加内力很小,可视为无侧移;当结构侧向刚度较小或侧向变形不受约束,竖向荷载作用在柱顶节点上时,需考虑结构在竖向荷载作用下的 P-δ 效应及整个结构在水平荷载和竖向荷载作用下的 P-Δ 效应,即为有侧移结构。对于多跨梁桥,就指定的某个桥墩而言,侧向(顺桥向)刚度的大小,应视其在全桥承受荷载情况下,该桥墩顺桥向水平位移的大小而定。水平位移很小时为无侧移,水平位移较大时为有侧移。有侧移与无侧移桥墩的计算长度不同。计算长度系数 β 的简化公式如下[2]:

(1)无侧移墩柱

$$\beta=\frac{1.32}{1+0.16\left(\frac{1}{\varphi_A+0.51}+\frac{1}{\varphi_B+0.51}\right)}-0.32 \tag{12-21}$$

式中：φ_A——墩柱 A 端节点(上端)柱的线刚度之和与梁的线刚度之和的比值；

φ_B——墩柱 B 端节点(下端)柱的线刚度之和与梁的线刚度之和的比值。

φ_A、φ_B 按式(12-22)计算。

$$\varphi = \frac{\Sigma \frac{E_c I_c}{l_c}}{\Sigma \frac{E_b I_b}{l_b}} \tag{12-22}$$

式中：Σ——表示在弯曲平面内与柱端部相连接的构件特性之和；

E_c——柱弹性模量；

E_b——梁弹性模量；

I_c——柱截面惯性矩；

I_b——梁截面惯性矩；

l_c——柱无支撑长度；

l_b——梁无支撑长度。

(2)有侧移墩柱

$$\beta = 1 - 1.73\ln\left[\left(\frac{9.25}{\varphi_A + 12.2}\right)^2 + \left(\frac{9.25}{\varphi_B + 12.2}\right)^2 - \frac{22.33}{(\varphi_A + 12.2)(\varphi_B + 12.2)}\right] \quad (\varphi_A, \varphi_B \leqslant 100) \tag{12-23}$$

根据梁远端与梁端约束情况，对梁的线刚度进行修正：

对于无侧移墩柱：梁远端为铰接，梁线刚度 I_b/l_b 乘以 1.5；梁远端为固结，I_b/l_b 乘以 2；梁端为柔性连接，I_b/l_b 乘以 $1/[1+2EI_b/(l_b R_k)]$，其中 R_k 为构件端部弹簧刚度。

对于有侧移墩柱：梁远端为铰接，梁线刚度 I_b/l_b 乘以 0.5；梁远端为固结，I_b/l_b 乘以 2/3；梁端为柔性连接，I_b/l_b 乘以 $1/[1+6EI_b/(l_b R_k)]$。

长细比较大的墩柱建议采用有侧移的公式计算 β。通过算例与美国桥梁规范、欧洲规范进行比较，式(12-23)计算的 β，与两规范公式计算的 β 基本接近。

12.1.7 美国与欧洲规范关于桥墩计算长度的规定[2]

(1)美国桥梁规范 AASHTO LRFD—2007

墩柱有效长度系数 K(即计算长度系数 β)按式(12-24)~式(12-26)计算。

①对于无侧移刚构：

$$K = 1 - \frac{1}{5 + 9G_A} - \frac{1}{5 + 9G_B} - \frac{1}{10 + G_A \cdot G_B} \tag{12-24}$$

②对于有侧移刚构：

$$K = 4 - \frac{1}{1 + 0.2G_A} - \frac{1}{1 + 0.2G_B} - \frac{1}{1 + 0.01G_A \cdot G_B} \quad (K<2\text{ 时}) \tag{12-25}$$

$$K=\frac{2\pi a}{0.9+\sqrt{0.81+4ab}} \quad (K\geqslant 2\text{ 时}) \tag{12-26}$$

上述式中：脚标 A、B 表示柱的两端。

$$a=\frac{G_A\cdot G_B}{G_A+G_B}+3 \tag{12-27}$$

$$b=\frac{36}{G_A+G_B}+6 \tag{12-28}$$

上述式中：G——与柱端约束状态有关的参数。柱与地基由固定支撑相连接时，取 $G=1$；柱与地基由铰支撑相连接时，取 $G=10$。即固定支撑 $G=1$，铰支撑 $G=10$。

计算整体连接构件的 K 时，需要根据工程经验合理判断基础的固定程度。当缺少精确分析的经验时，可采用表 12-10 的 G 值。

不同地基条件时的 G 值 表 12-10

地基条件	基础锚固于基岩上	基础非锚固于基岩上	基础位于土中	基础位于多排端承桩上
G 值	1.5	3.0	5.0	1.0

(2)欧洲规范 EN1992-1-1

有效长度 l_0(即计算长度)按式(12-29)、式(12-30)计算。

①无侧移构件：

$$l_0=0.5l\sqrt{\left(1+\frac{K_1}{0.45+K_1}\right)\left(1+\frac{K_2}{0.45+K_2}\right)} \tag{12-29}$$

②有侧移构件：

$$l_0=\max\left\{\sqrt{\left(1+\frac{10K_1\cdot K_2}{K_1+K_2}\right)};\left(1+\frac{K_1}{1+K_1}\right)\left(1+\frac{K_2}{1+K_2}\right)\right\} \tag{12-30}$$

$$K=\frac{\theta EI}{Ml} \tag{12-31}$$

上述式中：K_1、K_2——柱端部转动约束的相对柔度；

M——作用于柱端的弯矩；

θ——M 作用下柱的转角；

l——柱的实际长度；

EI——受压柱的抗弯刚度。

$K=0$ 为刚性转动约束的理论极限，$K=\infty$ 代表无任何转动的约束情况。因为实际结构中没有完全的刚性约束，故 K_1、K_2 最小值建议取 0.1。

本章参考文献[2]采用柱高为 20m，方形截面 1.5m×1.5m 的长柱，分别按美国规范、欧洲规范、式(12-23)和桥规[5]针对两种约束状态分析对比了计算长度 l_0，列于表 12-11，供参考。

国内、外规范桥墩计算长度比较(单位:m) 表 12-11

项目	上端铰接,下端固结				上、下端均固结			
	美国规范	欧洲规范	式(12-23)	桥规[5]	美国规范	欧洲规范	式(12-23)	桥规[5]
无侧移时	23.62	24.62	22.60	14.00	18.45	19.08	18.40	10.00
侧移 10cm 时	23.00	23.00	23.00		18.00	18.00	18.00	—

中、美、英规范对典型约束墩柱计算长度系数的规定如表 12-12 所列,供参考。

中、美、英规范墩柱计算长度系数的规定 表 12-12

墩柱支承状态		计算长度系数		
上端	下端	桥规[5]	美国规范	英国规范
固结	固结	0.5	0.65(0.50)	0.7
铰接	固结	0.7	0.80(0.70)	0.85
铰接	铰接	1.0	1.00(1.00)	1.00
橡胶支座	固结	—	—	1.30
铰接,铰支座可移动	固结	—	—	1.40
固结但可移动	固结	—	1.2(1.0)	1.50
铰接但可移动	固结	2.0	2.1(2.0)	2.30
固结但可移动	铰接	—	2.0(2.0)	—

注:美国规范 AASHTO LRFD 的取值,括号外为偏于安全的采用值,括号内为理论值;英国规范为 BS5400-4—1990;本表摘自参考文献[11]。

12.1.8 桥墩计算长度系数经验公式[12]

采用下端固结、上端水平弹性约束的墩柱图式,由集成刚度法得到抗推刚度,通过欧拉临界力公式求出墩柱的计算长度系数 β。分析计算用的桥墩基本资料:3 ×30m 先简支后连续梁桥,双柱式桥墩,墩身高 10 ~90m,墩高 $H=10\text{m}$、15m 时,为等截面圆柱,直径 $d=1.2\text{m}$;$H=20\text{m}$ 时,$d=1.5\text{m}$;$H=25\text{m}$ 时,$d=1.8\text{m}$;$H=30\text{m}$、35m 时,$d=2\text{m}$。$H=40\sim90\text{m}$ 时为变截面箱形墩柱。支座型号为 GJZ200 ×450。

根据由不同墩高 H 计算出的计算长度系数 β,点绘出 β-H 关系曲线。$H=10\text{m}$ 时,β 值最小,为 1.3786;$H=90\text{m}$ 时,β 值最大,为 1.6984。由拟合曲线得到下列经验公式:

$$\beta = 0.0499\sqrt{H} + 1.227 \tag{12-32}$$

进一步简化为直线关系,可得:

$$\beta = 0.003H + 1.40 \tag{12-33}$$

上述经验公式考虑因素较少,在所依据的基本资料范围内,可供参考。

12.2 整体式箱形梁桥横梁结构分析讨论

12.2.1 横梁分类

整体式混凝土箱形梁桥,在支承处一般均设置横梁。中小跨径梁桥的横梁多为实体结构。

本节讨论实体横梁结构分析计算的有关问题。横梁的分类,有下述几种划分方法:

(1)按横梁在上部结构中的位置,可分为端横梁和中横梁两种。连续梁中间桥墩处为中横梁,梁端处(桥台处或分联墩处)为端横梁。简支梁仅有端横梁。

(2)按横梁的配筋类型,一般可分为钢筋混凝土横梁和预应力混凝土横梁两种。预应力混凝土横梁又可划分为全预应力混凝土构件和部分预应力混凝土构件。

(3)按横梁的支承方式,可分为两点支承的简支梁、多点支承的连续梁、单点支承的双悬臂梁以及墩柱与主梁固结的刚构(包括单柱、双柱或多柱与主梁固结)。

(4)按横梁支承间的跨径与梁高之比,可分为浅梁、短梁和深梁三类。其中短梁和深梁合称为深受弯构件。具体划分如表 12-13 所列。

横梁按跨高比分类　　　　表 12-13

<table>
<tr><th colspan="3">构件名称</th><th>跨高比 l_0/h</th><th>计算跨径 l_0 取值</th></tr>
<tr><td colspan="3">浅梁(一般受弯构件)</td><td>$l_0/h \geqslant 5$</td><td>支座中心之间的距离</td></tr>
<tr><td rowspan="4">深受弯构件</td><td colspan="2">短梁</td><td>$2.5 \leqslant l_0/h < 5$</td><td>取 l_c 和 $1.1l_n$ 两者中的较小者,
l_c 为支承中心之间的距离,l_n 为净跨径</td></tr>
<tr><td rowspan="2">深梁</td><td>多跨连续梁</td><td>$2.0 \leqslant l_0/h < 2.5$</td><td rowspan="2">取 l_c 和 $1.15l_n$ 两者中的较小者</td></tr>
<tr><td>单跨简支梁</td><td>$l_0/h < 2$</td></tr>
<tr><td colspan="2">厚板</td><td>$l_0/h < 5$</td><td>参照短梁和深梁的 l_0 取值</td></tr>
</table>

注:h 为横梁截面的高度。本表参考规范[17]、《水工混凝土结构设计规范》(SL/T 191—2008)和《钢筋混凝土深梁设计规程》(CECS39:92)的有关规定编写。横梁为悬臂梁时,按 l_0/h 的分类可参考本表。

(5)横梁按截面高度是否变化,可分为等截面(等高度)横梁和变截面(变高度)横梁两类。

12.2.2　深受弯横梁受力特点

在整体式混凝土箱形桥梁中,横梁跨高比 l_0/h 多数在 5 以下,属于深受弯构件中的短梁或深梁。例如,某连续箱梁桥 4×30m,截面为单箱三室,桥面宽 19m,箱梁底宽(即横梁宽度)为 12m,梁高为 1.7m,横梁处设双支座,横向中距为 7.7m,横梁跨高比为 4.53[13];某 RC 连续箱梁,3×25m,截面为单箱单室,桥面宽 13m,箱梁底宽(即横梁宽度)6m,梁高 1.4m,双支座间距 5.6m,横梁跨高比为 4.0[14];东风大街立交桥为 3×29m+2×28.5m+27.431m PC 连续箱梁桥,截面为单箱三室,桥面宽 16.5m,箱梁底宽(即横梁宽度)为 11.5m,梁高 1.7m,横梁处设三个支座,中距为 5.25m,横梁跨高比为 3.09[15]。这三座桥的横梁均属深受弯构件中的短梁。又例如,某 3×20m RC 连续箱梁桥,单箱三室截面,桥面宽 14.68m,箱梁底宽(即横梁宽度)为 10.68m,梁高 1.6m,每道腹板对应位置处设支座,间距为 3.41m,横梁跨高比为 2.134[16];某 17m+20m+17m RC 连续箱梁桥,单箱单室截面,桥面宽 8m,梁高 1.2m,箱底宽 4m,横梁处支座间距 2.4m,跨高比为 2.0m[17];某变截面连续箱梁,孔跨为 50m+80m+50m,桥面宽 12m,单箱单室直腹板截面,梁高为 2.2～4.5m,箱梁底宽 6.5m,横梁处双支座中距为 4.5m,中横梁的跨高比为 4.5/4.5=1,端横梁的跨高比为 4.5/2.2=2.05[18]。这三座桥的横梁均属深受弯构件中的深梁。深受弯构件与一般受弯构件受力特点有所不同,尤其是深梁与浅梁差异较大。当连续横梁的跨高比较小,荷载作用在边支座处,荷载不仅直接传递到边支座上,同时通过主压应力线传递到中间支座,故边支座反力小于按结构力学计算的反力,跨高比越小相差越大。荷载作用在中间支座处,边支座相应的反力不为0,其值随跨高比的减小而增大。通过有限元分析两跨至五跨连续梁所得的结果,与结构力学计算的结果相比较,对于 $l_0/h=2.5$ 的连续梁,边支座反力很小,接近于0。因此,连续短梁可以按结构力学的方法计算内力。RC简支深受弯构件(包括短梁和深梁),因其仅有边支座;无中支座,可以按结构力学方法计算内力和进行截面设计。

深弯构件与一般受弯构件相比较,前者有以下三个特点:

(1)不符合平截面假定。

(2)剪切变形对梁的挠度影响很小,可以忽略不计。

(3)梁体不会发生斜拉破坏。

连续箱梁的横梁如属于深梁,与一般受弯构件比较,具有更突出的受力特点:

(1)连续深梁的跨中弯矩比一般连续梁大,支座处负弯矩比一般连续梁小,且随跨高比、荷载形式和跨数的不同而变化。

(2)连续深梁的竖向刚度大,对支座不均匀沉降更为敏感,容易引起较大的附加内力。

(3)试验表明,深梁发生局部受压破坏的危险比一般梁严重。在深梁顶部集中荷载作用处和底部支承处存在较大的局部应力。

(4)试验和分析计算表明,斜裂缝的出现对深梁受力有决定性影响。斜裂缝一旦出现,宽度较大,延伸较长,将影响其耐久性与适用性。因此,深梁设计应注意控制剪力,一般要求不出现斜裂缝。深梁跨中通常首先出现垂直裂缝。对于裂缝控制有严格要求的横梁,可以考虑施加预应力。

(5)连续深梁中间支承处的负弯矩值常小于跨中正弯矩值。在跨中裂缝控制满足要求的情况下,中间支承处垂直裂缝宽度可不进行验算。

(6)连续深梁的内力一般可按弹性力学平面问题计算,不考虑深梁的塑性内力重分布。因此,可采用弹性有限元分析其内力。试验表明,斜裂缝出现后,深梁形成以纵向受拉钢筋为拉杆、斜裂缝上部混凝土为压杆的"拉压杆体系"。如果"拉杆"先屈服,深梁达到受弯承载力极限状态;如果"压杆"混凝土先压坏,则深梁达到受剪承载力极限状态。深梁不符合平截面假定,属于结构受力较为复杂的 D 区,"拉压杆模型法"是适用于 D 区受力分析的工程实用方法,已在设计中广泛采用。对于横梁按 D 区进行计算的方法及设计实例可参阅本章参考文献[43]。

(7)深受弯构件承载力和裂缝宽度计可参考规范[17]、《水工混凝土结构设计规范》(SL/T 191—2008)和《钢筋混凝土深梁设计规程》(CECS39:92)。

12.2.3 横梁内力(应力)分析方法概述

横梁内力(应力)分析方法可分为两大类:一类是建立全桥(一般仅上部结构)空间有限元模型,采用大型软件(例如 ANSYS、Midas 等)计算包括横梁在内的箱梁内力(应力);另一类是将横梁从全桥箱梁中分割出来,作为独立的隔离体,采用较为简化的方法计算横梁的内力。

全桥空间有限元模型,计算精度较高的是实体单元,其次是梁格法模型,有时也采用空间弹性薄板单元模拟箱梁。空间有限元模型,尤其是实体单元,虽然精度较高,但建模复杂,数据量庞大,耗费时间,不便于工程设计直接应用,更难以对结构进行优化和调整。一般多用于与简化方法进行对比研究。特别是中小跨径连续梁桥,数量大,基层设计人员难以采用大型通用软件对横梁进行空间分析。另外,大型通用商业软件,主要计算结果多为应力,虽然可用积分法(弹性应力法)转换为内力,但较为复杂,一般不为设计人员接受。

国内目前最常用的是简化方法,将横梁作为隔离体进行单独分析。为了获得工程实用的计算精度,下述 4 个方面较为重要:

(1)横梁从全桥箱梁中切割出来,其所承受的主要荷载是从切割处箱梁母体所传递的剪力,起控制作用的是恒载,其次是活载。涉及作用于横梁荷载的大小及分布。

(2)横梁的计算截面,中小跨径梁桥,横梁一般为实体矩形。但横梁上下缘与箱梁顶底板连接成整体,横梁的计算截面在理论上应该是工形(中横梁)或[形(端横梁)。其上、下翼板的宽度取多长,如何根据剪力滞效应确定其翼缘板的宽度,不论取大取小都会对受力分析有影响。如果不计有效翼板,按矩形截面计算肯定偏于保守。而偏于保守,有时也并非很可靠,例如对于预应力混凝土横梁,内力相差过大,可能会在个别截面的上(或下)缘产生较大的拉应力。

(3)在荷载与计算截面确定后,应该注意选择较为正确的计算内力的方法。首先应该判别横梁是否属于深受弯构件。尤其对于深梁,应参考 12.2.2 节选择合适的计算方法。

(4)横梁承载力计算及配筋设计,分别按浅梁、短梁和深梁进行承载力计算和配筋设计,可参阅相关的规范和规程。

12.2.4　横梁计算截面与有效分布宽度

主梁截面为宽翼缘的梁式桥在弯矩作用下,其翼缘板上的正应力沿宽度方向呈不均匀分布,存在剪力滞效应。为了定量描述剪力滞现象,引入剪力滞系数 $\lambda = \sigma_{max}/\overline{\sigma}$,式中 σ_{max} 为考虑剪力滞效应后翼板上实际存在的最大正应力,$\overline{\sigma}$为不考虑剪力滞效应,按初等梁理论计算的翼板正应力。$\lambda \geqslant 1$ 称为正剪力滞,$\lambda < 1$ 称为负剪力滞。影响剪滞效应的因素较多:主梁跨径、梁肋横向间距、翼板厚度及长度、梁肋宽度、上下翼板惯性矩与整个主梁惯性矩之比、翼板根部加腋尺寸、主梁纵向的不同区段、主梁结构形式以及荷载作用位置等。剪力滞精确计算是一个非常复杂的问题。较精确的计算方法有解析法和数值分析法。前者主要有变分法、比拟杆法、弹性折板法和能量变分法等。后者有有限单元法、有限条法、有限差分法和有限段法等。解析法虽具有重要理论意义,但难以适用于工程设计中的各种具体情况,运算也很复杂。数值法通常采用大型通用软件由计算机完成。一般作为结构分析研究或验证近似计算的手段,工程设计中较少采用。工程实用的近似计算方法,国内外有关规范基本上都是采用有效分布宽度来反映剪力滞效应的。桥规[5]对 T 形截面梁和箱形截面梁翼缘有效分布宽度有具体规定。本章参考文献[19]介绍了欧美等 16 个国家对简支 T 形梁有效分布宽度的具体规定。有效分布宽度法用于工程设计较为简便,可先用平面杆系程序计算主梁各截面弯矩,对不同位置的主梁截面用不同的有效分布宽度系数折减,然后按照折减后的截面尺寸进行截面应力验算和配筋设计。有关规范有效分布宽度的规定,都是针对 T 梁和箱梁进行纵向计算时,对横截面上翼板宽度的折减。箱梁横梁翼板有效分布宽度如何确定,国内外有关规范均无明确规定,目前还是一个有待深入研究的问题。

箱梁横梁计算截面有效分布宽度,国内在工程设计中的取值差异较大,下面介绍部分设计实例及研究成果。

(1)4×30m 连续箱梁,桥面宽 19m,单箱三室截面,箱梁底宽(即横梁底宽)12m,梁高 1.7m,中横梁厚度 2m,横桥向设双排支座,中距 7.7m。横梁计算截面为工形,全宽 5m,上、下翼板有效宽度均为 2×1.5m,为 6 倍箱梁顶、底板厚度。用简化方法与梁格法计算横梁弯矩,两种方法相差 2%[13]。

(2)2×25m RC 箱形连续梁,桥宽 12m,梁高 1.4m,单箱双室截面,箱底宽度 8m,顶、底板厚度 0.2m,腹板厚度 0.4m,中墩为独柱支承,梁端为双柱支承。中横梁宽度 2m,配置预应力钢束,独柱与中横梁固结。采用平面杆系与 ANSYS 分别进行计算。平面杆系计算横梁时,计算截面为工形,两翼板有效宽度取 5 倍顶板厚度;用 ANSYS 进行空间分析,全桥均为 SOLID95 单元。根据计算结果,独柱支撑的横梁,其横截面上、下翼板有效宽度 B_e 推荐采用下述公式[20]计算:

$$B_e(\mathrm{cm}) = 82L_{hl}^{1/4}(2-0.5B) \tag{12-34}$$

式中:L_{hl}——横梁长度(m);

B——横梁宽度(m)。

当支点数≥2 时,取上式 B_e 之半。认为 B_e 与顶、底板厚度和横梁高度关系不大。

(3)4×20m RC 连续梁,桥宽 8.3m,箱梁底宽 4.3m,梁高 1.3m,顶、底板厚度 0.25m,单箱单室截面,腹板厚度 0.55m。采用简化方法计算时,横梁上、下翼板有效宽度参照桥规[5] T 形梁的规定取值,并采用 Midas 软件进行空间分析,计算结果与简化方法较为吻合[21]。

(4)30m+2×37m+30m 连续箱梁,桥面宽 16.5m,单箱三室截面,梁高 2m,箱梁底宽 12.5m,中横梁截面宽度 2m,计算截面为工形。认为桥规[5]第 4.2.2 条和第 4.2.3 条(分别针对 T 梁和箱梁)均为计算主梁翼缘等效宽度的规定,不适合横梁的计算。将工形截面应力的变号点或者应力曲线凹凸点相应的宽度作为应力贡献宽度,按此计算确定上下翼缘板处的有效宽度 b_f:支点处,上缘 $b_f=3.646$m,下缘 $b_f=3.293$m;跨中处,上缘 $b_f=3.829$m,下缘 $b_f=3.073$m。上缘 b_f 平均值为 3.738m,两侧翼板的有效宽度为(3.738−2)/2=0.869(m),箱梁顶板厚为 0.2m,故横梁上翼板有效宽度为顶板厚度的 4.35 倍(=0.869/0.2);箱梁底板厚度为 0.4m,可得横梁下缘翼板有效宽度为底板厚度的 1.48 倍。认为箱梁在横梁受弯时是提供抗力的,横梁的等效宽度至少是腹板宽度的 1.5 倍以上。通过空间实体单元(四面体 10 节点单元)有限元分析,与简化方法进行了对比,表明上、下翼板有效宽度参与横梁承受弯矩[22]。

(5)东风大街立交桥,3×29m+2×28.5m+27.431m 预应力混凝土连续箱梁桥,桥宽 16.5m,梁高 1.7m,顶、底板厚度均为 0.22m,箱梁为单箱三室截面,中横梁宽 1.6m,箱梁底宽 11.5m,横梁下设三个盆式橡胶支座,间距 4.75m,箱梁腹板厚度 0.4m。用平面杆系进行主梁纵向计算,在横梁支座对应截面处用传感器实测应变,用 ANSYS 软件 Solid45 实体元进行全桥空间分析。横梁用平面杆系计算时,计算截面为工形,上、下翼板有效宽度分别取 6、5、4 倍顶、底板厚度。认为横梁截面翼板有效宽度取 4 倍顶、底板厚度与实测数据及空间分析结果较为接近[15]。

(6)2×30m RC 连续箱梁桥,桥面宽 29.06m,单箱 7 室截面,梁高 1.6m。两侧悬臂顶板 2×1.5m,中横梁宽度 1.8m,为实体矩形 1.8m×1.6m。其下设置 4 个支座,中距 6.98m。按桥规[5]第 4.2.3 条关于箱形截面梁两侧上下翼板有效宽度的规定,取有效宽度 0.723m,则横梁为工形,全宽 3.246m。采用桥梁博士软件分别按矩形和工形截面进行裂缝宽度计算(RC 横梁由裂缝控制)。计算结果表明,两者裂缝宽度相差在3%以内,认为 RC 横梁计算可以不考虑上、下翼板有效宽度的影响,直接采用矩形截面,误差较小。

将中横梁的支座改为双支座,中距 14.94m,横梁设置预应力钢束。仍按桥规[5]确定上、下翼板的有效宽度,横梁中段有效宽度为 0.723m,(长度 11.41m),两侧边段有效宽度为 2 × 0.633m(长度 2 ×7.36m)。采用桥梁博士软件分别对矩形截面和工形截面横梁进行强度和应力计算。计算结果表明:工形截面的抗力大于矩形截面 50%左右;工形截面上、下缘应力(拉、压应力)均远小于矩形截面。所以,对于预应力混凝土横梁,不考虑上、下翼板有效宽度过于保守[23]。

(7)本章参考文献[24]提出:根据桥规[5](第 4.2.2 条)规定,有效翼缘宽度(含腹板在内)按以下取值:简支梁取计算跨径 1/3;连续梁中间跨正弯矩区段取计算跨径的 0.2 倍;连续梁边跨正弯区段取计算跨径的 0.27 倍;连续梁支点负弯矩区段取相邻计算跨径之和的 0.027 倍。以 5m 跨径为例,以上计算值均小于横梁实际宽度,显然不合理,因此认为横梁计算时不应考虑翼缘的影响,应以矩形截面作为计算截面。本章参考文献[18]则认为,对于 RC 横梁,可以偏保守地取矩形截面,有利于裂缝的控制。但是对于设置预应力的横梁,则过于保守,且过大的预应力会使上缘产生较大的拉应力,应适当考虑翼缘的宽度,取为工字形截面。翼缘有效宽度根据经验可取 6 倍顶板厚度。

连续箱梁横梁的有效宽度,由于其结构特点及其在上部结构中所处的位置与 T 形梁和箱形梁不完全相同,不应直接采用有关规范针对 T 梁、箱梁有效宽度的规定。但横梁与 T 梁和箱梁有效宽度的力学本质是相同的,都是因剪力滞现象而采用的一种近似处理方法。从国内、外 17 种规范对于 T 形梁有效分布宽度的规定可以看出,作为实用公式宜将下述 4 个主要因素作为基本参数:翼缘板厚度 t、主梁跨径 L、主梁梁肋间距 a、翼板与梁肋间的加腋宽度 c。参考文献[19]指出:对于横隔梁 B 值(指有效分布宽度)应取多大,是否用横隔梁全长的 1/3 或其他规定,尚待进一步探讨。同济大学桥梁教研组曾做过模型试验,得到 $B=0.72a$(a 表示主梁间距),似与 l 无关,这点也值得深入探讨。但这是指 T 梁的横隔梁。

根据上述国内研究成果、工程设计经验和有关规范的类似规定,就连续箱梁实体横梁有效分布宽度提出以下几点初步看法供参考。

(1)实体横梁一般为矩形截面,不考虑上、下缘翼板的有效宽度,按矩形截面进行设计计算偏于保守。对于中小跨径梁桥,横梁为 RC 结构,并由正常使用极限状态下的裂缝宽度控制配筋时,按矩形截面设计与工形截面相差不大,是可行的。但要注意与横梁相连接的上、下翼板在适当范围内应加强抗裂钢筋。

(2)当横梁为预应力混凝土结构时,应考虑有效分布宽度,按工形截面(中横梁)或[形截面(端横梁)进行设计计算。如采用矩形截面,在某些截面可能出现预应力束过多的情况,截面边缘实际上容易发生较大的拉应力,而在结构计算中不能反映出来,应引起注意。

(3)参考国内外有关规范中 T 梁有效宽度实用公式所包含的主要参数,结合箱梁横梁的特点,初步认为影响箱梁横梁有效宽度的主要因素有:翼板厚度 t 和加腋宽 c。本章参考文献[20]通过空间有限元分析后指出,有效宽度 B_e 与横梁长度的 1/4 次方有关。因指数为 1/4,

可见影响不很显著。桥规[5]第4.2.2条关于T梁有效宽度规定,“对内梁的有效宽度取下列三者中的最小值”。其中第三项为($b+2b_h+12h'_f$),式中b为腹板宽度,b_h为承托(加腋)长度,h'_f为受压区翼缘悬出板厚度。其有效宽度决定于b_h和h'_f。再结合国内工程设计经验和空间有限元的分析成果,在桥规尚未有具体规定之前,建议按下列公式估算整体式连续箱梁实体横梁有效分布b'_f(即计算截面总宽度):

$$b'_f=(8\sim12)h'_f+2b_h+b \tag{12-35}$$

式中:h'_f——靠近横梁的箱梁顶板厚度,不含承托;

b_h——横梁与顶板之间加腋宽度(即承托宽度);

b——实体矩形横梁宽度。

当计入b_h时,h'_f前的数值取8,如$b_h=0$,则在8~12之间取值。如横梁较长,可取较大数值。对于端横梁,取为[形截面,b'_f按式(12-36)估算:

$$b'_f=(4\sim6)h'_f+2b_h+b \tag{12-36}$$

h'_f前的系数,按上述原则取值。

式(12-35)、式(12-36)可用于简支横梁或连续支承横梁。当为独柱支撑的梁墩固结时,有效宽度建议参考式(12-34)。

12.2.5 横梁恒载内力计算

横梁实用近似计算法是将横梁作为脱离体,建立计算图式(包括支承约束、截面尺寸以及荷载等),采用平面杆系有限元程序进行内力计算。中小跨径混凝土梁桥的荷载主要有恒载与活载。通过主梁的纵向计算已获得横梁处的支承总反力(分别为恒载反力与活载反力)。横梁的恒载,除了本身自重外,就是箱梁通过腹板和顶、底板传来的横梁以外的恒载。这种传力情况,属于箱梁与横梁构成的空间结构受力模式,较精确的数值分析方法应该是空间有限元法。实用近似计算法的一个重要问题,就是主梁的恒载如何传递到横梁上,使计算内力能基本上达到工程设计要求的精度。有一点是较为明确的,主梁恒载是通过腹板、顶底板及翼板以竖向剪力的形式传递至横梁,其传递的比例与刚度比有关。腹板的刚度较顶底板大得多,所以,腹板传递的恒载往往占较大的比例。但荷载传递方式,横梁上荷载的分布形式,对应于主梁边、中腹板传递荷载如何定量以及翼板上的荷载大小等问题较为复杂。国内在工程设计中对于横梁恒载的取值方法不尽相同,下面介绍部分设计实例及研究成果。

(1)17m+20m+17m RC连续箱梁,桥面宽8m,单箱单室截面,底板宽4m,双支座间距2.4m,梁高1.2m。中横梁厚1m,端横梁厚0.8m。采用简化方法计算中横梁恒载弯矩(支座截面负弯矩,下同)。假定全部恒载通过箱梁腹板以竖向集中力的形式传递给横梁,得到$M_{恒}=739\text{kN}\cdot\text{m}$。另采用空间八节点块单元有限元程序对全桥上部结构进行分析,用积分法得到中横梁恒载弯矩$M_{空}=488\text{kN}\cdot\text{m}$,$M_{空}/M_{恒}=488/739=0.660$;端横梁$M_{空}/M_{恒}=167/254=0.657$[17]。横梁计算截面为矩形。从上述对比分析可以看出:全部恒载通过箱梁腹板以竖向集中力传给横梁的简化方法,横梁计算弯矩偏大较多,过于保守。

(2)某高速公路立交匝道桥4×20m RC连续箱梁,桥宽8.3m,箱梁底宽4.3m,梁高1.3m,单箱单室截面,腹板厚0.55m。箱梁恒载传至横梁按45°扩散角考虑,即距离中横梁两侧各一倍箱净宽(3.2m)范围内的顶底板恒载直接加载于横梁上(524kN),距离中横梁两侧各2m范围内的防撞墙恒载直接加载于翼板端部(2×35kN),其余恒载按腹板中心位置以集中力形式加载于中横梁(2×1570.5kN)。中横梁为单支座,纵向计算恒载反力为3735kN,腹板位置集中力占84%,其余为16%。横梁上、下翼板组成的工形截面有效宽度按桥规[5]关于T梁的规定取值(连续梁与悬臂梁按弯矩0点之间距离换算为等效简支梁)[21]。

(3)两座连续箱梁跨线桥,跨径均为2×33m。1号桥单箱单室截面,桥面宽13m,底宽8.3m,腹板厚度0.5m,顶底板厚度0.2m;2号桥为单箱双室截面,桥面宽19.5m,底宽14.8m,腹板、顶底板厚度同1号桥。横梁下设双支座。采用空间有限元分析(8节点弹性薄板单元)上述两座桥,分别取不同的腹板间距(4m、6m、8m)和不同的腹板与顶底板刚度比(厚度比为3、2.5、2、1.5、1.0),划分30种工况建模计算,得到以下结论[25]:

①一期恒载:上部主梁自重在横梁上的分配是不均匀的,通过腹板传递的竖向反力达80%以上,而通过顶底板传递到横梁的竖向力不足20%。对于单箱双室截面,呈现中间大两边小的趋势。随着腹板与顶底板刚度比的增大,腹板传递的恒载也增大;随着腹板间距的增大,顶底板传递的反力之和在总反力中的比重也增大。

②二期恒载:基本传递规律同一期恒载,但二期恒载绝大部分由腹板和顶板传递给横梁,而底板传递的荷载很小。

③简化计算法,恒载的传递可取下述方式:腹板传递占总恒载的80%~90%,通过顶底板传递10%~20%。对于常规结构,荷载在腹板处为集中力,占总恒载的85%;其余15%为腹板之间的均布荷载。

(4)东风大街立交桥(参阅12.2.4节),采用ANSYS进行空间分析,与简化方法进行比较后认为:恒载通过腹板传至横梁的集中力约为80%,其余20%以均布荷载作用于横梁[15]。

(5)25m+28m+25m连续箱梁,桥面宽13.8m,底板宽9m(斜腹板),梁高1.6m,单箱双室截面。恒载用两种方法计算:梁格法和腹板剪力法。后一方法将箱梁所有剪力通过腹板传至横梁,忽略顶底板的传力。即将恒载支座反力按腹板截面面积分配到横梁与腹板对应的位置上,为局部均布荷载。计算结果表明:腹板剪力法计算得到的恒载弯矩大于梁格法。恒载腹板剪力法偏大约9%[26]。

(6)以2×24m和3×20m RC连续箱梁为例,分别对单箱双室、三室和四室截面箱梁的横梁恒载,采用简化方法和实体四面体有限元法(用Midas Civil软件)进行对比分析,得到以下结论[16]:

①单箱双室箱梁,端横梁中腹板恒载分配力较边腹板大,比例为1.1~1.2;中横梁中腹板恒载分配力也较边腹板恒载分配力大,比例为1.45~1.65。

②单箱多室箱梁,端横梁中腹板恒载分配力较边腹板小,比例为0.9~1;中横梁中腹板恒载分配力较边腹板恒载分配力大,比例为1.2~1.3。

注:上述三类箱梁的计算截面,腹板均为等厚度45cm直腹板。

(7)国内连续箱梁设计中,横梁恒载的简化分析方法,可归纳为以下几类[18,22,27]。

①腹板传力法。

又称为腹板剪力法。认为上部结构恒载全部由各腹板平均分配或按腹板面积分配,加载到横梁与腹板的结合面或腹板形心位置。一般均为集中力,也可按腹板宽度换算为局部均布荷载。不考虑顶、底板与悬臂翼板的传力作用。

②均布传力法。

认为上部结构恒载在横梁桥面宽度范围内平均分配。忽略箱梁腹板、顶底板和翼板传力的差异性。

③面积传力法。

又称为等效重量法。认为上部结构恒载是根据各部分自重比例(面积比例)进行分配而传至横梁的。

④共同传力法。

也称为等效剪力法。认为箱梁恒载主要由腹板传递大部分剪力,顶、底板与翼板则传递少部分剪力。前者占70% ~85%,后者占30% ~15%。传递剪力的比例,有的采用抗剪面积比,有的采用刚度比。腹板传至横梁的荷载一般为集中荷载,顶、底板和翼板传递的荷载为均布荷载。

根据上述研究成果及工程设计经验,关于箱梁横梁简化计算方法对恒载的取值,提出几点初步看法。

①根据空间有限元程序分析的结果可以看出:箱梁的自重(不含横梁及其上桥面系自重)大部分通过腹板传至横梁,少部分通过顶、底板传至横梁。在几种简化计算方法中,以腹板传力为主的共同传力法较为接近实际情况。

②通过腹板和顶底板、翼板传至横梁的恒载,应作用于横梁与腹板、顶底板、翼板连接处,而不是作用于横梁的中心线上,这对于中横梁影响不大,而端横梁将产生扭矩。

③通过腹板传至横梁的恒载,应是作用于腹板宽度范围内的局部均布荷载,如用集中力,有一定误差。由顶、底板和翼板传至横梁的恒载,可近似采用其作用宽度范围内的均布荷载。

④假定不考虑横梁变形对箱梁传至横梁剪力的影响,顶、底板和翼板直接传至横梁的恒载可近似地按45°扩散角确定其数值。图12-7为单箱双室连续箱梁中横梁处传力平面示意。

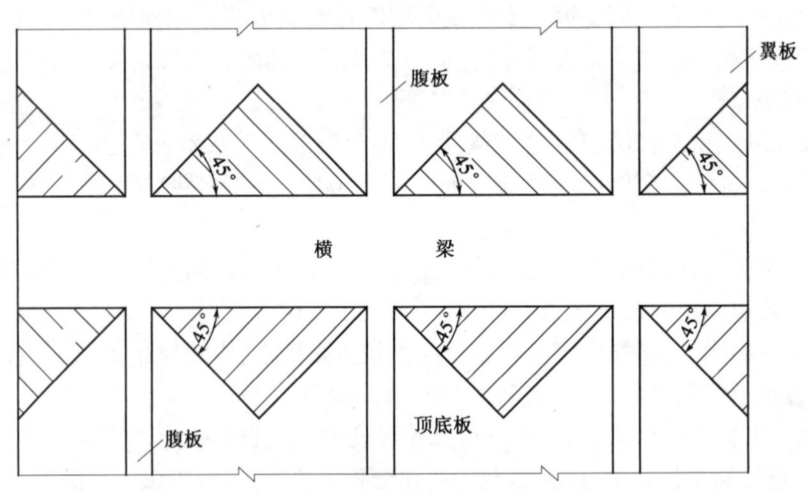

图12-7　连续箱梁中横梁两侧顶底板翼板恒载扩散示意图

图12-7中阴影部分为箱梁顶底板和翼板恒载直接传至横梁的范围(包括此范围内的桥面系自重)。箱梁剩余恒载(包括腹板、顶底板和翼板)则通过各腹板传至横梁。上述分配比例适用于一期恒载。对于二期恒载,不考虑箱梁的底板传力,由腹板、顶板和翼板仍按以上比例

分配。

由腹板传至横梁的恒载,各腹板如何分配,下述近似分配比例可供参考(箱梁各腹板厚度相等)。

①单箱单室箱梁,只有两道腹板,截面横向对称时,两道腹板可以平均分配。

②单箱双室箱梁,有三道腹板,截面横向对称时,对于中横梁,中腹板与边腹板传递恒载的比例为中:边 = (1.45 ~ 1.65):1;对于端横梁,中:边 = (1.1 ~ 1.2):1。

单箱多室箱梁,有多道腹板,截面横向对称时,对于中横梁,中间腹板与边腹板传递恒载的比例为中:边 = (1.2 ~ 1.3):1;对于端横梁,中:边 = (0.90 ~ 1.00):1。

上述各腹板分配比例,变化范围较大,仍不够满意,有待进一步分析研究和积累经验,进行优化以提高计算精度。工程设计时应根具体情况选用合适的分配比例。例如,中、边腹板的厚度不相等时,刚度大的腹板分配比例应高一些。

横梁的计算截面、恒载分布及其数值确定后,一般便可用平面杆系程序计算其恒载内力。

12.2.6 横梁活载内力计算

横梁活载内力简化分析方法的基本思路类似于恒载,除直接作用于横梁上的车辆轴重外,在主梁上的活载先传递至腹板,再由腹板传递到横梁。较为常用的方法是:纵向计算求出活载反力配合横梁反力影响线加载的方法。要点如下:

(1)主梁进行纵向计算,可获得一个车道荷载作用下横梁最大支承反力 F,视 F 为一特殊车辆(或虚拟车辆)的轴重。

(2)计算横梁对应于各腹板中点的反力影响线。即认为横梁支承于各腹板,按横梁为简支梁或连续梁计算其反力影响线。

①按杠杆法计算的反力影响线,用于汽车荷载对称于横梁横向中线加载。

②按修正的刚性横梁法计算的反力影响线,用于汽车荷载对横梁进行非对称加载。

(3)将上述车道荷载最大反力 F 除以 2 即为相应的轮压 $P(=F/2)$。根据车道数及规范规定的车轮和车辆横向间距,在上述反力影响线上,分别按对称和非对称进行加载,便可求得对应于各腹板位置的反力 V。

(4)将 V 作为活载集中力作用于横梁上,计算出横梁的活载内力。

横梁活载计算实例[13]如下。

4×30m 连续箱梁,桥面宽 19m,主梁为单箱三室截面,腹板间距 4m(直腹板),箱梁底宽 12m,梁高 1.7m。中横梁为矩形截面(2m×1.7m),计算截面为工字形,全宽 5m,横梁处设双支座,间距 7.7m。设计荷载城—A。箱梁纵向计算得到中横梁处单列车最大活载反力为 $F=1328$kN。视为特殊车辆的轴重,则相应的轮压为 $P=1328/2=664$(kN)。

本桥横向最多可布置 4 列车。对横梁最不利的布载有两种:两列车居中对称布置、两列车靠边非对称布置。分别按杠杆法和修正刚性横梁法计算出以腹板为支点的横梁反力影响线,用轮压 P 在影响线上加载,可求得两种布载情况下各腹板位置处的反力。

①两列车居中对称布置时:

$V_1=74.7$kN, $V_2=1253.3$kN, $V_3=1253.1$kN, $V_4=74.7$kN。

②两列车靠边非对称布置时:

$V_1 = 1166.1\text{kN}, V_2 = 695.9\text{kN}, V_3 = 193.9\text{kN}, V_4 = -276.1\text{kN}$。

影响线及活载加载可参阅图12-8。图12-8中1、2、3、4表示腹板编号,汽车轮压$P=664\text{kN}$。

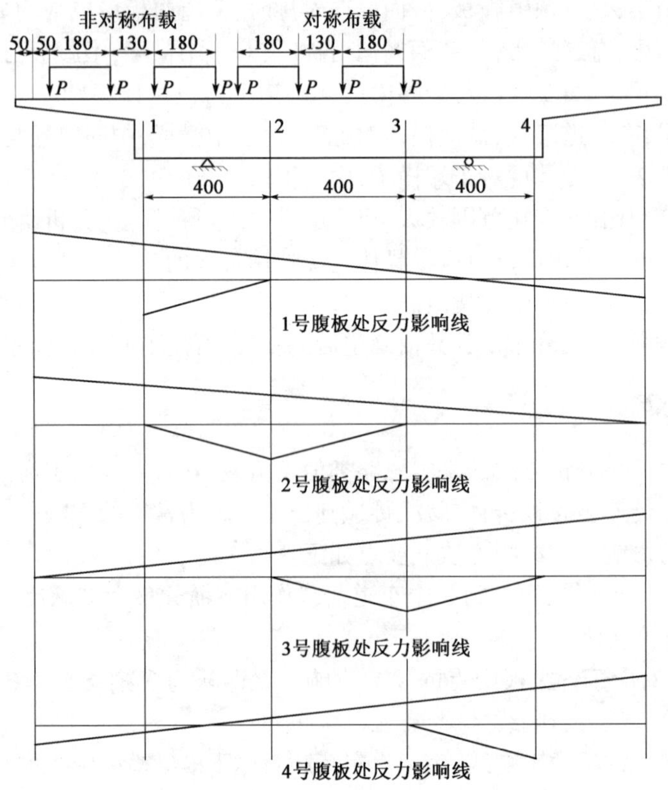

图12-8　横梁对应腹板处反力影响线及加载(尺寸单位:cm)

影响线图上,水平线之上为修正刚性横梁法反力影响线,水平线之下为杠杆法反力影响线。将V_i作用于横梁上,按横梁计算图式(图12-9),便可计算出横梁活载内力。根据对称和非对称两种加载计算得到的弯矩图,可绘出弯矩包络图。经与空间梁格法有限元程序计算的弯矩对比,最大正、负弯矩的误差均在2%以内,上述算例未考虑多车道折减。

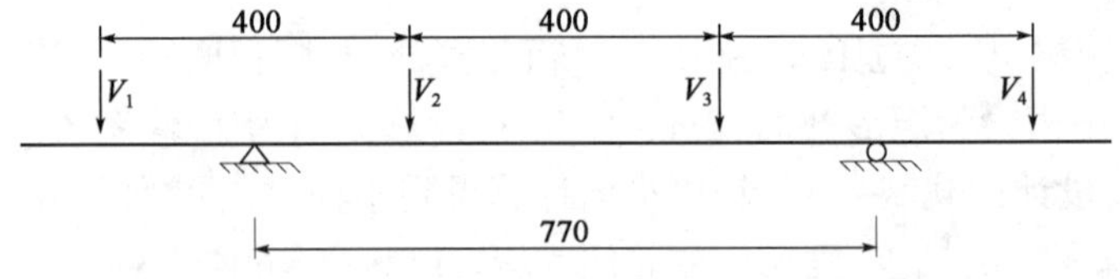

图12-9　横梁活载内力计算图式(尺寸单位:cm)

活载对横梁的加载方式还有几种简化方法[24,26],其中有一种称为"腹板剪力法",该方法需先在腹板下设置支座,无支座位置加虚拟支座,求出所有车道荷载作用下每个支座的最大反力,以该反力作为腹板的均布荷载进行加载。这一方法与梁格法计算的活载剪力及弯矩较为吻合。腹板剪力略大于梁格法计算结果。影响线加载方法求得的活载内力偏于保守,中小跨径梁桥较为适用。

12.3　柱式桥墩的集成刚度

桥梁结构一般由若干类型的构件组成。结构的总刚度，由各构件的刚度按一定的力学规则集成。总刚度与分部刚度对于结构的受力具有重要影响。分部刚度如何集成总刚度是桥梁结构受力分析的一项重要内容。刚度集成涉及的范围广泛，本节仅就桥墩抗压（拉）与抗推的串联刚度和并联刚度有关的几个问题进行探讨。按线弹性理论分析，并配合算例提出初步看法，供业界参考。

12.3.1　承受轴向力直杆的集成刚度

（1）串联刚度

数根截面尺寸不相同的直杆沿共同的轴线连接（固接）成一根直杆。现以两根直杆相连为例，推导其抗压（拉）串联刚度。如图 12-10 所示，两根直杆的长度分别为 S_1、S_2，截面面积分别为 A_1、A_2，材料抗压弹性模量为 E。承受轴心压力（或拉力）P，沿轴向产生压缩（或拉伸）变形，两杆的变形值分别为 ΔS_1、ΔS_2，在弹性变形范围内，由虎克定律可得 $\Delta S_1=\dfrac{S_1}{EA_1}P$，$\Delta S_2=\dfrac{S_2}{EA_2}P$。令 $P=1$，则 $\delta_1=\dfrac{S_1}{EA_1}$，$\delta_2=\dfrac{S_2}{EA_2}$，分别为两直杆的柔度，其刚度则分别为 $K_1=\dfrac{1}{\delta_1}=\dfrac{EA_1}{S_1}$，$K_2=\dfrac{1}{\delta_2}=\dfrac{EA_2}{S_2}$。其含义为产生单位压缩（或拉伸）变形所需施加的压力（或拉力）。

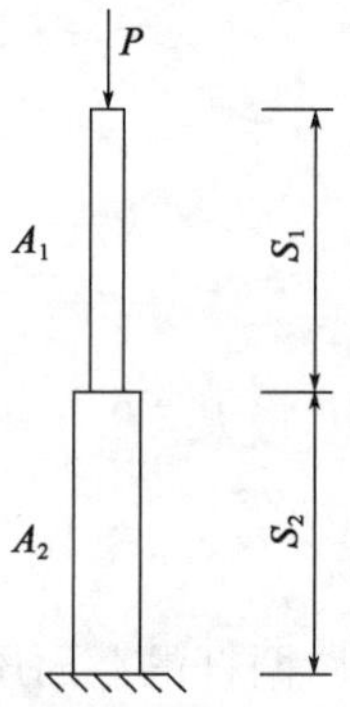

图 12-10　两直杆串联

两直杆的总压缩（或拉伸）变形为 $\Delta S=\Delta S_1+\Delta S_2=P\left(\dfrac{1}{K_1}+\dfrac{1}{K_2}\right)$，$P=1$ 时，$\delta=\Delta S=\dfrac{1}{K_1}+\dfrac{1}{K_2}$，为两直杆串联后的总柔度，则 $\dfrac{1}{\delta}$ 即为两直杆串联后的总刚度 K：

$$K=\frac{1}{\delta}=\frac{1}{\dfrac{1}{K_1}+\dfrac{1}{K_2}}=\frac{K_1\cdot K_2}{K_1+K_2}\tag{12-37}$$

当有 n 根直杆串联时，总的抗压（拉）刚度为：

$$K_1=\frac{1}{\dfrac{1}{K_1}+\dfrac{1}{K_2}+\cdots+\dfrac{1}{K_n}}\tag{12-38}$$

[例 12-3]　如图 12-10 所示，取 $S_1=2\text{m}$，$S_2=4\text{m}$，$A_1=2\text{m}^2$，$A_2=3\text{m}^2$，$E=3.25\times10^4\text{MPa}$，$P=1000\text{kN}$，则 $K_1=\dfrac{EA_1}{S_1}=3.25\times10^7\text{kN/m}$，$K_2=\dfrac{EA_2}{S_2}=2.4375\times10^7\text{kN/m}$，$\Delta S=\Delta S_1+\Delta S_2=P\left(\dfrac{1}{K_1}+\dfrac{1}{K_2}\right)=0.07179\text{mm}$，两直杆串联后总抗压刚度为 $K=\dfrac{K_1\cdot K_2}{K_1+K_2}=1.393\times10^7\text{kN/m}$。

(2)并联刚度

两根平行的直杆共同承受压力 P,如图 12-11 所示。直杆顶设固定铰;P 通过直杆顶面的纵梁将压力分配到两根立柱。设两立柱的截面面积分别为 A_1、A_2,弹性模量分别为 E_1、E_2,长度均为 S。两立柱分配到的压力分别为 P_1、P_2,并有 $P = P_1 + P_2$,两直杆的压缩变形应协调,即两杆的压缩量相等,在弹性范围内可得:

$$\frac{P_1 \cdot S}{E_1 A_1} = \frac{P_2 \cdot S}{E_2 A_2}$$

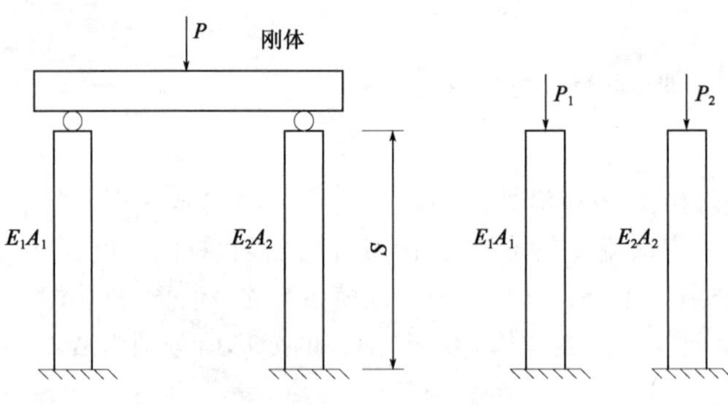

图 12-11　两直杆并联

将 $P = P_1 + P_2$ 与之联解可得:

$$P_1 = \frac{E_1 \cdot A_1}{E_1 \cdot A_1 + E_2 \cdot A_2} \cdot P; P_2 = \frac{E_2 \cdot A_2}{E_1 \cdot A_1 + E_2 \cdot A_2} \cdot P$$

两杆的截面压应力分别为:

$$\sigma_1 = \frac{E_1}{E_1 \cdot A_1 + E_2 \cdot A_2} \cdot P; \sigma_2 = \frac{E_2}{E_1 \cdot A_1 + E_2 \cdot A_2} \cdot P$$

设两杆的压应变分别为 ε_1、ε_2,由虎克定律 $E = \frac{\sigma}{\varepsilon}$,可得:

$$\varepsilon_1 = \frac{P}{E_1 \cdot A_1 + E_2 \cdot A_2}; \varepsilon_2 = \frac{P}{E_1 \cdot A_1 + E_2 \cdot A_2}$$

因两杆的压缩量 Δ 相等,故 ε_1、ε_2 可写为 $\varepsilon = \varepsilon_1 = \varepsilon_2 = \frac{\Delta}{S} = \frac{P}{E_1 \cdot A_1 + E_2 \cdot A_2}$,即

$$\Delta = \frac{P \cdot S}{E_1 \cdot A_1 + E_2 \cdot A_2} = \frac{P}{\frac{E_1 \cdot A_1}{S} + \frac{E_2 \cdot A_2}{S}}$$

令 $K_1 = \frac{E_1 \cdot A_1}{S}$,$K_2 = \frac{E_2 \cdot A_2}{S}$分别为两杆的抗压刚度,$P = 1$ 时,$\delta = \Delta$ 即两杆并联后的抗压柔度,其倒数为并联后的抗压集成刚度 K:

$$K = \frac{1}{\delta} = K_1 + K_2 \tag{12-39}$$

n 根直杆并联时:

$$K = K_1 + K_2 + \cdots + K_n \tag{12-40}$$

［**例 12-4**］　如图 12-11 所示，$A_1=2\text{m}^2$，$A_2=3\text{m}^2$，$S=10\text{m}$，$P=10000\text{kN}$，$E_1=3.25\times10^4\text{MPa}$，$E_2=3\times10^4\text{MPa}$。按上述公式计算可得：$P_1=4194\text{kN}$，$P_2=5806\text{kN}$；$\sigma_1=2097\text{kN/m}^2$，$\sigma_1=1935\text{kN/m}^2$，$\Delta=0.645\text{mm}$，$K_1=0.65\times10^7\text{kN/m}$，$K_2=0.90\times10^7\text{kN/m}$，并联后集成抗压刚度 $K=K_1+K_2=1.55\times10^4\text{kN/m}$。

12.3.2　梁桥桥墩的抗推刚度

(1)支座与墩柱的集成刚度

图 12-12 表示桥墩顶上布置板式橡胶支座，墩高为 H，墩柱抗弯刚度为 EI，上部结构对墩顶的集中压力为 V。

①图 12-12a)上部结构传给支座顶面的水平力为 P，支座产生剪切变形，其抗剪(抗推)刚度为 $K_0=\dfrac{F\cdot G}{h}$，式中 F 为支座水平截面面积，h 为橡胶层总厚度，G 为支座剪切模量。P 力传至墩顶，墩柱顶产生水平位移，等截面柱的抗推刚度 $K_t=\dfrac{3EI}{H^3}$，因支座的剪切变形对墩顶水平位移无影响，且支座的厚度很小，因 P 而产生的对墩顶的弯矩极小，可以忽略。因此，P 作用下，墩顶水平位移为$\dfrac{PH^3}{3EI}$，则墩柱抗推刚度应为 $K_t=\dfrac{3EI}{H^3}$，支座与墩柱串联后的总水平位移应为：

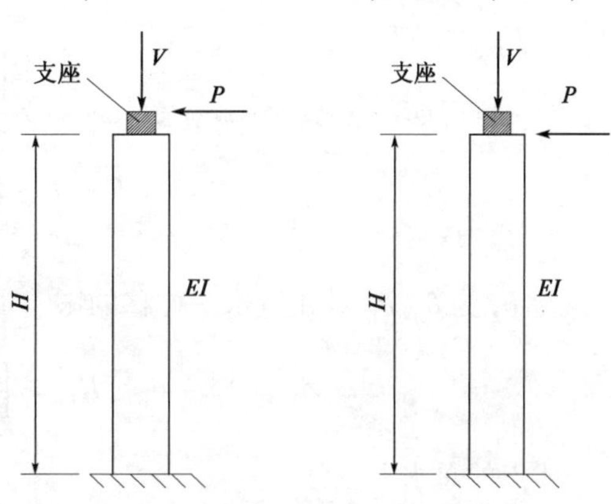

图 12-12　支座与墩柱的集成刚度

$$\Delta_c=\Delta_0+\Delta=\frac{P}{K_0}+\frac{P}{K_t}$$

$P=1$ 时，$\Delta_c=\delta_c$ 为串联后总柔度，则串联后的总抗推刚度为：

$$K_c=\frac{1}{\delta_c}=\frac{1}{\dfrac{1}{K_0}+\dfrac{1}{K_t}}=\frac{K_0\cdot K_t}{K_0+K_t}\tag{12-41}$$

②图 12-12b)，水平力 P 作用于墩顶(支座底面)，墩顶产生水平位移 Δ_t，支座同时发生同样大小的剪切变形 Δ_0，两者的水平位移相等，即 $\Delta_0=\Delta_t=\Delta=\dfrac{R}{K_c}$，$K_c$ 为两者并联后的抗推刚度。而 P 应等于支座、墩顶分别承受的水平力 P_0 与 P_t 之和，即 $P=P_0+P_t=\Delta_0\cdot K_0+\Delta_t\cdot K_t=\Delta(K_0+K_t)$，令 $P=1$，则 $\Delta=\dfrac{1}{K_c}=\dfrac{1}{K_0+K_t}$，可得：

$$K_c=K_0+K_t\tag{12-42}$$

(2)墩柱由两段不同截面尺寸柱体构成时的抗推刚度

图 12-12 中的墩柱为等截面直杆。如墩柱由两段不同截面尺寸的柱体构成时，设两段柱体的集成抗推刚度为 K_u，则 K_u 可以代替式(12-41)、式(12-42)中的 K_t，用以计算与支座的串

联或并联抗推刚度。现在推导 K_u 的计算公式。

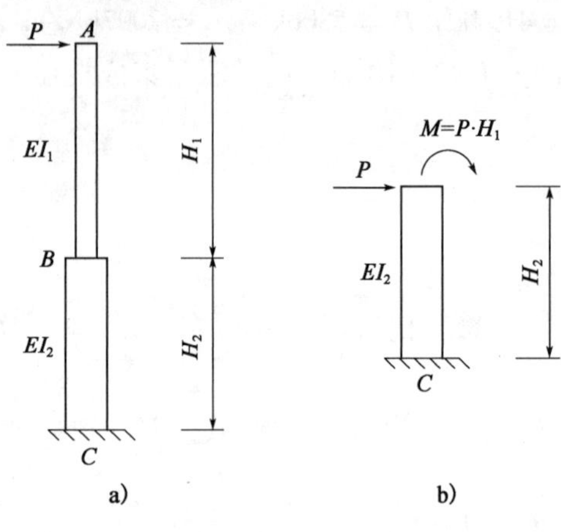

图 12-13　两段墩柱的集成刚度

如图 12-13 所示，上、下两段柱体的高度分别为 H_1、H_2，抗弯刚度分别为 EI_1、EI_2，墩顶作用水平力为 P。墩柱为受弯构件，变形计算时忽略轴向力与剪力对位移的影响，并采用线弹性理论。现用两种方法推导 K_u 的公式。

①用位移叠加法推导 K_u 的公式。

图 12-13a）中，在 P 作用下，先假定 B 点不动，得 A 点水平位移为 $\delta_1=\dfrac{PH_1^3}{3EI_1}$，$A$ 点水平位移还受到 B 点水平位移与转角的影响，故将 BC 段单独取出，如图 12-13b）所示，B 点在 P 与力矩 $P\cdot H_1$ 作用下，产生水平位移 δ_B 和转角 θ_B，即

$$\delta_B=\frac{PH_2^3}{3EI_2}+\frac{P\cdot H_1\cdot H_2^2}{2EI_2},\theta_B=\frac{PH_2^2}{2EI_2}+\frac{P\cdot H_1\cdot H_2}{EI_2}$$

令 δ_2 为 δ_B、θ_B 对 A 点水平位移的影响量，可得：

$$\delta_2=\delta_B+\theta_B\cdot H_1=\left[\frac{H_2^3}{3}+H_1\cdot H_2^2+H_1^2\cdot H_2\right]\frac{P}{EI_2}$$

A 点的总水平位移为：

$$\delta_A=\delta_1+\delta_2=\frac{PH_1^3}{3EI_1}+\frac{P}{EI_2}\left[\frac{H_2^3}{3}+H_1\cdot H_2^2+H_1^2\cdot H_2\right] \tag{12-43}$$

取 $P=1$，则两段柱体串联后的总抗推刚度为：

$$K_u=\frac{1}{\delta_A}=\frac{3EI_1\cdot I_2}{H_1^3I_2+H_2^3I_1+3H_1H_2^2I_1+3H_1^2H_2I_1} \tag{12-44}$$

②用单位荷载法推导 K_u 的公式。

按线弹性理论，并在计算变形时忽略轴力与剪力对位移的影响。结构在荷载 P 作用方向产生的位移为：

$$\sigma_{km}=\int\frac{\overline{M}_K\cdot M_m\cdot dx}{EI} \tag{12-45}$$

式中：$\overline{M}_K$——在欲求位移方向，结构受单位荷载作用时的弯矩；

M_m——结构在实际荷载作用下的弯矩；

EI——结构的抗弯刚度。

对于图 12-13a）的两段墩柱，墩顶 A 点的水平位移为：

$$\delta_A=\Delta_{km}=\int_0^{H_1+H_2}\frac{\overline{M}_K\cdot M_m\cdot dx}{EI}=\int_0^{H_1}\frac{\overline{M}_K\cdot M_m\cdot dx}{EI_1}+\int_{H_1}^{H_1+H_2}\frac{\overline{M}_K\cdot M_m\cdot dx}{EI_2}$$

P 作用下，墩柱任意一个截面弯矩为 $M_m=Px$，x 为以墩顶 A 点为原点向下沿轴线方向的

坐标值。单位荷载作用于 A 点时，墩柱任意一个截面的弯矩为 $\overline{M}_{\mathrm{K}} = 1x = x$，可得：

$$\delta_{\mathrm{A}} = \frac{P}{E}\left\{\left[\frac{x^3}{3I_1}\right]_0^{H_1} + \left[\frac{x^3}{3I_2}\right]_{H_1}^{H_1+H_2}\right\} = \frac{PH_1^3}{3EI_1} + \frac{P}{EI_2}\left[\frac{H_2^3}{3} + H_1 \cdot H_2^2 + H_1^2 \cdot H_2\right] \quad (12\text{-}46)$$

式(12-46)与式(12-43)相同，表明 δ_{A} 与 K_{u} 的公式无误。

[例 12-5]　如图 12-13 所示，$H_1 = 30\mathrm{m}$，$H_2 = 40\mathrm{m}$，$I_1 = \frac{1}{12} \times 4.5 \times 2^3 = 3.00(\mathrm{m}^4)$，$I_2 = \frac{1}{12} \times 4.5 \times 3^3 = 10.125(\mathrm{m}^4)$，$E = 3.25 \times 10^7 \mathrm{kN/m^2}$，在水平力 P 作用下，A 点水平位移为 $\delta_{\mathrm{A}} = \frac{PH_1^3}{3EI_1} + \frac{P}{EI_2}\left[\frac{H_2^3}{3} + H_1 \cdot H_2^2 + H_1^2 \cdot H_2\right] = 4124 \times 10^{-7} P(\mathrm{m})$。

$P = 1$ 时，δ_{A} 即为两段墩柱集成后的抗推柔度，则串联后的集成抗推刚度为 $K_{\mathrm{u}} = \frac{1}{\delta_{\mathrm{A}}} = 2425 \mathrm{kN/m}$。

(3)墩柱由三段不同截面尺寸的柱体组成时的抗推刚度。

三段墩柱串联后的集成抗推柔度为：

$$\delta_{\mathrm{A}} = \frac{H_1^3}{3EI_1} + \frac{1}{3EI_2}[3H_1^2 \cdot H_1 + 3H_1 \cdot H_2^2 + H_2^3] + \frac{1}{3EI_3}[H_3^3 + 3H_1 \cdot H_3^2 + 3H_1^2 \cdot H_3 + 3H_2^2 \cdot H_3 + 3H_2 \cdot H_3^2 + 6H_1 \cdot H_2 \cdot H_3] \quad (12\text{-}47)$$

式中：H_1、H_2、H_3——分别为从上至下三段墩柱的高度；

I_1、I_2、I_3——分别为从上至下三段墩柱截面抗弯惯性矩。

三段墩柱串联后的集成抗推刚度为：

$$K_{\mathrm{u}} = \frac{1}{\delta_{\mathrm{A}}} \quad (12\text{-}48)$$

同样，K_{u} 可代替式(12-41)、式(12-42)中 K_{t}，计算与支座的串联或并联抗推刚度。

12.3.3　连续刚构桥双肢薄壁墩的抗推刚度

(1)双肢桥墩与单柱式桥墩自身的抗推刚度

为了便于比较和计算，将双肢桥墩与单柱式桥墩的基本构造尺寸规定如下。

在 0 号梁段完成时，连续刚构双肢主墩如图 12-14a)所示。高度为 H，双肢纵向中距为 B，双肢下端固结，0 号梁段与双肢上端固结，形成门式刚构。0 号梁段的抗弯刚度为 EI_0，双肢墩每一墩均为矩形截面，宽度为 b，高度为 h，其抗弯刚度为 EI；单柱式桥墩完成时如图 12-14b)所示。高度为 H，下端固结，墩身为矩形截面，宽度为 b，高度为 $2h$，为了叙述方便，将这个单柱式墩称为“对应于双肢墩的单柱墩”。

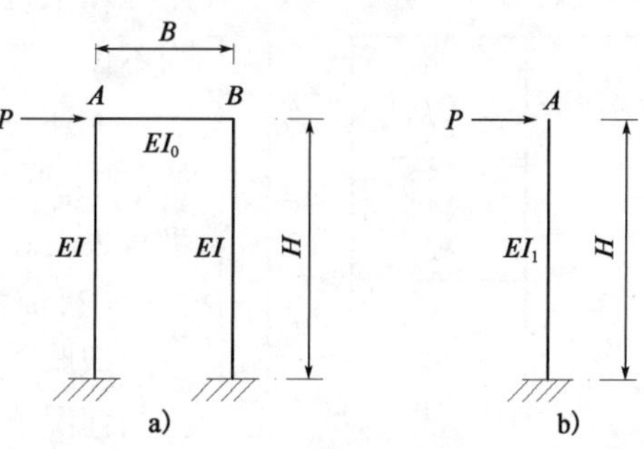

图 12-14　双肢桥墩与单柱式桥墩

为了表达这两种桥墩自身的抗推刚度，均在墩顶作用一个水平力 P。按线弹性理论，且不计轴向与剪切变形的影响，可以得到双肢桥墩在 P 作用下 A 点的水平位移：

$$\delta_{\mathrm{A}} = \frac{PH^3}{6EI}\left[1 - \frac{9}{12 + 2\frac{I}{I_0}\cdot\frac{B}{H}}\right] \tag{12-49}$$

纵梁 AB(0 号梁段)的抗弯刚度 EI_0 远大于立柱的抗弯刚度 EI,由式(12-49)可得,$\delta_{\mathrm{A}} \to \frac{PH^3}{24EI}$,令 $P=1$,δ_{A} 为抗推柔度,则抗推刚度为 $1/\delta_{\mathrm{A}} = K_{\mathrm{A}}$,并趋近于最大值,即

$$K_{\mathrm{Amax}} \to \frac{24EI}{H^3} \tag{12-50}$$

就桥墩本身而言,K_{Amax}远大于双肢柱分别的抗推刚度之和:$\frac{3EI}{H^3}+\frac{3EI}{H^3}=\frac{6EI}{H^3}$。

当柱顶纵梁 AB 的两端与立柱顶为铰接时,纵梁抗弯刚度 EI_0 对双肢墩的抗推刚度无影响,此时双肢墩的抗推刚度达到最小值,即

$$K_{\mathrm{Amin}} \to \frac{6EI}{H^3} \tag{12-51}$$

双肢墩成为门式刚构后,K_{A} 还受到 B 和 H 的影响。一般情况下,K_{A} 在$\frac{6EI}{H^3}\sim\frac{24EI}{H^3}$之间。

对应于双肢墩的单柱墩,如图 12-14b)所示。其抗推刚度 K'_{A} 为:

$$K'_{\mathrm{A}} = \frac{3EI_1}{H^3} = \frac{2Ebh^3}{H^3} \tag{12-52}$$

式(12-50)中的 $I=\frac{1}{12}bh^3$,则 $K_{\mathrm{Amax}} \to \frac{24EI}{H^3}=\frac{2Ebh^3}{H^3}$。

可见,对应于门式刚构双肢墩的单柱墩,其抗推刚度与双肢墩的 K_{Amax} 相等,即 $K'_{\mathrm{A}}=K_{\mathrm{Amax}}$。

如果在双肢墩柱之间的中部设置纵向系梁(其两端与立柱固接),则双肢墩自身的抗推刚度将大幅度提高。以下用算例比较。

某双肢桥墩,$H=84.71\mathrm{m}$,双肢纵向中距 $B=6.5\mathrm{m}$,一肢立柱为矩形截面,$b=5.4\mathrm{m}$,$h=1.5\mathrm{m}$;墩顶纵梁 AB 抗弯刚度 EI_0 很大,视为刚性杆。墩底取为固结。采用 C40 混凝土,$E=3.25\times10^4\mathrm{MPa}$,在不设置纵向系梁的情况下,取 $P=1\mathrm{kN}$,按式(12-49)计算得到 A 点的水平位移为 $\delta_{\mathrm{A}}=0.000513\mathrm{m}$,则抗推刚度为 $K_{\mathrm{A}}=1/\delta_{\mathrm{A}}=1852\mathrm{kN/m}$。

如在双肢墩柱之间设置两道纵向系梁,如图 12-15 所示,仍取 $P=1\mathrm{kN}$,用平面杆系程序计算得到 $\delta_{\mathrm{A}}=0.0001424\mathrm{m}$,则抗推刚度 $K_{\mathrm{A}}=1/\delta_{\mathrm{A}}=7022\mathrm{kN/m}$。

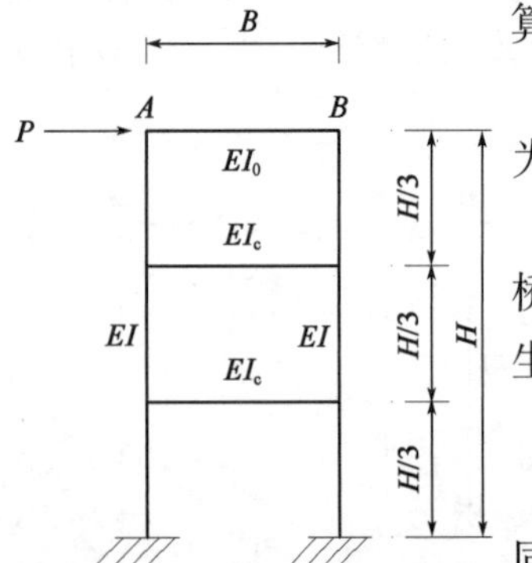

图 12-15　双肢墩间设系梁

在本算例情况下,设置两道纵向系梁后,双肢墩的抗推刚度为不设系梁抗推刚度的 3.79 倍。

上述讨论仅限于桥墩本身的抗推刚度。主梁合龙成桥后,全桥(或全联)结构的抗推刚度,与桥墩自身的抗推刚度相比较将发生较大变化。

(2)成桥后连续刚构抗推刚度的主要特点

双跨单 T 刚构和三跨及三跨以上连续刚构,在孔跨与墩高相同的情况下,双肢主墩与"对应于双肢墩的单柱墩"相比较,双肢墩刚构桥的抗推刚度远小于"对应于双肢墩的单柱墩"桥的抗推

刚度。下面是两个实桥算例。

［**例 12-6**］　48.5m + 85m + 48.5m 三跨连续刚构桥，如图 12-16 所示。主墩高度 30m，下端固结。主梁高度 5 ~ 2.2m，双肢墩柱纵向中距为 3.8m，单肢为矩形截面，高 1.2m，宽 8.25m，上下部结构均为 C50 混凝土，计算得到该桥的抗推刚度 $K = 69.34$kN/mm（对应于墩顶，下同）。

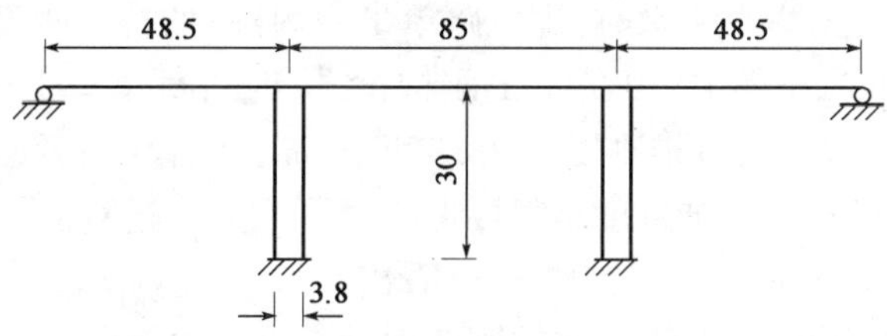

图 12-16　双肢墩连续刚构桥（尺寸单位：m）

对应于图 12-16 的单柱式连续刚构桥如图 12-17 所示。墩柱为矩形截面，高 2.4m，宽 8.25m，其余数据与双肢墩桥相同。计算得到抗推刚度 $K = 228.8$kN/mm。

双肢墩桥的抗推刚度仅为单柱墩桥抗推刚度的 1/3.3。

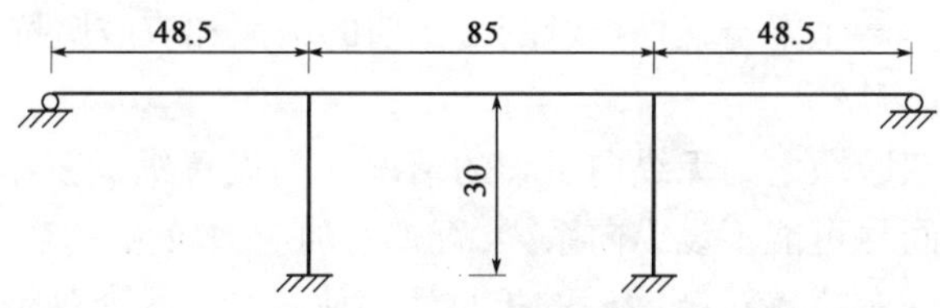

图 12-17　单柱式连续刚构桥（尺寸单位：m）

［**例 12-7**］　50m + 50m 双跨单 T 刚构桥，如图 12-18 所示。主墩高度 30m，下端固结，主梁高度 5 ~ 2.2m，双肢墩柱纵向中距为 3.8m，单肢为矩形截面，高 1.2m，宽 8.25m。上、下部结构均为 C50 混凝土，计算得到抗推刚度 $K = 33.69$kN/mm。

相应于图 12-18 的单柱式单 T 双跨刚构桥如图 12-19 所示。墩柱为矩形截面，高 2.4m，宽 8.25m，其余数据与双肢墩桥相同。计算得到抗推刚度 $K = 93.91$kN/mm。

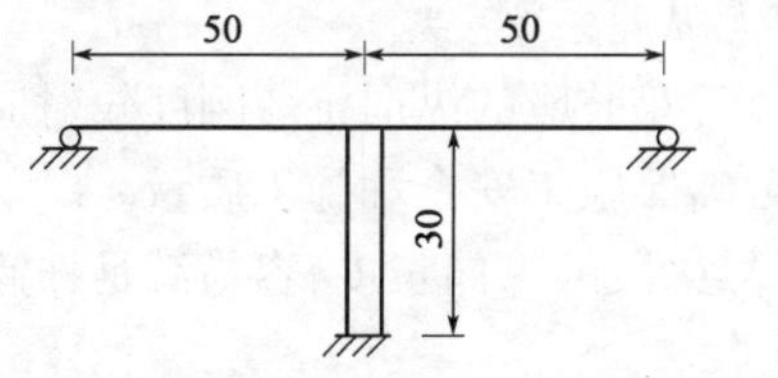

图 12-18　双柱墩单 T 双跨刚构桥（尺寸单位：m）

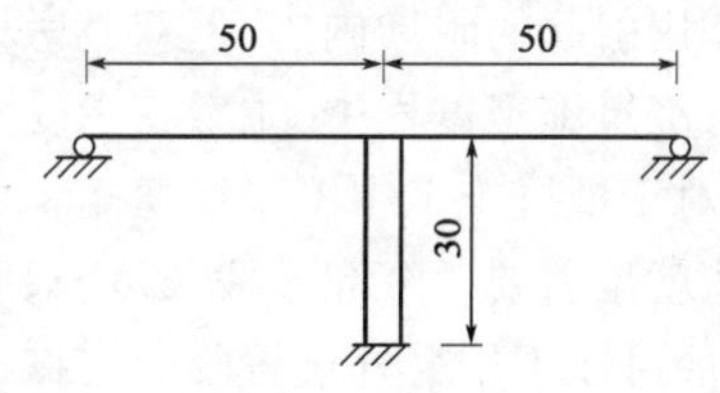

图 12-19　单柱墩单 T 双跨刚构桥（尺寸单位：m）

双肢墩桥的抗推刚度仅为单柱墩桥抗推刚度为 1/2.79。

可见，不论是双跨单 T 刚构桥，还是三跨与三跨以上的连续刚构桥，双肢主墩桥的抗推刚度较单柱主墩桥的抗推刚度大幅度下降。在两者对应条件相同情况下，降低的幅度，前者不小于后者的 1/4。

在双肢桥墩情况下，主墩个数越多（即跨数越多），连续刚度桥的抗推刚度增大越迅速。一个主墩时（即双跨单 T 刚构桥）的抗推刚度已接近双肢墩自身（即门式刚构）的抗推刚度。例如上述例二中图 12-18 的单 T 刚构桥，抗推刚度 $K = 33.69$kN/mm，而双肢墩自身（即主梁未合龙前的门式刚构)的抗推刚度为 31.47kN/mm,两者已很接近。而双肢三跨连续刚构桥的抗推刚度又比双跨双肢墩刚构桥的抗推刚度增大了约一倍。例如图 12-16 的连续刚构桥抗推刚度为 69.35kN/mm,图 12-18 的单 T 刚构桥的抗推刚度为 33.69kN/mm,前者约为后者的 2 倍。

在单柱式墩的情况下,也是主墩个数越多(即跨数越多),连续刚构桥的抗推刚度增大越迅速。与双肢墩不同的是,一个主墩时(即双跨单 T 刚构桥)的抗推刚度远大于单柱墩自身的抗推刚度。例如[例 12-7]中图 12-19 的单 T 刚构桥,抗推刚度 $K=93.91$kN/mm,而单柱墩自身(即主梁未合龙前的墩柱)的抗推刚度为 28.97kN/mm,前者为后者的 3.2 倍。门式刚构墩与对应的单柱墩,两者自身的抗推刚度是很接近的。可以从上述双肢墩与单柱墩两者自身的抗推刚度分别为 31.47kN/mm 和 28.97kN/mm 看出。

刚构桥不论是双跨还是更多跨,其抗推刚度均大于单个主墩自身的抗推刚度,双肢墩和单柱墩均如此。跨数越多,抗推刚度越大,因温度等引起的附加内力也越大。

影响双肢墩自身抗推刚度的因素主要有墩高、墩柱抗弯刚度及其与主梁抗弯刚度的比值。在成桥状态下,边跨端部支承约束、主梁抗弯刚度与墩柱抗弯刚度的比值以及双肢墩自身的抗弯刚度对于全桥的抗推刚度有较大影响。其中边跨端部竖向支承约束可使单柱墩连续刚构桥抗推刚度较大幅度地上升;主梁与墩柱抗弯刚度比值的增大和双肢墩抗弯刚度的增大,也使连续刚构桥的抗推刚度随之增大。

以上讨论,均基于双肢墩之间无纵向系梁的情况。如设置纵向系梁,抗推刚度迅速上升。所以,成桥后双肢墩之间尽可能不设纵向系梁,否则附加应力较大。

在成桥状态下,单柱墩桥较双肢墩桥的抗推刚度大很多,不论双跨单 T 刚构桥还是多跨连续刚构桥应尽可能采用双肢桥墩。实际的连续刚构桥,主墩的高度一般不相等,有时甚至相差较大,但其抗推刚度仍主要取决于各主墩自身抗推刚度的综合影响。当主墩为单柱式时,主梁边跨端部的竖向约束对全桥抗推刚度的增大有重要作用。这是由于这类竖向约束会导致主墩顶因弯矩引起相反方向的水平位移,从而使全桥抗推刚度上升。

(3)连续刚构桥采用双肢薄壁的主要优点

①双肢墩与相同条件下对应的单柱式墩比较,可以大幅度降低桥梁的整体抗推刚度,减小因温度等作用引起的附加内力,但双肢墩柱之间应无纵向系梁。

②悬臂浇筑施工过程中,主墩将承受不平衡弯矩,双肢墩的纵向抗弯刚度较对应的单柱式墩大得多,对于抵抗施工中不平衡弯矩十分有利,可确保施工安全和施工质量。

③挂篮就位需要一个起步段长度,双肢墩上 0 号梁段的纵向长度,容易满足挂篮起步安装的要求,一般可以不用另外设置临时支撑。

④中等跨径连续刚构桥,有时为了避免水下施工承台,将双肢墩改为圆柱式(横向一般为双柱或三柱),与桩基直接连接,取消承台。单柱式墩则无法实现。下面介绍三个实例。

[例 12-8] 广西河口大桥[41]

56m + 104m + 56m 连续刚构桥,桥面全宽 21.5m,主梁为单箱单室截面,顶宽 19m,底宽 8m,主梁高度 5.5 ~ 2.8m。主墩及过度墩均位于深水中,施工期间水位变幅达 15 ~ 20m,并有通航要求。从桥梁景观考虑,如果主墩设置承台,其底面应置于低水位以下,不仅施工难度大,且工期较长。因此决定取消承台,将双肢主墩的墩身改为 4 根直径 2m 的圆柱,直接与相同直径的钻孔桩衔接。为了增大墩身抵抗船舶撞击的能力,在常水位以下设纵、横向系梁,使 4 根柱桩在水下由水平框架连接。

[例12-9]　贵州铜仁九龙洞仁家湾大桥[42]

50m+90m+50m连接刚构桥，桥面宽9m，主梁为单箱截面，底宽4.5m，主梁高度5.6～2.1m，桥梁跨越水库，枯水位时水面宽170m，最大水深11m，主墩处水深约10m，流量$120m^3/s$。从桥梁景观、减小施工难度、缩短工期考虑，采用取消承台的基础方案，即将双肢主墩改为4根直径为1.6m的圆柱，与相同直径的钻孔桩直接连接。柱桩总长度28m，纵向柱桩中距3.4m。仅在施工水位附近(枯水位)设置横桥向系梁，纵向柱桩之间无系梁，故结构的纵向抗推刚度较小。

[例12-10]　贵州铜仁市东门大桥

45m+80m+45m连续刚构桥，单幅桥面宽15m，主梁为单箱单室截面，顶板全宽15m，底板宽8m，主墩为双肢4柱式，圆形截面，直径2m。下端与4根直径2m的钻孔灌注桩连接，无承台。桥墩高度15m。

上述三座桥均已建成通车。

12.4　桩基计算模型与等代结构

12.4.1　概述

建筑在桩基之上的超静定结构，应考虑基础变形对上部结构的影响，采用上、下部进行整体分析的方法。为了使桩基能进入整体分析的计算图式中，有两类基本方法：一类是采用实际的桩基础，土抗力的影响用若干弹性杆元模拟；另一类是采用等代结构代替桩基础，代换的原则是代换前后桩的变形应相等，或者说，在基础顶面发生变形时，使代换前后的反作用力相等，使之引起的结构整体受力情况与原结构无异，仅在代换结构部分内力有变化。代换的目的仅仅是为了简化分析。

第一类方法的优点是，由于实际桩基础直接参与上、下部结构有限元分析，所得的桩基内力为实际内力，可以用于结构设计。缺点是，为了模拟桩侧与桩底的土抗力，并达到一定的计算精度，需设置大量的弹簧元，数据很多，较为麻烦。

第二类方法的优点是，桩的等代结构很简单，一般取为单柱(含上端弹性约束)或简单刚构，整体分析图式较为简明。缺点是，为了确定等代结构，须计算有关参数，一般可用手算或编程计算器完成。另一缺点是，整体分析得到的桩内力，非桩的真实内力，应将桩顶或承台处的内力，作为外力施加于原有桩基础上，另进行受力计算。

除上述两类基本方法外，国外有的学者研究了桩土相互作用的数值模型及应用有限元进行分析的理论和方法，有些成果已在大型软件(例如ANSYS、SAP、Midas-Civil和桥梁博士等)上应用，因与现行规范不完全一致，在一般工程中较少采用。对于中小跨径梁桥，在需要进行上、下部联合计算时，多采用上述两类较为简明的模型或等代结构，按平面问题进行分析。

桩基与土的相互作用，在线弹性理论范围内可用力与位移的刚度方程表达。当按平面问题考虑时，其刚度系数矩阵K如下所列[35]：

$$K = \begin{bmatrix} k_x & O & k_{x\theta} \\ O & k_y & O \\ k_{\theta x} & O & k_\theta \end{bmatrix} \tag{12-53}$$

式中：k_x——水平刚度系数；

k_y——竖直刚度系数；

k_θ——转动刚度系数；

$k_{\theta x}$——弯剪刚度系数。

桩基等效模型能否正确反映实际变形与受力状态，在平面问题范围内，取决于上面的4个刚度系数。目前，工程上常用的刚度系数法、比拟杆法和等代梁元法等都是采用不同的方式将这4个刚度系数具体化，达到工程实用的目的。刚度系数法主要应用于大型有限元程序，例如Midas、桥梁博士等。这些软件预留有弹性边界条件的接口，将这4个刚度系数输入到计算模型中，便可以实现桥梁上、下部结构进行整体分析。一般的平面杆系程序没有这种接口功能或接口参数不全，就不能采用这个方法。而比拟杆法和等代梁元法因为直接建立包含这4个刚度系数的桩基础等代结构模型，可以很方便地进入桥梁上、下部结构整体计算的图式中。

本节主要介绍与现行桥规[6]有关规定相一致的工程设计常用的第一类和第二类方法。

12.4.2 用弹簧元模拟土抗力的有限元法[36]

桥规[6]把桩基视为支承在弹性地基上的梁，并满足文克尔假定。所以，可以用梁单元模拟桩基，土对桩的横向水平力用一组水平弹簧模拟，桩底支承反力和桩周摩阻力则用竖向弹簧来模拟。由此可得桩基的等效模型如图12-20所示。

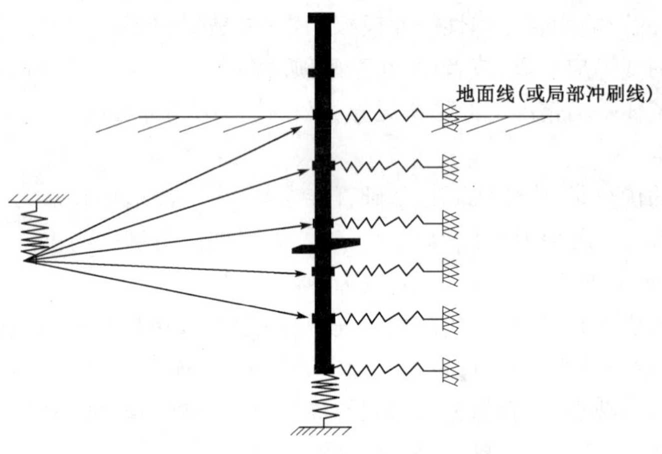

图12-20　基桩模型

图12-20中箭头所示为每一个节点均有的模拟桩周摩阻力的竖向弹簧。对于嵌入基岩的柱桩，可视桩底为固端约束。对于未嵌入岩层的桩应考虑桩端的压缩变形，应在该处设置竖向弹簧。图12-20为摩擦桩的等效模型。桩的结构尺寸和材料特性与实际桩相同。计算得到的内力及变位可直接用于工程设计。这个方法可配合平面杆系有限元程序进行桥梁上、下部结构的整体分析。

(1)水平弹簧刚度计算

任意深度 z 处水平弹簧刚度 K_z 按式(12-54)计算:

$$K_z = m \cdot b_1 \cdot h_z \cdot z \tag{12-54}$$

式中:z——计算弹簧位置至地面线或局部冲刷线的距离;

m——非岩石地基水平向抗力系数的比例系数,当无实测资料时,参考桥规[6]附录P取值;

b_1——桩基的计算宽度,按桥规[6]规定确定;

h_z——为计算弹簧位置深度 z 处土层的计算厚度。对于中间弹簧可取相邻梁单元长度之和的1/2;对于地面以下第1个单元,h_z 取第1个单元长度的1/2;对于桩底单元,h_z 取该单元长度的1/2。相应的 z:对于近地面第1个单元,取该单元长度的1/4;对于桩底单元,取 z 为桩底至地面的距离。

近地面处 z 与 h_z 的取值,是为了避免出现 $z=0$ 使 $K_z=0$ 的情况出现,因为这不符合地面处存在水平约束的实际状态。

(2)桩端竖向弹簧刚度计算

根据桩端土竖向压缩量,按文克尔假定,可以得到桩底竖向弹簧刚度 K_{vb} 的公式:

$$K_{vb} = C_0 \cdot A_0 \tag{12-55}$$

式中:C_0——桩底土竖向地基系数,按m法计算,见桥规[6]的有关规定;

A_0——桩底土的受压面积。

(3)桩侧土竖向弹簧刚度计算

桥梁工程中大量使用的钻(挖)孔灌注桩,桩侧摩阻力呈均匀分布,桩与土层间的相对竖向位移由土层压缩量与桩身压缩量两部分组成。可以推导出下述桩侧土竖向弹簧刚度的近似计算公式:

$$K_{vi} = \frac{l_i}{\dfrac{0.5(h-z)^2}{EA} + \dfrac{h}{C_0 \cdot A_0}} \tag{12-56}$$

式中:K_{vi}——桩身第i个单元桩侧土竖向弹簧刚度,单元编号从地面开始,往下依次为1,2,…,n;

l_i——桩身第 i 个单元的长度;

h——地面线以下桩身长度;

z——第 i 节点至地面的距离;

E——桩身材料抗弯弹性模量,取抗压弹性模量的0.67倍;

A——桩身截面面积;

C_0、A_0 含义同前。

认为承台为一刚体,桩与承台固结。地面以下桩身取实际自重的1/2参与计算。公式推导时假定桩顶竖向力均由桩侧摩阻力承担,故式(12-56)适用于桩顶荷载 $P<0.5uh\tau_m$ 的情况,式中 U 为桩身周长,τ_m 为桩周土的平均摩阻力,按桥规[6]规定计算。

12.4.3 比拟杆法[37]

比拟杆法常用的图式是将桩基模拟为一柱底固结的双柱式刚构,柱顶横梁的抗弯刚度设为无穷大，柱高为 l，双柱间距为 C，单根立柱的抗压刚度为 EA，抗弯刚度为 EI，这 4 个参数对应于式(12-53)中的 4 个刚度系数，可建立正定线性方程组进而求出唯一解。本节介绍的比拟杆法适用于平面问题分析。对于空间问题，如果忽略扭转刚度，则要用 7 个独立的刚度系数来建立等效的比拟杆。由于参数计算过于麻烦，难以在工程设计中推广应用。

图 12-21 为实际的桩基础立面图，图 12-22 为比拟杆法计算时采用的桩基等代结构。

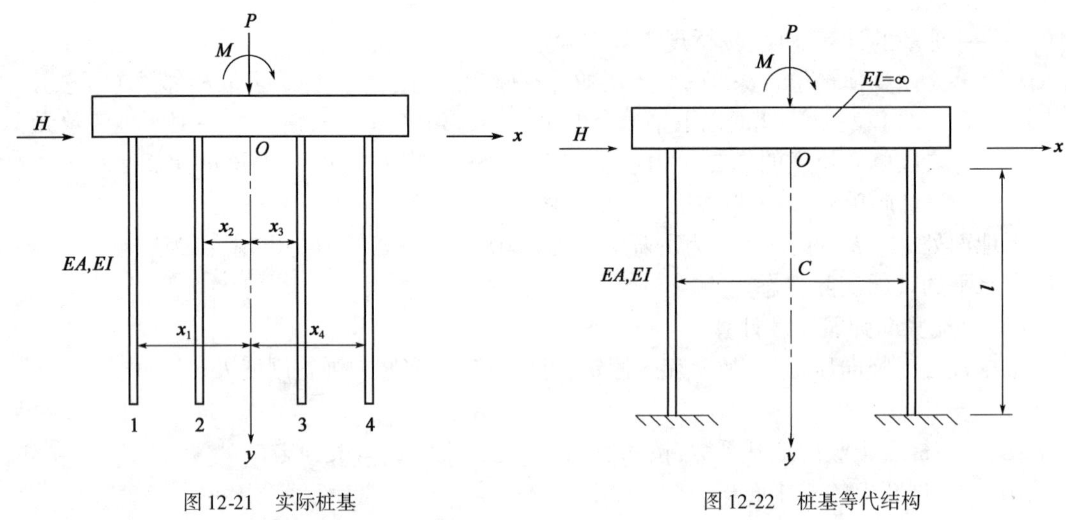

图 12-21　实际桩基　　　图 12-22　桩基等代结构

4 个参数 EA、EI、l 和 C 的计算公式如下：

$$EA = \frac{n \cdot \rho_{\mathrm{PP}} \cdot \rho_{\mathrm{MH}}}{\rho_{\mathrm{HH}}} \tag{12-57}$$

$$EI = \frac{n \cdot \rho_{\mathrm{MH}}^3}{3\rho_{\mathrm{HH}}^2} \tag{12-58}$$

$$l = \frac{2\rho_{\mathrm{MH}}}{\rho_{\mathrm{HH}}} \tag{12-59}$$

$$C = \sqrt{KK} \tag{12-60}$$

$$KK = \frac{4(n\rho_{\mathrm{MM}} + \rho_{\mathrm{PP}} \sum x_i^2 K_i)}{n\rho_{\mathrm{PP}}} - \frac{16\rho_{\mathrm{MH}}^2}{3\rho_{\mathrm{PP}}\rho_{\mathrm{HH}}} \tag{12-61}$$

上述式中：n——实际桩基的总根数；

x_i——实际桩基各排桩中心点至承台中心 O 点的水平距离，向右为正值，向左为负值，图 12-21 中 $x_3, x_4 > 0, x_1, x_2 < 0$；

K_i——第 i 排桩的根数；

ρ_{PP}——沿桩轴线方向有单位位移时引起的轴向力，计算公式为

$$\rho_{\mathrm{PP}} = \frac{1}{\dfrac{l_0 + \xi h}{EA} + \dfrac{1}{C_0 A_0}} \tag{12-62}$$

各符号含义详见桥规[6]附录 P;

ρ_{HH}——垂直桩轴线方向有单位横向位移时在桩顶引起的剪力,计算公式为

$$\rho_{\mathrm{HH}} = \frac{\delta_{\mathrm{MM}}}{\delta_{\mathrm{HH}}\delta_{\mathrm{MM}}\delta_{\mathrm{MH}}^2} \tag{12-63}$$

ρ_{MH}——垂直桩轴线方向在桩顶有单位横向位移时在桩顶引起的弯矩,或当桩顶有单位转角时引起的桩顶剪力,计算公式为

$$\rho_{\mathrm{MH}} = \frac{\delta_{\mathrm{MH}}}{\delta_{\mathrm{HH}}\delta_{\mathrm{MM}} - \delta_{\mathrm{MH}}^2} = \rho_{\mathrm{HM}} \tag{12-64}$$

ρ_{MM}——桩顶有单位转角时引起的桩顶弯矩,计算公式为

$$\rho_{\mathrm{MM}} = \frac{\delta_{\mathrm{HH}}}{\delta_{\mathrm{HH}}\delta_{\mathrm{MM}} - \delta_{\mathrm{MH}}^2} \tag{12-65}$$

以上各式中的 δ_{MM}、δ_{HH}、δ_{MH}、δ_{HM} 均为桩的柔度,按桥规[6]附录 P 规定计算。ρ_{PP}、ρ_{HH}、ρ_{HM}、ρ_{MH} 均为单桩刚度。

上述比拟杆法确定的等代结构可以模拟端承桩和摩擦桩,单排桩基和多排桩基均适用。通过上、下部结构联合计算得到的承台顶或桩顶的内力 P、M、H,作为反力再用 m 法按实际桩基计算桩身内力。本书编著者曾多次在工程设计中采用这个方法,结果正确,使用较为方便。

12.4.4　等效梁单元法[37,39]

桩基按平面问题分析时,可以用一根下端固结上端水平弹性约束的单柱作为等代结构。如图 12-23 所示,单柱抗压刚度 EA,抗弯刚度 EI,柱顶双铰水平弹性杆(弹簧系数 K_1)的抗压刚度 $E_1 = EF$,F 为水平杆截面面积。E 为桩身材料弹性模量,为等代柱的长度。l、A、I 和 K_1 为等效结构的 4 个独立参数,即相应于式(12-53)刚度系数矩阵中的刚度系数。因此,桩土相互作用刚度方程具有唯一解。这 4 个参数的计算公式如下:

$$l = \frac{3(n\rho_{\mathrm{MM}} + \sum\rho_{\mathrm{PP}}K_i x_i^2)}{2n\rho_{\mathrm{MH}}} \tag{12-66}$$

$$EA = \frac{3n\rho_{\mathrm{PP}}(n\rho_{\mathrm{MM}} + \rho_{\mathrm{PP}}\sum K_i x_i^2)}{2n\rho_{\mathrm{MH}}} \tag{12-67}$$

$$EI = \frac{3(n\rho_{\mathrm{MM}} + \sum\rho_{\mathrm{PP}}K_i x_i^2)^2}{8n\rho_{\mathrm{MH}}} \tag{12-68}$$

$$K_1 = \frac{4n^2\rho_{\mathrm{MH}}^2}{3(n\rho_{\mathrm{MM}} + \rho_{\mathrm{PP}}\sum K_i x_i^2)} - n\rho_{\mathrm{HH}} \tag{12-69}$$

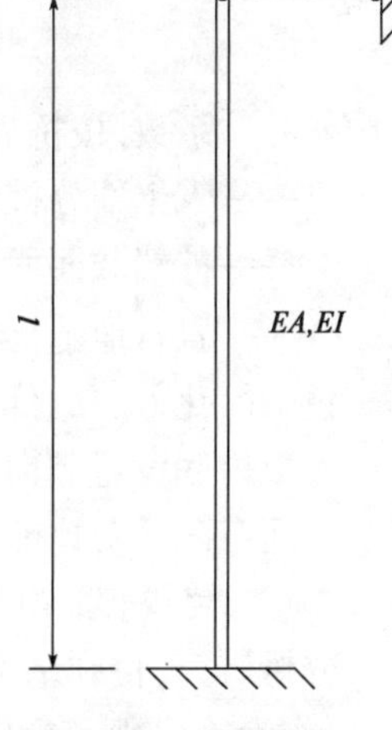

图 12-23　桩基等代结构

实际基础如图 12-21 所示,上述各公式中的符号含义与 12.4.3 节相同,当实际桩基础纵向为单排桩时,$x_i = 0$,并令 $D = \delta_{\mathrm{HH}}\delta_{\mathrm{MM}} + (\delta_{\mathrm{HM}})^2$,以上 4 个公式可简化为:

$$l = \frac{3\delta_{\mathrm{HH}}}{2\delta_{\mathrm{MH}}} \tag{12-70}$$

$$EA = nl\rho_{PP} \tag{12-71}$$

$$EI = \frac{3n\delta_{HH}^2}{8D\delta_{MH}} \tag{12-72}$$

$$K_1 = n\left[\frac{4\delta_{HM}^2}{3\delta_{HH}} - \delta_{MM}\right]/D \tag{12-73}$$

本小节桩基等代结构的公式适用于弹性桩，即 $ah > 2.5$ 的桩。

12.4.5 简化等效梁单元法[35]

上述比拟杆法和等效梁单元法均采用4个独立参数以满足等效代换时刚度方程具有唯一解的要求。在基本资料符合实际的情况下，具有较高的精度。但等代结构与实际桩结构完全不相同，使用起来不是很方便。为了减少桥梁桩基模拟的计算工作量，同时直观地反映出桩基的受力特点，本章参考文献[35]采用柔度系数等代法推导出一种简化的桩基模拟方法，可适用于弹性摩擦桩及嵌岩桩，并可用于桥梁的平面及空间问题分析。分别用简化方法与精度较高的比拟杆法对一实例进行了对比计算，误差在5%左右。

简化方法的等代结构，是将每根桩均等代为与桩直径相同的梁单元和桩底竖向弹簧串联的形式。即等代结构中只有等代桩长 L 和竖向弹簧刚度 K_s 两个独立参数。从理论上讲简化后的模型与实际桩基不完全等效，但如果因这种代替产生的误差能控制在工程设计可以接受的范围内，则简化方法具有实用性。等代桩长 L 和桩底竖向弹簧刚度 K_s 的计算公式如下：

$$L - \frac{1.82}{\alpha} \tag{12-74}$$

式中：α——桩的变形系数，单位为1/m，按单桩计算，计算公式为

$$\alpha = \sqrt[5]{\frac{mb_1}{EI}} \tag{12-75}$$

各符号含义及取值详见桥规[6]附录P。

$$K_s = \frac{1}{\dfrac{\xi h - L}{EA} + \dfrac{1}{C_0 A_0}} \tag{12-76}$$

式中：ξ——系数，按桥规[6]附录P中表P.0.6取值；

A——入土部分桩的平均截面面积；

A_0——桩端截面面积，按桥规[6]附录P中表P.0.6规定计算；

C_0——岩石地基抗力系数，单位 kN/m^4，可按桥规[6]附录P中表P.0.2-2取值。

这个简化方法的优点是，实际桩基础的布置、根数和截面尺寸均不改变，仅变化其长度，并在每一根桩底设置竖向弹簧杆元，便可作为等效梁元参与上下部结构整体分析。目前，尚未看见与空间有限元对比分析的数据，工程应用实例较少，有待进一步分析研究。

本章参考文献[40]对于桩基按m法计算的4个参数 ρ_{HH}、ρ_{MM}、ρ_{HM} 和 ρ_{PP} 与桩长的关系进行了分析研究，得到结论：在保证一半桩长满足 $ah > 4$ 条件的基础上，采用一半桩长模拟群桩基础，作为等代梁元参与上下部结构进行有限元分析计算，可以达到较高精度。按桥规[6]规

定的方法与等代梁元的方法通过实例对比计算，相对误差在 2% 以内。桩的单元划分时，为保证计算精度，要求桩顶 1 倍桩直径高度范围内的单元应划分为 5 段。

12.5　箱梁腹板厚度有关问题讨论

中等以上跨径混凝土梁式桥，广泛采用具有良好结构性能的箱形截面连续梁和连续刚构，主要是预应力混凝土箱梁桥。国内的调查资料表明，预应力混凝土箱形梁桥使用过程中出现的问题，主要是不同程度的开裂。有纵向裂缝、弯曲裂缝、弯曲剪应力裂缝和主拉应力裂缝四大类。较为严重的是，少数预应力混凝土箱梁桥出现可能影响结构正常使用或主体结构耐久性的主拉应力裂缝。与箱梁顶、底板比较，腹板的受力状况更为复杂，影响的因素更多。目前，各国规范多未明确规定腹板最小厚度。国内预应力混凝土箱梁桥设计，主要是根据经验拟定初步尺寸，按桥规进行受力分析后进行优化和调整。其中，顶底板厚度的经验值变化较小，面腹板厚度的变化对恒载、结构构造、主拉应力、施工工艺影响较大，较为敏感，已成为箱梁截面设计关注的重点。

(1)钢筋混凝土受弯构件斜截面剪切破坏的三种形态

剪跨比定义：梁承受集中荷载时，集中力作用点到支点的距离 a(称为剪跨)与梁的有效高度 h_0 之比称为剪跨比，可表示为 $m=\frac{a}{h_0}$。如用该截面的弯矩 M 与剪力 V 之比表示 a，则广义剪跨比为 $m=\frac{M}{Vh_0}$。

受弯构件斜截面剪切破坏有三种典型形态：

①斜压破坏，$m<1$；

②斜拉破坏，$m>3$；

③剪压破坏 $1<m<3$。

这三种破坏形态，均为“脆性”破坏。为了防止这三类剪切破坏的发生。采取的措施是：

用限制截面最小尺寸的办法防止斜压破坏；

用限制箍筋最大间距和最小配筋率的办法防止斜拉破坏；

因为剪压破坏的剪跨比 m 在 1~3 之间，是钢筋混凝土受弯构件较为普遍的情况，而且其抗剪承载力变化幅度较大，因而规范以剪压破坏为模式，对抗剪承载力计算给出了详细的计算公式和应达到的最低要求。

(2)影响箱梁腹板厚度的主要因素

①腹板厚度应满足抗剪承载力、抗弯承载力和抗裂的要求。主要影响因素有：剪跨比、混凝土强度、腹筋(箍筋与弯起钢筋)的数量与间距、纵向钢筋配筋率、截面尺寸及形状等。注意到，剪跨比 m 增大，则斜截面抗剪承载力下降，反之，m 减小，则抗剪承载力增大。

②腹板厚度应满足布置普通钢筋和预应力钢束的构造要求。

③腹板厚度应满足施工操作的最低要求。

(3)现行桥规受弯构件斜截面抗剪计算公式的来源

《公路钢筋混凝土及预应力混凝土桥涵设计规范》(JTG D62—2004)和 2012 年征求意见

稿(以下简称为“现行桥规”)。有关抗剪计算的主要内容如下。

现行桥规关于受弯构件斜截面抗剪计算共计7条——5.2.6~5.2.12条。其中,对腹板厚度影响较大的有5.2.7条、5.2.9条和5.2.10条。

5.2.9条和5.2.10条分别规定了抗剪要求的上、下限值。

5.2.9条对梁的截面尺寸规定了最低要求,即抗剪上限值:

$$r_0 V_d \leqslant 0.51 \times 10^{-3} \sqrt{f_{cu,k}} \cdot b \cdot h_0 \quad (kN) \tag{5.2.9}$$

式中:V_d——验算截面处由作用(或荷载)产生的剪力组合设计值(kN);

b——相应于剪力组合设计值处的截面腹板厚度(mm);

h_0——相应于剪力组合设计值处的截面有效高度(mm);

$f_{cu,k}$——边长为150mm混凝土立方体抗压强度标准值,即混凝土强度等级(MPa)。

5.2.10条对箍筋可以按构造设置提出的规定,即下限值,为规范中的式(5.2.10)。

5.2.7条对斜截面抗剪承载力应满足的要求给出了计算公式,即规范中的式(5.2.7)。

上述规范中这几个公式的来源,有几点值得注意:

①这些公式都是半理论半经验公式,公式的构成及相关参数建立在大量试验所获得资料的基础上。

②国内外的试验资料,主要是等高度的钢筋混凝土梁和混凝土预应力混凝土梁,且限于简支梁和连续梁。基本上没有下缘为连续曲线的变高度预应力混凝土受弯构件的试验资料。对于等高度但仅在支点附近有承托的梁,也没有预应力混凝土受弯构件的试验资料。

③剪跨比、混凝土强度、纵向配筋率、截面尺寸和配箍率等对斜面抗剪承载力的影响,试验资料所得的是若干存在一定相关关系的“点群”,相关系数较小,且是用人工定线的方法确定其经验函数关系。

④有腹筋梁的抗剪承载力,则模拟为桁架模型进行计算,这是一种近似分析方法,具有一定误差。斜裂缝间的混凝土比拟为斜压杆,箍筋比拟为受拉腹杆,受拉纵筋比拟为下弦拉杆,受压区混凝土及受压区纵向钢筋比拟为上弦压杆。

假定在发生斜压破坏时,箍筋已经屈服,斜压杆混凝土已压坏,构件的抗剪承载力达到上限。这就是公式(5.2.9)的理论模式。其含义是:斜压破坏取决于混凝土的抗压强度和截面尺寸。因而应通过受剪截面的剪力设计值不大于斜压破坏时的受剪承载力来防止由于配箍率过高而产生的斜压破坏。所以,式(5.2.9)是通过理论桁架模型建立公式的基本结构并用试验结果进行定量表述,是一个半理论半经验的公式。所依据的试验资料绝大部分是等截面梁的试验成果。

同样,式(5.2.7)和式(5.2.10)也是半理论半经验公式。

(4)现行桥规公式(5.2.7)、公式(5.2.9)和公式(5.2.10)的适用范围

根据上述分析讨论,对现行桥规这几个公式的适用范围提出下述建议:

①等高度RC和PC简支梁、连续梁适用这些公式。

②等高度的但支承附近有承托(即梁高局部增大)的RC连续梁也适用,但PC连续梁不适用。

③变高度且下缘为连续曲线的PC连续刚构桥和PC连续梁桥,基本上不适用。

(5)大跨径连续刚构桥箱梁腹板厚度的拟定

从 1988 年广东洛溪大桥建成至今,国内各省市已建成了大量的连续刚构桥,积累了丰富的设计施工经验。参考已成桥的资料初步拟定箱梁截面尺寸,通过结构分析计算并考虑施工条件后确定腹板厚度的设计方法是可靠的。现行桥规式(5.2.9)可以在其适用范围内使用,但不应作为确定截面尺寸的控制条件。

对于箱梁腹板厚度的初步拟定,提出以下建议供参考:

①箱梁腹板厚度的变化对截面应力状况的变化十分敏感,当腹板厚度稍有增加,截面正应力、剪应力和主拉应力均有较好的改善。尤其是剪力与主拉应力更为明显。反之,腹板厚度减小,则应力增加也较大。同时,腹板厚度的变化,对箱梁自重影响较大,跨径越大越明显。所以,设计时腹板厚度的确定很重要,应多做比较。必要时,通过结构受力分析后,再进行调整优化。

②已建成的连续梁桥和连续刚构桥,绝大部分的主梁为单箱单室截面,腹板的最小厚度(中跨跨中及边跨端部截面)多在 30 ~ 50cm 之间,近年由于有的桥箱梁腹板出现斜裂缝,跨径较大时,最小厚度宜大于 40cm,必要时可达到 45 ~ 50cm。箱梁根部腹板厚度,已建成的连续刚构桥,在 55 ~ 100cm 之间,变化范围较大,为了进一步提高箱梁的抗剪承载力,现多数在 60 ~ 70cm 之间。主跨超过 200m 时,有增大趋势,例如杭州钱江下沙大桥主跨 232m,根部腹板厚度达到 100cm;江津长江大桥主跨 240m,根部腹板厚度为 80cm。

③大跨径桥,箱梁腹板厚度从根部到跨中采用分段变厚度的方式,一般分为两段或三段,采用不同的等厚度。相邻段之间厚度相差为 10 ~ 20cm,并设置一较短的变厚度段,其长度不小于相邻腹板厚度差的 12 倍。

④0 号梁段因受力复杂、局部应力较大,且为挂篮起始安装平台,其腹板厚度宜适当增大。一般较 1 号梁段的腹板厚度增大 30 ~ 40cm。

按初步拟定的箱梁尺寸,通过受力分析计算后,结合预应力钢束的布置,便可确定腹板厚度,变截面 PC 连续箱梁桥不必按桥规[5]式(5.2.9)的要求,过多地增大腹板的厚度。

另外,对于受弯构件的受剪截面尺寸的规定,国家标准《混凝土结构设计规范》(GB 50010—2010)第 6.3.1 条指出:“对受拉边倾斜的构件,当有实践经验时,其受剪截面的控制条件可适当放宽”;《铁路桥涵混凝土结构设计规范》(TB 10092—2017)也指出:“变高度梁的剪应力计算应考虑高度变化的影响”。可见,对于连续梁或连续刚构变高度箱梁,不宜直接采用等高度梁的限制条件,而应适当修正和调整。

本章参考文献

[1] 汪晓红.高墩偏压验算中的参数选取方法[J].公路,2015(4).
[2] 尼颖升,等.长柱偏心距增大系数及有侧移时的计算长度确定[J].中外公路,2014(2).
[3] 刘泽欣,等.柔性高墩弯曲二阶效应的简化计算与探讨[J].公路交通科技(应用技术版),2011(12).
[4] 王景奇,等.梁柱偏心距增大系数的非线性有限元分析[J].公路,2014(4).
[5] 梁雄,等.连续梁桥桥墩顺桥向计算长度系数研究[J].公路交通科技,2013(7).
[6] 林上顺.钢筋混凝土桥墩承载力计算方法讨论[J].公路交通技术,2015(1).

[7] 李军,等.梁桥高墩计算长度的一种计算方法[J].城市道桥与防洪,2009(6).
[8] 徐德杰.考虑墩顶弹性约束的桥墩计算长度求解方法[C]//2013年全国桥梁学术会议论文集[M].北京:人民交通出版社,2013.
[9] 齐宏学,等.装配式梁桥高墩计算长度系数探讨[J].中外公路,2011(2).
[10] 曾照亮.高墩计算长度探讨[J].中外公路,2008(5).
[11] 冯云成,等.采用单阶柱法分析连续体系梁式桥桥墩的计算长度[J].桥梁建设,2013(1).
[12] 谢晖,等.桥梁的计算长度系数计算方法研究[C]//2010年全国桥梁学术会议论文集[M].北京:人民交通出版社,2010.
[13] 杨红录.箱梁横隔梁计算方法的探讨[J].城市道桥与防洪,2005(2).
[14] 陈娟婷,等.箱梁横梁加载模式初探[J].公路交通科技(应用技术版),2011(12).
[15] 宫亚峰,等.箱梁横隔梁计算方法研究[J].中外公路,2010(4).
[16] 刘泰松,等.单箱多室箱梁横梁受力研究[J].城市道桥与防洪,2012(8).
[17] 关典,等.钢筋混凝土箱型梁桥横梁计算方法研究[J].辽宁省交通高等专科学校学报,2005(3).
[18] 周海霞.变截面预应力混凝土连续箱梁桥的横梁设计[J].城市道桥与防洪,2012(3).
[19] 项海帆.高等桥梁结构理论[M].北京:人民交通出版社,2002.
[20] 胡健.箱梁横隔梁的受力特性及实用计算法[J].现代交通技术,2007(2).
[21] 许鹏.中小跨径连续箱梁简化计算方法的探讨[J].北方交通,2007(3).
[22] 谢宝来,等.箱梁横梁的计算剖析[J].城市道桥与防洪,2007(12).
[23] 赵传亮,等.箱梁横梁有效分布宽度对计算的影响[J].城市道桥与防洪,2011(6).
[24] 高红琴,等.横梁模型设计分析[J].公路,2012(5).
[25] 周昭慧.配筋混凝土宽箱梁桥预应力横梁计算方法[J].山西建筑,2007(15).
[26] 关清杰.箱梁横梁计算方法研究[J].城市道桥与防洪,2012(7).
[27] 高英贤,等.横梁计算方法探讨与要点分析[J].市政技术,2016(1).
[28] [美]S·铁摩辛柯.材料力学[M].北京:科学出版社,1978.
[29] 湖南大学.结构力学[M].北京:教育出版社,1959.
[30] 清华大学.结构力学[M].北京:建筑工业出版社,1974.
[31] 李靖森,王国鼎.换算刚度法及其在结构中的应用[M].北京:人民交通出版社,1990.
[32] 史福明.梁桥结构有限元分析的计算图式[J].桥梁建设,1991(2).
[33] 袁伦一.连续桥面简支梁桥墩台计算实例[M].北京:人民交通出版社,1999.
[34] 杨高中,等.连续刚构桥在我国的应用和发展[J].公路,1998(6).
[35] 刘中田.桥梁桩基模拟的简化方法及应用[J].城市道桥与防洪,2013(2).
[36] 黄嘉福,等.桥梁桩基有限元模型研究[J].公路交通科技(应用技术版),2011(6).
[37] 周相略.关于桩基础用等刚度杆元进行代换计算的讨论[J].中南公路工程,1991(6).
[38] 全广谦.桥梁结构有限元分析中的桩基等效模型[J].华东公路,1994(2).
[39] 万科峰.桥梁结构分析中桩基的简化方法——桩基等代法[J].中南公路工程,1990(3).
[40] 徐辉,等.群桩基础的精细化设计模拟[J].城市道桥与防洪,2012(11).
[41] 叶亚萍,等.广西河口大桥主桥设计特点[C]//2004年全国桥梁学术会议论文集[M].

北京:人民交通出版社,2004.
[42] 杨虎根,等. 主墩无承台连续刚构桥的设计及基础施工[J]. 城市建设理研究,2013(4).
[43] 刘钊. 桥梁概念设计与分析理论(上册)[M]. 北京:人民交通出版社,2010.
[44] 中交公路规划设计院有限公司标准规范研究室. 公路桥梁设计规范答疑汇编[M]. 北京:人民交通出版社,2009.
[45] 叶列平. 混凝土结构(上册)[M]. 2 版. 北京:清华大学出版社,2005.
[46] 朱汉华,等. 预应力混凝土连续箱梁桥裂缝分析与防治[M]. 北京:人民交通出版社,2006.

第13章 现役混凝土梁桥拓宽改造

13.1 混凝土梁桥拓宽改造总体方案

本章所讨论的混凝土梁桥拓宽改造是指旧桥全部或部分利用,使改建或扩建后的桥梁达到桥面加宽的目的,不包括旧桥全部拆除另建新桥的情况。也就是说,拓宽后的桥梁包含旧结构和新结构两个部分,实质上是一种新旧结构综合体。它既不完全是因病害需进行加固的旧桥,也不完全是新桥。虽然在旧桥拓宽方案中可能需要进行局部加固,但其基本目标是桥面加宽。现行的桥梁规范中没有专门针对桥梁拓宽的具体规定。混凝土桥梁拓宽设计目前只能依据桥梁设计规范和加固规范有关的部分规定。国外研究桥梁拼接技术较早,从20世纪70年代以来,苏联、美国、日本等国家在公路与城市道路改扩建中完成了大量桥梁拓宽工程,实施方案各有特色,设计考虑的侧重点也不尽相同。国内从20世纪90年代后期开始进行规模较大的桥梁拓宽工程,主要集中在几条修建较早的高速公路改扩建工程中。例如:广州至佛山高速公路(1997年);石家庄至黄骅高速公路(1999年);大庆至齐齐哈尔高速公路(2000年);上海至杭州高速公路(2001年)等。至2010年已有20多条高速公路进行了改扩建,大量的桥梁进行了拓宽,积累了较为丰富的设计施工经验。由于桥梁拓宽既涉及旧桥承载能力的评定和技术处理,又涉及新桥的结构设计以及新旧桥之间的协调配合,需要考虑的因素较多。根据国内外的经验,应首先研究拓宽改造的总体方案,以确定主要的结构形式和技术措施。

13.1.1 在旧桥的一侧或两侧另建新桥拼宽

旧桥拼宽的总体方案有两种可能性,一是旧桥由于受某些条件的限制不能直接加宽,必须另建新桥才能满足桥面的总宽度;另一种是旧桥经过必要的加固改造,可以使桥面加宽至需要的总宽度,不另建新桥。国内的桥梁拓宽,尤其是整条高速公路的拓宽,几乎都是利用旧桥,在其一侧或两侧另建新桥的方案。例如公路上常用的装配式空心板桥、装配式T梁桥和装配式组合小箱梁桥就是采用这种方式拓宽[1]。还有少数大跨径预应力混凝土整体式连续梁桥也是采用新旧桥相结合的方式增大桥面宽度。

例如[2]:

(1)沪宁高速公路陆慕大桥

38.5m+65m+38.5m变高度预应力混凝土连续箱梁桥,新桥与旧桥结构形式及跨径相同。新旧箱梁上部结构连接,下部结构不连接。新旧箱梁桥翼缘板采用铰接连接。新旧箱梁拼接成双向八车道桥梁。老桥箱梁翼缘板切除1.5m,新旧箱梁之间预留0.5m后浇段,通过植筋与锯缝形成铰缝。接缝详细构造参阅13.2节。

(2)广州至佛山高速公路湖州大桥

40m + 2 × 50m + 40m 等高度预应力混凝土连续箱梁桥。1997 年首次扩建时,考虑到新旧结构的不均匀沉降和混凝土收缩徐变差异等不利因素,采用新旧桥梁结构分离的方案。但通车三年后发现新旧桥桥面连接处出现通长裂缝,主要原因是由于新旧结构分离,在汽车荷载下产生由剪切力造成的挠度差。2003 年第二次改扩建时,将新旧箱梁的翼缘板间纵缝连成整体,桥面板通过半刚性铰相互连接。使用效果良好,半刚性铰构造参阅 13.2 节。

(3)青银高速公路银川黄河大桥

14 × 16m + 12 × 30m + (60 + 5 × 90 + 60) m + 2 × 30m,桥面全长 1219.9m。其中主桥为 60m + 5 × 90m + 60m 预应力混凝土连续刚构,挂孔为跨径 30m 预应力混凝土 T 梁,非挂孔为变截面三向预应力箱梁。拼宽采用的新桥为与旧桥完全相同的桥跨和桥型结构。旧桥为双幅全宽 23m,在其两侧每幅的一侧各加宽 6m,拼宽后桥梁双幅总宽度 35m。新旧桥之间预留 2cm 缝隙,桥面铺装间通过纵向缝连接,全桥共采用三种纵向缝的伸缩装置。该桥接缝设计的情况参阅 13.2 节。

新旧桥拼接的基本方法,国内在实际工程中采用的有下述三种。

1)方法一:新旧桥上部结构与下部结构均不相互连接

新旧桥上、下部结构均不连接,成为分离的两座桥,但在桥面接缝处应进行适当的处理,使接缝附近行车平顺。这种方式的主要优点是:避开了桥面拓宽新旧结构连接较为复杂的技术问题;新旧桥之间基本上不存在相互影响;施工简单、工期较短;施工操作对桥面交通影响很小。这种方式的主要缺点是:由于上部结构不连接,容易发生桥面铺装层损坏、啃边及纵缝扩大等病害,对行车及桥面排水都不利,而且不能利用桥梁拓宽来改善旧桥受力状态。桥面接缝的处理方法,主要有以下 4 种[2,3]:

(1)采用沥青和木条填充。在车轮的长期碾压下,接缝处两侧边缘常出现啃边现象;新旧桥在接缝处多为悬臂板,车辆反复通过,使两侧边缘发生挠度差,导致沥青木条嵌缝失效,汽车经过时产生振动,又加速了接缝损坏。广佛高速公路在 1997 年拓宽扩建时尝试过这种连接方式,但在出现这些病害后,便放弃了这种方式。目前除个别小桥采用外,一般都不考虑这种连接方式。

(2)采用钢板包边。其做法是将接缝两侧新旧翼板边缘用钢板包裹,可以克服啃边问题,但新旧桥接缝处仍然容易发生挠度差的病害,行车舒适性及安全性都不好。这种方式在城市桥梁中采用多一些,因为城市桥梁通行重车较少,行车速度也不高,影响较小。高速公路桥梁拼宽中除广州市北环高速改造工程采用过这种方式外,其他实例未见报道。

(3)采用桥面连续。这种做法可以避免方法(1)产生的啃边和方法;(2)产生的挠度差等病害。但是在长期运营过程中不可避免地会出现接缝处桥面铺装开裂的情况,类似装配式桥梁纵向桥面连续处存在的通病。接缝处一旦开裂,不仅影响行车,而且在维持通车的情况下处理难度较大。

(4)采用纵向伸缩缝连接。这种做法基本上可以克服上述三种方法出现的弊病。纵向伸缩缝能较好地适应新旧桥之间纵向和竖向的变形差,接缝附近的变形能较平顺地过渡,对行车影响较小。在伸缩缝的表面还可以进行防滑处理,使雨雾天气行车较安全。缺点是一般伸缩装置容易损坏,一旦破损对行车舒适性和安全有影响,修复施工较为困难。

2)方法二:新旧桥上部结构与下部结构均相互连接

这种连接方式的主要优点是:由于新旧桥上、下部结构连续,整体性较好。当地基条件好,在新桥沉降量可以有效控制的情况下,新旧桥可以形成组合结构工作,这种连接方式较为有利。一般情况下,新桥建成后总是会产生一定量的沉降,没有很严格的工程措施,新旧桥之间的沉降差难以完全消除。下部结构的盖梁、系梁和桥台连续处,以及上部结构的连接处容易产生裂缝。这种连接方式目前已较少采用。

3)方法三:新旧桥上部结构连接,下部结构不连接

根据上部结构相互连接的强弱,可以分为以下三种方式。

(1)新旧桥主梁柔性连接

新旧桥梁之间的柔性连接称为弱连接,接近于铰接状态。这种连接方式的优点是降低了新旧桥上部结构之间的连接刚度,可以使运营期间发生的混凝土收缩徐变和基础沉降差,以及行车引起的挠度差均以差异变形的方式在铰接处大部分释放,从而消除或减少接缝的病害。但不足之处是,在车辆长期作用下,铰缝处嵌入的木条、橡胶条容易脱落,引起附近桥面损坏,增大养护维修难度。

(2)新旧桥主梁半刚性连接

半刚性连接仅削弱旧桥主梁翼缘板端下部,新旧桥翼缘板通过搭接钢筋连接,浇筑连接段混凝土后,在其底面割缝10cm,填塞橡胶止水带,也可采用新旧桥翼缘板通过焊接钢板连接。这种构造形式的主要优点是:不仅能传递剪力,还能传递部分弯矩,能较好地解决收缩、徐变和基础不均匀沉降引起的开裂病害,另因具有一定的刚度,使运营期间接缝处不发生挠度差,桥面平顺,行车安全。2002年广州至佛山高速公路湖州大桥主桥(40m + 2 × 50m + 40m)连续梁的拼宽,即采用上部结构半刚性连接,效果较好。为了进一步改善连接段的使用性能,可在新旧主梁连接后的桥面铺装中加设钢筋网并采用高性能混凝土。

(3)新旧桥主梁刚性连接

新旧主梁的刚性连接,除桥面翼板直接拼接外,同时在新旧桥上部结构之间增设数道横隔板,使新旧桥上部结构形成整体,共同受力。其主要优点是:克服了铰接和半刚性连接存在的问题,桥面平顺,行车安全。其主要缺点是:在不封闭交通情况下横隔板施工非常困难,新旧桥的变形差对结构局部受力和整体受力影响较大,新旧桥受力不明确,这种影响随着跨径的增大、结构形式的复杂而更为显著。因此,国内高速公路大跨径桥梁,很少采用主梁刚性连接的方案,中小跨径梁桥采用多一些。

新旧桥上、下部结构均连接,两者变形相互影响,受力很不明确,可能出现的问题难以把握,施工也很复杂。实际工程一般很少采用这种连接方式。

国内高速公路拓宽工程中,目前采用较多的连接方法是方法三,即新旧桥上部结构连接,下部结构不连接。一般公路及城市道路上的个别桥梁则应根据具体情况选用合适的连接方式。

13.1.2 在旧桥的一侧或两侧直接拼宽旧桥,不另建新桥

当旧桥两侧修建新桥的下部结构受到限制,且旧桥在拓宽后其上、下部结构的承载力能满足要求或者经过一定的加固后能满足要求时,可以在旧桥的一侧或两侧直接拼宽旧桥,而不另

建新桥。其主要优点是：不影响旧桥两侧的桥下空间；由于没有新增下部结构，不存在新旧桥之间沉降差带来的问题；拓宽施工仅在旧桥上部结构两侧进行，对桥下的影响较小。其主要缺点是：旧桥下部结构承受的荷载增大，墩台及基础应能满足上部拓宽后对承载力的要求，否则应进行加固，有时加固工程难度较大；旧桥上部结构直接拓宽，为了使新旧结构能形成整体共同受力，拼宽构造较为复杂，施工难度也较大。这种拓宽方式国内未见实例，国外有这方面的研究，并有实际工程。简要介绍如下。

(1)RC 或 PC 箱梁桥两侧拓宽

采用撑杆加宽法(SBWM 法)[1]拓宽箱梁。例如，图 13-1 所示的双车道单箱单室箱形梁，通过两侧增设撑杆，可以拼宽为三车道或四车道桥面。旧桥设计时，如果能预先考虑到今后桥面拓宽的基本要求，并在上、下部结构设计中做出相应的安排，则可根据交通量的发展，很方便地对桥面实施拼宽。加宽工程还可以分期进行，以适应不同时期的要求。对于高速公路和城市道路上的一些重要桥梁或大型桥梁，建议设计时能考虑今后桥面拓宽的要求，作出适当的安排。

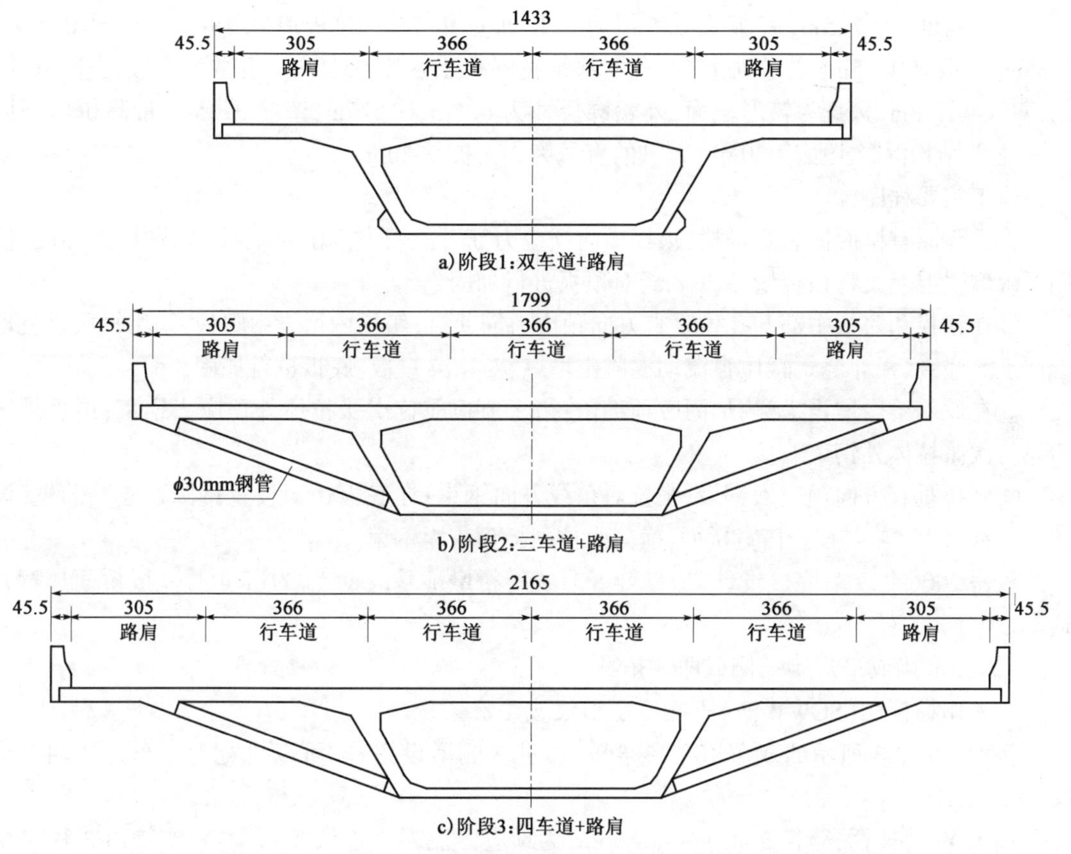

图 13-1　箱形桥梁加宽断面(尺寸单位:cm)

西班牙圣佩德罗桥(San Pedro Bridge)为特大跨径梁桥拓宽的成功实例。该桥的主要特点是桥面宽度从 12m 拓宽到 23m，均为旧桥上部结构拓宽，不另建新桥。旧桥于 1992～1994 年间建成，为 6 跨预应力混凝土连续刚构箱形梁桥，桥长 750m，孔跨布置为(75 +4 ×150 +75)m。

旧桥桥面宽 12m(双车道)。2005 年进行拓宽改造,新增两个车道,桥面全宽 23m。因受环境的严格限制,不能另建新桥拼宽,采用在原单箱单室截面的两侧增设悬臂板并用斜杆支承的方式,加宽后主梁的截面如图 13-2 所示。有关情况要点如下[4]。

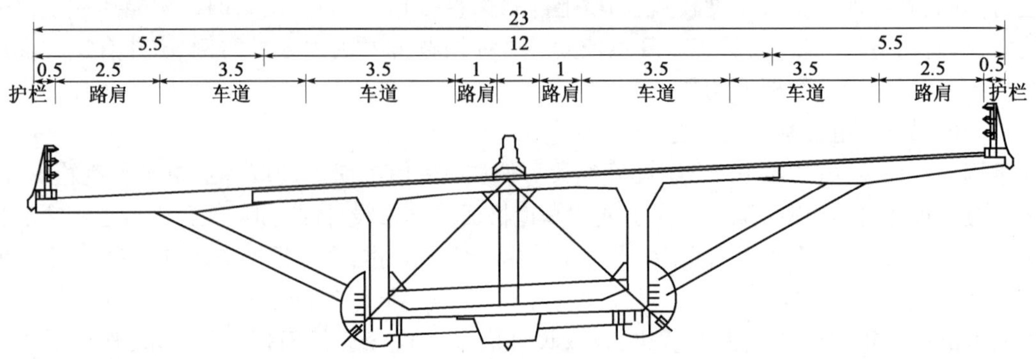

图 13-2　加宽后主梁截面示意(尺寸单位:m)

箱梁高度 3 ~ 7.5m,底板宽 6.5m,悬臂桥面宽 2.75m,腹板厚 0.48m,顶板厚 0.18 ~ 0.35m,底板厚 0.25m(主墩处 1.5m),上部结构混凝土强度 35MPa。主墩为双肢薄壁 RC 结构,双肢间距 8m,墩身为箱形截面,外轮廓尺寸为 6.5m × 1.75m,壁厚 0.35m,最高桥墩高度 81m,下部结构混凝土强度 30MPa。桩的直径为 2m,桩长 20m。

施工主要程序:

①拆除原有桥面铺装及护栏,顶板横向预应力筋开孔;顶板用环氧树脂粘贴钢板加固;使用纤维增强混凝土将顶板增厚 30mm,对顶板进行加固。

②在顶板和底板中部开孔供垂直方向预应力筋通过;箱梁内增设中腹板,采用轻质自流动混凝土灌注;底板亦浇筑轻质自流动混凝土增厚,对箱梁腹板、底板进行加固。

③在原箱梁内增设横梁;加固墩顶部位;拓宽顶板前首次张拉体外预应力钢束;顶板扩宽后第二次张拉体外钢束。

④张拉垂直方向预应力钢束;张拉对角线方向钢束;在底板边角设置钢圆柱连接装置,设置钢斜撑(间距 4 ~ 5m),拓宽桥面;横向张拉顶板预应力钢束。

该桥 2006 年 9 月完成设计,2007 年 8 月进行桥墩地基改良,2009 年 4 月完成桥面加宽并通车。

(2)工形梁或 T 形梁一侧或两侧拓宽

①采用撑杆法(SGWM 法)[1]拓宽工形梁或 T 形梁。

例如,图 13-3 所示的双车道工形梁桥,通过两侧增设撑杆,可以拼宽为三车道或四车道桥面。

瑞士 Versoix 桥,跨径 36m + 64m + 36m,为预应力混凝土连续 T 形梁桥,主梁由 2 片 T 梁组成,原桥为双车道桥面,在外侧进行加宽,如图 13-4 所示。拓宽时先拆除内外侧的翼缘板,再将外侧腹板加厚,加宽翼缘板,并用钢构件斜撑杆支撑外侧翼缘板。该桥施工过程和使用阶段的监测结果都表明,新旧结构混凝土结合良好,使用性能正常。

②带外伸臂的肋形盖板拓宽工形梁或 T 形梁[1]。

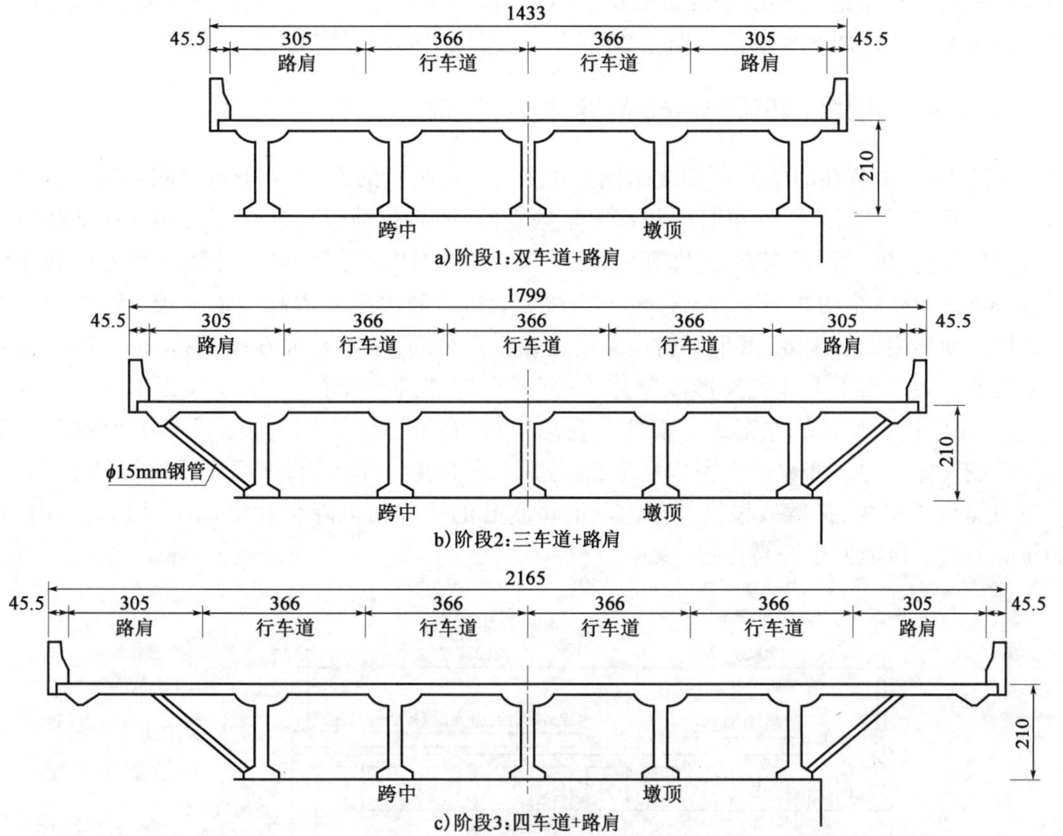

1433
45.5
305
366
366
305
45.5
路肩
行车道
行车道
路肩
210
跨中
墩顶
a)阶段1:双车道+路肩
1799
45.5
305
366
366
366
305
45.5
路肩
行车道
行车道
行车道
路肩
ϕ15mm钢管
210
跨中
墩顶
b)阶段2:三车道+路肩
2165
45.5
305
366
366
366
366
305
45.5
路肩
行车道
行车道
行车道
行车道
路肩
210
跨中
墩顶
c)阶段3:四车道+路肩

图 13-3　工字形主梁加宽断面(单位尺寸:cm)

内侧翼缘
外侧新增翼缘
原桥主梁

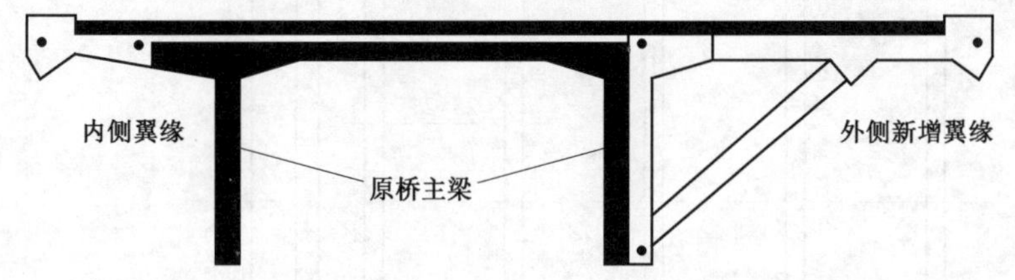

图 13-4　瑞士 Versoix 桥主梁拓宽方式

例如,图 13-5 所示的 T 梁,采用带外伸臂的整体肋形盖板作为桥面板,通过增大悬挑部分

150
36
1000
36
150
A
B
2
1

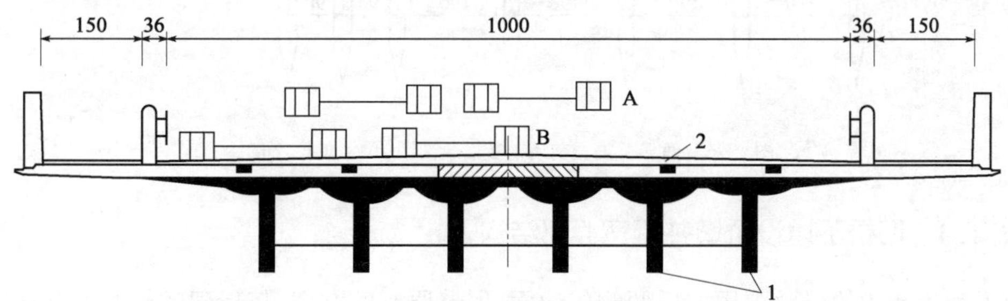

图 13-5　带外伸臂拼装整体式肋盖板加宽断面(尺寸单位:cm)

1-原有主梁;2-带外伸臂的肋形盖板;A-原有车辆布置情况;B-拓宽后车辆布置情况

的长度实现桥面加宽。图 13-5 的桥梁从 10m 加宽至 13m。由于利用悬臂梁拓宽受到限制,加宽不宜过大。这种加宽方法俄罗斯在 20 世纪 90 年代中期应用较为广泛。

13.1.3 新旧桥上下部组合成整体结构实现拓宽

上述 13.1.1 节在旧桥的一侧或两侧另建新桥进行拓宽的方案,新旧桥之间一般均通过接缝将新旧桥联系起来,新桥和旧桥基本上是独立的,两者仅通过接缝相互影响。在某些情况下,还可以选择第三种拓宽方案:即新旧桥上、下部组合成整体结构实现拓宽。在外荷载作用下,拓宽后的整体结构共同承力。这种方式对于旧桥承载力需要提高的情况较为适用。可以通过提高新增主梁的刚度,降低旧桥主梁的荷载横向分布系数,从而在拓宽桥梁的同时,提升桥梁的承载力。由于上部主梁形成整体,下部墩台也需进行加宽。图 13-6 为 105 国道西堡桥,就采用了这种加宽的方案[1]。旧桥为Π形梁桥,在其一侧增加主梁,下部增加两根桩,新旧桥形成整体受力。加宽工程完成后进行试验的结果表明,该桥的刚度比原桥提高了 75%,承载力提高了 67%,拓宽效果较好。但新旧桥基础的不均匀沉降会在结构中引起附加内力,如拉应力过大可能发生开裂。

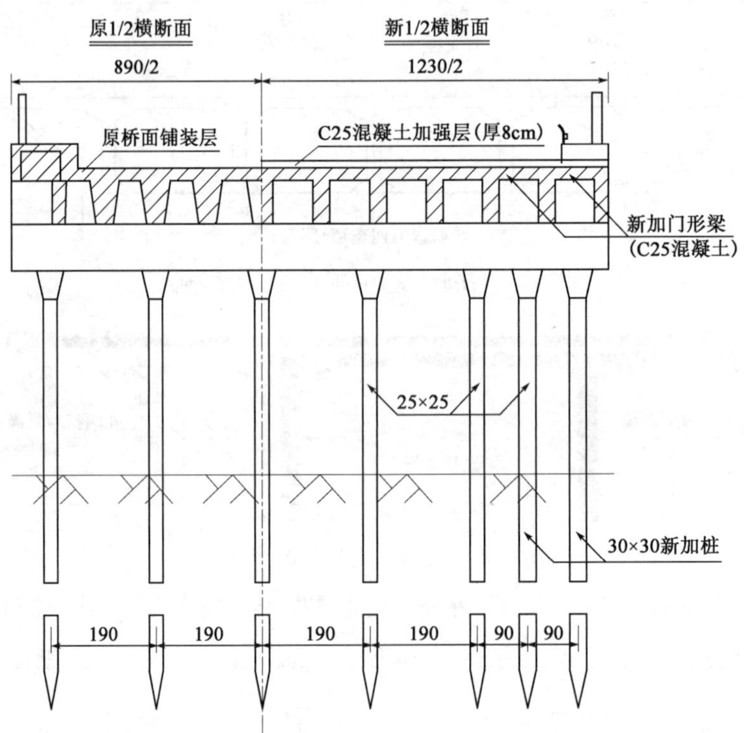

图 13-6　西堡桥加宽前后 1/2 横断面图(尺寸单位:cm)

13.1.4 旧桥下增设桥墩并拓宽上部结构[1]

为了避免新桥的桥墩占用旧桥两侧的地面,保持原有的空间,将新建的桥墩设置在旧桥下面,插入旧桥墩之间。在新旧桥墩上将旧主梁两侧拓宽。这种加宽梁桥的方法为日本首例。

如图 13-7 所示。

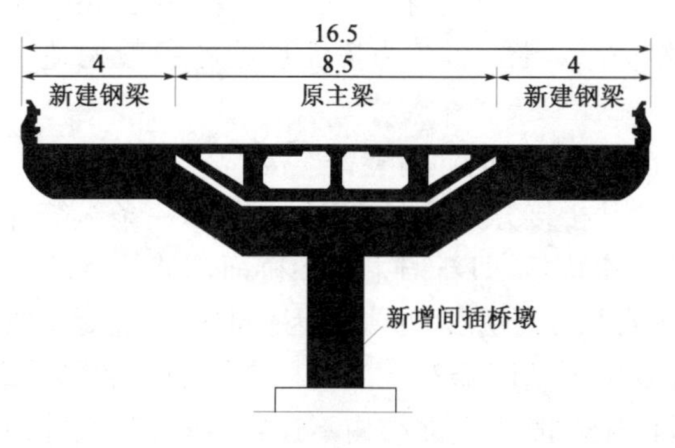

a)间插桥墩加宽断面(尺寸单位：m)

b)间插桥墩复桥加宽法效果图

图 13-7　旧桥下增设桥墩并拓宽上部结构

13.2　常用混凝土梁桥拓宽改造上部结构拼接示例

常用混凝土梁桥主要指中小跨径装配式空心板、T 形梁和小箱梁，跨径一般在 40m 以下。这类混凝土梁桥在公路与城市道路上长期大量应用。国内桥梁拓宽改造工程中，绝大部分是这类中小梁桥。在设计、施工和分析研究方面都进行了大量工作，积累了不少经验。各地的具体做法不尽相同，各有特色。

13.2.1　新旧桥上下部结构均不连接

这种拓宽方式，新旧桥的下部结构完全分离。上部结构为了改善行车条件，仅在新旧桥的接缝处进行适当处理，两者结构不连续。

(1)采用沥青和木条填充接缝

在新旧桥上部结构拼接处预留约 1cm 宽的纵向缝，用沥青和木条填充。在新旧桥台之间预留约 2cm 宽的变形沉降度。这种拼宽方式，可以防止桥面出现纵向裂缝，也可以避免新旧基础不均匀沉降和两者因结构刚度不同等原因造成横向开裂或错台。但在桥上车辆荷载的长期碾压下，接缝两侧容易出现啃边现象；新旧桥上部结构在接缝处会有挠度差，导致沥青和木条板损坏和失效，影响行车的舒适性，并增大运营期养护维修工程，增加维修费用。现在很少采用。

(2)采用钢板包边

将接缝两侧新旧桥翼缘板用钢板进行包裹。这种方式一般适用于刚性桥面，可以克服上述沥青和木条嵌缝出现啃边的通病。但新旧桥接缝处的挠度差现象仍然存在，容易导致车辆高速行驶时打滑、振动，影响行车安全。现已很少采用。

(3)采用桥面连续[1]

新旧桥上部结构之间的接缝中填塞沥青麻絮，桥面铺装下层为防水混凝土，其表层设置防水布，上层为沥青混凝土，与一般桥面铺装基本相同。这种方式在接缝处不会出现啃边现象，又可以避免外包钢板带来的行车打滑的缺点。但新旧桥之间的挠度差仍难以避免，桥面连续处容易出现开裂。多用于跨径较小、接缝处新旧桥翼缘板刚度较大且重车较少的情况。俄罗斯的有关规范规定,使用年限不超过10年的桥才允许采用这种连接方式。我国丹霍公路(304线)南川河大桥拓宽改造工程曾采用过这种连接方式。图13-8为桥面连续的一般构造示意图。

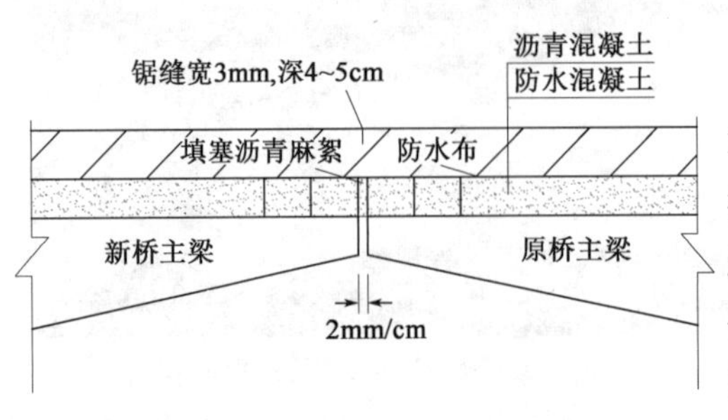

图13-8 新旧桥桥面连接方案

(4)采用纵向伸缩装置连接[1-3]

这种拼接方式是在新旧结构间留一条纵缝并布设伸缩装置,即新旧主梁和桥面铺装均互不连接,各自独立受力,可以避免因新旧桥梁混凝土收缩徐变和地基沉降对上部结构产生的不利影响。但是由于新旧桥上部结构不连续,如果荷载等级提高,新桥不能起到使旧桥主梁横向分布系数减小的有利作用,旧桥主梁受力增大,其自身的承载力有可能不满足要求。因此,这种方式多用于拼宽的新桥为单独一幅或一个车道且新旧桥之间用分隔带分开的桥梁。另外,对于大跨径连续梁桥,由于新旧桥混凝土收缩徐变差、基础不均匀沉降差以及预应力反拱的影响较大,很难对新旧主梁连接处进行处理,也可以采用这种方法。

纵向伸缩缝能适应新旧主梁间的横向和竖向变形差,使新旧桥在接缝变形处较为平顺,优化了行车条件。有的伸缩装置表面做了防滑处理,有利于行车安全。为了避免由桥面铺装至伸缩缝过渡处出现刚度突变,导致桥面铺装损坏,这种连接方式宜用于刚性桥面铺装。

纵向伸缩装置虽有上述优点,但也存在问题:新旧桥主梁之间的挠度以及两者的基础沉降差仍会存在,将可能导致连接处沥青铺装层损坏,形成纵向裂缝和横向错台,影响行车舒适,增大了养护维修工作量。这种连接方式在欧洲和香港应用较为成功,但对伸缩装置的技术条件要求较高,造价也较高,且需要进行日常养护。我国应用不多。一些桥采用英国Britflex系列纵向伸缩装置[3]。

我国青岛至银川高速公路银川大桥(参阅13.1.1节)1994年建成时为双向四车道一级公路,2004年由一级公路拓宽改造为双向六车道高速公路。桥面总宽度由23m增至35m,旧桥左右两侧修建宽度均为5.5m的新桥,与旧桥的结构形式及跨径相同。新旧桥的连接采用纵向伸缩装置方式。图13-9为该桥拓宽改造的横断面。新旧桥在桥面铺装间设置三种纵向伸缩装置[2],分别为弹塑体伸缩装置、JFC减振防滑伸缩装置和EMR型钢伸缩装置。该桥拼宽完成4年多以后,由于经常有载煤重车通行,纵向伸缩缝损坏的总长度为975m,占伸缩缝总长度1850m的52.7%。其中弹塑体伸缩装置和EMR型钢伸缩装置损坏较严重,占了很大比例,而JFC减振防滑伸缩装置则损坏很少,损坏总长度仅为24m,占总长度的6.7%。伸缩缝损坏主要有两种情况:伸缩装置本身损坏和伸缩装置与其周边的混凝土剥离。从运营效果总体来看,JFC减振防滑伸缩装置具有较强的适应竖向变形的能力,使用效果良好。这一经验表明,新旧桥采用纵向伸缩装置连接方式的成败,在很大程度上取决于伸缩装置的性能好坏及其与桥面铺装之间的连接强度大小,并应具有较好的适用变形的能力。

银川黄河大桥对施工期新拓宽桥梁地基沉降量进行了计算[5],地基土层在加载2.17年后,固结度可达到90%,即可以完成总沉降量的90%。该桥拓宽工程工期为3年,故施工结束时,沉降已基本完成。沉降计算中参与荷载组合的活载为3376kN,仅占组合荷载的7.5%,对沉降影响较小。

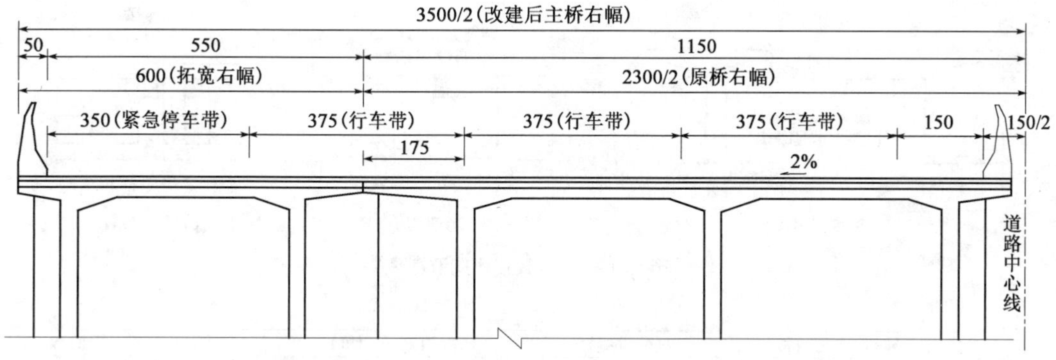

图13-9 银川黄河大桥拓宽横断面图(尺寸单位:cm)

广州至佛山高速公路二期扩建工程,路线长8.562km,由原双向六车道全宽33.5m扩建成双向八车道全宽42m。扩建中,连续箱梁待新桥建成后再切割旧桥护栏,并预留2cm纵缝,等到通车运营2~3年后再进行新旧桥梁拼接。其中谢边互通式立交D匝道桥新旧箱梁拼接采用桥面接缝的连接方式,在新旧桥接缝处为D80伸缩装置预留了安装缝。

13.2.2 新旧桥上部结构柔性连接,下部不连接[1-3,6]

新旧桥上部结构柔性连接类似于铰接。当旧桥为装配式空心板,拼宽的新桥亦为空心板时,在连接处采用柔性连接,与旧桥的传力特点基本相同,受力图式明确。但新旧桥基础沉降差容易引起连接处出现纵向裂缝,故适用于沉降较小的情况。图13-10为装配式空心板采用柔性拼接方式的构造图。拼接时首先凿除旧桥空心板边板的桥面板、防撞护栏及翼缘,并在旧桥边板腹板边缘植入N1、N3钢筋,新桥则在对应位置预埋N2、N4钢筋,并将N1与N2焊接,N3、N4与桥面板钢筋形成钢筋网,浇筑新桥的桥面板。这样便在拼接处形成两处柔性连接,一处为N1及N2,另一处为桥面板。这种连接方式,由于受操作空间限制,植筋及钢筋焊接质量不易保证。广州至佛山高速公路早期拓宽工程,采用这种连接方式,使用中多次出现裂缝。

沪宁高速公路和沪杭甬高速公路拓宽工程中,箱梁翼缘板拼宽连接也采用过这种连接方式。其具体构造为连接处翼缘板混凝土浇筑后,在其顶面距离接缝10cm深度处填塞柔性材料,底部预埋木条或橡胶条,如图13-11所示。这种构造方式适用于柔性桥面。如果是防水混凝土铺装层,采用这种连接构造并不能起到铰的作用,不宜采用。铰接方式不能保证后期运营中结构的使用性能,容易造成连接处填塞的木条、橡胶条脱落,与切缝对应处桥面容易破损,行车条件趋于恶化,增加桥梁使用后期的维修费用。

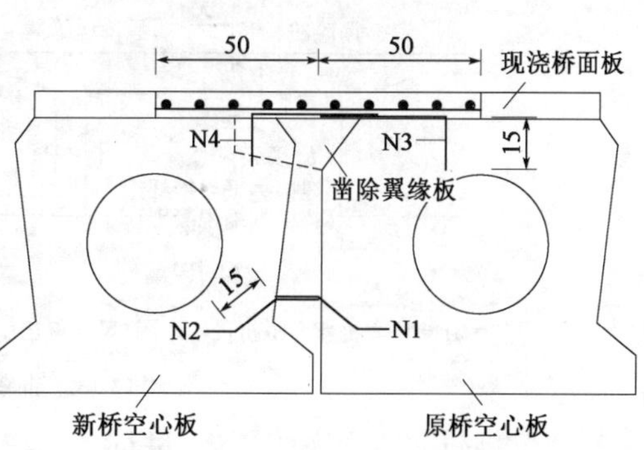

图13-10 柔性拼接方案(尺寸单位:cm)

广州至佛山高速公路湖州大桥(该桥简况可参阅13.1节)1997年首次扩建时采用上部结构柔性连接的方式,在接缝处设置伸缩缝,如

图 13-12所示。扩建完成通车3年后，新旧桥梁翼缘板接缝处的沥青混凝土桥面铺装均出现纵向裂缝，严重影响行车安全和路面景观，后来在第二次扩建时进行了改造(见 13.2.3 节)。

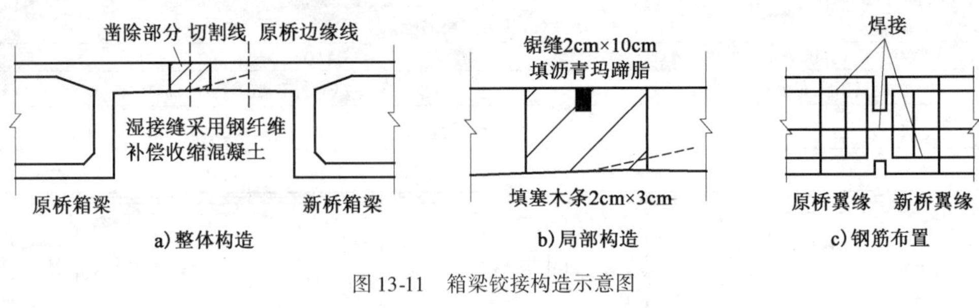

图 13-11 箱梁铰接构造示意图

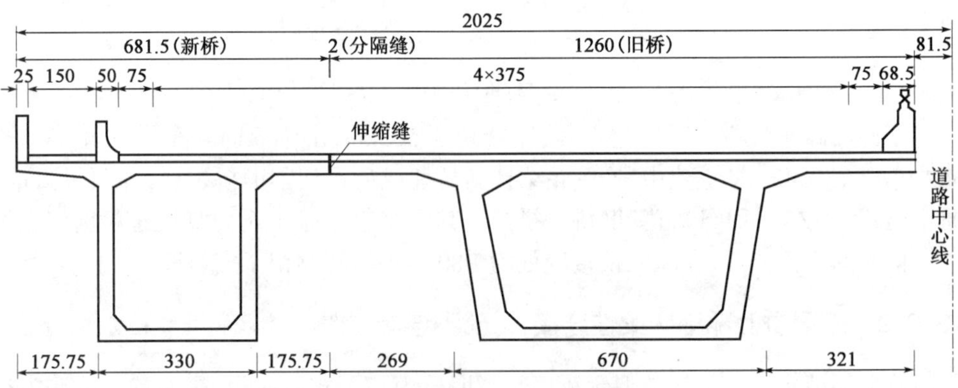

图 13-12 纵向伸缩缝连接(尺寸单位：cm)

上海至宁波高速公路陆慕大桥(该桥简况见 13.1 节)，新旧桥上部结构连接，下部结构不连接。上部箱梁翼缘板采用铰接连接。旧桥箱梁翼缘板切除 1.5m，新旧箱梁之间预留 0.5m 后浇带，通过植入钢筋和锯缝形成铰缝。扩建后的桥梁为双向八车道。新旧桥拼接处的构造如图 13-13 所示。铰缝连接处翼板混凝土浇筑后在其顶面锯缝深 10cm，填塞柔性材料，底部预埋木条或橡胶条，新旧桥翼板内仅有少量钢筋连接，形成不能传递弯矩的柔性铰接构造。新拼接箱梁现浇混凝土时预留部分翼板不浇筑，待新桥施工完成 3 个月，混凝土收缩、徐变和基础沉降大部分完成后，再浇筑湿接缝混凝土。湿接缝混凝土采用补偿收缩钢纤维混凝土。

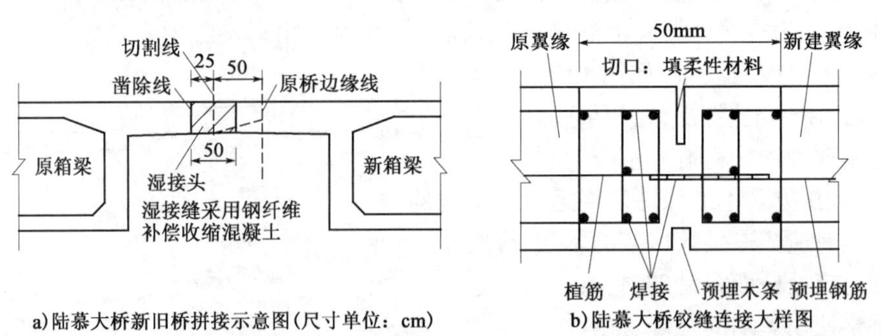

图 13-13 陆慕大桥拓宽柔性连接设计

该桥扩建完成通车 4 年后，进行了详细调研，新旧桥接缝除部分木条脱落外，构造完好，桥面铺装表面未发现裂缝。但新桥分联墩上挡块被梁体挤坏，梁端橡胶支座发生较大的剪切变形。原因是施工新旧桥相互连接的时间过早，导致拼接后新桥混凝土收缩徐变产生较大的平面变位。

沪宁高速公路 PC 连续梁桥和 RC 连续箱梁桥的拓宽拼接，一般均采用铰接连接，但不包括旧桥设有横向预应力钢束的箱梁。因为对旧桥翼缘板不能进行凿除，而应改变拼接方式。例如塘河大桥，为 19m + 28m + 44m + 40m + 35m PC 连续箱梁，顶板设置有横向预应力钢束。新旧桥拼接采用两者翼缘板上下叠合并锚固的方法，如图 13-14 所示。该桥为适应水流及通航要求，左右两幅桥墩错开布置，新旧桥下部结构不连接。

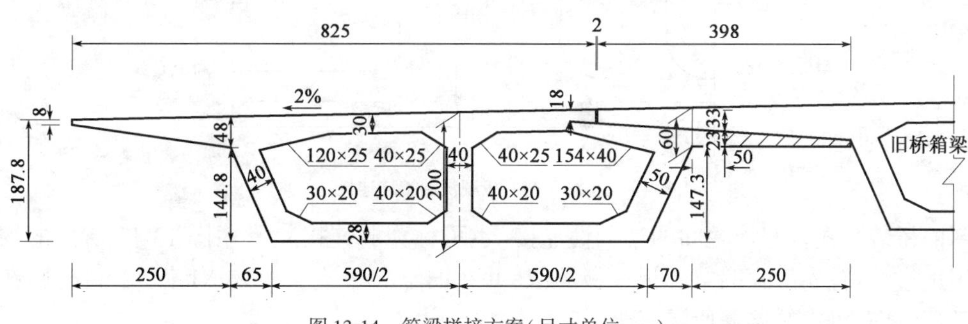

图 13-14　箱梁拼接方案（尺寸单位：cm）

沪宁高速公路装配式板桥拓宽采用柔性连接，与图 13-10 类似，但连接处下部未植筋，仅上部为混凝土铰缝连接。T 梁拓宽则采用刚性连接，参阅 13.2.4 节。

13.2.3　新旧桥上部结构半刚性连接，下部不连接[1-3,6]

广州至佛山高速公路首次扩建时湖州大桥新旧桥上部结构采用柔性连接，通车数年后出现较多病害（参阅 13.2.2 节）。2003 年第二次改扩建时，考虑到新桥的沉降及混凝土收缩徐变均已大部分完成，将新旧桥纵向接缝连成整体。桥面板通过半刚性铰接将新旧桥翼缘板连接起来，并使桥面连续，消除了新旧桥两悬臂板的挠度差。半刚性连接的两种构造如图 13-15 所示。湖州大桥采用的连接，为图 13-15 中的图 a）。具体做法是：凿除老桥上部翼缘板，新旧桥翼缘板通过搭接钢筋连接，浇筑拼接处混凝土后，在其底部人工割缝，填塞橡胶止水带。主梁连接后再在桥面铺装中加密钢筋，采用高性能混凝土，形成半刚性连接，使其能传递一定程度的竖向力，同时具有一定的转动刚度。为了尽量减小施工对桥上交通的影响，缩短混凝土固结的时间，采用特快硬高性能早强钢纤维混凝土。为了保证新旧桥混凝土结合质量，在结合面上喷涂进口界面胶（参阅 13.4.3 节）。

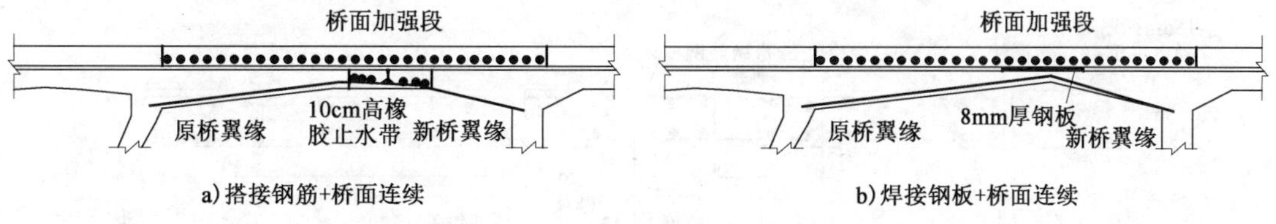

图 13-15　箱梁半刚性连接构造示意图

拓宽后的湖州大桥，经过约 10 年的运营，使用情况良好。该桥拓宽研究与设计详细情况可参阅参考文献[18]。

连霍高速公路洛阳至三门峡段扩建工程中，整体式空心板桥采用新旧桥湿接缝连接，为半刚性连接，如图 13-16 所示。

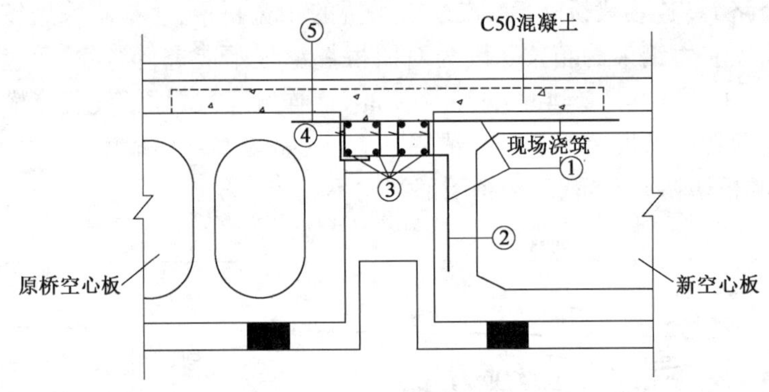

图 13-16　空心板现浇湿接缝连接

新旧桥装配式空心板之间的半刚性连接（也可称为弱连接），常用图 13-17 所示的构造形式。施工过程：首先凿除旧空心板边板翼缘，并在旧空心板边缘植入 N1 钢筋，新桥则在对应位置预埋钢筋，再浇筑接缝段混凝土。

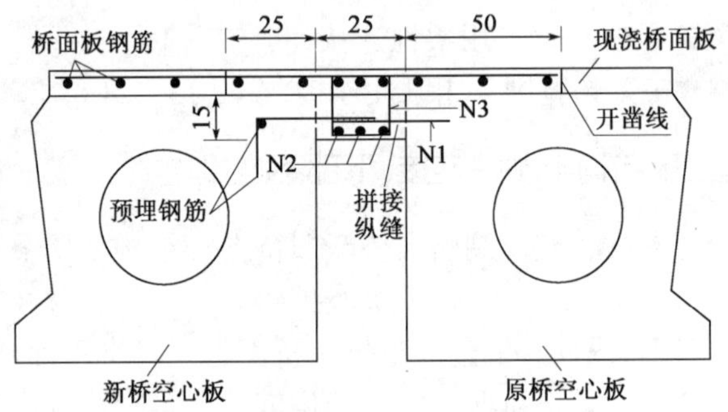

图 13-17　半刚性连接拼接方案（尺寸单位：cm）

京港澳高速公路某 4×16m 后张 PC 装配式空心板桥，旧桥桥面宽 13m，在其一侧拼宽，使桥面总宽度达到 20.05m。对旧桥进行检测及荷载试验表明，原桥可以满足设计荷载及正常运营的要求。采用半刚性连接方案拼宽旧桥。新旧桥拼接处构造如图 13-18 所示。

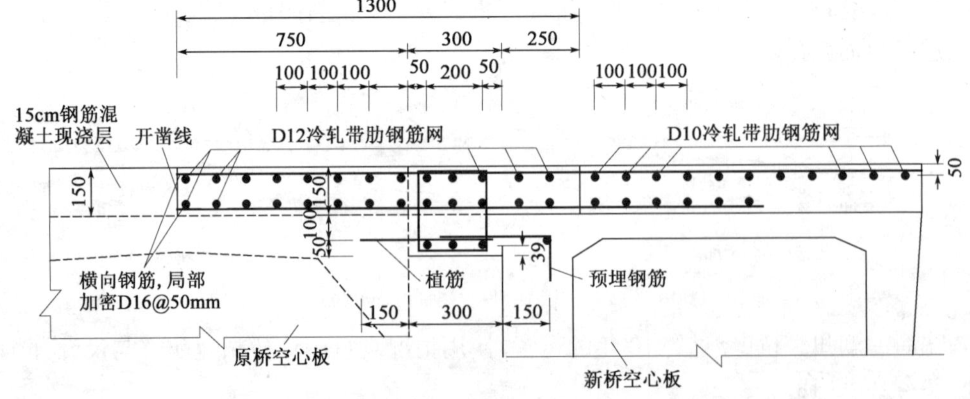

图 13-18　拼接纵缝构造图（尺寸单位：mm）

13.2.4 新旧桥上部结构刚性连接,下部不连接[6,7,9]

沪杭甬高速公路拓宽工程桥梁拼接有三种类型:空心板之间的连接、工梁(T梁)之间的连接和工梁(T梁)与空心板之间的连接。均采用刚性连接。

(1)空心板之间的连接。跨径分别为8m、10m、13m、16m、20m。通过横向现浇湿接头形成刚性连接。在旧桥空心板拼接处种植钢筋或埋设钢板,与新桥的预埋钢筋连接,并加强水泥混凝土铺装层。空心板拼接构造如图13-19所示。

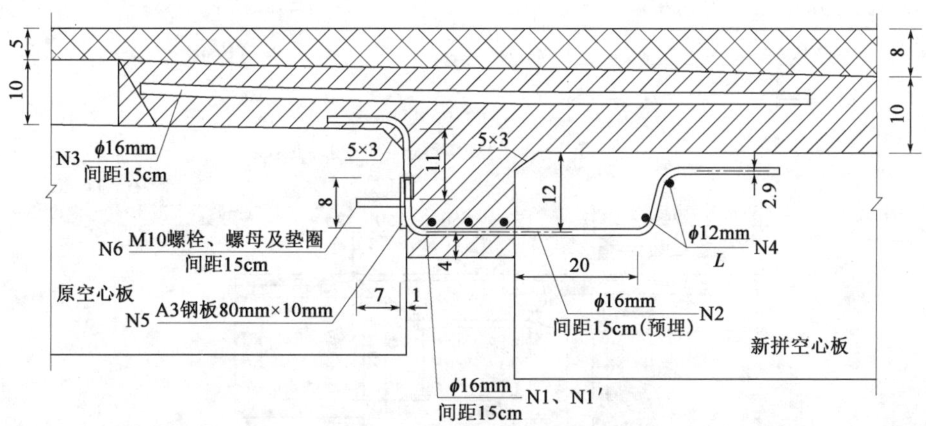

图13-19 空心板梁间的横向连接

注:1. L为钢筋长度,N为钢筋代码;2. 尺寸单位:cm。

(2)组合工梁(T梁)之间的连接。拓宽采用与旧桥主梁对应拼接的方式。在翼缘板横向刚接的同时,横向增加横隔梁以加强连接,尤其对于斜桥,增设横隔梁能够加强斜桥的整体性,减少斜梁的横向爬移。在旧桥主梁植入钢筋,浇筑单侧横隔梁,新浇横隔梁与预制横隔梁之间预留空隙并通过钢板进行连接。拼接构造如图13-20、图13-21所示。

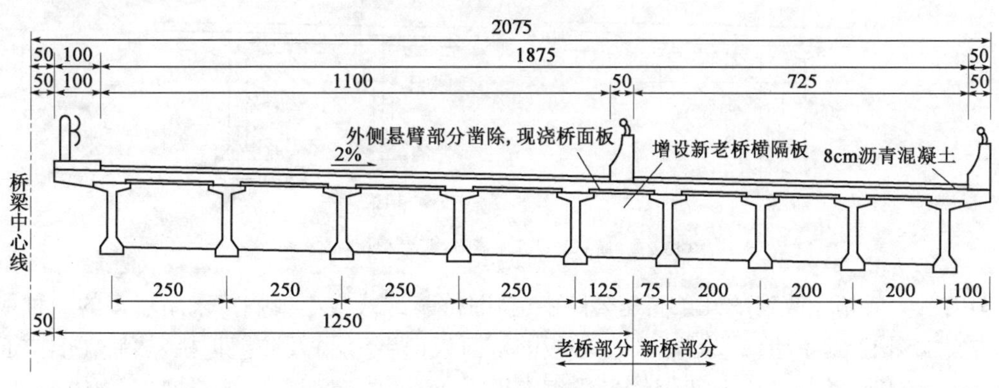

图13-20 断面布置(尺寸单位:cm)

(3)工梁(T梁)与空心板之间的连接。旧桥工梁(T梁)因受两侧净空限制,拼宽部分采用空心板的高度。工梁(T梁)与空心板刚度相差较大,仅靠翼缘板刚接难以达到荷载传递的要求,需在横向增加横隔板以加强板梁之间的联系,达到不同形式板梁刚度的过渡和荷载的传递。拼宽部分横向连接构造如图 13-22 所示。

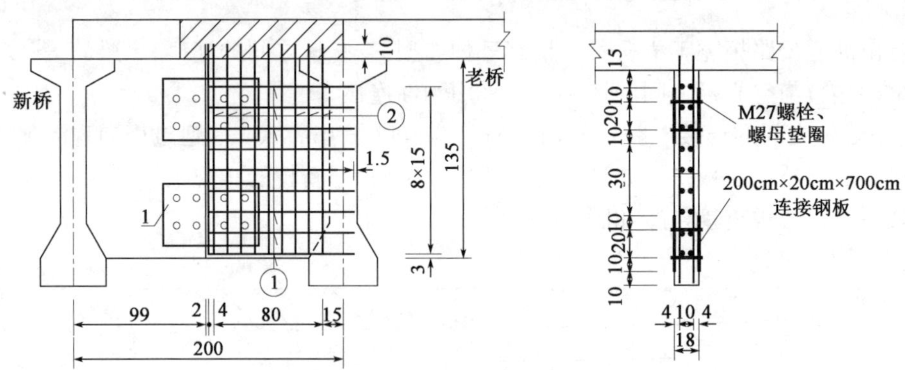

图 13-21　工梁(T 梁)横隔梁连接(尺寸单位:cm)

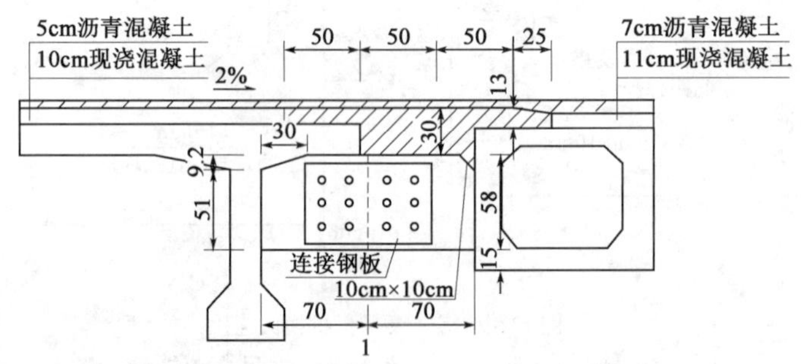

图 13-22　工梁(T 梁)与空心板梁的横隔梁连接(尺寸单位:cm)

沪宁高速公路扩建工程中,旧桥预应力混凝土简支梁有 T 梁和组合 T 梁两种,跨径为 20m、25m、30m。拓宽时新旧 T 梁之间的连接采用刚性连接,连接构造如图 12-23 所示。

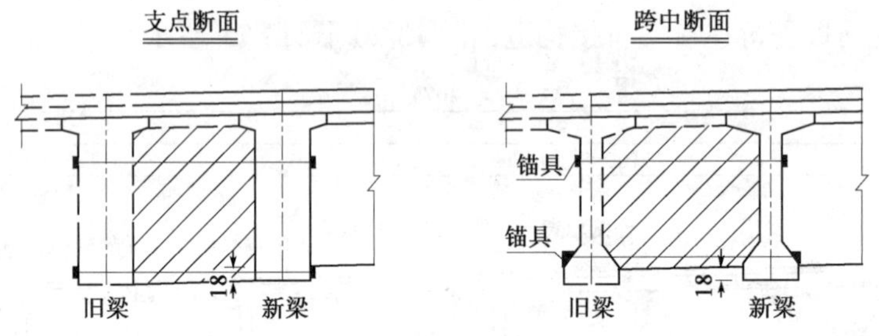

图 13-23　横隔梁设置示意图(尺寸单位:cm)

国内已完成拓宽改建的几条高速公路中,新旧桥装配式空心板拼接采用较多的一种刚性连接方案如图 13-24 所示。先凿除旧空心板的桥面板(调平层)及防撞护栏,然后在旧空心板腹板上植入钢筋,并与新桥预留钢筋形成钢筋网,在空心板腹板位置形成宽度约 50cm、间距 2 ~ 3m 的横隔板。然后铺设钢筋网,浇筑桥面混凝土,使新旧空心板形成强连接。这种连接的优点是:连接牢固可靠,行车平顺舒适。但构造较为复杂,施工难度大,造价较高。另外,空心板腹板厚度应能满足植筋的要求。对于 PC 空心板,植筋可能损坏旧桥预应力钢束。选用方案时应注意这些问题。

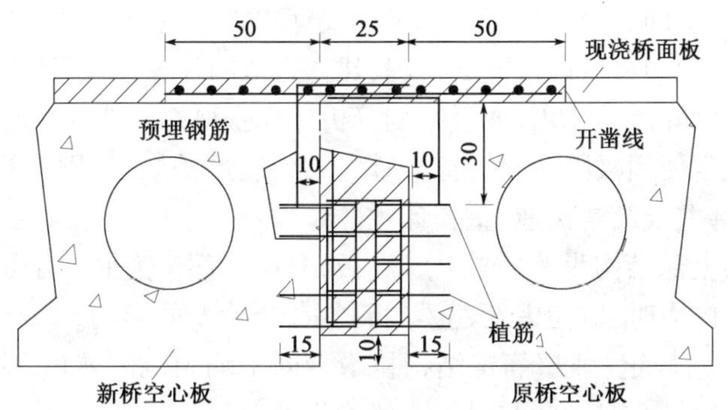

图 13-24　刚性拼接方案(尺寸单位:cm)

T 形梁桥拓宽采用刚性连接时,新旧 T 梁之间必须设置横隔板。对于斜 T 梁桥拓宽,曾对新旧 T 梁之间设置和不设置横隔板分别建立了空间有限元分析模型,研究了在车辆荷载作用下拼接部分及主梁受力,计算结果表明[10]:设置横隔板后,旧边梁的肋梗部位及拼装部位的混凝土正应力下降比例较大,这说明加设横隔板对 T 梁拼宽部位受力是很有利的。但是在旧边梁上增设横隔板施工难度较大。

沪宁高速公路拓宽改造,在旧桥边 T 梁与新桥边 T 梁之间增设横隔板(图 13-23),采用精轧螺纹钢筋加强新旧 T 梁的连接,主要作用是提高横隔板整体刚度。

参考文献[11]以福泉厦漳高速公路扩建工程浦头大桥拓宽为背景,选取其中一跨 35m 预应力混凝土简支 T 梁,分别建立三种不同横向连接的 ANSYS 有限元模型:①新旧桥间设置横隔板;②新旧桥仅跨内设置横隔板而墩顶处无横隔板;③新旧桥间不设横隔板。分析结构表明:墩顶处设置横隔板与否对结构整体刚度影响很小,新旧桥间不设置横隔板时桥梁整体和局部受力均最为不利。推荐采用新旧桥之间设置横隔板而墩顶处可以不设置横隔板的横向连接方式。但是在特殊情况下,墩顶支座位置处 T 梁也可以加设置横隔板。采用上述连接方式,汽车荷载和不均匀沉降引起的主梁和接缝纵横向应力都比较小,如将沉降差控制在 10mm 以内可以满足 T 梁结构受力要求。

13.3　新旧桥基础沉降差对拓宽拼接的影响

需要进行拓宽的旧桥,都已使用了较长的时间,其基础沉降已趋于稳定。一般情况下可以认为旧桥的基础沉降为 0。新旧桥拼接后的沉降差,可以认为由新桥基础的沉降值决定。当新旧桥的上部结构或下部结构拼接之后,新旧桥基础之间的沉降差,会在旧桥上部结构产生沿纵桥向的附加内力,同时也会在拼接处产生横向附加内力。如果新旧桥的下部结构同时连接,则在旧桥下部结构中也会引起附加内力。这些附加内力随着沉降差的增大而增大,可能导致旧桥上、下部结构的某些部位和新旧桥拼接处产生裂缝,甚至发生较大的变形,影响正常使用和降低承载力。我国绝大部分混凝土桥梁的拓宽都采用了新旧桥上部结构连接、下部结构不连接的方式。本节主要就这种连接方式讨论沉降差的影响。

13.3.1　新旧桥拓宽改造容许沉降差值

容许沉降差从理论上来说,是指当沉降差不大于某一些数值时,结构的应力和变形均满足规范要求,这个沉降差值即为容许沉降差。工程设计中常用的方法是:根据拓宽桥梁的布置、拼接部位构造形式、采用的材料以及配筋情况,建立近似的计算模型,计入恒载、活载与新旧桥之间实际可能发生的沉降差的作用,通过结构分析计算获得控制性截面的内力和变形,按结构承载力极限状态和正常使用极限状态进行验算。如果满足桥规[5],则计算采用的沉降差为容许值,否则应调整沉降差或结构构造,重新计算。

对于新拓宽桥梁上部结构为 PC 或 RC 梁(板)且拼接部位为 RC 结构,分析新旧桥梁基础沉降差值引起的横向内力时,应考虑新建梁(板)混凝土徐变的影响。

桥规[6]第 4.3.3 条规定:外超静定结构桥墩台间不均匀沉降差值,应满足结构的受力要求。新旧桥拼接后,按横向或按空间分析,一般均为外超静定结构,故应计入强迫位移产生的附加内力。

参考文献[7]对沪宁高速公路扩建桥梁拓宽关键技术进行了研究。通过对新旧桥梁基础沉降差影响的分析和现场实际观测,得到以下结论:

(1)对空心板桥、T 梁桥和连续梁桥进行了新旧桥梁基础不均匀沉降分析。为保证拼接部位的结构内力和混凝土应力不致过大而使混凝土开裂,新旧简支梁桥的基础沉降差容许值应不超过 5mm;正桥正做的新旧连续箱梁桥的基础沉降差容许值应不超过 10mm;斜桥正做、错孔布置的新旧连续箱梁桥的基础沉降差容许值应不超过 5mm。

(2)对沪宁高速公路 12 座典型桥梁基础进行了沉降观测。自上部结构横向拼接以后,旧桥的桥墩基础和主梁基本没有沉降,新桥桥墩基础的累积沉降量都在 5mm 以内。对于多梁式 T 梁,拓宽部分新桥从边梁上的测点到拼接处 T 梁的测点,沉降值逐渐变小,横向各片主梁的沉降值近似呈直线分布。

沪宁高速公路扩建桥梁拓宽的连接方式为:装配式板拼接采用铰接,T 梁拼接采用刚接,连续箱梁拼接采用铰接。

福州大学许有胜等通过模型试验和有限元计算比较了两跨连续箱梁拼宽刚性连接和铰接的受力性能的差异,论证了刚性连接的优越性,认为沉降差控制在 5mm 内,可以实施刚性连接,并在深圳 107 国道松岗高架桥拓宽改造的箱梁连接工程中采用刚性连接的设计方案[3]。

广西某高速公路那马互通式立交桥为 20m PC 装配式空心板,拼宽 3.75m,新旧桥采用铰缝连接。拓宽设计[12]参考长安大学张福强用 MARC 软件计算的成果,并借鉴沈大高速公路改扩建及沪宁高速公路改扩建的研究成果及验算,将该立交桥新旧桥的差异沉降控制在≤5mm 的范围内。

国内还有一些混凝土梁桥拓宽设计(上部连接,下部不连接),新旧桥基础沉降差也是控制在 5mm 以内。根据国内结构分析与实践经验,当中小跨径混凝土梁桥上部结构新旧桥之间为铰接、半刚性和刚性连接时,新旧桥基础沉降差值控制在 5mm 以内,结构受力能满足规范要求。

13.3.2 新旧桥基础沉降差值计算

由于旧桥的基础沉降已基本完成,所以新旧桥的沉降差值一般均由新桥基础的沉降值决定。

扩大基础的最终沉降量,可按桥规[6]第 4.3.4 条规定的公式进行计算。影响计算结果可靠性的重要参数是基础底面以下各土层的压缩模量 E_{si}、孔隙比 e 和内摩擦角 φ，均需通过地质勘查获得。

桩基础的最终沉降量，桥规[6]第 5.3.12 条规定：当桩基为端承桩或桩端平面内桩的中距大于桩经（或边长）的 6 倍时，桩基础的总沉降量可取单桩的沉降量。在其他情况下按上述第 4.3.4 条的公式计算群桩基础计算桩的沉降量。计算时应计入桩身压缩量。单桩的沉降量，可参照《建筑基桩技术规范》（JGJ 94—2008）第 5.5.14 条规定计算。桩基础最终沉降量，还可以参考规范[20]附录 R 的计算方法。

铁路桥梁规范[23]要求，基桩的总沉降量可采用单桩静载试验的沉降量。

银川黄河大桥拓宽工程（参阅 13.1 节）30 号主墩群桩基础沉降量分析[5]：按规范规定将群桩视为整体，用分层总和法计算总沉降量。桩基土层压缩模量为 12.1MPa，土的孔隙比为 0.591～0.705，内摩擦角为 23°。计算得到总沉降量 $S=34$mm。通过对土层固结随时间增长的分析，土层在加载后 2.17 年，固结度可达到 90%，也就是说，可完成总沉降量的 90%。该桥建设工期为 3 年，在施工结束时，沉降已基本完成。

广西某高速公路拓宽改建，路幅宽度由 33.5m（双向六车道）拓宽为 42m（双向八车道），那马互通式立交桥相应拓宽。该桥为单跨 20m 预应力混凝土空心板，下部结构为 U 形桥台、扩大基础。拼宽的新桥台采用桩基础。旧桥扩大基础的沉降忽略不计。新桥的总沉降量按桥规[6]的方法计算。施工期间基础沉降与时间的关系，采用单向固结渗透理论近似计算。如拟较准确掌握施工期新桥的沉降量，应通过现场试验确定。该桥根据桥位地质情况并参考已有的经验，取施工期的沉降量为总沉降量的 75%。沉降计算结果如表 13-1 所列[12]。

新桥台桩基础沉降量计算结果　　表 13-1

桩 基 位 置	桩径（m）	桩长（m）	总沉降 S（mm）	工后沉降 S'（mm）
南台左幅	1.5	33.5	18.1	4.5
南台右幅	1.5	16.5	14.4	3.6
北台左幅	1.5	16.5	16.8	4.2
北台右幅	1.5	19.5	15.3	3.8

注：从地面往下的地质情况为素填土、黏土、全风化与强风化砾岩。

表 13-1 的总沉降量 S 减去施工期间发生的沉降量，可得工后的沉降梁 S'，均小于 5mm。该桥拓宽施工完成后，经过施工现场监测，新旧桥梁实际的工后不均匀沉降差均≤5mm。桥面未发现裂缝。

本章参考文献[13]实地调研了云南省三条山区公路的 6 座空心板桥、2 座实心板桥和 1 座 T 梁桥，并就新旧桥拼接后不均匀沉降对上部结构连接板的受力影响因素进行了研究。两种桥型均采用上部连接、下部不连接的方式。上部结构新旧桥之间均为刚性连接。基础沉降模式，假定旧桥沉降值为 0，沉降值沿横桥向由近及远假定为线性变化。采用平面网格模型进行有限元分析计算。得到以下结论：

（1）采用上连下不连的拓宽方式时，拼接部分的横桥向截面配筋、拓宽宽度、拼接部分宽度是受新旧桥沉降差影响的主要部位。

（2）在新旧桥沉降差影响下，拼接板应力随配筋率、拓宽宽度及拼接部分宽度增大而减小。在拼接板截面厚度一定的情况下，截面配筋率影响最大。

(3)新旧桥基础不均匀沉降差对支座附近接缝处的截面内力影响最大,由支座向跨中呈递减的趋势。板梁端部截面是拼接设计的控制截面。

(4)在上述计算模式情况下,新旧桥基础沉降差应控制在5mm以内。

以20m预应力混凝土简支空心板桥和3×30m简支变连续小箱梁桥为实例,分析研究了新旧桥基础沉降差对结构受力的影响[14]。新旧桥拼宽连接采用上部刚性连接,下部不连接。计算模型为三维梁单元,采用ALGOR FEAS通用有限元软件进行计算。假定旧主梁沉降值为0,新桥的沉降由近及远按线性变化。沪宁高速公路改扩建工程中,通过对拓宽后桥梁长期沉降观测,也证明了新旧桥之间的沉降差符合线性变化的规律。得到以下结论:

(1)根据新旧桥基础沉降差引起的内力分析计算,可以确定,在上述算例情况下,差异沉降容许值可以取为5mm。

(2)差异沉降作用下,在新旧桥梁中产生附加内力,并且在沉降点附近1.5m范围内引起的内力较大,超出这个范围,内力值急剧减小。

(3)新旧桥基础沉降差在拼接板中产生附加内力。虽然内力绝对值不大,但由于受拼接板截面尺寸和配筋的客观条件限制,故对拼接板的受力影响起到控制作用。

13.3.3 减小新旧桥基础沉降差值及其影响的主要措施

减小新旧桥基础沉降差的主要目的是降低因沉降差在新旧桥结构中和拼接处产生的附加内力,因而可以从两个方面考虑相应的措施:一是使新旧桥基础沉降差引起的附加内力减小,甚至基本上消除。二是使实际发生的沉降差尽可能降低。例如新旧桥上、下部结构均不连接,仅在桥面接缝处进行适当处理(参阅13.2.1节),此时沉降差引起的附加内力很小,但这种连接方式不一定是最有利的方式。目前,国内中、小混凝土梁桥拓宽多采用新旧桥上部结构连接、下部结构不连接的方式,主要关注的是新旧桥沉降差如何减小的措施。下面是一些较为成熟的经验。

(1)实测资料与理论分析均表明,新桥基础的沉降主要集中在完工之后的初期。尽可能推迟新旧桥拼接合龙的时间,可以大幅度降低新旧桥形成整体后的沉降差。国内很多拓宽工程中,多建议新桥完成后延迟6个月左右再将新旧桥连接。最短的都要求不少于3个月。

沪宁高速公路拓宽工程中,对无锡一座(63+105+63)m预应力混凝土连续箱梁桥新桥桥台群桩基础进行了沉降观测[10],桥面铺装完成时沉降值为7.9mm,成桥后3个月沉降值为11.7mm。前者约为后者的67%。因此要求:新桥的主梁应尽量早架设到墩台上,以使新桥基础沉降得以尽早完成,再进行新、旧桥拼接部位的施工。

有的桥为了争取工期,在新桥墩台基础完成后进行荷载临时预压,以加速新桥基础的沉降。

(2)为了减小新桥基础的沉降值,宜适当增大基础的截面面积。当地质情况较差时,应优先考虑桩基础,并适当加大桩长和桩径。

(3)对于群桩基础,可加大承台的底面,并在承台底面以下30~50cm浇筑低强度等级混凝土或水泥稳定碎石层。实测资料表明,随着桩身的沉降,承台底面可分担部分竖向压力,减小桩的沉降量。请参阅11.3.3节。

(4)在桩端和桩侧进行压浆,以提高桩的侧阻力和端阻力,从而降低沉降。

(5)对于承载力很低的土层应进行地基处理。常用的方法有:排水固结法、振动挤密法、置换土层法以及压浆固结法等。

13.4　现役混凝土梁桥拓宽改造的几个问题

13.4.1　混凝土收缩徐变对新旧桥及拼接板受力的影响

混凝土收缩徐变是影响桥梁拓宽拼接后工作性能的一个重要因素。国内外对这个专题进行了诸多研究,取得了不少成果。但对于混凝土收缩徐变的计算问题目前还没有统一模型和通用分析方法,多采用桥规[6]推荐的方法。一些计算结论也不尽一致。下面介绍部分研究成果,供混凝土梁桥拓宽设计时参考。

(1)混凝土收缩徐变对拓宽桥梁受力特性的影响[1,3,7]

拓宽桥梁的混凝土收缩徐变作用不同于新建桥梁。新旧混凝土梁桥连接时,旧桥混凝土收缩徐变已基本完成,新桥的收缩徐变也已经完成一部分,新旧桥连续处的混凝土收缩徐变则刚开始发生。所以新桥与连接部位混凝土收缩徐变会受到旧桥的约束,在新旧桥之间会产生附加内力。收缩徐变对新旧桥的作用以纵向为主,对旧桥产生纵向压力,对旧桥受力有利,而对新桥则会产生较大的拉应力,对新桥受力不利。新旧桥连接部分处于拉压位置,新梁存梁期越长则受力越小,新梁的纵向配筋率越大,新桥的应力越大,旧桥的应力越小。新旧桥拼接板的剪应力沿板的纵向呈线性分布。对T形梁,混凝土收缩产生的变形主要发生在水平面上,分为纵向和横向两个方面。混凝土徐变产生的变形主要发生在竖直面上。新旧主梁的收缩徐变差异对于新旧主梁的影响主要集中于拼接处的主梁,对其余主梁影响较小。对于拼接处的边梁,收缩徐变产生的附加力主要为收缩效应在新旧主梁的连接面产生的纵向剪力和徐变效应在主梁中产生的竖向弯矩。用桥规[14]计算模型通过网格法对连续箱梁的收缩徐变作用进行了分析,得到:收缩作用对新旧箱梁的影响主要表现在纵向,其对新箱梁产生的影响大于对旧箱梁产生的影响。徐变作用对新旧箱梁的影响主要在结构的垂直面内,对新箱梁产生的影响大于对旧箱梁产生的影响,梁体所受影响大于拼接部位。

新旧箱梁采用刚性连接会增大旧箱梁及其翼缘板的收缩应力,平均应力增长速度较明显,约在10%以上。同时也会明显增大拼接部位的徐变应力。通过降温方法分析新旧主梁及拼接板的收缩差对箱梁刚性连接带的局部受力,认为主梁以纵向力为主,而拼接带会出现很大的拉应力,徐变作用也会影响拼接带,引起较大的拉应力。

以上述分析可以大致了解混凝土收缩徐变对新旧主梁及拼接带受力影响的主要特点。新旧桥拓宽的结构设计应考虑混凝土收缩徐变效应。基本的计算方法可参阅本章参考文献[1]。由于混凝土收缩徐变对新旧桥主梁及拼接带的受力影响,属于空间效应问题,应建立相应的计算模型通过空间有限元软件进行分析。

(2)新旧T形梁桥拼接处的混凝土收缩徐变效应算例及分析[16]

新梁的收缩作用在旧梁内产生压应力,这相当于给旧梁施加了预应力,对旧梁受力有利,而新梁则承受拉力。混凝土收缩效应可能会很大,如果引起的拉应力和挠度过大,会产生横向收缩裂缝。新旧混凝土梁之间的拼接处也会产生较大剪应力,若超过混凝土及抗剪钢筋的强度,会在拼接处出现纵向裂缝。

某装配式 RC T 梁桥,使用 5a 后拟在旧桥单侧拓宽 1 片 T 梁,新旧 T 梁相同,C40 混凝土,每片 T 梁配置 10ϕ32mm、2ϕ16mm 纵向Ⅱ级钢筋和 16ϕ8mm 纵向Ⅰ级钢筋。混凝土收缩徐变公式采用桥规[5]。在新旧 T 梁截面尺寸、配筋及弹性模量确定后,影响混凝土收缩效应的因素只有环境年平均相对湿度 H_R。根据按弹性力学原理分析收缩徐变效应推导的拼接后新梁上的纵向拉应力和拼接处剪力的计算公式,计算出混凝土完成全部收缩时新梁固定铰支端的最大拉应力和可动铰支端的最大剪应力。对于计算结果做出以下分析:

①拼接时新梁的混凝土龄期越长,新梁上的纵向拉应力和剪应力越小。新梁预制存放 150d 后拼接与预制存放 28d 后拼接相比,新梁收缩全部完成时,纵向拉应力和剪应力减小约 20%。

②环境年平均相对湿度 H_R 越小,新梁上的纵向拉应力和剪力越大,$H_R=80\%$ 与 $H_R=40\%$ 相比,新梁完成全部的收缩后,纵向拉应力和剪应力减小约 38%。$H_R=40\%$ 时,新梁预制存放 28d 后拼接至完成全部收缩时,固定铰支端的拉应力最大为 4MPa,可动铰支端的剪应力最大 1.7MPa;$H_R=80\%$ 时,新梁预制存放 150d 后拼接,完成全部收缩时固定铰支端的拉应力最小为 2MPa,可动铰支端的剪应力最小为 0.9MPa。

③在新梁收缩效应的作用下,新梁上的最大拉应力超过 C40 混凝土的标准抗拉强度,最小拉应力接近 C40 混凝土的标准抗拉强度。因此,必须在拼接处的新梁上设置抗收缩裂缝的钢筋网。

④混凝土抗剪强度与抗压强度的比值为 0.095 ~ 0.121。如取 0.095 可得 C40 混凝土的抗剪强度为 3.35MPa。混凝土的抗剪强度大于新旧梁桥拼接处的最大剪应力。因此,新旧桥梁横向拼接时可以不考虑由收缩徐变引起的纵向剪应力,可按构造配置抗剪钢筋。

(3)混凝土 T 梁桥解联拼接收缩徐变效应算例及分析[18]

某高速公路一座先简支后结构连续部分预应力混凝土 T 梁桥,22 跨一联,跨径 25m,全长 550m,下部结构为单排三柱式墩,钻孔灌注桩基础。采用板式橡胶支座。该桥运营 20 余年后进行拓宽改造。新旧桥上连下不连。上部结构采用翼缘板和横隔板刚性连接。新旧桥上部结构形式相同。旧桥桥面宽 13m,拼宽的新桥桥面宽 8.7m。旧桥无支点负弯矩钢束,且边、中跨截面与配筋相同。拼接改造,对上部结构纵向孔跨布置提出了 4 种方案进行比较:

方案 1:22 × 25m,一联。

方案 2:11 × 25m + 11 × 25m,两联。

方案 3:6 × 25m + 5 × 25m + 5 × 25m + 6 × 25m,共四联。

方案 4:2 × 25m + 4 × 25m + 4 × 25m + 4 × 25m + 4 × 25m + 4 × 25m,共六联。

采用 Midas Civil 2012 软件建立桥梁横向拼接空间分析模型。收缩应变与徐变系数按桥规[5]的收缩徐变模式考虑桥面铺装的影响。拓宽结构延迟 6 个月与旧桥连接。根据对旧桥横向变形、旧桥 T 梁内力的计算并比较了几种支座布置方案,得到以下结论:

①拓宽拼接后,新旧桥间混凝土收缩徐变差在旧桥结构内产生显著的纵、横效应。采用方案 1、2 长联拼接时,支座无法满足结构横向变形要求,甚至存在落梁风险,且结构发生双向曲率弯曲,旧桥出现拉、压力并存的情况,受力复杂,加固设计较难。采用方案 3、4 可显著减小结构横向效应,且结构纵向受力简单、均匀。方案 4 的支座安全储备较高。故推荐方案 4。

②通过最小应变能准则和目标优化函数采用ANSYS软件对方案4的支座布置进行优化，得到优化的结果为：边支点均设置$GJZF_4$-SX支座，次边支点设置了3个$GJZF_4$-DX支座和7个$GJZF_4$-SX支座。

③当工期较短时，通过解联拼接方法可以使长联混凝土T梁拓宽拼接因受新旧桥收缩徐变引起的不利影响大为减小，并可以通过优化支座布置改善结构整体的受力和变形。

由本算例得到启示：混凝土收缩徐变对于旧桥横向变形和主梁内力的影响程度，与旧桥的分联和一联的跨数有关，考虑新旧桥拓宽方案时，应注意这个问题。还可以结合旧桥支座更换，优化支座布置，改善结构的受力和变形。

13.4.2 拓宽方式对旧T梁桥荷载横向分布的影响[19,20]

新旧桥拼接成为整体结构共同承力后，对旧桥的活载横向分布有影响。影响的程度主要决定于主梁横向连接刚度、拓宽方式、新旧主梁纵向抗弯刚度比和新旧主梁横隔板设置情况。一般情况下，新旧桥形成整体后，旧桥横向分布系数有所减小。用下面的算例进行分析：跨径14.4m RC T梁，桥面宽4m，设2片T梁。纵向设6道横隔板，拟将桥面拓宽至8m，新旧桥拼连后共计4片T梁。T梁之间的连接刚度均为翼板横向刚接。因此，影响拓宽后旧桥横向分布系数的主要因素为拓宽方式、新旧主梁的刚度以及新旧主梁横隔板设置的情况。新旧T梁翼板宽度均为2m，肋板厚度均为0.4m，旧T梁高度1.25m，新T梁高度在1.25～1.55m范围内，以研究新旧主梁刚度比对横向分布的影响。采用ANSYS软件建立三维实体单元有限元模型，通过挠度计算值推求T梁的横向分布系数。梁体采用SOLID65六面体单元，橡胶支座简化为节点约束。根据计算结果做出以下分析：

(1)拓宽前后横向分布系数的变化

拓宽方式分为单侧拓宽与双侧对称拓宽；新旧T梁的抗弯刚度为1、1.245、1.512和1.827；新旧主梁间无横隔；横隔板的高度为35cm、70cm和105cm。在上述参数的变化范围内，拓宽后旧T梁横向分布系数均小于拓宽前旧桥的横向分布系数。减小的幅度最低为25%，最高为50%。均指跨中横向分布系数，下同。

(2)新旧主梁刚度比对横向分布系数的影响

不论对称拓宽或单侧拓宽，随着新旧T梁刚度比的增大，旧桥T梁横向分布系数呈减小趋势。减小的幅度在11.4%～26.7%之间。但新旧主梁刚度比大于1.5后，减小的速度变缓，减小率小于10%。

(3)单侧或双侧拓宽对横向分布系数的影响

当新旧主梁刚度比一定时，两侧对称拓宽较单侧拓宽能够更有效降低旧桥横向分布系数，并且旧桥横向分布系数的减小幅度随着新旧主梁刚度比的增大而增大。

(4)新旧主梁横隔板设置情况对横向分布系数的影响

随着新旧主梁横隔板的增加，旧梁横向分布系数呈减小趋势。在上述参数范围内，旧桥横向分布系数大约降低了7.76%。

本章参考文献[20]研究了RC和PC装配式空心板桥横向拼接的可行性。采用空间梁格有限元方法对跨径13m空心板进行了受力分析。旧桥宽12.5m，拼接的新桥宽7.75m，新旧桥空心板之间采用铰接方式进行拼接。得到以下结论：

(1)从结构内力分配角度看,旧桥 RC 空心板与新桥 PC 空心板横向拼接更有利于旧桥结构内力状态的改善,对于旧桥各主梁的内力及变形都一定程度的卸载作用。因此,这种不同类型配筋的空心板之间进行横向拼接是可行的。但是其有利作用不大,对旧桥卸载作用较小。

(2)对于刚度较大的新桥 PC 空心板,将分担较大的外荷载,对其受力不利,设计时应注意。

国内理论研究和工程实践表明:新旧主梁的连接方式对加宽后桥梁横向分布系数有一定的影响,但影响不大。旧桥拼接后横向分布系数降低的幅度,边梁、次边梁较距离拼接位置较远的其他主梁大一些。总体而言,新旧桥拼接后桥梁承受活载的能力得到加强,对旧桥更有利。

13.4.3 通车状态下新旧桥拼接施工措施[8,9,17,21]

国内高速公路改造工程几乎都要求在不中断交通的情况下进行。施工中采取的主要措施,包括以下几个方面:交通组织;相邻主梁高差控制;拼接段混凝土质量控制;混凝土材料选择。

(1)交通组织:在确保安全的前提下,按“施工、交通两不误”的原则编制实施方案。这里涉及的具体问题较多,应在施工组织设计中逐项落实。规模较大的工程还应事先进行施工安全风险评估。

(2)相邻主梁高程控制:为了避免新旧桥主梁接缝处发生裂缝,控制相邻的主梁挠度差十分重要。主要措施如下。

①车辆通过旧桥如挠度较大,可以在跨中设置一个或多个临时支撑,效果显著。

②拼接的纵缝混凝土分段分时浇筑。

③所有接缝应尽量推迟浇筑混凝土的时间,以延长新桥加载的时间,减少拼接后新旧桥之间的沉降差。

④接缝施工安排在凌晨 1 ~ 6 时进行,将车辆振动的影响降到最低。

⑤新桥预制梁板的存梁期不宜大于 60d,以减小新梁上拱度。

⑥如果旧桥需要加固,应先加固旧桥,再进行新老桥拼接。

(3)拼接段混凝土质量控制:在通车情况下浇筑接缝混凝土,车辆振动的影响难以完全避免。几条高速公路新旧桥拼接施工采用的型钢夹具效果较好。例如沪杭甬高速公路拓宽工程桥梁拼接施工使用的专门夹具,采用 I22 的工字钢制作,横跨新旧主梁,通过螺栓夹紧工字钢,使得车辆通过时的荷载及振动由夹具传递并消耗,对浇筑的混凝土起保护作用。该夹具的构造简图如图 13-25 所示。有限元模拟计算和实桥荷载试验都表明,旧桥在汽车荷载作用下,通过施工夹具的连接,拼接梁板与旧桥能共同受力,且变形连续,夹具能起到传递荷载的作用,为湿接缝混凝土浇筑创造了有利条件。

T 梁之间或 T 梁与空心板之间的连接主要是通过横隔板连接。在通车情况下,采用的横隔板宜用钢板连接。即新旧桥拼接的横隔板先各自做好,中间留出间隙,然后外贴钢板,拧紧螺栓,将新旧横隔板连接起来,再浇筑混凝土。有限元模拟计算和实桥荷载试验表明,在荷载作用下,横隔板受力通过螺栓传至钢板,钢板实质上起到了一个将分割开的横隔板连在一起的作用,横隔板受力不大,变形也较连续。这说明横隔板通过钢板的连接起到了很好的传力作用,从而保证了新旧桥梁整体受力。

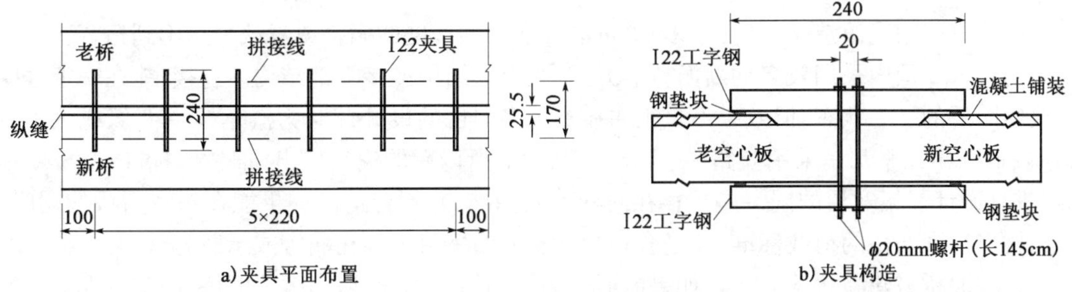

图 13-25　空心板湿接头施工夹具(尺寸单位:cm)

(4)混凝土材料选择:在不中断交通情况下,新旧桥拼接部位的混凝土,一般多采用 C40 早强型钢纤维补偿收缩混凝土。钢纤维掺量约为 50kg/m^3,并掺入适当 UEA 外加剂,使其具有快硬早强、低收缩、微膨胀的特点。须通过配合比试验确定各种材料的用量及工艺要求。

广佛高速公路湖州大桥(基本情况见 13.1 节)拓宽工程设立了“新旧结构纵缝连接研究”课题。其中对接缝特殊连接材料的研究成果如下。

①连接材料的基本要求。

a. 快硬早强:由于桥上车流量大,每天只能在凌晨六七个小时内浇筑混凝土,要求快硬早强。

b. 相对缓凝:纵缝连接混凝土用量大,施工范围狭长,混凝土从搅拌、浇筑至振捣需要一定的时间,因此应有一定程度的缓凝,才能保证必需的施工时间。

c. 低收缩、微膨胀:可以消除混凝土凝固阶段的微裂缝。

d. 具有较好的韧性、抗裂性、抗拉性能和持久性:新旧桥纵向连接缝受力复杂,是新旧桥拼接的关键部位,应具备高性能混凝土的性能。

e. 施工工艺相对简单,操作方便,材料价格不宜过高,以便推广。

②连接材料的技术特点。

通过试验研究并参考国内有关工程的经验,采用“特快硬钢纤维混凝土”。4h 强度达到 23.5MPa(实验室)及 32.1MPa(现场实测),初始坍落度为 2.5cm,30min 后坍塌落度仍有 16cm,可以满足现场施工要求。28d 的强度为 51.6MPa,直至 2 年后强度仍在增长,高达 72.3MPa,可以满足后期强度和耐久性要求。试验还发现:新旧混凝土接合面涂抹界面胶 4h 后,抗折黏结强度达到 1.3MPa,抗剪黏结强度达到 0.63MPa,抗拉黏结强度达到 0.58MPa,均能满足新旧混凝土连接界面的受力要求。表 13-2 为该工程采用的特快硬混凝土配合比,可供参考。

新旧桥接缝特快硬混凝土配合比　　表 13-2

材料名称	水	水泥	砂	石	CNL 剂	缓凝剂	钢纤维
用量(kg/m^3)	175	500	600	1165	15	4	65
比例	0.35	1.00	1.20	2.33	0.03	0.008	0.13

注:水泥采用 C25 快硬硫铝酸盐水泥;CNL 剂为 CNL-2 型特快硬混凝土促硬剂(粉剂);缓凝剂为高效缓凝减水剂。

13.4.4 利用拓宽对旧桥进行加固的“纵横梁改造法”

旧桥进行拓宽改造时,已使用多年,可能存在不同程度的病害或承载力达不到拓宽新桥承载力的要求。国内采用较多的新旧桥连方式,为上部结构连接下部结构不连接,能在一定程度上改善旧桥的受力状态,但效果不是很明显。很多旧桥的设计荷载为汽车超—20级或汽车—20级,而新桥几乎都是采用公路—Ⅰ级汽车荷载。所以有的论文提出“旧桥旧标准,新桥新标准”进行设计。拓宽后的同一座桥存在两种荷载标准,并不合适。如果能在拓宽新桥的同时,使旧桥也达到新桥的荷载标准,才是合理的。有的旧桥由于存在病害或承载力低,有时会采取全部拆除旧桥另建新桥的方案。如果能通过旧桥的拓宽工程,适当改造旧桥,使其达到新桥的荷载标准,显然更为经济合理。利用拓宽旧桥进行加固的“纵横梁改造法”基本上能达到这个要求。当然,这一具体方法有一定适当范围。但其思路较好,值得提倡。用一个实例介绍这个方法的主要内容。

某矿区一座预应力混凝土简支T梁桥,跨径20m,桥面宽6m,由3片T梁组成,梁高1.5m,为单车道。设计荷载为公路—Ⅱ级,该桥于2005年建成。拟将旧桥拓宽至9m(双车道),设计荷载提升至公路—Ⅰ级。采取利用拓宽对旧桥进行加固改造的方案。在旧桥的两侧各新建高度为2.5m、宽度为1.5m的单片T梁,新旧桥通过翼板和横隔板相互连接成整体。在跨中梁底新增一根截面为60cm×40cm的横梁。横梁两端直接与纵梁刚接,在横梁上方对旧T梁植筋,并与横梁内钢筋焊接。新旧T梁翼板的钢筋相互连接,形成刚接。新旧桥下部结构分离,拓宽的新桥采用桩基础。施工中对新桥施加预压并推迟新旧桥接缝连接的时间,以减小新旧桥基础沉降差值。旧桥桥型布置图如图13-26所示,新旧桥拼接成整体后的横断面如图13-27所示。

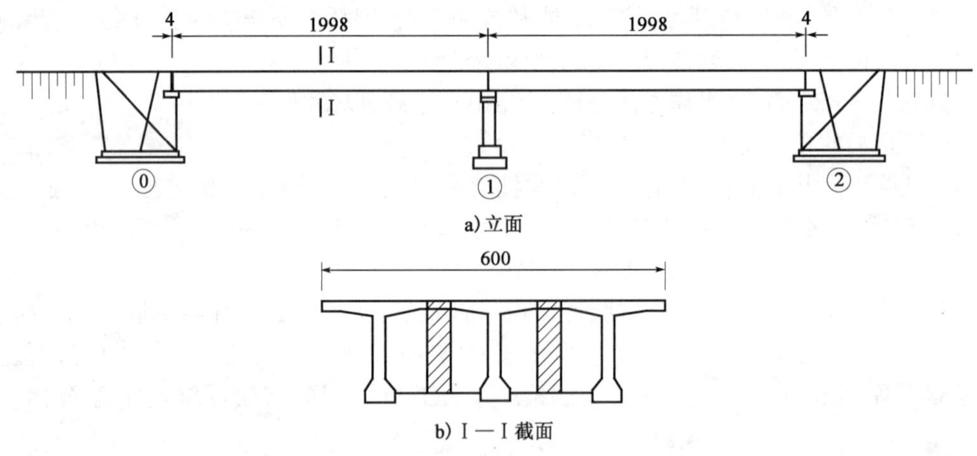

图13-26 既有桥梁布置示意(尺寸单位:cm)

采用Midas程序建立旧桥上部结构拓宽加固前后的分析模型,用梁单元模拟新建纵梁与横梁、旧主梁、旧横隔板,用板单元模拟桥面铺装层,用节点自由度耦合的方法模拟新建横梁与旧主梁间的连接,用共同节点的方法模拟新建横梁与新纵梁。主要计算结果如下。

(1)旧桥按原设计荷载计算,最大弯矩为1729.1kN·m,按公路—Ⅰ级荷载计算,最大弯矩为 2617.9kN·m,前者为后者的 66%。故旧桥应进行加固以提高承载力。

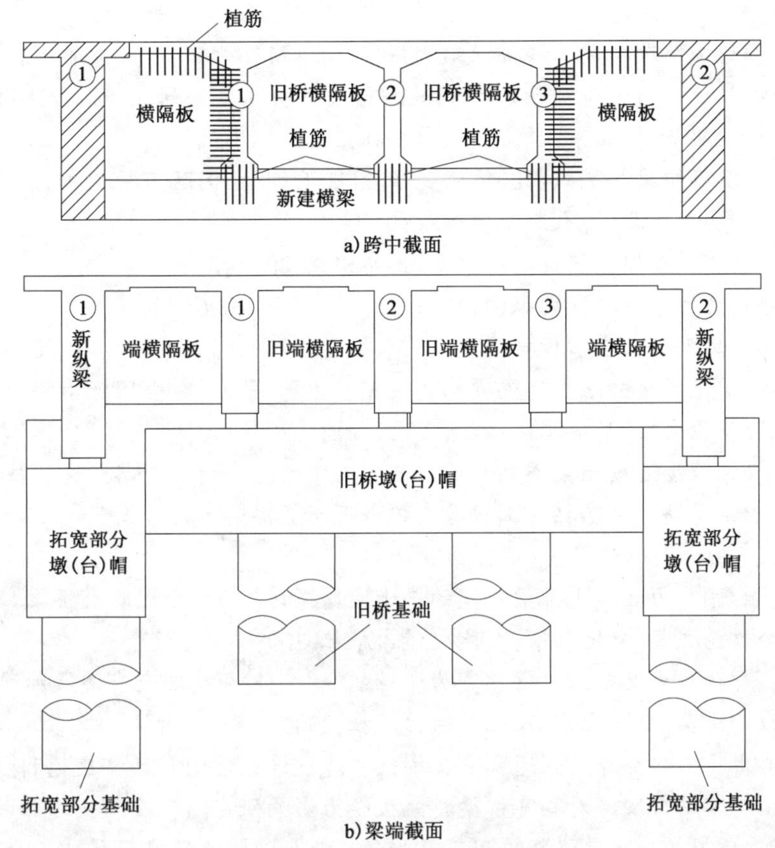

图 13-27　拓宽加固改造后的桥梁横断面

(2)旧桥拓宽加固后按公路—Ⅰ级荷载分别对有无新增跨中横梁的情况进行计算,得到如下结论:

①新旧桥主梁连接共同承力,但跨中无横梁时,旧主梁应承担最大弯矩由 2617.9kN·m 降至 2133kN·m。可见通过新旧主梁翼板横向连接可以提高旧桥的承载力,但仍然达不到公路—Ⅰ级荷载标准。

②新旧主梁连接,同时跨中设置新的横梁,旧主梁所承担的最大弯矩由 2133kN·m 减小到 1711.7kN·m。可见拓宽加固后(跨中设一道横梁),新旧桥主梁承载力可以达到公路—Ⅰ级荷载标准。

(3)旧桥的自重由自身承担,新增桥梁、二期恒载、活载由新旧主梁共同承力。活载横向分布不能用常规的横向分布系数计算方法,应采用空间有限元法计算。

(4)新增跨中横梁的截面尺寸、新主梁的高度和桥面铺装厚度对拓宽后共同工作的新旧主梁的承载力有影响。实桥拓宽设计时,应通过受力分析,进行优化,选用最佳方案。

这种拓宽加固方法适用于中小跨径混凝土梁桥。由于需要在跨中设置一道横梁,对桥下净空有影响,施工也有一定难度,新主梁需布置在旧桥两侧,且新主梁的高度有所增加。这些都限制了这种方法的适应范围。但这一设计思路可供旧桥拓宽改造研究方案时参考。

本章参考文献

[1] 徐强,等.高速公路改扩建工程桥涵结构拼接技术[M].北京:人民交通出版社,2011.

[2] 单宏伟,等.高速公路大跨径预应力混凝土箱梁桥拼宽方案研究[C]//2011 年全国桥梁学术会议论文集[M].北京:人民交通出版社,2011.

[3] 宗周红,等.既有桥梁拓宽纵向接缝研究及应用[C]//全国既有桥梁加固、改造与评价学术会议论文集[M].北京:人民交通出版社,2008.

[4] 桥梁资讯:西班牙圣佩德罗桥桥面拓宽.世界桥梁,2013(2).

[5] 谢宝玉.银川黄河大桥拓宽的纵向接缝设计[J].公路,2006(2).

[6] 熊正强.预应力混凝土空心板拓宽后纵向接缝受力研究[J].中外公路,2014(5).

[7] 吴文清,等.沪宁高速公路扩建桥梁拓宽关键技术研究[C]//全国既有桥梁加固、改造与评价学术会议论文集[M].北京:人民交通出版社,2008.

[8] 梁志广,等.大跨度连续箱梁桥拓宽梁体与原梁体的连接[J].公路交通科技,2007(2).

[9] 李群,等.沪杭甬高速公路拓宽工程通车状态下新老桥梁的拼接工艺[J].公路交通科技,2011(2).

[10] 叶见曙,等.预应力混凝土桥梁拓宽的若干问题探讨[C]//全国既有桥梁加固、改造与评价学术会议论文集[M].北京:人民交通出版社,2008.

[11] 罗志文,等.预应力混凝土 T 梁拓宽力学性能分析[C]//全国既有桥梁加固、改造与评价学术会议论文集[M].北京:人民交通出版社,2008.

[12] 黄云,等.考虑差异沉降的互通式立交桥改扩建设计探讨[J].西部交通科技,2015(1).

[13] 胡文华,等.不均匀沉降对拓宽桥梁拼装板受力影响研究[J].公路交通科技,2015(1).

[14] 刘峰.新旧桥梁基础差异沉降作用下结构受力分析[J].公路交通科技,2013(3).

[15] 贺铁飞,等.既有桥梁拓宽上部结构接缝处理方法分析研究[J].城市道桥与防洪,2012(6).

[16] 温庆杰,等.新旧混凝土桥梁横向拼装的收缩徐变效应[J].中国公路学报,2007(4).

[17] 谭少华,等.广佛高速公路扩建工程桥梁拼接技术[J].中外公路,2012(2).

[18] 阳先全,等.考虑收缩徐变的混凝土 T 梁桥解联拼接效应分析及支座优化布置[J].世界桥梁,2015(2).

[19] 林晶,等.拓宽方式对旧 T 梁荷载横向分布的影响研究[J].中外公路,2013(2).

[20] 吴文清,等.普通钢筋和预应力钢筋混凝土空心板桥的横向拼接可行性研究[J].中外公路,2013(1).

[21] 黄沛聪.不中断交通情况下的高速公路空心板拼接质量控制[J].公路,2011(12).

[22] 王光辉,等.既有桥梁利用拓宽进行加固的研究[J].中外公路,2015(5).

[23] 王光辉,等.纵横梁拓宽加固既有 T 梁桥的参数分析[J].世界桥梁,2015(5).

第14章　混凝土梁桥几项新技术进展简况

14.1　大悬臂混凝土梁桥

在城市桥梁中为了获得较大的桥下空间,并使桥梁的总体形象轻盈美观,经常采用大悬臂混凝土梁桥。在山区公路上的桥梁,较高的桥墩和较大的基础工程往往使下部结构的费用在桥梁总造价中占有较高的比例。此时,减轻上下部结构的自重,包括上部箱梁宽度的减小和桥墩相应的减窄,是较为经济合理的方案,也需要采用大悬臂上部结构。国内外大悬臂混凝土梁桥在总体布局、结构构造、受力分析和施工工艺等方面一直处于发展之中,新技术不断出现。已经建成的这类桥梁大体上有以下4种类型。

14.1.1　带实体悬臂板的箱梁

传统的大悬臂混凝土梁桥是带有实体悬臂板的混凝土箱梁。通常在箱梁全宽的顶板中设置横向预应力钢束。一般可以用两个指标反映其悬臂效应:一个指标是悬臂总宽度 $2B_0$ 与桥面总宽度 B 的比值,即 $r = \frac{2B_0}{B}$,式中 B_0 为单侧悬臂宽(左、右两侧为等宽度悬臂板),另一个指标是单侧悬臂板的宽度 B_0。这两个指标反映了悬臂板与主梁横向受力的特点,也在一定程度上反映了技术难度。

[**例14-1**]　深圳市东部快速路高架桥

该桥为3×30m PC连续箱梁桥,单箱单室截面。上部结构横断面图见图1-21。有关情况参阅1.7节。$r = \frac{13}{20} = 0.65$,$B_0 = 6.5\text{m}$。

[**例14-2**]　上海丹巴路朝阳河桥

该桥为20m+25m+24m+20m等高度预应力连续箱梁。横截面如图14-1所示。顶板厚22cm,底板厚20~30cm,腹板厚40~80cm,悬臂板厚20~65cm,箱梁高度140cm。中墩处横隔梁厚200cm,分联墩处端横梁厚100cm,跨中无横隔板。采用C50混凝土。纵向为全预应力,横向为部分预应力A类构件。桥梁斜交角35°。该桥2010年建成通车。大悬臂箱梁的 $r = \frac{2 \times 5.85}{19.7} = 0.594$,$B_0 = 5.85\text{m}$。

这种结构形式的大悬臂箱梁在受力分析上应重点关注三个问题:箱梁的剪力滞效应显著;大悬臂板除了产生较大的负弯矩和剪力外,还会在一定区域出现正弯矩;当 r 较大时,上部结构侧倾稳定系数较小,存在失稳的风险。边腹板如果采用倾斜式,悬臂板净跨径虽然可以减小,对改善其受力有利,但对箱梁的侧倾稳定性将更为不利。如果箱梁是变高度的,外斜腹板还将增大施工难度。所以，r 与 B_0 均不宜过大。

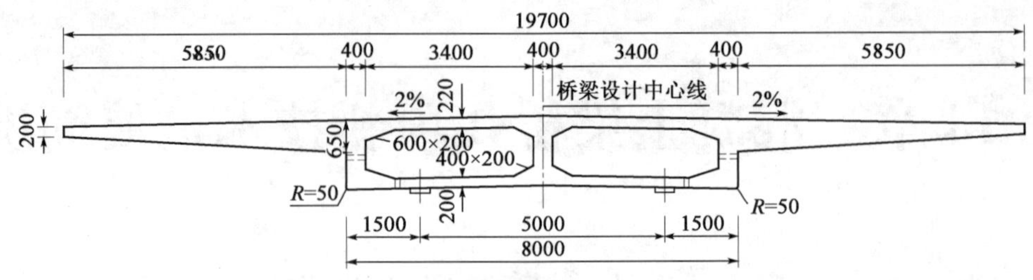

图 14-1　箱梁横断面(尺寸单位:mm)

14.1.2　悬臂板下设置加劲横肋的箱梁

为了改善大悬臂板的受力状态,减小其自重,在悬臂板下缘及对应箱内设置横肋,是一种效果较好的构造方式,已在国内外一些大悬臂板箱梁中应用。

[**例 14-3**]　沈阳市四环路高坎浑河大桥引桥[2]

该引桥为 6×35m(及 7×35m)预应力混凝土连续箱梁,为了与主桥景观上取得一致效果,采用分幅单箱单室大悬臂截面。为解决大悬臂的受力问题,采用了悬臂板下部加横肋的方式。横肋与主桥的悬臂横隔板类似,景观效果上也相呼应。主梁横断面如图 14-2 所示。顶板厚 28cm(标准段)和 60cm(支点);底板厚 26cm(标准段)和 50cm(支点);斜腹板厚 50cm(标准段)和 80cm(支点);中墩处箱内中横梁厚度为 180cm;分联墩处端横隔梁厚度为 155cm。大悬臂板下缘横肋厚度为 45cm,纵向间距 2m。$r=0.584$。结构分析要点如下:

(1)分别采用实体有限元空间模型和桥规[5]公式对箱梁进行受力计算。结果表明:大悬臂箱梁总体分析采用杆系模型,考虑箱梁顶底板有效宽度,按桥规[5]计入剪力滞效应是偏于安全的,作为用于设计的简化计算方法是可行的。墩顶箱梁负弯矩最大的截面,剪力滞系数最大,达到 1.683。

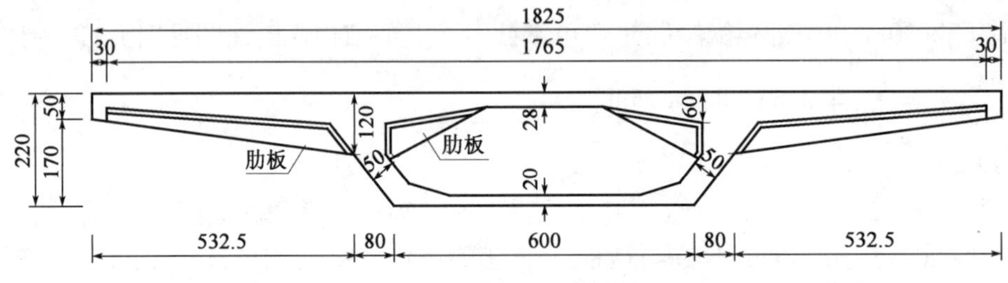

图 14-2　箱梁横断面(尺寸单位:cm)

(2)由于大悬臂板下设置的加劲横肋在顺桥方向为分离布置,杆系模型无法反映其结构的受力情况,故采用实体空间有限元模型进行计算。根据计算结果,横向受力按部分预应力混凝土 A 类构件进行设计,确定了加劲肋的尺寸、纵向间距和横向预应力配束。具体分析方法是:根据车辆荷载影响范围,顺桥向取 16m 长度标准段建立组合有限元模型,箱梁用实体单元,横向预应力钢束用桁架单元。活载采用 550kN 车辆,考虑冲击作用,按最不利原则确定加载位置。得到横向拉应力最大值为 1.689MPa,小于 $0.7f_{tk}$(=1.855MPa),满足 A 类构件的要求。

(3)桥墩上横向设双支座。横桥向按最不利情况靠一侧布置活载。支座最小压力为 771kN。

14.1.3 墩梁固结的大悬臂脊骨梁

桥墩为独柱式,上端与主梁固结,主梁的两侧为大悬臂梁。这种结构形式的实例可参阅本书 1.7 节。国外著名的美国旧金山机场高架桥,r 值高达 0.8;国内上海市内环线立交桥 r 值也达到 0.756。这两座桥的大悬臂均采用扁形箱形截面。其横截面可参阅图 1-18、图 1-19。由于墩梁固结,主梁不存在侧倾失稳问题。结构分析主要由上、下部结构的强度、变形和墩柱压杆稳定性控制。

14.1.4 翼板下设置斜撑的大悬臂箱梁[3]

上述传统的大悬臂板箱梁和悬臂板下设置横肋的箱梁,如果悬臂板跨径过大,即 r 值超过 0.6,则悬臂板自重增大,受力状态恶化。而脊骨梁式大悬臂桥,难以适应桥梁长期运营后拓宽改造的需要。在主梁翼板下设置斜撑的大悬臂箱梁,有以下几个突出的优势:①彻底改善了箱梁大悬臂的受力状态,大幅度提高了悬臂的刚度;②悬臂段的自重明显减小;③能适应桥梁后期的拓宽改造;④结构效率较高。例如加拿大联邦大桥(主跨 250m PC 箱梁桥,属带挂梁的 T 形刚构),由双向两车道拓宽至双向四车道(即通行能力增加 1 倍)时,主梁的内力(弯矩、剪力)仅增加了 25%。

较早把设置斜撑的 PC 箱梁断面形式用于桥梁结构工程的当属 1980 年建成的科赫塔尔(Kochertal)桥。该桥由德国著名的桥梁结构工程专家莱昂哈特(Leonhardt)设计,为 9 跨 PC 连续箱梁,主跨为 138m,梁高度 6.5m,两侧悬臂长度近 10m,与全宽之比 r =0.65。该桥横断面见图 14-3。施工时先悬臂浇筑中间箱梁,然后安装斜撑,现浇两侧桥面板。斜撑纵向间距 7.66m。

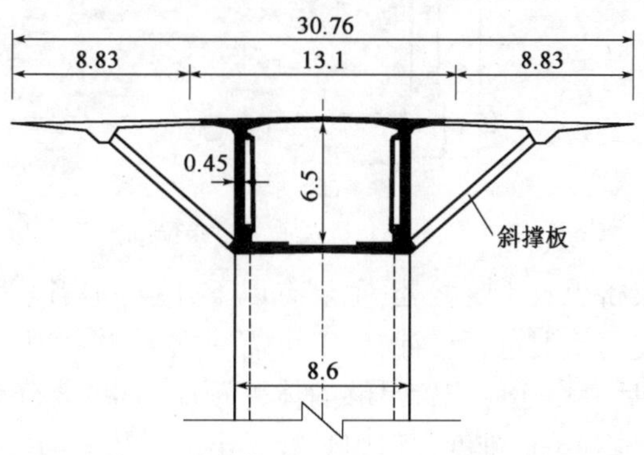

图 14-3 Kochertal 桥主梁断面(尺寸单位:m)

后来,这种新技术在美国、德国、加拿大等国家得到推广应用,多用于连续梁桥和连续刚构桥。截面高度可以是等高度,也可以是变高度。加拿大还成功地将其应用于矮塔斜拉桥工程中。在等高度连续梁桥、大跨度连续刚构桥、一般的工梁或 T 梁桥以及大跨径连续 T 梁桥的拓宽改造工程中采用这种新技术的实例可参阅本书图 13-1 ~ 图 13-4。

21 世纪初,这种设置有斜撑的箱梁由欧美国家传入日本。日本是一个地震多发的国家,必须考虑上部结构轻型化,以改善桥梁的抗震性能。尤其是山区的高墩大跨径桥梁,下部结构费用所占比例较高,上部结构自重减小可以节省下部结构的费用。这种新技术的优势更为显著,在日本迅速推广发展。已建成的几座设置斜撑 PC 箱梁桥列于表 14-1。其中川下川桥,考虑到今后桥面宽度将由四车道拓宽至六车道的需要,采用斜撑支承拓宽的悬臂桥面板,在结构构造作了细致的考虑。该桥立面如图 14-4 所示。

日本已建的几座设斜撑的 PC 箱梁桥 表 14-1

桥　　名	竣工年	结构体系	施工方法	最大跨径(m)	桥面总宽(m)	梁高(m)
芝川高架桥	2004	变高度连续梁	平衡悬臂	108	18.05	3.5~7.0
MEAUX 高架桥	2005	等高度连续梁	顶推	55	31.10	4.5
内牧高架桥	2006	等高度连续梁	逐孔架设	53	18.05	3.5
锥之泷桥	2007	变高度连续刚构	顶推 + 平衡悬臂	115	21.53	3.0~6.7
山切 1 号高架桥	2007	等高度连续梁	逐孔架设	50	11.71	2.7
川下川桥	2013	变高度连续刚构	平衡悬臂	143	24.14	4.0~12.0

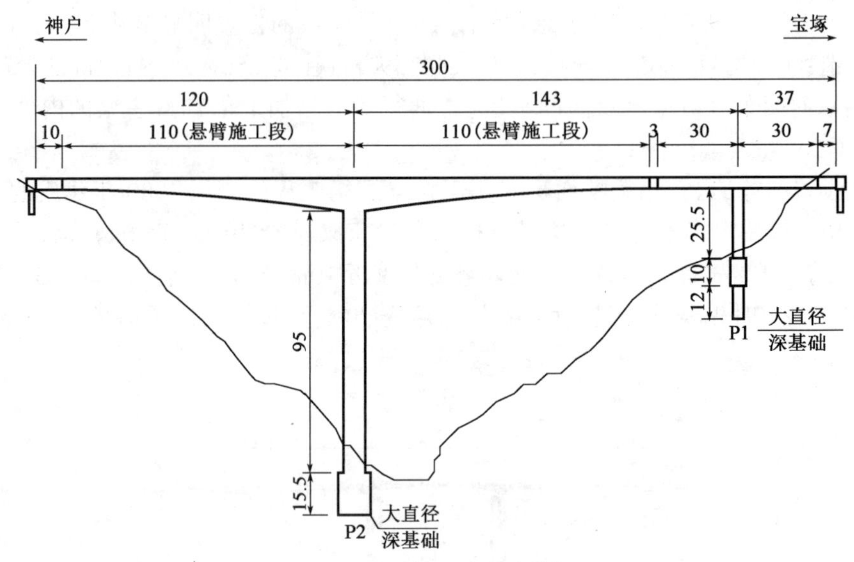

图 14-4　川下川桥立面(尺寸单位:m)

这种设置斜撑的箱梁桥也有不足之处,主要有以下几点:①当采用分期实施的方案时,下部结构应按最后一期的受力情况进行设计,施工也需一次到位;②为满足抗剪要求,首期工程应适当增大腹板厚度,最后一期还应配置足够的体外预应力束;③分期实施,在结构构造的细节处理上较为复杂,施工也有一定难度。但因具有突出的优势,这些缺点是可以接受的。

另外,值得关注的是,日本在 2005 年建成的挂岛高架桥使这一新技术进一步发展。该桥为 4×54m 等高度连续箱梁桥,采用顶推法施工。其主梁巧妙地将波形钢腹板箱梁与设置斜撑的 PC 箱梁结合起来,发挥各自的优势而衍生出一种新的上部结构形式——设置斜撑的波形钢腹板 PC 组合箱梁,使混凝土梁桥上部结构轻型化达到了近乎极致的程度,为山区桥梁建设创造出了更为新颖的结构形式,其经济效益是相当可观的。2010 年日本又建成了主跨 135m 的变高度连续梁桥——谷津川桥,将这一新技术推广应用于大跨径连续梁桥。该桥获得了 2010 年度预应力混凝土技术协会奖。

14.1.5　悬臂板跨径较大时活载弯矩计算

整体式箱梁两侧悬臂板跨径大于 2.5m（指平行于悬臂板跨径的车轮着地尺寸的外缘，通过铺装层 45°角分布线的外边缘至腹板外缘的距离 c）时，板的受力情况较为复杂。涉及的主要特性有：①轮压荷载位置靠近箱梁端部（该处有伸缩缝或断缝，荷载沿纵向不能传递）时，悬臂板根部弯矩的集中效应明显，因此应分别按无限宽悬臂板和半无限宽悬臂板进行受力分析，因为两者内力差异较大；②当荷载位于悬臂板沿跨径方向的某个范围内时，悬臂板将产生正弯矩，其值有可能达到板根部弯矩的 40% 以上；③在相同位置和相同荷载作用下，变厚度与等厚度悬臂板根部弯矩值不相同，前者大于后者；④箱梁的畸变将会引起悬臂板根部弯矩的变化，同时悬臂板的横向弯矩也会影响箱梁腹板的横向弯矩。综合起来，大悬臂板的受力属于空间问题，较精确分析应采用空间有限元程序。目前，规范和工程设计都采用近似的实用算法，但还存在某些问题需要进一步分析探讨。

(1) 桥规[5]中悬臂板的计算公式是基于无限宽等厚度悬臂板，在悬臂端部作用一个集中荷载的情况下推导出来的，上述 4 项受力特性大部分没有考虑，因而其假设过于简略，在某些情况下偏于危险。

(2)《公路钢筋混凝土及预应力混凝土桥涵设计规范》（JTG D62）2012 年征求意见稿补充了以下规定：当 c 值大于 2.5m 时，垂直于悬臂板跨径方向的车轮荷载分布宽度可按下列公式计算：

$$a = 0.8(a_1 + 2h) + 1.6c$$

式中：a_1——垂直于悬臂板跨径的车轮着地尺寸；

h——桥面铺装厚度。

还规定：当 c 值大于 2.5m 时，车轮荷载作用下会出现正弯矩，应考虑正弯矩配筋。

但规范对下述 4 点未作出相应的规定：

①轮压荷载靠近主梁端部时，悬臂根部的弯矩必将增大，如何计算。

②正弯矩发生的范围是什么，如何计算。

③变厚度板能否使用上述公式计算，是否需要进行修正。

④是否应考虑箱梁畸变对悬臂板根部弯矩的影响。

(3) 长悬臂行车道板计算方法及实用公式

本章参考文献[4]指出：通过对长悬臂板的理论分析可以看出，桥规所用结构计算方法分析有效分布宽度的概念是将板化成梁来计算，其中掩盖了板的双向受力特性，故存在不合理之处。但当 $c \leq 2.5$m 时，无论变截面或等截面均可用以进行设计计算。当 $c > 2.5$m 时，常截面可以采用沙柯公式，变截面可采用巴赫公式，并应考虑正弯矩配筋，以避免可能出现的下缘开裂。在单箱长悬臂的截面中，考虑畸变角的转动使悬臂板根部弯矩变小，这与实际情况相符合。沙柯公式和巴赫公式及其相关的计算资料，本章参考文献[4]有详细介绍。

学者蒋志刚（同济大学 1985 年硕士研究生）进行了有机玻璃箱梁模型试验，并在研究论文中对长悬臂板的实用算法提出以下两点。

①荷载 P 距板端 $e < 3a_0$ 时，应按半无限宽悬臂板计算。e 及 a_0 见图 14-5，a' 为 P 作用下板根部的有效分布宽度。

②当 $x/a_0=0.5\sim0.875$ 时,长悬臂板的正弯矩值可近似地取根部弯矩绝对值的1/2。其中 x 为荷载作用点到根部的距离。

a' 可按下述方法近似计算(半无限宽悬臂板):

当 $a_0\leqslant2.5\text{m}$ 时,可用桥规公式,$a'=a/2+e$。

当 $a_0>2.5\text{m}$ 时,若采用美国规范的公式计算 a,则偏于保守。美国公式为 $a=0.8x+1.143m$(对于一个集中荷载),$a'=a/2+e$。

求出 a' 后,则在 P 作用下根部单位宽度的弯矩为 $m_x=\sum\frac{Px}{a'}$。

《公路钢筋混凝土及预应力混凝土桥涵设计规范》(JTG D62)正式实施后,a 值应按新桥规的规定计算。上述第②项关于正弯矩的计算,适用于无限宽和半无限宽悬臂板。

美国公路标准规范(AASHTO)1989年第14版,对悬臂板的计算建议采用如下公式(参阅图14-6)。

两个集中荷载作用时,无限宽悬臂板根部的有效分布宽度 a 及根部单位宽度弯矩 m_x 分别为:

$$a=0.8x+1.143m+d \tag{14-1}$$

$$m_x=\frac{\sum Px}{a} \tag{14-2}$$

式中各符号意义见图14-6。

(4)长悬臂板采用空间有限元模型分析的研究成果

将悬臂板根部视为嵌固端,用ANSYS软件分析悬臂板根部的弯矩,得到变厚度长悬臂板的弯矩表达式[5]:

$$m_x=\int(x,0)=-f(u,v,w)\frac{P\xi}{a} \tag{14-3}$$

式中:$f(u,v,w)$——修正函数,其中 $u=\frac{x}{l_0}$,$v=\frac{\xi}{l_0}$,$w=\frac{t_2}{t_1}$,式中符号含义见图14-7;

a——荷载有效分布宽度,由荷载点按45°角向悬臂板根部分布的宽度。

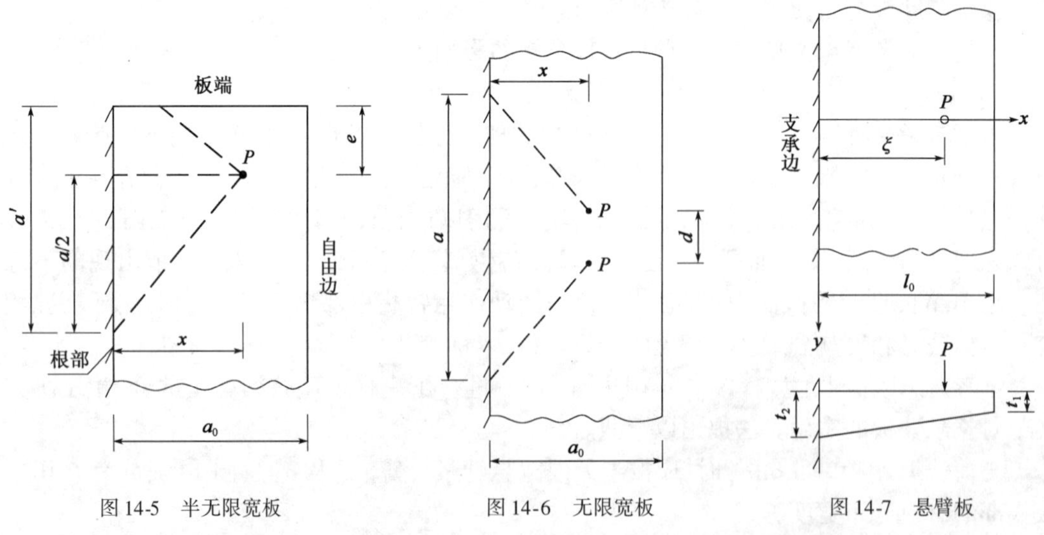

图14-5 半无限宽板　　图14-6 无限宽板　　图14-7 悬臂板

当 $\xi = l_0$，$x = 0$ 时，式(14-3)即为变厚度悬臂行车道板在集中荷载作用于边缘上时，其根部的最大弯矩。

$$m_x = \int (x,0) = -f(w)\frac{P\xi}{a} \tag{14-4}$$

当 $w = 1$ 时，式(14-4)即桥规中等厚度悬臂行车道板的计算公式。

根据 ANSYS 的计算成果，可得各种 u、v、w 值的 $f(u,v,w)$，如表 14-2 所列。

$f(u,v,w)$ 值　　表 14-2

w	1.0					2.0					3.0				
u,v	1.0	0.8	0.6	0.4	0.2	1.0	0.8	0.6	0.4	0.2	1.0	0.8	0.6	0.4	0.2
0	0.97	0.85	0.76	0.67	0.59	1.30	1.03	1.00	0.86	0.73	1.38	1.19	1.01	0.84	0.69
0.2	0.93	0.81	0.62	0.56	0.33	1.22	1.06	0.89	0.71	0.43	1.29	1.09	0.91	0.69	0.40
0.4	0.82	0.69	0.55	0.37	0.15	1.04	0.86	0.67	0.45	0.19	1.06	0.87	0.67	0.45	0.20
0.6	0.68	0.55	0.40	0.23	0.08	0.80	0.63	0.45	0.26	0.09	0.79	0.62	0.44	0.25	0.09
0.8	0.53	0.42	0.29	0.16	0.05	0.57	0.43	0.29	0.15	0.04	0.53	0.40	0.26	0.13	0.04
1.0	0.41	0.31	0.20	0.10	0.03	0.39	0.28	0.18	0.08	0.02	0.33	0.24	0.15	0.07	0.02

算例：$l_0 = 5\text{m}$，$t_1 = 20.3\text{cm}$，$t_2 = 53.3\text{cm}$。分别采用桥规[5]、沙柯公式、美国 AASHTO 规范及 ANSYS 有限元和上述公式(14-3)进行计算。泊松比 0.1667，计算结果如表 14-3 所列。从表 14-3 中数值可以看出，对于5m 长悬臂板，当视为无限宽度时，如以有限元分析的 m_x 为比较标准，则桥规[5]计算值偏小，美国公式偏大，沙柯公式也偏小。需要指出的是，桥规[5]及沙柯公式仅适用于等厚度悬臂板，用来计算变厚度板误差较大。另外，上述有限元分析是假定悬臂板的根部为嵌固端，没有考虑箱梁畸变对悬臂板根部弯矩的影响，计算的 m_x 偏大，式(14-3)的计算结果也相应偏大，均偏于保守，作为工程实用的近似公式是可行的。但此处的有限元分析成果不宜视为精确值。表 14-3 中的沙柯公式详见本章参考文献[4]。

计算结果对比　　表 14-3

计算方法	计算公式	m_x
参考文献[1]	$m_x = f(x,0) = -P\xi/a$	-100.000
沙柯方法[2]	$m_x = f(x,0) = -\frac{P}{\pi}A'\frac{1}{\cosh\left(\frac{A'y}{l_0}/\frac{\xi}{l_0}\right)}$	-95.541
美国 AASHTO[2]	$a = 0.8x + 1.143$　$m_x = -Px/a$	-194.439
有限元方法	—	-142.046
公式(14-3)	$m_x = f(x,0) = -f(u,v,w)\frac{P\xi}{a}$	-135.005

本章参考文献[6]通过算例对悬臂车道板的受力进行了分析。采用 ANSYS 进行建模。根据计算结果得到以下结论：

①对于翼缘板根部与端部的厚度比较大且荷载作用于翼缘板跨径端部的情况，桥规[5]针对悬臂板根部弯矩的计算值可能偏于危险。

②荷载位置靠近箱梁端部时,翼缘板根部弯矩的集中效应明显。对于全箱梁模型,箱梁端部翼缘板根部弯矩可达跨中的3倍以上。对悬臂板模型(不考虑箱梁变形对悬臂板的影响),箱梁端部翼缘板根部弯矩也有跨中的2.4倍左右。这种弯矩增大的现象,主要发生在距离箱梁端部约1倍悬臂板长度范围内。

本章参考文献[8]采用两根20m长,悬臂长度分别为1.2m和2m的T形边梁进行现场荷载试验。结果表明,悬臂板梁端弯矩是跨中弯矩的1.6倍左右。所以,当荷载靠梁端时应按半无限宽悬臂板计算活载内力。

从上述国内的一些研究成果可以看出,某些方面还存在差异。对于长悬臂板活载弯矩的计算,目前的实用公式能较全面地计入4种主要影响因素并达到一定精度,但不是很令人满意,有待进一步结合实桥和模型试验深入分析研究,加以完善。

14.2 全无缝梁桥接线路面裂缝宽度计算与延性性能试验研究

本书在11.2.6节中对整体式和半整体式无缝桥梁的主要特点进行了论述。指出:整体式桥台无缝桥梁,由于梁与台身固结,取消了支座,梁、台、桩与台后相互作用,变形较大,受力机理复杂,至今没有成熟的、公认的设计理论,一些重要问题还在继续研究探讨中。而半整体式桥台无缝桥梁要简单得多,其主要特点为在较大程度上保留了常规有伸缩缝桥梁的主要性能,仅在主梁与桥台结合处取消了伸缩装置,对梁端构造及其与台身的连接进行局部改动,桥台上仍保留支座。但是,主梁的纵向变形将主要通过搭板传至接线路面,会使其产生裂缝。这是半整体式桥台无缝桥梁存在的一个技术难题。以湖南大学邵旭东教授为首的课题组和中南林业科技大学,提出了适用于半整体式桥台无缝桥梁的新体系(参阅图11-26),实现了桥路整个范围内全无缝。其中有两个重要问题对桥梁的使用性能有较大影响,一是桥路接线段路面裂缝宽度的计算和控制,二是延性性能,应可以完全吸纳主梁因温度变化产生的变形。解决好这两个问题就可以真正实现全无缝。

14.2.1 半整体式全无缝桥接线路面裂缝宽度计算[9]

路桥全无缝桥梁的工作原理是:将梁体的变形通过搭板传递至配筋接线路面,通过一定长度范围内的接线路面吸纳全部变形。温降时,主梁将带动后面的配筋接线路面一起向桥跨温度变形0点运动,在接线路面中产生较大拉应力,若超过混凝土抗拉强度,则导致接线路面开裂。通过试验研究及分析计算可知,引起路面裂缝的主要因素有混凝土干缩、温度下降引起的收缩和行车荷载等。由理论分析,推导出全无缝桥梁接缝路面裂缝宽度的计算公式为:

$$W_{\mathrm{yb}}=\eta_{\mathrm{t}}\left[\eta_{\mathrm{cb}}\frac{4N_i}{A_{\mathrm{s}}E_{\mathrm{s}}}\left(\frac{1}{(a_1+a_2)^{1/2}}\cdot\frac{\mathrm{e}^{\sqrt{a_1+a_2}l}-\mathrm{e}^{-\sqrt{a_1+a_2}l}}{\mathrm{e}^{\sqrt{a_1+a_2}l}+\mathrm{e}^{-\sqrt{a_1+a_2}l}}\right)+\eta_{\mathrm{jb}}1000L_{\mathrm{d}}\left(\varepsilon_{\mathrm{sh}}+a_{\mathrm{c}}\Delta T_{\zeta}-\frac{c_2\cdot f_{\mathrm{t}}}{E_{\mathrm{c}}}\right)\right] \tag{14-5}$$

式中: N_i——第 i 条预锯缝处的拉力(kN),$N_i=N_1-(i-1)\cdot s\cdot q_1$,其中 s 为预锯缝间距,q_1 为单位长度摩阻力(kN/m);

η_{t}——裂缝宽度行车荷载影响系数,需要对已有全无缝桥梁进行长期调查研究后确定采用值；

η_{cb}——梁体温缩引起的裂缝宽度转化系数；

A_s、E_s——分别为钢筋截面面积(m^2)、钢筋弹性模量(MPa)；

a_1、a_2——$a_1 = \frac{D}{A_c E_c} K_s$，$a_2 = \frac{D}{A_s E_s} K_s$，其中 D 为单根钢筋周长(m)，A_c、E_c 分别为混凝土截面面积和弹性模量；

l——锯缝间距(m)；

η_{jb}——混凝土干缩和温缩引起的裂缝宽度转换系数；

K_s——钢筋与混凝土间的黏结刚度系数(kN/m)；

L_d——水泥混凝土路面裂缝间距；

ε_{sh}、a_c、ΔT_ζ、c_2、f_t——水泥混凝土路面横向裂缝宽度计算的参数，详见《公路水泥混凝土路面设计规范》(JTG D40—2011)。

针对式(14-5)已进行了室内的足尺模型梁体温缩变形试验。行车荷载对裂缝宽度的影响，有待研究。根据模型试验结果与式(14-5)的计算值对比分析，表明综合考虑各因素的影响，裂缝总宽度理论计算值较试验值大，理论推导基本反映试验结果。

14.2.2　全无缝桥延性性能试验研究[10]

结构的延性是指结构或构件从屈服开始到达最大承载力或到达以后而承载力还没有明显下降的变形能力。延性对于抗震很重要。延性好的结构或构件受地震荷载作用时损坏相对较轻微，具有耐变形和消耗地震能量的能力。结构或构件的延性可用式(14-6)表达：

$$\mu_\Delta = \frac{\Delta u}{\Delta y} \tag{14-6}$$

式中：Δu——极限状态时的位移；

Δy——屈服点位移。

μ_Δ 称为结构或构件的位移延性。μ_Δ 值越大，表明延性越好。

进行了两种全无缝桥梁接线路面的延性试验和理论分析，得到以下结论。

(1)通过对带预锯缝的全无缝桥接线路面的三次往复张拉试验，发现基底摩阻力和锚圈端锚固力随着往复加载次数的增加而不断减小，对梁体有益。但计算裂缝宽度时应考虑往复荷载作用的不利影响。

(2)通过对带地梁的全无缝桥接线路面的破坏试验，得到搭板的极限位移为 26.8cm，该结果远远大于设计的接线路面需要吸纳的变形量(一般小于 2cm)。说明全无缝桥延性性能好，完全能吸纳梁体温度变化引起的变形。

(3)通过对带地梁的全无缝桥的位移延性计算，得到其位移延性为 $\mu_\Delta = 22.6$，说明带地梁的全无缝桥延性性能好。

另外，福州大学通过对上坂大桥的动力特性分析，发现整体式桥台无缝桥梁具有较弱的耗能能力，抗震性能较好。

可见，不论整体式或半整体式无缝桥梁，在结构设计合理的情况下，延性较好，完全可满足使用功能。这种新结构、新技术应该在中小跨径梁桥中得到推广应用。

14.3 PBL 剪力键用于简支梁桥面连续

20 世纪 80 年代,德国斯图加特大学对一片连续结合梁进行试验,在钢梁翼缘板上叠焊钢板,钢板上开孔,在浇筑混凝土板时,钢板孔洞中的混凝土榫会产生抵抗剪力流,这就是 PBL 剪力键的锥形[12]。这种剪力构件逐步推广使用,近几年已广泛地应用于桥梁钢-混凝土结合部。

传统的简支梁桥面连续构造多采用氯丁橡胶作为隔离部件,存在寿命短、耐久性差的缺点,集中表现在易损坏、易漏水、养护工作量大等方面(参阅本书第 3 章)。为了克服上述缺点,最近,上海市城市建设研究总院,首次将 PBL 剪力键用于简支梁桥面连续构造设计中,是桥面连续结构的一种新技术。具体用于上海市嘉闵高架桥工程(北翟路-G2 段)装配式预应力混凝土组合小箱梁[11]。桥墩上为倒 T 形盖梁,小箱梁支承于倒 T 形盖梁的两侧。桥面连续采用两端锚固在主梁梁端的钢-混凝土组合板。钢-混凝土组合板跨过倒 T 形盖梁的顶面。组合板采用钢板与混凝土相叠合的结构,叠合的方式采用 PBL 剪力键。即钢板开孔,钢筋穿过,浇筑的混凝土填入孔中。主梁中预埋钢板与桥面连续中的钢板焊接。PBL 桥面连续构造的立面如图 14-8 所示。用 ANSYS 对 PBL 剪力键进行仿真模型分析表明,在施加荷载过程中,孔内混凝土与外包混凝土连接处是 PBL 连接件最先破坏的位置,随后钢板孔洞中的混凝土被压碎,穿孔钢筋开始出现明显的变形,当变形达到一定程度,钢筋开始屈服,即可以认为 PBL 剪力键达到极限承载力状态。

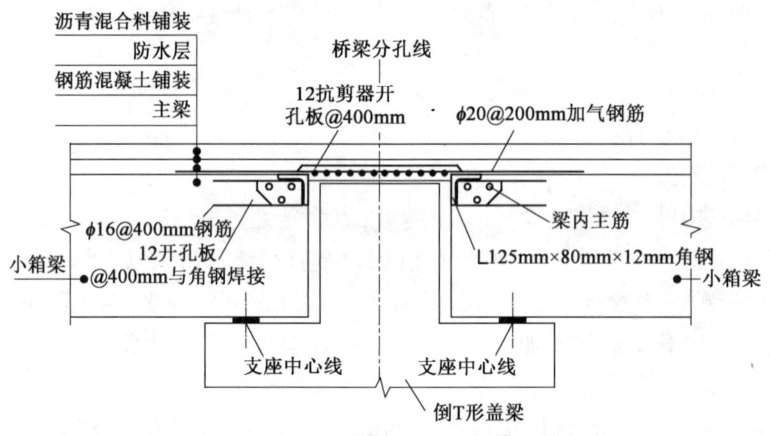

图 14-8 PBL 桥面连续构造立面图

PBL 剪力键的受力性能主要取决于混凝土和穿孔钢筋。钢板开孔中的混凝土榫起重要作用,它能抵抗钢板与外包混凝土间的作用力,并加强钢板与混凝土间的结合。而 PBL 剪力键贯通钢筋的存在,使得混凝土处于三向受压状态,混凝土强度得到提高,增强了其抗剪能力。同时,使钢板截面上的较大荷载传递到混凝土中,很好地分散了钢结构的应力,因而又具有良好的抗疲劳能力。

PBL 桥面连续构造可以采用简化方法计算。即用 Midas 软件建立 PBL 桥面连续构造的平面杆系模型,进行有限元静力分析。可以验算各种工况下的应力、强度和裂缝宽度。主要荷载与作用包括小箱梁端转角、车轮压力、温度水平力等。进行了跨径 35m 组合小箱梁桥面连续受力分析，在最不利工况下，小箱梁下挠，PBL 桥面连续上缘受拉，下缘受压，需在上部设置抗拉钢筋。按降温时的拉弯构件控制设计。本桥上缘加强钢筋为ф 20@ 100mm 时，计算裂缝宽度 0.2mm，钢板应力满足规范要求。与传统的桥面连续比较，PBL 剪力键桥面连续有以下优点：

(1)承载力高，不易损坏，养护维修工作量少。

(2)抗疲劳性能优越，耐久性好。

(3)传力可靠，保留了简支梁桥的优点。

(4)施工快速方便，有利于推广应用。

不足之处是工程费用高于常规的桥面连续，施工也复杂一些。

14.4　新旧混凝土界面性能研究及处置措施

14.4.1　概述

桥梁混凝土结构工程中，存在大量由新旧混凝土组成的构造物或构件。例如：装配式桥梁或结构的湿接缝；分环、分段、分期进行浇筑的混凝土拱圈；分期浇筑的叠合梁；车道板与混凝土桥面铺装的连接；混凝土桥梁采用增大截面法进行加固；各种混凝土墩台分层、分段浇筑以及各种类型的施工缝。可以说，对于任何一座混凝土桥梁，施工缝几乎不可避免。

新旧混凝土之间的结合面(以下简称“界面”)，形成一种新的构造体系，它不同于旧混凝土，也不同于新混凝土。新旧混凝土与界面三者物理、力学性质各不相同，在荷载与作用的影响下，产生不同的应力、应变反应。所以，应该把“界面”看成是一组与新旧混凝土相连接而性能又与新旧混凝土不完全相同的薄层结构。长期的大量的工程实践证明，界面是整体混凝土结构中就自身而言最为薄弱的部位，在外部环境或结构受力作用下容易产生病害，并可能影响结构的承载力或正常使用。对界面性能的研究表明，界面处新旧混凝土结构的微观连续性受到较大的削弱，在受到新旧混凝土之间必然存在的收缩差影响后，界面的抗拉、抗剪和抗弯强度明显低于新旧混凝土本身相应的强度。其降低程度与多种因素有关。为了提高界面的黏结强度(含抗拉、抗剪和抗弯)，并能与新旧混凝土形成整体，共同工作，必须采取必要的技术措施。

对界面的受力性能，国内外进行了大量的试验研究。由于影响因素较多，试验条件各不相同，试验结果存在较大差异。但有一点是肯定的：不进行技术处理的自然界面，其各项强度指标均明显低于新旧混凝土自身的相应强度，有时降低的幅度还很大。

14.4.2　界面黏结强度部分试验成果

(1)新旧混凝土界面抗弯强度实测值[13]

旧混凝土立方体抗压强度为 25MPa，对以下 4 种界面进行试验。

Ⅰ型：旧混凝土为抗弯试验破坏后的自然断面，仅去掉松动混凝土块，再用清水冲刷干净。

Ⅱ型：对旧混凝土的自然表面进行轻凿，去掉松动混凝土块，并使粗集料约 50% 外露，再用清水冲洗干净。

Ⅲ型:旧混凝土为光滑的表面,不作任何处理,仅用清水冲洗干净。

Ⅳ型:用钢丝刷刷去光面混凝土表层约2mm,再用清水冲洗干净。

在旧混凝土表面浇筑新混凝土(其强度见表14-4),达到设计强度后,对由新旧混凝土组成的试件施加压弯荷载,直至破坏。此时旧混凝土实测抗弯强度为3.37MPa。界面抗弯强度实测值如表14-4所列。

新旧混凝土界面抗弯强度实测值 表14-4

采用的界面剂	界面处理类型	界面抗弯强度与老混凝土抗弯强度之比	界面抗弯强度与新混凝土抗弯强度之比	新混凝土强度等级(MPa)
A. 不涂刷任何界面剂	Ⅰ	0.47	0.43	25.02
	Ⅱ	0.53	0.48	25.02
	Ⅲ	0.21	0.19	25.02
	Ⅳ	0.37	0.34	25.02
B. 水泥净浆抹面(同混凝土配合比)	Ⅰ	0.54	0.49	25.02
	Ⅱ	0.59	0.54	25.02
C. 快硬铁铝酸盐水泥浆抹面(同混凝土配合比)	Ⅰ	0.58	0.53	26.11
	Ⅱ	0.80	0.73	26.11
D. 渗入10% UEA膨胀剂的水泥浆抹面	Ⅰ	0.51	0.47	26.11
	Ⅱ	0.85	0.78	26.11

由表14-4所列的抗弯强度实测值,可以得到以下结论:

①在本项试验条件下,不论界面是否进行处理和是否涂刷界面剂,界面的抗弯强度均低于新旧混凝土自身的抗弯强度,两者的比值最多能达到0.85。

②在界面不作任何处理的情况下,界面的抗弯强度只能达到新旧混凝土自身抗弯强度的20%左右。

③对界面进行处理,可以明显提高其抗弯强度。不同的处理措施,提高的程度不一样。

(2)新旧混凝土界面抗剪、抗拉试验资料[13]

①界面抗剪强度试验。

旧混凝土为C24,新混凝土为C25~C40,界面处理后平均粗糙深度4.4mm。根据试验数据分析可得界面的直接抗剪强度τ为:

$$\tau = 0.0484 f_c \tag{14-7}$$

式中:f_c——新混凝土轴心抗压强度标准值。

例如,C30混凝土$f_c = 17.01$MPa,则$\tau = 0.0484 \times 17.01 = 0.823$MPa。C30混凝土直接抗剪强度标准值为2.93MPa,故界面与新混凝土直接抗剪强度之比为0.823/2.93 = 0.280(界面未进行处理)。试验还表明,新浇混凝土掺入碳纤维或钢纤维可以提高界面的抗剪、抗拉强度;如果旧混凝土表面刻凿凹槽,间距159~200mm,形成网格,或者用硬钢丝刷在旧混凝土表面划毛,形成乱向刻纹均可提高界面抗剪强度。

②界面抗拉强度试验。

旧混凝土为 C30，其表面经高压水射法或人工凿毛法或喷砂法处理，新鲜混凝土全部外露，全断面有最佳粗糙度，再浇筑 C40 混凝土。实测界面抗拉强度为旧混凝土抗拉强度的 57% ~68%，C30 混凝土抗拉强度标准值为 0.97MPa，则界面的抗拉强度在 0.55 ~0.66MPa 之间。

由上述两项试验可以得到结论：未经处理的新旧混凝土界面抗剪、抗拉强度均明显低于新旧混凝土自身相应的强度；采用常规凿毛，进行旧混凝土表面粗糙处理后，可以提高界面的抗剪、抗拉强度，但仍然达不到新旧混凝土自身相应的强度。

(3)叠合梁界面抗剪强度试验成果[14]

工程中的叠合梁，其预制构件中的钢筋均伸过叠合面锚入后浇混凝土中，与混凝土共同承担水平剪力。但叠合板分为配置抗剪钢筋和不配置抗剪钢筋两种类型。对叠合梁板的抗剪性能国内外曾做过大量的试验研究，主要结论有以下几点：

①叠合梁板界面的抗剪极限强度应是混凝土黏结强度与箍筋强度之和，且随配箍率的增加而提高。但当配箍率小于 0.15% 时，则箍筋对叠合面的抗剪强度的提高可以忽略不计。此时，界面的抗剪承载力由界面混凝土控制。

②叠合梁板伸出叠合面的箍筋，必须与新旧混凝土有可靠的锚固，才能提高界面的抗剪强度。试验中有一根叠合梁因箍筋锚固长度不够而发生沿叠合面全长的剪切破坏。

③当伸出叠合面的箍筋面积达到 1%，不论界面是否进行处理，都能保证叠合梁板达到极限抗弯强度。

④叠合梁板在动荷载低周反复荷载作用下，界面抗剪强度有所下降。

14.4.3　有关规范对施工缝处理的规定

对新旧混凝土界面的技术处理，有关规范均按一般的施工缝作出规定。摘要如下：

(1)桥规[11]的规定

施工缝宜留置在结构受剪力和弯矩较小并便于施工的部位，施工缝宜设置成水平面或垂直面。

处理层混凝土表面的松弱部分应予以凿除。处理方式：水冲凿毛、人工凿毛、风动机凿毛。经凿毛处理后的混凝土面，应采用洁净水冲洗干净。

重要部位及有抗震要求的混凝土结构或钢筋稀疏的钢筋混凝土结构，宜在施工缝处补插锚固钢筋；有抗渗要求的混凝土，其施工缝宜做成凹形、凸形或设置止水带；施工缝为斜面时宜浇筑成台阶状。

(2)《公路桥梁加固设计规范》(JTG/T J22—2008)

新旧混凝土结合处，原构件的表面应为凹凸差不小于 6mm 的粗糙面。

(3)《铁路混凝土工程施工技术规范》(QICR 9207—2017)

新混凝土浇筑前，宜在横向施工缝处先铺一层厚度约 15mm 并与混凝土灰砂相同而水灰比略小的水泥砂浆(竖向施工缝处可刷一层水灰比为 0.3 左右的薄水泥浆)，或铺一层厚度 30mm 的混凝土，其粗集料宜比新浇混凝土减少 10%，然后再接续浇筑新层混凝土。

14.4.4 提高界面黏结强度的技术措施

国内外对新旧混凝土界面进行技术处理的方法进行过大量试验研究。各种方法在材料组成、施工工艺、使用效果以及工程造价等方面各有利弊。可以根据具体情况加以选择。但有一个问题应引起注意[15]:工程界重点关注的是新旧混凝土界面的强度问题。但一份调查报告指出,混凝土桥面修补后,界面的黏结会不断劣化,有的两三年就开始损坏。例如:一座建成18年的桥面,其面层混凝土与结构层混凝土之间的黏结仅有10%基本完好,70%已经黏结失效。表明界面黏结层的耐久性太差,会造成结构物后期更大的损坏。在研究和选择界面处置措施时,不能仅考虑黏结强度,还应考虑其耐久性。

(1)人工粗糙法

人工粗糙法为一般施工缝的处理方法。即使在粗糙度质量较好的情况下,新旧混凝土界面的黏结强度也达不到新旧混凝土自身的强度,尤其是新浇混凝土收缩量较大时,界面强度会显著降低;如有动荷载反复作用,耐久性较差,界面处容易早期损坏。

①人工凿毛法。一般要求凿槽深度约6mm,使50%粗集料外露,且整个界面旧混凝土表面均为新鲜面,如采用硬钢丝刷凿毛,但深度较浅,效果较差。

②高压水射法。凹凸深度能达到2.8mm左右,由于整体界面粗糙度均匀且较完整,水压力约50MPa时,新旧混凝土界面强度较人工凿毛高得多,且界面损坏率低于人工凿毛,但费用较高。

③喷砂法。界面的凹凸深度小于人工凿毛,最大可以达到4.5mm左右,喷砂粒径一般采用1.2~2mm,费用较高。

④风镐凿毛法。对旧混凝土扰动损伤较大,不提倡采用。

(2)界面剂法

① 碳纤维水泥砂浆黏结剂[16]。

在水泥砂浆中加入乱向、短切的PAN基碳纤维(与水泥的质量比为0.5%)后,可极大地增加与旧混凝土之间的黏结强度,与一般的新旧混凝土界面比较,抗剪强度可提高85.6%,抗拉强度可提高120%,劈拉强度可提高80%。

PAN基碳纤维抗拉强度为2000~3000MPa,抗拉模量为175~215GPa,直径为5~7μm,平均长度5mm。这种界面剂能大幅度提高界面黏结强度,是由于其中的碳纤维能有效减小新浇混凝土的收缩,将其不利影响降至最低。对于重要的新旧混凝土结合面,建议在新混凝土浇筑前先浇筑一层碳纤维砂浆,再浇新混凝土。例如,贵州小兴浪大桥(主跨122m上承式箱形拱),拱圈转体合龙后,在底板、腹板加厚之前,先浇碳纤维砂浆再浇筑增厚底板腹板的混凝土。

碳纤维水泥砂浆质量配合比参考值:

水泥0.87,硅粉0.13,砂1.5,水0.5,碳纤维丝0.005,分散剂0.004,消泡剂0.0002,高效减水剂0.02,早强剂0.0062。

施工方法:旧混凝土表面凿毛冲洗干净,铺筑碳纤维水泥砂浆5mm厚,再浇筑新混凝土。

这种界面剂的主要特点是消除了绝大部分新旧混凝土间的收缩差,在长时期内界面上不会出现内部微裂纹,因而耐久性较好。

②高效环氧树脂黏结剂。

由原铁道部大桥局桥梁科学研究院开发的高效环氧树脂黏结剂,用于泸州长江铁路大桥加固工程，能在潮湿状态下安全施工。黏结固化后的力学指标不低于原结构混凝土。劈裂抗拉试验中发生的断裂面大部分在新混凝土中，抗弯试验中的断裂面均不在黏结界面上。可见采用这种黏结剂后，新旧混凝土界面的强度高于新旧混凝土自身的强度。

黏结剂主要材料包括 4 部分。环氧树脂：双酚 A 型环氧树脂 CYD-128(E-51)；固化剂：乳化环氧固化剂(属改性胺类)；其他组分：增韧剂、促进剂、偶联剂和稀释剂；填料：32.5 级普通硅酸盐水泥。

③膨胀水泥砂浆界面剂[17]。

经人工凿毛并冲洗干净的旧混凝土表面，粗集料外露约 50%，油污务必用丙酮擦净，表面达到中等湿润程度，用 10% UEA 型膨胀剂替换水泥净浆中相应水泥含量，配置成膨胀水泥浆，先浇一层膨胀水泥浆后，再浇筑新混凝土。

本章参考文献[15]就修补钢筋混凝土梁新旧混凝土界面黏结强度进行了试验研究。比较了三种界面情况：水灰比为 0.4 的水泥净浆、用 10% UEA 膨胀剂替换水泥净浆中的相应水泥含量的水泥膨浆和无界面剂(仅凿毛)。在修补 3 年内，新旧混凝土界面的黏结强度始终是：水泥膨浆最高，水泥净浆次之，而凿毛无界面剂最低。这主要是因为水泥膨浆有效地消除了新旧混凝土之间的收缩差。为了提高界面黏结强度和耐久性，应选用能限制甚至消除收缩差的界面剂，仅凿毛无界面剂耐久性最差。

(3)快硬铁铝酸盐水泥混凝土

旧混凝土表面进行凿毛冲洗后，浇筑快硬铁铝酸盐水泥基混凝土，1d 即可获得很高的黏结强度。与普通水泥对于新旧混凝土界面的黏结强度比较，3d 可提高 20%，7d 可提高 29%，多用于抢险工程。

(4)化学方法

采用酸侵蚀法，可以使旧混凝土表面出现凹凸粗糙面。但对旧混凝土表面侵蚀后必须进行彻底清洗并除去松软部分，否则会影响新旧界面的黏结强度，一般很少采用。

(5)缓凝水冲法[18,19]

缓凝水冲法，是用喷洒设备喷洒高效缓凝剂于混凝土表面或模板表面，使构件表面 3～5mm 厚度范围内的混凝土凝结时间长于构件内部的混凝土凝结时间，形成一个时间差。当构件内部混凝土达到凝固，但表层混凝土尚未凝固时，用冲洗设备对表层混凝土进行冲洗，去除表层的浮浆和部分细集料，使粗集料部分裸露(1/3～1/2 粒径)形成粗糙面。

缓凝剂喷洒量为 0.15kg/m² 时，环境温度与冲水时间的关系为：

$$t_H = -1.5T^3 + 17.598T^2 - 60.263T + 130.93 \tag{14-8}$$

式中：t_H——缓凝剂喷洒后至冲水开始的时间；

T——环境温度(℃)。

式(14-8)是按缓凝剂喷洒量为 0.15kg/m² 时，根据实测资料进行曲线拟合获得的。相关系数 $R=0.83$。

进行了新旧混凝土界面黏结力对比试验。考虑到机械粗糙法、高压水冲法和喷砂法等经济成本较高，不适合全面推广，故仅与人工凿毛法进行了对比试验，共计 11 组，有效数据 9 组。得到，缓凝水冲法新旧混凝土界面黏结力较人工凿毛法平均提高了 25.4%。

关于经济成本，按 2012 年的市场价，计入全部工、料、机费用的总成本，缓凝水冲法为 2.42

元/m^2、人工凿毛法为 7～10 元/m^2、喷砂法为 10～14 元/m^2，可见缓凝水冲法的优势明显。

在混凝土箱梁桥车道板顶面浇筑混凝土现浇层以及悬浇结构施工中，工程实例表明，缓凝水冲法，不仅能提高新旧混凝土界面的黏结强度，经济成本较低，且施工操作简单，对环境无影响，施工时间也较短。但要注意，应通过试验把握好缓凝剂用量和开始冲水的时间。

14.4.5 ECC 与新旧混凝土界面直剪试验研究[20]

高韧性纤维增强水泥基复合材料（ECC）是借助微观力学和断裂力学基本原理设计而成的一种纤维水泥基复合材料，具有显著的应变硬化特征，极限拉应变可稳定地达到3%以上，并且与传统水泥基材料在抗拉荷载下单一裂纹的宏观开裂模式不同，ECC 开裂为多条细密裂纹的微观开裂模式，具备很好的延展性和微裂缝宽度控制能力，且抗冻融和抗渗能力优良。

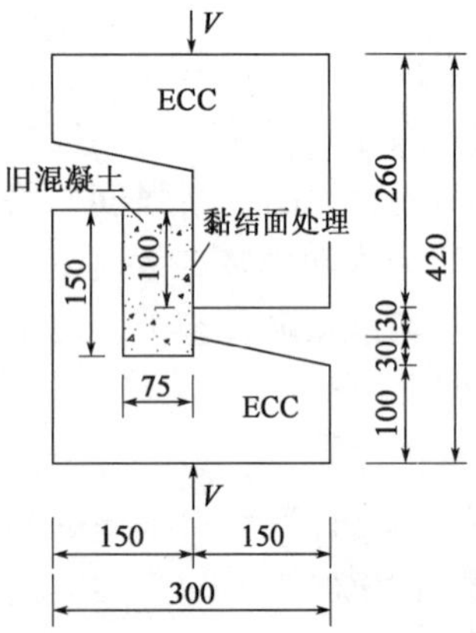

图 14-9 Z 形试件示意（尺寸单位：mm）

旧混凝土与 ECC 界面直剪试验简况如下：

选用 Z 形试件作为直剪试验的形式，见图 14-9。旧混凝土为 C30，实测标准立方体抗压强度 34.94MPa，ECC 试件的材料组成为水泥、石英砂、水、聚羧酸减水剂、聚乙烯醇（PVA）、纤维（UF600）。旧混凝土表面人工凿毛的平均深度为 1.5～2mm。ECC 试件分为两种：一种是黏结试件，用以测试新旧混凝土界面的抗剪强度，另一种是整体浇筑试件，用以测试 ECC 的抗剪强度。ECC 试件 28d 抗压强度为 75.94～77.66MPa。直剪破坏时，黏结试件的界面抗剪强度 $\tau = \dfrac{V}{A}$，式中 V 为剪切破坏荷载，A 为新旧混凝土黏结面面积。新旧混凝土界面直剪破坏，试验结果如下：

（1）ECC 黏结试件的界面抗剪强度为 2.77～3.53MPa，砂灰比增加，ECC 黏结界面抗剪强度逐渐增加。砂灰比为 0.8 时，较砂灰比为 0.5 和 0.6 时的直剪强度分别提高 27% 和 10%。

（2）砂灰比为 0.8 的 ECC 黏结试件的界面抗剪强度比 C30 自密实混凝土提高 64%，比普通混凝土提高 72%。说明 ECC 与旧混凝土之间具有良好的界面黏结性能，远优于自密实混凝土和普通混凝土。这是因为 ECC 基体中胶凝材料所占比例较高，使其具有良好的延展性和微裂缝宽度控制能力。

ECC 属于高韧性水泥基复合材料，具有很强的黏结抗剪能力，对于新旧混凝土界面抗剪强度有较高要求的桥梁结构或构件以及桥梁维修加固工程，使用 ECC 是一种可靠的技术措施。

14.5 波形钢腹板预应力混凝土梁桥

14.5.1 概述

预应力混凝土梁式桥是近代桥梁建设中普遍采用的结构形式。它具有线条简洁、明快，施工工艺相对简单、成熟，造价较低，后期养护工作较少、费用低，设计施工规范较系统完整等诸多优点,较长时期内成为中小跨径桥梁的主流桥型。另一方面,混凝土梁桥也存在自重较大以及梁体开裂和跨中过度下挠等若干弊病。随着跨径的增大,这些问题更为突出。例如,预应力混凝土箱梁,为了布置体内下弯钢束满足施工要求,腹板面积可达到总截面面积的 25% ~ 30%,不仅限制了跨径的发展、增大了工程费用、增加了施工难度,还增大了下部结构的工程量。又例如,在混凝土箱梁的病害中,腹板出现斜裂缝较为普遍,对结构受力影响较大,使竖向预应力成为设计中的重点和难点之一。

如何克服混凝土箱梁存在的这些弊端,首先考虑到将腹板用钢板替换的办法。法国学者于 20 世纪 80 年提出用钢板做箱形截面的腹板,顶底板仍为混凝土板,并配合体外预应力,形成一种新结构——钢腹板预应力组合梁。这种钢腹板是平面钢板。按照这一构思,设计并建成了首座平钢腹板 PC 组合箱梁桥——Ferte SaintAubin 桥。但后来发现,平钢腹板对箱梁顶底板在桥轴方向的变形产生较大的约束,导致箱梁混凝土截面预应力严重损失。为了解决这个问题,法国学者 Pierre Thrivans 提出将原来的平钢板改为沿桥轴方向可伸缩的波形钢板,由此便形成了一种新型的、结构受力更合理的箱形结构——波形钢腹板 PC 组合箱梁。由于几毫米厚的波形钢板就能承受数十厘米厚混凝土所能抵抗的剪力,而钢板重量仅为混凝土板重量的 1/20 左右,这样就能大幅度降低箱梁自重,实现了桥梁的轻型化,使其具有更大的跨越能力,并在混凝土梁桥设计施工等方面显示出若干优越性(参阅 14.5.3 节)。这是混凝土桥梁发展史上的一项重大技术创新。

第一座采用波形钢腹板 PC 组合箱梁结构的桥梁是 1986 年建成的 Cogac 桥。该桥为(31 + 43 + 31)m 连续梁。此后,法国、挪威、委内瑞拉、韩国、德国、日本等又建成了多座这类桥梁。尤其是日本,从 1993 年建成第一座波形钢腹板 PC 箱梁桥——新开桥(单跨 30m 简支梁)后,发展很快。至 2010 年左右,日本已建成这类桥梁约 200 座,而且遍及多种桥型。下面简要介绍几座有代表性的桥梁。

(1)日本新开桥

单跨 30m 波形钢腹板简支 PC 箱梁,桥宽 14m,箱梁截面高 1.9m,钢腹板厚度 9mm,采用预制箱梁拼装施工。1993 年建成,为日本第一座波形钢腹板 PC 梁桥。

(2)日本锅田高架桥

47m + 91.5m + 47m 波形钢腹桥 PC 连续箱梁,桥宽 14.6m,箱梁高度 6.2 ~ 3.2m,满堂支架施工,钢板厚度最小 9mm,最大 28mm,2000 年建成。

(3)日本银山御幸桥

27.4m + 3 × 45.5m + 44.9m 波形钢腹板 PC 连续箱梁,桥宽 8.5m,箱梁等高 3m,顶推法施工,波形钢腹板厚度最小 8mm,最大 12mm,1996 所建成。

(4)日本小犬九川桥

49.9m + 4 × 81m + 54.1m 波形钢腹板 6 跨 PC 箱梁连续刚构,桥宽 9.4m,箱梁变高度 5.8 ~ 3.5m,钢腹板厚度最大 16mm,最小 9mm,2001 年建成,悬臂法施工。

(5)日本大内山川第二桥

(49 + 2 × 66 + 120 + 57 + 43 + 34)m 波形钢腹板 7 跨 PC 箱梁连续刚构,桥宽 9m,箱梁变高度 7 ~ 3.5m,钢腹板厚度最大 22mm,最小 9mm,悬臂法施工,2002 年建成。

(6)日本前谷桥

75.3m+83.3m 波形钢腹板 PC 箱梁双跨单 T 刚构，为高速公路桥，分为左右两幅，单幅桥宽 10.84m，箱梁变高度 7.5~3m，全部采用体外预应力束，顶底板无纵向束。其优点是：预应力束安装简便，容易检查，有利于钢束养护，使用期钢束可以更换或再次张拉，可以缩短工期，采用悬臂法施工，2001 年建成。

(7)日本日见桥

91.8m+180m+91.8m 波形钢腹板 PC 箱梁矮塔斜拉桥，桥面宽 12.95m，单箱单室断面，等高度 4m，箱内设钢横隔板，箱梁底板宽 8.5m，斜腹板，采用悬臂法施工，2003 年建成，为首座波形钢腹箱梁矮塔斜拉桥。

(8)日本作川桥

174.7m+2×235m+174m 波形钢腹板 PC 箱梁斜拉桥，为双塔单索面高速公路斜拉桥。在两座主塔之间中点设置一个桥墩（两主跨中距 2×235m），使其从传统的双塔三跨斜拉结构形式变化为双塔四跨的结构形式。这是斜拉桥总体设计上的一种创新。该桥箱梁高度为 6~4m。桥面全宽 43.8m（含上下行车道），主梁为单箱五室截面，索塔高度 109.6m，2005 年建成，为世界首座波形钢腹板 PC 箱梁斜拉桥。

(9)日本桂岛高架桥

52.65m+2×54m+52.65m 波形钢腹板 PC 连续箱梁。桥面宽 16.5m，箱梁等高度 3.9m，采用单箱单室，顶板两侧大悬臂之下设置斜撑，与波形钢腹板形成整体受力，使 PC 箱梁的轻型化达到很高的程度，采用顶推法施工，2005 年建成。

日本 2010 年建成的谷津川桥亦采用这一轻型化技术，获得成功。该桥为波形钢腹板 PC 连续箱梁。孔径为(43.8+91+135+74+37.3)m，箱梁高度为 8.5~4.2m，采用悬臂法与支架综合法施工。因将这一新技术推广应用到大跨经连续梁桥，该桥获得 2010 年度预应力混凝土技术协会奖。

(10)本曽宇川桥

单跨 23.1m 波形钢腹板先张法 PC 简支 T 梁，梁高 1.2m，预制节装法安装，横向布置 9 片 T 梁，钢腹板厚度 9mm，2005 年建成，为世界首座波形钢腹板 PC 简支 T 梁桥。

从日本波形钢腹板 PC 梁桥的发展过程可以看出：这种新技术的应用范围较为广泛。简支梁、连续梁、连续刚构、T 形刚构、矮塔斜拉桥和斜拉桥等桥型均可采用，因而适应的跨度从 20m 左右到 200 多米，几乎涵盖了一般混凝土梁桥的各种跨径。目前国内中小跨径混凝土梁桥仍然占主导地位，但近年情况有了较大变化。2016 年交通运输部印发的《关于推进公路钢结构桥梁建设的指导意见》指出：应推进钢箱梁、钢梁、钢-混组合梁公路钢结构桥梁建设，提升公路桥梁品质，发挥钢结构桥梁性能优势，助推公路建设转型升级。2016 年 11 月，由中交公路规划设计院牵头组建了“装配化钢结构桥梁产业技术创新战略联盟”。联盟首批成员共计 32 家单位，现已逐步开展有关工作。中交公路规划院承担的贵州都匀至安顺高速公路项目的设计工作中，编制了钢梁桥通用图共计 17 套，包含了 32m、40m、50m 等不同跨径的工形组合梁、箱形组合梁主线桥梁及跨线桥梁，并于 2017 年 7 月通过了施工图审查。其主要技术特点是：非预应力、模块化、装配化、无模化和高性能材料。另一方面，混凝土梁桥也在不断地改革、创新（可参阅本书有关章节）。我国幅员广阔，各地区差异较大，公路建设从高速公路到农村公路，从等级公路到非等级公路，都在全面推进。可以预期，公路桥梁与城市桥梁中，在今后相当一段时间内,小跨径桥仍会以混凝土结构为主,而中等以上跨径桥梁,混凝土结构、钢结构和钢-混凝土组合结构必将同时存在和继续发展,不断改革和创新,发挥各自的优势。波形钢腹板 PC 梁桥作为钢-混凝土组合结构桥的一种类型也有其用武之地。

14.5.2　国内波形钢腹板 PC 梁桥研究与建造简况

国内对波形钢腹板 PC 箱梁桥的研究起步较晚。20 世纪 90 年代,国内学者零星地介绍了国外波形钢腹板 PC 梁桥的一些研究成果及建造实例。从 2001 年开始,中国国家自然科学基金资助的有关研究项目有:

波形钢腹板预应力组合箱梁力学特性研究;

波形钢腹板与混凝土桥面板组合连续梁的研究;

波形钢板钢管混凝土组合结构受力性能研究;

波形钢腹板预应力混凝土组合箱梁的动力特性研究。

交通部西部交通科技项目 2004 年资助了以波形钢腹板 PC 简支梁桥为主要研究对象的"钢-混凝土组合箱梁桥建设成套技术研究"。此外,还有众多地方科技项目,也包含有波形钢腹板箱梁的研究内容。

河南省交通规划勘察设计院、东南大学、同济大学、长安大学、西南交通大学、重庆交通学院、哈尔滨工业大学、中交公路规划设计院、福州大学、中铁大桥集团和重庆交通科研设计院等单位对波形钢腹板 PC 箱梁的抗弯、抗剪、抗扭与畸变、钢腹板参数、屈曲特性、抗剪连接件、桥面板有效分布宽度、剪力滞效应、结构动力特性、结构构造以及施工方法等专题进行研究试验,取得了重要进展,并应用于工程设计中,推动了我国波形钢腹板 PC 箱梁桥的发展。2009 年以前我国波形钢腹板 PC 箱梁桥研究成果以及设计施工经验,本章参考文献[23]和[30]有较详细的介绍。另外,河南省编制了地方标准《公路波形钢腹板预应力混凝土箱梁桥设计规范》(DB41/T 643—2010),在国家和行业标准未正式颁发以前可以作为主要参考。

截至 2016 年,我国已建和在建的波形钢腹板预应力混凝土梁桥约有 60 多座,包含了简支梁、连续梁、矮塔斜拉桥和斜拉桥等桥型。最小跨径 25m,最大跨径 200m,多数在 100m 以内。主要是公路桥和城市桥,有少数人行桥。跨径较小的桥多采用支架现浇施工法,跨径较大的桥采用挂篮悬浇法和移动支架法。表 14-5 为国内已建和在建的部分波形钢腹板 PC 梁桥的简况。下面介绍几座桥的设计施工情况。

(1)青海三道河桥

青海三道河桥为交通部西部交通建设科技项目"钢-混凝土组合(箱)梁桥建设成套技术研究"依托的实体工程,为单跨 50m 波形钢腹板 PC 简支箱梁。梁高 2.5m,顶底板采用 C50 混凝土,波形钢腹板厚度 12mm。主梁为单箱双室断面,体内与体外预应力混合配束,体内预应力主要承受恒载,体外预应力主要承受活载。

波形钢腹板沿纵向划分为 5 段,每段长 9.6m,在工厂加工完成后运至现场拼装。箱梁施工在满堂支架上进行:安装底板、横隔板钢筋→安装波形钢腹板→浇底板混凝土→安装顶板钢筋→浇顶板及横隔板混凝土→张拉体内钢束并压浆→张拉体外钢束→桥面系施工。

该桥 2007 年建成。

(2)河南大广高速公路卫河大桥

大桥全长1413.92m,其中主桥为47m+52m+47m波形钢腹板PC连续箱梁。位于双向六车道高速公路上。桥面净宽为2×15.25m,单幅主梁为单箱三室,顶板宽16.85m,底板宽11.85m,梁高3.2m,顶板厚0.25m。波形钢腹板厚12mm。钢板及抗剪连接件采用Q345D钢。

研究表明,在跨间箱内适当设置横隔板,可有效提高抗扭刚度和横向刚度,减少扭转约束引起的翘曲正应力,还可以作为体外钢束转向块的布置位置。根据已建成的经验,横隔板间距一般在10~15m之间,本桥在边跨及中跨各设三道厚度20cm的混凝土横隔板,墩台支座处则按常规设置横梁。中横梁厚200cm,端横梁厚150cm。

在箱梁受拉区的底板或顶板内设置黏结体内预应力束,在箱内配置折线形体外预应力束。

波形钢腹板与顶板连接采用"T-PBL"连接件,与底板连接采用焊接连接件。

国内已建和在建部分波形钢腹板PC梁桥简况 表14-5

序号	桥　名	孔跨(m)	结构形式	梁高(m)	桥宽(m)	施工方法	建成年	备　注
1	江苏淮安长征桥	18.5+30+18.5	连续箱梁	1.6	7.0	支架现浇	2005	国内第一座,人行桥
2	河南光山泼河桥	4×30	简支转连续	1.6	13.0	预制装配	2005	公路桥,横向4片小箱梁
3	重庆永川大堰河桥	25	简支箱梁	1.6	9.0	支架现浇	2005	公路桥,单箱单室
4	青海三道河桥	50	简支箱梁	2.5	—	支架现浇	2007	公路桥,单箱双室
5	宁波涌新河桥	24+40+24	连续箱梁	3.2~1.95	9.5	支架现浇	2006	公路桥
6	山东东营银座桥	38.8	简支箱梁	2.0~1.2	—	支架现浇	2007	人行桥,单箱单室
7	河北邢台郭守敬桥	17+35+17	连续箱梁	1.8	30	支架现浇	2009	单箱七室,共4座桥
8	上海浦东中环立交桥	45+45	连续箱梁	2.5	8.2	支架现浇	2010	单箱单室,斜腹板
9	河南南乐卫河桥	47+52+47	连续箱梁	等高3.2	净2×15.25	支架现浇	2010	单箱三室,高速公路桥
10	河南英峪沟2号桥	25+65+25	连续箱梁	—	净7	支架现浇	2010	公路跨线桥
11	河南鄄城黄河大桥	70+11×120+70	连续箱梁	7.0~3.5	2×13.5	挂篮悬浇	2011	高速公路桥
12	南京滁河桥	56+96+56	连续箱梁	6.5~3.0	16.55	挂篮悬浇	2011	公路桥
13	河北邢台紫金桥	88+156+88	连续箱梁	9.0+4.2	13.0	移动支架	2012	公路桥
14	河南新密溱水路桥	30+70+30	无背索斜拉桥	2.5	50.0	—	2012	独塔,分离双箱
15	南京玉春支线跨线桥	30+40+30	连续箱梁	1.8	8.5	支架现浇	2012	公路桥
16	广东鱼窝头桥	35+50+35	连续箱梁	—	—	支架现浇	2012	公路桥
17	深圳平铁桥	80+130+80	连续箱梁	7.5~3.5	27.5	移动支架	2012	公路桥
18	河南桃花谷黄河桥	75+135+75	连续箱梁	7.5~3.5	2×16.05	挂篮悬浇	2013	六车道高速公路桥
19	河北衡水大广路6号桥	4×25	连续箱梁	—	—	—	2010	高速公路桥
20	深圳新安桥	88+156+88	连续箱梁	8.3~3.5	2×16.25	挂篮悬浇	2014	城市桥
21	南昌朝阳桥	79+5×150+79	6塔斜拉桥	等高4.7	36.8	挂篮悬浇	2016	单箱五室,单索面
22	广东清远北江四桥	8×50及5×50	连续箱梁	2.8	19.25	支架现浇	2015	引桥,一级公路桥

续上表

序号	桥　　名	孔跨(m)	结构形式	梁高(m)	桥宽(m)	施工方法	建成年	备　　注
23	河北邢台南水北调桥	主跨 120	连续箱梁	—	—	—	2012	
24	运宝黄河大桥	110 + 2 × 200 + 110	斜拉桥	7.0 ~ 4.5	34.0	挂篮悬浇	预计 2018	根部腹板衬填混凝土
25	郑州朝阳沟大桥	58 + 118 + 118 + 108	矮塔斜拉桥	7.0 ~ 4.5	35.0	挂篮悬浇	2015	根部腹板衬填混凝土
26	浙江奉化江桥	100 + 160 + 100	连续箱梁	根部 9.5	23.75	挂篮悬浇	2015	根部腹板衬填混凝土
27	江苏姚大路桥	25 + 2 × 30 + 25	连续箱梁	1.7	2 × 11.75	支架现浇	2010	上跨高速公路
28	深圳南山大桥	80 + 130 + 80	连续箱梁	7.5 ~ 3.5	27.5	移动支架	2012	公路桥
29	河北邢台钢铁路桥	17 + 35 + 17	连续箱梁	1.8	36.0	支架施工	2009	公路桥
30	广西隆百路 × × 桥	40	简支梁	2.2	12.75	支架施工	2015	试验桥,高速公路桥

考虑施工期桥下河道通航,采用梁式支架,即在临时墩上架设梁,形成施工平台,进行施工安装,完成混凝土浇筑和预应力束张拉。

该桥 2010 年建成。

(3)广东清远北江四桥引桥

清远北江四桥位于一级公路上,引桥有 50m 及 30m 两种跨径,均为波形钢腹板 PC 连续箱梁桥,有 8 × 50m、8 × 30m、8 × 50m、4 × 30m 等几种组合。下面介绍 50m 连续箱梁的设计简况。箱梁顶宽 19.25m,底宽 13.5m。单箱三室断面,外腹板倾斜,顶板两侧悬臂 2 × 2.5m。箱梁等高度 2.8m,顶板厚 0.27m,底板厚 0.25m。每跨各设三道横隔板。钢腹板厚 16mm,采用 Q345D 钢材。波形钢腹板采用 1600 型(即波长为 1600mm),波高 220mm。顶底板布置体内预应力束,箱内布置体外预应力束。钢腹板与顶底板的连接采用 PBL 和栓钉键连接。

箱梁采用支架安装及现浇组合的施工方法,该桥 2015 年建成。

(4)河南桃花峪黄河大桥

大桥位于双向六车道高速公路上。桥梁总宽度 33m,分为左右两幅,为 75m + 135m + 75m 波形钢腹板 PC 连续箱梁。单幅桥单箱单室顶板宽 16.05m,底板宽 9.0m,箱梁高 7.5 ~ 3.5m。顶板厚 28 ~ 80cm,底板厚 28 ~ 80cm,桥墩附近为 150cm。中跨设置 8 道横隔板,边跨设置 4 道横隔板。钢腹板与顶底板分别采用 Twin-PBL 连接件和角钢连接件进行连接。

采用体内、体外配置预应力束的方式。恒载由体内束承担,活载由体外束承担,这样可以在封闭交通时更换体外束。

采用悬臂法施工主梁。每节段施工时间为 9d,先边跨合龙后中跨合龙。大桥于 2013 年建成。

(5)南昌朝阳大桥

大桥跨越赣江。主桥通航孔为(79 + 5 × 150 + 79)m 波形钢腹板 PC 组合箱梁六塔连续单索面斜拉桥。双层桥面:上层为双向八车道,下层为人行道和非机动车道。上层桥宽 37m,下层桥底板全宽 43.84m,含观景平台处总宽达 52.3m。主梁为整体式单箱五室断面,高度 4.7m。横向共 6 道等厚波形钢腹板,为 1600 型。跨中截面钢板厚 18mm,支点附近钢板厚 22mm。在箱梁根部腹板设置长 5.73m 的双侧内衬混凝土。

大桥基于艺术形式的表达采用单索面双排布置,横向间距为1m。塔、梁、墩结构体系为塔梁固结、梁墩分离的完全梁式支承方案。在塔梁处设置双支点。已建成的法国米约高架桥、中国嘉绍大桥亦在桥塔处布设双支点。桥面以上塔高45m,为主跨跨径的0.3倍。因桥面宽度大,在塔柱横梁下方横向布置4排支座。大桥采用节段悬臂浇筑法施工,2016年建成。

(6)郑州朝阳沟大桥

(58+118+188+108)m波形钢腹板PC矮塔斜拉桥。连续刚构体系,双塔双索面。桥梁全宽35m,主梁为单箱四室断面,横向共计5道波形钢腹板,外腹板倾斜。箱梁高度为7.0~4.5m。斜拉索布置在行车道与人行道之间。全桥共计52对索。塔根附近主梁无索区长40m,梁上索距4.8m,塔上索距1m,索塔对应的主墩为双肢厚壁实体桥墩,与主梁及索塔固结。靠58m跨桥墩顶设盆式支座。采用悬臂法施工。

至今,国内外对波形钢腹板桥的研究与应用集中在组合箱梁桥,而对波形钢腹板组合T梁桥的研究很少。仅日本于2005年建成了一座曽宇川桥(23.1m简支T梁)。本章参考文献[26]、[37]对这种桥的设计进行了研究,要点如下。

①4跨40m波形钢腹板组合T梁桥。

设计标准参照交通部2008年通用图。先简支后连续。桥面宽16.25m,布置6片T梁,横向间距2.75m,梁高2.7m,顶板宽2.75m,马蹄宽1.30m。波形钢腹板采用1200型,厚度14mm,每跨沿纵向设7道横隔板。纵向预应力束有两种:a.体内束。底板直束2(5ϕ15.24),底板弯起短束6(5ϕ15.24)。b.体外束。墩顶连续段6(4ϕ15.24),锚固在顶板下的齿板上。均为钢绞线。结构分析计算得到以下结论:

a.与一般混凝土T梁桥比较,预应力效率和制造效率大大提高。自重减轻了20%~30%,节约了材料,提高了桥梁抗震性能。

b.与混凝土腹板T梁比较,波形钢腹板T梁的片数较少,吊重不增加,可以明显地缩短工期。

c.结构轻巧,景观较好。

②时速200km客货运共线铁路装配式波形钢腹板简支T梁桥。

设计计算了4种跨度的T梁:16m、20m、24m、32m。采用体内、体外混合配置预应力束。波形钢腹板厚度9mm。得到结论:波形钢腹板T梁桥主梁轻型化,减少了下部结构工程量,预应力效率高,经济性好,更有利于工业化预制和快捷施工,值得推广应用。

另外,福州大学陈宝春教授提出了将波形钢腹板用于混凝土拱桥的构思并进行了分析计算与设计[38]。

14.5.3 波形钢腹板PC梁桥的优势与不足

波形钢腹板PC箱梁与一般PC箱梁比较,具有以下优点:

(1)混凝土箱形截面腹板的面积占总截面的20%~30%,而钢腹板重量仅为混凝土板重量的1/20左右。用波形钢板替代混凝土腹板,可以使箱梁自重大幅度降低,随着梁高与截面大小变化,降低的幅度在10%~40%。

(2)由于上部结构自重减少,可以增大跨径,改善下部结构的受力,造价相应降低。

(3)由于波形钢腹板的轴向(顺桥向)刚度几乎为0,对箱梁施加的纵向预应力基本上由顶底板承担,避免了由于腹板的约束作用造成预应力损失,能更有效地对顶底板混凝土施加预应力,因而预应力效率更高。腹板无竖向预应力束,也无弯起束,简化了体内钢束设计。

(4)由于波形钢腹板不约束混凝土顶底板因收缩徐变产生的变形,消除了箱梁截面的预应力向腹板的转移,提高了顶底板的有效预应力。

(5)由于用钢板做腹板,能从根本上避免混凝土箱梁腹板容易发生开裂的病害,提高了箱梁的耐久性。

(6)波形钢腹板箱梁,仅顶底板为混凝土结构,使混凝土与普通钢筋的数量大大减少,施工相应简化,更有利于工厂化、标准化生产,缩短工期。

(7)波形钢腹板箱梁采用体内外混合式预应力配束,或以体外束为主的配束,不仅改善了箱梁的构造,并可以在使用期更换体外束,具有体外束预应力混凝土结构的优点。

(8)因自重减少,地震激励效应明显降低,抗震性能较好。

(9)波形钢腹板 PC 箱梁为钢与混凝土的组合结构,能充分发挥两种材料的优势。预应力混凝土截面主要用于抗弯,波形钢腹板主要用于抗剪。腹板内的应力分布较为均匀,这与混凝土腹板呈三角形分布不同,有利于材料发挥作用。

(10)增加了截面回转半径,提高了结构效率。因混凝土集中于箱梁的顶底板,回转半径几乎增加到最大值。

(11)波形钢腹板 PC 箱梁桥具有轻盈的外观,是城市桥梁、景区桥梁较好的桥型选择。

(12)采用顶推法施工时,波形钢腹板可以作为导梁的一部分加以利用。

根据国内外的研究和工程应用经验,波形钢腹板 PC 箱梁桥存在某些不足之处:

(1)在偏心荷载作用下,主梁截面将发生扭转变形。混凝土箱梁腹板刚度大,扭转影响较小,扭转变形能被截面上的横向框架效应和腹板面内较大的挠曲刚度吸收,而波形钢腹板箱梁的横向框架效应和腹板弯曲刚度小得多,因此断面的扭转变形影响将显著增大,使混凝土截面的翘曲应力增大。日本所做的模型试验及有限元分析表明,扭矩作用下波形钢腹板 PC 箱梁顶、底板的轴方向应变是混凝土 PC 箱梁的 3 倍以上。因此,波形钢腹板 PC 箱梁中应设置一定数量的横隔板,以消除翘曲应力的不利影响。而混凝土箱梁,仅在平弯半径较小或斜交角较大时才设置少量箱内横隔板,一般情况下箱内不需设置横隔板。

(2)波形钢腹板与混凝土顶底板的连接处是箱梁截面的薄弱部位,对结构安全有重大影响。混凝土箱梁则基本上不存在这个问题。波形钢腹板箱梁设计必须准确地确定连接部位的水平剪力,并进行精细的连接设计。另外,连接部位应能抵抗因轮压所导致的与桥轴成直角方向的桥面板角偶弯矩,否则存在安全隐患。

(3)波形钢腹板 PC 箱梁的剪力几乎全由腹板承担,而钢腹板的厚度均为 8 ~ 20mm,仅相当于混凝土箱梁腹板厚度(一般为 300 ~ 800mm)的几十分之一。因此,其破坏形式也由混凝土的强度破坏转变为钢板失稳的破坏。这种剪切屈曲破坏往往是“脆性”的,突然发生的。且在屈曲的后阶段,波形钢腹板的承载力大约下降到平钢板的水平,因而设计时都采用较大的安全系数和可靠的构造措施。

(4)波形钢腹板之间以及钢构件连接部位需进行焊接。焊缝数量大,施工较为复杂。混凝土箱梁基本上不存在这个问题。波形钢腹板制作工艺要求高,成本也较高。

(5)波形钢腹板为主梁的重要受力构件。按现行桥规规定,其设计使用年限一般要达到

100 年,因而其防腐蚀问题突出,技术要求较高,而且在使用期的一定时段需进行维护性防腐工作,后期费用较高。

14.5.4 波形钢腹板 PC 梁桥的几则经验

(1)预应力设计

用波形钢腹板代替混凝土箱梁的腹板后,除体内有黏结预应力钢束外,还必须有体外预应力。这是波形钢腹板 PC 梁桥预应力设计的一个重要特点。使用体外预应力有诸多好处:能够在施工中或使用期方便地进行检测和更换,使预应力束的布置大大简化,施工操作方便,无须预埋管道、压注水泥浆;大大地减少了由于管道摩擦造成的预应力损失;钢束的预偏心更大,预应力效率更高;使用期如发生病害可以利用体外预应力进行加固;当采用悬臂法或顶推法施工时,可以采用大吨位体外束替代一般混凝土箱梁腹板内的大量体内束,从而较大幅度地减少了体内束,与波形钢腹板互为优势互补。日本有的波形钢腹板 PC 箱梁桥,甚至完全取消体内钢束,采用全部体外束,例如前谷川桥。该桥为波形钢腹板 PC 箱梁 T 形刚构,左右幅分别为 77.3m + 84.3m 和 75.3m + 83.3m。单幅桥面宽 10.84m,顶底板内无纵向束,全部采用体外束。在悬臂施工过程中用临时预应力杆件来抵抗施工阶段的荷载,并在每 2 ~ 3 段箱梁浇筑完成后,张拉永久体外束以代替临时预应力杆件,然后再投入下一步施工。我国经过几座桥的实践后发现,如采用全体外配束,钢束布置太过繁杂,同时也浪费了混凝土箱形截面顶板和腹板相交加腋处现成的钢束布置面积。故对于跨径较大的波形钢腹板 PC 箱梁(包括简支梁、连续梁、连续刚构、矮塔斜拉桥和斜拉桥),采用体内、体外配束现已成为行业的共识。

国内通常的做法是:顶板、底板内配置黏结永久性体内预应力束,用以承担主梁自重、施工荷载及二期恒载等永久荷载引起的内力;箱内设计的体外预应力束则用以承担车辆等可变荷载引起的内力。这样配置的体外束,除了上述优点外,还可以在封闭交通情况下,不需采用特殊临时措施便可进行体外束的更换和防护。国内建成的波形钢腹板 PC 箱梁桥都是采用这种配束模式。另外,体外钢束的自由段长度超过 8m 应设置防振动的装置,以避免微振磨损钢束。转向装置、锚固端以及防腐蚀是体外预应力设计的重要内容。

(2)箱梁横隔板

波形钢腹板 PC 箱与一般混凝土箱梁相比较,前者的截面抗扭刚度和抗剪刚度小得多。参考文献[41]给出了一个算例:高度同为 2.5m 的单箱单室截面,顶板宽 11.4m,两侧悬臂顶板宽 2 × 2.42m,顶底板厚度分别为 0.3m 和 0.22m,混凝土弹性模量为 $3.1\times10^{6}\mathrm{kN/cm^{2}}$,腹板分别为波形钢腹板与混凝土腹板(厚 0.42m),前者与后者全截面面积比为 0.81,则前者的抗扭刚度及抗剪刚度分别降低到大约 40%、10%,纵向及横向抗弯刚度分别降低到大约 90%、75%,这将使波形钢腹板箱梁产生较大的畸变变形、畸变应力以及竖向位移,并导致截面纵向正应力增大。一般的直线形混凝土箱梁,仅在端支承与中支承处设置横隔梁。而波形钢腹板箱梁,除设置支承处横隔梁外,还必须在跨间的箱内设置一定数量的横隔板。这是提高箱梁抗扭刚度,弱化畸变影响的最有效的措施,随跨径、桥宽、截面形状及尺寸的不同而有所变化。总的趋势是:从数量很少逐渐增多时,效果很明显,但达到一定数量后,再增多的效果并不显著。所以,对于一座具体的波形钢腹板箱梁桥,横隔板数量有一个合理值。已建成的这类桥梁,箱内横隔板间距在 10 ~ 25m,随跨径大小而变化。一般均将体外束转向块的位置与横隔板的位置统一考虑,使转向块处有横隔板。波形钢腹板 PC 箱梁跨间横隔板一般采用混凝土横隔板,也有的桥采用钢横隔板。下面是三个实例。

桃花谷大桥,75m + 135m + 75m 波形钢腹板 PC 连续箱梁。经受力分析后确定,中跨设置 8 道跨间横隔板,边跨设置 4 道跨间横隔板。均为混凝土横隔板。

卫河大桥,47m + 52m + 47m 波形钢腹板 PC 连续箱梁。根据结构受力分析,结合体外束转向块位置考虑,中跨和边跨分别设置 3 道 20cm 厚混凝土横隔板,并设置人孔,作为检修通道。

新安大桥,88m + 156m + 88m 波形钢腹板 PC 连续箱梁。依据三维空间分析,参照已建桥梁的经验,中跨设置 6 道横隔板,边跨设置 3 道横隔板(不包括支承处的横隔梁)。

对于弯梁桥和斜梁桥,由于外扭矩较大,应注意加强跨间横隔板。

国内外对波形钢腹板箱梁的研究大都局限于静力特性方面。本章参考文献[44]就横隔板对波形钢腹板箱梁动力特性的影响进行了分析。以某实桥为参考(30m 跨径,箱高 1.6m,顶板宽 4m,底板宽 1.5m,顶底板厚 0.15m,波形钢腹板厚 8mm,端横隔板厚 0.25m,1/4 跨及跨中横隔板厚 0.18m),采用 ANSYS 与 Midas 分别对波形钢腹板箱梁与混凝土腹板箱梁进行了动力特性对比分析,得到的结论是:

①从结构动力特性来看,跨间横隔板并不能提高波形钢腹板箱梁的抗扭刚度。

②波形钢腹板箱梁的抗扭能力要低于混凝土腹板箱梁。

③波形钢腹板箱梁抗扭刚度主要由端横隔梁来保证。

上述分析结论,只基于对一个具体实桥的箱梁进行的理论分析。有关横隔板对波形钢腹板箱梁动力特性的影响有待进一步研究。

(3)波形钢腹板与混凝土顶底板的连接

波形钢腹板与混凝土顶底板的连接,主要作用是传递桥轴方向的剪力,抵抗由车轮荷载产生的横向顶板角偶弯矩,是确保波形钢腹板与顶底板共同受力的关键构造。其设计应达到:使两种材料之间在纵向水平剪力作用下,在长期的运营过程中混凝土发生相对位移,具有可靠的防腐蚀能力、抗疲劳性和耐久性。国内外进行了长期的大量研究。国内目前在实桥设计中,该处的连接形式有以下 4 种[30]。

①埋入式连接:波形钢板直接埋入混凝土顶底板。钢板顶端焊有沿桥轴方向的约束钢筋,垂直桥轴方向则设置贯穿钢筋。

②角钢剪力键连接:在波形钢腹板上下端焊接宽翼缘板,再在翼板上焊接角钢和 U 形钢筋。

③Twin-PBL 连接:在波形钢腹板顶端焊接宽翼缘板,再在其上焊接两块带孔钢板,设置穿过带孔钢板的贯穿钢筋。

④S-PBL 连接:波形钢板的顶端焊接翼缘板,再在其上焊接一块带孔钢板并焊植栓钉。设置穿过带孔钢板的贯穿钢筋。

参考国内外的实桥使用经验,本章参考文献[30]就波形钢腹板与混凝土顶底板的连接给出了 5 种组合形式。

这里是波形钢腹板箱梁在构造上非常重要的部位。在未进行试验和精细化分析的情况下,应采用上述较为成熟和可靠的构造设计。

桃花峪黄河大桥(75m + 135m + 75m 波形钢腹板 PC 连续箱梁)设计时,就波形钢板与混凝土顶底板的连接,在理论分析的基础上,进行了模型试验。主要成果[42]:Twin-PBL 连接件及角钢连接件抗弯承载力高且抗震性能好。顶板采用 Twin-PBL 连接件,底板采用角钢连接件。

(4)装配式波形钢腹板 PC 小箱梁桥

本章参考文献[26]、[37]分别就公路和铁路中小跨径装配式波形钢腹板 PC 组合 T 梁进行了研究(参阅 14.5.2 节)。表明这种结构形式用于中小跨径装配式梁桥技术可靠、经济合理。本章参考文献[45]对装配式波形钢腹板 PC 组合小箱梁进行研究。要点如下。

①30~50m 跨径组合小箱梁方案。

均为单跨简支梁。为了进行比较,箱梁腹板分别采用波形钢腹板和常规的混凝土腹板。桥面全宽均为 25m。

30m 跨径:波形钢腹板小箱梁有两个方案。

方案一:一跨为 5 片小箱梁,预制梁高度 1.7m,顶板宽 3.5m,湿接缝宽 1.8m,波形钢腹板厚 10mm,材质 Q345C。

方案二:一跨为 6 片小箱梁,湿接缝宽度 0.8m,其余与方案一相同。

用于对比分析的混凝土腹板小箱梁,一跨为 6 片小箱梁,预制梁高 1.6m,顶板宽 2.6m,湿接缝宽 1.65m。

35m 跨径:波形钢腹板小箱梁,一跨为 6 片小箱梁,预制梁高 1.9m,顶板宽 3.5m,湿接缝宽 0.8m。混凝土腹板小箱梁,一跨亦为 6 片小箱梁,预制梁高 1.8m,其余与波形腹板梁相同。

②主要结论。

在跨径相同情况下,波形钢腹板小箱梁经济效益更好、跨径越大,工程造价的优势越明显。相同桥宽时,小箱梁片数少,更有利。

波形钢腹板 PC 箱梁的多数优点,都能在装配式波形钢腹板小箱梁的设计中体现出来。

2005 年建成的河南光山泼河桥,为我国首座装配式波形钢腹板 PC 先简支后连续小箱梁桥。详细设计、施工及荷载试验情况可参阅本章参考文献[23]。

本章参考文献

[1] 康鸣雷.上海丹巴路大桃臂的朝阳河桥设计[J].城市道桥与防洪,2011(7).

[2] 孔庆凯,等.宽缘翼预应力混凝土连续箱梁关键受力分析研究[J].公路,2014(6).

[3] 李宏江.顶板悬臂下设斜撑的 PC 箱梁的结构特点[J].中外公路,2015(3).

[4] 项海帆.高等桥梁结构理论[M].北京:人民交通出版社,2001.

[5] 张岗,等.长悬臂行车道板计算方法研究[C]//2007 年全国桥梁学术会论文集[M].北京:人民交通出版社,2007.

[6] 杨立坤,等.箱梁翼缘板的合理设计分析[C]//2013 年全国桥梁学术会议论文集[M].北京:人民交通出版社,2013.

[7] 蒋志刚.大伸臂箱梁桥横向弯矩研究[J].华东公路,1994(6).

[8] 王健,等.桥梁悬臂板结构受力分析和探讨[J].公路,2003(4).

[9] 占雪芳,等.半整体式全无缝接线路面裂缝宽度计算[J].中外公路,2015(3).

[10] 占雪芳,等.全无缝桥延性性能试验研究[J].中外公路,2016(1).

[11] 赵成栋. 一种新型 PBL 桥面连续构造的设计[J]. 中国市政工程,2014(6).
[12] 谢红兵,等. 在动载作用下的连续结合梁的设计[J]. 国外桥梁,1998(4).
[13] 赵志方,等. 新老混凝土粘结机理研究与工程应用[M]. 北京:中国水利水电出版社,2003.
[14] 赵顺波,等. 混凝土叠合结构设计原理与应用[M]. 北京:中国水利水电出版社,2001.
[15] 刘金伟,等. 修补钢筋混凝土梁新老混凝土界面粘结强度的试验研究[J]. 土木工程学报,2001(1).
[16] 谢慧才,等. 碳纤维混凝土对新老混凝土粘结性能的改善[J]. 土木工程学报,2003(10).
[17] 鞠金莹. UEA 膨胀剂及 UEA 补偿收缩混凝土在桥梁结构中的应用[J]. 公路,2006(11).
[18] 徐德明,等. 混凝土缓凝水冲法界面处理研究[J]. 公路工程,2012(2).
[19] 管鹤楼. 缓凝水冲法在混凝土二次结合面中的应用研究[J]. 公路工程,2012(2).
[20] 邓宗才,等. 高韧性纤维增强水泥基复合材料与老混凝土的界面直剪试验研究. 公路,2011(2).
[21] 陈宝春,等. 波形钢腹板 PC 箱梁桥应用综述[C]//2005 全国桥梁学术会议论文集[M]. 北京:人民交通出版社,2005.
[22] 陈宝春,等. 波形钢腹板桥梁应用调查分析[J]. 中外公路,2010(1).
[23] 徐强,等. 波形钢腹板 PC 组合箱梁桥设计与应用[M]. 北京:人民交通出版社,2009.
[24] 王健. 波形钢腹板 PC 箱梁桥的设计与工程实例分析[J]. 桥梁建设,2010(4).
[25] 肖海波,等. 波形钢腹板 PC 桥结构设计探讨[J]. 城市道桥与防洪,2016(9).
[26] 李立峰,等. 波形钢腹板组合 T 梁的设计探索[J]. 公路交通科技,2014(1).
[27] 曾宇,等. 波形钢腹板 PC 组合箱梁桥在我国的应用进展[C]//2011 年全国桥梁学术会议论文集[M]. 北京:人民交通出版社,2011.
[28] 汤意. 预制波形钢腹板 PC 工字梁构成连续箱梁桥创新技术[C]//2011 年全国桥梁学术会议论文集[M]. 北京:人民交通出版社,2011.
[29] 刘芳,等. 波形钢腹板组合梁桥应用调查研究[C]//2012 年全国桥梁学术会议论文集[M]. 北京:人民交通出版社,2012.
[30] 陈宣言. 波形钢腹板预应力混凝土桥设计与施工[M]. 北京:人民交通出版社,2009.
[31] 陈海波. 等. 波纹钢腹板预应力组合箱梁的设计与施工[J]. 公路交通科技(应用技术版),2008(7).
[32] 吴继峰. 等. 卫河大桥波形钢腹板箱梁的设计[J]. 公路,2010(1).
[33] 刘杰. 波形钢腹板 PC 箱梁桥设计方法与受力性能研究[J]. 城市道桥与防洪,2015(8).
[34] 陈水生,等. 南昌朝阳大桥波形钢腹板多塔斜拉桥结构设计[J]. 世界桥梁,2014(6).
[35] 邓国良,等. 波形钢腹板组合结构矮塔斜拉桥的发展与应用[J]. 中外公路,2016(3).
[36] 王立峰,等. 波形钢腹板矮塔斜拉桥参数敏感性分析[J]. 公路工程,2015(2).
[37] 文鹏. 铁路预应力波形钢腹板简支 T 梁桥设计研究[J]. 铁道标准设计,2012(11).
[38] 陈宝春,等. 波形钢腹板混凝土拱桥新桥型构思[J]. 世界桥梁,2006(4).
[39] 王辉. 波形钢腹板 PC 组合箱梁的力学特性分析[J]. 城市道桥与防洪,2009(5).
[40] 徐栋. 桥梁体外预应力设计技术[M]. 北京:人民交通出版社,2008.

[41] 刘玉擎. 组合结构桥梁[M]. 北京:人民交通出版社,2005.
[42] 姬同庚. 大跨径波形钢腹板连续箱梁设计与施工关键技术[J]. 世界桥梁,2014(5).
[43] 谭伟. 新安大桥设计[J]. 城市道桥与防洪,2012(5).
[44] 陈水生,等. 横隔板对波形钢腹板箱梁动力特性的影响分析[J]. 中外公路,2015(3).
[45] 王会龙,等. 波纹钢腹板 PC 箱梁经济性研究分析[J]. 市政技术,2017(4).
[46] 胡旭辉,等. 波形钢腹板箱梁——大堰河桥设计分析[C]//2005 年全国桥梁学术会议论文集[M]. 北京:人民交通出版社,2005.
[47] 孙虎平,等. 波形钢腹板在桥梁结构中的应用与展望[J]. 城市道桥与防洪,2011(2).
[48] 胡建华,等. 波形钢腹板 PC 组合箱梁扭转性能分析[J]. 中外公路,2017(3).
[49] 王志宇,等. 波形钢腹板梁疲劳特性的研究进展[J]. 公路交通科技,2010(6).
[50] 高梦起,等. 波纹钢腹板 PC 箱梁桥施工技术对比研究[J]. 市政技术,2017(3).
[51] 孙天明,等. 波形钢腹板 PC 组合箱梁桥的设计与建造[J]. 公路,2010(1).

附录A 交通行业公路桥梁通用图(2008年版)主要技术参数

在交通部专家委员会的组织指导下,由国内23家具有公路桥梁勘察设计甲级资质的设计、科研单位,对影响和制约中小跨径桥梁设计和施工的关键技术和常见病害,开展有针对性的联合技术攻关,总结了我国20世纪90年代以来的设计、施工经验,于2007年编制完成了公路中小跨径常用混凝土梁桥通用设计图系列。自2008年正式出版以来,在国内公路与城市道路上广泛使用。通用图以现行公路桥梁技术规范为依据,使结构设计达到了安全、合理、经济和耐久的总目标。对推动我国中、小桥梁设计、施工规范化、标准化起到很大的作用。经过八年的工程实践积累了丰富的经验。使用过程中也发现了一些问题和不足之处,不少部门和有关专家、学者进行了多方面的调查、研究和试验,提出了若干改进建议和革新方案。本书在第2~4章就有关问题进行了初步论述。

本系列通用图的内容涵盖了装配式先张法和后张法预应力混凝土(空心)板、钢筋混凝土板(简支和简支变连续体系)、装配式预应力混凝土T形梁(简支和简支变连续体系)、装配式预应力混凝土箱形连续梁以及现浇等截面预应力混凝土箱形连续梁等上部结构形式。

全套通用图共计172册,包括大量图纸、文字说明和数据。为了在桥型结构研究、设计方案比较和编写技术报告时能迅速查找通用图的相关资料,将全套通用图按不同桥型结构和跨径分别列出"主要技术参数表"并加以简要说明,供业内同行参考。

通用图目前暂缺"装配式预应力混凝土箱形简支梁桥上部构造"图纸,本附录将中交第一公路勘察设计研究院2009年4月编制的杭州至瑞丽高速公路贵州境大兴至思南段装配式预应力混凝土箱形简支梁桥上部构造设计图(共5册)的有关数据摘要编入附件,作为交通行业通用图的补充。

目 录

一、装配式预应力混凝土与钢筋混凝土板桥上部构造

1. 装配式预应力混凝土空心板桥

主要技术参数表	通用图编号	通用图册数
附表A1-1	(36-1)~(36-30)	22

2. 装配式钢筋混凝土简支板桥

主要技术参数表	通用图编号	通用图册数
附表A1-2	(36-31)~(36-36)	2

二、装配式预应力混凝土T梁桥上部构造

<table>
<tr><th colspan="2">主要技术参数表</th><th>通用图编号</th><th>通用图册数</th></tr>
<tr><td>四、六车道</td><td>附表 A2-1
~
附表 A2-10</td><td>(1-1)~(1-12);(2-1)~(2-12);
(3-1)~(3-11);(4-1)~(4-11);
(5-1)~(5-12);(6-1)~(6-12);
(7-1)~(7-12);(8-1)~(8-11);
(9-1)~(9-11);(10-1)~(10-12)</td><td>116</td></tr>
<tr><td>双车道</td><td>附表 A2-11</td><td>(11-1)~(11-12)</td><td>12</td></tr>
</table>

三、装配式预应力混凝土组合小箱梁连续梁桥上部构造

主要技术参数表	通用图编号	通用图册数
附表 A3	(20-1)~(20-16)	16

四、现浇等截面预应力混凝土箱形连续梁桥上部构造

主要技术参数表	通用图编号	通用图册数
附表 A4	(20-17)~(20-20)	4

注:全套通用图总计172册。

五、装配式预应力混凝土箱形简支梁桥上部构造

主要技术参数表	通用图编号	通用图册数
附件表-1	DS/TYT Q03-6~10	5

六、补充说明

一、装配式预应力混凝土与钢筋混凝土板桥上部构造

主要技术参数见附表A1-1、附表A1-2,有关问题说明如下。

(1)预应力混凝土板均按部分预应力混凝土A类构件设计,采用C50混凝土。钢筋混凝土板采用C30混凝土。简支转结构连续空心板现浇连续段为钢筋混凝土结构。

(2)连续板的跨数,按总伸缩量≤160mm控制板的总长度。

(3)桥面水泥混凝土铺装层为C50或C40,参与结构受力,厚度10cm;面层为沥青混凝土,厚度10cm。

(4)有条件时,铰缝混凝土推荐用钢纤维混凝土。

(5)预制空心板采用吊孔穿束板底加扁担梁的方法吊装。

(6)连续板负弯矩区均为RC结构。

(7)编号(36-31)~(36-36)中,$L=6$m为实体矩形板,$L=8$m、10m为双圆孔空心板,孔洞直径分别为220mm和260mm。

(8)所有空心板和矩形板的斜交角有三种:0°、15°、30°。0°为正交。

(9)空心板与矩形板的边板因翼板宽度(或桥面宽度)不同,恒载反力亦不相同,表中为边板最大反力。

(10)连续板的反力,表中分母为中间支点反力,分子为端部支点反力;(恒 + 汽)中,计入了汽车冲击力、基础沉降和温差引起的反力;简支板汽车反力计入了冲击力。

(11)除编号(36-31)~(36-36)外,其余空心板的顶、底板最小厚度均为 12cm。

(12)板桥系列的通用图共计 24 本,以下所示每组括号内的编号均为一本:

[36-1]、[36-2]、[36-3]、[36-4]、[36-5、36-6]、[36-7、36-8]、[36-9]、[36-10]、[36-11]、[36-12]、[36-13]、[36-14]、[36-15、36-16]、[36-17、36-18]、[36-19]、[36-20]、[36-21、36-22]、[36-23、36-24]、[36-25、36-26]、[36-27、36-28]、[36-29]、[36-30]、[36-31、36-32、36-33]、[36-34、36-35、36-36]。

(一)装配式预应力混凝土空心板桥主要技术参数表　　附表 A1-1

编号	图册名称	跨径(m)	汽车荷载	桥面宽度(m)	预制板高度(cm)	最大安装重量(kN)	恒载反力(kN)		(恒 + 汽)反力(kN)	
							中板	边板	中板	边板
36-1	装配式先张法预应力混凝土简支空心板桥上部构造(1m 板宽)	10	公路—Ⅰ	2×11.25、2×12、2×12.75、2×13.5、2×16.5、2×16.75	60	128	88	122	285	348
36-2		13	公路—Ⅰ		70	180	122	164	326	398
36-3		16	公路—Ⅰ		80	237	159	210	370	453
36-4		20	公路—Ⅰ		95	326	216	278	438	534
36-5	装配式先张法预应力混凝土简支空心板桥上部构造(1m 板宽)	10	公路—Ⅱ	8.5、10.0、12.0	60	122	86	114	234	264
36-6		13	公路—Ⅱ		70	172	120	153	273	310
36-7		16	公路—Ⅱ		80	227	157	197	315	360
36-8		20	公路—Ⅱ		95	314	213	262	381	435
36-9	装配式先张法预应力混凝土连续空心板桥上部构造(1m 板宽)	16	公路—Ⅰ	2×11.25、2×12、2×12.75、2×13.5、2×16.5、2×16.75	80	233	337	441	563	716
							150	199	331	412
36-10		20	公路—Ⅰ		95	321	459	588	705	886
							202	260	395	488
36-11	装配式先张法预应力混凝土简支空心板桥上部构造(1.25m 板宽)	10	公路—Ⅰ	2×11.25、2×12、2×12.75、2×13.5、2×16.5、2×16.75	60	153	114	147	255	316
36-12		13	公路—Ⅰ		70	211	155	199	309	357
36-13		16	公路—Ⅰ		80	276	199	253	365	423
36-14		20	公路—Ⅰ		95	374	267	335	449	555
36-15		10	公路—Ⅱ	8.5、10.0、12.0	60	153	114	147	221	273
36-16		13	公路—Ⅱ		70	211	155	199	272	319
36-17		16	公路—Ⅱ		80	276	199	253	325	382
36-18		20	公路—Ⅱ		95	374	267	335	407	501
36-19	装配式先张法预应力混凝土连续空心板桥上部构造(1.25m 板宽)	16	公路—Ⅰ	2×11.25、2×12、2×12.75、2×13.5、2×16.5、2×16.75	80	271	425	533	662	821
							188	242	379	474
36-20		20	公路—Ⅰ		95	369	556	688	817	1003
							252	321	457	568

续上表

编号	图册名称	跨径(m)	汽车荷载	桥面宽度(m)	预制板高度(cm)	最大安装重量(kN)	恒载反力(kN)		(恒+汽)反力(kN)	
							中板	边板	中板	边板
36-21	装配式后张法预应力混凝土简支空心板桥上部构造(1.25m 板宽)	10	公路—Ⅰ	2×11.25、2×12、2×12.75、2×13.5、2×16.5、2×16.75	60	159	109	143	252	290
36-22		13	公路—Ⅰ		70	220	161	192	316	351
36-23		16	公路—Ⅰ		80	289	192	240	357	410
36-24		20	公路—Ⅰ		95	391	260	317	440	504
36-25	装配式后张法预应力混凝土简支空心板桥上部构造(1.25m 板宽)	10	公路—Ⅱ	8.5、10.0、12.0	60	159	109	141	217	251
36-26		13	公路—Ⅱ		70	220	160	190	277	310
36-27		16	公路—Ⅱ		80	289	192	237	317	365
36-28		20	公路—Ⅱ		95	393	260	315	399	457
36-29	装配式后张法预应力连续空心板桥上部构造(1.25m 板宽)	16	公路—Ⅰ	2×11.25、2×12、2×12.75、2×13.5、2×16.5、2×16.75	80	284	401	510	607	729
							181	231	347	401
36-30		20	公路—Ⅰ		95	391	566	681	798	927
							241	300	422	486

(二)装配式钢筋混凝土简支板桥主要技术参数表　　附表 A1-2

编号	图册名称	跨径(m)	汽车荷载	桥面宽度(m)	预制板高度(cm)	最大安装重量(kN)	恒载反力(kN)		(恒+汽)反力(kN)	
							中板	边板	中板	边板
36-31	装配式钢筋混凝土简支板桥上部构造(1m 板宽)	6	公路—Ⅰ	2×11.25、2×12、2×12.75、2×13.5、2×16.5、2×16.75	32	56.7	42	48	216	222
36-32		8	公路—Ⅰ		42	81.4	58	66	241	249
36-33		10	公路—Ⅰ		50	112.6	80	89	266	277
36-34	装配式钢筋混凝土简支板桥上部构造(1m 板宽)	6	公路—Ⅱ	8.5、10.0、12.0	32	53.6	42	46	173	176
36-35		8	公路—Ⅱ		42	77.2	59	63	195	200
36-36		10	公路—Ⅱ		50	107.4	80	86	221	226

二、装配式预应力混凝土 T 梁桥上部构造

主要技术参数见附表 A2-1 ~ 附表 A2-11,有关问题说明如下。

(1)汽车荷载:除附表 A2-11 为公路—Ⅱ级外,其余均为公路—Ⅰ级。

(2)斜交角:0°、15°、30°。

(3)预应力混凝土 T 梁按全预应力混凝土构件设计;简支 T 梁为桥面连续,T 梁采用 C50 混凝土。

(4)桥面结构:下层为厚 8cm C50 混凝土,上层为厚 10cm 沥青混凝土。

(5)一联的梁长,总伸缩量不宜超过 160mm。

(6)表附 A2-11 适用于二、三级公路,桥面宽度与路基宽度相同。

(7)T 梁翼板厚度均为 16cm(湿接缝处)。

(8)结构连续 T 梁的参数表中,反力栏分子为中支承反力,分母为端支承(分联墩处)反力。

(9)结构连续 T 梁负弯矩区均为 PC 结构。

(10)T 梁横向湿接缝与横隔板湿接缝宽度相等,各种桥面宽度的湿接缝宽度如下:

①四车道和六车道公路。

桥面宽度(m)	2×11.25	2×12.0	2×12.75	2×13.5	2×16.5	2×16.75	2×11.25	2×11.75	2×12.5	2×13.0	2×16.25	2×16.25
路基宽度(m)	分离式						整体式					
	23.0	24.5	26.0	28.0	33.5	34.5	23.0	24.5	26.0	28.0	33.5	34.5
湿接缝宽度(cm)	55	70	45	55	65	70	55	65	40	50	65	65
车道数	双向四车道				双向六车道		双向四车道				双向六车道	

②双车道公路。

桥面宽度(m)	8.5	10	12
路基宽度(m)	8.5	10	12
湿接缝宽度(cm)	65	50	70

(11)装配式 T 梁桥上部构造通用图共计 128 册。

L = 20m 装配式预应力混凝土简支 T 梁桥主要技术参数表　　附表 A2-1

编号	桥面宽度(m)	路基宽度(m)	预制梁高度(cm)	最大安装重量(kN)	T 梁片数	T 梁中距(cm)	横隔板道数	腹板厚度(cm)	马蹄宽度(cm)	恒载反力(kN)		(恒+汽)反力(kN)	
										中梁	边梁	中梁	边梁
1-1	2×11.25	分离式 23.0	150	417	5	225	4	20	44	369	367	681	629
1-2	2×12.0	分离式 24.5	150	423	5	240	4	20	44	384	381	712	664
1-3	2×12.75	分离式 26.0	150	407	6	215	4	20	44	357	344	657	580
1-4	2×13.5	分离式 28.0	150	417	6	225	4	20	44	367	360	678	621
1-5	2×16.5	分离式 33.5	150	423	7	235	4	20	44	374	366	695	643
1-6	2×16.75	分离式 34.5	150	421	7	240	4	20	44	379	366	704	641
1-7	2×11.25	整体式 23.0	150	417	5	225	4	20	44	369	367	681	629
1-8	2×11.75	整体式 24.5	150	422	5	235	4	20	44	379	376	701	653
1-9	2×12.5	整体式 26.0	150	407	6	210	4	20	44	353	342	645	568
1-10	2×13.0	整体式 28.0	150	407	6	220	4	20	44	362	347	667	585
1-11	2×16.25	整体式 33.5	150	407	7	235	4	20	44	374	355	694	613
1-12	2×16.25	整体式 34.5	150	407	7	235	4	20	44	374	355	694	613

L =25m 装配式预应力混凝土简支 T 梁桥主要技术参数表 附表 A2-2

编号	桥面宽度(m)	路基宽度(m)	预制梁高度(cm)	最大安装重量(kN)	T梁片数	T梁中距(cm)	横隔板道数	腹板厚度(cm)	马蹄宽度(cm)	恒载反力(kN)		(恒+汽)反力(kN)	
										中梁	边梁	中梁	边梁
2-1	2×11.25	分离式 23.0	170	576.7	5	225	5	20	48	495	487	841	784
2-2	2×12.0	分离式 24.5	170	582.9	5	240	5	20	48	514	504	878	825
2-3	2×12.75	分离式 26.0	170	576.7	6	215	5	20	48	480	458	812	725
2-4	2×13.5	分离式 28.0	170	576.7	6	225	5	20	48	492	477	836	772
2-5	2×16.5	分离式 33.5	170	584.5	7	235	5	20	48	508	486	868	795
2-6	2×16.75	分离式 34.5	170	581.9	7	240	5	20	48	508	486	868	795
2-7	2×11.25	整体式 23.0	170	576.7	5	225	5	20	48	495	487	841	784
2-8	2×11.75	整体式 24.5	170	582.2	5	235	5	20	48	508	498	865	812
2-9	2×12.5	整体式 26.0	170	576.7	6	210	5	20	48	473	455	797	702
2-10	2×13.0	整体式 28.0	170	576.7	6	220	5	20	48	486	461	824	732
2-11	2×16.25	整体式 33.5	170	576.7	7	235	5	20	48	502	472	856	763
2-12	2×16.25	整体式 34.5	170	576.7	7	235	5	20	48	502	472	856	763

L =30m 装配式预应力混凝土简支 T 梁桥主要技术参数表 附表 A2-3

编号	桥面宽度(m)	路基宽度(m)	预制梁高度(cm)	最大安装重量(kN)	T梁片数	T梁中距(cm)	横隔板道数	腹板厚度(cm)	马蹄宽度(cm)	恒载反力(kN)		(恒+汽)反力(kN)	
										中梁	边梁	中梁	边梁
3-1	2×11.25	分离(整体)式 23.0	200	765	5	225	5	20	50	619	617	964	1065
3-2	2×12.0	分离式 24.5	200	765	5	240	5	20	50	641	633	999	1104
3-3	2×12.75	分离式 26.0	200	756	6	215	5	20	50	601	578	934	988
3-4	2×13.5	分离式 28.0	200	756	6	225	5	20	50	620	602	960	1035
3-5	2×16.5	分离式 33.5	200	765	7	235	5	20	50	630	613	969	1039
3-6	2×16.75	分离式 34.5	200	762	7	240	5	20	50	637	614	979	1040
3-7	2×11.75	整体式 24.5	200	762	5	235	5	20	50	635	627	988	1088
3-8	2×12.5	整体式 26.0	200	756	6	210	5	20	50	594	574	923	980
3-9	2×13.0	整体式 28.0	200	756	6	220	5	20	50	611	581	947	996
3-10	2×16.25	整体式 33.5	200	756	7	235	5	20	50	629	597	967	1011
3-11	2×16.25	整体式 34.5	200	756	7	235	5	20	50	629	597	967	1011

L = 35m 装配式预应力混凝土简支 T 梁桥主要技术参数表　　附表 A2-4

编号	桥面宽度(m)	路基宽度(m)	预制梁高度(cm)	最大安装重量(kN)	T 梁片数	T 梁中距(cm)	横隔板道数	腹板厚度(cm)	马蹄宽度(cm)	恒载反力(kN)		(恒+汽)反力(kN)	
										中梁	边梁	中梁	边梁
4-1	2×11.25	分离(整体)式 23.0	230	1020	5	225	5	20	60	800	793	1172	1273
4-2	2×12.0	分离式 24.5	230	1031	5	240	5	20	60	823	816	1208	1321
4-3	2×12.75	分离式 26.0	230	1020	6	215	5	20	60	778	751	1136	1202
4-4	2×13.5	分离式 28.0	230	1020	6	225	5	20	60	795	779	1162	1245
4-5	2×16.5	分离式 33.5	230	1031	7	235	5	20	60	810	792	1176	1249
4-6	2×16.75	分离式 34.5	230	1027	7	240	5	20	60	816	790	1183	1250
4-7	2×11.75	整体式 24.5	230	1027	5	235	5	20	60	817	810	1196	1306
4-8	2×12.5	整体式 26.0	230	1020	6	210	5	20	60	768	745	1121	1187
4-9	2×13.5	整体式 28.0	230	1020	6	220	5	20	60	785	753	1147	1210
4-10	2×16.25	整体式 33.5	230	1020	7	235	5	20	60	810	773	1175	1227
4-11	2×16.25	整体式 34.5	230	1020	7	235	5	20	60	810	773	1175	1227

L = 40m 装配式预应力混凝土简支 T 梁桥主要技术参数表　　附表 A2-5

编号	桥面宽度(m)	路基宽度(m)	预制梁高度(cm)	最大安装重量(kN)	T 梁片数	T 梁中距(cm)	横隔板道数	腹板厚度(cm)	马蹄宽度(cm)	恒载反力(kN)		(恒+汽)反力(kN)	
										中梁	边梁	中梁	边梁
5-1	2×11.25	分离式 23.0	250	1340	5	225	7	20	60	987	929	1503	1435
5-2	2×12.0	分离式 24.5	250	1340	5	240	7	20	60	1020	956	1560	1490
5-3	2×12.75	分离式 26.0	250	1340	6	215	7	20	60	947	885	1325	1352
5-4	2×13.5	分离式 28.0	250	1340	6	225	7	20	60	975	917	1362	1410
5-5	2×16.5	分离式 33.5	250	1340	7	235	7	20	60	991	933	1378	1417
5-6	2×16.75	分离式 34.5	250	1340	7	240	7	20	60	996	934	1530	1418
5-7	2×11.25	整体式 23.0	250	1340	5	225	7	20	60	987	929	1503	1435
5-8	2×11.75	整体式 24.5	250	1340	5	235	7	20	60	1010	959	1411	1483
5-9	2×12.5	整体式 26.0	250	1340	6	210	7	20	60	947	892	1320	1355
5-10	2×13.0	整体式 28.0	250	1340	6	220	7	20	60	969	902	1351	1374
5-11	2×16.25	整体式 33.5	250	1340	7	235	7	20	60	993	925	1377	1395
5-12	2×16.25	整体式 34.5	250	1340	7	235	7	20	60	993	925	1377	1395

L=20m 装配式预应力混凝土先简支后结构连续 T 梁桥主要技术参数表 附表 A2-6

编号	桥面宽度（m）	路基宽度（m）	预制梁高度（cm）	最大安装重量（kN）	T梁片数	T梁中距（cm）	横隔板道数	腹板厚度（cm）	马蹄宽度（cm）	恒载反力（kN）		（恒+汽）反力（kN）	
										中梁	边梁	中梁	边梁
6-1	2×11.25	分离式 23.0	150	417	5	225	4	20	44	702	880	1218	1440
										318	381	727	780
6-2	2×12.0	分离式 24.5	150	423	5	240	4	20	44	718	894	1255	1481
										326	388	755	755
6-3	2×12.75	分离式 26.0	150	413	6	215	4	20	44	692	864	1188	1384
										313	373	705	741
6-4	2×13.5	分离式 28.0	150	417	6	225	4	20	44	702	880	1213	1420
										318	381	717	766
6-5	2×16.5	分离式 33.5	150	423	7	235	4	20	44	713	891	1236	1414
										323	386	743	761
6-6	2×16.75	分离式 34.5	150	421	7	240	4	20	44	718	892	1255	1416
										326	387	755	762
6-7	2×11.25	整体式 23.0	150	417	5	225	4	20	44	702	880	1218	1440
										318	381	727	780
6-8	2×11.75	整体式 24.5	150	421	5	235	4	20	44	713	889	1243	1466
										323	385	745	798
6-9	2×12.5	整体式 26.0	150	413	6	210	4	20	44	687	862	1175	1375
										311	372	695	735
6-10	2×13.0	整体式 28.0	150	413	6	220	4	20	44	697	867	1200	1392
										316	374	715	746
6-11	2×16.25	整体式 33.5	150	413	7	235	4	20	44	713	881	1233	1396
										323	381	742	748
6-12	2×16.75	整体式 34.5	150	413	7	235	4	20	44	713	881	1233	1396
										323	381	742	748

L=25m 装配式预应力混凝土先简支后结构连续 T 梁桥主要技术参数表 附表 A2-7

编号	桥面宽度（m）	路基宽度（m）	预制梁高度（cm）	最大安装重量（kN）	T梁片数	T梁中距（cm）	横隔板道数	腹板厚度（cm）	马蹄宽度（cm）	恒载反力（kN）		（恒+汽）反力（kN）	
										中梁	边梁	中梁	边梁
7-1	2×11.25	分离式 23.0	170	569	5	225	5	20	48	967	1171	1548	1836
										434	507	859	942
7-2	2×12.0	分离式 24.5	170	577	5	240	5	20	48	981	1189	1586	1860
										446	516	888	958
7-3	2×12.75	分离式 26.0	170	567	6	215	5	20	48	947	1150	1502	1744
										430	497	830	881

续上表

编号	桥面宽度(m)	路基宽度(m)	预制梁高度(cm)	最大安装重量(kN)	T梁片数	T梁中距(cm)	横隔板道数	腹板厚度(cm)	马蹄宽度(cm)	恒载反力(kN)		(恒+汽)反力(kN)	
										中梁	边梁	中梁	边梁
7-4	2×13.5	分离式 28.0	170	569	6	225	5	20	48	967	1171	1538	1788
										439	507	852	909
7-5	2×16.5	分离式 33.5	170	577	7	235	5	20	48	976	1186	1564	1782
										443	515	875	905
7-6	2×16.75	分离式 34.5	170	574	7	240	5	20	48	981	1187	1577	1786
										446	515	884	907
7-7	2×11.25	整体式 23.0	170	569	5	225	5	20	48	967	1171	1548	1836
										434	507	859	942
7-8	2×11.75	整体式 24.5	170	574	5	235	5	20	48	976	1183	1573	1844
										443	513	878	947
7-9	2×12.50	整体式 26.0	170	567	6	210	5	20	48	940	1147	1491	1734
										426	496	820	874
7-10	2×13.0	整体式 28.0	170	567	6	220	5	20	48	954	1154	1521	1754
										433	499	843	887
7-11	2×16.25	整体式 33.5	170	567	7	235	5	20	48	976	1173	1561	1761
										443	508	873	891
7-12	2×16.25	整体式 34.5	170	567	7	235	5	20	48	976	1173	1561	1761
										443	508	873	891

L=30m 装配式预应力混凝土先简支后结构连续 T 梁桥主要技术参数表　附表 A2-8

编号	桥面宽度(m)	路基宽度(m)	预制梁高度(cm)	最大安装重量(kN)	T梁片数	T梁中距(cm)	横隔板道数	腹板厚度(cm)	马蹄宽度(cm)	恒载反力(kN)		(恒+汽)反力(kN)	
										中梁	边梁	中梁	边梁
8-1	2×11.25	分离式 23.0	200	758	5	225	5	20	50	1283	1389	2025	2160
										567	622	1122	1169
8-2	2×12.0	分离式 24.5	200	767	5	240	5	20	50	1321	1425	2102	2240
										582	643	1168	1220
8-3	2×12.75	分离式 26.0	200	757	6	215	5	20	50	1218	1351	1926	2066
										537	597	1065	1097
8-4	2×13.5	分离式 28.0	200	758	6	225	5	20	50	1281	1388	2019	2138
										563	622	1117	1155
8-5	2×16.5	分离式 33.5	200	767	7	235	5	20	50	1309	1418	2066	2165
										574	636	1146	1167
8-6	2×16.75	分离式 34.5	200	764	7	240	5	20	50	1322	1417	2093	2162
										582	637	1168	1169

续上表

编号	桥面宽度(m)	路基宽度(m)	预制梁高度(cm)	最大安装重量(kN)	T梁片数	T梁中距(cm)	横隔板道数	腹板厚度(cm)	马蹄宽度(cm)	恒载反力(kN)		(恒+汽)反力(kN)	
										中梁	边梁	中梁	边梁
8-7	2×11.75	整体式24.5	200	764	5	235	5	20	50	1305	1413	2072	2215
										576	641	1152	1204
8-8	2×12.50	整体式26.0	200	757	6	210	5	20	50	1244	1357	1940	2065
										542	599	1062	1094
8-9	2×13.0	整体式28.0	200	757	6	220	5	20	50	1272	1363	1996	2085
										553	608	1096	1114
8-10	2×16.25	整体式33.5	200	757	7	235	5	20	50	1309	1402	2066	2124
										574	627	1146	1142
8-11	2×16.25	整体式34.5	200	757	7	235	5	20	50	1309	1402	2066	2124
										574	627	1146	1142

L=35m 装配式预应力混凝土先简支后结构连续T梁桥主要技术参数表 附表 A2-9

编号	桥面宽度(m)	路基宽度(m)	预制梁高度(cm)	最大安装重量(kN)	T梁片数	T梁中距(cm)	横隔板道数	腹板厚度(cm)	马蹄宽度(cm)	恒载反力(kN)		(恒+汽)反力(kN)	
										中梁	边梁	中梁	边梁
9-1	2×11.25	分离式23.0	230	1015	5	225	5	20	60	1650	1769	2430	2565
										736	798	1304	1341
9-2	2×12.0	分离式24.5	230	1025	5	240	5	20	60	1708	1841	2528	2683
										759	835	1358	1389
9-3	2×12.75	分离式26.0	230	1012	6	215	5	20	60	1576	1719	2324	2446
										701	768	1245	1262
9-4	2×13.5	分离式28.0	230	1015	6	225	5	20	60	1653	1769	2430	2547
										729	797	1296	1330
9-5	2×16.5	分离式33.5	230	1025	7	235	5	20	60	1690	1804	2487	2596
										745	813	1332	1358
9-6	2×16.75	分离式34.5	230	1022	7	240	5	20	60	1714	1813	2523	2604
										757	818	1352	1360
9-7	2×11.75	整体式24.5	230	1022	5	235	5	20	60	1692	1800	2499	2626
										748	815	1357	1381
9-8	2×12.50	整体式26.0	230	1012	6	210	5	20	60	1598	1709	2331	2429
										708	761	1239	1249
9-9	2×13.0	整体式28.0	230	1012	6	220	5	20	60	1634	1733	2396	2470
										722	769	1277	1270

续上表

编号	桥面宽度(m)	路基宽度(m)	预制梁高度(cm)	最大安装重量(kN)	T 梁片数	T 梁中距(cm)	横隔板道数	腹板厚度(cm)	马蹄宽度(cm)	恒载反力(kN)		(恒+汽)反力(kN)	
										中梁	边梁	中梁	边梁
9-10	2×16.25	整体式 33.5	230	1012	7	235	5	20	60	1690	1782	2486	2538
										747	806	1333	1323
9-11	2×16.25	整体式 34.5	230	1012	7	235	5	20	60	1690	1782	2486	2538
										747	806	1333	1323

L=40m 装配式预应力混凝土先简支后结构连续 T 梁桥主要技术参数表　附表 A2-10

编号	桥面宽度(m)	路基宽度(m)	预制梁高度(cm)	最大安装重量(kN)	T 梁片数	T 梁中距(cm)	横隔板道数	腹板厚度(cm)	马蹄宽度(cm)	恒载反力(kN)		(恒+汽)反力(kN)	
										中梁	边梁	中梁	边梁
10-1	2×11.25	分离式 23.0	250	1340	5	225	7	20	60	2167	1964	2798	2786
										909	877	1315	1406
10-2	2×12.0	分离式 24.5	250	1376	5	240	7	20	60	2247	2039	2879	2899
										942	905	1362	1463
10-3	2×12.75	分离式 26.0	250	1376	6	215	7	20	60	2071	1881	2681	2640
										878	832	1271	1321
10-4	2×13.5	分离式 28.0	250	1376	6	225	7	20	60	2040	1890	2770	2740
										900	864	1302	1378
10-5	2×16.5	分离式 33.5	250	1376	7	235	7	20	60	2070	1920	2691	2757
										912	884	1426	1387
10-6	2×16.75	分离式 34.5	250	1376	7	240	7	20	60	2080	1920	2700	2760
										921	884	1439	1387
10-7	2×11.25	整体式 23.0	250	1340	5	225	7	20	60	2167	1964	2798	2786
										909	877	1315	1406
10-8	2×11.75	整体式 24.5	250	1376	5	235	7	20	60	2214	2027	2859	2878
										929	910	1345	1458
10-9	2×12.50	整体式 26.0	250	1376	6	210	7	20	60	2058	1889	2660	2640
										879	841	1267	1325
10-10	2×13.0	整体式 28.0	250	1376	6	220	7	20	60	2020	1860	2738	2728
										895	848	1291	1341
10-11	2×16.25	整体式 33.5	250	1376	7	235	7	20	60	1910	2070	2668	2745
										869	918	1471	1316

续上表

编号	桥面宽度(m)	路基宽度(m)	预制梁高度(cm)	最大安装重量(kN)	T梁片数	T梁中距(cm)	横隔板道数	腹板厚度(cm)	马蹄宽度(cm)	恒载反力(kN)		(恒+汽)反力(kN)	
										中梁	边梁	中梁	边梁
10-12	2×16.25	整体式34.5	250	1376	7	235	7	20	60	1910	2070	2668	2745
										869	918	1471	1316

装配式预应力混凝土简支T梁桥主要技术参数表 附表A2-11

编号	桥面宽度(m)	路基宽度(m)	预制梁高度(cm)	最大安装重量(kN)	T梁片数	T梁中距(cm)	横隔板道数	腹板厚度(cm)	马蹄宽度(cm)	恒载反力(kN)		(恒+汽)反力(kN)	
										中梁	边梁	中梁	边梁
11-1	20	8.5	150	398.3	4	215	4	20	44	362	359	541	586
11-2	20	10.0	150	396.2	5	200	4	20	44	641	633	999	1104
11-3	20	12.0	150	423.0	5	240	4	20	44	384	381	630	593
11-4	25	8.5	170	552.0	4	215	5	20	48	484	483	687	735
11-5	25	10.0	170	549.4	5	200	5	20	48	458	464	649	697
11-6	25	12.0	170	582.9	5	240	5	20	48	514	504	787	745
11-7	30	8.5	200	725.0	4	215	5	20	50	609	584	854	866
11-8	30	10.0	200	725.0	5	200	5	20	50	572	557	804	838
11-9	30	12.0	200	765.0	5	240	5	20	50	633	615	893	949
11-10	35	8.5	230	985.0	4	215	5	20	60	778	754	1044	1062
11-11	35	10.0	230	981.0	5	200	5	20	60	736	717	986	1019
11-12	35	12.0	230	1031	5	240	5	20	60	805	787	1085	1149

三、装配式预应力混凝土组合小箱梁连续梁桥上部构造

主要技术参数见附表A3,有关问题说明如下。

(1)为先简支后结构连续,按部分预应力混凝土A类构件设计;负弯矩区均为PC结构;共计16本图。

(2)跨径组合为4跨一联至8跨一联($L=20\sim30$m)、7跨一联($L=35$m)和6跨一联($L=40$m)。

(3)斜交角:0°、15°、30°;表中最大安装重量适用于各种斜度。

(4)预制小箱梁为斜腹板,负弯矩预应力束布置在顶板内,并在顶板开孔供张拉钢束用。

(5)预制小箱梁的顶、底板厚度均为18cm;腹板厚度除$L=40$m者为20cm外,其余跨径均为18cm。

(6)小箱梁湿接缝宽度:编号为(20-1)者为95cm,(20-5)者为75cm,(20-6)者为100cm,(20-7)者为90cm,(20-8)者为96.25cm,其余均为50cm。

(7)预制小箱梁均为斜腹板,$L=20$m,斜度3:1;$L=25$m,斜度3.5:1;$L=30$m、35m、40m,斜度4:1。

(8)预制小箱梁的底宽均为 100cm。

(9)桥面宽度与路基宽度对应关系如下:

桥面宽度(m)	10	12	2×11.25	2×12	2×12.75	2×13.5	2×16.5	2×16.75
路基宽度(m)	10	12	23	24.5	26	28	33.5	34.5

装配式预应力混凝土组合小箱梁连续梁桥上部构造主要技术参数　　表附 A3

编号	跨径(m)	汽车荷载	桥面宽度(m)	最大安装重量(kN)	箱梁高度(cm)	箱梁中距(cm)	横隔板道数	恒载反力(kN)		(恒+汽)反力(kN)		箱梁片数
								中梁	边梁	中梁	边梁	
20-1	20	公路—Ⅱ	10	559	120	335	2	1114	1121	1494	1566	3
								499	503	772	823	
20-2	20	公路—Ⅱ	12	559	120	290	2	1005	1047	1357	1432	4
								451	471	703	748	
20-3	20	公路—I	2×11.25	520	120	290	2	987	980	1427	1456	4
								444	439	760	781	
20-4	20	公路—I	2×12	559	120	290	2	1001	1045	1470	1558	4
								449	470	780	839	
20-5	20	公路—I	2×12.75	559	120	315	2	1050	1077	1534	1620	4
								427	485	820	875	
20-6	20	公路—I	2×13.5	559	120	340	2	1095	1107	1608	1679	4
								494	499	863	909	
20-7	20	公路—I	2×16.25	559	120	330	2	1067	1091	1551	1648	4
								482	492	829	892	
20-8	20	公路—I	2×16.75	559	120	336.25	2	1077	1099	1568	1664	4
								487	495	840	901	
20-9	25	公路—Ⅱ	12	749	140	290	2	1278	1330	1660	1736	4
								572	596	835	817	
20-10	25	公路—I	2×12	749	140	290	2	1273	1327	1782	1868	4
								570	595	921	969	
20-11	30	公路—Ⅱ	12	957	160	290	3	1595	1647	2016	2089	4
								699	725	982	1022	
20-12	30	公路—I	2×12	957	160	290	3	1588	1643	2150	2232	4
								697	723	1074	1119	
20-13	35	公路—Ⅱ	12	1219	180	290	3	1949	2014	2405	2500	4
								857	887	1155	1205	
20-14	35	公路—I	2×12	1219	180	290	3	1940	2007	2548	2655	4
								853	885	1251	1308	

续上表

编号	跨径(m)	汽车荷载	桥面宽度(m)	最大安装重量(kN)	箱梁高度(cm)	箱梁中距(cm)	横隔板道数	恒载反力(kN)		(恒+汽)反力(kN)		箱梁片数
								中梁	边梁	中梁	边梁	
20-15	40	公路—Ⅱ	12	1531	200	290	3	2371	2441	2856	2958	4
								1035	1069	1348	1402	
20-16	40	公路—I	2×12	1531	200	290	3	2361	2433	3007	3122	4
								1031	1066	1448	1507	

四、现浇等截面预应力混凝土箱形连续梁桥上部构造

主要技术参数见附表A4,有关问题说明如下:

(1)按部分预应力混凝土A类构件设计,C40混凝土;桥面与路基同宽;负弯矩区均为PC结构;共计4本图。

(2)桥面宽7.5m、8.5m和10m者均为单箱单室,外斜腹板;桥面宽12m者为单箱双室,外斜腹板。

(3)中横隔板与端横隔板均实体。

(4)编号(20-19)、(20-20)的中支点反力,为两个中支点中的最大值。

(5)要求对支架进行预压,预压重量不小于箱梁的恒载。

(6)负弯矩预应力束布置在箱梁顶板内,在顶板开人孔进行张拉。

(7)汽车荷载均为公路—Ⅱ级;斜交角均为0°(即正交)。

现浇等截面预应力混凝土箱形连续梁桥上部构造主要技术参数 附表A4

编号	孔跨(m)	箱梁高度(cm)	桥面宽度(m)	箱梁底宽度(cm)	跨中断面(cm)			横隔板厚度(cm)		恒载反力(kN)		(恒+汽)反力(kN)		箱梁悬臂板长度(cm)
					顶板厚度	底板厚度	腹板厚度	中	端	中支点	端支点	中支点	端支点	
20-17	2×25	135	7.5	350	20	20	30	150	120	3106	754	4058	1129	175
			8.5	400	22	20	40	150	120	3675	886	4626	1328	200
			10.0	500	25	20	40	180	120	4385	1090	5337	1668	225
			12.0	750	22	20	40	180	120	5767	1289	6880	1871	200
20-18	20+32+20	145	7.5	350	20	20	30	180	120	3561	548	4575	942	175
			8.5	400	22	20	40	180	120	4228	652	5241	1116	200
			10.0	500	25	20	40	200	120	5012	808	6025	1416	225
			12.0	750	22	20	40	200	120	6493	937	7679	1548	200
20-19	16+2×20+16	115	7.5	360	20	20	30	150	100	2578	500	3367	828	175
			8.5	410	22	20	35	150	100	3010	582	3799	969	200
			10.0	510	25	20	40	150	100	3630	731	4419	1238	225
			12.0	760	22	20	35	150	100	4433	818	5357	1328	200
20-20	20+2×30+20	145	7.5	350	20	20	30	180	120	3871	618	4905	1007	175
			8.5	400	22	20	40	180	120	4558	718	5592	1176	200
			10.0	500	25	20	40	200	120	5480	901	6515	1501	225
			12.0	750	22	20	40	200	120	6768	1025	7978	1629	200

五、装配式预应力混凝土箱形简支梁桥上部构造

主要技术参数见附表 A5,有关问题说明如下。

(1)汽车荷载:公路—Ⅰ级。

(2)斜交角:0°。

(3)按部分预应力混凝土 A 类构件进行设计。

(4)预制小箱梁为斜腹板,其顶底板与腹板厚度、湿接缝宽度如下:

跨径(m)	跨中			支点			湿接缝宽度(cm)
	顶板厚度(cm)	底板厚度(cm)	腹板厚度(cm)	顶板厚度(cm)	底板厚度(cm)	腹板厚度(cm)	
20	18	18	18	18	25	25	50.0
							58.3
25	18	18	18	18	25	25	50.0
							58.3
30	18	18	18	18	25	25	50.0
							58.3
35	18	18	18	18	32	32	50.0
							58.3
40	18	18	20	18	32	32	50.0
							58.3

注:湿接缝分子为桥面宽 2×12m,分母为桥面宽 2×12.25m 时相应的宽度。

(5)伸缩缝预留槽口尺寸按 80 型伸缩装置设计。

(6)桥面铺装下层为 8cm 厚 C50 水泥混凝土,上层为 10cm 厚沥青混凝土。

(7)预制箱梁腹板斜度为 3:1(L=20m)、3.5:1(L=25m)和 4:1(L=30m、35m、40m)。

(8)预制箱梁底宽均为 100cm。

装配式预应力混凝土箱形简支梁桥主要技术参数 附表 A5

编号	跨径(m)	桥面宽度(m)	路基宽度(m)	预制箱梁高度(cm)	箱梁中距(cm)	横隔板道数	最大安装重量(kN)	箱梁片数	恒载反力(kN)		(恒+汽)反力(kN)	
									中梁	边梁	中梁	边梁
DS/TYT Q03-6	20	2×12	整体式 24.5	120	290	2	575	4	470	465	690	684
		2×12.25	分离式 2×12.25	120	298.3	2	575	4	470	465	690	684
DS/TYT Q03-7	25	2×12	整体式 24.5	140	290	2	827	4	563	596	780	813
		2×12.25	分离式 2×12.25	140	298.3	2	827	4	563	596	780	813

续上表

编号	跨径（m）	桥面宽度（m）	路基宽度（m）	预制箱梁高度（cm）	箱梁中距（cm）	横隔板道数	最大安装重量（kN）	箱梁片数	恒载反力（kN）		（恒+汽）反力（kN）	
									中梁	边梁	中梁	边梁
DS/TYTQ03-8	30	2×12	整体式 24.5	160	290	3	973	4	703	743	941	981
		2×12.25	分离式 2×12.25	160	290	3	973	4	703	743	941	981
DS/TYTQ03-9	35	2×12	整体式 24.5	180	290	3	1238	4	894	940	1145	1191
		2×12.25	分离式 2×12.25	180	290	3	1238	4	894	940	1145	1191
DS/TYTQ03-10	40	2×12	整体式 24.5	200	290	3	1552	4	1143	1139	1452	1449
		2×12.25	分离式 2×12.25	200	290	3	1552	4	1143	1139	1452	1449

六、补充说明

（1）装配式预应力混凝土简支转结构连续 T 梁，通用图说明为按全预应力混凝土构件设计。经验算，预制 T 梁符合全预应力要求，但结构连续段负弯矩区达不到全预应力，为部分预应力 A 类构件。

（2）装配式预应力混凝土简支转结构连续 T 梁，通用图设计桥面水泥混凝土现浇层，未参与受力计算，其中仅布置 ϕ8mm 钢筋网，连续段局部区域纵向为ϕ 12mm 钢筋。国内目前多采用 D10 冷轧带肋钢筋成品焊网，网格为 10cm×10cm。负弯矩区还应适当加强。

（3）装配式预应力混凝土简支转结构连续小箱梁，通用图说明为按部分预应力混凝土 A 类构件设计，经验算，负弯矩区达不到 A 类构件要求。

（4）装配式预应力混凝土简支转结构连续小箱梁，通用图设计桥面水泥混凝土现浇层未参与受力计算，其中仅布置 D6 冷轧带肋钢筋网，网格 10cm×10cm，偏弱，建议改为 D10 冷轧带肋钢筋成品焊网，网格仍为 10cm×10cm。负弯矩区还应适当加强。另外，通用图未设置伸入桥面混凝土现浇层的竖向连接钢筋，建议在箱梁顶板增设竖向筋，伸入桥面内，与其中钢筋网连接。箱梁顶板箍筋与伸入桥面的钢筋应分别设置。

（5）装配式板、梁用于平曲线桥梁时，通用图提出应限制预制直线形板、梁的长度变化，并明确了具体的数值。按此要求可以得到各种跨径板、梁用于平曲线时的有关参数，如下表所列。

单幅桥宽 12m 装配式板、梁用于平曲线桥梁时的有关参数

跨径（m）	板、梁											
	空心板				T 梁				小箱梁			
	R_0（m）	θ（rad）	C_1（m）	C_2（m）	R_0（m）	θ（rad）	C_1（m）	C_2（m）	R_0（m）	θ（rad）	C_1（m）	C_2（m）
10	500	0.02	0.025	0.025	—	—	—	—	—	—	—	—
13	650	0.02	0.033	0.032	—	—	—	—	—	—	—	—
16	400	0.04	0.081	0.079	—	—	—	—	—	—	—	—

续上表

跨径(m)	板、梁											
	空心板				T 梁				小箱梁			
	R_0(m)	θ(rad)	C_1(m)	C_2(m)	R_0(m)	θ(rad)	C_1(m)	C_2(m)	R_0(m)	θ(rad)	C_1(m)	C_2(m)
20	500/400	0.04/0.05	0.101/0.127	0.099/0.123	192	0.10417	0.269	0.254	174	0.1194	0.294	0.281
25	—	—	—	—	240	0.10417	0.332	0.319	217.5	0.1194	0.366	0.352
30	—	—	—	—	280	0.10417	0.397	0.385	261	0.1194	0.438	0.424
35	—	—	—	—	336	0.10417	0.462	0.450	304.5	0.1194	0.509	0.496
40	—	—	—	—	384	0.10417	0.515	0.527	348	0.1194	0.582	0.568

注:1. L = 20m 空心板,分子为简支板,分母为连续板。

2. 表中符号含义:

R_0 为平曲线为圆曲线时,桥轴线的曲率半径。

θ 为对应于单跨标准跨径的圆曲线圆心角。标准跨径应沿桥梁测设中线量取。

C_1 为外侧边梁(板)圆弧轴线与对应弦线沿径向的最大间距。

C_2 为内侧边梁(板)圆弧轴线与对应切线(切点在跨中)沿径向的最大间距。

3. T 梁、小箱梁的预制梁长变化范围按通用图要求为 ±500mm,即内、外边梁预制的长度变化值应不大于 1000mm(= 2 × 500mm)。实际应用时,有的桥已超出这一范围,建议对限制要求进一步研究。

4. 空心板预制板长的变化范围,通用图有相应的具体要求,请查阅通用图。

5. 装配式 RC 实体矩形板和空心板,通用图采用 C30 混凝土。按现行国家与交通行业关于混凝土结构耐久性的有关规定,即使桥梁所在地的环境类别为"一般环境"、环境作用等级为 B 级、设计使用年限为 100 年时,混凝土最低强度等级也应为 C35。建议 RC 结构应根据耐久性要求确定其最低混凝土强度等级。

6. 其他有关对通用图的改进建议,请参阅本书第 2 ~ 4 章。

附录B　中小跨径混凝土板、梁桥桥墩常用尺寸及配筋

附表 B-1 为桥墩常用尺寸及配筋。

附表 B-2 为桥墩盖梁尺寸及配筋。

空心板、组合小箱梁与T梁桥桥墩常用尺寸及配筋表　　附表 B-1

跨径(m)		13		16		20		25		30		40		50	
上部构造		空心板		空心板		空心板、小箱梁、T梁		小箱梁、T梁		小箱梁、T梁		小箱梁、T梁		T梁	
墩身及主筋		墩身	主筋	墩身	主筋	墩身	主筋	墩身	主筋	墩身	主筋	墩身	主筋	墩身	主筋
墩身高度 H(m)	$H\leqslant15$	2d110	Φ22@13	2d120	Φ22@13	2d130	Φ22@13	2d140	Φ25@14	2d150	Φ25@14	2d160	Φ25@13	2d200	Φ25@12
	$15<H\leqslant20$	2d120	Φ22@13	2d130	Φ22@13	2d140	Φ25@14	2d150	Φ25@15	2d160	Φ25@15	2d180	Φ25@14	2d220	Φ25@11
	$20<H\leqslant25$	2d130	Φ22@13	2d140	Φ22@14	2d150	Φ25@15	2d160	Φ25@15	2d170	Φ25@15	2d200	Φ28@14	2-200×200	Φ28@12
	$25<H\leqslant30$	—	—	2d150	B25@14	2d160	Φ25@15	2d170	Φ25@15	2d180	Φ25@14	2d220	Φ28@13	2-220×220	Φ28@12
	$30<H\leqslant35$	—	—	—	—	2d170	Φ25@15	2d180	Φ28@15	2d200	Φ28@15	2-200×200	Φ28@12	650×240, $a=50$	Φ32@11
	$35<H\leqslant40$	—	—	—	—	2d180	Φ28@15	2d190	Φ28@14	2d220	Φ28@15	2-220×220	Φ28@11	650×260, $a=50$	Φ32@10
	$40<H\leqslant45$	—	—	—	—	—	—	2d200	Φ28@14	2-200×200	Φ28@13	650×220, $a=50$	Φ28@11	650×280, $a=50$	Φ32@10
	$45<H\leqslant50$	—	—	—	—	—	—	2d220	Φ28@14	2-220×220	Φ28@11	650×240, $a=50$	Φ28@11	650×300, $a=50$	Φ32@10
	$50<H\leqslant55$	—	—	—	—	—	—	—	—	650×220, $a=50$	Φ28@15	650×260, $a=50$	Φ28@11	650×320, $a=55$	Φ32@10
	$55<H\leqslant60$	—	—	—	—	—	—	—	—	650×240, $a=50$	Φ28@15	650×280, $a=50$	Φ28@11	650×340, $a=55$	Φ32@10

续上表

跨径(m)		13		16		20		25		30		40		50	
上部构造		空心板		空心板		空心板、 小箱梁、T 梁		小箱梁、T 梁		小箱梁、T 梁		小箱梁、T 梁		T 梁	
墩身及主筋		墩身	主筋	墩身	主筋	墩身	主筋	墩身	主筋	墩身	主筋	墩身	主筋	墩身	主筋
墩身高度 H(m)	$60 < H$ $\leqslant 65$	—	—	—	—	—	—	—	—	650 × 260， $a = 50$	Φ32 @15	650 × 300， $a = 50$	Φ28 @11	650 × 360， $a = 55$	Φ32 @10
	$65 < H$ $\leqslant 70$	—	—	—	—	—	—	—	—	650 × 280， $a = 50$	Φ32 @15	650 × 320， $a = 55$	Φ28 @10	650 × 380， $a = 55$	Φ32 @10
	$70 < H$ $\leqslant 75$	—	—	—	—	—	—	—	—	—	—	650 × 340， $a = 55$	Φ28 @10	650 × 400， $a = 60$	Φ32 @10
	$75 < H$ $\leqslant 50$	—	—	—	—	—	—	—	—	—	—	650 × 360， $a = 55$	Φ28 @10	650 × 420， $a = 60$	Φ32 @10

空心板、组合小箱梁与 T 梁桥桥墩盖梁尺寸及配筋表　　附表 B-2

跨径(m)			13	16	20			25	
桥型			空心板	空心板	空心板	小箱梁	T 梁	小箱梁	T 梁
桥墩			柱式	柱式	柱式	柱式	柱式	柱式	柱式
柱中距(cm)			720	720	720	650	680	650	680
盖梁	宽(cm)×高(cm)		160×120	160×130	(160~180) ×140	(160~180) ×140	(160~180) ×140	(180~240) ×150	(180~240) ×150
	长度(cm)		1300	1300	1300	1150	1210	1150	1210
	混凝土等级		C30	C30	C30	C30	C30	C30	C30
盖梁钢筋	主筋	支点 上缘	26　25	30　25	28　28	24　28	26　28	28　28	32　28
		支点 下缘	13　25	15　25	14　28	12　28	13　28	14　28	16　28
		中点 上缘	13　25	15　25	14　28	12　28	13　28	14　28	16　28
		中点 下缘	26　25	30　25	28　28	24　28	26　28	28　28	32　28
	斜筋	悬臂段	20　25	24　25	24　28	24　28	22　28	30　28	28　28
		跨内段	20　25	24　25	24　28	24　28	22　28	30　28	28　28
	箍筋		6　10	6　0	6　10	6　10	6　10	6　10	6　10
	腹筋		2~6　12	2~6　12	2~7　12	2~7　12	2~7　12	2~8　12	2~8　12

续上表

跨径(m)				30				40				50	
桥型				小箱梁		T梁		小箱梁		T梁		T梁	
桥墩				柱式	薄壁式	柱式	薄壁式	柱式	薄壁式	柱式	薄壁式	柱式	薄壁式
柱距或墩厚(cm)				650	220~260	680	220~260	650	220~340	680	220~340	690	240~380
盖梁	宽(cm)×高(cm)			(200~240)×160	(240~280)×200	(200~240)×160	(240~280)×200	(220~240)×180	(240~360)×220	(220~240)×180	(240~360)×220	(220~240)×200	(260~400)×240
盖梁	长度(cm)			1150	1150	1220	1220	1150	1150	1230	1230	1235	1235
盖梁	混凝土等级			C30	C40	C30	C40	C30	C40	C30	C40	C40	C40
盖梁钢筋	主筋	支点	上缘	36 28	36 28	40 28	40 28	40 28	40 28	44 28	46 28	48 28	50 28
盖梁钢筋	主筋	支点	下缘	18 28	18 28	20 28	20 28	20 28	20 28	22 28	23 28	24 28	25 28
盖梁钢筋	主筋	中点	上缘	18 28	36 28	20 28	40 28	20 28	40 28	22 28	46 28	24 28	50 28
盖梁钢筋	主筋	中点	下缘	36 28	18 28	40 28	20 28	40 28	20 28	44 28	23 28	48 28	25 28
盖梁钢筋	斜筋	悬臂段		36 28	54 28	32 28	60 28	40 28	60 28	36 28	69 28	40 28	75 28
盖梁钢筋	斜筋	跨内段		36 28	0	32 28	0	40 28	0	36 28	0	40 28	0
盖梁钢筋	箍筋			8 10	8 10	8 10	8 12	8 10	10 12	8 10	10 12	8 12	12 12
盖梁钢筋	腹筋			2~9 12	2~12 12	2~12 12	2~12 12	2~11 12	2~14 12	2~11 12	2~4 12	2~12 12	2~16 12

有关问题说明如下。

(1)设计荷载:公路—Ⅰ级,无人行道。

(2)适用范围:桥面宽度≤13m 的双车道梁式桥,或 2×13m 分离式四车道梁式桥。桥墩墩身高度≤80m。

(3)上部结构跨径与结构形式:标准跨径 13m、16m、20m、25m、30m、40m、50m;结构形式为空心板、组合式小箱梁和 T 梁,均为预应力混凝土结构;包括简支梁(含桥面连续)与连续梁。当采用墩梁固结时,应验算桥墩承载力。

(4)表中符号含义及单位。

①表附 B-1:H 表示墩身高度,单位 m。d 表示圆形双柱式桥墩墩柱直径,单位 cm。2-220×220 表示方形双柱式桥墩墩柱的边长为 220cm×220cm。650×220,a=50 表示箱形薄壁桥墩墩身截面外轮廓尺寸为 650cm(横向)×220cm(纵向),纵、横向壁厚均为 a=50cm。ф表示墩身纵向主筋直径,单位 mm,钢筋强度标准值不低于 HRB335,建议采用 HRB400。@表示主筋的间距(中距),单位 cm,主筋沿墩身外缘周边均匀布置。对于箱形薄壁墩,除沿周边布置的纵向主筋外,还应沿壁厚内缘周边均匀布置直径为 20mm 的附加纵向钢筋,间距与外缘主筋间距相同。外缘主筋也可以采用束筋布置(一般可用 2 根单筋合成束筋)。

②表附 B-2:柱距指双柱式墩的中距;墩厚指箱形薄壁墩沿纵向的总宽度;ф表示钢筋直径,单位 mm,钢筋强度标准值为 HRB335,建议采用 HRB400;ϕ 表示钢筋直径,单位 mm,钢筋强度标准值不低于 HPB300。

钢筋直径左边的数值表示钢筋根数,例如 28 ф28 表示 28 根ф28 钢筋。

(5)混凝土等级:墩身采用 C40 混凝土,盖梁混凝土等级见表附 B-2。

(6)双柱式桥墩的箍筋:直径不小于 12mm;墩柱上、下端各一倍柱径或边长范围内,箍筋间距 10cm,其余区段间距 15cm,箍筋应形成闭合。方柱墩身的箍筋布置应满足桥规[5]第 9.6.1 条的规定,可采用复合箍筋。

(7)墩身劲性骨架:桥墩较高时,为了固定墩身钢筋笼,提高钢筋笼在风荷载作用下的稳定性,可视具体情况设置型钢骨架,或用粗钢筋加强。可根据骨架的设计位置将其作为主钢筋的一部分加以利用。骨架应与钢筋笼点焊或断续焊接相互连接。

(8)双柱式桥墩横系梁。

①横系梁道数:墩身高度 $H<10$m 时,可不设横系梁(不含地系梁);$10\text{m}\leqslant H<30$m 时,设一道横系梁;$30\text{m}\leqslant H<60$m 时,设两道横系梁;$60\text{m}\leqslant H\leqslant 80$m 时,设三道横系梁。基础为桩时,各种墩身高度均应在地面处两桩顶面之间设地系梁。

②横系梁截面尺寸:采用矩形断面,其高度 h 与宽度 B 如附表 B-3 所列。

双柱式桥墩横系梁尺寸表　　附表 B-3

墩柱截面尺寸(cm)	横系梁高度 h(cm)	横系梁宽度 B(cm)
$d=120$	100	80
$d=130$	120	100
$d=140$、150	130	110
$d=160$、170	150	120
$d=180$	160	130
$d=200$、220 及方柱 200×200	180	150
方柱 220×220	200	160

注:d 为柱直径。

③横系梁配筋:圆柱式及方柱式墩横系梁,上、下缘主筋直径 25mm,间距 15cm;侧壁外缘水平筋(即腹筋)直径 12mm,间距 15cm;箍筋直径 10mm,间距 15cm,不少于 4 肢。圆柱墩与单排桩直接连接时,应在桩顶设横系梁,其截面尺寸与墩身横系梁相同,上、下缘主筋直径 20mm,间距 15cm,腹筋、箍筋与墩身横系梁相同。横系梁混凝土等级与墩身相同。

方形墩顺桥向为单排桩时,桩顶应设工字形承台,请参阅第(11)项。

(9)箱形薄壁墩的横隔板与实体段:箱形薄壁墩的上、下端应有一段长度为实体。这段长度一般取 100~150cm。剩余的区段应在箱内设置横隔板,厚度一般为 50cm,竖向间距 20~25m。横隔板中部开孔。

(10)单排桩或双排桩基础,当桥墩采用桩基础时,顺桥向可采用单排桩或双排桩。箱形薄壁桥墩应采用双排桩。对单排或双排桩的设置,提出以下建议:

跨径 $L=13$m、16m 、25m 板、梁桥,墩高 $H<50$m 时,可用单排桩。

$L=30$m、$H<45$m 和 $L=40$m、$H<40$m 时,可用单排桩。

$L=30$m、$H\geqslant 45$m 和 $L=40$m、$H\geqslant 40$m 以及 $L=50$m 时,一般情况下宜用双排桩。

圆柱墩为单排桩时,柱、桩可直接连接,桩径应大于柱径 20cm;方柱墩为单排桩或圆柱墩与方柱墩为双排桩时应均应设置承台。如桥墩较高且地基承载力较差时,可能出现三排桩。

(11)承台尺寸及配筋。

①双柱式墩承台。

a. 单排桩基时:圆形截面墩柱可不设承台,仅在桩顶设地系梁。方形墩柱应设承台,其平面为工字形较为经济合理,厚度 200cm,对应方柱范围承台可用方形,两个方形之间设系梁。200cm×200cm 的方柱墩,承台方形部分边长 280cm×280cm,系梁宽度为 150cm;220cm×220cm 的方柱墩,承台方形部分边长 300cm×300cm,系梁宽度为 160cm。承台方形部分顶、底面设置单层钢筋网,直径 20mm,网格 15cm×15cm。系梁上、下缘纵向主筋直径 25mm,间距 15cm,箍筋直径 10mm,横断面上 4 肢,间距 15cm。承台侧面水平筋及竖向筋直径均为 12mm,间距 15cm。方形部分的中部设置架立筋,直径 16mm,间距 60cm。

b. 双排桩基时:承台平面为矩形,厚度 200cm。承台受力可简化为撑杆-系杆模型,对应于系杆的底层应配置抗拉主筋,宜通过计算确定配筋数量。提出以下建议供初步设计时参考:沿底层纵向布置双层直径 25mm 受拉主筋,间距 15cm;沿横向布置直径 20mm 钢筋,间距 15cm;对应于撑杆的顶层为受压区,可沿纵、横向配置单层直径 20mm 钢筋,间距 15cm。承台四周侧面布置直径 12mm 水平钢筋,间距 15cm;承台中部布置竖向架立筋,直径 16mm,间距 60cm,水平架立筋直径 12mm,间距 60cm。

②箱形薄壁墩承台。

a. 承台尺寸:承台平面为矩形,其尺寸如附表 B-4 所列。

箱形薄壁桥墩承台尺寸表(单位:cm)　　附表 B-4

墩身外轮廓尺寸,横向×纵向	承台尺寸,横向×纵向×厚度
650×(220~300)	750×700×300
650×(320~340)	750×750×300
650×(360~380)	800×800×300
650×(400~420)	820×820×350

b. 承台配筋。

墩身外轮廓尺寸为 650cm×(220~340)cm 时:承台底层布置双层主筋,纵、横向均为直径 25mm 钢筋,间距 15cm;顶层布置单层直径 25mm 纵、横向钢筋,间距 15cm。承台四周侧面水平筋直径 16mm,间距 15cm;中部竖向架立筋直径 16mm,间距 60cm;水平架立筋直径 12mm,间距 60cm。

墩身外轮廓尺寸为 650cm×(360~420)cm 时:承台底层布置双层主筋,顺桥向采用直径 28mm 钢筋,横桥向采用直径 25mm 钢筋,间距均为 15cm;顶层布置单层直径 25mm 纵、横向钢筋,间距 15cm。其余构造钢筋布置与上述相同。上述配筋偏于保守,施工图设计时应根据受力计算进行优化。

承台采用 C30 混凝土。

(12)桩基尺寸及配筋。

①圆柱式桥墩:柱桩直接连接,桩径=柱径+20cm。桩主筋与墩柱主筋根数相同,并一一对应焊接,桩主筋直径大于墩柱主筋直径一级。

②方柱式桥墩:墩柱截面 200cm×200cm 时,桩径 220cm,主筋为 48 根直径 28mm 钢筋;墩

柱截面 220cm × 220cm 时，桩径 240cm ，主筋为 58 根直径 28mm 钢筋。

③箱形薄壁桥墩：纵向为双排桩，其直径及主筋如附表 B-5 所列。

箱形薄壁桥墩桩基直径及主筋　　附表 B-5

墩身外轮廓尺寸，横向(cm) × 纵向(cm)	桩直径(cm)	一根桩的主筋根数与直径(mm)
650 × (220 ~ 300)	180	36 根，直径 28
650 × (320 ~ 340)	200	44 根，直径 28
650 × (360 ~ 380)	220	52 根，直径 28
650 × (400 ~ 420)	240	60 根，直径 28

桩基主筋配筋率一般不宜小于 0.6% ，当上段弯矩较大时，应根据受力计算配置主筋。桩较长时，其下段可适当减少主筋。桩身采用螺旋式箍筋，直径 10mm 光圆钢筋，上段 2m 长度螺距 10cm，以下部分螺距 15cm。另设与主筋直径相同的圆形或三角形加劲闭合箍筋，间距 2m。

桩基混凝土可用 C25 或 C30。

(13)墩身主筋配筋率

圆形双柱式桥墩主筋配筋率：0.712% ~ 0.967% ，平均值为 0.817% 。

方形双柱式桥墩主筋配筋率：0.890% ~ 1.236% ，平均值为 0.988% 。

箱形薄壁桥墩主筋配筋率：0.904% ~ 1.767% ，平均值为 1.452% 。

附录 C　梁式桥混凝土 U 形桥台基本构造尺寸

附表 C-1 为梁式桥混凝土 U 形桥台基本构造尺寸(扩大基础)。

附表 C-2 为梁式桥混凝土 U 形桥台基本构造尺寸(桩基础)。

梁式桥混凝土 U 形桥台基本构造尺寸(扩大基础)(单位:cm)　　附表 C-1

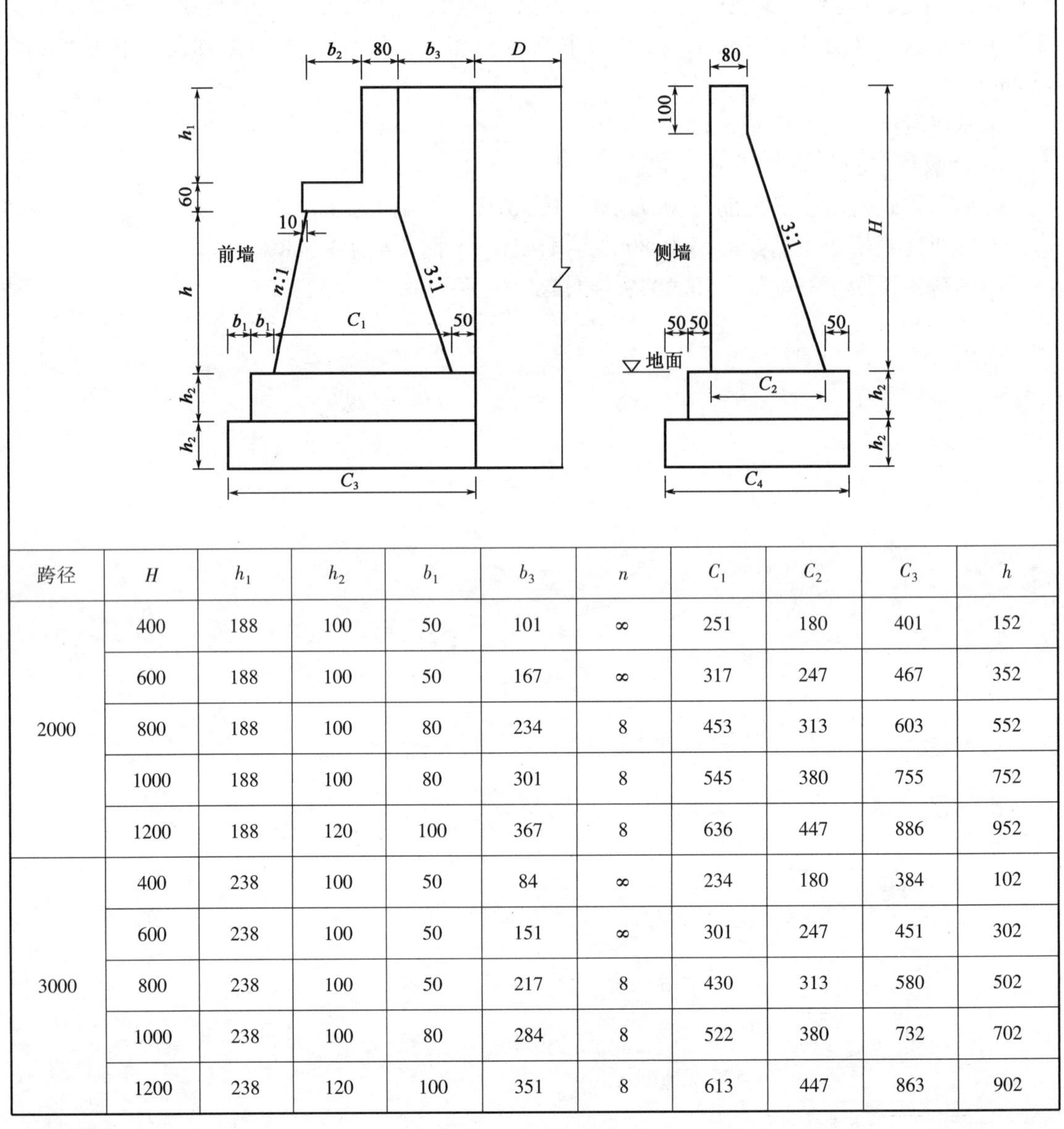

跨径	H	h_1	h_2	b_1	b_3	n	C_1	C_2	C_3	h
2000	400	188	100	50	101	∞	251	180	401	152
	600	188	100	50	167	∞	317	247	467	352
	800	188	100	80	234	8	453	313	603	552
	1000	188	100	80	301	8	545	380	755	752
	1200	188	120	100	367	8	636	447	886	952
3000	400	238	100	50	84	∞	234	180	384	102
	600	238	100	50	151	∞	301	247	451	302
	800	238	100	50	217	8	430	313	580	502
	1000	238	100	80	284	8	522	380	732	702
	1200	238	120	100	351	8	613	447	863	902

续上表

跨径	H	h_1	h_2	b_1	b_3	n	C_1	C_2	C_3	h
4000	400	288	100	50	67	∞	217	180	367	52
	600	288	100	50	134	∞	284	247	434	252
	800	288	100	50	201	8	499	380	709	652
	1000	288	100	80	267	8	499	380	709	652
	1200	288	120	100	334	8	591	447	841	852

注：h_1 按 T 梁确定；b_2 均为 120cm；$C_4 = C_2 + 150$cm；$h = H - h_1 - 60$cm；$b_3 = h/3 + 50$cm；$C_1 = h/3 + h/n + 200$cm；$C_2 = (H - 100\text{cm})/2 + 80$cm；$C_3 = 2b_1 + C_1 + 50$cm；$D$ 见正文说明。

梁式桥混凝土 U 形桥台基本构造尺寸表(桩基础)(单位:cm)　　附表 C-2

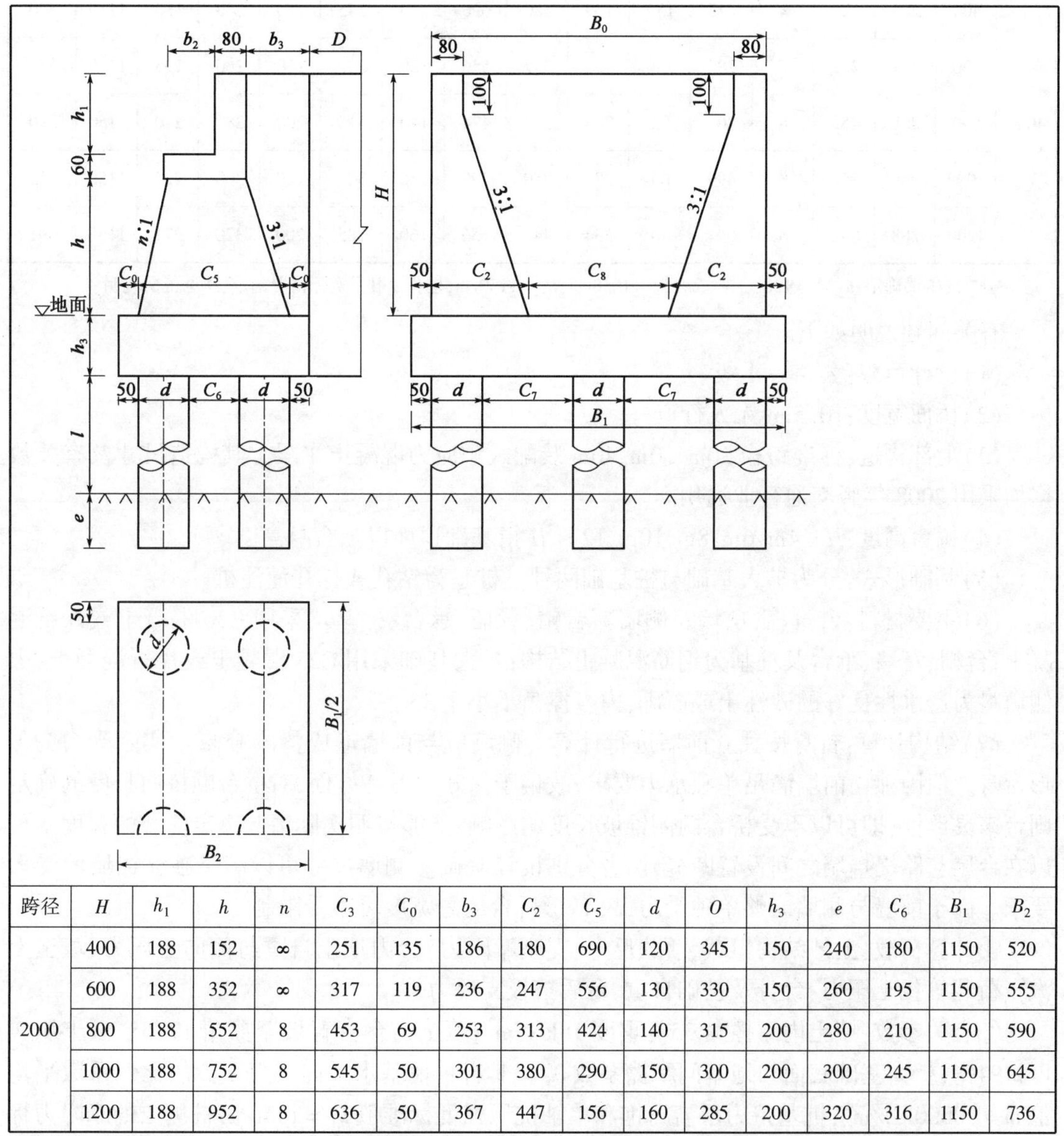

跨径	H	h_1	h	n	C_3	C_0	b_3	C_2	C_5	d	O	h_3	e	C_6	B_1	B_2
2000	400	188	152	∞	251	135	186	180	690	120	345	150	240	180	1150	520
	600	188	352	∞	317	119	236	247	556	130	330	150	260	195	1150	555
	800	188	552	8	453	69	253	313	424	140	315	200	280	210	1150	590
	1000	188	752	8	545	50	301	380	290	150	300	200	300	245	1150	645
	1200	188	952	8	636	50	367	447	156	160	285	200	320	316	1150	736

续上表

跨径	H	h_1	h	n	C_3	C_0	b_3	C_2	C_5	d	O	h_3	e	C_6	B_1	B_2
3000	400	238	102	∞	234	143	177	180	690	120	345	150	240	180	1150	520
	600	238	302	∞	301	127	228	247	556	130	330	150	260	195	1150	555
	800	238	502	8	430	80	247	313	424	140	315	200	280	210	1150	590
	1000	238	702	8	522	52	286	380	290	150	300	200	300	225	1150	625
	1200	238	902	8	613	50	351	447	156	160	285	200	320	293	1150	713
4000	400	288	52	∞	217	152	169	180	690	120	345	150	240	180	1150	520
	600	288	252	∞	284	136	220	247	556	130	330	150	260	195	1150	555
	800	288	452	8	407	92	243	313	424	140	315	200	280	210	1150	590
	1000	288	652	8	499	63	280	380	290	150	300	200	300	225	1150	625
	1200	288	852	8	591	50	334	447	156	160	285	200	320	271	1150	691

注：h_1 按T梁确定；b_2 均为120cm；$e=2d$；$B_0=1050$cm；$B_1=1150$cm；桩长 l 根据实际情况确定；D 见正文说明。

有关问题说明如下。

（1）设计荷载：公路—Ⅰ级。

（2）桥面宽度：10.5m，无人行道。

（3）上部构造：标准跨径20m、30m、40m装配式预应力混凝土T梁。其构造尺寸及有关数据均采用2008年版交通行业通用图。

（4）桥台高度：$H=4$m、6m、8m、10m、12m，H 指基础顶面以上台身高度。

（5）基础形式：分为扩大基础与桩基础两种。桩基为钻孔或挖孔灌注桩。

（6）主要材料：台身（含前墙及侧墙）、台帽、背墙、承台、桩基均采用C30混凝土或片石混凝土；台帽、背墙、承台及桩基为钢筋混凝土结构；扩大基础采用C25混凝土或片石混凝土；内侧填料为透水性良好的砂性土或砂砾，内摩擦角不小于35°。

（7）结构计算：台身按独立前墙进行计算。侧墙应与前墙形成整体U形。实际受力为U形台身。但因独立前墙满足单独承力要求，故偏于保守。另一方面，对桥台顺桥向长度的确定则带来灵活性，即可以不受桥台两侧锥坡长度的影响，能够按照实际情况决定侧墙的长度。可以在台尾与路堤挡墙之间设置断缝，两者分别设计基础。侧墙尺寸可以满足独立挡墙的受力要求。由于前墙与侧墙能够单独受力，故U形桥台的总宽度可不受限制。

①计算荷载：上部结构恒载、活载反力、支座摩阻力、台内填土自重与侧向土压力、填土上汽车荷载等代土压力、台身及基础自重、台后搭板支反力等。

②有关参数：填土内摩擦角35°；重度18kN/m^3；填土与台身背坡摩擦角17.5°；填土压实度≥94%；扩大基础底面与地基间摩擦系数0.4；非岩石地基水平向抗力系数的比例系数平均值 $m=20000$kN/m^4；桩基持力层岩石饱和单轴抗压强度标准值 $f_{rk}=15$MPa；桩侧土的摩阻力标

准值 $q_{ik}=50kPa$。

③计算结果：扩大基础基底承压面上的竖向地基应力、基底截面合力偏心距、桥台整体抗滑与抗倾覆稳定系数、台身截面合力偏心距、台身截面偏心受压承载力等均满足现行规范规定。桩基础桥台的台身截面合力偏心距、台身截面偏心受压承载力、地面处桩的水平变位、桩身抗弯承载力、抗剪承载力、竖向承载力以及桩端嵌岩深度均满足现行桥规规定。

(8)表附 C-1、表附 C-2 有关问题说明：

①表上的各部位尺寸，可根据实际情况微小调整。但台身高度 H 超过 12m 时，应验算主要尺寸是否满足受力要求。桥台的总宽度不受限制。

②桩基嵌入基岩（单轴抗压强度标准值 $f_{rk}=15MPa$）2 倍桩径，按计算有富余，如 f_{rk} 较高可适当减少桩身嵌岩深度，但不应小于 1 倍桩径。

③桥台为扩大基础时，地基承载力基本容许值 $[f_{a0}]$ 应满足下表要求。

扩大基础地基承载力基本容许值 $[f_{a0}]$（单位：kPa）

台身高度(m)	跨径（m）		
	20	30	40
4	280	350	450
6	400	450	530
8	400	450	530
10	500	500	550
12	500	550	600

④台身高度 $H=4m$、$6m$ 时，前墙外坡可用竖直。如能改为 1/10 外坡，则受力更有利。

⑤桩的中距采用 2.5 倍桩径。设计时可以适当调整。但在端承桩情况下，不应小于 2 倍桩径，其他情况下也不宜大于 5 倍桩径。桩中距较大时应适当增大承台厚度。

⑥按低桩承台计算，永久地面高程不应低于承台底面，也不宜高于承台顶面。

⑦桩身主筋全截面含筋率应不小于 0.6%。

⑧台尾 D 的长度应根据实际情况确定。

a. 根据设计需要，如侧墙顶面长度 b_3 不能满足要求时，可以将侧墙顺桥向延长 D。其截面为侧墙的截面，基础可以是扩大基础或桩基础，并应与前墙的基础统一布置。

b. 台尾 b_3 处可以和路基挡墙连接，可根据挡墙的纵向长度确定 D 值。此时，可以按路基挡墙进行设计。桥台与挡墙分开，可以分别采用不同的基础形式。

c. 当台尾需与路基连接时，一般应布置路堤锥坡，可根据锥坡的具体位置及长度确定 D 值的大小。

d. 桥台左右两侧（即横桥方向）如地形相差较大，可以利用 D 的灵活性按左、右侧不对称布置，两侧的侧墙长度可以不相等，侧墙与路基的连接可以不一样。

⑨台帽与背墙应形成整体 L 形 RC 结构。背墙竖向主筋直径不应小于 16mm。

⑩当土层水平向抗力系数的比例系数平均值 m 小于 $20000kN/m^4$ 较多时，宜适当增大桩

径或重新验算桩身抗弯承载力。

⑪一般情况下,扩大基础桥台由地基最大压应力控制计算;桩基础桥台由桩身抗弯承载力和单桩竖向受压承载力控制计算,桩基地面处的水平位移小于5mm。

⑫本附录不适用于砌石圬工桥台。

规范索引

[1] 中华人民共和国行业标准. JTG B01—2014 公路工程技术标准[S]. 北京:人民交通出版社股份有限公司,2014.

[2] 中华人民共和国行业标准. JTG B01—2003 公路工程技术标准[S]. 北京:人民交通出版社,2004.

[3] 中华人民共和国行业标准. JTG D60—2004 公路桥涵设计通用规范[S]. 北京:人民交通出版社,2004.

[4] 中华人民共和国行业标准. JTG D61—2005 公路圬工桥涵设计规范[S]. 北京:人民交通出版社,2005.

[5] 中华人民共和国行业标准. JTG D62—2004 公路钢筋混凝土及预应力混凝土桥涵设计规范[S]. 北京:人民交通出版社,2004.

[6] 中华人民共和国行业标准. JTG D63—2007 公路桥涵地基与基础设计规范[S]. 北京:人民交通出版社,2007.

[7] 中华人民共和国行业标准. JTG/T B02-01—2008 公路桥梁抗震设计细则[S]. 北京:人民交通出版社,2008.

[8] 中华人民共和国行业标准. JTG/T B07-01—2006 公路工程混凝土结构防腐蚀技术规范[S]. 北京:人民交通出版社,2006.

[9] 中华人民共和国行业标准. JTG D81—2006 公路交通安全设施设计规范[S]. 北京:人民交通出版社,2006.

[10] 中华人民共和国行业标准. JTG/T D81—2006 公路交通安全设施设计细则[S]. 北京:人民交通出版社,2006.

[11] 中华人民共和国行业标准. JTG/T F50—2011 公路桥涵施工技术规范[S]. 北京:人民交通出版社,2011.

[12] 中华人民共和国行业标准. JTJ 021—89 公路桥涵设计通用规范[S]. 北京:人民交通出版社,1989.

[13] 中华人民共和国行业标准. JTJ 022—85 公路砖石及混凝土桥涵设计规范[S]. 北京:人民交通出版社,1985.

[14] 中华人民共和国行业标准. JTJ 023—85 公路钢筋混凝土及预应力混凝土桥涵设计规范[S]. 北京:人民交通出版社,1985.

[15] 中华人民共和国行业标准. JTJ 024—85 公路桥涵地基与基础设计规范[S]. 北京:人民交通出版社,1985.

[16] 中华人民共和国行业标准. CJJ 11—2011 城市桥梁设计规范[S]. 北京:中国建筑工业出版社,2011.

[17] 中华人民共和国国家标准. GB 50010—2010 混凝土结构设计规范[S]. 北京:中国建筑工业出版社,2011.

[18] 中华人民共和国行业标准. CJJ 166—2011 城市桥梁抗震设计规范[S]. 北京:中国建筑工业出版社,2011.

[19] 中华人民共和国国家标准. GB/T 50476—2008 混凝土结构耐久性设计规范[S]. 北京:中国建筑工业出版社,2009.

[20] 中华人民共和国国家标准. GB 50007—2011 建筑地基基础设计规范[S]. 北京:中国建筑工业出版社,2012.

[21] 中华人民共和国行业标准. TB 10002—2017 铁路桥涵设计基本规范[S]. 北京:中国铁道出版社,2017.

[22] 中华人民共和国行业标准. TB 10092—2017 铁路桥涵混凝土结构设计规范[S]. 北京:中国铁道出版社,2017.

[23] 中华人民共和国行业标准. TB 10093—2017 铁路桥涵地基和基础设计规范[S]. 北京:中国铁道出版社,2017.

[24] 中华人民共和国行业标准. CJJ/T 111—2006 预应力混凝土桥梁预制节段逐跨拼装施工技术规范[S]. 北京:中国建筑工业出版社,2006.

[25] 美国州际公路和运输工作者协会. 节段式混凝土桥梁设计和施工指导性规范. 1989.

[26] 中华人民共和国行业标准. JGJ 92—2016 无粘结预应力混凝土结构技术规程[S]. 北京:中国建筑工业出版社,2016.

[27] 中华人民共和国行业标准. JGJ/T 325—2014 预应力高强钢丝绳加固混凝土结构技术规程[S]. 北京:中国建筑工业出版社,2014.